山东统计年鉴

SHANDONG STATISTICAL YEARBOOK

2019

(总第 31 期 No. 31)

山　东　省　统　计　局
国家统计局山东调查总队　编

Compiled by

Shandong Provincial Bureau of Statistics

Survey Office of the National Bureau of Statistics in Shandong

图书在版编目（CIP）数据

山东统计年鉴. 2019 : 汉英对照 / 山东省统计局, 国家统计局山东调查总队编. -- 北京 : 中国统计出版社, 2019.8
ISBN 978-7-5037-8868-0

Ⅰ. ①山… Ⅱ. ①山… ②国… Ⅲ. ①统计资料—山东—2019—年鉴—汉、英 Ⅳ. ①C832.52-54

中国版本图书馆 CIP 数据核字(2019)第 153337 号

山东统计年鉴-2019

作　　者/ 山东省统计局　国家统计局山东调查总队
责任编辑/ 钟　钰　张洪涛　赵善胜　张　静
责任校对/ 赵善胜　张　静　苏秋燕
装帧设计/ 王　勇
出版发行/ 中国统计出版社有限公司
地　　址/ 北京市丰台区西三环南路甲 6 号
邮政编码/ 100073
电　　话/ 邮购（010）63376909　书店（010）68783171
网　　址/ http://www.zgtjcbs.com
印　　刷/ 山东麦德森文化传媒有限公司
经　　销/ 新华书店
开　　本/ 890mm×1240mm　1/16
字　　数/ 1900 千字
印　　张/ 44
版　　别/ 2019 年 8 月第 1 版
版　　次/ 2019 年 8 月第 1 次印刷
定　　价/ 460.00 元　Price:460.00(RMB)

本书附同版本 CD-ROM 一张，光盘内容以书面文字为准。
如有印装差错，由本社发行部调换。

《山东统计年鉴－2019》
编辑委员会

Shandong Statistical Yearbook – 2019

EDITORIAL BOARD AND STAFF

编辑说明

一、《山东统计年鉴》是一部全面反映山东省国民经济和社会发展情况的资料性年刊，是认识和研究山东省情、制定政策、指导国民经济发展的重要资料和历史性工具书。

二、《山东统计年鉴—2019》共包括特载、统计表和附录三大部分。特载部分包括政府工作报告、统计公报和统计工作综述，综合反映全省经济社会发展概况和山东省统计工作情况。

统计表部分收录了 2018 年度山东省国民经济和社会发展方面的统计数据，共有二十二篇：第一篇，综合；第二篇，国民经济核算；第三篇，人口；第四篇，就业、工资和社会保障；第五篇，固定资产投资；第六篇，对外经济和旅游；第七篇，能源；第八篇，财政和金融；第九篇，价格指数；第十篇，居民生活；第十一篇，城市建设；第十二篇，资源和环境；第十三篇，农业；第十四篇，工业；第十五篇，建筑业；第十六篇，规模以上服务业；第十七篇，运输和邮电；第十八篇，批发和零售、住宿和餐饮业；第十九篇，教育和科技；第二十篇，文化、体育和卫生；第二十一篇，公共管理和社会服务；第二十二篇，各县（市、区）主要经济指标。

各篇章插页后附有简要说明，概括介绍各篇主要内容和资料来源；各篇章最后附有主要统计指标解释，简要介绍指标的概念、统计方法、统计口径和统计范围。

附录部分包括全国各省（市、自治区）主要经济指标、部分国际统计资料和山东省统计局工作大事记等。

三、本《年鉴》所列各项指标，《政府工作报告》和《统计公报》使用的数字为快报数或初步统计数；其他各部分为正式年报数据，因第四次经济普查数据审核尚未完成等原因，部分表格为快报数或暂缺 2018 年数据。凡与本《年鉴》数字不符的一律以本《年鉴》为准。

四、本《年鉴》的编辑，已根据现行国家统计制度，对统计指标概念、口径、范围、计算方法、计算价格等，作了统一调整，并分别在各部分的主要指标解释或表末加以注释；各表中价值量指标，凡未加说明的，均按当年价格计算。部分数据合计数或相对数由于单位取舍不同而产生的计算误差均未作机械调整。

五、《山东统计年鉴》公开出版以来，受到了广大读者的关心与支持，对此深表谢意。本《年鉴》编辑中难免存在不足之处，恳请广大读者提出宝贵意见，以便改进、提高。

PREFACE

I. *Shandong Statistical Yearbook* is an annual publication, which covers very comprehensive data and reflects various aspects of Shandong's social and economic development. It can also work as an important and historical reference book which will play a great role in comprehending and studying the basic conditions of Shandong, making policies, and guiding the development of society and economy.

II. The yearbook contains the following three parts: part one feature, part two statistics and part three appendixes. Feature mainly includes Government Work Report, Shandong Statistics Communique and Summary of Shandong Statistical Undertaking, comprehensively reflecting the development of society and economy and showing the achievements in statistics of Shandong Province.

Part 2 contains the following twenty-two chapters, 1. General Survey; 2. National Accounts; 3. Population; 4. Employment, Wages and Social Security ; 5. Investment in Fixed Assets; 6. Foreign Trade and Tourism; 7. Energy; 8. Government Finance and Banking; 9. Price Indices; 10. People's Livelihood; 11. City Construction; 12. Natural Resources and Environment; 13. Agriculture; 14. Industry; 15. Construction; 16.Service Enterprise Above Designated Size; 17. Transport, Postal and Telecommunication Services; 18. Wholesale, Retail, Hotels and Catering Services; 19. Education, Science and Technology; 20. Culture,Sports and Health;21.Public Management and Social Services;22. Main Indicators of Counties (Cities and Districts at County Level).

In brief introduction at the beginning of each chapter, main coverage of this chapter, data sources and statistical coverage are concerned. In addition, explanatory notes on main statistical indicators are provided at the end of each chapter, giving a brief explanation of statistical indicators, such as definition, statistical methods, statistical coverage and statistical scope.

Appendix contains the main economic indicators of some other provinces (municipality), international statistics and Events of Shandong Provincial Bureau of Statistics.

III. Data used in Government Work Report and Shandong Statistics Communiqué are preliminary statistics. data in other chapters is official annual data. Data of 2018 in some tables are preliminary statistics or absent, because the data verification of the Fourth Economic Census is in progress. Data in Shandong Statistical Yearbook are all verified and should be based on this standard.

IV. In *Shandong Statistical Yearbook*, statistical definitions, statistical coverage, statistical methods and prices are adjusted according to the current state statistical standards, and all changes have been noted at the end of the table or in the explanatory notes. Data in value terms are calculated at current prices if there are no notes. Statistical discrepancies on totals and relative figures due to rounding are not adjusted.

V. After this yearbook was published, it has received lots of concerns and support from readers whom we should thank. Because of our ability, it is inevitable that there are shortcomings in this book, so we welcome all candid comments and criticism from our readers to perfect this book and to offer readers better service.

目录 Contents

特 载
ESPECIALLY PRINTED HERE ARE

统计表
STATISTICAL TABLE

第一篇 综 合
CHAPTER 1 General Survey

第四篇 就业、工资和社会保障
CHAPTER 4 Employment , Wages and Social Security

第五篇 固定资产投资
CHAPTER 5 Investment in Fixed Assets

第六篇 对外经济和旅游
CHAPTER 6 Foreign Trade and Tourism

第七篇 能　源
CHAPTER 7 Energy

第八篇 财政和金融
CHAPTER 8 Government Finance and Banking

第九篇 价格指数
CHAPTER 9 Price Indices

第十篇 居民生活
CHAPTER 10 People’s Livelihood

第十三篇 农 业
CHAPTER 13 Agriculture

第十四篇 工 业
CHAPTER 14 Industry

第十五篇 建筑业
CHAPTER 15 Construction

第十六篇 规模以上服务业
CHAPTER 16 Service Enterprises Above Designated Size

第十七篇　运输和邮电
CHAPTER 17 Transport, Post and Telecommunication Services

第十八篇 批发和零售、住宿和餐饮业
CHAPTER 18 Wholesale, Retail, Hotels and Catering Services

第十九篇 教育和科技
CHAPTER 19 Education, Science and Technology

第二十篇　文化、体育和卫生
CHAPTER　20　Culture, Sports and Health

第二十一篇　公共管理和社会服务
CHAPTER　21　Public Management and Social Services

第二十二篇　各县（市、区）主要经济指标
CHAPTER　22　Main Indicators of Counties (Cities and Districts at County Level)

政府工作报告

——2019 年 2 月 14 日在山东省第十三届人民代表大会第二次会议上

山东省省长　龚　正

各位代表：

现在，我代表省人民政府向大会报告工作，请予审议，并请省政协各位委员提出意见。

一、2018 年工作回顾

2018 年，是我省发展史上极不平凡的具有里程碑意义的一年。习近平总书记参加全国两会山东代表团审议、亲临主持上合组织青岛峰会并视察山东，对我省工作发表重要讲话，作出重要指示，提出了“在全面建成小康社会进程中走在前列，在社会主义现代化建设新征程中走在前列，全面开创新时代现代化强省建设新局面”的总遵循总定位总航标，给我们部署了“扎实推动高质量发展、扎实实施乡村振兴战略、扎实做好保障和改善民生工作、扎实抓好干部队伍建设”的重大任务，要求我们在新旧动能转换上蹚出一条路子，打造乡村振兴齐鲁样板，在发展海洋经济上走在前列，弘扬中华优秀传统文化，传承红色基因，打造对外开放新高地，为新时代山东发展指明了方向。按照中共山东省委的决策部署，我们积极解放思想，主动对标先进，到南方学习考察，以观念变革引领制度创新，以深化改革激发内在活力，凝心聚力谋发展，重整行装再出发，在全省形成敢为人先、真抓实干的浓厚氛围。我们精心谋篇布局，围绕实施新旧动能转换、乡村振兴、海洋强省等重大战略，系统谋划出台了一批规划、政策、方案，明确了高质量发展的路线图和时间表。济南莱芜区划调整获得国家批复同意，并顺利组织实施，全省要素资源配置和生产力布局进一步优化，区域经济创新力、竞争力得到提升。我们自觉服务大局，圆满完成上合组织青岛峰会服务保障工作，体现了世界水准、中国气派、山东风格、青岛特色，在世界舞台上展示了山东新形象，习近平总书记作出重要指示，给予充分肯定。加快融入共建“一带一路”和京津冀协同发展，主动承接北京非首都功能疏解及京津产业转移，积极服务雄安新区建设，努力在对接国家战略中作出山东贡献。我们强化开放导向，召开招商引资招才引智工作会议，成功举办央企助力山东新旧动能转换座谈会、青年企业家创新发展国际峰会、外交部山东全球推介、海洽会、首届全国工商联主席高端峰会、鲁台经贸洽谈会和香港山东周、欧洲山东周、日韩山东周等重大活动，吸引了一大批优秀人才和项目，发展后劲更加强劲。我们坚定文化自信，用好齐鲁文化资源丰富的优势，深入挖掘和阐发中华优秀传统文化，高规格举办尼山世界文明论坛、孔子文化节、儒商大会、中国非物质文化遗产博览会、山东文博会；弘扬沂蒙精神，召开红色基因传承研讨会，坚定扛起文化大省的时代责任和历史使命。我们加快补齐短板，济青高铁、青盐铁路建成通车，鲁南高铁曲阜至菏泽段开工建设，莘县至南乐、龙口至莱西、潍坊至日照等 3 条高速公路建成通车，全省运输机场资源整合全面启动，济南机场北指廊工程开工建设，济南轨道交通 1 号线开通试运行，核电 250 万千瓦机组并网发电，峡山水库胶东地区调蓄战略水源地工程启动建设，基础设施支撑能力明显增强。我们全力克难攻坚，奋力打好三大攻坚战，战胜历史罕见台风引起的洪涝灾害，依法妥善化解处置部分利益群体矛盾，稳妥应对中美经贸摩擦。勇于改革创新，先后出台支持实体经济 45 条、扩内需补短板促发展 42 条、支持民营经济 35 条等政策，全省正在步入高质量发展的康庄大道。

一年来，我们在以习近平同志为核心的党中央坚强领导下，坚持以习近平新时代中国特色社会主义思想为指导，深入学习贯彻党的十九大精神，全面贯彻落实习近平总书记视察山东重要讲话、重要指示批示精神，坚定不移贯彻党中央、国务院决策部署，坚持稳中求进工作总基调，贯彻新发展理念，落实高质量发展要求，以供给侧结构性改革为主线，聚焦重点任务，精准施策攻坚，基本完成“十三五”规划中期目标，经济社会保持持续健康发展。“稳”的基础更加牢固，经济运行总体平稳，全年实现生产总值7.65万亿元，比上年增长6.4%，粮食总产超过1000亿斤，规模以上工业增加值增长5.2%；三大需求总体平稳，固定资产投资、社会消费品零售总额分别增长4.1%、8.8%，进出口总额1.93万亿元，增长7.7%；就业物价总体平稳，城镇新增就业136.8万人，城镇登记失业率控制在3.35%，居民消费价格上涨2.5%。“进”的势头更加明显，质量效益越来越好，规模以上工业企业利润增长10.3%，地方一般公共预算收入6485亿元，增长6.3%，税收占比75.5%，提高3个百分点；“四新”经济越来越旺，“四新”经济投资占固定资产投资比重达到43.9%；生态环境越来越优，环境空气质量综合指数、细颗粒物(PM2.5)平均浓度分别改善9.6%、14%；民生保障越来越实，城乡居民人均可支配收入分别增长7.5%和7.8%，财政民生支出占比达到79%。省十三届人大一次会议确定的年度目标任务基本完成，本届政府工作开局良好。

一年来，主要做了以下工作：

(一)扎实推进综合试验区建设，新旧动能转换开启新征程。去年元月3日，国务院正式批复综试区总体方案，春节后上班第一天，省委、省政府召开动员大会。一年来，出台新旧动能转换重大工程实施意见和实施规划，构建起“10+4”“6个1”协调推进体系，专项规划、基金保障、智库支持等实现十强产业全覆盖。新动能快速成长，规模以上装备工业增加值、高技术产业增加值分别增长7.5%、9.6%。重大项目库建设强力推进，首批450个优选项目开工360个。创新发展步伐加快，启动省级大科学计划和大科学工程，一批关键核心技术实现突破，获得国家科技奖励25项。全国首个量子计算与测量标准化委员会在济南成立，神威E级超算原型机系统在济南投入运行。

(二)扎实推进重大战略实施，城乡融合陆海统筹取得新进展。出台实施乡村振兴“1+1+5+N”政策规划体系，“十百千”示范创建工程全面展开，省级涉农资金统筹整合成效明显。农业“新六产”培育壮大，田园综合体、休闲农业、乡村旅游、农村电商等快速发展。农民合作社、家庭农场分别达到20.3万家和6.37万家。农村集体产权制度改革升级为国家整省试点，首个国家农业开放发展综合试验区在潍坊设立。农村人居环境整治三年行动顺利推进，美丽村居建设“四一三”行动启动实施。海洋强省建设十大行动扎实推进，现代化海洋牧场建设综合试点获批。港口资源整合迈出实质性步伐，渤海湾港口集团挂牌成立。国家首个军民融合创新示范区创建取得重要进展。突破菏泽、鲁西崛起的若干意见出台实施。

(三)扎实推进“双招双引”，改革开放迈上新台阶。省属58户试点企业混合所有制改革基本完成，321户“僵尸”企业总体完成处置。“多证合一”扩大到“45证合一”，全省新登记市场主体168.1万户，总量达到905.6万户。水资源税改革试点和环境保护税改革稳妥实施，全面清理压减涉企经营服务性收费，实施结构性减税政策，全年为企业和个人减税878亿元。省政府机构改革顺利完成，市县政府机构改革扎实推进。扩大高质量招商引资，实际利用外资增长6.5%，世界500强企业在鲁投资活跃，合同外资增长41.4%。组织8000多家单位参加首届中国国际进口博览会。深度融入共建“一带一路”，对沿线国家实际投资增长26.7%，全省欧亚班列资源实现“五统一”整合。优化口岸营商环境，整体通关时间大幅压缩，口岸收费目录清单制度全面实施，集装箱进出口合规成本明显降低。全国首个泛北方区域性签证中心在济南启用。今年1月1日起，青岛航空口岸、海港口岸对53个国家的人员，实行144小时过境免签。

(四)扎实推进污染防治，生态建设见到新成效。全力抓好中央环保督察和“回头看”发现问题整改，逐一解决生态环境突出问题。制定实施“四减四增”三年行动方案，圆满完成粗钢、生铁去产能年度任务，淘汰燃煤机组130万千瓦以上，清洁能源发电量增长50%，新增铁路营运里程522公里、油气长输管道里程220公里，化肥农药用量和强度实现“双减”。蓝天保卫战等八场标志性重大战役作战方案陆续出台实施。化工企业进区入园顺利推进。河长制、湖长制、湾长制全面落实，地表水优良比例稳步提升。泰山区域山水林田湖草生态保护修复工程加快建设。矿山地质环境恢复治理进展明显，自然保护区内矿业权退出工作有序推进。“大棚房”问题清理整治行动取得阶段性成果。坚决整改违法违规用海，围填海管控长效机制初步建立。

(五)扎实推进民生保障，人民群众获得感幸福感安全感实现新提升。坚决打好精准脱贫攻坚战，剩余的省标以下17.2万贫困人口全部脱贫，基本完成脱贫任务。黄河滩区居民迁建工程全面铺开，28个新建村台和27个外迁社区开工建设。1.1万建档立卡贫困人口实现易地扶贫搬迁。棚户区改造新开工85.2万套、基本建成45万套，老旧小区改造开工43.4万户，农村建档立卡贫困户危房改造完成2.5万户。企业离退休人员基本养老金稳步提高。居民基本养老保险基础养老金最低标准提高至每人每月 118 元，居民基本医疗保险财政补助标准由 450 元提高至 490 元。新建改扩建幼儿园 2602 所，新增学位 50.1 万个。新建改扩建中小学校 633 所，新增学位 47.1 万个，新增教师 2.9 万人。启动全国首个医养结合示范省建设，济南国际医学科学中心建设扎实推进，山东第一医科大学正式获批，国家健康医疗大数据北方中心加快建设。新时代文明实践中心建设试点工作全面启动，现代公共文化服务体系更加健全，乡镇(街道)和村(社区)综合性文化服务中心基本实现全覆盖，孔子博物馆开馆试运行。高质量承办央视中秋晚会。成功举办第 24 届省运会、第 10 届省残运会。全力防范化解重大风险，金融风险总体可控。扫黑除恶专项斗争成效显著。食品药品、安全生产形势总体稳定。妇女儿童、慈善老龄、港澳台、外事侨务、民族宗教、地震气象、国防动员等事业全面进步。

*(六) 扎实推进“一次办好”改革，政府自身建设呈现新气象。*自觉接受省人大的法律监督、工作监督和省政协的民主监督，办理省人大代表建议 562 件、政协提案 802 件。全省行政处罚与行政强制权力事项实现网上运行，行政复议、行政应诉等工作得到加强。加快培育“审批事项少、办事效率高、服务质量优、群众获得感强”的营商环境，“一次办好”事项清单实现全覆盖，优化营商环境 10 个专项行动全面展开，“3545”专项改革目标基本实现。全省政务信息系统整合基本完成，省级政务服务中心建成运行，省级行政许可事项进驻率达 97.5%。省政府获得中国政府政务公开金秤砣奖，基层政务公开标准化规范化试点工作成效明显。认真贯彻中央八项规定及其实施细则精神和省委实施办法，开展“大学习、大调研、大改进”，持之以恒转变作风，更大力度推进反腐倡廉，反腐败斗争取得压倒性胜利。

一年来，面对复杂多变、风险挑战明显增多的国内外环境，我们着力打基础谋长远，办成了一系列大事、要事、难事，新旧动能转换全面起势，重大战略谋篇布局持续深化。尤其是，新发展理念深入人心，供给侧结构性改革有力推进，体制机制不断优化，发展氛围全面重塑，呈现出高质量发展意义上的新变化新气象，广大党员干部敢为人先、克难攻坚的信心越来越坚定，全省上下走在前列、建设强省的干劲越来越充足。事非经过不知难，成绩来之不易。这是以习近平同志为核心的党中央坚强领导、亲切关怀的结果，是中共山东省委科学决策、正确领导的结果，是省人大、省政协和社会各界有效监督、大力支持的结果，是全省人民团结一心、奋力拼搏的结果。在此，我代表省人民政府，向全省各族人民，向各民主党派、工商联、无党派人士、各人民团体和社会各界人士，向离退休老同志，向驻鲁人民解放军和武警部队官兵、中央驻鲁单位，向所有关心支持山东发展的港澳台同胞、海外侨胞和国际友人，表示衷心的感谢和崇高的敬意！

我们清醒认识到，政府工作也存在许多短板和不足。一是学懂弄通做实习近平新时代中国特色社会主义思想，落实习近平总书记视察山东重要讲话、重要指示批示精神，还有不到位的地方。二是经济面临下行压力，实体经济比较困难，内需增长有所放缓，新旧动能转换“空笼期”问题不容忽视，实现经济高质量发展还有大量艰苦的工作要做。三是金融及政府债务、安全生产、社会稳定等领域风险点、危险源依然存在。四是生态环境治理长效机制尚未形成，环保风险隐患多、治理压力大。五是改革任务推进不平衡，一些体制机制障碍亟需突破，营商环境还不够优化，开放层次不高、结构不优、后劲不足的问题仍比较突出。六是弘扬优秀传统文化需要进一步加强，对齐鲁优秀传统文化、红色文化的精神标识和价值精髓提炼还不够。七是保障和改善民生需要进一步用心用力，就业稳定增长、社会保障扩面提标、优质公共服务资源供给等存在压力。八是落实全面从严治党责任存在薄弱环节，政府职能转变和制度创新仍需深化细化，党员干部中不会为、不敢为、不想为现象还不同程度存在。对这些问题，我们一定采取更加有力有效的措施，切实加以解决。

二、2019 年经济社会发展主要目标和总体要求

今年，是新中国成立 70 周年，是全面建成小康社会、实现第一个百年奋斗目标的关键之年，也是我省加快新旧动能转换、实现高质量发展的重要一年。政府工作的总体要求是，以习近平新时代中国特色社会主义思想为指导，认真贯彻党的十九大和十九届二中、三中全会精神，深入落实习近平总书记视察山东重要讲话、重要指示批示精神，牢牢把握“走在前列、全面开创”总要求，加强党的领导，统筹推进“五位一体”总体布局，协调推进“四个全面”战略布局，坚持稳中求进工作总基调，坚持新发展理念，坚持推动高质量发展，坚持以供给侧结构性改革为主线，坚持

深化市场化改革、扩大高水平开放，以新旧动能转换重大工程为引领，加快实施创新驱动发展战略，聚焦聚力推进乡村振兴、经略海洋、军民融合等工作重点，继续打好三大攻坚战，统筹推进稳增长、促改革、调结构、惠民生、防风险、保稳定工作，保持经济运行在合理区间，进一步稳就业、稳金融、稳外贸、稳外资、稳投资、稳预期，着力激发微观主体活力，加快塑造高质量发展新优势，促进经济持续健康发展和社会和谐稳定，以优异成绩庆祝中华人民共和国成立70周年。

今年全省经济社会发展主要预期目标为：生产总值增长6.5%左右；一般公共预算收入增长5%以上，收入质量进一步提升；投资结构持续优化，消费对经济增长的贡献率进一步提高，货物和服务贸易稳中提质；城镇居民人均可支配收入增长7%，农村居民人均可支配收入增长7%以上；城镇新增就业110万人，登记失业率控制在4%以内；居民消费价格涨幅3%左右；全面完成国家下达的节能减排降碳约束性指标和环境质量改善目标。

提出上述目标，统筹考虑了全面建成小康社会需要，充分估计了当前复杂严峻形势。从国际看，世界经贸关系正在重构，全球经济贸易增速趋缓，中美经贸摩擦成为我国发展外部环境面临的最大变数。从国内看，我国吸引国际先进技术、高端人才、创新要素面临更大约束，深层次结构性矛盾更加凸显，部分领域风险隐患仍在集聚，传统动能减速带来新的下行压力。从我省看，正处于结构的深度调整期、瓶颈的突破期、动能转换的胶着期，外部不确定性和下行压力加大交织并存，传统产业调整转型和新经济势强力弱交织并存，实体经济困难和要素保障趋紧交织并存，各种风险挑战不容忽视。同时，我们要深刻认识我国发展仍处于并将长期处于重要战略机遇期，抓住用好深化改革开放、新技术革命、构建现代产业体系、新旧动能转换、绿色发展、市场需求持续扩大、补齐民生短板的大好机遇，正确处理“变”与“不变”、“形”与“势”、“稳”与“进”、“危”与“机”、“快”与“慢”的关系，乘势而上，顺势而为，增创高质量发展新优势。

做好今年经济社会发展工作，必须牢牢把握高质量发展这个根本要求。贯彻落实新发展理念，坚持发展是第一要务、人才是第一资源、创新是第一动力，逐步建立我省经济高质量发展的指标体系、政策体系、标准体系、统计体系和绩效评价、政绩考核办法，聚焦新旧动能转换和乡村振兴、海洋经济、对外开放、军民融合等战略要地，推动质量变革、效率变革、动力变革，奋力蹚出一条高质量发展的路子。必须牢牢把握稳中求进这个工作总基调。把“稳”放在首要位置，保持定力，稳扎稳打，提振市场信心。坚决打破传统的思维惯性和路径依赖，坚定不移压减低端、淘汰落后，确保“腾笼”与“换鸟”有序衔接。大力发展“四新四化”，加速迈向创新驱动、内生发展的快车道，着力抓好一批打基础利长远的大事要事，推动经济行稳致远。必须牢牢把握改革开放这个关键一招。大力推进思想解放、观念变革，推动国资国企、财税金融、土地、市场准入、社会管理等领域改革走深走实，在改革的路上走得更快，把开放的大门开得更大，打造对外开放新高地，以改革开放的新突破带来社会生产力的大跃升。必须牢牢把握优化环境这个重要保障。瞄准市场主体反映的突出问题，着力推进制度创新，凡是市场能自主调节的就让市场来调节，凡是企业能干的就让企业干，构建市场“无形之手”、政府“有形之手”、社会“勤劳之手”各安其位、协同高效的制度环境。必须牢牢把握落实见效这个导向要求。把今年作为“工作落实年”，坚持问题导向、目标导向、结果导向和结果评价相统一，出台的政策、定下的事情，盯住不放、一抓到底，形成条条块块同向发力、共抓典型推动落实的工作局面。

三、2019年政府工作重点任务

今年改革发展稳定任务十分繁重。必须统筹兼顾、优化布局、突出重点，全面抓好各项工作落实。

*（一）聚焦聚力“一个工程”，进一步拓展高质量发展有效路径。*认真贯彻落实“巩固、增强、提升、畅通”八字方针，深化供给侧结构性改革，以更大力度推动存量变革、增量崛起，为新旧动能转换“三年初见成效”奠定坚实基础。

聚力产业培育，壮大十强现代优势产业集群。全面推动十强产业规划落地实施，提高园区化、集群化、高端化发展水平。推动制造业高质量发展。出台实施新一代信息技术、高端装备、高端化工、新材料和高耗能行业“4+1”细分行业规划，着力打造京沪-济青高铁沿线高端制造业产业带。深入实施新一轮高水平技术改造，加快企业“零土地”技术改造项目审批方式改革，探索推广泰安康平纳及潍坊盛瑞、浩信共享工厂建设试点经验，支持一批对标国际先进水平的省级重大技改项目建设。创建国土资源节约集约示范省，启动“亩产效益”资源市场化配置改革，选取18个县(市、区)开展试点。加快七大高耗能行业高质量发展，稳妥有序推进产业调整、企业搬迁、土地盘活、资金融通等工作。加快推动炼化一体化，全力推进烟台裕龙岛炼化一体化项目前期工作，开工建设烟台万华乙烯项目和东营威联芳烃项目，打造鲁北高端石化产业基地。加快推动铝业高端绿色安全发展，延伸拉长铝产业链条，打造世界级高端铝业基地。加快推动钢铁产业向沿海集中布局，建设日-临沿海先进钢铁制造产业基地和莱-泰内陆精品钢产业基地。推动“四新”经济提速扩容。布局建设一批重点数字园区，扎实开展“云行齐鲁”、企业上云、智能制造带动提升等重点行动，高水平建设海尔、浪潮等工业互联网平台。启动建设山东省工业设计研究院，争取承办国际工业设计产业博览会。统筹推进建设医养结合示范省、国家健康医疗大数据北方中心、山东第一医科大学、济南国际医学科学中心，建设青岛崂山湾国家健康旅游示范基地，形成医养健康产业整体发展优势。推动释放跨界融合潜能。加快数字山东建设，推进5G通讯、人工智能、量子通讯、工业互联网、物联网与制造业深度融合，研究制定“现代优势产业集群+人工智能”的推进方案。建设省级服务业创新中心、服务业特色小镇、服务业集聚示范区。举办全省旅游发展大会，创建国家全域旅游示范省，推出一批精品旅游线路和产品，力争全年接待国内外游客9.3亿人次、旅游消费总额突破1.1万亿元。推进媒体融合发展，重点建设海报新闻客户端、县级融媒体中心、新媒体大平台和广电网络5G试点项目。推动提升高端品牌价值。实施百年品牌企业培育工程，挖掘和发挥“好品山东”集群品牌作用，培创1-3家精品高端产业集群区域品牌，3-5家特色产业集群区域品牌。加快推进国家标准化综合改革试点省建设，建立形成新型山东标准体系，推动“泰山品质”高端认证。建设好国家级知识产权保护中心，完善知识产权创造、运用、保护、管理和服务机制。

聚力项目建设，发挥重大项目的示范引领作用。制定省市县项目库建设标准，构建层级衔接、上下互动、全面融合的项目库建设体系。健全重大项目库动态调整机制，建立要素资源跟着项目走的综合保障机制。加强省级统筹，第一批优选项目开工率达到90%以上，完成年度投资2000亿元，加快推进120个省重点项目和第二批优选项目。切实发挥好十大专班对行业新旧动能转换的组织功能，特别是在“双招双引”方面的推动作用，打造整合各类资源的平台，协调市县、智库、协会(联盟)及相关企业，协同推进重大项目建设、产业基金落地、产业集群培育。

聚力区域发展，构建新旧动能转换总体格局。全面落实主体功能区战略，深化多规合一，促进东中西协调发展。济南市要在数字经济、健康医疗、量子通讯，青岛市要在现代海洋、智能家电、轨道交通，烟台市要在核电装备、虚拟现实等领域，布局一批辐射带动力强的标志性大项目。大力推进开发区等园区体制改革，突出开发区主责主业，建立灵活的用人制度和薪酬体系，促进各类园区高质量发展。推进海关特殊监管区域加快功能创新，建设全国性保税仓储中心，培育进口商品保税展示交易平台。深化新型城镇化综合试点，常住、户籍人口城镇化率分别达到62%左右和51.5%左右。实施城市品质提升行动，积极推进智慧城市、海绵城市、综合管廊建设。支持济南深度对接京津冀协同发展和雄安新区建设，打造我国北方高端产业、科技、人才、现代服务业集聚地和央企、跨国公司区域总部基地，建设“大强美富通”的现代化国际大都市。支持青岛加快构建高质量发展开放型经济新体制，真正成为山东面向世界开放发展的桥头堡，建设开放、现代、活力、时尚的国际大都市。推动突破菏泽、鲁西崛起迈出实质步伐。支持淄博老工业城市和资源型城市产业转型升级示范区建设。编制实施《泰安市城乡一体空间发展战略规划》，推动德州、聊城、东营、滨州等深度融入京津冀协同发展。做好援疆、援藏、援青工作。

（二）做优做强“两篇文章”，进一步塑造高质量发展特色优势。打造乡村振兴齐鲁样板，更加注重经略海洋，是习近平总书记赋予新时代山东的重大使命。作为农业大省、海洋经济大省，我们必须扛起责任、强化担当，不断开拓高质量发展新空间。

高起点打造乡村振兴齐鲁样板。研究制定齐鲁样板标准体系，探索东中西部地区乡村振兴分类推进机制，探索土地规模化经营、村庄布局调整、美丽乡村、田园综合体建设与乡村“五个振兴”统筹推进机制，深化乡村振兴“十百千”示范创建，打造各具特色的现代版“富春山居图”。持续推进农业更强。坚持藏粮于地、藏粮于技战略，实施耕地质量提升计划，加快高标准农田建设，扎实开展粮食绿色高质高效创建和“渤海粮仓”科技示范工程，确保粮食总产稳定在1000亿斤以上。严守耕地红线，严肃整治“大棚房”问题，全面完成粮食生产功能区和重要农产品生产保护区划定工作。加快建设潍坊国家农业开放发展综合试验区。建设运营好国家蔬菜质量标准中心，打造蔬菜产业“山东标准”。整建制创建农产品质量安全省。推进国家和省级现代农业产业园、农业高新技术开发区创建，再打造省级田园综合体20个以上。加快推进农业“新六产”融合示范，新增农业“新六产”示范县20个、示范主体260家。持续推进农村更美。继续把公共基础设施建设的重点放在农村，“四好农村路”建设年内完成投资150亿元。开展新一轮农村电网升级改造，实施绿色能源示范村镇、可再生能源集中供热等重大工程，推动供气设施向农村延伸。深入推进农村人居环境整治三年行动，积极探索农村污水治理模式，在荣成市、淄博博山区、邹城市、郓城县开展农村生活垃圾分类试点，着力建立农村改厕后续管护长效机制。实施好美丽村居建设“四一三”行动，年内新增100个省级试点村。持续推进农民更富。深化农村集体产权制度改革整省试点，年内80%的涉农村(居)完成产权制度改革。继续推进农村闲散土地盘活利用，发展壮大村级集体经济，增加农民财产性收入。完善农民返乡创业政策，加快发展农民职业教育。

高标准推进海洋强省建设。海洋强省建设十大行动要全面提速，在海洋优势转化上下功夫、见实效。加快建设世界一流海洋港口。坚持港口发展一体化、装备智能化、业态高端化和港城发展协同化，研究制定山东省港口集团组建方案，推进山东国际航运中心建设。大力发展金融保险、船舶租赁、电商服务等高端航运服务业，积极推进物流贸易港建设。建设疏港公路、铁路、管道，完善海河、海公、海铁等多式联运体系，推动成立全省多式联运发展企业联盟。加快构建现代海洋产业体系。统筹推进沿海、远海、深海、陆海产业发展，大力培育智慧海洋、海洋高端装备、海洋工程、海洋旅游、海洋生物医药、海洋能源、海水综合利用等新兴产业。开展现代化海洋牧场建设综合试点，扎实推进32个国家级海洋牧场示范区建设。加快建设绿色可持续海洋生态环境。科学编制海岸带综合保护与利用总体规划，研究实行海岸建筑退缩线制度。实施陆海污染一体化治理，健全近岸海域水质目标考核制度，完善入海污染物总量控制制度。科学保护海岛及其周边海域生态系统，扎实推进长岛海洋生态文明综合试验区建设。

各位代表，坚定实施军民融合发展战略，山东具有得天独厚的优势。要全力创建国家军民融合创新示范区，加快军地融合创新发展，围绕体制机制、政策制度和发展模式创新，尽快形成可复制可推广的经验模式，率先蹚出一条体现时代特征、彰显山东特色的军民融合创新之路。推进基础设施贯彻国防要求，实现军地资源共建共用共享。推进军民科技协同创新，整合军地院校、科研院所、人才等资源，探索建立军政企产学研协同创新机制。创新军地需求对接机制，拓宽军转民、“民参军”渠道，引导支持民营企业和社会力量参与军民融合发展。精准对接国家军民融合重大工程和产业基金，布局实施一批军民融合重大项目，加快培育一批特色鲜明的产业集群和优势企业。深化全民国防教育，完善国防动员体系，大力加强国防后备力量建设。持续支持国防和军队深化改革，全力支持部队备战打仗，依法加强军事设施保护。扎实做好双拥工作，积极营造尊崇军人的环境，巩固军政军民团结。严格落实安置、优抚等各项政策，维护退役军人合法权益，加强教育管理服务，激励他们在新时代建功立业。

(三)打好打赢“三大攻坚战”，进一步筑牢高质量发展基础支撑。针对突出问题，打好重点战役，全力攻坚，务求实效，加快形成标本兼治、系统发力的良性机制。

强化底线思维，坚决打好防范化解重大风险攻坚战。坚持早识别、早预警、早发现、早处置，努力做到在最早时间，从最低层级，用相对最小成本，解决最大的关键问题，争取综合效益最佳。打造“金安工程”。建立大数据监管平台和企业信用体系，健全金融风险监测防控体系，强化对金融风险的监测预警和及早处置。指导债权银行建立银行债权人委员会，积极稳妥化解不良贷款和债券兑付风险。成立100亿元的纾困基金，加大重点风险企业处置力度。有序处置存量政府债务，规范政府举债融资行为，妥善解决在建公益项目后续融资。推动高风险金融机构改革重组。严厉打击恶意逃废债务行为和各类非法金融活动。筑牢安全生产底线。严格落实安全生产责任制，推进安全生产风险分级管控和隐患排查治理双重预防体系建设，强化应急管理基层基础工作。深入开展化工产业安全生产转型升级专项行动，加快企业进区入园步伐。深化道路交通、水上交通、煤矿和非煤矿山、城乡加气站等重点领域专项治理，研究制定千米以下冲击地压风险较大煤矿安全生产管理意见，坚决防范和遏制重特大事故发生。深化平安山东建设。深入开展扫黑除恶专项斗争，严厉打击黑拐骗、黄赌毒等违法犯罪活动。创新发展新时代“枫桥经验”，统筹网格化管理、组团式服务、信息化支撑，推进城乡社区治理和服务创新。加强人民调解员队伍建设，加强和改进信访工作。加快应急管理体制机制和装备建设，着力提升应急救援能力。实施自然灾害防治重点工程，巩固灾后重建成果。进一步做好民族工作，构建积极健康的宗教关系。

强化成果巩固，坚决打好精准脱贫攻坚战。聚力“两不愁三保障”，牢牢把握精准方略，全面落实我省打赢脱贫攻坚战三年行动实施意见，减少和防止脱贫人口返贫，巩固提升脱贫成果。突出重点领域。紧盯“黄河滩”，聚焦“沂蒙山”，锁定“老病残”，统筹各类扶贫资源，巩固提升“4 个 2”和黄河滩区脱贫成果，启动湖区、库区群众搬迁规划研究。实施好黄河滩区迁建工程，在保证质量前提下，年内 27 个外迁安置社区主体工程全面封顶，28 个新建村台全部完成淤筑，改造完成旧村台 23 个。做好易地扶贫搬迁后续工作。改进扶贫方式。提升产业扶贫质量，促进贫困人口转移就业，深化健康扶贫、教育扶贫、旅游扶贫、危房改造，同步解决贫困群众脱贫与解困问题。开展扶贫扶志行动，加大贫困人口技能培训，帮助贫困户靠自身劳动脱贫致富。强化常态长效。严格落实保障性扶贫兜底政策，建立以社会保险、社会救助、社会福利制度为主体，以社会帮扶、社工助力为辅助的综合保障体系。推进脱贫攻坚与乡村振兴相衔接、开发式扶贫与保障性扶贫相结合，针对收入水平略高于建档立卡贫困户的群众，研究出台扶持政策，总结完善扶贫资金持续积累持续发挥作用的办法。认真落实五级书记遍访贫困对象行动，开展新一轮第一书记驻村抓党建促脱贫工作，加强扶贫领域腐败和作风问题专项治理。做好东西部协作对口帮扶和省内“6+6”扶贫协作工作。

强化系统治理，坚决打好污染防治攻坚战。坚定不移抓好中央环保督察反馈意见和“回头看”移交问题整改，全面落实“1+1+8”系列方案。深入推进“四减四增”。实施“绿动力计划”，清洁高效利用传统能源，深度开发利用新能源，加快煤炭消费减量替代，实施好“外电入鲁”，力争接纳省外来电 2000 万千瓦以上。加强重点企业和工业园区铁路专用线建设，确保到 2020 年铁路货运周转量比重，比 2017 年提高 7 个百分点。开展化肥农药减量使用，确保到 2020 年单位耕地面积化肥、农药使用量，分别比 2015 年下降 6% 和 10%。坚决打好八场标志性战役。加强重污染天气应急联防联控联治。淘汰高排放、老旧柴油货车，提升重型柴油运输车辆排放达标比例。推进黑臭水体整治，全面深化南水北调沿线水污染防治，推动渤海湾、莱州湾等综合整治，强化危险废物处置监管。建立健全污染防治长效机制。严格落实企业主体责任，健全生态环境损害赔偿、排污许可、环境信用评价等制度。完善激励企业绿色发展的价格、财税、金融和投资政策。制定可预期的环保、质量、安全等标准，为企业转型升级留出必要的时间和空间。帮助企业制定环境治理解决方案，避免处置方式简单粗暴。

*（四）抓紧抓实“四力并发”，进一步汇聚高质量发展磅礴力量。*推动改革开放再出发，向改革要活力、抓开放挖潜力、促创新增动力、培育需求支撑力，打造新旧动能转换强劲引擎。

在激发改革活力上抓落实见实效。以增强微观主体活力为重点，推动相关改革持续深化。深化国资国企改革。加快实现从管企业向管资本转变，健全完善国有资本投资公司、国有资本运营公司管理运营方式。实施省属企业混合所有制改革三年工作计划，鼓励民营资本参与国企改革发展。深化国有资本授权经营体制改革，推进符合条件的省属上市公司实施股权激励、非上市公司开展中长期激励试点，抓好职业经理人制度试点，开展国企境外投资专项检查。深化财税体制改革。规范省以下财政收入划分办法，完善省与市县财政事权和支出责任划分，加大对欠发达地区转移支付力度。推进预算管理改革，进一步完善全口径预算管理体系，实现“四本预算”和政府债务收支计划一体化编制，全面实施预算绩效管理。加快税制改革步伐，健全地方税体系，完善税收征管办法。深化地方金融改革。推进地方国有金融资本管理改革，加强国有金融资本集中统一管理。推动城商行、农商行业务逐步回归本源，完善法人治理，强化合规经营。支持济南区域性产业金融中心、青岛财富管理金融综合改革试验区、烟台区域性基金管理中心建设。着力解决融资难融资贵。提高金融体系服务实体经济能力，支持金融机构发行小微企业贷款资产支持证券，将小微企业贷款基础资产单户授信放宽至 500 万元。引导金融机构优化内部绩效考核和责任管理体系，改进间接融资服务效率，更好发挥保险支持经济社会发展的作用。促进直接融资占比提高，提升区域股权市场服务能力，鼓励企业通过多层次资本市场挂牌上市。整合组建省级政府性融资担保集团，构建省市县政府性融资担保体系。设立省级应急转贷基金，加大对各市应急转贷工作支持力度，为经营状况良好、资金暂时周转困难的企业提供过桥转贷服务。督促银行机构建立无还本续贷企业名单，对符合条件的企业实现贷款到期后无缝续贷。

在挖掘开放潜力上抓落实见实效。进一步加大开放力度，积极申建中国(山东)自由贸易试验区，打造对外开放新高地。拓展全面开放“大市场”。大力实施境外百展市场开拓计划。支持企业调整全球生产供应布局，加强海外基地建设。用好港澳台开放平台，加强鲁港、鲁澳、鲁台交流合作。重视对欧美企业的开放合作。全面落实优化口岸营商环境政策措施，进一步压减整体通关时间，降低通关成本。发挥青岛、威海国家级跨境电商综试区政策优势，扩大跨境电商零售出口。搭建日韩合作“大平台”。以建设中日韩地方经济合作示范区为载体，加强鲁日贸易投资领域合作，联手开拓第三方市场；巩固提升中韩(烟台)产业园、威海中韩自贸区地方经济合作示范区。深化日韩山东周活动，加大对日韩高质量“双招双引”力度，抓紧推进与日韩在谈的 48 个合作项目。办好第 18 届泛黄海中日韩经济技术交流会，提升中日韩(潍坊)产业博览会层次。开辟互联互惠“大通道”。积极融入共建“一带一路”，做强“齐鲁号”欧亚班列品牌，力争年内开行往返 500 列。新开辟 2 条洲际航线，国际航线达到 80 条以上。认真贯彻习近平总书记“办好一次会，搞活一座城”重要指示，落实上合组织青岛峰会成果，高标准规划建设青岛中国-上合组织地方经贸合作示范区，推动设立上合组织融资机构和地方经贸合作基金。办好跨国公司领导人青岛峰会、博鳌亚洲论坛全球健康论坛大会、国际友城合作发展大会。

在增强创新动力上抓落实见实效。深入实施创新驱动发展战略，提供高质量科技供给，研发投入占生产总值的比重达到 2.55%左右。在建设高能级创新平台上下功夫。积极推动青岛海洋科学与技术国家实验室正式入列，建设好中科院海洋大科学研究中心，推进国家高速列车中心建设，加快建设齐鲁科创大走廊，新增 10 家以上国家级创新平台、200 家以上省级创新平台。积极争取若干国家大科学装置和重大科研基础设施落户我省。建设国家量子信息技术实验室济南基地，争创国家量子大科学中心。加强企业研发机构建设，有创新活动的规模以上工业企业占比提高 1-2 个百分点。在突破关键共性技术上下功夫。围绕十强产业集群，实施 30 项国家级、省级大科学计划和大科学工程，攻克一批制约产业发展的“卡脖子”技术问题。积极承担国家科技计划项目，争取更多国家重点科学计划成果在我省转化实施。在广聚人才上下功夫。全面落实人才新政 20 条，实施好泰山系列人才工程，继续实施“山东-名校人才直通车”“外专双百计划”引才工程、省级高端外国专家项目等引智专项，开展“百千万专家服务基层”活动。实施青年科技人才竞争力提升计划。健全人才分类评价机制和科研管理机制，赋予科研单位和科研人员更大自主权。弘扬劳模精神，做强“齐鲁工匠”品牌，打造宏大的高素质产业技能“生力军”。在培育创新型企业和企业家上下功夫。统筹推进企业家队伍建设“111”工程，全年培训企业家 2000 人，建立青年企业家导师制度，激发和保护企业家精神。实施“专精特新”中小企业发展规划，全年培育省级“专精特新”中小企业 300 家、“一企一技术”研发中心企业 100 家、瞪羚企业 100 家、隐形冠军企业 100 家，积极培育独角兽企业。推进高新技术企业培育行动计划，高新技术企业突破 1 万家。继续推动“个转企、小升规、规改股、股上市”，重点培育“小升规”企业 1500 家。

在培育需求支撑力上抓落实见实效。发挥人口大省优势，适应服务消费增速加快、比重提升新趋势，促进形成强大国内市场。培育居民消费热点。支持社会力量增加医疗、养老、家政、教育等服务供给，构建更加成熟的消费细分市场，积极培育网络、定制、体验、智能等消费，扩大品牌消费。推进流通追溯体系建设，常态化开展打击侵权假冒活动，营造安全放心的消费环境。加快供应链创新与应用试点，构建城乡智慧物流配送体系。拓宽民间投资领域。进一步放开基础设施以及电信、通讯等行业限制，择优选择一批高速铁路、机场、港口项目开展社会资本投资示范，鼓励民间资本以股权方式参与项目建设运营。补齐基础设施短板。力争年内开工建设郑济高铁、雄商高铁、潍烟高铁、鲁南高铁菏泽至兰考段、黄台联络线 5 个高铁项目，加快京沪高铁二通道、济南至滨州、莱西至荣成等高铁项目前期工作。全面加快 27 个在建高速公路项目建设进度，确保 9 个项目今年建成通车。抓好 4 个在建机场项目建设，开工建设菏泽机场、蓬莱国际机场二期扩建工程，确保青岛胶东国际机场建成投用，推进济南机场二期改扩建和枣庄、聊城机场前期工作。开工建设京杭运河山东段升级改造工程和小清河复航工程。持续推进青岛 LNG 二期工程、泰安二期抽水蓄能电站等重大能源设施项目，加快建设黄水东调二期工程、峡山水库胶东地区调蓄战略水源地工程、引黄济青改扩建等重大水利设施，基本完成大中小型病险水库除险加固、小型水利工程防洪隐患治理主体工程建设。

（五）盯紧盯牢发展环境保障，进一步形成经济社会高质量发展生态系统。在共同营造风清气正的政治生态基础上，持续优化政务生态、创新创业生态、自然生态、社会生态，培育一流营商环境，塑成政策、环境、服务“三位一体”的集成优势。

持续打造精简高效的政务生态。以“一次办好”改革为统领，深化“放管服”改革，在政务生态建设上迈出更大步伐。更大力度减权放权。继续取消下放省级权力事项，推进市级简政放权，深化扩权强县改革，实施“市县同权”，凡是法律法规没有明确实施层级且基层有实际需求的，原则上交由县（市、区）实施，提升县域发展要素聚集能力。更加精准优化流程。深化证照分离改革，持续解决“准入不准营”问题。各级政务服务中心设立审批服务代办窗口，健全代办机制，对企业办理特定领域相关审批手续提供全程代办、无偿代办。全面推开“双随机、一公开”监管。更广范围共建共享。大力推进“数字政府”建设，推动“互联网+政务服务”，实现政务服务事项数据“全打通、全归集、全共享、全对接”。继续清理规范中介服务，严查“红顶中介”，决不允许违法违规的中介服务稀释改革红利。

持续打造富有活力的创新创业生态。打造“政产学研金服用”创新创业共同体，构建“政府主导创环境、企业主体强创新、各类人才激活力、科技研发出成果、金融配套强保障、中介服务提效率、成果转化增效益”的创新生态圈。以山东产业技术研究院为示范样板，五年培育30个省级创新共同体。坚持“两个毫不动摇”“三个没有变”，切实做到在促进民营经济发展上坚定不移，在政策执行上一视同仁，在市场竞争中公平对待。支持民营企业牵头实施国家重大科技计划项目，对成功创建为国家技术创新中心、制造业创新中心的企业，省财政给予每个1000-3000万元经费支持。更大力度减税降费，帮助企业降低成本、减轻负担。对小微企业、科技型初创企业税收实施普惠性免除。全面降低城镇土地使用税税负，高新技术企业按调整后税额标准的50%执行；降低印花税核定征收比例，货运车辆车船税税额减半。

持续打造彰显魅力的自然生态。加快泰山区域山水林田湖草系统治理，加强矿山地质环境恢复、水土流失综合治理。抓好统筹治水，落实河长制、湖长制、湾长制，推动天上水、地表水、特殊水、外来水、地下水“五水共享”，实现治污水、防洪水、抓节水、保供水“四水共治”，加快构建具有山东特点的治水大格局。确保饮用水水质安全，科学划定集中式饮用水水源保护区，稳步推进农村饮水安全两年攻坚。全面推行林长制，深入开展“绿满齐鲁·美丽山东”国土绿化行动，实施乡村绿化美化工程，抓好森林抚育和退化防护林更新改造。规范各类自然保护区管理。抓好第三次国土调查。

持续打造诚信法治的社会生态。各级政府及工作人员要带头讲诚信，坚决杜绝“新官不理旧账”。加强对政府机构失信的治理，定期清理政府部门拖欠企业资金问题。加强企业诚信制度和个人信用体系建设，建立信用“红黑名单”制度，完善守信联合激励和失信联合惩戒机制。搭建企业产权纠纷调解平台，建立平等保护各类市场主体和自然人财产权长效机制。深化法治山东建设，健全公共法律服务体系，引导广大群众自觉守法、遇事找法、解决问题靠法。依法做好第四次经济普查工作。持续净化市场环境，有效解决“违法成本低、守法成本高”的顽瘴痼疾，坚决纠正“劣币驱逐良币”现象。

培育良好生态系统，关键是构建亲清新型政商关系。要制定政商交往正面清单和负面清单，为广大干部服务企业、与企业家正常交往划清“安全区”。按照“换位思考、主动服务、有求必应、无需不扰、结果评价”导向要求，精准把握企业群众的需求，落实好领导干部联系帮包企业制度，放下身段、尽心竭力提供一对一、个性化、精准化的保姆式、店小二式服务，认真对待、及时回应微观主体的个性化需求，最大限度减少政府对市场活动的直接干预，把评判权放到企业和群众手中，让企业来评判、让群众来打分，形成市场主体茁壮成长的阳光雨露。

（六）落细落实“六个着力点”，进一步提升高质量发展共享水平。认真践行以人民为中心的发展思想，坚持尽力而为、量力而行，完善制度、守住底线，精心做好各项民生工作。

第一，着力稳定和扩大就业。把稳就业摆在突出位置，实施就业优先政策，加大援企稳岗力度，千方百计保持就业稳定。更大力度鼓励创业带动就业，设立省级创新创业示范综合体，推动创新、创业、就业良性循环。继续实施“三支一扶”计划，促进以高校毕业生为重点的青年就业。优化全方位公共就业服务，统筹抓好去产能分流职工就业安置、农民工、困难群体就业援助等工作。逐步建立退役军人待遇保障、优先优待、接收安置、服务管理、督导检查政策体系，高质量做好计划分配军转干部及随调随迁家属安置工作，做好符合政府安排工作条件的退役士兵安置工作，加大自主择业军转干部、自主就业退役士兵培训力度，促进稳定就业、高质量就业。保持城镇零就业家庭动态清零。健全终身职业技能培训制度，抓好保障农民工工资支付工作，完善劳动人事争议调解仲裁制度和多元处理机制，构建和谐劳动关系。

第二，着力增加居民收入。落实最低工资标准和企业工资指导线，依法推进工资集体协商，不断提高技术工人待遇。改革国有企业工资决定机制，稳妥推进职业经理人薪酬制度改革试点。完善机关事业单位工资和津补贴制度，进一步提高基层工作人员待遇。落实以增加知识价值为导向的分配政策，扩大高校和科研院所收入分配自主权。严格落实提高个人所得税起征点和专项附加扣除政策。

第三，着力完善社会保障体系。健全居民养老保险待遇确定和基础养老金正常调整机制，建立企业职工基本养老保险基金省级统收统支制度。完善居民医疗保险筹资机制，提高医保基金统筹层次，提升医保监管能力，严厉打击欺诈骗保行为。积极推行药品集中带量采购，建立完善按病种付费为主的复合型支付方式。继续提高城乡居民基本医疗保险财政补助标准，进一步提高基本公共卫生服务人均经费标准。扩大实施职工长期护理保险制度，失业保险金标准提高至最低工资标准的80%。推进房地产市场平稳健康发展，加快培育住房租赁市场，发放住房租赁补贴3万户以上，开工改造棚户区21万套，改造老旧小区20万户，继续做好既有多层住宅加装电梯试点工作。统筹完善社会救助体系，做好流动家庭、留守家庭、空巢家庭、单人家庭专项救助。分类提高困难残疾人生活补贴和重度残疾人护理补贴标准，提高孤儿和困境儿童基本生活费补助标准。建立低保、特困人员基本生活现金救助、实物救助和救助服务相结合的社会救助方式，并根据价格水平动态调整。开展全省灾害民生综合保险，完善灾害救助体系。保障妇女儿童合法权益。

第四，着力发展教育事业。新建改扩建幼儿园2000所以上，新增学位50万个以上。建立解决城镇普通中小学大班额问题长效机制，办好乡村小规模学校和乡镇寄宿制学校。深化产教融合、校企合作，完善职业教育和培训体系。启动实施高校高质量建设工程，加快推进“双一流”建设。全面推进残疾儿童少年学前教育、义务教育、高中阶段教育15年免费教育。鼓励社会力量提供多样化教育服务。全面深化中小学教师“县管校聘”管理改革，统筹推进高校考试招生综合改革。加强师德师风建设，做好教师培训工作，提高教师地位待遇，营造尊师重教社会氛围。建好中国教师博物馆。更加重视家庭教育，帮助孩子扣好人生第一粒扣子。

第五，着力繁荣发展文化事业。更加重视意识形态工作，巩固壮大主流思想舆论。用好用活“学习强国”学习平台，推动学习型社会建设。加强新时代文明实践中心建设，塑造齐鲁乡村文明新风尚。围绕新中国成立70周年，推动现实题材、农村题材文艺作品创作推广和展演，推出一批文艺精品力作。精心筹办第十三届全国美术作品展览和第十二届全国书法篆刻作品展，办好第八届山东文博会，争取举办青岛国际青年电影节。完善现代公共文化服务体系，加强公共图书馆、博物馆、美术馆、文化馆、档案馆建设。办好“文化惠民、服务群众”实事，开展好文化惠民消费季、齐鲁阅读季活动。挖掘和利用好齐鲁文化资源，持续推进曲阜优秀传统文化传承发展、齐文化传承创新两大示范区建设，编制泰山文化保护传承发展总体规划，保护利用好大运河文化，深入实施革命文物连片保护工程。大力弘扬沂蒙精神，传承红色基因。扩大尼山世界文明论坛影响力，办好第九届世界儒学大会，打造世界儒学中心。

第六，着力建设健康山东。继续深化医药卫生体制改革，加强医疗、医保、医药“三医联动”，加快建立分级诊疗制度，年内县域医共体全覆盖。全面推进公立医院综合改革，推动区域医疗中心建设。积极推进中国康复大学筹建工作。完善城乡妇幼保健体系，大力推进村卫生室标准化建设。落实“健康中国人”行动计划，积极创建“互联网+医疗健康”示范省，做好职业病、慢性病、传染病、地方病和重大疾病防治。关心重视干部群众的心理健康，完善严重精神障碍患者救治体系，增加精神卫生机构和床位。强化药品全生命周期监管，加强疫苗生产、流通和预防接种管理。深入推进药品医疗器械审评审批制度改革，实施“品质鲁药”建设工程。支持中医药传承创新、振兴发展。进一步放宽社会办医准入。新建城市社区示范性老年人日间照料中心200处、农村幸福院600所。发展老年教育，办好老年大学。办好第九届全民健身运动会，推动有条件的地方公共体育场馆向社会免费开放。加强“食安山东”建设，全域推进食品安全市县创建，打造食品安全放心省。

四、切实提高政府履职能力和水平

高质量发展需要高效能政府、高素质干部。各级政府及工作人员，必须做实做优经济、平安、党建三张报表，坚决守住民生改善、生态环保、稳定和谐、廉洁从政四条底线，努力创造经得起实践、人民、历史检验的实绩。

旗帜鲜明讲政治。树牢“四个意识”，坚定“四个自信”，坚决维护习近平总书记党中央的核心、全党的核心地位，坚决维护党中央权威和集中统一领导。自觉用习近平新时代中国特色社会主义思想武装头脑、指导实践、推动工作，在思想上政治上行动上同以习近平同志为核心的党中央保持高度一致。深入开展“不忘初心、牢记使命”主题教育。形势越复杂，挑战越严峻，任务越繁重，越要坚决听从党中央号令，越要保持战略定力，越要担当作为，做到加强党的领导坚定不移，贯彻中央大政方针坚定不移，用好重要战略机遇期、防范化解重大风险坚定不移，推动高质量发展坚定不移，深化改革开放坚定不移。

严格依法履职责。深化法治政府建设，开展市县法治政府示范创建。认真执行人大及其常委会各项决议决定，主动加强同人民政协的民主协商，深化与民主党派、工商联、无党派人士和各人民团体联系沟通。坚持民主集中制，培养民主素养，善于正确集中，做到科学决策、民主决策、依法决策。加强对行政权力的制约和监督，自觉接受人大依法监督、政协民主监督。广泛深入开展舆论监督，对工作不落实的人和事进行曝光。全面完成政府机构改革任务，深入推进乡镇(街道)行政管理体制改革。推进地方性法规、政府规章和规范性文件立改废，加大对违反公平、开放、透明市场规则的政策文件清理力度。完善政府法律顾问制度，深入推进行政执法“三项制度”，深化行政复议、行政应诉工作。推动行政权力全过程公开、公共服务全流程公开、社会关切全方位回应。有组织、有计划地把干部放到斗争一线去真枪真刀磨砺，培养斗争精神、增强斗争本领，全面提高推动高质量发展的能力和水平。

驰而不息转作风。深入落实中央八项规定及其实施细则精神和省委实施办法，坚决刹住“四风”，时刻防范“四风”隐形变异新动向。鼓励创造性贯彻落实，防止空喊政治口号的形式主义，防止当官做老爷的官僚主义，防止简单粗暴的命令主义。时刻把群众安危冷暖放在心上，切实解决好群众反映强烈的突出问题。激励干部担当作为干事创业，勇做新时代泰山“挑山工”。健全完善容错纠错体系，理直气壮为担当作为的干部撑腰鼓劲。牢固树立过紧日子的思想，坚持勤俭办一切事情，省级业务类项目资金再压减8%，把有限的资源和财力更加高效地用在推动发展、改善民生上。大力精简文件、会议，统筹规范督查检查考核工作，改进督查考核方式，控制各级开展监督检查、索要材料报表的总量和频次。大兴调查研究之风，察实情、出实招、办实事，把规划变成行动，把行动变成实实在在的生产力。

持之以恒抓廉政。坚定扛起全面从严治党政治责任，以永远在路上的坚韧和执着，加强政府系统廉政建设，巩固发展压倒性胜利。强化不敢腐的震慑，持续整治群众身边腐败和作风问题，用好监督执纪“四种形态”，抓早抓小、防微杜渐，保持惩治腐败高压态势。扎牢不能腐的笼子，主动接受纪检监察监督，强化审计监督，加强源头治理，形成靠制度管权、管事、管人的长效机制。增强不想腐的自觉，加强纪律教育，引导党员干部坚定理想信念，强化宗旨意识，树立正确的世界观、人生观、价值观，永葆忠诚干净担当的政治本色。

各位代表，做好今年政府工作，任务艰巨、责任重大。让我们更加紧密地团结在以习近平同志为核心的党中央周围，高举习近平新时代中国特色社会主义思想伟大旗帜，在中共山东省委的坚强领导下，解放思想，改革创新，真抓实干，加快建设新时代现代化强省，为全面建成小康社会收官打下决定性基础，以优异成绩庆祝中华人民共和国成立70周年！

2018年山东省
国民经济和社会发展统计公报

山　东　省　统　计　局
国家统计局山东调查总队

2019年2月28日

2018年，全省以习近平新时代中国特色社会主义思想为指导，认真贯彻党的十九大和十九届二中、三中全会精神，深入落实习近平总书记视察山东重要讲话、重要指示批示精神，牢牢把握“走在前列、全面开创”总要求，统筹推进“五位一体”总体布局，协调推进“四个全面”战略布局，坚持稳中求进工作总基调，坚持新发展理念，践行高质量发展，以供给侧结构性改革为主线，着力把大势、谋长远，明思路、强基础，抓关键、优环境，新旧动能转换全面起势，乡村振兴、海洋强省等战略稳步推进，三大攻坚战成效突出，民生福祉全面增进，经济社会高质量发展迈出坚实步伐。

一、综合

经济运行稳中有进。初步核算，全省生产总值（GDP）76469.7亿元，按可比价格计算，比上年增长6.4%。其中，第一产业增加值4950.5亿元，增长2.6%；第二产业增加值33641.7亿元，增长5.1%；第三产业增加值37877.4亿元，增长8.3%。三次产业结构为6.5：44.0：49.5。人均生产总值76267元，增长5.9%，按年均汇率折算为11525美元。

就业保持良好态势。城镇新增就业136.8万人，比上年增长6.7%；城镇登记失业率为3.35%，比上年降低0.05个百分点。

物价水平涨势温和。居民消费价格比上年上涨2.5%。其中，消费品价格上涨2.5%，服务项目价格上涨2.4%；食品价格上涨2.4%，非食品价格上涨2.5%。农业生产资料价格上涨6.9%，农产品生产者价格上涨0.5%。工业生产者出厂价格上涨3.7%，购进价格上涨3.6%。固定资产投资价格上涨6.1%。

表1　2018年居民消费价格指数（以上年为100）

指　标	全省		
		城市	农村
居民消费价格指数（CPI）	102.5	102.4	102.7
食品烟酒	102.3	102.5	101.9
粮食	100.4	100.5	100.3
鲜菜	110.7	110.9	110.3
猪肉	90.9	91.2	90.1
鸡蛋	114.0	115.4	110.6
鲜瓜果	107.1	105.9	111.7
衣着	103.2	103.2	103.2
居住	103.1	102.7	104.0
生活用品及服务	101.6	101.5	102.0
交通和通信	101.8	101.8	102.0
教育文化和娱乐	102.2	102.1	102.7
健身活动	103.1	103.3	101.6
旅游	102.1	102.1	102.8
医疗保健	103.0	102.9	103.2
其他用品和服务	100.8	100.7	101.1
养老服务	104.1	104.6	102.1

常住人口保持平稳。全年出生人口132.95万人，出生率13.26‰；死亡人口71.99万人，死亡率7.18‰；自然增长率6.08‰。年末常住人口10047.24万人。其中，0-14岁人口占总人口的18.08%，15-64岁人口占66.88%，65岁及以上人口占15.04%。常住人口城镇化率为61.18%，比上年末提高0.60个百分点。

二、重点战略

动能转换全面起势。“破立降”继续深化，全年压减粗钢产能355万吨，生铁产能60万吨，煤炭产能495万吨。规模以上工业每百元主营业务收入成本为85.85元，比上年减少0.59元。年末国有及国有控股工业资产负债率为63.1%，比上年末下降1.6个百分点。“四新”经济快速发展，新登记市场主体168.1万户，比上年增长12.3%。其中，新登记“四新”经济企业增长31.0%。高新技术产业产值占规模以上工业的比重为36.9%，比上年提高2.0个百分点。新一代信息技术制造业、新能源新材料、高端装备等十强产业增加值分别增长6.7%、6.0%和5.5%，依次高于规模以上工业1.5、0.8和0.3个百分点。工业机器人、城市轨道车辆、服务器等高技术产品产量分别增长71.5%、20.5%和76.3%。软件业务收入5028.1亿元，增长14.9%；软件业务出口17.8亿美元，增长11.3%。

乡村振兴有序展开。农业“新六产”培育壮大，累计培育家庭农场6.4万家，农民专业合作社20.3万户，省级农业高新技术产业示范区16个。累计培育新型职业农民14万人。农村电商快速发展，实现网络零售额813亿元，增长30.7%。休闲农业初具雏形，认定省级休闲农业和乡村旅游示范县9个、示范点21个，美丽休闲乡村24个，齐鲁美丽田园24个，休闲农业精品园区（农庄）23个。99%的村通达客车，行政村实现光纤全覆盖。潍坊设立国家首个农业开放发展综合试验区。

海洋强省加快建设。新增国家级海洋牧场示范区11处，总数为32处，占全国1/3以上。新建成海洋牧场平台10座，新增省级海洋牧场示范项目27个。全国首座全潜式大型智能网箱“深蓝1号”建成投用。扎实推进长岛海洋生态文明综合试验区建设。以青岛海洋科学与技术试点国家实验室和中科院海洋大科学研究中心为核心支撑，海洋国家实验室科研实力跻身世界海洋科研领域前五强。初步建成全国重要的海洋药物、海洋生物新材料、海洋功能食品研发中心和生产基地。

三大攻坚成效初显。有效防范和化解重点领域风险，全省处置金融机构不良贷款2201亿元，比上年多329亿元。精准脱贫取得重要进展，剩余的省标以下17.2万贫困人口实现脱贫，基本完成脱贫任务。易地扶贫搬迁工程建档立卡贫困人口全部实现搬迁入住，并顺利脱贫。污染防治取得积极成效，重污染天数平均9.9天，比上年减少5.0天；细颗粒物（PM2.5）平均浓度改善14.0%，环境空气质量综合指数改善9.6%。国控地表水达到或优于Ⅲ类水质比例为62.7%，劣五类水体控制到1.2%。近岸海域海水质量状况基本稳定，符合第一、二类海水水质标准的海域面积占80%以上。

“双招双引”影响拓展。成功举办央企助力新旧动能转换座谈会、外交部山东全球推介、首届全国工商联主席高端峰会等“双招双引”活动，持续开展“选择山东”全球路演。“十强”产业重大项目库首批450个优选项目开工360个。人才队伍建设加强，在鲁两院院士48人，国家千人计划专家234人，国家百千万人才工程人选176人，享受国务院政府特殊津贴专家3260人，省有突出贡献的中青年专家1416人，泰山学者1243人，齐鲁首席技师1509人，高技能人才304万人。

表2　2018年主要人才培养平台数量

指　标	数量（个）	比上年增加（个）
博士后科研工作站	322	24
博士后实践基地	157	42
国家级高技能人才培训基地	29	6
国家技能大师工作室	34	5
省级人力资源服务产业园	17	5
技工教育特色名校	15	8
齐鲁技能大师特色工作站	50	25

区域经济协调发展。济青烟“三核”引领作用突出，合计生产总值27690.7亿元，按可比价格计算，比上年增长7.1%；对全省经济增长的贡献率为39.0%，比上年提高4.1个百分点。县域经济实力持续壮大，地方一般公共预算收入过30亿元、50亿元、70亿元、100亿元的县（市、区）分别为62个、32个、22个和11个。

三、改革与创新

重点领域改革持续深化。省属国有企业改革基本完成“三供一业”分离移交，省属首批58户国有企业基本完成混合所有制改革试点任务。非公有经济增加值44173.9亿元，比上年增长6.1%。其中，民营经济增加值38656.2亿元，增长5.6%。开展农村集体产权制度改革整省试点，99.7%的涉农村（组）完成清产核资，建立市县乡三级农村综合产权流转交易中心1547个；推进农村承包土地“三权分置”，流转土地3343万亩，占家庭承包经营总面积的36.2%。营商环境优化，基本实现省市县三级“一次办好”事项全覆盖，“多证合一”改革扩大到“45证合一”。推进相对集中行政许可权改革，省级政务服务中心行政许可事项进驻率97.5%；向济南、青岛、烟台三市下放省级权力事项70项，市、县两级行政审批服务局全部挂牌运行。

质量强省建设扎实推进。年末有效注册商标96.0万件，比上年末增长32.8%。其中，驰名商标751件，地理标志商标671件。马德里国际注册商标申请量6557件，增长112.3%。山东名牌产品、山东省服务名牌、山东省优质产品基地分别为1867个、757个和50个。40

个工业品牌入围2018年“中国500最具价值品牌”榜单。启动新旧动能转换领域标准化建设项目239项，实施海洋强省领域标准化建设项目113项，在15个制造业产业集群开展团体标准培育工作，助力高质量发展的新型山东标准体系逐步形成。

创新创业活力不断释放。发明专利申请量7.6万件，发明专利授权量2.0万件；PCT国际专利申请量1751件，比上年增长3.0%。每万人口发明专利拥有量8.78件，比上年增加1.21件。国家创新型产业集群试点11个，院士工作站547个。国家企业技术中心181家，新增9家。省级以上科技企业孵化器275家，众创空间578家，其中，国家级分别为84家和203家；国家专业化众创空间5家。省级创业孵化示范基地和创业示范园区194家，省级示范创业大学12家。年末实有民营经济市场主体增长12.7%。其中，私营企业增长16.9%，个体工商户增长11.1%。

四、农业

农业综合生产能力提升。农林牧渔业增加值5272.5亿元，比上年增长3.2%。粮食总产量1063.9亿斤，连续5年过千亿斤。无公害农产品、绿色食品、有机农产品和农产品地理标志获证企业3879家，比上年增加318家；产品8214个，增加706个；产地总面积457.1万公顷，增长22.0%。

表3　2018年农业增加值及增长速度

指　标	增加值（亿元）	比上年增长（%）
农林牧渔业	5272.5	3.2
农业	2907.4	4.0
林业	130.4	9.6
牧业	1039.6	-0.3
渔业	873.2	1.3
服务业	322.0	13.4

表4　2018年主要农产品产量及增长速度

指　标	产量（万吨）	比上年增长（%）
粮食	5319.5	-1.0
夏粮	2472.2	-1.0
秋粮	2847.3	-1.1
棉花	21.7	4.8
油料	310.9	-2.3
蔬菜及食用菌	8192.0	0.7
水果	2788.8	-0.6
园林水果	1673.8	1.6

林牧渔业总体保持稳定。年末林地面积355.0万公顷，活立木总蓄积量13040.5万立方米，森林覆盖率17.95%。全年猪牛羊禽肉产量849.3万吨，比上年下降1.1%；禽蛋产量447.0万吨，增长0.5%；牛奶产量225.1万吨，增长0.7%。水产品总产量（不含远洋渔业产量）816.6万吨。其中，海水产品产量691.3万吨，淡水产品产量125.3万吨。年末专业远洋渔船542艘。

农业生产条件持续改善。除险加固大中型水库4座，小型病险水库559座，治理中小河流45条，建设雨洪资源利用项目8个，综合治理水土流失面积1260平方公里。新增节水灌溉面积325万亩，其中高效节水灌溉面积214万亩。健康养殖示范面积17万公顷，新增国家级水产健康养殖示范场19处、省级52处。农作物耕种收综合机械化率超过86%，畜禽粪污综合利用率86.8%，农作物秸秆综合利用率超过90%。

五、工业和建筑业

工业生产平稳增长。全部工业增加值28897.0亿元，比上年增长5.4%。规模以上工业增加值增长5.2%。其中，装备制造业增长7.5%，高技术产业增长9.6%。规模以上工业主营业务收入增长5.3%，利润总额增长10.3%，主营业务收入利润率为5.26%，比上年提高0.25个百分点。上榜中国企业500强的工业企业49家，入围中国工业百强县（市）、百强区的有20个县（市）和12个区。

表5　2018年规模以上工业主要产品产量及增长速度

指　标	单位	产量	比上年增长（%）
机制纸及纸板	万吨	2033.7	-1.8
水泥	万吨	12280.2	-0.7
平板玻璃	万重量箱	7488.6	7.7
粗钢	万吨	7177.2	4.6
钢材	万吨	9427.8	8.9
原铝	万吨	902.5	11.9
发动机	万千瓦	23807.8	9.6
汽车	万辆	136.3	-3.3
动车组	辆	1312.0	-13.2
家用电冰箱	万台	888.4	3.3
家用洗衣机	万台	666.7	6.3
电子计算机整机	万台	101.5	27.8
移动通信手持机	万台	3254.1	-35.5

建筑业竞争力增强。具有资质等级的总承包和专业承包建筑业企业7233家，比上年增加289家。其中，

特级和一级建筑企业715家，增加57家。建筑业总产值12898.3亿元，比上年增长12.4%。

表6　2018年建筑业总产值、增长速度及构成

指　标	产值（亿元）	比上年增长（%）	比重（%）
建筑业	12898.3	12.4	100.0
按资质分			
特级企业	3814.1	24.5	29.6
一级企业	5122.5	15.6	39.7
其　他	3961.7	-0.6	30.7
按经济性质分			
国有及国有控股企业	3656.7	26.1	28.4
非国有企业	9241.6	7.7	71.6

六、服务业

服务业主引擎作用凸显。服务业增加值占全省生产总值比重为49.5%，比上年提高1.5个百分点；对经济增长的贡献率为60.0%，比上年提高3.9个百分点。

现代服务业较快发展。规模以上服务业营业收入比上年增长7.1%，营业收入利润率为12.4%。生产性服务业中，互联网和相关服务营业收入增长8.7%，软件和信息技术服务业增长14.1%，商务服务业增长25.1%，研究和试验发展增长18.8%。生活性服务业中，广播、电视、电影和录音制作业营业收入增长71.8%，娱乐业增长15.5%。

全域旅游蓬勃发展。旅游消费总额10461.2亿元，比上年增长13.7%。其中，国内游客消费增长13.8%，入境游客消费增长6.0%。星级旅游饭店637家，A级旅游景区1275家，旅行社2303家，新获国家评定5星级旅游饭店2家，国家级旅游度假区1家。省级以上旅游度假区46家，省级旅游强乡镇527个，省级旅游特色村1180个。全域旅游集散和咨询服务中心286处，跨界融合新业态旅游项目687个。

快递电信业增势强劲。邮电业务总量4180.4亿元，比上年增长121.0%。其中，电信业务总量3651.9亿元，增长142.1%；邮政业务总量528.4亿元，增长34.5%。快递业务量21.9亿件，增长44.4%。光缆线路总长度234.0万公里，增长12.9%。年末固定电话用户846.3万户，比上年末下降4.3%；移动电话用户10569.6万户，增长6.3%。电话普及率为每百人114部。互联网宽带接入用户2884.8万户，新增296.1万户。

交通运输保持稳定。铁路、公路、水路共完成旅客运量6.7亿人次，比上年增长3.2%；货运量34.9亿吨，增长8.3%。沿海港口货物吞吐量16.1亿吨，增长6.4%。年末民用汽车拥有量2148.3万辆，比上年末增长10.0%。其中，私人轿车1249.2万辆，增长9.6%。

表7　2018年客货运输量及增长速度

指　标	旅客			
	运输量（亿人次）	比上年增长（%）	周转量（亿人公里）	比上年增长（%）
合计	6.7	3.2	1290.9	3.5
铁路	1.5	8.5	784.6	4.0
公路	5.0	1.9	493.6	2.6
水路	0.2	0.3	12.8	5.7

表7续表

指　标	货物			
	运输量（亿吨）	比上年增长（%）	周转量（亿吨公里）	比上年增长（%）
合计	34.9	8.3	9983.6	3.3
铁路	1.9	4.8	1288.4	2.7
公路	31.3	8.6	6859.7	3.1
水路	1.8	7.8	1835.5	4.4

七、固定资产投资

投资结构继续优化。固定资产投资（不含农户）比上年增长4.1%。三次产业投资构成为1.7:39.5:58.8，服务业投资比重比上年提高10.3个百分点。民间投资增长4.1%。重点领域中，工业技术改造投资增长9.6%，高技术制造业投资增长17.6%，装备制造业投资增长7.6%，新一代信息技术产业投资增长18.4%。

房地产市场平稳发展。房地产开发投资7553.0亿元，比上年增长13.8%。其中，住宅投资5717.5亿元，增长16.0%。商品房施工面积69063.1万平方米，增长8.7%。其中，住宅施工面积50789.5万平方米，增长8.7%。商品房竣工面积10512.6万平方米，增长24.7%。其中，住宅竣工面积8057.1万平方米，增长25.8%。商品房销售面积13454.7万平方米，增长5.0%。其中，住宅销售面积11755.4万平方米，增长4.9%。年末商品房待售面积2640.0万平方米，比上年末下降19.0%。

基础设施稳步改善。公路通车里程27.6万公里，比上年增加5051公里。其中，高速公路通车里程

6057.4公里，增加236.5公里。高速铁路通车里程1747公里，济青高铁、青盐铁路等重大项目建成使用。新增油气长输管道里程220公里。黄水东调应急工程基本建成已试通水，南水北调配套工程初步具备消纳长江水能力。沿海港口生产型泊位597个，其中万吨级以上深水泊位307个。新能源和可再生能源发电装机总容量3002.9万千瓦，占电力总装机容量的22.9%。海阳核电一期工程1号机组投入商业运行，装机容量125万千瓦。省外电力总调入710.9亿千瓦时，比上年增长24.2%。

八、消费市场

*消费市场平稳运行。*社会消费品零售总额比上年增长8.8%。其中，餐饮收入增长10.9%，商品零售增长8.6%；城镇零售额增长8.6%，乡村零售额增长9.8%。限额以上单位主要商品销售中，粮油、食品类零售额增长8.7%，服装、鞋帽、针纺织品类增长7.3%，日用品类增长7.2%，家用电器和音像器材类增长9.4%，家具类增长9.2%，建筑及装潢材料类增长9.9%。

*网络零售快速发展。*网上零售额3513.6亿元，比上年增长31.7%。其中，实物商品网上零售额2849.3亿元，增长29.0%；占社会消费品零售总额的比重为8.5%，比上年提高2.3个百分点。

九、开放型经济

*对外贸易稳定发展。*货物进出口总额19302.5亿元，比上年增长7.7%。其中，出口10569.6亿元，增长6.1%；进口8732.9亿元，增长9.7%。出口商品中，机电产品出口3980.6亿元，增长2.7%；纺织服装出口1521.4亿元，增长5.4%；农产品出口1150.3亿元，下降0.2%。服务贸易进出口4060.9亿元，增长15.1%。其中，出口1948.5亿元，增长15.2%；进口2112.4亿元，增长15.0%。

*利用外资稳步增长。*新设立外商投资企业2156家，合同外资277.1亿美元，比上年增长10.6%；实际使用外资123.9亿美元，增长6.5%。其中，服务业实际使用外资71.9亿美元，增长42.7%。新设及增资总投资过亿美元大项目135个，增长32.4%，合同外资135亿美元。27家世界500强企业投资项目51个，合同外资21亿美元，增长41.4%。

*对外合作积极拓展。*实际对外投资465.0亿元，比上年增长23.2%。其中，跨国并购实际投资189.4亿元，增长62.8%；对外承包工程完成营业额806.8亿元，增长1.6%；派出各类劳务人员5.8万人，下降19.1%。

表8 2018年对主要国家和地区货物进出口总值及增长速度

国家和地区	进出口		出口		进口	
	总值（亿元）	比上年增长（%）	总值（亿元）	比上年增长（%）	总值（亿元）	比上年增长（%）
合计	19302.5	7.7	10569.6	6.1	8732.9	9.7
美国	2342.5	1.6	1914.6	8.6	427.9	-21.3
韩国	1934.6	-0.8	1050.1	1.0	884.6	-2.8
日本	1470.0	1.6	1134.5	4.8	335.4	-7.9
欧盟	2187.3	4.9	1611.0	5.1	576.4	4.4
东盟	2093.6	-3.0	1209.9	15.9	883.7	-20.8

*“一带一路”成效明显。*对“一带一路”沿线国家地区进出口5197.6亿元，比上年增长7.3%。其中，出口2824.0亿元，增长5.7%；进口2373.6亿元，增长9.4%。对“一带一路”沿线国家地区实际投资127.5亿元，增长26.7%；对外承包工程完成营业额485.3亿元，增长2.5%。

十、财政金融

*财政收支质量提升。*地方一般公共预算收入6485.4亿元，比上年增长6.3%。其中，税收收入4897.9亿元，增长10.8%；占一般公共预算收入的比重为75.5%，比上年提高3.0个百分点。地方一般公共预算支出10099.0亿元，增长9.1%。其中，民生支出7950亿元，占一般公共预算支出的比重为79%。

*信贷结构持续优化。*年末金融机构本外币存款余额96412.7亿元，比年初增加5394.0亿元。年末金融机构本外币贷款余额77810.5亿元，比年初增加6817.6亿元。其中，涉农贷款余额26303.8亿元，增加1124.7亿元；县域贷款余额21868.0亿元，增加1160.3亿元；小微企业贷款余额15361.8亿元，增加84.5亿元。

*资本市场稳步扩大。*年末上市公司296家，比上年末增加8家。其中，境内上市公司196家，股票总市值1.46万亿元。“新三板”、齐鲁股权交易中心、蓝海股权交易中心挂牌企业分别为624家、3161家和1529家。证券公司代理买卖证券交易金额9.6万亿元，比上年下降18.3%。期货公司代理成交金额9.1万亿元，增长17.2%。私募基金管理机构532家，管理基金规模1910.0亿元。

保险领域稳健运行。保险保费收入 2959.8 亿元，比上年增长 8.1%。其中，财产险保费收入 749.4 亿元，增长 7.9%；人身险保费收入 2210.4 亿元，增长 8.2%。承担各类风险责任金额 129.5 万亿元，增长 38.9%。支付各类赔款与给付 929.9 亿元，增长 11.9%。农业保险保费收入 28.2 亿元，增长 19.6%，为 1761.4 万户次农户提供 772.4 亿元风险保障。

十一、民生保障

居民生活水平不断提高。城镇居民人均可支配收入 39549 元，比上年增长 7.5%；人均消费支出 24798 元，增长 7.5%。农村居民人均可支配收入 16297 元，增长 7.8%；人均消费支出 11270 元，增长 9.0%。城镇、农村居民人均住房建筑面积分别为 36.8 平方米和 43.2 平方米。

表 9　2018 年居民人均可支配收入及增长速度

指　标	城镇居民		农村居民	
	绝对量（元）	比上年增长（%）	绝对量（元）	比上年增长（%）
人均可支配收入	39549	7.5	16297	7.8
工资性收入	25041	6.9	6550	7.9
经营净收入	5584	7.5	7194	6.9
财产净收入	3337	10	429	9.8
转移净收入	5588	8.9	2124	10.2

表 10　2018 年居民人均消费支出及增长速度

指　标	城镇居民		农村居民	
	绝对量（元）	比上年增长（%）	绝对量（元）	比上年增长（%）
人均消费支出	24798	7.5	11270	9.0
食品烟酒	6529	5.6	3162	6.8
衣着	2008	-1.2	622	6.4
居住	5302	8.3	2214	12.2
生活用品及	1901	9.5	762	10.4
交通通信	3605	9.8	1873	9.5
教育文化娱	2903	10.7	1266	10.9
医疗保健	1966	10.4	1205	6.7
其他用品和服务	584	8.1	166	9.1

表 11　2018 年末每百户居民家庭主要耐用消费品拥有量

指　标	单位	城镇居民	农村居民
家用汽车	辆	58.2	31.5
摩托车	辆	14.4	45.9
电冰箱（柜）	台	105.0	99.5
洗衣机	台	100.0	95.4
热水器	台	102.4	86.1
空调	台	145.3	83.3
彩色电视机	台	106.0	107.2
照相机	台	30.2	3.6
计算机	台	80.0	37.7
固定电话	部	19.6	15.0
移动电话	部	233.1	229.1
接入互联网的移动电话	部	174.9	132.3
健身器材	台	8.9	1.1
空气净化器（含新风系统）	台	8.6	0.9

城市建设持续提升。城市建设投资 1433.4 亿元，比上年增长 12.5%。开工老旧小区改造 43.4 万户。累计建成城市地下综合管廊 630.8 公里，新增 136.0 公里；累计建成海绵城市面积 920.1 平方公里，新增 195.7 平方公里。黑臭水体治理完成 195 条。累计建成运行城市污水处理厂 305 座，垃圾无害化处理厂（场）127 座。新增城市污水处理能力 53 万吨/日。91%的建制镇建有污水处理设施。

社会保障更加健全。年末职工基本养老、失业、工伤、职工基本医疗、生育保险参保人数分别为 2762.7 万人、1318.5 万人、1633.0 万人、2072.1 万人和 1235.4 万人。居民基本养老保险和医疗保险参保人数分别为 4551.9 万人和 7364.9 万人。企业退休人员基本养老金月人均 2748.8 元。居民基本养老保险基础养老金最低标准提高到每人每月 118 元，居民基本医疗保险财政补助标准由 450 元提高至 490 元。省内异地就医联网即时结算医院 879 家。失业保险金标准平均增长 17.6%，1 至 4 级工伤职工伤残津贴平均增长 5.5%。城镇最低生活保障人数 15.9 万人，年人均保障标准 6408 元，比上年提高 216 元。农村最低生活保障人数 117.1 万人，年人均保障标准 4583 元，比上年提高 334 元。各类养老服务机构和设施 11917 个，养老床位 66.9 万张。

保障安居工程全面完成。棚户区开工 85.2 万套，开工率 101.1%；基本建成 45 万套，完成年度任务 189.6%。公租房完成分配 19 万套，分配率 96.3%；发放住房租赁补贴 4.5 万户，完成率 107.8%。

安全生产状况好转。发生各类生产安全事故 950

起、死亡1113人，分别比上年下降14.9%和14.8%。亿元GDP生产安全事故死亡率0.015，十万人工矿商贸企业就业人员生产安全事故死亡率0.54，道路交通万车死亡率1.37，煤矿百万吨死亡率0.209。

十二、社会事业

各类教育事业扎实推进。超额完成"全面改薄"5年规划任务。农村义务教育校舍开工面积2549万平方米，开工率118.9%；竣工面积2380万平方米，竣工率111.1%。中小学大班额比例降至9.0%，基本消除66人以上超大班额。新建改扩建幼儿园2602所，新增幼儿学位50.1万个。小学教育、初中教育、高中教育专任教师分别为43.1万人、28.2万人和13.8万人。中等职业学校专任教师4.8万人，普通高等学校专任教师11.3万人。高等教育一流学科42个，6所高校进入ESI中国大学综合排名前100名。

表12　2018年各类学校基本情况

指　标	数量（所）	招生数（万人）	在校生数（万人）
研究生培养机构	33	3.8	10.3
普通高等教育	145	62.9	204.1
中等职业学校（不含技工学校）	398	24.5	75.0
技工学校	181	13.5	33.0
普通高中	620	54.5	164.2
普通初中	3051	109.8	345.7
普通小学	9674	129.6	726.0
特殊教育学校	149	0.5	3.0
幼儿园	20231	103.7	307.6

文化事业产业繁荣发展。成功举办第二届文化惠民消费季、第十一届山东文化艺术节、第五届中国非物质文化遗产博览会、第五届尼山世界文明论坛等文化活动。年末广播人口、电视人口综合覆盖率分别为99.12%和99.09%。城市影院524家，票房26.0亿元。艺术表演团体105个，艺术表演场馆94个，博物馆541个，公共图书馆154个，群众艺术馆和文化馆157个，美术馆53个，文化站1815个。出版各类图书21565种，报纸136种，杂志264种。国家级、省级文化产业示范园区(基地)分别为17个和159个。

卫生服务水平持续强化。年末医疗卫生机构8.2万所。其中，医院2580所，比上年末增加130所；基层医疗卫生机构7.8万所。社区卫生服务中心及乡镇卫生院中医药综合服务区设置率分别为84.8%和90.5%。人均基本公共卫生服务经费补助标准由50元提高至55元。组建家庭医生服务团队2.7万个，签约居民3529.9万人，老年人家庭医生签约服务费提高到每人每年130元。第一批直接挂网类87个抗癌药品价格平均下降11.66%。

全民体育健身深入人心。举办第八届全民健身运动会赛事活动5159项次，其中社会力量承办占80%以上。体育社会组织总数5951个。全民健身中心县级覆盖率超过91%，行政村覆盖率95%。参加第18届亚洲运动会，获金牌19枚、银牌20枚和铜牌8枚。10人在9个项目上获得世界冠军。

气象地震服务能力提升。启动重大气象灾害应急响应832次，飞机增雨作业27架次，地面增雨防雹作业1681轮次，妥善应对显著性有感地震51次。

注：

1．本公报中数据均为初步统计数，部分数据因四舍五入影响，存在总计与分项合计不等情况。

2．全省生产总值、各产业增加值、人均生产总值按现价计算，增长速度按可比价格计算。

3．民营经济是指资产归我国内地公民私人所有的经济成分，包括个体经济、私营经济，以及国有经济、集体经济、混合经济和其他经济中的私有经济成分。具体包括：①个体经济。②私营经济。③混合经济实体中的民营经济份额。

4．规模以上工业企业指年主营业务收入2000万元及以上的工业法人企业。

5．规模以上服务业企业，一是指辖区内年营业收入1000万元及以上或年末从业人员50人及以上服务业法人单位。包括：交通运输、仓储和邮政业，信息传输、软件和信息技术服务业，租赁和商务服务业，科学研究和技术服务业，水利、环境和公共设施管理业，教育，卫生和社会工作；以及物业管理、房地产中介服务、自有房地产经营活动和其他房地产业等行业。二是指辖区内年营业收入500万元及以上或年末从业人员50人及以上服务业法人单位。包括：居民服务、修理和其他服务业，文化、体育和娱乐业。

6．固定资产投资（不含农户）包括城镇和农村各种登记注册类型的企业、事业、行政单位以及城镇个体户计划总投资500万元及以上的建设项目投资，全部房地产开发经营业法人单位开发项目投资。

7．限额以上批发业企业指年主营业务收入2000万元及以上的批发业企业，限额以上零售业企业指年主营业务收入500万元及以上的零售业企业，限额以上住宿和餐饮业企业指年主营业务收入200万元及以上的住宿和餐饮业企业。

8．软件业务收入统计范围：一是在我国境内注册（港澳台地区除外），主要从事软件和信息技术服务业务，且年主营业务收入500万元以上，具有独立法人资格的软件企业；二是在我国境内注册，年主营业务收入1000万元以上，有软件和信息技术服务收入，且该收入占本企业主营业务收入30%以上的独立法人单位；三是在我国境内注册，主要从事集成电路设计的企业或其集成电路设计和测试的收入占本企业主营业务收入60%以上，且年主营业务收入500万元以上的独立法人单位。

2018年山东统计工作综述

2018年，是极不平凡的一年，是贯彻党的十九大精神开局之年，是改革开放40周年，是我们应对错综复杂国际环境和艰巨繁重任务，攻坚克难、积极作为的一年。一年来，在省委、省政府的坚强领导下，全省统计系统坚持加强党的全面领导，坚持正确的政治方向，坚持依法统计依法治统，坚持推进统计改革创新，坚持实事求是提高数据质量，坚决防范和惩治统计造假弄虚作假，更好发挥统计的重要基础性、综合性作用，各项工作取得新的成绩。

一、以政治建设为统领，全面从严治党不断深入

坚持以习近平新时代中国特色社会主义思想为指导，把习近平总书记对统计工作的重要讲话、重要指示批示精神作为根本遵循，在学懂弄通做实上下功夫。始终把讲政治、讲纪律、守规矩贯穿到统计工作各方面、全过程，狠抓思想政治建设，压实管党治党责任，营造干事创业环境，推进党建与业务深度融合。**一是政治站位不断提高。**准确把握“两个维护”深刻内涵，坚决维护习近平总书记党中央的核心、全党的核心地位，坚决维护党中央权威和集中统一领导。牢固树立“四个意识”，坚定“四个自信”，做到“四个服从”，始终在政治立场、政治方向、政治原则、政治道路上同党中央保持高度一致。经常性开展反面典型警示教育，开展好人主义圈子文化码头文化专项治理、形式主义官僚主义集中整治，强化意识形态工作考核，持续净化政治生态。**二是理论武装实效不断强化。**分10个专题学习习近平新时代中国特色社会主义思想，组织24次党组理论中心组集体学习。召开省统计局庆祝中国共产党成立97周年大会和全省统计系统党组中心组（扩大）理论学习读书会，开展丰富多彩的主题党日活动，政治理论学习效果不断增强。**三是管党治党责任不断压实。**完善基层党组织考核办法，持续深化“特色党支部”建设。邀请派驻纪检组长作党风廉政建设专题辅导，及时通报违纪典型案例，定期开展警示教育，建立党员干部廉政档案，全员通过德廉测试，开展“以数谋私、数字腐败”专项整治，不断把牢拒腐防变关口。**四是机关作风建设不断改进。**完善《关于转作风抓落实七项要求》，定期自查执行中央八项规定精神情况。顺利通过“国家级节约型公共机构示范单位”国家验收组考评。举行“全国文明单位”揭牌仪式，制定文明创建提升“三年行动计划”。全国党建研究会机关专委会、上海市级机关工委、天津市统计局等30余家单位到省统计局交流学习，扩大了山东统计影响力、美誉度。**五是中央巡视整改不断深化。**成立巡视整改工作领导小组，全面负责工作统筹推进和协调指导。召开巡视整改专题民主生活会，对标中央巡视山东、国家统计局党组反馈意见，制定整改工作方案，细化问题清单、任务清单、责任清单，分类施策、立行立改，确保问题整改到位。**六是干事创业热情不断激发。**开展职务与职级并行试点，组织专业技术岗位竞聘，盘活干部资源。评选“担当作为好干部”“干事创业好团队”，选派7名优秀干部参加“千名干部下基层”活动，推荐23名同志参与省委、省政府和国家统计局重点工作，在关键岗位磨练能力。在复旦大学、上海财经大学举办培训班，围绕大数据与社会治理、经略海洋等举办6期统计大讲堂。推进“第一书记”帮扶村、“双联共建”村基础设施建设和产业培育发展，取得丰硕成果。

二、以改革创新为动力，统计体制机制不断完善

按照国家统计局的改革部署，结合山东实际，深化统计管理体制改革，完善统计机制，优化方法制度。**一是统计管理体制改革取得新进展。**提请省委常委会议、省政府常务会议专题学习《统计违纪违法责任人处分处理建议办法》，省政府常务会议专题学习《防范和惩治统计造假、弄虚作假统计督察规定》。开展落实《关于深化统计管理体制改革提高统计数据真实性的意见》情况的督导检查。目前，已完成39项省级改革任务，各市均已出台改革文件。**二是防范统计造假责任体系建设迈出新步伐。**明确防范统计造假弄虚作假党政干部同职同责、一票否决。建立省统计局领导班子及成员防范和惩治统计造假弄虚作假责任制，出台《领导干部违规干预统计工作记录制度》，各市、县（市、区）统计部门参照建立执行。**三是统计方法制度改革实现新突破。**省委深改组审议通过《市级生产总值统一核算改革方案》，在青岛、临沂开展地区GDP

统一核算试点。编制完成全省2015年、2016年资产负债表；广泛征求相关部门意见，筹备自然资源资产负债表省级试编。在全国率先构建省级绿色发展指标体系和绿色发展统计制度，由省政府办公厅公布评价结果。创建了《山东省应对气候变化基础统计报表制度》，实施了500-5000万元投资项目财务支出法统计改革，胶州市现代供应链统计被列入国家级试点，在青岛西海岸新区开展省级军民融合统计试点，在泰安宁阳县开展村社会经济基本情况统计试点。**四是局队业务分工调整见到新成效。**坚决落实国家统计局部署，与山东调查总队密切沟通协商，共同制定工作方案，成立联合领导小组，组织协调推进具体工作，调查交接顺利完成。抓好业务学习培训，全面掌握规模以下“四下”企业抽样调查方法和数据审核评估办法，确保调查数据质量。

三、以求真务实为导向，重大普查调查扎实有效

强化组织协调，细化保障举措，聚焦重点领域和关键环节，全面做好重大普查调查和常规统计调查。**一是第四次经济普查取得阶段性成果。**省政府成立第四次经济普查领导小组，召开电视会议、工作推进会议进行全面动员部署。省政府领导多次听取工作汇报，王书坚副省长实地指导现场登记工作。省统计局党组两次召开专题会议，旗帜鲜明要求坚决按照依法依规、实事求是的原则开展普查。在德州德城区开展全省综合试点，将经济普查经费列入省财政预算，明确“两员”报酬标准及分担比例，对财政困难县给予经费补贴。分批次培训市县普查业务骨干，提高素质能力。与省委宣传部联合部署普查宣传工作，在报刊、广播、电视及网络媒体开展广泛宣传，营造了良好舆论氛围。普查入户登记开始前，省统计局领导班子成员分片区对各市进行集中督导检查。经过各级普查机构和普查员日夜奋战，摸清了全省法人和产业活动单位及个体户数量。**二是农业普查后续工作有序推进。**在《大众日报》刊发普查公报及解读文章。对农普工作先进集体和先进个人进行表彰。完成常规年报主要数据核定和历史数据修订。公开招标研究课题，深度开发应用农业普查资料。**三是各项重点调查任务顺利完成。**在济南槐荫区开展第七次全国人口普查住房试点，为制定全国人口普查方案探索了经验。选取济南、威海作为样本城市，开展营商环境评价专项调查。统筹做好投入产出、人口变动抽样、政府职务薪酬、企业用工情况、城乡划分、城市基本情况等统计调查任务。

四、以提高数据质量为中心，统计基础进一步夯实

坚持多措并举、综合施策，推动政策资源向基层倾斜，加强对部门统计工作指导，积极推动数据整合共享，狠抓统计数据质量管理。**一是进一步强化基层基础。**省政府办公厅下发《关于进一步加强统计基层基础建设的通知》，从配齐配强力量、提升素质能力、推进规范化建设等七个方面提出具体要求。开展统计基层基础建设专项督查。联合省委组织部、省财政厅、省人力资源和社会保障厅出台《山东省基层统计人才培育工程实施办法》，并纳入全省重点人才政策清单。制定《基层统计系列高级职称评价办法》，举办最美基层统计人和道德模范培训班，发挥典型引领示范作用。**二是进一步规范部门统计。**修订《山东省部门统计工作规范化管理办法》，严格部门统计调查项目管理，开展统计调查项目清查。举办省直部门综合统计负责人专题培训班，加强对部门统计工作业务指导，配合省人力资源和社会保障厅、省自然资源厅、省文化和旅游厅、省卫生健康委员会、省地方金融监管局等部门做好相关统计工作，与省发展改革委联合建立“四大监测”工作机制。**三是搭建平台推动数据共享。**综合数据管理平台建设完成，基础能力和综合性能处于领先水平，目前已加载数据6亿多条，为发挥统计“数库+智库”作用提供了先进技术支持。与浪潮集团研讨统计大数据开发应用，加快统计大数据建设步伐。**四是全面加强统计数据质量管理。**印发《山东省统计数据质量管理制度》，明确全程、全域、全员数据质量责任，细化10个专业12类统计数据质量评估标准，强化事前事中事后控制。开展全省统计数据质量检查，重点检查行政干预统计数据、调查单位真实性、统计数据质量等情况。加强基本单位名录库建设，实现“五证合一”信息系统与基本单位名录库系统联通，助力提高数据质量。

五、以服务决策为目标，统计服务保障全面提升

坚持超前谋划、快速跟进，创新构建统计体系，跟踪政策落实情况，为科学决策提供重要支撑。**一是紧跟中心构建监测体系。**促成国家统计局与省政府签署《深化统计改革支持山东新旧动能转换统计监测战略合作框架协议》，为新旧动能转换重大工程提供了新保障。立足实施规划、总体方案和专项意见，建立了新旧动能转换、十强产业、三大攻坚战、乡村振兴战略、农业“新六产”、人才发展等统计监测体系，研究形成一套综合体现高质量发展水平的统计指标体系。推动完成《山东省生态文明建设目标评价考核办法》，由省委办公厅、省政府办公厅印发实施。**二是聚焦重**

点加强服务保障。完成2017年省贫困标准测算，开展建档立卡贫困户调查，加强人才资源、妇儿事业、生态文明、节能减排、区域统计等专项监测，完成国家统计局和省委、省政府及省直部门委托的社情民意调查87项，自主开展调查26项，为领导决策提供了第一手资料。同时，全力做好“双招双引”考核，认真做好中央环保督察“回头看”服务保障工作。**三是紧扣形势开展分析解读。**紧盯全省经济运行趋势、统计工作现状等开展调研，形成高质量调研报告、统计专报，获得省领导批示130余件次。找准热点、焦点、难点，加大统计信息分析撰写报送力度，在省委、省政府“两办”信息采用得分分居第1名和第2名，在国家统计局《每日调查》信息采用量居全国统计系统第1名。加强与主流媒体合作，在中央电视台、山东广播电视台和《大众日报》等媒体发稿120余条，50多人次接受采访，积极回应社会关切，统计宣传效应不断释放。

六、以法律法规为保障，统计法治建设更加规范

梳理影响统计法实施的关键问题和制约统计工作开展的难点环节，制定针对性整改措施，全面提升统计法治工作水平。**一是配套法规制度逐渐完善。**推动《山东省统计管理条例》修订列入2019年省人大立法计划一类项目。制定《山东省统计局统计执法“双随机”抽查办法（试行）》《统计违法案件处理建议意见审理办法（试行）》，印发《关于加强统计执法监督检查工作的意见》。**二是普法宣传力度不断加大。**配合省人大常委会开展统计法执法检查，全面了解实施情况。在全省范围内清理违反统计法精神的文件和做法。将统计法列入各级党校培训内容，省局领导班子成员应邀到省委党校和青岛、威海、东营等市委党校作专题辅导。**三是执法震慑作用日益凸显。**组建省级统计执法监督局，10个市组建成立执法机构，充实执法力量，强化能力培训。加大统计执法检查力度，在部分市、县（市、区）进行统计执法“双随机”检查，对重点案件处理情况进行督导检查。配合有关部门做好对有关责任单位、人员处分处理工作，对118家统计违法企业作出处罚，对15家严重统计违法企业进行曝光，有效震慑了统计违纪违法行为。

第1篇

综　合

General Survey

简要说明

一、本篇资料的主要内容

本篇资料是对我省乡镇以上行政区划、分行业法人单位数和国民经济、社会发展的综合反映，主要包括行政区划、法人单位数和平均每天社会经济活动、国民经济主要比例关系、国民经济和社会发展主要指标占全国的比重、国民经济和社会发展主要指标及其增长速度等资料。

二、本篇资料的来源

1.“行政区划一览表”主要包括2018年底各（地级）市、各县（市、区）和乡镇级的行政区划资料，数据来源于省民政厅。

2.法人单位情况由省统计局普查中心整理提供。

3.国民经济和社会发展综合部分来源于本年鉴各篇章中的资料，由省统计局综合处加工整理。

Brief Introduction

I. Main Content

Data in this chapter cover the main indicators on divisions of administrative areas, corporate units and national economy and social development, including divisions of administrative areas, number of corporate units and average daily social and economic activities, ratio, and percentage of main indicators of Shandong to the whole nation and growth rate.

II. Source of Data

(1) Data on divisions of administrative areas are provided by Shandong Provincial Department of Civil Affairs.

(2) Data on corporate units situation are provided and compiled by the Census Center of Shandong Provincial Bureau of Statistics.

(3) Data on general survey of economy and society are based on those of different chapters and compiled by the Division of Comprehensive Statistics of Shandong Provincial Bureau of Statistics.

1-1 行政区划(2018年底)
Divisions of Administrative Areas (Year-end of 2018)

单位:个 (unit)

地 区	Region	县级单位数 Numbers of Counties	市辖区 Districts under the Jurisdiction of Cities	县级市 Cities at County Level	县 Coumty	乡镇级单位数 Numbers of Towns	街道办事处 Street Communities	乡 Townships	镇 Towns
全 省	**Total**	**137**	**56**	**27**	**54**	**1824**	**664**	**68**	**1092**
济南市	Jinan	10	8		2	141	112		29
青岛市	Qingdao	10	7	3		145	104		41
淄博市	Zibo	8	5		3	88	30		58
枣庄市	Zaozhuang	6	5	1		64	18		46
东营市	Dongying	5	3		2	40	15	2	23
烟台市	Yantai	12	4	7	1	154	66	6	82
潍坊市	Weifang	12	4	6	2	118	56		62
济宁市	Jining	11	2	2	7	156	48	4	104
泰安市	Tai'an	6	2	2	2	88	20	6	62
威海市	Weihai	4	2	2		71	23		48
日照市	Rizhao	4	2		2	55	15	4	36
莱芜市	Laiwu	2	2			20	7		13
临沂市	Linyi	12	3		9	156	30	8	118
德州市	Dezhou	11	2	2	7	134	27	16	91
聊城市	Liaocheng	8	1	1	6	135	32	8	95
滨州市	Binzhou	7	2	1	4	91	29	4	58
菏泽市	Heze	9	2		7	168	32	10	126

1-2 国民经济和社会发展主要指标

类别		Category		2000	2005
一、人　口		**Population**			
年末常住人口	(万人)	Total Population at the Year-end	(10 000 persons)	8997	9248
按性别分		**By Sex**			
男	(万人)	Male	(10 000 persons)	(4562)	(4676)
女	(万人)	Female	(10 000 persons)	(4413)	(4537)
按农村城镇分		**Agricultural and Non-agricultural Population**			
农村人口	(万人)	Agricultural Population	(10 000 persons)	(6566)	(6066)
城镇人口	(万人)	Non-agricultural Population	(10 000 persons)	(2409)	(3147)
人口密度	(人/平方公里)	Population Density	(persons/sq.km)	574	589
二、就业人员和劳动工资		**Employment and Wages**			
年末就业人员	(万人)	Year-end Employed Persons	(10 000 persons)	5441.8	5840.7
第一产业	(万人)	Primary Industry	(10 000 persons)	2887.7	2350.3
第二产业	(万人)	Secondary Industry	(10 000 persons)	1286.0	1781.4
第三产业	(万人)	Tertiary Industry	(10 000 persons)	1268.1	1709.0
乡村就业人员	(万人)	Rural Employed Persons	(10 000 persons)	3617.1	3563.9
城镇就业人员	(万人)	Urban Employed Persons	(10 000 persons)	1825.2	2276.8
职工年末人数	(万人)	Number of Staff and Workers at the Year-end	(10 000 persons)	790.1	871.1
# 国有单位	(万人)	State-owned Units	(10 000 persons)	542.1	415.8
城镇集体单位	(万人)	Urban Collective-owned Units	(10 000 persons)	103.9	63.3
工资总额	(亿元)	Total Wages Bill	(100 million yuan)	695.1	1440.3
#国有单位	(亿元)	State-owned Units	(100 million yuan)	524.4	823.7
城镇集体单位	(亿元)	Urban Collective-owned Units	(100 million yuan)	58.8	73.2
平均工资	(元)	Average Wage	(yuan)	8772	16614
#国有单位	(元)	State-owned Units	(yuan)	9655	19823
城镇集体单位	(元)	Urban Collective-owned Units	(yuan)	5585	11474
三、国民经济核算		**National Accounting**			
地区生产总值	(亿元)	Gross Domestic Product	(100 million yuan)	8337.47	18496.99
第一产业	(亿元)	Primary Industry	(100 million yuan)	1268.57	1963.51
第二产业	(亿元)	Secondary Industry	(100 million yuan)	4164.45	10595.22
第三产业	(亿元)	Tertiary Industry	(100 million yuan)	2904.45	5938.26
工　业	(亿元)	Industry	(100 million yuan)	3665.74	9532.68
建筑业	(亿元)	Construction	(100 million yuan)	498.71	1062.54
人均地区生产总值	(元)	Per Capita GDP	(yuan)	9326	20075
支出法计算的地区生产总值		**Gross Domestic Product by Expenditure Approach**			
#最终消费	(亿元)	Government Final Consumption Expenditure	(100 million yuan)	4021.46	7490.05
居民消费	(亿元)	Household Consumption Expenditures	(100 million yuan)	3082.06	5451.19
政府消费	(亿元)	Government Consumption Expenditure	(100 million yuan)	939.40	2038.86
资本形成总额	(亿元)	Gross Capital Formation	(100 million yuan)	4122.26	9529.59
#固定资产形成总额	(亿元)	Gross Capital Formation	(100 million yuan)	3159.03	9093.18
居民消费水平		**Household Consumption Expenditure**			
全省居民	(元)	Average Expenditure of All Residents	(yuan)	3447	5916
农村居民	(元)	Rural Residents	(yuan)	2118	3109
城镇居民	(元)	Urban Residents	(yuan)	5603	9453
四、固定资产投资		**Investment in Fixed Assets**			
全社会固定资产投资额	(亿元)	Total Investment in Fixed Assets	(100 million yuan)	2542.65	10541.87
国有经济	(亿元)	State-Owned Units	(100 million yuan)	1153.65	1853.29
集体经济	(亿元)	Collective-Owned Units	(100 million yuan)	679.48	1042.41
个体经济	(亿元)	Individuals Economy	(100 million yuan)	353.93	2736.61

注：1.2000和2010年年末总人口数据为人口普查时点数据，括号内为公安户籍人口数。
2.2010年起，工资总额、平均工资数据为城镇单位就业人员口径。

Main Indicators on National Economic and Social Development

2008	2009	2010	2011	2012	2013	2014	2015	2016	2017	2018
9417	9470	9579	9637	9685	9733	9789	9847	9947	10006	10047
(4761)	(4792)	(4839)	(4870)	(4868)	(4883)	(4960)	(4999)	(5049)	(5089)	(5130)
(4632)	(4658)	(4697)	(4721)	(4712)	(4729)	(4787)	(4823)	(4872)	(4919)	(4966)
(5860)	(5902)	(5698)	(5646)	(5559)	(5482)	(5462)	(5120)	(5056)	(4984)	(4953)
(3532)	(3548)	(3839)	(3945)	(4021)	(4130)	(4285)	(4702)	(4865)	(5024)	(5143)
599	603	610	613	616	619	620	624	630	634	636
6187.6	6294.2	6401.9	6485.6	6554.3	6580.4	6606.5	6632.5	6649.7	6560.6	6180.6
2313.5	2297.4	2273.1	2211.6	2168.0	2086.0	2023.2	1963.2	1935.1	1856.6	1718.2
1955.5	2014.1	2086.7	2185.6	2245.2	2270.2	2294.2	2338.0	2354.0	2335.6	2181.8
1918.6	1982.7	2042.1	2088.4	2141.1	2224.2	2289.1	2331.3	2360.6	2368.4	2280.6
3507.5	3490.8	3474.5	3471.2	3470.0	3427.4	3405.5	3376.6	3371.4	3329.2	3135.9
2680.1	2803.4	2927.4	3014.4	3084.3	3153.0	3201.0	3255.9	3278.3	3231.4	3044.7
872.7	889.6	919.9	1006.0	1060.2	1237.6	1210.0	1178.0	1155.5	1130.3	1065.4
413.9	413.3	422.4	424.4	431.8	397.6	386.2	374.6	372.1	369.6	359.9
54.1	54.4	54.6	58.4	60.5	55.5	48.3	44.5	44.2	38.9	29.0
2294.5	2629.3	3166.7	3956.1	4628.2	6098.9	6545.4	7054.6	7531.7	8059.3	8260.5
1285.8	1432.8	1683.5	1885.8	2125.1	2184.5	2334.1	2677.1	2940.3	3191.7	3212.7
101.6	118.1	147.1	182.1	216.3	247.7	232.8	235.4	242.3	234.4	164.9
26404	29688	33321	37618	41904	46998	51825	57270	62539	68081	73593
31169	34794	38490	43469	47894	52811	58485	69050	76903	83845	89598
18656	21496	25626	29683	34001	41416	45015	50191	53790	58002	57237
31212.34	34219.28	39571.20	45874.95	50626.96	55911.86	60164.80	63858.62	67925.62	72634.15	76469.67
2983.61	3194.38	3538.73	3909.28	4198.20	4454.11	4662.81	4902.82	4830.25	4832.71	4950.52
17839.09	19219.83	21643.00	24538.45	26367.39	28163.57	29585.72	30334.56	31343.67	32942.84	33641.72
10389.64	11805.07	14389.47	17427.22	20061.37	23294.18	25916.27	28621.24	31751.70	34858.60	37877.43
16156.34	17207.32	19256.75	21784.29	23417.15	24975.72	26128.52	26762.35	27588.70	28705.69	28897.01
1682.75	2012.51	2386.24	2754.16	2950.24	3273.83	3547.15	3664.86	3806.31	4276.97	4785.21
33233	36236	41527	47724	52403	57587	61635	65040	68633	72807	76267
12386.29	13592.53	15349.22	18418.30	21253.41	24294.20	26265.05	28452.22	32149.67	35185.91	
9085.22	9910.18	11058.97	13304.09	15279.70	17925.83	20144.84	22418.79	25593.42	28285.46	
3301.07	3682.35	4290.25	5114.21	5973.71	6368.37	6120.21	6033.43	6556.25	6900.45	
15867.79	18447.10	21932.09	25199.13	27539.02	30053.76	31582.57	33560.45	34637.26	36412.57	
15315.30	18071.58	21233.35	24536.01	26796.33	29350.32	30448.84	32120.03	33548.68	34703.97	
9673	10494	11606	13840	15816	18463	20637	22834	25860	28353	
5081	5396	5730	7206	8604	10182	12065	13966	15970	18530	
14815	16026	17717	20389	22556	25779	27828	29798	33016	34955	
15435.93	19030.97	23276.69	26769.73	31255.96	36789.07	42495.55	48312.46	53322.49	55202.73	
2431.54	3086.82	3648.45	3783.31	3949.65	4757.31	5455.94	6304.58	7497.32	9568.25	
1811.23	2308.54	2627.32	2715.00	3129.27	3113.17	3380.39	3125.74	1545.38	1496.62	
4360.90	5235.29	6505.00	8234.50	9879.75	12827.66	16215.47	20268.78	22191.42	22328.55	

a)Total population data of 2000 and 2010 year-end are based on the national population census.Data in the brackets are taken from the annual reports of the Public Security Departments.

b)Since 2010,data of total wages bill and average wage refer to the range of employed persons in urban.

1–2 续表 1

类　　别		Category		2000	2005
其他经济	(亿元)	Others	(100 million yuan)	355.59	4909.56
五、能　源		Energy			
能源生产总量	(万吨标煤)	Total Energy Production	(10 000 tons of SCE)	9648.75	13995.62
原　煤	(万吨标煤)	Coal	(10 000 tons of SCE)	5741.96	10021.63
原　油	(万吨标煤)	Crude Oil	(10 000 tons of SCE)	3822.49	3849.36
天燃气	(万吨标煤)	Natural Gas	(10 000 tons of SCE)	83.54	123.03
水电、风电和太阳能光伏发电	(万吨标煤)	Hydro,Wind and Solar PV Power	(10 000 tons of SCE)		
六、财　政		Government Finance			
一般公共预算收入	(亿元)	General Pubilic Budget Revenue	(100 million yuan)	463.68	1073.13
#增值税		Value Added Tax		89.69	193.00
营业税		Business Tax		87.66	217.79
企业所得税		Company Income Tax		81.87	110.83
个人所得税		Personal Income Tax		24.75	38.89
资源税		Resource Tax		6.22	18.24
城市维护建设税		Urban Maintenance and Development Tax		27.62	65.95
房产税		Tax on Real Estates		15.56	32.80
城镇土地使用税		Urban Land Using Tax		8.82	29.44
土地增值税		Land Value-added Tax		0.74	14.39
车船税		Tax on Vehicle and License		3.19	5.60
行政事业性收费收入		Incom from Adiministrative Work Fees		30.57	108.07
一般公共预算支出	(亿元)	Expenditure for General Pubilic Budget	(100 million yuan)	613.08	1466.23
#一般公共服务支出		Expenditure for General Public Service Expenditure			
教育支出		Expenditure for Education			
社会保障和就业支出		Expenditure for Social Security and Employment			
医疗卫生与计划生育支出		Expenditure for medical and health care,and family planning			
农林水支出		Expenditure for Farming、Forestry and Irrigation Affairs			
七、金　融		Fiancial Intermediation			
金融机构人民币存款余额	(亿元)	RMB Deposits	(100 million yuan)	7471.20	17103.51
#住户存款		Household Deposits		4466.72	9035.14
金融机构人民币贷款余额	(亿元)	RMB Loans	(100 million yuan)	6209.05	13381.75
八、价格指数		Price Indices			
居民消费价格总指数	(上年=100)	Consumer Price Index	(preceding year=100)	100.2	101.7
商品零售物价总指数	(上年=100)	Retail Price Index	(preceding year=100)	98.6	100.6
九、居民生活		People's Livelihood			
农民生活		Rural's Livelihood			
年末人均住房建筑面积	(平方米)	Per Capita Space of Living House at Year-end	(sq.m)	23.6	29.6
人均可支配收入	(元)	Annual Per Capita Disposable Income of Rural Households	(yuan)	2663	3946
人均消费支出	(元)	Annual Per Capita Consumption Expenditure of Rural Households	(yuan)	1743	2619
城镇居民生活		Urban's Livelihood			
年末人均住房建筑面积	(平方米)	Per Capita Space of Living House at Year-end	(sq.m)	13.8	28.5
人均可支配收入	(元)	Annual Per Capita Disposable Income of Urban Households	(yuan)	6417	10422
人均消费支出	(元)	Annual Per Capita Consumption Expenditure of Urban Households	(yuan)	4991	7333

注：1.2009年开始，一次能源包含水电、风电和太阳能光伏发电，2000—2008年数据不包括风电和太阳能光伏发电。
2.2014年及以前住户存款数据为储蓄存款口径数据。

continued

2008	2009	2010	2011	2012	2013	2014	2015	2016	2017	2018
6832.27	8400.32	10495.92	12036.92	14297.30	16090.93	17443.75	18613.36	22088.37	21809.31	
14615.32	14600.08	16055.71	15997.81	16973.80	15165.08	15220.40	14632.77	13677.95	14000.35	13238.52
10500.62	10424.07	11913.14	11585.87	12528.16	10722.56	10699.80	10242.27	9489.22	9791.26	9015.49
3998.91	4040.38	3980.08	3973.65	3963.94	3894.94	3876.09	3725.83	3279.01	3192.78	3203.08
113.05	119.97	129.01	64.33	75.71	65.11	62.89	58.61	56.11	54.16	57.65
	15.66	33.48	53.35	79.19	116.19	133.13	161.90	229.07	305.89	427.94
1957.05	2198.63	2749.38	3455.93	4059.43	4559.95	5026.83	5529.33	5860.18	6098.63	6485.40
333.78	324.48	378.23	413.82	438.12	489.56	596.96	594.98	1129.75	1705.96	1902.12
396.09	470.61	631.51	765.72	896.64	1068.33	1135.92	1252.40	650.45		
229.97	220.30	293.31	398.56	441.64	445.95	483.01	498.72	503.24	620.30	677.38
61.13	64.67	81.01	96.58	95.11	104.59	115.18	143.12	143.15	186.73	215.30
28.81	32.81	33.29	38.36	91.11	92.62	119.57	103.81	95.18	99.56	119.75
104.14	109.08	130.74	179.60	198.88	217.84	231.33	243.71	250.83	261.82	306.46
47.26	57.86	64.65	74.02	100.83	111.75	122.49	133.86	143.36	157.81	168.25
103.57	120.88	137.69	158.46	211.69	229.16	264.69	358.75	393.74	398.18	396.84
36.56	43.84	66.19	105.67	145.21	205.91	257.74	259.51	293.15	367.18	390.79
12.64	17.69	23.27	29.72	35.86	40.26	46.65	53.31	61.00	69.37	75.85
163.20	171.59	203.02	278.82	305.29	284.12	302.20	296.74	328.25	320.28	303.52
2704.66	3267.67	4145.03	5002.07	5904.52	6688.80	7177.31	8250.01	8755.21	9258.40	10100.96
468.24	490.14	544.31	618.48	705.51	749.96	725.33	738.11	783.56	857.51	943.35
550.99	613.49	770.45	1047.90	1311.80	1399.67	1461.05	1690.62	1825.99	1890.00	2006.50
285.05	342.79	416.77	501.54	596.48	681.98	763.53	904.64	992.66	1131.96	1253.99
140.42	189.24	250.77	360.36	422.91	485.86	605.67	701.43	790.19	829.27	885.15
235.30	369.35	465.98	564.00	673.82	748.14	772.84	964.42	943.44	953.59	998.50
26930.18	34697.78	41104.96	46345.41	54301.53	62077.88	67498.29	74524.16	83414.88	88531.71	94298.18
14382.19	17082.76	19648.21	22173.27	26343.31	29796.08	33178.56	37320.02	41350.93	44035.84	48434.98
20053.91	25961.32	30722.64	35179.00	42899.91	44761.26	50058.64	55437.00	61726.88	67575.96	74879.40
105.3	100.0	102.9	105.0	102.1	102.2	101.9	101.2	102.1	101.5	102.5
104.9	99.4	102.7	104.7	101.6	101.4	101.0	100.2	101.3	100.8	102.2
33.0	34.2	34.7	36.3	38.4	39.6	40.3	40.9	42.1	42.5	43.2
5671	6154	7034	8395	9506	10687	11882	12930	13954	15118	16297
3835	4132	4472	5489	6304	6877	7962	8748	9519	10342	11270
31.3	31.8	32.1	33.2	33.4	36.4	37.3	36.4	37.5	37.6	36.8
15628	17006	18971	21678	24496	26882	29222	31545	34012	36789	39549
10752	11711	12761	14164	15349	16646	18323	19854	21495	23072	24798

a) Since 2009, Primary Energy has included hydro,wind and solar PV power. 2000-2008 data do not include wind and solar PV power.
b) Data of Household Deposits befor 2014 refers to Urban and Rural Household Savings Deposits.

1-2 续表 2

类　　别		Category		2000	2005
十、农林牧渔业		**Farming,Forestry,Animal Husbandry and Fishery**			
农林牧渔业总产值	(亿元)	Gross Output Value of Farming Forestry, Animal Husbandry and Fishery	(100 million yuan)	2294.4	3741.8
农　业	(亿元)	Farming	(100 million yuan)	1300.4	2034.0
林　业	(亿元)	Forestry	(100 million yuan)	47.6	57.6
牧　业	(亿元)	Animal Husbandry	(100 million yuan)	599.2	1125.0
渔　业	(亿元)	Fishery	(100 million yuan)	347.1	465.5
农林牧渔服务业	(亿元)	Services for Agriculture	(100 million yuan)		59.7
农业生产情况		**Farming**			
粮食总产量	(万吨)	Total Output of Grain	(10 000 tons)	3837.7	3917.4
粮食单产	(千克/公顷)	Grain	(kilogram/hectare)	4938	5837
棉花总产量	(万吨)	Total Output of Cotton	(10 000 tons)	59.0	84.6
棉花单产	(千克/公顷)	Cotton	(kilogram/hectare)	1085	1000
油料总产量	(万吨)	Total Output of Oil-bearing Crops	(10 000 tons)	356.9	363.9
油料单产	(千克/公顷)	Oil-bearing Crops	(kilogram/hectare)	3730	4044
肉类总产量	(万吨)	Total Output of Grain	(10 000 tons)	500.0	657.8
猪存栏	(万头)	Number of Pigs	(10 000 heads)	2401.8	2772.0
牛存栏	(万头)	Number of Cattles	(10 000 heads)	779.9	750.4
羊存栏	(万只)	Number of Sheep and Goats	(10 000 heads)	2260.1	2646.0
家禽存栏	(万只)	Number of Poultry	(10 000 heads)	47789.9	54641.3
猪出栏	(万头)	Slaughtered Pigs	(10 000 heads)	3213.2	4263.5
牛出栏	(万头)	Slaughtered Cattle	(10 000 heads)	322.2	425.7
羊出栏	(万只)	Slaughtered Sheep	(10 000 heads)	2375.7	3003.0
家禽出栏	(万只)	Slaughtered Poultry	(10 000 heads)	91195.0	145089.4
禽蛋产量	(万吨)	Poultry Eggs	(10 000 tons)	301.0	363.2
奶类产量	(万吨)	Milk	(10 000 tons)	62.7	196.7
水产品总产量	(吨)	Total Aquatic Products	(tons)	6306551	6648983
海水产品	(吨)	Seawater Aquatic Products	(tons)	5375169	5655207
海洋捕捞	(吨)	Catching in Ocean	(tons)	2780483	2421396
海水养殖	(吨)	Seawater Aquiculture	(tons)	2594685	3233811
淡水产品产量	(吨)	Freshwater Aquatic Products	(tons)	931382	993776
捕捞量	(吨)	Catching	(tons)	81214	110887
养殖量	(吨)	Freshwater Aquiculture	(tons)	850168	882889
水产品养殖面积	(万亩)	Aquiculture Area	(10 000 mu)	788.4	1033.1
海　水	(万亩)	Seawater Aquiculture Area	(10 000 mu)	420.7	611.1
淡　水	(万亩)	Freshwater Aquiculture Area	(10 000 mu)	367.6	422.0
十一、工　业		**Industry**			
工业总产值	(亿元)	Gross Industrial Output Value	(100 million yuan)	12509.5	35387.4
#国有经济	(亿元)	State-owned Enterprises	(100 million yuan)	2474.5	1982.9
集体经济	(亿元)	Collective-owned Enterprises	(100 million yuan)	2394.0	2264.9

continued

2008	2009	2010	2011	2012	2013	2014	2015	2016	2017	2018
5584.0	5953.2	6573.8	7311.1	7817.8	8577.1	8988.2	9283.9	9075.6	9140.4	9397.4
2863.3	3170.0	3588.4	3737.0	3829.2	4335.8	4556.1	4662.6	4387.5	4403.2	4678.3
102.2	101.3	86.5	100.0	107.0	120.3	131.5	139.9	147.5	165.1	181.6
1715.5	1699.5	1796.5	2205.7	2328.7	2410.6	2478.8	2602.1	2620.3	2501.4	2432.7
679.1	735.7	829.8	973.2	1227.8	1347.0	1420.8	1447.3	1409.7	1476.0	1425.9
223.9	246.6	272.5	295.1	325.1	363.4	400.9	432.0	510.7	594.7	678.9
4353.9	4442.7	4502.8	4701.3	4815.8	4883.4	5038.3	5147.4	5332.3	5374.3	5319.5
6086	6088	6043	6172	6214	6099	6087	6123	6261	6356	6329
94.0	79.0	59.0	60.8	51.4	43.4	44.2	33.9	32.9	20.7	21.7
1172	1151	945	1043	1012	923	1122	1042	1179	1185	1184
374.7	349.2	347.7	343.7	341.8	341.6	329.6	318.7	317.1	318.3	310.9
4283	4349	4317	4367	4404	4386	4355	4302	4310	4389	4370
704.5	730.9	754.0	763.1	822.6	838.2	836.8	845.5	837.1	866.0	854.7
2786.7	2845.8	2871.6	2998.2	3101.2	3167.0	3179.5	3147.3	3086.8	3040.3	2985.6
498.5	452.6	440.3	438.3	433.7	424.3	410.5	407.6	391.9	401.5	380.6
2033.9	1939.1	1926.9	1887.9	1850.3	1797.9	1765.0	1767.9	1693.1	1754.0	1801.4
55864.4	54789.4	58214.0	63790.2	70959.8	70261.3	69911.9	71816.0	78056.1	76604.5	75614.9
3973.0	4245.4	4425.5	4387.8	4800.8	5043.0	5245.7	5156.4	5093.2	5180.7	5082.3
439.3	426.5	413.0	390.0	385.3	382.6	372.4	370.2	360.8	361.6	363.4
2941.3	2827.0	2707.4	2546.5	2493.4	2472.1	2530.6	2527.1	2540.8	2629.8	2682.4
155662.1	161151.1	169549.8	181519.0	199140.7	195931.9	182274.9	192052.0	214261.0	220423.3	217200.2
365.0	377.1	384.8	401.6	402.4	396.6	388.4	424.3	441.1	445.1	447.4
218.0	220.3	231.0	235.8	248.6	237.7	244.7	240.7	233.8	231.3	232.5
7303048	7535939	7838259	8138280	7885248	8084522	8464587	8722448	8899622	8680030	8614032
6094766	6263895	6463345	6647212	6524046	6654179	7085761	7352063	7541952	7371727	7360685
2481256	2449591	2350888	2512437	2161603	2087829	2286654	2356409	2414112	2180891	2149830
3613510	3814304	3962643	4134775	4362443	4566350	4799107	4995654	5127840	5190836	5210855
1208282	1272044	1374914	1491068	1361202	1430344	1378826	1370385	1357670	1308303	1253347
129643	128342	130896	135378	112783	115167	90661	83086	93900	83730	82821
1078639	1143702	1244018	1355690	1248419	1315177	1288165	1287299	1263770	1224573	1170526
993.5	1029.3	1136.5	1174.4	1205.2	1240.4	1252.7	1269.2	1259.3	1250.4	1173.4
639.3	662.1	751.4	768.2	785.6	820.2	822.7	844.8	907.2	915.6	856.3
354.1	367.2	385.1	406.2	419.6	420.1	429.9	424.4	352.1	334.8	317.1
62958.5	71209.4	83851.4	99505.0	114707.3	129906.0	141415.0	145964.2	150705.1	137440.7	
4577.2	4074.7	5486.1	6200.8	5022.1	4250.1	4262.2	4547.1	3895.7	2276.0	
2464.1	2775.7	2632.6	2983.4	3129.1	1750.4	1672.3	1686.3	1716.0	1417.3	

1-2 续表 3

类别		Category		2000	2005
按轻重工业分		**Grouped by Light & Heavy Industries**			
轻工业	(亿元)	Light Industry	(100 million yuan)	5964.7	13124.1
重工业	(亿元)	Heavy Industry	(100 million yuan)	6544.8	22263.3
十二、交通运输邮电		**Transport,Posts and Telecommunications**			
铁路通车里程	(公里)	Length of Railways	(km)	2672	3402
公路通车里程	(公里)	Length of Highways	(km)	70686	80132
#晴雨通车	(公里)	Length of Highways Operating under All Weathers	(km)	70038	79854
内河通航里程	(公里)	Length of Navigable Inland Waterways	(km)	1476	1012
客运量	(万人)	Passenger Traffic	(10 000 persons)	66128	98485
铁　路	(万人)	Railways	(10 000 persons)	3840	3952
公　路	(万人)	Highways	(10 000 persons)	61466	93178
水　路	(万人)	Waterways	(10 000 persons)	822	1355
客运周转量	(百万人公里)	Passenger Turnover	(million passenger-km)	54873	82778
铁　路	(百万人公里)	Railways	(million passenger-km)	22180	28268
公　路	(百万人公里)	Highways	(million passenger-km)	32358	53910
水　路	(百万人公里)	Waterways	(million passenger-km)	335	600
货运量	(万吨)	Freight Traffic	(10 000 tons)	92483	147999
铁　路	(万吨)	Railways	(10 000 tons)	11253	18338
公　路	(万吨)	Highways	(10 000 tons)	76778	120455
水　路	(万吨)	Waterways	(10 000 tons)	4452	9206
货运周转量	(百万吨公里)	Freight Turnover	(million ton-km)	403315	558286
铁　路	(百万吨公里)	Railways	(million ton-km)	79964	121908
公　路	(百万吨公里)	Highways	(million ton-km)	40575	71182
水　路	(百万吨公里)	Waterways	(million ton-km)	282776	365196
邮政局总计	(处)	Number of Post & Telecommunications Offices	(unit)	3011	3025
函　件	(万件)	Number of Letters	(10 000 pcs)	32878	24075
电信业务总量	(亿元)	Business Volume of Telecommunication Services	(100 million yuan)	186.5	675.5
年末移动电话用户	(万户)	Number of Mobile Telephone	(10 000 subscribers)	501.0	2316.0
十三、国内贸易		**Domestic Trade**			
社会消费品零售总额	(亿元)	Total Retail Sales of Consumer Goods	(100 million yuan)	3264.05	6166.94
商品零售	(亿元)	Retail Sales	(100 million yuan)		
餐饮收入	(亿元)	Catering Income	(100 million yuan)		
十四、对外贸易和旅游		**Foreign Economy and Trade,Tourism**			
对外贸易		Foreign Economy and Trade			
海关进出口总值	(万美元)	Total Value of Imports and Exports	(10 000 USD)	2498998	7688876
海关出口总值	(万美元)	Total Exports	(10 000 USD)	1552905	4625113
#一般贸易	(万美元)	General Trade	(10 000 USD)	746563	2310122
来料加工装配贸易	(万美元)	Processing and Assembling with Customer's Materials	(10 000 USD)	293008	594991
进料加工贸易	(万美元)	Processing and Assembling with Import Materials	(10 000 USD)	507050	1668351
海关进口总值	(万美元)	Total Imports	(10 000 USD)	946093	3063763

注：交通运输部2014年修订了公路、水运运输量统计试行方案，统计口径发生了变化。

continued

2008	2009	2010	2011	2012	2013	2014	2015	2016	2017	2018
21315.3	24195.8	27161.8	31019.1	36682.8	40763.8	43837.1	46775.9	48228.0	45219.1	
41643.3	47013.6	56689.6	68485.8	78024.5	89142.2	97577.9	99188.3	102477.1	92221.6	
3329	3620	3833	4177	4306	4397	4546	4863	4882	5115	5676
220687	226693	229858	233189	244586	252785	259514	263447	265720	270590	275642
219525	225235	228906	232264	243779	252066	259031	262986	265265	270150	275344
1012	1012	1150	1150	1150	1150	1150	1150	1150	1150	1150
213387	234234	248720	250469	264935	269391	73582	59625	62727	64536	66613
5470	5806	6041	6609	7650	8484	9508	10666	11904	13388	14525
205917	226134	240044	241457	254711	258327	62052	46960	48823	49111	50044
2000	2294	2635	2403	2574	2580	2022	1999	2000	2037	2044
141867	158713	164471	172751	183196	189285	114056	112745	116882	122676	126935
36694	37993	42135	45872	50951	54995	61734	64444	68442	73365	76302
104569	119723	121151	125691	130995	133137	51141	47137	47240	48104	49357
604	997	1185	1188	1250	1153	1181	1164	1200	1207	1276
247489	284463	298055	314962	330270	344401	260983	258444	281557	322564	349481
20872	19596	18056	19711	19814	19043	16792	15786	16745	17853	18710
216604	251587	264366	279380	296752	311812	230018	227934	249752	288052	312807
10013	13280	15633	15871	13704	13546	14172	14724	15060	16659	17964
1010234	1095569	1174705	1258364	1099119	1026088	817690	833415	879552	962225	995988
134133	134139	144775	152606	149384	138910	123808	107728	113668	121363	126468
511792	604502	621680	662435	705922	749888	571138	587699	607143	665022	685968
364309	356928	408250	443323	243813	137290	122744	137988	158741	175840	183552
2934	2862	2840	2851	2856	2861	2870	2870	2878	2880	2873
46362	52074	53963	46014	45663	42389	29233	18787	10328	6978	6369
1426.2	1586.8	1920.9	723.6	797.6	863.7	1067.8	1253.1	863.4	1494.8	3651.9
4611.7	5342.0	6190.4	7118.0	7588.9	8333.4	8664.1	9413.8	9594.5	9943.9	10569.6
10658.76	12362.97	14620.30	17155.49	19651.94	22294.84	25111.53	27761.41	30645.76	33649.04	33604.98
		13162.74	15391.44	17655.80	20056.62	22612.19	24921.29	27401.75	30046.43	29863.86
		1457.56	1764.05	1996.14	2238.23	2499.33	2840.12	3244.01	3602.62	3741.12
15814480	13860378	18895058	23599191	24554487	26715854	27711549	24174867	23420733	26305670	29239097
9317486	7956530	10424695	12578809	12873171	13450998	14474545	14406069	13715826	14710207	16013984
4739880	3637582	4973019	6466907	6875045	7603996	8373918	9042024	8653875	9428956	11047764
722044	697915	750340	842878	867657	866031	802064	739933	716557	651868	601424
3573434	3296132	4230872	4737751	4566215	4392892	4734553	4183875	3904404	4151643	3918203
6496994	5903848	8470390	11020382	11681316	13264856	13237004	9768798	9704906	11595464	13225113

a)The pilot statistical investigation program on passenger traffica and turnover was revised in 2014,and the statistical scope was adjusted.

1-2 续表 4

类　　别		Category		2000	2005
利用外资		**Utilization of Foreign Capital**			
外商直接投资合同金额	(万美元)	Direct contracted Foreign Investments	(10 000 USD)	507435	2749510
实际使用外商直接投资	(万美元)	Direct Foreign Investments	(10 000 USD)	297119	897072
对外承包工程和劳务合作		**Foreign Contracted Projects Labor Cooperation**			
合同个数	(个)	Number of Contracts	(unit)	1250	2171
合同金额	(万美元)	Contracted Value	(10 000 USD)	61601	164091
营业额	(万美元)	Value of Business	(10 000 USD)	45229	174518
年末在外人数	(人)	Population in Foreign Countries and Regions	(person)	35028	71610
旅　游		**Tourism**			
接待海外旅游人数	(人次)	International Tourists	(person-times)	723145	1551056
外国人	(人次)	Foreigners	(person-times)	480090	1247842
港澳台胞	(人次)	Compatriots from Hong Kong Macao and Taiwan	(person-times)	243055	303214
旅游外汇收入	(万元)	Foreign Exchange Earnings	(10 000 yuan)	260839	639142
旅游外汇收入	(万美元)	Foreign Exchange Earnings	(10 000 USD)	31513	78023
人民币对主要外币 年平均汇价(中间价)		**Average Exchange Rate of RMB Yuan Against Main Convertible Currencies (Middle Rate)**			
100美元	(人民币元)	100 US Dollars	(RMB yuan)	827.72	819.17
100日元	(人民币元)	100 Japanese Yen	(RMB yuan)	7.39	7.45
100港元	(人民币元)	100 Hong Kong Dollars	(RMB yuan)	106.08	105.30
十五、教　育		**Education**			
普通高等学校		**Regular Institutions of Higher Education**			
学校数	(所)	Number of Schools	(unit)	58	104
招生数	(人)	New Enrollment	(person)	124817	400573
在校学生数	(人)	Total Enrollment	(person)	303826	1171284
毕业生数	(人)	Graduates	(person)	49687	224611
教职工数	(人)	Teachers and Staff	(person)	54910	109920
#专任教师	(人)	Full-time Teachers	(person)	24764	64636
中等专业学校基本情况		**Secondary Professional Schools**			
学校数	(所)	Number of Schools	(unit)	243	134
招生数	(人)	New Enrollment	(person)	93493	86044
毕业生数	(人)	Graduates	(person)	103629	75076
在校学生数	(人)	Total Enrollment	(person)	333184	257161
教职工数	(人)	Teachers and Staff	(person)	37241	20406
#专任教师	(人)	Full-time Teachers	(person)	20409	12193
普通中学基本情况		**Regular Senior Secondary Schools**			
学校数	(所)	Number of Schools	(unit)	4575	4404
招生数	(万人)	New Enrollment	(10 000 persons)	234.18	179.71
毕业生数	(万人)	Graduates	(10 000 persons)	167.96	207.29
在校学生数	(万人)	Total Enrollment	(10 000 persons)	678.60	592.49
教职工数	(人)	Teachers and Staff	(person)	430754	470584
#专任教师	(人)	Full-time Teachers	(person)	350353	377133
技工学校基本情况		**Technical Schools**			
学校数	(所)	Number of Schools	(unit)	279	229
招生数	(人)	New Enrollment	(person)	48008	138505
毕业生数	(人)	Graduates	(person)	66546	78091
在校学生数	(人)	Total Enrollment	(person)	137718	325924
教职工数	(人)	Teachers and Staff	(person)	24484	22049
#专任教师	(人)	Full-time Teachers	(person)	14066	15058

注：2010年起，中等专业学校数据改为中等职业学校口径。

continued

2008	2009	2010	2011	2012	2013	2014	2015	2016	2017	2018
1014959	871045	1363381	1579081	1655717	1770879	1595327	2004467	2115351	2740567	2850735
820246	801007	916833	1116022	1235267	1405315	1519511	1630090	1682556	1785731	2051636
2880	2397	3075								
754137	932312	1092504	948287	988209	1078349	1237694	1344383	1355479	1393003	1548846
358867	509083	602415	819857	898864	940828	1021544	1120799	1195427	1278651	1314181
90623	96421	102149	108662	103736	98988	115328	116100	119655	130384	125224
2537575	3100379	3667909	4242277	4699116	4527082	4456513	4607800	4854664	4943732	5131090
2065007	2411857	2778699	3123264	3422261	3273678	3256968	3358600	3526723	3530595	3661207
472568	688522	889210	1119013	1276855	1253404	1199545	1249200	1327941	1413137	1469883
966397	1205874	1458866	1647486	1845554	1691487	1667300	1804062	2034836	2143055	2226223
139148	176530	215506	255076	292365	273120	271424	289651	306345	317405	336420
694.51	683.10	676.95	645.88	631.25	619.32	614.28	622.84	664.23	675.18	661.74
6.74	7.30	7.73	8.11	7.90	6.33	5.82	5.15	6.12	6.02	5.99
89.19	88.12	87.13	82.97	81.38	79.85	79.22	80.34	85.58	86.64	84.43
114	128	133	139	137	140	142	143	144	145	145
514176	501082	495722	497292	498621	527539	580763	595646	624408	612660	629065
1534009	1592974	1631373	1645589	1658490	1698545	1796665	1900612	1995880	2015345	2040793
411143	431598	444003	472882	474266	475858	464076	474195	509142	571220	585871
134072	136753	139100	142698	142370	142240	143939	147035	150345	154311	158526
87432	89734	91413	94621	96058	98685	101380	104724	107748	110807	112717
130	124	640	591	560	525	460	435	428	401	398
93217	99212	426954	444703	404670	363547	319143	294033	288180	261190	245355
83077	88355	439337	386564	380451	378626	354032	320353	286687	248347	250210
271905	271993	1131621	1177130	1147012	1031585	948167	857264	809826	793357	750142
20308	19981	78769	74232	71449	66810	64488	62319	60613	60408	59304
13224	13093	55465	53569	52430	50243	49274	48926	48244	48659	48269
3893	3750	3645	3569	3522	3464	3461	3446	3504	3560	3671
160.54	160.24	164.12	161.83	159.88	158.53	153.58	151.12	160.35	164.39	164.26
172.88	158.65	156.89	157.80	153.20	156.04	153.73	156.01	157.62	151.42	148.46
502.14	499.34	501.07	501.58	492.64	488.48	486.06	479.93	482.41	494.85	509.93
445545	442447	438787	462765	464942	466088	471653	475798	484579	502004	515123
367658	372550	372082	376760	376819	382340	386923	390059	397471	410339	419903
197	196	209	208	213	207	203	194	194	194	181
161000	147000	136995	149407	154546	144165	128007	131550	133600	129109	135184
121000	140300	133615	123404	113066	121782	108046	98154	89629	103815	96351
415000	396200	397719	381503	401207	369922	329473	318182	335348	332634	329897
24700	24963	18183	24379	29909	30860	29404	29228	29133	29294	29388
18847	19378	14962	21050	21451	23977	23000	22613	22908	22565	22525

a)Data of secondary professional schools refer to the caliber of secondary vocational school since 2010 .

1-2 续表 5

类 别		Category		2000	2005
小学基本情况		**Regular Primary Schools**			
学校数	(所)	Number of Schools	(unit)	26017	15871
招生数	(万人)	New Enrollment	(10 000 persons)	104.48	104.27
毕业生数	(万人)	Graduates	(10 000 persons)	195.12	113.31
在校学生数	(万人)	Total Enrollment	(10 000 persons)	774.88	615.37
教职工数	(人)	Teachers and Staff	(person)	440161	410394
#专任教师	(人)	Full-time Teachers	(person)	408200	377729
成人高等学校基本情况		**Adult Institutions of Higher Education**			
学校数	(所)	Number of Schools	(unit)	40	24
招生数	(人)	New Enrollment	(person)	82423	108707
毕业生数	(人)	Graduates	(person)	70810	118379
在校学生数	(人)	Total Enrollment	(person)	219977	258521
教职工数	(人)	Teachers and Staff	(person)	14090	11481
#专任教师	(人)	Full-time Teachers	(person)	7084	6683
十六、科 技		**Science**			
重要科技成果		**Major Scientific Achievements**			
成果数量	(项)	Number of Achievements	(unit)	3728	2408
农 业	(项)	Agricultural	(unit)	575	320
工 业	(项)	Industry	(unit)	1289	539
国际领先先进水平	(项)	Internationally Advanced	(unit)	599	534
国内领先先进水平	(项)	Nationally Advanced	(unit)	2861	1741
专利情况		**Patent Applications**			
申请量	(件)	Number of Patent Applications Examined	(unit)	10019	28835
授权量	(件)	Number of Patent Applications Granted	(unit)	6962	10743
十七、卫生、文化事业基本情况		**Public Health and Culture**			
卫生机构床位数	(万张)	Number of Beds in Health Institutions	(10 000 units)	21.5	25.1
卫生技术人员数	(万人)	Medical Technical Personnel	(10 000 persons)	31.5	32.5
#执业(助理)医师	(万人)	Licensed (Assistant) Doctors	(10 000 persons)	14.5	14.1
文化(艺术)馆		**Cultural(Arts) Centers**			
机构数	(个)	Number of Institutions	(unit)	159	158
人 数	(人)	Number of Employed Persons	(person)	3055	2982
文化站		**Cultural Stations**			
机构数	(个)	Number of Institutions	(unit)	2422	1768
人 数	(人)	Number of Employed Persons	(person)	3304	3166
艺术表演团体		**Arts Performance Troupes**			
机构数	(个)	Number of Institutions	(unit)	118	117
人 数	(人)	Number of Employed Persons	(person)	5943	6066
剧场(院)		**Theaters and Music Halls**			
机构数	(个)	Number of Institutions	(unit)	105	94
人 数	(人)	Number of Employed Persons	(person)	2473	1881
图书馆		**Libraries**			
机构数	(个)	Number of Institutions	(unit)	133	145
人 数	(人)	Number of Employed Persons	(person)	2506	2690
博物馆		**Museums**			
机构数	(个)	Number of Institutions	(unit)	59	75
人 数	(人)	Number of Employed Persons	(person)	1633	1723

continued

2008	2009	2010	2011	2012	2013	2014	2015	2016	2017	2018
13503	12858	12405	12047	11573	11151	10770	10404	10027	9738	9674
104.61	101.78	111.30	119.40	109.55	115.69	124.70	124.43	123.91	126.98	129.64
107.48	109.47	110.26	106.82	106.16	103.30	101.02	98.92	107.15	110.96	111.52
632.98	626.81	629.25	644.07	627.67	625.98	648.47	674.63	691.31	708.47	725.97
420552	421057	417504	393612	387203	383692	378886	379239	386405	391838	392333
387957	389962	387453	386280	382562	387312	389080	396368	408856	421877	430702
22	21	18	17	17	11	11	11	11	11	11
152713	136048	133191	147677	166515	165522	178737	163012	179199	157559	233966
93079	105081	110347	144703	120404	128297	147592	161377	167440	279185	181058
355307	377343	388741	386481	428180	459803	485274	484493	502274	375102	426995
7390	6240	4225	3951	4286	2843	2259	2200	1604	1580	1479
4840	4142	2946	2731	2917	1982	1544	1493	1082	1048	970
2330	2364	2367	2379	2393	2332	2955	3011	3016	2537	1791
301	306	391	305	338	297	440	385	421	363	232
677	849	751	723	853	866	1095	1019	1010	876	483
592	751	676	647	609	681	817	967	762	610	416
1618	1412	1316	1296	1349	1067	1146	1212	1095	973	682
60247	66857	80856	109599	128614	155170	158619	193220	212911	204861	238795
26688	34513	51490	58843	75522	76976	72818	98101	98093	100522	132382
32.0	34.7	38.2	41.6	47.3	49.0	50.0	51.9	54.3	58.5	60.8
37.6	40.6	44.1	48.2	53.0	59.8	60.4	61.9	64.3	68.9	73.9
16.0	16.9	17.8	18.6	20.1	23.2	23.1	23.7	24.5	26.5	29.0
156	158	158	160	158	159	158	157	157	157	157
3025	3115	3055	3086	3033	3062	3047	3034	3006	2978	2950
1826	1867	1855	1828	1821	1807	1811	1814	1816	1815	1819
3754	4593	4543	4643	4987	4915	5181	5534	5262	5334	5329
119	118	119	116	104	103	104	104	103	105	105
6254	6279	6268	6163	5722	5557	5728	5368	5651	5689	5539
90	82	91	93	93	93	93	92	93	100	106
1827	1640	1904	2134	2083	1719	1734	1632	1602	1821	1902
147	150	149	150	150	153	153	154	154	154	154
2606	2669	2680	2697	2647	2760	2730	2750	2828	2877	2843
96	111	114	120	178	194	243	312	393	485	517
2064	2307	2456	2787	4353	4748	5369	6310	7152	7976	8059

1-3 国民经济和社会发展主要指标增长速度

单位:%

类　　别	Category	2000	2005
一、人　口	**Population**		
年末总人口	Population at the Year-end	1.3	0.7
按性别分	**By Sex**		
男	Male	(0.6)	(0.5)
女	Female	(0.6)	(0.6)
按农业非农业分	**Agricultural and Non-agricultural Population**		
农村人口	Agricultural Population	(-0.5)	(-2.4)
城镇人口	Non-agricultural Population	(3.8)	(6.6)
人口密度	Population Density	1.2	0.5
二、就业人员和劳动工资	**Employment and Wages**		
年末就业人员	Year-end Employed Persons	2.4	2.0
第一产业	Primary Industry	2.7	-7.5
第二产业	Secondary Industry	3.2	12.7
第三产业	Tertiary Industry	0.9	6.5
乡村就业人员	Rural Employed Persons	-0.8	-0.7
城镇就业人员	Urban Employed Persons	9.3	6.4
职工年末人数	Number of Staff and Workers at the Year-end	-2.4	12.2
#国有单位	State-owned Units	-4.3	-14.0
城镇集体单位	Urban Collective-owned Units	-12.8	-5.8
工资总额	Total Wages Bill	12.1	30.1
#国有单位	State-owned Units	10.2	6.6
城镇集体单位	Urban Collective-owned Units	-2.2	8.6
平均工资	Average Wage	14.6	15.9
#国有单位	State-owned Units	15.1	23.7
城镇集体单位	Urban Collective-owned Units	12.0	16.3
三、国民经济核算	**National Accounting**		
地区生产总值	Gross Domestic Product	10.3	15.1
第一产业	Primary Industry	3.8	4.8
第二产业	Secondary Industry	12.0	17.6
第三产业	Tertiary Industry	10.4	14.5
工　业	Industry	12.2	18.2
建筑业	Construction	9.7	12.0
人均地区生产总值	Per Capita GDP	9.0	14.3
居民消费水平	**Household Consumption Expenditure**		
全省居民	Average Expenditure of All Residents	8.2	15.2
农村居民	Rural Residents	5.6	13.0
城镇居民	Urban Residents	9.1	13.2
四、固定资产投资	**Investment in Fixed Assets**		
全社会固定资产投资额	Total Investment in Fixed Assets	14.4	38.2
国有经济	State-Owned Units	10.6	5.2
集体经济	Collective-Owned Units	6.9	-57.6
个体经济	Individuals Economy	13.9	254.4
其他经济	Others	52.7	86.1

注：1.2000和2010年年末总人口增速根据人口普查数据计算。
2.2010年起，工资总额、平均工资增长速度为城镇单位就业人员口径。

Growth Rates of Main Indicators on National Economic and Social Development

(%)

2008	2009	2010	2011	2012	2013	2014	2015	2016	2017	2018
0.5	0.6	1.2	0.5	0.5	0.5	0.6	0.6	1.0	0.6	0.4
(0.5)	(0.6)	(1.0)	(0.6)	(0.0)	(0.3)	(1.6)	(0.8)	(1.0)	(0.8)	(0.8)
(0.6)	(0.6)	(0.9)	(0.5)	-(0.2)	(0.4)	(1.2)	(0.8)	(1.0)	(1.0)	(1.0)
(-0.8)	(0.7)	(-3.5)	(-0.9)	(-1.5)	(-1.4)	(-0.4)	(-6.3)	(-1.3)	(-1.4)	(-0.6)
(2.8)	(0.5)	(8.2)	(2.8)	(1.9)	(2.7)	(3.8)	(9.7)	(3.5)	(3.3)	(2.4)
0.5	0.7	1.2	0.5	0.4	0.5	0.2	0.6	1.0	0.6	0.3
1.7	1.7	1.7	1.3	1.1	0.4	0.4	0.4	0.3	-1.3	-5.8
2.1	-0.7	-1.1	-2.7	-2.0	-3.8	-3.0	-3.0	-1.4	-4.1	-7.5
-1.7	3.0	3.6	4.7	2.7	1.1	1.1	1.9	0.7	-0.8	-6.6
5.1	3.3	3.0	2.3	2.5	3.9	2.9	1.8	1.3	0.3	-3.7
-0.4	-0.5	-0.5	-0.1	-0.03	-1.2	-0.6	-0.8	-0.2	-1.3	-5.8
4.6	4.6	4.4	3.0	2.3	2.2	1.5	1.7	0.7	-1.4	-5.8
-0.8	1.9	3.4	5.4	5.4	16.7	-2.2	-2.6	-1.9	-2.2	-5.7
0.6	-0.1	2.2	-3.0	1.7	-7.9	-2.9	-3.0	-0.7	-0.7	-2.6
-6.4	0.6	0.4	3.5	3.6	-8.3	-13.0	-7.9	-0.7	-12.0	-25.4
15.2	14.6	17.3	24.9	17.0	31.8	7.3	7.8	6.8	7.0	2.5
14.9	11.4	15.2	12.0	12.7	2.8	6.8	14.7	9.8	8.5	0.7
11.8	16.2	20.3	23.8	18.8	14.5	-6.0	1.1	2.9	-3.3	-29.7
15.6	12.4	13.3	12.9	11.4	12.2	10.3	10.5	9.2	8.9	8.1
14.2	11.6	11.5	12.9	10.2	10.3	10.7	18.1	11.4	9.0	6.9
19.3	15.2	15.5	15.8	14.5	21.8	8.7	11.5	7.2	7.8	-1.3
12.1	12.2	12.3	10.9	9.9	9.6	8.7	8.0	7.6	7.4	6.4
5.1	4.2	3.6	4.0	4.7	3.6	3.8	4.2	3.8	3.6	2.6
12.2	13.9	12.8	11.8	10.7	10.5	9.2	7.4	6.6	6.3	5.1
14.0	11.2	13.5	11.3	9.9	9.5	8.9	9.5	9.3	9.1	8.3
12.8	12.9	12.8	12.7	11.2	11.0	9.4	7.4	6.6	6.6	5.4
6.5	25.4	12.6	5.2	5.8	8.4	8.1	7.1	5.1	3.4	2.9
11.5	11.6	11.3	10.0	9.3	9.1	8.1	7.3	6.7	6.5	5.9
13.3	10.8	10.3	9.6	10.4	11.6	11.4	10.7	8.5	8.6	
12.1	11.1	11.6	13.1	15.6	16.4	16.1	15.2	14.2	13.9	
12.7	9.5	8.3	6.6	6.8	8.2	8.2	7.3	4.6	5.2	
23.1	23.3	22.3	21.8	20.2	17.7	15.5	13.7	10.4	7.2	4.1
32.3	26.9	18.2	3.7	12.0	21.8	14.7	15.6	18.9	30.8	3.1
42.7	27.5	13.8	3.3	21.6	0.7	8.6	-7.5	-50.6	-2.1	-37.0
22.3	20.1	24.3	26.6	25.8	31.1	26.4	25.0	9.5	4.9	16.7
16.5	23.0	24.9	14.7	50.1	13.7	8.4	6.7	18.7	-1.3	-4.2

a)Growth rate on Total population of 2000 and 2010 are based on the national population census.Data in the brackets are based on the data from the annual reports of the Public Security Departments.

b)Since 2010,data of total wages bill and average wage refer to the range of employed persons in urban.

1-3 续表 1

单位:%

类别	Category	2000	2005
五、能 源	**Energy**		
能源生产总量	Total Energy Production	-6.5	-2.8
原 煤	Coal	-10.6	-4.2
原 油	Crude Oil	0.4	0.8
天燃气	Natural Gas	-6.2	10.0
水电、风电和太阳能光伏发电	Hydro,Wind and Solar PV Power		
六、财 政	**Government Finance**		
一般公共预算收入	General Pubilic Budget Revenue	14.6	29.6
#增值税	Value Added Tax	14.7	66.3
营业税	Business Tax	11.0	23.4
企业所得税	Company Income Tax	29.6	28.8
个人所得税	Personal Income Tax	31.9	21.7
资源税	Resource Tax	4.1	35.0
城市维护建设税	Urban Maintenance and Development Tax	16.0	20.1
房产税	Tax on Real Estates	15.4	22.5
城镇土地使用税	Urban Land Using Tax	22.8	39.1
土地增值税	Land Value-added Tax	111.9	58.4
车船税	Tax on Vehicle and License	64.2	13.5
行政性收费收入	Incom from Adiministrative Fees	43.9	18.8
一般公共预算支出	General Pubilic Budget Expenditure	11.5	23.3
#一般公共服务支出	Expenditure for General Public Services		
教育支出	Expenditure for Education		
社会保障和就业支出	Expenditure for Social Safety Net and Employment Effort		
医疗卫生与计划生育支出	Expenditure for Medical and Health Care, and Family Planning		
农林水支出	Expenditure for Agriculture, Forestry and Water Conservancy		
七、金 融	**Fiancial Intermediation**		
金融机构人民币存款余额	RMB Deposits	13.8	17.8
#住户存款	Household Deposits	8.7	17.0
金融机构人民币贷款余额	RMB Loans	9.3	13.6
八、价格	**Price Indices**		
居民消费价格	Consumer Price	0.2	1.7
商品零售价格	Retail Price	-1.4	0.6
九、居民生活	**People's Livelihood**		
农民生活	**Rural's Livelihood**		
年末人均住房建筑面积	Per Capita Space of Living House at Year-end	-5.8	10.1
人均可支配收入	Annual Per Capita Disposable Income of Rural Households	4.3	12.1
人均消费支出	Annual Per Capita Consumption Expenditure of Urban Households	5.4	14.5
城镇居民生活	**Urban's Livelihood**		
年末人均住房建筑面积	Per Captia Construction Area of Buildings	5.0	8.0
人均可支配收入	Annual Per Capita Disposable Income of Urban Households	11.7	13.9
人均消费支出	Annual Per Capita Consumption Expenditure of Urban Households	11.2	11.7

continued

(%)

2008	2009	2010	2011	2012	2013	2014	2015	2016	2017	2018
0.0	-0.1	10.0	-0.4	6.1	-10.7	0.4	-3.9	-6.5	2.4	-5.4
-0.2	-0.7	14.3	-2.7	8.1	-14.4	-0.2	-4.3	-7.4	3.2	-7.9
0.2	1.0	-1.5	-0.2	-0.2	-1.7	-0.5	-3.9	-12.0	-2.6	0.3
13.9	6.1	7.5	-50.1	17.7	-14.0	-3.4	-6.8	-4.3	-3.5	6.4
		113.8	59.4	48.4	46.7	14.6	21.6	41.5	33.5	39.9
16.8	12.3	25.0	25.7	17.5	12.3	10.2	10.0	8.5	6.6	6.3
14.8	-2.8	16.6	9.4	5.9	11.7	21.9	-0.3	32.8	5.4	11.5
16.6	18.8	34.2	21.3	17.1	19.1	6.3	10.3	-20.9		
15.9	-4.2	33.1	35.9	10.8	1.0	8.3	3.3	0.9	23.3	9.2
7.6	5.8	25.3	19.2	-1.5	10.0	10.1	24.3	持平	30.4	15.3
-0.6	13.9	1.5	15.2	137.5	1.7	29.1	-13.2	-8.3	4.6	20.3
12.6	4.7	19.9	37.4	10.7	9.5	6.2	5.4	2.9	4.4	17.1
6.6	22.4	11.7	14.5	36.2	10.8	9.6	9.3	7.1	10.1	6.6
57.0	16.7	13.9	15.1	33.6	8.3	15.5	35.5	9.8	1.1	-0.3
12.4	19.9	51.0	59.6	37.4	41.8	25.2	0.7	13.0	25.3	6.4
68.0	39.9	31.5	27.7	20.6	12.3	15.9	14.3	14.4	13.7	9.3
13.0	5.1	18.3	37.3	9.5	-6.9	6.4	-1.8	10.6	-2.4	-5.2
19.6	20.8	26.8	20.7	18.0	13.3	7.3	14.9	6.1	5.2	9.1
11.0	4.7	11.1	13.6	14.1	6.3	-3.3	1.8	6.3	9.4	9.9
21.5	11.3	25.6	36.0	25.2	6.7	4.4	15.7	7.4	3.5	6.1
13.2	20.3	21.6	20.3	18.9	14.3	12.0	18.5	9.9	14.0	10.9
40.9	34.8	32.5	43.7	17.4	14.9	24.7	15.8	12.7	4.9	6.5
44.3	57.0	26.2	21.0	19.5	11.0	3.3	24.8	-2.3	1.1	4.5
22.0	28.8	18.5	12.7	17.2	14.3	8.7	9.4	11.9	6.1	6.2
25.7	18.8	15.0	12.9	18.8	13.1	11.4	8.9	10.8	6.5	9.9
14.3	29.5	18.3	14.5	21.9	4.3	11.8	10.7	11.3	9.5	10.4
5.3	持平	2.9	5.0	2.1	2.2	1.9	1.2	2.1	1.5	2.5
4.9	-0.6	3.3	4.7	1.6	1.4	1.0	0.2	1.3	0.8	2.2
4.1	3.8	1.4	4.6	5.8	2.9	1.7	1.6	2.9	1.0	1.6
13.2	8.5	14.2	19.3	13.2	12.4	11.2	8.8	7.9	8.3	7.8
12.6	8.3	8.8	22.7	14.8	9.1	15.8	9.9	8.8	8.6	9.0
5.1	1.5	0.9	3.4	0.8	8.8	2.5	-2.5	3.2	0.3	-2.2
14.3	9.2	12.0	14.3	13.0	9.7	8.7	8.0	7.8	8.2	7.5
13.9	9.1	9.2	11.0	8.4	8.5	10.1	8.4	8.3	7.3	7.5

1-3 续表 2

单位:%

类　　别	Category	2000	2005
十、农林牧渔业	**Farming,Forestry,Animal Husbandry and Fishery**		
农林牧渔业总产值	**Gross Output Value of Farming Forestry,Animal Husbandry and Fishery**	**3.9**	**5.2**
农　业	Farming	4.0	3.9
林　业	Forestry	6.2	-3.7
牧　业	Animal Husbandry	5.4	7.3
渔　业	Fishery	0.5	6.7
农林牧渔服务业	Services for Agriculture		9.2
农业生产情况	**Farming**		
粮食总产量	Total Output of Grain	-10.1	11.4
粮食单产	Grain	-6.3	4.8
棉花总产量	Total Output of Cotton	50.5	-23.0
棉花单产	Cotton	1.2	-3.5
油料总产量	Total Output of Oil-bearing Crops	11.4	-1.6
油料单产	Oil-bearing Crops	3.2	3.4
肉类总产量	Total Output of Grain	-4.7	5.8
猪存栏	Number of Pigs	-6.2	0.4
牛存栏	Number of Cattles	-20.2	-2.7
羊存栏	Number of Sheep and Goats	-10.9	-0.8
家禽存栏	Number of Poultry	-10.4	-3.9
猪出栏	Slaughtered Pigs	-1.1	5.0
牛出栏	Slaughtered Cattle	-17.6	3.0
羊出栏	Slaughtered Sheep	-16.3	4.7
家禽出栏	Slaughtered Poultry	-9.0	18.3
禽蛋产量	Poultry Eggs	-13.8	2.1
奶类产量	Milk	2.3	17.1
水产品总产量	Total Aquatic Products	0.5	2.5
海水产品	Seawater Aquatic Products	-1.2	2.3
海洋捕捞	Catching in Ocean	-7.4	-0.8
海水养殖	Seawater Aquiculture	6.5	4.7
淡水产品产量	Freshwater Aquatic Products	11.2	3.7
捕捞量	Catching	1.5	18.6
养殖量	Freshwater Aquiculture	12.2	2.1
水产品养殖面积	Aquiculture Area	9.1	1.8
海　水	Seawater Aquiculture Area	25.2	2.2
淡　水	Freshwater Aquiculture Area	-4.9	1.4
十一、工　业	**Industry**		
工业总产值	**Gross Industrial Output Value**	**17.9**	**36.6**
#国有经济	State-owned Enterprises	6.2	16.6
集体经济	Collective-owned Enterprises	17.7	-25.1
按轻重工业分	**Grouped by Light & Heavy Industries**		
轻工业	Light Industry	20.0	11.3
重工业	Heavy Industry	15.9	57.7

continued

(%)

2008	2009	2010	2011	2012	2013	2014	2015	2016	2017	2018
5.1	**4.3**	**3.6**	**3.8**	**4.7**	**3.8**	**4.0**	**4.3**	**4.4**	**4.0**	**3.0**
3.6	2.7	2.5	3.9	2.5	4.4	4.6	4.7	5.0	4.4	3.9
13.9	9.9	9.9	9.3	3.4	9.0	9.7	8.1	9.5	9.9	9.3
5.9	5.2	3.9	2.5	7.7	2.1	2.4	3.1	2.6	3.7	-0.1
5.9	6.2	4.9	4.4	4.1	3.3	2.7	3.2	2.0	-0.5	0.8
13.3	10.1	9.9	7.2	7.7	9.5	9.3	8.5	15.8	12.5	13.5
6.0	2.0	1.4	4.4	2.4	1.4	3.2	2.2	3.6	0.8	-1.0
3.2	0.0	-0.7	2.1	0.7	-1.9	-0.2	0.6	2.2	1.5	-0.4
-1.2	-15.9	-25.3	3.0	-15.4	-15.5	1.8	-23.3	-3.0	-37.1	4.8
5.3	-1.8	-17.9	10.3	-2.9	-8.8	21.5	-7.1	13.1	0.6	-0.1
1.6	-6.8	-0.4	-1.1	-0.6	-0.1	-3.5	-3.3	-0.5	0.4	-2.3
2.2	1.5	-0.7	1.1	0.9	-0.4	-0.7	-1.2	0.2	1.8	-0.4
6.7	3.7	3.2	1.2	7.8	1.9	-0.2	1.0	-1.0	3.5	-1.3
3.7	2.1	0.9	4.4	3.4	2.1	0.4	-1.0	-1.9	-1.5	-1.8
-10.6	-9.2	-2.7	-0.5	-1.1	-2.2	-3.2	-0.7	-3.9	2.4	-5.2
-10.9	-4.7	-0.6	-2.0	-2.0	-2.8	-1.8	0.2	-4.2	3.6	2.7
12.6	-1.9	6.3	9.6	11.2	-1.0	-0.5	2.7	8.7	-1.9	-1.3
8.0	6.9	4.2	-0.9	9.4	5.0	4.0	-1.7	-1.2	1.7	-1.9
-0.2	-2.9	-3.2	-5.6	-1.2	-0.7	-2.7	-0.6	-2.5	0.2	0.5
-2.0	-3.9	-4.2	-5.9	-2.1	-0.9	2.4	-0.1	0.5	3.5	2.0
10.5	3.5	5.2	7.1	9.7	-1.6	-7.0	5.4	11.6	2.9	-1.5
1.4	3.3	2.0	4.4	0.2	-1.4	-2.1	9.2	4.0	0.9	0.5
5.3	1.1	4.9	2.1	5.4	-4.4	3.0	-1.6	-2.9	-1.0	0.5
2.4	3.2	4.0	3.8	-3.1	2.5	4.7	3.0	2.0	-2.5	-0.8
1.8	2.8	3.2	2.8	-1.9	2.0	6.5	3.8	2.6	-2.3	-0.1
1.2	-1.3	-4.0	6.9	-14.0	-3.4	9.5	3.1	2.4	-9.7	-1.4
2.2	5.6	3.9	4.3	5.5	4.7	5.1	4.1	2.6	1.2	0.4
5.3	5.3	8.1	8.4	-8.7	5.1	-3.6	-0.6	-0.9	-3.6	-4.2
13.4	-1.0	2.0	3.4	-16.7	2.1	-21.3	-8.4	13.0	-10.8	-1.1
4.5	6.0	8.8	9.0	-7.9	5.3	-2.1	-0.1	-1.8	-3.1	-4.4
12.3	3.6	10.4	3.3	2.6	2.9	1.0	1.3	-0.8	-0.7	-6.2
4.9	3.6	13.5	2.2	2.3	4.4	0.3	2.7	7.4	0.9	-6.5
28.4	3.7	4.9	5.5	3.3	0.1	2.3	-1.3	-17.1	-4.9	-5.3
14.1	**20.1**	**12.1**	**12.0**	**17.2**	**15.1**	**10.6**	**8.4**	**4.8**	**-13.6**	
19.2	-5.4	-11.8	6.6	-17.7	-14.0	1.9	12.1	-13.0	-44.6	
9.0	19.7	11.7	6.9	6.6	-43.2	-2.9	5.9	3.3	-21.7	
16.0	20.6	12.5	7.7	20.2	12.9	9.3	12.1	4.7	-11.1	
11.5	19.9	11.9	14.0	15.8	16.1	11.2	6.8	4.9	-14.7	

1-3 续表 3

单位:%

类　　别	Category	2000	2005
十二、交通运输邮电	**Transport,Posts and Telecommunications**		
铁路通车里程	Length of Railways	持平	1.6
公路通车里程	Length of Highways	4.2	3.0
#晴雨通车	Length of Highways Operating under All Weathers	4.5	3.1
内河通航里程	Length of Navigable Inland Waterways	持平	持平
客运量	Passenger Traffic	11.4	10.2
铁　路	Railways	4.6	2.5
公　路	Highways	12.1	10.5
水　路	Waterways	-4.8	9.2
客运周转量	Passenger Turnover	5.9	10.7
铁　路	Railways	7.8	5.9
公　路	Highways	12.2	13.4
水　路	Waterways	-19.1	7.5
货运量	Freight Traffic	15.3	12.1
铁　路	Railways	6.6	2.7
公　路	Highways	13.4	12.7
水　路	Waterways	14.1	26.3
货运周转量	Freight Turnover	26.7	16.7
铁　路	Railways	8.7	9.7
公　路	Highways	14.8	19.4
水　路	Waterways	70.9	18.7
邮政局总计	Number of Post & Telecommunications Offices	-31.8	0.5
函　件	Number of Letters	-6.4	-51.9
电信业务总量	Business Volume of Telecommunication Services	32.1	39.4
年末移动电话用户	Number of Mobile Telephone	101.2	16.7
十三、国内贸易	**Domestic Trade**		
社会消费品零售总额	**Total Retail Sales of Consumer Goods**	**13.6**	**16.6**
商品零售	Retail Sales		
餐饮收入	Catering Income		
十四、对外贸易和旅游	**Foreign Economy and Trade,Tourism**		
对外贸易	Foreign Economy and Trade		
海关进出口总值	Total Value of Imports and Exports	36.8	26.5
海关出口总值	Total Exports	34.1	28.9
#一般贸易	General Trade	37.9	28.4
来料加工装配贸易	Processing and Assembling with Customer's Materials	34.0	23.1
进料加工贸易	Processing and Assembling with Import Materials	28.4	33.2
海关进口总值	Total Imports	41.4	23.0

continued

(%)

2008	2009	2010	2011	2012	2013	2014	2015	2016	2017	2018
-1.5	8.7	5.9	9.0	3.1	2.1	3.4	7.0	0.4	4.8	11.0
4.0	2.7	1.4	1.4	4.9	3.4	2.7	1.5	0.9	1.8	1.9
3.9	2.6	1.6	1.5	5.0	3.4	2.8	1.5	0.9	1.8	1.9
持平	持平	13.6	持平	持平	持平	持平	持平	持平	持平	持平
72.1	9.8	6.2	0.7	5.8	1.7	-1.0	-19.0	5.2	2.9	3.2
6.7	6.1	4.0	9.4	15.7	10.9	12.1	12.2	11.6	12.5	8.5
75.5	9.8	6.2	0.6	5.5	1.4	-3.1	-24.3	4.0	0.6	1.9
31.0	14.7	14.9	-8.8	7.1	0.2	11.8	-1.1	0.1	1.8	0.3
32.7	11.9	3.6	5.0	6.0	3.3	5.5	-1.1	3.7	5.0	3.5
7.8	3.5	10.9	8.9	11.1	7.9	12.3	4.4	6.2	7.2	4.0
45.2	14.5	1.2	3.7	4.2	1.6	-1.7	-7.8	0.2	1.8	2.6
-26.1	65.0	18.9	0.3	5.2	-7.8	7.3	-1.5	3.1	0.6	5.7
24.7	14.9	4.8	5.7	4.9	4.3	0.1	-1.0	8.9	14.6	8.3
4.8	-6.1	-7.9	9.2	0.5	-3.9	-11.8	-6.0	6.1	6.6	4.8
32.1	16.2	5.1	5.7	6.2	5.1	1.0	-0.9	9.6	15.3	8.6
-31.5	32.6	17.7	1.5	3.5	-1.2	2.7	3.9	2.3	10.6	7.8
57.1	8.4	7.2	7.1	-12.7	-6.6	0.9	1.9	5.6	9.4	3.5
2.3	0.0	7.9	5.4	-2.1	-7.0	-10.9	-13.0	6.0	6.8	4.2
378.6	18.1	2.8	6.6	6.6	6.2	3.9	2.9	3.3	9.5	3.1
-10.0	-2.0	14.4	8.6	5.5	2.1	1.3	12.4	15.0	10.8	4.4
-3.7	-2.5	-0.8	0.4	0.2	0.2	0.3	持平	0.3	0.1	-0.2
-1.7	12.3	3.6	-14.7	-0.8	-7.2	-31.0	-35.7	-45.0	-32.4	-8.7
20.9	11.3	21.1	14.8	10.2	8.3	23.6	17.3	49.3	73.1	144.3
23.9	15.8	15.9	15.0	6.6	9.8	4.0	8.7	1.9	3.6	6.3
23.8	**16.0**	**18.3**	**17.3**	**14.6**	**13.4**	**12.6**	**10.6**	**10.4**	**9.8**	**8.8**
		18.5	17.1	14.7	13.6	12.8	10.3	10.0	9.7	8.6
		19.7	18.9	13.2	12.1	11.4	13.1	13.7	10.5	10.9
29.0	-12.4	36.3	24.9	4.1	8.8	3.7	-12.8	-3.1	12.3	11.2
23.8	-14.6	31.0	20.7	2.4	4.5	7.6	-0.5	-4.8	7.2	8.9
24.7	-23.3	36.7	30.0	6.3	10.6	10.1	8.0	-4.3	9.0	17.2
6.3	-3.3	7.5	12.3	2.9	-0.2	-7.4	-7.7	-3.2	-9.0	-7.7
24.8	-7.8	28.4	12.0	-3.6	-3.8	7.8	-11.6	-6.7	6.3	-5.6
37.1	-9.1	43.5	30.1	6.0	13.6	-0.2	-26.2	-0.7	19.5	14.1

1—3 续表 4

单位:%

类别	Category	2000	2005
利用外资	**Utilization of Foreign Capital**		
外商直接投资合同金额	Direct contracted Foreign Investments	63.1	35.5
实际利用外商直接投资	Direct Foreign Investments	20.4	3.1
对外承包工程和劳务合作	**Foreign Contracted Projects Labor Cooperation**		
合同个数	Number of Contracts (unit)	12.0	15.5
合同金额	Contracted Value	-9.1	11.9
营业额	Value of Business	-28.9	15.1
年末在外人数	Population in Foreign Countries and Regions	13.1	14.2
旅　游	**Tourism**		
接待海外旅游人数	International Tourists	16.3	30.0
外国人	Foreigners	14.9	29.8
港澳台胞	Compatriots from Hong Kong Macao and Taiwan	23.5	31.0
旅游外汇收入(人民币)	Foreign Exchange Earnings(RMB)	18.8	36.3
旅游外汇收入(美元)	Foreign Exchange Earnings(USD)	18.8	37.7
人民币对主要外币年平均汇价（中间价）	**Average Exchange Rate of RMB Yuan Against Main Convertible Currencies (Middle Rate)**		
100美元	100 US Dollars	0.0	-1.0
100日元	100 Japanese Yen	-8.5	-2.7
100港元	100 Hong Kong Dollars	-0.4	-0.9
十五、教　育	**Education**		
普通高等学校	**Regular Institutions of Higher Education**		
学校数	Number of Schools	11.5	7.2
招生数	New Enrollment	51.5	22.3
毕业生数	Graduates	0.2	34.5
在校学生数	Total Enrollment	42.2	23.8
教职工数	Teachers and Staff	10.7	17.4
#专任教师	Full-time Teachers	16.5	20.0
中等专业学校	**Secondary Professional Schools**		
学校数	Number of Schools	-3.2	-7.6
招生数	New Enrollment	-23.6	-2.1
毕业生数	Graduates	-2.9	13.8
在校学生数	Total Enrollment	-3.2	-1.2
教职工数	Teachers and Staff	-5.2	-5.6
#专任教师	Full-time Teachers	-4.2	-4.5
普通中学	**Regular Senior Secondary Schools**		
学校数	Number of Schools	-0.2	-3.6
招生数	New Enrollment	5.4	-6.6
毕业生数	Graduates	1.9	-3.0
在校学生数	Total Enrollment	9.4	-5.7
教职工数	Teachers and Staff	3.9	-0.7
#专任教师	Full-time Teachers	4.9	-0.5
技工学校	**Technical Schools**		
学校数	Number of Schools	-7.6	-8.0
招生数	New Enrollment	-5.7	14.1
毕业生数	Graduates	-6.9	32.7
在校学生数	Total Enrollment	-14.7	18.8
教职工数	Teachers and Staff	-15.2	3.2
#专任教师	Full-time Teachers	-3.2	3.1

continued

(%)

2008	2009	2010	2011	2012	2013	2014	2015	2016	2017	2018
-10.0	-14.2	56.5	15.8	4.9	7.0	-9.9	25.6	5.5	29.6	4.0
10.2	-2.3	14.5	21.7	10.7	13.8	8.1	7.3	3.2	6.1	14.9
9.0	-16.8	28.3								
39.6	23.6	17.2	-13.2	4.2	12.1	14.8	8.6	0.8	2.8	11.2
18.9	41.9	18.3	36.1	9.6	4.5	8.6	9.7	6.7	7.0	2.8
-3.4	6.4	5.9	6.4	-4.5	2.3	16.5	0.7	3.1	9.0	-4.0
1.7	22.2	18.3	15.7	10.8	-3.7	-1.6	3.4	5.4	1.8	3.8
2.2	16.8	15.2	12.4	9.6	-4.3	-0.5	3.1	5.0	0.1	3.7
-0.8	45.7	29.1	25.8	14.1	-1.8	-4.3	4.1	6.3	6.4	4.0
-6.0	24.8	21.0	12.9	12.0	-8.3	-1.4	8.2	12.8	5.3	3.9
2.9	26.9	22.1	18.4	14.6	-6.6	-0.6	6.7	5.8	3.6	6.0
-8.7	-1.6	-0.9	-4.6	-2.3	-1.9	-0.8	1.4	6.6	1.6	-2.0
4.3	8.3	5.9	4.9	-2.5	-19.9	-8.1	-11.4	18.8	-1.6	-0.6
-8.5	-1.2	-1.1	-4.8	-1.9	-1.9	-0.8	1.4	6.5	1.2	-2.6
2.7	12.3	3.9	4.5	-1.4	2.2	1.4	0.7	0.7	0.7	持平
13.4	-2.5	-1.1	2.6	-0.2	-0.1	10.1	2.6	4.8	-1.9	2.7
15.6	5.0	2.9	3.5	1.5	2.7	-2.5	2.2	7.4	12.2	2.6
6.5	3.8	2.4	0.3	0.3	5.8	5.8	5.8	5.0	1.0	1.3
4.1	2.0	1.7	0.9	0.8	2.4	1.2	2.2	2.3	2.6	2.7
6.8	2.6	1.9	6.5	0.3	0.3	2.7	3.3	2.9	2.8	1.7
-3.7	-4.6		-7.7	-5.2	-6.3	-12.4	-5.4	-1.6	-6.3	-0.7
-5.5	6.4		4.2	-9.0	-10.2	-12.2	-7.9	-2.0	-9.4	-6.1
-10.0	6.4		-12.0	-1.6	-0.5	-6.5	-9.5	-10.5	-13.4	0.8
-4.0	0.0		4.0	-2.6	-10.1	-8.1	-9.6	-5.5	-2.0	-5.4
-3.2	-1.6		-5.8	-3.7	-6.5	-3.5	-3.4	-2.7	-0.3	-1.8
0.0	-1.0		-3.4	-2.1	-4.2	-1.9	-0.7	-1.4	0.9	-0.8
-3.6	-3.7	-2.8	-2.1	-1.3	-1.6	-0.1	-0.4	1.7	1.6	3.1
-1.2	-0.2	2.4	-1.4	-1.2	-0.8	-3.1	-1.6	6.1	2.5	-0.1
-9.5	-8.2	-1.1	0.6	-2.9	1.9	-1.5	1.5	1.0	-3.9	-2.0
-3.5	-0.6	0.3	0.1	-1.8	-0.8	-0.5	-1.3	0.5	2.6	3.0
-2.1	-0.7	-0.8	5.5	0.5	0.2	1.2	0.9	1.8	3.6	2.6
-0.7	1.3	-0.1	1.3	0.02	1.5	1.2	0.8	1.9	3.2	2.3
-1.5	-0.5	6.6	-0.5	2.4	-2.8	-1.9	-4.4	持平	持平	-6.7
0.7	-8.7	-6.8	9.1	3.4	-6.7	-11.2	2.8	1.6	-3.4	4.7
9.7	16.0	-4.8	-7.6	-8.4	7.7	-11.3	-9.2	-8.7	15.8	-7.2
7.7	-4.5	0.4	-4.1	5.2	-7.8	-10.9	-3.4	5.4	-0.8	-0.8
-7.6	1.1	-27.2	34.1	22.7	3.2	-4.7	-0.6	-0.3	0.6	0.3
-20.1	2.8	-22.8	40.7	1.9	11.8	-4.1	-1.7	1.3	-1.5	-0.2

1-3 续表 5

单位:%

类　　别	Category	2000	2005
小　学	**Regular Primary Schools**		
学校数	Number of Schools	-11.7	-6.3
招生数	New Enrollment	-10.0	-5.4
毕业生数	Graduates	1.9	-9.1
在校学生数	Total Enrollment	-11.0	-2.0
教职工数	Teachers and Staff	-2.4	0.0
#专任教师	Full-time Teachers	-2.5	-0.3
成人高等学校	**Adult Institutions of Higher Education**		
学校数	Number of Schools	持平	持平
招生数	New Enrollment	-5.4	-17.8
毕业生数	Graduates	14.9	10.0
在校学生数	Total Enrollment	-0.5	-3.6
教职工数	Teachers and Staff	-1.7	3.8
#专任教师	Full-time Teachers	-0.7	7.0
十六、科　技	**Science**		
重要科技成果	**Major Scientific Achievements**		
成果数量	Number of Achievements	1.1	-20.5
#农　业	Agricultural	3.2	-29.5
工　业	Industry	1.5	-51.9
国际领先先进水平	Internationally Advanced	-19.5	10.1
国内领先先进水平	Nationally Advanced	4.5	-27.2
专利情况	**Patent Applications**		
申请量	Number of Patent Applications Examined	16.7	56.8
授权量	Number of Patent Applications Granted	6.5	10.4
十七、卫生、文化事业	**Public Health and Culture**		
卫生机构床位数	Number of Beds in Health Institutions	0.7	8.4
卫生技术人员数	Medical Technical Personnel	2.3	0.6
#执业(助理)医师	Licensed (Assistant) Doctors	4.3	1.5
文化(艺术)馆	**Cultural (Arts) Centers**		
机构数	Number of Institutions	0.6	-0.6
人　数	Number of Employed Persons	-4.4	-4.9
文化站	**Cultural Stations**		
机构数	Number of Institutions	-2.9	-0.8
人　数	Number of Employed Persons	0.3	-0.8
艺术表演团体	**Arts Performance Troupes**		
机构数	Number of Institutions	0.9	-0.9
人　数	Number of Employed Persons	-2.2	1.2
剧场(院)	**Theaters and Music Halls**		
机构数	Number of Institutions	-1.9	-1.1
人　数	Number of Employed Persons	-2.8	-9.9
图书馆	**Libraries**		
机构数	Number of Institutions	持平	2.1
人　数	Number of Employed Persons	-1.9	2.2
博物馆	**Museums**		
机构数	Number of Institutions	3.5	4.2
人　数	Number of Employed Persons	-1.8	2.3

continued

(%)

2008	2009	2010	2011	2012	2013	2014	2015	2016	2017	2018
-4.0	-4.8	-3.5	-2.9	-3.9	-3.6	-3.4	-3.4	-3.6	-2.9	-0.7
-6.2	-2.7	9.4	7.3	-8.2	5.6	7.8	-0.2	-0.4	2.5	2.1
3.5	1.9	0.7	-3.1	-0.6	-2.7	-2.2	-2.1	8.3	3.6	0.5
-0.2	-1.0	0.4	2.4	-2.5	-0.3	3.6	4.0	2.5	2.5	2.5
0.1	0.1	-0.8	-5.7	-1.6	-0.9	-1.3	0.1	1.9	1.4	0.1
0.3	0.5	-0.6	-0.3	-1.0	1.2	0.5	1.9	3.2	3.2	2.1
-4.4	-4.5	-14.3	-5.6	持平	-35.3	持平	持平	持平	持平	持平
42.9	-10.9	-2.1	10.9	12.8	-0.6	8.0	-8.8	9.9	-12.1	48.5
-4.6	12.9	5.0	31.1	-16.8	6.6	15.0	9.3	3.8	66.7	-35.1
19.6	6.2	3.0	-0.6	10.8	7.4	5.5	-0.2	3.7	-25.3	13.8
-41.5	-15.6	-32.3	-6.5	8.5	-33.7	-20.5	-2.6	-27.1	-1.5	-6.4
-35.8	-14.4	-28.9	-7.3	6.8	-32.1	-22.1	-3.3	-27.5	-3.1	-7.4
-0.7	1.5	0.1	0.5	0.6	-2.5	26.7	1.9	0.2	-15.9	-29.4
-8.8	1.7	27.8	-22.0	10.8	-12.1	48.1	-12.5	9.4	-13.8	-36.1
-3.8	25.4	-11.5	-3.7	18.0	1.5	26.4	-6.9	-0.9	-13.3	-44.9
9.0	26.9	-10.0	-4.3	-5.9	11.8	20.0	18.4	-21.2	-19.9	-31.8
-2.6	-12.7	-6.8	-1.5	4.1	-20.9	7.4	5.8	-9.7	-11.1	-29.9
28.6	11.0	20.9	35.5	17.3	20.6	2.2	21.8	10.2		16.6
16.9	29.3	49.2	14.3	28.3	1.9	-5.4	34.7	持平		31.7
13.1	8.4	10.1	8.9	13.8	3.4	2.1	3.8	4.5	7.8	4.0
8.7	8.0	8.6	9.2	10.0	12.8	1.0	2.5	3.9	7.2	7.1
6.7	5.6	5.3	4.5	7.8	15.7	-0.4	2.6	3.4	8.0	9.6
-0.6	1.3	持平	1.3	-1.3	0.6	-0.6	-0.6	持平	持平	持平
0.4	3.0	-1.9	1.0	-1.7	1.0	-0.5	-0.4	-0.9	-0.9	-0.9
持平	2.2	-0.6	-1.5	-0.4	-0.8	0.2	0.2	0.1	-0.1	0.2
1.0	22.3	-1.1	2.2	7.4	-1.4	5.4	6.8	-4.9	1.4	-0.1
持平	-0.8	0.8	-2.5	-10.3	-1.0	1.0	持平	-1.0	1.9	持平
1.5	0.4	-0.2	-1.7	-7.2	-2.9	3.1	-6.3	5.3	0.7	-2.6
-2.2	-8.9	11.0	2.2	持平	持平	持平	-1.1	1.1	7.5	6.0
-5.7	-10.2	16.1	12.1	-2.4	-17.5	0.9	-5.9	-1.8	13.7	4.4
1.4	2.0	-0.7	0.7	持平	2.0	持平	0.7	持平	持平	持平
-1.3	2.4	0.4	0.6	-1.9	4.3	-1.1	0.7	2.8	1.7	-1.2
10.3	15.6	2.7	5.3	48.3	9.0	25.3	28.4	26.0	23.4	6.6
7.8	11.8	6.5	13.5	56.2	9.1	13.1	17.5	13.3	11.5	1.0

1-4 国民经济主要比例关系
Proportions on National Economic Indicators

单位:% (%)

项 目	Item	2010	2012	2013	2014	2015	2016	2017	2018
一、地区生产总值比例	**Structure of Gross Domestic Product**								
第一产业	Primary Industry	8.9	8.3	8.0	7.8	7.7	7.1	6.7	6.5
第二产业	Secondary Industry	54.7	52.1	50.3	49.1	47.5	46.1	45.3	44.0
第三产业	Tertiary Industry	36.4	39.6	41.7	43.1	44.8	46.8	48.0	49.5
二、国内支出总额比例	**Structure of Government Consumption**								
最终消费	Final Consumption	38.8	42.0	43.5	43.7	44.6	47.3	48.4	
资本形成	Capital Formation	55.4	54.4	53.8	52.5	52.6	51.0	50.1	
三、常住人口比例	**Structure of Population**								
按性别分	Sexual Structure								
男	Male	50.6	50.4	50.3	50.3	50.5	50.7	50.7	50.2
女	Female	49.4	49.6	49.7	49.7	49.5	49.3	49.3	49.8
按农村城镇分	Agricultural and Non-agricultural Structure								
农村人口	Agricultural Structure	50.3	47.6	46.3	45.0	43.0	41.0	39.4	38.8
城镇人口	Non-agricultural Structure	49.7	52.4	53.8	55.0	57.0	59.0	60.6	61.2
四、社会就业人员比例	**Structure of Employment**								
第一产业	Primary Industry	35.5	33.1	31.7	30.7	29.6	29.1	28.3	27.8
第二产业	Secondary Industry	32.6	34.2	34.5	34.7	35.2	35.4	35.6	35.3
第三产业	Tertiary Industry	31.9	32.7	33.8	34.6	35.2	35.5	36.1	36.9
五、农林牧渔业总产值比例	**Structure of Gross Output Value of Agriculture**								
农 业	Farming	54.6	49.0	50.6	50.7	50.2	48.3	48.2	49.8
林 业	Forestry	1.3	1.4	1.4	1.5	1.5	1.6	1.8	1.9
牧 业	Animal Husbandry	27.3	29.8	28.1	27.6	28.0	28.9	27.4	25.9
渔 业	Fishery	12.6	15.7	15.7	15.8	15.6	15.5	16.1	15.2
农林牧渔服务业	Services of Farming,Forestry,Animal Husbandry and Fishery	4.1	4.2	4.2	4.5	4.7	5.6	6.5	7.2
六、工业总产值中轻重工业比例	**Structure of Output Value of Light and Heavy Industries**								
轻工业	Light Industry	32.4	32.0	31.4	31.0	32.0	32.0	32.9	
重工业	Heavy Industry	67.6	68.0	68.6	69.0	68.0	68.0	67.1	
七、全社会固定资产投资比例	**Structure of Investment in Fixed Assets**								
国有经济	State-owned Units	15.7	12.6	12.9	12.8	13.0	14.1	17.3	20.1
集体经济	Collective-owned Units	11.3	10.0	8.5	8.0	6.5	2.9	2.7	1.2
个体经济	Self-employed Units	27.9	31.6	34.9	38.2	42.0	41.6	40.4	39.1
九、社会消费品零售总额比例	**Structure ofTotal Retail Sales of Consumer Goods**								
城镇	Urban	80.7	80.8	80.4	80.0	79.9	79.8	79.7	79.5
乡村	Rural	19.3	19.2	19.6	20.0	20.1	20.2	20.3	20.5
九、一般公共预算收入占地区生产总值的比重	**Proportion of General Pubilc Budget Revenue to GDP**	**6.9**	**8.0**	**8.2**	**8.4**	**8.7**	**8.6**	**8.4**	**8.5**
十、财政支出比例	**Structure of Local Government Expenses**								
一般公共服务支出	General Public Service	13.1	11.9	11.2	10.1	8.9	8.9	9.3	9.3
科学技术	Science and Technology	2.0	2.1	2.2	2.0	1.9	1.9	2.1	2.3
教 育	Education	18.6	22.2	20.9	20.4	20.5	20.9	20.4	19.9

1—5 平均每天社会经济活动
Selected Indicators on Average Daily Social and Economic Activities

指 标 名 称	Item	2013	2014	2015	2016	2017	2018
一、全省每天创造的财富	**Daily Production**						
地区生产总值 (万元)	Gross Domestic Product (10 000 yuan)	1531832	1648351	1749551	1860976	1989977	2095059
工业总产值 (万元)	Gross Output Value of Industry (10 000 yuan)	3559069	3874384	3999019	4117627	3765500	
农林牧渔业总产值 (万元)	Gross Output Value of Farming, Forestry, Animal Husbandry and Fishery (10 000 yuan)	234988	246252	254354	247967	250421	257463
建筑业总产值 (万元)		231991	255163	256946	276368	314460	353378
一般公共预算收入 (万元)	General Pubilic Budget Revenue (10 000 yuan)	124930	137721	151488	160114	167086	177682
原 盐 (吨)	Salt (ton)	50458	49658	45449	43296	38556	30652
布 (万米)	Cloth (10 000 m)	3521	3162	3175	3249	3318	1841
发电量 (万千瓦时)	Electricity (10 000 kwh)	98561	102404	128345	139443	141444	159902
原 油 (万吨)	Crude Oil (10 000 tons)	7.5	7.4	7.1	6.3	6.1	6.1
粗 钢 (吨)	Steel (ton)	174000	175644	181351	195822	195833	196636
汽 车 (辆)	Motor Vehicles (unit)	4134	3970	3208	3441	3844	3734
二、全省每天消费量	**Daily Consumption**						
城乡居民消费总量 (万元)	Resident Consumption (10 000 yuan)	491119	551913	614213	699274	774944	
社会消费品零售额 (万元)	Total Retail Sails of Consumer Goods (10 000 yuan)	610818	687987	760587	837316	845967	920684
三、其他经济活动	**Other Daily Economic Activities**						
铁路、公路和水路客运人数 (万人)	Passenger Traffic (10 000 persons)	738.1	201.6	163.4	171.4	176.8	182.5
住宅竣工面积 (平方米)	Floor Space of Residential Buildings Completed (sq.m)	166119	166870	169468	173720	175519	220742
四、全省人口变动和婚姻	**Daily Population Changes and Marriages**						
出生人口 (人)	Birth (person)	3204	6029	3912	4198	5623	4111
死亡人口 (人)	Death (person)	1639	1695	1651	1460	3243	1779
结婚对数 (对)	Marriages (couples)	2445	2283	1924	1835	1718	1645
离婚对数 (对)	Divorces (couples)	617	641	660	695	747	752

1-6 国民经济和社会发展主要指标占全国的比重(2018年)
Proportion of Main Economic and Social Indicators to the Whole Country(2018)

指 标 名 称	Item	山东 Shandong	全国 China	山东占全国比重(%) Proportion of Shandong to China (%)
一、人口与就业	**Population and Employment**			
年末总人口 (万人)	Population at the Year-end (10 000 persons)	10047	139538	7.2
就业人员 (万人)	Employment (10 000 persons)	6181	77586	8.0
二、土地面积 (万平方公里)	**Area of Land (10 000 sq.km)**	**15.8**	**960**	**1.6**
三、农林牧渔业总产值 (亿元)	**Gross Output Value of Farming, Forestry,AnimalHusbandry and Fishery (100 million yuan)**	**9397**	**113580**	**8.3**
四、地区生产总值 (亿元)	**Gross Domestic Product (100 million yuan)**	**76469.7**	**900309.5**	**8.5**
第一产业 (亿元)	Primary Industry (100 million yuan)	4950.5	64734.0	7.6
第二产业 (亿元)	Secondary Industry (100 million yuan)	33641.7	366000.9	9.2
第三产业 (亿元)	Tertiary Industry (100 million yuan)	37877.4	469574.6	8.1
五、人均地区生产总值 (元)	**Per Capita Gross Domestic Product (yuan)**	**76267**	**64644**	
六、主要工农业产品产量	**Output of Major Farm and Industrial Products**			
粮 食 (万吨)	Grain (10 000 tons)	5319.5	65789.2	8.1
棉 花 (万吨)	Cotton (10 000 tons)	21.7	610.3	3.6
油 料 (万吨)	Oil-bearing Crops (10 000 tons)	310.9	3433.4	9.1
肉 类 (万吨)	Meat (10 000 tons)	854.7	8624.6	9.9
水产品 (万吨)	Aquatic products (10 000 tons)	861.4	6457.7	13.3
原 油 (万吨)	Crude Oil (10 000 tons)	2231.4	18910.6	11.8
家用电冰箱 (万台)	Household Refrigerators (10 000 units)	888.4	7993.2	11.1
彩色电视机 (万台)	Color Television Sets (10 000 units)	1695.2	18834.8	9.0
原 盐 (万吨)	Salt (10 000 tons)	1118.8	5836.2	19.2
农用化肥 (万吨)	Chemical Fertilizer (10 000 tons)	385.0	5424.4	7.1
粗 钢 (万吨)	Steel (10 000 tons)	7177.2	92800.9	7.7
平板玻璃 (万重量箱)	Plate Glass (10 000 weight cases)	7488.6	86863.5	8.6
七、房地产开发投资 (亿元)	**Investment in Fixed Assets (100 million yuan)**	**7553.0**	**120263.5**	**6.3**
八、财政金融	**Finance and Financial Intermediation**			
地方一般公共预算收入 (亿元)	General Pubilic Budget Revenue (100 million yuan)	6485	97905	6.6
地方一般公共预算支出 (亿元)	General Pubilic Budget Expenditure (100 million yuan)	10101	188198	5.4
住户人民币存款余额 (亿元)	RMB Savings and Deposit of Urban and Rural Households at the Year-end (100 million yuan)	48412	716038	6.8
九、国内贸易	**Domestic Trade**			
社会消费品零售额 (亿元)	Total Retail Sales of Consumer Goods (100 million yuan)	33605	380987	8.8
十、外贸外经旅游	**Foreign Trade and Tourism**			
进出口总额 (亿美元)	Total Value of Imports and Exports (100 million USD)	2923.9	46224.2	6.3
出口总额 (亿美元)	Exports (100 million USD)	1601.4	24866.8	6.4
国际旅游外汇收入 (亿美元)	Foreign Exchange Earnings (100 million USD)	33.6	1271.0	2.6
十一、价格指数	**Price Indices**			
商品零售价格指数 (上年=100)	Retail Price Indices (preceding year=100)	102.2	101.9	
居民消费价格指数 (上年=100)	Consumer Price Indices (preceding year=100)	102.5	102.1	
工业生产者出厂价格 (上年=100)	Producer Price Indices for Industrial Products (preceding year=100)	103.7	103.5	
十二、人民生活	**People's Livelihood**			
城镇单位就业人员平均工资 (元)	Average Wage of Employed Persons in Urban Units (yuan)	73593	82413	
全体居民人均可支配收入 (元)	Disposable Income of All Households (yuan)	29205	28228	
城镇居民人均可支配收入 (元)	Disposable Income of Urban Households (yuan)	39549	39251	
农村居民人均可支配收入 (元)	Disposable Income of Rural Households (yuan)	16297	14617	
十三、教育、卫生	**Education and Health Care**			
普通本专科在校生数 (万人)	Total Enrollment of Institutions of Higher Education (10 000 persons)	204.1	2831.0	7.2
医院床位数 (万张)	Number of Hospital Beds (10 000 beds)	46.1	652.0	7.1
卫生技术人员数 (万人)	Number of Medical Technical Personnel (10 000 persons)	73.9	952.9	7.8

1－7 按行业分法人单位数

Number of Corporate Units by Sector

单位：个 (unit)

行 业	Sector	2015	2016	2017
总 计	**Total**	**1269917**	**1652065**	**2014790**
农、林、牧、渔业	Agriculture,Forestry,Animal Husbandry and Fishing	69181	106857	140409
采矿业	Mining	3726	3776	3777
制造业	Manufacturing	235765	284344	342448
电力、燃气及水的生产和供应业	Production and Supply of Electric Power and Heat Power	3734	6094	8453
建筑业	Construction	58288	84503	118986
批发和零售业	Wholesale and Retail Trade	403975	543508	661401
交通运输、仓储和邮政业	Traffic,Transport,Storage and Post	33781	42742	52738
住宿和餐饮业	Hotels and Catering Services	17774	23469	29388
信息传输、软件和信息技术服务业	Information Transfer, Software and Information Technology Services	25611	39025	53404
金融业	Financial Intermediation	6953	10033	12053
房地产业	Real Estate	32596	40442	49233
租赁和商务服务业	Leasing and Business Services	101011	141897	177736
科学研究和技术服务业	Scientific Research and Technical Service	59213	78175	96840
水利、环境和公共设施管理业	Management of Water Conservancy,Environment and Public Facilities	6534	8272	9895
居民服务、修理和其他服务业	Households Services, Repair and Other Services	22923	30633	37020
教 育	Education	25908	31676	35308
卫生和社会工作	Health and Social Work	18964	21068	21774
文化、体育和娱乐业	Culture,Sports and Entertainment	15590	21732	27861
公共管理、社会保障和社会组织	Public management,Social Security and Social Organization	128390	133819	136066
国际组织	International Organization			

1-8 按机构类型分法人单位数
Number of Corporate Units by Status of Organization

单位:个 (unit)

机构类型	Organization Status	2010	2011	2012	2013	2014	2015	2016	2017
合　计	**Total**	**773752**	**832443**	**906064**	**825706**	**1042809**	**1269917**	**1652065**	**2014790**
企　业	Enterprises	592359	649509	722344	616676	819036	1048470	1344176	1675975
事业单位	Institutions	36631	36470	36366	41349	41210	40919	44903	48350
机　关	Agencies & Organizations	12145	12117	12085	12431	12420	12411	12826	12304
社会团体	Social Groups	13531	13739	13545	15553	15909	15919	18819	20929
民办非企业单位	Private Non-enterprise Units	17805	17928	17951	15495	16099	16098	19740	24624
基金会	Foundation	24	23	18	77	78	81	99	115
居委会	Neighborhood Committee	5950	5941	6101	7452	7574	7507	7323	7048
村委会	Village Committee	79002	78969	77470	73506	73957	73947	73909	73453
农民专业合作社	Professional Farmers Cooperatives							110936	136031
其他组织机构	Others	16305	17747	20184	43167	56526	54565	19334	15961

1-9 按地区分法人单位数
Number of Corporate Units by Region

单位:个 (unit)

地　区	Region	2010	2011	2012	2013	2014	2015	2016	2017
全省总计	**Total**	**773752**	**832443**	**906064**	**825706**	**1042809**	**1269917**	**1652065**	**2014790**
济 南 市	Jinan	85972	90588	100313	83999	100614	119575	144859	162066
青 岛 市	Qingdao	130498	145414	160640	145067	183720	230230	302471	345793
淄 博 市	Zibo	49615	50484	53616	45720	56058	68198	89514	115280
枣 庄 市	Zaozhuang	24618	26763	29357	27657	32120	37887	47322	60639
东 营 市	Dongying	17078	17507	19593	17048	21081	28465	39590	49073
烟 台 市	Yantai	75741	81475	89959	78051	97998	118699	151831	168440
潍 坊 市	Weifang	65071	71739	77854	75265	97326	115593	154860	194938
济 宁 市	Jining	47936	52812	57972	60054	79974	101533	123715	153557
泰 安 市	Tai'an	37759	39267	42531	43362	51211	56600	69235	79894
威 海 市	Weihai	30173	34149	37214	30581	41837	51595	69610	86039
日 照 市	Rizhao	18554	19038	22083	19085	26083	29516	37205	48228
莱 芜 市	Laiwu	13798	15055	15552	13205	15537	17200	22005	28270
临 沂 市	Linyi	48297	50580	55623	53039	71599	92164	121410	167916
德 州 市	Dezhou	39447	40115	37427	39638	46164	51189	64949	83694
聊 城 市	Liaocheng	25359	28617	32272	31371	38347	46442	59745	80289
滨 州 市	Binzhou	23788	26006	28582	25697	34187	44869	61010	76260
菏 泽 市	Heze	40048	42834	45476	36867	48953	60162	92734	114414

主要统计指标解释

行政区划　指国家对行政区域的划分。根据宪法规定，我国的行政区域划分如下：(1)全国分为省、自治区、直辖市；(2)省、自治区分为自治州、县、自治县、市；(3)自治州分为县、自治县、市；(4)县、自治县分为乡、民族乡、镇；(5)直辖市和较大的市分为区、县；(6)国家在必要时设立的特别行政区。

国民经济行业分类　自 2017 年统计年报开始使用新的《国民经济行业分类》（GB/T4754-2017），该分类是由国家统计局组织修订，经国家质量监督检验检疫总局和国家标准化管理委员会批准，于 2017 年 6 月 30 日发布。这次修订是在 2011 年分类标准的基础上，参照联合国《所有经济活动的国际标准产业分类》（ISIC/Rev.4）进行的。修订后的《国民经济行业分类》（GB/T4754-2017）共有门类 20 个，大类 97 个，中类 473 个，小类 1380 个。大类增加 1 个，中类增加 41 个，小类增加 286 个。

企业（单位）登记注册类型　是以在工商行政管理机关登记注册的各类企业为划分对象，以工商行政管理部门对企业登记注册的类型为依据，将企业登记注册类型分为内资企业、港澳台商投资企业和外商投资企业三大类。内资企业包括国有企业、集体企业、股份合作企业、联营企业、有限责任公司、股份有限公司、私营公司和其他企业；港澳台商投资企业和外商投资企业分别包括合资经营企业、合作经营企业、独资经营企业和股份有限公司。对不在工商行政管理部门进行登记注册的行政机关、事业单位和社会团体，主要按其经费来源和管理方式进行划分。

国有企业　指企业全部资产归国家所有，并按《中华人民共和国企业法人登记管理条例》规定登记注册的非公司制的经济组织。不包括有限责任公司中的国有独资公司。

集体企业　指企业资产归集体所有，并按《中华人民共和国企业法人登记管理条例》规定登记注册的经济组织。

股份合作企业　指以合作制为基础，由企业职工共同出资入股，吸收一定比例的社会资产投资组建，实行自主经营，自负盈亏，共同劳动，民主管理，按劳分配与按股分红相结合的一种集体经济组织。

联营企业　指两个及两个以上相同或不同所有制性质的企业法人或事业单位法人，按自愿、平等、互利的原则，共同投资组成的经济组织。联营企业包括国有联营企业、集体联营企业、国有与集体联营企业和其他联营企业。

有限责任公司　指根据《中华人民共和国公司登记管理条例》规定登记注册，由两个以上、五十个以下的股东共同出资，每个股东以其所认缴的出资额对公司承担有限责任，公司以其全部资产对其债务承担责任的经济组织。有限责任公司包括国有独资公司以及其他有限责任公司。

股份有限公司　指根据《中华人民共和国公司登记管理条例》规定登记注册，其全部注册资本由等额股份构成并通过发行股票筹集资本，股东以其认购的股份对公司承担有限责任，公司以其全部资产对其债务承担责任的经济组织。

私营企业　指由自然人投资设立或由自然人控股，以雇佣劳动为基础的营利性经济组织。包括按照《公司法》、《合伙企业法》、《私营企业暂行条例》规定登记注册的私营有限责任公司、私营股份有限公司、私营合伙企业和私营独资企业。

其他企业　指上述企业之外的其他内资经济组织。

与港澳台商合资经营企业　指港澳台地区投资者与内地企业依照《中华人民共和国中外合资经营企业法》及有关法律的规定，按合同规定的比例投资设立、分享利润和分担风险的企业。

与港澳台商合作经营企业　指港澳台地区投资者与内地企业依照《中华人民共和国中外合作经营企业法》及有关法律的规定，依照合作合同的约定进行投资或提供条件设立、分配利润和分担风险的企业。

港澳台商独资经营企业　指依照《中华人民共和国外资企业法》及有关法律的规定，在内地由港澳台地区投资者全额投资设立的企业。

港澳台商投资股份有限公司　指根据国家有关规定，经原外经贸部依法批准设立，其中港、澳、台商的股本占公司注册资本的比例达 25%以上的股份有限公司。凡其中港、澳、台商的股本占公司注册资本的比例小于 25%的，属于内资企业中的股份有限公司。

中外合资经营企业　指外国企业或外国人与中国内地企业依照《中华人民共和国中外合资经营企业法》及有关法律的规定，按合同规定的比例投资设立、分享利润和分担风险的企业。

中外合作经营企业　指外国企业或外国人与中国内地企业依照《中华人民共和国中外合作经营企业法》及有关法律的规定，依照合作合同的约定进行投资或提供条件设立、分配利润和分担风险的企业。

外资企业　指依照《中华人民共和国外资企业法》及有关法律的规定，在中国内地由外国投资者全额投资设立的企业。

外商投资股份有限公司　指根据国家有关规定，经原外经贸部依法批准设立，其中外资的股本占公司注册资本的比例达 25%以上的股份有限公司。凡其中外资股本占公司注册资本的比例小于 25%的，属于内资企业中的股份有限公司。

行政机关、事业单位和社会团体　参照企业登记注册类型，主要按其经费来源和管理方式划分。具体规定如下：

⑴行政机关：包括国家机关和政党机关，原则上均列为“国有”。但有特殊规定的，如供销社等，则列为“集体”。

⑵事业单位：包括经国家机构编制部门和有关业务主管部门批准成立的各类事业单位，不包括实行企业化管理的事业单位。事业单位的划分办法如下：

①由国家财政预算拨款或列入财政预算外资金管理以及经费主要来源于国有主管部门或国有上级单位的事业单位，列为“国有”。

②经费主要来源于集体单位的事业单位，列为“集体”。

③公民个人(或个人合伙)开办的事业单位，列为“私营”。

④上述以外的其他事业单位，如果其经费来源不明确，按管理方式进行归类。

⑶社会团体：包括经民政部门批准成立以及未纳入社会团体管理条例范围的工会、妇联等各类社会团体。社会团体的划分办法如下：

①未纳入民政部社会团体管理条例范围的工会、妇联、共青团、青联、工商联、科协、侨联等社会团体，国家拨款设立的基金会或基金管理组织以及经费主要来源于国有业务主管部门或国有上级单位的社会团体，列为“国有”。

②经费主要来源于集体单位的社会团体，列为“集体”。

③公民个人(或个人合伙)开办的社会团体，划为“私营”。

④上述以外的其他社会团体，如果其经费来源不明确，改按管理方式进行归类。

Explanatory Notes on Main Statistical Indicators

Divisions of Administrative Areas refers to the division of administrative areas by the state. The Constitution of the People Republic of China stipulates that the administrative areas in China are divided as: 1) The whole country is divided into provinces, autonomous regions and municipalities directly under the central government; 2) Provinces and autonomous regions are divided into autonomous prefectures, counties, autonomous counties and cities; 3) Autonomous prefectures are divided into counties, autonomous counties and cities; 4) Counties and autonomous counties are divided into townships, nationality townships and towns; 5) Municipalities and large cities are divided into districts and counties, 6) The state shall, when necessary, establish special administrative regions.

Industrial Classification of the National Economy The new Industrial Classification of the National Economy (GB/T 4754-2017) is used in **Industrial Classification of the National Economy** starting from the compilation of 2017 annual statistics. This Classification is revised and organized by the National Bureau of Statistics, promulgated by the National Administration of Quality Supervision, Inspection and Quarantine and Standardization Administration of the People's Republic of China on June 30, 2017. This revision is taking into consideration of the International Standards of the Industrial Classification of All Economic Activities (ISIC/Rev.4) of the United Nations, and based on the the Classification Standard in 2011. The revised version of the Industrial Classification of the National Economy (GB/T 4754-2017) is composed of 20 major divisions, 97 divisions, 473 major groups and 1380 groups, added 1 division, 41 major groups and 286 groups.

Registration Status of Enterprises are classified into 3 categories, namely domestic funded enterprises, enterprises with investment from Hong Kong, Macau and Taiwan, and enterprises with foreign investment, in the light of the registration status of an enterprise in industrial and commercial administration agencies. Domestic-funded enterprises include state-owned enterprises, collective-owned enterprises, cooperative enterprises, joint ownership enterprises, limited liability corporations, share-holding corporations Ltd., private enterprises and other enterprises. Included in the enterprises with investment from Hong Kong, Macau and Taiwan and enterprises with foreign investment are joint-venture enterprises, cooperative enterprises, sole investment enterprises and share holding corporations Ltd. For government agencies, institutions and social organizations which are not requested to be registered in industrial and commercial administration agencies, they are classified mainly by their sources of funds and way of management.

State-owned Enterprises refer to non-corporation economic units where the entire assets are owned by the state and which have registered in accordance with the Regulation of the People' s Republic of China on the Management of Registration of Corporate Enterprises. Excluded from this category are sole state funded corporations in the limited liability corporations.

Collective-owned Enterprises refer to economic units where the assets are owned collectively and which have registered in accordance with the Regulation of the People' s Republic of China on the Management of Registration of Corporate Enterprises.

Cooperative Enterprises refer to a form of collective economic units (enterprises) where capitals come mainly from employees as their shares, with certain proportion of capital from the outside, where production is organized on the basis of independent operation, independent accounting for profits and losses, joint work, democratic management, and a distribution system that integrates remuneration according to work with dividend according to capital share.

Joint Ownership Enterprises refer to economic units established by two or more corporate enterprises or corporate institutions of the same or different ownership, through joint investment on the basis of equality, voluntary participation and mutual benefits. They include state joint ownership enterprises, collective joint ownership enterprises, joint state-collective enterprises, other joint ownership enterprises.

Limited Liability Corporations refer to economic units established with investment from 2-50 investors and registered in accordance with the Regulation of the People' s Republic of China on the Management of Registration of Corporations, each investor bearing limited liability to the corporation depending on its share of investment, and the corporation bearing liability to its debt to the maximum of its total assets. Limited liability corporations include exclusive state funded limited liability corporations and other limited liability corporations.

Share-holding Corporations Ltd. refer to economic units registered in accordance with the Regulation of the People' s Republic of China on the Management of Registration of Corporations, with total registered capitals divided into equal shares and raised through issuing stocks. Each investor bears limited liability to the corporation depending on the holding of shares, and the corporation bears liability to its debt to the maximum of its total assets.

Private Enterprises refer to profit-making economic units invested and established by natural persons, or controlled by natural persons using employed labour. Included in this category are private limited liability corporations, private share-holding corporations Ltd., private partnership enterprises and private-funded enterprises registered in accordance with the Corporation Law, Partnership Enterprises Law and Interim Regulations on Private Enterprises.

Other Domestic-funded Enterprises refer to domestic funded economic units other than those mentioned above.

Cooperative Enterprises with Funds from Hong Kong Macau and Taiwan established by investors from Hong

Kong, Macau and Taiwan with enterprises in the mainland of China in accordance with the Law of the People' s Republic of China on Sino-foreign Cooperative Enterprises and other relevant laws, where the investment or provision of facilities, and the share of profits and risks is stipulated in the cooperative contract.

Enterprises with Sole (exclusive) Investment from Hong Kong, Macau and Taiwan refer to enterprises established in the mainland of China with exclusive investment from investors from Hong Kong, Macau and Taiwan in accordance with the Law of the People's Republic of China on Foreign Funded Enterprises and other relevant laws.

Share-holding Corporations Ltd. with Investment from Hong Kong, Macau and Taiwan refer to share holding corporations Ltd. established with the approval from the former Ministry of Foreign Trade and Economic Relations in line with relevant state regulations, where the share of investment from Hong Kong, Macau or Taiwan businessmen exceeds 25% of the total registered capital of the corporation. In case the share of investment from Hong Kong, Macau or Taiwan is less than 25% of the total registered capital, the enterprise is to be classified as domestic-funded share-holding corporation Ltd.

Joint-venture Enterprises with Foreign Investment refer to enterprises jointly established by foreign enterprises or foreigners with enterprises in the mainland of China in accordance with the Law of the People' s Republic of China on Sino-foreign Joint Venture Enterprises and other relevant laws, where the share of investment, profits and risks is stipulated in the contract.

Cooperation Enterprises with Foreign Investment refer to enterprises jointly established by foreign enterprises or foreigners with enterprises in the mainland of China in accordance with the Law of the People' s Republic of China on Sino foreign Cooperative Enterprises and other relevant laws, where the investment or provision of facilities, and the share of profits and risks is stipulated in the cooperative contract.

Enterprises with Sole (exclusive) Foreign Investment refer to enterprises established in the mainland of China with exclusive investment from foreign investors in accordance with the Law of the People' s Republic of China on Foreign Funded Enterprises and other relevant laws.

Share-holding Corporations Ltd. with Foreign Investment refer to share-holding corporations Ltd. established with the approval from the Ministry of Foreign Trade and Economic Relations in line with relevant state regulations, where the share of investment from foreign investors exceeds 25% of the total registered capital of the corporation. In case the share of foreign investment is less than 25% of the total registered capital, the enterprise is to be classified as domestic funded share holding corporation Ltd.

Government Agencies, Institutions and Social Organizations are classified into following categories by source of funds and way of management taking reference of the registration status of enterprises:

(1) Government agencies: include state and party agencies, classified in principle as state owned. There are exceptions, such as supply and marketing cooperatives which are classified as collective-owned.

(2) Institutions: include institutions of various types established with the approval by organization and staffing departments of the government, but exclude institutions where enterprise management system is introduced. Institutions are further classified as follows:

(a) Institutions whose main budget is listed in the government budget appropriations or extra budget funds, or allocated from the budget of their competent government agencies. Such institutions are classified as state owned.

(b) Institutions whose budget mainly comes from collective units. Such institutions are classified as collective owned.

(c) Social organizations established by individual or a group of citizens, which are classified as private.

(d) Institutions other than those mentioned above whose source of budget is not clear. Such institutions are classified by way of management.

(3) Social organizations: include social organizations established with the approval from the Ministry of Civil Affairs, and organizations that are not covered by social organization management regulations such as trade unions, womens federations etc.. Social organizations are further classified as follows:

(a) Social organizations that are not covered by social organization management regulations of the Ministry of Civil Affairs such as trade unions, womens federations, communist youth leagues, youth associations, industrial and commerce associations, scientists associations, overseas Chinese associations, etc., foundations and fund management organizations established with funds from the state, and social organizations whose funds mainly come from the budget of their competent government agencies. Such institutions are classified as state owned.

(b) Social organizations whose budget mainly comes from collective units. Such institutions are classified as collective owned.

(c) Social organizations established by individual or a group of citizens, which are classified as private.

(d) Social organizations other than those mentioned above whose source of budget is not clear. Such organizations are classified by way of management.

第2篇

国民经济核算

National Accounts

简 要 说 明

一、本篇资料的主要内容

本篇资料从宏观上反映了经济发展的总体状况和发展水平，主要包括地区生产总值及其增长、结构、三次产业对经济增长的贡献、消费水平等方面的资料。

二、本篇资料的来源

本篇资料来源于国民经济核算统计报表，由省统计局核算处整理提供。

Brief Introduction

I. Main Content

Data in the chapter reflect the overall situation and development of economy on the macro level, including growth rate and components of GDP, share of the three industries to the increase of GDP and household consumption expenditure.

II. Source of Data

Data in this chapter are prepared according to the data of national accounts and compiled by the Division of National Accounts of Shandong Provincial Bureau of Statistics.

2-1 主要年份地区生产总值
Gross Domestic Product in Major Years

单位:亿元 (100 million yuan)

年 份 Year	地 区 生产总值 Gross Domestic Product	第一产业 Primary Industry	第二产业 Secondary Industry	第三产业 Tertiary Industry	#工 业 Industry	#建筑业 Construction	人均地区 生产总值 (元) Per Capita GDP (yuan)
1952	43.81	29.55	7.27	6.99	6.82	0.45	91
1955	57.78	35.52	11.42	10.84	10.81	0.61	113
1957	61.39	31.95	17.59	11.85	16.62	0.97	116
1962	64.38	30.42	16.91	17.05	15.90	1.01	120
1965	86.25	42.24	28.96	15.05	25.99	2.97	152
1970	126.31	52.23	53.71	20.37	50.16	3.55	199
1975	166.19	65.54	75.31	25.34	69.76	5.55	240
1978	225.45	75.06	119.35	31.04	108.53	10.82	316
1979	251.60	91.12	127.68	32.80	114.67	13.01	350
1980	292.13	106.43	146.11	39.59	130.55	15.56	402
1981	346.57	132.21	155.41	58.95	138.09	17.32	472
1982	395.38	154.07	166.05	75.26	147.10	18.95	531
1983	459.83	185.57	178.75	95.51	159.15	19.60	611
1984	581.56	222.13	239.27	120.16	214.20	25.07	765
1985	680.46	235.96	293.07	151.43	259.42	33.65	887
1986	742.05	252.73	313.21	176.11	274.80	38.41	956
1987	892.29	287.31	384.57	220.41	341.31	43.26	1131
1988	1117.66	331.94	497.10	288.62	435.51	61.59	1395
1989	1293.94	359.14	579.65	355.15	513.97	65.68	1595
1990	1511.19	425.29	635.98	449.92	568.25	67.73	1815
1991	1810.54	521.85	745.90	542.79	663.90	82.00	2122
1992	2196.53	534.62	999.11	662.80	889.59	109.52	2556
1993	2770.37	596.63	1355.71	818.03	1201.67	154.04	3212
1994	3844.50	775.03	1891.43	1178.04	1692.10	199.33	4441
1995	4953.35	1010.13	2355.78	1587.44	2098.06	257.73	5701
1996	5883.80	1200.17	2784.09	1899.54	2475.99	308.10	6746
1997	6537.07	1195.00	3147.37	2194.70	2796.02	351.35	7461
1998	7021.35	1215.81	3408.06	2397.49	3008.45	399.61	7968
1999	7493.84	1221.00	3644.32	2628.52	3197.16	447.16	8483
2000	8337.47	1268.57	4164.45	2904.45	3665.74	498.71	9326
2001	9195.04	1359.49	4556.01	3279.53	4004.09	551.92	10195
2002	10275.50	1390.00	5184.98	3700.52	4518.87	666.11	11340
2003	12078.15	1480.67	6485.05	4112.43	5706.71	778.34	13268
2004	15115.24	1778.45	8562.38	4774.41	7658.02	904.36	16515
2005	18496.99	1963.51	10595.22	5938.26	9532.68	1062.54	20075
2006	22059.66	2138.90	12716.93	7203.83	11518.66	1198.27	23775
2007	25982.63	2501.03	14839.13	8642.47	13471.22	1367.91	27825
2008	31212.34	2983.61	17839.09	10389.64	16156.34	1682.75	33233
2009	34219.28	3194.38	19219.83	11805.07	17207.32	2012.51	36236
2010	39571.20	3538.73	21643.00	14389.47	19256.75	2386.24	41527
2011	45874.95	3909.28	24538.45	17427.22	21784.29	2754.16	47724
2012	50626.96	4198.20	26367.39	20061.37	23417.15	2950.24	52403
2013	55911.86	4454.11	28163.57	23294.18	24975.72	3273.83	57587
2014	60164.80	4662.81	29585.72	25916.27	26128.52	3547.15	61635
2015	63858.62	4902.82	30334.56	28621.24	26762.35	3664.86	65040
2016	67925.62	4830.25	31343.67	31751.70	27588.70	3806.31	68633
2017	72634.15	4832.71	32942.84	34858.60	28705.69	4276.97	72807
2018	76469.67	4950.52	33641.72	37877.43	28897.01	4785.21	76267

注:1. 本表按当年价格计算。
2. 从2013年开始，根据《国民经济行业分类》(GB/T4754—2011)标准规定和国家统计局要求，将“农、林、牧、渔业”中的“农、林、牧、渔服务业”、“采矿业”中的“开采辅助活动”、“制造业”中的“金属制品、机械和设备修理业”等三个大类行业调入第三产业(下表同)。
3. 实施研发支出核算方法改革后，对各年度GDP数据进行了系统修订(以下相关表同)。
4. 根据第三次农业普查结果，对全省2007—2017年生产总值进行了修订。
5. 2018年数据为快报数（以下相关表同）。

a) Data in this table are calculated at current prices.
b) According to the Standard Industrial Classification Codes (GB / T4754-2011) and the requirements of the National Bureau of Statistics, service in support of agriculture in the industry of agriculture, forestry, animal husbandry and fishery, support activities for mining in the industry of mining, repair service of metal products, machinery and equipment in the industry of manufacturing have been included in the Tertiary Industry since 2013 (the same as in the following tables).
c) After implementing the reform of R&D Expenditure Method, the data of GDP of each year have been systematically revised(the same as in the following tables).
d) According to the Third National Agricultural Census, the data of GDP from 2007 to 2017 of Shandong have been revised.
e)The data of 2018 come form the number of express reports(the same as in the following tables).

2-2 主要年份地区生产总值指数
Indices of Gross Domestic Product in Major Years

(以1952年为100) (1952=100)

年 份 Year	地 区 生产总值 Gross Domestic Product	第一产业 Primary Industry	第二产业 Secondary Industry	第三产业 Teritiary Industry	#工 业 Industry	#建筑业 Construction
1952	100.0	100.0	100.0	100.0	100.0	100.0
1955	127.5	115.6	155.3	147.0	157.1	126.5
1957	137.5	101.6	262.0	154.6	264.6	226.6
1962	113.5	69.7	214.8	184.4	213.2	236.4
1965	171.3	107.2	405.0	197.8	386.0	693.0
1970	251.6	129.3	753.3	260.9	748.4	833.4
1975	361.8	154.6	1366.0	310.5	1374.6	1325.5
1978	466.4	174.6	1948.3	379.5	1907.5	2580.4
1979	497.2	188.9	2071.0	395.1	2004.8	3060.4
1980	557.9	207.4	2319.5	469.8	2233.3	3586.8
1981	590.3	220.9	2393.7	524.8	2329.3	3382.4
1982	657.0	244.8	2527.7	667.5	2443.4	3774.8
1983	748.3	284.0	2719.8	825.7	2648.6	3823.9
1984	878.5	336.0	3201.2	952.0	3090.9	4810.5
1985	978.6	343.4	3793.4	1093.8	3619.4	6200.7
1986	1040.3	341.3	4199.3	1189.0	4035.6	6504.5
1987	1183.9	366.6	4917.4	1391.1	4794.3	6764.7
1988	1331.9	365.9	6033.6	1524.6	5858.6	8537.1
1989	1385.2	363.7	6462.0	1567.3	6356.6	8101.7
1990	1458.6	383.3	6927.3	1578.3	6865.1	8028.8
1991	1671.6	437.7	7897.1	1830.8	7894.9	8478.4
1992	1954.1	438.6	10155.7	2129.2	10216.0	10225.0
1993	2352.0	465.4	13005.4	2554.0	13142.9	12506.2
1994	2733.9	499.3	15269.6	3081.4	15454.7	14448.4
1995	3115.8	544.0	17419.6	3604.3	17579.7	16984.1
1996	3491.3	579.9	19830.5	4054.1	19993.4	19521.5
1997	3878.5	582.6	22350.9	4639.9	22532.6	22032.0
1998	4295.4	615.5	25048.7	5159.6	25254.5	24658.2
1999	4725.8	644.4	28069.5	5639.4	28340.7	27237.5
2000	5211.6	668.9	31429.5	6228.2	31795.4	29884.9
2001	5734.9	697.0	34883.6	6927.6	35366.0	32649.3
2002	6407.6	714.1	40102.1	7682.7	40515.3	38519.6
2003	7266.8	753.7	46839.3	8555.5	47613.6	42987.9
2004	8378.6	806.1	55855.9	9608.7	57664.8	45154.5
2005	9643.8	844.8	65686.5	11001.9	68159.8	50573.0
2006	11061.4	887.8	76590.5	12597.2	79883.3	56186.6
2007	12643.2	923.4	88768.3	14436.4	93223.8	60850.1
2008	14173.0	970.5	99598.1	16457.5	105156.5	64805.4
2009	15902.2	1011.2	113442.2	18300.8	118721.7	81266.0
2010	17858.1	1047.6	127962.8	20771.4	133918.0	91505.5
2011	19804.7	1089.5	143062.4	23118.5	150925.6	96263.7
2012	21765.3	1140.7	158370.1	25407.3	167829.3	101847.0
2013	23856.3	1181.6	175064.5	27816.0	186264.8	110369.7
2014	25931.8	1226.5	191170.5	30291.7	203773.7	119309.6
2015	28006.4	1278.0	205317.1	33169.4	218853.0	127780.6
2016	30134.8	1326.5	218868.0	36254.1	233297.3	134297.4
2017	32364.8	1374.3	232656.7	39553.3	248694.9	138863.5
2018	34429.7	1410.0	244522.2	42836.2	262124.4	142890.6

注：本表按可比价格计算。

a) Data in this table are calculated at constant prices.

2-2 续表 continued

(以上年为100) (preceding year=100)

年 份 Year	地 区 生产总值 Gross Domestic Product	第一产业 Primary Industry	第二产业 Secondary Industry	第三产业 Teritary Industry	#工 业 Industry	#建筑业 Construction	人均地区 生产总值 Per Capita GDP
1955	109.5	110.4	104.6	112.2	104.7	101.8	
1957	96.5	87.5	110.8	101.9	112.9	81.0	
1962	97.4	106.8	79.8	108.2	80.7	72.6	
1965	122.0	126.6	130.0	102.5	125.7	182.8	
1970	115.7	103.5	126.1	117.4	127.1	111.7	
1975	129.2	110.6	159.8	104.7	163.6	117.0	
1978	110.1	94.0	125.4	100.8	123.5	148.4	
1979	106.6	108.2	106.3	104.1	105.1	118.6	105.6
1980	112.2	109.8	112.0	118.9	111.4	117.2	111.2
1981	105.8	106.5	103.2	111.7	104.3	94.3	115.3
1982	111.3	110.8	105.6	127.2	104.9	111.6	109.8
1983	113.9	116.0	107.6	123.7	108.4	101.3	112.6
1984	117.4	118.3	117.7	115.3	116.7	125.8	116.3
1985	111.4	102.2	118.5	114.9	117.1	128.9	110.3
1986	106.3	99.4	110.7	108.7	111.5	104.9	105.0
1987	113.8	107.4	117.1	117.0	118.8	104.0	112.0
1988	112.5	99.8	122.7	109.6	122.2	126.2	110.8
1989	104.0	99.4	107.1	102.8	108.5	94.9	102.7
1990	105.3	105.4	107.2	100.7	108.0	99.1	102.5
1991	114.6	114.2	114.0	116.0	115.0	105.6	111.9
1992	116.9	100.2	128.6	116.3	129.4	120.6	116.1
1993	120.4	106.1	128.1	120.0	128.7	122.3	119.9
1994	116.2	107.3	117.4	120.7	117.6	115.5	115.8
1995	114.0	108.9	114.1	117.0	113.7	117.6	113.6
1996	112.1	106.6	113.8	112.5	113.7	114.9	111.6
1997	111.1	100.5	112.7	114.5	112.7	112.9	110.6
1998	110.8	105.7	112.1	111.2	112.1	111.9	110.1
1999	110.0	104.7	112.1	109.3	112.2	110.5	109.7
2000	110.3	103.8	112.0	110.4	112.2	109.7	109.0
2001	110.0	104.2	111.0	111.2	111.2	109.3	109.1
2002	111.7	102.5	115.0	110.9	114.6	118.0	111.2
2003	113.4	105.6	116.8	111.4	117.5	111.6	112.9
2004	115.3	106.9	119.3	112.3	121.1	105.0	114.7
2005	115.1	104.8	117.6	114.5	118.2	112.0	114.3
2006	114.7	105.1	116.6	114.5	117.2	111.1	113.9
2007	114.3	104.0	115.9	114.6	116.7	108.3	113.6
2008	112.1	105.1	112.2	114.0	112.8	106.5	111.5
2009	112.2	104.2	113.9	111.2	112.9	125.4	111.6
2010	112.3	103.6	112.8	113.5	112.8	112.6	111.3
2011	110.9	104.0	111.8	111.3	112.7	105.2	110.0
2012	109.9	104.7	110.7	109.9	111.2	105.8	109.3
2013	109.6	103.6	110.5	109.5	111.0	108.4	109.1
2014	108.7	103.8	109.2	108.9	109.4	108.1	108.1
2015	108.0	104.2	107.4	109.5	107.4	107.1	107.3
2016	107.6	103.8	106.6	109.3	106.6	105.1	106.7
2017	107.4	103.6	106.3	109.1	106.6	103.4	106.5
2018	106.4	102.6	105.1	108.3	105.4	102.9	105.9

2-3 主要年份地区生产总值构成
Composition of Gross Domestic Product in Major Years

单位:% (%)

年 份 Year	地区生产总值 Gross Domestic Product	第一产业 Primary Industry	第二产业 Secondary Industry	第三产业 Teritary Industry	#工 业 Industry	#建筑业 Construction
1952	100	67.4	16.6	16.0	15.6	1.0
1955	100	61.5	19.7	18.8	18.7	1.0
1957	100	52.0	28.7	19.3	27.1	1.6
1962	100	47.2	26.3	26.5	24.7	1.6
1965	100	49.0	33.5	17.5	30.1	3.4
1970	100	41.4	42.5	16.1	39.7	2.8
1975	100	39.4	45.3	15.3	42.0	3.3
1978	100	33.3	52.9	13.8	48.1	4.8
1979	100	36.2	50.8	13.0	45.6	5.2
1980	100	36.4	50.0	13.6	44.7	5.3
1981	100	38.2	44.8	17.0	39.8	5.0
1982	100	39.0	42.0	19.0	37.2	4.8
1983	100	40.3	38.9	20.8	34.6	4.3
1984	100	38.2	41.1	20.7	36.8	4.3
1985	100	34.7	43.0	22.3	38.1	4.9
1986	100	34.1	42.2	23.7	37.0	5.2
1987	100	32.2	43.1	24.7	38.3	4.8
1988	100	29.7	44.5	25.8	39.0	5.5
1989	100	27.8	44.8	27.4	39.7	5.1
1990	100	28.1	42.1	29.8	37.6	4.5
1991	100	28.8	41.2	30.0	36.7	4.5
1992	100	24.3	45.5	30.2	40.5	5.0
1993	100	21.5	49.0	29.5	43.4	5.6
1994	100	20.2	49.2	30.6	44.0	5.2
1995	100	20.4	47.6	32.0	42.4	5.2
1996	100	20.4	47.3	32.3	42.1	5.2
1997	100	18.3	48.1	33.6	42.7	5.4
1998	100	17.3	48.5	34.2	42.8	5.7
1999	100	16.3	48.6	35.1	42.6	6.0
2000	100	15.2	50.0	34.8	44.0	6.0
2001	100	14.8	49.5	35.7	43.5	6.0
2002	100	13.5	50.5	36.0	44.0	6.5
2003	100	12.3	53.7	34.0	47.3	6.4
2004	100	11.8	56.6	31.6	50.7	6.0
2005	100	10.6	57.3	32.1	51.5	5.7
2006	100	9.7	57.6	32.7	52.2	5.4
2007	100	9.6	57.1	33.3	51.8	5.3
2008	100	9.6	57.1	33.3	51.7	5.4
2009	100	9.3	56.2	34.5	50.3	5.9
2010	100	8.9	54.7	36.4	48.7	6.0
2011	100	8.5	53.5	38.0	47.5	6.0
2012	100	8.3	52.1	39.6	46.3	5.8
2013	100	8.0	50.3	41.7	44.7	5.9
2014	100	7.8	49.1	43.1	43.4	5.9
2015	100	7.7	47.5	44.8	41.9	5.7
2016	100	7.1	46.1	46.8	40.6	5.6
2017	100	6.7	45.3	48.0	39.5	5.9
2018	100	6.5	44.0	49.5	37.8	6.3

注:本表按当年价格计算。
a)Data in this table are calculated at current prices.

2-4 地区生产总值
Gross Domestic Product

单位:亿元

分　组	Sector	2017	2018	2017年为2016年 % 2016=100	2018年为2017年 % 2017=100
地区生产总值	**Gross Domestic Product**	**72634.15**	**76469.67**	**107.4**	**106.4**
第一产业	Primary Industry	4832.71	4950.52	103.6	102.6
第二产业	Secondary Industry	32942.84	33641.72	106.3	105.1
第三产业	Tertiary Industry	34858.60	37877.43	109.1	108.3
农林牧渔业	Agriculture, Forestry, Animal Husbandry and Fishery	5114.70		104.0	
工　业	Industry	28705.69		106.6	
建筑业	Construction	4276.97		103.4	
批发和零售业	Wholesale and Retail Trades	9283.73		108.6	
交通运输、仓储和邮政业	Transport, Storage and Postal Services	3268.01		112.9	
住宿和餐饮业	Hotels and Catering Services	1665.39		110.5	
信息传输、软件和信息技术服务业	Information Transmission, Software and Information Technology	1153.84		106.0	
金融业	Financial Intermediation	3651.56		110.1	
房地产业	Real Estate	3091.37		108.0	
租赁和商务服务业	Leasing and Business Services	2342.98		113.1	
科学研究和技术服务业	Scientific Research and Technical Services	1149.00		102.6	
水利、环境和公共设施管理业	Management of Water Conservancy, Environment and Public Facilities	443.86		102.7	
居民服务、修理和其他服务业	Service to Households, Repair and Other Services	1212.62		109.9	
教　育	Education	2467.51		108.5	
卫生和社会工作	Financial Intermediation	1239.65		111.9	
文化、体育和娱乐业	Culture, Sports and Recreation	450.77		121.9	
公共管理、社会保障和社会组织	Public Management,Social Security and Social Organization	3116.50		105.4	
人均地区生产总值(元)	**Per Capita GDP (yuan)**	**72807**	**76267**	**106.5**	**105.9**
支出法计算的地区生产总值中	**Gross Domestic Product by Expenditure Approach**				
一、最终消费支出	Final Consumption Expenditure	35185.91		108.3	
居民消费支出	Household Consumption Expenditure	28285.46		109.5	
农村居民	Rural Household	7431.12		109.9	
城镇居民	Urban Household	20854.34		109.3	
二、资本形成总额	Gross Capital Formation	36412.57		106.9	
三、货物和服务净流出	Net Exports of Goods and Services	1035.67		100.7	

注:本表绝对数按当年价格计算,指数按可比价格计算。
a)Data in this table are calculated at current prices.Indices are calculated at constant prices.

2-5 1978-2017年支出法计算的地区生产总值
Gross Domestic Product by Expenditure Approach from 1978 to 2017

单位:亿元 (100 million yuan)

年份 Year	地区生产总值(支出法) Gross Domestic Product by Expenditure Approach	最终消费 Final Consumption Expenditure	居民消费 Household Consumption	政府消费 Government Consumption	资本形成总额 Gross Capital Formation	固定资本形成总额 Gross Capital Formation	存货增加 Change in Inventories	货物和服务净流出 Net Exports of Goods and Services
1978	225.45	143.67	120.59	23.08	77.08	62.32	14.76	4.70
1979	251.60	155.83	133.42	22.41	81.05	65.45	15.60	14.72
1980	292.13	188.26	161.67	26.59	95.27	71.31	23.96	8.60
1981	346.57	212.91	181.79	31.12	100.41	81.95	18.46	33.25
1982	395.38	257.12	221.77	35.35	126.52	102.30	24.22	11.74
1983	459.83	285.15	242.31	42.84	142.59	121.09	21.50	32.09
1984	581.56	318.40	264.67	53.73	192.49	153.86	38.63	70.67
1985	680.46	365.69	297.92	67.77	253.68	195.39	58.29	61.09
1986	742.05	410.40	330.87	79.53	279.80	230.54	49.26	51.85
1987	892.29	481.01	377.18	103.83	371.44	293.40	78.04	39.84
1988	1117.66	592.91	471.31	121.60	458.97	335.12	123.85	65.78
1989	1293.94	700.93	522.40	178.53	537.52	333.27	204.25	55.49
1990	1511.19	807.32	588.46	218.86	638.78	412.59	226.19	65.09
1991	1810.54	914.36	667.63	246.73	815.00	555.76	259.24	81.18
1992	2196.53	1078.95	780.50	298.45	1045.40	758.28	287.12	72.18
1993	2770.37	1259.92	906.93	352.99	1371.58	1023.16	348.42	138.87
1994	3844.50	1878.65	1319.71	558.94	1775.44	1225.52	549.92	190.41
1995	4953.35	2457.11	1684.63	772.48	2229.66	1473.83	755.83	266.58
1996	5883.80	2961.31	1988.53	972.78	2731.98	1765.43	966.55	190.51
1997	6537.07	3250.52	2375.94	874.58	3158.91	2027.75	1131.16	127.64
1998	7021.35	3477.58	2543.69	933.89	3409.36	2324.02	1085.34	134.41
1999	7493.84	3742.49	2807.77	934.72	3590.75	2632.54	958.21	160.60
2000	8337.47	4021.46	3082.06	939.40	4122.26	3159.03	963.23	193.75
2001	9195.04	4479.42	3360.92	1118.50	4422.24	3518.25	903.99	293.38
2002	10275.50	4887.40	3555.72	1331.68	4840.39	4192.58	647.81	547.71
2003	12078.15	5608.60	3960.91	1647.69	5668.51	5180.82	487.69	801.04
2004	15115.25	6578.00	4506.51	2071.49	7540.03	6980.14	559.89	997.22
2005	18496.98	7490.05	5451.19	2038.86	9529.59	9093.18	436.41	1477.34
2006	22059.67	8900.93	6553.88	2347.05	11324.26	10976.08	348.18	1834.48
2007	25982.63	10367.79	7603.39	2764.40	13304.67	12704.75	599.92	2310.17
2008	31212.34	12386.29	9085.22	3301.07	15867.79	15315.30	552.49	2958.26
2009	34219.28	13592.53	9910.18	3682.35	18447.10	18071.58	375.52	2179.65
2010	39571.20	15349.22	11058.97	4290.25	21932.09	21233.35	698.74	2289.89
2011	45874.95	18418.30	13304.09	5114.21	25199.13	24536.01	663.12	2257.52
2012	50626.96	21253.41	15279.70	5973.71	27539.02	26796.33	742.69	1834.53
2013	55911.86	24294.20	17925.83	6368.37	30053.76	29350.32	703.44	1563.90
2014	60164.80	26265.05	20144.84	6120.21	31582.57	30448.84	1133.73	2317.18
2015	63858.62	28452.22	22418.79	6033.43	33560.45	32120.03	1440.42	1845.95
2016	67925.62	32149.67	25593.42	6556.25	34637.26	33548.68	1088.58	1138.69
2017	72634.15	35185.91	28285.46	6900.45	36412.57	34703.97	1708.60	1035.67

注:1、本表按当年价格计算。
2、2018年是第四次经济普查年，由于第四次经济普查数据未公布，目前尚未开展支出法GDP核算(以下相关表同)。

a)Data in this table are calculated at current prices.

b)2018 is the fourth economic census year, as the fourth economic census data has not been released, the expenditure method of GDP accounting has not yet been carried out (the same as in the following tables).

2-6 1978-2017年居民消费水平及指数

Household Consumption Expenditure and Indices from 1978 to 2017

年 份 Year	绝对额(元) Value(yuan)			指数(上年=100) Index(Preceding Year=100)			指数(1978年=100) Index(1978=100)		
	全省居民 All Households	农村居民 Rural Household	城镇居民 Urban Household	全省居民 All Households	农村居民 Rural Household	城镇居民 Urban Household	全省居民 All Households	农村居民 Rural Household	城镇居民 Urban Household
1978	169	136	529	110.0	113.9	97.5	100.0	100.0	100.0
1979	185	150	544	106.1	106.7	101.7	106.1	106.7	101.7
1980	223	181	632	107.6	106.3	110.8	114.2	113.4	112.7
1981	247	203	662	109.7	109.7	105.7	125.3	124.4	119.1
1982	298	259	642	111.3	116.2	96.2	139.5	144.6	114.6
1983	322	285	633	108.7	111.8	96.3	151.6	161.7	110.4
1984	348	310	642	106.7	107.2	99.8	161.8	173.3	110.2
1985	388	338	737	104.7	102.8	105.5	169.4	178.2	116.3
1986	426	373	795	106.3	107.2	102.7	180.1	191.0	119.4
1987	478	415	933	102.3	101.3	107.7	184.2	193.5	128.6
1988	588	494	1160	105.0	101.9	105.6	193.4	197.2	135.8
1989	644	514	1277	72.3	92.0	101.9	139.8	181.4	138.4
1990	698	563	1310	137.3	104.0	92.2	191.9	188.7	127.6
1991	780	617	1501	110.5	107.1	112.5	212.0	202.1	143.6
1992	909	667	1893	108.5	102.5	115.3	230.1	207.2	165.5
1993	1051	757	1935	112.0	110.2	107.6	257.7	228.3	178.1
1994	1524	1126	2265	116.3	111.2	119.8	299.7	253.8	213.4
1995	1939	1413	2895	112.5	107.2	114.0	337.1	272.1	243.2
1996	2280	1655	3391	108.5	106.4	106.8	365.8	289.5	259.8
1997	2712	1901	4123	111.4	110.7	111.1	407.5	320.5	288.6
1998	2887	1952	4479	108.9	106.2	111.8	443.8	340.4	322.7
1999	3178	2034	5085	110.1	106.7	113.4	488.6	363.2	365.9
2000	3447	2118	5603	108.2	105.6	109.1	528.7	383.5	399.2
2001	3726	2260	6020	107.6	104.9	107.8	568.8	402.3	430.3
2002	3924	2366	6232	108.1	103.8	108.3	614.9	417.6	466.0
2003	4351	2467	6974	107.5	103.9	106.8	661.0	433.9	497.7
2004	4924	2662	7965	109.9	104.0	111.1	726.4	451.3	552.9
2005	5916	3109	9453	115.2	113.0	113.2	836.6	509.8	626.1
2006	7064	3608	11193	115.4	114.8	113.4	965.4	585.2	710.1
2007	8142	4251	12633	113.6	115.2	111.5	1096.6	674.1	792.0
2008	9673	5081	14815	113.3	112.1	112.7	1242.9	755.5	892.3
2009	10494	5396	16026	110.8	111.1	109.5	1377.1	839.1	977.1
2010	11606	5730	17717	110.3	111.6	108.3	1519.1	936.4	1058.2
2011	13840	7206	20389	109.6	113.1	106.6	1665.7	1059.4	1128.1
2012	15816	8604	22556	110.4	115.6	106.8	1839.4	1224.8	1205.3
2013	18463	10182	25779	111.6	116.4	108.2	2053.3	1425.7	1304.3
2014	20637	12065	27828	111.4	116.1	108.2	2287.4	1655.1	1411.9
2015	22834	13966	29798	110.7	115.2	107.3	2531.7	1905.9	1515.4
2016	25860	15970	33016	108.5	114.2	104.6	2746.9	2175.8	1584.9
2017	28353	18530	34955	108.6	113.9	105.2	2983.1	2478.1	1667.3

注：本表绝对额按当年价格计算，指数按可比价格计算。

a)Data in this table are calculated at current prices.Indices are calculated at constant prices.

2–7　三次产业对经济增长的贡献率及拉动百分点
Share and Contribution of the Three Industries to the Inctrease of GDP

单位：%　　　　(%)

年　份 Year	贡　献　率 Share			地　区 生产总值 增　长　率 Increase Rate of Gross Domestic Product	拉动百分点（个） Contribution (unit)		
	第一产业 Primary Industry	第二产业 Secondary Industry	第三产业 Tertiary Industry		第一产业 Primary Industry	第二产业 Secondary Industry	第三产业 Tertiary Industry
1980	25.6	53.4	21.0	12.2	3.1	6.5	2.6
1981	42.0	25.2	32.8	5.8	2.4	1.5	1.9
1982	36.2	22.4	41.4	11.3	4.1	2.5	4.7
1983	43.3	23.3	33.4	13.9	6.0	3.2	4.7
1984	40.3	41.0	18.7	17.4	7.0	7.1	3.3
1985	7.3	65.4	27.3	11.4	0.8	7.5	3.1
1986	-3.7	73.7	30.0	6.3	-0.2	4.6	1.9
1987	17.6	55.3	27.1	13.8	2.4	7.6	3.8
1988	-0.6	83.2	17.4	12.5	-0.1	10.4	2.2
1989	-4.6	89.3	15.3	4.0	-0.2	3.6	0.6
1990	27.0	70.3	2.7	5.3	1.4	3.7	0.2
1991	27.2	40.2	32.6	14.6	4.0	5.9	4.7
1992	0.3	70.7	29.0	16.9		12.0	4.9
1993	7.2	63.4	29.4	20.4	1.5	12.9	6.0
1994	9.5	52.5	38.0	16.2	1.5	8.5	6.2
1995	12.5	49.8	37.7	14.0	1.7	7.0	5.3
1996	10.2	56.8	33.0	12.1	1.2	6.9	4.0
1997	0.8	57.6	41.6	11.1	0.1	6.4	4.6
1998	8.4	57.3	34.3	10.8	0.9	6.2	3.7
1999	7.2	62.1	30.7	10.0	0.7	6.2	3.1
2000	5.4	61.2	33.4	10.3	0.6	6.3	3.4
2001	6.4	54.7	38.9	10.0	0.6	5.5	3.9
2002	3.0	64.3	32.7	11.7	0.4	7.5	3.8
2003	5.5	64.9	29.6	13.4	0.7	8.7	4.0
2004	3.9	66.9	29.2	15.3	0.6	10.2	4.5
2005	3.6	64.5	31.9	15.1	0.5	9.8	4.8
2006	3.7	64.6	31.7	14.7	0.5	9.5	4.7
2007	2.7	64.6	32.7	14.3	0.4	9.2	4.7
2008	3.7	59.3	37.0	12.1	0.4	7.2	4.5
2009	2.8	67.2	30.0	12.2	0.3	8.2	3.7
2010	2.3	62.2	35.5	12.3	0.3	7.6	4.4
2011	3.2	59.2	37.6	10.9	0.4	6.4	4.1
2012	4.0	59.5	36.5	9.9	0.4	5.9	3.6
2013	2.9	60.5	36.6	9.6	0.3	5.8	3.5
2014	3.1	59.1	37.8	8.7	0.3	5.1	3.3
2015	3.6	51.9	44.5	8.0	0.3	4.1	3.6
2016	3.9	41.4	54.7	7.6	0.3	3.1	4.2
2017	3.6	40.3	56.1	7.4	0.3	3.0	4.1
2018	3.0	37.0	60.0	6.4	0.2	2.4	3.8

2-8 三大需求对经济增长的贡献率和拉动百分点
Share and Contribution of the Three Components of GDP to the Growth of GDP

单位:% (%)

年份 Year	贡献率 Share			地区生产总值增长率 Increase Rate of Gross Domestic Product	拉动百分点（个） Contribution (unit)		
	最终消费 Final Consumption Expenditure	资本形成总额 Gross Capital Formation	货物和服务净流出 Net Exports of Goods and Services		最终消费 Final Consumption Expenditure	资本形成总额 Gross Capital Formation	货物和服务净流出 Net Exports of Goods and Services
1993	34.3	67.7	-2.0	20.4	7.0	13.8	-0.4
1994	54.4	40.5	5.1	16.2	8.8	6.6	0.8
1995	50.7	45.5	3.8	14.0	7.1	6.4	0.5
1996	46.3	52.5	1.2	12.1	5.6	6.4	0.1
1997	42.1	58.8	-0.9	11.1	4.7	6.5	-0.1
1998	43.8	51.0	5.2	10.8	4.8	5.4	0.6
1999	51.1	39.8	9.1	10.0	5.1	4.0	0.9
2000	45.7	49.7	4.6	10.3	4.7	5.1	0.5
2001	53.8	36.0	10.2	10.0	5.4	3.6	1.0
2002	46.9	40.2	12.9	11.7	5.5	4.7	1.5
2003	41.1	48.0	10.9	13.4	5.4	6.5	1.5
2004	40.1	55.8	4.1	15.3	6.1	8.6	0.6
2005	47.7	51.0	1.3	15.1	7.2	7.7	0.2
2006	45.8	49.3	4.9	14.7	6.8	7.2	0.7
2007	44.7	50.0	5.3	14.3	6.4	7.1	0.8
2008	48.4	49.5	2.1	12.1	5.8	6.0	0.3
2009	44.6	66.9	-11.5	12.2	5.4	8.2	-1.4
2010	40.9	62.9	-3.8	12.3	4.9	7.9	-0.5
2011	40.5	65.9	-6.4	10.9	4.5	7.1	-0.7
2012	46.6	58.2	-4.8	9.9	4.6	5.8	-0.5
2013	45.3	55.4	-0.7	9.6	4.3	5.4	-0.1
2014	41.7	53.8	4.5	8.7	3.6	4.7	0.4
2015	43.5	51.4	5.1	8.0	3.5	4.1	0.4
2016	47.3	50.3	2.4	7.6	3.6	3.8	0.2
2017	50.3	49.4	0.3	7.4	3.7	3.7	

2-9 各市生产总值
Gross Domestic Product by Region

单位:亿元 (100 million yuan)

地 区	Region	地区生产总值 Gross Domestic Product			第一产业增加值 Value-added of Primary Industry			第二产业增加值 Value-added of Secondary Industry		
		2017	2018	2018年为2017年% 2017=100	2017	2018	2018年为2017年% 2017=100	2017	2018	2018年为2017年% 2017=100
全省总计	**Total**	**72634.15**	**76469.67**	**106.4**	**4832.71**	**4950.52**	**102.6**	**32942.84**	**33641.72**	**105.1**
济南市	Jinan	7151.63	7856.56	107.4	267.56	272.42	102.5	2569.22	2829.31	107.8
青岛市	Qingdao	11024.11	12001.52	107.4	368.85	386.91	103.5	4546.21	4850.59	107.3
淄博市	Zibo	4771.36	5068.35	106.1	139.98	145.87	103.6	2490.03	2639.91	106.5
枣庄市	Zaozhuang	2303.67	2402.38	104.3	150.43	156.89	102.6	1194.99	1219.65	104.1
东营市	Dongying	3814.35	4152.47	104.5	138.15	146.54	102.2	2391.68	2583.20	103.4
烟台市	Yantai	7343.53	7832.58	106.4	485.78	510.04	103.2	3674.35	3844.00	106.2
潍坊市	Weifang	5854.93	6156.78	106.5	491.06	511.59	101.6	2671.32	2742.43	106.2
济宁市	Jining	4636.77	4930.58	105.8	476.02	491.24	102.3	2122.16	2234.24	105.1
泰安市	Tai'an	3578.39	3651.53	105.7	274.58	285.37	102.7	1627.93	1615.21	105.5
威海市	Weihai	3512.91	3641.48	106.7	268.96	281.21	102.6	1580.49	1601.20	105.6
日照市	Rizhao	2008.88	2202.17	107.3	158.26	166.45	103.3	963.48	1064.22	106.8
莱芜市	Laiwu	894.97	1005.65	107.2	55.53	60.31	103.9	499.26	566.08	107.0
临沂市	Linyi	4330.11	4717.80	107.3	348.25	369.68	103.1	1884.25	2028.75	107.6
德州市	Dezhou	3141.66	3380.30	106.7	314.23	320.13	102.6	1498.62	1612.79	106.7
聊城市	Liaocheng	3013.55	3152.15	105.4	298.70	310.92	103.4	1514.08	1547.50	103.4
滨州市	Binzhou	2601.14	2640.52	101.5	228.44	233.83	103.4	1222.30	1185.23	98.0
菏泽市	Heze	2825.81	3078.78	107.9	286.55	301.13	102.8	1458.34	1570.28	106.8

注:1、本表绝对额按当年价格计算,速度按可比价格计算。
2、根据第三次农业普查结果,对2007—2017年农林牧渔业增加值数据进行了修订。
a)Absolute figure in this table are calculated at current prices while growth rate at constant prices.
b)According to the Third National Agricultural Census, the data of GDP from 2007 to 2018 have been revised.

2-9 续表 continued

单位:亿元 (100 million yuan)

地 区	Region	第三产业增加值 Value-added of Tertiary Industry			工业增加值 Value-added of Industry			人均地区生产总值(元) Per Capita GDP (yuan)	
		2017	2018	2018年为2017年% 2018=100	2017	2018	2018年为2017年% 2018=100	2017	2018
全省总计	**Total**	**34858.60**	**37877.43**	**108.3**	**28705.69**	**28897.01**	**105.4**	**72807**	**76267**
济南市	Jinan	4314.86	4754.83	107.5	2003.10	2145.07	107.0	98275	106302
青岛市	Qingdao	6109.05	6764.02	107.7	3952.87	4137.08	106.9	119215	128459
淄博市	Zibo	2141.35	2282.57	105.8	2183.05	2299.52	107.0	101569	107720
枣庄市	Zaozhuang	958.25	1025.84	104.8	1062.10	1072.43	104.3	58798	61226
东营市	Dongying	1284.52	1422.73	106.8	2309.09	2498.83	103.7	177962	191942
烟台市	Yantai	3183.40	3478.54	107.0	3309.38	3442.79	106.7	103771	110231
潍坊市	Weifang	2692.55	2902.76	107.7	2307.54	2341.93	106.8	62553	65721
济宁市	Jining	2038.59	2205.10	107.4	1855.96	1959.09	106.2	55430	58972
泰安市	Tai'an	1675.88	1750.95	106.3	1365.32	1324.97	106.3	63433	64714
威海市	Weihai	1663.46	1759.07	108.3	1413.79	1416.99	106.1	124463	128774
日照市	Rizhao	887.14	971.50	108.5	838.38	927.81	107.6	69062	75329
莱芜市	Laiwu	340.18	379.26	108.1	459.40	525.12	108.2	65046	73005
临沂市	Linyi	2097.61	2319.37	107.8	1536.28	1641.13	108.6	41227	44534
德州市	Dezhou	1328.81	1447.38	107.6	1324.36	1420.95	107.4	54222	58252
聊城市	Liaocheng	1200.77	1293.73	108.5	1413.95	1443.92	104.0	49806	51935
滨州市	Binzhou	1150.40	1221.46	105.2	1116.74	1085.23	98.9	66668	67405
菏泽市	Heze	1080.92	1207.37	110.9	1281.26	1379.51	107.8	32558	35184

2-10　各市生产总值构成

Composition of Gross Domestic Product by Region

单位:%　　(%)

地　区	Region	地区生产总值 Gross Domestic Product		第一产业 Primary Industry		第二产业 Secondary Industry		第三产业 Teritary Industry	
		2017	2018	2017	2018	2017	2018	2017	2018
全　省	**Total**	**100.0**	**100.0**	**6.7**	**6.5**	**45.3**	**44.0**	**48.0**	**49.5**
济南市	Jinan	100.0	100.0	3.8	3.5	35.9	36.0	60.3	60.5
青岛市	Qingdao	100.0	100.0	3.4	3.2	41.2	40.4	55.4	56.4
淄博市	Zibo	100.0	100.0	2.9	2.9	52.2	52.1	44.9	45.0
枣庄市	Zaozhuang	100.0	100.0	6.5	6.5	51.9	50.8	41.6	42.7
东营市	Dongying	100.0	100.0	3.6	3.5	62.7	62.2	33.7	34.3
烟台市	Yantai	100.0	100.0	6.6	6.5	50.0	49.1	43.4	44.4
潍坊市	Weifang	100.0	100.0	8.4	8.3	45.6	44.5	46.0	47.2
济宁市	Jining	100.0	100.0	10.2	10.0	45.8	45.3	44.0	44.7
泰安市	Tai'an	100.0	100.0	7.7	7.8	45.5	44.2	46.8	48.0
威海市	Weihai	100.0	100.0	7.7	7.7	45.0	44.0	47.3	48.3
日照市	Rizhao	100.0	100.0	7.8	7.6	48.0	48.3	44.2	44.1
莱芜市	Laiwu	100.0	100.0	6.2	6.0	55.8	56.3	38.0	37.7
临沂市	Linyi	100.0	100.0	8.1	7.8	43.5	43.0	48.4	49.2
德州市	Dezhou	100.0	100.0	10.0	9.5	47.7	47.7	42.3	42.8
聊城市	Liaocheng	100.0	100.0	9.9	9.9	50.3	49.1	39.8	41.0
滨州市	Binzhou	100.0	100.0	8.8	8.8	47.0	44.9	44.2	46.3
菏泽市	Heze	100.0	100.0	10.1	9.8	51.6	51.0	38.3	39.2

注:本表按当年价格计算。
a)Data in this table are calculated at current prices.

2-11　各市居民消费水平及指数

Household Consumption Expenditure and Indices by Region

地　区	Region	绝对额(元) Value(yuan)						2017年为2016年% Preceding Year =100		
		全体居民 All Households		农村居民 Rural Households		城镇居民 Urban Households		全省居民 All Households	农村居民 Rural Households	城镇居民 Urban Households
		2016	2017	2016	2017	2016	2017			
全　省	**Total**	**25860**	**28353**	**15970**	**18530**	**33016**	**34955**	**108.6**	**113.9**	**105.2**
济南市	Jinan	31018	32932	12857	13726	39003	41165	105.9	106.2	105.3
青岛市	Qingdao	28131	30628	16588	18655	32901	35273	107.0	110.6	105.3
淄博市	Zibo	27587	30565	17929	19645	31904	35316	109.8	109.1	109.6
枣庄市	Zaozhuang	16209	17659	11799	13051	19894	21222	108.1	109.3	106.0
东营市	Dongying	28363	30951	21485	23819	31827	34346	106.0	109.3	104.3
烟台市	Yantai	25761	28166	13254	14600	33680	36174	111.3	112.2	109.4
潍坊市	Weifang	22021	23949	15389	17205	27028	28627	110.0	112.7	107.3
济宁市	Jining	19117	20665	12473	13833	24499	25993	107.5	109.6	105.8
泰安市	Tai'an	24806	27077	12750	13837	33516	35961	108.7	108.2	106.9
威海市	Weihai	35543	37685	28597	30034	39282	41547	106.5	104.9	106.5
日照市	Rizhao	20002	21289	11258	12884	26917	27214	107.3	115.5	101.9
莱芜市	Laiwu	17898	21654	10693	14525	22703	26052	108.2	112.2	105.4
临沂市	Linyi	12456	13455	9176	9704	15049	16240	109.4	107.1	109.2
德州市	Dezhou	17975	19518	9198	10345	25520	26852	107.4	110.7	104.2
聊城市	Liaocheng	16090	17581	9141	9661	22633	25215	108.6	104.9	110.8
滨州市	Binzhou	21890	23016	14841	15236	27490	28712	108.1	110.6	105.3
菏泽市	Heze	14917	15991	11141	11363	19304	20445	106.7	102.5	104.7

注:本表绝对数按当年价格计算,指数按可比价格计算。
a)Data in this table are calculated at current prices.Indices are calculated at constant prices.

主要统计指标解释

国内生产总值（GDP） 指一个国家（或地区）所有常住单位在一定时期内生产活动的最终成果。

国内生产总值有三种表现形态，即价值形态、收入形态和产品形态。

从价值形态看，它是所有常住单位在一定时期内生产的全部货物和服务价值超过同期中间投入的全部非固定资产货物和服务价值的差额，即所有常住单位的增加值之和；

从收入形态看，它是所有常住单位在一定时期内创造并分配给常住单位和非常住单位的初次收入分配之和；

从产品形态看，它是所有常住单位在一定时期内最终使用的货物和服务价值与货物和服务净出口价值之和。

在实际核算中，国内生产总值有三种计算方法，即生产法、收入法和支出法。三种方法分别从不同的方面反映国内生产总值及其构成。

①生产法 是从生产过程中生产的货物和服务总产品价值入手，剔除生产过程中投入的中间产品的价值，得到增加价值的一种方法，公式为：

增加值＝总产出－中间投入

总产出 是一定时期内一个国家（或地区）常住单位生产的所有货物和服务的价值。既包括新增价值，也包括转移价值。

中间投入 是常住单位在生产或提供货物与服务过程中，消耗和使用的所有非固定资产货物和服务的价值。中间投入也称为中间消耗。

增加值 是指常住单位生产过程创造的新增价值和固定资产的转移价值。按生产法计算它等于总产出减去中间投入。

②收入法 收入法也称分配法，按收入法计算国内生产总值是从生产过程创造收入的角度，对常住单位的生产活动成果进行核算。按照这种计算方法，增加值由劳动者报酬、生产税净额、固定资产折旧和营业盈余四个部分组成。

用公式表示为：

增加值＝劳动者报酬+生产税净额+固定资产折旧+营业盈余

国民经济各部门的增加值之和等于国内生产总值。

劳动者报酬 指劳动者因从事生产活动所获得的全部报酬。它包括劳动者获得的各种形式工资、奖金和津贴，既包括货币形式的，也包括实物形式的，它还包括劳动者所享受的公费医疗和医疗卫生费、上下班交通补贴和单位直接支付的社会保险费等。

生产税净额 生产税减生产补贴后的差额。

生产税指政府对生产单位生产、销售和从事经营活动以及因从事生产活动使用某些生产要素，如固定资产、土地、劳动力所征收的各种税、附加费和规费。具体包括销售税金及附加、增值税、管理费中开支的各种税、应交纳的养路费、排污费和水电费附加、烟酒专卖上缴政府的专项收入等。

生产补贴与生产税相反，是政府对生产单位的单方面收入转移，因此视为负生产税处理，包括政策亏损补贴、粮食系统价格补贴、外贸企业出口退税收入等。

固定资产折旧 指一定时期内为弥补固定资产损耗按照核定的固定资产折旧率提取的固定资产折旧，或按国民经济核算统一规定的折旧率虚拟计算的固定资产折旧。它反映了固定资产在当期生产中的转移价值。各种类型企业和企业化管理的事业单位的固定资产折旧指实际计提并计入成本费用中的折旧费；不计提折旧的单位，如政府机关、非企业化管理的事业单位和居民住房的固定资产折旧则是按照统一规定的折旧率和固定资产原值计算的虚拟折旧。

营业盈余 是指常住单位创造的增加值扣除劳动者报酬、生产税净额和固定资产折旧后的余额。它相当于企业的营业利润加上生产补贴，但要扣除从利润中开支的工资和福利等。

③支出法 支出法是从最终使用角度来反映国内生产总值最终去向的一种方法。最终使用包括货物和服务的最终消费支出、资本形成总额、货物和服务净出口三部分。

最终消费 指常住单位在一定时期内对于货物和服务的全部最终消费支出，也就是常住单位为满足物质、文化和精神生活的需要，从本国经济领土和国外购买的货物和服务的支出；不包括非常住单位在本国经济领土内的消费支出。最终消费分为居民消费和政府消费。

居民消费 指常住住户对货物和服务的全部最终消费支出。居民消费按市场价格计算，即按居民支付的购买者价格计算。购买者价格是购买者取得货物所支付的价值，包括购买者支付的运输和商业费用。

居民消费除了直接以货币形式购买货物和服务的消费之外，还包括以其他方式获得的货物和服务的消费支出，即所谓的虚拟消费支出。居民虚拟消费支出包括以下几种类型：单位以实物报酬及实物转移的形式提供给劳动者的货物和服务；住户生产并由本住户消费的货物和服务，其中的服务仅指住户的自有住房服务；金融机构提供的金融媒介服务；保险公司提供的保险服务。

政府消费 指政府部门为全社会提供公共服务的消费支出和免费或以较低价格向住户提供的货物和服务的净支出。前者等于政府服务的产出价值减去政府单位所获得的经营收入的价值，政府服务的产出价值等于它的经常性业务支出加上固定资产折旧；后者等于政府部门免费或以较低价格向住户提供的货物和服务的市场价值减去向住户收取的价值。

资本形成总额 指常住单位在一定时期内获得减去处

置的固定资产和存货的净额，包括固定资本形成总额和存货增加两部分。

固定资本形成总额 指常住单位购置、转入和自产自用的固定资产价值，扣除销售和转出的价值，包括有形固定资产形成总额和无形固定资产形成总额。有形固定资产形成总额包括一定时期内完成的建筑工程、安装工程和设备工器具购置（减处置）价值，商品房销售增值，土地改良形成的固定资产，新增役、种、奶、毛、娱乐用牲畜和新增经济林木价值。无形固定资产形成总额包括矿藏勘探、计算机软件、娱乐和文学艺术品原件等获得减处置的价值。

存货增加 指常住单位存货实物量变动的市场价值，即期末价值减期初价值的差额。存货增加可以是正值，也可以是负值；正值表示存货上升，负值表示存货下降。它包括生产单位购进的原材料、燃料和储备物资等存货，以及生产单位生产的产成品、在制品等存货等。

货物和服务净出口 指货物和服务出口减货物和服务进口的差额。出口包括常住单位向非常住单位出售或无偿转让的各种货物和服务的价值；进口包括常住单位从非常住单位购买或无偿得到的各种货物和服务的价值。由于服务活动的提供与使用同时发生，因此服务的进出口业务并不发生出入境现象，一般把常住单位从国外得到的服务作为进口，非常住单位从本国得到的服务作为出口。货物的出口和进口都按离岸价格计算。

三次产业 是根据社会生产活动历史发展的顺序对产业结构的划分，产品直接取自自然界的部门称为第一产业，对初级产品进行再加工的部门称为第二产业，为生产和消费提供各种服务的部门称为第三产业。它是世界上较为通用的产业结构分类，但各国的划分不尽一致。

按照国民经济行业分类标准（GB/T 4754—2011）和我国的实际情况，我国的三次产业划分是：

第一产业 农、林、牧、渔业（不含农、林、牧、渔服务业）。

第二产业 指采矿业（不含开采辅助活动），制造业（不含金属制品、机械和设备修理业），电力、热力、燃气及水生产和供应业，建筑业。

第三产业 第三产业即服务业，是指除第一产业、第二产业以外的其他行业。具体包括：批发和零售业，交通运输、仓储和邮政业，住宿和餐饮业，信息传输、软件和信息技术服务业，金融业，房地产业，租赁和商务服务业，科学研究和技术服务业，水利、环境和公共设施管理业，居民服务、修理和其他服务业，教育，卫生和社会工作，文化、体育和娱乐业，公共管理、社会保障和社会组织，国际组织，以及农、林、牧、渔业中的农、林、牧、渔服务业，采矿业中的开采辅助活动，制造业中的金属制品、机械和设备修理业。

当年价格 指报告期的实际价格，如工业品的出厂价格，农产品的收购价格，商业的零售价格等。按当年价格计算，是指一些以货币表现的物量指标，如工农业总产值、国内生产总值等，按照当年的实际价格来计算总量。使用当年价格计算的数字，是为了使国民经济各项指标互相衔接，便于考察当年社会经济效益，便于对生产流通、生产和分配、生产和消费进行经济核算和综合平衡。

按当年价格计算的价值指标，在不同年份之间进行对比时，因为包含有各年间价格变动的因素，不能确切地反映实物量的增减变动。必须消除价格变动因素后，才能真实反映经济发展动态。因此，在计算增长速度时都使用按可比价格计算的数字。

可比价格 指计算各种总量指标所采用的扣除了价格变动因素的价格，可进行不同时期总量指标的对比。按可比价格计算总量指标有两种方法：一种是直接用产品产量乘某一年的不变价格计算；另一种是用价格指数进行换算。

不变价格 指以同类产品某一时期的平均价格作为固定价格，用于计算各时期的产品价值。按不变价格计算的产品价值消除了价格变动因素，不同时期对比可以反映生产的发展速度。新中国成立后，随着工农业产品价格水平的变化，国家统计局先后八次制定了全国统一的工业产品不变价格和农业产品不变价格。从 1949 年到 1957 年使用 1952 年工（农）业产品不变价格，从 1957 年到 1971 年使用 1957 年不变价格，从 1971 年到 1981 年使用 1970 年不变价格，从 1981 年到 1990 年使用 1980 年不变价格，从 1991 年到 2000 年使用 1990 年不变价格，从 2001 年到 2005 年使用 2000 年不变价格，从 2006 年开始使用 2005 年不变价格，从 2011 年开始使用 2010 年不变价格，从 2016 年开始使用 2015 年不变价格。

Explanatory Notes on Main Statistical Indicators

Gross Domestic Product refers to the final products at market prices produced by all residents in a country (or a region) during a certain period of time.

Gross domestic product is expressed in three different forms, i.e. value, income, and products respectively.

GDP in its value form refers to the total value of all goods and services produced by all resident units during a certain period of time, minus the total value of input of goods of non-fixed assets and services; in other term, it is the sum of the value-added of all resident units.

GDP in the form of income includes the income created by all resident units and distributed to resident and non-resident units.

GDP in the form of products refers to the value of all goods and services for final consumption by all resident units minus the net exports of goods and services during a given period of time.

In the practice of national accounting, gross domestic product is calculated with three approaches, i.e. production approach, income approach and expenditure approach, which reflect gross domestic product and its composition from different aspects.

Production Approach focuses on the total value of goods and services produced in production activities. GDP by Production Approach equals the value of total output minus that of input consumed in production process.

GDP by Production Approach = gross output—intermediate input

Gross Output refers to the total value of goods and service produced by all residents in a given period,including newly-produced goods and service, and intermediate input.

Intermediate Input refers to non-fixed assets and paid service consumed during production process when goods and service are produced. Intermediate input is also called intermediate consumption.

Value-added refers to the value of newly-produced goods and service and that of consumed fixed assets. By production approach, it equals gross output minus intermediate input.

Income Approach (also known as distribution approach): refers to the method measuring the final results of production activities o from the perspective of income made by all residents. GDP of income approach includes laborers' remuneration,net taxed on production, depreciation of fixed assets and operating surplus.

GDP by income approach = laborers' remuneration+ net taxed on production+depreciation of fixed assets+operating surplus.

The sum of value added made by different industries is GDP.

Laborers' Remuneration refers to the whole payment of various forms earned by the laborers' from the productive activities they are engaged in. It includes wages, bonuses and allowances the laborers' earned in monetary form and in kind. It also includes the free medical services provided to the laborers' and the medicine expenses, traffic subsidies and social insurance, housing fund paid by the employers.

Net Taxes on Production refers to the difference of the taxes on production minus the subsidies on production.

Taxes on production refers to the various taxes, extra charges and fees levied on the production units on their production, sale and business activities as well as on the use of some factors of production, such as fixed assets, land and labor force in the production activities they are engaged in.

In contrast to the taxes on production, the subsidies on production refer to the unilateral government transfer to the production units and are therefore regarded as negative taxes on production.They include subsidies on the loss due to implementation of government policies, price subsidies, etc.

Depreciation of Fixed Assets refers to the depreciation of fixed assets of a given period, drawn in accordance with the stipulated depreciation rate for the purpose of compensating the wear loss of the fixed assets or the depreciation of fixed assets calculated in a fictitious way in accordance with the stipulated unified depreciation rate in the national economic accounting system. It reflects the value of transfer of the fixed assets in the production of the current period. The depreciation of fixed assets in various enterprises and institutions managed as enterprises refers to the depreciation expenses actually drawn. In government agencies and institutions not managed as enterprises which do not draw the depreciation expenses, as well as for the houses of residents, the depreciation of fixed assets is the imputed depreciation, which is calculated in accordance with the stipulated unified depreciation rate. In principle, the depreciation of fixed assets should be calculated on the basis of the re-purchased value of the fixed assets.

Operating Surplus refers to the balance of the value added created by the resident units deducting the laborers' remuneration, net taxes on production and the depreciation of fixed assets. It is equivalent to the business profit of the enterprises plus subsidies on production, but the wages and welfare expenses paid from the profits should be deducted.

GDP by Expenditure Approach refers to the method of measuring the final results of production activities of a country (region) during a given period from the perspective of final use. It includes final consumption expenditure, total capital formation and net export of goods and services.

Final Consumption Expenditure refers to the total expenditure on goods and services in a given period, which means the total expenditure of resident units for purchases of goods and services from domestic economic territory and abroad to meet the requirements of material, cultural and spiritual life. It excludes the expenditure of non-resident units on consumption in the economic territory of the country. The final consumption expenditure is broken down into household consumption expenditure and government consumption expenditure.

Household consumption refers to the consumption expenditure made by household on goods and services. It is calculated at market price which is the purchasers'price. Purchasers'price means the money the purchasers paid for goods, including transportation fees and operating fees.

In addition to the consumption of goods and services bought by the households directly with money, the households consumption expenditure also includes expenditure on goods and services obtained by the households in other ways, i.e. the so-called imputed consumption expenditure, which includes the

following: (a) the goods and services provided to the households by the employer in the form of payment in kind and transfer in kind; (b) goods and services produced and consumed by the households themselves, in which the services refer only to the owner-occupied housing and domestic and individual services provided by the paid household workers; (c) financial intermediate services provided by financial institutions; (d) insurance services provided by insurance companies.

Government Consumption Expenditure refers to the expenditure on the consumption of the public services provided by the government to the whole society and the net expenditure on the goods and services provided by the government to the households free of charge or at low prices. The former equals to the output value of the government services minus the value of operating income obtained by the government departments. The latter equals to the market value of the goods and services provided by the government free of charge or at low prices to the households minus the value received by the government from the households.

Total Capital Formation refers to the fixed assets acquired minus those disposed of and the net value of inventory, including the total fixed capital formation and the increase in inventory.

Total Fixed Capital Formation refers to the value of fixed assets acquired minus those disposed of during a given period. Fixed assets are the assets produced through production activities with specified unit value which could be used for over one year, excluding natural assets. Total fixed capital formation can be categorized into total tangible capital formation and total intangible capital formation. The total tangible capital formation include the value of the construction projects, installation projects completed and the equipment,apparatus and instruments purchased as well as the value of land improved, the value of draught animals, breeding stock, animals for milk, wool and for recreational purpose, and the newly increased forest with economic value during a given period. The total intangible capital formation includes the prospecting of minerals, the acquisition of computer software, artisticworks artistic minus the disposal of them.

Increase in Inventory refers to the market value of the change in inventory of resident units during a given period, i.e. the difference of value between the beginning and the end of the period minus the current gains due to the change in prices. The increase in inventory can be positive or negative. A positive value indicates the increase in inventory while a negative value indicates the decrease in stock. The inventory includes the raw materials, fuels and reserve materials purchased by the production units as well as the inventory of finished products, semi-finished products, work-in-progress, etc.

Net Export of Goods and Services refers to the difference of the exports of goods and services minus the imports of goods and services. The imports include the value of various goods and services sold or gratuitously transferred by the resident units to the non-resident units. The imports include the value of various goods and services purchased or gratuitously acquired by the resident units from the non-resident units. Because the provision of services and the use of them happen simultaneously, the acquisition of services by the resident units from abroad is usually treated as import while the acquisition of services by non-resident units in this country is usually treated as export. The export and import of goods are calculated at FOB.

Three Industries: Classification of economic activities into three branches of industries is based on the development of production. Primary industry refers to the production activities that obtain products from nature. Secondary industry refers to the production activities that process primary goods. Tertiary industry refers to the production activities that provide primary and secondary industries with services. Classification of economic activities into three branches of industries is a common practice in the world, although the grouping varies to some extent from country to country.

According to the new Industrial Classification of National Economy（GB/T 4754—2011）, economic activities are categorized into following industries:

Primary industry refers to agriculture, forestry, animal husbandry and fishery (do not contain agriculture, forestry, animal husbandry and fishery service industry).

Secondary Industry refers to mining industry (do not contain mining auxiliary activities),manufacturing industry (do not contain metal products, machinery and equipment repair industry), eectricity, heat, gas and water production and supply industry, construction industry.

Tertiary industry refers to all other economic activities not included in primary or secondary industry.According to the economic condition in China, tertiary industry includes Transport, Storage and Post, Information Transmission, Computer Services and Software, Wholesale and Retail Trades, Hotels and Catering Services, Financial Intermediation, Real Estate, Leasing and Business Services, Scientific Research, Technical Services and Geologic Prospecting,Management of Water Conservancy, Environment and Public Facilities, Services to Households and Other Services,Education, Health, Social Security and Social Welfare, Culture, Sports and Entertainment, Public Management and Social Organizations, and International Organizations.

Tertiary industry is the service industry, refers to all other economic activities not included in primary or secondary industry. Tertiary industry includes wholesale and retail industry, transportation, storage and postal industry, accommodation and catering industry, information transmission, software and information technology service industry, financial industry, real estate, leasing and business services, scientific research and technical services industry, water conservancy, environment and public facilities management industry, residents service, repair and other services, education, health and social work, culture, sports and entertainment, public management, social security and social organizations, international organizations, as well as agriculture, forestry, animal husbandry and fishery, agriculture, forestry, animal husbandry and fishery industry, mining industry in mining, manufacturing of metal products, machinery and equipment repair industry.

Current Price refers to the actual price during the reporting period, such as Ex-factory Price of Industrial Products, purchasing price of agricultural produces and retail price. Some indicators calculatedat current price are volume indicators in the value form, such as total value of output of industrial and agricultural industries and GDP, etc. Data calculated at current price are useful when it comes to evaluating the economic development and analyzing different aspects of economy, such as production, circulation,distribution and consumption.

When the different indicators calculated at current price are compared, it is in evitable that price changes will affect the comparison. Therefore, the change in volume cannot be showed.

In order to eliminate the effect of price and reflect economic development, growth rate is calculated at current price.

Constant Price refers to the price without the effect of price change. By using constant price, total amount indices of different periods can be compared. There are two methods in which total amount indices are obtained, one using current price of some year to multiply the physical volume of certain products and the other using price index.

Fixed Price refers to the average price of similar products in a given period, with which the product value of different period can be calculated. The product value calculated at fixed price can show the growth rate of production in different period. Since 1949, NBS has framed the united industrial and agricultural fixed price 8 times, including the fixed price of 1952 used from 1949 to 1957, the fixed price of 1957 used from 1957 to 1971, the fixed price of 1970 used from 1971 to 1981, the fixed price of 1980 used from 1981 to 1990, the fixed price of 1990 used from 1991 to 2000, the fixed price of 2000 used from 2001 to 2005, the fixed price of 2005 used from 2006, the fixed price of 2010 used from 2011, and the fixed price of 2015 used from 2016.

第3篇 人口

Population

简 要 说 明

一、本篇资料的主要内容

本篇资料主要反映了我省人口方面的基本情况，包括全省17个市的主要人口统计数据、历年人口数、农村和城镇人口数、人口出生率、死亡率、自然增长率。另外，还对建国以来开展的6次人口普查主要数据进行了比较。

二、本篇资料的来源

本篇资料分别来源于国家开展的人口普查、人口抽样调查和省公安厅的户籍登记资料，由省统计局人口处（社科处）整理提供。

Brief Introduction

I. Main Content

Data in this chapter show the basic condition of population, such as the basic condition of 17 cities, population, rural and urban population, birth rate, death rate and natural growth rate. Furthermore, relevant figures obtained from six national population censuses have been compared.

II. Source of Data

Data in this chapter are from national population censuses, national sample survey. Some are derived from household registration provided by Shandong Provincial Department of Public Security. The data above are compiled by the Division of Urbanization,Population and Employment Statistics（by the Division of Social,Science and Culture Industry Employment Statistics）of Shandong Provincial Bureau of Statistics.

3-1 主要年份总人口
Population in Major Years

单位:万人 (10 000 persons)

年 份 Year	总人口 Total	按性别分 Grouped by Sex		按农村、城镇分 Grouped by Rural and Urban		人口密度 Density of Population (人/平方公里) (Person/sq.km)
		男 Male	女 Female	农村人口 Rural Population	城镇人口 Urban Population	
1949	(4549)	(2199)	(2350)	(4289)	(260)	290
1952	(4827)	(2392)	(2435)	(4538)	(289)	308
1955	(5174)	(2587)	(2587)	(4796)	(378)	330
1957	(5373)	(2694)	(2679)	(4936)	(437)	343
1962	(5426)	(2718)	(2708)	(5015)	(411)	346
1965	(5711)	(2866)	(2845)	(5258)	(453)	364
1970	(6441)	(3241)	(3200)	(5966)	(475)	411
1975	(6971)	(3524)	(3447)	(6408)	(563)	445
1976	(7038)	(3561)	(3477)	(6455)	(583)	449
1977	(7099)	(3592)	(3507)	(6507)	(592)	453
1978	(7160)	(3624)	(3536)	(6533)	(627)	457
1979	(7232)	(3660)	(3572)	(6570)	(661)	462
1980	(7296)	(3694)	(3602)	(6605)	(691)	466
1981	(7395)	(3750)	(3645)	(6659)	(736)	472
1982	(7494)	(3806)	(3688)	(6720)	(774)	478
1983	(7564)	(3847)	(3717)	(6753)	(811)	483
1984	(7637)	(3887)	(3750)	(6701)	(936)	487
1985	7711(7695)	(3922)	(3773)	(6676)	(1017)	492
1986	7818(7776)	(3967)	(3810)	(6797)	(979)	499
1987	7958(7889)	(4029)	(3860)	(6844)	(1045)	508
1988	8061(8009)	(4092)	(3917)	(6702)	(1307)	514
1989	8160(8181)	(4181)	(4000)	(6698)	(1483)	521
1990	8493(8424)	(4299)	(4125)	(6846)	(1578)	542
1991	8570(8534)	(4352)	(4182)	(6884)	(1650)	547
1992	8610(8580)	(4373)	(4207)	(6819)	(1761)	549
1993	8642(8620)	(4392)	(4228)	(6724)	(1896)	551
1994	8671(8653)	(4407)	(4246)	(6574)	(2079)	553
1995	8705(8701)	(4429)	(4272)	(6531)	(2170)	556
1996	8738(8747)	(4452)	(4295)	(6484)	(2263)	558
1997	8785(8810)	(4483)	(4327)	(6500)	(2310)	561
1998	8838(8872)	(4513)	(4359)	(6575)	(2296)	564
1999	8883(8922)	(4537)	(4385)	(6600)	(2322)	567
2000	8997(8975)	(4562)	(4413)	(6566)	(2409)	574
2001	9041(9024)	(4584)	(4440)	(6507)	(2517)	577
2002	9082(9069)	(4607)	(4463)	(6435)	(2634)	580
2003	9125(9108)	(4624)	(4484)	(6275)	(2833)	582
2004	9180(9163)	(4652)	(4512)	(6212)	(2951)	586
2005	9248(9212)	(4676)	(4537)	(6066)	(3147)	589
2006	9309(9282)	(4707)	(4575)	(6055)	(3228)	592
2007	9367(9346)	(4739)	(4606)	(5909)	(3436)	596
2008	9417(9392)	(4761)	(4632)	(5860)	(3532)	599
2009	9470(9449)	(4792)	(4658)	(5902)	(3548)	603
2010	9579(9536)	(4839)	(4697)	(5698)	(3839)	610
2011	9637(9591)	(4870)	(4721)	(5646)	(3945)	613
2012	9685(9580)	(4868)	(4712)	(5559)	(4021)	616
2013	9733(9612)	(4883)	(4729)	(5482)	(4130)	619
2014	9789(9747)	(4960)	(4787)	(5462)	(4285)	620
2015	9847(9822)	(4999)	(4823)	(5120)	(4702)	624
2016	9947(9921)	(5049)	(4872)	(5056)	(4865)	630
2017	10006(10009)	(5089)	(4919)	(4984)	(5024)	634
2018	10047(10096)	(5130)	(4966)	(4953)	(5143)	636

注:1990、2000和2010年为人口普查数,其余年份均为人口抽样调查数,括号内为公安户籍人口数。2006年之前的农村、城镇人口分别为公安统计的农业、非农业人口。

a) Data of 1990、2000 and 2010 are based on the national population census,and others are based on the sample surveys.Data in the brackets are taken from the annual reports of the Public Security Departments.Before 2006,the rural and urban population are changed to the agriculture and non-agricul population from the Public Security Departments.

3-2 主要年份人口出生率、死亡率、自然增长率
Birth Rate,Death Rate and Natural Growth Rate of Population in Major Years

年 份 Year	出生率 (‰) Birth Rate (‰)	死亡率 (‰) Death Rate (‰)	自然增长率 (‰) Natural Growth Rate (‰)	出生人口数 (万人) Population of Birth (10 000 persons)	死亡人口数 (万人) Population of Death (10 000 persons)	自然增长人数 (万人) Population of Natural Growth (10 000 persons)
1949	(28.10)	(12.20)	(15.90)			
1952	(31.50)	(12.20)	(19.30)			
1955	(37.30)	(13.70)	(23.60)	(191)	(70)	(121)
1957	(35.80)	(12.10)	(23.70)	(190)	(64)	(126)
1962	(38.10)	(12.40)	(25.70)	(204)	(66)	(138)
1965	(35.50)	(10.20)	(25.30)	(201)	(58)	(143)
1970	(33.89)	(7.34)	(26.55)	(215)	(47)	(168)
1975	(21.56)	(7.53)	(14.03)	(149)	(52)	(97)
1976	(18.46)	(7.63)	(10.83)	(129)	(53)	(76)
1977	(16.96)	(7.24)	(9.72)	(120)	(51)	(69)
1978	(16.80)	(6.50)	(10.30)	(119)	(46)	(73)
1979	(16.94)	(6.15)	(10.79)	(122)	(44)	(78)
1980	(13.91)	(6.40)	(7.51)	(101)	(47)	(54)
1981	(16.48)	(6.41)	(10.07)	(121)	(47)	(74)
1982	(17.05)	(6.10)	(10.95)	(127)	(45)	(82)
1983	15.10(12.76)	6.73(5.87)	8.37(6.89)	114(96)	51(44)	63(52)
1984	13.80(12.99)	5.80(6.03)	8.00(6.96)	104(99)	44(46)	60(53)
1985	15.12(11.75)	6.64(5.90)	8.48(5.85)	116(90)	51(45)	65(45)
1986	19.90(14.71)	7.28(5.86)	12.62(8.85)	156(114)	57(46)	99(68)
1987	23.35(17.43)	7.07(5.64)	16.28(11.79)	184(137)	56(44)	128(93)
1988	17.54(17.95)	6.04(5.95)	11.50(12.00)	140(143)	48(47)	92(96)
1989	16.88(18.87)	5.70(5.51)	11.18(13.36)	137(153)	46(45)	91(108)
1990	18.21(26.10)	6.96(6.02)	11.25(20.08)	152(217)	58(50)	94(167)
1991	15.40(16.39)	6.54(5.73)	8.86(10.66)	131(139)	56(49)	75(90)
1992	11.43(10.95)	6.88(6.02)	4.55(4.93)	98(94)	59(52)	39(42)
1993	10.49(9.47)	6.76(5.84)	3.73(3.63)	90(81)	58(50)	32(31)
1994	9.69(9.31)	6.67(5.99)	3.02(3.32)	84(80)	58(52)	26(28)
1995	9.82(9.66)	6.47(5.83)	3.35(3.83)	85(84)	56(51)	29(33)
1996	10.60(10.33)	6.76(6.04)	3.84(4.29)	92(90)	59(53)	33(37)
1997	11.28(10.84)	6.65(5.90)	4.63(4.94)	99(95)	58(52)	41(43)
1998	11.58(11.52)	6.12(5.95)	5.46(5.57)	102(102)	54(53)	48(49)
1999	11.08(10.23)	6.27(5.72)	4.81(4.51)	98(91)	55(51)	43(40)
2000	10.75(11.38)	6.29(6.70)	4.46(4.68)	97(102)	56(60)	40(42)
2001	11.12(9.93)	6.24(5.46)	4.88(4.47)	100(89)	56(49)	44(40)
2002	11.17(10.20)	6.62(5.86)	4.55(4.34)	101(92)	60(53)	41(39)
2003	11.42(9.31)	6.64(6.07)	4.78(3.24)	104(85)	61(55)	43(30)
2004	12.50(10.59)	6.49(5.60)	6.01(4.99)	114(97)	59(51)	55(46)
2005	12.14(10.17)	6.31(5.85)	5.83(4.32)	112(94)	58(54)	54(40)
2006	11.60(9.59)	6.10(5.62)	5.50(3.97)	108(89)	57(52)	51(37)
2007	11.11(10.05)	6.11(6.47)	5.00(3.58)	104(94)	57(60)	47(33)
2008	11.25(10.13)	6.16(6.81)	5.09(3.32)	106((95)	58(64)	48(31)
2009	11.70(10.96)	6.08(6.11)	5.62(4.86)	110(103)	57(58)	53(46)
2010	11.65(15.82)	6.26(8.58)	5.39(7.24)	111(150)	60(81)	51(69)
2011	11.50(11.97)	6.10(7.07)	5.40(4.90)	110(114)	59(68)	51(47)
2012	11.90(11.74)	6.95(8.33)	4.95(3.40)	115(113)	67(80)	48(33)
2013	11.41(12.19)	6.40(6.23)	5.01(5.95)	111(117)	59(60)	52(57)
2014	14.23(22.74)	6.84(6.39)	7.39(16.35)	139(220)	67(62)	72(158)
2015	12.55(14.59)	6.67(6.16)	5.88(8.43)	124(143)	66(60)	58(83)
2016	17.89(15.56)	7.05(5.41)	10.84(10.15)	177(154)	70(53)	107(101)
2017	17.54(20.59)	7.40(11.88)	10.14(8.71)	175(205)	74(118)	101(87)
2018	13.26(14.93)	7.18(6.46)	6.08(8.47)	133(150)	72(65)	61(85)

注:1990、2000年为人口普查数，2010年为人口普查修正数据，其余年份均为人口抽样调查数，括号内为当年前往公安机关申报登记数。

a)Data of 1990 and 2000 are based on the national population census,2010 data are revised according to the national population census,others are based on the sample surveys. Data in the brackets are registration data of the public security department.

3−3 人口年龄结构、抚养比和性别比
Age Composition and Dependency Ratio of Population

单位：% (%)

年 份 Year	总人口性别比(以女性为100) Sex Ratio of Total Population (female=100)	各年龄段所占比重 The Proportion of Total Population By Age			总抚养比 Gross Dependency Ratio	少儿抚养比 Children Dependency Ratio	老年抚养比 Old Dependency Ratio
		0−14岁 Aged 0-14	15−64岁 Aged 15-64	65岁及以上 Aged 65 and Over			
1982	102.9	31.0	63.4	5.6	57.7	48.9	8.8
1990	103.5	26.6	67.2	6.2	48.8	39.6	9.2
1995	103.7	24.6	68.0	7.4	47.1	36.2	10.9
2000	102.5	20.8	71.1	8.1	40.6	29.3	11.4
2001	102.7	20.4	71.4	8.2	40.1	28.6	11.5
2002	102.4	18.8	72.7	8.5	37.6	25.9	11.7
2003	100.4	18.4	72.6	9.1	37.8	25.3	12.5
2004	100.7	17.1	73.7	9.2	35.8	23.2	12.5
2005	102.0	15.9	74.1	9.9	34.9	21.5	13.4
2006	100.8	15.3	74.7	10.0	33.9	20.5	13.4
2007	101.4	15.0	74.8	10.2	33.7	20.1	13.6
2008	100.2	15.6	74.1	10.3	34.9	21.0	13.8
2009	102.3	15.7	73.9	10.4	35.4	21.2	14.1
2010	102.3	15.7	74.4	9.9	34.4	21.1	13.3
2011	102.0	15.7	74.3	10.0	34.6	21.1	13.5
2012	101.4	16.1	73.5	10.4	36.0	21.8	14.2
2013	101.2	16.1	72.9	11.0	37.1	22.1	15.0
2014	101.1	16.4	72.0	11.6	38.9	22.8	16.1
2015	102.1	16.6	71.2	12.2	40.4	23.3	17.1
2016	102.8	16.4	70.4	13.2	42.0	23.3	18.8
2017	102.7	17.2	68.8	14.0	45.3	25.0	20.3
2018	100.8	18.1	66.9	15.0	49.5	27.0	22.5

注:1982、1990、2000和2010年数据为人口普查数据；2001—2004年为抽样调查样本数据；其他年份为抽样调查估算数据。
a)Data of 1982、1990、2000 and 2010 are taken from the national population census.Data of 2001-2004 are taken from Population Sample Survey. Others are estimated on population sample survey.

3−4 各市人口数和总户数(2018年)
Population and Households by Region (2018)

地 区	Region	年末总人口(万人) Total year-end Population (10 000 persons)	按性别分(万人) Grouped by Sex (10 000 persons)		按农村、城镇分(万人) Grouped by Rural and Urban (10 000persons)		年末总户数(万户) Total year-end Households (10 000 households)	平均家庭户规 模(人/户) Average Family Size(person/household)
			男 Male	女 Femal	农村人口 Rural Population	城镇人口 Urban Population		
全省总计	**Total**	**10047.24(10095.64)**	**(5129.43)**	**(4966.21)**	**3900.34**	**6146.90**	**(3323.54)**	**(3.04)**
济 南 市	Jinan	746.04(655.90)	(324.74)	(331.15)	208.11	537.93	(216.64)	(3.03)
青 岛 市	Qingdao	939.48(817.79)	(404.60)	(413.19)	247.33	692.15	(269.58)	(3.03)
淄 博 市	Zibo	470.18(433.96)	(215.62)	(218.35)	134.03	336.15	(152.89)	(2.84)
枣 庄 市	Zaozhuang	392.73(422.56)	(222.27)	(200.29)	161.48	231.25	(122.04)	(3.46)
东 营 市	Dongying	217.21(196.68)	(97.81)	(98.87)	67.24	149.97	(68.80)	(2.86)
烟 台 市	Yantai	712.18(653.87)	(325.19)	(328.68)	248.73	463.45	(236.96)	(2.76)
潍 坊 市	Weifang	937.30(914.15)	(460.88)	(453.27)	358.02	579.28	(289.46)	(3.16)
济 宁 市	Jining	834.59(890.73)	(459.45)	(431.27)	343.40	491.19	(275.74)	(3.23)
泰 安 市	Tai'an	564.00(572.98)	(289.65)	(283.33)	215.03	348.97	(197.13)	(2.91)
威 海 市	Weihai	283.00(256.54)	(127.16)	(129.37)	91.09	191.91	(93.42)	(2.75)
日 照 市	Rizhao	293.03(306.65)	(156.10)	(150.55)	116.18	176.85	(110.65)	(2.77)
莱 芜 市	Laiwu	137.90(129.40)	(65.32)	(64.08)	50.03	87.87	(47.11)	(2.75)
临 沂 市	Linyi	1062.40(1179.79)	(610.26)	(569.53)	514.81	547.59	(377.85)	(3.12)
德 州 市	Dezhou	581.00(597.84)	(303.12)	(294.72)	249.75	331.25	(195.10)	(3.06)
聊 城 市	Liaocheng	607.45(644.70)	(331.64)	(313.06)	292.95	314.50	(205.66)	(3.13)
滨 州 市	Binzhou	392.25(396.70)	(200.15)	(196.56)	166.14	226.11	(134.56)	(2.95)
菏 泽 市	Heze	876.50(1025.40)	(535.47)	(489.94)	436.02	440.48	(329.95)	(3.11)

注:年末总人口根据人口抽样调查数据推算,括号内为公安户籍统计数字。
a)Data on total year-end population are projected according to the population census data.Data in the brackets are taken from the annual reports of publ: security departments.

3-5 六次人口普查主要数据

Major Data of All Previous Provincial Population Census

指标	Item	第一次人口普查 The First (1953.7.1)	第二次人口普查 The Second (1964.7.1)	第三次人口普查 The Third (1982.7.1)	第四次人口普查 The Fourth (1990.7.1)	第五次人口普查 The Fifth (2000.11.1)	第六次人口普查 The Sixth (2010.11.1)
一、总人口 （万人）	**Total (10000 person)**	**4887.65**	**5549.62**	**7441.91**	**8439.21**	**8997.18**	**9579.27**
按性别分	By Sex						
男	Male	2431.14	2790.45	3773.74	4291.32	4554.21	4844.69
女	Female	2456.52	2759.17	3668.16	4147.89	4442.97	4734.58
二、总户数 （万户）	**Total Households (10000 unit)**	**1109.77**	**1277.08**	**1739.04**	**2197.56**	**2732.04**	**3079.47**
家庭户 （万户）	Households (10000 unit)			1733.55	2187.44	2670.93	3010.55
平均家庭户规模(人)	Average Household Size (person)			4.20	3.75	3.22	2.98
三、民　族	**Nationalities**						
民族个数 （个）	The number of Nationalities (unit)	17	32	39	54	56	56
汉族人口 （万人）	Total Population of Han Nationality (10000 person)	4862.40	5520.04	7401.14	8388.62	8933.90	9506.68
少数民族人口(万人)	Total Population of Minority Nationalities (10000 person)	25.24	29.55	40.74	50.59	63.27	72.59
四、市镇人口 （万人）	**Population of City and Town (10000 person)**	**357.92**	**717.57**	**1419.05**	**2307.67**	**3432.59**	**4762.07**
五、平均预期寿命(岁)	**Life Expectancy (year old)**			**69.2**	**70.6**	**73.9**	**76.5**
六、各种文化程度人口	**Population by Education**						
大　学 （万人）	University and Above (10000 person)			26.32	82.29	300.08	832.87
高　中 （万人）	Senior Middle Schools (10000 person)			438.72	603.36	994.64	1332.26
初　中 （万人）	Junior Middle Schools (10000 person)			1316.97	2125.47	3297.35	3846.80
小　学 （万人）	Primary Schools (10000 person)			2510.81	3061.20	2946.97	2391.22
文盲半文盲 （万人）	Illiterate or Semiliterate (10000 Person)			2045.72	1425.61	765.43	475.73
七、6岁及以上人口平均受教育年限 （年）	**Years of education of Population Aged 6 and Over (year)**			**4.9**	**6.2**	**7.5**	**8.8**
八、就业人口 （万人）	**Economically Active Population(10000 person)**			**4009.79**	**5077.21**	**5477.41**	**5902.34**

主要统计指标解释

人口数 指一定时点、一定地区范围内有生命的个人总和。

年度统计的年末人口数 指每年12月31日24时的人口数。

城镇人口和乡村人口 普查的城镇人口是指居住在城镇范围内的全部常住人口；乡村人口是除上述人口以外的全部人口。公安机关登记的城镇人口是指户口登记在城镇的人口，其统计口径是以居民常住户口所在地的城乡性质划分的。

出生率(又称粗出生率) 指在一定时期内(通常为一年)一定地区的出生人数与同期内平均人数(或期中人数)之比，用千分率表示。本资料中的出生率指年出生率，其计算公式为：

$$出生率=\frac{年出生人数}{年平均人数}\times 1000‰$$

式中：出生人数指活产婴儿，即胎儿脱离母体时(不管怀孕月数)，有过呼吸或其他生命现象。年平均人数指年初、年底人口数的平均数，也可用年中人口数代替。

死亡率(又称粗死亡率) 指在一定时期内(通常为一年)一定地区的死亡人数与同期内平均人数(或期中人数)之比，用千分率表示。本资料中的死亡率指年死亡率，其计算公式为：

$$死亡率=\frac{年死亡人数}{年平均人数}\times 1000‰$$

人口自然增长率 指在一定时期内(通常为一年)人口自然增加数(出生人数减死亡人数)与该时期内平均人数(或期中人数)之比，用千分率表示。计算公式为：

$$人口自然增长率=\frac{本年出生人数-本年死亡人数}{年平均人数}\times 1000‰$$

$$=人口出生率-人口死亡率$$

总抚养比 也称总负担系数。是指人口总体中非劳动年龄人口数与劳动年龄人口数之比。通常用百分比表示。说明每100名劳动年龄人口要负担多少名非劳动年龄人口。用于从人口角度反映人口与经济发展的基本关系。

计算公式为：

$$GDR=\frac{P_{0\sim14}+P_{65+}}{P_{15\sim64}}\times 100\%$$

其中：GDR 为总抚养比；

$P_{0\sim14}$ 为0~14岁少年儿童人口数；

P_{65+} 为65 岁及岁以上的老年人口数；

$P_{15\sim64}$ 为15~64 岁劳动年龄人口数。

老年人口抚养比 也称老年人口抚养系数。是指某人口总体中老年人口数与劳动年龄人口数之比。通常用百分比表示。用以表明每100名劳动年龄人口要负担多少名老年人。老年人口抚养比是从经济角度反映人口老化社会后果的指标之一。

计算公式为：

$$ODR=\frac{P_{65+}}{P_{15\sim64}}\times 100\%$$

其中：ODR 为老年人口抚养比；

P_{65+} 为65岁及岁以上的老年人口数；

$P_{15\sim64}$ 为15~64岁的劳动年龄人口数。

少年儿童抚养比 也称少年儿童抚养系数。是指某人口总体中少年儿童人口与劳动年龄人口数之比。通常用百分比表示。用以反映每100 名劳动年龄人口要负担多少名少年儿童。

计算公式为：

$$CDR=\frac{P_{0\sim14}}{P_{15\sim64}}\times 100\%$$

其中：CDR 为少年儿童抚养比；

$P_{0\sim14}$ 为0~14岁少年儿童人口数；

$P_{15\sim64}$ 为15~64岁劳动年龄人口数。

Explanatory Notes on Main Statistical Indicators

Total Population refers to the total number of people alive at a certain point of time within a given area.

The annual statistics on total population is taken at midnight, the 3lst of December.

Urban Population and Rural Population Urban population refer to all people residing in cities and towns, while rural population refer to population other than urban population. Urban population data of public security department only include persons whose household registration in urban.

Birth Rate (or Crude Birth Rate) refers to the ratio of the number of births to the average population (or mid period population) during a certain period of time (usually a year), expressed in ‰. Birth rate in the chapter refers to annual birth rate. The following formula is used:

$$\text{Birth Rate} = \frac{\text{Number of Births}}{\text{Annual Average Population}} \times 1000‰$$

Number of births in the formula refers to live births, i.e. when a baby has breathed or showed any vital phenomena regardless of the length of pregnancy.

Annual average number of population is the average of the number of population at the beginning of the year and that at the end of the year. Sometimes it is substituted by the mid year population.

Death Rate (or Crude Death Rate) refers to the ratio of the number of deaths to the average population (or mid period population) during a certain period of time (usually a year), expressed in ‰. Death rate in the chapter refers to annual death rate. The following formula is used:

$$\text{Death Rate} = \frac{\text{Number of Deaths}}{\text{Annual Average Population}} \times 1000‰$$

Natural Growth Rate of Population refers to the ratio of natural increase in population (number of births minus number of deaths) in a certain period of time (usually a year) to the average population (or mid period population) of the same period, expressed in ‰. The following formula is applied:

$$\text{Natural Growth Rate of Population} = \frac{\text{Number of Births} - \text{Number of Deaths}}{\text{Annual Average Population}} \times 1000‰$$

Natural Growth Rate of Population = Birth Rate − Death

Gross Dependency Ratio also called gross dependency coefficient, refers to the ratio of non-working-age population to the working-age population ,express in %. Describing in general the number of non-working-age population that every 100 people at working ages will take care of, this indicator reflects the basic relation between population and economic development from the demographic perspective. The gross dependency ratio is calculated with the following formula:

$$GDR = \frac{P_{0\sim14} + P_{65+}}{P_{15\sim64}} \times 100\%$$

Where: GDR is the gross dependency ratio,

$P_{0\sim14}$ is the population of children aged 0-14;

P_{65+} is the elderly population aged 65 and over ;

$P_{15\sim64}$ is the working –age population aged 15-64.

Old Dependency Ratio also called old dependency coefficient,refers to the ratio of the elderly population to the working-age population, express in %.It describes the number of the elderly population that every 100 people at working ages will take care of. Old dependency ratio is one of the indicators reflecting the social implication of population aging from the economic perspective. The old dependency ratio is calculated with the following formula:

$$ODR = \frac{P_{65+}}{P_{15\sim64}} \times 100\%$$

Where: ODR is the old dependency ratio,

P_{65+} is the elderly population aged 65 and over;

$P_{15\sim64}$ is the working –age population aged 15-64.

Children Dependency Ratio also called children dependency coefficient, refers to the ratio of the children population to the working-age population ,express in %.It describes the number of children population that every 100 people at working ages will take care of. The children dependency ratio is calculated with the following formula:

$$CDR = \frac{P_{0\sim14}}{P_{15\sim64}} \times 100\%$$

Where:CDR is the children dependency ratio;

$P_{0\sim14}$ is the children population aged 0-14;

$P_{15\sim64}$ is the working-age population aged 15-64.

第
4
篇

就业、工资和社会保障

Employment, Wages and Social Security

简　要　说　明

一、本篇资料的主要内容

本篇资料反映我省劳动经济方面的基本情况，包括经济活动人口数，就业人员及职工人数，城镇登记失业人数，劳动报酬总额，人均劳动报酬及指数变化情况等。

二、本篇资料的来源

1.就业基本情况及分组资料、劳动报酬总额、职工工资总额等资料取自《劳动统计报表制度》、《劳动力调查制度》。

2.表中涉及城镇单位相关数据均来源于劳动工资城镇非私营报表。

3.城镇及乡村就业人员中私营企业、个体数据来源于省市场监督管理局。

4.城镇劳动力供给和配置情况、城镇登记失业人员及失业率、社会保障等资料由省人力资源和社会保障厅、省医疗保障局根据其相关统计制度整理提供。

5.本篇资料由省统计局人口处（社科处）整理提供。

Brief Introduction

I. Main Content

Data in this chapter show the basic conditions of Shandong's labor economy, including the economically active population,number of employed persons in urban areas, earning of employed persons,average earning of employed persons and the changes in index, etc.

II. Source of Data

(1) Data on basic conditions of employment,data by groups, earning of employed persons,total wage bills of staff and workers are collected and compiled through The Reporting Form System on Labour Statistics,The Sample Survey System on Labour Force.

(2) Data related to town units are obtained from labor wage statistical report form of urban non-private unit.

(3) Data on employed persons in urban private enterprises and self-employed individuals of Agricultural and Non-agriculturalare derived from Shandong Administration of Market Supervision and Management.

(4) Data on urban labor supply and configuration, registered unemployed persons in urban areas and unemployment rate and social securities are provided by Shandong Provincial Department of Human Resource and Social Security,Medical Insurance Bureau.

(5) Data in this chapter are prepared and compiled by the Division of Urbanization,Population and Employment Statistics（by the Division of Social,Science and Culture Industry Employment Statistics）of Shandong Provincial Bureau of Statistics.

4-1 就业基本情况
Employment

类别	Category	2014	2015	2016	2017	2018
经济活动人口 （万人）	**Economically Active Population (10 000 persons)**	**6699.3**	**6737.5**	**6775.6**	**6696.3**	**6498.6**
就业人员合计 （万人）	**Total Number of Employed Persons (10 000 persons)**	**6606.5**	**6632.5**	**6649.7**	**6560.6**	**6180.6**
第一产业	Primary Industry (10 000 persons)	2023.2	1963.2	1935.1	1856.6	1718.2
第二产业	Secondary Industry (10 000 persons)	2294.2	2338.0	2354.0	2335.6	2181.8
第三产业	Tertiary Industry (10 000 persons)	2289.1	2331.3	2360.6	2368.4	2280.6
就业人员构成 （合计=100）	**Composition of Employed Persons (total=100)**					
第一产业	Primary Industry	30.7	29.6	29.1	28.3	27.8
第二产业	Secondary Industry	34.7	35.2	35.4	35.6	35.3
第三产业	Tertiary Industry	34.6	35.2	35.5	36.1	36.9
按城乡分就业人员	**Number of Employed Persons by Urban and Rural Areas**					
城镇就业人员 （万人）	Urban Employed Persons (10 000 persons)	3201.0	3255.9	3278.3	3231.4	3044.7
#国有单位	State-owned Units	401.1	390.9	387.2	384.9	359.9
城镇集体单位	Urban Collective-owned Units	51.7	47.4	46.2	41.0	29.0
股份合作单位	Cooperative Units	7.7	7.1	7.0	6.5	4.6
联营单位	Joint Ownership Units	2.6	2.6	0.8	0.7	0.5
有限责任公司	Limited Liability Corporations	472.7	475.3	468.0	471.5	461.6
股份有限公司	Share-holding Corporations Ltd.	146.9	144.6	145.4	144.1	148.1
私营企业	Private Enterprises	477.3	481.9	481.7	494.0	503.2
港澳台投资单位	Units with Funds from Hong Kong,Macao & Taiwan	44.1	41.8	40.9	36.6	33.4
外商投资单位	Foreign Funded Units	119.4	109.8	101.6	91.1	77.5
个　体	Self-employed Individuals	384.0	423.5	433.7	460.8	492.7
乡村就业人员 （万人）	Rural Employed Persons (10 000 persons)	3405.5	3376.6	3371.4	3329.2	3135.9
#私营企业	Private Enterprises	448.8	601.8	816.5	1005.6	1195.8
个　体	Self-employed Individuals	447.3	535.2	640.7	758.8	866.1
职工人数 （万人）	**Number of Staff and Workers (10 000 persons)**	**1210.0**	**1178.0**	**1155.5**	**1130.3**	**1065.4**
国有单位	State-owned Units	386.2	374.6	372.1	369.6	345.4
城镇集体单位	Urban Collective-owned Units	48.3	44.5	44.2	38.9	26.7
其他单位	Units of Other Types of Ownership	775.4	758.8	739.2	721.7	693.2
城镇单位女性就业人员 （万人）	**Urban Employed Female Persons (10 000 persons)**	**443.4**	**441.3**	**435.9**	**430.2**	**410.6**
城镇累计新增就业人数 （万人）	**Number of Newly Employed Persons in Urban Areas (10 000 persons)**	**118.5**	**116.8**	**121.0**	**128.3**	**136.8**
就业转失业人员再就业 （万人）	**Number of reemployed Persons (10 000 persons)**	**52.3**	**51.2**	**57.6**	**58.1**	**54.5**
#困难群体再就业	Reemployed Persons in Difficult Groups	11.9	11.4	9.0	8.8	10.1
农村劳动力转移就业人数 （万人）	**Reemployed Persons in Difficult Groups (10 000 persons)**	**131.2**	**127.5**			
城镇登记失业人数 （万人）	**Number of Registered Unemployed Persons in Urban Areas (10 000 persons)**	**43.1**	**43.7**	**45.8**	**45.7**	**46.5**
城镇登记失业率 （%）	**Registered Unemployment Rate in Urban Areas (%)**	**3.3**	**3.4**	**3.5**	**3.4**	**3.4**

4-2 按三次产业分的年底就业人员数
Number of Employed Persons at the Year-end by Three Industries

年 份 Year	就业人员 (万人) Total Employed Persons (10 000 Persons)				构成(合计=100) Composition in Percentage(Total=100)		
		第一产业 Primary Industry	第二产业 Secondary Industry	第三产业 Tertiary Industry	第一产业 Primary Industry	第二产业 Secondary Industry	第三产业 Tertiary Industry
1949	1859.3						
1952	1897.2						
1955	1959.7						
1957	2150.4						
1962	1981.2						
1965	2146.0						
1970	2606.0						
1975	2925.0						
1978	2969.8	2350.9	366.6	252.3	79.2	12.3	8.5
1980	3117.5	2458.1	382.5	276.9	78.9	12.3	8.9
1981	3192.4	2508.2	389.0	295.2	78.6	12.2	9.3
1982	3270.0	2520.8	442.2	307.0	77.1	13.5	9.4
1983	3795.1	2950.8	465.8	378.5	77.8	12.3	10.0
1984	3563.7	2509.1	528.8	525.8	70.4	14.8	14.8
1985	3561.1	2438.6	705.3	417.2	68.5	19.8	11.7
1986	3651.2	2431.1	776.0	444.1	66.6	21.3	12.2
1987	3765.7	2422.6	848.2	494.9	64.3	22.5	13.1
1988	3887.1	2474.5	905.1	507.5	63.7	23.3	13.1
1989	3940.3	2527.6	902.6	510.1	64.2	22.9	13.0
1990	4043.2	2585.7	922.5	535.0	64.0	22.8	13.2
1991	4219.3	2708.0	958.7	552.6	64.2	22.7	13.1
1992	4302.6	2705.1	1000.8	596.7	62.9	23.3	13.9
1993	4379.3	2689.9	1070.4	619.0	61.4	24.4	14.1
1994	4382.1	2541.6	1098.0	742.5	58.0	25.1	16.9
1995	5207.4	2832.3	1305.5	1069.6	54.4	25.1	20.5
1996	5227.4	2788.0	1286.1	1153.3	53.3	24.6	22.1
1997	5256.0	2812.5	1311.9	1131.6	53.5	25.0	21.5
1998	5287.6	2837.3	1245.8	1204.5	53.7	23.6	22.8
1999	5314.7	2811.7	1245.7	1257.3	52.9	23.4	23.7
2000	5441.8	2887.7	1286.0	1268.1	53.1	23.6	23.3
2001	5475.3	2863.6	1308.6	1303.1	52.3	23.9	23.8
2002	5527.0	2769.6	1375.1	1382.3	50.1	24.9	25.0
2003	5620.6	2638.3	1474.3	1508.0	46.9	26.2	26.8
2004	5728.1	2542.1	1581.0	1605.0	44.4	27.6	28.0
2005	5840.7	2350.3	1781.4	1709.0	40.2	30.5	29.3
2006	5960.0	2328.0	1870.3	1761.7	39.1	31.4	29.5
2007	6081.4	2265.2	1989.9	1826.3	37.3	32.7	30.0
2008	6187.6	2313.5	1955.5	1918.6	37.4	31.6	31.0
2009	6294.2	2297.4	2014.1	1982.7	36.5	32.0	31.5
2010	6401.9	2273.1	2086.7	2042.1	35.5	32.6	31.9
2011	6485.6	2211.6	2185.6	2088.4	34.1	33.7	32.2
2012	6554.3	2168.0	2245.2	2141.1	33.1	34.2	32.7
2013	6580.4	2086.0	2270.2	2224.2	31.7	34.5	33.8
2014	6606.5	2023.2	2294.2	2289.1	30.7	34.7	34.6
2015	6632.5	1963.2	2338.0	2331.3	29.6	35.2	35.2
2016	6649.7	1935.1	2354.0	2360.6	29.1	35.4	35.5
2017	6560.6	1856.6	2335.6	2368.4	28.3	35.6	36.1
2018	6180.6	1718.2	2181.8	2280.6	27.8	35.3	36.9

4-3 按行业分的年底就业人员数

Number of Employed Persons at the Year-end by Sector

单位：万人 (10 000 persons)

行 业	Sector	2014	2015	2016	2017	2018
总 计	**Total**	**6606.5**	**6632.5**	**6649.7**	**6560.6**	**6180.6**
农、林、牧、渔业	Agriculture,Forestry,Animal Husbandry and Fishing	2023.2	1963.2	1935.1	1856.6	1718.2
采矿业	Mining	86.5	85.3	83.8	76.3	65.6
制造业	Manufacturing	1420.9	1453.7	1464.3	1455.4	1319.4
电力、热力、燃气及水的生产和供应业	Production and Supply of Electric, Heat, Gas and Water	27.9	29.5	32.0	33.1	32.2
建筑业	Construction	758.9	769.5	773.9	770.8	764.6
批发和零售业	Wholesale and Retail Trade	843.5	840.8	841.3	842.5	811.4
交通运输、仓储和邮政业	Traffic,Transport,Storage and Post	341.7	351.2	358.3	359.2	350.5
住宿和餐饮业	Hotels and Catering Services	249.7	247.7	248.1	248.7	230.9
信息传输、软件和信息技术服务业	Information Transfer, Software and Information Technology Services	97.1	99.5	104.5	105.0	104.2
金融业	Financial Intermediation	53.8	61.8	63.9	64.1	58.9
房地产业	Real Estate	67.4	72.9	75.3	76.3	69.4
租赁和商务服务业	Leasing and Business Services	85.5	84.5	84.9	84.8	80.4
科学研究和技术服务业	Scientific Research and Technical Service	40.7	45.1	48.2	49.2	49.0
水利、环境和公共设施管理业	Management of Water Conservancy,Environment and Public Facilities	28.5	34.0	37.2	38.1	37.2
居民服务、修理和其他服务业	Households Services, Repair and Other Services	67.7	70.1	72.6	73.1	71.3
教 育	Education	156.5	160.2	160.3	160.5	154.9
卫生和社会工作	Health and Social Work	84.6	89.5	91.2	91.1	89.1
文化、体育和娱乐业	Culture,Sports and Entertainment	15.9	17.1	18.1	18.9	17.8
公共管理、社会保障和社会组织	Public management,Social Security and Social Organization	156.5	156.9	156.7	156.9	155.7
国际组织	International Organization					

4-4 按登记注册类型和行业分城镇单位就业人员数(2018年底)

Number of Employed Persons in Urban at the Year-end by Status of Registration and Sector(2018)

单位:万人　　(10 000 persons)

类　别	Category	总　计 Total	在岗职工 Staff and Workers	国有单位 State -owned Units	城镇集体单位 Urban Collective -owned Units
总　计	**Total**	**1129.0**	**1065.4**	**359.9**	**29.0**
按企、事业和机关分	**Grouped by Enterprises,institutions and Agencies**				
企　业	Enterprises	820.1	767.0	64.6	21.0
事　业	Institutions	211.7	204.4	201.8	7.8
机　关	Agebcies & Organizations	92.8	89.7	92.6	
民间非营利组织	Civil Nonprofit Organization	1.9	1.8		0.1
其　他	Others	2.5	2.4	0.9	0.1
按国民经济行业分	**Grouped by Sector**				
农、林、牧、渔业	Agriculture,Forestry,Animal Husbandry and Fishing	0.7	0.7	0.6	
采矿业	Mining	40.3	38.0	1.3	0.2
制造业	Manufacturing	341.9	338.2	3.0	2.3
电力、热力、燃气及水的生产和供应业	Production and Supply of Electric, Heat, Gas and Water	25.6	25.3	13.3	0.2
建筑业	Construction	159.1	139.9	6.7	11.8
批发和零售业	Wholesale and Retail Trade	49.9	48.8	2.5	1.3
交通运输、仓储和邮政业	Traffic,Transport,Storage and Post	47.6	46.1	18.9	0.5
住宿和餐饮业	Hotels and Catering Services	12.3	11.7	2.4	0.2
信息传输、软件和信息技术服务业	Information Transfer, Software and Information Technology Services	18.0	17.8	1.9	
金融业	Financial Intermediation	46.5	30.2	7.4	1.8
房地产业	Real Estate	25.3	24.6	1.0	0.6
租赁和商务服务业	Leasing and Business Services	17.7	16.4	3.4	0.9
科学研究和技术服务业	Scientific Research and Technical Service	17.3	16.7	7.1	0.2
水利、环境和公共设施管理业	Management of Water Conservancy,Environment and Public Facilities	20.4	14.8	10.4	0.2
居民服务、修理和其他服务业	Households Services, Repair and Other Services	2.9	2.3	0.7	0.1
教　育	Education	113.0	110.5	102.8	2.9
卫生和社会工作	Health and Social Work	65.7	62.9	55.1	5.5
文化、体育和娱乐业	Culture,Sports and Entertainment	7.1	6.7	4.5	0.1
公共管理、社会保障和社会组织	Public management,Social Security and Social Organization	117.7	113.6	117.1	0.2
国际组织	International Organization				

注：自2013年开始，劳动工资统计范围包含原属于乡镇企业的规模以上法人单位(下表同)。
a)Since 2013,the scope of labor wage statistics include Township Enterprises above Designated Size (the same below).

4-5 各市年底就业人员数(2018年底)
Number of Employed Persons at the Year-end by Region(2018)

单位:万人 (10 000 persons)

地 区	Region	总 计 Total	城镇非私营单位 Urban Non-private Units	国有单位 State-owned Units	集体单位 Collective-owned Units	股份合作单 位 Cooperative Units	联营单位 Joint Ownership Units
全省合计	**Total**	**6180.6**	**1129.0**	**359.9**	**29.0**	**4.6**	**0.5**
济 南 市	Jinan	423.9	130.2	36.0	1.6	0.8	
青 岛 市	Qingdao	590.3	144.9	34.7	2.0	0.5	0.1
淄 博 市	Zibo	282.1	77.0	20.0	1.4	0.5	
枣 庄 市	Zaozhuang	249.7	36.6	15.2	1.9		
东 营 市	Dongying	133.1	37.4	8.6	0.9		
烟 台 市	Yantai	443.8	95.4	25.1	3.2	0.4	0.1
潍 坊 市	Weifang	568.9	87.0	27.7	2.0	0.2	
济 宁 市	Jining	510.2	82.1	26.0	3.5	0.3	0.1
泰 安 市	Tai'an	366.2	50.3	14.8	3.7	0.5	0.1
威 海 市	Weihai	183.4	51.3	11.4	1.2	0.2	
日 照 市	Rizhao	188.3	30.2	8.8	0.4	0.1	
莱 芜 市	Laiwu	84.7	16.6	2.9	0.2		
临 沂 市	Linyi	658.8	81.4	28.5	2.3	0.3	
德 州 市	Dezhou	361.5	48.5	19.9	1.3	0.2	
聊 城 市	Liaocheng	377.1	43.9	18.7	0.9	0.2	
滨 州 市	Binzhou	249.3	43.1	12.4	0.8		
菏 泽 市	Heze	509.3	48.9	26.4	1.5	0.4	

4-5 续表 continued

单位:万人 (10 000 persons)

地 区	Region	有限责任公 司 Limited Liability Corporations	股份有限公 司 Share-holding Corporations Ltd.	港澳台商投资单位 Units with Funds from Hong Kong,Macao &Taiwan	外商投资单 位 Foreign Funded Units	其他单位 Other Units
全省合计	**Total**	**461.6**	**148.1**	**33.4**	**77.5**	**14.3**
济 南 市	Jinan	63.4	20.8	2.8	3.6	1.2
青 岛 市	Qingdao	53.9	19.4	6.8	23.7	4.0
淄 博 市	Zibo	32.5	15.8	2.1	3.6	1.0
枣 庄 市	Zaozhuang	14.4	2.8	0.8	1.0	0.5
东 营 市	Dongying	15.2	11.4	0.5	0.6	0.2
烟 台 市	Yantai	32.5	10.2	5.6	17.0	1.5
潍 坊 市	Weifang	32.3	18.0	2.6	3.8	0.4
济 宁 市	Jining	41.6	6.3	1.5	1.9	0.9
泰 安 市	Tai'an	24.1	5.0	0.5	1.3	0.4
威 海 市	Weihai	20.9	4.7	2.7	9.4	0.6
日 照 市	Rizhao	15.4	3.4	0.7	1.3	0.1
莱 芜 市	Laiwu	12.1	0.9	0.1	0.2	0.1
临 沂 市	Linyi	31.0	9.7	3.1	6.0	0.6
德 州 市	Dezhou	20.0	4.4	0.6	1.4	0.6
聊 城 市	Liaocheng	13.7	7.6	1.2	0.9	0.7
滨 州 市	Binzhou	24.5	3.7	0.9	0.6	0.2
菏 泽 市	Heze	13.4	3.6	0.9	1.2	1.4

4-6 各市按行业分城镇单位就业人员数(2018年底)
Number of Employed Persons at the Year end by Sector(2018)

单位:万人 (10 000 persons)

地 区	Region	总 计 Total	农、林、牧、渔业 Agriculture, Forestry, Animal Husbandry and Fishing	采矿业 Mining	制造业 Manufacturing	电力、热力、燃气及水的生产和供应业 Production and Supply of Electric Heat, Gas and Water	建筑业 Construction	批发和零售业 Wholesale and Retail Trade
全省总计	**Total**	**1129.0**	**0.7**	**40.3**	**341.9**	**25.6**	**159.1**	**49.9**
济南市	Jinan	130.2		0.1	25.1	1.2	28.6	9.3
青岛市	Qingdao	144.9	0.1		52.1	1.8	16.0	8.7
淄博市	Zibo	77.0		0.7	24.3	1.6	22.3	2.5
枣庄市	Zaozhuang	36.6		3.6	6.5	0.5	8.3	1.1
东营市	Dongying	37.4		9.8	7.0	0.3	4.0	1.1
烟台市	Yantai	95.4	0.1	3.6	40.3	1.3	6.9	4.1
潍坊市	Weifang	87.0	0.1	0.1	32.1	1.0	8.8	3.9
济宁市	Jining	82.1	0.1	15.7	18.8	1.2	10.4	2.1
泰安市	Tai'an	50.3		3.3	11.5	0.8	12.1	2.3
威海市	Weihai	51.3	0.1		28.0	0.9	2.9	1.9
日照市	Rizhao	30.2			9.1	0.4	4.5	1.5
莱芜市	Laiwu	16.6		1.3	6.9	0.2	1.9	0.6
临沂市	Linyi	81.4	0.1	0.4	24.2	0.8	12.1	4.8
德州市	Dezhou	48.5		0.3	15.5	0.7	5.0	1.9
聊城市	Liaocheng	43.9			10.6	0.5	4.2	1.4
滨州市	Binzhou	43.1		0.1	22.2	0.7	3.6	1.4
菏泽市	Heze	48.9	0.1	1.3	7.1	0.5	7.5	1.2

4-6 续表 1 continued

单位:万人 (10 000 persons)

地 区	Region	交通运输、仓储和邮政业 Traffic, Transport, Storage and Post	住宿和餐饮业 Hotels and Catering Services	信息传输、软件和信息技术服务业 Information Transfer, Software and Information Technology Services	金融业 Financial Intermediation	房地产业 Real Estate	租赁和商务服务业 Leasing and Business Services	科学研究和技术服务业 Scientific Research and Technical Service
全省总计	**Total**	**47.6**	**12.3**	**18.0**	**46.5**	**25.3**	**17.7**	**17.3**
济南市	Jinan	3.6	2.6	8.5	9.5	4.4	2.6	4.3
青岛市	Qingdao	9.8	2.5	2.0	5.8	4.4	3.1	3.5
淄博市	Zibo	1.3	0.6	0.6	2.2	1.4	1.2	0.8
枣庄市	Zaozhuang	1.0	0.2	0.2	0.7	0.6	0.1	0.2
东营市	Dongying	0.9	0.6	0.4	1.0	0.5	3.2	0.8
烟台市	Yantai	3.5	1.1	1.1	3.5	3.0	1.1	1.8
潍坊市	Weifang	2.1	0.8	1.2	1.8	1.8	1.0	0.8
济宁市	Jining	2.1	0.7	0.5	4.1	0.9	0.7	0.6
泰安市	Tai'an	1.3	0.5	0.5	3.4	0.9	0.5	0.4
威海市	Weihai	1.4	0.7	0.4	1.0	1.7	0.3	1.0
日照市	Rizhao	2.9	0.2	0.2	1.1	0.6	0.5	0.2
莱芜市	Laiwu	1.0	0.1	0.1	0.3	0.4	0.6	0.1
临沂市	Linyi	2.3	0.5	0.9	2.6	1.7	1.4	0.7
德州市	Dezhou	1.2	0.5	0.4	1.9	1.0	0.4	0.5
聊城市	Liaocheng	1.6	0.4	0.3	5.1	0.6	0.2	0.3
滨州市	Binzhou	1.2	0.2	0.4	0.7	0.7	0.1	0.3
菏泽市	Heze	1.3	0.2	0.4	1.7	0.8	0.4	0.4

4–6 续表 2 continued

单位:万人 (10 000 persons)

地 区	Region	水利、环境和公共设施管理业 Management of Water Conservancy, Environment and Public Facilities	居民服务、修理和其他服务业 Households Services, Repair and Other Services	教 育 Education	卫生和社会工作 Health and Social Work	文化、体育和娱乐业 Culture,Sports and Entertainment	公共管理、社会保障和社会组织 Public management, Social Security and Social Organization	国际组织 International Organization
全省总计	**Total**	**20.4**	**2.9**	**113.0**	**65.7**	**7.1**	**117.7**	
济南市	Jinan	1.4	0.4	10.2	7.1	1.5	9.8	
青岛市	Qingdao	2.0	0.4	13.5	6.7	1.2	11.3	
淄博市	Zibo	1.3	0.1	6.2	3.7	0.7	5.6	
枣庄市	Zaozhuang	0.6		4.4	2.7	0.1	5.7	
东营市	Dongying	0.4		2.5	1.3	0.1	3.3	
烟台市	Yantai	1.6	0.1	8.9	4.8	0.6	8.0	
潍坊市	Weifang	5.8		10.6	6.1	0.3	8.8	
济宁市	Jining	1.0	0.1	8.2	5.2	0.4	9.5	
泰安市	Tai'an	0.3	0.1	4.7	3.0	0.3	4.6	
威海市	Weihai	0.7	0.1	3.8	2.5	0.3	3.6	
日照市	Rizhao	0.5	0.5	3.0	1.8	0.1	3.2	
莱芜市	Laiwu	0.1	0.4	0.6	0.8		1.2	
临沂市	Linyi	2.1	0.2	10.7	5.8	0.6	9.5	
德州市	Dezhou	0.8	0.1	6.3	3.1	0.3	8.6	
聊城市	Liaocheng	0.6	0.1	6.9	3.9	0.2	6.9	
滨州市	Binzhou	0.2	0.1	3.3	2.3	0.1	5.5	
菏泽市	Heze	1.1	0.1	9.4	5.0	0.2	10.4	

4–7 各市按行业分私营企业和个体就业人数(2018底)

Number of Engaged Persons in Private Enterprises and Self-employed Individuals at Year-end by Sector and Region(2018)

单位:万人 (10 000 persons)

地 区	Region	合 计	制造业 Manufacturing	建筑业 Construction	批发和零售业 Wholesale and Retail Trades	交通运输、仓储和邮政业 Traffic, Transport, Storage and Post	住宿和餐饮业 Hotels and Catering Services	租赁和商务服务业 Leasing and Business Service	居民服务、修理和其他服务业 Households Services, Repair and Other Services
全省总计	**Total**	**3057.8**	**530.9**	**156.1**	**1293.4**	**69.5**	**213.6**	**184.6**	**197.9**
济南市	Jinan	288.5	22.8	17.0	121.5	5.8	22.0	29.1	16.3
青岛市	Qingdao	425.4	71.3	27.7	163.5	9.3	26.9	34.5	28.5
淄博市	Zibo	165.3	34.1	7.9	69.4	3.0	11.4	9.1	10.9
枣庄市	Zaozhuang	124.9	19.0	3.9	61.1	4.1	10.3	6.4	9.7
东营市	Dongying	66.8	5.0	4.3	30.6	1.1	5.1	4.3	6.7
烟台市	Yantai	223.1	32.1	11.9	99.4	5.7	15.5	16.0	15.3
潍坊市	Weifang	339.8	79.9	20.2	117.1	9.3	19.4	18.7	18.9
济宁市	Jining	213.0	32.4	8.5	91.6	5.5	22.1	11.0	13.9
泰安市	Tai'an	124.2	17.9	6.2	54.4	3.4	11.3	6.2	8.8
威海市	Weihai	88.6	14.2	5.6	34.9	1.9	6.4	6.2	6.5
日照市	Rizhao	80.7	12.3	7.8	32.2	2.4	5.2	5.2	4.9
莱芜市	Laiwu	42.5	4.4	2.5	21.6	0.9	2.9	2.5	2.6
临沂市	Linyi	230.6	54.8	6.8	105.5	5.1	15.1	9.2	13.3
德州市	Dezhou	124.9	26.2	5.5	52.4	2.7	8.6	5.3	8.0
聊城市	Liaocheng	149.8	32.9	5.2	66.1	2.9	10.6	5.8	11.3
滨州市	Binzhou	126.9	23.6	6.3	53.8	3.0	8.0	7.3	7.3
菏泽市	Heze	242.5	48.2	9.0	118.2	3.2	12.9	8.0	15.1

4-8 各市按行业分城镇私营企业和个体就业人员数(2018年底)

Number of Engaged Persons in Urban Private Enterprises and Self-employed Individuals at Year-end by Sector and Region(2018)

单位：万人 (10 000 persons)

地 区	Region	合 计 total	制造业 Manufacturing	建筑业 Construction	批发和零售业 Wholesale and Retail Trades	交通运输、仓储和邮政业 Traffic, Transport, Storage and Post	住宿和餐饮业 Hotels and Catering Services	租赁和商务服务业 Leasing and Business Service	居民服务、修理和其他服务业 Households Services, Repair and Other Services
全省总计	**Total**	**995.9**	**123.1**	**48.4**	**469.1**	**21.2**	**81.2**	**67.5**	**79.5**
济南市	Jinan	106.0	8.0	5.8	47.5	1.7	7.0	11.7	6.1
青岛市	Qingdao	188.8	32.7	12.8	75.5	4.4	14.2	12.9	14.8
淄博市	Zibo	54.1	7.2	2.7	25.5	0.9	3.9	3.4	3.9
枣庄市	Zaozhuang	45.6	5.6	1.0	24.0	1.5	3.5	2.2	4.4
东营市	Dongying	22.4	1.7	1.2	11.8	0.4	1.9	1.1	2.0
烟台市	Yantai	108.6	12.0	6.4	49.3	2.7	7.2	10.4	8.3
潍坊市	Weifang	51.2	7.5	2.2	22.3	1.1	3.8	3.8	4.0
济宁市	Jining	55.6	4.2	1.7	28.7	1.1	6.6	3.5	4.8
泰安市	Tai'an	49.6	5.0	1.7	24.1	1.5	5.4	3.1	3.9
威海市	Weihai	59.3	8.2	3.1	24.9	1.3	6.1	3.4	6.0
日照市	Rizhao	21.1	2.3	2.1	9.4	0.7	1.5	1.6	1.3
莱芜市	Laiwu	11.9	2.0	0.9	5.2	0.3	0.5	0.9	0.7
临沂市	Linyi	72.4	8.9	1.4	44.4	1.3	5.4	2.9	4.1
德州市	Dezhou	30.7	3.9	0.7	16.0	0.5	3.6	1.0	3.2
聊城市	Liaocheng	26.5	2.7	0.4	14.0	0.3	3.2	0.8	4.0
滨州市	Binzhou	37.9	5.3	2.2	17.3	0.7	2.3	2.9	2.5
菏泽市	Heze	54.2	5.9	1.9	29.0	0.6	4.9	2.0	5.6

4-9 各市私营企业就业人员数(2018年底)

Number of Employed Persons in Private Enterprises at the Year-end by Region(2018)

单位：万人 (10 000 persons)

地 区	Region	户 数(户) Number of Enterprises (household)	就业人数 Number of Employed Persons	#投资者 Investor	城 镇 就业人数 Number of Employed Persons in Urban Areas	#投资者 Investor	乡 村 就业人数 Number of Employed Persons in Rural Areas	#投资者 Investor
全省总计	**Total**	**2451591**	**1699.0**	**383.7**	**503.2**	**144.7**	**1195.8**	**239.0**
济南市	Jinan	299360	185.5	51.3	68.6	19.3	116.9	32.0
青岛市	Qingdao	459338	261.3	76.4	114.0	35.1	147.3	41.3
淄博市	Zibo	117149	101.2	19.2	31.1	7.8	70.1	11.4
枣庄市	Zaozhuang	63054	49.2	9.1	14.7	3.8	34.5	5.3
东营市	Dongying	59275	37.2	9.9	12.0	3.8	25.2	6.1
烟台市	Yantai	194803	121.9	32.0	66.0	16.9	55.9	15.1
潍坊市	Weifang	222506	201.6	34.5	28.2	10.0	173.4	24.5
济宁市	Jining	157692	109.5	24.6	22.5	6.9	87.0	17.7
泰安市	Tai'an	80560	56.3	13.4	23.1	5.9	33.2	7.5
威海市	Weihai	84542	49.2	13.5	20.0	5.9	29.2	7.6
日照市	Rizhao	71584	48.5	11.0	13.2	4.4	35.3	6.6
莱芜市	Laiwu	29017	23.8	4.1	8.6	1.8	15.2	2.3
临沂市	Linyi	187222	122.5	25.9	25.8	8.8	96.7	17.1
德州市	Dezhou	81068	57.5	12.9	8.9	3.0	48.6	9.9
聊城市	Liaocheng	97847	74.6	13.8	5.4	2.7	69.2	11.1
滨州市	Binzhou	79522	79.5	11.1	24.9	4.9	54.6	6.2
菏泽市	heze	167052	119.5	20.8	16.1	3.7	103.4	17.1

4-10 各市个体就业人员数(2018年底)
Number of Self-employed Individuals at the Year-end by Region(2018)

地 区	Region	个体户数(户) Number of Households (household)	个体就业人数(万人) Number of Engaged Persons (10 000 persons)	城镇 Urban	乡村 Rural
全省总计	**Total**	**6240137**	**1358.8**	**492.7**	**866.1**
济 南 市	Jinan	468265	103.0	37.4	65.6
青 岛 市	Qingdao	836611	164.1	74.8	89.3
淄 博 市	Zibo	321536	64.1	23.0	41.1
枣 庄 市	Zaozhuang	304356	75.7	30.9	44.8
东 营 市	Dongying	130634	29.6	10.3	19.3
烟 台 市	Yantai	533779	101.2	42.5	58.7
潍 坊 市	Weifang	675255	138.2	23.0	115.2
济 宁 市	Jining	439966	103.5	33.1	70.4
泰 安 市	Tai'an	284045	67.9	26.5	41.4
威 海 市	Weihai	208043	39.4	39.4	
日 照 市	Rizhao	170369	32.2	7.9	24.3
莱 芜 市	Laiwu	80130	18.7	3.3	15.4
临 沂 市	Linyi	457091	108.1	46.6	61.5
德 州 市	Dezhou	296335	67.5	21.9	45.6
聊 城 市	Liaocheng	320982	75.3	21.2	54.1
滨 州 市	Binzhou	206339	47.4	13.0	34.4
菏 泽 市	Heze	506401	123.0	38.0	85.0

4-11 按登记注册类型和行业分城镇单位就业人员工资总额(2018年)
Total Wages Bill of Employed Persons in Urban by Status of Registration and Sector(2018)

单位:万元 (10 000 yuan)

类别	Category	总计 Total	在岗职工 Staff and Workers	国有单位 State -owned Units	城镇集体单位 Urban Collective -owned Units
总计	**Total**	**82605266**	**79821744**	**32127205**	**1648781**
按企、事业和机关分	**Grouped by Enterprises,institutions and Agencies**				
企业	Enterprises	55130947	52708661	5592609	1060220
事业	Institutions	19260153	18999020	18526412	577974
机关	Agebcies & Organizations	7956410	7862032	7934349	2450
民间非营利组织	Civil Nonprofit Organization	103106	100936	2033	2187
其他	Others	154649	151095	71802	5950
按国民经济行业分	**Grouped by Sector**				
农、林、牧、渔业	Agriculture,Forestry,Animal Husbandry and Fishing	47052	46761	38700	1628
采矿业	Mining	3373822	3213410	96145	9308
制造业	Manufacturing	21677973	21448854	203014	116795
电力、热力、燃气及水的生产和供应业	Production and Supply of Electric, Heat, Gas and Water	2520006	2508958	1458093	14765
建筑业	Construction	9291029	8163046	368210	501662
批发和零售业	Wholesale and Retail Trade	2817900	2771418	148884	53011
交通运输、仓储和邮政业	Traffic,Transport,Storage and Post	3770877	3710429	1799526	19871
住宿和餐饮业	Hotels and Catering Services	567288	550202	128120	8827
信息传输、软件和信息技术服务业	Information Transfer, Software and Information Technology Services	1769813	1759028	205610	1276
金融业	Financial Intermediation	4433981	3852076	782021	184033
房地产业	Real Estate	1651197	1621252	61566	29703
租赁和商务服务业	Leasing and Business Services	1121574	1090276	169537	47539
科学研究和技术服务业	Scientific Research and Technical Service	1606082	1575011	710003	13603
水利、环境和公共设施管理业	Management of Water Conservancy,Environment and Public Facilities	868707	791993	612101	11946
居民服务、修理和其他服务业	Households Services, Repair and Other Services	136961	129790	53577	3657
教育	Education	10592639	10508181	9887695	248063
卫生和社会工作	Health and Social Work	5810741	5668464	5088566	367904
文化、体育和娱乐业	Culture,Sports and Entertainment	600278	589756	408649	3099
公共管理、社会保障和社会组织	Public management,Social Security and Social Organization	9947347	9822840	9907190	12090
国际组织	International Organization				

注:自2013年开始,劳动工资统计包含原属于乡镇企业的规模以上法人单位(下表同)。

a)Since 2013,the scope of labor wage statistics include Township Enterprises above Designated Size (the same as following table).

4-12 各市城镇单位就业人员工资总额和指数(2018年)

Total Wage Bill of Employed Persons in Urban Units and Related Indices by Region(2018)

地 区	Region	工 资 总 额 (亿元) Earning(100 million yuan)				指数 (上年=100) Indices(preceding year=100)			
		合 计 Total	在岗职工 Staff and Workers	国有单位 State-owned Units	城镇集体单位 Urban Collective-owned Units	合 计 Total	在岗职工 Staff and Workers	国有单位 State-owned Units	城镇集体单位 Urban Collective-owned Units
全省合计	**Total**	**8260.5**	**7982.2**	**3212.7**	**164.9**	**102.5**	**102.7**	**100.7**	**70.3**
济 南 市	Jinan	1149.7	1085.2	386.9	9.8	107.5	107.3	102.5	78.4
青 岛 市	Qingdao	1290.8	1264.3	428.4	17.6	108.1	110.8	105.6	42.6
淄 博 市	Zibo	532.6	518.7	172.6	8.5	101.6	101.9	98.7	70.2
枣 庄 市	Zaozhuang	228.8	226.0	113.4	9.0	93.2	93.4	101.8	91.8
东 营 市	Dongying	323.6	314.2	79.2	6.2	106.4	105.5	78.4	126.5
烟 台 市	Yantai	705.7	692.8	232.4	18.5	103.3	103.2	97.2	79.4
潍 坊 市	Weifang	578.2	548.8	230.2	10.0	105.4	104.8	99.4	69.9
济 宁 市	Jining	530.9	496.7	200.2	17.4	107.6	106.0	105.4	95.1
泰 安 市	Tai'an	299.1	282.6	115.2	16.5	76.9	75.6	86.8	42.2
威 海 市	Weihai	341.8	338.0	103.4	7.2	95.8	95.8	102.7	76.6
日 照 市	Rizhao	203.0	196.1	78.3	2.5	104.7	105.4	106.1	89.3
莱 芜 市	Laiwu	106.3	103.4	24.4	1.4	109.9	110.5	113.0	93.3
临 沂 市	Linyi	526.6	500.4	239.8	12.9	98.7	99.0	96.6	89.0
德 州 市	Dezhou	300.4	296.2	133.2	6.8	96.6	96.5	102.1	68.0
聊 城 市	Liaocheng	276.3	260.8	138.8	7.2	100.5	100.5	103.9	105.9
滨 州 市	Binzhou	301.7	296.7	106.4	4.8	99.2	99.5	103.3	82.8
菏 泽 市	Heze	291.0	287.2	173.0	8.0	102.8	105.0	102.4	109.6

4-13 各市按行业分城镇单位就业人员工资总额(2018年)

Total Wages Bill of Employed Persons by Sector and Region (2018)

单位:万元 (10 000 yuan)

地 区	Region	总 计 Total	农、林、牧、渔业 Agriculture, Forestry, Animal Husbandry and Fishing	采矿业 Mining	制造业 Manufacturing	电力、热力、燃气及水的生产和供应业 Production and Supply of Electric Heat, Gas and Water	建筑业 Construction	批发和零售业 Wholesale and Retail Trade
全省合计	**Total**	**82605266**	**47052**	**3373822**	**21677973**	**2520006**	**9291029**	**2817900**
济 南 市	Jinan	11496722	3266	10821	1937300	116826	2158563	573133
青 岛 市	Qingdao	12907586	4775	2037	3778125	157704	1115002	582885
淄 博 市	Zibo	5326119	1693	41299	1662043	135283	1259310	131915
枣 庄 市	Zaozhuang	2287680	2912	263047	314466	33162	381646	58408
东 营 市	Dongying	3236377	1703	1131353	441501	18562	208935	52904
烟 台 市	Yantai	7056559	8675	245519	2661130	120096	367383	227077
潍 坊 市	Weifang	5781982	3324	5233	1972069	77639	595473	225237
济 宁 市	Jining	5308904	4913	1230529	991483	105087	460406	91615
泰 安 市	Tai'an	2991252	1779	181890	578868	48633	591834	108140
威 海 市	Weihai	3417750	3768		1651889	63626	143586	107081
日 照 市	Rizhao	2030238	758	592	546044	35346	237324	66655
莱 芜 市	Laiwu	1063174		82182	434949	13302	102674	29023
临 沂 市	Linyi	5265907	3642	20591	1367612	58446	646003	247412
德 州 市	Dezhou	3003722	1372	20371	922951	43705	270924	97597
聊 城 市	Liaocheng	2763427	1861		561321	34462	250083	77227
滨 州 市	Binzhou	3017047	160	9038	1434800	63393	181658	76996
菏 泽 市	Heze	2909894	2450	129321	329208	22646	319907	63691

4-13 续表 1 continued

单位:万元 (10 000 yuan)

地 区	Region	交通运输、仓储和邮政业 Traffic, Transport, Storage and Post	住宿和餐饮业 Hotels and Catering Services	信息传输、软件和信息技术服务业 Information Transfer,Software and Information Technology Services	金融业 Financial Intermediation	房地产业 Real Estate	租赁和商务服务业 Leasing and Business Services	科学研究和技术服务业 Scientific Research and Technical Service
全省合计	**Total**	**3770877**	**567288**	**1769813**	**4433981**	**1651197**	**1121574**	**1606082**
济南市	Jinan	267218	115391	884161	1125792	292741	200970	458744
青岛市	Qingdao	868137	145474	225820	822110	415849	223932	415936
淄博市	Zibo	86509	30917	55413	200135	75087	45809	53993
枣庄市	Zaozhuang	41215	6772	18938	75367	33181	8906	14917
东营市	Dongying	68688	26228	35891	106110	32592	310714	80530
烟台市	Yantai	266215	48095	100225	394839	199648	59215	127577
潍坊市	Weifang	131029	30662	73515	176945	89313	44735	57924
济宁市	Jining	103732	25549	46736	272640	47119	28281	36756
泰安市	Tai'an	76446	20140	58476	195151	49323	20951	25560
威海市	Weihai	94724	31414	34290	111477	115845	16867	75112
日照市	Rizhao	190317	9495	17922	87052	30364	23568	13905
莱芜市	Laiwu	54423	4338	6554	36516	18101	24504	3877
临沂市	Linyi	152825	21612	91480	139543	94204	58384	49924
德州市	Dezhou	77496	20291	30444	164908	62186	18421	29512
聊城市	Liaocheng	108184	15019	31978	279144	31793	11502	25806
滨州市	Binzhou	83319	6979	23849	78203	28455	8298	24132
菏泽市	Heze	66473	8822	33844	168052	35397	15441	23812

4-13 续表 2 continued

单位:万元 (10 000 yuan)

地 区	Region	水利、环境和公共设施管理业 Management of Water Conservancy, Environment and Public Facilities	居民服务、修理和其他服务业 Households Services, Repair and Other Services	教 育 Education	卫生和社会工作 Health and Social Work	文化、体育和娱乐业 Culture, Sports and Entertainment	公共管理、社会保障和社会组织 Public management, Social Security and Social Organization	国际组织 International Organization
全省合计	**Total**	**868707**	**136961**	**10592639**	**5810741**	**600278**	**9947347**	
济南市	Jinan	96272	29900	1149640	832811	168340	1074832	
青岛市	Qingdao	121892	28476	1676954	816462	116776	1389241	
淄博市	Zibo	50067	3036	582036	325874	72880	512821	
枣庄市	Zaozhuang	25118	1917	372669	216667	9292	409081	
东营市	Dongying	21634	547	266466	116752	10060	305209	
烟台市	Yantai	93966	9329	903914	426903	46331	750423	
潍坊市	Weifang	88899	2899	958370	494348	19207	735161	
济宁市	Jining	46368	5994	701698	416953	22506	670537	
泰安市	Tai'an	18451	2799	427255	209122	17466	358967	
威海市	Weihai	42333	7110	368704	197508	21925	330494	
日照市	Rizhao	27373	5881	314563	151234	11587	260261	
莱芜市	Laiwu	4831	15383	56597	66179	2534	107208	
临沂市	Linyi	99119	7145	943283	489069	26373	749243	
德州市	Dezhou	43040	4104	422123	206908	17778	549595	
聊城市	Liaocheng	33458	4099	495323	314781	10303	477083	
滨州市	Binzhou	17387	4459	307663	207245	11246	449767	
菏泽市	Heze	38501	3175	645382	321927	14488	667357	

4-14 按登记注册类型和行业分城镇单位就业人员平均工资(2018年)
Average Earning of Employed Persons in Urban Units by Status of Registration and Sector(2018)

单位:元 (yuan)

类别	Category	总计 Total	在岗职工 Staff and Workers	国有单位 State-owned Units	城镇集体单位 Urban Collective-owned Units
总计	**Total**	**73593**	**75125**	**89598**	**57237**
按企、事业和机关分	**Grouped by Enterprises,institutions and Agencies**				
企业	Enterprises	67638	68854	86546	50768
事业	Institutions	91473	93398	92283	74864
机关	Agebcies & Organizations	86015	87942	86012	87507
民间非营利组织	Civil Nonprofit Organization	56755	57204	65803	43738
其他	Others	62043	62246	78352	47944
按国民经济行业分	**Grouped by Sector**				
农、林、牧、渔业	Agriculture,Forestry,Animal Husbandry and Fishing	65898	66469	69293	54270
采矿业	Mining	82014	82942	71616	50864
制造业	Manufacturing	63247	63248	65867	49283
电力、热力、燃气及水的生产和供应业	Production and Supply of Electric, Heat, Gas and Water	97873	98624	108467	76070
建筑业	Construction	59229	59362	56078	43118
批发和零售业	Wholesale and Retail Trade	56654	57055	59492	42321
交通运输、仓储和邮政业	Traffic,Transport,Storage and Post	79524	80683	95229	41098
住宿和餐饮业	Hotels and Catering Services	45968	47100	52373	41955
信息传输、软件和信息技术服务业	Information Transfer, Software and Information Technology Services	98005	98298	108352	69348
金融业	Financial Intermediation	97896	127173	107422	100708
房地产业	Real Estate	65454	66227	60359	51586
租赁和商务服务业	Leasing and Business Services	64289	67163	50199	50353
科学研究和技术服务业	Scientific Research and Technical Service	93662	94908	100255	76682
水利、环境和公共设施管理业	Management of Water Conservancy,Environment and Public Facilities	48950	54103	59741	52350
居民服务、修理和其他服务业	Households Services, Repair and Other Services	47030	55694	78214	53229
教育	Education	94149	95423	96476	85975
卫生和社会工作	Health and Social Work	88758	90456	92704	67173
文化、体育和娱乐业	Culture,Sports and Entertainment	84445	88084	90997	46185
公共管理、社会保障和社会组织	Public management,Social Security and Social Organization	85147	87074	85204	67694
国际组织	International Organization				

4-15 各市按登记注册类型分城镇单位就业人员平均工资(2018年) Average Earning of Employed Persons in Urban Units by Status of Registration(2018)

单位：元 (yuan)

地 区	Region	总计 Total	在岗职工 Staff and Workers	国有单位 State-owned Units	城镇集体单位 Urban Collective-owned Units	股份合作单位 Cooperative Units	联营单位 Joint Ownership Units
全省合计	**Total**	**73593**	**75125**	**89598**	**57237**	**79212**	**59627**
济南市	Jinan	89168	91651	109052	62941	111580	43236
青岛市	Qingdao	89525	90840	124324	89742	62165	59693
淄博市	Zibo	69980	71432	86139	58019	57040	55676
枣庄市	Zaozhuang	62640	63410	74777	46548	38162	
东营市	Dongying	86523	89503	93613	68740	54818	68954
烟台市	Yantai	74062	74653	92816	59559	61371	42261
潍坊市	Weifang	68347	70054	83993	50270	141480	
济宁市	Jining	64158	65213	74557	49878	64089	86465
泰安市	Tai'an	59998	61508	78138	45174	51960	54550
威海市	Weihai	66543	66733	91526	58531	71091	108761
日照市	Rizhao	68143	71548	89520	65669	71847	83041
莱芜市	Laiwu	65323	66027	85034	64959	30081	
临沂市	Linyi	65334	67679	84643	56871	63620	50820
德州市	Dezhou	62104	62690	66828	50426	84485	45286
聊城市	Liaocheng	62068	65436	74017	77000	88881	
滨州市	Binzhou	69253	70047	87024	62978	150766	31559
菏泽市	Heze	59937	60527	66227	52697	106799	58113

4-15 续表 continued

单位：元 (yuan)

地 区	Region	有限责任公司 Limited Liability Corporations	股份有限公司 Share-holding Corporations Ltd.	其他内资 Others	港、澳、台商投资单位 Units with Funds from Hong Kong, Macao&Taiwan	外商投资单位 Foreign Funded Units
全省合计	**Total**	**63216**	**77368**	**63363**	**64842**	**65147**
济南市	Jinan	79624	90782	62441	80360	73057
青岛市	Qingdao	77083	96100	76710	72015	69494
淄博市	Zibo	60191	76380	55936	66271	52073
枣庄市	Zaozhuang	54275	56779	73787	60073	43272
东营市	Dongying	75061	100293	72317	58652	73212
烟台市	Yantai	61341	89977	64438	61982	68914
潍坊市	Weifang	57193	66836	81747	65861	57327
济宁市	Jining	60588	54568	34295	54169	74929
泰安市	Tai'an	52000	58913	59176	45707	55866
威海市	Weihai	57856	62500	69697	66029	58910
日照市	Rizhao	55654	68902	54157	54745	76856
莱芜市	Laiwu	60272	65230	133998	63481	47275
临沂市	Linyi	51484	59670	53549	56087	63010
德州市	Dezhou	58078	64724	51151	51380	61183
聊城市	Liaocheng	49963	54515	56988	68201	44305
滨州市	Binzhou	61172	67750	69449	59194	71396
菏泽市	Heze	48091	68653	44059	55486	43017

4-16 各市按行业分城镇单位就业人员平均工资(2018年)
Average Earning of Employed Persons in Urban Units by Sector and Region (2018)

单位:元 (yuan)

地 区	Region	总 计 Total	农、林、牧、渔业 Agriculture, Forestry, Animal Husbandry and Fishing	采矿业 Mining	制造业 Manufacturing	电力、热力、燃气及水的生产和供应业 Production and Supply of Electric Heat, Gas and Water	建筑业 Construction	批发和零售业 Wholesale and Retail Trade
全省合计	**Total**	**73593**	**65898**	**82014**	**63247**	**97873**	**59229**	**56654**
济 南 市	Jinan	89168	74737	86566	77292	101210	78001	61705
青 岛 市	Qingdao	89525	62087	47046	72284	86461	69447	67985
淄 博 市	Zibo	69980	62007	61265	67959	86965	58794	51108
枣 庄 市	Zaozhuang	62640	66189	71548	48792	61286	46882	53424
东 营 市	Dongying	86523	79195	113735	62901	76387	51934	49680
烟 台 市	Yantai	74062	84391	67308	65881	93279	55555	55651
潍 坊 市	Weifang	68347	56054	42335	61205	74746	66125	57479
济 宁 市	Jining	64158	80809	76387	54026	83808	44788	44411
泰 安 市	Tai'an	59998	80516	55593	50343	62704	49502	47407
威 海 市	Weihai	66543	65648		58564	73838	50557	56415
日 照 市	Rizhao	68143	33379	53773	60604	95271	53462	46372
莱 芜 市	Laiwu	65323		63491	63998	69388	55021	48565
临 沂 市	Linyi	65334	65271	46292	56997	72370	54303	51372
德 州 市	Dezhou	62104	39757	69739	59084	66654	55765	49700
聊 城 市	Liaocheng	62068	52281		51004	67892	51444	53578
滨 州 市	Binzhou	69253	50031	50296	63148	84864	52270	54645
菏 泽 市	Heze	59937	52808	99746	46264	47868	42885	52321

4-16 续表 1 continued

单位:元 (yuan)

地 区	Region	交通运输、仓储和邮政业 Traffic, Transport, Storage and Post	住宿和餐饮业 Hotels and Catering Services	信息传输、软件和信息技术服务业 Information Transfer,Software and Information Technology Services	金融业 Financial Intermediation	房地产业 Real Estate	租赁和商务服务业 Leasing and Business Services	科学研究和技术服务业 Scientific Research and Technical Service
全省合计	**Total**	**79524**	**45968**	**98005**	**97896**	**65454**	**64289**	**93662**
济 南 市	Jinan	73410	45098	104099	118867	66114	76229	108489
青 岛 市	Qingdao	89768	57303	118509	145388	94910	74057	121088
淄 博 市	Zibo	66301	50403	86381	100474	55583	38395	72679
枣 庄 市	Zaozhuang	42936	34045	104746	102722	50237	59690	67256
东 营 市	Dongying	77412	47079	81072	101192	67352	96585	99826
烟 台 市	Yantai	76299	45627	91806	113089	67036	53468	72396
潍 坊 市	Weifang	62244	40366	59685	97987	51620	47641	73564
济 宁 市	Jining	49155	35975	98557	67493	53961	42217	64997
泰 安 市	Tai'an	61319	40727	115179	63119	54718	38899	63519
威 海 市	Weihai	66338	47389	91245	110999	66314	52332	72418
日 照 市	Rizhao	68548	41283	89296	80321	53037	44275	89023
莱 芜 市	Laiwu	63601	34100	62954	108387	50407	40772	69984
临 沂 市	Linyi	67496	40916	100208	55486	57501	40477	69659
德 州 市	Dezhou	64174	40380	74527	87188	60799	50002	60265
聊 城 市	Liaocheng	65666	39194	93123	58926	48003	56491	75634
滨 州 市	Binzhou	68044	38114	66210	115702	41925	63342	80574
菏 泽 市	Heze	51661	37272	89086	97699	46649	43472	58665

4-16 续表 2 continued

单位:元 (yuan)

地 区	Region	水利、环境和公共设施管理业 Management of Water Conservancy, Environment and Public Facilities	居民服务、修理和其他服务业 Households Services, Repair and Other Services	教 育 Education	卫生和社会工作 Health and Social Work	文化、体育和娱乐业 Culture, Sports and Entertainment	公共管理、社会保障和社会组织 Public management, Social Security and Social Organization	国际组织 International Organization
全省合计	**Total**	**48950**	**47030**	**94149**	**88758**	**84445**	**85147**	
济南市	Jinan	67535	66445	114031	118939	114650	110801	
青岛市	Qingdao	63390	80554	125322	123463	95094	123726	
淄博市	Zibo	38793	49613	93380	87955	102173	92344	
枣庄市	Zaozhuang	43850	57392	84765	81070	76224	72039	
东营市	Dongying	56382	57611	105786	90780	81388	91903	
烟台市	Yantai	55499	62569	101074	89001	72516	94271	
潍坊市	Weifang	27189	72304	91755	81782	64999	83753	
济宁市	Jining	49071	57469	83300	73818	58291	69277	
泰安市	Tai'an	63405	44708	91270	71239	61050	77843	
威海市	Weihai	61122	64459	99106	79464	62535	92804	
日照市	Rizhao	62439	11412	105258	86409	85327	83345	
莱芜市	Laiwu	74557	37649	101156	84283	75651	86562	
临沂市	Linyi	47211	32314	88682	86432	49545	79543	
德州市	Dezhou	53813	44319	67848	67694	62487	63944	
聊城市	Liaocheng	51514	47384	73465	82800	61361	69094	
滨州市	Binzhou	90698	32079	94413	89157	105897	82414	
菏泽市	Heze	37887	48100	69561	65678	63964	64735	

4-17 各市按行业分城镇私营单位就业人员平均工资(2018年)
Average Wage of Staff and Workers by Sector and Region(2018)

单位:元 (yuan)

地 区	Region	总 计 Total	农、林、牧、渔业 Agriculture, Forestry, Animal Husbandry and Fishing	采矿业 Mining	制造业 Manufacturing	电力、热力、燃气及水的生产和供应业 Production and Supply of Electric, heat,gas and water	建筑业 Construction	批发和零售业 Wholesale and Retail Trade
全省合计	**Total**	**55350**	**50724**	**54314**	**55736**	**61642**	**58444**	**52342**
济南市	Jinan	49072	30031	60347	48341	64543	41255	46904
青岛市	Qingdao	51976	39405	37115	49538	54059	55402	51360
淄博市	Zibo	43917	33021	40858	44896	53602	50373	40288
枣庄市	Zaozhuang	35595	31516	31832	38199	45870	37061	32310
东营市	Dongying	51738	41010	42503	55642	57870	49108	50573
烟台市	Yantai	46687	42104	45091	48895	44465	45765	44720
潍坊市	Weifang	44945	37423	47025	45500	47660	46289	43803
济宁市	Jining	39695	33337	38956	43033	51027	43034	35032
泰安市	Tai'an	37423	28496	33471	38825	34679	41833	33399
威海市	Weihai	43437	33921	34756	46128	39756	42685	42356
日照市	Rizhao	50105	39945	48947	45423	51194	50786	51260
莱芜市	Laiwu	34880	23410	39757	36170	33487	41385	30773
临沂市	Linyi	47038	35682	49075	48858	57828	46293	44438
德州市	Dezhou	45398	42821	49560	45264	45540	48776	43126
聊城市	Liaocheng	38967	33696	28261	38122	40530	41120	38832
滨州市	Binzhou	42082	36186	40265	44513	50092	41788	36954
菏泽市	Heze	35983	33586	36937	35276	38295	37905	35184

注：全省数据为城镇私营单位口径，各市数据为全部私营单位口径，来源于劳动工资私营单位抽样调查。
a)The statistics range of provincial data include urban private units,region data include all private units.Data from sample survey of labor wage in private unit.

4-17 续表 1 continued

单位：元 (yuan)

地 区	Region	交通运输、仓储和邮政业 Traffic, Transport, Storage and Post	住宿和餐饮业 Hotels and Catering Services	信息传输、软件和信息技术服务业 Information Transfer, Software and Information Technology Services	金融业 Financial Intermediation	房地产业 Real Estate	租赁和商务服务业 Leasing and Business Services	科学研究和技术服务业 Scientific Research and Technical Service
全省合计	**Total**	**61024**	**47908**	**64185**	**59989**	**52889**	**54252**	**60702**
济南市	Jinan	44943	43759	57333	164764	53199	49316	61708
青岛市	Qingdao	58625	43217	89056	59844	51253	55104	64298
淄博市	Zibo	47535	39609	42278	61816	39895	41583	45874
枣庄市	Zaozhuang	40743	32027	31465	33621	32433	31696	33898
东营市	Dongying	55569	40054	51092	57235	40539	43960	51627
烟台市	Yantai	46326	39497	48917	42001	44893	46137	51262
潍坊市	Weifang	50776	41499	50142	49664	43932	43928	42360
济宁市	Jining	43089	34289	38177	58823	36583	39986	38037
泰安市	Tai'an	38091	33606	40060	35330	31038	36753	40815
威海市	Weihai	46342	42504	40834	41695	41036	42264	42828
日照市	Rizhao	54665	42272	69999	58666	44002	60649	54541
莱芜市	Laiwu	39363	28925	27493	11151	31508	39324	30810
临沂市	Linyi	50581	41065	50356	51401	45547	48919	49302
德州市	Dezhou	48824	41037	43289	49714	47053	45960	45899
聊城市	Liaocheng	45077	37073	35875	52453	39635	32633	55096
滨州市	Binzhou	47845	35040	36639	59109	36524	40227	33009
菏泽市	Heze	40470	34114	37084	61106	37277	37189	36847

4-17 续表 2 continued

单位：元 (yuan)

地 区	Region	水利、环境和公共设施管理业 Management of Water Conservancy, Environment and Public Facilities	居民服务、修理和其他服务业 Households Services, Repair and Other Services	教育 Education	卫生和社会工作 Health and Social Work	文化、体育和娱乐业 Culture, Sports and Entertainment	公共管理、社会保障和社会组织 Public management, Social Security and Social Organization	国际组织 International Organization
全省合计	**Total**	**49716**	**55084**	**53243**	**54498**	**52010**		
济南市	Jinan	40650	38376	46276	45069	50875		
青岛市	Qingdao	45520	45581	64242	50340	71331		
淄博市	Zibo	36775	38310	39319	47675	38521		
枣庄市	Zaozhuang	35723	31011	32870	36483	31108		
东营市	Dongying	37598	29606	41855	37557	40011		
烟台市	Yantai	40914	36533	43053	54729	41258		
潍坊市	Weifang	38057	44043	49151	45656	40731		
济宁市	Jining	33324	35243	39027	38137	36317		
泰安市	Tai'an	32216	35101	36926	43056	36623		
威海市	Weihai	37237	40030	39496	36175	41291		
日照市	Rizhao	36313	42071	39930	70683	56840		
莱芜市	Laiwu	27938	25590	33871	29727	31421		
临沂市	Linyi	44806	43249	41121	49720	44890		
德州市	Dezhou	42406	45637	48180	39560	54550		
聊城市	Liaocheng	32289	31141	37553	47048	38241		
滨州市	Binzhou	45314	35676	58440	42911	30211		
菏泽市	Heze	36339	36136	37455	37446	35832		

4-18 各市城镇登记失业人员及失业率
Registered Urban Unemployed Persons and Unemployment Rate by Region

地 区	Region	失业人员(万人) Unemployment(10 000 persons)						登记失业率(%) Unemployment Rate(%)					
		2013	2014	2015	2016	2017	2018	2013	2014	2015	2016	2017	2018
全省总计	**Total**	**42.2**	**43.1**	**43.7**	**45.8**	**45.7**	**46.5**	**3.2**	**3.3**	**3.4**	**3.5**	**3.4**	**3.4**
济南市	Jinan	3.7	3.3	3.2	3.4	3.2	3.5	2.4	2.1	2.0	2.2	2.1	2.1
青岛市	Qingdao	7.0	7.2	7.5	8.0	7.8	7.4	3.0	3.0	3.0	3.2	3.1	2.9
淄博市	Zibo	2.9	2.9	3.0	3.2	3.4	3.4	2.7	2.5	2.8	2.7	2.9	2.4
枣庄市	Zaozhuang	1.9	1.8	1.9	1.9	1.9	2.6	2.5	2.2	2.3	2.4	2.4	3.0
东营市	Dongying	0.9	1.0	1.0	1.2	1.3	1.4	2.0	2.0	2.2	2.4	2.5	2.5
烟台市	Yantai	5.1	5.1	5.4	5.7	5.5	5.0	3.3	3.2	3.2	3.2	3.3	2.9
潍坊市	Weifang	3.8	3.9	3.9	3.9	3.9	4.0	3.0	3.0	2.9	2.9	2.9	2.9
济宁市	Jining	3.1	3.1	3.1	3.3	3.3	3.1	3.0	3.0	3.0	3.1	3.1	3.0
泰安市	Tai'an	1.9	2.0	2.1	2.6	2.5	2.4	1.9	2.0	2.1	2.5	2.4	2.2
威海市	Weihai	0.8	0.8	0.8	0.8	1.0	1.0	1.5	1.5	1.5	1.5	1.7	1.8
日照市	Rizhao	1.3	1.1	1.1	1.2	1.3	1.6	2.3	2.0	2.0	2.2	2.2	2.3
莱芜市	Laiwu	0.5	0.6	0.7	0.7	0.7	0.7	2.1	2.2	2.5	2.6	2.6	2.7
临沂市	Linyi	1.7	1.9	2.6	2.6	2.7	2.8	1.6	1.7	2.4	2.3	2.3	2.3
德州市	Dezhou	1.8	1.9	1.9	1.8	1.7	2.0	2.9	2.9	2.8	2.6	2.5	2.4
聊城市	Liaocheng	2.6	2.5	2.6	2.6	2.5	2.6	3.1	2.9	3.0	3.1	3.0	3.1
滨州市	Binzhou	1.2	1.2	1.2	1.2	1.2	1.5	2.2	2.2	2.2	2.1	2.1	2.6
菏泽市	Heze	1.8	1.8	1.8	1.7	1.7	1.8	3.2	3.1	3.2	3.1	3.1	2.7

4-19 主要年份年末离休、退休、退职人员人数
Numbers of Retired and Resigned Persons at Year-end in Major Years

单位：人 (person)

年 份 Year	总 计 Total	离休人员 Retired Veterans	退休人员 Retired Persons	领取定期生活费的退职人员 Resigned Persons
2000	1803820	144063	1592549	67208
2001	1880547	141761	1684005	54781
2002	2005227	130318	1830820	44089
2003	2121128	124002	1948428	48698
2004	2244567	118302	2077937	48328
2005	2487619	114650	2372969	
2006	2617076	104437	2512563	
2007	2821703	99016	2722687	
2008	3050455	93560	2956895	
2009	3260326	88574	3171752	
2010	3450734	79974	3370760	
2011	3730537	71844	3623657	35036
2012	4163329	68132	4058431	36766
2013	4591639	62261	4492295	37083
2014	5115111	56939	5020415	37757
2015	5543745	49531	5454932	39282
2016	6073980	28093	6008374	37513
2017	6387821	20093	6330627	37101
2018	6771167	17504	6715388	38275

注：本表不包括民政部门支付离休、退休、退职费的人数。
a)Data in this table exclude the number of retired or resigned people whose pensions are paid by civil affair departments.

4-20 离休、退休人员数(2018年底)
Numbers of Retired and Resigned Persons at Year-end(2018)

单位：人 (person)

类别	Category	离休、退休退职人员 Retired and Resigned Persons	离休人员 Retired Veterans	退休人员 Retired Persons
总计	**Total**	**6771167**	**17504**	**6715388**
一、执行企业养老保险制度	**According to the Enterprise Pension Insurance System**	**5607188**	**17295**	**5553008**
(一)企业	Enterprise	3828368	17267	3781318
1．内资企业	Domestic Funded Enterprises			
国有企业	State-owned Enterprises	1797349	12159	1769534
集体企业	Collective Owned Enterprises	879124	2156	869822
其他企业	Others	1088410	2849	1079507
2．港、澳、台及外资企业	Enterprises with Investment from Hong Kong, Macao and Taiwan	63485	103	62455
(二)事业	Institutions	6351	11	6309
(三)机关	Government Agencies	2116	12	2092
(四)其他人员	Others	1770353	5	1763289
二、执行机关事业单位养老保险制度	**According to the Government Agencies and Institutions Pension Insurance System**	**1163979**	**209**	**1162380**
(一)机关	Government Agencies	278636	101	278380
(二)事业	Institutions	885326	108	883983
(三)其他单位	Others	17		17

4-21 各市离休、退休人员数(2018年底)
Numbers of Retired and Resigned Persons at Year-end by Region(2018)

单位：人 (person)

地区	Region	离休、退休退职人员 Retired and Resigned Persons	离休人员 Retired Veterans	退休人员 Retired Persons
全省总计	**Total**	**6771167**	**17504**	**6715388**
济南市	Jinan	527043	2007	522390
青岛市	Qingdao	1022630	2046	1016208
淄博市	Zibo	414689	951	411123
枣庄市	Zaozhuang	170329	315	167715
东营市	Dongying	60550	160	60077
烟台市	Yantai	700033	1591	693591
潍坊市	Weifang	536781	1092	530773
济宁市	Jining	358238	756	355206
泰安市	Tai'an	288521	499	286241
威海市	Weihai	402554	441	400587
日照市	Rizhao	216602	200	213957
莱芜市	Laiwu	149893	222	149022
临沂市	Linyi	375737	745	374819
德州市	Dezhou	218903	507	217327
聊城市	Liaocheng	212313	416	211025
滨州市	Binzhou	193744	373	191880
菏泽市	Heze	226870	496	225767

注：各市数据不包括省直管企业参保离退休人数。
a)Municipal data exclude the number of retired and resigned persons in provincial enterprises.

4-22 离休、退休人员保险福利费用(2018年)
Social Insurance and Welfare Funds for Retired Persons(2018)

单位:万元 (10 000 yuan)

类　　别	Category	总计 Total	离休金 Pensions for Retired Veterans	退休金 Pensions for Retired Persons
总计	**Total**	**24743730**	**165793**	**24482330**
一、执行企业养老保险制度	**According to the Enterprise Pension Insurance System**	**17937317**	**163935**	**17682125**
(一)企业	Enterprise	13912437	163655	13674040
1．内资企业	Domestic Funded Enterprises			
国有企业	State-owned Enterprises	7317691	111084	7163534
集体企业	Collective Owned Enterprises	2848013	20955	2807599
其他企业	Others	3492199	30559	3452968
2．港、澳、台及外资企业	Enterprises with Investment from Hong Kong, Macao and Taiwan	254534	1057	249939
(二)事业	Institutions	12993	98	12847
(三)机关	Government Agencies	6305	143	5942
(四)其他人员	Others	4005582	39	3989296
二、执行机关事业单位养老保险制度	**According to the Government Agencies and Institutions Pension Insurance System**	**6806413**	**1858**	**6800205**
(一)机关	Government Agencies	1637126	603	1635921
(二)事业	Institutions	5169186	1255	5164183
(三)其他单位	Others	101		101

4-23 各市离休、退休保险福利费用(2018年)
Social Insurance and Welfare Funds for Retired Persons by Region(2018)

单位:万元 (10 000 yuan)

地　区	Region	总计 Total	离休金 Pensions for Retired Veterans	退休金 Pensions for Retired Persons
全省总计	**Total**	**17937317**	**163935**	**17682125**
济 南 市	Jinan	1653121	20538	1623974
青 岛 市	Qingdao	2896510	25479	2858578
淄 博 市	Zibo	1090760	6823	1077111
枣 庄 市	Zaozhuang	393238	3752	384419
东 营 市	Dongying	112616	982	110924
烟 台 市	Yantai	1787196	14571	1760607
潍 坊 市	Weifang	1265779	9351	1246196
济 宁 市	Jining	845437	7541	832378
泰 安 市	Tai'an	616269	5427	606832
威 海 市	Weihai	891217	3385	885198
日 照 市	Rizhao	398901	2256	392429
莱 芜 市	Laiwu	343719	1723	340731
临 沂 市	Linyi	725797	9285	716138
德 州 市	Dezhou	443340	4933	436629
聊 城 市	Liaocheng	449437	4540	443034
滨 州 市	Binzhou	367683	4130	360858
菏 泽 市	Heze	375523	3833	370345

注：各市数据不包括省直管企业离退休费用。
a)Municipal data exclude the costs of retired and resigned persons in provincial enterprises.

4-24 社会保险基金收支及累计结余
Revenue, Expenses and Balance of Social Insurance Fund

单位：亿元 (100 million yuan)

年 份 Year	合 计 Total	基本养老保险 Basic Pension Insurance	失业保险 Unemployment Insurance	基本医疗保险 Basic Medical Care Insurance	工伤保险 Work Injury Insurance	生育保险 Maternity Insurance
基金收入 Revenue						
2005	474.9	360.5	23.5	82.1	5.0	3.8
2006	593.0	441.2	31.3	108.2	7.3	5.0
2007	782.9	591.8	36.5	137.9	10.2	6.5
2008	938.3	687.4	45.5	183.0	13.3	9.1
2009	1109.3	825.7	41.8	215.4	16.7	9.7
2010	1283.0	943.5	43.1	264.2	20.5	11.7
2011	1646.0	1191.2	65.5	343.1	28.4	17.8
2012	1883.4	1316.6	83.2	425.8	34.7	23.1
2013	2114.7	1489.0	57.3	500.3	40.0	28.1
2014	2589.5	1672.7	68.6	770.5	45.1	32.6
2015	3206.8	2105.5	71.6	942.7	51.0	36.0
2016	3502.5	2242.5	92.4	1081.5	50.2	35.8
2017	3663.7	2289.3	67.6	1195.2	58.9	52.7
2018	4460.9	2728.1	74.1	1530.5	64.1	64.1
基金支出 Expenses						
2005	379.0	296.2	14.0	63.2	3.3	2.3
2006	450.9	352.2	13.2	77.7	4.8	3.0
2007	570.9	444.0	13.5	101.9	7.3	4.2
2008	690.7	530.5	14.7	131.2	8.7	5.6
2009	840.5	622.7	22.4	177.0	11.7	6.7
2010	1027.1	749.3	31.4	222.2	15.1	9.1
2011	1223.9	886.8	25.9	279.4	20.1	11.7
2012	1475.6	1059.0	35.3	336.0	28.0	17.3
2013	1783.8	1270.5	46.3	413.5	31.3	22.3
2014	2365.8	1557.7	49.3	692.3	35.0	31.5
2015	2791.4	1845.2	57.3	820.4	38.4	30.1
2016	3202.2	2090.3	70.0	956.7	39.4	45.9
2017	3622.9	2358.7	65.2	1094.6	42.2	62.2
2018	4081.1	2656.5	64.5	1253.7	47.8	58.6
累计结余 Balance at Year-end						
2005	409.9	293.7	40.2	63.9	6.4	5.7
2006	551.7	382.7	58.3	94.4	8.6	7.7
2007	756.1	523.5	81.3	130.4	10.9	10.0
2008	1002.5	680.4	112.1	182.2	14.3	13.5
2009	1270.0	883.4	131.5	220.6	18.0	16.5
2010	1525.1	1077.6	143.2	262.6	22.6	19.0
2011	1946.1	1382.0	182.8	326.3	29.8	25.1
2012	2359.8	1639.5	230.7	416.7	41.9	31.0
2013	2693.4	1858.0	241.7	506.3	50.6	36.8
2014	2959.3	1973.0	261.0	626.8	60.6	37.9
2015	3378.0	2233.4	275.3	752.4	73.1	43.8
2016	3678.7	2385.7	297.8	877.6	83.9	33.8
2017	3718.9	2315.7	300.2	979.2	100.6	23.2
2018	4098.7	2387.2	309.8	1256.1	116.9	28.7

注：基本养老保险不包含居民养老保险；自2014年起，基本医疗保险包括职工基本医疗保险和居民基本医疗保险。
a)Basic Pension Insurance doesn't include that for residents. Since 2014, Basic Medical Care Insurance includes employee and residents medical care insurance.

4-25 主要年份年末社会保险参保人数
Number of Persons Participated in Social Insurance in Major Years

单位:万人 (10 000 persons)

年份 Year	职工基本养老保险 Urban Basic Pension Insurance	企业基本养老保险 Enterprise's Pension Insurance	机关事业养老保险 Institution and Government Agency's Pension Insurance	医疗保险 Medcial Care Insurance	失业保险 Unemployment Insurance	工伤保险 Work Injury Insurance	生育保险 Maternity Insurance
2000	972.2	757.6	214.6	255.5	715.0	279.4	325.5
2001	1022.2	793.9	228.3	490.2	700.2	285.5	331.8
2002	1043.0	805.0	238.0	625.6	701.2	278.2	323.2
2003	1135.9	883.5	252.4	691.1	719.1	281.8	336.5
2004	1218.7	958.1	260.6	771.9	747.5	476.7	390.8
2005	1302.5	1027.4	275.1	861.5	771.1	578.7	461.2
2006	1368.0	1086.2	281.8	996.1	789.7	647.3	488.8
2007	1455.7	1165.4	291.6	1115.9	814.9	745.0	563.3
2008	1565.8	1266.1	299.7	1266.2	864.1	865.0	638.0
2009	1661.0	1352.1	308.9	2540.2	899.5	1064.6	703.0
2010	1773.0	1459.5	313.5	2770.6	931.2	1211.2	774.1
2011	1907.1	1589.4	317.6	2947.8	964.9	1276.1	857.8
2012	2063.2	1739.8	323.4	3101.2	1009.8	1339.6	919.0
2013	2259.6	1931.7	327.8	3647.9	1089.6	1371.9	974.4
2014	2370.2	2037.5	332.7	3988.0	1154.3	1421.5	1046.5
2015	2477.5	2138.5	339.0	9235.8	1203.8	1473.5	1111.3
2016	2576.4	2224.2	352.2	9188.8	1222.9	1510.9	1139.1
2017	2660.9	2303.4	357.6	9295.7	1268.3	1569.1	1186.6
2018	2762.7	2399.5	363.2	9437.1	1318.5	1633.0	1235.4

注：城镇职工社会基本养老保险参保人数包含离退休人数；2009年起，医疗保险参保人数包含城镇居民医疗保险。2013年起，医疗保险参保人数中含新农合并入人员。

a) Number of persons participated in urban basic pension insurance include retirees.Since 2009,number of persons participated in medical care insurance include urban residents participated in medicalcare insurance. Since 2013,number or persons participated in medical care insurance included the new rural co-operative medical system incorporated into the personnel.

4-26 各市社会保险参保人数(2018年底)
Number of Persons Participated in Social Insurance at Year-end by Region(2018)

单位:万人 (10000 persons)

地区	Region	城镇职工基本养老保险 Urban Basic Pension Insurance	企业基本养老保险 Enterprise's Pension Insurance	机关事业养老保险 Institution and Government Agency's Pension Insurance	医疗保险 Medcial Care Insurance	失业保险 Unemployment Insurance	工伤保险 Work Injury Insurance	生育保险 Maternity Insurance
全省总计	**Total**	**2762.7**	**2399.5**	**363.2**	**9437.1**	**1318.5**	**1633.0**	**1235.4**
济南市	Jinan	331.7	306.6	25.1	649.7	158.3	220.5	164.0
青岛市	Qingdao	446.1	412.0	34.1	865.6	223.7	269.7	236.8
淄博市	Zibo	165.2	148.0	17.2	428.7	84.0	108.6	66.3
枣庄市	Zaozhuang	86.6	72.4	14.1	371.7	44.4	48.4	36.8
东营市	Dongying	59.5	50.7	8.8	202.9	30.1	65.7	48.8
烟台市	Yantai	255.3	228.3	27.1	631.7	115.3	130.4	120.8
潍坊市	Weifang	199.8	167.7	32.1	839.8	101.2	133.5	90.4
济宁市	Jining	156.7	127.8	28.9	810.9	84.3	97.8	73.8
泰安市	Tai'an	124.7	106.9	17.8	534.2	63.4	89.5	79.1
威海市	Weihai	123.5	112.2	11.3	253.3	59.1	62.2	63.8
日照市	Rizhao	74.2	64.6	9.6	276.2	28.7	38.5	31.6
莱芜市	Laiwu	45.9	41.4	4.4	120.7	21.9	26.9	19.3
临沂市	Linyi	154.2	122.4	31.9	1038.1	64.8	102.8	61.9
德州市	Dezhou	89.0	68.2	20.7	527.4	40.5	60.8	43.2
聊城市	Liaocheng	82.9	61.8	21.1	561.7	36.7	52.6	26.2
滨州市	Binzhou	79.4	65.9	13.6	381.1	41.2	49.2	33.1
菏泽市	Heze	112.0	78.7	33.3	915.0	40.1	65.9	39.7

注:各市养老、失业保险人数不包括省直管企业人数。

a)Municipal data on pension insurance exclude the staff and workers of provincial enterprise.

4−27 职工养老保险基本情况
Basic Statistics on Pension Insurance in Urban Areas

类别	Category	2013	2014	2015	2016	2017	2018
一、年末参保人数 （万人）	**Number of People Insured (10 000 persons)**	**2259.6**	**2370.2**	**2477.5**	**2576.4**	**2660.9**	**2762.7**
职工 (万人)	Employed People (10 000 persons)	1800.4	1858.7	1923.1	1969.0	2022.2	2085.6
#企业 (万人)	Enterprises (10 000 persons)	1560.6	1618.7	1681.4	1722.3	1775.3	1838.7
离休、退休、退职人数 (万人)	Retired and Resigned Persons (10 000 persons)	459.2	511.5	554.4	607.4	638.8	677.1
二、基金收支情况	**Revenue and Expenses**						
基金收入 (亿元)	Revenue (100 million yuan)	1489.0	1672.7	2105.5	2242.5	2289.3	2728.1
基金支出 (亿元)	Expenses (100 million yuan)	1270.5	1557.7	1845.2	2090.3	2358.7	2656.5
三、企业养老金社会化发放人情况	**Payment of Pension Insurance**						
养老金实发人数 (万人)	People Receiving Pension Insurance (10 000 persons)	371.2	418.7	457.0	501.9	528.1	560.7
#社会化发放人数 (万人)	People Receiving Socialized Pension Insurance (10 000 persons)	371.2	418.7	457.0	501.9	528.1	560.7
社会化发放率 (%)	Rate of Socialized Pension Insurance (%)	100.0	100.0	100.0	100.0	100.0	100.0

4−28 各市居民基本养老保险情况(2018年)
Statistics on Residents Old-age Insurance by Region(2018)

地区	Region	参保人数(人) Contributors at Year-end (person)	达到领取待遇年龄参保人数 Number of Participants Who Have Reached the Prescribed Age of Benefit Entilement	基金收支情况(亿元) Revenue and Expense(100 million yuan) 基金收入 Revenue	基金支出 Expenses	累计结余 Balance at Year-end
全省总计	**Total**	**45519103**	**15245824**	**437.5**	**274.2**	**985.8**
济南市	Jinan	2447609	842610	45.7	16.2	75.4
青岛市	Qingdao	2901368	1038591	41.3	33.7	72.6
淄博市	Zibo	1484760	629202	14.5	10.6	44.7
枣庄市	Zaozhuang	1914153	555014	10.3	8.9	26.5
东营市	Dongying	747104	281499	13.8	6.8	34.9
烟台市	Yantai	3162983	1201916	47.0	28.7	154.1
潍坊市	Weifang	4730934	1585576	45.5	26.4	115.7
济宁市	Jining	4472203	1308913	34.7	21.1	86.3
泰安市	Tai'an	2785072	911715	20.2	15.5	34.6
威海市	Weihai	911460	388492	11.6	7.4	37.6
日照市	Rizhao	1390158	460041	12.7	7.2	24.1
莱芜市	Laiwu	500661	171373	3.2	2.8	5.3
临沂市	Linyi	5399668	1809568	41.9	27.0	88.8
德州市	Dezhou	3046992	964076	24.8	14.4	46.4
聊城市	Liaocheng	3043521	944764	20.9	14.0	47.0
滨州市	Binzhou	1906185	678750	17.8	10.8	27.4
菏泽市	Heze	4674272	1473724	31.7	22.7	64.5

主要统计指标解释

经济活动人口 指在16周岁及以上，有劳动能力，参加或要求参加社会经济活动的人口。包括就业人员和失业人员。

就业人员 指在16周岁及以上，从事一定社会劳动并取得劳动报酬或经营收入的人员。这一指标反映了一定时期内全部劳动力资源的实际利用情况，是研究我国基本国情国力的重要指标。

单位就业人员 指在各级国家机关、政党机关、社会团体及企业、事业单位中工作，取得工资或其他形式的劳动报酬的全部人员。包括在岗职工、再就业的离退休人员、民办教师以及在各单位中工作的外方人员和港澳台方人员、兼职人员、借用的外单位人员和第二职业者。不包括离开本单位仍保留劳动关系的职工。单位就业人员反映了各单位实际参加生产或工作的全部劳动力。

城镇私营和个体就业人员 城镇私营就业人员指在工商管理部门注册登记，其经营地址设在县城关镇(含县城关镇)以上的私营企业就业人员，包括私营企业投资者和雇工。城镇个体就业人员指在工商管理部门注册登记，并持有城镇户口或在城镇长期居住，经批准从事个体工商经营的就业人员，包括个体经营者和在个体工商户劳动的家庭帮工和雇工。

城镇登记失业人员 指有非农业户口，在一定的劳动年龄内(16周岁至退休年龄)，有劳动能力，无业而要求就业，并在当地就业服务机构进行求职登记的人员。

城镇登记失业率 城镇登记失业人员与城镇单位就业人员(扣除使用的农村劳动力、聘用的离退休人员、港澳台及外方人员)、城镇单位中的不在岗职工、城镇私营业主、个体户主、城镇私营企业和个体就业人员、城镇登记失业人员之和的比。计算公式为：

$$\text{城镇登记失业率}=\frac{\text{城镇登记失业人数}}{\text{(城镇单位就业人员－使用的农村劳动力－聘用的离退休人员－聘用的港澳台及外方人员)＋不在岗职工＋城镇私营业主＋城镇个体户主＋城镇私营企业及个体就业人员＋城镇登记失业人数}}\times100\%$$

职工 指在国有、城镇集体、联营、股份制、外商和港、澳、台投资、其他单位及其附属机构工作，并由其支付工资的各类人员。不包括下列人员：(1)乡镇企业就业人员；(2)私营企业就业人员；(3)城镇个体劳动者；(4)离休、退休、退职人员；(5)再就业的离、退休人员；(6)民办教师；(7)在城镇单位中工作的外方及港、澳、台人员；(8)其他按有关规定不列入职工统计范围的人员。(1998年及以后的数据均为在岗职工数据，其他相关指标如职工工资总额，职工平均工资等指标也从1998年按此口径进行了相应调整)。

国有单位 指资产归国家所有的经济组织。包括按《中华人民共和国企业法人登记管理条例》规定登记注册的非公司制的经济组织，以及中央、地方各级国家机关、事业单位和社会团体。

集体单位 指生产资料归集体所有，并按《中华人民共和国企业法人登记管理条例》规定登记注册的经济组织。

其他单位 包括股份合作单位、联营单位、有限责任公司、股份有限公司、港澳台商投资单位以及外商投资单位等其他登记注册类型单位。

在岗职工 指在本单位工作并由单位支付工资的人员，以及有工作岗位，但由于学习、病伤产假等原因暂未工作，仍由单位支付工资的人员。

工资总额 指各单位在一定时期内直接支付给本单位全部职工的劳动报酬总额。工资总额的计算原则应以直接支付给职工的全部劳动报酬为根据。各单位支付给职工的劳动报酬以及其他根据有关规定支付的工资，不论是计入成本的还是不计入成本的，不论是按国家规定列入计征奖金税项目的，还是未列入计征奖金税项目的，不论是以货币形式支付的还是以实物形式支付的，均包括在工资总额内。

平均工资 指企业、事业、机关单位的职工在一定时期内平均每人所得的货币工资额。它表明一定时期职工工资收入的高低程度，是反映职工工资水平的主要指标。计算公式为：

$$\text{平均工资}=\frac{\text{报告期实际支付的全部职工工资总额}}{\text{报告期全部职工平均人数}}$$

平均工资指数 指报告期职工平均工资与基期职工平均工资的比率，是反映不同时期职工货币工资水平变动情况的相对数。计算公式为：

$$\text{平均工资指数}=\frac{\text{报告期职工平均工资}}{\text{基期职工平均工资}}\times100\%$$

平均实际工资指数 职工平均实际工资指扣除物价变动因素后的职工平均工资。职工平均实际工资指数是反映实际工资变动情况的相对数，表明职工实际工资水平提高或降低的程度。计算公式为：

$$\text{平均实际工资指数}=\frac{\text{报告期职工平均工资指数}}{\text{报告期城镇居民消费价格指数}}\times100\%$$

基本养老保险

1.（参保）职工人数：指报告期末按照国家法律、法规和有关政策规定参加基本养老保险并在社保经办机构已建立缴费记录档案的职工人数，包括中断缴费但未终止养老保险关系的职工人数，不包括只登记未建立缴费记录档案的人数。

2.（参保）离退休人员人数：指报告期末参加基本养老保险的离休、退休和退职人员的人数。

3.基本养老保险基金收入：指根据国家有关规定，由纳入基本养老保险范围的缴费单位和个人按国家规定的缴费基数和缴费比例缴纳的养老保险基金，以及通过其他方式取得的形成基金来源的收入。包括单位和职工个人缴纳的基本养老保险费、基本养老保险基金利息收入、上级补助收入、下级上解收入、转移收入、财政补贴和其他收入。

4.基本养老保险基金支出：指按照国家政策规定的开支范围和开支标准从养老保险基金中支付给参加基本养老保险的离休、退休、退职人员个人的养老金、丧葬抚恤补助，以及由于保险关系转移、上下级之间调剂资金等原因而发生的支出。包括离休金、退休金、退职金、各种补贴、医疗费、死亡丧葬补助费、抚恤救济费、社会保险经办机构管理费、补助下级支出、上解上级支出、转移支出、其他支出等。

5.基本养老保险基金累计结余：指截止报告期末基本养老保险基金收支相抵后的累计余额。

离休、退休、退职人员 指正式办理了离休、退休、退职手续，并享受相应的离休、退休、退职待遇的人员。

基本医疗保险

1.参保人数：指报告期末按国家有关规定参加基本医疗保险的人数。包括参加保险的职工人数和退休人员人数。

2.基金收入：指根据国家有关规定，由纳入基本医疗保险范围的缴费单位和个人，按国家规定的缴费基数和缴费比例缴纳的基金，以及通过其他方式取得的形成基金来源的款项，包括：单位缴纳的社会统筹基金收入、个人缴纳的个人账户基金收入、财政补贴收入、利息收入、其他收入。

3.基金支出：指按照国家政策规定的开支范围和开支标准从社会统筹基金中支付给参加基本医疗保险的职工和退休人员的医疗保险待遇支出，和从个人帐户基金中支付给参加基本医疗保险的职工和退休人员的医疗费用支出，以及其他支出。包括：住院医疗费用支出、门急诊医疗费用支出、个人账户基金支出、其他支出。

4.基金累计结余：指截止报告期末基本医疗保险的社会统筹和个人帐户基金累计结余金额。包括银行存款、财政专户、债券投资和其他。

失业保险

1.参保人数：指报告期末按照国家法律、法规和有关政策规定参加了失业保险的城镇企业事业单位的职工及地方政府规定参加失业保险的其他人员的人数。

2.失业保险基金收入：指按照规定从企业、事业及其他单位筹集的失业保险费及其他并入失业保险基金收入的总额。包括单位和个人缴纳的失业保险费、失业保险基金利息收入、上级补助收入、下级上解收入、转移收入、财政补贴和其他收入。

3.失业保险基金支出：指报告期内为保障失业人员和下岗职工基本生活、促进其再就业等支出的基金总额。包括失业救济金、医疗费、死亡丧葬补助费、抚恤救济费、转业训练费支出、失业保险经办机构管理费、补助下级支出、上解上级支出、转移支出和其他支出。

4.基金累计结余：指截止报告期末失业保险基金收支相抵后的累计余额。

工伤保险

1.参加保险人数：指报告期末依据国家有关规定参加工伤保险的职工人数。

2.享受保险待遇人数：指劳动者因工负伤致残、死亡或因患职业病致残，根据有关规定享受工伤保险待遇职工或供养直系亲属人数。包括伤残人数、职业病人数、因工死亡人数、供养直系亲属人数。

3.基金收入：指根据国家有关规定，由参加工伤保险的单位按国家规定的缴费基数和缴费比例缴纳的工伤保险基金，以及通过其他形式取得的形成基金来源的款项。包括：单位缴纳的社会统筹基金收入、财政补贴收入、利息收入、其他收入。

4.基金支出：指按照国家政策规定的开支范围和开支标准从工伤保险基金中支付给参加工伤保险的人员及供养直系亲属工伤保险待遇支出及其他支出。包括工伤医疗费、伤残补助金、工亡补助金、护理费、丧葬补助费、工伤预防费用、职业康复费用和其他支出。

5.基金累计结余：指截止报告期末工伤保险基金累计结余金额。包括银行存款、财政专户、债券投资和其他。

生育保险

1.参保人数：指报告期末依据有关规定参加生育保险的职工人数。

2.基金收入：指根据国家有关规定，由参加生育保险的单位按照国家规定的缴费基数和缴费比例缴纳的生育保险基金，以及通过其他方式取得的形成基金来源的款项，包括：单位缴纳的基金收入、利息收入和其他收入。

3.基金支出：指按照国家政策规定的开支范围和开支标准，从生育保险基金中支付给参加生育保险的职工，因妊娠、分娩和计划生育手术而享受的待遇及其他支出。包括：生育津贴、医疗费用支出及其他支出。

4.基金累计结余：指截止报告期末生育保险基金累计结余金额。包括银行存款、财政专户、债券投资和其他。

离休、退休、退职人员保险福利费用 指离休、退休、退职人员实际得到的生活费用总额，包括从社会保险经办机构和单位得到的费用。

1.离休金：指按规定支付给离休人员的生活费用。

2.退休金：指按规定支付给退休人员的生活费用。

3.退职生活费：指按规定支付给退职人员的生活费用。

4.医疗卫生费：指单位直接支付给离休、退休、退职人员的医疗费、住院费以及住院伙食补助等费用。

5.其他：指离休金、退休金、退职生活费和医疗卫生费以外的其他保险福利费用，如丧葬抚恤救济费、生活补贴、物价补贴、冬季取暖补贴等。

Explanatory Notes on Main Statistical Indicators

Economically Active Population refers to the population aged 16 and over who are capable to work, are participating in or willing to participate in economic activities, including employed persons and unemployed persons.

Employed Persons refer to the persons aged 16 and over who are engaged in social working and receive remuneration payment or earn business income. This indicator reflects the actual utilization of total labour force during a certain period of time and is often used for the research on China' s economic situation and national power.

Persons Employed in Units refer to all the persons working in government agencies of various levels, political and party organizations, social organizations, enterprises and institutions, and receiving wages or other forms of payment. They include fully employed staff and workers, re employed retirees, teachers in schools run by the local people, foreigners and Chinese compatriots from Hong Kong, Macao, and Taiwan working in various units, part time employees, employees of other units working temporarily at current posts, and employees holding the second job, but exclude staff and workers who have left their working units while keeping their labour contract (employment relation) unchanged. This indicator reflects the total number of laborers actually engaged in production or other operations in various units.

Persons Employed in Private Enterprises and Self Employed Individuals in Urban Areas Persons employed in private enterprises refer to the persons employed in the private enterprises which have been registered at the departments of industrial and commercial administration and are situated at a county town (i.e. a town where the county government is located) for business operation or at urban areas with the level higher than a county town. The self employed individuals in urban areas refer to persons who hold the certificates of residence in urban areas or have resided in the urban areas for a long time and have been registered at the departments of industrial and commercial administration and approved to be engaged in individual industrial or commercial business, including self employed persons as well as helpers and hired labourers who work in the individual households engaged in industrial or commercial business.

Registered Urban Unemployed Persons refer to the persons with non agricultural household registration at certain working ages (16-50 years for male and 16-45 years for females), who are capable of work, unemployed and willing to work, and have been registered at the local employment service agencies to apply for a job.

Registered Urban Unemployment Rate refers to the ratio of the number of the registered unemployed persons to the sum of the number of persons employed in various units (minus the rural labour force, retirees, and Hong Kong, Macao, Taiwan or foreign employees they employ) laid off workers in urban units, owners and employees in urban private enterprises, urban self-employed individuals and the registered urban unemployed persons. The formula is as follows:

Registered urban unemployment rate=number of registered urban unemployed persons÷(number of persons employed in urban units - rural labour force employed retirees employed-Hong Kong, Macao, Taiwan or foreign employees employ+laid off workers+owners and employees in urban private enterprises+self employed individuals in urban areas+registered urban unemployed persons) ×100%.

Staff and Workers refer to persons working in, and receive payment from units of state ownership, collective ownership, joint ownership, share holding ownership, foreign ownership, and ownership by entrepreneurs from Hong Kong, Macao, and Taiwan, and other types of ownership and their affiliated units. They do not include 1) persons employed in township enterprises, 2) persons employed in private enterprises, 3) urban self employed persons, 4) retirees, 5) re employed retirees, 6) teachers in the schools run by the local people, 7) foreigners and persons from Hong Kong, Macao and Taiwan who work in urban units, and 8) other persons not to be included by relevant regulations. (Data of 1998 and afterward refer to fully employed staff and workers. Other related statistics such as total wage bill and average wage are adjusted since 1998 accordingly).

State owned Units refer to economic units whose assets are owned by the state. Included are non corporation units registered according to Regulation of the People Republic of China on the Registration of Enterprises and Corporations,state organs, institutions and social organizations at the central and local levels.

Collective Owned Units refer to economic units registered according to Regulation of the People Republic of China on the Registration of Enterprises and Corporations where the means of production are collectively owned.

Units of Other Types of Ownership refer to units registered with other types of ownership, including cooperative units, joint ownership units, limited companies, share holding corporations, units invested by entrepreneurs from Hong Kong, Macao, and Taiwan, and foreign invested units.

Fully Employed Staff and Workers refer to persons who work in, and receive wages from their working units, as well as persons who have their work posts, but are temporarily absent from work for reasons of study or on sick, injury or maternal leave and still receive wages from their working units.

Total Wages Bill refer to the total remuneration payment to staff and workers in various units during a certain period of time. The calculation of total wages is based on the total remuneration payment to the staff and workers. Therefore, all the wages and salaries and other payments to staff and workers are included in the total wages regardless of their sources, category, and forms (in kind or cash). (Total wages of staff and workers in this yearbook include only total wages of fully employed staff and workers, excluding the living allowances distributed to those who have left their working units while keeping their labour contract/employment relation unchanged).

Average Wage refers to the average wage in money terms per person during a certain period of time for staff and workers in enterprises, institutions, and government agencies, which reflects the general level of wage income during a certain period of time and is calculated as follows:

Average Wage=Total Wages of Staff and Workers at Reference Time/Average Number of Staff and Workers at Reference Time.

Average Wage Indices refers to the ratio of average wage of staff and workers in the report period to that in the base period, which reflects the change of wage of staff and workers at the different period. It is calculated as follows:

Average Wage Indices=Average Wage of Staff and Workers at Reference Time/Average Wage of Staff and Workers at Base Period × 100%

Average Real Wage Indices average real wage of staff and workers refers to the average wage of staff and workers after removing the effects of the price changes and average real wage indices of staff and workers refers to the change of real wage, which reflects the relative increasing or decreasing level of real wage of staff and workers, which is calculated as follows:

Average Real Wage Indices=Average Wage Indices of Staff and Workers at the Reference Time/Urban Consumer Price Indices at Reference Time × 100%

Basic Pension Insurance

1.Number of staff and workers covered refer to staff and workers participating in basic pension insurance programme in line with national laws, regulations and related policies by the end of reference period, who have already had payment records in social security management agencies, including those who interrupt payment without terminating the insurance programme. Those who have registered in the programme with no payment records are not included.

2. Number of retirees participating in basic pension insurance programme refer to number of retirees participating in basic pension insurance programme by the end of reference period.

3. Revenue of basic pension insurance refer to payments made by employers and individuals participating in pension insurance programs in accordance with the basis and proportion stipulated in state regulations, and income from other sources that become source of pension insurance fund, including the premium paid by employers and staff and works, interest income, subsidies from higher level agencies, income as transfer from subordinate agencies, transferred income, government financial subsidies and other income.

4. Expenses of basic pension insurance refer to payment made to those retired and resigned people covered in pension insurance program in terms of pension or compensation within the scope and standards of expenditure according to related national policies, and expenditure occurred due to shift of the insurance relationship or adjustment of funds among agencies, including pension for resigned people, pension for retired people, pension for people quitting jobs, various subsidies, medical fees, funeral subsidies, compensation pension, management fees for social security agencies, expenses on subsidies to lower subordinates, expenses as transfer to agencies at higher level, transferred expenditure and other expenditure.

5. Balance of basic pension insurance refers to the balance of basic pension insurance at the end of the reference period after deducting expenses from revenue.

Retired or Resigned Personnel refers to people who have formally completed formalities for their retirement or quitting work and enjoy the corresponding retirement treatments.

Basic Medical Care Insurance

1. Number of people participating in the insurance programme refers to people participating in the basic medical care insurance programme according to related regulations by the end of reference period, including number of staff and workers and retirees participating in this insurance programme.

2. Revenue of insurance programme refer to payments made by employers and individuals participating in medical care insurance programs in accordance with the basis and proportion stipulated in state regulations, and income from other sources that become source of medical insurance fund, including income of social comprehensive funds paid by employers, income from individual accounts, government financial subsidies, interest income and other income.

3. Expenses of insurance programme refer to payment made from social comprehensive funds to those retired and resigned people covered in basic medical care insurance within the scope and standards of expenditure according to related national policies, and medical care payment made from individual accounts to staff and workers and retirees, and other expenses, including medical expenses of hospital inpatients, medical expenses for outpatients and emergency patients, payment from individual accounts and other expenditure.

4. Balance of basic medical care insurance refer to the balance of medical care insurance of social comprehensive funds and individual accounts at the end of the reference period, including bank savings, special fiscal accounts, investment in bonds and others.

Unemployment Insurance

1. Number of people covered refers to staff and workers in urban enterprises or institutions who have participated in unemployment insurance programme in line relevant policies and regulations, and other people who have participated according to local government regulations, by the end of reference period.

2. Revenue of unemployment insurance refer to payments made by employers and individuals participating in unemployment insurance programme in accordance with relevant regulations and other income contributed to this programme, including unemployment insurance premium made

by employers and individuals, interest income, subsidies from higher level agencies, income as transfer from subordinate agencies, transferred income, government financial subsidies and other income.

3. Expenses of unemployment insurance refer to total expenses during the reference period to guarantee the basic livelihood of unemployed people and laid off staff and workers and to encourage their re employment. Included are unemployment relief, medical fees, funeral subsidies, compensation pension, training expenses, management fees for unemployment insurance agencies, subsidies to lower level agencies, expenses as transfer to higher level agencies, transferred expenditure and other expenditure.

4. Balance of unemployment insurance refer to the balance of unemployment revenue deducting unemployment expenses at the end of the reference period.

Work Injury Insurance

1. Number of people covered refers to staff and workers who have participated in work injury insurance programme in line with relevant national regulations.

2. Number of beneficiaries refers to staff and workers and their direct dependents who can, in line with relevant regulations, benefit from work injury insurance, as a result of work injury leading to disability or death of the staff/worker, or occupational disease leading to disability. Included in this category are number of injured and disabled people, number of people with occupational diseases, number of deaths at work places, and number of direct dependents.

3. Revenue of work injury insurance refer to payments made by employers participating in work injury insurance programs in accordance with the basis and proportion stipulated in state regulations, and income from other sources that become source of work injury insurance fund, including income of social comprehensive funds paid by employers, government financial subsidies, interest income and other income.

4. Expenses of work injury insurance refer to payments made from work injury insurance funds to those who participated in the work injury insurance programme and their direct dependents within the scope and standards of expenditure according to related national policies, and other expenditure, including medical fees for work injury, injury and disability subsidies, death subsidies, nursing fees, funeral subsidies, injury prevention fees, rehabilitation fees for occupational diseases and other expenditure.

5. Balance of work injury insurance refer to the balance of the work injury funds at the end of the reference period, including bank savings, special fiscal account, investment in bonds and others.

Maternity Insurance

1. Number of people covered refers to staff and workers who have participated in maternity insurance programme according to relevant regulation at the end of the reporting period.

2. Revenue of maternity insurance refers to payments made by employers participating in maternity insurance programs in accordance with the basis and proportion stipulated in state regulations, and income from other sources that become source of maternity insurance fund, including income of funds paid by employers, interest income and other income.

3. Expenses of maternity insurance refer to payments made from maternity insurance funds to staff and workers who participated in maternity insurance programme within the scope and standards of expenditure according to related national policies, expenses paid for pregnancy, child delivery or surgeries related to family planning, and other expenditure, including allowance for child bearing, medical fees and other expenditure.

4. Balance of the maternity insurance refers to the balance of the maternity insurance funds at the end of reference period, including bank savings, special fiscal account, investment in funds and others.

Insurance and Welfare Funds for Retirees refer to the total payment for living expenses actually received by retirees, including payment received from social insurance management agencies and units.

1. Pensions for retired veteran cadres refer to living expenses paid to retired veteran cadres according to related regulations.

2. Pensions for retirement refer to living expenses paid to retired staff and workers according to related regulations.

3. Living allowances for resigned staff and workers refer to living expenses paid to resigned staff and workers according to related regulation.

4. Medical care expenses refer to medical fees, hospitalization cost and per diem subsidies during hospitalizations paid by employers directly to retirees.

5. Others refer to insurance and welfare payments other than the above mentioned payments, including funeral subsidies, living allowances, price subsidies and heating subsidies during winter.

第
5
篇

固定资产投资

Investment in Fixed Assets

简 要 说 明

一、本篇资料的主要内容

本篇资料主要反映了全省固定资产投资方面的情况，主要包括固定资产投资的规模、结构、资金来源和投资的效果等方面的资料。2011 年，固定资产投资项目统计起点由 50 万元提高到 500 万元，名称统一规范为“固定资产投资”，其中包括城镇、非农户 500 万元及以上项目投资、房地产开发投资；“全社会固定资产投资”包括“固定资产投资加农户固定资产投资”。

二、本篇资料的来源

本篇资料来源于固定资产投资统计年报，由省统计局投资处整理提供。

三、内容修订

为进一步贯彻新发展理念，更好地反映经济结构和质量的变化，反映投资对优化供给结构的关键性作用。本篇资料对固定资产投资表式进行了改版，内容以各分组固定资产投资比上年增长速度为主，通过速度变化反映固定资产投资形势及政策效应。

Brief Introduction

I. Main Content

Data in this chapter show the basic conditions of investment in fixed assets of Shandong Province, mainly including the total investment in fixed assets, the structure of investment, the resources of investment and the results of investment, etc.Since 2011, the statistical criteria of fixed assets investment projects had been increased from 500 thousand to 5 million yuan. Investment in fixed assets include urban area and non-farmers 5 million and above project investments, real estate development investment; the total investment include investment in fixed assets and farmer investment in fixed assets.

II. Source of Data

Data in this chapter are based on the yearly report on investment in fixed assets and provided by the Division of Investment and Construction Statistics of Shandong Provincial Bureau of Statistics.

III. Revision of Content

In order to further implement the New Development Principles, better reflect the changes in economic structure and quality, and reflect the key role of investment in optimizing the supply structure. This chapter revises the fixed assets investment form. The content is mainly about the growth rate of fixed assets investment in each group compared with the preceding year, reflecting the situation of fixed assets investment and policy effects through the change of speed.

5-1 1978-2017年全社会固定资产投资总额
Total Investments in Fixed Assets from 1978 to 2017

单位：亿元 (100 million yuan)

年 份 Year	全社会固定资产投资额 Total Investment	国有经济 State-owned Units	集体经济 Collective-owned Units	#城 镇 Urban	个体经济 Self-employed Units	#农 村 Rural	其他经济 Others
1978	41.87	29.27	8.42	1.78	4.18	3.98	
1979	61.35	31.62	18.97	1.55	10.76	10.41	
1980	69.97	35.83	22.24	3.12	11.90	11.47	
1981	79.60	29.63	32.08	3.27	17.89	17.28	
1982	85.00	43.29	23.38	4.38	18.33	17.46	
1983	96.46	49.11	19.19	3.76	28.16	26.48	
1984	140.15	67.09	25.29	5.01	47.77	44.43	
1985	194.33	100.42	30.21	8.64	63.70	58.51	
1986	223.08	121.95	43.09	11.95	58.04	52.32	
1987	297.77	155.65	78.75	17.84	63.37	56.05	
1988	369.82	192.20	100.97	35.46	76.65	64.83	
1989	305.54	162.30	69.68	19.68	73.56	62.00	
1990	335.66	185.44	71.51	18.63	78.71	67.47	
1991	439.82	234.04	104.73	25.06	101.05	85.73	
1992	601.50	343.17	186.43	42.27	71.90	54.19	
1993	892.48	476.26	245.90	49.90	105.44	83.05	64.88
1994	1108.00	537.59	318.42	56.42	118.45	92.30	133.54
1995	1320.97	611.92	383.97	51.62	140.54	113.13	184.55
1996	1558.01	691.76	484.79	79.79	202.65	166.14	178.81
1997	1792.22	773.30	569.70	60.15	241.76	198.68	207.46
1998	2056.97	938.73	610.20	66.70	274.20	227.00	233.84
1999	2222.17	1043.13	635.55	82.72	310.64	228.43	232.85
2000	2542.65	1153.65	679.48	108.63	353.93	254.11	355.59
2001	2807.79	1157.44	688.61	134.92	384.06	263.35	577.68
2002	3509.29	1237.16	812.65	196.78	487.31	285.64	972.17
2003	5328.44	1615.57	1177.00	321.79	733.64	296.03	1802.23
2004	7629.04	1762.29	2455.86	383.83	772.28	116.36	2638.61
2005	10541.87	1853.29	1042.41	620.23	2736.61	1491.55	4909.56
2006	11136.06	1855.41	1063.61	713.49	3096.56	1186.20	5120.48
2007	12537.02	1838.55	1269.64	857.34	3566.49	1141.34	5862.34
2008	15435.93	2431.54	1811.23	1333.23	4360.90	1304.02	6832.27
2009	19030.97	3086.82	2308.54	1717.74	5235.29	1586.71	8400.32
2010	23276.69	3648.45	2627.32	1841.40	6505.00	1822.99	10495.92
2011	26769.73	3783.31	2715.00		8234.50		12036.92
2012	31255.96	3949.65	3129.27		9879.75		14297.30
2013	36789.07	4757.31	3113.17		12827.66		16090.93
2014	42495.55	5455.94	3380.39		16215.47		17443.75
2015	48312.46	6304.58	3125.74		20268.78		18613.36
2016	53322.49	7497.32	1545.38		22191.42		22088.37
2017	55202.73	9568.25	1496.62		22328.55		21809.31

注：1.2011年起，集体经济和个体经济不再细分城镇和农村(下表同)。
2.2011年起，固定资产投资项目统计起点由50万元提高到500万元，名称统一规范为“固定资产投资”，其中包括城镇、非农户500万元及以上项目投资和房地产开发投资；“全社会固定资产投资”包括“固定资产投资加农户固定资产投资”(下表同)。

a)Collective-owned Units and Self-employed Units had no longer divided into urban and rural unit since 2011.The same applies to tables following.
b)Since 2011, the statistical criteria of fixed assets investment projects had been increased from 500 thousand to 5 million yuan. Investment in fixed assets include urban area and non-farmers 5 million and above project investments, real estate development and investment.Total investment include investment in fixed assets and farmer investment in fixed assets.The same applies to tables following.

5-2 1978-2018年全社会固定资产投资构成

Composition of Total Investments in Fixed Assets from 1978 to 2018

单位:% (%)

年 份 Year	全社会固定资产投资额 Total Investment	国有经济 State-owned Units	集体经济 Collective-owned Units	#城 镇 Urban	个体经济 Self-employed Units	#农 村 Rural	其他经济 Others
1978	100.0	69.9	20.1	4.2	10.0	9.5	
1979	100.0	51.5	30.9	2.5	17.6	17.0	
1980	100.0	51.2	31.8	4.5	17.0	16.4	
1981	100.0	37.2	40.3	4.1	22.5	21.7	
1982	100.0	50.9	27.5	5.1	21.6	20.5	
1983	100.0	50.9	19.9	3.9	29.2	27.5	
1984	100.0	47.9	18.0	3.6	34.1	31.7	
1985	100.0	51.7	15.5	4.5	32.8	30.1	
1986	100.0	54.7	19.3	5.4	26.0	23.5	
1987	100.0	52.3	26.4	6.0	21.3	18.8	
1988	100.0	52.0	27.3	9.6	20.7	17.5	
1989	100.0	53.1	22.8	6.4	24.1	20.3	
1990	100.0	55.2	21.3	5.6	23.5	20.1	
1991	100.0	53.2	23.8	5.7	23.0	19.5	
1992	100.0	57.1	31.0	7.0	11.9	9.0	
1993	100.0	53.4	27.6	5.6	11.8	9.3	7.2
1994	100.0	48.5	28.7	5.1	10.7	8.3	12.1
1995	100.0	46.3	29.1	3.9	10.6	8.6	14.0
1996	100.0	44.4	31.1	5.1	13.0	10.7	11.5
1997	100.0	43.1	31.8	3.4	13.5	11.1	11.6
1998	100.0	45.6	29.7	3.3	13.3	11.0	11.4
1999	100.0	46.9	28.6	3.7	14.0	10.3	10.5
2000	100.0	45.4	26.7	4.3	13.9	10.0	14.0
2001	100.0	41.2	24.5	4.8	13.7	9.4	20.6
2002	100.0	35.3	23.1	5.6	13.9	8.1	27.7
2003	100.0	30.3	22.1	6.0	13.8	5.6	33.8
2004	100.0	23.1	32.2	5.0	10.1	1.5	34.6
2005	100.0	17.6	9.9	5.9	25.9	14.1	46.6
2006	100.0	16.7	9.5	6.4	27.8	10.7	46.0
2007	100.0	14.7	10.1	6.8	28.4	9.1	46.8
2008	100.0	15.8	11.7	8.6	28.3	8.4	44.3
2009	100.0	16.2	12.1	9.0	27.5	8.3	44.1
2010	100.0	15.7	11.3	7.9	27.9	7.8	45.1
2011	100.0	14.1	10.1		30.8		45.0
2012	100.0	12.6	10.0		31.6		45.7
2013	100.0	12.9	8.5		34.9		43.7
2014	100.0	12.8	8.0		38.2		41.0
2015	100.0	13.0	6.5		42.0		38.5
2016	100.0	14.1	2.9		41.6		41.4
2017	100.0	17.3	2.7		40.4		39.5
2018	100.0	20.1	1.2		39.1		39.6

5-3 按产业分固定资产投资总额
Total Investment in Fixed Assets by Three Strata of Industry

单位:亿元 (100 million yuan)

年 份 Year	固定资产投资额 Investment in Fixed Assets	按产业分 Grouped by Three Strata of Industry			构成(%) Grouped by Structure		
		第一产业 Primary Industry	第二产业 Secondary Industry	第三产业 Tertiary Industry	第一产业 Primary Industry	第二产业 Secondary Industry	第三产业 Tertiary Industry
2000	2542.7	77.1	1176.7	1288.8	3.0	46.3	50.7
2001	2807.8	95.0	1289.8	1423.1	3.4	45.9	50.7
2002	3509.3	131.7	1650.6	1727.0	3.8	47.0	49.2
2003	5328.4	167.5	2799.5	2361.5	3.1	52.5	44.3
2004	7629.0	249.7	4577.1	2802.3	3.3	60.0	36.7
2005	10541.9	308.4	6653.5	3579.6	2.9	63.1	34.0
2006	11136.1	291.7	6908.7	3935.6	2.6	62.0	35.3
2007	12537.0	360.4	7508.2	4668.4	2.9	59.9	37.2
2008	15435.9	563.2	8182.1	6690.6	3.6	53.0	43.3
2009	19031.0	614.8	9615.4	8800.8	3.2	50.5	46.2
2010	23276.7	551.8	11332.4	11392.5	2.4	48.7	48.9
2011	25927.1	533.3	12425.3	12968.5	2.1	47.9	50.0
2012	30319.8	679.6	14432.3	15207.9	2.2	47.6	50.2
2013	35875.9	644.8	17204.1	18027.0	1.8	48.0	50.2
2014	41599.1	705.3	21287.7	19606.1	1.7	51.2	47.1
2015	47381.5	898.3	24092.7	22390.4	1.9	50.8	47.3
2016	52364.5	973.6	27425.7	23965.1	1.9	52.4	45.8
2017	54236.0	1029.6	26876.3	26330.1	1.9	49.6	48.5
2018					1.7	39.5	58.8

注：2000—2010年数据为全社会固定资产投资口径，2011年起数据为固定资产投资口径(不含农户固定资产投资)。
a)Caliber of 2000-2010 data is total investment, from 2011 data is investment in fixed assets.

5-4 固定资产投资(2018年)
Total Investments in Fixed Assets (2018)

单位:% (%)

类别	Category	增长速度 The growth		构成 Grouped by Structure	
		固定资产投资 Investment in Fixed Assets	#房地产开发投资 Investment in Real Estate Development	固定资产投资 Investment in Fixed Assets	#房地产开发投资 Investment in Real Estate Development
总　计	**Total**	**4.1**	**13.8**	**100.0**	**100.0**
按登记注册类型分	**Registration Status**				
内　资	Domestic Fund	4.5	14.8	95.4	95.9
国　有	State-owned	-1.7	-50.6	15.3	0.7
集　体	Collective-owned	-39.8	-17.3	1.1	0.3
股份合作	Cooperative	29.3	83.5	0.1	0.2
联　营	Joint Ownership Units	40.7			
有限责任	Limited Liability	2.3	-14.2	31.4	44.1
股份有限	Share-holding Corporations Ltd.	-13.0	-45.9	3.1	1.6
私　营	Private	16.7	81.7	40.1	49.0
其　他	Others	-18.2	-96.1	4.2	
港澳台商投资	Fund from Hong Kong,Macao and Taiwan	1.3	-22.2	1.8	2.4
#合资经营	Joint Venture	7.5	-25.7	1.0	1.2
合作经营	Collaborative Operation	39.9	-50.1		
独　资	Solely Foreign-owned	-9.2	-16.7	0.7	1.2
股　份	Share-holding	73.8			
其　他	Others	-31.5	-69.8		
外商投资	Fund from Overseas	-7.9	35.7	2.7	1.7
#合资经营	Joint Venture	10.1	122.7	1.8	1.3
合作经营	Collaborative Operation	-76.3			
外　资	Foreign Funded	-28.6	37.0	0.8	0.3
股　份	Share-holding	89.1		0.1	0.1
其　他	Others	3.3	-62.5		
个体经营	Self-employed	-6.6			
按建设性质分	**Investment by Type of Construction**				
#新　建	New Construction	6.1		58.0	
扩　建	Expansion	-21.1		14.6	
改建和技术改造	Reconstruction and Technical Transformation	9.2		25.3	
单纯建造生活设施	Housing	-26.7		0.4	
迁　建	Removal and Reconstruction	-0.3		0.8	
恢　复	Resumption	60.2		0.1	
单纯购置	Purchase only	29.7		0.8	

注：本表固定资产投资不含农户投资，下表同。
a)Data in this table of investment in fixed asset does not include farmers investment.The same applies to tables following.

5-5 固定资产投资项目情况(2018年)
Investment Projects in Fixed Assets(2018)

单位：%　　(%)

类别	Category	增长速度 The growth 总计 Total	增长速度 The growth 地方项目 Local Investment	构成 Grouped by Structure 总计 Total	构成 Grouped by Structure 地方项目 Local Investment
建设总投资	**Total Investment in Construction**	**19.4**	**20.9**	**100.0**	**100.0**
自开始建设累计完成投资	Completed Investment from Beginning	4.9	4.6	100.0	100.0
本年完成投资	Investment Completed This Year	1.7	2.8	100.0	100.0
#住宅投资	Residential Buildings	-8.0	-7.8	1.1	1.1
按构成分	**Investment by Structure**				
建筑安装工程	Construction and Installation	6.1	7.0	71.4	71.5
设备工器具购置	Purchase of Equipment and Instruments	-12.5	-11.7	20.9	20.9
#购置旧设备	Purchase of Second-hand Equipment	12.5	11.4	0.1	0.1
其他费用	Others	6.4	11.9	7.8	7.7
#旧建筑物购置费	Purchase of Used Buildings	1.1	0.0	0.3	0.3
#土地购置费	Purchase of Field	-0.6	11.8	3.5	3.6
本年新增固定资产	**Newly Increased Real Estate**	**-24.4**	**-24.9**		
本年施工房屋面积	Project under Construction	-13.8	-14.0	100.0	100.0
#住　宅	Residential Building	2.1	1.1	16.2	16.2
本年竣工房屋面积	Project Completed and Put into Use	-33.1	-32.9	100.0	100.0
#住　宅	Residential Building	-30.0	-29.9	17.9	17.9
本年竣工房屋价值	Value of Project Completed and Put into Use	-72.6	-72.5	100.0	100.0
#住　宅	Residential Building	-29.2	-28.4	13.8	13.8
施工项目个数	Number of Projects Under Construction	-10.5	-10.8	100.0	100.0
#本年新开工	Started This Year	-22.6	-23.0	62.4	62.6
本年投产项目个数	Number of Projects Put into Use	-25.2	-25.6		
本年资金来源合计	**Total Fund of Different Sources**	**-11.1**	**-10.7**		
上年末结余资金	Fund Left Last Year	92.9	78.7		
本年资金来源小计	Total Fund of This Year	-13.0	-12.3	100.0	100.0
国家预算内资金	State Budgetary Appropriations	-15.6	-18.1	3.6	3.5
国内贷款	Domestic Loans	-21.9	-22.9	10.2	9.8
债　券	Stock	15.0	8.1	0.1	0.1
利用外资	Overseas Funds	-21.6	-22.7	0.5	0.6
自筹资金	Self-raised Fund	-10.7	-10.5	80.7	81.3
其他资金来源	Others	-24.2	-13.7	4.9	4.7
本年各项应付款合计	**Total of Account Payable**	**7.5**	**10.1**	**100.0**	**100.0**
#工程款	for Projects	3.0	5.6	33.7	33.9

注：本表固定资产投资不含房地产开发投资和农户投资。
a)Data in this table of investment in fixed asset does not include investment in real estate development and farmers investment.

5–6 按行业分的固定资产投资增长速度(2018年)
The growth of Investments in Fixed Assets by Sector(2018)

单位:% (%)

类　别	Category	固定资产投资额 Investments in Fixed Assets	建设总投资 Total Investment in Construction	施工项目 Number of Project under Constructi-on	新开工项　目 Started This Year
总　计	**Provincial Total**	**4.1**	**19.4**	**-10.5**	**-22.6**
(一)农、林、牧、渔业	**Farming, Forestry, Animal Husbandry and Fishery**	**1.2**	**29.1**	**-22.5**	**-30.4**
农　业	Farming	-4.5	30.9	-32.5	-38.6
林　业	Forestry	6.5	26.6	-2.2	-16.3
畜牧业	Animal Husbandry	36.5	51.7	4.2	-8.5
渔　业	Fishery		131.9	-19.6	-35.1
农林牧渔业及辅助性活动	Services for Farming, Forestry, Animal Husbandry and Fishery	-26.6	-24.8	-31.9	-34.2
(二)采矿业	**Mining**	**5.1**	**-9.2**	**6.8**	**29.9**
煤炭开采和洗选业	Mining and Washing of Coal	-45.2	-10.2	-32.3	-44.9
石油和天然气开采业	Extraction of Petroleum and Natural Gas	21.0	27.1	-50.0	-58.3
黑色金属矿采选业	Mining and Dressing of Ferrous Metal Ores	3.1	-49.8	17.4	112.5
有色金属矿采选业	Mining and Dressing of Nonferrous Metals Ores	20.8	6.3	35.3	81.3
非金属矿采选业	Mining and Dressing of Nonmetal Ores	-11.0	-6.4	22.2	78.7
开采专业及辅助性活动	Mining Specialties and Auxiliary Activities	-67.6	-92.9	-62.5	-58.3
其他采矿业	Mining and Dressing of Other Ores	949.1	382.9	150.0	400.0
(三)制造业	**Manufacture**	**2.4**	**14.5**	**-0.2**	**-11.0**
农副食品加工业	Processing of Farm and Sideline Food	-12.8	1.2	-9.3	-22.5
食品制造业	Manufacture of Food	-10.8	3.0	-7.3	-20.6
酒、饮料和精制茶制造业	Manufacture of Wine, Drinks and Refined Tea	-14.3	-8.8	-2.5	-26.0
烟草制品业	Tobacco Products	-28.9	-11.0	-66.7	-100.0
纺织业	Textile Industry	10.0	9.9	2.0	-10.6
纺织服装、服饰业	Manufacture of Textile Wearing Apparel and Finery	-30.9	-18.6	-33.4	-45.7
皮革、毛皮、羽毛及其制品和制鞋业	Manufacture of Leather, Fur, Feather & Its Products and Footwear	-4.2	-2.1	-24.2	-43.3
木材加工及木、竹、藤、棕、草制品业	Timber Processing, Bamboo, Cane, Palm Fiber & Straw Products	9.1	12.1	-6.2	-22.4
家具制造业	Manufacture of Furniture	27.5	15.9	26.6	7.1
造纸及纸制品业	Papermaking and Paper Products	6.4	14.2	7.8	-1.5
印刷和记录媒介复制业	Printing, Reproduction of Recording Media	24.0	22.5	1.5	-8.5
文教、工美、体育和娱乐用品制造业	Manufacture of Culture, Education,Arts and crafts, Sport and Entertainment Goods	24.1	46.4	-7.5	-19.1
石油、煤炭及其他燃料加工业	Processing of Oil, Coal and Other Fuel	-15.9	0.6	-3.0	-6.8
化学原料和化学制品制造业	Manufacture of Raw Chemical Materials and Chemica Products	-16.0	0.2	-16.4	-30.1
医药制造业	Manufacture of Medicines	1.5	61.1	5.3	4.0
化学纤维制造业	Manufacture of Chemical Fibers	36.8	24.1	53.8	62.5
橡胶和塑料制品业	Manufacture of Rubber and Plastic	-7.8	-14.4	5.4	-4.3
非金属矿物制品业	Nonmetal Mineral Products	24.6	30.5	19.5	15.0
黑色金属冶炼及压延加工业	Smelting and Pressing of Ferrous Metals	-5.4	2.1	2.7	-0.8
有色金属冶炼及压延加工业	Smelting and Pressing of Nonferrous Metals	-2.4	19.7	34.0	57.0
金属制品业	Manufacture of Metal Products	17.9	18.0	8.3	-0.9

注：建设总投资、施工及新开工项目个数等指标不含房地产企业开发数据(下表同)。
a)Data of total investment in construction , number of project under construction and new started exclude those developed by real estate companies. The same applies to tables following.

5-6 续表 1 continued

单位:%

类 别	Category	固定资产投资 Investments in Fixed Assets	建设总投资 Total Investment in Construction	施工项目 Number of Project under Constructi-on	新开工项目 Started This Year
通用设备制造业	Manufacture of General Purpose Machinery	8.3	27.5	-0.2	-11.3
专用设备制造业	Manufacture of Special Purpose Machinery	5.4	15.1	1.9	-5.7
汽车制造业	Manufacture of Automotive	4.1	17.4	1.1	-20.1
铁路、船舶、航空航天和其他运输设备制造业	Manufacture of Railroad,Marine,Aerospace and Other Transportation Equipment	9.6	24.1	9.9	1.1
电气机械及器材制造业	Manufacture of Electrical Machinery & Equipment	5.9	9.0	-14.1	-29.0
计算机、通信和其他电子设备制造业	Manufacture of Computer, Communications and Other Electronic Equipment	23.4	65.0	10.9	-7.6
仪器仪表制造业	Manufacture of Measuring Instrument	10.2	14.4	-22.5	-31.1
其他制造业	Other Manufacture	-27.2	-2.1	-44.3	-44.6
废弃资源综合利用业	Comprehensive Utilization of Waste	29.9	45.7	48.8	42.4
金属制品、机械和设备修理业	Metal Products, Machinery and Equipment Repair Industry	6.7	-9.2	-40.9	-70.0
(四)电力、热力、燃气及水的生产和供应业	**Production and Supply of Electric, Heat, Gas and Water**	**-21.4**	**-6.5**	**-13.9**	**-28.2**
电力、热力生产和供应业	Production and Supply of Electric Power and Heating Power	-25.6	-7.7	-19.2	-35.4
燃气生产和供应业	Production and Supply of Gas	-21.0	-20.3	-19.0	-28.0
水的生产和供应业	Production and Supply of Tap Water	17.1	18.7	9.2	-4.3
(五)建筑业	**Construction**	**12.9**	**24.8**	**7.3**	**10.7**
房屋建筑业	Building Construction	28.0	68.5	0.6	3.6
土木工程建筑业	Civil Engineering Construction	13.1	24.1	18.3	28.6
建筑安装业	Construction Installment	18.3	47.6	-6.1	-40.5
建筑装饰和其他建筑业	Construction Decoration and Others	-9.0	-27.6	-25.3	-28.1
(六)批发和零售业	**Wholesale and Retail Trade**	**-38.8**	**-28.7**	**-52.7**	**-61.9**
批发业	Wholesale	-47.6	-33.3	-57.0	-65.8
零售业	Retail Trade	-25.7	-23.7	-46.4	-56.1
(七)交通运输、仓储和邮政业	**Transport, Storage and Postal Services**	**2.0**	**30.9**	**-15.7**	**-35.5**
铁路运输业	Railway Transport	7.4	96.4	45.9	-33.3
道路运输业	Road Transport	12.1	23.4	-14.1	-33.8
水上运输业	Waterway Transport	-22.2	-7.4	-17.2	-34.0
航空运输业	Air Transport	-59.2	38.2	100.0	300.0
管道运输业	Pipeline Transport	-27.0	-34.8	-44.2	-63.0
多式联运和运输代理业	Multimodal transport and Transportation agency	-60.2	-35.4	-52.3	-70.8
装卸搬运和仓储业	Loading and Unloading and Storage	19.8	25.6	-20.6	-37.9
邮政业	Postal Services	-0.4	37.2	-5.9	-20.0
(八)住宿和餐饮业	**Accommodations and Catering Services**	**-20.1**	**21.9**	**-6.4**	**-24.0**
住宿业	Accommodations	-14.2	19.9	-8.6	-34.1
餐饮业	Catering Services	-32.8	28.5	-3.3	-11.2
(九)信息传输、软件和信息技术服务业	**Information Transmission, Computer Services and Software**	**15.1**	**43.1**	**-2.2**	**-14.3**
电信、广播电视和卫星传输服务	Telecommunications, Radio and Television and Satellite Transmission Services	65.0	240.3	-13.9	-48.3
互联网和相关服务	Internet and related Services	32.2	24.0	32.3	93.1
软件和信息技术服务业	Software and Information Technology Services	-1.4	34.2	-15.2	-40.2
(十)金融业	**Finance**	**0.4**	**-7.4**	**-39.3**	**-65.0**
货币金融服务	Monetary and Financial Services	91.0	63.9	-32.0	-61.1
资本市场服务	Capital Market Services	-35.9	1.3	-38.9	-77.8

5-6 续表 2 continued

单位:%

类　别	Category	固定资产投资 Investments in Fixed Assets	建设总投资 Total Investment in Construction	施工项目 Number of Project under Constructi-on	新开工项　目 Started This Year
保险业	Insurance	-18.5		-14.3	-33.3
其他金融业	Others	-52.4	-72.9	-72.7	-85.7
(十一)房地产业	**Real Estate**	**15.2**	**55.1**	**-1.5**	**-16.0**
*房地产开发投资	Real Estate	13.8			
(十二)租赁和商务服务业	**Leasing and Business Services**	**55.2**	**32.5**	**-2.8**	**-24.8**
租赁业	Leasing Services	103.5	196.7	-28.6	-42.1
商务服务业	Business Services	54.6	31.7	-1.8	-23.9
(十三)科学研究和技术服务	**Scientific Research and Technical Services**	**-4.6**	**12.2**	**-23.9**	**-28.6**
研究与试验发展	Research and Experimental Development	-1.6	-2.3	-28.5	-41.8
专业技术服务业	Special Technical Services	-10.0	-0.8	-18.8	-13.7
科技推广和应用服务业	Science and Technology Promotion and Application Services	-3.2	36.9	-25.5	-33.1
(十四)水利、环境和公共设施管理业	**Management of Water Conservancy, Environment and Public Facilities**	**13.8**	**24.8**	**-20.8**	**-32.7**
水利管理业	Management of Water Conservancy	-13.7	5.8	-17.5	-32.3
生态保护和环境治理业	Ecological Protection and Environmental Management	27.0	28.6	-16.3	-25.3
公共设施管理业	Management of Public Facilities	17.7	27.7	-22.7	-34.7
(十五)居民服务、修理和其他服务业	**Households services, Repair and Other Services**	**-47.0**	**45.4**	**-47.3**	**-59.9**
居民服务业	Services to Households	-45.3	93.1	-57.4	-66.9
机动车、电子产品和日用产品修理业	Motor Vehicles, Electronics and Household Products Repair	-59.3	-47.2	-53.3	-68.8
其他服务业	Other Services	-38.9	-21.6	-6.0	-24.3
(十六)教　育	**Education**	**-16.7**	**10.8**	**-30.4**	**-52.4**
教　育	Education	-16.7	10.8	-30.4	-52.4
(十七)卫生和社会工作	**Health and Social Work**	**-3.3**	**29.9**	**-14.6**	**-38.6**
卫　生	Health Care	6.0	43.8	-8.4	-37.1
社会工作	Social Work	-21.9	4.3	-25.9	-41.4
(十八)文化、体育和娱乐业	**Culture, Sports and Recreation**	**5.7**	**39.7**	**16.4**	**16.0**
新闻和出版业	News and Publication	68.6	135.1	-28.6	-66.7
广播、电视、电影和影视录音制作业	Radio, Television, Film and Video Recording Production	-77.1	-63.2	21.7	16.7
文化艺术业	Culture and Arts	-11.4	11.5	-32.2	-42.8
体　育	Sports	-37.7	-26.0	-22.5	-30.4
娱乐业	Recreation	90.4	140.6	96.8	105.5
(十九)公共管理、社会保障和社会组织	**Public Management,Social Security and Social Organizations**	**-9.7**	**5.7**	**-28.1**	**-42.8**
中国共产党机关	CPC Agencies	-6.8	53.7	62.5	56.3
国家机构	Government Agencies	-8.6	10.6	-28.3	-46.5
社会保障	Social Security	248.7	-0.9		200.0
群众团体、社会团体和其他成员组织	Mass Organizations, Social Organizations and Other Organizations	-75.8	-70.8	-65.2	-22.2
基层群众自治组织	Self-governing Mass Organizations at the Grass-roots Level	4.9	7.6	-32.4	-45.5
(二十)国际组织	**International Organizations**				
国际组织	International Organizations				

5-7 按行业分的固定资产投资构成(2018年)
Composition of Investments in Fixed Assets by Sector(2018)

单位:% (%)

类别	Category	固定资产投资 Investments in Fixed Assets	建设总投资 Total Investment in Construction	施工项目 Number of Project under Constructi-on	新开工项目 Started This Year
总计	**Provincial Total**	**100.0**	**100.0**	**100.0**	**100.0**
(一)农、林、牧、渔业	**Farming, Forestry, Animal Husbandry and Fishery**	**2.0**	**2.2**	**4.0**	**4.5**
农业	Farming	0.7	0.7	1.5	1.8
林业	Forestry	0.2	0.3	0.5	0.5
畜牧业	Animal Husbandry	0.6	0.6	0.9	1.0
渔业	Fishery	0.2	0.3	0.3	0.3
农林牧渔业及辅助性活动	Services for Farming, Forestry, Animal Husbandry and Fishery	0.3	0.3	0.8	1.0
(二)采矿业	**Mining**	**1.1**	**0.7**	**1.1**	**1.3**
煤炭开采和洗选业	Mining and Washing of Coal	0.1	0.1	0.2	0.2
石油和天然气开采业	Extraction of Petroleum and Natural Gas	0.5	0.2		
黑色金属矿采选业	Mining and Dressing of Ferrous Metal Ores	0.1	0.1	0.1	0.1
有色金属矿采选业	Mining and Dressing of Nonferrous Metals Ores	0.3	0.2	0.4	0.5
非金属矿采选业	Mining and Dressing of Nonmetal Ores	0.1	0.1	0.4	0.5
开采专业及辅助性活动	Mining Specialties and Auxiliary Activities				
其他采矿业	Mining and Dressing of Other Ores				
(三)制造业	**Manufacture**	**33.0**	**36.4**	**50.0**	**51.9**
农副食品加工业	Processing of Farm and Sideline Food	1.7	1.6	3.1	3.1
食品制造业	Manufacture of Food	0.9	0.8	1.6	1.5
酒、饮料和精制茶制造业	Manufacture of Wine, Drinks and Refined Tea	0.3	0.4	0.6	0.4
烟草制品业	Tobacco Products				
纺织业	Textile Industry	1.3	1.0	2.4	2.8
纺织服装、服饰业	Manufacture of Textile Wearing Apparel and Finery	0.5	0.4	1.0	1.1
皮革、毛皮、羽毛及其制品和制鞋业	Manufacture of Leather, Fur, Feather & Its Products and Footwear	0.3	0.2	0.3	0.3
木材加工及木、竹、藤、棕草制品业	Timber Processing, Bamboo, Cane, Palm Fiber & Straw Products	0.8	0.7	1.5	1.7
家具制造业	Manufacture of Furniture	0.7	0.5	1.2	1.3
造纸及纸制品业	Papermaking and Paper Products	0.8	0.8	1.0	1.1
印刷和记录媒介复制业	Printing, Reproduction of Recording Media	0.3	0.2	0.5	0.5
文教、工美、体育和娱乐用品制造业	Manufacture of Culture, Education,Arts and crafts, Sport and Entertainment Goods	0.5	0.5	0.8	0.9
石油、煤炭及其他核燃料加工业	Processing of Oil, Coal and Other Fuel	1.0	1.5	0.8	0.8
化学原料和化学制品制造业	Manufacture of Raw Chemical Materials and Chemica Products	3.1	4.3	3.5	3.1
医药制造业	Manufacture of Medicines	1.2	2.3	1.5	1.3
化学纤维制造业	Manufacture of Chemical Fibers	0.2	0.9	0.2	0.2
橡胶和塑料制品业	Manufacture of Rubber and Plastic	1.2	1.0	2.4	2.7
非金属矿物制品业	Nonmetal Mineral Products	3.6	3.1	6.2	7.2
黑色金属冶炼及压延加工业	Smelting and Pressing of Ferrous Metals	0.9	1.7	0.7	0.8
有色金属冶炼及压延加工业	Smelting and Pressing of Nonferrous Metals	0.8	1.1	0.8	0.8
金属制品业	Manufacture of Metal Products	2.1	1.9	3.4	3.7

注：建设总投资、施工及新开工项目个数等指标不含房地产企业开发数据(下表同)。
a)Data of total investment in construction , number of project under construction and new started exclude those developed by real estate companies. The same applies to tables following.

5-7 续表 1 continued

单位:% (%)

类 别	Category	固定资产投资额 Investments in Fixed Assets	建设总投资 Total Investment in Construction	施工项目 Number of Project under Construction	新开工项目 Started This Year
通用设备制造业	Manufacture of General Purpose Machinery	2.7	2.4	5.1	5.5
专用设备制造业	Manufacture of Special Purpose Machinery	2.2	2.1	4.2	4.5
汽车制造业	Manufacture of Automotive	2.3	2.4	2.3	1.9
铁路、船舶、航空航天和其他运输设备制造业	Manufacture of Railroad,Marine,Aerospace and Other Transportation Equipment	0.4	0.5	0.6	0.5
电气机械及器材制造业	Manufacture of Electrical Machinery & Equipment	1.6	1.7	2.2	2.0
计算机、通信和其他电子设备制造业	Manufacture of Computer, Communications and Other Electronic Equipment	0.9	1.4	1.1	0.9
仪器仪表制造业	Manufacture of Measuring Instrument	0.2	0.2	0.4	0.4
其他制造业	Other Manufacture	0.1	0.2	0.2	0.2
废弃资源综合利用业	Comprehensive Utilization of Waste	0.3	0.3	0.4	0.5
金属制品、机械和设备修理业	Metal Products, Machinery and Equipment Repair Industry		0.1		
(四)电力、热力、燃气及水的生产和供应业	**Production and Supply of Electric, Heat, Gas and Water**	**4.1**	**6.4**	**4.6**	**4.1**
电力、热力生产和供应业	Production and Supply of Electric Power and Heating Power	3.3	5.7	3.1	2.6
燃气生产和供应业	Production and Supply of Gas	0.2	0.2	0.3	0.3
水的生产和供应业	Production and Supply of Tap Water	0.6	0.5	1.1	1.2
(五)建筑业	**Construction**	**1.3**	**1.2**	**2.8**	**3.6**
房屋建筑业	Building Construction	0.2	0.3	0.7	0.8
土木工程建筑业	Civil Engineering Construction	0.9	0.8	1.8	2.3
建筑安装业	Construction Installment	0.1	0.1	0.2	0.1
建筑装饰和其他建筑业	Construction Decoration and Others	0.1	0.1	0.2	0.3
(六)批发和零售业	**Wholesale and Retail Trade**	**1.7**	**1.9**	**2.8**	**2.9**
批发业	Wholesale	0.9	0.9	1.5	1.6
零售业	Retail Trade	0.8	1.0	1.3	1.3
(七)交通运输、仓储和邮政业	**Transport, Storage and Postal Services**	**8.3**	**15.3**	**5.3**	**4.4**
铁路运输业	Railway Transport	1.3	3.4	0.2	0.1
道路运输业	Road Transport	4.7	8.5	3.4	3.1
水上运输业	Waterway Transport	0.6	0.7	0.3	0.2
航空运输业	Air Transport	0.2	0.6	0.1	0.1
管道运输业	Pipeline Transport	0.2	0.2	0.1	0.1
多式联运和运输代理业	Multimodal transport and Transportation agency	0.1	0.1	0.1	0.1
装卸搬运和仓储业	Loading and Unloading and Storage	1.3	1.6	1.0	0.9
邮政业	Postal Services		0.1	0.1	
(八)住宿和餐饮业	**Accommodations and Catering Services**	**0.5**	**0.8**	**1.0**	**1.0**
住宿业	Accommodations	0.4	0.6	0.6	0.5
餐饮业	Catering Services	0.1	0.2	0.4	0.5
(九)信息传输、软件和信息技术服务业	**Information Transmission, Computer Services and Software**	**0.7**	**1.1**	**0.8**	**0.7**
电信、广播电视和卫星传输服务	Telecommunications, Radio and Television and Satellite Transmission Services	0.1	0.2	0.1	0.1
互联网和相关服务	Internet and related Services	0.3	0.3	0.3	0.3
软件和信息技术服务业	Software and Information Technology Services	0.4	0.6	0.4	0.3
(十)金融业	**Finance**	**0.2**	**0.2**	**0.1**	**0.1**
货币金融服务	Monetary and Financial Services	0.1	0.1	0.1	
资本市场服务	Capital Market Services		0.1		

5-7 续表 2 continued

单位:% (%)

类 别	Category	固定资产投资额 Investments in Fixed Assets	建设总投资 Total Investment in Construction	施工项目 Number of Project under Constructi-on	新开工项目 Started This Year
保险业	Insurance		0.1		
其他金融业	Others				
(十一)房地产业	**Real Estate**	**27.9**	**8.9**	**5.1**	**4.1**
*房地产开发投资	Real Estate	21.6			
(十二)租赁和商务服务业	**Leasing and Business Services**	**3.2**	**5.1**	**2.0**	**1.7**
租赁业	Leasing Services		0.1	0.1	0.1
商务服务业	Business Services	3.1	5.1	1.9	1.6
(十三)科学研究和技术服务	**Scientific Research and Technical Services**	**1.6**	**2.2**	**2.1**	**2.1**
研究与试验发展	Research and Experimental Development	0.5	0.7	0.4	0.3
专业技术服务业	Special Technical Services	0.4	0.6	0.7	0.8
科技推广和应用服务业	Science and Technology Promotion and Application Services	0.7	1.0	0.9	1.0
(十四)水利、环境和公共设施管理业	**Management of Water Conservancy, Environment and Public Facilities**	**7.5**	**8.9**	**9.0**	**9.1**
水利管理业	Management of Water Conservancy	0.9	1.1	1.2	1.1
生态保护和环境治理业	Ecological Protection and Environmental Management	0.5	0.6	0.7	0.7
公共设施管理业	Management of Public Facilities	6.1	7.2	7.1	7.1
(十五)居民服务、修理和其他服务业	**Households services, Repair and Other Services**	**0.2**	**0.4**	**0.5**	**0.5**
居民服务业	Services to Households	0.1	0.4	0.3	0.2
机动车、电子产品和日用产品修理业	Motor Vehicles, Electronics and Household Products Repair			0.1	0.1
其他服务业	Other Services	0.1		0.2	0.2
(十六)教 育	**Education**	**2.1**	**2.3**	**3.2**	**2.7**
教 育	Education	2.1	2.3	3.2	2.7
(十七)卫生和社会工作	**Health and Social Work**	**1.2**	**1.8**	**1.5**	**1.2**
卫 生	Health Care	0.9	1.3	1.0	0.8
社会工作	Social Work	0.3	0.5	0.5	0.4
(十八)文化、体育和娱乐业	**Culture, Sports and Recreation**	**2.1**	**3.1**	**2.2**	**2.3**
新闻和出版业	News and Publication		0.1		
广播、电视、电影和影视录音制作业	Radio, Television, Film and Video Recording Production	0.1	0.2	0.1	0.1
文化艺术业	Culture and Arts	0.5	0.8	0.6	0.5
体 育	Sports	0.2	0.2	0.2	0.2
娱乐业	Recreation	1.2	1.9	1.3	1.5
(十九)公共管理、社会保障和社会组织	**Public Management,Social Security and Social Organizations**	**0.9**	**1.0**	**1.9**	**2.0**
中国共产党机关	CPC Agencies			0.1	0.1
国家机构	Government Agencies	0.8	0.8	1.4	1.4
人民政协、民主党派	CPPCC and Democratic Parties				
社会保障	Social Security				
群众团体、社会团体和其他成员组织	Mass Organizations, Social Organizations and Other Organizations				
基层群众自治组织	Self-governing Mass Organizations at the Grass-roots Level	0.2	0.1	0.4	0.4
(二十)国际组织	**International Organizations**				
国际组织	International Organizations				

5-8 各市固定资产投资增长速度
The growth of Total Investments in Fixed Assets by Region

单位:% (%)

地　区	Region	2016	2017	2018
全省总计	**Total**	**10.5**	**7.3**	**4.1**
济 南 市	Jinan	13.7	13.5	9.6
青 岛 市	Qingdao	13.7	7.4	7.9
淄 博 市	Zibo	13.4	3.4	6.6
枣 庄 市	Zaozhuang	10.0	5.7	-19.8
东 营 市	Dongying	-19.8	5.8	-10.0
烟 台 市	Yantai	13.5	8.5	6.0
潍 坊 市	Weifang	13.2	0.5	4.4
济 宁 市	Jining	13.4	8.4	7.1
泰 安 市	Tai'an	10.7	7.2	5.8
威 海 市	Weihai	13.2	8.7	7.5
日 照 市	Rizhao	13.5	9.5	6.3
莱 芜 市	Laiwu	2.7	5.5	7.2
临 沂 市	Linyi	11.9	8.0	7.8
德 州 市	Dezhou	13.4	8.0	7.3
聊 城 市	Liaocheng	12.2	10.7	-4.3
滨 州 市	Binzhou	8.5	5.6	-16.8
菏 泽 市	Heze	13.5	9.5	8.0

5-9 各市民间固定资产投资增长速度
The growth of Non-government Investments in Fixed Assets by Region

单位:% (%)

地　区	Region	2016	2017	2018
全省总计	**Total**	**6.6**	**2.1**	**4.1**
济 南 市	Jinan	7.5	5.7	8.5
青 岛 市	Qingdao	12.1	-9.2	21.8
淄 博 市	Zibo	8.5	-7.3	15.8
枣 庄 市	Zaozhuang	7.1	5.2	-21.3
东 营 市	Dongying	-24.6	3.1	-9.6
烟 台 市	Yantai	9.7	6.9	2.9
潍 坊 市	Weifang	6.3	-2.4	8.9
济 宁 市	Jining	12.2	6.2	2.6
泰 安 市	Tai'an	13.6	6.1	-6.4
威 海 市	Weihai	5.7	3.1	7.1
日 照 市	Rizhao	16.5	-4.4	-3.6
莱 芜 市	Laiwu	-8.0	0.5	5.9
临 沂 市	Linyi	2.8	8.6	9.5
德 州 市	Dezhou	11.8	5.0	12.3
聊 城 市	Liaocheng	6.9	8.1	-5.7
滨 州 市	Binzhou	5.4	8.9	-21.5
菏 泽 市	Heze	13.3	9.1	4.5

5-10 各市房地产开发投资和销售情况(2018年)

General Scale of Investment Actually Completed by Enterprises for Real Estate Development and Floor Space of Commercialized Buildings Sold(2018)

地　区	Region	本年完成投　资(万元) Investment Completed This Year (10 000 yuan)	#住宅 Residential Buildings	商品房销售面积(平方米) Floor Space of Commercialized Buildings Sold(sq.m)	#住宅 Residential Buildings	商品房销售额(万元) Total Sale of Commercialized Buildings Sold(10 000 yuan)	#住宅 Residential Buildings
全省总计	**Total**	**75529666**	**57175198**	**134547338**	**117553712**	**100656989**	**86828127**
济南市	Jinan	13693456	9285419	12346236	9636143	14737908	11728181
青岛市	Qingdao	14852089	10348412	18080170	15783054	22824618	19529067
淄博市	Zibo	2694898	2044808	5583495	4613026	4247542	3569632
枣庄市	Zaozhuang	2438241	1874170	4245050	3798626	2281497	1994698
东营市	Dongying	1671762	1273600	3035208	2815152	1896905	1757242
烟台市	Yantai	5867279	4438804	11747152	10783750	8533752	7838473
潍坊市	Weifang	6502082	5369701	14001769	12608374	8170126	7366173
济宁市	Jining	4012727	3152889	9566935	8051756	5494341	4536048
泰安市	Tai'an	1777039	1457296	3712027	3255937	2348211	1997912
威海市	Weihai	3452699	2751515	10437000	9282065	6704127	5898743
日照市	Rizhao	1865606	1503284	2677739	2528031	1937611	1817956
莱芜市	Laiwu	682127	520391	1128179	1051276	721805	662830
临沂市	Linyi	5356023	4230358	13576176	11734262	7887910	6826429
德州市	Dezhou	2992822	2482847	8155581	7286423	4824393	4345332
聊城市	Liaocheng	3142608	2593341	5417576	4449410	3104762	2553404
滨州市	Binzhou	1658725	1410592	2984503	2831554	1654783	1564696
菏泽市	Heze	2869483	2437771	7852542	7044873	3286698	2841311

5-11 按登记注册类型分的房地产开发投资情况(2018年)

类别		Category		总计 Total	内资企业 Domestic Funded	国有企业 State-owned Enterprises
计划总投资	**(万元)**	**Intended Investment**	**(10 000 yuan)**	**476210225**	**455497639**	**3820731**
自开始建设累计完成投资	**(万元)**	**Cumulative Investment**	**(10 000 yuan)**	**312969638**	**298389745**	**2749957**
本年完成投资	**(万元)**	**Investment Completed in Current Year**	**(10 000 yuan)**	**75529666**	**72439128**	**535120**
按构成分		**Grouped by Use of Funds**				
建筑工程	(万元)	Construction	(10 000 yuan)	48124781	46289268	414093
安装工程	(万元)	Installation	(10 000 yuan)	8573469	8323575	92016
设备工器具购置	(万元)	Purchase of Equipment and Instruments	(10 000 yuan)	879254	864679	1605
其他费用	(万元)	Others	(10 000 yuan)	17952162	16961606	27406
#旧建筑物购置费	(万元)	Purchase of Used Building	(10 000 yuan)	94777	94777	
土地购置费	(万元)	Purchase of Land	(10 000 yuan)	15298909	14388513	16994
按工程用途分		**Grouped by Use of Buildings**				
住宅	(万元)	Residential Buildings	(10 000 yuan)	57175198	55090062	399202
#90平方米以下住宅	(万元)	Residential Buildings below 90sq.m	(10 000 yuan)	9902663	9482521	62828
144平方米以上住宅	(万元)	Residential Buildings above 144sq.m	(10 000 yuan)	13158197	12591417	39852
#别墅、高档公寓	(万元)	Villas and Upper-scale Apartments	(10 000 yuan)	1867982	1711895	4
办公楼	(万元)	Office Buildings	(10 000 yuan)	3057149	2901219	35599
商业营业用房	(万元)	Buildings for Business	(10 000 yuan)	8063768	7809691	37498
其他	(万元)	Others	(10 000 yuan)	7233551	6638156	62821
本年新增固定资产	**(万元)**	**Newly Increased Fixed Assets**	**(10 000 yuan)**	**32320481**	**31320413**	**166253**
到位资金情况		**Funds in Place**				
上年末结余资金	(万元)	Fund Left from Last Year	(10 000 yuan)	33878602	31005458	175780
本年资金来源小计	(万元)	Fund of All Sources in Currrent Year	(10 000 yuan)	109080177	104813972	658360
国内贷款	(万元)	Domestic Loans	(10 000 yuan)	12801066	12598817	104814
#银行贷款	(万元)	from Banks	(10 000 yuan)	10482746	10349047	104814
非银行金融机构贷款	(万元)	from Other Financial Deparments	(10 000 yuan)	2318320	2249770	
利用外资	(万元)	Foreign Investment	(10 000 yuan)	192091	161834	
自筹资金	(万元)	Self-Raising Funds	(10 000 yuan)	36576475	35174155	226790
定金及预付款	(万元)	Earnest Money and Advance Charge	(10 000 yuan)	41234362	39310579	38938
个人按揭贷款	(万元)	Mortgage Loans	(10 000 yuan)	13082071	12548041	16069
其他到位资金	(万元)	Others	(10 000 yuan)	5194112	5020546	271749
本年各项应付款合计	(万元)	Account Payable	(10 000 yuan)	23087143	22645818	146451
#工程款	(万元)	Payment for Construction	(10 000 yuan)	11767459	11476241	96523
待开发土地面积	(平方米)	Space of Land to be Developed	(sq.m)	32587235	31883119	126544
本年购置土地面积	(平方米)	Space of Land Purchased in Current Year	(sq.m)	27091854	26567739	200667
本年土地成交价款	(万元)	Value of Commercial Land	(10 000 yuan)	9174550	8833660	28884

Investment in Real Development by Registration Status(2018)

集体企业 Collective-owned Enterprises	股份合作企业 Cooperative Enterprises	有限责任公司 Limited Liability Corporations	股份有限公司 Share-holding Corporations Limited	私营企业 Private Enterprises	其他企业 Other Enterprises	港澳台商投资企业 Enterprises with Funds from Hong Kong, Macao and Taiwan	外商投资企业 Foreign Funded Enterprises
1496287	**543575**	**203691064**	**9417636**	**236484287**	**44059**	**14421006**	**6291580**
589922	**399987**	**131398143**	**7013390**	**156205546**	**32800**	**10122239**	**4457654**
207517	**179371**	**33280405**	**1228682**	**36998633**	**9400**	**1833084**	**1257454**
117130	151927	20066991	748723	24789073	1331	1130930	704583
20995	2214	3742328	165750	4300152	120	210514	39380
1547		395929	6505	459093		14145	430
67845	25230	9075157	307704	7450315	7949	477495	513061
		35200	5631	53946			
55733	25230	7687429	288042	6308546	6539	434489	475907
147517	121037	25338284	968738	28108646	6638	1330335	754801
86443	4235	4166929	174842	4980606	6638	249469	170673
3883	28366	5883167	294691	6341458		335808	230972
		826811	188927	696153		142091	13996
3064	5416	1518651	48724	1289765		85714	70216
30177	16607	3072098	94122	4558010	1179	148615	105462
26759	36311	3351372	117098	3042212	1583	268420	326975
126205	**7377**	**12106974**	**725599**	**18188005**		**704259**	**295809**
10331	36908	14630099	643034	15505114	4192	2048870	824274
480224	169542	52142006	2047962	49315138	740	2655760	1610445
264000	3701	7465082	333830	4427390		127349	74900
264000	3701	5845942	330830	3799760		127349	6350
		1619140	3000	627630			68550
		3320		158514		30257	
119143	44513	15979423	586553	18217733		645257	757063
56570	121328	20485511	733937	17874295		1387133	536650
32740		5091644	293637	7113951		292198	241832
7771		3117026	100005	1523255	740	173566	
81797	6582	10894914	498508	11012336	5230	361511	79814
41893	6492	5239108	313439	5778786		228686	62532
	99459	11868099	1426882	18362135		651784	52332
129368	89703	11857153	581670	13709178		182370	341745
59420	18634	4484128	127002	4115592		90587	250303

5-12 按登记注册类型分的房地产开发财务情况(2018年)

单位:万元

类　别	Category	总 计 Total	内资企业 Domestic Funded	国有企业 State-owned Enterprises
一、期初存货	**Initial Inventory**	**206172942**	**196753040**	**1673715**
二、期末资产负债	**Property debt at the End**			
流动资产合计	Total Liquid Liabilities	458251951	436056613	4637331
#应收账款	Accounts receivable	19559198	18535350	286416
存　货	Inventory	246087115	235891574	2004071
固定资产原价	Fixed Asset Value	15103677	13568095	110107
累计折旧	Accumulated Depreciation	2858533	2555586	42048
#本年折旧	in Current Year	672613	614159	2730
资产总计	Assets	540914019	514797576	5013138
负债合计	Liabilities	446714910	429141322	4207264
所有者权益合计	Owners' Equity	94198407	85655552	805873
#实收资本	Paid-up Capital	55216135	48445694	363553
三、损益及分配	**Net Income or Loss and Distribution**			
营业收入	Revenues from Business	77761718	72149347	302146
#主营业务收入	Revenues from Principal Business	75574991	70298182	280538
土地转让收入	Revenues from Land Transfer	1161078	1153935	4123
商品房屋销售收入	Revenues from Commercial Housing Sales	72365559	67192380	254562
自持物业收入	Self Holding Property Income	563475	488128	8434
#房屋出租收入	Housing Rental Income	393205	353737	8351
其他收入	Others	1484880	1463740	13419
营业成本	Business Cost	58623620	55030160	255883
#主营业务成本	Main Business Cost	56825207	53393135	255512
营业税金及附加	Business Tax and Extra Charges	4327825	3870248	12627
#主营业务税金及附加	Main Business Tax and Extra Charges	4112523	3661086	12204
其他业务利润	Other Operating Profits	232952	228054	535
销售费用	Sales Expenses	2473451	2334321	2812
管理费用	Management Expenses	2944196	2780988	31810
财务费用	Financial Expenses	1697578	1662616	5389
营业利润	Business Profits	8982576	7749764	12040
营业外收入	Non-operating Income	501062	486165	2758
营业外支出	Non-operating Expenses	438739	426975	3285
利润总额	Total Profits	8907409	7712108	11825
所得税费用	Income Tax Payable	1791268	1537213	280
应交增值税	Value-added Tax Payable	3182109	2947717	9542
四、人工成本	**Labor costs**			
本年应付工资总额	Wages Payable in Current Year	1952014	1837081	20088

Financial Indicators of Real Estate Development by Registration Status(2018)

(10 000 yuan)

集体企业 Collective-owned Enterprises	股份合作企业 Cooperative Enterprises	有限责任公司 Limited Liability Corporations	股份有限公司 Share-holding Corporations Limited	私营企业 Private Enterprises	其他企业 Other Enterprises	港澳台商投资企业 Enterprises with Funds from Hong Kong, Macao and Taiwan	外商投资企业 Foreign Funded Enterprises
873427	**43312**	**129406046**	**5487167**	**59269373**		**6691896**	**2728006**
1705026	204616	294468933	14348307	120692400		16430585	5764754
56558	641	12491042	585643	5115050		740813	283035
1027176	72050	158151142	6681150	67955985		7764747	2430795
105885	16889	9609897	664309	3060997	11	1289913	245669
31903	5151	1428553	132155	915765	11	229900	73046
5425	754	406505	25820	172924	1	37845	20608
1952368	229939	349977492	19609752	137941873	73015	19199658	6916785
1886562	145291	285403895	15530202	121898676	69432	12723328	4850260
65806	84648	64572895	4079550	16043197	3583	6476330	2066525
76420	17715	34329108	2078166	11577733	3000	5285630	1484812
335125	22152	44532314	3589890	23348684	19036	3791075	1821296
334021	22152	43793670	3383305	22465460	19036	3576745	1700064
		1077316	681	71815		7143	
326188	20939	41536468	3256542	21778645	19036	3494693	1678486
7416	1213	290949	26825	153291		67601	7747
6898	1201	216807	13386	107095		31732	7736
418		888937	99257	461709		7309	13832
227169	14389	33929998	2512762	18073712	16247	2557821	1035639
226164	13762	33093360	2382708	17405383	16247	2502959	929114
37626	1369	2447974	209940	1159384	1329	318809	138769
36927	1147	2320465	202252	1086762	1329	314202	137235
303		105017	43733	78466		4223	675
3363	948	1497182	85923	744089	5	95841	43289
11958	1762	1626196	133339	975806	117	118577	44632
9390	-1259	980606	156761	511592	136	20306	14656
45864	5741	5103334	446905	2134677	1203	728982	503831
6071	39	270374	126628	80264	31	13668	1229
5260	310	223348	22663	172101	8	7469	4296
46690	5474	5094851	554742	1997301	1227	698473	496828
1260	1104	1063354	59307	411908		138744	115311
16326	998	1797720	128903	994038	192	167563	66829
7634	992	1098281	78265	631717	105	91049	23884

5-13 房地产开发企业(单位)施工、销售和待售情况(2018年)

类　别		Category		合　计 Total
房屋施工面积	**(平方米)**	**Floor Space Under Construction**	**(sq.m)**	**690630604**
#新开工面积	(平方米)	Recently-started Projects	(sq.m)	187322470
房屋竣工面积	**(平方米)**	**Floor Space Completed**	**(sq.m)**	**105125693**
#不可销售面积	(平方米)	Space of Floor not Ready for Sale	(sq.m)	2648036
商品住宅竣工套数	**(套)**	**Number of Commercial Buildings Completed**	**(unit)**	
竣工房屋价值	**(万元)**	**Value of Buildings Completed**	**(10 000 yuan)**	**24831886**
出租房屋面积	**(平方米)**	**Floor Space of Buildings to Lease**	**(sq.m)**	**926461**
商品房销售面积	**(平方米)**	**Floor Space of Commercial Buildings Sold**	**(sq.m)**	**134547338**
#现房销售面积	(平方米)	Floor Space of Complete Dapartments	(sq.m)	23807242
期房销售面积	(平方米)	Floor Space of Forward Delivery Housin	(sq.m)	110740096
商品房销售额	**(万元)**	**Total Sale of Commercial Building**	**(10 000 yuan)**	**100656989**
#现房销售额	(万元)	Sale of Complete Dapartments	(10 000 yuan)	14383736
期房销售额	(万元)	Sale of Forward Delivery Housing	(10 000 yuan)	86273253
商品住宅销售套数	**(套)**	**Number of Commercial Buildings Sold**	**(unit)**	
#现房销售套数	(套)	Complete Dapartments	(unit)	
期房销售套数	(套)	Forward Delivery Housing	(unit)	
待售面积	**(平方米)**	**Floor Space of Waiting For Sale**	**(sq.m)**	**26399680**
#待售1-3年(含1年)	(平方米)	1 to 3 years	(sq.m)	10868020
待售3年以上(含3年)	(平方米)	more than 3 years	(sq.m)	5614460

Construction and Sale of Buildings Made by Real Estate Enterprises(2018)

住 宅 Residential Buildings	按户型面积分 #90平方米及以下住宅 Below or Equal 90 sq.m	按户型面积分 144平方米以上住宅 Above 144 sq.m	#别墅、高档公寓 Villas and Upper-scale Apartments	办公楼 Office Buildings	商业营业用房 Buildings for Business	其 他 Others
507895463	**91348989**	**96178909**	**13495568**	**26812502**	**73358291**	**82564348**
139407590	13289397	30443155	3577487	6137705	14887366	26889809
80570926	**15237290**	**14298039**	**1948887**	**3543473**	**10889119**	**10122175**
941059	288235	77587	53449	75280	544444	1087253
682920	**187180**	**76858**	**8201**			
18711811	**3554155**	**3534315**	**614677**	**977526**	**2714326**	**2428223**
37834	**29363**			**169755**	**636891**	**81981**
117553712	**15308117**	**22636874**	**1910995**	**2744813**	**8894186**	**5354627**
18249569	4134670	3429537	413590	914475	3432428	1210770
99304143	11173447	19207337	1497405	1830338	5461758	4143857
86828127	**10815922**	**19741997**	**2509102**	**2990815**	**7960919**	**2877128**
10185691	2238413	2489323	581123	955513	2590278	652254
76642436	8577509	17252674	1927979	2035302	5370641	2224874
987777	**194684**	**129653**	**12945**			
159745	52334	18844	2337			
828032	142350	110809	10608			
14324295	**3588485**	**2552341**	**722300**	**2008393**	**7199933**	**2867059**
5904292	1341891	1182578	401781	715758	2936224	1311746
2284927	779923	429313	144099	392129	2391014	546390

5−14 新增生产能力(2018年)
Newly Increased Production Capacity through Capital Construction(2018)

能力名称		Item		建设规模 Total Construc -tion Size	本年施工规模 Under Construc -tion This Year	新开工能力 Started This Year	累计新增生产能力 Accumul ated Newly Increased	本年新增能力 Newly Incre ased This Year
原煤开采	(万吨/年)	Coal Mining	(10 000 tons/year)	640	640		640	640
焦　炭	(万吨/年)	Coke	(10 000 tons/year)	240	120	20		
天然原油开采	(万吨/年)	Petroleum Extraction	(10 000 tons/year)	144	144	144	144	144
蒸馏设备能力	(处理万吨/年)	Distillation Equipment Capacity	(10 000 tons/year)	470	183	120	470	183
裂化设备能力	(处理万吨/年)	FCC Equipment Capacity	(10 000 tons/year)	200	36		200	36
铁矿开采(原矿)	(万吨/年)	Iron Ore Mining	(10 000 tons/year)	450	5	5	50	5
生　铁	(万吨/年)	Pig Iron	(10 000 tons/year)	100	100	100	100	100
钢材	(万吨/年)	Steel	(10 000 tons/year)	343	119	111	111	111
铝加工材	(吨/年)	Aluminum Machining	(ton/year)	1528805	1157300	824100	1324100	824100
火力发电	(万千瓦)	Thermal Power	(10 000 kw)	981	531	56	162	92
核能发电	(万千瓦)	Nuclear Power	(10 000 kw)	570	250		125	125
风力发电	(万千瓦)	Wind Power	(10 000 kw)	182	125	89	105	76
太阳能发电	(万千瓦)	Solar Power	(10 000 kw)	250	73	29	71	56
其他发电	(万千瓦)	Others	(10 000 kw)	23	17	14	12	11
输电线路长度(11万伏及以上)	(公里)	Length of Transmission Line	(over 110kv) (km)	478	214	50	155	152
水　泥	(万吨/年)	Cement	(10 000 tons/year)	190	190			
氮　肥	(吨/年)	Nitrogen Fertilizers	(ton/year)	600000	600000	600000	240000	240000
塑料树脂及共聚物	(吨/年)	Plastics,Colophony and Copolymer	(ton/year)	253792	142708	133655	141909	126700
轮胎外胎	(万条/年)	Tires	(10 000 units/year)	3514	234	221	2656	100

5-14 续表 continued

能力名称	Item	建设规模 Total Construc -tion Size	本年施工规模 Under Construc -tion This Year	新开工能力 Started This Year	累计新增生产能力 Accumu lated Newly Increased	本年新增能力 Newly Incre ased This Year
化学纤维 (吨/年)	Chemical Fiber (ton/year)	63070	39120	21847	27570	10777
棉纺锭 (锭)	Cotton Spindles (unit)	768275	599275	555275	530762	428823
啤　酒 (万吨/年)	Beer (10 000 tons/year)	5	4	4	4	4
白　酒 (万吨/年)	Wine (10 000 tons/year)	3	3			
机制纸浆 (万吨/年)	Machine-made Pulp (10 000 tons/year)	58	58	18	11	11
新建铁路里程 (公里)	Length of Newly-built Railway (km)	267	247	4	6	6
新建公路 (公里)	Length of Newly-built Highway (km)	1845	1563	862	911	816
#高速公路 (公里)	Expressway (km)	395	319	120	89	72
一级公路 (公里)	Class-A Highway (km)	196	153	53	131	131
二级公路 (公里)	Class-B Highway (km)					
改建公路 (公里)	Length of Reconstructed Highway (km)	2352	1811	668	1897	1238
一级公路 (公里)	Class-A Highway (km)	366	327	203	264	244
二级公路 (公里)	Class-B Highway (km)	118	118	92	98	98
新建独立公路桥梁 (延长米)	Length of Newly-built Bridges (m)	4920	3777	1217	3640	1080
-座数 (座)	Number (unit)	12	12	10	11	9
新(扩)建港口码头 (万吨/年)	Newly-built or Expanded Ports (10 000 tons/year)	7025	5185	3649	3657	3630
-泊位 (个)	Berths (unit)	48	21	19	19	19
新(扩)建客、货运站 (个)	Cargo or Passenger Terminals (unit)	2	2	1	2	2
-面积 (平方米)	Area (sq.m)	14000	12000	1000	12000	12000
城市自来水供水能力 (万吨/日)	Volume of Water Supply (10 000 tons/day)	15	12	8	4	4
城市污水处理能力 (万吨/日)	Capacity of Sewage Treatment (10 000 tons/day)	58	31	15	36	16

主要统计指标解释

全社会固定资产投资 是以货币形式表现的在一定时期内全社会建造和购置固定资产的工作量以及与此有关的费用的总称。该指标是反映固定资产投资规模、结构和发展速度的综合性指标,又是观察工程进度和考核投资效果的重要依据。全社会固定资产投资按登记注册类型可分为国有、集体、个体、联营、股份制、外商、港澳台商、其他等。

房地产开发投资 指各种登记注册类型的房地产开发公司、商品房建设公司及其他房地产开发法人单位和附属于其他法人单位实际从事房地产开发或经营活动的单位统一开发的包括统代建、拆迁还建的住宅、厂房、仓库、饭店、宾馆、度假村、写字楼、办公楼等房屋建筑物和配套的服务设施,土地开发工程(如道路、给水、排水、供电、供热、通讯、平整场地等基础设施工程)的投资;不包括单纯的土地交易活动。

农村投资 指发生在农村区域范围内的非农户固定资产投资项目完成的投资。

建设总规模 是指在报告期内所有施工项目的计划总投资。这个指标和施工项目相对应。

在建总规模 是指在报告期末所有在建项目的计划总投资。

在建净规模 是指报告期末所有在建项目建成投产尚需的投资总量。

在建净规模＝在建总规模－累计完成投资

固定资产投资的资金来源 根据固定资产投资的资金来源不同,分为国家预算内资金、国内贷款、利用外资、自筹资金和其他资金。

(1)国家预算内资金:分为财政拨款和财政安排的贷款两部分。包括中央财政的基本建设基金(分经营性基金和非经营性基金两部分)、专项支出(如煤代油专项等)、收回再贷、贴息资金,财政安排的挖潜改造和新产品试制支出、城建支出、商业部门简易建筑支出、不发达地区发展基金等资金中用于固定资产投资的资金;地方财政中由国家统筹安排的资金等。

(2)国内贷款:指报告期固定资产投资单位向银行及非银行金融机构借入的用于固定资产投资的各种国内借款,包括银行利用自有资金及吸收的存款发放的贷款、上级主管部门拨入的国内贷款、国家专项贷款(包括煤代油贷款、劳改煤矿专项贷款等)、地方财政专项资金安排的贷款、国内储备贷款、周转贷款等。

(3)利用外资:指报告期收到的用于固定资产建造和购置的国外资金(包括设备、材料、技术在内)。包括对外借款(外国政府、国际金融组织贷款、出口信贷、外国银行商业贷款、对外发行债券和股票)、外商直接投资及外商其他投资。不包括我国自有外汇资金(国家外汇、地方外汇、留成外汇、调剂外汇和中国银行自有资金发行的外汇贷款等)。计算利用外资时,需要折算成人民币,折算中所使用的外汇汇率按现汇计算,即按使用外汇时的汇率计算。

(4)自筹资金:指固定资产投资单位报告期收到的,由各地区、各部门及企、事业单位筹集用于固定资产投资的预算外资金,包括中央各部门、各级地方和企、事业单位的自筹资金。

(5)其他资金:指在报告期收到的除以上各种资金之外其他用于固定资产投资的资金,包括企业或金融机构通过发行各种债券筹集到的资金、群众集资、个人资金、无偿捐赠的资金及其他单位拨入的资金等。

固定资产投资按国民经济行业分 根据建设项目建成投产后的主要产品或主要用途及社会经济活动性质来确定国民经济行业。一般情况下,一个建设项目或一个企业、事业单位只能属于一种国民经济行业。

固定资产投资按隶属关系分 是按建设单位或企业、事业、行政单位的主管上级机关确定的。

(1)中央:是指中共中央、人大常委会和国务院各部、委、局、总公司以及直属机构直接领导的建设项目和企业、事业、行政单位。这些单位的固定资产投资计划由国务院各部门直接编制和下达,建设中所需物资、主要设备以及建设中的问题都由中央有关部门安排和解决。

(2)地方:是由省(自治区、直辖市)、地区(州、盟、省辖市)、县(旗、县级市)三级政府及业务主管部门直接领导和管理的建设项目、企业、事业、行政单位。地方项目还包括不隶属以上各级政府及主管部门的建设项目和企业、事业单位,如外商投资企业和无主管部门的企业等。

固定资产投资按建设性质分 根据整个建设项目情况来确定。建设项目的性质一般分为新建、扩建、改建和技术改造、迁建、恢复。房地产开发单位投资不划分建设性质。

(1)新建:一般指从无到有"平地起家"开始建设的企业、事业和行政单位或建设项目。现有企业、事业、行政单位一般不属于新建。但如有的单位原有基础很小,经过建设后新增的固定资产价值超过该企、事业、行政单位原有固定资产价值(原值)三倍以上的也应作为新建。

(2)扩建:指在厂内或其他地点,为扩大原有产品的生产能力(或效益)或增加新的产品生产能力,而增建主要的生产车间(或主要工程)、分厂、独立的生产线。行政、事业单位在原单位增建业务用房(如学校增建教学用房、医院增建门诊部、病房等)也作为扩建。

现有企、事业单位为扩大原有主要产品生产能力或增加新的产品生产能力,增建一个或几个主要生产车间(或主要工程)、分厂,同时进行一些更新改造工程的,也应作为扩建。

(3)改建和技术改造:指现有企业、事业单位,对原有设施进行技术改造或更新(包括相应配套的辅助性生产、生活福利设施)的建设项目。现有企业、事业单位为适应市场变化的

需要，而改变企业的主要产品种类(如军工企业转产民用品等)的建设项目，应作为改建。原有产品生产作业线由于各工序(车间)之间能力不平衡，为填平补齐充分发挥原有生产能力而增建不增加本企业主要产品设计能力的车间，也应作为改建。技术改造是指企业、事业单位在现有基础上，用先进的技术代替落后的技术，用先进的工艺和装备代替落后的工艺和装备，以改变企业落后的技术经济面貌，实现以内涵为主的扩大再生产，达到提高产品质量、促进产品更新换代、节约能源、降低消耗、扩大生产规模、全面提高社会经济效益的目的。技术改造具体包括以下内容：机器设备和工具的更新改造；生产工艺改革、节约能源和原材料的改造；厂房建筑和公共设施的改造；劳动条件和生产环境的改造等。

固定资产投资按构成分　固定资产投资活动按其工作内容和实现方式分为建筑安装工程，设备、工具、器具购置，其他费用三个部分。

(1)建筑安装工程(建筑安装工作量)：指各种房屋、建筑物的建造工程和各种设备、装置的安装工程。包括各种房屋建造工程；各种用途设备基础和各种工业窑炉的砌筑工程及金属结构工程；为施工而进行的各种准备工作和临时工程以及完工后的清理工作等；铁路、道路的铺设，矿井的开凿及石油管道的架设等；水利工程；防空地下建筑等特殊工程；列入房屋工程预算内的暖气、卫生、通风、照明、煤气等设备的价值及装设油饰工程；列入建筑工程预算内的各种管道(蒸汽、压缩空气、石油、给排水等管道)、电力、电讯电缆导线等的敷设工程；以及各种机械设备的安装工程；为测定安装工程质量，对设备进行的试运工作；房地产开发单位进行的商品房屋开发建设工程、土地开发工程。

在安装工程中，不包括被安装设备本身的价值。

(2)设备、工具、器具购置：指建设单位或企、事业单位购置或自制的，达到固定资产标准的设备、工具、器具的价值。新建单位及扩建单位的新建车间，按照设计或计划要求购置或自制的全部设备、工具、器具，不论是否达到固定资产标准均计入“设备、工具、器具购置”中。

(3)其他费用：指在固定资产建造和购置过程中发生的，除上述几项内容以外的各种应分摊计入固定资产的费用。

施工项目　指报告期内进行过建筑或安装施工活动的项目。凡是报告期内施过工的建设项目，不论施工时间长短，均作为施工项目统计。施工项目个数可以反映一定时期固定资产投资的实际规模，与同期全部建成投产项目个数相比，可以从建设速度的角度反映固定资产投资的效果。根据建设项目施工活动的不同性质，施工项目又分为：本年正式施工项目、本年收尾项目和以前年度全部停缓建项目。

全部建成投产项目　工业项目指设计文件规定形成生产能力的主体工程及其相应配套的辅助设施全部建成，经负荷试运转，证明具备生产设计规定合格产品的条件，并经过验收鉴定合格或达到竣工验收标准，与生产性工程配套的生活福利设施可以满足近期正常生产的需要，正式移交生产的建设项目。非工业项目指设计文件规定的主体工程和相应的配套工程全部建成，能够发挥设计规定的全部效益，经验收鉴定合格或达到竣工验收标准，正式移交使用的建设项目。

新增生产能力(或工程效益)　指通过固定资产投资活动而增加的设计能力(或工程效益)，该指标是以实物形态表现的反映固定资产投资成果的指标，也是考核投资经济效果的重要依据之一。

新增生产能力(或工程效益)一般有以下几种表现形式：

(1)用产品数量表示，以工程在单位时间内(一般是一年)所能生产的产品数量(即年产量)表示。如原煤开采用万吨／年表示，化学农药用吨／年表示，拖拉机制造用台／年表示等。某些化工产品由于含量差别较大，按其设计含量计算折合量表示，如硫酸、纯碱、烧碱等。

(2)用单位时间内所能处理的原料数量表示，以工程每天(或小时)所能处理原料的数量表示。如机制糖工程日处理原料吨，食用植物油日处理原料吨，城市污水处理能力用万吨／日表示等。

(3)用新增加的主要设备的数量或容量表示，如新增棉布织机、丝织机等台数，毛纺锭等锭数，发电厂新增发电机组容量用千瓦表示等。

(4)用建筑物容积、容量、面积、长度表示，是非工业项目或工程新增效益的一种表现形式。如铁路投产里程、新建公路、水库容量、粮食仓库、学校学生席位、医院病床、有效灌溉面积等。

根据工程的特点，有时需要用两种或两种以上的复合计量单位表示新增生产能力(或工程效益)，如新增内燃机生产能力同时用年产台数、千瓦数表示等。

为了规范新增生产能力(或工程效益)的名称和计算单位，国家统计局制订了《新增生产能力(或工程效益)目录及代码》。各固定资产投资单位在统计新增生产能力(或工程效益)时，必须按目录中规定的名称、计量单位和代码填报。

房屋建筑面积　指房屋建筑物勒脚以上外墙外围的水平截面面积，包括房屋建筑物的有效面积和结构面积。该指标是从实物形态上反映建设规模和建设成果的重要指标之一，也是检查工程形象进度、计算工程造价、分析投资效果、研究施工任务和建筑材料之间平衡情况的重要依据。

住宅建筑面积　指施工和竣工房屋建筑面积中供居住用的房屋建筑面积。

施工面积　指报告期内施工的全部房屋建筑面积。包括本期新开工的面积和上期开工跨入本期继续施工的房屋面积，以及上期已停建在本期恢复施工的房屋面积。本期竣工和本期施工后又停缓建的房屋，其建筑面积仍计入本期房屋施工面积中。

竣工面积　指在报告期内房屋建筑按照设计要求已经全部完工，达到住人和使用条件，经验收鉴定合格(或达到竣工验收标准)，正式移交使用单位的各栋房屋建筑面积的总和。

房屋建筑面积竣工率　指一定时期内房屋竣工面积占同期房屋施工面积的比率。是从房屋建筑施工速度的角度反映投资效果的指标。

新增固定资产　指报告期内已经完成建造和购置过程，并已交付生产或使用单位的固定资产价值。该指标是表示固定资产投资成果的价值指标，也是反映建设进度，计算固定资产投资效果的重要指标。

项目建设投产率 指一定时期内全部建成投产项目个数与同期施工项目个数的比率。该指标是从建设单位建设速度的角度反映投资效果的指标。

固定资产交付使用率 指一定时期新增固定资产与同期完成投资额的比率。该指标是反映固定资产动用速度，衡量建设过程中宏观投资效果的综合指标。由于新增固定资产是较长时期内形成的结果，而投资额则是当年完成的，因此，该指标一般适宜于反映较长时期内固定资产的动用情况。

商品房销售面积 指报告期内出售商品房屋的合同总面积(即双方签署的正式买卖合同中所确定的建筑面积)。由现房销售建筑面积和期房销售建筑面积两部分组成。

商品房销售额 指报告期内出售商品房屋的合同总价款(即双方签署的正式买卖合同中所确定的合同总价)。该指标与商品房销售面积同口径，由现房销售额和期房销售额两部分组成。

Explanatory Notes on Main Statistical Indicators

Total Investment in Fixed Assets in the Whole Country refers to the volume of activities in construction and purchases of fixed assets and related fees, expressed in monetary terms. It is a comprehensive indicator which shows the size, structure and growth of the investment in fixed assets, providing basis for observing the progress of construction projects and evaluating results of investment. Total investment in fixed assets in the whole country includes, by type of ownership, the investment by the state owned units, collective units, individuals, joint ownership units, share holding units, as well as investment by businessmen from foreign countries and from Hong Kong, Macao and Taiwan, and by other units.

Investment in Real Estate Development refers to the investment by the real estate development companies, commercial buildings construction companies and other real estate development units of various types of ownership in the construction of house buildings, such as residential buildings, factory buildings, warehouses, hotels, guesthouses, holiday villages, office buildings, and the complementary service facilities and land development projects, such as roads, water supply, water drainage, power supply, heating, telecommunications, land leveling and other projects of infrastructure. It excludes the activities in pure land transactions.

Investment in Rural Areas refers to investment in fixed assets by enterprises, institutions and individuals in rural areas.

Total Size of Construction refers to the planned total investment for all construction projects during the reference period.

Total Size of Investment in Projects under Construction refers to the planned total investment of all projects under construction at the end of the reference period.

Net Size of Investment in Projects under Construction refers to the required investment of all projects under construction at the end of the reference period.

Net Size of Investment=Total Size of Investment-accumulated completed investment

Sources of Funds for Investment in Fixed Assets include fund from state budget, domestic loans, foreign investment, self raised funds, and others depending on the source of investment.

(1) Fund from state budget consists of budgetary appropriation and loans from state budget. More specifically, it includes, from the budget of the central government, capital construction fund (operation fund and non-operational fund), special expenses (e.g. expenses on substituting petroleum with coal), loans from repayment, discount fund, expenses on innovation and trial production of new products, expenses on urban construction, expenses on temporary construction by trade departments, development fund for less developed areas, as well as local budgetary fund transferred from the central budget.

(2) Domestic loans refer to loans of various forms borrowed by investing units from banks and non-bank financial institutions during the reference period for the purpose of investment in fixed assets, including loans issued by banks from their self owned funds and deposit, loans appropriated by higher responsible authorities, special loans by government (including loan for substituting petroleum with coal, special loan for reform through labour coal mines), loans arranged by local government from special funds, domestic reserve loan, and working loan, etc.

(3) Foreign Investment refers to foreign funds received during the reference period for the construction and purchase of investment in fixed assets (covering equipment, materials and technology), including foreign borrowings (loans from foreign governments and international financial institutions, export credit, commercial loans from foreign banks, issue of bonds and stocks overseas), foreign direct investment and other foreign investment. Excluded in this category are capitals in foreign exchanges owned by China (foreign exchanges owned by the central and local governments, foreign exchanges retained by enterprises, foreign exchanges by enterprises through regulating mechanism, loans in foreign exchanges issued by the Bank of China with its own fund, etc.). In calculating the utilization of foreign capitals, foreign currencies are converted into Chinese Renminbi applying the current exchange rate when the foreign capitals are actually used.

(4) Self-raised funds refer to extra budgetary funds for investment in fixed assets received by investing units from central government ministries, local governments, enterprises and institutions, including their self raised funds.

(5) Others refer to funds for investment in fixed assets received from the sources other than those listed above, including capitals raised through issuing bonds by enterprises or financial institutions, funds raised from individuals and through donations, and funds transferred from other units.

Investment in Fixed Assets by Sector The classification of construction projects by sector is determined by the major products or the purpose of the projects when they are put into production or use, and by the nature of their social economic activities. In general, one project or one enterprise or institution can only be classified into one sector.

Investment in Fixed Assets by Jurisdiction of Management refers to the classification of investment by the competent authorities under which investment is made by construction units, enterprises, institutions or administrative units.

(1) Central investment refers to the investment in projects or by enterprises, institutions or administrative units which are under the direct leadership and management of the CPC Central Committee, the NPC Standing Committee, the State Council and of the national commissions, ministries, agencies and state owned large corporations. Various ministries and departments of the State Council prepare and implement plans for investment in fixed assets by those departments, and arrange and ensure the supply of materials and key equipment required for the projects.

(2) Local investment refers to the investment in projects or by enterprises, institutions or administrative units which are under the direct leadership and management of departments under the provincial, prefecture and county governments. Also included are projects by foreign invested enterprises and enterprises without competent managing authorities.

Investment in Fixed Assets by Type of Construction The construction projects in general can be classified, by the type of construction, into new construction, expansion, reconstruction and technical transformation, moving and restoration. However, investment by type of construction is not applied to investment by real estate development units.

(1) New construction in general refers to newly constructed enterprises, institutions, administrative agencies or independent projects from scratch. Construction in the existing enterprises, institutions or agencies is not considered as new construction. In case the assets of the existing unit is quite small, and the value of newly added fixed assets exceeds the original value of assets by three times, the expansion will be considered as new construction.

(2) Expansion refers to construction of new major production workshop, branch factory or independent production line within a factory or in other locations, for the purpose of increasing the production capacity (or improving efficiency) of the original products. Newly constructed houses for the operation of institutions and administrative organizations (such as the newly constructed buildings for teaching in schools, buildings for clinics or wards in hospitals, etc.) are also classified as expansion.

Also included in the expansion are investments by existing enterprises or institutions in building major production line(s) or branch factory(ies) along with some work on innovation, for the purpose of expending the production capacity of original products or producing new products.

(3) Reconstruction refers to construction projects by existing enterprises or institutions in innovation or technical transformation of the old facilities (including auxiliary production equipment and welfare facilities).Also considered as reconstruction is the construction of new workshops by the existing enterprises or institutions to change the variety of products to meet the market demand (such as the production of civil products by defence industries), or to bring the designed production capacity into full play through a more balanced production process on production lines. Technical transformation refers to replacement of old technology or equipment by new technology or equipment, in order to expand the reproduction through improvement of technology contents in production, to improve product quality, to promote new products, to save energy and reduce consumption and to improve overall social economic efficiency. Contents of technical transformation include: updating of machinery, equipment and tools; reforming production process by using energy or materials saving technology; construction of factory workshops and transformation of public facilities; improvement of working conditions and environment, etc.

Investment in Fixed Assets by Structure By their contents, investment activities are classified into 3 categories, i.e. construction and installation, purchase of equipment and instrument, and other expenses.

(1) Construction and installation (work volume of construction and installation) refers to the construction of various houses and buildings and installation of various kinds of equipment and instruments. They include construction of various houses; equipment foundations, industrial kilns and stoves, and metal structure work; preparation works for project construction, and clearing up works post project construction; pavement of railways and roads, drilling of mines and putting up of oil pipes; construction of projects of water conservancy; construction of underground air raid shelters and construction of other special projects; value of equipment for heating, sanitation, ventilation, lighting, gas, painting, etc. that are covered by the budget of housing projects; laying out of various pipelines (for steam, compressed air, petroleum, tap water and sewage) and lines for electric power and for communications; installation of various machinery equipment, testing operation for pre testing the quality of installation projects, and land and other development work conducted by real estate developers for commercial housing. The value of equipment installed is not included in the value of installation projects.

(2) Purchase of equipment and instruments refers to the total value of equipment, tools, and instruments purchased or self produced which come up to standards for fixed assets by the construction units or investing enterprises or institutions. Equipment, tools and instruments purchased or self produced for new workshops by newly established or expanded units are categorized as "purchase of equipment and instruments" no matter whether they come up to the standards for fixed assets.

(3)Other expenses refer to expenses occurring during the construction or purchase of fixed assets other than those mentioned above.

Projects under Construction refer to projects with construction and installation activities undertaken in the reference period. All projects that have construction activities undertaken during the reference period are reported as projects under construction irrespective of the length of construction work. The number of projects under construction can reflect the actual size of investment in fixed assets during a given period, and when compared with the number of projects completed and put into use during the same period, it demonstrates the results of investment in fixed assets. Depending on the nature of construction activities, projects under construction can also be classified into projects under construction in current year, winding up projects in current year and stopped or suspended projects in previous years (with preservation work in current year).

Projects Completed and Put into Use Industrial projects refer to the major projects and accessory facilities completed which result in forming production capacity and have been checked and accepted while the living and welfare facilities have been completed and can ensure normal production and formally put into production. Non industrial projects refer to the major projects and accessory facilities

completed which possess the designed capacity and have been checked, accepted and formally put into production.

Newly Increased Production Capacity(or Project Efficiency) refers to the increase of designed capacity (or project efficiency) through investment in fixed assets, which reflects the accomplishment of investment in fixed assets in kind and serves as important basis for evaluating the economic efficiency of investment.

The newly increased production capacity (project efficiency) are usually expressed in one of the following forms:

(1) output of products, i.e. the output that the project can produce during a given period (usually a year). For instance, the capacity in coal mining is expressed in 10,000 tons/year, the capacity in producing chemical pesticides expressed in ton/year, the capacity in producing tractors in tractor/year, etc. For some chemical products where the effective contents differ significantly, the production capacity is expressed as the designed effective content equivalent, such as in the case of sulphuric acid, soda ash, caustic soda, etc;

(2) raw materials processing capacity, i.e. the volume of raw materials that could be processed by the project per day (or per hour), such as tons of materials processed per day by a sugar refining project or edible vegetable oil project, or tons of urban sewage processed per day;

(3) number or capacity of major equipment increased, such as number of cotton or silk looms increased, wool spindles increased, or capacity (in kilowatts) of power generators increased;

(4) physical measures (volume, capacity, area, and length) of construction, which is typical for non industrial projects, for instance, the length of railways put into operation, the length of highways, the capacity of reservoirs, the capacity of warehouses, the floor space of housing projects, capacity for new students in schools or beds in hospitals, areas under new irrigation project, etc.

Features of projects sometimes call for combined use of two or more measurement to reflect the increased production capacity (or project efficiency), for instance, the new capacity for the production of internal combustion engines are expressed in sets per year and kilowatts per year simultaneously.

To standardize the nomenclature and unit of measurement for new production capacity (or project efficiency), the National Bureau of Statistics has developed Nomenclature and Codes for New Production Capacity (Project Efficiency). All reporting units with investment activities are required to follow these two nomenclatures in reporting statistics on new production capacity (project efficiency).

Floor Space of Buildings under Construction refers to total floor space of the horizontal section of outer walls above the plinth of the building, including the effective area and the area occupied by the structure. This indicator is one of the important indicators in physical terms to reflect the scale and accomplishment of the construction industry, and important basis for monitoring the progress, calculating the cost, analyzing the efficiency and studying the supply of building materials in relation with the construction projects.

Floor Space of Residential Buildings refers to the floor space of the residential buildings among the total space of buildings under construction or completed.

Floor Space under Construction refers to total floor space of all buildings under construction during the reference period, including floor space of newly started buildings during the reference period, floor space of construction extended from the previous period to the current period, and floor space of construction suspended during the previous period and resumed in the current period. Floor space of construction completed in the current period, and floor space of construction started and then suspended in the current period are also included in the floor space under construction of the current year.

Floor Space of Buildings Completed refers to the floor space of all buildings completed in the reference period, which have been appraised and accepted (or come up to the designed standards) and have been transferred to the owners for use.

Completion Rate of Floor Space of Buildings refers to the ratio of the floor space of buildings completed in certain period of time to the floor space of buildings under construction in the same period. This indicator reflects the investment result from the perspective of the speed of construction.

Newly Increased Fixed Assets refer to the newly increased value of fixed assets, constructed or purchased, that have been transferred to the investors. This is an indicator that demonstrates the results of investment in fixed assets in monetary terms, and an important indicator to reflect the speed of construction and to calculate the efficiency of investment.

Rate of Construction Projects Completed and Put into Use refers to the ratio of the number of construction projects completed and put into use in certain period of time to the number of projects under construction in the same period. This reflects the investment efficiency from the perspective of the speed of projects construction.

Rate of Projects of Fixed Assets Completed and Put into Operation refers to the ratio of the newly increased fixed assets to the total investment made in the same period. This is a comprehensive indicator reflecting the speed of the employment of fixed assets and the investment efficiency at the macro level. As the newly increase fixed assets is the result of a long period while the investment is completed in the current year, this indicator is expected to be used to reflect the employment of fixed assets over a long period of time.

Area of Commercial Housing Sold refers to total contracted area of commercial housing (i.e. area of floor space as designated in the formal contracts signed by both sides) during the reference time. It constitutes floor space of completed housing and floor space of future housing.

Value of Commercial Housing Sold refer to total value of contracts (i.e. value of sales/purchase for selling/purchase of commercial housing as designated in the contracts signed by both sides) during the reference time. It has the same coverage as the area of commercial housing sold, constituting completed housing and floor space of future housing.

第6篇

对外经济和旅游

Foreign Trade and Tourism

简 要 说 明

一、本篇资料的主要内容

本篇资料反映了全省外经外贸、旅游和开发区的基本情况，主要包括进出口、利用外资、境外投资、对外承包工程和劳务合作、人民币外汇牌价、旅游业基本情况、经济开发区和高新技术开发区等方面的内容。

二、本篇资料的来源

1.进、出口数据来源于海关统计，进出口商品价值，出口按离岸价（FOB）、进口按到岸价（CIF）统计。

2.利用外资、对外承包工程和劳务合作、境外投资等资料来源于省商务厅。

3.历年人民币对主要外币的年平均汇价资料来源于国家外汇管理局，是根据当年国家外汇管理局提供的每日汇价进行加权平均计算而得出的当年年平均汇价。

4.旅游资料来源于省文化和旅游厅财务处。

5.开发区资料来源于省统计局开发区统计年报。

本篇资料由省统计局贸易处整理提供。

Brief Introduction

I. Content

Data in this chapter show the basic conditions of foreign trade, tourism and development zones, mainly including imports and exports, utilization of foreign capitals, overseas direct investments, contracted projects, labor services cooperation, exchange rate of RMB to other currencies, tourism and economic development zone, etc.

II. Source of Data

(1)Data on foreign trade are based on the statements made by the Administration of Customs. Exports are calculated at FOB, imports at CIF.

(2)Data on utilization of foreign capitals, contracted projects and labor services cooperation are provided by the Bureau of Commerce of Shandong Province.

(3)Average exchange rates of RMB yuan to other currencies over the years come from the State Administration of Exchange Control. The annual average exchange rate is calculated as the weighted mean of the daily exchange rates provided by the State Administration of Exchange Control.

(4)Data on tourism are provided by the Division of Finance of the Culture and Tourism of Shandong Province.

(5)Data on economic development zones are based on the annual reports of economic development zones, which are provided by Shandong Provincial Bureau of Statistics.

Data in this chapter are prepared and compiled by the Division of Trade and External Economic Relations Statistics of Shandong Provincial Bureau of Statistics.

6-1 1978-2018年人民币对主要外币年平均汇价(中间价)
Average Exchange Rate of RMB Yuan Against Main Convertible Currencies from 1978 to 2018(Middle Rate)

单位:人民币元 (RMB yuan)

年份 Year	100美元 100 US Dollars	100日元 100 Japanese Yen	100港元 100 Hong Kong Dollars	100欧元 100Euros
1978	168.36	0.8058	36.16	
1979	155.49	0.7131	31.35	
1980	149.84	0.6635	30.15	
1981	170.51	0.7735	30.41	
1982	189.26	0.7607	31.15	
1983	197.57	0.8318	27.36	
1984	232.70	0.9780	29.71	
1985	293.67	1.2457	37.57	
1986	345.28	2.0694	44.22	
1987	372.21	2.5799	47.74	
1988	372.21	2.9082	47.70	
1989	376.59	2.7360	48.28	
1990	478.38	3.3233	61.39	
1991	532.27	3.9602	68.45	
1992	551.49	4.3608	71.24	
1993	576.19	5.2020	74.41	
1994	861.87	8.4370	111.53	
1995	835.07	8.9225	107.96	
1996	831.42	7.6352	107.51	
1997	828.98	6.8600	107.09	
1998	827.91	6.3488	106.88	
1999	827.96	8.0720	106.53	
2000	827.72	7.3877	106.08	
2001	827.70	6.8075	106.08	
2002	827.70	6.6237	106.07	800.58
2003	827.70	7.1466	106.24	936.13
2004	827.68	7.6552	106.23	1029.00
2005	819.17	7.4484	105.30	1019.53
2006	797.18	6.8570	102.62	1001.90
2007	760.40	6.4632	97.46	1041.75
2008	694.51	6.7427	89.19	1022.27
2009	683.10	7.2986	88.12	952.70
2010	676.95	7.7279	87.13	897.25
2011	645.88	8.1050	82.97	900.11
2012	631.25	7.9037	81.38	810.67
2013	619.32	6.3323	79.85	822.19
2014	614.28	5.8196	79.22	816.51
2015	622.84	5.1543	80.34	691.41
2016	664.23	6.1243	85.58	734.26
2017	675.18	6.0244	86.64	763.03
2018	661.74	5.9890	84.43	780.16

6-2 1984-2018年海关进出口情况
Basic Statistics on Imports and Exports from 1984 to 2018

单位:万美元 (10 000 USD)

年份 Year	进出口总值 Total Value of Imports and Exports	出口总值 Total Value of Exports	一般贸易 General Trade	来料加工装配贸易 Processing and Assembling Trade with Sent Materials	进料加工贸易 Processing Trade with Imported Materials	其他贸易 Other Trades	进口总值 Total Value of Imports
1984	352012	207786					144226
1985	414448	234652					179796
1986	382840	191926					190914
1987	355294	289938	264633	2566	19232	3507	65356
1988	573361	309773	261451	3796	40458	4068	263588
1989	616511	327015	266337	6274	49047	5357	289496
1990	428522	341719	274898	8660	53152	5009	86803
1991	483200	375230	293951	13681	63430	4168	107970
1992	778140	433752	330729	18598	79452	4973	344388
1993	728586	420360	292058	23834	96748	7720	308226
1994	962927	587011	371013	40640	168470	6888	375916
1995	1395007	816101	460278	77503	270177	8143	578906
1996	1616394	918298	449683	130565	331035	6339	698096
1997	1753631	1085888	483895	185156	410664	6173	667743
1998	1661740	1034705	458607	172262	396013	7823	627035
1999	1827094	1157909	541405	218625	394880	2999	669185
2000	2498998	1552905	746563	293008	507050	6284	946093
2001	2896313	1812899	913253	310013	579125	10508	1083414
2002	3394175	2111511	1089063	341530	669958	10960	1282664
2003	4465752	2657285	1400709	392861	845249	18466	1808467
2004	6078136	3587286	1799792	483369	1252126	51999	2490850
2005	7688876	4625113	2310122	594991	1668351	51649	3063763
2006	9528817	5864717	3013461	655916	2083042	112298	3664100
2007	12261798	7524374	3800924	679014	2863332	181104	4737424
2008	15814480	9317486	4739880	722044	3573434	282128	6496994
2009	13860378	7956530	3637582	697915	3296132	324901	5903848
2010	18895085	10424695	4973019	750340	4230872	470464	8470390
2011	23599191	12578809	6466907	842878	4737751	531273	11020382
2012	24554487	12873171	6875045	867657	4566215	564254	11681316
2013	26715854	13450998	7603966	866031	4392892	588109	13264856
2014	27711549	14474545	8373918	802064	4734553	564010	13237004
2015	24174867	14406069	9042024	739933	4183875	440237	9768798
2016	23420733	13715826	8653875	716557	3904404	440990	9704906
2017	26305670	14710207	9428956	651868	4151643	477739	11595464
2018	29239097	16013984	11047764	601424	3918203	446592	13225113

6−3 进出口主要分类情况
Imports and Exports by Category

单位:亿美元 (100 million USD)

类　别	Category	2000	2005	2010	2014	2015	2016	2017	2018
一、进出口总值	**Total Value of Imports and Exports**	**249.9**	**768.9**	**1889.5**	**2771.2**	**2417.5**	**2342.1**	**2630.6**	**2923.9**
出口额	Exports	155.3	462.3	1042.5	1447.5	1440.6	1371.6	1471.0	1601.4
进口额	Imports	94.6	306.4	847.0	1323.7	976.9	970.5	1159.5	1322.5
二、出口商品	**Exported Goods**								
初级产品	Primary Goods	21.7	16.8	138.5	165.6	159.7	172.9	179.6	189.6
工业制品	Manufactured Goods	78.3	83.2	903.6	1281.5	1279.6	1198.0	1290.7	1412.3
三、进口商品	**Imported Goods**								
初级产品	Primary Goods	26.9	38.3	360.6	773.0	508.0	551.7	757.1	904.4
工业制品	Manufactured Goods	73.1	61.7	434.9	549.2	458.8	421.4	418.0	418.4
四、纺织服装进出口总值	**Total Value of Imports and Exports of Textile Apparel**	**58.4**	**121.3**	**188.5**	**238.0**	**228.8**	**221.4**	**227.0**	**243.8**
出口额	Exports	47.1	106.2	173.3	221.6	212.5	206.5	213.2	230.4
进口额	Imports	11.3	15.1	15.2	16.4	16.3	14.9	13.8	13.4
五、农(副)产品进出口总值	**Total Value of Imports and Exports of Agricultural Products(By-products)**	**57.3**	**119.2**	**250.6**	**427.0**	**313.7**	**298.0**	**310.9**	**323.5**
出口额	Exports	35.3	69.1	127.0	157.3	153.1	162.9	170.1	174.2
进口额	Imports	22.0	50.1	123.6	269.7	160.7	135.1	140.8	149.3
六、机电产品进出口总值	**Total Value of Imports and Exports of Mechanical and Electrical Products**	**61.3**	**240.3**	**725.0**	**885.8**	**871.8**	**786.0**	**835.6**	**867.6**
出口额	Exports	31.3	135.7	450.7	561.6	576.3	524.9	572.4	602.6
进口额	Imports	30.0	104.6	274.3	324.2	295.6	261.1	263.1	265.0
七、高新技术产品进出口总值	**Total Value of Imports and Exports of High and New-tech Products**	**17.2**	**85.0**	**329.1**	**392.5**	**352.8**	**293.7**	**293.0**	**300.0**
出口额	Exports	6.5	42.5	175.8	205.9	177.1	147.8	146.2	153.6
进口额	Imports	10.7	42.6	153.3	186.6	175.8	145.9	146.9	146.3
八、外商投资企业进出口总值	**Total Value of Imports and Exports of**	**139.3**	**413.9**	**962.8**	**1070.4**	**926.2**	**824.6**	**841.6**	**857.7**
出口额	Exports	79.3	238.1	565.7	622.9	561.3	504.8	508.1	515.8
进口额	Imports	60.0	175.8	397.1	447.5	364.9	319.8	333.5	341.9
九、一般贸易进出口总值	**Total Value of Imports and Exports under General Trades**	**105.1**	**358.6**	**974.4**	**1712.2**	**1493.7**	**1478.7**	**1717.3**	**1972.1**
出口额	Exports	74.7	231.0	497.3	837.4	904.2	865.4	942.9	1104.8
进口额	Imports	30.4	127.5	477.0	874.8	589.5	613.3	774.4	867.4
十、加工贸易进出口总值	**Total Value of Imports and Exports under Processing Trades**	**131.3**	**360.9**	**756.4**	**853.3**	**744.7**	**683.5**	**699.2**	**657.3**
出口额	Exports	80.0	226.3	498.1	553.7	492.4	462.1	480.4	452.0
进口额	Imports	51.3	134.6	258.3	299.6	252.3	221.4	218.9	205.4
来料加工贸易进出口总值	Total Value of Imports and Exports under Processing Trades with Sent Materials	49.4	99.0	118.3	124.8	113.2	112.9	101.0	95.2
出口额	Exports	29.3	59.5	75.0	80.2	74.0	71.7	65.2	60.1
进口额	Imports	20.1	39.5	43.3	44.6	39.2	41.2	35.9	35.0
进料加工贸易进出口总值	Total Value of Imports and Exports under ProcessingTrades with Imported Materials	81.9	261.9	638.1	728.5	631.5	570.7	598.2	562.2
出口额	Exports	50.7	166.8	423.1	473.5	418.4	390.4	415.2	391.8
进口额	Imports	31.2	95.1	215.0	255.0	213.1	180.2	183.0	170.4

注:农副产品2004年以后为农产品数据，2011年起，纺织服装进口额不含服装进口数据。出口商品、进口商品2000年、2005年为构成比。

a)Since 2004,data of agricultural by-products is agricultural products data.Since 2011,Total value of imports of textile apparel no include the value of ap Exported and imported goods were constructed in 2000 and 2005.

6–4 按主要国家(地区)分海关进出口商品总值(2018年)
Total Value of Import and Export Commodities by Countries or Regions(2018)

单位:万美元 (10 000 USD)

国别(地区)	Country(Region)	进出口总值 Total Value of Imports and Exports	出口总值 Total Value of Exports	进口总值 Total Value of Imports
合　计	**Total**	**29239097**	**16013984**	**13225113**
亚　洲	**Asia**	**12251424**	**7387797**	**4863628**
东　盟	Asean	3170991	1831392	1339598
香　港	Hong kong	442450	419964	22486
日　本	Japan	2227170	1717340	509830
韩　国	Repulic of Korea	2933845	1592008	1341837
台　湾	Taiwan	548270	178265	370005
马来西亚	Malaysia	572250	276605	295645
印度尼西亚	Indonesia	592792	369951	222841
新加坡	Singapore	236215	135181	101034
印　度	India	538183	411371	126812
泰　国	Thailand	747341	297952	449389
非　州	**Africa**	**2690724**	**944520**	**1746204**
南　非	South Africa	222100	130631	91469
欧　州	**Europe**	**4975371**	**2948421**	**2026949**
欧　盟	EU	3313233	2440770	872462
英　国	United Kingdom	502711	370266	132445
德　国	Germany	715187	428352	286835
法　国	France	239793	179482	60311
意大利	Italy	283011	219606	63405
荷　兰	Netherlands	410255	378894	31360
西班牙	Spain	245659	190395	55264
瑞　典	Sweden	86371	56289	30082
瑞　士	Switzerland	41092	17157	23935
俄罗斯	Russia	1375524	351817	1023707
比利时	Belgium	141729	119699	22030
拉丁美州	**Latin America**	**3836629**	**1146790**	**2689839**
阿根廷	Argentina	126876	50582	76294
巴　西	Brazil	1826976	226796	1600180
智　利	Chile	476750	119137	357613
墨西哥	Mexico	468810	391252	77558
巴拿马	Panama	25511	24346	1165
北美州	**North America**	**4099333**	**3200297**	**899036**
美　国	United States	3552124	2899103	653022
加拿大	Canada	528570	295258	233312
大洋州	**Oceanic**	**1385193**	**386159**	**999034**
澳大利亚	Australia	1187127	321044	866084
新西兰	New Zealand	162158	47116	115042

注:进口国别指原产国,出口国别指最终消费国。
a)The importing country refers to country of origin and the exporting country refers to country of final consumption.

6-5 海关进出口商品分类金额(2018年)
Imports and Exports Value by Category of Commodities(2018)

单位:万美元 (10 000 USD)

商品类别	Category	出口 Export	进口 Import
总计	**Total**	**16013984**	**13225113**
一、活动物;动物产品	Live Animals & Animal Products	404336	453697
二、植物产品	Plant Products	547041	682403
三、动植物油脂、蜡及分解产品;食用油	Animal and Vegetable Oils; Fats and Wax; Edible Oils and Fats	6665	39668
四、食品饮料酒醋;烟草及代用品	Food; Beverages; Liquor and Vinegar; Tobacco and Tobacco Substitutes	728461	120709
五、矿产品	Minerals	164433	6537810
六、化学工业及其相关工业产品	Chemicals and Related Products	1564902	353042
七、塑料及其制品;橡胶及其制品	Plastics and Related Products; Rubber and Related Products	1502915	818651
八、皮及皮制品;旅行用品;动物肠线	Leather and Leather Products; Travel Articles; Animal Casing	144141	51929
九、木及软木制品、编结材料制品	Wood and Wooden Products; Plaited Products	337113	244016
十、木浆及纤维状纤维素浆;废纸纸板及制品	Paper Pulp and Cellulose Pulp; Paper and Waste Paper; Paperboard and Related Products	157058	447303
十一、纺织原料及纺织制品	Textile Materials and Products	2168408	315125
十二、鞋帽伞杖鞭及零件;羽毛人发制品	Footwear; Headgear; Umbrellas; Canes; Whips;Feather and Wigs and Related Products	294011	22241
十三、石料膏泥棉云母及制品;陶瓷玻璃	Gypsum; Cement; Asbestos; Mica; Ceramic Glass	388579	24921
十四、珍珠宝石贵金属及制品;仿首饰	Pearls and Precious Stones;Precious Metal and Related Products;Artificial Jewelry	43526	12462
十五、贱金属及制品	Base Metals and Related Products	1694339	507588
十六、机械、电气设备、电视机及音响设备	Machinery; Electric Equipment;TV Sets and Audio	3415227	2017374
十七、车辆,航空器,船舶及运输设备	Locomotives; Vehicles; Aircraft; Ship and Related Transportation Equipment	1176085	160337
十八、照相计量医疗精密仪器及设备,零附件	Photographic,Measuring and Mwdical Instruments and Equipment;Related Parts and Accessories	154515	378506
十九、武器弹药及其零件、附件	Weapons and Ammunition; Related Parts and Accessories	1924	2
二十、杂项制品	Miscellaneous Products	1113303	22507
二十一、艺术品,收藏品及古物	Works of Art, Collectibles and Antiques	428	357
二十二、特殊交易品及未分类商品	Special Transactions Goods and Products Not Otherwise Classified	6577	14465

6-6 各市进口总值
Import Value by Region

单位:万美元 (10 000 USD)

地 区	Region	2005	2010	2011	2012	2013	2014	2015	2016	2017	2018
全省总计	**Total**	**3063763**	**8470390**	**11020382**	**11681316**	**13264856**	**13237004**	**9768798**	**9704906**	**11595464**	**13225113**
济南市	Jinan	198370	338077	435313	341237	408513	443894	391559	350402	379949	463640
青岛市	Qingdao	1360157	2316976	3173616	3241127	3595284	3411137	2487228	2311566	2953121	3250313
淄博市	Zibo	111835	267156	371128	421339	375846	334093	184217	267096	451785	807562
枣庄市	Zaozhuang	5843	16510	22341	19205	30477	28668	19188	13080	17748	10649
东营市	Dongying	62810	524370	585887	731888	734502	716119	794434	1051990	1443459	1905102
烟台市	Yantai	499666	1830134	1865388	1944322	1983808	2334823	2134194	1907065	1974377	1942911
潍坊市	Weifang	98977	305563	372440	400365	455585	545743	593745	647520	752393	890728
济宁市	Jining	70406	216172	267509	191947	189611	196240	200202	205097	255957	311351
泰安市	Tai'an	19984	66296	63595	93837	111785	124246	53469	39068	51570	50248
威海市	Weihai	281329	498919	618131	646678	644731	521511	431693	609922	809153	724569
日照市	Rizhao	122377	1116594	1693053	2141712	2916013	2998036	1105077	819816	824426	743880
莱芜市	Laiwu	39251	168635	245070	139196	175308	129828	91300	72516	54134	59062
临沂市	Linyi	52039	194120	320861	398994	477219	509646	268604	270149	257005	215443
德州市	Dezhou	18292	61408	93557	85025	151165	128026	96771	92607	95686	157768
聊城市	Liaocheng	17787	234233	377913	374313	418645	336790	253633	268550	329540	368833
滨州市	Binzhou	100308	253989	384626	344896	474668	341746	450673	494963	592241	778990
菏泽市	Heze	4334	61237	129954	165234	121695	136457	212811	283487	352919	544064

6-7 各市出口总值
Export Value by Region

单位:万美元 (10 000 USD)

地 区	Region	2005	2010	2011	2012	2013	2014	2015	2016	2017	2018
全省总计	**Total**	**4625113**	**10424695**	**12578809**	**12873171**	**13450998**	**14474545**	**14406069**	**13715826**	**14710207**	**16013984**
济南市	Jinan	177843	405065	604702	571423	548093	606119	599604	734449	750622	855195
青岛市	Qingdao	1942323	3388997	4058082	4079090	4195962	4577696	4532685	4246549	4459296	4795545
淄博市	Zibo	201683	403077	532422	531938	524998	559843	578724	523697	549162	632460
枣庄市	Zaozhuang	31357	74567	84410	93923	94656	115373	140271	121770	130190	149161
东营市	Dongying	85448	275753	435919	498199	580290	609488	496787	455879	492935	558417
烟台市	Yantai	648308	2547962	2669482	2835914	2947468	2940357	2804476	2484594	2566322	2675220
潍坊市	Weifang	295085	869581	1036386	1096820	1160420	1232904	1298380	1234913	1396149	1570247
济宁市	Jining	116360	229866	307012	319613	333417	326913	343461	336635	348655	331002
泰安市	Tai'an	54476	92614	118548	122221	136696	173108	174881	161578	173000	188253
威海市	Weihai	473400	891721	1074178	1065926	1070238	1137218	1262087	1167064	1258820	1382187
日照市	Rizhao	132341	221080	390635	387622	387918	478865	413386	422266	515035	615483
莱芜市	Laiwu	66029	103202	114131	73382	75095	92056	98413	97606	103086	108868
临沂市	Linyi	127688	282591	362193	389726	463548	569408	605650	592273	727522	806213
德州市	Dezhou	55209	133596	174642	186760	202646	222717	220674	224347	264983	284894
聊城市	Liaocheng	46001	128938	187526	184919	200303	238553	253684	292520	345107	369527
滨州市	Binzhou	124096	254980	284489	282876	354250	378169	363203	376194	398407	461493
菏泽市	Heze	47465	121105	144051	152819	175000	215759	219703	243491	230915	229820

6-8 各市外商投资企业进口总值
Import Value of Foreign- funded Enterprises by Region

单位:万美元 (10 000 USD)

地　区	Region	2005	2010	2011	2012	2013	2014	2015	2016	2017	2018
济南市	Jinan	64166	98172	94825	85119	137608	121857	59933	71494	78449	87785
青岛市	Qingdao	765464	946037	1083821	941800	935831	963393	839443	737077	817862	937447
淄博市	Zibo	55656	73952	101691	88517	72702	73356	54431	50150	52439	51745
枣庄市	Zaozhuang	4407	9145	10917	6859	6137	7045	7476	6962	6447	1924
东营市	Dongying	5119	225175	206647	259554	199707	194742	156487	193733	228643	156866
烟台市	Yantai	426616	1523651	1415388	1408391	1318853	1600465	1481398	1220765	1215986	1082135
潍坊市	Weifang	56398	119937	172322	139381	153361	157793	135743	138059	116589	128191
济宁市	Jining	63631	182080	194136	134841	138489	136729	124541	90107	104127	121811
泰安市	Tai'an	2921	3546	5365	4938	4583	3722	8807	5891	5378	4383
威海市	Weihai	213080	356285	367974	353942	332885	310320	270964	245756	255345	248512
日照市	Rizhao	43823	200410	430882	462024	560543	582506	309894	280355	235303	275238
莱芜市	Laiwu	1224	4746	2946	703	4158	4086	5872	6743	6945	6309
临沂市	Linyi	15493	81620	123438	141203	195419	178341	53095	28245	31840	25895
德州市	Dezhou	7078	8884	11925	11957	14373	12673	9985	24016	32370	41173
聊城市	Liaocheng	7034	41743	63460	43793	54378	44011	29577	21758	46088	31927
滨州市	Binzhou	24800	83601	66914	42249	129309	73674	89302	67496	89019	205538
菏泽市	Heze	1497	17199	18666	22938	20673	10837	12258	9354	12206	12273

6-9 各市外商投资企业出口总值
Export Value of Foreign-funded Enterprises by Region

单位:万美元 (10 000 USD)

地　区	Region	2005	2010	2011	2012	2013	2014	2015	2016	2017	2018
济南市	Jinan	41785	131488	168105	152160	160182	169035	175359	159112	202975	218474
青岛市	Qingdao	1072594	1676534	1930536	1764622	1660659	1727138	1623387	1414566	1463348	1532797
淄博市	Zibo	105493	212442	266416	261842	248033	245167	218869	199297	209282	228176
枣庄市	Zaozhuang	6885	22546	30939	30954	29827	39001	37026	29547	28975	29809
东营市	Dongying	7118	62815	63541	60123	46084	51501	28559	22994	24500	25899
烟台市	Yantai	461920	2170903	2171242	2077348	1967676	2166016	1938415	1793586	1741082	1713560
潍坊市	Weifang	132678	301865	388930	381763	392609	420019	381747	378298	357239	364546
济宁市	Jining	51804	81702	121998	125593	125724	126494	112577	82944	79997	81521
泰安市	Tai'an	14106	22570	25976	23355	22901	23294	20907	23017	20971	16956
威海市	Weihai	313405	566264	623334	607243	570564	571512	523011	454534	475067	462686
日照市	Rizhao	57602	108232	237396	235944	243267	321319	237924	176171	135927	154932
莱芜市	Laiwu	7370	15125	14208	8037	9245	12908	12661	11381	9091	7824
临沂市	Linyi	51720	123593	154818	157795	172855	175650	141064	133516	132507	124813
德州市	Dezhou	14710	38784	46408	49103	54410	49228	41164	46288	56796	64002
聊城市	Liaocheng	17416	27318	31230	21974	18049	18274	20572	21007	28798	30939
滨州市	Binzhou	12927	61757	59168	51299	51793	49035	40845	41792	41611	45778
菏泽市	Heze	11242	32385	38242	39775	49986	63063	58844	60196	73012	54866

6-10 1979-2018年利用外资情况
Statistics on Utilization of Foreign Capitals from 1979 to 2018

单位:万美元 (10 000 USD)

年份 Year	合同项目个数(个) Number of Contracted Projects	#外商直接投资 Foreign Direct Investments	合同外资金额 Total Amount of Contracted Foreign Capital	#外商直接投资 Foreign Direct Investments	实际使用外资金额 Total Amount of Foreign Capital Actually Utilized	#外商直接投资 Foreign Direct Investments
1979	49		1278		1276	
1980	46		1254		1245	
1981	40	1	1296	10	1296	10
1982	60		1348		1327	
1983	51		2010		1831	
1984	100	16	15283	10470	1642	40
1985	232	32	10994	4925	6375	559
1986	109	37	13377	5927	11743	1939
1987	151	53	30520	3890	10219	2381
1988	458	203	59553	26020	14231	3908
1989	485	240	55272	17855	31498	13132
1990	674	366	55164	23283	31123	15084
1991	1187	801	102358	65481	46789	17950
1992	4651	4109	471994	391961	137684	97335
1993	8012	7229	754863	705116	226068	184319
1994	4747	3650	624570	526217	340137	253566
1995	5035	2709	532980	462521	326698	260719
1996	2223	2175	633894	539797	339426	259041
1997	1681	1597	454145	328037	358447	250044
1998	1434	1366	367072	221866	361036	222262
1999	1745	1717	421333	311087	374464	246878
2000	2733	2728	561066	507435	381243	297119
2001	3058	3047	715880	672040	424886	362093
2002	4072	4065	1186072	1130680	652124	558603
2003	5305	5305	1989296	1341413	1125985	709371
2004	5890	5890	2144647	2028958	982105	870064
2005	6415	6415	2884398	2749510	1101441	897072
2006	4030	4030	1645089	1624175	1020966	1000069
2007		2717		1173880		1101159
2008		1527		1014959		820246
2009		1468		871045		801007
2010		1632		1363381		916833
2011		1433		1579081		1116022
2012		1333		1655717		1235267
2013		1405		1770879		1405315
2014		1352		1595327		1519511
2015		1509		2004467		1630090
2016		1477		2115351		1682556
2017		1479		2740567		1785731
2018		2156		2850735		2051636

注:2003年实际利用外资金额是全口径数据包括对外借款,合同外资个数和合同外资金额不包括对外借款部分。2004年起实行新的外商投资统计制度取消对外借款部分,外商直接投资数据为商务部反馈数。2008年实际使用外资采用全口径统计方式。

a)In 2003,data of total amount of foreign capital actually utilized are including foreign loads.And Data of projects for contracted foreign capital and total amountof contracted foreign capital are excluding foreign loads.Since 2004,foreign loads is canceled according to the new statistical lations on foreign investments.Data of foreign direct investments come from the Ministry of Commerce.In 2008 the foreign capital actually utilized is changed to the actual received foreign capital.

6-11 按主要国家(地区)分外商直接投资
Foreign Direct Investment by Countries or Regions

单位:万美元 (10 000 USD)

国家(地区)	Country(Region)	合同项目个数(个) Number of Contracted Projects (unit)		合同外商投资金额 Total Amount of Contracted Foreign Capital		实际使用外商投资金额 Total Amount of Foreign Capital Actually Utilized	
		2017	2018	2017	2018	2017	2018
总计	**Total**	**1479**	**2156**	**2740567**	**2850735**	**1785731**	**2051636**
韩国	Republic of Korea	403	595	387108	238568	180661	229355
香港	Hong Kong	468	694	1580318	2007325	896323	1207714
美国	United States	74	145	43085	83693	71963	65476
日本	Japan	47	86	53164	23324	62494	51487
台湾省	Taiwan	88	130	52220	25283	29724	29228
英属维尔京群岛	Virgin Islands	12	12	9838	44278	29313	67788
新加坡	Singapore	22	55	44818	38444	111026	66108
英国	United Kingkom	19	27	21903	25794	12448	26243
加拿大	Canada	27	37	6018	27023	7824	12264
澳大利亚	Australia	24	33	17821	7158	25159	14912
法国	France	10	17	5934	11130	2544	7275
德国	Germany	29	43	76411	28629	88991	42461
毛里求斯	Mauritius			300	1351	2612	4613
马来西亚	Malaysia	11	18	70386	26895	7226	51615
萨摩亚	Samoa	10	7	4438	2140	10241	6997
意大利	Italy	8	12	2705	6776	3375	3909
荷兰	Netherlands	4	13	17353	16225	9316	5639
开曼群岛	Cayman Islands		6	-1041	30442	9538	12782
泰国	Thailand	3	7	989	5101	3137	16
澳门	Macao	7	2	8995	-769	201	1350
瑞士	Switzerlan	5	6	25212	8176	2297	5997
巴拿马	Panama				-190		
百慕大	Bermuda		4		3909		3629
俄罗斯	Russia	10	17	8261	5566	14763	4606
菲律宾	Philippines	1	5	10	4118		3501
丹麦	Denmark	4	3	318	2374	4495	4238
印度尼西亚	Indonesia	3	5	1174	4485	40	1688
奥地利	Austria		4	566	3208	562	
西班牙	Spain	5	10	2875	8271	3713	3143
新西兰	New Zealand	2	9	269	3874	197	
卢森堡	Luxembourg	2	1	1044	10709	7602	2472
瑞典	Sweden		5	3535	1374	6440	737
比利时	Belgium	3	1	77	10	100	129
欧洲联盟	The European Union	94	142	142835	116360	145561	101981
东南亚联盟	Southeast Asian Union	44	95	120605	84649	121434	127482

6-12 按行业分外商直接投资(2018年)

行　业	Sector	项目数(个) Number of Projects(unit) 本年新增 Newly Added in the Year	比上年增长(%) Growth Rate (%)	2018年止累计 Accumulative number end to 2018
总　计	**Total**	**2156**	**45.8**	**74242**
第一产业	**Primary Industry**	**50**	**85.2**	**2420**
农、林、牧、渔业	Agriculture, Forestry, Animal Husbandry and Fishing	50	85.2	2420
第二产业	**Secondary Industry**	**675**	**31.6**	**54828**
采矿业	Mining	1		232
制造业	Manufacturing	609	35.9	52719
电力、热力、燃气及水的生产和供应业	Production and Supply of Electric, Heat, Gas and Water	37	2.8	576
建筑业	Construction	28		1301
第三产业	**Tertiary Industry**	**1431**	**52.4**	**16994**
交通运输、仓储和邮政业	Transport, Storage and Post	39	85.7	853
信息传输、计算机服务和软件业	Information Transmission, Computer Services and Software	99	50.0	574
批发和零售业	Wholesale and Retail Trade	601	56.1	5930
住宿和餐饮业	Hotels and Catering Services	45	25.0	1579
金融业	Financial Intermediation	165	101.2	451
房地产业	Real Estate	87	31.8	2463
租赁和商务服务业	Leasing and Business Services	155	14.0	2773
居民服务和其他服务业	Services to Households and Other Services	21	23.5	268
科学研究、技术服务和地质勘查业	Scientific Research, Technical Service and Geologic Prospecting	164	92.9	1019
水利、环境和公共设施管理业	Management of Water Conservancy, Environment and Public Facilities	14	40.0	151
教　育	Education	16	-5.9	132
文化、体育和娱乐业	Culture, Sports and Entertainment	18	100.0	690
卫生、社会保障和社会福利业	Health, Social Security and Social Welfare	7		109

Foreign Direct Investment by Sector(2018)

合同外资金额 Total Amount of Contracted Foreign Capital			实际使用外资金额 Total Amount of Foreign Capital Actually Utilized		
本　年 (万美元) This Year (10000 USD)	比上年增长 (%) Growth Rate (%)	2018年止累计 (亿美元) Accumulative number end to 2018 (100 million USD)	本　年 (万美元) This Year (10000 USD)	比上年增长 (%) Growth Rate (%)	2018年止累计 (亿美元) Accumulative number end to 2018 (100 million USD)
2850735	**4.0**	**3408**	**2051636**	**14.9**	**2259**
49668	**30.4**	**99**	**45493**	**54.3**	**64**
49668	30.4	99	45493	54.3	64
1069470	**-16.1**	**2154**	**1019698**	**-4.4**	**1519**
1658	-16.9	13	4488	-34.6	14
973179	-12.2	1993	916682	-3.6	1398
67841	1.4	102	64027	-21.9	82
26792	-72.2	46	34501	29.2	24
1731597	**21.2**	**1155**	**986445**	**43.0**	**676**
55369	5.5	104	34160	-57.4	67
94969	-65.3	59	33517	-54.7	20
295963	48.1	179	206612	118.6	107
4976	-46.2	29	4850	293.7	17
388451	107.3	132	43777	-45.3	66
391756	83.4	317	452731	116.5	252
249717	32.8	137	93306	110.0	57
4096	-0.3	8	4419	2382.6	6
216981	111.6	126	76240	-19.1	63
7985	-59.7	17	16827	70.9	8
6096	-36.2	4	3882	174.7	2
10118	-93.3	35	11208	160014.3	11
5114	-60.9	8	4904	1037.8	2

6-13 按方式分外商直接投资
Basic Statistics on Foreign Direct Investments by Form

单位:万美元 (10 000 USD)

类 别	Category	合同项目个数(个) Number of Contracted Projects(unit)					实际使用外资金额 Total Amount of Foreign Capital Actually Utilized				
		2014	2015	2016	2017	2018	2014	2015	2016	2017	2018
外商直接投资	**Foreign Direct Investments**	**1352**	**1509**	**1477**	**1479**	**2156**	**1519511**	**1630090**	**1682556**	**1785731**	**2051636**
合资经营企业	Sino-foreign Joint-ventures enterprises	365	418	401	500	771	340244	397010	462093	523682	495124
合作经营企业	Sino-foreign Cooperative Operation enterprises	8	7	9	11	12	5797	27998	3723	22112	29364
外资企业	Foreign Investment Enterprises	975	1077	1061	960	1366	1158128	1172994	1186272	1189814	1493011
外商投资股份制企业	Foreign Investment Share Enterprises	4	7	6	8	7	15343	32089	30468	50123	34137
合作开发	Cooperative Development										
其他	Others										

6-14 各市外商直接投资
Foreign Direct Investment by Region

单位:万美元 (10 000 USD)

地 区	Region	项目数(个) Number of Projects(unit)		合同外资 Amount of Contracted Foreign Capital		实际使用外资 Amount of Foreign Capital Actually Utilized	
		2017	2018	2017	2018	2017	2018
全省总计	**Total**	**1479**	**2156**	**2740567**	**2850735**	**1785731**	**2051636**
济南市	Jinan	110	239	218696	556724	187624	272849
青岛市	Qingdao	650	956	909626	980232	773500	869253
淄博市	Zibo	39	53	67968	71037	71385	88771
枣庄市	Zaozhuang	14	30	305198	26461	9015	10499
东营市	Dongying	12	13	14865	10108	23223	15773
烟台市	Yantai	207	282	300710	448287	214648	262312
潍坊市	Weifang	52	60	397947	74792	115439	134235
济宁市	Jining	33	52	52116	74828	59423	74477
泰安市	Tai'an	58	72	259393	99012	57964	69286
威海市	Weihai	191	235	109334	138029	128582	142115
日照市	Rizhao	20	23	8789	2129	62610	21484
莱芜市	Laiwu	6	6	3834	38266	3334	1028
临沂市	Linyi	36	56	51175	29583	18230	22708
德州市	Dezhou	16	29	9793	17174	13021	20774
聊城市	Liaocheng	8	20	1197	22141	10299	7622
滨州市	Binzhou	12	14	11068	19809	26627	20344
菏泽市	Heze	15	16	18858	242123	10807	18106

6-15 境外投资情况
Overseas Investment

类　别	Category	境外投资项目(个) Overseas Investment Projects (unit)		备案核准中方投资总额(万美元) Approved and Registered Total Amount of Chinese Investment (10 000 USD)	
		2018	2018年止累计 Accumulative number end to 2018	2018	2018年止累计 Accumulative number end to 2018
总　计	**Total**	**387**	**6076**	**1279010**	**8860714**
贸易性企业	Trade Enterprises	160	2489	160377	1138995
非贸易性企业	Non-trade Enterprises	188	2927	1118634	7721720
资源开发企业	Resource Development	8	457	40952	1580192

6-16 各市境外投资情况
Overseas Investment by Region

单位:万美元 (10 000 USD)

地　区	Region	企业数(个) Number of Enterprises(unit)		备案核准投资额 Approved and Registered Amount of Investment		对外实际投资额 Actual amount of Overseas Investment	
		2017	2018	2017	2018	2017	2018
全省总计	**Total**	**415**	**387**	**1097552**	**1279010**	**559164**	**702723**
济 南 市	Jinan	44	63	142050	35727	83760	102434
青 岛 市	Qingdao	144	112	324901	280812	102025	259742
淄 博 市	Zibo	24	25	74902	65739	24595	45968
枣 庄 市	Zaozhuang	5	2	2073	200	302	47
东 营 市	Dongying	23	14	10375	5224	9234	5628
烟 台 市	Yantai	44	24	134339	60670	91452	108564
潍 坊 市	Weifang	30	32	19935	84276	25767	51727
济 宁 市	Jining	14	21	158664	414443	119339	40041
泰 安 市	Tai'an	7	4	19641	950	7381	1964
威 海 市	Weihai	22	32	183856	52378	17557	41815
日 照 市	Rizhao	9	11	3632	110675	20515	6668
莱 芜 市	Laiwu		1		10	3	193
临 沂 市	Linyi	21	18	12703	11076	5748	3541
德 州 市	Dezhou	14	10	5396	8925	10105	5777
聊 城 市	Liaocheng	9	9	3568	12768	2054	2557
滨 州 市	Binzhou	3	5	1485	14828	35733	14935
菏 泽 市	Heze	2	4	32	120310	3595	11123

6-17 按主要国别(地区)分境外投资情况
Overseas Investment by Countries or Regions

单位:万美元 (10 000 USD)

国别(地区)	Country(Region)	项目数(个) Number of Projects(unit)		备案核准中方投资额 Approved and Registered Amount of Chinese Investment	
		2017	2018	2017	2018
总计	**Total**	**415**	**387**	**1097552**	**1279010**
亚洲小计	**Subtotal of Asia**	**200**	**195**	**464499**	**313074**
阿富汗	Afghanistan				
阿联酋	UAE		5		10288
澳门	Macao			18	
巴基斯坦	Pakistan		4		980
巴林	Bahrain				
朝鲜	Korea DPR				
东帝汶	East Timor				
菲律宾	Philippine		2		1545
哈萨克斯坦	Kazakhstan	4	5	1541	14076
韩国	Republic of Korea	22	23	96464	9362
吉尔吉斯斯坦	Kyrgyzstan	1	1		1000
柬埔寨	Cambodia	9	6	14948	4695
卡塔尔	Qatar				
科威特	Kuwait				
老挝	Laos	3	2	950	79104
马来西亚	Malaysia	11	4	68936	-7058
蒙古	Mongolia	2	4	924	5218
孟加拉	Bangladesh	4	6	605	1392
缅甸	Myanmar	5	6	1073	8744
日本	Japan	16	12	12636	-5722
沙特阿拉伯	Saudi Arabia	2	2	27	800
斯里兰卡	Sri Lanka	1	1	150	4
塔吉克斯坦	Tajikistan				
中国台湾	Taiwan,China	2	2	1350	147
泰国	Thailand	5	8	11628	3463
土库曼斯坦	Turkmenistan				
乌兹别克斯坦	Uzbekistan	1	14		3237
香港	Hong Kong	51	50	81567	130788
新加坡	Singapore	17	9	42454	24686
叙利亚	Syria				
也门	Yemen				
伊朗	Iran				
以色列	Israel	1	1		1380
印度	India	11	5	5626	990
印度尼西亚	Indonesia	6	6	84634	11349
约旦	Jordan				
越南	Vietnam	17	17	16826	12607
伊拉克	Iraq				
马尔代夫	Maldives				
阿曼	Oman				
格鲁吉亚	Georgia				
尼泊尔	Nepal				
土耳其	Turkey	1			
非洲小计	**Subtotal of Africa**	**34**	**51**	**29892**	**20636**
阿尔及利亚	Algeria	2		40	
埃及	Egypt	1		200	
埃塞俄比亚	Ethiopia	1	3	100	-3420
安哥拉	Angola	2	3	2950	2002
贝宁	Benin				
博茨瓦纳	Botswana				

6-17 续表 1 continued

单位:万美元 (10 000 USD)

国别(地区)	Country(Region)	项目数(个) Number of Projects(unit)		备案核准中方投资额 Approved and Registered Amount of Chinese Investment	
		2017	2018	2017	2018
赤道几内亚	Eq.Guinea		1		
多哥	Togo				
厄立特里亚	Eritrea				
佛得角	Cape Verde				
冈比亚	Gambia				
刚果(布)	Congo Rep				
刚果(金)	Congo DR		1		5474
几内亚	Guinea	2	2	1200	401
几内亚(比绍)	Guinea-Bissau				
加纳	Ghana	4	2	3555	120
加蓬	Gabon				
津巴布韦	Zimbabwe	1	1	907	80
喀麦隆	Cameroon		1		300
科特迪瓦	Cote D'Ivoire		3		1670
肯尼亚	Kenya	7	5	8170	210
莱索托	Lesotho				
利比里亚	Liberia				
利比亚	Libya				
马里	Mali		1		
马达加斯加	Madagascar				
毛里求斯	Mauritius				-9320
毛里塔尼亚	Mauritania	2	3	4101	1700
摩洛哥	Morocco				
马拉维	Mavila		1		31
莫桑比克	Mozambique	2	2	5400	5080
纳米比亚	Namibia		1		100
南非	South Africa		3	300	3130
南苏丹	South Sudan	1			
尼日利亚	Nigeria	1	7	1500	414
塞内加尔	Senegal		3		1170
塞拉利昂	Sierra Leone		2		3310
塞浦路斯	Cyprus				
塞舌尔	Seychelles				
苏丹	Sudan	1	1	150	
坦桑尼亚	Tanzania	2	3	500	2146
突尼斯	Tunisia				
乌干达	Uganda	3	1	269	3538
赞比亚	Zambia				
中非	Central Africa				
乍得	Chad				
吉布提	Djibouti		1		2500
欧洲小计	**Subtotal of Europe**	**49**	**49**	**47614**	**471488**
阿塞拜疆	Azerbaijan		1		
白俄罗斯	Belorussia	2		2360	
保加利亚	Bulgaria				
比利时	Belgium				95
波黑	Bosnia and Heraegovinian		1		29222
波兰	Poland		1		150
德国	Germany	16	12	19911	46467
丹麦	Denmark	1	1	2786	3000
俄罗斯	Russia	9	10	8487	6043
法国	France		2	2126	2117
芬兰	Finland	2		236	
荷兰	Netherlands	2	5	313	247374
捷克	Czech		2		137

6-17 续表 2 continued

单位:万美元 (10 000 USD)

国别(地区)	Country(Region)	项目数(个) Number of Projects(unit)		备案核准中方投资额 Approved and Registered Amount of Chinese Investment	
		2017	2018	2017	2018
拉托维亚	Latvia				
立陶宛	Lithuania				
卢森堡	Luxembourg				
罗马尼亚	Romania	2		807	1393
挪威	Norway				
葡萄牙	Portugal		1		351
瑞典	Sweden		1		1652
瑞士	Switzerland		1		28329
斯洛伐克	Slovakia				
塞浦路斯	Cyprus				
乌克兰	Ukraine		2		833
西班牙	Spain	2		683	222
希腊	Greece				
匈牙利	Hungary	1		200	
亚美尼亚	Armenia				
意大利	Italy	4	2	2574	61379
英国	United Kingdom	6	6	6731	8840
塞尔维亚	Serbia				
爱尔兰	Ireland				
斯洛文尼亚	Slovenia		1		33883
拉丁美洲小计	**Subtotal of Latin America**	**26**	**14**	**140928**	**96590**
阿根廷	Argentina	2	1	96122	23
安提瓜和巴布达	Antigua and Barbuda				
巴巴多斯	Barbados				
巴拉圭	Paraguay				
巴拿马	Panama	2		7000	80705
巴西	Brazil	2	2	1037	2498
玻利维亚	Bolivia	3	1	2383	3
多米尼加	Dominican Rep.				
厄瓜多尔	Ecuador	3		4710	
圭亚那	Guyana				
哥伦比亚	Colombia	1	2	1000	20
哥斯达黎加	Costa Rica				
古巴	Cuba	1	3		
秘鲁	Peru	1		45	
开曼群岛	Cayman Islands	1		1200	
苏里南	Surinam				
圣卢西亚	Saint Lucia				
特立尼达和多巴哥	Trinidad and Tobago				
危地马拉	Guatemala	2		46	
委内瑞拉	Venezuela				
乌拉圭	Uruguay				
英属安圭拉	Anguilla				
英属维尔京群岛	British Virgin Islands	4	2	23233	12750
智利	Chile	1		4088	
牙买加	Jamaica				
墨西哥	Mexico	1	3	63	591
北美小计	**Subtotal of North America**	**89**	**61**	**235223**	**257588**
百慕大群岛	Bermuda		1		38795
加拿大	Canada	9	7	38034	64113
美国	United States	79	53	197126	154679
大洋州小计	**Subtotal of Oceanic**	**17**	**17**	**179395**	**119636**
澳大利亚	Australia	15	13	175851	19852
巴布亚新几内亚	Papua New Guinea				
斐济	Fiji		1		8743
新西兰	New Zealand	2	3	3544	91041
所罗门	Solomon				
汤加	Tonga				
萨摩亚	Samoa				

6−18　1982−2018年对外承包工程和劳务合作情况

Statistics on Contracted Projects and Labor Services Cooperation with Foreign Countries 1982 to 2018

年　份 Year	合同个数 (个) Number of Contracts (unit)	合同金额 (万美元) Contracted Value (10 000 USD)	营业额 (万美元) Turnover (10 000 USD)	年末在外人数 (人) Number of Persons outside the Country at Year-end (person)	派出人数 (人) Number of Persons Sent out(person)
1982	1	421	421		
1983	1	1286	40	408	
1984	1	451	664	783	
1985	4	645	852	1147	
1986	26	1099	876	1597	
1987	33	802	999	1239	
1988	34	502	987	865	
1989	69	1389	1000	1179	
1990	91	3377	1712	1462	
1991	123	5952	3017	2326	
1992	192	8747	3882	3571	
1993	299	20250	6959	7254	
1994	411	31882	12222	10288	
1995	672	38604	18274	16217	
1996	880	52005	28933	23355	
1997	966	57654	36315	26626	
1998	1296	73703	46508	29121	
1999	1116	67729	63615	30979	
2000	1250	61601	45229	35028	
2001	1580	104622	55913	36489	
2002	1380	134098	83133	43554	
2003	1322	124243	99213	52077	
2004	1879	146590	151568	62705	
2005	2171	164091	174518	71610	37797
2006	2513	392134	232293	83974	41369
2007	2642	540344	301928	93797	45212
2008	2880	754137	358867	90623	45269
2009	2397	932312	509083	96421	46296
2010	3075	1092504	602415	102149	47300
2011	288	948287	819857	108662	48836
2012	183	988209	898864	103736	51425
2013	210	1078349	940828	98988	52591
2014	348	1237694	1021544	115328	59941
2015	352	1344383	1120799	116100	60764
2016	306	1355479	1195427	119655	68673
2017	417	1393003	1278651	130384	71570
2018	484	1548846	1314181	125224	57878

注：2011年起，商务部不再对外公布对外劳务合作合同数(下表同)。
a)The Commerce Department had no longer published data refer to Contracts of Labor Cooperation since 2011.The same applies to tables following.

6-19 对外承包工程和劳务合作情况
Statistics on Contracted Projects and Labour Cooperation with Foreign Countries or Regions

项　　目	Item	2013	2014	2015	2016	2017	2018
一、承包工程合同个数　（个）	**Number of Contracted Projects (unit)**	**210**	**348**	**352**	**306**	**417**	**484**
二、合同金额　（万美元）	**Contracted Value (10 000 USD)**	**1078349**	**1237694**	**1344383**	**1355479**	**1393003**	**1548846**
承包工程　（万美元）	Contracted Projects (10 000 USD)	986474	1060559	1198283	1266500	1295541	1439085
劳务合作　（万美元）	Labor Cooperation (10 000 USD)	91875	177135	146100	88979	97462	109761
三、营业额　（万美元）	**Turnover (10 000 USD)**	**940828**	**1021544**	**1120799**	**1195427**	**1278651**	**1314181**
承包工程　（万美元）	Contracted Projects (10 000 USD)	847624	925011	1017083	1093045	1175577	1219211
劳务合作　（万美元）	Labor Cooperation (10 000 USD)	93204	96533	103716	102382	103074	94970
四、年末在国外人数　（人）	**Number of Persons outside the Country at year end (person)**	**98988**	**115328**	**116100**	**119655**	**130384**	**125224**
承包工程　（人）	Contracted Projects (person)	27261	31832	31452	30546	35470	30885
劳务合作　（人）	Labor Cooperation (person)	71727	83496	84648	89109	94914	94339
五、派出人数　（人）	**Number of Persons Sent out (person)**	**52591**	**59941**	**60764**	**68673**	**71570**	**57878**
承包工程　（人）	Contracted Projects (person)	17687	19700	16826	24730	25216	21618
劳务合作　（人）	Labor Cooperation (person)	34904	40241	43938	43943	46354	36260

6-20 旅游业情况
Tourism

类　　别	Category	2017	2018
旅行社总数　（个）	Total Number of Travel Agencies (unit)	2216	2303
星级饭店总数　（个）	Total Number of Star-rated Hotels (unit)	663	637
接待入境游客　（万人次）	Number of International Tourists Arrival to China (10 000 person-time)	494.37	513.10
外国人　（万人次）	Foreigners (10 000 person-time)	353.06	366.10
港澳台胞　（万人次）	Hong Kong, Macao and Taiwan Compatriots (10 000 person-time)	141.31	147.00
港澳同胞　（万人次）	Compatriots from Hong Kong and Macao (10 000 person-time)	79.08	82.20
台湾同胞　（万人次）	Compatriots from Taiwan (10 000 person-time)	62.23	64.80
国内旅游人数　（万人次）	Number of Domestic Tourists (10 000 person-time)	77966.2	85899.3
旅游总收入　（亿元）	Total Tourism Consumption (100 million yuan)	8708.1	9892.4
入境旅游收入　（亿美元）	International Tourism Earnings (100 millionUSD)	31.7	33.6
国内旅游收入　（亿元）	Domestic Tourism Earnings (100 million yuan)	8491.5	9661.5

6-21　1995-2018年国内旅游情况
Domestic Tourism 1995 to 2018

年　份 Year	总人次 (万人次) Domestic Tourists (10 000 person-time)	总花费 (亿元) Total Expenditure (100 million yuan)	人均花费 (元) Per Capita Expenditure (yuan)
1995	4655	157.68	338.7
1996	5151	187.43	363.9
1997	5488	213.02	388.2
1998	5844	245.83	420.7
1999	6429	285.17	443.6
2000	7007	386.49	551.6
2001	8086	462.64	572.2
2002	9573	571.53	597.0
2003	8918	542.78	608.6
2004	11749	767.65	653.4
2005	14097	974.59	691.3
2006	16775	1214.82	724.2
2007	20343	1550.76	762.3
2008	24046	1908.53	793.7
2009	28882	2331.70	807.3
2010	34990	2915.80	833.3
2011	41696	3573.70	857.1
2012	48739	4335.03	889.4
2013	54262	5014.74	924.2
2014	59577	5711.20	958.6
2015	65045	6505.11	1000.1
2016	70716	7399.61	1046.4
2017	77966	8491.46	1089.1
2018	85899	9661.50	1124.7

6-22 按主要国家分接待外国旅游人数
Number of Foreigner Tourists by Country

单位：人 (person)

国 别	Country	2000	2005	2010	2013	2014	2015	2016	2017	2018
总 计	**Total**	**480090**	**1247842**	**2778699**	**3273678**	**3256968**	**3358553**	**3525019**	**3530595**	**3661207**
亚 洲	**Asia**	**377862**	**1030169**	**2159102**	**2309149**	**2297202**	**2377625**	**2509292**	**2481664**	**2557490**
印 度	India	2762	6759	23932	31113	30742	32543	32988	34063	35155
印度尼西亚	Indonesia	6319	6881	24835	33275	29985	29906	28879	31381	37032
日 本	Japan	132619	278170	566511	381054	353641	357727	375306	391238	409105
马来西亚	Malaysia	10700	22534	40230	63466	59870	62694	65075	68583	69984
蒙 古	Mongolia	851	1155	7064	11211	12060	12356	11725	11697	12457
菲律宾	Philippines	14906	16327	42487	41097	34118	34364	36647	37430	41513
新加坡	Singapore	16182	25509	70126	94525	94270	95077	99340	102910	108786
韩 国	Republic of Korea	183567	640056	1292880	1496143	1518088	1580582	1683278	1606678	1643098
泰 国	Thailand	2545	7281	13387	21601	21625	22422	22939	27869	32471
非 洲	**Africa**	**1501**	**3819**	**15843**	**60911**	**52335**	**43580**	**42524**	**49292**	**56100**
欧 洲	**Europe**	**47999**	**109671**	**331858**	**483604**	**471825**	**484332**	**488489**	**516169**	**535336**
英 国	United Kingdom	6812	17295	62730	86088	82902	82032	88529	89610	93672
德 国	Germany	9065	22459	63694	87993	79758	80739	85920	88434	92920
法 国	France	6137	13794	40839	71115	65805	66841	71390	72451	75637
意大利	Italy	3805	9004	24532	35071	32505	34034	34587	37851	38082
荷 兰	Netherlands	1750	3008	6376	7074	5997	6190	5483	5778	5595
瑞 典	Sweden	1573	3162	8498	10480	8792	9018	9539	10361	10150
瑞 士	Switzerland	1053	2435	8358	9908	10670	11031	11913	12696	13089
俄罗斯	Russia	8926	19484	63036	97171	98948	102785	109069	121093	131870
美 洲	**America**	**40786**	**73303**	**191175**	**281332**	**270534**	**281514**	**296476**	**314376**	**323872**
加拿大	Canada	7008	13513	39869	51458	47632	54636	53104	56149	60628
美 国	United States	31994	54510	133305	199980	193175	196761	211042	221693	219419
大洋洲	**Oceanic**	**8009**	**15393**	**58310**	**91492**	**94719**	**93197**	**100238**	**104235**	**112397**
澳大利亚	Australia	5956	10643	40738	56120	55602	57523	62747	66456	69576
新西兰	New Zealand	1183	2369	12588	16279	16947	17359	19590	21362	25167
其 他	**Others**	**3933**	**15487**	**22411**	**47190**	**70353**	**78305**	**88000**	**64859**	**76012**

6−23 各市按主要国家分接待外国旅游人数(2018年)
Number of Foreigner Tourists by Country and Region(2018)

单位:人次 (person-time)

地区	Region	合计 Total	#韩国 Republic of Korea	日本 Japan	马来西亚 Malaysia	新加坡 Singapore	菲律宾 Philippines	印尼 Indonesia	泰国 Thailand	印度 India	美国 United States
全省总计	**Total**	**3660628**	**1642791**	**408923**	**69977**	**108776**	**41505**	**37027**	**32466**	**35058**	**219376**
济南市	Jinan	247086	37432	23123	12797	17503	2901	4121	4576	9898	26325
青岛市	Qingdao	1118860	450272	171496	23845	25892	9821	9791	7321	10475	78616
淄博市	Zibo	118378	35966	29884	2192	6644	2272	1631	2212	1960	7740
枣庄市	Zaozhuang	16628	3279	2562	321	694	164	347	643	160	1107
东营市	Dongying	39743	2660	622	1134	6846	836	730	1273	380	3665
烟台市	Yantai	506442	317542	61130	4239	10300	4734	3614	1594	3141	14314
潍坊市	Weifang	294374	123557	23439	4923	7059	2896	2066	1763	2129	17171
济宁市	Jining	188685	24625	25908	4629	7158	4333	5055	3932	2867	18452
泰安市	Tai'an	164155	37214	16119	9640	15861	2275	4454	3220	695	28223
威海市	Weihai	470504	393563	19552	690	928	789	343	376	313	2783
日照市	Rizhao	265263	169375	498	1385	4212	7193	1209	881	880	6152
莱芜市	Laiwu	4593	107	1357	413	430	137	191	288	5	226
临沂市	Linyi	106447	14418	16408	1206	1860	1369	915	1506	983	4910
德州市	Dezhou	12178	1899	2017	998	397	577	1172	1404	399	791
聊城市	Liaocheng	50081	25226	9601	418	586	542	425	377	386	4186
滨州市	Binzhou	52593	5034	4785	871	2173	437	745	929	278	4267
菏泽市	Heze	4618	622	422	276	233	229	218	171	109	448

6−23 续表 continued

单位:人次 (person-time)

地区	Region	加拿大 Canada	德国 Germany	俄罗斯 Russia	英国 United Kingdom	法国 France	意大利 Italy	瑞典 Sweden	荷兰 Netherlands	澳大利亚 Australia	新西兰 New Zealand
全省总计	**Total**	**60609**	**92903**	**131857**	**93642**	**75616**	**38071**	**10149**	**5593**	**69552**	**25159**
济南市	Jinan	6970	17706	6245	11602	8000	5524	1498	172	10762	2078
青岛市	Qingdao	15355	28339	37017	28743	24911	11455	2861	1497	21337	6743
淄博市	Zibo	2237	1996	3966	1974	1582	904	649	300	2690	644
枣庄市	Zaozhuang	410	488	388	1156	1057	163	90	38	271	178
东营市	Dongying	1517	1337	3522	1805	1447	401	50	23	2082	620
烟台市	Yantai	6491	9521	6802	9353	8127	5371	1031	1377	5009	1584
潍坊市	Weifang	4232	6151	7135	6541	5040	2382	243	60	4172	1105
济宁市	Jining	7893	5862	5966	10362	7349	3215	1556	612	8344	4592
泰安市	Tai'an	4537	5829	4077	5574	5280	839	486	307	3421	1166
威海市	Weihai	573	1482	37281	1613	797	298	163	187	749	208
日照市	Rizhao	2234	7902	12014	8635	6341	3402	405	380	3180	690
莱芜市	Laiwu	160	205	280	285	226	140			31	24
临沂市	Linyi	3508	2043	2380	2985	2353	1024	614	422	3635	2572
德州市	Dezhou	152	204	214	266	168	134	27	17	141	73
聊城市	Liaocheng	466	540	468	795	636	464	180	28	464	300
滨州市	Binzhou	3628	3130	4002	1735	2176	2241	230	163	3090	2490
菏泽市	Heze	246	168	100	218	126	114	66	10	174	92

6-24 接待入境游客构成
Structure of Foreigner Tourists

单位:% (%)

指　　标	Indicator	2010	2011	2012	2013	2014	2015	2016	2017	2018
总　计	**Total**	**100.0**	**100.0**	**100.0**	**100.0**	**100.0**	**100.0**	**100.0**	**100.0**	**100.0**
按性别分	**by Sex**	**100.0**	**100.0**	**100.0**	**100.0**	**100.0**	**100.0**	**100.0**	**100.0**	**100.0**
男	Male	67.8	68.7	69.9	67.7	68.9	70.4	68.2	67.8	68.0
女	Female	32.2	31.3	30.1	32.3	31.1	29.6	31.8	32.2	32.0
按年龄分	**by Age**	**100.0**	**100.0**	**100.0**	**100.0**	**100.0**	**100.0**	**100.0**	**100.0**	**100.0**
14岁以下	14 and under	1.6	1.5	2.2	1.9	1.8	2.2	2.5	2.6	2.7
15～24岁	15-24	9.1	9.6	10.0	9.3	9.2	10.5	10.5	10.1	10.2
25～44岁	25-44	51.5	50.3	51.6	46.8	48.3	49.7	49.4	49.5	49.6
45～64岁	45-64	31.8	32.1	29.8	36.1	35.2	32.0	31.9	31.7	31.5
65岁以上	65 and over	6.0	6.5	6.5	5.9	5.5	5.6	5.7	6.1	6.0
按来鲁目的分	**by Purpose of Coming to Shandong**	**100.0**	**100.0**	**100.0**	**100.0**	**100.0**	**100.0**	**100.0**	**100.0**	**100.0**
从事经济商务活动	Business	46.3	47.7	54.4	46.5	47.7	49.8	48.3	48.5	48.7
从事文化学术交流	Cultural and Academic Exchanges	7.7	6.3	8.2	7.9	8.1	6.1	6.9	6.7	6.8
探亲访友	Visiting relatives and Friends	4.4	4.5	6.2	6.4	5.9	5.2	6.6	6.2	6.0
旅游观光	Sightseeing	39.6	39.8	26.5	31.2	35.9	35.7	35.3	35.5	35.7
其　它	Others	2.1	1.8	4.6	8.1	2.4	3.2	2.9	3.1	2.8

6-25 各市接待入境游客人数
Number of Foreigner Tourists by Region

单位:万人次 (10 000 person-time)

地　区	Region	2012	外国人 Foreigner	2013	外国人 Foreigner	2014	外国人 Foreigner	2015	外国人 Foreigner	2016	外国人 Foreigner	2017	外国人 Foreigner	2018	外国人 Foreigner
全省总计	**Total**	**469.9**	**342.2**	**452.7**	**327.4**	**445.7**	**325.7**	**460.8**	**335.9**	**485.5**	**352.7**	**494.4**	**353.1**	**513.1**	**366.1**
济南市	Jinan	31.6	20.6	30.7	19.4	31.4	19.4	33.3	20.5	35.2	21.7	37.5	23.3	39.8	24.7
青岛市	Qingdao	127.0	87.8	123.6	87.1	128.1	95.2	133.8	99.6	141.0	104.2	144.4	105.7	153.6	111.9
淄博市	Zibo	23.2	13.9	21.9	12.6	19.5	11.1	19.6	11.3	20.3	11.6	21.0	11.7	21.5	11.8
枣庄市	Zaozhuang	4.1	2.5	5.5	3.4	2.9	1.5	3.1	1.4	3.4	1.4	3.4	1.5	3.6	1.7
东营市	Dongying	5.3	3.9	3.1	1.2	5.6	3.6	5.8	3.7	6.0	3.8	6.2	3.8	6.4	4.0
烟台市	Yantai	53.0	41.7	52.0	41.6	54.6	42.8	57.4	45.2	61.3	48.3	63.8	50.5	63.8	50.6
潍坊市	Weifang	34.8	28.4	33.5	27.4	32.7	26.7	33.4	27.2	34.8	28.3	34.8	28.0	36.7	29.4
济宁市	Jining	37.4	24.2	35.4	21.5	30.6	17.9	32.1	18.2	34.6	19.6	32.8	17.9	33.0	18.9
泰安市	Tai'an	40.6	23.1	38.5	21.1	36.6	19.1	37.0	19.0	38.5	19.7	39.5	16.9	40.1	16.4
威海市	Weihai	45.7	42.8	44.0	41.3	44.8	41.9	46.2	43.2	48.5	45.4	49.2	45.7	50.7	47.1
日照市	Rizhao	29.3	27.7	28.1	26.6	27.0	25.6	27.0	25.6	28.3	26.8	27.6	26.0	28.2	26.5
莱芜市	Laiwu	0.8	0.6	0.7	0.6	0.7	0.5	0.7	0.6	0.8	0.5	0.8	0.4	0.8	0.5
临沂市	Linyi	18.9	10.7	18.2	10.3	17.7	10.0	17.5	9.8	18.2	10.2	18.7	10.3	19.3	10.7
德州市	Dezhou	6.8	4.1	6.3	4.4	2.5	1.3	2.3	1.1	2.1	1.0	2.2	1.1	2.5	1.2
聊城市	Liaocheng	5.5	4.7	5.4	4.5	5.4	4.4	5.5	4.7	5.8	5.0	5.8	5.0	5.9	5.0
滨州市	Binzhou	4.6	4.4	4.4	4.2	4.4	4.2	4.7	4.5	4.9	4.7	5.1	4.9	5.6	5.3
菏泽市	Heze	1.4	1.0	1.4	0.3	1.2	0.3	1.4	0.4	1.5	0.4	1.6	0.4	1.8	0.5

6-26 各市入境旅游外汇收入
Foreign Exchange Earnings by Region

单位:万美元 (10 000 USD)

地 区	Region	2000	2005	2010	2013	2014	2015	2016	2017	2018
全省总计	**Total**	**31513**	**78023**	**215506**	**273120**	**271424**	**289651**	**306345**	**317405**	**336420**
济南市	Jinan	3152	4175	11354	15127	17058	18419	19609	20841	22285
青岛市	Qingdao	14213	41493	60104	79363	82284	91798	98055	102074	116381
淄博市	Zibo	407	982	9206	11574	9412	9565	9858	10135	10529
枣庄市	Zaozhuang	39	113	824	770	816	720	810	823	767
东营市	Dongying	39	77	3128	4772	5055	5188	5277	5489	5144
烟台市	Yantai	6097	13207	37707	46313	47242	51859	55260	58512	61273
潍坊市	Weifang	657	1055	16238	23182	21630	21976	22474	24419	25003
济宁市	Jining	947	2603	17118	15965	13508	14615	15247	15849	14821
泰安市	Tai'an	1118	3740	18380	23223	22508	23559	24328	24174	24299
威海市	Weihai	4203	7086	19151	23851	24221	25134	27207	27293	27668
日照市	Rizhao	202	1908	9795	12416	12786	11808	12363	12018	11780
莱芜市	Laiwu	15	25	314	506	475	482	654	674	670
临沂市	Linyi	213	648	7717	10232	9755	9807	10111	9944	10328
德州市	Dezhou	15	446	1752	1894	563	517	536	548	416
聊城市	Liaocheng	153	342	1580	2392	2539	2516	2701	2582	2793
滨州市	Binzhou	14	85	898	1268	1289	1375	1491	1659	1897
菏泽市	Heze	29	38	239	273	284	311	363	370	366

6-27 入境旅游外汇收入及构成
Foreign Exchange Earnings and Its Composition

单位:万美元 (10 000 USD)

类 别	Category	2014		2015		2016		2017		2018	
		数额 Value	比重(%) Proportion	数额 Value	比重(%) Proportion	数额 Value	比重(%) Proportion	数额 Value	比重(%) Proportion	数额 Value	比重(%) Proportion
总计	**Total**	**271423.5**	**100.0**	**289651.0**	**100.0**	**306345.1**	**100.0**	**317404.6**	**100.0**	**336419.6**	**100.0**
长途交通	Long Distance Transportation	77952.8	28.7	83506.4	28.8	88104.9	28.8	91793.4	28.9	98200.9	29.2
#民航	Civil Aviation	62563.1	23.1	67025.2	23.1	70735.1	23.1	73542.6	23.2	78890.4	23.5
铁路	Railway	3067.1	1.1	3273.1	1.1	3706.8	1.2	3777.1	1.2	4003.4	1.2
汽车	Highway	7274.1	2.7	7762.6	2.7	7873.1	2.6	8443.0	2.7	8545.1	2.5
轮船	Waterway	5021.3	1.9	5445.4	1.9	5789.9	1.9	6030.7	1.9	6762.0	2.0
游览	Visiting	23803.8	8.8	25518.3	8.8	27142.2	8.9	28058.5	8.8	28965.7	8.6
住宿	Accommodation	33520.8	12.4	35714.0	12.3	37190.3	12.1	39136.0	12.3	41278.7	12.3
餐饮	Food and Beverage	23722.4	8.7	25344.5	8.8	27417.9	9.0	27772.9	8.8	29571.3	8.8
购物	Shopping	58898.9	21.7	62593.6	21.6	67794.2	22.1	71289.0	22.5	79361.4	23.6
娱乐	Entertainment	17914.0	6.6	19232.8	6.6	20494.5	6.7	21234.4	6.7	22371.9	6.7
邮电通讯	Post and Communication Services	10449.8	3.9	11035.7	3.8	11518.6	3.8	11870.9	3.7	12783.9	3.8
市内交通	Local Transportation	8495.6	3.1	8892.3	3.1	9466.1	3.1	9776.1	3.1	10193.5	3.0
其他服务	Other Services	16611.1	6.1	17813.5	6.2	17216.6	5.6	16473.3	5.2	13692.3	4.1

主要统计指标解释

进出口总额 指实际进出我国国境的货物总金额。包括对外贸易实际进出口货物，来料加工装配进出口货物，国家间、联合国及国际组织无偿援助物资和赠送品，华侨、港澳台同胞和外籍华人捐赠品，租赁期满归承租人所有的租赁货物，进料加工进出口货物，边境地方贸易及边境地区小额贸易进出口货物(边民互市贸易除外)，中外合资企业、中外合作经营企业、外商独资经营企业进出口货物和公用物品，到、离岸价格在规定限额以上的进出口货样和广告品(无商业价值、无使用价值和免费提供出口的除外)，从保税仓库提取在中国境内销售的进口货物，以及其他进出口货物。该指标可以观察一个国家在对外贸易方面的总规模。我国规定出口货物按离岸价格统计，进口货物按到岸价格统计。

商品经营单位所在地进、出口额 指所在地海关注册登记的有进出口经营权的企业实际进、出口额。

商品目的地进口额和商品货源地出口额 目的地进口额指进口货物的消费、使用或最终抵运地的实际进口额；货源地出口额指出口货物的产地或原始发货地的实际出口额。

利用外资 指我国各级政府、部门、企业和其他经济组织通过对外借款、吸收外商直接投资以及用其他方式筹措的境外现汇、设备、技术等。

对外借款 指通过对外正式签订借款协议，从境外筹措的资金，包括外国政府贷款、国际金融组织贷款、外国银行商业贷款、出口信贷以及对外发行债券等。1996 年及以前还包括对外发行股票。该指标是我国利用外资的重要部分。

外商直接投资 指外国企业和经济组织或个人(包括华侨、港澳台胞以及我国在境外注册的企业)按我国有关政策、法规，用现汇、实物、技术等在我国境内开办外商独资企业、与我国境内的企业或经济组织共同举办中外合资经营企业、合作经营企业或合作开发资源的投资(包括外商投资收益的再投资)，以及经政府有关部门批准的项目投资总额内企业从境外借入的资金。

外商其他投资 指除对外借款和外商直接投资以外的各种利用外资的形式。包括企业在境内外股票市场公开发行的以外币计价的股票（目前主要是在香港证券市场发行的H股和在境内证券市场发行的B股）发行价总额，国际租赁进口设备的应付款，补偿贸易中外商提供的进口设备、技术、物料的价款，加工装配贸易中外商提供的进口设备、物料的价款。

对外直接投资 指我国国内投资者以现金、实物、无形资产等方式在国外及港澳台地区设立、购买国（境）外企业，并以控制该企业的经营管理权为核心的经济活动。

对外承包工程 指各对外承包公司以招标议标承包方式承揽的下列业务：(1)承包国外工程建设项目；(2)承包我国对外经援项目；(3)承包我国驻外机构的工程建设项目；(4)承包我国境内利用外资进行建设的工程项目；(5)与外国承包公司合营或联合承包工程项目时我国公司分包部分；(6)对外承包兼营的房屋开发业务。对外承包工程的营业额是以货币表现的本期内完成的对外承包工程的工作量，包括以前年度签订的合同和本年度新签订的合同在报告期内完成的工作量。

对外劳务合作 指以收取工资的形式向业主或承包商提供技术和劳动服务的活动。我国对外承包公司在境外开办的合营企业，中国公司同时又提供劳务的，其劳务部分也纳入劳务合作统计。劳务合作营业额按报告期内向雇主提交的结算数(包括工资、加班费和奖金等)统计。

旅游总收入 是指相关方为游客支付的一切旅游费用。包括行、游、住、食、购、娱以及为亲友、家人购买纪念品、礼品等方面的支出，不包括商业目的而购买的房、地、车、船及贵重物品等资本性或交易性的投资、馈赠亲友的现金及给公共机构的捐赠。

旅游者人数

(1)入境国际旅游者人数：指来中国参观、访问、旅行、探亲、访友、休养、考察、参加会议和从事经济、科技、文化、教育、宗教等活动的外国人、华侨、港澳同胞和台湾同胞的人数。不包括外国在我国的常驻机构，如使领馆、通讯社、企业办事处的工作人员；来我国常住的外国专家、留学生以及在岸逗留不过夜人员。

(2)出境居民人数：指大陆居民因公务活动或私人事务短期出境的人数。公务活动出境居民人数包括在国际交通工具上的中国服务员工，因私出境居民人数不包括在国际交通工具上的中国服务员工。

(3)国内旅游者人数：指我国大陆居民和在我国常住 1 年以上的外国人、华侨、港澳台同胞离开常住地在境内其他地方的旅游设施内至少停留一夜，最长不超过 6 个月的人数。

国际旅游(外汇)收入 指入境旅游的外国人、华侨、港澳同胞和台湾同胞在中国大陆旅游过程中发生的一切旅游支出，其对于国家来说就是国际旅游(外汇)收入。

国际旅行社 指经营对外招徕并接待外国人、华侨、港澳同胞和台湾同胞来中国、归国或回内地旅游业务的旅行社。

国内旅行社 指负责经营招徕、组团、接待国内旅客的旅游业务，以及不对外招徕，负责经营接待国际旅行社或其它涉外部门组织的外国人、华侨、港澳同胞和台湾同胞来中国、归国或回内地的旅游业务的旅行社。

Explanatory Notes on Main Statistical Indicators

Total Imports and Exports at Customs refer to the real value of commodities imported into and exported from the boundary of China. They include the actual imports and exports through foreign trade, imported and exported goods under the processing and assembling trades and materials, supplies and gifts as aid given gratis between governments and by the United Nations and other international organizations, and contributions donated by overseas Chinese, compatriots in Hong Kong and Macao and Chinese with foreign citizenship, leasing commodities owned by tenant at the expiration of leasing period, the imported and exported commodities processed with imported materials, commodities trading in border areas (excluding mutual exchange goods), the imported and exported commodities and articles for public use of the Sino foreign joint ventures, cooperative enterprises and ventures exclusively with foreign own investment. Also included are import or export of samples and advertising goods for whose CIF or FOB value are beyond the permitted ceiling (excluding goods of no trading or use value and free commodities for export), imported goods sold in China from bonded warehouses and other imported or exported goods. The indicator of the total imports and exports at customs can be used to observe the total size of external trade in a country. In accordance with the stipulation of the Chinese government, imports are calculated at CIF, while exports are calculated at FOB.

Import and Export Value by Location of Foreign Trade Managing Units refers to actual value of imports and exports carried out by corporations which have been registered by the local customhouse and are vested with right to run import export business.

Import and Export Value of Commodities by Destination and Origin of goods in China: The former indicator refers to the value of import commodities of the places of their consumption, utilization or the places of their final destination. The latter indicator refers to the value of export commodities of the places of their origin or the places of the commodities dispatched.

Utilization of Foreign Capitals refers to remittance, equipment and technology financed from abroad, by loans, foreign direct investment and other forms undertaken by the Chinese governments at all levels, by various departments, enterprises and other economic units.

Foreign Borrowings refer to funds borrowed from abroad through formal signing of borrowing agreements with foreign institutions, including loans of foreign governments, loans of international financial institutions, commercial loans of foreign banks, export credit, and funds raised by Chinese bonds (and shares before 1996) issued abroad. It is an important part of China' s utilization of foreign capitals.

Foreign Direct Investment refers to the investments inside China by foreign enterprises and economic organizations or individuals (including overseas Chinese, compatriots from Hong Kong, Macao and Taiwan, and Chinese enterprises registered abroad), following the relevant policies and laws of China, for the establishment of ventures exclusively with foreign own investment, Sino oreign joint ventures and cooperative enterprises or for co perative exploration of resources with enterprises or economic organizations in China. It includes the re investment of the foreign entrepreneurs with the profits gained from the investment and the funds that enterprises borrow from abroad in the total investment of projects which are approved by the relevant department of the government.

Other Investment by Foreign Entrepreneurs refers to all forms of utilization of foreign capitals other than foreign borrowings and foreign direct investment. It includes the total value of stock shares in foreign currencies issued by enterprises at domestic or foreign stock exchanges (now mainly consisting of H shares issued at Hong Kong Security Market and B shares issued at domestic security markets), rent payable for the imported equipment through international leasing arrangement, cost of imported equipment, technology and materials provided by foreign counterparts in compensation trade and processing and assembly trade.

Overseas Direct Investment refers to enterprises set up or bought by domestic investors in foreign countries and in Hong Kong, Macao and Taiwan, and the economic activities centering on operation and management of those enterprises are under the control of domestic investors. The statistical scope covers various corporation type enterprises and non-corporation type enterprises receiving direct investment from domestic investment entities.

Contracted Projects with Foreign Countries refer to projects undertaken by Chinese contractors (project contracting companies) through bidding process. They include:(1) overseas civil engineering construction projects financed by foreign investors; (2) overseas projects financed by the Chinese government through its foreign aid programs; (3) construction projects of Chinese diplomatic missions, trade offices and other institutions stationed abroad; (4) construction projects in China financed by foreign investment; (5) sub-contracted projects to be taken by Chinese contractors through a joint umbrella project with foreign contractor(s); (6) housing development projects. The business income from international contracted projects is the work volume of contracted projects completed during the reference period, expressed in monetary terms, including completed work on projects signed in previous years.

Service Cooperation with Foreign Countries refers to the activities of providing technology and labour services to employers or contractors in the forms of receiving salaries and wages. Labour services providing by contractual joint ventures of Chinese international contracting corporations should be included in the statistics of service co-operation with foreign countries. The business income of labour service cooperation is the income in the form of wages and salaries, overtime pay, bonuses and other remuneration received from the employers during the reference period.

Total Income form Tourism refers to all travel expenses paid by the relevant party for the tourists. Including transportation, sighting, accommodation, food, shopping, entertainment, and the purchase of souvenirs, gifts, etc. for relatives and friends, family, etc.Not including capital or transactional investments, cash for friends and relatives, and donations to public institutions for houses, land, cars, boats and valuables purchased for commercial purposes, etc.

Number of Tourists

(1) International tourists refer to foreigners, overseas Chinese, Chinese compatriots from Hong Kong, Macao and Taiwan coming to China for sight seeing, visits, tours, family reunions, vacations, study tours, conferences and other activities of a business, scientific and technological, cultural, educational and religious nature. It does not include representatives and employees of resident institutions of foreign countries in China such as embassies, consulates, news agencies and offices of foreign companies and organizations, nor does it include long-term foreign experts or students residing in China, or persons in transition without spending a night in China.

(2) Chinese residents going abroad refer to Chinese residents going abroad for short terms for either public business or private purposes. Chinese employees working on international transport carriers are included in those going abroad for public business purpose, not in those for private purpose.

(3) Domestic tourists refer to residents of the mainland of China who stay for one night at least but no more than 6 months at tourist facilities in other places than their permanent residence within the territory of the mainland China, including foreigners, overseas Chinese and Chinese compatriots from Hong Kong, Macao and Taiwan who have resided in China for over one year.

Foreign Exchange Earnings from International Tourism refer to the total expenditures of foreigners, overseas Chinese, Chinese compatriots from Hong Kong, Macao and Taiwan during their stay in the mainland of China, which are earnings of foreign exchange from international tourism from the point of view from China.

International Travel Agencies refer to travel agencies engaged in the promotion, solicitation, organization and reception of tours to the mainland of China by foreigners, overseas Chinese, Chinese compatriots from Hong Kong, Macao and Taiwan.

Domestic Travel Agencies refer to travel agencies engaged in the promotion, solicitation, organization and reception of domestic tourists, and in the reception of foreigners, overseas Chinese, Chinese compatriots from Hong Kong, Macao and Taiwan organized by international travel agencies or other departments concerned, without their own promotion and solicitation programmes.

第7篇

能　源

Energy

简 要 说 明

一、本篇资料的主要内容

本篇资料反映了全省能源生产和消费状况，主要包括能源生产、消费及品种构成，能源生产和消费弹性系数，生活用能源消费量，全省各市主要发展约束性指标，以及分行业能耗情况。

二、本篇资料的来源

本篇资料主要来源于全省能源平衡表，全省主要能源统计指标公报，由省统计局能源处编制提供。

三、关于数据口径与计算的说明

1.一次能源生产量，采用工业能源产量统计数据。

2.行业分类采用现行统一的国民经济行业分类国家标准。

3.电力、热力折算成标准煤时，分别按照当量、等价两种折标系数计算。电力和热力折算标准煤的当量系数分别为1.229（吨标准煤/万千瓦时）、0.0341（吨标准煤/百万千焦）；电力和热力折算标准煤的等价系数，按平均发电、供热标准煤耗计算。

4.本篇出现的“煤碳”，包括原煤、洗精煤、其它洗煤和煤制品（即型煤），不包括焦炭。煤品包括煤碳、焦碳、焦炉煤气、高炉煤气、转炉煤气和其它焦化产品。

5.煤品占能耗总量的比重，包括入鲁火电所占能耗总量的比重。

6.依据 2013 年第三次全国经济普查资料，对 2011 年至 2013 年部分能源历史数据进行了调整。

Brief Introduction

I. Main Content

Data in this chapter show the energy production and consumption of Shandong Province, including mainly energy production and consumption and their composition, the elasticity ratio of energy production and consumption, the consumption of energy for residential use, main binding indicators on development of Shandong, and the energy consumption grouped by sector.

II. Source of Data

Data in this chapter are mainly based on the energy balance sheet of the whole province, the statistics communiqué of main energy indicators of Shandong. The data are provided by the Division of Energy Statistics of Shandong Provincial Bureau of Statistics.

III. Notes on Coverage and Calculation of Data

(1)Data on the production of primary energy are based on the output of industrial energy made by enterprises.

(2) Data by industries in this chapter are based on the new National Industrial Classification of All Economic Activities.

(3) The coefficient for conversion of electric power into the standard coal equivalent is calculated on the basis of heat value equivalent. One kilowatt is equal to 0.1229 kg SCE. The coefficient for conversion of heating into the standard coal equivalent is calculated on the basis of equal caloric value. One million KJ is equal to 0.0341 ton SCE. The coefficient is calculated according to the average consumption of coal for generating electricity or heating.

(4) In this chapter, Coal includes crude coal, washing coal, other washing coal and coal products and excludes coke. Coal products include coal, coke, coke oven gas, blast furnace gas, converter gas and other coking products.

(5) The proportion of coal consumption in total energy consumption includes the proportion of thermal power transmitted into Shandong Province

(6) Based on the third national economic census data in 2013, some energy historical data from 2013 to 2011 are adjusted.

7-1　主要年份一次能源生产总量
Primary Energy Output in Major Years

单位:万吨标煤　　　　　　(10 000 tons of SCE)

年 份 Year	能源生产总量 Total Energy Production	原 煤 Coal	原 油 Crude Oil	天然气 Natural Gas	水电、风电和太阳能光伏发电 Hydro, Wind and Solar PV Power
1949	120.79	120.79			
1952	258.58	258.58			
1955	342.73	342.73			
1956	386.58	386.58			
1957	440.37	440.37			
1962	1041.29	1041.17	0.01		0.11
1965	1362.94	1242.89	119.81		0.24
1970	2383.80	1716.18	667.59		0.03
1975	4555.04	2036.54	2388.62	128.62	1.26
1976	5013.70	2382.91	2500.65	128.88	1.26
1977	5387.37	2727.99	2502.71	155.88	0.79
1978	5901.83	2928.71	2781.49	190.46	1.17
1979	6075.07	3170.21	2697.14	205.49	2.23
1980	5873.37	3064.71	2616.94	189.00	2.72
1981	5392.54	2950.42	2301.75	138.72	1.65
1982	5505.80	3040.71	2335.21	129.41	0.47
1983	5898.00	3132.28	2625.00	139.79	0.93
1984	6696.54	3258.96	3288.36	148.17	1.05
1985	7531.89	3516.00	3861.74	151.89	2.26
1986	8046.80	3642.79	4215.52	185.94	2.55
1987	8511.34	3798.47	4514.38	197.24	1.25
1988	8918.29	3970.94	4757.61	188.73	1.01
1989	9038.69	4067.83	4765.07	205.35	0.44
1990	9262.21	4282.54	4786.70	191.39	1.58
1991	9269.98	4282.53	4793.22	191.25	2.98
1992	9508.88	4535.86	4780.24	191.92	0.86
1993	9875.38	4519.97	5171.83	182.08	1.50
1994	10624.66	5560.85	4887.14	173.78	2.89
1995	10757.67	6305.32	4294.76	156.04	1.55
1996	10697.72	6392.56	4159.57	144.62	0.97
1997	10620.51	6496.14	4002.01	121.67	0.69
1998	10436.05	6412.17	3901.51	122.09	0.28
1999	10322.39	6425.10	3807.55	89.01	0.73
2000	9648.75	5741.96	3822.49	83.54	0.76
2001	11550.26	7634.32	3811.52	103.34	1.08
2002	13241.75	9333.02	3816.52	91.07	1.14
2003	14384.08	10476.85	3808.65	98.36	0.22
2004	14394.61	10461.78	3820.50	111.84	0.49
2005	13995.62	10021.63	3849.36	123.03	1.60
2006	14083.40	10042.24	3935.89	103.46	1.82
2007	14616.67	10526.28	3990.22	99.22	0.95
2008	14615.32	10500.62	3998.91	113.05	2.74
2009	14600.08	10424.07	4040.38	119.97	15.66
2010	16055.71	11913.14	3980.08	129.01	33.48
2011	15997.81	11585.87	3973.65	64.33	53.35
2012	16973.80	12528.16	3963.94	75.71	79.19
2013	15165.08	10722.56	3894.94	65.11	116.19
2014	15220.40	10699.80	3876.09	62.89	133.13
2015	14632.77	10242.27	3725.83	58.61	161.90
2016	13677.95	9489.22	3279.01	56.11	229.07
2017	14000.35	9791.26	3192.78	54.16	305.89
2018	13238.52	9015.49	3203.08	57.65	427.94

注：1.本表使用当量折标系数折算标准煤。
2.2009年开始，一次能源包含水电、风电和太阳能光伏发电，1949—2008年数据不包括风电和太阳能光伏发电。
a)Data of standard coal equivalent is calculated on the basis of heat value equivalent.
b)Since 2009, Primary Energy has included hydro,wind and solar PV power. 1949-2008 data do not include wind and solar PV power.

7-2 1979-2018年能源生产、能源消费弹性系数
Elasticity Ratio of Energy Production and Energy Consumption from 1979 to 2018

年份 Year	能源生产弹性系数 Elasticity Ratio of Energy Production				能源消费弹性系数 Elasticity Ratio of Energy Consumption			
	能源生产比上年增长(%) Growth Rate of Energy Production over Preceding Year (%)	电力生产比上年增长(%) Growth Rate of Electricity Production over Preceding Year (%)	能源生产弹性系数 Elasticity Ratio of Energy Production	电力生产弹性系数 Elasticity Ratio of Electricity Production	能源消费比上年增长(%) Growth Rate of Energy Consumption over Preceding Year (%)	电力消费比上年增长(%) Growth Rate of Electricity Consumption over Preceding Year (%)	能源消费弹性系数 Elasticity Ratio of Energy Consumption	电力消费弹性系数 Elasticity Ratio of Electricity Consumption
1979	1.69	9.68	0.15	0.84		11.03		0.95
1980	-3.33	8.78		0.55	0.62	5.96	0.03	0.40
1981	-8.17	4.58		0.25	-12.23	6.13		0.33
1982	2.12	4.62	0.15	0.33	21.98	6.06	1.56	0.43
1983	7.11	7.26	0.44	0.44	-13.50	7.43		0.46
1984	13.53	8.33	0.51	0.31	7.34	12.43	0.27	0.47
1985	12.46	10.83	0.73	0.63	-12.67	8.70		0.51
1986	6.83	14.46	0.75	1.59	7.34	11.02	0.81	1.22
1987	5.79	10.62	0.29	0.52	13.68	9.68	0.68	0.48
1988	4.78	14.41	0.19	0.57	5.73	8.04	0.23	0.32
1989	1.36	10.58	0.09	0.67	4.84	7.17	0.31	0.45
1990	2.46	6.33	0.15	0.38	3.46	9.76	0.21	0.58
1991	0.52	11.20	0.03	0.57	3.05	9.75	0.15	0.49
1992	2.14	14.06	0.16	0.66	1.92	13.92	0.09	0.65
1993	-0.14	7.85		0.30	-1.07	7.77		0.29
1994	8.27	10.95	0.21	0.28	13.09	10.50	0.33	0.29
1995	6.13	9.09	0.21	0.31	10.58	9.48	0.36	0.32
1996	-2.77	7.28		0.38	3.12	7.51	0.16	0.39
1997	1.52	7.68	0.13	0.66	-0.02	7.38		0.64
1998	-1.81	-7.09			12.70	-1.19	1.10	
1999	-1.01	14.84		0.58	0.22	14.57	0.87	0.53
2000	-6.52	9.91		0.55	-9.17	10.12		0.56
2001	1.71	9.86	0.17	0.98	10.41	10.94	1.03	1.09
2002	4.68	13.19	0.40	1.14	18.06	12.42	1.56	1.07
2003	8.49	11.75	0.62	0.86	18.74	13.47	1.36	0.98
2004	0.07	17.50	0.01	1.15	21.30	17.50	1.39	1.14
2005	-2.78	16.58		1.11	20.08	16.58	1.32	1.09
2006	0.64	15.24	0.04	1.04	10.96	15.24	0.74	1.04
2007	3.79	14.23	0.27	1.00	8.66	14.26	0.61	1.00
2008	-0.01	3.89		0.32	4.48	5.04	0.37	0.42
2009	-0.10	3.95		0.33	5.73	7.85	0.48	0.66
2010	9.97	6.29	0.80	0.50	7.54	12.15	0.60	0.97
2011	-0.36	2.64	-0.03	0.24	6.68	10.21	0.62	0.94
2012	6.10	4.20	0.63	0.43	4.73	4.38	0.48	0.45
2013	-10.66	8.82	-1.12	0.92	4.74	7.60	0.50	0.80
2014	0.36	3.90	0.04	0.45	3.29	3.44	0.38	0.40
2015	-3.86	5.48	-0.49	0.69	3.95	5.18	0.50	0.65
2016	-6.53	13.76	-0.86	1.81	3.25	7.31	0.43	0.96
2017	2.36	-3.12	0.32	-0.42	-1.92	3.09	-0.26	0.42
2018	-3.97	1.91	-0.62	0.30	0.40	3.78	0.06	0.59

注：本表生产和消费增速采用全省核算数据。

a) Data on growth rate of production and consumption is calculated according to accounting data of the whole province.

7-3 一次能源生产量及构成
Primary Energy Output and Composition

类 别	Category	2010	2015	2016	2017	2018
能源生产总量(折标准煤)	**Total Energy Production**	**15858.75**	**14881.06**	**14020.78**	**14443.8**	**13824.0**
(万吨标准煤)	**(10 000 tons of SCE)**					
构 成	Composition					
原 煤 (%)	Coal (%)	72.80	68.83	67.68	67.79	65.22
原 油 (%)	Crude Oil (%)	25.10	25.04	23.39	22.10	23.17
天然气 (%)	Natural Gas (%)	0.74	0.39	0.40	0.37	0.42
电 力 (%)	Electricity (%)	0.57	2.76	4.08	5.19	7.33
其 他 (%)	Others (%)	0.79	2.98	4.45	4.54	3.87

注：本表使用等价折标系数折算标准煤。
a)Data of standard coal equivalent are calculated on the basis of the consumed heat value equivalent.

7-4 能源消费量及构成
Total Consumption and Composition of Energy

类 别	Category	2010	2015	2016	2017
能源消费量(折标准煤)	**Energy Consumption**	**30235.7**	**37945.4**	**38722.8**	**38683.7**
(万吨标准煤)	**(10 000 tons of SCE)**				
构 成	Composition				
煤 品 (%)	Coal (%)	79.28	75.51	75.43	70.47
油 品 (%)	Crude Oil (%)	15.36	15.37	16.27	17.04
天然气 (%)	Natural Gas (%)	2.38	2.78	3.39	4.42
一次电力 (%)	Primary Electricity (%)	0.30	1.08	1.48	1.94
电力净调入(+) (%)	Net Input of Electricity (+) (%)	2.26	4.08	1.84	4.44
其 他 (%)	Others (%)	0.41	1.17	1.60	1.70

注：本表使用等价折标系数折算标准煤。
a)Data of standard coal equivalent are calculated on the basis of the consumed heat value equivalent.

7-5 综合能源平衡表
Overall Energy Balance Sheet

单位：万吨标准煤 (10 000 tons of SCE)

项　　目	Item	2010	2015	2016	2017
可供消费的能源总量	**Total Energy for Consumption**	**30235.7**	**37945.4**	**38722.8**	**38683.7**
一次能源生产量	Primary Energy Output	15858.8	14881.1	14020.8	14443.8
外省(区、市)调入量	Allocation from Other Provinces	24249.0	26659.2	33131.9	30043.2
进口量	Imports	4078.7	13409.2	8947.6	13986.6
本省(区、市)调出量(－)	Allocation to Other Provinces(-)	-13546.4	-16453.8	-16694.2	-17373.2
出口量(－)	Exports(-)	-154.0	-744.7	-528.1	-2466.3
年初年末库存差额	Stock Changes in the Year	-250.4	194.3	-155.4	49.6
能源消费总量	**Total Energy Consumption**	**30235.7**	**37945.4**	**38722.8**	**38683.7**
在总量中：	Consumption by srctor				
1.农林牧渔业	1.Agriculture,Forestry,Animal Husbandry and Fishery	552.5	657.7	682.3	690.4
2.工　业	2.Industry	22634.0	29253.8	29613.7	28993.1
3.建筑业	3.Construction	529.4	453.3	472.1	486.6
4.交通运输、仓储和邮政业	4.Transport,Storage and Post	1761.1	2078.6	2192.6	2421.1
5.批发、零售业和住宿、餐饮业	5.Wholesale and Retail Trades,Hotels and Catering Service	894.8	922.9	937.0	964.2
6.其他行业	6.Other Sectors	1037.1	1250.5	1264.3	1356.5
7.生活消费	7.Household Consumption	2826.8	3328.5	3560.7	3771.8
在总量中：	Consumption by Usage				
(一) 终端消费	(I)End-use Consumption	29185.8	36635.6	37160.2	36515.8
工业	Industry	21584.1	27944.1	28051.2	26825.2
(二) 加工转换损失量	(II)Losses During the Process of Energy Conversion	1049.9	1309.8	1562.5	1669.8
炼焦	Coking	494.1	570.8	527.9	462.1
炼油	Petroleum Refining	197.1	915.2	1081.2	1373.0
(三) 损失量	(III)Energy Losses				498.1
平衡差额	**Balance**				

注：本表使用等价折标系数折算标准煤。
a)Data of standard coal equivalent are calculated on the basis of the consumed heat value equivalent.

7-6 石油平衡表
Petroleum Balance Sheet

单位：万吨　　(10 000 tons)

项　目	Item	2010	2015	2016	2017
一、可供量	**Total Energy Available for Consumption**	**3259.2**	**4042.3**	**4361.2**	**4436.6**
原油产量	Crude Output	2786.0	2608.0	2295.3	2234.9
外省(区、市)调入量	Allocation from Other Provinces	2628.0	2210.2	6474.0	5631.5
进口量	Imports	2855.0	8311.9	5195.3	8382.5
本省(区、市)调出量(－)	Allocation to Other Provinces(-)	-4892.8	-8480.1	-9359.8	-9855.7
出口量(－)	Exports(-)	-76.0	-399.7	-206.8	-1695.3
年初年末库存差额	Stock Changes in the Year	-41.0	-208.1	-36.8	-261.3
年初库存量	Stock of early Year	320.7	695.0	903.0	939.8
年末库存量(－)	Stock of Year end(-)	-361.7	-903.0	-939.8	-1201.1
二、消费量	**Total Energy Consumption**	**3259.2**	**4042.3**	**4361.2**	**4436.6**
在总量中：	Consumption by srctor				
1.农林牧渔业	1.Agriculture,Forestry,Animal Husbandry and Fishery	145.1	198.4	204.1	216.2
2.工　业	2.Industry	1198.3	1759.7	2025.6	1844.6
3.建筑业	3.Construction	296.3	215.4	221.6	231.9
4.交通运输、仓储和邮政业	4.Transport,Storage and Post	1060.6	1181.5	1227.4	1375.0
5.批发、零售业和住宿、餐饮业	5.Wholesale and Retail Trades, Hotels and Catering Services	80.5	72.4	75.4	84.4
6.其他行业	6.Other Sectors	70.9	92.3	76.2	82.3
7.生活消费	7.Household Consumption	407.5	522.8	530.9	602.2
在总量中：	Consumption by Usage				
1.终端消费	1.End-use Consumption	3025.0	3389.8	3628.6	3559.8
#工业	Industry	964.1	1107.2	1293.0	967.8
2.加工转换损失	2.Losses During the Process of Energy Conversion	234.2	652.5	732.6	876.8
火力发电	Thermal Power	39.3	15.9	16.2	17.2
供　热	Heating	73.5	62.0	55.3	52.4
炼油损耗	Petroleum Refining	121.4	574.6	661.1	807.2
制　气	Gas Production				
3.损 失 量	3.Other Losses				
三、平衡差额	**Balance**				

7-7 煤炭平衡表
Coal Balance Sheet

单位：万吨　　(10 000 tons)

项　　目	Item	2010	2015	2016	2017
一、可供量	**Total Energy Available for Consumption**	**34176.1**	**40926.9**	**40939.2**	**38164.7**
原煤生产量	Raw coal output	15653.9	14220.2	12817.6	13159.6
外省(区、市)调入量	Allocation from Other Provinces	26875.1	29561.6	28923.1	25622.7
进口量	Imports		1592.2	2005.8	1412.9
本省(区、市)调出量(－)	Allocation to Other Provinces(-)	-8149.6	-4944.0	-2319.2	-2518.5
出口量(－)	Exports(-)	-47.5	-235.9	-244.5	-114.4
年初年末库存差额	Stock Changes in the Year	-155.8	732.9	-243.6	602.4
年初库存量	Stock of early Year	1862.2	4017.8	3284.9	3528.6
年末库存量(－)	Stock of Year end(-)	-2018.0	-3284.9	-3528.6	-2926.2
二、消费量	**Total Energy Consumption**	**34176.1**	**40926.9**	**40939.2**	**38164.7**
在总量中：	Consumption by srctor				
1.农林牧渔业	1.Agriculture,Forestry,Animal Husbandry and Fishery	86.9	92.6	90.8	60.2
2.工　业	2.Industry	32229.8	39304.3	39364.2	36935.9
3.建筑业	3.Construction	20.0	21.0	20.2	9.8
4.交通运输、仓储和邮政业	4.Transport,Storage and Post	29.4	25.8	26.4	16.1
5.批发、零售业和住宿、餐饮业	5.Wholesale and Retail Trades,Hotels and Catering Services	590.0	460.4	420.1	341.5
6.其他行业	6.Other Sectors	500.0	401.7	360.1	236.1
7.生活消费	7.Household Consumption	720.0	621.2	657.4	565.1
在总量中：	Consumption by Usage				
1.终端消费	1.End-use Consumption	10634.4	10028.2	8091.8	7481.9
#工业	Industry	8688.1	8405.6	6516.7	6253.1
2.用于加工转换	2.Energy Conversion	23541.7	30898.7	32847.4	30682.8
火力发电	Thermal Power	13495.2	18713.5	20179.5	18702.0
供　热	Heating	3875.2	4722.1	5212.1	5328.9
洗煤损耗	Losses in Coal Washing and Dressing	1199.0	1378.2	1291.9	1108.1
炼　焦	Coking	4887.4	6085.0	6147.4	5463.3
制　气	Gas Production	83.1		17.1	81.6
型煤加工损耗	Losses in briquette Processing	1.8		-0.7	-1.0
3.损失量	3.Other Losses				
三、平衡差额	**Balance**				

7-8　平均每天各种能源消费量
Average Daily Energy Consumption by Type of Energy

类　别	Category	2010	2015	2016	2017
合　计　（吨标准煤）	**Total　(tons of SCE)**	**828375**	**1039600**	**1060899**	**1059827**
煤　炭　（吨）	Coal　(ton)	936332	1121286	1121622	1045608
焦　炭　（吨）	Coke　(ton)	84043	101467	101873	92942
原　油　（吨）	Crude Oil　(ton)	153244	235809	279546	314717
燃料油　（吨）	Fuel Oil　(ton)	28106	88959	123601	128395
汽　油　（吨）	Gasoline　(ton)	17238	19891	20256	22168
煤　油　（吨）	Kerosene　(ton)	1656	2699	3157	3385
柴　油　（吨）	Diesel Oil　(ton)	30910	36582	37501	42314
液化石油气　（吨）	Liquefied Petroleum　(ton)	3608	7106	11942	10046
电　力　（万千瓦时）	Electricity　(10 000 kwh)	90368	141978	152358	157059

注：1.本表使用等价折标系数折算标准煤。2.燃料油消费量含炼油再投入量。
a)Data of standard coal equivalent is calculated on the basis of the consumed heat value equivalent.
b)Data on consumption of fuel oil include those for refining oil.

7-9　平均每人年生活用能源
Annual Per Captita Energy Consumption for Non-Production Purpose

类　别	Category	2010	2015	2016	2017
合　计　（千克标准煤）	**Total　(Kg of SCE)**	**296.6**	**339.0**	**359.8**	**377.0**
煤　炭　（千克）	Coal　(kg)	75.6	63.3	66.4	56.5
汽　油　（千克）	Gasoline　(kg)	37.4	46.0	46.6	52.8
液化石油汽　（千克）	Liquefied Petroleum　(kg)	3.6	5.0	5.0	5.3
电　力　（千瓦小时）	Electricity　(kwh)	386.2	512.6	560.2	604.4

注：本表使用等价折标系数折算标准煤。
a)Data of standard coal equivalent is calculated on the basis of the consumed heat value equivalent.

7-10 分品种生活能源年消费总量

Annual Energy Consumption for Non-Production Purpose by Category

类　　别		Category		2010	2015	2016	2017
合　　计	**（万吨标准煤）**	**Total**	**(10 000 tons of SCE)**	**2826.8**	**3328.5**	**3560.7**	**3771.8**
煤　　炭	（万吨）	Coal	(10 000 tons)	720.0	621.2	657.4	565.1
汽　　油	（万吨）	Gasoline	(10 000 tons)	356.0	451.2	461.3	528.3
液化石油汽	（万吨）	Liquefied Petroleum	(10 000 tons)	34.0	48.9	49.8	53.3
电　　力	（亿千瓦小时）	Electricity	(100 million kwh)	368.0	503.3	554.4	604.8

注：本表使用等价折标系数折算标准煤。
a)Data of standard coal equivalent is calculated on the basis of the consumed heat value equivalent.

7-11 各市万元GDP能耗

Energy Consumption per 10 000-yuan GDP by Region

地　区	Region	2013	2014	2015	2016	2017	2018
		比2012年上升或下降（±%） Increased or Decreased Compared with 2012	比2013年上升或下降（±%） Increased or Decreased Compared with 2013	比2014年上升或下降（±%） Increased or Decreased Compared with 2014	比2015年上升或下降（±%） Increased or Decreased Compared with 2015	比2016年上升或下降（±%） Increased or Decreased Compared with 2016	比2017年上升或下降（±%） Increased or Decreased Compared with 2017
全省总计	**Total**	**-4.48**	**-5.00**	**-3.72**	**-5.15**	**-6.94**	**-4.87**
济南市	Jinan	-5.68	-6.22	-9.92	-3.94	-18.62	-12.29
青岛市	Qingdao	-3.82	-7.04	-7.69	-5.68	-3.99	-2.70
淄博市	Zibo	-5.90	-5.81	-5.64	-9.94	-7.88	-4.78
枣庄市	Zaozhuang	-5.27	-5.67	-10.80	-3.74	-7.64	-2.95
东营市	Dongying	-3.89	-3.56	-7.74	-0.25	-4.33	-2.68
烟台市	Yantai	-3.98	-4.66	-10.60	-3.46	-6.20	-3.45
潍坊市	Weifang	-4.89	-5.13	-7.72	-7.22	-3.78	-4.16
济宁市	Jining	-4.98	-5.43	-10.13	-5.53	-4.10	-2.22
泰安市	Tai'an	-5.07	-5.11	-10.69	-6.91	-8.26	-2.28
威海市	Weihai	-4.54	-5.33	-7.65	-5.43	-5.58	-4.40
日照市	Rizhao	-4.27	-6.88	-3.63	-4.87	-4.28	8.42
莱芜市	Laiwu	-3.86	-3.34	-9.78	-4.50	-7.71	-4.25
临沂市	Linyi	-4.01	-5.25	-15.17	2.51	-7.86	-5.43
德州市	Dezhou	-4.92	-5.20	-8.49	-6.54	-8.51	-3.60
聊城市	Liaocheng	-3.70	0.50	-7.37	-5.42	-4.54	-11.22
滨州市	Binzhou	-4.21	20.33	47.01	-4.12	-12.45	-4.91
菏泽市	Heze	-4.32	-4.11	-5.10	-5.45	-5.90	-3.91

注：本表使用等价折标系数折算标准煤。2016年起，地区生产总值按2015年价格计算。
a)Data of standard coal equivalent is calculated on the basis of the consumed heat value quivalente.Gross regional product is at 2015 constant prices since 2016.

7-12　各市规模以上工业万元增加值能耗

Energy Consumption per 10 000-yuan Value Added of Industrial Enterprises above the Designated Size by Region

地　区	Region	2013 比2012年上升或下降(±%) Increased or Decreased Compared with 2012	2014 比2013年上升或下降(±%) Increased or Decreased Compared with 2013	2015 比2014年上升或下降(±%) Increased or Decreased Compared with 2014	2016 比2015年上升或下降(±%) Increased or Decreased Compared with 2015	2017 比2016年上升或下降(±%) Increased or Decreased Compared with 2016	2018 比2017年上升或下降(±%) Increased or Decreased Compared with 2017
全省总计	**Total**	**-7.79**	**-7.22**	**-7.88**	**-3.84**	**-9.89**	**-5.35**
济南市	Jinan	-8.95	-7.79	-10.22	-4.64	-25.14	-21.37
青岛市	Qingdao	-6.11	-14.10	-6.70	-6.82	-6.56	-2.59
淄博市	Zibo	-8.99	-9.25	-3.65	-10.40	-6.55	-6.09
枣庄市	Zaozhuang	-8.53	-9.52	-14.21	-3.43	-4.90	-3.12
东营市	Dongying	-6.64	-4.87	-6.10	0.10	-5.43	-2.26
烟台市	Yantai	-6.18	-9.39	-11.89	-5.91	-7.63	-4.17
潍坊市	Weifang	-7.51	-6.54	-7.09	-7.00	-0.77	-4.76
济宁市	Jining	-7.69	-11.11	-10.74	-8.31	-6.38	-5.00
泰安市	Tai'an	-7.94	-8.41	-10.49	-0.84	-7.74	-3.80
威海市	Weihai	-6.27	-7.55	-9.70	-12.36	-9.22	-5.83
日照市	Rizhao	-7.12	-9.79	-1.46	-5.55	-5.90	5.78
莱芜市	Laiwu	-5.21	-4.16	-12.18	0.54	-3.14	-7.07
临沂市	Linyi	-6.23	-7.17	-25.59	5.62	-10.06	-6.50
德州市	Dezhou	-7.40	-9.15	-7.36	-9.63	-9.34	-5.52
聊城市	Liaocheng	-6.42	0.14	-11.18	8.74	-17.80	-10.86
滨州市	Binzhou	-6.40	21.83	52.06	-2.99	-16.21	-3.33
菏泽市	Heze	-6.68	-8.07	-6.32	-8.29	-6.84	-3.94

注：本表使用当量折标系数折算标准煤。2016年起，工业增加值按2015年价格计算。

a)Data of standard coal equivalent is calculated on the basis of the consumed heat value equivalent.Industrial value-added is at 2015 constant prices since 2016.

7-13 各市万元GDP电耗
Electricity Consumption per 10 000-yuan GDP by Region

地 区	Region	2013	2014	2015	2016	2017	2018
		比2012年上升或下降(±%) Increased or Decreased Compared with 2012	比2013年上升或下降(±%) Increased or Decreased Compared with 2013	比2014年上升或下降(±%) Increased or Decreased Compared with 2014	比2015年上升或下降(±%) Increased or Decreased Compared with 2015	比2016年上升或下降(±%) Increased or Decreased Compared with 2016	比2017年上升或下降(±%) Increased or Decreased Compared with 2017
全省总计	**Total**	**-1.78**	**-4.84**	**-6.49**	**-2.09**	**-6.17**	**2.43**
济南市	Jinan	-7.07	-6.93	-6.47	-1.68	-8.63	-4.14
青岛市	Qingdao	-3.12	-7.80	-6.24	-0.53	1.56	0.27
淄博市	Zibo	-8.42	-8.43	-5.99	-6.06	-8.11	-1.67
枣庄市	Zaozhuang	-3.13	-10.66	-8.58	-3.49	0.09	9.15
东营市	Dongying	0.95	-3.90	-0.63	2.70	-3.26	1.58
烟台市	Yantai	-0.93	-3.28	-2.38	-0.61	-1.02	1.98
潍坊市	Weifang	0.35	-1.27	-6.72	-2.99	1.47	1.98
济宁市	Jining	-4.34	-8.76	-9.38	-6.24	-4.42	5.81
泰安市	Tai'an	-0.33	-5.20	-7.87	-0.51	-7.83	3.56
威海市	Weihai	-6.83	-7.07	-5.53	-4.08	-0.38	1.28
日照市	Rizhao	-5.50	-4.98	-5.96	-3.63	1.70	8.16
莱芜市	Laiwu	-4.90	-4.80	-13.41	0.07	-4.63	0.26
临沂市	Linyi	3.05	-4.56	-9.76	3.52	2.63	3.07
德州市	Dezhou	-6.79	-4.65	-10.45	-8.50	-10.60	8.33
聊城市	Liaocheng	-3.45	-4.35	-7.19	-2.40	-20.25	9.20
滨州市	Binzhou	-1.70	0.28	294.14	-3.91	-13.40	-8.08
菏泽市	Heze	1.42	-2.47	-2.96	-1.57	-1.51	6.81

注：2016年起，地区生产总值按2015年价格计算。
a)Gross regional product is at 2015 constant prices since 2016.

7-14　各市电力消费量（2018年）
Electricity Consumption by Region(2018)

单位:亿千瓦时

地　区 Region	全社会用电量 Electricity Consumption	第一产业 Primary Industry Electricity Consumption	第二产业 Secondary Industry Electricity Consumption	第三产业 Tertiary Industry Electricity Consumption	工业用电 Industrial Electricity Consumption	城乡居民生活用电 Household Electricity Consumption
全省总计 Total	**5916.8**	**77.6**	**4532.0**	**639.1**	**4481.4**	**668.1**
济南市 Jinan	284.4	2.4	126.5	88.7	121.5	66.8
青岛市 Qingdao	431.8	6.5	246.5	101.4	237.8	77.4
淄博市 Zibo	338.5	1.7	274.4	28.8	273.0	33.6
枣庄市 Zaozhuang	153.9	1.3	106.5	22.0	105.2	24.1
东营市 Dongying	294.5	4.6	261.5	14.9	259.9	13.6
烟台市 Yantai	529.2	11.4	423.2	47.3	420.1	47.4
潍坊市 Weifang	536.2	12.6	403.4	59.1	397.6	61.2
济宁市 Jining	314.6	4.8	213.4	44.9	210.7	51.4
泰安市 Tai'an	198.4	2.1	136.9	27.3	135.0	32.0
威海市 Weihai	126.4	3.2	78.9	24.3	76.2	20.1
日照市 Rizhao	227.6	3.4	187.7	18.3	185.6	18.1
莱芜市 Laiwu	118.4	0.4	105.1	6.1	104.4	6.8
临沂市 Linyi	484.4	6.6	358.9	48.8	355.7	70.1
德州市 Dezhou	216.8	4.5	151.7	27.7	149.0	32.9
聊城市 Liaocheng	301.7	3.8	235.1	28.1	232.8	34.7
滨州市 Binzhou	1100.4	3.6	1052.0	18.9	1050.0	25.9
菏泽市 Heze	236.2	4.6	147.1	32.4	143.3	52.1

注：本表数据采用国网山东省电力公司数据。
a) Data is provided by Shandong Electric Power Corporation.

主要统计指标解释

能源生产总量 指一定时期内，一个地区一次能源生产量的总和。该指标是观察一个地区能源生产水平、规模、构成和发展速度的总量指标。一次能源生产量包括原煤、原油、天然气、水电、核能及其他动力能(如风能、地热能等)发电量，不包括低热值燃料生产量、生物质能、太阳能等的利用和由一次能源加工转换而成的二次能源产量。

能源消费总量 指一定时期内，一个地区物质生产部门、非物质生产部门和生活消费的各种能源的总和。该指标是观察能源消费水平、构成和增长速度的总量指标。能源消费总量包括原煤和原油及其制品、天然气、电力，不包括低热值燃料、生物质能和太阳能等的利用。能源消费总量分为终端能源消费量、能源加工转换损失量和能源损失量三部分。

(1)终端能源消费量：指一定时期内，一个地区生产和生活消费的各种能源在扣除了用于加工转换二次能源消费量和损失量以后的数量。

(2)能源加工转换损失量：指一定时期内，一个地区投入加工转换的各种能源数量之和与产出各种能源产品之和的差额。该指标是观察能源在加工转换过程中损失量变化的指标。

(3)能源损失量：指一定时期内，能源在输送、分配、储存过程中发生的损失和由客观原因造成的各种损失量，不包括各种气体能源放空、放散量。

能源生产弹性系数 是研究能源生产增长速度与国民经济增长速度之间关系的指标。计算公式：

$$\text{能源生产弹性系数}=\frac{\text{能源生产总量年平均增长速度}}{\text{国民经济年平均增长速度}}$$

国民经济年平均增长速度，可根据不同的目的或需要，用国民生产总值、国内生产总值等指标来计算，本年鉴是采用国内生产总值指标计算的。

电力生产弹性系数 是研究电力生产增长速度与国民经济增长速度之间关系的指标。一般来说，电力的发展应当快于国民经济的发展，也就是说电力应超前发展。计算公式为：

$$\text{电力生产弹性系数}=\frac{\text{电力生产量年平均增长速度}}{\text{国民经济年平均增长速度}}$$

能源消费弹性系数 反映能源消费增长速度与国民经济增长速度之间比例关系的指标。计算公式为：

$$\text{能源消费弹性系数}=\frac{\text{能源消费量年平均增长速度}}{\text{国民经济年平均增长速度}}$$

电力消费弹性系数 反映电力消费增长速度与国民经济增长速度之间比例关系的指标。计算公式为：

$$\text{电力消费弹性系数}=\frac{\text{电力消费量年平均增长速度}}{\text{国民经济年平均增长速度}}$$

Explanatory Notes on Main Statistical Indicators

Total Energy Production refers to the total production of primary energy by all energy producing enterprises in the region in a given period of time. It is a comprehensive indicator to show the capacity, scale, composition and development of energy production of the country. The production of primary energy includes that of coal, crude oil, natural gas, hydro power and electricity generated by nuclear energy and other means such as wind power and geothermal power. However, it excludes the production of fuels of low calorific value, bio energy, solar energy and the secondary energy converted from the primary energy.

Total Domestic Energy Consumption refers to the total consumption of energy of various kinds by material production sectors, non material production sectors and households in the country in a given period of time. It is a comprehensive indicator to show the scale, composition and development of energy consumption. The total energy consumption includes that of coal, crude oil and their products, natural gas and electricity, However, it excludes the consumption of fuel of low calorific value, bio energy and solar energy. Total domestic energy consumption can be divided into three parts: final energy consumption, loss during the process of energy conversion, and energy loss.

(1)Final Energy Consumption: It refers to the total energy consumption by material production sectors, non material production sectors and households in the region in a given period of time, but excludes the consumption in conversion of the primary energy into the secondary energy and the loss in the process of energy conversion.

(2)Loss During the Process of Energy Conversion: It refers to the total input of various kinds of energy for conversion, minus the total output of various kinds of energy in the region in a given period of time. It is an indicator to show the loss that occurs during the process of energy conversion.

(3)Energy Loss: It refers to the total of the loss of energy during the course of energy transport, distribution and storage and the loss caused by any objective reason in a given period of time. The loss of various kinds of gas due to gas discharges and stocktaking is excluded.

Elasticity Ratio of Energy Production is an indicator to show the relationship between the growth rate of energy production and the growth rate of the national economy. The formula is:

$$\text{Elasticity Ratio of Energy Production} = \frac{\text{Average Annual Growth Rate of Energy Production}}{\text{Average Annual Growth Rate of National Economy}}$$

The average annual growth rate of the national economy can be shown by the gross national product, gross domestic product and other indicators, depending upon the purposes or needs. The gross domestic product is used in calculation of the ratio in this chapter.

Elasticity Ratio of Electricity Production is an indicator to show the relationship between the growth rate of electricity production and the growth rate of the national economy. Generally speaking, the growth rate of electricity production should be higher than that of the national economy.

Its formula is:

$$\text{Elasticity Ratio of Electricity Production} = \frac{\text{Average Annual Growth Rate of Electricity Production}}{\text{Average Annual Growth Rate of National Economy}}$$

Elasticity Ratio of Energy Consumption is an indicator to show the relationship between the growth rate of energy consumption and the growth rate of the national economy. The formula is:

$$\text{Elasticity Ratio of Energy Consumption} = \frac{\text{Average Annual Growth Rate of Energy Consumption}}{\text{Average Annual Growth Rate of National Economy}}$$

Elasticity Ratio of Electricity Consumption is an indicator to show the relationship between the growth rate of electricity consumption and the growth rate of the national economy. The formula is:

$$\text{Elasticity Ratio of Electricity Consumption} = \frac{\text{Average Annual Growth Rate of Electricity Consumption}}{\text{Average Annual Growth Rate of National Economy}}$$

第
8
篇

财政和金融

Government Finance and Banking

简 要 说 明

一、本篇资料的主要内容

本篇资料反映了全省财政收支、金融和保险、证券方面的情况，主要包括财政收入、财政支出、金融机构存贷款、现金收支、保险机构、保险业务开展和山东省辖区证券市场等方面的资料。

二、本篇资料的来源

1.财政部分的资料来源于省财政厅。根据财政部2007年《财政收支分类科目》，财政支出科目变动较大，与往年不可比。

2.金融方面的资料来源于中国人民银行济南分行。

3.保险方面的资料来源于中国银保监会山东监管局。

4.证券方面的资料来源于中国证监会山东监管局。

5.本篇资料由省统计局综合处整理。

Brief Introduction

I. Main Content

Data in this chapter show the conditions of local government budgetary finance, banking and insurance,and securities, including government revenue and expenditure, credit funds, cash income and expenses, statistics on insurance companies and basic stituation of securities markets in Shandong province.

II. Source of Data

(1) Data on local government finance are provided by Shandong Provincial Department of Finance. Because of reform of Government Revenue and Expenditure Classification Items issued by the Ministry of Finance of China in 2007,data on items cannot be compared with those of preceding years.

(2) Data on banking are provided by Jinan Branch of the People's Bank of China.

(3) Data on insurance are provided by China Bank and Insurance Regulatory Commission of Shandong Bureau.

(4) Data on securities are provided by China Securities Regulatory Commission of Shandong Bureau.

(5) Data in this chapter are prepared and compiled by the Division of Comprehensive Statistics of Shandong Provincial Bureau of Statistics.

8-1 主要年份一般公共预算收入
General Pubilic Budget Revenue in Major Years

单位:万元 (10 000 yuan)

年 份 Year	一般公共预算收入 General Pubilic Budget Revenue	税收收入 Tax Revenue	增值税 Value Added Tax	营业税 Business Tax	企业所得税 Corporate Income Tax	个人所得税 Individual Income Tax	城市维护建设税 City Maintenance and Construction Tax	房产税 House Property Tax	印花税 Stamp Tax
1950	44253	35209							
1952	76284	62545							
1955	89333	79914							
1957	107262	92112							
1962	125506	96577							
1965	164766	100184							
1970	309438	167361							
1975	459668	233132							
1976	496749	270119							
1977	559590	313898							
1978	641286	327465							
1979	569948	322814							
1980	481097	335362							
1981	511850	368177	471			3			
1982	492888	416477	3001			5			
1983	504050	428911	12980			8			
1984	536022	484039	21457	13611		15			
1985	675316	638230	45950	101566		216	30811		
1986	621535	567351	86294	131137		498	37058	440	
1987	727901	652813	108184	159799		515	41417	10663	
1988	826814	825681	192216	216442		371	51037	11012	362
1989	1009416	973118	223717	274118		452	59324	14781	7451
1990	1091082	1058745	241241	291283	84831	687	63936	19110	5754
1991	1285184	1145170	264599	315116	89766	744	71381	26116	5994
1992	1393225	1287334	312552	367710	76817	980	77163	27263	6175
1993	1943978	1908554	545599	458562	85753	1566	90282	32420	6515
1994	1346611	1264642	363371	311355	163942	22983	117238	38577	7115
1995	1790025	1635139	416401	405456	256396	55930	140782	49773	9273
1996	2416742	2156333	518976	515829	365781	89493	172075	61064	10053
1997	3044232	2648693	617844	622148	484919	126801	202164	80812	13373
1998	3523912	3019024	701402	752239	468054	46780	131149	226211	107540
1999	4044829	3429430	782176	789669	631666	187585	238123	134879	19983
2000	4636788	3929022	896895	876638	818659	247492	276205	155591	22440
2001	5731793	4883422	1002918	926921	1491110	369925	290458	165321	26963
2002	6102242	4950266	1112319	1176414	783934	310934	307978	209770	37256
2003	7137877	5582820	1260824	1447077	664382	260262	444019	244706	46613
2004	8283306	6274331	1160390	1764502	860624	319637	549266	267768	62914
2005	10731250	8264612	1930040	2177928	1108282	388938	659514	327950	92515
2006	13562526	10357905	2428345	2717252	1482753	458361	784298	387000	123031
2007	16753980	13083516	2907862	3397121	1985020	568145	924642	443522	159005
2008	19570541	15335324	3337763	3960900	2299728	611251	1041367	472576	203026
2009	21986324	17203455	3244846	4706109	2203040	646665	1090776	578637	238728
2010	27493842	21498997	3782348	6315107	2933058	810098	1307440	646535	337443
2011	34559267	26031329	4138174	7657247	3985551	965805	1796032	740189	411070
2012	40594301	30502010	4381207	8966409	4416434	951065	1988839	1008346	465851
2013	45599463	35334906	4895590	10683275	4459540	1045930	2178411	1117476	528630
2014	50268273	39657605	5969647	11359162	4830098	1151842	2313253	1224873	605607
2015	55293253	42031178	5949766	12523983	4987224	1431225	2437121	1338572	594147
2016	58601836	42125903	11297486	6504453	5032373	1431522	2508344	1433639	612587
2017	60986324	44194025	17059602		6202953	1867335	2618202	1578095	747811
2018	64853959	48979231	19021182		6773754	2152981	3064603	1682525	809162

注:1.本表中1994年以来的财政收入及分组均系新口径数,与历史资料不可比。
2.2016开始,增值税和营业税均系新口径数,与历史资料不可比。
a)Data from 1994 are based on new grouping method,so they cannot compare with other data.
b)Since 2016,Data of Value-added Tax and business Tax are based on new method,so they cannot compare with other data.

8-2 1950-2006年地方财政支出
Total Local Government Budgetary Expenditure from 1950 to 2006

单位:万元 (10 000 yuan)

年 份 Year	地方财政支出 Expenditure of Local Government	#基本建设 Expenditure for Capital Construction	#城市维护费 Expenditure on City Maintenance	#支援农业支出 Expenditure for Agriculture	#文教科学卫生事业费 Expenditure for Culture, Education, Science and Health	#行政管理费 Expenditure for Government Administration
1950	10281	556	79	266		4704
1951	15965	3221	490	364		7357
1952	31886	8860	245	735		8332
1953	32272	5719	263	433		9548
1954	33657	6505	245	1447		9381
1955	31143	4023	209	1954		9868
1956	47155	13244	107	3484		12695
1957	49164	10522	201	4770		11790
1958	120740	75087	67	4468		12461
1959	158857	78459	22	16116		14162
1960	239314	98855	82	23717		14571
1961	135988	19073	69	27392		13612
1962	63594	6560	334	9526		11753
1963	79714	10271	1018	12029		13054
1964	89615	17557	1535	12620		13212
1965	95407	18711	1807	10048		13144
1966	104100	24115	1690	10425		13691
1967	102007	33442	1669	9728		12064
1968	88752	31016	1719	7476		12264
1969	113952	49590	1756	7683		12669
1970	142528	70447	1805	8389		14245
1971	159105	67943	1743	11247		17779
1972	188907	82551	1621	15603		19336
1973	194872	66635	2419	21980		18541
1974	191061	56996	2005	24284		18435
1975	212560	52389	2194	26906		21241
1976	214205	48383	2579	29119		22899
1977	226136	48648	2610	32399		24449
1978	319044	83503	3750	40221		26553
1979	316239	69982	9535	41812	77298	31908
1980	300736	46680	9484	38422	90951	39017
1981	255341	32150	13144	28754	94093	39200
1982	294482	32395	17044	37525	110039	45512
1983	324119	39875	18184	38058	122536	52391
1984	389763	51801	22063	39512	144038	69508
1985	512953	55562	39340	42453	174126	70091
1986	679384	63375	47595	49892	208135	79655
1987	752168	48880	48156	57550	219751	83423
1988	940725	59630	63024	78301	278458	114421
1989	1136714	55472	75062	102293	324427	98493
1990	1238530	78060	76532	111848	354574	107220
1991	1320610	73926	80209	116383	390775	121071
1992	1456988	85542	89276	141474	457972	158948
1993	1883646	115922	104912	163489	536522	208572
1994	2187683	100904	121656	176277	721820	269520
1995	2758656	179597	163339	224793	832336	315337
1996	3589836	248334	226014	276556	1032168	402325
1997	4233342	239629	281070	367611	1182892	456970
1998	4878175	318452	367382	377198	1325393	501269
1999	5500034	325120	351390	402651	1453237	544497
2000	6130774	295068	388802	411914	1677928	622058
2001	7537781	409608	485770	478933	1936046	743144
2002	8606484	440415	547982	557939	2290732	900217
2003	10106395	636760	685165	618116	2553316	1123337
2004	11893716	600330	885953	731073	3091148	1312928
2005	14662271	704835	1179667	895847	3751654	1629489
2006	18334400	821963	1470287	1083756	4542846	1929519

8-3 1979-2006年财政支出中用于文、教、科、卫的支出
Expense on Culture,Education,Science and Health from 1979 to 2006

单位:万元 (10 000 yuan)

年 份 Year	合 计 Total	文体广播事业费 Operating Expenses for Culture,Sports and Broadcast	教 育事业费 Operating Expenses for Education	科 学事业费 Operating Expenses for Science	卫生经费 Operating Expenses for Health	科技三项经 费 Science and Technology Promotion Funds
1979	80348	9219	43077	4141	20098	3813
1980	93350	9974	53296	4060	23290	2730
1981	95577	9791	54453	4094	24965	2274
1982	111630	11702	62804	4335	29737	3052
1983	125430	14353	67656	5040	33667	4714
1984	145710	18779	77533	6738	37382	5278
1985	175562	22631	97565	6513	44117	4736
1986	209611	29869	114757	8056	50910	6019
1987	225197	30555	125465	7053	56678	5446
1988	284003	39108	161889	10205	67256	5545
1989	333489	43029	187894	10535	82969	9062
1990	363035	48165	202060	11646	92703	8461
1991	401036	54145	225118	12757	98755	10261
1992	470129	61127	271681	14629	110310	12382
1993	568801	70133	337052	16678	129131	15807
1994	738553	84780	464330	22340	150028	17075
1995	856648	112065	523754	22551	173966	24312
1996	1066333	124463	670721	27256	209728	34165
1997	1229252	154418	753374	34974	240126	46360
1998	1388027	150517	886208	35703	252965	62634
1999	1532952	159272	999902	35491	258572	79715
2000	1770387	175745	1181042	38543	282598	92459
2001	2051303	206502	1377529	45428	306587	115257
2002	2427593	274203	1627761	53056	335712	136861
2003	2693986	307350	1791484	58375	396107	140670
2004	3091148	366895	2048284	65970	452199	157800
2005	3751654	449415	2487484	76471	544085	194199
2006	4542846	519674	2922839	90544	733206	276583

8-4　一般公共预算收入
General Pubilic Budget Revenue

单位:万元 (10 000 yuan)

类　　别	Category	2014	2015	2016	2017	2018
一般公共预算收入	**General Pubilic Budget Revenue**	**50268273**	**55293253**	**58601836**	**60986324**	**64853959**
一、税收收入	**Tax Revenue**	**39657605**	**42031178**	**42125903**	**44194025**	**48979231**
增值税	Value Added Tax	5969647	5949766	11297486	17059602	19021182
营业税	Business Tax	11359162	12523983	6504453		
企业所得税	Corporate Income Tax	4830098	4987224	5032373	6202953	6773754
个人所得税	Individual Income Tax	1151842	1431225	1431522	1867335	2152981
资源税	Resource Tax	1195665	1038139	951845	995617	1197478
城市维护建设税	City Maintenance and Construction Tax	2313253	2437121	2508344	2618202	3064603
房产税	House Property Tax	1224873	1338572	1433639	1578095	1682525
印花税	Stamp Tax	605607	594147	612587	747811	809162
城镇土地使用税	Urban land Use Tax	2646890	3587508	3937399	3981763	3968395
土地增值税	Land Appreciation Tax	2577381	2595051	2931488	3671771	3907890
车船税	Tax on vehicles and Boat Operation	466492	533083	609977	693744	758480
耕地占用税	Farm Land Occupation Tax	2554205	2515193	2173007	1632367	1192855
契　税	Deed Tax	2736676	2477596	2676271	3125176	4285778
烟叶税	Tobacco Leaf Tax	25814	22570	25512	19589	17077
环境保护税	Environmental Tax					147071
二、非税收入	**Non-tax Revenue**	**10610668**	**13262075**	**16475933**	**16792299**	**15874728**
专项收入	Special Program Receipts	1535181	3368805	3222448	3103868	3519647
行政事业性收费收入	Charge of Administrative and Institutional Units	3022000	2967436	3282508	3202844	3035195
罚没收入	Penalty Receipts	1214541	1238569	1561164	1802335	1949593
国有资本经营收入	Operating Income from Government Capital	556949	541826	576102	306582	255264
国有资源(资产)有偿使用收入	Income from Use of State-owned Resources (Assets)	3819453	4694246	6632910	7556093	6480027
其他收入	Other Non-tax Receipts	462544	451193	1200801	820577	635002

注:2016开始，增值税和营业税均系新口径数，与历史资料不可比。
a)Since 2016,Data of Value-added Tax and business Tax are based on new method,so they cannot compare with other data.

8-5 一般公共预算支出
General Pubilic Budget Expenditure

单位:万元 (10 000 yuan)

类　别	Category	2014	2015	2016	2017	2018
一般公共预算支出	**General Pubilic Budget Expenditure**	**71773136**	**82500113**	**87552136**	**92583984**	**101009606**
一般公共服务支出	Expenditure for General Public Services	7253340	7381081	7835601	8575099	9433490
公共安全支出	Expenditure for Public Security	3805743	4257478	5215162	5660530	6449501
教育支出	Expenditure for Education	14610483	16906234	18259902	18899972	20065026
科学技术支出	Expenditure for Science and Technology	1470572	1590522	1670001	1957718	2327392
文化体育与传媒支出	Expenditure for Culture, Sport and Media	1277473	1372575	1374737	1418993	1535220
社会保障和就业支出	Expenditure for Social Safety Net and Employment Effort	7635304	9046399	9926608	11319595	12539881
医疗卫生与计划生育支出	Expenditure for Medical and Health Care, and Family Planning	6056673	7014321	7901861	8292714	8851487
城乡社区支出	Expenditure for Urban and Rural Community Affairs	7779249	9205721	10124637	10759203	11097209
农林水支出	Expenditure for Agriculture, Forestry and Water Conservancy	7728411	9644150	9434420	9535911	9984950
交通运输支出	Expenditure for Transportation	3991400	4606928	3728395	3673120	4127928

8-6 各市一般公共预算收入(2018年)
General Pubilic Budget Revenue by Region (2018)

单位:万元 (10 000 yuan)

地　区	Region	一般公共预算收入 General Pubilic Budget Revenue	税收收入 Tax Revenue	增值税 Value Added Tax	企　业所得税 Corporate Income Tax	个　人所得税 Individual Income Tax	资源税 Resource Tax
全省总计	**Total**	**64853959**	**48979231**	**19021182**	**6773754**	**2152981**	**1197478**
济 南 市	Jinan	7528162	6194582	2108924	1080091	417546	28849
青 岛 市	Qingdao	12319138	9058679	3282658	1523767	487635	19924
淄 博 市	Zibo	3852322	2740728	1278099	269332	106192	51360
枣 庄 市	Zaozhuang	1467044	1071710	403689	85705	49791	62967
东 营 市	Dongying	2445857	1767029	680815	186590	78877	24118
烟 台 市	Yantai	6366225	4512593	1594039	673436	198565	94106
潍 坊 市	Weifang	5697998	4582525	1889403	495541	151865	74063
济 宁 市	Jining	4000166	2897313	1132896	383759	103969	220092
泰 安 市	Tai'an	2195269	1579506	624261	134145	78746	71809
威 海 市	Weihai	2844414	2303302	719708	222075	72740	40524
日 照 市	Rizhao	1597723	1325979	561595	181078	59250	15670
莱 芜 市	Laiwu	625687	504181	232605	41345	18561	16968
临 沂 市	Linyi	3118367	2639865	1142273	272586	97559	41555
德 州 市	Dezhou	2025166	1555934	606361	182168	69920	18420
聊 城 市	Liaocheng	1942703	1452134	626673	205734	59151	16614
滨 州 市	Binzhou	2405395	1842227	789611	247700	49510	22612
菏 泽 市	Heze	2060321	1655383	767547	173459	53104	77534

8-6 续表 1 continued

单位:万元 (10 000 yuan)

地 区	Region	城市维护建设税 City Maintenance and Construction Tax	房产税 House Property Tax	城镇土地使用税 Urban Land Use Tax	土 地增值税 Land Appreciation Tax	耕 地占用税 Farm Land Occupation Tax	契 税 Contract Tax	其他各项税收收入 Other Tax Revenue
全省总计	**Total**	**3064603**	**1682525**	**3968395**	**3907890**	**1192855**	**4285778**	**1731790**
济 南 市	Jinan	362205	206535	233482	568478	83483	897301	207688
青 岛 市	Qingdao	576986	359479	447269	1142789	181738	773736	262698
淄 博 市	Zibo	222051	78924	225026	94736	151848	170898	92262
枣 庄 市	Zaozhuang	88351	68056	129737	55993	12897	79563	34961
东 营 市	Dongying	154661	56205	322818	76551	7364	95252	83778
烟 台 市	Yantai	267349	157781	454992	448263	66658	379378	178026
潍 坊 市	Weifang	336004	125190	524294	331093	130026	383270	141776
济 宁 市	Jining	166327	90224	195092	156074	141166	212055	95659
泰 安 市	Tai'an	97770	43926	117060	103270	109326	144271	54922
威 海 市	Weihai	126852	195607	353312	219648	49203	244008	59625
日 照 市	Rizhao	82528	33310	95521	84059	26732	109585	76651
莱 芜 市	Laiwu	39301	18391	51811	15837	5988	29733	33641
临 沂 市	Linyi	156937	69101	207012	232473	51491	230485	138393
德 州 市	Dezhou	87182	45982	151969	141483	22262	171356	58831
聊 城 市	Liaocheng	84845	42764	106437	110136	17537	113401	68842
滨 州 市	Binzhou	115628	60951	240261	45253	108516	74655	87530
菏 泽 市	Heze	99626	30099	112302	81754	26620	176831	56507

8-6 续表 2 continued

单位:万元 (10 000 yuan)

地 区	Region	非税收入 Non-tax Revenue	专项收入 Special Program Receipts	行政事业性收费收入 Charge of Administrative and Institutional Units	罚没收入 Penalty Receipts	国有资本经营收入 Operating Income from Government Capital	国有资源(资产)有偿使用收入 Income from Use of State-owned Resources (Assets)	其他收入 Other Non-tax Receipts
全省总计	**Total**	**15874728**	**3519647**	**3035195**	**1949593**	**255264**	**6480027**	**635002**
济 南 市	Jinan	1333580	363696	361432	135141	-6631	401972	77970
青 岛 市	Qingdao	3260459	766221	529306	191028	85397	1593111	95396
淄 博 市	Zibo	1111594	232195	127272	149723	2	547971	54431
枣 庄 市	Zaozhuang	395334	67371	65745	80213	87574	70738	23693
东 营 市	Dongying	678828	174618	102944	50612	954	333010	16690
烟 台 市	Yantai	1853632	262863	89165	213445		1239956	48203
潍 坊 市	Weifang	1115473	328375	206351	180816	-2108	371789	30250
济 宁 市	Jining	1102853	181595	419848	109127	5947	356221	30115
泰 安 市	Tai'an	615763	115917	126930	66487	160	286357	19912
威 海 市	Weihai	541112	117961	119166	53915	72636	154725	22709
日 照 市	Rizhao	271744	83190	55316	58081	5640	53655	15862
莱 芜 市	Laiwu	121506	52346	18991	24099	-40	20172	5938
临 沂 市	Linyi	478502	174644	100289	120068	600	69891	13010
德 州 市	Dezhou	469232	84199	79617	90369	454	196907	17686
聊 城 市	Liaocheng	490569	125152	137103	103300	4636	93568	26810
滨 州 市	Binzhou	563168	123259	163289	105507		138435	32678
菏 泽 市	Heze	404938	167266	81590	106673	43	36517	12849

8-7 各市一般公共预算支出(2018年)
General Pubilic Budget Expenditure by Region (2018)

单位:万元 (10 000 yuan)

地区	Region	一般公共预算支出 General Pubilic Budget Expenditure	一般公共服务支出 Expenditure for General Public Service	公共安全支出 Expenditure for Public Security	教育支出 Expenditure for Education	科学技术支出 Expenditure for Science and Technology	文化体育与传媒支出 Expenditure for Culture, Sport and Media	社会保障和就业支出 Expenditure for Social Safety Net and Employment Effort	医疗卫生与计划生育支出 Expenditure for Medical and Health Care, and Family Planning
全省总计	**Total**	**101009606**	**9433490**	**6449501**	**20065026**	**2327392**	**1535220**	**12539881**	**8851487**
济南市	Jinan	10183179	1053790	623291	1530516	210425	139534	1328725	691779
青岛市	Qingdao	15597764	1626828	1083753	2630041	451472	240026	1561218	1023534
淄博市	Zibo	4746250	499097	344738	1006701	110275	103982	549249	408454
枣庄市	Zaozhuang	2597389	269043	173969	560080	28093	36851	379041	277652
东营市	Dongying	3062955	322935	155477	531598	47462	40092	261335	225231
烟台市	Yantai	7559881	695242	478697	1229061	289873	102095	1188364	637951
潍坊市	Weifang	7334934	647009	436540	1782993	201010	102012	984789	678799
济宁市	Jining	6196247	639376	385861	1413531	74910	126299	684907	696932
泰安市	Tai'an	3810385	305793	192915	752892	31621	51918	557427	432122
威海市	Weihai	3638370	343020	194710	826470	127487	72792	392740	285754
日照市	Rizhao	2595536	229977	138871	538654	73908	27699	311247	268640
莱芜市	Laiwu	1003535	110748	61368	224678	11709	16703	118330	123786
临沂市	Linyi	6391287	580425	380238	1547356	43679	82026	997148	791111
德州市	Dezhou	4141460	368179	287699	729861	137460	50828	600453	426805
聊城市	Liaocheng	4092080	416362	223778	797149	14273	49976	523598	448640
滨州市	Binzhou	3453216	323864	189127	604230	101917	45036	503752	365173
菏泽市	Heze	5518422	416674	231453	1046140	19956	67044	910188	731216

8-7 续表 continued

单位:万元 (10 000 yuan)

地区	Region	节能环保支出 Expenditure for Environment Protection	城乡社区支出 Expenditure for Urban and Rural Community Affairs	农林水支出 Expenditure for Agriculture, Forestry and Water Conservancy	交通运输支出 Expenditure for Transportation	资源勘探信息等支出 Expenditure for Affairs of Resource Exploration and Information	商业服务业等支出 Expenditure for Affairs of Commerce and Services	金融支出 Expenditure for Financial Affairs	国土海洋气象等支出 Expenditure for Affairs of Land, Ocean and Weather	住房保障支出 Expenditure for Affairs of Housing Security
全省总计	**Total**	**2871972**	**11097209**	**9984950**	**4127928**	**2268809**	**1021953**	**621387**	**1291748**	**3438172**
济南市	Jinan	334104	2463774	864211	197281	253655	69227	13199	144611	146265
青岛市	Qingdao	248344	3318004	686776	1005394	541848	347285	27481	112436	230338
淄博市	Zibo	215462	443660	362657	119964	161373	41881	5154	50208	155062
枣庄市	Zaozhuang	40380	176538	205341	85697	123376	13033	4026	27355	110404
东营市	Dongying	112015	472838	307496	85829	73754	34984	88445	111826	67901
烟台市	Yantai	189296	1014495	685156	228042	208266	59203	3449	77127	224278
潍坊市	Weifang	296990	617947	696545	193279	96826	64820	21882	71552	197607
济宁市	Jining	170548	569668	644402	245726	108279	40573	646	66293	157849
泰安市	Tai'an	67392	233913	475978	104758	36827	93885	728	105776	200966
威海市	Weihai	122455	226960	456261	124985	43590	41658	57913	45707	151300
日照市	Rizhao	91470	151200	260699	96403	36972	12176	7752	31743	260254
莱芜市	Laiwu	29907	55986	89501	33809	15884	6276	518	28273	24521
临沂市	Linyi	115568	299231	698490	251190	62448	42359	51450	66014	243157
德州市	Dezhou	170822	258948	470719	112492	50421	28963	12033	42515	248556
聊城市	Liaocheng	396640	236044	505289	106058	71039	21995	19260	43166	130874
滨州市	Binzhou	102152	312523	407228	86117	60597	14423	1948	36777	160998
菏泽市	Heze	109505	230759	768388	197507	104095	22677	2625	67028	532199

8-8 主要年份金融机构人民币存款余额
RMB Deposits of Financial Institutions in Major Years

单位:亿元 (100 million yuan)

年 份 Year	存款余额 Deposits	住户存款 Household Deposits	非金融企业存款 Non-financial Corporate Deposits	广义政府存款 General Government Deposits	非银行业金融机构存款 Non-bank Financial Intermediary Deposits
1952	2.8				
1955	6.7				
1957	6.7				
1962	14.8				
1965	17.4				
1970	54.0				
1975	72.2				
1976	76.5				
1977	78.2				
1978	90.0				
1979	65.6				
1980	87.9				
1981	113.6				
1982	123.1				
1983	155.5				
1984	233.3				
1985	278.8				
1986	351.6				
1987	470.2				
1988	591.3				
1989	724.7				
1990	934.1				
1991	1163.6				
1992	1448.3				
1993	1816.6				
1994	2522.5				
1995	3424.4				
1996	4293.8				
1997	4969.8				
1998	5755.5				
1999	6563.0				
2000	7471.2				
2001	8501.7				
2002	10247.8				
2003	12438.2				
2004	14514.3				
2005	17103.5				
2006	19634.0				
2007	22072.2				
2008	26930.2				
2009	34697.8				
2010	41105.0				
2011	46345.4				
2012	54301.5				
2013	62077.9				
2014	67498.3				
2015	74524.2	37320.0	22717.8	11470.9	2870.2
2016	83414.9	41350.9	26654.7	12672.0	2639.7
2017	88531.7	44035.8	27913.9	14356.5	2122.6
2018	94298.2	48435.0	28023.0	15777.7	1810.9

8-9 主要年份金融机构人民币贷款余额
RMB Loans of Financial Institutions in Major Years

单位:亿元 (100 million yuan)

年 份 Year	贷款余额 Loans	住户贷款 Househould Loans	中长期贷款 Medium and Long-term Loans	非金融企业及机关团体贷款 Non-financial Corporate and Institution Loans	短期贷款 Short-term Loans	中长期贷款 Medium and Long-term Loans	非银行业金融机构贷款 Non-bank Financial Intermediary Loans
1952	1.6						
1955	14.0						
1957	16.9						
1962	41.5						
1965	39.0						
1970	66.9						
1975	91.8						
1976	102.9						
1977	120.9						
1978	133.7						
1979	124.9						
1980	180.2						
1981	206.4						
1982	235.4						
1983	265.0						
1984	366.7						
1985	446.5						
1986	554.9						
1987	667.8						
1988	803.1						
1989	941.3						
1990	1166.8						
1991	1428.0						
1992	1720.6						
1993	2079.1						
1994	2520.4						
1995	3128.9						
1996	3680.2						
1997	4456.7						
1998	5106.8						
1999	5679.9						
2000	6209.0						
2001	7017.7						
2002	8536.6						
2003	10467.1						
2004	11782.8						
2005	13381.7						
2006	15709.6						
2007	17545.1						
2008	20053.9						
2009	25961.3						
2010	30722.6						
2011	35179.0						
2012	40021.5						
2013	44761.3						
2014	50058.6						
2015	55437.0	13980.4	9798.3	41328.7	22592.3	15814.0	2.1
2016	61726.9	16496.6	12477.7	45096.4	22982.4	18282.5	7.1
2017	67576.0	20070.2	15656.9	47357.9	23349.6	21619.1	26.4
2018	74879.4	24226.3	19079.3	50507.6	22587.6	24333.5	5.0

8-10 金融机构本外币信贷收支情况(2018年) RMB and Foreign Currencies Credit Funds Balance Sheet of Financial Institution (2018)

单位:亿元 (100 million yuan)

类 别	Category	2018年末余额 2018 Year-end	比年初增减额 Increase/ Decrease from Year Beginning
各项存款	**Deposits in Various Forms**	**96412.7**	**5394.0**
境内存款	Domestic Deposits	95800.4	5375.4
住户存款	Household Deposits	48800.0	4385.9
活期存款	Demand Deposits	14594.5	1120.5
定期及其他存款	Fixed and Other Deposits	34205.5	3265.4
非金融企业存款	Non-financial Corporate Deposits	29379.1	-86.2
活期存款	Demand Deposits	13226.4	76.6
定期及其他存款	Fixed and Other Deposits	16152.7	-162.8
广义政府存款	General Government Deposits	15783.6	1402.3
财政性存款	Fiscal Deposits	1516.9	62.0
机关团体存款	Non-profit Institution Deposits	14266.7	1340.3
非银行业金融机构存款	Non-bank Financial Intermediary Deposits	1837.6	-326.7
境外存款	Overseas Deposits	612.3	18.7
各项贷款	**Loans in Various Forms**	**77810.5**	**6817.6**
境内贷款	Domestic Loans	75971.9	6891.6
住户贷款	Household Loans	24227.4	4156.1
短期贷款	Short-term Loans	5148.1	733.6
消费贷款	Consumption Loans	1752.6	400.6
经营贷款	Business Loans	3395.4	332.9
中长期贷款	Medium and Long-term Loans	19079.3	3422.5
消费贷款	Consumption Loans	17263.6	3080.4
经营贷款	Business Loans	1815.7	342.1
非金融企业及机关团体贷款	Non-financial Corporate and Institution Loans	51739.6	2757.0
短期贷款	Short-term Loans	23538.5	-1039.8
中长期贷款	Medium and Long-term Loans	24609.7	2604.6
票据融资	Bill Financing	3012.3	1045.8
融资租赁	Financial Leases	365.4	105.8
各项垫款	Advances	213.8	40.5
非银行业金融机构贷款	Non-bank Financial Intermediary Loans	5.0	-21.4
境外贷款	Overseas Loans	1838.5	-74.1

8-11 金融机构人民币信贷收支情况(2018年)
RMB Credit Funds Balance Sheet of Financial Institution (2018)

单位:亿元 (100 million yuan)

类别	Category	2018年末余额 2018 Year-end	比年初增减额 Increase/ Decrease from Year Beginning
各项存款	**Deposits in Various Forms**	**94298.2**	**5766.5**
境内存款	Domestic Deposits	94046.6	5617.8
住户存款	Household Deposits	48435.0	4394.2
活期存款	Demand Deposits	14397.1	1126.8
定期及其他存款	Fixed and Other Deposits	34037.9	3267.4
非金融企业存款	Non-financial Corporate Deposits	28023.0	115.9
活期存款	Demand Deposits	12543.4	184.8
定期及其他存款	Fixed and Other Deposits	15479.6	-68.9
广义政府存款	General Government Deposits	15777.7	1419.4
财政性存款	Fiscal Deposits	1516.9	62.0
机关团体存款	Non-profit Institution Deposits	14260.8	1357.4
非银行业金融机构存款	Non-bank Financial Intermediary Deposits	1810.9	-311.7
境外存款	Overseas Deposits	251.6	148.7
各项贷款	**Loans in Various Forms**	**74879.4**	**7242.5**
境内贷款	Domestic Loans	74739.0	7223.6
住户贷款	Household Loans	24226.3	4156.0
短期贷款	Short-term Loans	5147.1	733.5
消费贷款	Consumption Loans	1751.6	400.6
经营贷款	Business Loans	3395.4	332.9
中长期贷款	Medium and Long-term Loans	19079.3	3422.5
消费贷款	Consumption Loans	17263.6	3080.4
经营贷款	Business Loans	1815.7	342.1
非金融企业及机关团体贷款	Non-financial Corporate and Institution Loans	50507.6	3088.9
短期贷款	Short-term Loans	22587.6	-778.4
中长期贷款	Medium and Long-term Loans	24333.5	2670.0
票据融资	Bill Financing	3012.2	1045.9
融资租赁	Financial Leases	365.4	105.8
各项垫款	Advances	209.1	45.6
非银行业金融机构贷款	Non-bank Financial Intermediary Loans	5.0	-21.4
境外贷款	Overseas Loans	140.4	18.9

8-12 金融机构分行业本外币贷款情况(2018年) Loans of RMB and Foreign Currencies of Financial institutions by sector (2018)

单位:亿元 (100 million yuan)

行业	Sector	2018年末余额 2018 Year-end	比年初增减额 Increase/Decrease from Year Beginning
贷款总计	**Total**	**74930.4**	**5854.4**
农、林、牧、渔业	Agriculture,Forestry,Animal Husbandry and Fishing	573.1	-24.3
采矿业	Mining	1551.2	-38.5
制造业	Manufacturing	16096.9	-909.1
电力、燃气及水的生产和供应业	Production and Supply of Electric Power and Heat Power	3057.5	227.0
建筑业	Construction	2867.5	317.9
批发和零售业	Wholesale and Retail Trade	5196.1	-624.3
交通运输、仓储和邮政业	Traffic,Transport,Storage and Post	4134.9	646.0
住宿和餐饮业	Hotels and Catering Services	293.2	5.8
信息传输、软件和信息技术服务业	Information Transfer, Software and Information Technology Services	202.5	44.3
金融业	Financial Intermediation	870.3	263.2
房地产业	Real Estate	3303.5	597.6
租赁和商务服务业	Leasing and Business Services	4937.9	766.9
科学研究和技术服务业	Scientific Research and Technical Service	142.9	35.7
水利、环境和公共设施管理业	Management of Water Conservancy,Environment and Public Facilities	4736.5	413.9
居民服务、修理和其他服务业	Households Services, Repair and Other Services	89.1	-0.6
教育	Education	262.3	21.0
卫生和社会工作	Health and Social Work	331.0	32.6
文化、体育和娱乐业	Culture,Sports and Entertainment	201.3	17.5
公共管理、社会保障和社会组织	Public management,Social Security and Social Organization	16.8	-20.0
国际组织	International Organization		

8-13 各市金融机构本外币存贷款余额(2018年) RMB and Foreign Currencies Deposits and Loans of Financial Institutions by Region(2018)

单位:亿元 (100 million yuan)

地区	Region	各项存款 Total Deposits		#住户存款 Household Deposits		各项贷款 Total Loans	
		余额 Year-end	比年初增减 Increase/Decrease from Year Beginning	余额 Year-end	比年初增减 Increase/Decrease from Year Beginning	余额 Year-end	比年初增减 Increase/Decrease from Year Beginning
全省总计	**Total**	**96412.7**	**5394.0**	**48800.0**	**4385.9**	**77810.5**	**6817.6**
济南市	Jinan	17060.1	499.5	5067.3	542.9	16059.9	1654.7
青岛市	Qingdao	16121.3	992.3	6036.7	519.3	16098.0	1692.9
淄博市	Zibo	4617.2	181.5	2793.4	179.2	3199.9	176.9
枣庄市	Zaozhuang	2037.7	209.4	1302.7	127.2	1344.3	131.9
东营市	Dongying	3721.4	-101.0	1624.7	87.3	3553.1	-116.1
烟台市	Yantai	8211.9	279.2	4492.2	316.7	5550.0	411.3
潍坊市	Weifang	7929.8	316.7	4694.7	414.5	5803.1	413.5
济宁市	Jining	5486.8	465.2	3366.2	300.3	3516.1	357.7
泰安市	Tai'an	3672.3	325.7	2363.2	217.0	2357.9	247.4
威海市	Weihai	3682.0	301.9	2060.6	259.6	2518.7	299.4
日照市	Rizhao	2530.6	225.4	1397.5	137.2	2355.7	120.3
莱芜市	Laiwu	1033.8	79.7	632.9	62.3	825.3	90.0
临沂市	Linyi	6371.6	493.5	3954.5	341.3	5099.4	614.0
德州市	Dezhou	3456.0	337.7	2275.6	200.0	1955.5	151.3
聊城市	Liaocheng	3505.8	233.4	2343.9	223.2	2464.2	136.2
滨州市	Binzhou	2875.1	111.9	1521.5	138.1	2615.6	98.5
菏泽市	Heze	3905.3	410.5	2870.4	318.0	2267.4	256.8

8-14 1997-2018年保险费收入和赔款给付
Premium and Payment of Insurance Companies 1997 to 2018

年份 Year	保险费收入 (万元) Premium (10 000 yuan)	赔款及给付支出 (万元) Settled Claim and Payment (10 000 yuan)	简单赔付率 (%) Simple Payment Rate (%)
1997	785298	317889	40.5
1998	837500	294648	35.2
1999	956496	365490	38.2
2000	1110622	402204	36.2
2001	1533204	409588	26.7
2002	2238236	456801	20.4
2003	2835306	561804	19.8
2004	3171584	656966	20.7
2005	3408050	766254	22.5
2006	3962203	1209078	30.5
2007	5017177	1717385	34.2
2008	6739812	1983902	29.4
2009	7928870	2283924	28.8
2010	10300687	2286398	22.2
2011	10360352	2712276	26.2
2012	11280360	3245582	28.8
2013	12804211	4416570	34.5
2014	14549297	5189703	35.7
2015	17876030	6221728	34.8
2016	23021888	7868526	34.2
2017	27380627	8312832	30.4
2018	29598304	9299333	31.4

8-15 人身保险公司主要业务指标(2018年)
Major Business Indicators of Life Insurance Companies (2018)

单位:万元 (10 000 yuan)

类别	Category	保费收入 Premium Income	赔款支出 Indemnity Expenditure	年金给付 Total Annuity Payment	满期给付 Total Mature Payment	死伤医疗给付 Payment for Death,Injury and Medical Treatment
总计	**Total**	**21507373**	**739631**	**1154303**	**2175654**	**650792**
一、人寿保险	**Life Insurance**	**16715861**		**1154303**	**2171683**	**211271**
(一)非分红产品	Non-dividend Insurance	7372767		607869	200996	117844
定期寿险	Time Insurance	58652			30	16663
两全寿险	Endowment Insurance	1257321		95335	140134	34009
终身寿险	WLL	1013080			34944	45581
年金	Total Annuity Payment	5043714		512534	25888	21591
(二)分红产品	Dividend Insurance	9261967		546347	1965533	77623
定期寿险	Time Insurance					
两全寿险	Endowment Insurance	4340353		93027	1955013	46074
终身寿险	WLL	1037906			9	18739
年金	Total Annuity Payment	3883708		453320	10511	12811
(三)投资连接产品	Investment Link Insurance	1415			152	217
(四)万能产品	Universal Life Insurance	79711		87	5002	15587
二、意外伤害保险	**Accident Injury Insurance**	**430172**	**110326**			
一年期以内	Within-One-year Period Business	43338	6966			
一年期及一年期以上	One-year Period and more Busines	386834	103361			
三、健康保险	**Health Insurance**	**4361339**	**629305**			
一年期(及一年期以内)	Within-One-year Period Business	973614	629305			
一年期以上	One-year Period Business	3387725			3970	439521

8-16　财产保险公司主要业务指标(2018年)
Major Business Indicators of Insurance Companies(2018)

单位:万元　(10 000 yuan)

类　别	Category	保费收入 Premium	赔款支出 Payment
总　计	**Total**	**8090931**	**4578953**
机动车辆及第三者责任险	Motor Vehicle and Third Party Liability	5815047	3228554
企财险	Enterprise Property insurance	238676	194262
家财险	Family Property Insurance	44183	25590
工程险	Project Insurance	30208	29870
责任险	Liability Insurance	328536	174233
信用险	Credit Insurance	205730	104847
保证保险	Guarantee Insurance	424649	95818
船舶险	Ship Insurance	20037	14838
货运险	Freight Transport Insurance	66743	29333
特殊风险保险	Peculiar Risk Insurance	31001	7497
农业保险	Agriculture Insurance	282149	299647
健康险	Health Insurance	384388	316849
意外伤害险	Accident Injury Insurance	212720	54219
其　他	Other Property Insurance	6864	3396

8-17　各市保险业务情况(2018年)
Basic Statistics on Insurance by Region (2018)

单位:亿元　(100 million yuan)

地　区	Region	保费收入 Premium	财产险公司 Property Insurance	人寿险公司 Life Insurance	赔款与给付 Claim and Payment	财产险公司 Property Insurance	人寿险公司 Life Insurance
全省总计	**Total**	**2959.8**	**809.1**	**2150.7**	**929.9**	**457.9**	**472.0**
济南市	Jinan	415.6	91.4	324.1	103.4	45.2	58.2
青岛市	Qingdao	439.4	132.8	306.6	141.3	76.9	64.4
淄博市	Zibo	171.2	38.3	132.9	47.4	18.5	28.8
枣庄市	Zaozhuang	79.1	17.9	61.2	22.4	9.3	13.1
东营市	Dongying	97.4	28.7	68.7	31.2	17.6	13.5
烟台市	Yantai	266.7	70.9	195.8	87.8	39.9	47.9
潍坊市	Weifang	232.2	63.7	168.5	78.0	41.0	37.0
济宁市	Jining	191.5	54.9	136.6	63.5	32.4	31.1
泰安市	Tai'an	125.8	26.7	99.1	37.2	14.8	22.3
威海市	Weihai	104.8	25.7	79.1	36.3	15.5	20.8
日照市	Rizhao	69.0	23.1	45.8	23.5	13.2	10.3
莱芜市	Laiwu	30.5	6.6	23.9	10.1	3.7	6.4
临沂市	Linyi	252.5	79.2	173.3	84.3	48.8	35.4
德州市	Dezhou	116.5	32.0	84.5	40.6	17.6	23.0
聊城市	Liaocheng	109.3	34.6	74.7	36.1	21.6	14.4
滨州市	Binzhou	106.5	30.9	75.5	33.5	17.9	15.5
菏泽市	Heze	133.7	33.4	100.2	50.5	20.8	29.7

8-18 山东辖区(不含青岛)证券期货市场基本情况
Basic Stituation of Securities and Futures Markets Under Shandong Province(Excluding Qingdao)

项 目	Item	2017	2018
上市公司数 (家)	Number of Listed Companies (unit)	167	166
#发行A股公司数 (家)	A Shares (unit)	166	165
发行B股公司数 (家)	B Shares (unit)	4	4
A、B股均发行公司数 (家)	Number of Listed Companies (A Shares and B Shares) (unit)	3	3
境外发行公司数 (家)	Number of Overseas-listed companies (unit)	6	7
境内、外均发行公司数 (家)	Companies Listed Overseas and Domestic (unit)	6	7
ST公司数 (家)	Number of ST Listed Companies (unit)		
*ST公司数 (家)	*ST Listed Companies (unit)	2	5
证券公司数 (家)	No.of Securities Companies (unit)	1	1
证券公司分公司数 (家)	No.of Branches of Securities Companies (unit)	63	74
证券公司营业部数 (家)	No.of Securities Business Department (unit)	441	448
期货公司数 (家)	No.of Futures Broker Companies (unit)	3	3
期货公司分公司数 (家)	No.of Branches of Futures Broker Companies (unit)	8	19
期货公司营业部数 (家)	No.of Trading Offices of Futures Broker Companies (unit)	74	74
证券投资咨询机构数 (家)	No.of Securities Investment Consultative Institutions (unit)	6	9
证券投资者资金开户数 (万户)	No.of Opening Account of Securities Investors (10 000 households)	944.1	1014.4
上市公司当年境内募集资金总额 (亿元)	Total Domestic Capital Volume Collected by Listed Companies (100 million yuan)	705.4	456.9
首次公开发行 (亿元)	IPO (100 million yuan)	137.03	
配股 (亿元)	Share Right Issued (100 million yuan)	29.98	51.87
增发 (亿元)	Adding the Share Issue (100 million yuan)	454.4	189.5
可转债 (亿元)	Transferable Loans (100 million yuan)	12.0	20.0
公司债 (亿元)	Corporate Bond (100 million yuan)	72.0	195.5
市价总值 (亿元)	Total Market Value (100 million yuan)	17505.4	12151.2
证券营业部代理证券交易额 (亿元)	Trading Volume of Securities Business Department (100 million yuan)	96300.0	77973.7
期货经营机构代理交易额 (亿元)	Trading Volume of Agency by Futures Managerial Institutions (100 million yuan)	77480.6	90777.4
全国中小企业股份转让系统挂牌公司(家)	Listed Company on National SME Share Transfer System (unit)	522	510
交易所公司债券发行金额 (亿元)	Issued Volume of Corporate Bonds Listed on the Exchange (100 million yuan)	925.05	1013.8
私募基金管理人登记数 (家)	Registration No.of Private investment fund managers (unit)	252	296

注：证券营业部、期货公司营业数为已开业家数。
a)The number of securities business department(trading offices of futures broker companies) refers to those that has been opened.

8-19 山东省证券期货市场基本情况
Basic Stituation of Securities and Futures Markets of Shandong Province

项　目		Item		2017	2018
上市公司数	(家)	Number of Listed Companies	(unit)	196	196
#发行A股公司数	(家)	A Shares	(unit)	194	194
发行B股公司数	(家)	B Shares	(unit)	5	5
A、B股均发行公司数	(家)	Number of Listed Companies (A Shares and B Shares)	(unit)	3	3
境外发行公司数	(家)	Number of Overseas-listed companies	(unit)	7	8
境内、外均发行公司数	(家)	Companies Listed Overseas and Domestic	(unit)	7	8
ST公司数	(家)	Number of ST Listed Companies	(unit)		
*ST公司数	(家)	*ST Listed Companies	(unit)	5	5
证券公司数	(家)	No.of Securities Companies	(unit)	2	2
证券公司分公司数	(家)	No.of Branches of Securities Companies	(unit)	83	101
证券公司营业部数	(家)	No.of Securities Business Department	(unit)	556	565
期货公司数	(家)	No.of Futures Broker Companies	(unit)	3	3
期货公司分公司数	(家)	No.of Branches of Futures Broker Companies	(unit)	13	27
期货公司营业部数	(家)	No.of Trading Offices of Futures Broker Companies	(unit)	104	106
证券投资咨询机构数	(家)	No.of Securities Investment Consultative Institutions	(unit)	15	15
证券投资者资金开户数	(万户)	No.of Opening Account of Securities Investors	(10 000 households)	1202.1	1293.2
上市公司当年境内募集资金总额	(亿元)	Total Domestic Capital Volume Collected by Listed Companies	(100 million yuan)	752.4	540.1
首次公开发行	(亿元)	IPO	(100 million yuan)	167.47	6.45
配股	(亿元)	Share Right Issued	(100 million yuan)	29.98	58.76
增发	(亿元)	Adding the Share Issue	(100 million yuan)	470.9	209.4
可转债	(亿元)	Transferable Loans	(100 million yuan)	12.0	31.9
公司债	(亿元)	Corporate Bond	(100 million yuan)	72.0	233.6
市价总值	(亿元)	Total Market Value	(100 million yuan)	20929.2	14658.6
证券营业部代理证券交易额	(亿元)	Trading Volume of Securities Business Department	(100 million yuan)	131563.5	105241.8
期货经营机构代理交易额	(亿元)	Trading Volume of Agency by Futures Managerial Institutions	(100 million yuan)	77480.6	119043.5
全国中小企业股份转让系统挂牌公司	(家)	Listed Company on National SME Share Transfer System	(unit)	636	624
交易所公司债券发行金额	(亿元)	Issued Volume of Corporate Bonds Listed on the Exchange	(100 million yuan)	1023.1	1232.8
私募基金管理人登记数	(家)	Registration No.of Private investment fund managers	(unit)	443	532

注：证券营业部、期货公司营业数为已开业家数。
a)The number of securities business department(trading offices of futures broker companies) refers to those that has been opened.

主要统计指标解释

一般公共预算收入 指国家财政参与社会产品分配所取得的收入，是实现国家职能的财力保证。财政收入所包括的内容几经变化，目前主要包括：

（1）税收收入：包括增值税、营业税、企业所得税、个人所得税、资源税、固定资产投资方向调节税、城市维护建设税、房产税、印花税、城镇土地使用税、土地增值税、车船税、耕地占用税、契税、烟叶税、其他税收收入。

（2）非税收入：包括专项收入、行政事业性收费收入、罚没收入、国有资本经营收入、国有资源(资产)有偿使用收入、其他收入。

一般公共预算支出 国家财政将筹集起来的资金进行分配使用，以满足经济建设和各项事业的需要，主要包括：

（1）一般公共服务支出：反映政府提供一般公共服务的支出。

（2）公共安全支出：反映政府维护社会公共安全方面的支出，有关事务包括武装警察、公安、国家安全、检察、法院、司法行政、监狱、劳教、国家保密、缉私警察等。

（3）教育支出：反映政府教育事务支出。有关具体教育事务包括教育行政管理、学前教育、小学教育、初中教育、普通高中教育、普通高等教育、初等职业教育、中专教育、技校教育、职业高中教育、高等职业教育、广播电视教育、留学生教育、特殊教育、干部继续教育、教育机关服务等。

（4）科学技术支出：反映政府用于科学技术方面的支出。

（5）文化体育与传媒支出：反映政府在文化、文物、体育、广播电视、新闻出版等方面的支出。

（6）社会保障和就业支出：反映政府在社会保障与就业方面的支出。有关事项包括社会保障与就业管理事务、民政管理事务、财政对社会保险基金的补助、补充全国社会保障基金、行政事业单位离退休、企业改革补助、就业补助、抚恤、退役安置、社会福利、残疾人事业、城市居民最低生活保障、其他城镇社会救济、农村社会救济、自然灾害生活补助、红十字事务等。

（7）医疗卫生与计划生育支出：反映政府医疗卫生方面的支出。具体包括医疗卫生管理事务支出、医疗服务支出、医疗保障支出、疾病预防控制支出、卫生监督支出、妇幼保健支出、农村卫生支出等。

（8）城乡社区支出：反映政府城乡社区事务支出。具体包括：城乡社区管理事务支出、城乡社区规划与管理支出、城乡社区公共设施支出、城乡社区住宅支出、城乡社区环境卫生支出、建设市场管理与监督支出等

（9）农林水支出：反映政府农林水事务方面的支出。具体包括农业、林业、水利、扶贫支出、农业综合开发支出等。

存　款 指企业、机关、团体或居民根据资金必须收回的原则，把货币资金存入银行或其他信贷机构保管并取得一定利息的一种信用活动形式。根据存款对象或性质的不同可划分为企业存款、财政存款、机关团体存款、基本建设存款、储蓄存款、农村存款、委托存款、其他存款等科目。它是银行信贷资金的主要来源。

贷　款 指银行或其他信贷机构根据资金必须归还的原则，按一定利率，为企业、个人等提供资金的一种信用活动形式。我国银行贷款分为短期贷款、中期流动资金贷款、中长期贷款、信托贷款、融资租赁、委托贷款、票据融资、各项垫款等。

保险公司 在中国境内的、经过保险监督管理部门批准设立，并依法登记注册的各类商业保险公司。

保险金额 指保险人承担赔偿或者给付保险金责任的最高限额。

保　费 指投保人为取得保险人在约定范围内所承担赔偿责任而支付给保险人的费用。

赔　款 指保险人根据保险合同的规定，向被保险人支付的赔偿保险责任损失的金额。

给　付 包括死伤医疗给付、满期给付和年金给付。死伤医疗给付是指保险人根据人寿保险及长期健康保险合同的规定，因被保险人在保险期内发生保险责任范围内的保险事故支付给被保险人(或受益人)的金额。满期给付是指被保险人生存期满，保险人按人寿保险合同规定支付给被保险人的满期保险金额。年金给付是指保险人因年金保险业务的被保险人生存至规定的年龄，按保险合同约定支付给被保险人的金额。

Explanatory Notes on Main Statistical Indicators

General Pubilic Budget Revenue refers to the revenue of the government finance by means of participating in the distribution of the social products, which is the financial resources for ensuring the government to function. The contents of government revenue have been changed several times. Now it includes the following main items:

(1) Various tax revenues including value added tax, business tax, enterprise income tax, personal income tax, resources tax, fixed assets investment direction regulating tax, tax on city maintenance and construction, real estate tax, stamp tax, tax on use of urban land, land value added tax, vehicle and vessel tax, tax on occupancy of cultivated land, property tax, tobacco leaf tax, and other tax revenues.

(2) Non-tax Revenues including special revenues, revenues from Administrative and institutional fees, penalty and confiscatory revenues , revenues from state-owned capital operationg,revenues from paid use of state-owned resources, and other revenues .

General Pubilic Budget Expenditure refers to the distribution and use of the funds the government finance has raised, so as to meet the needs of economic construction and various causes. It includes the following main items:

(1) Expenditure for general public services: It reflects the expenditure from the government for general public services.

(2) Expenditure for public security: It reflects the expenditure from the government towards safeguarding the public security, including the related affairs of armed police, public security, state security, procuratorial administration,law court, judicial administration, jail , reeducation through labor, state confidentiality, anti-smuggling Patrol,etc.

(3) Expenditure for education: It reflects the expenditure from the government on education, including the related affairs of educational administration management, preschool education, primary education, junior secondary educate, regular senior secondary educate, regular higher education, primary vocational education, specialized secondary educate, technical educate, vocational senior secondary educate, vocational higher education, radio and television education, foreign student educate, special education, cadre continuing education, education institution services,etc.

(4) Expenditure for science and technology: It reflects the expenditure from the government on science and technology.

(5) Expenditure for culture, sport and media: It reflects the expenditure from the government on culture, cultural relics, sport, radio and television, publication, etc.

(6)Expenditure for social Safety net and employment effort:It reflects the expenditure from the government on social security and employment, including the related affairs of management of social security and employment, civil administration, subsidies to social insurance funds, supplement to national social security funds, retirees of government agencies and institutions, subsidies to enterprises reform, subsidies to employment, pension, settling down demobilized servicemen,social security, disabled person administration, minimum living allowance in urban area, other social relief in urban area, social relief in rural area, subsidies to natural disaster, Red Cross business,etc.

(7)Expenditure for medical and health care,and family planning: It reflects the expenditure from the government on health care, including expenditure on management of health care, medical services, medical security, disease control and prevention, public health supervision, rural health care,etc.

(8) Expenditure for urban and rural community affairs: It reflects the expenditure from the government on urban and rural community affairs, including expenditure on management of urban and rural community affairs, plan and management of urban and rural community, public utility of urban and rural community, residential buildings of urban and rural community, environmental sanitation of urban and rural community, management and supervision of markets construction, etc.

(9) Expenditure for agriculture, forestry and water conservancy: It reflects the expenditure from the government on agriculture, forest and irrigation, including expenditure on agriculture, forest, irrigation, poverty alleviation, comprehensive development of agriculture, etc.

Deposit is a form of credit by which enterprises, institutions, organizations or households can put money into banks and other credit institutions for safekeeping and interest earning under the principle of free withdrawal. According to different depositors, deposits are divided into enterprise deposits, treasury deposits, deposits of government agencies and organizations, capital construction deposits, savings deposits, rural saving deposits, entrusted deposits and other deposits. Deposits are major sources of the credit funds of banks.

Loan is a form of credit by which banks and other credit institutions provide funds at certain interest rate to enterprises and individuals in the light of the principle of unconditional repayment. Loans from Chinese banks include circulating capital loans, fixed assets loans, loans to urban and rural individuals engaged in industrial and commercial business and agricultural loans.

Insurance Companies refers to commercial insurance companies of various forms registered by law and established in China with the approval of insurance regulatory agencies.

Amount Insured refers to the maximum that the insurant will get for the claim of the case insured.

Premium is the fee paid by the insurant to the insurer to obtain the obligation of compensation from the insurance within the agreed terms.

Settled Claim is the compensation paid by the insurer to the insurant in accordance with the insurance contract.

Payment includes payment for death, injury or medical treatment, mature payment. and annuity payment. Payment for death, injury or medical treatment refers to the money paid to

the insurant (or the beneficiary) in accordance with the life or health insurance contract when the insurant encounters accidents within the insured period covered in the contract. Mature payment refers to the mature payment to the insurant in accordance with the life insurance contract at the end of the insured period. Annuity payment refers to the amount that the insurer pays to the insured in accordance with the insurance contract as the insured of the annuity insurance business survives to the prescribed age.

第
9
篇

价格指数

Price Indices

简 要 说 明

一、本篇资料的主要内容

本篇资料反映了全省生产、投资、流通、消费等环节价格变动状况，主要包括居民消费、商品零售、生产资料、工业品出厂、原材料燃料动力购进、固定资产投资、房地产等价格指数。

二、本篇资料的来源

1.居民消费、商品零售和农业生产资料价格指数来源于消费价格统计调查年报，由国家统计局山东调查总队消费价格调查处整理提供。

2.工业生产者出厂、工业生产者购进、固定资产投资、住宅销售等价格指数来源于生产价格统计调查年报，由国家统计局山东调查总队生产投资价格调查处整理提供。

3.农产品生产者价格指数来源于农产品生产者价格调查年报，由国家统计局山东调查总队农业调查处整理提供。

Brief Introduction

I. Main Content

Data on the price indices in this chapter show the changing trend in production, investment, circulation and consumption, including mainly consumer price indices of residents, retail price indices, price indices of means of production, production price indices of industrial products, purchasing price indices of raw materials, fuels and power, price indices of investment in fixed assets and real estate price indices.

II. Source of Data

(1) Data on consumer price indices of residents, retail price indices and price indices of agricultural means of production are based on yearly report on consumer price and are provided by the Division of Consumer Price Survey of the National Bureau of Statistics in Shandong.

(2) Data on producer price indices of industrial products, industrial producer purchasing price indices, price indices of investment in fixed assets and real estate price indices are based on yearly report on production price and are provided by the Division of Production and Investment Price Survey of the National Bureau of Statistics in Shandong.

(3)Data on producer price index of agricultural products are based on yearly report on producer price of agricultural products and provided by the Division of Agriculture Statistics of Shandong Provincial Bureau of Statistics.

9-1 居民消费价格指数
Consumer Price Indices

(上年=100)

类 别	Category	2017	2018
居民消费价格指数	**Consumer Price Index**	**101.5**	**102.5**
城 市	Urban Areas	101.6	102.4
农 村	Rural Areas	101.4	102.7
服务项目价格指数	**Services Price Index**	**102.9**	**102.4**
消费品价格指数	**Consumer Goods Price Index**	**100.7**	**102.5**
食品烟酒	Food, Tobacco, Liquor	99.6	102.3
粮 食	Grain	102.8	100.4
食用油	Edible Oil	101.1	100.2
畜肉类	Livestock Meat	93.4	95.7
禽肉类	Poultry	99.2	107.0
水产品	Aquatic Products	103.2	102.7
蛋 类	Eggs	96.1	112.2
菜	Vegetables	91.8	110.0
鲜 菜	Fresh Vegetables	91.0	110.7
衣着	Clothing	101.1	103.2
居住	Residence	102.6	103.1
生活用品及服务	Daily Necessities and Services	100.9	101.6
交通和通信	Transportation and Communication	101.1	101.8
教育文化和娱乐	Education Culture and Recreation	102.8	102.2
医疗保健	Health Care	105.4	103.0
其他用品和服务	Other Supplies and Services	101.8	100.8
商品零售价格指数	**Retail Price Index**	**100.8**	**102.2**
城 市	Urban Areas	100.8	102.1
农 村	Rural Areas	100.8	102.7
农业生产资料价格指数	**Price Indices of Means of Agricultural production**	**100.9**	**106.9**

9-2 居民消费和商品零售价格总指数(2018年)
General Consumer and Retail Price Indices(2018)

类 别	Categoty	居民消费价格总指数 General Consumer Price Indices			商品零售价格总指数 General Retail Price Indices			农业生产资料价格总指数 General Price Indices of Means of Agricultural Production
		全 省 Provincial Indices	城 市 Urban Indices	农 村 Rural Indices	全 省 Provincial Indices	城 市 Urban Indices	农 村 Rural Indices	
以1950年价格为100	1950=100	734.0	736.7		555.2	527.5	516.8	492.7
以1952年价格为100	1952=100	647.5	651.0		461.7	462.4	468.5	509.0
以1957年价格为100	1957=100	596.5	606.0		420.6	379.8	429.4	475.0
以1965年价格为100	1965=100	587.7	589.9		401.4	411.8	409.9	528.6
以1970年价格为100	1970=100	602.7	605.6		407.7	423.1	416.7	584.4
以1978年价格为100	1978=100	602.1	605.2	589.7	408.1	421.2	417.5	633.0
以1980年价格为100	1980=100	569.7	579.9	554.7	390.1	409.3	399.3	626.9
以1985年价格为100	1985=100	491.0	491.6	472.6	352.2	365.5	362.6	532.2
以1990年价格为100	1990=100	301.6	314.3	292.2	220.1	220.8	229.6	352.3
以1995年价格为100	1995=100	164.4	162.7	169.3	130.6	125.7	140.7	184.6
以2000年价格为100	2000=100	147.7	141.4	156.3	130.1	125.3	140.2	200.5
以上年价格为100	ding Year=100	102.5	102.4	102.7	102.2	102.1	102.7	106.9

9-3 历年居民消费价格总指数
General Consumer Price Indices over the Years

年 份 Year	以1950年为100 1950=100	以1952年为100 1952=100	以1978年为100 1978=100	以1990年为100 1990=100	以1995年为100 1995=100	以上年为100 Preceding Year=100
1952	113.2					102.2
1955	120.8	106.7				99.9
1957	122.9	108.5				101.0
1962	132.2	116.8				100.5
1965	124.8	110.3				97.8
1970	121.7	107.4				98.9
1975	121.5	107.3				100.2
1976	121.7	107.5				100.2
1977	121.5	107.3				99.8
1978	121.9	107.6				100.3
1979	122.8	108.4	100.7			100.7
1980	128.9	113.8	105.7			105.0
1981	131.2	115.8	107.6			101.8
1982	132.4	116.8	108.6			100.9
1983	135.6	119.6	111.2			102.4
1984	137.6	121.4	112.9			101.5
1985	149.6	132.0	122.7			108.7
1986	156.3	137.9	128.2			104.5
1987	169.1	149.2	138.7			108.2
1988	200.7	177.1	164.7			118.7
1989	235.5	207.7	199.1			117.3
1990	243.5	214.8	199.7			103.4
1991	255.4	225.3	209.5	104.9		104.9
1992	272.8	240.6	223.7	112.0		106.8
1993	307.4	271.2	252.2	126.3		112.7
1994	379.4	334.6	311.2	155.8		123.4
1995	446.1	393.5	365.9	183.2		117.6
1996	489.0	431.3	401.1	200.8	109.6	109.6
1997	502.6	443.3	412.3	206.4	112.7	102.8
1998	499.6	440.7	409.8	205.2	112.0	99.4
1999	496.1	437.6	406.9	203.8	111.2	99.3
2000	497.1	438.5	407.7	204.2	111.4	100.2
2001	506.0	446.4	415.0	207.9	113.4	101.8
2002	502.5	443.2	412.1	206.4	112.6	99.3
2003	508.0	448.1	416.6	208.7	113.8	101.1
2004	526.3	464.3	431.6	216.2	117.9	103.6
2005	535.2	472.1	439.0	219.9	119.9	101.7
2006	540.6	476.9	443.4	222.1	121.1	101.0
2007	564.4	497.9	462.9	231.9	126.4	104.4
2008	594.3	524.2	487.4	244.2	133.1	105.3
2009	594.3	524.2	487.4	244.2	133.1	100.0
2010	611.5	539.4	501.6	251.3	137.0	102.9
2011	642.2	566.5	526.7	263.9	143.9	105.0
2012	655.7	578.4	537.8	269.4	146.9	102.1
2013	670.2	591.1	549.6	275.4	150.2	102.2
2014	682.9	602.4	560.1	280.6	153.0	101.9
2015	691.1	609.6	566.8	284.0	154.8	101.2
2016	705.6	622.4	578.7	289.9	158.1	102.1
2017	716.2	631.7	587.4	294.3	160.5	101.5
2018	734.1	647.5	602.1	301.6	164.5	102.5

9-4 历年城市居民消费价格总指数
General Urban Consumer Price Indices over the Years

年 份 Year	以1930-1936年平均价格为100 Average Price (1930-1936)=100	以1952年为100 1952=100	以1978年为100 1978=100	以1980年为100 1980=100	以1990年为100 1990=100	以1995年为100 1995=100	以上年为100 Preceding Year=100
1949	260.9						
1952	302.2						102.2
1955	322.5	106.7					99.9
1957	328.0	108.5					101.0
1962	352.9	116.8					100.5
1965	333.5	110.3					97.8
1970	324.9	107.4					98.9
1975	324.2	107.3					100.2
1976	324.9	107.5					100.2
1977	324.3	107.3					99.8
1978	325.2	107.6					100.3
1979	329.7	109.1	101.4				101.4
1980	339.3	112.3	104.3				102.9
1981	346.4	114.6	106.5	102.1			102.1
1982	347.4	115.0	106.9	102.4			100.3
1983	345.3	114.3	106.2	101.8			99.4
1984	350.5	116.0	107.8	103.3			101.5
1985	381.4	126.2	117.3	112.4			108.8
1986	400.5	132.5	123.2	118.0			105.0
1987	436.9	144.6	134.4	128.8			109.1
1988	526.9	174.4	162.1	155.3			120.6
1989	609.6	201.7	187.5	179.7			115.7
1990	625.5	207.0	192.4	184.4			102.6
1991	664.3	219.8	204.3	195.8	106.2		106.2
1992	721.4	238.7	221.9	212.6	115.3		108.6
1993	826.7	273.6	254.3	243.7	132.1		114.6
1994	1036.7	343.1	318.9	305.6	165.7		125.4
1995	1210.9	400.7	372.5	356.9	193.6		116.8
1996	1338.0	442.8	411.6	394.4	213.9	110.5	110.5
1997	1380.8	457.0	424.8	407.0	220.7	114.0	103.2
1998	1376.7	455.6	423.5	405.8	220.0	113.7	99.7
1999	1376.7	455.6	423.5	405.8	220.0	113.7	100.0
2000	1393.2	461.1	428.6	410.7	222.6	115.1	101.2
2001	1408.5	466.2	433.3	415.2	225.0	116.4	101.1
2002	1390.2	460.1	427.7	409.8	222.1	114.9	98.7
2003	1399.9	463.3	430.7	412.7	223.7	115.7	100.7
2004	1439.1	476.3	442.7	424.2	230.0	118.9	102.8
2005	1454.9	481.5	447.6	428.9	232.5	120.2	101.1
2006	1469.5	486.3	452.1	433.2	234.8	121.4	101.0
2007	1525.3	504.8	469.3	449.7	243.7	126.0	103.8
2008	1597.0	528.5	491.4	470.8	255.2	131.9	104.7
2009	1596.1	528.2	491.1	470.6	255.0	131.8	99.9
2010	1637.6	542.0	503.8	482.8	261.6	135.3	102.6
2011	1714.1	567.3	527.4	505.3	273.9	141.8	104.7
2012	1750.1	579.2	538.5	515.9	279.6	144.8	102.1
2013	1786.9	591.4	549.8	526.7	285.5	147.8	102.1
2014	1824.4	603.8	561.3	537.8	291.5	150.9	102.1
2015	1850.0	612.2	569.2	545.3	295.6	153.0	101.4
2016	1890.7	625.7	581.7	557.3	302.1	156.4	102.2
2017	1920.9	635.7	591.0	566.3	306.9	158.9	101.6
2018	1967.0	651.0	605.2	579.8	314.3	162.7	102.4

9-5 历年农村居民消费价格总指数
General Rural Consumer Price Indices over the Years

年 份 Year	以1978年为100 1978=100	以1980年为100 1980=100	以1985年为100 1985=100	以1990年为100 1990=100	以1995年为100 1995=100	以上年为100 Preceding Year=100
1979	100.4					100.4
1980	106.2					105.8
1981	107.9	101.6				101.6
1982	109.1	102.7				101.1
1983	113.0	106.4				103.6
1984	114.7	108.0				101.5
1985	124.7	117.4				108.7
1986	129.8	122.2	104.1			104.1
1987	139.4	131.2	111.8			107.4
1988	163.1	153.5	130.8			117.0
1989	194.0	182.5	155.5			118.9
1990	201.7	189.8	161.7			104.0
1991	209.8	197.4	168.2	104.0		104.0
1992	219.5	206.5	175.9	108.8		104.6
1993	242.9	228.6	194.7	120.4		110.7
1994	295.7	278.2	236.9	146.5		121.7
1995	348.6	328.0	279.3	172.7		117.9
1996	379.9	357.5	304.4	188.2	109.0	109.0
1997	389.1	366.1	311.7	192.7	111.6	102.4
1998	385.2	362.4	308.6	190.8	110.5	99.0
1999	379.8	357.3	304.3	188.1	109.0	98.6
2000	377.1	354.8	302.2	186.8	108.2	99.3
2001	386.2	363.3	309.5	191.3	110.8	102.4
2002	385.8	362.9	309.2	191.1	110.7	99.9
2003	391.6	368.3	313.8	194.0	112.4	101.5
2004	409.6	385.2	328.2	202.9	117.5	104.6
2005	419.4	394.5	336.1	207.8	120.3	102.4
2006	423.6	398.4	339.5	209.9	121.6	101.0
2007	446.1	419.5	357.5	221.0	128.0	105.3
2008	473.8	445.5	379.7	234.7	135.9	106.2
2009	474.1	445.8	380.0	234.9	136.0	100.1
2010	490.7	461.4	393.2	243.1	140.8	103.5
2011	519.5	488.7	416.4	257.4	149.1	105.9
2012	529.9	498.5	424.7	262.6	152.1	102.0
2013	543.1	510.9	435.3	269.1	155.9	102.5
2014	551.3	518.6	441.9	273.2	158.2	101.5
2015	556.2	523.3	445.8	275.6	159.6	100.9
2016	566.3	532.7	453.9	280.6	162.5	101.8
2017	574.2	540.1	460.2	284.5	164.8	101.4
2018	589.7	554.7	472.6	292.2	169.2	102.7

9–6 历年商品零售价格总指数
General Retail Price Indices over the Years

年 份 Year	以1930–1936年平均价格为100 Average Price (1930-1936)=100	以1952年为100 1952=100	以1978年为100 1978=100	以1980年为100 1980=100	以1990年为100 1990=100	以1995年为100 1995=100	以上年为100 Preceding Year=100
1949	257.0						
1952	303.6						100.4
1955	325.6	107.2					100.2
1957	333.5	109.8					101.7
1962	359.9	118.5					100.4
1965	349.4	115.1					97.6
1970	343.8	113.3					99.2
1971	343.5	113.2					99.9
1972	342.5	112.8					99.7
1973	342.2	112.7					99.9
1974	341.8	112.6					99.9
1975	342.2	112.7					100.1
1976	342.5	112.8					100.1
1977	342.2	112.7					99.9
1978	343.5	113.2					100.4
1979	349.0	115.0	101.6				101.6
1980	359.5	118.5	104.6				103.0
1981	365.6	120.5	106.4	101.7			101.7
1982	367.8	121.2	107.1	102.3			100.6
1983	363.0	119.7	105.6	101.0			98.7
1984	367.0	121.0	106.8	102.1			101.1
1985	398.2	131.3	115.9	110.8			108.5
1986	416.1	137.2	121.1	115.8			104.5
1987	450.6	148.6	131.2	125.4			108.3
1988	536.3	176.8	156.1	149.2			119.0
1989	626.9	206.7	182.5	174.4			116.9
1990	636.9	210.0	185.4	177.2			101.6
1991	668.1	220.3	194.5	185.9	104.9		104.9
1992	709.5	233.9	206.6	197.4	111.4		106.2
1993	782.6	258.0	227.8	217.7	122.9		110.3
1994	941.5	310.4	274.1	261.9	147.8		120.3
1995	1075.2	354.5	313.0	299.1	168.8		114.2
1996	1150.6	378.9	334.9	320.1	180.6	107.0	107.0
1997	1159.8	381.9	337.6	322.7	182.0	107.9	100.8
1998	1126.2	370.8	327.8	313.3	176.7	104.8	97.1
1999	1093.5	360.0	318.3	304.2	171.6	101.8	97.1
2000	1078.2	355.0	313.8	299.9	169.2	100.4	98.6
2001	1078.2	355.0	313.8	299.9	169.2	100.4	100.0
2002	1065.3	350.7	310.0	296.3	167.2	99.2	98.8
2003	1067.4	351.4	310.7	296.9	167.5	99.4	100.2
2004	1097.3	361.3	319.4	305.2	172.2	102.2	102.8
2005	1103.9	363.4	321.3	307.0	173.2	102.8	100.6
2006	1110.5	365.6	323.2	308.9	174.3	103.4	100.6
2007	1150.5	378.8	334.8	320.0	180.6	107.1	103.6
2008	1206.9	397.4	351.2	335.7	189.4	112.3	104.9
2009	1199.3	394.9	349.0	333.6	188.3	111.6	99.4
2010	1231.6	405.5	358.4	342.6	193.3	114.7	102.7
2011	1288.9	424.3	375.1	358.5	202.3	120.0	104.7
2012	1309.6	431.1	381.1	364.2	205.6	121.9	101.6
2013	1327.9	437.1	386.4	369.3	208.4	123.6	101.4
2014	1341.2	441.5	390.3	373.0	210.5	124.8	101.0
2015	1343.8	442.4	391.1	373.8	211.0	125.1	100.2
2016	1361.3	448.1	396.1	378.6	213.7	126.7	101.3
2017	1372.2	451.7	399.3	381.7	215.4	127.7	100.8
2018	1402.4	461.7	408.1	390.1	220.1	130.5	102.2

注：本表已根据现行价格调查统计制度予以调整，均不包括农业生产资料部分。
a)The data in this form have been adjusted according to current statistical system of price survey.Means of agricultural production are excluded.

9-7 历年农业生产资料价格总指数
General Price Indices of Means of Agricultural Production over the Years

年 份 Year	以1950年为100 1950=100	以1952年为100 1952=100	以1978年为100 1978=100	以1990年为100 1990=100	以1995年为100 1995=100	以上年为100 Preceding Year=100
1952	97.0					102.2
1955	103.8	107.0				94.1
1957	103.4	106.7				99.7
1962	106.8	110.1				99.3
1965	92.7	95.5				96.8
1970	84.2	86.8				99.9
1975	79.2	81.6				100.0
1976	79.2	81.6				100.0
1977	79.2	81.6				100.0
1978	78.5	80.9				99.1
1979	78.6	81.0	100.1			100.1
1980	78.6	81.0	100.1			100.0
1981	79.9	82.4	101.8			101.7
1982	80.8	83.3	102.9			101.1
1983	82.9	85.5	105.6			102.6
1984	88.9	91.7	113.2			107.2
1985	92.5	95.5	117.8			104.1
1986	94.4	97.5	120.3			102.1
1987	99.9	103.2	127.3			105.8
1988	114.6	118.4	146.0			114.7
1989	135.5	139.9	172.6			118.2
1990	139.8	144.4	178.1			103.2
1991	142.6	147.3	181.7	102.0		102.0
1992	144.6	149.4	184.2	103.4		101.4
1993	161.4	166.7	205.6	115.4		111.6
1994	200.3	206.9	255.1	143.2		124.1
1995	267.0	275.8	340.1	190.9		133.3
1996	281.7	291.0	358.8	201.4	105.5	105.5
1997	272.1	281.1	346.6	194.6	101.9	96.6
1998	261.8	270.4	336.5	187.2	98.0	96.2
1999	249.0	257.2	320.0	178.0	93.2	95.1
2000	245.8	253.9	315.8	175.7	92.0	98.7
2001	250.2	258.5	321.5	178.9	93.7	101.8
2002	251.0	259.3	322.5	179.4	94.0	100.3
2003	257.0	265.5	330.2	183.7	96.2	102.4
2004	283.2	292.6	363.9	202.5	106.0	110.2
2005	300.7	310.7	386.4	215.0	112.6	106.2
2006	309.8	320.0	398.0	221.5	116.0	103.0
2007	331.8	342.7	426.3	237.2	124.2	107.1
2008	395.8	408.8	508.6	283.0	148.2	119.3
2009	381.2	393.7	489.8	272.5	142.7	96.3
2010	392.6	405.5	504.4	280.7	147.0	103.0
2011	436.2	450.6	560.4	311.9	163.4	111.1
2012	461.9	477.2	593.5	330.3	173.0	105.9
2013	467.5	482.9	600.6	334.3	175.1	101.2
2014	465.1	480.5	597.6	332.6	174.2	99.5
2015	461.9	477.1	593.4	330.3	173.0	99.3
2016	456.8	471.9	586.9	326.6	171.1	98.9
2017	460.9	476.1	592.2	329.6	172.7	100.9
2018	492.7	509.0	633.0	352.3	184.6	106.9

9-8 居民消费价格分类指数(2018年)
Consumer Price Indices by Category(2018)

(上年=100) (preceding year=100)

商品类别	Category	全省 Provincial Indices	城市 Urban Indices	农村 Rural Indices
居民消费价格指数	**Consumer Price Index**	**102.5**	**102.4**	**102.7**
非食品价格指数	Non-food Price Index	102.5	102.3	102.9
服务价格指数	Services Price Index	102.4	102.3	102.8
消费品价格指数	Consumer Goods Price Index	102.5	102.5	102.6
扣除鲜菜鲜果价格指数	Deducting Fruit Vegetable Price Index	102.2	102.1	102.4
一、食品烟酒	**Food, Tobacco, Liquor**	**102.3**	**102.5**	**101.9**
1.食品	Food	102.4	102.5	102.0
(1)粮　食	Grain	100.4	100.5	100.3
(2)薯　类	Tuber	112.8	112.8	112.9
(3)豆　类	Beans	101.2	101.8	100.2
(4)食用油	Edible Oil	100.2	100.2	100.3
(5)菜	Vegetables	110.0	110.1	109.6
(6)畜肉类	Livestock Meat	95.7	96.3	94.2
(7)禽肉类	Poultry	107.0	106.6	108.0
(8)水产品	Aquatic Products	102.7	102.4	103.6
(9)蛋　类	Eggs	112.2	113.4	109.3
(10)奶　类	Milk	101.0	101.1	100.7
(11)干鲜瓜果类	Dried and Fresh Melons and Fruits	104.9	103.8	108.8
(12)糖果糕点类	Candy and Cakes	103.2	103.0	103.8
(13)调味品	Condiment	102.5	102.8	101.8
(14)其他食品类	Other Foods	101.2	100.6	102.3
2.茶及饮料	Tea and Beverages	100.7	100.5	101.0
3.烟　酒	Tobacco and Liquor	101.7	101.7	101.6
(1)烟　草	Tobacco	100.3	100.1	100.7
(2)酒　类	Liquor	103.2	103.5	102.6
4.在外餐饮	Outside Catering	102.7	103.0	101.6
二、衣　着	**Clothing**	**103.2**	**103.2**	**103.2**
1.服　装	Garments	103.8	103.9	103.4
(1)男式服装	Men's Clothing	104.0	104.2	103.6
(2)女式服装	Women's Clothing	103.8	104.1	103.1
(3)儿童服装	Children's Clothing	103.0	102.8	103.6
2.服装材料	Clothing Material	103.7	102.6	105.9
3.其他衣着及配件	Other Clothing and Accessories	101.5	101.0	103.1
4.衣着加工服务费	Clothing processing service fee	103.6	103.9	102.5
5.鞋　类	Footwear	101.5	101.0	102.9
(1)鞋	Shoes	101.5	101.1	102.9
(2)鞋类加工服务	Footwear Processing Services	100.3	100.0	100.8
三、居　住	**Residence**	**103.1**	**102.7**	**104.0**
1.租赁房房租	Rental Housing Rent	102.6	102.2	106.1
2.住房保养维修及管理	Housing Maintenance	103.8	103.2	105.2
(1)住房装潢材料	Housing Decoration Materials	104.0	102.8	106.4
(2)物业管理费	Property Management Fee	100.2	100.1	102.4
(3)住房装潢维修	Housing Decoration Maintenance	104.7	104.9	104.2
3.水电燃料	Water, Electricity and Fuels	101.5	101.2	102.3
(1)水	Water	102.4	102.4	102.5
(2)电	Electricity	99.9	100.0	99.7
(3)燃　气	Gas	102.6	102.1	104.0
(4)取暖费	Heating Fee	100.0	100.0	100.0
(5)其他燃料	Other Fuel	106.2	109.2	104.7
4.自有住房	Self-owned House	103.7	103.5	104.4

9-8 续表 continued

(上年=100) (preceding year=100)

商品类别	Category	全 省 Provincial Indices	城 市 Urban Indices	农 村 Rural Indices
四、生活用品及服务	**Daily Necessities and Services**	**101.6**	**101.5**	**102.0**
1.家具及室内装饰品	Furniture and Interior Decorations	102.8	103.0	102.3
(1)家 具	Furniture	103.0	103.3	102.4
(2)室内装饰品	Interior Decorations	101.7	101.9	101.2
2.家用器具	Household Appliances	101.4	100.8	102.7
(1)大型家用器具	Large Household Appliances	101.5	100.9	102.6
(2)小家电	Small Household Appliances	100.6	99.9	102.8
3.家用纺织品	Home Textiles	101.6	101.9	100.5
(1)床上用品	Bedding Article	101.7	102.3	100.1
(2)窗帘门帘	Curtain	101.4	100.9	102.5
(3)其他家用纺织品	Other Household Textiles	100.0	99.6	101.0
4.家庭日用杂品	The Family Daily Sundry Goods	100.9	100.7	101.3
(1)洗涤卫生用品	Washing Sanitary Articles	101.4	101.1	102.0
(2)厨具餐具茶具	Kitchenware, Tableware, Tea Set	99.8	99.9	99.5
(3)家用手工工具	Home Hand Tools	100.9	100.8	101.2
(4)其他家庭日用杂品	Other Household Articles For Daily Use	100.6	100.3	101.2
5.个人护理用品	Personal Care Products	100.8	100.7	101.4
(1)化妆品	Cosmetics	100.8	100.7	101.6
(2)其他护理用品类	Other Nursing Products	100.7	100.6	101.2
6.家庭服务	Family Services	104.0	103.8	104.9
五、交通和通信	**Transport and Communication**	**101.8**	**101.8**	**102.0**
1.交 通	Transport	103.3	103.4	103.0
(1)交通工具	Transport Tools	98.4	98.2	99.0
(2)交通工具用燃料	Transport Fuels	112.9	112.9	112.9
(3)交通工具使用和维修	Vehicle Use and Maintenance	102.6	103.2	101.4
(4)交通费	Travelling Expenses	102.4	102.8	100.7
2.通 信	Signal Communication	99.3	98.9	100.3
(1)通信工具	Communication Tools	97.1	95.7	101.1
(2)通信服务	Communication Services	99.6	99.5	100.0
(3)邮递服务	Mailing Service	103.4	103.7	102.0
六、教育文化和娱乐	**Education Culture and Recreation**	**102.2**	**102.1**	**102.7**
1.教 育	Education	102.8	102.6	103.2
(1)教育用品	Educational Supplies	103.4	103.1	104.1
(2)教育服务	Education Services	102.8	102.6	103.2
2.文化娱乐	Culture and Entertainment	101.4	101.4	101.1
(1)文娱耐用消费品	Recreational Consumer Durables	99.5	99.4	100.0
(2)其他文娱用品	Other Entertainment Products	101.5	101.2	102.3
(3)文化娱乐服务	Cultural and Recreational Services	101.4	101.8	99.6
(4)旅 游	Tourism	102.1	102.1	102.8
七、医疗保健	**Health Care**	**103.0**	**102.9**	**103.2**
1.药品及医疗器具	Drugs and Medical Devices	106.1	105.7	107.1
(1)中 药	Traditional Chinese Medicine	105.2	106.0	102.8
(2)西 药	West Medicine	108.5	108.0	109.5
(3)滋补保健品	Western Medicine	103.8	103.2	106.0
(4)医疗卫生器具	Medical and Health Equipment	100.2	100.4	99.8
(5)保健器具	Healthcare Apparatus	101.2	101.3	101.1
2.医疗服务	Medical Services	100.5	100.6	100.1
(1)综合医疗类	Comprehensive Health Care	101.5	101.3	102.1
(2)诊断类	Diagnostic	99.9	99.9	99.8
(3)治疗类	Therapeutic	100.4	100.9	99.3
(4)康复类	Rehabilitation	100.1	100.1	99.9
(5)中医医疗服务类	Chinese Medicine Services	100.2	100.2	100.2
(6)其他医疗服务	Other Medical Services	102.3	103.4	99.1
八、其他用品和服务	**Other Supplies and Services**	**100.8**	**100.7**	**101.1**
1.其他用品类	Other Products	98.9	98.9	99.1
(1)首饰手表	Jewelry Watches	97.8	97.8	98.0
(2)其他杂项用品	Other Miscellaneous Supplies	100.9	101.1	100.4
2.其他服务类	Other Services	102.6	102.4	103.0
(1)旅馆住宿	Hotel Accommodation	101.5	101.9	99.0
(2)美容美发洗浴	Hairdressing Bath	103.2	102.5	105.0
(3)养老服务	Pension Services	104.1	104.6	102.1
(4)金融保险	Finance and Insurance	102.2	102.3	101.9
(5)其他服务类	Other Service	101.1	101.2	100.3

9-9　商品零售价格分类指数(2018年)
Retail Indices by Category(2018)

(上年=100)　　(preceding year=100)

商品类别	Category	全 省 Provincial Indices	城 市 Urban Indices	农 村 Rural Indices
商品零售价格总指数	**Retail Index**	**102.2**	**102.1**	**102.7**
一、食　品	**Food**	**102.5**	**102.5**	**102.4**
1.粮　食	Grain	100.5	100.3	101.2
2.薯　类	Tuber	113.0	112.7	114.1
3.豆　类	Beans	101.4	101.7	100.6
4.食用油	Edible Oil	100.6	100.2	101.6
5.菜	Vegetables	110.0	110.0	110.0
6.畜肉类	Livestock Meat	95.6	96.0	94.4
7.禽肉类	Poultry	107.2	106.6	109.1
8.水产品	Aquatic Products	102.4	102.1	103.6
9.蛋　类	Eggs	112.1	113.2	108.9
10.奶　类	Milk	101.2	101.3	100.8
11.干鲜瓜果类	Dried and Fresh Melons and Fruits	104.4	103.4	108.7
12.糖果糕点类	Candy and Cakes	103.2	103.0	103.8
13.调味品	Flavoring	102.6	102.9	101.9
14.其他食品类	Other Foods	101.4	100.8	103.4
15.在外餐饮	Outside Catering	102.8	103.0	101.6
二、饮料、烟酒	**Beverages,Tobacco and Liquor**	**101.6**	**101.5**	**101.7**
1.茶及饮料	Tea and Beverages	100.8	100.7	101.3
2.烟　草	Tobacco	100.4	100.2	101.2
3.酒　类	Liquor	103.8	104.1	102.7
三、服装、鞋帽	**Garments,Footwear and Hats**	**103.5**	**103.6**	**103.3**
1.服　装	Garments	104.2	104.3	103.6
(1)男士服装	Men's Clothing	104.4	104.5	103.9
(2)女士服装	Women's Clothing	104.2	104.4	103.3
(3)儿童服装	Children's Clothing	103.5	103.5	103.8
2.鞋帽袜	Footwear and Hats	101.5	101.2	102.6
(1)鞋	Shoes	101.5	101.3	102.6
(2)袜　子	Socks	100.8	100.3	102.9
(3)帽　子	Hats	101.5	101.1	102.9
3.其他衣着配件	Others	102.6	102.9	101.3
四、纺织品	**Textiles**	**102.3**	**102.6**	**101.3**
1.服装材料	Clothing Material	104.1	103.4	106.2
2.床上用品	Bed Articles	101.9	102.4	99.9

9—9 续表 continued

(上年=100) (preceding year=100)

商品类别	Category	全省 Provincial Indices	城市 Urban Indices	农村 Rural Indices
五、家用电器及音像器材	**Household Appliances, Music and Video Equipment**	**100.3**	**100.1**	**101.4**
1.家庭设备	Household Facilities	101.0	100.5	102.9
2.文娱用耐用消费品	Durable Consumer Goods for Cultural and Recreational Use	99.3	99.5	98.1
3.专业音像器材	Professional Music and Video Equipment	99.7	99.7	99.7
六、文化办公用品	**Cultural and Office Appliances**	**101.2**	**100.7**	**103.0**
七、日用品	**Articles for Daily Use**	**100.9**	**100.7**	**101.7**
1.日用百货	General Merchandise for Daily Use	101.6	101.1	103.2
2.厨具餐具茶具	Kitchenware, Tableware, Tea Set	99.7	99.7	99.6
3.清洗用品	Washing Products	100.8	100.6	101.2
4.其它日用品	Other Articles for Daily Use	100.8	100.8	100.7
八、体育娱乐用品	**Sports and Recreation Articles**	**100.3**	**100.2**	**100.7**
1.体育户外用品	Sports Articles	100.6	100.7	99.6
2.娱乐用品	Recreation Articles	100.1	99.9	101.1
九、交通、通信用品	**Transportation and Communication Articles**	**98.6**	**98.4**	**99.4**
1.交通运输机械	Transport machinery	98.7	98.7	98.4
2.通信器材	Communication Equipment	98.3	97.2	102.4
十、家　具	**Furniture**	**104.5**	**104.9**	**102.6**
十一、化妆品	**Cosmetics**	**101.0**	**100.8**	**101.8**
十二、金银饰品	**Gold, Silver and Jewelry**	**96.8**	**96.6**	**98.0**
十三、中西药品及医疗保健用品	**Traditional Chinese and Western Medicines and Health Care Articles**	**105.8**	**105.8**	**106.1**
1.医疗卫生器具	Medical Apparatus and Articles	100.1	100.3	98.9
2.中　药	Traditional Chinese Medicine	105.1	105.7	102.4
3.西　药	Western Medicines	108.4	108.3	108.5
4.保健器具及用品	Health Care Appliances and Supplies	103.1	103.0	104.3
十四、书报杂志及电子出版物	**Books, Newspapers, Magazines and Electronic Publications**	**102.7**	**102.5**	**103.5**
1.教材及参考书	Teaching Materials and Reference Books	103.4	103.2	104.0
2.书报杂志	Books, Newspapers and Magazines	102.1	101.8	103.3
3.计算机办公软件	Computer Office Software	101.8	101.9	101.3
十五、燃　料	**Fuels**	**108.6**	**108.7**	**108.1**
1.煤炭及制品	Coal and Products	104.0	103.9	104.2
2.石油及制品	Petroleum and Products	110.0	110.0	109.7
十六、建筑材料及五金电料	**Building Materials and Hardware**	**103.3**	**102.6**	**105.0**
1.建筑装潢材料	Building Decoration Materials	103.6	102.8	106.4
2.五金水暖	Plumbing Hardware	102.3	102.3	102.4

9-10 农产品生产者价格指数
Producers' Price Indices for Farm Products

(上年=100)

指 标	Item	2013	2014	2015	2016	2017	2018
农产品生产者价格指数	**Producers' Price Indices for Farm Products**	**105.9**	**100.5**	**100.1**	**102.8**	**98.6**	**100.5**
种植业产品	**Planting Products**	**111.0**	**102.4**	**98.3**	**98.5**	**99.3**	**101.2**
#谷物	Cereal	106.3	101.9	94.6	89.9	100.5	103.2
#小麦	Wheat	111.3	103.2	97.6	98.6	104.6	98.0
稻谷	Rice	104.2	100.6	99.2	102.7	101.3	99.8
玉米	Corn	102.1	101.7	92.2	82.3	97.5	107.9
大豆	Beans	105.2	99.3	95.7	91.8	101.6	92.9
油料	Oil-bearing Crops	93.1	90.9	109.1	102.7	92.3	85.7
棉花	Cotton	106.3	97.6	87.1	92.7	116.5	99.2
蔬菜	Vegetable	123.6	106.8	110.0	111.5	95.1	102.8
水果	Fruit	105.4	102.3	98.6	93.2	103.8	96.8
林业产品	**Forestry Products**	**103.9**	**99.9**	**100.9**	**98.7**	**101.2**	**101.4**
畜牧业产品	**Animal Husbandry Products**	**98.7**	**99.5**	**103.3**	**109.7**	**90.7**	**97.3**
活猪	Live Pig	98.8	91.2	110.0	126.7	84.2	84.0
活牛	Live Cattle and Buffaloes	107.8	104.3	97.1	95.8	101.2	110.1
活羊	Live Sheep and Goats	108.2	96.8	84.9	94.5	104.6	110.4
肉禽	Live Poultry	96.1	104.1	102.1	97.9	94.5	102.7
蛋类	Eggs	102.4	113.9	93.8	90.8	89.7	122.8
奶类	Milk	112.0	109.9	93.1	93.1	99.3	100.2
渔业产品	**Fishery Products**	**103.1**	**98.0**	**100.3**	**103.3**	**106.8**	**103.1**
海水养殖鱼类	Seawater Fish	83.1	93.5	100.6	87.1	127.4	120.7
淡水养殖鱼类	Freshwater Fish	105.5	107.0	101.0	104.0	103.6	107.8

9-11 工业、投资价格指数
Price Indices for Industrial, Investment

年 份 Year	以1988年为100 (1988=100)		以1990年为100 (1990=100)	以上年为100 (preceding year=100)		
	工业生产者出厂价格指数 Producer Price Indices for Industrial Products	工业生产者购进价格指数 Industrial Producer Purchasing Price Indices	固定资产投资价格指数 Price Indices for Investment in Fixed Assets	工业生产者出厂价格指数 Producer Price Indices for Industrial Products	工业生产者购进价格指数 Industrial Producer Purchasing Price Indices	固定资产投资价格指数 Price Indices for Investment in Fixed Assets
1988	100.0	100.0				
1989	123.8	136.7		123.8	136.7	
1990	129.6	144.1	100.0	104.7	105.4	
1991	133.5	154.2	112.4	103.0	107.0	112.4
1992	146.5	171.0	134.2	109.7	110.9	119.4
1993	180.1	230.3	163.9	123.0	134.7	122.1
1994	223.7	279.4	189.8	124.2	121.3	115.8
1995	261.8	316.2	202.3	117.0	113.2	106.6
1996	272.5	334.3	208.6	104.1	105.7	103.1
1997	275.8	336.3	209.4	101.2	100.6	100.4
1998	264.7	318.1	207.7	96.0	94.6	99.2
1999	257.3	297.1	206.9	97.2	93.4	99.6
2000	272.5	311.1	211.8	105.9	104.7	102.4
2001	270.1	311.1	214.8	99.1	100.0	101.4
2002	266.8	307.0	217.2	98.8	98.7	101.1
2003	276.2	324.5	223.5	103.5	105.7	102.9
2004	293.8	369.3	240.0	106.4	113.8	107.4
2005	304.7	391.1	247.0	103.7	105.9	102.9
2006	311.7	407.9	251.5	102.3	104.3	101.8
2007	322.0	427.5	261.7	103.3	104.8	104.0
2008	349.7	483.5	281.8	108.6	113.1	107.7
2009	329.1	461.7	273.1	94.1	95.5	96.9
2010	352.6	504.6	282.9	107.2	109.3	103.6
2011	373.7	550.9	302.3	106.0	109.2	106.8
2012	367.7	546.5	304.7	98.4	99.2	100.8
2013	361.8	537.8	305.9	98.4	98.4	100.4
2014	356.0	528.1	306.8	98.4	98.2	100.3
2015	338.9	501.7	299.7	95.2	95.0	97.7
2016	333.8	491.7	297.0	98.5	98.0	99.1
2017	352.2	527.6	314.2	105.5	107.3	105.8
2018	365.2	546.6	333.4	103.7	103.6	106.1

9-12 工业生产者出厂价格指数
Producer Price Indices for Industrial Products

(上年=100) (preceding year=100)

类别	Category	2013	2014	2015	2016	2017	2018
总指数	**Total Price Indices**	**98.4**	**98.4**	**95.2**	**98.5**	**105.5**	**103.7**
轻工业	Light Industry	100.1	99.5	98.4	99.0	101.4	101.2
以农产品为原料	Agricultural Products as Raw Materials	100.5	99.5	98.2	99.1	101.3	101.5
以非农产品为原料	Non-agricultural Products as Raw Materials	98.9	99.5	98.8	98.5	101.5	100.5
重工业	Heavy Industry	97.7	97.9	93.7	98.3	107.2	104.6
采　掘	Mining	92.3	91.3	78.5	100.9	120.5	109.8
原　料	Raw Materials	96.8	97.5	90.3	95.9	110.2	106.7
加　工	Processing	98.6	98.8	96.9	99.2	104.9	103.1
生产资料	Means of Production	97.8	98.0	93.8	98.0	106.9	104.4
采　掘	Mining	92.3	91.3	78.5	100.9	120.5	109.8
原　料	Raw Materials	96.7	97.4	90.0	95.9	110.5	106.7
加　工	Processing	98.7	98.9	96.6	98.8	104.7	103.1
生活资料	Consumer Goods	100.4	99.8	99.7	100.0	100.6	101.0
食　品	Food	100.7	99.5	100.0	100.9	99.9	100.4
衣　着	Clothing	101.4	100.3	100.3	100.1	101.9	101.7
一般日用品	Articles for Daily Use	99.5	100.0	99.3	99.9	101.6	101.9
耐用消费品	Durable Consumer Goods	99.6	99.7	99.0	96.4	100.5	101.3
按工业部门分	**by Industrial Department**						
冶金工业	Metallurgical Industry	95.4	95.3	88.2	102.7	114.8	103.7
电力工业	Power Industry	100.6	99.9	98.2	96.2	99.8	97.7
煤炭及炼焦工业	Coal Industry	89.0	87.1	81.2	100.3	131.7	109.3
石油工业	Petroleum Industry	95.4	97.4	74.9	88.4	115.4	115.0
化学工业	Chemical Industry	97.7	98.3	95.7	97.5	105.6	104.3
机械工业	Machine Building Industry	99.3	99.7	98.9	98.7	101.1	101.6
建筑材料工业	Building Materials Industry	99.3	99.9	97.7	99.2	109.5	109.8
森林工业	Timber Industry	101.1	100.6	99.7	99.0	102.2	103.1
食品工业	Food Industry	101.1	99.4	98.9	99.9	99.9	100.7
纺织工业	Textile Industry	99.9	99.4	95.6	97.2	101.6	101.2
缝纫工业	Tailoring Industry	101.7	100.1	100.5	99.5	101.7	101.4
皮革工业	Leather Industry	100.8	100.8	99.8	101.4	100.5	103.0
造纸工业	Paper Industry	97.5	99.2	97.8	99.6	108.2	106.1
文教艺术用品工业	Industry of Cultural, Educational& Handicrafts Articles	99.7	100.5	100.4	100.7	102.5	101.8
其它工业	Others	99.7	100.4	100.5	100.6	103.2	100.0

9-13 工业生产者出厂价格指数(2018年)
Producer Price Indices for Industrial Products(2018)

(上年=100) (preceding year=100)

类 别	Category	全年平均 Annual Average	一季度 1st Quarter	二季度 2nd Quarter	三季度 3rd Quarter	四季度 4th Quarter
总指数	**Total Price Indices**	**103.7**	**103.9**	**104.3**	**104.3**	**102.2**
(一)核心指数	**Core Indices**	**103.2**	**104.2**	**104.0**	**103.3**	**101.4**
(二)高技术	**High Technology**	**101.0**	**101.3**	**101.3**	**101.1**	**100.5**
(三)能源	**Energy**	**109.5**	**106.6**	**110.0**	**114.2**	**107.3**
(四)按轻重工业分	**By Light and Heavy Industry**					
1.轻工业	Light Industry	101.2	100.5	101.1	101.7	101.7
(1)以农产品为原料	Agricultural Products as Raw Materials	101.5	100.5	101.3	102.0	102.1
(2)以非农产品为原料	Non-agricultural Products as Raw Materials	100.5	100.6	100.5	100.6	100.3
2.重工业	Heavy Industry	104.6	105.3	105.6	105.3	102.4
(1)采掘	Mining	109.8	106.0	111.7	113.9	107.7
(2)原料	Raw Materials	106.7	106.7	107.7	108.9	103.9
(3)加工	Processing	103.1	104.5	104.0	102.9	101.2
(五)按生产生活资料分	**By Means of Production and Consumer Goods**					
1.生产资料	Means of Production	104.4	105.0	105.2	105.1	102.3
(1)采掘	Mining	109.8	106.0	111.7	113.9	107.7
(2)原料	Raw Materials	106.7	106.5	107.5	108.9	103.9
(3)加工	Processing	103.1	104.2	103.8	102.9	101.3
2.生活资料	Consumer Goods	101.0	100.2	100.8	101.4	101.8
(1)食品	Food	100.4	98.8	99.8	100.8	102.0
(2)衣着	Clothing	101.7	101.6	101.5	101.6	102.2
(3)一般日用品	Articles for Daily Use	101.9	101.9	102.4	102.2	101.3
(4)耐用消费品	Durable Consumer Goods	101.3	100.9	101.2	101.6	101.6
(六)按初级中间最终产品分	**By Primary 、Intermediate and Final Products**					
1.初级产品	Primary Products	111.0	107.3	112.9	115.3	108.7
(1)矿产品	Minerals	110.4	106.5	112.3	114.9	108.3
(2)废料	Scrap	138.8	155.3	143.7	136.4	124.2
2.中间产品	Intermediate Products	103.7	104.2	104.4	104.3	102.1
3.最终产品	Final Products	102.8	102.9	103.1	103.4	101.9
(1)最终投资品	Investment Goods	103.9	104.2	104.5	104.6	102.3
(2)最终消费品	Consumer Goods	100.6	100.1	100.3	100.8	101.1
(七)按工业部门分	**By Industrial Department**					
1.冶金工业	Metallurgical Industry	103.7	105.3	105.8	103.2	100.7
2.电力工业	Power Industry	97.7	99.6	97.3	97.1	96.7
3.煤炭及炼焦工业	Coal Industry	109.3	110.8	111.1	109.6	106.2
4.石油工业	Petroleum Industry	115.0	108.1	115.5	124.4	112.7
5.化学工业	Chemical Industry	104.3	105.2	105.1	105.0	101.9
6.机械工业	Machine Building Industry	101.6	102.2	101.9	101.5	100.6
7.建筑材料工业	Building Materials Industry	109.8	114.2	111.4	108.6	105.4
8.森林工业	Timber Industry	103.1	103.6	103.8	103.5	101.6
9.食品工业	Food Industry	100.7	99.0	100.3	101.2	102.2
10.纺织工业	Textile Industry	101.2	100.3	100.3	101.7	102.3
11.缝纫工业	Tailoring Industry	101.4	101.3	101.1	101.2	101.9
12.皮革工业	Leather Industry	103.0	101.7	102.5	103.4	104.3
13.造纸工业	Paper Industry	106.1	107.8	108.8	107.7	100.4
14.文教艺术用品工业	Industry of Cultural, Educational & Handicrafts Articles	101.8	101.1	102.0	102.1	102.0
15.其它工业	Others	100.0	102.1	100.2	99.0	98.9

9-13 续表 continued

(上年=100) (preceding year=100)

类别	Category	全年平均 Annual Average	一季度 1st Quarter	二季度 2nd Quarter	三季度 3rd Quarter	四季度 4th Quarter
(八)按工业行业分	**by Industrial Sector**					
煤炭开采和洗选业	Mining and Washing of Coal	106.1	106.2	108.1	106.3	103.9
石油和天然气开采业	Extraction of Petroleum and Natural Gas	128.1	109.6	131.9	149.6	123.3
黑色金属矿采选业	Mining of Ferrous Metal Ores	101.1	91.7	102.0	100.9	110.8
有色金属矿采选业	Mining of Non-ferrous Metal Ores	97.3	100.0	97.2	95.7	96.2
非金属矿采选业	Mining and Processing of Nonmetal Ores	113.3	119.3	115.1	112.3	107.6
开采专业及辅助性活动	Mining Specialties and Auxiliary Activities	78.3	83.1	83.5	70.5	76.6
其他采矿业	Mining of Other Ores					
农副食品加工业	Processing of Food from Agricultural Products	100.9	98.8	100.4	101.5	102.7
食品制造业	Manufacture of Foods	102.6	102.4	102.7	103.3	102.1
酒、饮料和精制茶制造业	Manufacture of Wine, Drinks and Refined Tea	101.0	100.6	101.4	100.8	101.1
烟草制品业	Manufacture of Tobacco	100.3	100.0	100.3	100.5	100.5
纺织业	Manufacture of Textile	101.3	100.5	100.5	101.8	102.5
纺织服装、服饰业	Manufacture of Textile Wearing Apparel and Finery	100.4	100.0	99.8	100.5	101.3
皮革、毛皮、羽毛及其制品和制鞋业	Manufacture of Leather, Fur, Feather & Its Products and Footwear	103.6	103.0	103.4	103.6	104.3
木材加工及木 竹、藤、棕、草制品业	Timber Processing, Bamboo, Cane, Palm Fiber & Straw Products	103.2	103.6	104.0	103.9	101.5
家具制造业	Manufacture of Furniture	102.7	103.4	103.1	102.5	102.0
造纸及纸制品业	Manufacture of Paper and Paper Products	106.1	107.8	108.8	107.7	100.4
印刷和记录媒介复制业	Printing, Reproduction of Recording Media	103.3	102.2	104.8	103.8	102.3
文教、工美、体育和娱乐用品制造业	Manufacture of Culture, Education,Arts and crafts, Sport and Entertainment Goods	98.3	98.1	97.4	98.6	99.2
石油、煤炭及其他燃料加工业	Processing of Oil, Coal and Other Fuel	114.6	110.1	114.7	122.2	112.0
化学原料和化学制品制造业	Manufacture of Chemical Raw Material and Chemical Products	105.4	106.7	106.7	106.5	101.9
医药制造业	Manufacture of Medicines	101.8	101.2	101.6	101.8	102.7
化学纤维制造业	Manufacture of Chemical Fiber	97.2	99.1	99.2	96.8	93.8
橡胶和塑料制品业	Manufacture of Rubber and Plastic	101.9	103.0	102.0	101.8	100.7
非金属矿物制品业	Manufacture of Non-metallic Mineral Products	108.8	113.4	110.3	107.4	104.6
黑色金属冶炼及压延加工业	Manufacture and Processing of Ferrous Metals	109.3	110.0	112.1	110.4	105.3
有色金属冶炼及压延加工业	Manufacture & Processing of Non-ferrous Metals	99.9	103.3	102.4	98.1	95.9
金属制品业	Manufacture of Metal Products	102.7	102.8	102.8	102.8	102.4
通用设备制造业	Manufacture of General Purpose Machinery	102.6	103.2	102.7	102.6	102.1
专用设备制造业	Manufacture of Special Purpose Machinery	102.3	104.0	103.2	101.7	100.4
汽车制造业	Manufacture of Automotive	101.4	101.3	101.5	101.7	101.0
铁路、船舶、航空航天和其他运输设备制造业	Manufacture of Railroad,Marine,Aerospace and Other Transportation Equipment	100.5	100.3	100.6	100.8	100.0
电气机械及器材制造业	Manufacture of Electrical Machinery & Equipment	100.6	101.9	101.5	100.4	98.8
计算机、通信和其他电子设备制造业	Manufacture of Computer, Communications and Other Electronic Equipment	101.0	101.8	101.5	101.2	99.5
仪器仪表制造业	Manufacture of Measuring Instrument	100.5	100.4	100.5	100.6	100.7
其他制造业	Other Manufacture	101.8	101.6	102.4	101.7	101.7
废弃资源综合利用业	Comprehensive Utilization of Waste	138.8	155.3	143.7	136.4	124.2
金属制品、机械和设备修理业	Metal Products, Machinery and Equipment Repair Industry	97.6	93.5	93.3	100.2	103.6
电力、热力生产和供应业	Production and Supply of Electric Power and Heat Power	97.6	99.5	97.2	97.1	96.7
燃气生产和供应业	Production and Supply of Gas	103.2	103.2	102.8	102.3	104.5
水的生产和供应业	Production and Supply of Water	102.4	100.4	100.6	103.6	104.9

9-14 工业生产者购进价格指数(2018年)
Industrial Producer Purchasing Price Indices(2018)

(上年=100) (preceding year=100)

类别	Category	全年平均 Annual Average	一季度 1st Quarter	二季度 2nd Quarter	三季度 3rd Quarter	四季度 4th Quarter
总指数	**Total Price Indices**	**103.6**	**103.8**	**104.1**	**104.2**	**102.6**
一、按初级中间最终产品分	**By Primary and Intermediate Products**					
1.初级产品	Primary Products	101.9	100.1	100.8	103.1	103.7
(1)农产品	Farm Produce	98.0	97.2	96.7	98.1	99.9
(2)矿产品	Minerals	105.9	102.8	104.8	108.0	107.9
(3)废料	Scrap	116.9	115.4	122.1	121.3	109.5
2.中间产品	Intermediate Products	104.0	104.6	104.8	104.4	102.3
二、九大类原材料购进价格指数	**By Nine Categories of Raw Material**					
1.燃料、动力类	Fuel and Power	106.4	105.8	106.2	108.2	105.4
2.黑色金属材料类	Ferrous Metals	106.4	105.8	107.4	106.6	105.7
(1)钢材	Steel	109.4	111.7	111.8	109.3	105.0
(2)其它	Others	103.2	99.8	102.7	103.7	106.6
3.有色金属材料及电线类	Nonferrous Metals	103.5	108.0	105.4	102.2	98.8
4.化工原料类	Raw Chemical Materials	102.6	102.3	103.6	103.8	100.9
5.木材及纸浆类	Timber and Paper Pulp	107.2	108.7	109.9	108.7	101.9
6.建筑材料及非金属类	Building Materials and Nonmetal Ores	109.5	112.5	109.8	107.9	108.1
7.其它工业原材料及半成品类	Other Industrial Raw Materials and Semi-finished Products	102.0	102.1	102.4	102.1	101.5
8.农副产品类	Agricultural Products	97.9	97.2	96.6	98.1	99.9
9.纺织原料类	Textile Materials	103.1	102.3	103.2	103.9	103.0

9-15 固定资产投资价格指数(2018年)
Price Indices for Investment in Fixed Assets(2018)

(上年=100) (preceding year=100)

类别	Category	全年平均 Annual Average	一季度 1st Quarter	二季度 2nd Quarter	三季度 3rd Quarter	四季度 4th Quarter
固定资产投资	**Investment in Fixed Assets**	**106.1**	**108.5**	**106.2**	**105.7**	**104.1**
建筑安装、装修装饰工程	Construction and Installation	108.7	112.2	108.6	108.0	105.9
人工费	Labor Costs	105.7	105.2	105.4	106.6	105.6
材料费	Material Costs	110.7	116.3	110.7	109.3	106.4
钢　材	Steel	109.9	114.9	108.1	109.3	107.3
木　材	Wood	104.6	106.1	104.3	104.9	103.2
水　泥	Cement	116.3	126.2	117.2	112.6	109.1
地方建筑材料	Local Building Materials	112.3	120.5	115.4	109.5	103.7
化工材料	Chemical Materials	110.9	108.1	106.3	109.2	120.1
电　料	Electric Materials	101.7	101.0	103.7	101.3	100.7
其他材料	Other Materials	102.2	101.4	104.0	103.2	100.1
机械费	Machinery Costs	102.3	102.5	102.8	102.1	101.7
设备、工器具购置	Purchase for Equipment,Tools and Instruments	101.5	102.0	101.8	101.4	100.6
其他费用	Other Costs	101.5	101.4	101.2	101.8	101.6

9-16 固定资产投资价格指数
Price Indices for Investment in Fixed Assets

(上年=100) (preceding year=100)

年份 Year	全省固定资产投资 Provincial Investment in Fixed Assets	建筑安装工程 Construction and Installation	人工费 Labor Costs	材料费 Material Costs	钢材 Steel	木材 Wood	水泥 Cement
1991	112.4	116.6	122.7	120.9	119.6	121.2	118.5
1992	119.4	123.8	118.7	122.4	117.0	109.4	107.8
1993	122.1	124.6	142.9	126.5	127.7	121.6	110.4
1994	115.7	120.1	159.1	119.4	118.9	132.0	107.0
1995	106.6	105.7	111.4	104.2	99.3	100.1	101.9
1996	103.1	103.2	112.8	101.0	99.6	99.9	102.1
1997	100.4	100.7	106.3	100.6	99.3	100.8	101.7
1998	99.2	100.2	104.7	99.0	97.6	100.9	98.3
1999	99.6	101.3	105.8	100.1	98.4	102.1	99.8
2000	102.4	105.1	105.1	106.2	107.4	109.9	98.2
2001	101.4	103.2	106.6	102.7	101.8	111.4	103.8
2002	101.1	102.3	103.3	100.5	100.9	106.1	99.3
2003	102.9	104.7	103.9	106.7	110.9	110.3	101.8
2004	107.4	110.4	108.0	113.2	120.3	106.4	108.6
2005	102.9	103.7	109.5	102.4	101.0	103.3	100.0
2006	101.8	102.1	109.0	100.1	97.2	102.7	101.4
2007	104.0	105.5	110.3	104.7	105.6	106.2	103.2
2008	107.7	110.7	110.5	112.4	116.3	110.4	110.2
2009	96.9	95.4	106.8	91.3	82.2	101.5	101.2
2010	103.6	105.3	110.3	104.4	105.1	102.7	104.3
2011	106.8	109.7	115.1	109.1	108.8	106.6	115.3
2012	100.8	101.2	111.0	97.8	94.8	101.7	98.1
2013	100.4	100.5	107.4	98.1	95.3	100.6	98.1
2014	100.3	100.2	106.0	98.1	95.1	100.7	99.7
2015	97.7	96.6	104.5	93.5	88.2	99.1	96.2
2016	99.1	99.1	101.9	98.0	98.1	99.5	96.2
2017	105.8	108.7	103.0	111.7	118.5	102.5	113.2
2018	106.1	108.7	105.7	110.7	109.9	104.6	116.3

9-16 续表 continued

(上年=100) (preceding year=100)

年份 Year	地方建筑材料 Local Building Materials	化工材料 Chemical Materials	电料 Electric Materials	其它材料 Other Materials	机械使用费 Machinery Costs	设备工器具购置 Purchase of Equipment,Tools and Instruments	其它费用 Other Costs
1991	101.9	115.3	105.7	105.3	107.1	105.3	107.1
1992	99.9	113.6	96.5	115.0	106.2	115.0	106.2
1993	99.7	121.8	92.5	118.8	113.5	118.8	113.5
1994	100.5	122.6	100.4	107.6	106.0	107.6	106.0
1995	100.0	107.1	108.2	106.2	113.8	106.2	113.8
1996	100.1	102.0	104.8	101.6	107.2	101.6	107.2
1997	101.9	101.7	96.5	98.7	103.5	98.7	103.5
1998	99.9	100.0	92.5	96.0	102.0	96.0	102.0
1999	99.7	101.0	100.4	96.2	98.3	96.2	98.3
2000	100.0	101.6	102.2	97.2	100.4	97.2	100.4
2001	98.4	98.7	102.2	97.1	102.1	97.1	102.1
2002	100.6	101.0	107.6	97.3	104.1	97.3	104.1
2003	100.0	101.1	101.7	98.5	104.2	98.5	104.2
2004	108.5	104.7	103.4	101.1	106.7	101.1	106.7
2005	104.8	103.2	102.6	100.8	103.5	100.8	103.5
2006	103.7	103.5	103.9	100.6	103.4	100.6	103.4
2007	105.7	103.3	104.2	100.8	104.6	100.8	104.6
2008	110.0	114.5	102.7	105.8	104.8	102.5	104.4
2009	103.0	97.1	97.3	101.2	101.3	98.0	102.0
2010	103.9	105.3	103.2	100.9	103.3	100.2	103.6
2011	109.1	108.2	103.5	103.9	105.8	101.8	104.9
2012	100.8	100.6	101.3	103.4	103.6	99.2	103.0
2013	101.2	101.1	101.0	101.6	102.1	99.3	102.1
2014	101.1	101.2	100.9	101.2	101.4	99.9	101.4
2015	98.3	92.6	100.6	99.7	100.1	99.2	100.9
2016	98.2	96.3	100.0	99.7	100.0	98.7	100.0
2017	106.8	103.7	101.8	103.7	101.9	100.6	101.4
2018	112.3	110.9	101.7	102.2	102.3	101.5	101.5

9-17 各市工业生产者出厂价格指数(2018年)
Ex-factory Price Indices of Industrial Products by Region(2018)

(上年=100) (preceding year=100)

类别	Category	济南 Ji-nan	青岛 Qing-dao	淄博 Zi-bo	枣庄 Zao-zhuang	东营 Dong-ying	烟台 Yan-tai	潍坊 Wei-fang	济宁 Ji-ning	泰安 Tai'an
总指数	**Total Price Indices**	**104.8**	**104.2**	**107.0**	**109.0**	**111.1**	**102.6**	**104.9**	**102.9**	**103.8**
(一)核心指数	**Core Indices**	**105.0**	**103.8**	**105.6**	**109.7**	**102.3**	**102.9**	**105.4**	**104.1**	**104.2**
(二)高技术	**High Technology**	**104.2**	**100.2**	**101.1**	**101.6**	**112.5**	**102.3**	**106.4**	**110.9**	**98.0**
(三)能源	**Energy**	**106.5**	**113.8**	**113.8**	**109.6**	**120.9**	**100.4**	**110.7**	**102.6**	**103.7**
(四)按轻重工业分	**By Light and Heavy Industry**									
1.轻工业	Light Industry	102.1	101.3	102.5	101.2	98.3	102.3	100.2	98.8	101.5
(1)以农产品为原料	Agricultural Products as Raw Materials	99.8	101.1	103.0	101.8	98.4	101.7	102.1	98.3	101.9
(2)以非农产品为原料	Non-agricultural Products as Raw Materials	105.2	101.5	101.7	98.6	96.4	104.6	93.0	106.4	99.2
2.重工业	Heavy Industry	105.3	106.0	107.7	111.6	112.4	102.7	107.3	104.9	104.3
(1)采掘	Mining	93.5		108.8	108.8	128.1	98.9	120.2	103.6	101.5
(2)原料	Raw Materials	108.6	113.7	110.6	118.5	107.2	99.9	111.2	103.2	105.2
(3)加工	Processing	104.5	104.0	103.8	108.8	103.3	103.7	105.0	106.5	104.3
(五)按生产生活资料分	**By Means of Production and Consumer Goods**									
1.生产资料	Means of Production	105.3	105.9	107.8	110.7	111.5	102.9	106.1	103.4	103.8
(1)采掘	Mining	93.5		108.8	108.8	128.1	98.9	120.2	103.6	101.5
(2)原料	Raw Materials	109.0	114.5	111.4	118.0	107.0	100.0	110.0	102.8	104.0
(3)加工	Processing	104.4	103.9	103.9	107.9	102.3	103.9	104.5	103.7	103.9
2.生活资料	Consumer Goods	102.2	100.9	101.0	100.7	101.6	101.3	100.7	100.9	104.0
(1)食品	Food	98.7	100.5	100.9	102.3	98.9	100.6	100.9	98.6	102.1
(2)衣着	Clothing	102.6	100.1	98.3	97.6		102.5	100.4	103.5	102.9
(3)一般日用品	Articles for Daily Use	105.1	101.5	101.0	102.3	114.5	103.0	100.9	108.1	108.3
(4)耐用消费品	Durable Consumer Goods	104.5	101.3	102.7	98.6	97.5	99.9	98.9	100.0	
(六)按初级中间最终产品分	**By Primary 、Intermediate and Final Products**									
1.初级产品	Primary Products	93.5		108.8	108.8	128.1	98.9	120.2	103.6	101.5
(1)矿产品	Minerals	93.5		108.8	108.8	128.1	98.9	120.2	103.6	101.5
(2)废料	Scrap									
2.中间产品	Intermediate Products	105.8	105.9	107.3	110.9	104.7	102.7	105.6	101.7	104.2
3.最终产品	Final Products	103.8	104.0	105.5	102.2	106.1	102.4	102.3	102.5	103.7
(1)最终投资品	Investment Goods	104.7	106.0	106.4	103.0	106.8	103.1	103.9	103.7	104.0
(2)最终消费品	Consumer Goods	101.2	100.8	102.0	100.9	99.1	100.9	99.1	101.0	103.0
(七)按工业部门分	**by Industrial Department**									
1.冶金工业	Metallurgical Industry	103.5	105.7	104.9	102.0	100.0	101.0	112.6	100.5	99.7
2.电力工业	Power Industry	97.1	97.8	103.7	100.9	99.2	98.9	99.5	101.2	99.7
3.煤炭及炼焦工业	Coal Industry			107.7	111.4	129.1	107.9	117.9	103.1	104.8
4.石油工业	Petroleum Industry	112.2	120.9	117.5	102.4	121.4	100.1	116.4	100.0	102.2
5.化学工业	Chemical Industry	109.1	105.9	108.0	119.4	102.5	102.5	107.1	104.5	107.2
6.机械工业	Machine Building Industry	103.1	102.0	103.7	100.0	106.1	102.0	99.5	106.5	102.5
7.建筑材料工业	Building Materials Industry	120.5	124.6	105.3	122.0	109.5	118.1	132.3	120.0	110.1
8.森林工业	Timber Industry	99.1	100.5	99.8	99.5	97.5		99.7	108.2	105.8
9.食品工业	Food Industry	97.7	100.9	101.8	102.3	98.8	100.5	101.1	97.5	102.9
10.纺织工业	Textile Industry	100.6	104.0	101.8	99.4	97.6	103.5	101.9	99.6	100.0
11.缝纫工业	Tailoring Industry	102.6	100.3	98.3	97.6		102.5	100.4	103.5	103.6
12.皮革工业	Leather Industry		99.7	96.8			106.2	100.4		99.8
13.造纸工业	Paper Industry	120.5	104.9	107.9	110.5	100.5	108.3	109.3	95.9	99.9
14.文教艺术用品工业	Industry of Cultural, Educational & Handicrafts Articles	103.0	102.5	99.8	98.4		106.3	100.0	116.7	103.4
15.其它工业	Others	104.2	106.0	95.5	102.5	102.6	102.5	104.6	105.1	108.6

9—17 续表 continued

(上年=100) (preceding year=100)

类　别	Category	威海 Wei-hai	日照 Ri-zhao	莱芜 Lai-wu	临沂 Lin-yi	德州 De-zhou	聊城 Liao-cheng	滨州 Bin-zhou	菏泽 He-ze
总指数	**General Indices**	**101.8**	**106.1**	**106.7**	**103.1**	**103.4**	**100.9**	**100.1**	**103.5**
(一)核心指数	**Core Indices**	**102.8**	**108.2**	**107.3**	**103.8**	**104.2**	**101.3**	**99.9**	**102.8**
(二)高技术	**High Technology**	**98.8**	**98.1**	**101.7**	**108.4**	**101.1**	**102.4**	**100.1**	**100.2**
(三)能源	**Energy**	**97.8**	**101.2**	**105.2**	**104.0**	**108.8**	**101.9**	**105.5**	**108.2**
(四)按轻重工业分	**By Light and Heavy Industry**								
1.轻工业	Light Industry	100.5	104.0	95.6	99.8	101.6	99.7	99.1	100.5
(1)以农产品为原料	Agricultural Products as Raw Materials	101.6	104.2	95.1	99.7	101.7	100.0	98.9	101.4
(2)以非农产品为原料	Non-agricultural Products as Raw Materials	98.2	101.7	100.5	100.4	101.4	97.7	100.8	97.9
2.重工业	Heavy Industry	102.7	107.1	107.4	104.6	104.5	101.8	100.7	105.1
(1)采掘	Mining	100.2	107.1	107.0	103.6		100.3	105.8	
(2)原料	Raw Materials	103.5	103.7	111.8	106.2	109.8	103.8	101.4	106.0
(3)加工	Processing	102.5	108.1	106.7	103.9	102.5	101.1	99.5	103.7
(五)按生产生活资料分	**By Means of Production and Consumer Goods**								
1.生产资料	Means of Production	103.2	107.6	107.3	104.3	105.2	101.5	100.6	104.8
(1)采掘	Mining	100.2	107.1	107.0	103.6		100.3	105.8	
(2)原料	Raw Materials	102.5	105.7	111.8	106.3	111.1	103.4	101.8	106.5
(3)加工	Processing	103.2	108.2	106.6	103.4	103.4	101.0	99.6	103.1
2.生活资料	Consumer Goods	99.0	99.6	91.6	99.9	99.9	99.1	97.9	100.0
(1)食品	Food	98.2	99.2	90.2	99.9	98.4	99.3	96.5	101.5
(2)衣着	Clothing	106.6	100.9		100.3	101.3	100.0	99.2	97.9
(3)一般日用品	Articles for Daily Use	99.4	102.0	100.2	99.4	100.0	98.6	101.1	98.7
(4)耐用消费品	Durable Consumer Goods	87.6	101.4	102.3	102.8	105.7	101.3	103.1	100.4
(六)按初级中间最终产品分	**By Primary、Intermediate and Final Products**								
1.初级产品	Primary Products	100.2	107.1	107.0	103.6		100.3	105.8	
(1)矿产品	Minerals	100.2	107.1	107.0	103.6		100.3	105.8	
(2)废料	Scrap								
2.中间产品	Intermediate Products	102.0	106.7	106.9	103.3	103.5	101.3	100.1	104.3
3.最终产品	Final Products	101.5	102.6	102.9	101.2	102.5	99.8	100.7	103.7
(1)最终投资品	Investment Goods	103.2	105.3	105.6	102.2	104.4	100.4	102.5	106.2
(2)最终消费品	Consumer Goods	98.9	98.0	97.3	99.9	99.8	99.1	98.0	100.3
(七)按工业部门分	**by Industrial Department**								
1.冶金工业	Metallurgical Industry	108.0	113.5	106.9	107.5	104.8	102.1	99.9	99.9
2.电力工业	Power Industry	97.3	92.7	102.0	100.1	99.5	100.3	99.8	102.5
3.煤炭及炼焦工业	Coal Industry		108.7	120.1	113.8	120.2	121.9	88.8	104.4
4.石油工业	Petroleum Industry	100.3	117.4	97.8	98.5	120.3	109.2	109.7	114.2
5.化学工业	Chemical Industry	103.4	106.9	117.7	103.7	106.6	102.1	100.2	104.7
6.机械工业	Machine Building Industry	101.6	102.1	101.0	101.9	101.9	97.3	99.2	101.9
7.建筑材料工业	Building Materials Industry	113.1	114.6	123.4	105.8	101.7	118.4	100.5	110.8
8.森林工业	Timber Industry	100.0	100.4	102.3	103.1	105.2	103.4	108.1	101.0
9.食品工业	Food Industry	98.0	99.7	93.6	98.9	98.6	99.9	96.6	101.3
10.纺织工业	Textile Industry	105.5	102.3	98.3	98.6	104.6	100.2	100.0	100.9
11.缝纫工业	Tailoring Industry	104.5	100.9		100.3	101.3	100.0	99.2	97.9
12.皮革工业	Leather Industry	106.5			107.8		96.0	103.0	
13.造纸工业	Paper Industry	120.5	116.5		104.9	111.2	101.3	96.3	107.5
14.文教艺术用品工业	Industry of Cultural, Educational & Handicrafts Articles	100.7	106.9	100.2	100.0		98.3		92.2
15.其它工业	Others	92.6	95.1	102.5	100.1	101.3	101.2	98.8	96.5

9-18 各市住宅销售价格指数(2018年)
Price Indices for Real Estate(2018)

(上月=100) (Last Month=100)

类 别	Category	1月 January	2月 February	3月 March	4月 April	5月 May	6月 June	7月 July	8月 August	9月 September	10月 October	11月 November	12月 December
新建商品住宅	**New Commercial Residential Buildings**												
济南	Jinan	100.5	99.9	100.2	100.1	100.4	103.6	103.0	102.8	101.3	100.7	101.7	100.7
青岛	Qingdao	100.1	100.0	100.4	100.1	102.0	102.4	102.0	101.6	100.4	100.6	101.8	101.2
淄博	Zibo	100.4	100.4	100.5	100.8	100.8	100.9	100.8	101.1	100.8	100.7	100.7	100.8
枣庄	Zaozhuang	100.7	100.6	100.8	100.5	100.5	100.7	100.7	100.8	100.6	100.6	100.5	100.5
东营	Dongying	101.2	101.0	101.6	101.6	101.9	101.4	102.0	101.6	101.0	100.5	100.4	100.4
烟台	Yantai	101.0	100.3	100.4	101.2	100.8	100.9	102.9	101.2	100.7	101.2	100.8	101.5
潍坊	Weifang	100.4	100.5	100.8	100.7	100.6	100.6	100.7	100.7	100.6	100.4	100.2	100.3
济宁	Jining	100.2	100.4	100.4	100.6	100.8	101.3	101.4	101.7	100.6	101.9	101.7	101.1
泰安	Tai'an	100.8	100.8	100.9	100.9	100.7	101.0	100.9	100.9	100.8	100.3	100.4	100.5
威海	Weihai	100.6	100.4	100.8	100.7	100.9	103.3	101.2	101.0	100.5	100.2	100.2	100.9
日照	Rizhao	100.4	100.6	100.4	100.6	101.3	101.0	100.7	100.8	100.4	100.6	100.3	100.4
莱芜	Laiwu	100.7	100.7	100.6	101.1	100.4	100.8	101.0	100.7	100.3	100.2	100.1	100.0
临沂	Linyi	100.4	100.5	100.3	100.5	100.7	100.8	101.1	100.9	100.9	100.4	101.0	100.7
德州	Dezhou	100.5	100.4	100.6	100.7	100.7	101.2	101.1	101.0	100.9	100.5	100.4	100.5
聊城	Liaocheng	100.2	100.4	101.2	101.5	102.3	100.7	100.5	100.3	100.1	100.0	100.0	100.2
滨洲	Binzhou	100.3	100.3	100.2	100.3	100.2	100.5	100.6	100.6	100.7	100.8	100.3	100.1
菏泽	Heze	100.3	100.7	101.3	101.3	100.9	100.8	100.8	100.6	100.5	100.5	100.6	100.6
二手住宅	**Second-hand House**												
济南	Jinan	99.6	100.0	100.3	100.2	100.5	101.0	102.5	102.8	101.2	100.6	100.5	100.5
青岛	Qingdao	100.1	100.3	101.4	101.3	100.8	100.7	102.2	101.9	100.8	100.9	100.7	99.5
淄博	Zibo	100.5	100.3	100.4	100.7	100.7	100.8	100.9	101.0	100.9	100.7	100.7	100.7
枣庄	Zaozhuang	100.5	100.4	100.8	100.5	100.7	100.8	100.5	100.8	100.6	100.5	100.6	100.6
东营	Dongying	101.3	101.0	101.5	101.7	101.6	101.3	101.4	101.6	100.7	100.4	100.3	100.2
烟台	Yantai	100.3	100.2	100.3	100.6	100.7	100.9	102.0	102.0	101.4	101.1	100.6	100.7
潍坊	Weifang	100.4	100.3	100.3	100.4	100.4	100.6	100.8	100.7	100.6	100.5	100.4	100.2
济宁	Jining	100.2	100.3	101.2	101.0	101.2	100.9	102.6	102.5	101.7	101.4	101.2	101.5
泰安	Tai'an	100.5	100.9	101.0	101.2	100.6	101.6	100.7	101.0	100.5	100.2	100.3	100.3
威海	Weihai	100.5	100.4	100.8	100.6	101.0	103.2	101.3	100.8	100.4	100.2	100.2	100.0
日照	Rizhao	100.3	100.5	100.2	100.5	100.8	101.2	101.2	101.0	100.4	100.3	100.1	100.3
莱芜	Laiwu	100.8	100.5	100.7	101.0	100.2	100.7	100.9	100.6	100.1	100.3	99.9	99.6
临沂	Linyi	100.2	100.2	100.2	100.2	100.4	100.8	101.6	101.2	100.9	100.5	100.4	100.4
德州	Dezhou	100.4	100.3	100.5	100.6	100.7	101.0	101.0	100.9	100.8	100.4	100.2	100.3
聊城	Liaocheng	100.3	100.5	100.5	101.3	101.4	100.4	100.3	100.2	100.0	100.0	99.9	100.1
滨洲	Binzhou	100.9	100.9	100.9	101.0	100.6	100.3	100.5	100.4	100.7	100.6	99.6	99.8
菏泽	Heze	100.2	100.4	100.5	100.6	100.9	100.6	100.8	100.7	100.8	100.4	100.7	100.6

主要统计指标解释

居民消费价格指数 是反映一定时期内城乡居民所购买的生活消费品价格和服务项目价格变动趋势和程度的相对数，是对城市居民消费价格指数和农村居民消费价格指数进行综合汇总计算的结果。该指数可以观察和分析消费品的零售价格和服务价格变动对城乡居民实际生活费支出的影响程度。

城市居民消费价格指数 是反映一定时期内城市居民家庭所购买的生活消费品价格和服务项目价格变动趋势和程度的相对数。该指数可以观察和分析消费品的零售价格和服务项目价格变动对城镇职工货币工资的影响，作为研究职工生活和确定工资政策的依据。

农村居民消费价格指数 是反映一定时期内农村居民家庭所购买的生活消费品价格和服务项目价格变动趋势和程度的相对数。该指数可以观察农村消费品的零售价格和服务项目价格变动对农村居民生活消费支出的影响，直接反映农民生活水平的实际变化情况，为分析和研究农村居民生活问题提供依据。

商品零售价格指数 是反映一定时期内城乡商品零售价格变动趋势和程度的相对数。商品零售价格的变动直接影响到城乡居民的生活支出和国家的财政收入，影响居民购买力和市场供需的平衡，影响到消费与积累的比例关系。因此，该指数可以从一个侧面对上述经济活动进行观察和分析。

农业生产资料价格指数 指反映一定时期内农业生产资料价格变动趋势和程度的相对数。农业生产资料价格指数分为农用手工工具、饲料、产品畜、半机械化农具、机械化农具、化学肥料、农药及农药械、农用机油、其他农业生产资料、农业生产服务十大类。其编制目的是了解农业生产中物质资料投入价格的变动状况，服务于国民经济核算。1994年以前，农业生产资料价格指数仅仅是商品零售价格指数的一个类别，此后，从商品零售价格指数中分离出来，单独编制。

农产品生产价格指数 是反映一定时期内，农产品生产者出售农产品价格水平变动趋势及幅度的相对数。该指数可以客观反映全国农产品生产价格水平和结构变动情况，满足农业与国民经济核算需要。其中某代表品生产价格指数是通过对全部有出售该产品行为的调查单位的个体指数进行几何平均求得的，类价格指数是通过对其所属的类（或代表品）的价格指数进行加权平均求得的。季度累计价格指数的计算方法与分季指数的计算方法相同。

工业生产者价格指数 是由工业生产者出厂价格指数和工业生产者购进价格指数两部分组成。

工业生产者出厂价格指数 是反映一定时期内工业企业产品第一次出售时的出厂价格总水平的变动趋势和程度的相对数，包括工业企业售给本企业以外所有单位的各种产品和直接售给居民用于生活消费的产品。该指数可以观察出厂价格变动对工业总产值及增加值的影响。

工业生产者购进价格指数 是反映工业企业作为生产投入，而从物资交易市场和能源、原材料生产企业购买原材料、燃料和动力产品时，所支付的价格水平变动趋势和程度的统计指标，是扣除工业企业物质消耗成本中的价格变动影响的重要依据。

固定资产投资价格指数 是反映一定时期内固定资产投资品及项目的价格变动趋势和程度的相对数。固定资产投资额是由建筑安装工程投资完成额、设备工器具购置投资完成额和其他费用投资完成额三部分组成的。编制固定资产投资价格指数应首先分别编制上述三部分投资的价格指数，然后采用加权算术平均法求出固定资产投资价格总指数。

该指数可以准确地反映固定资产投资中涉及的各类投资品和取费项目价格变动趋势和变动幅度，消除按现价计算的固定资产投资指标中的价格变动因素，真实地反映固定资产投资的规模、速度、结构和效益，为国家科学地制定、检查固定资产投资计划并提高宏观调控水平，为完善国民经济核算体系提供科学的、可靠的依据。

住宅销售价格指数 是综合反映住宅商品价格总体变化趋势和变化幅度的相对数。各市住宅销售价格指数是由新建住宅销售价格指数和二手住宅销售价格指数组成。

Explanatory Notes on Main Statistical Indicators

Consumer Price Indices reflect the trend and degree of changes in prices of consumer goods and services purchased by urban and rural households during a given period. They are obtained by combining Consumer Price Indices of Urban Household and Consumer Price Indices of Rural Household. The Indices enable the observation and analysis of the degree of impact of the changes in the prices of retailed goods and services on the actual living expenses of urban and rural residents.

Urban Consumer Price Indices reflect the trend and degree of changes in prices of consumer goods and services purchased by urban households during a given period. It can be used to observe and analyze the impact of price changes in consumer goods and services on wages (in monetary terms) of urban staff and workers, and provide basis for policy making concerning the living cost and wages of staff and workers.

Rural Consumer Price Indices reflect the trend and degree of changes in prices of consumer goods and services purchased by rural households during a given period. It can be used to observe the impact of change in retail prices of consumer goods and service prices in rural areas on living expenditure of rural households, and to show the changes in the living standard of peasants. It provides basis for analysis and research on condition of life in rural areas.

Retail Price Indices reflect the trend and degree of change in retail prices of commodities during a given period. The change in retail prices of commodities directly affect the living expenditure of urban and rural residents, government revenue, purchasing power of residents and the equilibrium of market supply and demand, and the ratio of consumption to accumulation. Therefore, the retail price indices are useful to analyze the changes of the above economic activities.

Price Indices of Means of Agricultural Production reflect the trend and degree of changes in prices of means of agricultural production during a given period. Price indices of means of agricultural production are composed of 10 categories including Agricultural hand tools, feeds, Product livestock, semi-mechanized farm machinery, mechanized farm machinery, chemical fertilizers, pesticides and spraying machinery, fuels for farm machinery, other means of agricultural production and Agricultural production services. Compilation of these indices helps to understand the changes in prices of input into agricultural production and facilitate the compilation of national account statistics. Before 1994, price indices of means of agricultural production was a sub-category in the in the retail price indices of commodities, and it has been compiled separately since 1994.

Indices of Producers' Prices for Farm Products reflect the trend and degree of changes in producers' prices received by farmers when they sell farm products during a given period. These indices depict the change in the level and structure of producers' prices of farm products of the country and meet the needs of agriculture statistics and national account statistics. The producers' price index of a given product is calculated through geometrical mean of individual indices of all surveyed units who sell such product, and the indices of a product category is obtained through weighted mean of price indices of all products in the category. Method for calculating accumulative quarterly indices is the same as for calculating the distinctive quarterly indices.

Producer Price Indices for Industrial Products reflect the trend and degree of changes in price of all industrial products for the first time to sell during a given period, including sales of industrial products by an industrial enterprise to all units outside the enterprise, as well as sales of consumer goods to residents. It can be used to analyze the impact of ex factory prices on gross output value and value added of the industrial sector.

Industrial Producer Purchasing Price Indices reflect changes in the level and degree of prices paid by industrial enterprises when they purchase production input such as raw materials, fuels and power from the market or from other energy or raw materials producing enterprises. These indices provide important basis for measuring the material consumption of industrial enterprises after removing influence of price changes.

At present, close to 1,800 products in 9 categories, including fuels and power, ferrous metals, non ferrous metals, chemicals, building materials, are covered in China for the survey to produce indices of purchasing prices of raw materials, fuels and power.

Price Indices of Investment in Fixed Assets reflect the trend and degree of changes in prices of investment goods and projects in fixed assets during a given period. The investment in fixed assets consists of three components, namely the investment in construction and installation, the investment in purchases of equipment and instrument, and the investment in other items. Price indices of investment in fixed assets are calculated as the weighted arithmetic mean of the price indices of the three components of investment in fixed assets.

Removing the factor of price change in the aggregates of investment at current prices, this indicator shows the changes in the prices of commodities and fees involved in the investment of fixed assets, and can be used to observe the actual size, growth, structure, and efficiency of investment in fixed assets and provides reliable and scientific data for government planning, management, decision making, and further improving the current national accounting system.

Price Indices for Real Estate reflect the trend and degree of changes in prices of real estate during a given period, including price indices for selling houses and buildings, price indices for leasing houses and buildings and price indices for land transaction. The methods for the compilation of the three sets of indices are similar in that they all use bottom—up approach under which data are reported from lower level to higher level.

第10篇

居民生活

People's Livelihood

简 要 说 明

一、本篇资料的主要内容

本篇资料反映了全省全体居民、城镇、农村居民的家庭收支、就业、居住、耐用消费品拥有、生产和生活等方面的情况。

二、本篇资料的来源

本篇资料中历年城乡居民收支相关资料来源于城镇住户调查年报和农村住户调查年报，自 2013 年起，全省实施城乡住户调查一体化改革，居民收支相关资料来源于住户收支与生活状况调查年报，指标名称和口径范围有所调整，由国家统计局山东调查总队居民收支调查处整理提供。

Brief Introduction

I. Content

Data in this chapter show the basic conditions of the people's livelihood in Shandong Province, including income and expenditure of the households, employment, housing condition, consumption and possession of the major consumer goods, etc.

II. Source of Data

Data in this chapter over the years are collected by the sample survey on urban and rural households. Since 2013, Integrated Household Survey has been launched, so data of 2013 collected by annual survey of household incomes and living conditions may different from those of previous years due to the change of indexes and statistics scopes. All data are prepared and provided by the Division of Household Income and Expenditure Survey of the National Bureau of Statistics in Shandong.

10-1 主要年份城镇居民家庭基本情况

Basic Conditions of Urban Households of Major Years

年 份 Year	调查户数(户) Number of Households Surveyed (household)	平均每户家庭人口(人) Average Household Size (person)	平均每户就业人口(人) Average Number of Employed Persons per Household (person)	平均每一就业者负担人数(人) Number of Dependents per Employee (person)	人均可支配收入(元) Per Capita Disposable Income (yuan)	人均消费支出(元) Per Capita Consumption Expenditure (yuan)	人均住房建筑面积(平方米) Per Capita Construction Area of Building (sq.m)
1984	430	3.93	2.35	1.67	639	521	6.90
1985	900	3.57	2.10	1.70	748	670	7.77
1986	1630	3.54	2.05	1.72	854	751	9.15
1987	1730	3.53	2.05	1.72	987	813	9.61
1988	1830	3.51	2.06	1.71	1163	1026	9.96
1989	2080	3.43	2.01	1.71	1349	1161	10.25
1990	2180	3.38	2.00	1.69	1466	1229	10.05
1991	2180	3.31	1.98	1.67	1688	1407	10.49
1992	2180	3.26	1.98	1.65	1974	1599	10.80
1993	2080	3.24	1.96	1.65	2515	1947	11.20
1994	2080	3.21	1.96	1.64	3444	2635	11.88
1995	2050	3.19	1.96	1.63	4264	3285	12.35
1996	2050	3.16	1.99	1.59	4890	3771	12.13
1997	2100	3.17	2.01	1.58	5191	4041	12.70
1998	2300	3.14	1.98	1.59	5380	4144	12.82
1999	2400	3.12	1.93	1.62	5809	4515	13.10
2000	2500	3.10	1.87	1.66	6490	5022	13.75
2001	2450	3.06	1.82	1.68	7101	5252	14.17
2002	2650	3.02	1.78	1.70	7615	5596	24.57
2003	2650	2.98	1.77	1.68	8400	6069	25.67
2004	2650	2.95	1.77	1.67	9438	6674	26.39
2005	2800	2.91	1.69	1.72	10745	7457	28.49
2006	3000	2.91	1.71	1.70	12192	8468	29.29
2007	3050	2.87	1.68	1.71	14265	9667	29.80
2008	3300	2.87	1.64	1.75	16305	11007	31.33
2009	3300	2.86	1.64	1.74	17811	12013	31.80
2010	3300	2.86	1.67	1.71	19946	13118	32.09
2011	3300	2.83	1.69	1.67	22792	14561	33.18
2012	3300	2.83	1.69	1.67	25755	15778	33.44
2013	3661	2.79	1.63	1.71	26882	16646	36.39
2014	3679	2.79	1.69	1.65	29222	18323	37.30
2015	3738	2.86	1.70	1.68	31545	19854	36.36
2016	3776	2.81	1.65	1.70	34012	21495	37.51
2017	3767	2.82	1.63	1.73	36789	23072	37.61
2018	4080	2.95	1.57	1.88	39549	24798	36.80

注：1.住房建筑面积指标2001年以前为人均居住面积，2002年以后为人均建筑面积。

2.从2013年起，全省实施城乡住户调查一体化改革，根据国家统一规定，2018年，按照新指标口径对居民收支调查历史数据进行修正(以下相关表同)。

a)Data before 2001 on construction area of builiding means per capita living space, data after 2002 per capita floor space.

b)An integrated household survey institution has been emplemented since 2013,including both urban and rural households.According to national uniform regulations,In 2018, the historical data of residents' income and expenditure surveys were revised according to the new indicators.(The same applies to tables following).

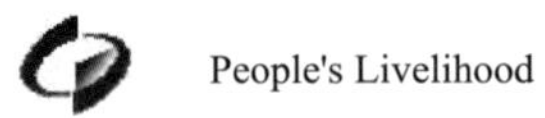

10-2 主要年份城镇居民收入
Per Capital Annual Income of Urban Households of Major Years

单位:元/人 (yuan/person)

年份 Year	可支配收入 Disposable Income	工资性收入 Income of Wages and Salaries	经营净收入 Net Business Income	财产净收入 Net income from Properties	转移净收入 Net Income from Transfer
1978	391				
1979	420				
1980	448				
1981	495	464			31
1982	525	489			36
1983	537	505			31
1984	639	595			43
1985	748	654	6		88
1986	854	718	7		129
1987	987	852	4		131
1988	1163	977	4		182
1989	1349	1092	6	12	239
1990	1466	1234	6	16	211
1991	1688	1370	6	16	296
1992	1974	1680	5	27	262
1993	2515	2124	13	37	341
1994	3444	2941	2	54	447
1995	4264	3651	10	67	536
1996	4890	4316	4	103	467
1997	5191	4617	7	119	447
1998	5361	4716	18	118	508
1999	5766	4977	29	115	645
2000	6417	5432	79	128	779
2001	6995	5771	101	182	941
2002	7473	6456	170	102	744
2003	8212	7079	255	156	723
2004	9191	7874	342	178	798
2005	10422	8350	565	249	1258
2006	11780	9568	652	398	1162
2007	13726	10559	856	593	1718
2008	15628	11269	1408	716	2236
2009	17006	11934	1635	912	2525
2010	18971	12847	2099	1355	2670
2011	21678	14204	2789	1679	3006
2012	24496	16036	3193	1926	3341
2013	26882	17427	3653	2137	3666
2014	29222	18866	4036	2271	4049
2015	31545	20386	4375	2475	4309
2016	34012	21812	4778	2740	4681
2017	36789	23431	5194	3034	5131
2018	39549	25041	5584	3337	5588

10-3 主要年份城镇居民消费支出

Per Capital Annual Expenditure of Urban Households of Major Years

单位:元/人 (yuan/person)

年份 Year	消费支出 Consumption Expenditure	食品烟酒 Food,tobacco and Liquor	衣着 Clothing	居住 Residence	生活用品及服务 Supplies and Services	交通通信 Transport and Communicatio-ns	教育文化娱乐 Recreation, Education and Cultural	医疗保健 Health care and Medical Services	其他用品及服务 Miscellaneous Goods and Services
1978	340								
1979	367								
1980	396								
1981	450	248	72	19	40	10	41	3	19
1982	455	263	73	20	37	12	34	3	13
1983	473	284	71	23	38	13	31	2	11
1984	521	312	85	24	41	12	31	3	13
1985	670	339	103	32	72	11	86	5	21
1986	751	378	106	59	85	13	77	5	28
1987	813	433	121	38	97	14	72	7	30
1988	1026	524	155	39	156	19	86	11	36
1989	1161	603	158	48	145	19	121	16	50
1990	1229	636	186	46	141	23	125	23	48
1991	1407	734	229	60	151	28	124	23	59
1992	1599	816	267	79	166	38	141	32	59
1993	1947	898	349	125	186	59	206	48	76
1994	2635	1213	474	180	248	95	250	72	104
1995	3285	1489	571	224	309	169	294	107	122
1996	3771	1651	658	262	324	194	397	147	137
1997	4041	1662	674	325	344	236	475	180	144
1998	4136	1639	580	326	429	255	530	188	189
1999	4497	1665	602	393	548	270	593	220	205
2000	4991	1727	642	442	558	348	699	324	251
2001	5209	1773	663	522	518	401	755	330	247
2002	5539	1886	698	573	393	519	892	411	166
2003	5994	1986	717	727	453	607	883	447	174
2004	6577	2219	738	836	448	753	922	488	174
2005	7333	2377	800	1103	487	834	958	579	196
2006	8309	2549	923	1300	507	1075	1095	625	234
2007	9464	2937	1016	1677	627	1195	1065	704	244
2008	10752	3350	1107	2135	753	1239	1117	786	267
2009	11711	3562	1206	2310	824	1497	1156	872	284
2010	12761	3743	1324	2670	844	1834	1197	869	280
2011	14164	4271	1494	3026	933	1876	1302	924	338
2012	15349	4583	1606	3325	1035	2005	1391	993	411
2013	16646	4858	1612	3929	1147	2049	1565	1083	403
2014	18323	5298	1801	4016	1431	2377	1770	1188	442
2015	19854	5527	1943	4058	1477	2748	2141	1416	543
2016	21495	5929	1978	4473	1576	3002	2399	1610	527
2017	23072	6180	2034	4895	1736	3284	2622	1781	540
2018	24798	6529	6529	5302	1901	3605	2903	1966	584

10-4 主要年份农村居民家庭基本情况
Basic Conditions of Rural Households of Major Years

年 份 Year	调查户数(户) Number of Households Surveyed (household)	调查户常住人口(人) Number of Permanent Residents in the Households Surveyed (person)	平均每户常住人口(人) Average Number of Permanent Residents Per Household (person)	平均每户整半劳力(人) Average Number of Full/Semi Labour Force Per Household (person)	人均住房建筑面积(平方米) Per Capita Space of Living House at Year-end (sq.m)	人均可支配收入(元) Per Capita Disposable Income (yuan)	人均消费支出(元) Per Capita Consumption Expenditure (yuan)
1978	715	4126	5.77	2.54	9.81	115	94
1979	732	4138	5.65	2.67	9.91	160	128
1980	825	4649	5.64	2.70	10.98	210	165
1981	827	4538	5.49	2.63	10.03	252	202
1982	1529	7849	5.13	2.54	10.64	300	230
1983	1438	7266	5.05	2.85	12.50	361	264
1984	1558	7730	4.96	2.86	14.54	395	287
1985	4000	18896	4.72	2.84	15.13	408	322
1986	4200	19667	4.68	2.85	15.74	449	365
1987	4200	19339	4.60	2.86	16.48	518	406
1988	4200	19074	4.54	2.86	17.34	584	482
1989	4200	18749	4.46	2.85	17.96	631	513
1990	4200	18486	4.40	2.82	18.48	680	547
1991	4200	18241	4.34	2.77	19.87	764	613
1992	4200	17886	4.26	2.75	19.31	803	656
1993	4200	17494	4.17	2.77	20.64	953	724
1994	4200	17239	4.10	2.76	21.15	1320	996
1995	4200	17089	4.07	2.78	21.56	1715	1338
1996	4200	16847	4.01	2.68	22.32	2086	1653
1997	4200	16574	3.95	2.65	23.16	2292	1626
1998	4200	16379	3.90	2.64	23.91	2454	1587
1999	4200	16116	3.84	2.60	25.07	2552	1662
2000	4200	15918	3.79	2.60	23.61	2663	1743
2001	4200	15671	3.73	2.54	24.60	2810	1865
2002	4200	15569	3.71	2.58	25.59	2955	1945
2003	4200	15405	3.67	2.62	26.53	3159	2066
2004	4200	15386	3.66	2.67	26.92	3519	2301
2005	4200	15382	3.66	2.69	29.64	3946	2619
2006	4200	15298	3.64	2.69	30.69	4387	2992
2007	4200	15204	3.62	2.69	31.69	5009	3426
2008	4200	15121	3.60	2.68	32.98	5671	3835
2009	4200	15012	3.57	2.68	34.24	6154	4132
2010	4200	14878	3.54	2.67	34.71	7034	4472
2011	4200	14722	3.51	2.53	36.31	8395	5489
2012	4200	14338	3.41	2.51	38.43	9506	6304
2013	3398	10702	3.15	2.30	39.56	10687	6877
2014	3404	10647	3.13	2.28	40.25	11882	7962
2015	3441	10810	3.13	2.28	40.91	12930	8748
2016	3470	10916	3.11	2.24	42.10	13954	9519
2017	3469	10892	3.10	2.22	42.54	15118	10342
2018	3120	9797	3.11	2.17	43.21	16297	11270

注：1.1978年至1980年的住房建筑面积中包括生产用房。
a)The space of production house is included in the space of living house from 1978 to 1980.

10－5 主要年份农村居民人均可支配收入
Per Capita Annual Income of Rural Households of Major Years

单位：元/人 (yuan/person)

年 份 Year	可支配收入 Disposable Income	工资性收入 Income of Wages and Salaries	经营净收入 Net Business Income	财产净收入 Net income from Properties	转移净收入 Net Income from Transfer
1978	115	82	21	7	5
1979	160	109	37	3	10
1980	210	141	45	10	14
1981	252	165	57	11	18
1982	300	220	60	10	11
1983	361	55	286	8	13
1984	395	63	314	4	14
1985	408	81	309	6	12
1986	449	91	339	7	13
1987	518	112	385	6	15
1988	584	144	416	9	16
1989	631	161	444	9	17
1990	680	168	486	9	17
1991	764	181	551	9	23
1992	803	228	537	15	23
1993	953	226	688	9	30
1994	1320	295	961	17	47
1995	1715	409	1231	29	47
1996	2086	523	1467	48	49
1997	2292	686	1495	30	81
1998	2454	723	1604	49	78
1999	2552	780	1610	68	94
2000	2663	828	1699	57	80
2001	2810	926	1738	32	114
2002	2955	999	1773	44	138
2003	3159	1021	1934	60	144
2004	3519	1081	2228	61	149
2005	3946	1305	2369	95	177
2006	4387	1497	2549	117	224
2007	5009	1722	2878	131	279
2008	5671	1964	3172	146	388
2009	6154	2134	3368	173	479
2010	7034	2410	3794	203	627
2011	8395	3031	4324	210	829
2012	9506	3573	4649	219	1064
2013	10687	4189	4979	242	1276
2014	11882	4713	5431	287	1451
2015	12930	5139	5856	326	1608
2016	13954	5569	6267	359	1760
2017	15118	6069	6730	391	1928
2018	16297	6550	7194	429	2124

10-6 主要年份农村居民消费支出
Per Capita Consumption Expenditure of Rural Households of Major Years

单位：元/人 (yuan/person)

年份 Year	消费支出 Consumption Expenditure	食品烟酒 Food,tobacco and Liquor	衣着 Clothing	居住 Residence	生活用品及服务 Supplies and Services	交通通信 Transport and Communications	教育文教娱乐 Education, Culture and Recreation	医疗保健 Health Care and Medical Services	其他用品及服务 Miscellaneous Goods and Services
1978	94	58	13	11	10	1	1		
1979	128	78	17	15	13	1	2	1	
1980	165	99	24	21	11	3	4	2	1
1981	202	113	27	32	19	4	4	3	1
1982	230	116	31	47	22	4	6	3	1
1983	264	134	35	50	25	6	8	5	2
1984	287	149	35	57	24	5	11	5	2
1985	322	168	36	66	24	5	14	7	1
1986	365	182	39	86	26	6	16	8	1
1987	406	202	42	97	28	6	21	10	1
1988	482	238	49	115	36	8	24	11	1
1989	513	259	54	113	37	6	31	13	1
1990	547	297	53	106	34	6	33	17	1
1991	613	333	61	105	40	10	41	21	2
1992	656	358	62	106	39	14	48	26	3
1993	724	416	60	99	41	15	60	25	10
1994	996	577	75	151	53	20	76	31	12
1995	1338	749	102	209	74	43	106	40	16
1996	1653	872	131	265	98	59	144	64	20
1997	1626	872	131	216	98	64	149	71	24
1998	1587	801	116	240	92	78	156	84	21
1999	1662	809	112	250	106	90	183	89	24
2000	1743	762	114	295	114	100	212	117	27
2001	1865	775	118	354	91	131	231	113	52
2002	1945	800	124	327	95	153	267	125	53
2003	2066	841	127	331	91	183	307	136	50
2004	2301	935	130	354	109	217	318	152	86
2005	2619	1000	147	426	134	285	405	182	40
2006	2992	1083	180	521	156	340	444	214	55
2007	3426	1231	201	646	193	407	467	222	60
2008	3835	1383	222	759	237	436	464	270	65
2009	4132	1428	234	888	269	512	449	289	63
2010	4472	1574	266	779	319	621	479	367	67
2011	5489	1828	345	1054	407	723	558	487	87
2012	6304	2004	390	1310	403	903	589	610	93
2013	6877	2190	421	1319	437	1004	684	711	112
2014	7962	2465	489	1547	524	1226	801	776	134
2015	8748	2662	540	1627	553	1393	912	919	142
2016	9519	2833	576	1767	604	1545	1013	1027	153
2017	10342	2960	585	1974	690	1710	1141	1129	152
2018	11270	3162	622	2214	762	1873	1266	1205	166

10-7 调查户和调查人口基本情况(2018年)
Condition of Households Surveyed and Residents Surveyed(2018)

指标名称		Indicator		全体居民 All Household	城镇居民 Urban Household	农村居民 Rural Household
一、调查户基本情况		**Basic Statistics on Households Surveyed**				
(一)调查样本住户数	(户)	Number of Households Surveyed	(household)	7200	4080	3120
(二)住户类型		Types of Households Surveyed				
1.家庭居住户	(%)	Family Households	(%)			
2.集体居住户	(%)	Collective Households	(%)			
(三)户主文化程度		Education of Head of Household		1.3	0.7	2.0
1.未上过学	(%)	Can not Read	(%)	10.8	6.4	16.6
2.小学	(%)	Primary School	(%)	46.2	31.7	65.3
3.初中	(%)	Junior High School	(%)	20.4	25.5	13.7
4.高中	(%)	Senior High School	(%)	12.1	19.6	2.2
5.大学专科	(%)	Junior College	(%)	8.7	15.2	0.1
6.大学本科	(%)	Bachelor	(%)	0.5	0.9	0.0
7.研究生	(%)	Graduate	(%)			
(四)农业经营户比例	(%)	Proportion of Farming Households	(%)	18.9	4.2	38.3
二、期末户均调查人口	**(人)**	**Average Number of Residents Surveyed**	**(person)**	**3.1**	**3.0**	**3.3**
三、期末常住成员情况		**Condition of Permanent Residents**				
(一)户均常住成员	(人)	Average Number of Permanent Residents Per Household	(person)	3.0	3.0	3.1
其中：在校学生人数		Total Enrollment		0.5	0.5	0.6
(二)性别		Sex				
1.男性	(%)	Male	(%)	50.1	50.4	49.8
2.女性	(%)	Female	(%)	49.9	49.6	50.2
(三)户口状况		Condition of Resident Accounts				
1.农业	(%)	Agricultural	(%)	64.3	38.6	96.5
2.非农业	(%)	Non-agricultural	(%)	34.6	60.4	2.3
3.其他	(%)	Others	(%)	1.1	1.1	1.2
四、常住从业人员情况		**Employment of Permanent Residents**				
(一)户均常住从业人数	(人)	Average Number of Employed Permanent Residents Per Household	(person)	1.7	1.6	2.0
(二)就业状况		Employment				
1.雇主	(%)	Employer	(%)	1.0	1.5	0.4
2.公职人员	(%)	Public Officials	(%)	2.4	4.3	0.4
3.事业单位人员	(%)	Institution staff	(%)	7.1	13.0	0.7
4.国有企业雇员	(%)	Employees of State-owned Enterprises	(%)	4.5	8.2	0.6
5.其他雇员	(%)	Other Employees	(%)	50.3	56.9	43.3
6.农业自营	(%)	Agricultural Operations	(%)	24.1	4.6	44.7
7.非农自营	(%)	Non-Agricultural Operations	(%)	10.7	11.5	9.8
(三)主要从事行业		Sector Employment				
1.第一产业	(%)	Primary Industry	(%)	25.9	6.6	46.3
2.第二产业	(%)	Second Industry	(%)	27.0	25.2	28.8
3.第三产业	(%)	Teriary Industry	(%)	47.2	68.1	24.9

10－8 全体居民可支配收入
Disposable Income of All Households

单位：元/人 (yuan/person)

指 标 名 称	Indicator	2017	2018
可支配收入	**Diaposable Income**	**26930**	**29205**
一、工资性收入	**Income of Wages and Salaries**	**15532**	**16814**
(一)工资	Wage	14960	16195
(二)实物福利	Benefits in kind	42	55
(三)其他	Others	530	564
二、经营净收入	**Net Business Income**	**5893**	**6300**
(一)第一产业净收入	Net Income from Primary Industry	2107	2103
1.农业	Farming	1684	1674
2.林业	Forestry	95	98
3.牧业	Animal Husbandry	230	228
4.渔业	Fishery	98	102
(二)第二产业净收入	Net Income from Second Industry	583	677
(三)第三产业净收入	Net Income from Teriary Industry	3203	3521
三、财产净收入	**Net Income from Properties**	**1831**	**2043**
(一)利息净收入	Net Income from Interest	119	138
(二)红利收入	Income from Bonus	167	164
(三)储蓄性保险净收益	Income from Savings Insurance	9	11
(四)转让承包土地经营权租金净收入	Net Income from Land Management Rights Transfer	104	97
(五)出租房屋净收入	Ner Icome from Renting Houses	276	304
(六)出租其他资产净收入	Ner Icome from Renting Other assets	15	17
(七)自有住房折算净租金	Income from Net Rent Equivalent to the value of Owned housing	1092	1260
(八)其他	Others	48	53
四、转移净收入	**Net Income from Transfer**	**3674**	**4047**
(一)转移性收入	Income from Transfer	5105	5748
1.养老金或离退休金	Old-age Pensions	4092	4556
2.社会救济和补助	Relief and Pensions	36	52
3.惠农补贴	Subsidies for Agriculture from The Government	100	98
4.政策性生活补贴	Policy-living Allowance	38	84
5.报销医疗费	Allowance of Medical Expense	205	260
6.家庭外出从业人员寄回带回收入	Sent Back by Non-permanent Resident	412	409
7.赡养收入	Alimony Income	124	161
8.其他经常转移收入	Others	65	91
9.从政府和组织得到的实物产品和服务折价	Equivalent Monetary value of Physical products and services from The Government and other Organizations	34	35
(二)转移性支出	Expenditure for Transfers	1431	1701
1.个人所得税	Personal Income Tax	83	117
2.社会保障支出	Social Security Expenditure	1164	1313
3.外来从业人员寄给家人的支出	Sent to Familiy by Outland Employees	33	44
4.赡养支出	Alimony Expense	67	122
5.其他经常转移支出	Others	84	105

10-9 城镇居民可支配收入
Disposable Income of Urban Households

单位：元/人 (yuan/person)

指 标 名 称	Indicator	2017	2018
可支配收入	**Diaposable Income**	**36789**	**39549**
一、工资性收入	**Income of Wages and Salaries**	**23431**	**25041**
(一)工资	Wage	22423	23975
(二)实物福利	Benefits in kind	59	78
(三)其他	Others	949	988
二、经营净收入	**Net Business Income**	**5194**	**5584**
(一)第一产业净收入	Net Income from Primary Industry	531	470
1.农业	Farming	353	291
2.林业	Forestry	12	12
3.牧业	Animal Husbandry	31	32
4.渔业	Fishery	135	134
(二)第二产业净收入	Net Income from Second Industry	644	737
(三)第三产业净收入	Net Income from Teriary Industry	4019	4377
三、财产净收入	**Net Income from Properties**	**3034**	**3337**
(一)利息净收入	Net Income from Interest	162	180
(二)红利收入	Income from Bonus	286	253
(三)储蓄性保险净收益	Income from Savings Insurance	10	12
(四)转让承包土地经营权租金净收入	Net Income from Land Management Rights Transfer	55	38
(五)出租房屋净收入	Ner Icome from Renting Houses	465	525
(六)出租其他资产净收入	Ner Icome from Renting Other assets	24	27
(七)自有住房折算净租金	Income from Net Rent Equivalent to the value of Owned housing	2004	2270
(八)其他	Others	27	32
四、转移净收入	**Net Income from Transfer**	**5131**	**5588**
(一)转移性收入	Income from Transfer	7362	8184
1.养老金或离退休金	Old-age Pensions	6726	7291
2.社会救济和补助	Relief and Pensions	28	49
3.惠农补贴	Subsidies for Agriculture from The Government	15	13
4.政策性生活补贴	Policy-living Allowance	54	116
5.报销医疗费	Allowance of Medical Expense	195	270
6.家庭外出从业人员寄回带回收入	Sent Back by Non-permanent Resident	150	194
7.赡养收入	Alimony Income	88	110
8.其他经常转移收入	Others	73	105
9.从政府和组织得到的实物产品和服务折价	Equivalent Monetary value of Physical products and services from The Government and other Organizations	35	35
(二)转移性支出	Expenditure for Transfers	2232	2596
1.个人所得税	Personal Income Tax	149	204
2.社会保障支出	Social Security Expenditure	1806	1999
3.外来从业人员寄给家人的支出	Sent to Familiy by Outland Employees	61	78
4.赡养支出	Alimony Expense	100	185
5.其他经常转移支出	Others	116	130

10-10 农村居民可支配收入
Disposable Income of Rural Households

单位：元/人 (yuan/person)

指标名称	Indicator	2017	2018
可支配收入	**Diaposable Income**	**15118**	**16297**
一、工资性收入	**Income of Wages and Salaries**	**6069**	**6550**
(一)工资	Wage	6020	6487
(二)实物福利	Benefits in kind	21	28
(三)其他	Others	28	35
二、经营净收入	**Net Business Income**	**6730**	**7194**
(一)第一产业净收入	Net Income from Primary Industry	3994	4140
1.农业	Farming	3278	3400
2.林业	Forestry	194	205
3.牧业	Animal Husbandry	468	473
4.渔业	Fishery	54	62
(二)第二产业净收入	Net Income from Second Industry	509	602
(三)第三产业净收入	Net Income from Teriary Industry	2226	2452
三、财产净收入	**Net Income from Properties**	**391**	**429**
(一)利息净收入	Net Income from Interest	67	84
(二)红利收入	Income from Bonus	26	53
(三)储蓄性保险净收益	Income from Savings Insurance	8	10
(四)转让承包土地经营权租金净收入	Net Income from Land Management Rights Transfer	163	171
(五)出租房屋净收入	Net Income from Renting Houses	50	29
(六)出租其他资产净收入	Net Income from Renting Other assets	5	5
(七)自有住房折算净租金	Income from Net Rent Equivalent to the value of Owned housing		
(八)其他	Others	72	78
四、转移净收入	**Net Income from Transfer**	**1928**	**2124**
(一)转移性收入	Income from Transfer	2401	2708
1.养老金或离退休金	Old-age Pensions	936	1144
2.社会救济和补助	Relief and Pensions	45	56
3.惠农补贴	Subsidies for Agriculture from The Government	202	204
4.政策性生活补贴	Policy-living Allowance	19	45
5.报销医疗费	Allowance of Medical Expense	218	248
6.家庭外出从业人员寄回带回收入	Sent Back by Non-permanent Resident	725	677
7.赡养收入	Alimony Income	167	225
8.其他经常转移收入	Others	55	74
9.从政府和组织得到的实物产品和服务折价	Equivalent Monetary value of Physical products and services from The Government and other Organizations	33	36
(二)转移性支出	Expenditure for Transfers	473	584
1.个人所得税	Personal Income Tax	4	8
2.社会保障支出	Social Security Expenditure	396	457
3.外来从业人员寄给家人的支出	Sent to Familiy by Outland Employees	1	1
4.赡养支出	Alimony Expense	26	43
5.其他经常转移支出	Others	47	74

10-11　全体居民消费支出
Expense on Consumption of All Households

单位：元/人　　(yuan/person)

指 标 名 称	Indicator	2017	2018
消费支出	**Expense on Household Consumption**	**17281**	**18780**
一、食品烟酒	Food,Tobacco and liquor	4715	5031
二、衣着	Clothing	1375	1392
三、居住	Residence	3566	3929
四、生活用品及服务	Supplies and Services	1260	1394
五、交通通信	Transport and Communications	2568	2834
六、教育文化娱乐	Recreation,Education and Cultural	1948	2174
七、医疗保健	Health care	1484	1628
八、其他用品及服务	Others	364	398

10-12　城镇居民消费支出
Expense on Consumption of Urban Households

单位：元/人　　(yuan/person)

指 标 名 称	Indicator	2017	2018
消费支出	**Expense on Household Consumption**	**23072**	**24798**
一、食品烟酒	Food,Tobacco and liquor	6180	6529
二、衣着	Clothing	2034	2008
三、居住	Residence	4895	5302
四、生活用品及服务	Supplies and Services	1736	1901
五、交通通信	Transport and Communications	3284	3605
六、教育文化娱乐	Recreation,Education and Cultural	2622	2903
七、医疗保健	Health care	1781	1966
八、其他用品及服务	Others	540	584

10−13 农村居民消费支出
Expense on Consumption of Rural Households

单位：元/人 (yuan/person)

指标名称	Indicator	2017	2018
消费支出	**Expense on Household Consumption**	**10342**	**11270**
一、食品烟酒	Food,Tobacco and liquor	2960	3162
二、衣着	Clothing	585	622
三、居住	Residence	1974	2214
四、生活用品及服务	Supplies and Services	690	762
五、交通通信	Transport and Communications	1710	1873
六、教育文化娱乐	Recreation,Education and Cultural	1141	1266
七、医疗保健	Health care	1129	1205
八、其他用品及服务	Others	152	166

10−14 居民家庭能源消费数量和金额(2018年)
Energy consumption of Households(2018)

指标名称	Indicator	全体居民 All Households		城镇居民 Urban Households		农村居民 Rural Households	
		数量 Amount	金额 (元/人) Money (yuan/person)	数量 Amount	金额 (元/人) Money (yuan/person)	数量 Amount	金额 (元/人) Money (yuan/person)
一、生活用电 (度)	**Electricity Consumption (kwh)**	**520.9**	**294.6**	**590.7**	**334.3**	**433.7**	**245.0**
二、生活用燃料	**Living With Fuel**						
(一)燃气	Gas						
1.罐装液化石油气 (公斤/人)	Bottled LPG (kg/person)	6.7	40.5	4.1	23.8	10.1	61.3
2.管道煤气 (立方米/人)	Gas Pipeline (Cum/person)	1.2	3.7	1.8	5.1	0.5	2.0
3.管道天然气 (立方米/人)	Natural gas pipeline (Cum/person)	21.7	56.1	35.0	91.6	5.1	11.8
(二)燃料用油	Fuel Oil						
1.汽油 (升/人)	Gasoline (Liters/person)	0.3	2.0	0.4	2.5	0.2	1.3
2.柴油 (升/人)	Diesel Oil (Liters/person)						
(三)其他燃料	Other Fuels						
1.煤炭 (公斤/人)	Coke (kg/person)	116.4	115.9	50.4	52.3	198.7	195.3
2.柴 (公斤/人)	Firewood (kg/person)					0.10	0.40
3.草 (公斤/人)	Grass (kg/person)						
4.沼气 (立方米/人)	Biogas (Cum/person)						

10-15 居民家庭食品消费数量(2018年)
Food Consumption of Households(2018)

单位：公斤/人 (kg/person)

指标名称	Indicator	全体居民 All Households	城镇居民 Urban Households	农村居民 Rural Households
一、粮食	**Grain**	**117.2**	**106.8**	**130.2**
(一)谷物	Cereal	107.1	96.4	120.5
1.大米	Wheat	13.3	14.9	11.2
2.面粉	Rice	84.0	72.5	98.3
3.玉米	Corn	3.6	2.4	5.0
4.其他谷物及制品	Others	6.3	6.6	6.0
(二)薯类	Tubers	1.9	1.9	1.8
1.红薯	Sweet Potato	0.9	0.8	0.9
2.马铃薯	Potato	0.6	0.6	0.5
3.其他薯类及制品	Others	0.4	0.5	0.4
(三)豆类	Beans	8.2	8.5	7.9
1.大豆	Soybean	0.6	0.4	0.9
2.其他豆类	Others	7.6	8.1	7.0
二、食用油	**Cooking oil**	**7.6**	**7.5**	**7.7**
(一)食用植物油	Edible vegetable oil	7.5	7.3	7.6
(二)食用动物油	Edible animal oil	0.1	0.1	0.1
三、蔬菜及食用菌	**Vegetables and Mushroom**	**92.8**	**102.3**	**80.9**
(一)鲜菜	Fresh Vegetables	89.5	98.3	78.5
(二)干菜及菜制品	Dried Vegetables and Products	1.4	1.7	1.0
(三)鲜菌	Fresh Mushrooms	1.7	2.1	1.3
(四)干菌及制品	Dry Bacteria and Products	0.2	0.2	0.2
四、肉禽及制品	**Products of Meat and Poultry**	**29.9**	**33.2**	**25.9**
(一)肉类	Meat	23.9	26.7	20.4
1.猪肉	Pork	15.9	17.0	14.6
2.牛肉	Beef	1.2	1.8	0.5
3.羊肉	Mutton	1.0	1.3	0.6
4.其他肉类及制品	Other meat and Processed Products	5.7	6.6	4.7
(二)禽类	Poultry	6.0	6.5	5.5
1.鸡	Chickens	3.8	3.9	3.7
2.鸭	Ducks	0.1	0.1	0.1
3.鹅	Gooses			
4.其他禽类及制品	Other Poultry and Processed Products	2.1	2.5	1.6
五、水产品	**Aquatic Products**	**12.1**	**16.0**	**7.2**
(一)鱼类	Fish	6.1	7.3	4.8
(二)虾蟹贝类	Shrimp,Shellfish and Crab	4.4	6.7	1.7
(三)藻类	Algae	0.2	0.3	0.1
(四)其他水产品及制品	Others	1.3	1.8	0.7
六、蛋类	**Eggs and Products**	**16.0**	**17.1**	**14.6**
(一)鲜蛋	Fresh Eggs	15.6	16.6	14.4
(二)蛋制品	Egg Products	0.4	0.5	0.2
七、奶类	**Milk and Dairy Products**	**16.4**	**21.0**	**10.7**
(一)鲜奶	Fresh Milk	10.8	13.8	7.0
(二)酸奶	Yoghurt	4.2	5.5	2.5
(三)奶粉	Milk Powder	0.5	0.6	0.3
(四)其他奶制品	Other Milk Products	1.0	1.1	0.9
八、干鲜瓜果类	**Dried and Fresh Melons and Fruits**	**74.2**	**85.1**	**60.6**
(一)鲜瓜果	Fresh Melons and Fruits	68.0	77.9	55.5
(二)瓜果制品	Processed Products of melons and Fruits	1.6	2.0	1.1
(三)坚果类	Nuts and Processed Products	4.6	5.2	3.9
九、糖果糕点类	**Candy and Pastry**	**7.7**	**9.0**	**6.2**
(一)食糖	Sugar	0.9	0.9	0.9
(二)糖果	Candy	0.6	0.7	0.4
(三)糕点	Pastry	5.3	6.2	4.2
(四)其他糖果糕点	Others	0.9	1.1	0.7

10-16 居民家庭住房和耐用消费品拥有情况(2018年)
Household Ownership of Housing and Durables Consumer Goods(2018)

单位：% (%)

指标名称	Indicator	全体居民 All Households	城镇居民 Urban Households	农村居民 Rural Households
一、现住房情况	**Housing Condition**			
(一)人均住房建筑面积 (平方米)	Per Capita Construction Area of Building (sq.m)	39.6	36.8	43.2
(二)按居住空间样式分的户数比重	Proportion of Housing Style			
1.单栋楼房	Single Building Housing	6.2	5.0	7.9
2.单栋平房	Single Bungalow	46.6	15.8	87.1
3.单元房	Units Housing	44.6	76.8	2.2
4.筒子楼或连片平房	Tube-shaped Apartment or Contiguous Bungalow	2.4	2.3	2.5
5.其他	Others	0.3	0.2	0.4
(三)按主要建筑材料分的户数比重	Proportion of Housing Building Materials			
1.钢筋混凝土	Reinforced Concrete	37.4	60.0	7.8
2.砖混材料	Brick and Concrete Materials	41.1	34.0	50.5
3.砖瓦砖木	Brick and Wood Materials	20.8	5.7	40.7
4.竹草土坯	Bamboo,Grass, Adobe Materials	0.6	0.4	0.9
5.其他	Others	0.1	0.1	0.1
(四)按房屋来源分的户数比重	Proportion of Housing Source			
1.租赁住房	Leasehold	2.0	3.4	
2.自建住房	Self-built	54.1	21.7	96.7
3.购买商品房	Commercial Housing	27.0	47.3	0.3
4.购买房改住房	Reform Housing	5.5	9.5	0.2
5.购买保障性住房	Indemnificatory Housing	1.0	1.7	
6.拆迁安置房	Resettlement Housing	9.3	14.9	1.8
7.继承或获赠住房	Inheritance or Gift Housing	0.5	0.4	0.7
8.其他	Others	0.7	1.1	0.2
(五)住房外道路为硬化路面的户比重	Proportion of Hardening Road Near Housing	95.3	98.5	91.0
二、生活设施状况	**Living Condition**			
(一)饮用水状况	Drinking Water Condition			
1.是否有管道设施	Pipeline Facilities Condition			
①管道供水入户	Pipeline into Housing	93.3	97.9	87.3
②管道供水至公共取水点	Pipeline into Public Points	1.7	0.5	3.3
③没有管道设施	No Pipeline Facilities	4.9	1.5	9.4
2.主要饮用水来源	Source of Drinking Water			
①经过净化处理的自来水	Tap Water	82.8	90.8	72.2
②受保护的井水和泉水	Protected Wells and Springs	13.7	6.6	22.9
③不受保护的井水和泉水	Non-Protected Wells and Springs	2.0	0.7	3.8
④江河湖泊水	Rivers and Lakes Water	0.1	0.1	0.1
⑤其他饮用水来源	Others(%)	1.5	1.9	0.9

10-16 续表 continued

单位：%　　(%)

指 标 名 称	Indicator	全体居民 All Households	城镇居民 Urban Households	农村居民 Rural Households
3.获取饮用水存在的主要困难	Major Difficulty on Obtaining Drinking Water			
①单次取水往返时间超过半小时	Round-trip Time More Than Half Hour	0.2	0.1	0.4
②间断或定时供水	Intermittent or Regular Supply	4.8	1.8	8.8
③当年连续缺水超过15天	Water over More than 15 days			
④获取饮用水无困难	No Difficulty	95.0	98.1	90.9
4.饮用前家里采取的主要处理措施	Treatment of Drinking Water			
①煮沸	Boiling	91.4	90.4	92.8
②加漂白剂/氯等	Add bleach / chlorine	0.3	0.1	0.5
③使用水过滤器	Water Filter	4.8	6.8	2.3
④其他处理措施	Others	0.8	0.6	1.2
⑤没有任何水处理措施	No Treatment	2.7	2.3	3.2
(二)住宅内厕所状况	Toilet Condition			
1.水冲式卫生厕所	Flushing Sanitary Toilet	70.7	90.2	45.1
2.水冲式非卫生厕所	Flushing Non-Sanitary Toilet	2.4	0.7	4.6
3.卫生旱厕	Sanitary toilet	12.6	4.0	23.9
4.普通旱厕	Ordinary Toilet	14.3	5.0	26.5
5.无厕所	No Toilet			
(三)主要炊用能源	Major Source of Cooking			
1.天然气、煤气、液化石油气	Natural Gas, Coal Gas, Liquefied Petroleum Gas	69.8	88.9	44.6
2.煤炭	Coal	4.1	1.1	8.1
3.电	Electricity	18.0	8.7	30.1
4.沼气	Biogas			0.10
5.其他	Others	8.1	1.2	17.2
三、每百户耐用消费品拥有情况	**Number of Durable Consumer Goods Owned by Per 100 Households**			
(一)家用汽车 (辆)	Automobiles (unit)	46.7	58.2	31.5
(二)摩托车 (辆)	Motorcycles (unit)	28.0	14.4	45.9
(三)电冰箱(柜) (台)	Refrigerators (unit)	102.6	105.0	99.5
(四)洗衣机 (台)	Washing Machines (unit)	98.1	100.0	95.4
(五)热水器 (台)	Water Heaters (unit)	95.3	102.4	86.1
其中：太阳能热水器 (台)	Solar Water Heaters (unit)	67.2	57.8	79.5
(六)空调 (台)	Air Conditioner (unit)	118.5	145.3	83.3
(七)彩色电视机 (台)	Color TV Sets (unit)	106.5	106.0	107.2
(八)摄像机 (台)	Pickup Cameras (unit)			
(九)照相机 (台)	Cameras (unit)	18.7	30.2	3.6
(十)计算机 (台)	Computers (unit)	61.7	80.0	37.7
其中：接入互联网的计算机 (台)	Computers With Internet Access (unit)	50.1	66.2	29.0
(十一)中高档乐器 (架)	High-grade Instruments (unit)	8.0	13.2	1.1
(十二)固定电话 (线)	Fixed-line Phones (unit)	17.6	19.6	15.0
(十三)移动电话 (部)	Mobile Phones (unit)	231.4	233.1	229.1
其中：接入互联网的移动电话 (部)	Mobile Phones With Internet Access (unit)	156.5	174.9	132.3
(十四)健身器材	Fitness Equipment	5.5	8.9	1.1

10−17 社区基础设施和居民享有的基本社会服务情况(2018年)
Community Infrastructure and Basic Social Services(2018)

单位：% (%)

指标名称	Indicator	全体居民 All Households	城镇居民 Urban Households	农村居民 Rural Households
一、社区基础设施情况和基本公共服务	**Community Infrastructure and Basic Social Services**			
(一)社区通公路的户比重	Proportion of Community Access Roads	100.0	100.0	100.0
(二)社区能便利地乘坐公共汽车的户比重	Proportion of Communities Through Bus	91.4	98.6	81.8
(三)社区通电的户比重	Proportion of Community Having Powered	100.0	100.0	100.0
(四)社区通电话的户比重	Proportion of Community Having Phone	100.0	100.0	100.0
(五)社区能接收有线电视信号的户比重	Proportion of Communities Can Receive TV signals	100.0	100.0	100.0
(六)社区饮用水经过了集中净化处理的户比重	Proportion of Community Drinking Purification water	88.1	93.1	81.5
(七)社区主要饮用水水源无化学污染的户比重	Proportion of Community Water Source Free of Chemical Contamination	99.9	99.9	100.0
(八)社区开通了管道燃气的户比重	Proportion of Community Open Gas Pipeline	49.6	81.9	7.1
(九)社区有集中供暖的户比重	Proportion of Community Have Central Heating	45.9	78.7	2.8
(十)按进社区道路状况分的户比重	Proportion of Road Into the Community			
1.水泥或柏油路面	Cement or Asphalt Road	99.6	99.8	99.3
2.沙石或石板等硬质路面	Hardening Road	0.2	0.2	0.3
3.其他	Others	0.2		0.5
(十一)按社区内主要道路状况分的户比重	Proportion of Community Road Conditions			
1.水泥或柏油路面	Cement or Asphalt Road	97.4	99.3	94.9
2.沙石或石板等硬质路面	Hardening Road	1.9	0.7	3.5
3.其他	Others	0.7		1.6
(十二)社区主要道路有路灯的户比重	Proportion of Community Main Road Have Streetlights	97.5	99.0	95.6
(十三)社区内垃圾能集中处理的户比重	Proportion of Community Can Focus Process Garbage	99.3	99.8	98.7
(十四)社区有健身器材的户比重	Proportion of Community With Fitness Equipment	92.6	94.9	89.6
(十五)社区有绿化园林景观的户比重	Proportion of Community Have Green Landscape	62.1	79.6	39.0
(十六)社区有卫生站(室)的户比重	Proportion of Community Have Health Stations	88.3	92.4	82.9
(十七)按上幼儿园便利程度分的户比重	Proportion of Classification by Kindergarten			
1.社区内有，且便利	Community kindergarten,Convenience	55.4	65.5	42.2
2.社区内无，但入园较便利	No Community kindergarten,Convenience	41.5	33.9	51.6
3.不便利	No Convenience	3.0	0.6	6.2
(十八)按上小学便利程度分的户比重	Proportion of Classification by Primary school and Convenience			
1.社区内有，且便利	Community Primary school,Convenience	36.0	42.4	27.5
2.社区内无，但入学较便利	No Community Primary school,Convenience	61.7	56.9	67.9
3.不便利	No Convenience	2.4	0.6	4.6
(十九)社区本年度未发生盗窃或其他刑事案件的户比重	Proportion of Community Without Theft or Other Criminal Cases	92.1	89.2	96.0
(二十)社区有安全保卫的户比重	Proportion of Community with Security	71.8	83.0	57.2
(二十一)行政村拥有合法行医证的医生的户比重	Proportion of Village have Legitimate Doctor	41.4	13.2	78.5
(二十二)行政村有合格接生员的户比重	Proportion of Village Have Qualified Midwives	3.7	2.8	4.9
二、社会保障	**Social Securities**			
参加医疗保险或享受公费医疗的人数比重	Proportion of Participated Medical Insurance or Public Health Services			
1.新型农村合作医疗	New Rural Cooperative Medical	47.6	22.1	79.5
2.城镇职工基本医疗保险	Urban Basic Medical Insurance	25.3	41.5	5.2
3.(城镇)居民基本医疗保险	Resident Basic Medical Insurance	26.7	32.9	18.9
4.公费医疗	Public Health Services	0.3	0.5	0.1
5.商业医疗保险	Commercial Medical Insurance	2.2	3.2	1.0
6.其他医疗保险	Others	0.5	0.7	0.3
7.没有参加任何医疗保险	No Medical Insurance	2.0	2.7	1.2

10-18 各市城镇居民主要指标(2018年)
Major Indicatous of Urban Households by Region(2018)

单位:元/人 (yuan/person)

地区	Region	可支配收入 Disposable Income	工资性收入 Income of Wages and Salaries	经营净收入 Net Business Income	财产净收入 Net Income from Properties	转移净收入 Net Income from Transfer	消费支出 Expense on Household Consumption
济南市	Jinan	50146	28108	2757	9616	9664	32977
青岛市	Qingdao	50817	30955	7837	4789	7237	32890
淄博市	Zibo	42277	29119	4326	3873	4960	26973
枣庄市	Zaozhuang	32001	23176	4307	1741	2777	18549
东营市	Dongying	47912	33494	3728	4291	6399	28900
烟台市	Yantai	44875	26644	7950	3975	6306	29495
潍坊市	Weifang	39042	21994	7971	3790	5288	24417
济宁市	Jining	34796	23818	3580	2353	5043	20825
泰安市	Tai'an	35196	22401	5740	2704	4352	20862
威海市	Weihai	45896	27339	8075	3683	6799	29975
日照市	Rizhao	33280	24304	5404	2145	1426	20573
莱芜市	Laiwu	37401	28431	2125	1951	4894	21304
临沂市	Linyi	35727	19828	11882	2189	1828	17090
德州市	Dezhou	26562	17033	5918	1874	1737	16272
聊城市	Liaocheng	27276	20061	4245	1756	1214	15828
滨州市	Binzhou	35049	22331	4906	2948	4865	23097
菏泽市	Heze	26176	12334	6045	2648	5149	16787

10-18 续表 continued

单位:元/人 (yuan/person)

地区	Region	食品烟酒 Food, Tobacco and liquor	衣着 Clothing	居住 Residence	生活用品及服务 Supplies and Services	交通通信 Transport and Communications	教育文化娱乐 Recreation, Education and Cultural	医疗保健 Health care	其他用品及服务 Others
济南市	Jinan	7758	1911	10368	2446	4341	3411	2047	696
青岛市	Qingdao	7994	2273	9571	1865	4830	3280	2331	746
淄博市	Zibo	6764	2545	6102	2155	3681	3386	1823	516
枣庄市	Zaozhuang	5446	1636	3990	1594	2376	2061	1050	394
东营市	Dongying	6758	3083	6437	1894	5016	3194	1854	665
烟台市	Yantai	8828	3086	6447	1967	3928	2521	1829	889
潍坊市	Weifang	5616	1768	4834	1721	4788	3055	2181	454
济宁市	Jining	6072	1651	4141	1793	2631	2505	1558	474
泰安市	Tai'an	5300	1768	4538	1547	2702	2586	1971	449
威海市	Weihai	7829	3118	4961	2256	5150	2938	2681	1043
日照市	Rizhao	5998	1751	3540	1394	4010	2114	1006	761
莱芜市	Laiwu	5322	1894	5185	1673	3133	2413	1391	292
临沂市	Linyi	4484	1575	3594	1243	3379	1717	830	268
德州市	Dezhou	4582	1266	3934	875	2426	1529	1349	312
聊城市	Liaocheng	4736	1497	3296	861	1952	1900	1233	353
滨州市	Binzhou	6261	2041	5060	1723	3263	2614	1565	569
菏泽市	Heze	4829	1161	3956	1071	1958	1911	1619	282

10-19 各市农村居民主要指标(2018年)
Major Indicators of Rural Households by Region(2018)

单位:元/人 (yuan/person)

地 区	Region	可支配收入 Disposable Income	工资性收入 Income of Wages and Salaries	经营净收入 Net Business Income	财产净收入 Net Income from Properties	转移净收入 Net Income from Transfer	消费支出 Expense on Household Consumption
济南市	Jinan	17924	10200	6295	465	965	11172
青岛市	Qingdao	20820	11684	8487	310	339	13885
淄博市	Zibo	18273	14055	2493	460	1265	13035
枣庄市	Zaozhuang	15345	8516	5383	109	1337	10073
东营市	Dongying	17485	8001	7256	1658	571	13258
烟台市	Yantai	19425	8615	8101	817	1892	13899
潍坊市	Weifang	18719	10288	6298	661	1471	12126
济宁市	Jining	16055	10581	4523	152	800	10452
泰安市	Tai'an	16959	9570	3880	164	3346	10942
威海市	Weihai	20423	10646	5744	412	3620	12704
日照市	Rizhao	15785	9550	4996	182	1057	8538
莱芜市	Laiwu	17468	7903	7905	209	1450	12263
临沂市	Linyi	13638	7309	5172	175	983	8698
德州市	Dezhou	14564	7386	5445	136	1597	11681
聊城市	Liaocheng	13492	5930	5473	239	1850	9853
滨州市	Binzhou	16061	5867	7741	371	2082	11224
菏泽市	Heze	12848	4003	4841	82	3923	10241

10-19 续表 continued

单位:元/人 (yuan/person)

地 区	Region	食品烟酒 Food, Tobacco and liquor	衣着 Clothing	居住 Residence	生活用品及服务 Supplies and Services	交通通信 Transport and Communications	教育文化娱乐 Recreation, Education and Cultural	医疗保健 Health care	其他用品及服务 Others
济南市	Jinan	3410	551	2549	721	1728	1109	927	176
青岛市	Qingdao	4204	770	3264	801	2358	1447	742	300
淄博市	Zibo	3666	893	2513	853	1931	1623	1385	172
枣庄市	Zaozhuang	3098	754	1928	762	1427	1154	734	216
东营市	Dongying	3100	710	2760	628	3639	1635	645	141
烟台市	Yantai	4754	1087	2648	790	1946	1156	1149	370
潍坊市	Weifang	3401	685	2412	777	1970	1457	1188	237
济宁市	Jining	3021	660	1815	767	1810	1220	995	163
泰安市	Tai'an	3356	612	2054	728	1402	1320	1303	167
威海市	Weihai	3564	1067	2166	888	1957	1208	1627	226
日照市	Rizhao	2729	787	1932	631	1303	751	326	79
莱芜市	Laiwu	3731	671	2655	712	1868	957	1535	133
临沂市	Linyi	2500	519	2104	662	1150	965	694	104
德州市	Dezhou	3469	645	3618	664	1550	684	902	148
聊城市	Liaocheng	3008	560	2034	606	1197	1237	1009	201
滨州市	Binzhou	3230	616	2096	721	1990	1305	1080	186
菏泽市	Heze	3454	732	1585	629	1471	1331	915	126

主要统计指标解释

可支配收入 指调查户在调查期内获得的、可用于最终消费支出和储蓄的总和，即调查户可以用来自由支配的收入。可支配收入既包括现金，也包括实物收入。按照收入的来源，可支配收入包含四项，分别为：工资性收入、经营净收入、财产净收入、转移净收入。计算公式为：

可支配收入 = 工资性收入 + 经营净收入 + 财产净收入 + 转移净收入

其中：经营净收入 = 经营收入 − 经营费用 − 生产性固定资产折旧−生产税净额（生产税−生产补贴）

财产净收入 = 财产性收入 − 财产性支出

转移净收入 = 转移性收入 − 转移性支出

工资性收入 指就业人员通过各种途径得到的全部劳动报酬和各种福利，包括受雇于单位或个人、从事各种自由职业、兼职和零星劳动得到的全部劳动报酬和福利。

经营净收入 指住户或住户成员从事生产经营活动所获得的净收入，是全部经营收入中扣除经营费用、生产性固定资产折旧和生产税之后得到的净收入。

财产净收入 指住户或住户成员将其所拥有的金融资产、住房等非金融资产和自然资源交由其他机构单位、住户或个人支配而获得的回报并扣除相关的费用之后得到的净收入。财产净收入包括利息净收入、红利收入、储蓄性保险净收益、转让承包土地经营权租金净收入、出租房屋净收入、出租其他资产净收入和自有住房折算净租金等。

转移性收入 指国家、单位、社会团体对住户的各种经常性转移支付和住户之间的经常性收入转移。包括政府、非行政事业单位、社会团体对居民转移的养老金或退休金、社会救济和补助、惠农补贴、政策性生活补贴、救灾款、经常性捐赠和赔偿以及报销医疗费等；住户之间的赡养收入、经常性捐赠和赔偿以及农村地区（村委会）在外（含国外）工作的本住户非常住成员寄回带回的收入等。转移性收入不包括住户之间的实物馈赠。

转移性支出 指调查户对国家、单位、住户或个人的经常性或义务性转移支付。包括缴纳的税款、各项社会保障支出、赡养支出、经常性捐赠和赔偿支出以及其他经常转移支出等。

消费支出 指住户用于满足家庭日常生活消费需要的全部支出，包括用于消费品的支出和用于服务性消费的支出。根据用途不同，消费支出可划分为食品烟酒、衣着、居住、生活用品及服务、交通通信、教育文化娱乐、医疗保健、其他用品及服务八大类。根据来源不同，消费支出可划分为现金消费支出、实物消费支出（含自产自用、来自单位、来自政府和其他社会组织）。

食品烟酒 指用于各种食品和烟草、酒类的支出，包括食品和烟酒两个中类。

衣着 指与居民穿着有关的支出，包括服装、服装材料、鞋类、其他衣类及配件、衣着相关加工服务的支出。

居住 指与居住有关的支出，包括房租、水、电、燃料、物业管理等方面的支出，也包括自有住房折算租金。

生活用品及服务 指家庭及个人的各类生活品及家庭服务。包括家具及室内装饰品、家用器具、家用纺织品、家庭日用杂品、个人用品和家庭服务。

交通通信 指用于交通和通信工具及相关的各种服务费、维修费和车辆保险等支出。

教育文化和娱乐 指用于教育和文化娱乐方面的支出。

医疗保健 指用于医疗和保健的药品、用品和服务的总费用。包括医疗器具及药品，以及医疗服务。

其他用品及服务 指无法直接归入上述各类支出的其他用品与服务支出。

就业者负担人数 指家庭人口与就业人口之比。

城镇家庭可支配收入(老口径) 指家庭成员得到可用于最终消费支出和其它非义务性支出以及储蓄的总和，即居民家庭可以用来自由支配的收入。它是家庭总收入扣除交纳的所得税、个人交纳的社会保障支出以及记账补贴后的收入。计算公式为：

可支配收入=家庭总收入−交纳所得税
−个人交纳的社会保障支出−记帐补贴

农村居民纯收入 指农村住户当年从各个来源得到的总收入相应地扣除所发生的费用后的收入总和。计算方法：

纯收入=总收入−家庭经营费用支出−税费支出
−生产性固定资产折旧

纯收入主要用于再生产投入和当年生活消费支出，也可用于储蓄和各种非义务性支出。“农民人均纯收入”按人口平均的纯收入水平，反映的是一个地区或一个农户农村居民的平均收入水平。

农村居民人均可支配收入与改革前的农民纯收入指标的主要区别是：可支配收入扣除了赠送农村以外亲友支出、农村居民用于购买住房、汽车等生活性贷款的利息支出，以及个人交纳的养老、医疗等社会保障支出，纯收入则不扣。同时，计算农村居民人均收入的分母调整为农村常住人口，调整了外出农民工寄带回收入的归类。

农村整、半劳动力 整劳动力指男子 18 周岁到 50 周岁，女子 18 周岁到 45 周岁；半劳动力指男子 16 周岁到 17 周岁，51 周岁到 60 周岁；女子 16 周岁到 17 周岁，46 周岁到 55 周岁，同时具有劳动能力的人。虽然在劳动年龄之内，但已丧失劳动能力的人，不应算为劳动力；超过劳动年龄，但能经常参加劳动，计入半劳动力数内。

Explanatory Notes on Main Statistical Indicators

Disposable Income refer to the households income sum that can be used for final consumption expenditure and savings during the period of investigation. Disposable income includes cash and real income. According to sources of income, disposable income includes the wage income, net operating income, net property income, and net transfer income. The formula for computing:

Disposable income = the wage income+ net operating income+net property income+net transfer income

Net operating income =
income - operating costs - depreciation of productive fixed assets - net taxes on production (production tax - production subsidies)

Net property income = income from property - property expenditure

The transfer of net income = income from transfer - transfer expenditure

Wage Income refers to income and all kinds of welfare obtained by laborers employed by different establishments, working independently or part time.

Net Operating Income refers to the net income from operation run by the members of households, and it equals to total income minus operating costs and depreciation of productive fixed assets and taxes on production.

Net Property Income refers to the net income obtained from the financial assets, non-financial assets such as housing and natural resources provided by its owners to other establishments, households or individuals. It includes net interest income, bonus, net income from saving insurance, net income from the transfer of the right to land contractual management, income from house renting, income from renting of other assets and net rental income of home ownership.

Income from Transfer refers to the current transaction between government, establishments, social organization and households, and to the income transaction between households. It includes annuity, pension, social relief, agricultural subsidy, disaster relief fund, and medical expense, which are provided by governments, institutions, social organizations. It also includes supporting expense, regular donations, and income provided by non-permanent population. It does not include donations between households.

Transfer Expenditure refers to the regular or obligatory expenditure provided by the households to governments, institutions, other households or residents. It includes taxes, social security expenditure, supporting expenditure, regular donation and compensation expenditure, etc.

Expense on Service Consumption refers to the consumption of all expenditure needs to meet the family daily life, including those for the consumer spending and for service consumption expenditure. According to different purposes, consumption can be divided into tobacco and food, clothing, housing, daily necessities and services, transportation and communication, education, culture and entertainment, health care, the other services. According to different sources, consumption can be divided into cash consumption, real consumer spending (including self occupied, from the unit, from the government and other social organizations).

Tobacco and Food refers to all kinds of expenditure on foods, tobaccos and beverages, including food and tobacco.

Clothing refers to the expenditure on clothes, clothing materials, shoes, accessories and charges for making clothes.

Housing refers to the expenditure related to residing, including rent, the expenditure of water, fuel, power and real estate management and net rental income of home ownership.

Daily Necessities and Services refers to the expenditure on daily necessities and home service, including the expenditures on furniture, decoration, appliance, textile, personal items and home service.

Transportation and Communication refers to the expenditure on transportation, communication, related service, maintenance, and vehicle insurance.

Education, Culture and Entertainment refers to the expenditure on education, culture and entertainment.

Health Care refers to the expenditure on health care, medicine, related products and service.

Other Services refers to the expenditure on the service that cannot be included in the services mentioned above.

Number of Dependents per Employee refers to the ratio between number of persons in households and the number of dependents.

Disposable Income of Households (in previous scope) refers to the households' income sum used for final consumption expenditure and savings during the period of investigation, meaning the income that is disposable for households. Disposable income is the general income of households minus income tax, social security expenditure and subsidy for account-keeping. The formula for computing:

Disposable Income of Households = general income-income tax- personal social security expenditure - subsidy for account keeping

Rural Households Net Income refers to the total income of rural households from all sources minus all corresponding expenses. The formula for calculation is as follows:

Net income=total income-household operation expenses-taxes and fees -depreciation of fixed assets for production

Net income is mainly used as input for reproduction and as consumption expenditure of the year, and also used for savings and non-compulsory expenses of various forms. "Per capita net income of farmers" is the level of net income averaged by population which reflects the average income level of rural households in a given area.

The main difference between rural household disposable income and rural household net income is that the disposable income does not include the expenditure of donations to urban relatives, the expenditure on house purchasing, interest expenditure on consumer loans, and expenditure on pension and health care, but the net income includes all the expenditure mentioned above. When calculating the average income of rural household, the denominator

is changed to permanent rural residents and the classification of income brought back by migrant workers is also changed.

Rural Full/Semi Labor Force Full labor force refers to persons capable of work, aged 18-50 for males and 18-45 for females. Semi labor force refers to persons capable of work, aged 16-17 and 51-60 for males and 16-17 and 46-55 for females. Persons at their working ages but not capable of work are not to be included as labor force. Persons not at working ages but participating regularly in work are included in semi labor force. For staff and workers as resident population of the household, they are included as full or semi labor force of the household if they are in the labor force.

第11篇

城市建设

City Construction

简 要 说 明

一、本篇资料的主要内容

本篇资料反映了全省各城市基础设施基本情况，包括市政设施、设施水平、供水、公共交通、园林绿化、燃气供热和建设用地等方面的资料。

二、本篇资料的来源

本篇资料来源于省住房和城乡建设厅和省交通运输厅，由山东省统计局综合处和服务业处整理提供。

Brief Introduction

I. Content

Data in this chapter show the basic conditions of public facilities of main cities in Shandong, including urban construction and infrastructure, water supply, public communications, urban greenery, gas and heating and land for construction, etc.

II. Source of Data

Data in this chapter are provided by the Housing and Urban-Rural Development and Transportation Department of Shandong Province. Data in this chapter are prepared and compiled by the Division of Comprehensive Statistics and the Division of Comprehensive Service Statistics of Shandong Provincial Bureau of Statistics.

11−1　城市基础设施
Basic Statistics on Urban Infrastructure

指 标 名 称		Item		2015	2016	2017	2018
一、设施水平		**Urban Facilities**					
城市人口密度	(人/平方公里)	Population Density	(person/sq.km)	1452	1502	1554	1622
人均日生活用水量	(升)	Per Capita Daily Water Consumption	(litre)	138.5	132.8	126.7	126.6
用水普及率	(%)	Coverage Rate of Water Supply	(%)	100.0	99.8	99.8	99.4
燃气普及率	(%)	Coverage Rate of Natural Gas Supply	(%)	99.4	99.5	99.6	99.2
人均城市道路面积	(平方米)	Per Capita Area of Roads	(sq.m)	25.8	24.7	25.1	25.3
建成区排水管道密度 (公里/平方公里)		Built-up Area Density of Sewage Pipelines	(km/sq.km)	11.3	11.8	11.4	11.5
人均公园绿地面积	(平方米)	Per Capita Public Green Areas	(sq.m)	17.4	17.9	17.8	17.6
建成区绿化覆盖率	(%)	Coverage Rate of Urban Green Areas	(%)	42.3	42.3	42.1	41.8
二、供水情况		**Water Supply**					
供水总量	(万立方米)	Volume of Water Supply	(10 000 cu.m)	355903	373322	385519	394788
#生产运营用水	(万立方米)	For Productive Use	(10 000 cu.m)	147925	155395	169031	166016
用水人口	(万人)	Population Using Water	(10 000 persons)	3129	3361	3527	3673
三、公共交通		**Public Transportation**					
公共汽电车客运总量	(万人次)	Volume of Passenger Traffic (Buses and Trolley Buses,etc.)	(10 000 person-times)	389972	390380	389909	385805
公共汽电车运营车数	(辆)	Number of Operating Vehicles (Buses and Trolley Buses,etc.)	(unit)	39734	47403	50642	53298
出租汽车数	(辆)	Number of Taxis	(unit)	61231	61397	61678	62138
四、市政设施		**Infrastructure by City**					
道路面积	(万平方米)	Area of Roads	(10 000 sq.m)	80847	83011	88799	93397
#人行道面积	(万平方米)	Area of Sidewalks	(10 000 sq.m)	16862	16794	17161	18473
道路长度	(公里)	Length of Roads	(km)	40426	40685	43580	45633
路灯盏数	(盏)	Number of Streetlights	(unit)	1864921	1869799	1941822	2008130
桥梁数	(座)	Numer of Bridges	(unit)	5212	5481	5440	5708
污水年排放量	(万吨)	Volume of Waste Water Discharged	(10 000 tons)	302129	320099	327755	340919
污水年处理量	(万吨)	Volume of Waste Water Treated	(10 000 tons)	289339	307953	317772	332217
五、园林绿化		**Parks,Gardens and Green Areas**					
园林绿地面积	(公顷)	Garden Green Area	(ha)	213517	225794	235690	243368
公园绿地面积	(公顷)	Park Green Area	(ha)	54345	60336	63042	65179
绿化覆盖面积	(公顷)	Coverage of Green Area	(ha)	240024	253328	267944	279143
#建成区绿化覆盖面积	(公顷)	Coverage of Urban Green Area	(ha)	194763	202635	209230	215930
公园个数	(个)	Number of Parks	(unit)	828	920	1090	1214
公园面积	(公顷)	Area of Parks	(ha)	34112	36771	37721	40554

11—2 城市设施水平(2018年)
Basic Statistics on Urban Infrastructure by City (2018)

城市名称	City	城市人口密度(人/平方公里) Population Density (person/sq.km)	人均日生活用水量(升) Per Capita Daily Water Consumption (litre)	用水普及率(%) Coverage Rate of Water Supply (%)	燃气普及率(%) Coverage Rate of Gas Supply (%)	人均城市道路面积(平方米) Per Capita Area of Roads (sq.m)	人均公园绿地面积(平方米) Per Capita Public Green Areas (sq.m)	建成区绿化覆盖率(%) Coverage Rate of Urban Green Areas (%)
合　计	**Total**	**1622**	**126.6**	**99.4**	**99.2**	**25.3**	**17.6**	**41.8**
济南市	Jinan	2494	142.5	100.0	100.0	23.3	12.0	40.7
青岛市	Qingdao	1660	152.5	100.0	100.0	19.2	16.7	39.2
胶州市	Jiaozhou	911	135.3	100.0	100.0	21.8	15.2	44.7
平度市	Pingdu	672	117.1	100.0	99.9	26.6	13.2	42.7
莱西市	Laixi	732	127.9	100.0	100.0	25.7	14.5	44.5
淄博市	Zibo	2588	125.7	100.0	100.0	28.6	19.7	45.2
枣庄市	Zaozhuang	2935	130.8	99.6	99.6	27.2	14.7	41.5
滕州市	Tengzhou	3767	158.3	100.0	100.0	21.5	14.9	36.1
东营市	Dongying	657	176.8	100.0	99.9	30.9	28.6	42.0
烟台市	Yantai	2392	104.1	95.7	96.9	28.5	15.9	39.9
龙口市	Longkou	2847	73.1	100.0	99.8	27.3	15.0	44.8
莱阳市	Laiyang	1139	62.1	96.1	95.7	16.5	16.3	37.5
莱州市	Laizhou	1086	87.0	97.5	97.8	19.7	14.0	39.8
蓬莱市	Penglai	1129	133.0	100.0	100.0	27.9	16.9	45.0
招远市	Zhaoyuan	1483	98.6	100.0	100.0	22.7	17.7	40.3
栖霞市	Qixia	5728	113.5	91.7	96.6	14.7	11.7	36.5
海阳市	Haiyang	992	105.2	99.7	99.6	17.6	15.4	42.6
潍坊市	Weifang	1262	120.2	100.0	100.0	28.5	18.4	41.9
青州市	Qingzhou	1217	109.9	100.0	100.0	29.3	21.2	43.4
诸城市	Zhucheng	1522	133.8	100.0	100.0	24.5	23.5	44.9
寿光市	Shouguang	1751	87.5	100.0	100.0	16.5	16.6	42.9
安丘市	Anqiu	1041	116.4	100.0	100.0	40.9	24.9	42.9
高密市	Gaomi	1486	123.8	100.0	100.0	30.3	17.0	38.5
昌邑市	Changyi	1486	208.4	100.0	100.0	20.6	18.4	39.1
济宁市	Jining	1785	116.9	100.0	98.9	34.1	18.0	41.5
曲阜市	Qufu	3242	100.2	100.0	98.3	25.1	15.9	41.2
邹城市	Zoucheng	3602	116.5	100.0	95.0	10.7	13.5	38.2
泰安市	Tai'an	1748	137.9	93.8	92.3	29.6	23.1	45.1
新泰市	Xintai	1118	106.7	100.0	100.0	25.1	18.6	44.9
肥城市	Feicheng	2282	117.5	100.0	100.0	23.1	17.1	41.1
威海市	Weihai	1534	137.8	100.0	100.0	34.5	26.2	45.8
荣成市	Rongcheng	884	80.3	100.0	100.0	30.4	25.9	46.0
乳山市	Rushan	1494	118.9	100.0	100.0	32.6	20.7	45.8
日照市	Rizhao	2229	139.1	100.0	99.9	21.4	19.4	43.1
莱芜市	Laiwu	1172	84.7	100.0	100.0	26.0	20.1	45.6
临沂市	Linyi	1713	112.8	100.0	99.3	21.6	20.9	42.1
德州市	Dezhou	1784	87.6	99.6	99.9	27.3	20.8	42.5
乐陵市	Leling	2604	161.4	100.0	99.8	28.3	13.7	39.1
禹城市	Yucheng	3348	99.0	98.3	99.1	22.9	23.3	38.7
聊城市	Liaocheng	2070	112.6	100.0	100.0	26.6	13.5	42.1
临清市	Linqing	1245	87.7	98.1	92.4	30.2	13.7	41.4
滨州市	Binzhou	1110	160.7	100.0	100.0	25.7	20.1	44.1
邹平市	Zouping	1919	109.5	100.0	100.0	29.9	15.1	39.8
菏泽市	Heze	2065	126.6	99.2	96.8	25.7	12.9	40.5

11-3 城市供水(2018年)
Urban Water Supply by City (2018)

城市名称	City	综合生产能力(万立方米/日) Production Capacity of Water Supply (10 000 cu.m/day)	地下水 Groundwater	供水管道长度(公里) Length of Water Supply Pioelines (km)	供水总量(万立方米) Volume of Water Supply (10 000 cu.m)	生产运营用水 For Productive Use	公共服务用水 For Public Service	居民家庭用水 For Households Use	用水人口(万人) Population with Access to Tap Water (10 000 persons)
合　计	**Total**	**1892.1**	**619.7**	**54629**	**394787.9**	**166016.0**	**43534.8**	**124769.8**	**3673.1**
济南市	Jinan	242.3	125.1	4437	48985.9	17684.7	4951.3	16663.8	415.5
青岛市	Qingdao	240.4	9.8	7531	53234.9	18087.3	9609.9	18523.7	512.7
胶州市	Jiaozhou	15.0	3.0	454	3775.5	900.3	1048.9	1212.2	45.9
平度市	Pingdu	14.0	8.0	619	3501.0	978.0	1014.0	1053.0	48.4
莱西市	Laixi	13.0	0.1	549	2915.9	715.5	751.4	765.7	32.8
淄博市	Zibo	153.8	106.7	3156	26170.1	12927.6	1564.9	6792.4	182.5
枣庄市	Zaozhuang	39.7	30.9	1533	9029.8	2539.1	445.1	4430.2	102.2
滕州市	Tengzhou	26.0	15.5	1082	5570.0	2364.0	469.0	1870.0	40.5
东营市	Dongying	97.5		1949	16796.1	8707.7	2156.5	3603.4	91.2
烟台市	Yantai	106.7	11.2	3667	19360.2	9140.7	1541.8	6409.9	209.3
龙口市	Longkou	11.9	1.9	388	1835.1	720.0	246.7	543.0	29.6
莱阳市	Laiyang	12.4	0.4	352	1563.0	734.6	53.0	605.0	29.1
莱州市	Laizhou	10.5		737	2061.0	356.0	412.0	826.0	39.0
蓬莱市	Penglai	9.1	1.5	347	1641.5	538.8	274.5	595.0	17.9
招远市	Zhaoyuan	9.8	3.5	509	1715.7	887.0	258.7	478.0	20.5
栖霞市	Qixia	4.3	1.3	143	820.0	62.0	257.5	435.0	16.8
海阳市	Haiyang	11.4		445	1508.6	353.6	136.0	859.3	25.9
潍坊市	Weifang	75.1	20.0	2302	16811.4	8708.7	1743.6	4828.9	149.8
青州市	Qingzhou	18.3	15.3	801	3709.0	1844.8	345.0	1119.5	36.5
诸城市	Zhucheng	23.0	2.7	368	7701.0	4328.0	507.0	1919.0	49.7
寿光市	Shouguang	14.4	11.0	328	6994.6	4845.1	231.0	1606.0	57.5
安丘市	Anqiu	30.4	6.5	479	4355.0	2267.7	534.7	1067.6	37.7
高密市	Gaomi	32.1	11.6	315	7172.0	5161.1	183.0	1146.6	29.4
昌邑市	Changyi	13.5	13.5	117	4361.0	2814.0	8.0	1348.0	17.8
济宁市	Jining	71.5	71.5	1630	15798.1	6353.4	741.2	5302.4	157.7
曲阜市	Qufu	10.1	9.0	353	3070.0	1696.5	318.9	463.6	21.4
邹城市	Zoucheng	15.0	15.0	466	3675.5	1756.5	432.4	1026.5	35.3
泰安市	Tai'an	33.0	17.4	2885	7893.9	1840.0	2126.2	2723.7	96.4
新泰市	Xintai	17.5	1.0	829	3072.7	534.0	318.0	1836.0	55.5
肥城市	Feicheng	6.9	6.9	228	1904.0	298.0	362.0	979.0	31.3
威海市	Weihai	48.8	0.9	2809	9261.0	3085.8	1763.0	3108.2	96.9
荣成市	Rongcheng	19.7	1.2	1031	2668.1	1100.1	182.0	1092.0	43.5
乳山市	Rushan	13.5	1.5	598	1802.0	636.0	360.0	551.0	21.0
日照市	Rizhao	44.5	0.3	1751	7917.9	2149.7	1646.5	2884.5	90.0
莱芜市	Laiwu	24.4	9.6	531	4424.7	1215.0	161.5	2032.5	72.0
临沂市	Linyi	89.0	11.0	2654	24316.7	11837.8	1413.6	7595.9	218.8
德州市	Dezhou	60.0	0.6	1574	13097.5	8749.3	621.9	2801.5	107.0
乐陵市	Leling	9.2	6.1	112	2189.4	477.3	491.6	1042.8	26.0
禹城市	Yucheng	11.9	8.0	327	3003.5	2062.5	63.0	650.2	19.7
聊城市	Liaocheng	40.6	30.1	1452	10734.0	951.3	437.1	3307.0	91.1
临清市	Linqing	15.0	9.2	300	3215.4	1935.2	307.9	716.4	32.0
滨州市	Binzhou	66.3	0.4	1743	10959.8	4513.6	1390.7	3814.7	88.8
邹平市	Zouping	41.0	6.0	146	6330.7	4166.1	78.0	1509.6	39.7
菏泽市	Heze	29.7	14.7	604	7864.8	2991.8	1575.9	2631.2	91.0

11-4 城市公共交通(2018年)
Public Transportation by City(2018)

城市名称	City	公共汽电车 Bus and Trolley Bus				出租汽车数(辆) Number of Taxis (unit)
		运营车数(辆) Number of Operating Vehicles (unit)	标准运营车数(标台) Number of Standard Operating Vehicles (unit)	运营线路总长度(公里) Length of Operation Lines (km)	客运总量(万人次) Volume of Passenger Traffic (10 000 person -times)	
合　计	**Total**	**53298**	**60198**	**110429**	**385805**	**62138**
济 南 市	Jinan	6733	8449	7017	75879	9267
青 岛 市	Qingdao	8563	10884	15493	108712	10867
胶 州 市	Jiaozhou	1015	1125	1426	5151	449
平 度 市	Pingdu	997	922	3810	2884	374
莱 西 市	Laixi	286	324	2121	990	287
淄 博 市	Zibo	1993	2228	5276	15293	6110
枣 庄 市	Zaozhuang	1575	1627	2952	7231	834
滕 州 市	Tengzhou	1230	1339	2276	8200	705
东 营 市	Dongying	1200	1374	3434	6192	3105
烟 台 市	Yantai	2190	2660	3513	30394	2183
龙 口 市	Longkou	330	383	996	1578	442
莱 阳 市	Laiyang	126	129	144	1091	399
莱 州 市	Laizhou	142	148	184	780	450
蓬 莱 市	Penglai	313	326	1071	1362	603
招 远 市	Zhaoyuan	384	365	2460	1312	374
栖 霞 市	Qixia	67	67	380	165	366
海 阳 市	Haiyang	137	138	122	1146	394
潍 坊 市	Weifang	1629	2085	2819	12058	2273
青 州 市	Qingzhou	461	427	668	2870	497
诸 城 市	Zhucheng	487	521	1456	3087	372
寿 光 市	Shouguang	672	626	2041	1861	376
安 丘 市	Anqiu	491	511	725	2294	292
高 密 市	Gaomi	235	232	663	562	332
昌 邑 市	Changyi	363	360	587	1064	211
济 宁 市	Jining	2510	2796	3199	11731	2060
曲 阜 市	Qufu	348	317	1129	1278	209
邹 城 市	Zoucheng	1483	1505	1717	2885	797
泰 安 市	Tai'an	2359	2428	3163	8641	1292
新 泰 市	Xintai	749	698	2626	1928	258
肥 城 市	Feicheng	423	411	818	1383	402
威 海 市	Weihai	1400	1617	4372	15924	1895
荣 成 市	Rongcheng	490	558	2689	3672	322
乳 山 市	Rushan	348	377	2600	1243	270
日 照 市	Rizhao	1210	1387	4639	7959	1068
莱 芜 市	Laiwu	1542	1629	3326	5785	1600
临 沂 市	Linyi	2424	2588	2964	9975	2763
德 州 市	Dezhou	729	782	1268	3215	2525
乐 陵 市	Leling	139	116	810	206	199
禹 城 市	Yucheng	221	250	639	280	259
聊 城 市	Liaocheng	1381	1430	2510	5074	1416
临 清 市	Linqing	453	462	881	572	331
滨 州 市	Binzhou	963	985	4241	3793	826
邹 平 市	Zouping	639	664	1243	3007	416
菏 泽 市	Heze	1868	1946	3961	5099	1668

11-5 城市市政设施(2018年)
Infrastructure by City (2018)

城市名称	City	道路长度(公里) Length of Roads (km)	道路面积(万平方米) Area of Roads (10 000 sq.m)	人行道面积(万平方米) Area of Sidewalks (10 000 sq.m)	路灯盏数(盏) Number of Streetlights (unit)	桥梁数(座) Number of Bridges (unit)
合　计	**Total**	**45632.60**	**93397.11**	**18472.74**	**2008130**	**5708**
济南市	Jinan	5410.25	9691.52	2015.87	174759	934
青岛市	Qingdao	5769.66	9861.93	2230.35	190412	734
胶州市	Jiaozhou	661.86	999.53	164.79	21487	74
平度市	Pingdu	714.02	1287.70	245.15	18486	49
莱西市	Laixi	518.11	844.75	153.49	18848	24
淄博市	Zibo	2163.82	5210.23	1087.52	80857	297
枣庄市	Zaozhuang	1294.54	2786.06	697.77	54506	121
滕州市	Tengzhou	595.62	870.94	248.72	23191	35
东营市	Dongying	1101.96	2814.78	388.82	49433	186
烟台市	Yantai	3002.33	6239.70	1087.16	118399	109
龙口市	Longkou	354.86	807.29	243.08	19563	16
莱阳市	Laiyang	334.03	498.56	133.61	8933	26
莱州市	Laizhou	323.33	788.23	116.76	29122	13
蓬莱市	Penglai	295.08	499.49	106.80	20098	43
招远市	Zhaoyuan	293.20	464.39	100.63	10497	56
栖霞市	Qixia	141.76	269.67	51.07	10379	28
海阳市	Haiyang	209.95	458.50	165.41	11346	44
潍坊市	Weifang	2012.60	4274.27	1087.82	96634	107
青州市	Qingzhou	621.28	1071.06	252.15	51557	26
诸城市	Zhucheng	631.00	1215.86	226.85	28775	39
寿光市	Shouguang	579.76	948.85	108.29	30169	7
安丘市	Anqiu	733.89	1540.06	130.93	25600	77
高密市	Gaomi	558.37	890.32	257.80	22833	83
昌邑市	Changyi	173.32	366.41	93.43	8823	29
济宁市	Jining	1949.29	5378.47	1019.46	84896	203
曲阜市	Qufu	306.02	537.38	97.91	51580	32
邹城市	Zoucheng	381.77	377.11	115.11	19521	42
泰安市	Tai'an	1423.27	3040.78	380.42	28546	181
新泰市	Xintai	567.06	1394.52	160.39	19150	38
肥城市	Feicheng	267.56	721.69	74.11	16797	36
威海市	Weihai	1471.75	3341.64	635.39	83906	458
荣成市	Rongcheng	651.41	1322.31	201.07	33765	102
乳山市	Rushan	366.45	683.66	120.67	21133	86
日照市	Rizhao	932.88	1926.41	360.55	59346	126
莱芜市	Laiwu	1002.06	1874.68	382.46	40220	114
临沂市	Linyi	2413.45	4732.61	752.93	172326	187
德州市	Dezhou	1066.55	2931.13	526.66	73598	141
乐陵市	Leling	370.90	738.09	189.00	6110	26
禹城市	Yucheng	229.37	461.04	58.15	7500	66
聊城市	Liaocheng	690.40	2424.06	537.67	52793	142
临清市	Linqing	441.44	985.76	314.46	9300	30
滨州市	Binzhou	1073.54	2282.92	407.33	49812	295
邹平市	Zouping	533.99	1186.83	294.47	7662	45
菏泽市	Heze	998.84	2355.92	450.26	45462	201

11−5 续表 continued

城市名称	City	排水管道长度(公里) Length of Sewage Pipelines (km)	污水年排放量(万吨) Volume of Waste Water Discharged (10 000 tons)	污水处理总量(万吨) Volume of Waste Water Treated Yearly (10 000 tons)	生活垃圾清运量(万吨) Volume of Garbage Disposal (10 000 tons)	生活垃圾无害化处理量(万吨) Volume of Garbage Harmless Diposed (10 000 tons)
合　计	**Total**	**64169**	**340919.2**	**332217.1**	**1700.8**	**1700.8**
济南市	Jinan	6416	41638.1	40985.7	187.4	187.4
青岛市	Qingdao	8854	47911.8	46598.1	268.5	268.5
胶州市	Jiaozhou	704	3398.0	3306.9	30.4	30.4
平度市	Pingdu	708	3150.9	3065.8	36.4	36.4
莱西市	Laixi	738	2624.0	2555.0	20.4	20.4
淄博市	Zibo	3451	22244.4	21693.1	92.7	92.7
枣庄市	Zaozhuang	1386	7674.9	7481.8	49.2	49.2
滕州市	Tengzhou	555	4734.5	4555.0	12.8	12.8
东营市	Dongying	1691	14287.1	13902.8	44.7	44.7
烟台市	Yantai	3898	16684.4	16267.3	90.7	90.7
龙口市	Longkou	567	1559.8	1513.0	10.9	10.9
莱阳市	Laiyang	303	1359.8	1325.5	22.6	22.6
莱州市	Laizhou	441	1599.0	1559.0	12.9	12.9
蓬莱市	Penglai	387	1231.9	1195.0	7.1	7.1
招远市	Zhaoyuan	439	1458.4	1421.4	8.7	8.7
栖霞市	Qixia	181	688.0	670.0	6.5	6.5
海阳市	Haiyang	379	1282.3	1240.0	12.5	12.5
潍坊市	Weifang	2507	14290.0	13930.9	68.3	68.3
青州市	Qingzhou	837	3152.0	3058.3	13.1	13.1
诸城市	Zhucheng	724	6546.0	6349.6	23.9	23.9
寿光市	Shouguang	865	5945.4	5767.1	17.0	17.0
安丘市	Anqiu	912	3702.0	3609.6	14.9	14.9
高密市	Gaomi	644	6096.2	5943.8	12.6	12.6
昌邑市	Changyi	227	3707.0	3596.0	6.1	6.1
济宁市	Jining	2096	13428.2	13088.6	75.7	75.7
曲阜市	Qufu	270	3557.0	3429.0	14.4	14.4
邹城市	Zoucheng	366	3124.2	3024.5	23.7	23.7
泰安市	Tai'an	1589	7992.0	7753.1	50.4	50.4
新泰市	Xintai	589	2611.8	2536.0	26.1	26.1
肥城市	Feicheng	294	1618.0	1571.0	16.5	16.5
威海市	Weihai	3646	8021.0	7800.0	42.0	42.0
荣成市	Rongcheng	1209	2272.0	2209.3	15.1	15.1
乳山市	Rushan	798	1531.7	1493.0	7.4	7.4
日照市	Rizhao	2124	6437.9	6248.7	42.4	42.4
莱芜市	Laiwu	1150	3761.0	3668.0	29.7	29.7
临沂市	Linyi	3809	20669.3	20197.3	83.4	83.4
德州市	Dezhou	2182	11123.9	10832.0	39.0	39.0
乐陵市	Leling	253	1861.0	1812.9	10.9	10.9
禹城市	Yucheng	272	2553.0	2482.0	7.6	7.6
聊城市	Liaocheng	1529	9123.4	8850.1	34.0	34.0
临清市	Linqing	387	2787.5	2703.9	10.2	10.2
滨州市	Binzhou	2007	9315.8	9082.9	31.6	31.6
邹平市	Zouping	466	5381.1	5246.6	15	15
菏泽市	Heze	1321	6783.8	6597.7	55.6	55.6

11–6 城市园林绿化(2018年)
Parks, Gardens and Green Areas by City (2018)

城市名称	City	绿化覆盖面积(公顷) Coverage of Green Area (ha)	建成区 Urban Green Area	园林绿地面积(公顷) Garden Green Area (ha)	公园绿地面积(公顷) Park Green Area (ha)	公园个数(个) Number of Parks (unit)	公园面积(公顷) Area of Parks (ha)
合　计	**Total**	**279143**	**215930**	**243368**	**65179**	**1214**	**40554**
济南市	Jinan	20264	19777	17909	4994	69	3275
青岛市	Qingdao	41914	28031	39229	8587	191	5767
胶州市	Jiaozhou	2933	2733	2692	696	20	547
平度市	Pingdu	3051	2837	2574	641	27	572
莱西市	Laixi	1791	1607	1497	474	9	334
淄博市	Zibo	21545	12847	19459	3603	46	1390
枣庄市	Zaozhuang	9157	6451	7327	1505	48	906
滕州市	Tengzhou	2303	2176	2200	602	23	396
东营市	Dongying	10188	6414	9590	2608	56	2557
烟台市	Yantai	13455	13405	12290	3480	30	763
龙口市	Longkou	2202	1998	1795	444	11	226
莱阳市	Laiyang	2424	1610	1612	492	1	73
莱州市	Laizhou	2135	2108	1977	559	31	230
蓬莱市	Penglai	1520	1149	1165	303	10	109
招远市	Zhaoyuan	1399	1369	1272	362	9	355
栖霞市	Qixia	700	625	600	215	4	41
海阳市	Haiyang	1579	1466	1461	401	6	383
潍坊市	Weifang	12170	7539	11093	2760	45	1586
青州市	Qingzhou	3366	2255	2431	775	17	156
诸城市	Zhucheng	5300	2313	3176	1170	14	621
寿光市	Shouguang	3737	1969	3235	954	43	954
安丘市	Anqiu	3573	2688	3094	937	11	776
高密市	Gaomi	2353	2107	1898	500	5	175
昌邑市	Changyi	1525	978	1138	328	3	280
济宁市	Jining	11666	9955	9359	2847	40	1825
曲阜市	Qufu	1335	1112	1061	341	25	341
邹城市	Zoucheng	2026	1852	1777	475	14	475
泰安市	Tai'an	7417	7134	7066	2377	36	1577
新泰市	Xintai	3245	3136	3040	1032	17	971
肥城市	Feicheng	2131	1873	1872	535	5	454
威海市	Weihai	10397	9060	9462	2540	35	1080
荣成市	Rongcheng	2861	2638	2593	1127	17	724
乳山市	Rushan	1965	1638	1731	435	10	236
日照市	Rizhao	5158	4775	4710	1749	33	1074
莱芜市	Laiwu	6941	5467	6735	1450	89	1264
临沂市	Linyi	14998	10041	12883	4580	43	4270
德州市	Dezhou	7655	6803	6505	2234	26	437
乐陵市	Leling	1547	1289	1184	358	13	242
禹城市	Yucheng	1924	1451	1604	468	9	168
聊城市	Liaocheng	6691	4675	4089	1225	13	665
临清市	Linqing	2285	1301	2014	448	8	193
滨州市	Binzhou	7223	6287	6325	1785	33	1109
邹平市	Zouping	3305	2350	2269	601	3	294
菏泽市	Heze	7788	6641	6375	1182	16	683

11-7 城市燃气供热情况(2018年)
Gas Supply and Heating by City (2018)

城市名称 City	天然气供气量(万立方米) Total Natural Gas Supply (10 000 cu.m)	居民家庭用量 Residential Use	液化石油气供气量(吨) Total Liquefied Petroleum Gas Supply (ton)	居民家庭用量 Residential Use	集中供热面积(万平方米) Heating Area (10 000 sq.m)	住宅 Houses
合　计 Total	**981325.1**	**212263.4**	**316551**	**208580**	**133997.0**	**110812.4**
济南市 Jinan	98636.0	23225.3	36428	16004	18699.4	15546.7
青岛市 Qingdao	120089.2	28343.0	30427	17199	21982.2	18214.3
胶州市 Jiaozhou	15070.7	2908.8	2120	2120	2092.3	1875.6
平度市 Pingdu	8039.8	1463.2	4599	4465	1367.0	1287.0
莱西市 Laixi	10356.0	2132.6	5000	3400	628.6	578.5
淄博市 Zibo	106811.7	20894.1	8829	5519	7023.7	5945.1
枣庄市 Zaozhuang	13945.2	4999.0	8063	6062	3174.6	2974.7
滕州市 Tengzhou	22203.0	1789.0			1690.0	1615.0
东营市 Dongying	48789.5	14253.9	508	500	4855.0	3910.6
烟台市 Yantai	38412.2	7411.5	35963	13885	8874.6	6107.4
龙口市 Longkou	45525.9	1980.1	2337	2216	1207.2	1059.2
莱阳市 Laiyang	2838.7	858.6	5200	4500	584.9	512.9
莱州市 Laizhou	2134.0	748.0	3851	3790	749.4	601.4
蓬莱市 Penglai	5835.0	548.6	1440	1426	595.0	515.0
招远市 Zhaoyuan	1885.0	707.0	1300	750	697.5	598.5
栖霞市 Qixia	2955.0	1430.0	2500	2160	197.0	180.5
海阳市 Haiyang	1527.0	735.0	2420	1658	467.5	418.0
潍坊市 Weifang	37020.0	8385.0	10200	10200	7066.0	5309.2
青州市 Qingzhou	7965.0	1578.0	1350	540	1234.5	1104.8
诸城市 Zhucheng	10801.3	1526.0	7231	7068	1333.0	786.0
寿光市 Shouguang	8997.0	2828.0	2950	2728	1350.0	1070.0
安丘市 Anqiu	5113.0	851.7	4509	4214	640.0	612.0
高密市 Gaomi	15314.0	3796.0	610	210	610.0	525.0
昌邑市 Changyi	3300.0	1700.0	2370	1992	465.6	460.6
济宁市 Jining	36658.3	5532.5	4800	4770	7240.6	6437.6
曲阜市 Qufu	5174.0	1721.0			625.0	495.0
邹城市 Zoucheng	4787.0	2955.0	578	200	1540.0	1410.0
泰安市 Tai'an	39105.4	4724.3	1550	1200	3120.8	2548.2
新泰市 Xintai	5978.5	2046.0	3481	3359	964.9	758.1
肥城市 Feicheng	4529.0	3488.7	275	100	830.0	742.6
威海市 Weihai	18800.0	4530.0	15643	5699	6725.8	5057.3
荣成市 Rongcheng	3916.7	1213.1	6306	2436	1018.0	832.0
乳山市 Rushan	2079.1	991.3	334		700.0	670.0
日照市 Rizhao	28496.0	6760.0	15536	8915	2181.0	1527.0
莱芜市 Laiwu	16095.5	3495.1	9667	8114	2683.0	2487.0
临沂市 Linyi	58368.3	8108.7	23111	22122	6317.1	5944.1
德州市 Dezhou	32087.9	11115.1	7810	7751	4434.7	3338.7
乐陵市 Leling	2380.4	2110.4	5604	5600	432.0	408.0
禹城市 Yucheng	7400.0	1878.3	106	105	570.0	518.0
聊城市 Liaocheng	38425.6	5548.2	1960	1941	2376.3	1915.5
临清市 Linqing	4450.0	1929.0	1089	1085	644.0	622.0
滨州市 Binzhou	18601.8	4320.5	7951	7936	2592.5	2086.5
邹平市 Zouping	16181.4	3300.0	10257	7249	417.0	326.0
菏泽市 Heze	4246.2	1404.0	20290	7394	999.2	880.9

主要统计指标解释

供水综合生产能力 指按供水设施取水、净化、送水、出厂输水干管等环节设计能力计算的综合生产能力。包括在原设计能力的基础上，经挖、革、改增加的生产能力。计算时，以四个环节中最薄弱的环节为主确定能力。

年末供水管道长度 指从送水泵至用户水表之间所有管道的长度。不包括新安装尚未使用的管道。

全年供水总量 指报告期供水企业(单位)供出的全部水量。包括有效供水量和漏损水量。

生活用水量 包括公共服务用水和居民家庭用水。公共服务用水指为城市社会公共生活服务的用水。包括行政事业单位、部队营区和公共设施服务、社会服务业、批发零售贸易业、旅馆饮食业以及其他公共服务业等单位的用水。居民家庭用水指城市范围内所有居民家庭的日常生活用水。包括城市居民、农民家庭、公共供水站用水。

用水普及率 指报告期末城区内用水人口与总人口的比率。计算公式：

$$用水普及率=\frac{城区用水人口（含暂住人口）}{城区人口+城区暂住人口}\times100\%$$

供气管道长度 指报告期末从气源厂压缩机的出口或门站出口至各类用户引入管之间的全部已经通气投入使用的管道长度。不包括煤气生产厂、输配站、液化气储存站、灌瓶站、储配站、气化站、混气站、供应站等厂(站)内的管道。

全年供气总量 指全年燃气企业(单位)向用户供应的燃气数量。包括销售量和损失量。

燃气普及率 指报告期末城区内使用燃气的人口与总人口的比率。计算公式为：

$$燃气普及率=\frac{城区用气人口（含暂住人口）}{城区人口+城区暂住人口}\times100\%$$

城市供热能力 指供热企业(单位)向城市热用户输送热能的设计能力。

供热面积 指供热企业(单位)向城市各类房屋建筑物、构筑物及其附属设施供热的全部建筑面积。

年末道路长度 指年末道路长度和与道路相通的广场、桥梁、隧道的长度，按车行道中心线计算。在统计时只统计路面宽度在3.5米(含3.5米)以上的各种铺装道路，包括开放型工业区和住宅区道路在内。

城市桥梁 指为跨越天然或人工障碍物而修建的构筑物。包括跨河桥、立交桥、人行天桥以及人行地下通道等。包括永久性桥和半永久性桥。

城市排水管道长度 指所有排水总管、干管、支管、检查井及连接井进出口等长度之和。

城市污水日处理能力 指污水处理厂(或处理装置)每昼夜处理污水量的设计能力。

年末运营车数 指年末公交企业(单位)用于运营业务的全部车辆数。以企业(单位)固定资产台帐中已投入运营的车辆数为准。

园林绿地面积 指报告期末用作园林和绿化的各种绿地面积。包括公园绿地、生产绿地、防护绿地、附属绿地和其他绿地的面积。

公园绿地 指城市中向公众开放的、以游憩为主要功能，有一定的游憩设施和服务设施，同时兼有健全生态、美化景观、防灾减灾等综合作用的绿化用地。它是城市建设用地、城市绿地系统和城市市政公用设施的重要组成部分。

生产绿地 指为城市绿化提供苗木、花草、种子的苗圃、花圃、草圃等圃地。

防护绿地 指城市中具有卫生、隔离和安全防护功能的绿地。包括卫生隔离带、道路防护绿地、城市高压走廊绿带、防风林、城市组团隔离带等。

附属绿地 指城市建设用地中绿地之外各类用地中的附属绿化用地。包括居住用地、公共设施用地、工业用地、仓储用地、对外交通用地、道路 广场用地、市政设施用地和特殊用地中的绿地。

其他绿地 指对城市生态环境质量、居民休闲生活、城市景观和生物多样性保护有直接影响的绿地。包括风景名胜区、水源保护区、郊野公园、 森林公园、自然保护区、风景林地、城市绿化隔离带、野生动植物园、湿地、垃圾填埋场恢复绿地等。

市区（县）面积 指城市（县）行政区域内的全部土地面积(包括水域面积)。地级以上城市行政区不包括市辖县(市)。按国务院批准的行政区划面积为准填报。

建成区面积 城市行政区内实际已成片开发建设、市政公用设施和公共设施基本具备的区域。对核心城市，它包括集中连片的部分以及分散的若干个已经成片建设起来，市政公用设施和公共设施基本具备的地区；对一城多镇来说，它包括由几个连片开发建设起来的，市政公用设施和公共设施基本具备的地区组成。因此建成区范围，一般是指建成区外轮廓线所能包括的地区，也就是这个城市实际建设用地所达到的范围。

城市建设用地面积 指城市内的居住用地、公共管理与公共服务用地、商业服务业设施用地、工业用地、物流仓储用地、道路与交通设施用地、公用设施用地、绿地与广场用地。分别统计规划建设用地和现状建设用地。

Explanatory Notes on Main Statistical Indicators

Production Capacity of Water Supply refers to the designed comprehensive production capacity of water facilities, covering the 4 links of water collection, purification, conveyance, and outflow through trunk pipelines. Increase capacity through transformation and innovation projects are included as well. The capacity is determined mainly on the weakest of the above mentioned 4 links.

Length of Water Supply Pipelines at the Year-end refers to the total length of all the pipelines between the water pumps and the user water meters, excluding pipelines newly installed but not used yet.

Annual Volume of Water Supply refers to the total volume of water supplied by water works (units) during the reference period, including both the effective water supply and loss during the water supply.

Consumption of Water for Residential Use refers to the water consumption of households for daily life and the water consumption of public service facilities. The latter refers to water consumption for urban public services, including the consumption of government agencies and public institutions, military barracks, public facilities, wholesale and retail outlets, restaurants, hotels, and other units providing public services. Household water consumption refers to consumption of water for daily life of all households in the boundary of cities, including households of urban residents and farmers, and public water supply stations.

Percentage of Urban Population with Access to Tap Water refers to the ratio of the urban population with access to tap water to the total urban population. The formula is:

$$\text{Coverage of urban population with access to tap water} = \frac{\text{Urban population with access to tap water}}{\text{Urban population}} \times 100\%$$

Length of Gas Pipelines refers to the total length of pipelines in use between the outlet of the compressor of gas work or outlet of gas stations and the leading pipe of users, excluding pipelines within gasworks, delivery stations, LPG storage stations, refilling stations, gas-mixing stations and supply stations.

Volume of Gas Supply refers to the total volume of gas provided to users by gas-producing enterprises (units) in a year, including the volume sold and the volume lost.

Percentage of Urban Population with Access to Gas refers to the ratio of use of gas in urban area population and the total population. at the end of the reference period. The formula is:

$$\text{Coverage rate of urban population with access to gas} = \frac{\text{Urban population with access to gas}}{\text{Urban population}} \times 100\%$$

Heating Capacity in Urban Area refers to the designed capacity of heating enterprises (units) in supplying heating energy to urban users during the reference period.

Area of Heat-supply Service refers to the total area of buildings, structures and their affiliated facilities with heat supply provided by heating enterprises (units).

Length of Paved Roads at the Year-end refers to the length of roads with paved surface including squares bridges and tunnels connected with roads by the end of the year. Length of the roads is measured by the central lines for vehicles for paved roads with a width of 3.5 meters and over, including roads in open-ended factory compounds and residential quarters.

Urban Bridges refer to bridges built to cross over natural or man-made barriers, including bridges over rivers, overpasses for traffic and for pedestrian, underpasses for pedestrian, etc. Both permanent and semi-permanent bridges are included.

Length of Urban Sewage Pipes refers to the total length of general drainage, trunks. branch and inspection wells, connection wells, inlets and outlets, etc.

Number of Vehicles under Operation at the Year-end refers to the total number of vehicles under operation by public transport enterprises (units) at the end of the year, based on the records of operational vehicles by the enterprises (units).

Garden green area refers to a green area for gardening and greening. Including parks, green spaces, protective green, the accessory Greenbelt and other green areas at the end of referenced period.

Park Green Land refers to the green land which is open to the public for relaxation and has service facilities and is used for ecological protection, landscaping and disaster reduction. It is an important part of construction land, urban green space and municipal public facilities.

Production Green Land refers to the nursery, flower garden, and grass garden, which provide seedling, flowers for city greening.

Protection Green Land refers to the green land used for public health, isolation and security. It includes sanitation zone, road protection green space, urban high voltage corridor green space, wind breaks, and urban group isolation zone.

Green Land Attached to Institution refers to the green land attached to the institution which is used for construction. It includes residential land, public facilities land, industrial land, storage land, traffic land, land for roads and squares, municipal facilities land, and green land for special purposes.

Other Green Land refers to the green land which can influence environment, residential leisure life, urban landscape and biodiversity. It includes scenic spots, water source protection area, rural parks, forest parks, nature reserves, forests, urban green space, wildlife parks, wet lands, green land retrieved from landfills.

Urban (county) area refers to the area of administrative region of a city (county), including water area. The administrative region does not include the area of city counties. The area is based on the area approved by the State Council.

Built Area refers to the area which has been developed, and has municipal public facilities. For a core city, it includes the areas connected or the scattered areas which have municipal public facilities. For a city with many towns, it includes the connected areas which have municipal public facilities. Therefore，built area refers to the area inside the contour lines, including all the construction land.

Area of Urban Construction Land refers to the residential land, public management and public service land,

commercial service facilities, industrial land, logistics and storage land, road and traffic facilities, public facilities land, green space and square land. Planning construction land and current construction land are recorded respectively.

第12篇

资源和环境

Natural Resources and Environment

简 要 说 明

一、本篇资料的主要内容

本篇资料主要反映了全省资源和环境保护事业发展状况，资源部分主要包括自然资源、湖泊、河流、山脉和气候以及土地利用和水资源状况，环境保护部分主要包括工业废水、废气、固体废物等工业污染物排放及处理情况和工业污染治理项目建设情况。

二、本篇资料的来源

1、自然资源和湖泊、河流、山脉等表，由省统计局综合处根据年鉴积累资料整理。

2、气象资料主要包括各市平均气温、降水量、日照等方面的资料，数据来源于省气象局，由省统计局综合处整理提供。

3、湿地、造林资料和土地利用情况来源于省自然资源厅，由省统计局能源处整理提供。

4、水资源资料来源于省水利厅，由省统计局能源处整理提供。

5、环境保护资料来源于省生态环境厅，由省统计局能源处整理提供。

Brief Introduction

I. Content

Data in this chapter reflect natural resources of Shandong and development in environment protection. Resources mainly include natural resources, lakes, rivers, mountains and climate. Environment protection mainly shows treatment and discharge of industrial waste water, solid waste and waste gas, construction of projects for pollution treatment.

II. Source of Data

(1) Data on natural resources, lakes, rivers, and mountains are prepared by the Division of Comprehensive Statistics of Shandong Provincial Bureau of Statistics.

(2) Data on climate mainly include average temperature, precipitation and sunshine hours. The data are provided by the Meteorological Bureau of Shandong Province and prepared by the Division of Comprehensive Statistics of Shandong Provincial Bureau of Statistics.

(3) Data on wetland and plantation and land use are provided by the Department of Nature and Resources of Shandong Province and prepared by the Division of Energy Statistics of Shandong Provincial Bureau of Statistics.

(4) Data on water resource are provided by the Department of Water Resources of Shandong Province and prepared by the Division of Energy Statistics of Shandong Provincial Bureau of Statistics.

(5) Data on environment protection are provided by the Ecological Environment Department of Shandong Province and prepared by the Division of Energy Statistics of Shandong Provincial Bureau of Statistics.

12-1 人口和自然资源(2018年)
Population and Natural Resources (2018)

项　　　目		Item		2018
一、人　口		**Population**		
年末总人口	(万人)	Total Population(year-end)	(10 000 persons)	10047.24
人口密度	(人/平方公里)	Density of Population	(person/sq.km)	636
二、土　地（2017年）		**Land(2017)**		
全省土地面积	(万公顷)	Land Area	(10 000 hectares)	1579.65
农用地		Land for Agriculture Use		1145.96
耕地		Cultivated Land		757.25
园地		Garden Land		71.19
牧草地		Grazing and Pasture Land		0.58
建设用地		Land for Construction		291.94
城镇村及工矿用地		Land for Urban Village, Mining and Manufacturing		245.42
交通用地		Land for Transport Facilities		23.16
水利设施用地		Land for Water Conservancy Facilities		23.36
三、矿　产		**Mineral Resources**		
已发现矿产种类	(种)	Mineral Resources Discovered	(kind)	148
已探明储量的矿产种类	(种)	Number of Mineral Resources with Insured Reserves	(kind)	85
能源矿产	(种)	Energy Resources	(kind)	7
金属矿产	(种)	Metal Mineral	(kind)	25
非金属矿产	(种)	Nonmetal Mineral	(kind)	50
水气矿产	(种)	Water and Gas	(kind)	3
四、水文、水利		**Water Resources**		
水资源总量	(亿立方米)	Average Volume of Water Resources	(100 million cu.m)	343.25
地表水资源量	(亿立方米)	Surface Water Volume	(100 million cu.m)	230.58
海岸线长度	(公里)	Length of Coastlines	(km)	3345

12-2 主要湖泊、河流基本情况
Basic Statistics on Major Lakes and Rivers

湖泊名	Names of Lakes	面 积（平方公里） Area of Lakes (sq.km)	河流名	Names of Rivers	面 积（平方公里） Drainage Area (sq.km)	河 长（公里） Length (km)
小 计	Total	1494.6	徒骇河	Tuhaihe River	13136.6	446.5
微山湖	Weishan Lake	531.7	沂 河	Yihe River	10909.9	287.5
昭阳湖	Zhaoyang Lake	337.1	马颊河	Majiahe River	10638.4	448.0
独山湖	Dushan Lake	144.6	小清河	Xiaoqinghe River	10498.8	233.0
南阳湖	Nanyang Lake	211.0	大汶河	Dawenhe River	9069.0	211.0
东平湖	Dongping Lake	167.0	潍 河	Weihe River	6493.2	233.0
麻大湖	Mada Lake	110.0	沭 河	Shuhe River	6161.4	263.0
白云湖	Baiyun Lake	16.2	大沽河	Daguhe River	4161.9	179.9
青沙湖	Qingsha Lake	11.1	弥 河	Mihe River	3847.5	206.0

12-3 主要山脉高度
Height of Major Mountains

山 名	Mountain Range	标 高（米） Height of MountainPeak (m)	山 名	Mountain Range	标 高（米） Height of MountainPeak (m)
泰 山	Taishan Mountains	1532	马耳山	Maer Mountains	707
蒙 山	Mengshan Mountains	1156	龙须崮	Longxvgu Mountains	707
崂 山	Laoshan Mountains	1133	凤凰山	Fenghuang Mountains	648
鲁 山	Lushan Mountains	1108	四海山	Sihai Mountains	625
沂 山	Yishan Mountains	1032	鳌子崮	Aozigu Mountains	616
徂徕山	Culai Mountains	1028	黑 山	Heishan Mountains	612
昆嵛山	Kunyu Mountains	923	珂楼埠山	Keloubu Mountains	577
九顶山	Jiuding Mountains	834	大 山	Dashan Mountains	560
艾 山	Aishan Mountains	814	伟德山	Weide Mountains	554
牙 山	Yashan Mountains	806	招虎山	Zhaohu Mountains	550
大泽山	Daze Mountains	737	孟良崮	Menglianggu Mountains	536
摩天岭	Motianling Mountains	735	布 山	Bushan Mountains	447

12-4 各市平均气温(2018年)
Monthly Average Temperature by Region(2018)

单位:摄氏度 (℃)

城市名	City	一 月 Jan.	二 月 Feb.	三 月 Mar.	四 月 Apr.	五 月 May	六 月 June
济南市	Jinan	-1.0	2.7	11.3	17.4	22.1	27.4
青岛市	Qingdao	-0.6	1.4	6.7	11.9	16.9	21.0
淄博市	Zibo	-2.3	0.7	9.9	16.5	21.1	26.5
枣庄市	Zaozhuang	-0.4	2.2	11.1	17.2	21.9	26.8
东营市	Dongying	-2.3	0.2	8.9	15.5	21.0	25.8
烟台市	Yantai	-2.3	-0.9	6.6	12.6	17.9	22.1
潍坊市	Weifang	-1.5	-0.3	7.2	12.9	17.9	22.4
济宁市	Jining	0.1	3.5	11.9	17.5	22.4	27.3
泰安市	Tai'an	-1.5	1.2	10.9	16.8	21.6	26.5
威海市	Weihai	-1.9	0.8	9.2	15.3	20.5	25.3
日照市	Rizhao	-0.5	1.5	7.5	13.3	17.9	22.2
莱芜市	Laiwu	-1.9	1.4	10.1	16.7	21.7	27.3
临沂市	Linyi	-3.1	-0.9	8.5	15.7	20.8	25.7
德州市	Dezhou	-1.7	1.3	10.4	16.6	21.4	26.4
聊城市	Liaocheng	-0.8	2.0	10.1	16.1	20.8	25.2
滨州市	Binzhou	-1.8	1.4	10.3	16.4	21.4	26.5
菏泽市	Heze	-0.4	3.8	11.4	17.3	22.6	27.8

12-4 续表 continued

单位:摄氏度 (℃)

城市名	City	七 月 July	八 月 Aug.	九 月 Sept.	十 月 Oct.	十一月 Nov.	十二月 Dec.	全年平均 Annual Average
济南市	Jinan	29.1	27.7	21.7	15.5	9.5	1.0	15.4
青岛市	Qingdao	25.3	27.7	22.5	16.1	10.8	2.2	13.5
淄博市	Zibo	28.9	27.7	21.2	13.3	7.9	-0.6	14.2
枣庄市	Zaozhuang	28.7	28.5	22.5	15.6	9.9	2.5	15.5
东营市	Dongying	28.5	28.0	21.9	14.5	8.5	0.0	14.2
烟台市	Yantai	25.8	26.7	21.3	14.6	9.1	0.9	12.9
潍坊市	Weifang	25.6	27.2	22.0	15.4	9.9	1.7	13.4
济宁市	Jining	29.7	28.6	22.4	15.5	9.7	1.8	15.9
泰安市	Tai'an	28.7	28.0	21.0	13.5	7.8	0.1	14.6
威海市	Weihai	28.0	27.8	22.1	14.6	8.8	0.3	14.2
日照市	Rizhao	25.6	27.4	22.2	16.1	10.5	2.3	13.8
莱芜市	Laiwu	29.4	28.1	21.9	15.2	8.5	0.0	14.9
临沂市	Linyi	28.6	27.6	21.7	14.1	7.8	-0.8	13.8
德州市	Dezhou	28.4	27.4	21.1	14.1	8.4	0.0	14.5
聊城市	Liaocheng	27.6	27.3	21.9	15.4	9.7	1.7	14.8
滨州市	Binzhou	29.0	27.9	21.2	14.3	8.3	0.1	14.6
菏泽市	Heze	29.9	28.5	22.5	17.0	9.9	1.9	16.0

12-5 各市降水量(2018年)

Monthly Precipitation by Region(2018)

单位:毫米 (millimeter)

城市名	City	一月 Jan.	二月 Feb.	三月 Mar.	四月 Apr.	五月 May	六月 June
济南市	Jinan	5.2	0.8	20.3	68.1	72.4	197.1
青岛市	Qingdao	5.0	0.8	45.1	36.9	95.3	116.7
淄博市	Zibo	3.8	3.0	36.1	41.1	157.2	188.8
枣庄市	Zaozhuang	14.1	5.0	29.1	53.9	55.3	49.1
东营市	Dongying	4.8	3.6	22.3	32.4	177.1	172.4
烟台市	Yantai	22.5	14.3	29.0	70.7	80.4	99.7
潍坊市	Weifang	31.7	22.4	37.6	64.4	55.4	55.7
济宁市	Jining	5.1	1.0	32.7	32.7	58.9	81.4
泰安市	Tai'an	3.0	0.3	30.9	80.6	63.1	113.8
威海市	Weihai	4.5	3.6	29.0	48.6	135.2	158.3
日照市	Rizhao	6.3	1.7	42.7	22.9	88.7	101.4
莱芜市	Laiwu	2.1	0.0	2.2	63.7	90.8	70.2
临沂市	Linyi	3.0	2.1	18.6	58.0	124.5	147.1
德州市	Dezhou	5.4	2.4	29.9	24.6	75.0	151.0
聊城市	Liaocheng	9.3	1.4	43.9	16.3	65.1	85.2
滨州市	Binzhou	4.8	6.4	25.5	96.3	78.9	88.1
菏泽市	Heze	6.4	2.1	32.3	30.9	39.6	86.7

12-5 续表 continued

单位:毫米 (millimeter)

城市名	City	七月 July	八月 Aug.	九月 Sept.	十月 Oct.	十一月 Nov.	十二月 Dec.	全年 Annual Total
济南市	Jinan	177.6	249.2	38.3	20.4	22.0	8.6	880.0
青岛市	Qingdao	150.4	85.2	90.4	14.9	17.8	27.7	686.2
淄博市	Zibo	94.9	208.2	50.9	26.9	11.1	8.9	830.9
枣庄市	Zaozhuang	177.1	227.7	95.1	9.0	40.6	36.6	792.6
东营市	Dongying	163.9	470.9	41.5	7.8	4.9	10.5	1112.1
烟台市	Yantai	107.8	135.9	27.1	26.1	23.9	48.4	685.8
潍坊市	Weifang	100.1	84.5	36.0	36.4	32.2	40.4	596.8
济宁市	Jining	33.0	332.1	78.5	0.5	35.1	14.3	705.3
泰安市	Tai'an	30.2	313.2	74.9	6.7	27.5	8.1	752.3
威海市	Weihai	175.5	253.0	46.4	35.1	18.8	11.9	919.9
日照市	Rizhao	247.1	94.1	111.8	12.6	29.6	34.4	793.3
莱芜市	Laiwu	177.4	206.0	19.1	1.1	5.1	3.8	641.5
临沂市	Linyi	176.9	279.3	17.8	20.3	2.7	4.5	854.8
德州市	Dezhou	77.3	280.0	57.8	4.9	26.5	13.2	748.0
聊城市	Liaocheng	264.4	403.0	55.7	5.8	40.0	25.5	1015.6
滨州市	Binzhou	147.5	346.1	27.7	3.3	11.5	9.9	846.0
菏泽市	Heze	138.4	240.5	91.4	0.1	22.0	10.3	700.7

12-6 各市日照时数(2018年)
Monthly Sunshine Hours by Region(2018)

单位:小时 (hour)

城市名	City	一 月 Jan.	二 月 Feb.	三 月 Mar.	四 月 Apr.	五 月 May	六 月 June
济 南 市	Jinan	142.5	190.0	220.3	229.4	230.0	250.8
青 岛 市	Qingdao	134.4	152.6	177.3	197.7	199.1	172.4
淄 博 市	Zibo	104.9	137.7	187.4	216.7	225.7	249.2
枣 庄 市	Zaozhuang	109.6	141.5	192.0	227.9	186.6	233.9
东 营 市	Dongying	153.2	182.7	229.2	253.0	266.2	253.2
烟 台 市	Yantai	106.2	161.4	227.1	220.5	246.6	227.0
潍 坊 市	Weifang	103.1	152.4	231.5	246.6	257.2	241.0
济 宁 市	Jining	118.3	192.5	223.8	243.4	230.0	257.6
泰 安 市	Tai'an	127.3	184.7	208.0	225.0	232.7	261.0
威 海 市	Weihai	141.3	153.0	212.0	212.9	236.0	243.1
日 照 市	Rizhao	137.4	148.8	168.1	199.6	178.7	191.9
莱 芜 市	Laiwu	157.4	193.7	199.9	232.8	250.5	272.0
临 沂 市	Linyi	145.4	179.0	211.8	236.0	248.2	237.3
德 州 市	Dezhou	146.4	195.7	200.5	226.6	245.7	269.9
聊 城 市	Liaocheng	126.4	156.8	193.5	229.3	194.2	224.0
滨 州 市	Binzhou	97.2	172.9	189.7	197.7	207.4	256.0
菏 泽 市	Heze	130.6	197.0	216.7	231.6	207.7	272.3

12-6 续表 continued

单位:小时 (hour)

城市名	City	七 月 July	八 月 Aug.	九 月 Sept.	十 月 Oct.	十一月 Nov.	十二月 Dec.	全 年 Annual Total
济 南 市	Jinan	189.7	187.0	194.6	233.1	132.8	162.7	2362.9
青 岛 市	Qingdao	134.9	222.6	194.5	240.7	145.5	111.3	2083.0
淄 博 市	Zibo	202.7	206.4	183.7	222.6	110.5	116.9	2164.4
枣 庄 市	Zaozhuang	198.4	193.0	173.5	208.7	98.9	106.0	2070.0
东 营 市	Dongying	233.2	228.3	210.1	245.9	157.3	178.6	2590.9
烟 台 市	Yantai	232.9	252.8	199.9	229.3	134.7	110.9	2349.3
潍 坊 市	Weifang	233.1	253.3	208.9	228.9	153.1	121.3	2430.4
济 宁 市	Jining	228.8	188.2	186.5	208.4	105.4	120.2	2303.1
泰 安 市	Tai'an	202.3	207.3	187.1	227.3	116.0	142.4	2321.1
威 海 市	Weihai	209.5	207.0	190.8	241.0	137.5	146.2	2330.3
日 照 市	Rizhao	139.1	181.7	176.4	205.8	120.5	135.7	1983.7
莱 芜 市	Laiwu	244.2	232.2	225.5	261.7	154.6	182.4	2606.9
临 沂 市	Linyi	194.5	223.5	220.1	242.2	140.3	172.7	2451.0
德 州 市	Dezhou	243.3	208.2	217.5	255.1	118.7	154.2	2481.8
聊 城 市	Liaocheng	208.3	189.7	187.6	212.0	100.6	117.8	2140.2
滨 州 市	Binzhou	181.1	204.4	161.1	195.7	103.2	154.5	2120.9
菏 泽 市	Heze	235.1	215.7	198.6	238.0	123.3	98.3	2364.9

12-7 各市土地利用情况（2018年）
Land Use by Region(2018)

单位：公顷 (hectare)

地　区	土地调查面积 Area under Land Survey	农用地 Land for Agriculture Use	建设用地 Land for Construction	城镇村及工矿用地 Land for Urban Village, Mining and Manufacturing	交通用地 Land for Transport Facilities	水利设施用地 Land for Water Conservancy Facilities	未利用地 unutilized land
全省总计	**15796514**	**11459586**	**2919396**	**2454162**	**231628**	**233606**	**1417531**
济南市	799841	533398	173911	149020	13107	11784	92532
青岛市	1129336	792989	258070	213295	25755	19020	78277
淄博市	596492	413693	125194	106548	11871	6775	57605
枣庄市	456353	328378	89130	75350	7844	5936	38844
东营市	824327	429560	142130	95516	13070	33543	252637
烟台市	1386454	1055240	214434	178433	21321	14680	116780
潍坊市	1616724	1151479	316723	270997	22301	23426	148522
济宁市	1118698	765392	194940	160585	16169	18185	158366
泰安市	776141	581231	133506	114620	10044	8842	61405
威海市	579984	439702	92888	81461	7146	4281	47394
日照市	537127	419260	88590	72086	8521	7983	29276
莱芜市	224603	145590	41079	34395	3005	3679	37935
临沂市	1719121	1311428	295487	249603	20887	24996	112206
德州市	1035767	811802	191283	162012	12657	16614	32683
聊城市	862801	690184	162076	144523	12278	5275	10541
滨州市	917219	631965	173696	144376	12486	16834	111558
菏泽市	1215523	958294	226258	201341	13165	11752	30970

12-8 各市湿地面积(2013年)
Area of Wetlands by Region (2013)

地　区	Region	湿地面积(千公顷) Area of Wetlands (1 000 hectares)	天然湿地 Natural Wetlands	近岸及海岸 Coasts and Seashores	河　流 Rivers	湖　泊 Lakes	沼　泽 Marshland	人工湿地 Man-made Wetlands	湿地面积占行政面积比重(%) Proportion of Wetlands in Total Area of Territory (%)
全省总计	**Total**	**1737.50**	**1103.05**	**728.51**	**257.80**	**62.63**	**54.11**	**634.45**	**11.09**
济南市	Jinan	22.01	11.22		10.44	0.25	0.52	10.75	2.68
青岛市	Qingdao	139.97	102.87	84.62	17.94		0.31	37.10	12.84
淄博市	Zibo	13.58	7.56		6.28		1.28	6.02	2.28
枣庄市	Zaozhuang	15.86	8.97		8.97			6.89	3.47
东营市	Dongying	456.77	339.96	277.45	20.59	0.07	41.85	116.81	57.65
烟台市	Yantai	178.75	141.65	127.70	13.25	0.64	0.05	37.11	13.04
潍坊市	Weifang	215.68	106.13	80.92	20.53	0.80	3.88	109.55	13.62
济宁市	Jining	152.36	67.86		20.04	45.74	2.09	84.50	13.48
泰安市	Tai'an	50.72	36.14		19.51	14.69	1.94	14.58	6.53
威海市	Weihai	114.57	85.44	79.03	6.25		0.17	29.13	21.08
日照市	Rizhao	39.21	25.53	19.68	5.85			13.68	7.38
莱芜市	Laiwu	5.70	2.96		2.96			2.74	2.55
临沂市	Linyi	57.90	32.66		32.66			25.24	3.36
德州市	Dezhou	25.94	11.47		11.47			14.47	2.51
聊城市	Liaocheng	15.31	7.11		6.69	0.42		8.20	1.76
滨州市	Binzhou	176.35	72.19	59.11	11.25		1.82	104.12	18.65
菏泽市	Heze	56.82	43.33		43.12	0.01	0.20	13.49	4.57

12−9 造林面积情况
Area of Afforestation

单位：公顷 (hectare)

年份 Year 地区 Region		造林总面积 Total Area of Afforestation	按造林方式分 By Approach	按林种用途分 By Function of Forest				
			人工造林 Manual Planting	用材林 Timber Forests	经济林 By-product Forests	防护林 Protection Forests	薪炭林 Fuel Forests	特种用途林 Forests for Special Purpose
2000		153389	153389	18007	100769	34268	63	282
2001		135259	135259	19019	84039	32155		46
2002		152597	152597	43671	80066	27670	1098	92
2003		344079	344079	192653	92130	57709	1039	548
2004		262711	262711	134193	53536	74441	233	308
2005		141141	141141	47470	42674	49559	633	805
2006		134423	134423	40421	34252	59193	7	550
2007		156738	156738	49409	26971	68046	66	254
2008		185575	184928	69516	25947	89726	20	366
2009		182171	180529	42463	26172	113067		469
2010		205131	198998	36101	37856	129877		1297
2011		219028	219028	34598	51154	130896		2380
2012		197956	195875	25178	49195	122277		1306
2013		220473	219129	32569	63604	122536		1764
2014		224972	223560	43411	66219	113208		2134
2015		221207	206552	41627	60372	102643		1910
2016		146684	115179	19229	35812	59264		874
2017		142195	92306	20805	27941	42713		847
2018		147481	118745	30886	36323	49814		1722
济南市	Jinan	4902	4091	1168	50	2873		
青岛市	Qingdao	9018	7881	1243	4698	1940		
淄博市	Zibo	2837	2393	314	375	1704		
枣庄市	Zaozhuang	7039	4489	298	2097	2094		
东营市	Dongying	6047	5828	1175	897	3756		
烟台市	Yantai	7955	7278	457	2884	3890		47
潍坊市	Weifang	10066	7381	1134	2780	3185		282
济宁市	Jining	11041	5885	1421	1958	2265		241
泰安市	Tai'an	5678	4508	896	1848	1764		
威海市	Weihai	4033	2338	183	1426	729		
日照市	Rizhao	8520	5837	1197	2861	1779		
莱芜市	Laiwu	2852	2852	54	719	2079		
临沂市	Linyi	11445	9322	1445	5655	2177		45
德州市	Dezhou	15311	13569	6293	1710	4939		627
聊城市	Liaocheng	14146	12474	7242	2137	3095		
滨州市	Binzhou	18722	16534	5480	1448	9129		477
菏泽市	Heze	7869	6085	886	2780	2416		3

12-10 供水用水情况
Water Supply and Water Use

年份 地区	Year Region	供水总量(亿立方米) Water Supply (100 million cu.m)	地表水 Surface Water	地下水 Ground-water	其他 Others	用水总量(亿立方米) Water Use (100 million cu.m)	农业 Agricul-ture	工业 Industry	生活 Consump-tion	生态 Ecological Protection
2000		249.46	114.40	131.81	3.25	244.09	179.84	43.65	20.61	
2001		251.61	115.60	133.71	2.30	252.73	187.40	41.92	23.08	0.34
2002		252.39	117.66	132.96	1.77	244.73	192.87	36.59	14.98	0.29
2003		219.34	104.12	113.95	1.27	215.70	162.54	27.96	23.92	1.38
2004		214.88	106.28	107.40	1.20	211.30	160.14	24.81	24.67	1.68
2005		211.02	106.70	102.67	1.65	207.65	161.73	18.38	25.17	2.37
2006		225.53	119.77	103.90	1.86	222.24	175.07	18.93	25.62	2.62
2007		219.55	115.59	101.98	1.98	219.55	164.81	24.12	27.42	3.20
2008		219.89	115.51	101.23	3.15	219.89	162.76	24.69	28.71	3.73
2009		219.99	119.62	97.05	3.33	219.99	161.60	24.70	29.77	3.94
2010		222.47	127.15	91.31	4.01	222.47	159.65	26.84	31.34	4.64
2011		224.05	127.33	89.34	7.38	224.05	154.26	29.72	32.89	7.17
2012		221.79	126.12	89.26	6.41	221.79	154.23	28.10	32.81	6.66
2013		217.94	124.94	86.86	6.15	217.94	149.72	28.86	33.31	6.06
2014		214.52	121.26	85.99	7.28	214.52	146.72	28.64	33.39	5.78
2015		212.77	122.00	83.11	7.65	212.77	143.29	29.59	32.99	6.89
2016		213.99	123.26	82.34	8.39	213.99	141.50	30.64	34.22	7.64
2017		209.47	121.08	79.71	8.68	209.47	134.03	28.85	34.57	12.02
2018		212.66	125.66	78.29	8.71	212.66	133.46	32.53	36.05	10.62
济南市	Jinan	15.53	9.21	5.32	1	15.53	7.57	1.88	3.75	2.33
青岛市	Qingdao	9.33	6.23	2.41	0.68	9.33	2.34	2.13	4.23	0.64
淄博市	Zibo	9.92	4.21	5.62	0.1	9.92	4.64	3.39	1.58	0.32
枣庄市	Zaozhuang	5.51	1.51	3.6	0.4	5.51	2.43	1.15	1.49	0.45
东营市	Dongying	10.45	9.56	0.74	0.15	10.45	5.63	2.22	1.17	1.44
烟台市	Yantai	9.01	5.34	3.61	0.06	9.01	5.27	1.43	2.3	0.01
潍坊市	Weifang	12.27	4.75	6.87	0.65	12.27	6.42	2.47	2.85	0.53
济宁市	Jining	21.53	11.33	8.49	1.71	21.53	15.85	2.47	2.67	0.54
泰安市	Tai'an	11.59	4.92	5.16	1.52	11.59	6.44	1.81	2.53	0.81
威海市	Weihai	4.18	2.72	1.38	0.06	4.18	2.16	0.88	1.11	0.03
日照市	Rizhao	5.57	3.6	1.5	0.47	5.57	2.6	1.34	1.16	0.48
莱芜市	Laiwu	2.93	1.05	1.44	0.43	2.93	1.02	1.18	0.57	0.15
临沂市	Linyi	16.54	11.83	4.21	0.5	16.54	10.01	1.97	3.46	1.1
德州市	Dezhou	20.09	13.22	6.61	0.25	20.09	16.56	1.63	1.51	0.39
聊城市	Liaocheng	18.67	9.99	8.14	0.54	18.67	14.49	1.92	1.8	0.46
滨州市	Binzhou	17.14	15.27	1.78	0.09	17.14	12.41	3.03	1.3	0.4
菏泽市	Heze	22.39	10.9	11.4	0.08	22.39	17.63	1.63	2.58	0.55

12-11 水资源情况
Water Resources

年份 地区	Year Region	水资源总量（亿立方米） Total Amount of Water Resources (100 millioncu.m)	地表水资源量 Surface Water Resources	地下水资源与地表水资源不重复量 Unduplicated Measurement Between Surface Water and Groundwater
2003		489.69	349.29	140.40
2004		349.46	234.51	114.55
2005		415.86	295.85	120.01
2006		199.78	109.56	90.22
2007		387.11	280.19	106.93
2008		328.71	228.96	99.75
2009		284.95	173.80	111.16
2010		309.12	199.08	110.04
2011		347.61	237.49	110.12
2012		274.08	182.17	91.90
2013		291.70	191.07	100.64
2014		148.44	76.61	71.83
2015		168.44	84.30	84.14
2016		220.32	121.18	99.14
2017		225.61	139.14	86.47
2018		343.25	230.58	112.67
济南市	Jinan	19.45	10.77	8.68
青岛市	Qingdao	15.25	11.91	3.34
淄博市	Zibo	17.22	11.54	5.69
枣庄市	Zaozhuang	10.69	7.01	3.69
东营市	Dongying	18.54	15.85	2.69
烟台市	Yantai	21.97	18.43	3.53
潍坊市	Weifang	49.85	40.02	9.83
济宁市	Jining	25.76	13.61	12.15
泰安市	Tai'an	17.48	13.25	4.23
威海市	Weihai	10.30	7.94	2.36
日照市	Rizhao	21.52	19.46	2.06
莱芜市	Laiwu	4.96	4.15	0.81
临沂市	Linyi	43.01	36.63	6.39
德州市	Dezhou	15.44	3.24	12.20
聊城市	Liaocheng	13.03	1.13	11.89
滨州市	Binzhou	17.11	10.48	6.63
菏泽市	Heze	21.68	5.19	16.50

12-12 1981-2017年主要污染物排放及处理情况
Discharge and Treatment of Major Pollutants from 1981 to 2017

单位:万吨 (10 000 tons)

年 份 Year	废水排放量 Volume of Waste Water Discharged	# 工 业 Industry	二氧化硫排放量 Volume of Sulphur Dioxide Discharged	氮氧化物排放量 Volume of Nitrogen Oxides Discharged	烟(粉)尘排放量 Volume of Soot and Dust Discharged	工业固体废物产生量 Volume of Industrial Solid Waste	工业固体废物综合利用量 Volume of Industrial Solid Waste Utilized
1981	104790	87673	119		77	2522	639
1982	105942	82641	120		97	2615	723
1983	110938	88168	122		85	2559	716
1984	129033	106275	142		117	2743	760
1985	131898	105375	160		120	2748	765
1986	127277	98913	171		129	2860	847
1987	132770	93811	173		116	2848	894
1988	144346	97136	191		128	3325	968
1989	137165	91360	189		130	3610	1117
1990	136573	87631	193		121	3880	1337
1991	137051	88728	204		121	3837	2169
1992	137721	86412	226		125	3941	2410
1993	142322	86350	228		135	4201	2353
1994	147979	87316	225		130	4263	2871
1995	158681	96214	232		130	4484	2899
1996	204200	101018				4652	2824
1997	246100	130918	247		108	5131	3448
1998	234048	117069	226		92	5109	3777
1999	224100	107975	183		71	5166	3877
2000	229000	110324	180		67	5407	4173
2001	235271	115233	172		65	6215	5224
2002	230709	106668	169		62	6559	5704
2003	245782	115933	184		62	6786	6054
2004	264014	128706	182		52	7922	7191
2005	280377	139071	200		62	9175	8683
2006	302637	144365	196		58	11011	10397
2007	334255	166574	182		46	11935	11615
2008	358910	176977	169		44	12988	12173
2009	386731	182673	159		42	14138	13826
2010	436371	208257	154		39	16038	15297
2011	443331	187245	183	179	78	19533	18298
2012	479100	183634	175	174	70	18343	17073
2013	494570	181179	164	165	70	18172	17134
2014	514423	180022	159	159	121	19199	18380
2015	550230	185493	153	142	108	19797	18308
2016	507591	160580	113	123	87	22510	18976
2017	499884	145686	74	116	55	23925	19026

注：1.2011年以前，烟(粉)尘排放量为烟尘排放量。2.从2014年起烟(粉)尘排放量包含无组织排放的烟(粉)尘。

a) Before 2011,the volume of soot and dust discharged only includes the smoke discharged .

b) Since 2014,the volume of soot and dust discharged includes those discharged not through exhaust pipes.

12-13 各市主要污染物排放情况(2017年)
Dicharge of Major Pollutants by Region (2017)

地区	Region	废水排放量(万吨) Volume of Waste Water Discharged (10 000 tons)	工业 Industry	生活 Daily Life	化学需氧量排放量(吨) Volume of COD Discharged (ton)	工业 Industry	生活 Daily Life	氨氮排放量(吨) Volume of Ammonia Nitrogen Discharged (ton)	工业 Industry	生活 Daily Life
全省总计	**Total**	**499884**	**145686**	**353660**	**520802**	**65875**	**424647**	**79900**	**4669**	**74953**
济南市	Jinan	34693	5949	28692	28701	2594	26088	4255	197	4057
青岛市	Qingdao	53421	5613	47687	27615	2184	25399	2797	115	2679
淄博市	Zibo	31934	13060	18864	26514	6486	13308	4270	554	3716
枣庄市	Zaozhuang	18964	6113	12845	20165	2420	17741	3288	131	3156
东营市	Dongying	21696	7654	14032	8534	3184	4442	1101	233	865
烟台市	Yantai	32351	7848	24445	13567	3288	10246	4263	195	4064
潍坊市	Weifang	52293	22007	30240	34745	8558	25674	6656	695	5960
济宁市	Jining	45900	13498	32306	53669	4742	48905	9009	284	8721
泰安市	Tai'an	19466	6367	13098	39191	3198	35941	4757	171	4583
威海市	Weihai	14757	1947	12791	20085	1180	10493	2911	70	2727
日照市	Rizhao	13463	7070	6372	18000	3441	12959	2652	139	2479
莱芜市	Laiwu	4745	1210	3531	9549	401	9147	1603	10	1593
临沂市	Linyi	45870	8769	37063	53919	5335	47548	9963	504	9441
德州市	Dezhou	29440	8263	21161	42606	3733	33921	4903	269	4605
聊城市	Liaocheng	21856	5350	16495	20726	2994	16845	3315	222	3083
滨州市	Binzhou	30167	17923	12219	41826	8330	28416	4830	608	4171
菏泽市	Heze	28867	7046	21817	61388	3808	57576	9327	271	9055

注：1.从2016年起化学需氧量排放量和氨氮排放量统计口径发生变化。
a)Since 2016, the statistical aperture of COD and ammonia nitrogen emissions changed.

12-13 续表 continued

地区	Region	二氧化硫排放量(吨) Volume of Sulphur Dioxide Discharged (ton)	工业 Industry	生活 Daily Life	氮氧化物排放量(吨) Volume of Nitrogen Oxides Discharged (ton)	工业 Industry	生活 Daily Life	烟(粉)尘排放量(吨) Volume of Soot and Dust Discharged (ton)	工业 Industry	生活 Daily Life
全省总计	**Total**	**739121**	**492756**	**246214**	**1158621**	**550049**	**33986**	**549557**	**370836**	**127321**
济南市	Jinan	32502	16545	15934	23316	21254	2021	32794	25060	7715
青岛市	Qingdao	15541	5137	10404	16674	13898	2776	15405	7245	8160
淄博市	Zibo	97736	66453	31280	66502	62354	4126	59199	42218	16979
枣庄市	Zaozhuang	23216	12729	10468	23400	22441	932	12682	8271	4406
东营市	Dongying	27845	25434	2393	23319	22744	537	4615	4128	478
烟台市	Yantai	51969	26127	25840	35669	31505	4128	32348	16068	16275
潍坊市	Weifang	43806	26681	17069	49395	47035	2243	31985	20308	11665
济宁市	Jining	50219	23569	26650	30403	26839	3557	27503	12531	14972
泰安市	Tai'an	25537	11865	13671	23017	21145	1868	15105	7678	7427
威海市	Weihai	23271	8369	14902	14778	12641	2136	8446	3717	4728
日照市	Rizhao	31566	18355	13195	38236	36672	1532	34477	28099	6376
莱芜市	Laiwu	25705	19988	5715	33487	32854	625	60825	58926	1898
临沂市	Linyi	67922	54920	13002	59093	56973	2110	60138	53349	6788
德州市	Dezhou	50987	34889	16092	29719	28004	1709	22032	18145	3885
聊城市	Liaocheng	46727	41559	5168	31909	31108	801	14061	11021	3040
滨州市	Binzhou	82308	72459	9846	64577	63352	1202	40816	36354	4456
菏泽市	Heze	42265	27678	14586	21006	19231	1685	25800	17718	8075

注：1.2017年17市氮氧化物和烟(粉)尘排放量不含机动车排放源。
a)In 2017, vehicle emission source is excluded in the Volume of Nitrogen Oxides Discharged and Volume of Soot and Dust Discharged in 17 regions.

12-14 各市工业固体废物排放及处理利用情况(2017年)
Emission、Treatment and Utilization of Industrial Solid Wastes by Region(2017)

单位：万吨 (10 000 tons)

地 区	Region	一般工业固体废物产生量 Total Volume of Industrial Solid Waste Produced	一般工业固体废物综合利用量 Total Volume of Industrial Solid Waste Utilized	一般工业固体废物处置量 Volume of Industrial Solid Waste Treated	一般工业固体废物贮存量 Volume of Industrial Wastes in Solid Stocks	危险废物产生量 Hazardous Wastes Produced	危险废物综合利用量 Hazardous Wastes Utilized	危险废物处置量 Hazardous Wastes Disposed
全省总计	**Total**	**23925.4**	**19026.2**	**1900.3**	**3164.2**	**2043.4**	**1660.7**	**295.1**
济 南 市	Jinan	793.1	712.5	82.9	0.2	13.6	3.1	10.8
青 岛 市	Qingdao	769.6	707.2	58.5	4.2	11.5	3.7	8.6
淄 博 市	Zibo	1544.7	1350.5	97.5	98.1	93.7	41.4	45.5
枣 庄 市	Zaozhuang	627.8	564.9	71.2	0.8	19.3	14.7	4.7
东 营 市	Dongying	406.2	366.7	43.3	10.6	32.5	11.5	20.0
烟 台 市	Yantai	2191.9	1493.1	351.8	364.5	229.3	102.7	51.5
潍 坊 市	Weifang	1405.0	1184.6	143.5	82.3	73.3	50.2	21.1
济 宁 市	Jining	1852.8	1767.7	40.1	123.5	811.7	800.6	11.7
泰 安 市	Tai'an	982.4	951.5	7.3	33.3	7.0	0.9	5.9
威 海 市	Weihai	319.3	253.9	27.6	41.7	2.6	0.1	2.5
日 照 市	Rizhao	597.8	428.0	103.1	66.7	314.0	306.7	7.5
莱 芜 市	Laiwu	1870.5	1838.9	30.6	1.3	58.1	56.8	1.0
临 沂 市	Linyi	2010.3	1791.7	202.2	17.7	103.0	59.9	42.7
德 州 市	Dezhou	1005.2	919.7	93.7	3.1	124.5	119.1	5.5
聊 城 市	Liaocheng	2050.6	1355.5	379.3	317.7	32.2	23.7	8.3
滨 州 市	Binzhou	5078.2	2935.9	151.4	1998.5	82.2	52.9	25.1
菏 泽 市	Heze	420.3	403.9	16.2	0.1	35.0	12.9	22.5

主要统计指标解释

自然资源 指人类可以直接从自然界获得，并用于生产和生活的物质资源。自然资源一般可以分成可再生资源和非再生资源两大类。可再生资源指在较短时间内可以再生、可以循环利用的资源，包括土地资源、水资源、气候资源、生物资源和海洋资源等。非再生资源指在使用后不能再生的资源，包括矿产资源和地热能源。

土地资源 土地指陆地的表层部分，它主要由岩石、岩石的风化物和土壤构成。土地资源按利用类型可以分为农用地、建筑用地和未利用地。农用地包括耕地、园地、林地、牧草地和水面。建筑用地包括居民点及工矿用地、交通用地和水利设施用地。未利用地指农用地和建筑用地以外的土地，包括滩涂、荒漠、戈壁、冰川和石山等。

耕地面积 指经过开垦用以种植农作物并经常进行耕耘的土地面积。包括种有作物的土地面积、休闲地、新开荒地和抛荒未满三年的土地面积。

森林资源 指森林、林木、林地以及依托森林、林木、林地生存的野生动物、植物和微生物。林木指树木和竹子。森林指以乔木为主体的植物群落，是集生的乔木及与共同作用的植物、动物、微生物和土壤、气候等的总体。

森林面积 指由乔木树种构成，郁闭度 0.2 以上(含 0.2)的林地或冠幅宽度 10 米以上的林带的面积，即有林地面积。森林面积包括天然起源和人工起源的针叶林面积、阔叶林面积、针阔混交林面积和竹林面积，不包括灌木林地面积和疏林地面积。

水资源 水在自然界中以固体、液体和气态三种聚集状态存在，分布于海洋、陆地(包括土壤)以及大气之中，通过水循环形成水资源。水资源包括经人类控制并直接可供灌溉、发电、给水、航运、养殖等用途的地表水和地下水，以及江河、湖泊、井、泉、潮汐、港湾和养殖水域等。水资源是发展国民经济不可缺少的重要自然资源。

地表水和地下水 陆地上的水因空间分布不同，分为地表水和地下水。地表水指分别存在于河流、湖泊、沼泽、冰川和冰盖等水体中水分的总称，又称陆地水。地下水指储存在地面以下饱和岩土孔隙、裂隙及溶洞中的水。

水资源总量 指评价区内降水形成的地表和地下产水总量，即地表产流量与降水入渗补给地下水量之和，不包括过境水量。

地表水资源量 指评价区内河流、湖泊、冰川等地表水体中可以逐年更新的动态水量，即当地天然河川径流量。

地下水资源量 指评价区内降水和地表水对饱水岩土层的补给量，包括降水入渗补给量和河道、湖库、渠系、渠灌田间等地表水体的入渗补给量。

内陆水域总面积 指江、河、湖泊、池塘、塘堰、水库等各种流水或蓄水的水面占地面积。

海　洋 是海和洋的统称。洋为地球表面上相连接的广大咸水水体的主体部分。海为地球表面相连接的广大咸水水体被陆地、岛礁、半岛包围或分隔的边缘部分。

海水可养殖面积 指利用滩涂、浅海、港湾进行鱼、虾、蟹、贝、藻等海水经济动植物的人工养殖的水面面积。

径　流 指陆地上接受降水后扣除损耗外，从地表和地下向流域出口断面汇集的水流。径流可分为地表径流、地下径流和壤中流。地表径流指沿地表向河流、湖泊、沼泽、海洋等汇集的水流；地下径流指沿潜水层或隔水层间的含水层，向河流、湖泊、沼泽、海洋等汇集的地下水水流。

径流量 指在一定时段内通过河流某一过水断面的水量，用以反映一个国家或地区水资源的丰歉程度。计算公式为：

径流量=降水量−蒸发量

矿产资源 矿产指由地质作用形成，富集于地壳中或出露于地表达到工农业利用要求的有用矿物。矿产是一种重要的自然资源，是社会发展的重要物质基础。

矿产基础储量 基础储量是查明矿产资源的一部分。它能满足现行采矿和生产所需的指标要求，是控制的、探明的并通过可行性或预可行性研究认为属于经济的、边界经济的部分，用未扣除设计、采矿损失的数量表示。

气　温 指空气的温度，我国一般以摄氏度(℃)为单位表示。气象观测的温度表是放在离地面约 1.5 米处通风良好的百叶箱里测量的，因此，通常说的气温指的是离地面 1.5 米处百叶箱中的温度。其统计计算方法为：

月平均气温是将全月各日的平均气温相加，除以该月的天数而得。

年平均气温是将 12 个月的月平均气温累加后除以 12 而得。

相对湿度 指空气中实际所含水蒸气密度和同温度下饱和水蒸气密度的百分比值。其统计方法与气温相同。

降水量 指从天空降落到地面的液态或固态(经融化后)水，未经蒸发、渗透、流失而在地面上积聚的深度。其统计计算方法为：

月降水量是将全月各日的降水量累加而得。

年降水量是将 12 个月的月降水量累加而得。

日照时数 指太阳实际照射地面的时间。其统计方法与降水量相同。

工业废水排放量 指报告期内经过企业厂区所有排放口排到企业外部的工业废水量。包括生产废水、外排的直接冷却水、废气治理设施废水、超标排放的矿井地下水和与工业废水混排的厂区生活污水，不包括独立外排的间接冷却水（清浊不分流的间接冷却水应计算在内）。

城镇生活污水排放量 指城镇居民每年排放的生活污水。用人均系数法测算。测算公式为：

$$\frac{\text{生活污水}}{\text{排放量}}=\frac{\text{城镇生活污水}}{\text{排放系数}}\times\frac{\text{市镇非}}{\text{农业人口}}\times 365$$

城镇生活污水中化学需氧量(COD)产生量 指城镇居民每年排放的生活污水中的 COD 的产生量。用人均系数法测算。测算公式为：

$$\frac{\text{城镇生活污水}}{\text{中}COD\text{排放量}}=\frac{\text{城镇生活污水中}}{COD\text{产生系数}}\times\frac{\text{市镇非}}{\text{农业人口}}\times 365$$

化学需氧量（COD） 测量有机和无机物质化学分解所消耗氧的质量浓度的水污染指数。

工业废气排放量 指报告期内企业厂区内燃料燃烧和生产工艺过程中产生的各种排入大气的含有污染物的气体的总量，以标准状态(273K，101325Pa)计算。测算公式为：

$$\frac{\text{工业废气}}{\text{排放量}}=\frac{\text{燃料燃烧过程}}{\text{中废气排放量}}+\frac{\text{生产工艺过程}}{\text{中废气排放量}}$$

二氧化硫排放量 指报告期内企业在燃料燃烧和生产工艺过程中排入大气的二氧化硫总质量。工业中二氧化硫主要来源于化石燃料（煤、石油等）的燃烧，还包括含硫矿石的冶炼或含硫酸、磷肥等生产的工业废气排放。

氮氧化物排放量 指报告期内企业在燃料燃烧和生产工艺过程中排入大气的氮氧化物总质量。

烟（粉）尘排放量 指报告期内企业在燃料燃烧和生产工艺过程中排入大气的烟尘及工业粉尘的总质量之和。烟尘或工业粉尘排放量可以通过除尘系统的排风量和除尘设备出口烟尘浓度相乘求得。

一般工业固体废物产生量 指未被列入《国家危险废物名录》或者根据国家规定的危险废物鉴别标准（GB5085）、固体废物浸出毒性浸出方法（GB5086）及固体废物浸出毒性测定方法（GB／T 15555）鉴别方法判定不具有危险特性的工业固体废物。

一般工业固体废物综合利用量 指报告期内企业通过回收、加工、循环、交换等方式，从固体废物中提取或者使其转化为可以利用的资源、能源和其他原材料的固体废物量（包括当年利用的往年工业固体废物累计贮存量）。如用作农业肥料、生产建筑材料、筑路等。综合利用量由原产生固体废物的单位统计。

一般工业固体废物处置量 指报告期内企业将工业固体废物焚烧和用其他改变工业固体废物的物理、化学、生物特性的方法，达到减少或者消除其危险成分的活动，或者将工业固体废物最终置于符合环境保护规定要求的填埋场的活动中，所消纳固体废物的量。

一般工业固体废物贮存量 指报告期内企业以综合利用或处置为目的，将固体废物暂时贮存或堆存在专设的贮存设施或专设的集中堆存场所内的量。

危险废物 指列入国家危险废物名录或根据国家规定的危险废物鉴别标准和鉴别方法认定的，具有爆炸性、易燃性、易氧化性、毒性、腐蚀性、易传染疾病等危险特性之一的废物。

危险废物产生量 指报告期内调查对象实际产生的危险废物的量。危险废物指列入国家危险废物名录或者根据国家规定的危险废物鉴别标准和鉴别方法认定的，具有爆炸性、易燃性、易氧化性、毒性、腐蚀性、易传染性疾病等危险特性之一的废物。

危险废物综合利用量 指报告期内调查对象从危险废物中提取物质作为原材料或者燃料的活动中消纳危险废物的量。包括本单位利用或委托、提供给外单位利用的量。

危险废物处置量 指报告期内企业将危险废物焚烧和用其他改变工业固体废物的物理、化学、生物特性的方法，达到减少或者消除其危险成分的活动，或者将危险废物最终置于符合环境保护规定要求的填埋场的活动中，所消纳危险废物的量。处置量包括处置本单位或委托给外单位处置的量。

Explanatory Notes on Main Statistical Indicators

Natural Resources refers to material resources that could be obtained from the nature by human being and used for production and living. Natural resources in general can be classified as renewable resources and non-renewable resources. Renewable resources refer to resources that could be renewed and recycled during a relatively short period of time, including land resource, water resource, climate resource, biology resource and marine resource. Non-renewable resources include resources that could not be renewed, such as minerals and geothermal resource.

Land Resources refers to the surface of the earth, consisting of mainly rocks and its weathering and earth. Land resource can be classified, by its utilization, as land for agriculture, land for construction and unused land. Land for agriculture includes cultivated land, plantation land, forestland, grassland and waters. Land for construction includes land for residential purpose, for manufacturing and mining, for transportation and for water-conservancy projects. Unused land refers to land other than land for agriculture and construction, including beaches, deserts, Gobi, glaciers and rock mountains.

Area of Cultivated Land refers to area of land reclaimed for the regular cultivation of various farm crops, including crop-cover land, fallow, newly reclaimed land and land laid idle for less than 3 years.

Forest Resource refers to forests, trees, forestland and wild animals, plants and microorganism that live on forest and trees. Trees include trees and bamboo. Forest refers to the population of clusters of trees and other plants, animals and microorganism as well as the earth and climate that have interactions with the trees.

Forest Area refers to the area of forest where trees and bamboo grow with canopy density above 0.2, including land of natural woods and planted woods, but excluding bush land and thin forest land. It reflects the total areas of afforestation.

Water Resource refers to water that exists in the nature in solid, liquid and gaseous states, is distributed in the ocean, land (including earth) and air, and constitutes the water resource through the circulation of water. Water resource includes the surface water and underground water that is controlled by the human being for irrigation, power-generation, water supply, navigation and cultivation. It also includes rivers, lakes, wells, springs, tides, gulf and water area for cultivation. Water resource as an important natural resource is indispensable for the development of the national economy.

Surface Water and Underground Water Water on earth can be divided into surface water and underground water according to its distribution. Surface water refers to moisture exists in rivers, lakes, swamps, glaciers, icecaps and so on. It is also called land water. The underground water refers to water deposited underground in the cranny and the hole of saturated rock soil and in the water-eroded cave.

Total Water Resources refers to total volume of water resources measured as run-off for surface water from rainfall and recharge for groundwater in a given area, excluding transit water.

Surface Water Resources refers to total renewable resources which exist in rivers, lakes, glaciers and other collectors from rainfall and are measured as run-off of rivers.

Groundwater Resources refers to replenishment of aquifers with rainfall and surface water.

Inland Water Area refers to water area of rivers, lakes, ponds, reservoir, etc.

Ocean is the general name for sea and ocean. Ocean refers to the main body of large salt water connected with the earth. Sea refers to the edge areas of the salt water on the earth that are comparted or surrounded by land, island, reef or peninsula.

Marine Cultivatable Areas refer to water areas in beach, shallow sea and lough that are used to breed marine cash propagation, such as fish, shrimp, crab, shellfish, alga and so on.

Runoff refers to the water gathered at the way out of the cross section of drainage area either from the surface or underground after deducting the wastage of the precipitation on the land. Runoff can be divided into surface runoff, underground runoff and within soil runoff. Surface runoff refers to water flow to the rivers, lakes, swamps, and seas on the surface of the earth. Underground runoff refers to water flow to rivers, lakes, swamps, and seas through the water-bearing stratum of confined layer or unconfined layer.

Volume of Runoff refers to the total volume of water running through a certain cross section of a river during a certain period of time, reflecting the water resource condition in a country or a region. The formula for calculating volume or runoff is as follows:

Runoff =Precipitation-Evaporation

Mineral Resources refer to useful minerals that can be used for industrial or agricultural purposes enriched in lithosphere or on earth due to the geological process. Minerals are important natural resources, and important material base for social development.

Ensured Mineral Reserves refer to the actual mineral reserves, which equal to the proven mineral reserves (including industrial reserves and prospective reserves) minus extracted parts and underground losses.

Temperature refers to the air temperature. China uses centigrade as the unit. The thermometry used for weather observation is put in a breezy shutter, which is 1.5 meters high from the ground. Therefore, the commonly used temperature refers to the temperature in the breezy shutter 1.5 meters away from the ground. The calculation method is as follows:

Monthly Average Temperature is the summation of average daily temperature of one month divided by the actual days of that particular month.

Annual Average Temperature is the summation of monthly

average of a year divided by 12 months.

Relative Humidity refers to the ratio of actual water vapor pressure to the saturation water vapor density under the current temperature. The statistical method is the same as that of temperature.

Volume of Precipitation refers to the deepness of liquid state or solid state (thawed) water falling from the sky to the ground that has not been evaporated, infiltrated or run off. The calculation method is as follows:

Monthly precipitation is the summation of daily precipitation of a month.

Annual precipitation is the summation of 12 months precipitation of a year.

Sunshine Hours refer to the actual hours of sun irradiating the earth. The calculation method is the same as that of the precipitation.

Industrial Waste Water Discharged Refers to the volume of industrial waste water discharged through all of the drainage system to the outside of factory complex by enterprises during the report period. It includes discharged waste water from production, direct cooling water, waste gas treatment facilities, mine groundwater beyond the standard and domestic sewage mixed with industrial waste water, does not include independently discharged indirect cooling water (voicing split-less indirect cooling water should be taken into account).

Urban Non industrial Waste Water Discharge refers to annual discharge of non-industrial waste water by urban households. It is estimated by per ca pita coefficient using the formula:

$$\begin{matrix}\text{Urban non-industrial}\\\text{waste water discharge}\end{matrix} = \begin{matrix}\text{urban non-industrial waste}\\\text{water discharge coefficient}\end{matrix} \times \begin{matrix}\text{urban non-agricultural}\\\text{population}\end{matrix} \times 365$$

Volume of Chemical Oxygen Demand (COD) Generated by Urban Non-industrial Waster Water refers to chemical oxygen demand generated through the annual discharge of non-industrial waste water by urban households. It is estimated as:

$$\begin{matrix}\text{Volume of chemical oxygen}\\\text{demand (cod) generated}\\\text{by urban non-industrial}\\\text{waster water}\end{matrix} = \begin{matrix}\text{Coefficient of COD}\\\text{generated through urban}\\\text{non-industrial waste water}\end{matrix} \times \begin{matrix}\text{urban}\\\text{non-agricultural}\\\text{population}\end{matrix} \times 365$$

Chemical Oxygen Demand (COD) refers to index of water pollution measuring the mass concentration of oxygen consumed by the chemical breakdown of organic and inorganic matter.

Industrial Waste Air Emission refers to discharge into atmosphere of waste air containing pollutants generated from fuel burning and production process in enterprises within a given period of time. It is calculated at standard status (273K, 101325Pa) as:

$$\begin{matrix}\text{Industrial waste}\\\text{air emission}\end{matrix} = \begin{matrix}\text{emission through}\\\text{fuel burning}\end{matrix} + \begin{matrix}\text{emission through}\\\text{production process}\end{matrix}$$

SO2 Emission refers to the total volume of SO2 discharged into air during the process of fuel combustion and industrial production in enterprises in a given time, and is mainly caused by the combustion of fossil fuel, ore smelting and the production of sulphuric acid and phosphate fertilizers.

Nitrogen Oxides Emission refers to the total volume of nitrogen oxides discharged into air during the process of fuel combustion and industrial production.

Industrial Soot and Dust Emission refers to volume of soot and dust in smoke emitted in process of fuel burning and industrial production in premises of enterprises in the report period. It is calculated by multiplying exhaust volume of dust removal system by dust concentration.

Common Industrial Solid Wastes Produced refers to the industrial solid wastes not listed in the 《National Catalogue of Hazardous Wastes》, or not regarded as hazardous according to the national hazardous waste identification standards (GB5085),solid waste-extraction procedure for leaching toxicity (GB5086), or solid waste-extraction procedure for leaching toxicity (GB/T 15555).

Common Industrial Solid Wastes Comprehensively Utilized refers to volume of solid wastes from which useful materials can be extracted or which can be converted into usable resources, energy or other materials by means of reclamation, processing, recycling and exchange (including utilizing in the year the stocks of industrial solid wastes of the previous year) during the report period, e.g. Examples of such utilization include fertilizers, building materials and road materials. The information shall be collected by the producing units of the wastes.

Common industrial Solid Wastes Disposed refers to the quantity of solid wastes which are burnt or specially disposed using other methods to alter the physical, chemical and biological properties and thus to reduce or eliminate hazards, or placed ultimately in the sites meeting the requirements for environmental protection during the report period.

Stock of Common Industrial Solid Wastes refers to the volume of sold wastes placed in special facilities or special sites by enterprises for purposes of utilization or disposal during the report period.

Hazardous Wastes refers to those included in the national hazardous wastes catalog or specified as any one of the following properties in the national hazardous wastes identification standards: explosive, ignitable, oxidizable, toxic, corrosive or liable to cause infectious diseases or lead to other dangers.

Hazardous Wastes Produced refers to the volume of actual hazardous wastes produced by surveyed samples throughout the year of the survey. Hazardous wastes refers to those included in the national hazardous wastes catalog or specified as any one of the following properties in light of the

national hazardous wastes identification standards and methods: explosive, ignitable, oxidizable, toxic, corrosive, or liable to cause infectious diseases or lead to other dangers.

Hazardous Wastes Comprehensive Utilized refers to the volume of hazardous wastes that are used to extract materials for raw materials or fuel throughout the year of survey, including those utilized by the producing enterprises and those provided to other enterprises for utilization.

Hazardous Wastes Disposed refers to the quantity of hazardous wastes that are burnt or specially disposed using other methods to alter the physical, chemical and biological properties and thus to reduce or eliminate the hazard, or placed in the site meeting the requirement for environmental protection during the report period. The quantity includes all the hazardous wastes produced by the surveyed samples.

第13篇

农　业

Agriculture

简 要 说 明

一、本篇资料的主要内容

本篇资料反映了全省农业生产和农村经济的基本情况，主要包括农林牧渔业总产值、增加值、耕地、主要农产品产量、农业机械年末拥有量、农村电气化和农业化学化情况以及农田水利建设等方面的统计资料。

二、本篇资料的来源

1、地类面积资料、林业生产资料来源于省自然资源厅，由省统计局农村处整理提供。

2、灌溉面积资料来源于省水利厅，由省统计局农村处整理提供。

3、渔业生产资料、农业机械资料来源于省农业农村厅，由省统计局农村处整理提供。

4、粮食生产情况由山东调查总队农业调查处整理提供。

5、其余资料来源于农村综合统计年报，由省统计局农村处整理提供。

三、本篇资料的统计范围和统计口径

本篇资料的统计范围包括省内所属的各种经济类型、各个系统的全部农林牧渔业生产单位以及各非农行业附属的农林牧渔业生产活动单位。军委系统的农业生产（除军马外）也包括在内，但不包括农业科学试验机构进行的农业生产。

Brief Introduction

I. Content

Data in this chapter show the basic conditions of agricultural production and rural economy, mainly including agricultural output, value added, cultivated land, output of main agricultural produces, agricultural machinery, electrification and chemistry in rural areas and basic construction on irrigation and drainage.

II. Source of Data

1. Data on land and forestry production are provided by the Department of Nature and Resources of Shandong Province.

2. Data on irrigated area are provided by the Water Resources Department of Shandong Province.

3. Data on fishery production means and agricultural machinery are provided by the Department of Agriculture and Rural of Shandong Province.

4. Data on grain output are provided by the Division of Agriculture Survey of the National Bureau of Statistics in Shandong.

5. Other data in this chapter are based on the statistical reporting summary tables of countryside statistics.

III. Scope and Coverage of Statistics

The coverage of the comprehensive statistical reporting includes all productive units of farming, forestry, animal husbandry and fishery and those related non-agricultural affiliated units with various ownership and the activities of horse raising for military purpose and those undertaken by agricultural research institutions are excluded.

13-1 主要年份农林牧渔业总产值
Gross Output Value of Farming,Forestry, Animal Husbandry and Fishery in Major Years

单位:亿元 (100 million yuan)

年份 Year	农林牧渔业总产值 Gross Output Value of Farming, Forestry,Animal Husbandry and Fishery	农业 Farming	种植业 Planting	林业 Forestry	牧业 Animal Husbandry	渔业 Fishery	农林牧渔服务业 Farming,Forestry, Animal Husbandry and Fishery Service
1949	20.07	18.01	16.01	0.12	1.66	0.28	
1952	40.00	35.05	31.16	0.25	3.98	0.72	
1955	44.97	40.05	35.40	0.66	3.37	0.89	
1957	36.44	31.21	30.36	0.87	3.54	0.82	
1962	38.32	32.77	32.71	0.26	4.09	1.20	
1965	50.49	42.88	42.79	0.55	5.76	1.30	
1970	66.78	55.75	55.62	0.90	8.14	1.99	
1975	93.43	75.85	75.64	2.65	12.33	2.60	
1976	100.36	80.37	80.12	2.60	14.24	3.15	
1977	99.27	78.83	78.40	2.10	14.72	3.62	
1978	102.22	84.77	83.71	1.81	12.19	3.45	
1979	135.92	113.34	111.33	2.04	16.61	3.93	
1980	160.91	128.81	126.22	4.52	23.43	4.15	
1981	198.50	155.62	151.83	4.91	33.04	4.94	
1982	218.51	171.58	167.98	7.22	34.12	5.59	
1983	259.50	208.75	202.87	8.48	36.21	6.06	
1984	310.11	245.19	236.64	8.60	48.20	8.12	
1985	335.42	248.17	236.62	11.07	62.82	13.36	
1986	361.19	269.51	255.92	12.67	62.84	16.17	
1987	413.18	313.76	299.05	12.11	64.15	23.16	
1988	494.53	331.59	313.98	14.80	108.07	40.07	
1989	547.66	366.24	347.61	14.28	124.71	42.43	
1990	645.75	419.50	397.85	20.45	150.19	55.61	
1991	779.18	491.76	471.53	22.19	186.52	78.71	
1992	815.62	462.58	437.03	23.73	215.73	113.58	
1993	944.99	526.66	511.48	28.24	239.90	150.19	
1994	1282.25	660.13	649.84	36.78	348.78	236.56	
1995	1678.16	931.89	922.96	41.81	433.62	270.84	
1996	1962.12	1090.64	1078.05	49.97	512.60	308.91	
1997	2058.32	1137.19	1107.33	49.86	550.58	320.69	
1998	2174.54	1219.85	1184.65	45.91	583.40	325.38	
1999	2202.95	1254.87	1232.44	44.93	572.95	330.20	
2000	2294.35	1300.44	1280.12	47.62	599.17	347.12	
2001	2453.96	1401.34	1385.22	47.22	654.71	350.69	
2002	2526.05	1420.88	1402.81	48.25	698.44	358.48	
2003	2902.45	1599.32		53.70	831.34	370.04	48.05
2004	3453.91	1891.73		59.49	1022.84	426.09	53.76
2005	3741.81	2033.95		57.57	1125.04	465.52	59.73
2006	4058.62	2283.29		65.48	1025.37	522.94	161.54
2007	4752.65	2589.46		81.98	1317.06	577.31	186.83
2008	5583.98	2863.29		102.24	1715.47	679.12	223.87
2009	5953.15	3170.05		101.27	1699.51	735.75	246.58
2010	6573.77	3588.42		86.53	1796.52	829.77	272.52
2011	7311.11	3737.04		99.96	2205.73	973.24	295.14
2012	7817.84	3829.19		107.01	2328.69	1227.81	325.14
2013	8577.06	4335.77		120.30	2410.56	1347.03	363.40
2014	8988.18	4556.10		131.53	2478.81	1420.85	400.90
2015	9283.92	4662.61		139.92	2602.08	1447.28	432.03
2016	9075.60	4387.51		147.48	2620.29	1409.65	510.66
2017	9140.36	4403.23		165.09	2501.37	1475.96	594.70
2018	9397.39	4678.26		181.63	2432.67	1425.91	678.92

注:本表绝对数按当年价格计算，2007至2017年数据系与第三次农业普查衔接数据。

a)Data are caculated at current prices.Data from 2007 to 2017 are consistent with those obtained from the Third Agricultural Census.

13-2 主要年份农林牧渔业总产值指数(以1952年为100)
Indices of Farming,Forestry,Animal Husbandry and Fishery in Major Years(1952=100)

年 份 Year	农林牧渔业总产值 Indices of Farming,Forestry, Animal Husbandry and Fishery	农 业 Farming	种植业 Planting	林 业 Forestry	牧 业 Animal Husbandry	渔 业 Fishery	农林牧渔服务业 Farming,Forestry, Animal Husbandry and Fishery Service
1949	57.7	59.1	59.1	56.9	48.0	44.2	
1952	100.0	100.0	100.0	100.0	100.0	100.0	
1955	108.1	109.9	109.3	256.9	81.3	118.4	
1957	94.2	92.1	100.8	360.8	91.9	118.4	
1962	65.5	63.9	71.8	70.6	70.0	114.3	
1965	99.8	96.7	108.6	174.5	114.3	142.9	
1970	123.5	117.7	132.1	264.7	151.2	204.8	
1975	163.2	151.2	169.6	745.1	216.5	252.4	
1976	166.9	152.6	171.1	692.2	237.8	291.8	
1977	164.8	149.4	167.1	556.9	245.5	334.7	
1978	177.1	160.6	178.2	680.4	253.4	383.7	
1979	193.9	177.1	195.7	637.3	287.2	338.8	
1980	212.1	190.0	209.7	680.4	347.4	375.5	
1981	218.8	198.2	218.1	627.5	352.9	336.1	
1982	239.2	215.3	236.9	1043.1	373.1	383.0	
1983	273.7	253.2	275.9	988.2	386.1	399.3	
1984	326.0	302.4	326.8	1109.8	462.2	449.7	
1985	338.2	306.5	326.8	1427.5	520.9	491.8	
1986	339.2	304.4	321.2	1380.4	539.2	566.0	
1987	366.3	331.7	350.4	1364.7	551.7	681.6	
1988	378.6	324.4	337.3	1325.5	703.9	887.8	
1989	383.5	321.8	333.9	1259.2	768.7	959.7	
1990	404.2	335.6	345.3	1235.3	823.3	1150.7	
1991	452.3	370.2	384.0	1315.6	922.9	1393.5	
1992	455.9	345.4	352.9	1380.1	985.7	1721.0	
1993	510.6	381.0	399.8	1526.4	1080.3	2103.1	
1994	578.0	411.1	436.2	1770.6	1295.3	2523.7	
1995	629.4	441.9	471.1	1839.7	1463.7	2720.5	
1996	675.3	478.1	507.4	2141.6	1551.5	2902.8	
1997	707.0	490.1	506.4	2154.4	1716.0	2975.4	
1998	777.0	589.3	562.1	2068.2	1915.1	3121.2	
1999	819.7	615.2	599.2	2072.3	2045.3	3345.9	
2000	851.7	639.8	625.6	2200.8	2155.7	3362.6	
2001	885.8	666.0	655.6	2064.4	2315.2	3315.5	
2002	895.5	649.4	637.2	1971.5	2472.6	3391.8	
2003	944.8	691.6		2121.3	2613.5	3449.5	111.5
2004	998.7	732.4		2138.3	2772.9	3601.3	108.0
2005	1050.6	761.0		2059.2	2975.3	3842.6	109.2
2006	1105.2	802.1		2279.5	3106.2	3992.5	118.8
2007	1141.7	829.4		2457.3	3131.0	4180.1	110.8
2008	1199.9	859.3		2798.9	3315.7	4426.7	113.3
2009	1251.5	882.5		3076.0	3488.1	4701.2	110.1
2010	1296.6	904.6		3380.5	3624.1	4931.6	109.9
2011	1345.9	939.9		3694.9	3714.7	5148.6	107.2
2012	1409.2	963.4		3820.5	4000.7	5359.7	107.7
2013	1462.7	1005.8		4164.3	4084.7	5536.6	109.5
2014	1521.2	1052.1		4568.3	4182.7	5686.1	109.3
2015	1586.6	1101.5		4938.3	4312.4	5868.1	108.5
2016	1656.4	1156.6		5407.4	4424.5	5985.5	115.8
2017	1722.7	1207.5		5942.7	4588.2	5955.6	112.5
2018	1774.4	1254.6		6495.4	4583.6	6003.2	113.5

注：本表按可比价格计算；农林牧渔服务业指数以上年为100。

a)Data are caculated at constant prices.Indices of Farming,Forestry,Animal Husbandry and Fishery service in preceding year is considered as 100%.

13-3 农林牧渔业总产值
Gross Output Value of Farming,Forestry,Animal Husbandry and Fishery

单位:亿元 (100 million yuan)

类 别	Category	2017	2018	2018为2017% 2017=100
农林牧渔业总产值	**Gross Output Value of Farming,Forestry, Animal Husbandry and Fishery**	**9140.36**	**9397.39**	**103.0**
一、农业产值	**Output Value of Farming**	**4403.23**	**4678.26**	**103.9**
1.谷物及其他作物	Cereal and Other Corps	1774.92	1784.41	102.0
#粮食	Grain	1122.64	1154.66	99.6
油料	Oil	169.89	142.54	98.5
棉花	Cotton	94.17	97.93	105.1
2.蔬菜园艺作物	Vegetable Gardening Crops	1482.24	1729.18	103.3
#蔬菜(含菜用瓜)	Vegetables	1384.54	1632.20	103.4
3.水果坚果饮料	Fruit and Nut Beverages	1081.83	1090.79	107.2
#水果坚果(含果用瓜)	Fruit and Nut	1050.61	1060.70	
4.中药材	Chinese Herbal Medicines	64.25	73.89	114.7
二、林业产值	**Output Value of Forestry**	**165.09**	**181.63**	**109.3**
1.林木的培育和种植	Trees Cultivation and Planting	66.98	73.99	110.1
2.竹木采运	Bamboo Logging and Transport	33.56	38.02	110.5
3.林产品	Forestry Products	64.56	69.63	107.8
三、牧业产值	**Output Value of Animal Husbandry**	**2501.37**	**2432.67**	**99.9**
1.牲畜饲养	Livestock Feeding	413.53	447.52	104.3
2.猪的饲养	Pig Feeding	1015.34	950.39	99.0
3.家禽的饲养	Poultry Feeding	847.03	870.36	99.1
#肉禽	Poultry for Eating	420.37	440.82	99.0
禽蛋	Egg of Poultry	426.66	429.54	100.4
4.狩猎和捕捉动物	Animal Hunting and Trapping	1.79	1.99	106.5
5.其他畜牧业	Other Animal Husbandry	223.67	162.42	99.1
四、渔业产值	**Output Value of Fishery**	**1475.96**	**1425.91**	**100.8**
1.海水产品	Seawater Aquatic Products	1222.46	1178.92	100.1
2.内陆水域水产品	Inland waterways Aquatic Products	253.50	246.99	104.3
五、农林牧渔服务业产值	**Output Value of Farming,Forestry,Animal Husbandry and Fishery Service**	**594.70**	**678.92**	**113.5**

注:本表绝对数按当年价格计算,速度按可比口径及价格计算;2017年数据系与第三次农业普查衔接数据。
a)Absolute data in the table are calculated at current prices, the speed are caculated at constant price and caliber.
Data of 2017 are consistent with those obtained from the Third Agricultural Census.

13-4 各市农林牧渔业总产值(2018年)
Gross Output Value of Farming,Forestry,Animal Husbandry and Fishery by Region(2018)

单位:万元 (10 000 yuan)

地 区	Region	农林牧渔业总产值 Output Value of Farming,Forestry, Animal Husbandry and Fishery	农业产值 Output Value of Farming	林业产值 Output Value of Forestry	牧业产值 Output Value of Animal Husbandry	渔业产值 Output Value of Fishery	农林牧渔服务业产值 Output Value of Services to Farming, Forestry,Animal Husbandry and Fishery
全省总计	**Total**	**93973930**	**46782597**	**1816319**	**24326745**	**14259079**	**6789190**
济南市	Jinan	5149011	3185458	177182	1414759	72763	298849
青岛市	Qingdao	7369968	3290651	36575	1631422	1920519	490802
淄博市	Zibo	2691376	1739803	155673	608351	54223	133327
枣庄市	Zaozhuang	2988939	1856431	23361	676043	127833	305271
东营市	Dongying	2833183	981194	26454	718369	826617	280548
烟台市	Yantai	9573038	3955710	190086	1576173	3171836	679232
潍坊市	Weifang	9835855	5009385	72677	3085240	924194	744360
济宁市	Jining	9262668	4923135	145481	2621110	881426	691517
泰安市	Tai'an	5487817	3131000	92454	1635825	180573	447966
威海市	Weihai	5175189	901794	12267	691360	3329979	239789
日照市	Rizhao	3161594	1160218	54797	750176	962818	233584
莱芜市	Laiwu	1088600	729076	34534	275189	16297	33504
临沂市	Linyi	6892803	3956661	325392	1923943	303267	383540
德州市	Dezhou	6716817	3089451	188567	2411312	221382	806105
聊城市	Liaocheng	5861029	3594225	47276	1672896	169723	376908
滨州市	Binzhou	4653881	1997966	111923	1178146	934902	430943
菏泽市	Heze	5232162	3280439	121619	1456431	160726	212947

13-5 各市农林牧渔业增加值(2018年)
Added Value of Farming,Forestry, Animal Husbandry and Fishery by Region(2018)

单位:万元 (10 000 yuan)

地 区	Region	增加值 Added Value	农业 Farming	林业 Forestry	牧业 Animal Husbandry	渔业 Fishery	农林牧渔服务业 Services to Farming, Forestry,Animal Husbandry and Fishery
全省总计	**Total**	**52725333**	**29073716**	**1303718**	**10395576**	**8732146**	**3220177**
济南市	Jinan	2864367	1951585	128576	592730	51291	140185
青岛市	Qingdao	4105574	1939549	22841	761265	1145434	236485
淄博市	Zibo	1521678	1057080	109401	259541	32620	63037
枣庄市	Zaozhuang	1713695	1176804	16825	293004	82264	144798
东营市	Dongying	1592845	599603	18746	305550	541519	127426
烟台市	Yantai	5424131	2329644	134633	711977	1924166	323712
潍坊市	Weifang	5473780	3213251	50570	1276414	575625	357920
济宁市	Jining	5238557	3118350	103495	1104945	585591	326177
泰安市	Tai'an	3069086	1958187	69538	696542	129461	215358
威海市	Weihai	2921330	551775	8460	271386	1980486	109224
日照市	Rizhao	1773882	698749	39339	317434	608924	109435
莱芜市	Laiwu	618908	444327	23064	126233	9508	15776
临沂市	Linyi	3873380	2470874	232452	799854	193623	176577
德州市	Dezhou	3591802	1901455	138295	1017698	143854	390501
聊城市	Liaocheng	3287190	2250118	34889	717867	106276	178040
滨州市	Binzhou	2542301	1232427	78935	512207	514705	204028
菏泽市	Heze	3112827	2179939	93661	630928	106801	101498

13-6 主要年份粮、棉、油产量
Output of Grain,Cotton and Oil-bearing Crops in Major Years

年份 Year	粮食 Grain		棉花 Cotton		油料 Oil-bearing Crops	
	总产量 (万吨) Gross Output (10 000 tons)	单产 (千克/公顷) Output Per Hectare (kg/hectare)	总产量 (万吨) Gross Output (10 000 tons)	单产 (千克/公顷) Output Per Hectare (kg/hectare)	总产量 (万吨) Gross Output (10 000 tons)	单产 (千克/公顷) Output Per Hectare (kg/hectare)
1949	870.0	795	8.1	180	55.6	1170
1952	1199.0	1035	16.9	240	84.5	1470
1955	1276.0	1110	20.9	285	106.1	1485
1957	1126.0	990	17.4	225	70.0	945
1962	910.0	915	3.9	105	42.4	1875
1965	1332.0	1350	19.9	300	67.1	1395
1970	1465.0	1575	27.3	390	78.5	1575
1975	2170.5	2355	24.1	390	84.2	1515
1976	2241.5	2460	15.8	255	58.5	1065
1977	2099.0	2370	14.9	240	67.7	2025
1978	2288.0	2595	15.4	255	95.9	1785
1979	2472.0	2835	16.7	315	109.1	1800
1980	2384.0	2820	53.7	735	143.0	2160
1981	2312.5	2835	67.5	720	142.1	2010
1982	2375.0	3090	96.0	720	142.5	2190
1983	2700.0	3465	122.5	825	152.0	2460
1984	3040.0	3885	172.5	1005	182.0	2790
1985	3137.7	3930	106.2	915	267.9	2745
1986	3250.0	3840	94.1	930	207.6	2355
1987	3393.7	4125	124.4	1020	234.3	2940
1988	3225.0	3990	113.7	825	197.8	2505
1989	3250.0	4035	102.5	780	150.0	1995
1990	3570.0	4380	102.8	690	212.1	2910
1991	3916.9	4845	135.1	870	233.1	3285
1992	3589.3	4533	67.7	455	166.3	2380
1993	4100.0	4992	41.0	539	268.4	3434
1994	4091.1	5015	55.9	705	338.3	3781
1995	4245.0	5220	47.1	707	315.0	3580
1996	4332.7	5260	37.2	773	309.3	3767
1997	3852.2	4766	35.4	894	240.9	2977
1998	4264.8	5244	41.3	996	335.6	3908
1999	4269.0	5271	39.2	1072	320.5	3614
2000	3837.7	4938	59.0	1085	356.9	3730
2001	3720.6	5201	78.1	1062	377.3	3743
2002	3292.7	4763	72.2	1086	340.4	3458
2003	3435.5	5355	87.7	994	361.8	3572
2004	3516.7	5570	109.8	1036	369.7	3913
2005	3917.4	5837	84.6	1000	363.9	4044
2006	4093.0	5848	102.3	1149	328.2	4136
2007	4107.8	5896	95.1	1112	368.8	4190
2008	4353.9	6086	94.0	1172	374.7	4283
2009	4442.7	6088	79.0	1151	349.2	4349
2010	4502.8	6043	59.0	945	347.7	4317
2011	4701.3	6172	60.8	1043	343.7	4367
2012	4815.8	6214	51.4	1012	341.8	4404
2013	4883.4	6099	43.4	923	341.6	4386
2014	5038.3	6087	44.2	1122	329.6	4355
2015	5147.4	6123	33.9	1042	318.7	4302
2016	5332.3	6261	32.9	1179	317.1	4310
2017	5374.3	6356	20.7	1185	318.3	4389
2018	5319.5	6329	21.7	1184	310.9	4370

注：本表2007至2017年数据系与第三次农业普查衔接数据。
a)Data from 2006 to 2017 are consistent with those obtained from the Third Agricultural Census.

13-7 1978-2018年畜牧业生产情况
Production of Animal Husbandry from 1978 to 2018

年 份 Year	肉类总产量 (万吨) Output of Meat (10 000 tons)	猪存栏 (万头) Stocked Pigs (10 000 heads)	牛存栏 (万头) Stocked Cattle (10 000 heads)	羊存栏 (万只) Stocked Sheep (10 000 heads)	家禽存栏 (万只) Stocked Poultry (10 000 heads)
1978	60.80	1992.00	227.60	756.40	6766.00
1979	65.18	2117.60	221.50	925.80	7204.00
1980	90.10	2112.50	217.80	1041.30	7997.00
1981	96.26	1901.10	213.70	1025.60	8075.00
1982	94.98	1726.20	213.60	989.50	9115.00
1983	94.54	1562.70	222.10	901.80	10216.80
1984	104.38	1681.50	232.60	753.90	14688.90
1985	128.62	1812.80	258.00	783.30	16548.20
1986	141.78	1668.90	292.50	985.30	15120.70
1987	141.02	1547.00	344.60	1404.10	16916.30
1988	171.47	1688.60	416.00	1436.40	21582.10
1989	195.63	1604.10	472.40	1491.30	20471.30
1990	221.61	1576.70	511.80	1528.10	23974.60
1991	241.49	1599.40	501.40	1591.20	24136.80
1992	250.67	1602.60	531.90	1655.20	25810.80
1993	286.61	1603.70	603.00	1703.50	27188.70
1994	338.77	1701.50	681.30	1799.80	35118.60
1995	394.42	1718.10	714.10	1866.10	34613.80
1996	405.52	1723.60	740.10	1877.20	37485.00
1997	460.64	2209.70	811.90	2038.60	41833.00
1998	497.90	2485.90	911.80	2322.00	48484.00
1999	524.49	2560.48	977.25	2536.22	53332.00
2000	499.99	2401.81	779.90	2260.06	47789.90
2001	531.49	2500.29	778.54	2357.24	50263.73
2002	559.66	2602.80	787.88	2466.79	53236.24
2003	591.00	2686.09	804.31	2543.26	55031.28
2004	621.72	2761.01	771.51	2667.51	56875.64
2005	657.78	2771.96	750.45	2645.96	54641.26
2006	698.32	2508.52	632.71	2368.26	52100.31
2007	660.00	2686.01	557.46	2281.96	49627.42
2008	704.52	2786.69	498.53	2033.94	55864.43
2009	730.91	2845.80	452.59	1939.09	54789.42
2010	754.03	2871.65	440.32	1926.95	58214.00
2011	763.07	2998.20	438.27	1887.90	63790.18
2012	822.56	3101.21	433.66	1850.33	70959.78
2013	838.18	3167.00	424.28	1797.90	70261.33
2014	836.81	3179.54	410.53	1765.01	69911.92
2015	845.50	3147.33	407.65	1767.89	71816.01
2016	837.11	3086.81	391.93	1693.10	78056.12
2017	866.01	3040.33	401.48	1754.05	76604.46
2018	854.70	2985.60	380.60	1801.41	75614.88

注：本表2006至2017年数据系与第三次农业普查衔接数据。
a)Data from 2006 to 2017 are consistent with those obtained from the Third Agricultural Census.

13-7 续表 continued

年 份 Year	猪出栏 (万头) Slaughtered Pigs (10 000 heads)	牛出栏 (万头) Slaughtered Cattle (10 000 heads)	羊出栏 (万只) Slaughtered Sheeps (10 000 heads)	家禽出栏 (万只) Slaughtered Poultry (10 000 heads)	禽蛋产量 (万吨) Output of Poultry Eggs (10 000 tons)	奶类产量 (万吨) Output of Milk (10 000 tons)
1978	901.20	4.60	142.40		22.50	6.83
1979	1047.50	6.70	228.60		23.67	6.95
1980	1241.60	8.80	377.50		25.62	6.80
1981	1296.80	11.50	460.70		29.47	5.24
1982	1213.20	10.60	521.60		34.30	8.77
1983	1159.20	18.90	616.30		41.07	11.43
1984	1284.00	18.40	519.10		62.28	13.34
1985	1482.60	27.60	558.30	8283.10	72.50	13.26
1986	1681.20	32.30	617.60	9234.50	69.66	15.81
1987	1514.00	49.80	842.10	11397.30	79.14	17.28
1988	1619.60	69.00	1219.00	15904.00	102.97	19.53
1989	1845.40	82.80	1348.40	16701.20	109.43	21.24
1990	1936.20	110.10	1416.40	22769.00	124.25	22.53
1991	1983.50	119.50	1348.70	30792.70	149.14	23.65
1992	2046.00	140.90	1366.10	33467.90	154.30	25.17
1993	2092.90	177.10	1411.00	42837.30	184.07	28.05
1994	2185.70	213.10	1668.20	64716.70	240.75	32.45
1995	2453.00	248.40	2034.10	71286.50	247.15	36.98
1996	2500.90	272.40	2051.80	73508.00	267.30	41.14
1997	2801.10	334.50	2269.30	82549.00	294.30	45.82
1998	3123.20	354.90	2518.90	91299.00	322.00	53.98
1999	3248.13	391.10	2838.80	100246.00	349.06	61.29
2000	3213.24	322.25	2375.73	91195.00	301.04	62.72
2001	3370.69	359.63	2530.15	99493.75	311.58	80.48
2002	3566.19	380.13	2646.54	105550.38	328.33	103.92
2003	3765.90	396.47	2731.23	113458.25	349.11	132.05
2004	4060.41	413.21	2869.43	122660.64	355.83	167.92
2005	4263.54	425.73	3002.98	145089.38	363.20	196.66
2006	4389.90	436.57	3026.24	151090.90	353.89	219.67
2007	3680.17	440.30	3001.42	140913.62	359.90	207.06
2008	3972.95	439.30	2941.33	155662.06	364.98	217.95
2009	4245.45	426.49	2827.01	161151.11	377.12	220.25
2010	4425.46	413.01	2707.40	169549.81	384.84	230.97
2011	4387.82	390.04	2546.51	181519.01	401.64	235.83
2012	4800.79	385.34	2493.35	199140.72	402.44	248.55
2013	5043.03	382.59	2472.15	195931.87	396.59	237.69
2014	5245.73	372.37	2530.64	182274.92	388.38	244.74
2015	5156.44	370.19	2527.12	192051.95	424.28	240.73
2016	5093.23	360.84	2540.84	214260.99	441.12	233.75
2017	5180.69	361.57	2629.76	220423.34	445.15	231.32
2018	5082.26	363.37	2682.36	217200.22	447.44	232.52

13−8 1978−2018年渔业生产情况
Output of Fishery from 1978 to 2018

单位：吨 (tons)

年 份 Year	水产品总产量 Total Aquatic Products	海 水 产 品 Seawater Aquatic Products	海洋捕捞 Ocean Fishing	海水养殖 Mariculture
1978	740283	691451	501504	189947
1979	627531	581165	432700	148465
1980	619591	570854	416814	154040
1981	589905	540408	407194	133214
1982	657698	611824	477729	134095
1983	674813	623122	465382	157740
1984	754572	693277	525027	168250
1985	814047	729568	531977	197591
1986	914411	806086	599376	206710
1987	1106641	983119	717588	265531
1988	1355865	1220408	809820	410588
1989	1539905	1403323	899265	504058
1990	1677973	1522059	1032683	489376
1991	1981169	1779214	1138436	640778
1992	2481648	2251437	1384628	866809
1993	3192828	2896171	1555657	1340514
1994	3506539	3053106	1608172	1444934
1995	3440763	2956402	1461525	1494876
1996	5299159	4683795	2337772	2346023
1997	5512326	4840507	2686824	2153683
1998	5875574	5116993	3003764	2113228
1999	6277843	5440155	3003387	2436767
2000	6306551	5375169	2780483	2594685
2001	6196988	5266599	2511170	2755430
2002	6277536	5403654	2457272	2946382
2003	6378795	5456872	2421393	3035479
2004	6486528	5528613	2440631	3087982
2005	6648983	5655207	2421396	3233811
2006	6837469	5783299	2359570	3423729
2007	7133795	5986873	2451596	3535277
2008	7303048	6094766	2481256	3613510
2009	7535939	6263895	2449591	3814304
2010	7838259	6463345	2350888	3962643
2011	8138280	6647212	2512437	4134775
2012	7885248	6524046	2161603	4362443
2013	8084522	6654179	2087829	4566350
2014	8464587	7085761	2286654	4799107
2015	8722448	7352063	2356409	4995654
2016	8899622	7541952	2414112	5127840
2017	8680030	7371727	2180891	5190836
2018	8614032	7360685	2149830	5210855

注：本表2012至2017年数据系与第三次农业普查衔接数据。
a)Data from 2012 to 2017 are consistent with those obtained from the Third Agricultural Census.

13-8 续表 continued

年 份 Year	淡水产品产量(吨) Freshwater Aquatic Products (ton)	捕捞量 Fishing Output	养殖量 Breeding Output	水产品养殖面积(万亩) Water Area for Breeding Aquatics (10 000 mu)	海 水 Seawater	淡 水 Freshwater
1978	48832	32507	16325	202.30	26.80	175.50
1979	46366	30968	15398	193.29	26.54	166.75
1980	48737	32436	16301	203.21	28.50	174.71
1981	49497	31489	18008	182.24	28.66	153.58
1982	45874	29696	16178	176.15	35.18	140.97
1983	51691	31713	19978	160.05	32.31	127.74
1984	61295	34438	26857	165.10	37.70	127.40
1985	84479	37370	47109	215.14	49.58	165.56
1986	108325	38641	69684	243.14	56.70	186.44
1987	123522	34103	89419	257.65	70.87	186.78
1988	135457	29354	106103	234.90	104.27	180.63
1989	136582	26847	109735	246.73	103.72	143.01
1990	155914	31545	124369	273.52	105.01	168.51
1991	201955	41772	160183	304.04	112.54	191.50
1992	230211	41074	189137	312.30	115.89	196.41
1993	296657	50088	246569	400.16	223.76	176.40
1994	453433	58373	395060	466.56	197.36	269.21
1995	484362	55428	428933	497.39	197.81	299.58
1996	615364	67222	548142	564.54	242.45	322.09
1997	671819	73221	598598	618.91	274.04	344.87
1998	758582	80336	678246	649.80	283.22	366.58
1999	837689	80002	757687	722.78	336.14	386.65
2000	931382	81214	850168	788.35	420.71	367.64
2001	930389	79991	850397	829.39	434.99	394.40
2002	873882	71142	802740	802.51	439.15	363.36
2003	921923	91019	830904	930.91	537.52	393.38
2004	957915	93484	864431	1014.34	598.02	416.32
2005	993776	110887	882889	1033.11	611.09	422.02
2006	1054170	117390	936780	840.03	564.62	275.42
2007	1146922	114368	1032554	884.99	609.26	275.73
2008	1208282	129643	1078639	993.45	639.33	354.12
2009	1272044	128342	1143702	1029.30	662.10	367.20
2010	1374914	130896	1244018	1136.51	751.42	385.09
2011	1491068	135378	1355690	1174.40	768.19	406.21
2012	1361202	112783	1248419	1205.16	785.56	419.60
2013	1430344	115167	1315177	1240.35	820.23	420.12
2014	1378826	90661	1288165	1252.66	822.73	429.93
2015	1370385	83086	1287299	1269.23	844.80	424.43
2016	1357670	93900	1263770	1259.25	907.20	352.05
2017	1308303	83730	1224573	1250.38	915.57	334.81
2018	1253347	82821	1170526	1173.38	856.29	317.10

13-9 农作物播种面积和产量

Sown Area and Output of Farm Crops

类 别	Category	2017			2018		
		播种面积(公顷) Sown Area (hectare)	总产量(吨) Total Output (ton)	单产(千克/公顷) Output per Hectare (kg/hectare)	播种面积(公顷) Sown Area (hectare)	总产量(吨) Total Output (ton)	单产(千克/公顷) Output per Hectare (kg/hectare)
农作物总播种面积	**Total Sown Area of Crops**	**11107794**			**11076833**		
一、粮食作物合计	**Grain**	**8455601**	**53743105**	**6356**	**8404843**	**53195127**	**6329**
(一)夏收粮食	Summer Harvest Grain	4086109	24959639	6108	4059956	24722308	6089
1.谷物	Cereals	4084564	24954831	6110	4059203	24720080	6090
#小麦	Wheat	4083870	24951119	6110	4058592	24716827	6090
2.夏杂豆	Beans	1544	4809	3114	754	2228	2955
(二)秋收粮食	Autumn Harvest Grain	4369492	28783465	6587	4344886	28472819	6553
1.谷物	Cereals	4143457	27637415	6670	4083760	27187539	6657
(1)稻谷	Rice	108859	901414	8281	113830	985885	8661
(2)玉米	Corn	4000123	26621547	6655	3934683	26071601	6626
(3)谷子	Millet	30607	101583	3319	31434	117499	3738
(4)高粱	Chinese Sorghum	3325	10871	3269	3265	10558	3234
(5)其他	Others	543	2000	3686	549	1997	3638
2.豆类合计	Beans	123435	331361	2685	157269	442790	2815
#大豆	Soybean	119549	321281	2687	153521	433294	2822
3.薯类(按折粮计算)	Tubers	102601	814690	7940	103857	842490	8112
二、油料作物合计	**Oil-bearing Crops**	**725196**	**3183002**	**4389**	**711357**	**3108970**	**4370**
#花生果	Peanuts	709232	3135284	4421	695279	3066694	4411
油菜籽	Rapeseeds	8048	21235	2638	8596	21757	2531
芝 麻	Sesame	391	662	1693	493	828	1680
三、棉花	**Cotton**	**174667**	**207000**	**1185**	**183300**	**217000**	**1184**
四、生麻	**Fiber Crops**	**40**	**81**	**2028**	**51**	**118**	**2308**
#生 大 麻	Hemp	40	81	2028	36	72	2012
五、甜菜	**Beetroots**	**3**	**119**	**44715**			
六、烟叶	**Tobacco**	**21388**	**56953**	**2663**	**17899**	**46306**	**2587**
#烤烟	Flue-cured Tobacco	21384	56953	2663	17884	46268	2587
七、中草药材	**Medical Materials**	**30451**			**35017**		
八、蔬菜及食用菌	**Vegetable and Mushroom**	**1462041**	**81337705**	**55633**	**1479551**	**81920429**	**55368**
九、瓜果类	**Melon**	**214952**	**11567237**	**53813**	**214510**	**11150096**	**51979**
#西瓜	Watermelon	158624	8867900	55905	151168	8103426	53605
十、其它农作物	**Other Farm Crops**	**23455**			**30304**		
#青饲料	Fresh Feed	3678			3571		

注：本表2017年数据系与第三次农业普查衔接数据。
a) Data of 2017 is consistent with those obtained from the Third Agricultural Census.

13-10 各市农作物播种面积和产量(2018年)
Sown Area and Output of Farm Crops by Region(2018)

地 区	Region	农作物总播种面积(公顷) Total Sown Area of Farm Crops (hectare)	一、粮食作物合计 Grain Crops			(一)夏收粮食 Summer Harvest Grain		
			播种面积(公顷) Sown Area (hectare)	总产量(吨) Total Output (ton)	单 产(千克/公顷) Output per Hectare (kg/hectare)	播种面积(公顷) Sown Area (hectare)	总产量(吨) Total Output (ton)	单 产(千克/公顷) Output per Hectare (kg/hectare)
全省总计	**Total**	**11076833**	**8404843**	**53195127**	**6329**	**4059956**	**24722308**	**6089**
济南市	Jinan	550570	444308	2514197	5659	213798	1217824	5696
青岛市	Qingdao	683666	481069	3100964	6446	232218	1376646	5928
淄博市	Zibo	252956	219462	1392444	6345	100495	615708	6127
枣庄市	Zaozhuang	398034	280781	1719963	6126	139487	804148	5765
东营市	Dongying	303017	255675	1465456	5732	113818	664644	5840
烟台市	Yantai	450392	307768	1832726	5955	131867	737951	5596
潍坊市	Weifang	1009526	697760	4276931	6129	338376	2014385	5953
济宁市	Jining	989156	723940	4704773	6499	352030	2200720	6252
泰安市	Tai'an	536083	366548	2467750	6732	168683	1106600	6560
威海市	Weihai	202662	123246	705215	5722	50165	297453	5930
日照市	Rizhao	219304	134673	851143	6320	56106	310592	5536
莱芜市	Laiwu	79178	39664	255195	6434	6656	35938	5399
临沂市	Linyi	996938	650327	4092334	6293	296710	1704841	5746
德州市	Dezhou	1198228	1072303	7299719	6807	545449	3611419	6621
聊城市	Liaocheng	984543	807606	5208446	6449	412685	2553064	6186
滨州市	Binzhou	696153	608264	3846217	6323	285117	1750883	6141
菏泽市	Heze	1547439	1191449	7461654	6263	616295	3719493	6035

13-10 续表 1 continued

地 区	Region	1.谷 物 Cereals			#小 麦 Wheat			2.夏杂豆 Beans		
		播种面积(公顷) Sown Area (hectare)	总产量(吨) Total Output (ton)	单 产(千克/公顷) Output per Hectare (kg/hectare)	播种面积(公顷) Sown Area (hectare)	总产量(吨) Total Output (ton)	单 产(千克/公顷) Output per Hectare (kg/hectare)	播种面积(公顷) Sown Area (hectare)	总产量(吨) Total Output (ton)	单 产(千克/公顷) Output per Hectare (kg/hectare)
全省总计	**Total**	**4059203**	**24720080**	**6090**	**4058592**	**24716827**	**6090**	**754**	**2228**	**2955**
济南市	Jinan	213798	1217824	5696	213798	1217824	5696			
青岛市	Qingdao	232218	1376646	5928	232218	1376646	5928			
淄博市	Zibo	100495	615708	6127	100495	615708	6127			
枣庄市	Zaozhuang	139487	804148	5765	139487	804148	5765			
东营市	Dongying	113818	664644	5840	113818	664644	5840			
烟台市	Yantai	131867	737951	5596	131867	737951	5596			
潍坊市	Weifang	337633	2012190	5960	337633	2012190	5960	744	2195	2952
济宁市	Jining	352030	2200720	6252	352030	2200720	6252			
泰安市	Tai'an	168683	1106600	6560	168683	1106600	6560			
威海市	Weihai	50165	297453	5930	50165	297453	5930			
日照市	Rizhao	56095	310559	5536	56095	310559	5536	10	33	3224
莱芜市	Laiwu	6656	35938	5399	6656	35938	5399			
临沂市	Linyi	296710	1704841	5746	296100	1701587	5747			
德州市	Dezhou	545449	3611419	6621	545449	3611419	6621			
聊城市	Liaocheng	412685	2553064	6186	412685	2553064	6186			
滨州市	Binzhou	285117	1750883	6141	285117	1750883	6141			
菏泽市	Heze	616295	3719493	6035	616295	3719493	6035			

13-10 续表 2 continued

地 区	Region	(二)秋收粮食 Autumn Harvest Grain			1.谷 物 Cereals			(1)稻 谷 Rice		
		播种面积(公顷) Sown Area (hectare)	总产量(吨) Total Output (ton)	单 产(千克/公顷) Output per Hectare (kg/hectare)	播种面积(公顷) Sown Area (hectare)	总产量(吨) Total Output (ton)	单 产(千克/公顷) Output per Hectare (kg/hectare)	播种面积(公顷) Sown Area (hectare)	总产量(吨) Total Output (ton)	单 产(千克/公顷) Output per Hectare (kg/hectare)
全省总计	**Total**	**4344886**	**28472819**	**6553**	**4083760**	**27187539**	**6657**	**113830**	**985885**	**8661**
济南市	Jinan	230510	1296373	5624	218731	1243350	5684	1427	11829	8288
青岛市	Qingdao	248851	1724318	6929	242540	1693362	6982	114	822	7227
淄博市	Zibo	118967	776736	6529	116452	765019	6569	352	2767	7859
枣庄市	Zaozhuang	141294	915815	6482	127188	836343	6576	1727	14018	8118
东营市	Dongying	141857	800812	5645	132217	782598	5919	23841	138771	5821
烟台市	Yantai	175900	1094775	6224	158808	999899	6296	100	832	8308
潍坊市	Weifang	359384	2262546	6296	350825	2221744	6333	30	201	6627
济宁市	Jining	371910	2504053	6733	319807	2271217	7102	43017	419967	9763
泰安市	Tai'an	197865	1361151	6879	173568	1247084	7185	167	2131	12738
威海市	Weihai	73081	407762	5580	63472	363233	5723	216	1611	7443
日照市	Rizhao	78568	540551	6880	69004	474285	6873	2061	17834	8653
莱芜市	Laiwu	33008	219257	6643	30452	196546	6454			
临沂市	Linyi	353617	2387494	6752	301049	2056418	6831	36680	346121	9436
德州市	Dezhou	526854	3688300	7001	521674	3665744	7027			
聊城市	Liaocheng	394921	2655382	6724	388535	2633549	6778	8	52	6812
滨州市	Binzhou	323147	2095333	6484	319444	2082167	6518	1504	4891	3252
菏泽市	Heze	575154	3742161	6506	549995	3654980	6645	2587	24037	9293

13-10 续表 3 continued

地 区	Region	(2)玉 米 Corn			(3)谷 子 Millet			(4)高 粱 Chinese Sorghum		
		播种面积(公顷) Sown Area (hectare)	总产量(吨) Total Output (ton)	单 产(千克/公顷) Output per Hectare (kg/hectare)	播种面积(公顷) Sown Area (hectare)	总产量(吨) Total Output (ton)	单 产(千克/公顷) Output per Hectare (kg/hectare)	播种面积(公顷) Sown Area (hectare)	总产量(吨) Total Output (ton)	单 产(千克/公顷) Output per Hectare (kg/hectare)
全省总计	**Total**	**3934683**	**26071601**	**6626**	**31434**	**117499**	**3738**	**3265**	**10558**	**3234**
济南市	Jinan	208447	1198184	5748	8573	32650	3809	184	382	2074
青岛市	Qingdao	241994	1690817	6987	358	1375	3847	13	36	2672
淄博市	Zibo	113643	754554	6640	2281	7026	3081	176	672	3826
枣庄市	Zaozhuang	124649	818971	6570	768	3182	4143	40	145	3615
东营市	Dongying	107362	641121	5972	129	268	2083	885	2436	2751
烟台市	Yantai	157491	994268	6313	1059	4164	3933	39	128	3322
潍坊市	Weifang	343514	2195362	6391	6438	24179	3756	767	1844	2406
济宁市	Jining	275659	1847259	6701	1031	3570	3462	82	346	4198
泰安市	Tai'an	171696	1238673	7214	1644	6053	3682	50	165	3316
威海市	Weihai	63209	361357	5717	45	263	5837	1	2	2417
日照市	Rizhao	64895	447508	6896	1997	8756	4384	15	65	4457
莱芜市	Laiwu	29168	193275	6626	1266	3223	2546	18	48	2622
临沂市	Linyi	260174	1694207	6512	3984	15474	3884	142	440	3101
德州市	Dezhou	521587	3665196	7027	87	547	6273	0.1	1	4605
聊城市	Liaocheng	387884	2631516	6784	621	1922	3096	23	59	2568
滨州市	Binzhou	317010	2072897	6539	89	475	5320	795	3685	4633
菏泽市	Heze	546301	3626434	6638	1064	4370	4105	34	104	3021

13-10 续表 4 continued

地 区	Region	(5)其它谷物 Other Cereals			2.豆 类 Beans			#大 豆 Soybean		
		播种面积(公顷) Sown Area (hectare)	总产量(吨) Total Output (ton)	单 产(千克/公顷) Output per Hectare (kg/hectare)	播种面积(公顷) Sown Area (hectare)	总产量(吨) Total Output (ton)	单 产(千克/公顷) Output per Hectare (kg/hectare)	播种面积(公顷) Sown Area (hectare)	总产量(吨) Total Output (ton)	单 产(千克/公顷) Output per Hectare (kg/hectare)
全省总计	**Total**	**549**	**1997**	**3638**	**157269**	**442790**	**2815**	**153521**	**433294**	**2822**
济 南 市	Jinan	100	305	3062	6165	16745	2716	5713	15670	2743
青 岛 市	Qingdao	61	311	5110	3544	9911	2797	3544	9910	2797
淄 博 市	Zibo				1044	2799	2680	762	2060	2702
枣 庄 市	Zaozhuang	4	27	6567	8548	29897	3498	8285	29222	3527
东 营 市	Dongying	0	1	2986	9432	16565	1756	9300	16426	1766
烟 台 市	Yantai	120	507	4228	9025	26634	2951	8798	26039	2960
潍 坊 市	Weifang	76	159	2076	4449	11421	2567	4365	11204	2567
济 宁 市	Jining	18	76	4155	37971	108991	2870	37664	108138	2871
泰 安 市	Tai'an	11	63	5619	18041	55020	3050	17939	54703	3049
威 海 市	Weihai				5299	12838	2423	5279	12802	2425
日 照 市	Rizhao	36	121	3376	3258	10163	3119	2682	8539	3183
莱 芜 市	Laiwu				370	899	2430	370	899	2430
临 沂 市	Linyi	70	176	2505	16162	41076	2542	15738	40022	2543
德 州 市	Dezhou				4409	15454	3505	4362	15367	3523
聊 城 市	Liaocheng				5327	14153	2657	5216	13888	2662
滨 州 市	Binzhou	44	218	4910	3098	7852	2534	2961	7568	2556
菏 泽 市	Heze	8	34	4271	21129	62373	2952	20543	60837	2961

13-10 续表 5 continued

地 区	Region	3.薯类(按折粮薯类计算) Tubers			二、油 料 Oil-bearing Crops			#花 生 果 Peanuts		
		播种面积(公顷) Sown Area (hectare)	总产量(吨) Total Output (ton)	单 产(千克/公顷) Output per Hectare (kg/hectare)	播种面积(公顷) Sown Area (hectare)	总产量(吨) Total Output (ton)	单 产(千克/公顷) Output per Hectare (kg/hectare)	播种面积(公顷) Sown Area (hectare)	总产量(吨) Total Output (ton)	单 产(千克/公顷) Output per Hectare (kg/hectare)
全省总计	**Total**	**103857**	**842490**	**8112**	**711357**	**3108970**	**4370**	**695279**	**3066694**	**4411**
济 南 市	Jinan	5614	36278	6462	10171	41534	4083	8950	38729	4327
青 岛 市	Qingdao	2767	21045	7605	80036	384918	4809	80036	384918	4809
淄 博 市	Zibo	1471	8918	6062	4631	16326	3525	4605	16270	3533
枣 庄 市	Zaozhuang	5558	49575	8919	21432	89395	4171	19427	83873	4317
东 营 市	Dongying	207	1649	7949	916	2301	2514	737	2150	2916
烟 台 市	Yantai	8068	68242	8459	98797	412077	4171	98775	412045	4172
潍 坊 市	Weifang	4110	29380	7149	44175	208043	4710	44097	207889	4714
济 宁 市	Jining	14132	123845	8764	36975	143984	3894	36725	143487	3907
泰 安 市	Tai'an	6256	59047	9438	48664	207042	4255	48344	206203	4265
威 海 市	Weihai	4311	31691	7352	54858	217010	3956	54858	217010	3956
日 照 市	Rizhao	6306	56103	8897	57489	248570	4324	57486	248563	4324
莱 芜 市	Laiwu	2186	21813	9978	11068	28364	2563	10985	28345	2580
临 沂 市	Linyi	36406	290000	7966	172067	818628	4758	170865	816008	4776
德 州 市	Dezhou	771	7102	9216	3037	13524	4454	2128	9979	4690
聊 城 市	Liaocheng	1059	7680	7254	10256	43752	4266	9595	42335	4412
滨 州 市	Binzhou	605	5314	8785	3430	11569	3373	3203	11075	3458
菏 泽 市	Heze	4031	24808	6155	53356	221931	4159	44463	197815	4449

13-10 续表 6 continued

地 区	Region	#油菜籽 Rapeseeds			#芝 麻 Sesame			三、棉 花 Cotton		
		播种面积(公顷) Sown Area (hectare)	总产量(吨) Total Output (ton)	单 产(千克/公顷) Output per Hectare (kg/hectare)	播种面积(公顷) Sown Area (hectare)	总产量(吨) Total Output (ton)	单 产(千克/公顷) Output per Hectare (kg/hectare)	播种面积(公顷) Sown Area (hectare)	总产量(吨) Total Output (ton)	单 产(千克/公顷) Output per Hectare (kg/hectare)
全省总计	**Total**	**8596**	**21757**	**2531**	**493**	**828**	**1680**	**183300**	**217000**	**1184**
济 南 市	Jinan	966	2355	2437	123	219	1791	2845	2928	1029
青 岛 市	Qingdao							592	977	1649
淄 博 市	Zibo	4	6	1500	4	5	1201	1028	1325	1289
枣 庄 市	Zaozhuang	1699	4119	2425	53	57	1070	1431	1774	1240
东 营 市	Dongying	159	93	588	10	22	2108	26007	18332	705
烟 台 市	Yantai							79	90	1135
潍 坊 市	Weifang	22	53	2445	56	101	1808	8708	7448	855
济 宁 市	Jining	205	407	1985	41	70	1720	40072	49263	1229
泰 安 市	Tai'an	305	808	2649	13	23	1865	3402	3989	1172
威 海 市	Weihai									
日 照 市	Rizhao	2	6	3000	1	1	1350	333	378	1135
莱 芜 市	Laiwu	76			6	8	1485	1277	1463	1145
临 沂 市	Linyi	879	1823	2075	13	23	1728	3325	4373	1315
德 州 市	Dezhou	2	6	3300	1	2	3000	15907	20782	1306
聊 城 市	Liaocheng	344	888	2582	7	6	923	5213	5940	1140
滨 州 市	Binzhou	56	132	2348	56	68	1213	31961	31514	986
菏 泽 市	Heze	3880	11062	2851	111	222	2006	62130	83315	1341

13-10 续表 7 continued

地 区	Region	四、烟 叶 Tobacco			#烤 烟 Cigarettes			五、中药材播种面积(公顷) Sown Area of Medical Materials (hectare)
		播种面积(公顷) Sown Area (hectare)	总产量(吨) Total Output (ton)	单 产(千克/公顷) Output per Hectare (kg/hectare)	播种面积(公顷) Sown Area (hectare)	总产量(吨) Total Output (ton)	单 产(千克/公顷) Output per Hectare (kg/hectare)	
全省总计	**Total**	**17899**	**46306**	**2587**	**17884**	**46268**	**2587**	**35017**
济 南 市	Jinan							1598
青 岛 市	Qingdao	271	707	2609	271	707	2609	409
淄 博 市	Zibo	163	390	2390	163	390	2390	1668
枣 庄 市	Zaozhuang							338
东 营 市	Dongying							403
烟 台 市	Yantai							128
潍 坊 市	Weifang	6940	18648	2687	6940	18648	2687	1814
济 宁 市	Jining							948
泰 安 市	Tai'an	4	9	2535	4	9	2535	1453
威 海 市	Weihai							2947
日 照 市	Rizhao	2141	5512	2574	2141	5512	2574	3572
莱 芜 市	Laiwu	1228	2541	2070	1228	2541	2070	1355
临 沂 市	Linyi	7153	18498	2586	7137	18460	2586	10352
德 州 市	Dezhou							1053
聊 城 市	Liaocheng							838
滨 州 市	Binzhou							909
菏 泽 市	Heze							5233

13-10 续表 8 continued

地 区	Region	六、蔬菜及食用菌 Vegetable and Edible Fungi		#马铃薯 Potato		七、瓜果类 Melon	
		播种面积(公顷) Sown Area (hectare)	总产量(吨) Total Output (ton)	播种面积(公顷) Sown Area (hectare)	总产量(吨) Total Output (ton)	播种面积(公顷) Sown Area (hectare)	总产量(吨) Total Output (ton)
全省总计	**Total**	**1479551**	**81920429**	**132866**	**6534614**	**214510**	**11150096**
济 南 市	Jinan	78863	5272163	4332	207328	10723	596519
青 岛 市	Qingdao	113163	6443615	25129	1187282	7858	379703
淄 博 市	Zibo	24113	1621961	861	26768	1656	86201
枣 庄 市	Zaozhuang	90207	5181646	37592	1990417	3806	188043
东 营 市	Dongying	14232	709834	44	1792	3667	145054
烟 台 市	Yantai	37553	2119870	2418	101369	5727	273310
潍 坊 市	Weifang	201268	12180124	18121	854894	41945	2311338
济 宁 市	Jining	167862	7130325	8669	422496	19187	982068
泰 安 市	Tai'an	107075	6165434	16489	868873	1647	80252
威 海 市	Weihai	19011	942764	2206	81054	2569	139327
日 照 市	Rizhao	18019	1058769	1617	82954	2063	111639
莱 芜 市	Laiwu	23789	1317637	1330	52106	156	8773
临 沂 市	Linyi	134858	7577495	9537	428339	16009	896843
德 州 市	Dezhou	100275	6325779	978	50208	5081	309164
聊 城 市	Liaocheng	143533	8230748	1000	60177	16769	953580
滨 州 市	Binzhou	33168	1708867	1332	63099	16642	821838
菏 泽 市	Heze	172563	7933399	1211	55459	59005	2866445

13-10 续表 9 continued

地 区	Region	#西 瓜 Watermelon		#香瓜(甜瓜) Muskmelon		八、其它农作物播种面积(公顷) Sown Area of Other Farm Crops (hectare)	#青饲料播种面积 Fresh Feed Succulence
		播种面积(公顷) Sown Area (hectare)	总产量(吨) Total Output (ton)	播种面积(公顷) Sown Area (hectare)	总产量(吨) Total Output (ton)		
全省总计	**Total**	**151168**	**8103426**	**41548**	**2025903**	**30304**	**3571**
济 南 市	Jinan	7531	441352	2106	107551	2061	67
青 岛 市	Qingdao	3815	206979	2467	117107	268	268
淄 博 市	Zibo	1188	68040	247	11148	233	
枣 庄 市	Zaozhuang	2744	146487	447	20120	39	
东 营 市	Dongying	3165	119500	402	21704	2117	1583
烟 台 市	Yantai	2983	169737	865	35679	340	
潍 坊 市	Weifang	26461	1477079	7210	381422	6916	
济 宁 市	Jining	12396	716860	5907	229092	157	71
泰 安 市	Tai'an	1093	55262	307	14527	7255	
威 海 市	Weihai	1297	74828	305	13443	31	
日 照 市	Rizhao	1221	71482	134	6896	1014	
莱 芜 市	Laiwu	70	5103	19	850	642	
临 沂 市	Linyi	6461	403182	5478	311968	2846	
德 州 市	Dezhou	4462	273619	472	28804	572	572
聊 城 市	Liaocheng	10830	624745	5771	323241	329	7
滨 州 市	Binzhou	15612	776164	370	12509	1778	790
菏 泽 市	Heze	49839	2473006	9040	389840	3703	212

13-11 各市茶叶、水果生产情况(2018年)
Production of Tea and Fruits by Region(2018)

单位:吨 (ton)

地 区	Region	茶叶产量 Output of Tea	水果产量 Output of Fruits	苹果 Apple	梨 Pear	葡萄 Grape	桃 Peach	杏 Apricot	红枣 Jujube
全省总计	**Total**	**22232**	**16737842**	**9521736**	**1010838**	**1094133**	**3179311**	**150951**	**662009**
济南市	Jinan	184	421865	159959	34002	30039	118553	30153	8880
青岛市	Qingdao	4430	712473	284595	96778	146065	111206	10422	735
淄博市	Zibo	29	854361	429311	11380	102546	239028	2656	2497
枣庄市	Zaozhuang	5	254793	38921	12252	11050	105629	2459	11531
东营市	Dongying		71610	39455	7605	11995	5793	211	6503
烟台市	Yantai	689	6524064	5589627	261830	304985	95180	5839	958
潍坊市	Weifang	773	886173	243248	46903	83857	288306	3713	26833
济宁市	Jining	24	324378	71038	21149	112680	78325	7778	12514
泰安市	Tai'an	864	495927	156176	24534	17732	143906	33765	11232
威海市	Weihai	470	1192657	1071292	37916	36883	24629	248	147
日照市	Rizhao	12670	293785	127167	9973	6408	124452	1054	741
莱芜市	Laiwu	421	210967	57107	6840	1771	98595	3849	1451
临沂市	Linyi	1675	2446330	552067	26000	100063	1568876	26417	13326
德州市	Dezhou		326164	64314	34938	26390	37987	3125	144564
聊城市	Liaocheng		487563	279768	105526	42941	33532	5780	3282
滨州市	Binzhou		762620	101765	193057	10385	30671	10416	413512
菏泽市	Heze		472114	255926	80154	48344	74644	3066	3302

13-11 续表 continued

单位:公顷 (hectare)

地 区	Region	柿子(吨) Persimmon (ton)	山楂(吨) Hawthorn (ton)	其它(吨) Others (ton)	年末实有果园面积 Orchard Area at the Year-end	#苹果园 Apple	梨园 Pear	葡萄园 Grape	桃园 Peach
全省总计	**Total**	**115380**	**279146**	**724337**	**574740**	**258037**	**35011**	**36178**	**118233**
济南市	Jinan	12424	6316	21537	30939	11284	1590	1074	7226
青岛市	Qingdao	2856	2858	56957	28184	8724	3072	4527	4836
淄博市	Zibo	6417	8626	51901	27379	11786	600	2732	8089
枣庄市	Zaozhuang	5024	3673	64252	14973	1334	438	662	4988
东营市	Dongying			48	4176	2117	311	344	501
烟台市	Yantai	7166	1262	257217	167634	131028	7652	10148	3059
潍坊市	Weifang	26321	106764	60228	33237	6849	1445	2733	11378
济宁市	Jining	3401	4223	13271	17857	3105	792	3394	4455
泰安市	Tai'an	5088	14267	89227	25516	5566	994	638	5845
威海市	Weihai	977	143	20421	33092	27191	1467	1632	1007
日照市	Rizhao	7070	2841	14078	20449	7201	384	454	6869
莱芜市	Laiwu	17907	18477	4970	8713	2027	271	130	3114
临沂市	Linyi	14810	104930	39841	81505	16961	1025	3079	49734
德州市	Dezhou	535	1757	12554	11501	1949	902	802	1333
聊城市	Liaocheng	526	2341	13867	19291	9920	4236	1834	1988
滨州市	Binzhou	1542	426	845	34776	3040	7493	357	978
菏泽市	Heze	3316	242	3120	15518	7956	2340	1637	2834

13-12 各市林业生产情况(2018年)
Production of Forestry by Region(2018)

地 区	Region	按主要林种用途分(公顷) by Purpose of Major Forest Types(hectare)			主要林产品产量(吨) Output of Major Forestry Products(ton)		农村集体、农民采伐木材消耗蓄积量(立方米) Volume of Timber Consumption Cut by Rural Collective and Households (cu.m)
		用材林 Forest for Timber	经济林 Economic Forest	防护林 Protection Forest	核 桃 Walnut	板 栗 Chestnut	
全省总计	**Total**	**30886**	**36323**	**49814**	**166006**	**267369**	**4330324**
济 南 市	Jinan	1168	50	2873	29792	14615	201302
青 岛 市	Qingdao	1243	4698	1940	537	2524	201988
淄 博 市	Zibo	314	375	1704	6783	5600	137638
枣 庄 市	Zaozhuang	298	2097	2094	6859	7098	29626
东 营 市	Dongying	1175	897	3756	14		69853
烟 台 市	Yantai	457	2884	3890	2612	15637	31124
潍 坊 市	Weifang	1134	2780	3185	12465	42210	511321
济 宁 市	Jining	1421	1958	2265	18905	8280	357926
泰 安 市	Tai'an	896	1848	1764	53913	48042	260658
威 海 市	Weihai	183	1426	729	59	10451	14017
日 照 市	Rizhao	1197	2861	1779	1322	28815	51203
莱 芜 市	Laiwu	54	719	2079	2369	15378	28040
临 沂 市	Linyi	1445	5655	2177	27437	68717	775159
德 州 市	Dezhou	6293	1710	4939	1016		320400
聊 城 市	Liaocheng	7242	2137	3095	813		378325
滨 州 市	Binzhou	5480	1448	9129	522	2	78734
菏 泽 市	Heze	886	2780	2416	588		883010

13-12 续表 continued

单位:公顷 (hectare)

地 区	Region	营林情况 Forestation			
		当年人工造林面积 Forested Area in the Year	零星植树(万株) Surrounding Tree Planting (10000 trees)	育苗面积 Area of Nursery Garden	森林抚育面积 Laid out Area of Forest Tending
全省总计	**Total**	**118745**	**14409**	**182285**	**203046**
济 南 市	Jinan	4091	1306	10174	471
青 岛 市	Qingdao	7881	536	11135	6714
淄 博 市	Zibo	2393	444	4630	5176
枣 庄 市	Zaozhuang	4489	756	5397	11843
东 营 市	Dongying	5828	108	10056	5840
烟 台 市	Yantai	7278	341	12529	11550
潍 坊 市	Weifang	7381	2870	15385	5354
济 宁 市	Jining	5885	1583	31194	21646
泰 安 市	Tai'an	4508	866	26255	19376
威 海 市	Weihai	2338	32	2799	13297
日 照 市	Rizhao	5837	221	1071	2296
莱 芜 市	Laiwu	2852	152	314	500
临 沂 市	Linyi	9322	2238	7498	13212
德 州 市	Dezhou	13569	855	8953	45028
聊 城 市	Liaocheng	12474	819	8961	11980
滨 州 市	Binzhou	16534	292	17990	11560
菏 泽 市	Heze	6085	991	7944	17203

13-13 各市畜牧业生产情况(2018年)
Production of Animal Husbandry by Region(2018)

地 区	Region	大牲畜年末存栏(万头) Stocked Large Livestock at Year-end (10000 heads)	#牛 Cattle	猪年末存栏(万头) Stocked Pigs at Year-end (10000 heads)	羊年末存栏(万只) Stocked Sheep and Goats at Year-end (10000 heads)	家禽年末存栏(万只) Stocked Poultry at Year-end (10000 heads)	兔年末存栏(万只) Stocked Hare at Year-end (10000 heads)
全省总计	**Total**	**390.09**	**380.60**	**2985.60**	**1801.41**	**75614.88**	**1544.39**
济南市	Jinan	26.30	26.17	102.96	87.61	2300.42	7.64
青岛市	Qingdao	16.21	16.20	170.12	21.12	5310.22	80.22
淄博市	Zibo	12.48	12.47	43.41	37.74	1591.15	41.86
枣庄市	Zaozhuang	4.02	4.00	69.57	67.63	1483.17	80.72
东营市	Dongying	10.86	10.78	83.99	73.17	2067.87	1.52
烟台市	Yantai	12.45	12.38	246.22	36.37	6502.37	11.13
潍坊市	Weifang	17.05	16.89	361.54	71.09	10796.50	34.01
济宁市	Jining	23.41	23.34	221.76	172.67	4114.35	217.61
泰安市	Tai'an	15.11	14.93	97.59	94.66	2660.78	37.52
威海市	Weihai	3.10	3.10	72.57	4.71	2283.45	2.72
日照市	Rizhao	5.76	5.74	96.33	33.10	2317.75	110.83
莱芜市	Laiwu	1.79	1.79	38.88	22.57	953.10	56.00
临沂市	Linyi	23.83	23.78	393.95	196.86	7479.54	486.13
德州市	Dezhou	91.03	89.64	324.51	128.68	6547.07	22.07
聊城市	Liaocheng	14.22	8.46	140.06	74.58	9446.05	31.86
滨州市	Binzhou	40.94	40.35	109.18	56.00	4473.02	36.49
菏泽市	Heze	30.75	29.80	349.14	445.10	7381.37	286.06

13-13 续表 1 continued

地 区	Region	牛当年出栏(万头) Slaughtered Cattle in the Year (10000 heads)	猪当年出栏(万头) Slaughtered Pigs in the Year (10000 heads)	羊当年出栏(万只) Slaughtered Sheep and Goats in the Year (10000 heads)	家禽当年出栏(万只) Slaughtered Poultry in the Year (10000 heads)	兔当年出栏(万只) Slaughtered Hare in the Year (10000 heads)
全省总计	**Total**	**363.37**	**5082.26**	**2682.36**	**217200.22**	**3162.43**
济南市	Jinan	22.75	185.59	143.84	5208.70	16.71
青岛市	Qingdao	5.01	281.73	20.71	18503.39	375.23
淄博市	Zibo	9.93	76.53	48.18	5109.21	144.83
枣庄市	Zaozhuang	5.05	129.03	142.72	4911.08	161.50
东营市	Dongying	4.14	107.58	134.22	9672.44	7.29
烟台市	Yantai	6.93	430.65	45.59	19172.98	8.82
潍坊市	Weifang	17.70	705.83	110.21	41945.22	132.74
济宁市	Jining	20.28	438.55	260.96	12549.48	833.90
泰安市	Tai'an	16.22	259.99	184.16	9911.41	81.24
威海市	Weihai	2.60	135.24	7.61	5690.39	2.51
日照市	Rizhao	5.11	188.65	52.09	8505.80	201.06
莱芜市	Laiwu	1.27	62.06	30.05	2411.50	89.77
临沂市	Linyi	21.31	802.26	262.51	22242.31	711.26
德州市	Dezhou	70.16	548.48	182.47	17066.21	40.29
聊城市	Liaocheng	8.08	258.28	114.69	26774.44	91.49
滨州市	Binzhou	40.53	167.20	99.46	15296.70	92.87
菏泽市	Heze	31.81	546.34	640.37	18471.88	170.92

13-13 续表 2 continued

单位:吨 (ton)

地 区	Region	肉类总产量 Output of Meat	#牛肉 Beef	#猪肉 Pork	#羊肉 Mutton	#禽肉 Poultry Meat	奶类产量 Output of Milk	#牛奶 Cow Milk
全省总计	**Total**	**8546951**	**763845**	**4210295**	**367844**	**3151026**	**2325211**	**2251087**
济南市	Jinan	298180	46438	155005	22292	74164	328412	328410
青岛市	Qingdao	521985	10522	225385	2899	277551	297681	267921
淄博市	Zibo	159581	21241	63976	6589	65957	90030	89897
枣庄市	Zaozhuang	198570	10280	100909	18316	66823	27765	27701
东营市	Dongying	231548	5801	79475	20503	125533	365022	365022
烟台市	Yantai	681465	12313	357516	6396	305099	156405	130559
潍坊市	Weifang	1192536	32718	543341	13025	601023	163347	156780
济宁市	Jining	588474	38195	351388	29406	157576	98626	98556
泰安市	Tai'an	409641	34260	215191	26551	130128	276808	276808
威海市	Weihai	191698	5203	110895	1053	74374	84254	75466
日照市	Rizhao	274963	10229	144374	7085	110491	28965	28965
莱芜市	Laiwu	79401	2539	38930	3907	32856	3402	3402
临沂市	Linyi	1028483	44874	633885	36003	304418	99999	97151
德州市	Dezhou	801605	142437	419249	23714	215149	301789	301787
聊城市	Liaocheng	644083	16567	228234	17689	376564	80726	80679
滨州市	Binzhou	471496	84499	138872	13577	232522	49549	49549
菏泽市	Heze	835182	66647	435521	86404	242401	112519	112519

13-13 续表 3 continued

单位:吨 (ton)

地 区	Region	羊毛产量 Output of Wool	山羊毛 Goat Wool	绵羊毛 Sheep Wool	禽蛋产量 Poultry Eggs	蚕茧产量 Output of Cocoon	#桑蚕茧 Cocoon	#柞蚕茧 Oak Cocoon
全省总计	**Total**	**9699**	**3248**	**6451**	**4474389**	**14719**	**14680**	**38**
济南市	Jinan	498	236	262	332303			
青岛市	Qingdao	2	2		182096			
淄博市	Zibo	89	49	41	76369	1491	1491	
枣庄市	Zaozhuang	197	147	50	112705			
东营市	Dongying	352	12	340	51960	5	5	
烟台市	Yantai	146	3	143	282049	414	393	20
潍坊市	Weifang	470	72	398	247903	898	898	
济宁市	Jining	1485	541	943	375997	4	4	
泰安市	Tai'an	769	141	628	200680	2303	2303	
威海市	Weihai				164804	45	45	
日照市	Rizhao	18	6	13	104624	3063	3045	18
莱芜市	Laiwu	149	79	70	48030	148	148	
临沂市	Linyi	700	507	193	312001	1752	1752	
德州市	Dezhou	183	69	114	409498			
聊城市	Liaocheng	834	135	699	435786			
滨州市	Binzhou	337	50	287	195217	33	33	
菏泽市	Heze	3469	1198	2271	628231	4562	4562	

13-14 各市水产品产量和养殖面积(2018年)
Output and Breeding Area of Aquatic Products by Region (2018)

地 区	Region	水产品总产量(吨) Total Aquatic Products (ton)	海水产品 Seawater Aquatic products	海洋捕捞 Ocean Fishing	海水养殖 Seawater Cultured	淡水产品产量 Freshwater Aquatic Products
全省总计	**Total**	**8614032**	**7360685**	**2149830**	**5210855**	**1253347**
济南市	Jinan	31911				31911
青岛市	Qingdao	1156960	1142894	322983	819911	14066
淄博市	Zibo	19474				19474
枣庄市	Zaozhuang	71447				71447
东营市	Dongying	504000	413361	69112	344249	90639
烟台市	Yantai	1894136	1880708	553037	1327671	13428
潍坊市	Weifang	489291	462402	124963	337439	26889
济宁市	Jining	328748				328748
泰安市	Tai'an	83345				83345
威海市	Weihai	2655514	2627848	843782	1784066	27666
日照市	Rizhao	540631	516220	183299	332921	24411
莱芜市	Laiwu	3557				3557
临沂市	Linyi	126950				126950
德州市	Dezhou	73516				73516
聊城市	Liaocheng	63329				63329
滨州市	Binzhou	475243	313849	49251	264598	161394
菏泽市	Heze	92577				92577
省属远洋捕捞企业	Provincial Ocean Fishing Enterprises	3403	3403	3403		

13-14 续表 continued

地 区	Region	内陆捕捞 Landlocked Fishing	内陆养殖 Landlocked Cultured	水产品养殖面积(公顷) Breeding Area of Aquatic Products (hectare)	海水养殖 Seawater Cultured	内陆养殖 Landlocked Cultured
全省总计	**Total**	**82821**	**1170526**	**782255**	**570857**	**211398**
济南市	Jinan	289	31622	5228		5228
青岛市	Qingdao		14066	35259	32344	2915
淄博市	Zibo	627	18847	3073		3073
枣庄市	Zaozhuang	2428	69019	9475		9475
东营市	Dongying	3778	86861	114408	94834	19574
烟台市	Yantai	2926	10502	194239	189967	4272
潍坊市	Weifang	1319	25570	75826	65526	10300
济宁市	Jining	31447	297301	58465		58465
泰安市	Tai'an	16325	67020	8748		8748
威海市	Weihai		27666	81092	77882	3210
日照市	Rizhao	64	24347	50223	38243	11980
莱芜市	Laiwu	652	2905	1942		1942
临沂市	Linyi	8033	118917	24790		24790
德州市	Dezhou	1108	72408	8105		8105
聊城市	Liaocheng	2894	60435	7187		7187
滨州市	Binzhou	2992	158402	87411	72061	15350
菏泽市	Heze	7939	84638	16784		16784
省属远洋捕捞企业	Provincial Ocean Fishing Enterprises					

13-15 主要农业机械年末拥有量
Major Agricultural Machinery at the Year-end

类　别	单位	Category	Unit	2017	2018
农业机械总动力	**(万千瓦)**	**total power of agricultural machinery**	**(10000 kw)**	**10144.05**	**10431.68**
一、拖拉机及配套机械		**Tractors and related machinery**			
拖拉机	(万台)	Tractor	(10000 units)	247.97	247.35
	(万千瓦)		(10000 kw)	3992.18	4164.15
#大中型(22.1千瓦以上)	(万台)	Large and Medium-sized(14.7 kw and above)	(10000 units)	60.40	46.05
	(万千瓦)		(10000 kw)	2416.62	2285.64
拖拉机配套农具	(万部)	Tractor Supporting Tools	(10000 units)	430.86	438.21
#与58.8千瓦及以上拖拉机配套		Large and Medium-sized	(10000 units)	110.26	56.00
二、种植业机械		**Farming Machinery**			
机引犁	(万台)	Mechanical Power Plow	(10000 units)	141.37	140.63
旋耕机	(万台)	Rotary Tiller	(10000 units)	33.98	34.72
免耕播种机	(万台)				16.61
精量播种机	(万台)				34.72
农用水泵	(万台)	Agricultural Water-pump	(10000 units)	294.85	294.59
节水灌溉类机械	(万套)	Water-saving Irrigation Machinery	(10000 units)	52.68	53.28
谷物联合收割机	(万台)	Combine Harvester	(10000 units)	30.54	31.52
	(万千瓦)		(10000 kw)	1443.17	1546.56
#玉米联合收割机	(万台)	Corn Combine Harvester	(10000 units)	12.45	13.01
秸秆粉碎还田机	(万台)	Straw crushing Machinery	(10000 units)	12.46	12.93
机动脱粒机	(万台)	Thresher	(10000 units)	39.45	39.69
三、畜牧机械	**(万台)**	**Animal Husbandry Machinery**	**(10000 units)**	**23.06**	**24.19**
	(万千瓦)		(10000 kw)	135.82	139.11
四、水产机械	**(万台)**	**Fishery Machinery**	**(10000 units)**	**14.85**	**16.36**
	(万千瓦)		(10000 kw)	236.82	109.97
五、农产品初加工机械		**Agricultural Products Primary Processing Machinery**			
农产品初加工动力机械	(万台)	Agricultural Products Primary Processing Power Machinery	(10000 units)	101.00	101.08
	(万千瓦)		(10000 kw)	921.99	922.89
农产品初加工作业机械	(万台)	Agricultural Products Primary Processing Operating Machinery	(10000 units)	51.31	51.61
七、农田基本建设机械	**(万台)**	**Farmland Capital Construction Machinery**	**(10000 units)**	**4.32**	**4.34**
	(万千瓦)		(10000 kw)	288.14	288.53
八、其他机械		**Other Machinery**			
#农用航空器	(架)	Agricultural Aircraft	(unit)	1247	2129

注：部分指标统计口径、指标名称进行提升和更名。
a)Some indicators have been updated and renamed with statistical caliber and indicator names.

13-16 各市主要农业机械年末拥有量(2018年)

Number of Major Agricultural Machinery at the Year-end by Region(2018)

地区 Region		农业机械总动力(千瓦) total power of agricultural machinery (kw)	#拖拉机及配套机械 Tractors and related machinery			#谷物联合收割机 Combine Harvester	
			拖拉机 Tractor		拖拉机配套农具 Tractor Supporting Tools		
			(台) (unit)	(千瓦) (kw)	(部) (unit)	(台) (unit)	(千瓦) (kw)
全省总计	**Total**	**104316760**	**2473478**	**41641450**	**4382147**	**315193**	**15465619**
济南市	Jinan	4546235	50360	1355561	91501	14380	740411
青岛市	Qingdao	7378268	215668	3668505	443033	18541	1019583
淄博市	Zibo	2403786	21532	774464	43631	7751	434023
枣庄市	Zaozhuang	3003127	36849	1163340	119763	12780	816910
东营市	Dongying	2497313	54338	1211423	122693	8847	436116
烟台市	Yantai	7673218	282505	3181804	357301	10312	507610
潍坊市	Weifang	10021987	177916	3456235	281399	26091	1602895
济宁市	Jining	9233002	106647	2828245	212410	36323	1249162
泰安市	Taian	5212359	89956	1824197	162669	21070	651122
威海市	Weihai	5162419	283760	2620987	582563	5529	201806
日照市	Rizhao	2807679	164063	1372646	503408	2583	130956
莱芜市	Laiwu	884813	24863	336185	31576	989	18976
临沂市	Linyi	7641803	473019	5273269	645277	17331	877400
德州市	Dezhou	11993389	250549	4905287	297644	40942	2110405
聊城市	Liaocheng	9843314	78062	2530576	147011	33808	1653175
滨州市	Binzhou	4616542	78411	1868359	136108	19758	839469
菏泽市	Heze	9397506	84980	3270367	204160	38158	2175602

13-17 各市地类面积(2018年)
Land Category Area by Region(2018)

单位:公顷 (hectare)

地 区	Region	农用地 Agricultural Land	#耕地 Cultivated Land	#水浇地 Irrigated Land	#园 地 Garden Land	#牧草地 Grazing and Pasture Land
全省总计	**Total**	**11459586**	**7572485**	**5139050**	**711880**	**5753**
济南市	Jinan	533398	353652	263885	25675	
青岛市	Qingdao	792989	514292	243223	37075	
淄博市	Zibo	413693	206946	136481	58261	
枣庄市	Zaozhuang	328378	235547	126971	14524	
东营市	Dongying	429560	229174	168524	4229	5595
烟台市	Yantai	1055240	444539	142230	229620	81
潍坊市	Weifang	1151479	790137	479765	57413	
济宁市	Jining	765392	601493	452525	9241	
泰安市	Tai'an	581231	364400	229972	39239	
威海市	Weihai	439702	193650	26309	35137	63
日照市	Rizhao	419260	238195	52905	25411	
莱芜市	Laiwu	145590	72384	35203	15685	
临沂市	Linyi	1311428	833769	325057	101722	
德州市	Dezhou	811802	642405	642045	13528	
聊城市	Liaocheng	690184	561664	561225	9693	
滨州市	Binzhou	631965	463319	432013	28976	8
菏泽市	Heze	958294	826919	820719	6449	6

13-18 各市灌溉面积(2018年)
Irrigated Area by Region(2018)

单位:千公顷 (1000 hectares)

地 区	Region	有效灌溉面积 Effective Irrigated Area	#当年实灌 Irrigated in the Year	林地灌溉面积 Irrigated Area of Forest Lands	果园灌溉面积 Irrigated Area of Orchard
全省总计	**Total**	**5235.99**	**4805.38**	**213.82**	**375.36**
济南市	Jinan	256.58	247.02	9.74	7.31
青岛市	Qingdao	331.24	278.36	16.76	29.34
淄博市	Zibo	126.56	126.52	5.38	40.32
枣庄市	Zaozhuang	165.17	131.00	3.23	9.87
东营市	Dongying	189.88	179.25	8.85	5.36
烟台市	Yantai	246.99	212.49	5.16	74.13
潍坊市	Weifang	530.50	472.94	32.28	44.07
济宁市	Jining	475.63	456.21	14.55	8.42
泰安市	Tai'an	247.82	243.20	5.91	15.49
威海市	Weihai	129.02	95.71	1.05	19.32
日照市	Rizhao	115.98	81.87	6.90	13.43
莱芜市	Laiwu	37.40	34.59	0.40	3.56
临沂市	Linyi	359.91	294.24	19.78	37.02
德州市	Dezhou	507.48	504.47	29.18	17.01
聊城市	Liaocheng	487.79	481.49	9.31	16.72
滨州市	Binzhou	381.57	354.13	10.82	13.11
菏泽市	Heze	646.47	611.89	34.52	20.88

13-19 各市农村电气化和农业化学化情况(2018年)
Rural Electrification and Agriculture Chemicals by Region(2018)

单位:吨 (ton)

地区	Region	农用化肥施用量(实物量) Consumption of Chemical Fertilizer (physical volume)	氮肥 Nitrogenous Fertilizer	磷肥 Phosphate Fertilizer	钾肥 Potash Fertilizer	复合肥 Compound Fertilizer	农用化肥施用量(折纯量) Consumption of Chemical Fertilizer (convert to pure volume)	氮肥 Nitrogenous Fertilizer	磷肥 Phosphate Fertilizer
全省总计	**Total**	**12748841**	**4375794**	**1902983**	**1048163**	**5421901**	**4203489**	**1306737**	**421250**
济南市	Jinan	739153	313882	164537	44983	215751	199591	72734	29884
青岛市	Qingdao	727875	135534	50075	42877	499388	270505	39773	10420
淄博市	Zibo	288278	87344	34453	21010	145472	86863	24350	6759
枣庄市	Zaozhuang	593935	218353	47342	37401	290839	197947	66211	10744
东营市	Dongying	290219	101025	51964	15668	121562	102044	30910	14533
烟台市	Yantai	1056460	302441	123813	113561	516645	370598	100358	28900
潍坊市	Weifang	1276754	282757	112481	96962	784554	470888	88241	29068
济宁市	Jining	1059224	352887	168922	96637	440778	377886	118594	40099
泰安市	Tai'an	568136	187401	78857	59718	242160	183570	40961	17662
威海市	Weihai	351008	114456	41254	40339	154958	101169	28583	8891
日照市	Rizhao	296631	73764	26670	24371	171826	97399	22240	7706
莱芜市	Laiwu	119129	44247	15293	12585	47005	38809	10732	3180
临沂市	Linyi	1184888	428366	113903	121114	521506	334908	95347	25146
德州市	Dezhou	1017943	459921	182665	66747	308609	327411	144047	39062
聊城市	Liaocheng	1081863	414457	216511	84426	366468	371848	139140	50180
滨州市	Binzhou	581304	261961	83235	35354	200753	198964	78233	25154
菏泽市	Heze	1516042	596999	391008	134409	393626	473089	206285	73863

13-19 续表 continued

单位:吨 (ton)

地区	Region	钾肥 Potash Fertilizer	复合肥 Compound Fertilizer	农用塑料薄膜使用量 Plastic Film Consumption	地膜使用量 Film Consumption	农用柴油量 Diesel Consumption	农药施用量 Pesticides Consumption	地膜覆盖面积(公顷) Film Coverage (hectare)	农村用电量(万千瓦时) Electricity Consumption in Rural Area (10000 kwh)
全省总计	**Total**	**356387**	**2119114**	**276935**	**107536**	**1474738**	**129882**	**1871482**	**4162363**
济南市	Jinan	15325	81647	11220	3378	44578	2693	41794	235866
青岛市	Qingdao	12197	208115	17218	7641	171476	5627	140169	377858
淄博市	Zibo	6569	49185	7153	1498	18133	4576	22403	398203
枣庄市	Zaozhuang	12797	108196	7581	3137	15265	4013	33031	311476
东营市	Dongying	7153	49448	4195	2908	22225	3017	58571	38462
烟台市	Yantai	40339	201002	10304	6743	181409	17267	117645	302452
潍坊市	Weifang	36802	316776	73932	13532	130790	11999	207426	674434
济宁市	Jining	35618	183576	11445	8032	92792	13145	138496	168883
泰安市	Tai'an	20286	104661	9681	4516	44135	5857	71829	120841
威海市	Weihai	14426	49269	3294	2133	245327	7741	30616	151441
日照市	Rizhao	9227	58227	6225	3977	175645	3518	81331	100604
莱芜市	Laiwu	5192	19705	2393	1646	9822	1104	26595	75973
临沂市	Linyi	35315	179100	43753	18096	83852	13363	300275	319578
德州市	Dezhou	22285	122017	16748	8213	56921	10164	210947	135763
聊城市	Liaocheng	29678	152851	22199	6113	70474	8158	116012	160074
滨州市	Binzhou	12369	83207	4652	3402	29112	6727	75870	119351
菏泽市	Heze	40810	152132	24942	12572	82780	10914	198473	471105

主要统计指标解释

农林牧渔业总产值 指以货币表现的农、林、牧、渔业全部产品和对农林牧渔业生产活动进行的各种支持性服务活动的价值总量，它反映一定时期内农林牧渔业生产总规模和总成果。1957年以前的农林牧渔业总产值中包括了厩肥和农民自给性手工业(如农民自制衣服、鞋、袜，自己从事粮食初步加工等)。1958 年及以后，林业中增加了村及村以下竹木采伐产值；牧业中取消了厩肥产值；副业中取消了农民自给性手工业产值，增加了村及村以下办的工业产值；渔业中增加了海洋捕捞水产品产值。1980年及以后，在副业中增加了农民家庭兼营工业商品部分的产值。从 1984 年起村及村以下工业产值划归工业。从 1993 年起取消副业，将野生动物的捕猎划入牧业，野生植物采集和农民家庭兼营商品性工业划归农业。从 2003 年起，执行新的国民经济行业分类标准，农林牧渔业总产值中包括了农林牧渔服务业产值。林业中增加了森林采运业产值。农业中取消了家庭兼营商品性工业产值，将野生林产品的采集划归林业。

农林牧渔业总产值的计算方法通常是按农、林、牧、渔业产品及其副产品的产量分别乘以各自单位产品价格求得；少数生产周期较长，当年没有产品或产品产量不易统计的，则采用间接方法匡算其产值；然后将四业产品产值相加即为农林牧渔业总产值。

粮食产量 指全社会的产量。包括国有经济经营的、集体统一经营的和农民家庭经营的粮食产量，还包括工矿企业办的农场和其他生产单位的产量。粮食除包括稻谷、小麦、玉米、高粱、谷子及其他杂粮外，还包括薯类和豆类。其产量计算方法，豆类按去豆荚后的干豆计算；薯类(包括甘薯，不包括芋头和木薯)1963 年以前按每 4 公斤鲜薯折 1 公斤粮食计算，从 1964 年开始改为按 5 公斤鲜薯折 1 公斤粮食计算。作为蔬菜的薯类(如马铃薯等)按鲜品计算，并且不作粮食统计。其他粮食一律按脱粒后的原粮计算。1989 年以前全国粮食产量数据主要靠全面报表取得，1989 年开始使用抽样调查数据。

棉花产量 指全社会的产量。包括春播棉和夏播棉。产量按皮棉计算。不包括木棉。

油料产量 指全部油料作物的生产量。包括花生、油菜籽、芝麻、向日葵籽、胡麻籽（亚麻籽）和其他油料。不包括大豆、木本油料和野生油料。花生以带壳干花生计算。

水产品产量 指人工养殖的水产品和天然生长的水产品的捕捞量。包括海水的鱼类、虾蟹类、贝类和藻类以及内陆水域的鱼类、虾蟹类和贝类，不包括淡水生植物。水产品产量是通过各级水产和统计部门逐级上报取得数据。1995 年及以前，贝类中牡蛎按鲜肉计算；蚶、蛤、蛙按 5 斤鲜品折 1 斤计算。1996 年以后则统一按鲜品计算。

猪、牛、羊肉产量 指当年出栏并已屠宰、除去头蹄下水后带骨肉(即胴体重)的重量。包括全社会范围内的产量。由于畜牧业产品年报数据与普查数据之间存在一定的差距，

根据国家统计局有关文件精神，从 2000 年起，对畜牧业年报数据与普查数据进行衔接。

期初(末)畜禽存栏头(只)数 指报告期初(末)农村各种合作经济组织和国营农场、农民个人、机关、团体、学校、工矿企业、部队等单位以及城镇居民饲养的大牲畜、猪、羊、家禽等畜禽的存栏数。数据上报方式及数据调整情况同猪、牛、羊肉产量。

农作物播种面积 指实际播种或移植有农作物的面积。凡是实际种植有农作物的面积，不论种植在耕地上还是种植在非耕地上，均包括在农作物播种面积中。在播种季节基本结束后，因遭灾而重新改种和补种的农作物面积，也包括在内。它是反映我国耕地面积利用情况的一个重要指标。目前，农作物播种面积主要包括粮食、棉花、油料、糖料、麻类、烟叶、蔬菜和瓜类、药材和其他农作物九大类。

有效灌溉面积 指具有一定的水源，地块比较平整，灌溉工程或设备已经配套，在一般年景下，当年能够进行正常灌溉的耕地面积。在一般情况下，有效灌溉面积应等于灌溉工程或设备已经配备，能够进行正常灌溉的水田和水浇地面积之和。它是反映我国耕地抗旱能力的一个重要指标。

农用化肥施用量 指本年内实际用于农业生产的化肥数量，包括氮肥、磷肥、钾肥和复合肥。化肥施用量要求按折纯量计算数量。折纯量是指把氮肥、磷肥、钾肥分别按含氮、含五氧化二磷、含氧化钾的百分之百成份进行折算后的数量。复合肥按其所含主要成分折算。公式为：

折纯量=实物量×某种化肥有效成份含量的百分比

农业机械总动力 指主要用于农、林、牧、渔业的各种动力机械的动力总和。包括耕作机械、排灌机械、收获机械、农用运输机械、植物保护机械、牧业机械、林业机械、渔业机械和其他农业机械〔内燃机按引擎马力折成瓦(特)计算、电动机按功率折成瓦(特)计算〕。不包括专门用于乡、镇、村、组办工业、基本建设、非农业运输、科学试验和教学等非农业生产方面用的动力机械与作业机械。这个指标的统计数据主要来源于农机部门。

Explanatory Notes on Main Statistical Indicators

Gross Output Value of Farming, Forestry, Animal Husbandry and Fishery refers to the total value of products of farming, forestry, animal husbandry and fishery, and total value of services rendered to support farming, forestry, animal husbandry and fishery activities. It reflects the total scale and results of agricultural production during a given period. Prior to 1957, China's gross agricultural output value included barnyard manure and handicraft products for self consumption (clothes, shoes, stockings, and initial grain processing undertaken by peasants). Since 1958, cutting and felling of bamboo and trees by villages and other cooperative organizations under villages have been included in forestry; value of barnyard manure has been excluded from animal husbandry; self consumed handicrafts has been excluded from sideline occupations, while the output value of industries run by villages and cooperative organizations under village had been included in sideline occupations and the output value of fish catches by motor fishing boats has been added to fishery. Since 1980, the value of handicraft products made for sale by individuals in households had been added to sideline occupations. Since 1984, industries run by villages and under villages have been included in the sector of industry. Since 1993, the subdivision of sideline occupations has been canceled, and the hunting of wild animals has been classified into animal husbandry, and the gathering of wild plants and commodity industry run by rural household have been included in farming. A new industrial classification of economic activities was introduced in 2003. Under the new classification, value of services to farming, forestry, animal husbandry and fishery is included in the gross output value of agriculture, value of wood felling and transport is included in forestry, value of industrial output by rural households is not included in agriculture, and the collection of wild forest products is taken from agriculture and included in the forestry. The first agriculture census of China revealed some discrepancy between the production of animal products from the annual reports and that from the census. Efforts were made by the Rural Socio economic Survey Organization of NBS to adjust the output value of animal husbandry to make the figures from the annual reports consistent with the census data.

Gross output value of agriculture is obtained by first multiplying the output of each product or by product by its price, resulting in the output value of each single item. For a small number of products, annual output of which is not available or difficult to get due to the long production (growing) process involved, the output value is estimated through an indirect approach. The sum of output value of all products of farming, forestry, animal husbandry and fishery is then equal to the gross output value of agriculture.

Grain Output refers to the total output in the whole country including grains produced by state farms, collective units, rural households, as well as by farms affiliated to industrial and mining enterprises and other production units. Grain includes rice, wheat, corn, sorghum, millet and other miscellaneous grains as well as tubers and bean. Output of beans refers to dry beans without pods. The output of tubers (sweet potatoes, not including taros and cassava) was converted into that of grain at the ratio 4： 1, i.e. 4 kilograms of fresh tubers was equivalent to 1 kilogram of grain up to 1963. Since 1964 the ratio for conversion has been 5:1. Tubers supplied as vegetables (such as potatoes) are calculated as fresh vegetables and their output is not included in the output of grain. Output of all other grains refers to husked grain. Data on grain production before 1989 were obtained through Comprehensive Statistical Reporting System. Since 1989, data from sample surveys are used.

Cotton Output refers to the cotton production in the whole country including cotton sown in spring and in autumn. Output is measured as the weight of ginned cotton. Ceiba is not included.

Output of Oil-bearing Crops refers to the total production of oil bearing crops of various kinds, including peanuts, (dry, in shell) rapeseeds, sesame, sunflower seeds, flax seeds, and other oil bearing crops. Soybeans, oil bearing woody plants, and wild oil bearing crops are not included.

Output of Aquatic Products refers to catches of both artificially cultured and naturally grown aquatic products, including fish, shrimps, crabs and shellfish in sea and inland water as well as seaweed. Freshwater plants are not included. Data on output of aquatic products are reported by aquatic product and statistical agencies level by level. Before 1995, among the shellfish, the oyster was counted as fresh meat; 5 kilograms of ark shell, clams and frogs are equivalent to 1 kilogram of fresh aquatic products; they are all counted as fresh aquatic products since 1996.

Output of Pork, Beef, and Mutton refers to the meat of slaughtered hogs, cattle, sheep and goats with head, feet, and offal taken away. Data refers to the production of the whole country. The first agriculture census of China in 1996 revealed some discrepancy between the production of animal products from the annual reports and that from the census. Efforts were made by the Rural Socio economic Survey Organization of NBS to adjust the output value of animal husbandry to make the figures from the annual reports consistent with the census data. Since 1999, NBS conducted sample survey for the major animal husbandry products, such as hogs, cattle, sheep and goats and fowls, and the data from sample surveys are used as national finalized data. Those products, which are not covered by the sample survey, are still reported by statistical agencies level by level.

Number of Livestock or Poultry in Stock at Beginning (or End) refers to the total number of large animals, pigs, sheep, fowls, etc. raised by rural cooperative organizations, state farms, rural individuals, government agencies, schools, industrial and mining enterprises, army, and urban residents at the beginning (or end) of the reference period. Data reporting system and data adjustment are the same as that in the output of pork, beef and mutton.

Sown Area of Crops refers to area of land sown or transplanted with crops regardless of being in cultivated area or non cultivated area. Area of land re sown due to natural disasters is also included. This is an important indicator that can reflect the

utilization condition of the cultivated land in China. At present, the sown area of crops mainly include the following 9 categories of crops: grain, cotton, oil bearing crops, sugar crops, fiber crops, Tobacco, Vegetables and melons, medicinal materials and other farm crops.

Irrigated Area refers to areas that are effectively irrigated, i.e. level land, which has water source and complete sets of irrigation facilities to lift and move adequate water for irrigation purpose under normal conditions. Under normal conditions, irrigated area is the sum of watered fields and irrigated fields where irrigation systems or equipment have been installed for regular irrigation purpose. This important indicator reflects drought resistance capacity of the cultivated land in China.

Consumption of Chemical Fertilizers in Agriculture refers to the quantity of chemical fertilizers applied in agriculture in the year, including nitrogenous fertilizer, phosphate fertilizer, potash fertilizer, and compound fertilizer. The consumption of chemical fertilizers is required in calculation to convert the gross weight into weight containing 100% effective component (e.g. 100% nitrogen content in nitrogenous fertilizer, 100% phosphorous pent oxide contents in phosphate fertilizer, 100% potassium oxide contents in potash fertilizer). Compound fertilizer is converted with its major component. The formula is:

Volume of effective component=physical quantity×effective component of certain chemical fertilizer (%)

Total Power of Farm Machinery refers to total mechanical power of machinery used in farming, forestry, animal husbandry, and fishery, including ploughing, irrigation and drainage, harvesting, transport, plant protection, stock breeding, forestry and fishery. The power of internal combustion engines is required to convert horsepower into watts and the power of electric motors is required to be converted into watts. Machinery employed for non agricultural purposes, such as the machines used in township run and village run industry, construction, non agricultural transport, scientific experiments and teaching, is excluded. Data are mainly from agricultural machinery agencies.

第14篇

工　业

Industry

简 要 说 明

一、本篇资料的主要内容

本篇资料反映了全省工业生产和基本效益情况，主要包括历年工业总产值及指数、规模以上工业、国有控股工业、国有工业、集体工业、外商投资和港澳台投资工业、大中型工业企业、非公有工业的主要经济指标、相关的财务分析指标和主要工业产品产量等方面的内容。

二、本篇资料的统计范围

本篇资料中规模以上工业企业的统计范围：1998 年至 2006 年为全部国有和年主营业务收入 500 万元及以上的非国有工业法人单位；2007 年至 2010 年为年主营业务收入 500 万元及以上的工业法人单位；从 2011 年开始，为年主营业务收入 2000 万元及以上的工业法人单位。

三、本篇资料的来源

本篇资料来源于工业统计年报，2018 年数据来源于月报，由省统计局工业统计处整理提供。

四、数据使用注意事项

2018 年规模以上工业企业主要指标数据与上年数据之间存在不可比因素，其主要原因是：（一）根据统计制度，每年定期对规模以上工业企业调查范围进行调整。每年有部分企业达到规模标准纳入调查范围，也有部分企业因规模变小而退出调查范围，还有新建投产企业、破产、注（吊）销企业等变化。（二）加强统计执法，对统计执法检查中发现的不符合规模以上工业统计要求的企业进行了清理，对相关基数依规进行了修正。（三）加强数据质量管理，剔除跨地区、跨行业重复统计数据。根据国家统计局开展的企业组织结构调查情况，对企业集团（公司）跨地区、跨行业重复计算进行了剔重。（四）“营改增”政策实施后，服务业企业改交增值税且税率较低，工业企业逐步将内部非工业生产经营活动剥离，转向服务业，使工业企业财务数据有所减小。

2018 年全国第四次经济普查完成后，国家统计局将利用普查结果，研究修订历史数据，以保证历史数据可比。我省也相应开展相关工作。

Brief Introduction

I. Content

Data in this chapter show the basic condition of industry in Shandong, mainly including the gross industrial output value and indices, the output of major industrial products and major economic and relevant financial indicators of industrial enterprises. Industrial enterprises include enterprises above designated size, state share holding enterprises, state owned enterprises, collective owned enterprises, foreign funded enterprises, enterprises with funds from Hong Kong, Macao and Taiwan, large and medium sized enterprises, private enterprises and high tech enterprises.

II. Scopes of Statistics

The scopes of industrial enterprises above designated size were: all State-owned industrial enterprises and the non-State-owned industrial enterprises with revenue from principal business over 5 million yuan from 1998 to 2006; all industrial enterprises with revenue from principal business over 5 million yuan from 2007 to 2010; and all industrial enterprises with revenue from principal business above 20 million yuan since 2011.

III.Source of Data

Data in this chapter are based on the annual report of industrial statistics except for 2018 and are prepared and provide by the Division of Industry Statistics of Shandong Provincial Bureau of Statistics.

Ⅳ. Data Usage Notes

Data of 2018 of main indicators of industrial enterprises above designated size nationwide are not comparable with previous years, the reasons are as following: (1) According to the statistical system, the investigation scope of industrial enterprises above designated size should be adjusted regularly every year. Every year, some enterprises meet the scale criteria to be included in the scope of investigation, some enterprises withdraw from the scope of investigation because of the smaller scale, and there are other changes: new enterprises, bankruptcy, annotation (cancellation) enterprises, etc. (2) Strengthening of statistical law enforcement, cleaning up enterprises found in the inspection of statistical law enforcement that do not meet the standard of industrial statistics above designated size, and amending the relevant cardinality in accordance with regulations. (3) Strengthening data quality management and eliminating duplicated statistical data across regions and across industries. According to the latest survey of organizational structure of enterprises carried out by the National Bureau of Statistics, the repeated calculation of enterprise groups (companies) across regions and industries is weighed. (4) After the implementation of the program to replace the business tax with a value-added tax, the value-added tax was paid by the service enterprises and the tax rate was lower. The industrial enterprises gradually stripped off the internal non-industrial production and operation activities and turned to the service industry, which reduced the financial data of the industrial enterprises.

After the completion of the Fourth National Economic Census in 2018, the National Bureau of Statistics will use the census results to study and revise historical data to ensure that historical data are comparable. Our province also carries out related work accordingly.

14-1 主要年份工业总产值
Gross Industrial Output Value in Major Years

年 份 Year	工业总产值(亿元) Gross Industrial Output Value (100 millioon yuan)	国有经济 State-owned	集体经济 Collective-owned	轻工业 Light Industry	重工业 Heavy Industry	占全部工业总产值的比重(%) As Percentage of Gross Industrial Output Value(%) 国有经济 State-owned	集体经济 Collective-owned	轻工业 Light Industry	重工业 Heavy Industry
1949	9.15	3.42	0.01	8.25	0.90	37.38	0.11	90.16	9.84
1952	20.08	9.07	0.88	17.84	2.24	45.17	4.38	88.84	11.16
1955	30.10	14.81	2.31	25.36	4.74	49.20	7.67	84.25	15.75
1957	43.31	15.83	2.36	35.34	7.97	36.55	5.45	81.60	18.40
1962	45.70	33.99	6.27	31.22	14.48	74.38	13.72	68.32	31.68
1965	71.38	55.79	8.95	48.21	23.17	78.16	12.54	67.54	32.46
1970	141.22	109.22	21.37	81.88	59.34	77.34	15.13	57.98	42.02
1975	189.78	138.41	38.39	96.65	93.13	72.93	20.23	50.93	49.07
1976	220.00	157.01	52.12	107.03	112.97	71.37	23.69	48.65	51.35
1977	262.24	178.85	70.70	127.92	134.32	68.20	26.96	48.78	51.22
1978	296.82	200.74	78.60	144.28	152.54	67.63	26.48	48.61	51.39
1979	314.34	217.62	78.52	157.52	156.82	69.23	24.98	50.11	49.89
1980	340.32	229.89	90.46	183.81	156.51	67.55	26.58	54.01	45.99
1981	358.37	238.57	96.69	212.33	146.04	66.57	26.98	59.25	40.75
1982	393.21	261.91	100.28	233.57	159.64	66.61	25.50	59.40	40.60
1983	441.85	292.55	110.46	261.04	180.81	66.21	25.00	59.08	40.92
1984	534.91	318.30	164.80	317.58	217.33	59.51	30.81	59.37	40.63
1985	682.78	397.07	205.53	370.41	312.37	58.15	30.10	54.25	45.75
1986	784.33	415.12	234.86	419.38	364.95	52.93	29.94	53.47	46.53
1987	1032.88	521.66	302.57	533.38	499.50	50.51	29.29	51.64	48.36
1988	1455.24	662.48	441.05	751.70	703.54	45.52	30.31	51.65	48.35
1989	1920.94	833.86	575.95	982.99	937.95	43.41	29.98	51.17	48.83
1990	2200.85	911.88	650.38	1118.76	1082.09	41.43	29.55	50.83	49.17
1991	2599.17	1038.69	764.67	1326.78	1272.39	39.96	29.42	51.05	48.95
1992	3115.45	1301.39	993.81	1536.64	1578.81	41.77	31.90	49.32	50.68
1993	4713.48	1678.89	1285.42	2125.93	2587.55	35.62	27.27	45.10	54.90
1994	7023.23	2012.72	1812.72	3367.58	3655.65	28.66	25.81	47.95	52.05
1995	8906.60	2600.54	1840.75	4403.84	4502.76	29.20	20.67	49.44	50.56
1996	9126.63	2423.77	2380.09	4540.14	4586.49	26.56	26.08	49.75	50.25
1997	9984.12	2513.03	2512.01	4926.50	5057.61	25.17	25.16	49.34	50.66
1998	10579.17	2177.73	2206.64	5110.02	5469.15	20.59	20.86	48.30	51.70
1999	11195.46	2058.49	2218.99	5373.71	5821.75	18.39	19.82	48.00	52.00
2000	12509.53	2474.49	2393.99	5964.70	6544.83	19.78	19.14	47.68	52.32
2001	13277.37	1223.49	2078.33	6437.42	6839.96	9.21	15.65	48.48	51.52
2002	15588.53	1377.03	2348.82	7630.45	7958.08	8.83	15.07	48.95	51.05
2003	19891.54	1484.04	2526.39	9049.49	10842.05	7.46	12.70	45.49	54.51
2004	26295.24	2087.28	2819.30	11382.95	14912.29	7.94	10.72	43.29	56.71
2005	35387.43	1982.94	2264.87	13124.13	22263.30	5.60	6.40	37.09	62.91
2006	43900.21	2307.84	2469.67	15638.85	28261.36	5.26	5.63	35.62	64.38
2007	54428.27	2988.11	2922.80	19011.79	35416.48	5.49	5.37	34.93	65.07
2008	62958.53	4577.21	2464.08	21315.28	41643.25	7.27	3.91	33.86	66.14
2009	71209.42	4074.70	2775.66	24195.79	47013.62	5.72	3.90	33.98	66.02
2010	83851.40	5486.12	2632.65	27161.78	56689.62	6.54	3.14	32.39	67.61
2011	99504.98	6200.76	2983.41	31019.15	68485.83	6.23	3.00	31.17	68.83
2012	114707.29	5022.12	3129.06	36682.83	78024.46	4.38	2.73	31.98	68.02
2013	129906.01	4250.08	1750.38	40763.79	89142.21	3.27	1.35	31.38	68.62
2014	141415.02	4262.15	1672.30	43837.12	97577.90	3.01	1.18	31.00	69.00
2015	145964.20	4547.07	1686.34	46775.90	99188.30	3.12	1.16	32.05	67.95
2016	150705.13	3895.70	1715.98	48228.01	102477.12	2.58	1.14	32.00	68.00
2017	137440.74	2275.98	1417.31	45219.11	92221.63	1.66	1.03	32.90	67.10

注:1.本表按当年价格计算，1998年及以后集体工业为规模以上集体工业；
2.自2011年开始，规模以上工业企业划分标准由年主营业务收入500万元及以上提高到2000万元及以上(下表同)。

a)Data in this table are caculated at current prices,collective-owned industry refers to collective-owned industry above designated size since 1998.

b)The criteria of revenue from principal business for the industrial enterprises above designated size has been increased from 5 million yuan and above to 20 million yuan and above since 2011.The same applies to the fllowing tables.

14–2 主要年份工业总产值指数(以1952年为100)
Indice of Gross Industrial Output Value in Major Years(1952=100)

年 份 Year	工业总产值指数 Indice of Gross Industrial Output Value	国有经济 State-owned	集体经济 Collective-owned	按轻重工业分 Grouped by Light & Heavy Industries 轻工业 Light Industry	重工业 Heavy Industry
1949	45.2	37.4	1.3	46.2	39.9
1952	100.0	100.0	100.0	100.0	100.0
1955	151.6	165.0	264.9	141.0	210.4
1957	236.0	224.7	344.2	206.0	370.0
1962	214.9	353.9	671.4	154.4	570.4
1965	366.7	633.5	1045.4	260.2	995.8
1970	723.4	1238.6	2494.8	435.6	2514.1
1975	1122.4	1812.0	5168.8	590.4	4529.6
1976	1304.7	2061.0	7037.7	655.5	5508.5
1977	1560.1	2352.4	9564.9	785.1	6563.4
1978	1766.4	2644.2	10646.8	886.7	7464.3
1979	1850.0	2834.6	10522.1	957.5	7589.3
1980	2001.2	2992.2	12111.7	1116.6	7571.8
1981	2091.4	3081.7	12845.4	1280.8	7014.1
1982	2269.7	3309.1	13571.4	1393.6	7583.1
1983	2524.2	3652.8	14849.3	1541.5	8500.0
1984	2887.8	3651.0	21459.7	1772.2	9655.9
1985	3530.6	4267.7	26046.7	1979.7	13293.4
1986	4110.2	4592.0	29223.4	2271.5	15740.8
1987	5089.9	5247.0	36481.8	2716.5	20260.6
1988	6803.9	6289.4	49739.0	3718.2	26390.7
1989	8029.9	6845.8	59622.0	4368.6	31314.3
1990	9081.8	7221.1	67151.9	4910.3	35635.7
1991	10630.2	7880.3	79849.3	5814.8	41232.5
1992	13203.8	9169.6	104332.3	6983.6	52983.8
1993	17410.5	10252.6	152395.2	8422.2	75660.9
1994	22325.5	10611.4	201009.3	11471.0	90112.1
1995	27482.7	12230.2	219100.8	14563.6	110026.9
1996	31954.1	12946.9	272154.0	17820.0	121491.7
1997	35820.6	13736.4	294951.4	19946.0	136423.0
1998	39954.3	12309.5	267429.8	21672.0	156345.4
1999	44702.4	12274.7	267143.4	23594.6	173193.0
2000	52713.1	13031.4	314292.3	28303.2	200740.0
2001	58288.7	7085.8	269624.9	31681.3	218566.7
2002	66406.7	8105.5	289070.9	36715.1	267094.8
2003	80723.9	8209.3	305837.0	41983.7	346635.6
2004	105142.9	9409.0	366085.2	54702.7	451415.2
2005	143609.4	10969.1	274178.2	60887.4	711789.0
2006	174082.5	12474.5	292134.7	71800.2	871484.8
2007	213754.5	15993.0	340762.7	88991.2	1081129.3
2008	243985.2	19063.9	371280.7	103190.2	1205057.4
2009	293138.0	18027.4	444262.5	124426.5	1445148.9
2010	328691.6	15909.7	496117.7	140021.7	1617429.3
2011	367977.8	16964.2	530394.5	150855.5	1843387.5
2012	431094.8	13963.1	565333.7	181300.5	2134280.9
2013	496153.3	12008.7	321387.7	204746.1	2478044.6
2014	548892.2	12238.6	312043.4	223762.9	2756652.8
2015	595115.1	13715.1	330528.6	250802.1	2943432.7
2016	623801.5	11929.3	341460.0	262525.9	3087339.2
2017	539239.1	6606.1	267325.3	233314.9	2633526.9

注：本表按可比价格计算，1998年及以后集体工业指数为规模以上集体工业指数。

a)Data in this table are caculated at current prices,the index of collective-owned industry refers to index of collective-owned industry above designated size since 1998.

14-3 2007-2018年规模以上工业增加值
Value Added of Industry Enterprises above Designated Size From 2007 to 2018

类 别	Category	2007 工业增加值比上年增长(%) Growth Rate(%)	2008 工业增加值比上年增长(%) Growth Rate(%)	2009 工业增加值比上年增长(%) Growth Rate(%)	2010 工业增加值比上年增长(%) Growth Rate(%)	2011 工业增加值比上年增长(%) Growth Rate(%)	2012 工业增加值比上年增长(%) Growth Rate(%)
全省总计	**Total**	**20.77**	**13.80**	**14.93**	**15.00**	**14.03**	**11.43**
在总计中:轻工业	of which:Light Industry	18.96	13.21	12.13	12.91	11.88	11.21
重工业	Heavy Industry	21.70	14.10	16.24	16.08	15.06	11.54
在总计中:国有企业	of which:State-owned Enterprises	10.08	4.60	4.57	13.24	15.71	6.07
集体企业	Collective-owned Enterprises	14.46	8.27	17.82	9.93	11.50	10.54
股份制企业	Cooperative Enterprises	21.08	15.11	15.96	15.64	14.59	12.32
外商及港澳台商投资企业	Enterprises with Funds from Foreign Countries,Hong Kong, Macao and Taiwan	23.24	14.06	11.01	14.12	11.13	7.85
在总计中:国有控股企业	of which:State-holding Enterprises	11.69	8.17	4.67	12.54	6.08	3.68
在总计中:大中型工业企业	of which:Large and Medium-sized Enterprises	14.94	8.73	9.14	13.31	11.04	7.97

注:本表绝对数按当年价格计算,增幅按可比价计算。
a)Data in this table are calculated at current prices, growth rate at constant prices.

14-3 续表 continued

类 别	Category	2013 工业增加值比上年增长(%) Growth Rate(%)	2014 工业增加值比上年增长(%) Growth Rate(%)	2015 工业增加值比上年增长(%) Growth Rate(%)	2016 工业增加值比上年增长(%) Growth Rate(%)	2017 工业增加值比上年增长(%) Growth Rate(%)	2018 工业增加值比上年增长(%) Growth Rate(%)
全省总计	**Total**	**11.34**	**9.62**	**7.50**	**6.82**	**6.94**	**5.23**
在总计中:轻工业	of which:Light Industry	10.25	8.48	7.41	5.49	6.95	0.52
重工业	Heavy Industry	11.85	10.15	7.54	7.48	6.94	7.39
在总计中:国有企业	of which:State-owned Enterprises	5.28	-0.17	-0.53	-2.60	8.52	13.61
集体企业	Collective-owned Enterprises	10.65	5.66	4.19	4.40	6.59	-7.74
股份制企业	Cooperative Enterprises	12.29	10.25	7.82	7.37	7.06	4.65
外商及港澳台商投资企业	Enterprises with Funds from Foreign Countries,Hong Kong, Macao and Taiwan	10.32	9.04	7.54	5.58	7.00	9.19
在总计中:国有控股企业	of which:State-holding Enterprises	4.84	2.76	-1.91	4.47	9.32	9.09
在总计中:大中型工业企业	of which:Large and Medium-sized Enterprise	9.45	8.10	5.83	7.20	7.81	7.30

14-4 按行业分规模以上工业增加值构成
Its Composition of Industry Enterprises above Designated Size by Sector

类别	Category	2017 增加值占规模以上工业比重(%) Composition(%)	2017 工业增加值比上年增长(%) Growth Rate (%)
全省总计	**Total**	**100.0**	**6.9**
采矿业	**Mining**	**3.5**	**4.6**
煤炭开采和洗选业	Mining and Washing of Coal	2.2	11.2
石油和天然气开采业	Extraction of Petroleum and Natural Gas	0.2	-8.5
黑色金属矿采选业	Mining of Ferrous Metal Ores	0.2	-16.2
有色金属矿采选业	Mining of Non-ferrous Metal Ores	0.3	-0.1
非金属矿采选业	Mining and Processing of Nonmetal Ores	0.3	-16.9
开采专业及辅助性活动	Mining Specialties and Auxiliary Activities	0.2	27.5
其他采矿业	Mining of Other Ores	0.0	61.3
制造业	**Manufacturing**	**91.7**	**6.8**
农副食品加工业	Processing of Food from Agricultural Products	7.4	8.8
食品制造业	Manufacture of Foods	2.3	11.9
酒、饮料和精制茶制造业	Manufacture of Wine, Drinks and Refined Tea	1.2	7.4
烟草制品业	Manufacture of Tobacco	0.8	4.5
纺织业	Manufacture of Textile	5.4	1.3
纺织服装、服饰业	Manufacture of Textile Wearing Apparel and Finery	2.1	6.5
皮革、毛皮、羽毛及其制品和制鞋业	Manufacture of Leather, Fur, Feather & Its Products and Footwear	0.6	-4.8
木材加工及木 竹、藤、棕、草制品业	Processing of Timbers, Manufacture of Wood, Bamboo, Rattan, Palm, and Straw Products	2.0	3.7
家具制造业	Manufacture of Furniture	0.8	6.5
造纸及纸制品业	Manufacture of Paper and Paper Products	1.9	2.3
印刷和记录媒介复制业	Printing, Reproduction of Recording Media	0.6	11.0
文教、工美、体育和娱乐用品制造业	Manufacture of Culture, Education,Arts and crafts, Sport and Entertainment Goods	1.6	11.0
石油、煤炭及其他燃料加工业	Processing of Oil, Coal and Other Fuel	6.7	8.1
化学原料和化学制品制造业	Manufacture of Chemical Raw Material and Chemical Products	9.7	2.2
医药制造业	Manufacture of Medicines	3.6	11.3
化学纤维制造业	Manufacture of Chemical Fiber	0.3	0.6
橡胶和塑料制品业	Manufacture of Rubber and Plastic	3.5	9.7
非金属矿物制品业	Manufacture of Non-metallic Mineral Products	5.7	1.1
黑色金属冶炼及压延加工业	Manufacture and Processing of Ferrous Metals	2.7	-3.3
有色金属冶炼及压延加工业	Manufacture & Processing of Non-ferrous Metals	3.7	-0.7
金属制品业	Manufacture of Metal Products	3.8	8.2
通用设备制造业	Manufacture of General Purpose Machinery	6.3	12.6
专用设备制造业	Manufacture of Special Purpose Machinery	4.2	11.4
汽车制造业	Manufacture of Automotive	4.6	13.9
铁路、船舶、航空航天和其他运输设备制造业	Manufacture of Railroad,Marine,Aerospace and Other Transportation Equipment	1.3	3.4
电气机械及器材制造业	Manufacture of Electrical Machinery & Equipment	3.7	10.5
计算机、通信和其他电子设备制造业	Manufacture of Computer, Communications and Other Electronic Equipment	4.2	8.0
仪器仪表制造业	Manufacture of Measuring Instrument	0.5	33.6
其他制造业	Other Manufacture	0.3	11.4
废弃资源综合利用业	Comprehensive Utilization of Waste	0.1	-1.8
金属制品、机械和设备修理业	Metal Products, Machinery and Equipment Repair Industry	0.0	39.0
电力、热力、燃气及水的生产和供应业	**Production and Supply of Electric,Heat,Gas and Water**	**4.8**	**11.2**
电力、热力生产和供应业	Production and Supply of Electric Power and Heat Power	4.4	11.1
燃气生产和供应业	Production and Supply of Gas	0.3	16.2
水的生产和供应业	Production and Supply of Water	0.2	6.1

14-4 续表 continued

类 别	Category	2018 增加值占规模以上工业比重(%) Composition(%)	2018 工业增加值比上年增长(%) Growth Rate (%)
全省总计	**Total**	**100.0**	**5.2**
采矿业	**Mining**	**6.7**	**-0.9**
煤炭开采和洗选业	Mining and Washing of Coal	3.2	-4.6
石油和天然气开采业	Extraction of Petroleum and Natural Gas	2.4	1.8
黑色金属矿采选业	Mining of Ferrous Metal Ores	0.4	14.6
有色金属矿采选业	Mining of Non-ferrous Metal Ores	0.2	-1.6
非金属矿采选业	Mining and Processing of Nonmetal Ores	0.2	-6.2
开采专业及辅助性活动	Mining Specialties and Auxiliary Activities	0.2	76.0
其他采矿业	Mining of Other Ores	0.0	20.0
制造业	**Manufacturing**	**87.3**	**5.1**
农副食品加工业	Processing of Food from Agricultural Products	6.1	4.8
食品制造业	Manufacture of Foods	1.9	4.9
酒、饮料和精制茶制造业	Manufacture of Wine, Drinks and Refined Tea	1.1	1.9
烟草制品业	Manufacture of Tobacco	1.3	3.3
纺织业	Manufacture of Textile	3.6	-10.1
纺织服装、服饰业	Manufacture of Textile Wearing Apparel and Finery	1.4	-1.4
皮革、毛皮、羽毛及其制品和制鞋业	Manufacture of Leather, Fur, Feather & Its Products and Footwear	0.4	-7.0
木材加工及木 竹、藤、棕、草制品业	Processing of Timbers, Manufacture of Wood, Bamboo, Rattan, Palm, and Straw Products	1.8	-0.1
家具制造业	Manufacture of Furniture	0.5	1.4
造纸及纸制品业	Manufacture of Paper and Paper Products	2.2	0.5
印刷和记录媒介复制业	Printing, Reproduction of Recording Media	0.3	-7.7
文教、工美、体育和娱乐用品制造业	Manufacture of Culture, Education,Arts and crafts, Sport and Entertainment Goods	1.0	5.3
石油、煤炭及其他燃料加工业	Processing of Oil, Coal and Other Fuel	10.0	11.1
化学原料和化学制品制造业	Manufacture of Chemical Raw Material and Chemical Products	10.3	8.0
医药制造业	Manufacture of Medicines	4.3	10.0
化学纤维制造业	Manufacture of Chemical Fiber	0.2	9.7
橡胶和塑料制品业	Manufacture of Rubber and Plastic	2.7	-1.8
非金属矿物制品业	Manufacture of Non-metallic Mineral Products	4.2	6.6
黑色金属冶炼及压延加工业	Manufacture and Processing of Ferrous Metals	4.1	10.8
有色金属冶炼及压延加工业	Manufacture & Processing of Non-ferrous Metals	5.1	6.4
金属制品业	Manufacture of Metal Products	2.7	8.4
通用设备制造业	Manufacture of General Purpose Machinery	4.4	8.7
专用设备制造业	Manufacture of Special Purpose Machinery	3.1	12.2
汽车制造业	Manufacture of Automotive	4.9	3.5
铁路、船舶、航空航天和其他运输设备制造业	Manufacture of Railroad,Marine,Aerospace and Other Transportation Equipment	1.5	3.6
电气机械及器材制造业	Manufacture of Electrical Machinery & Equipment	3.2	9.0
计算机、通信和其他电子设备制造业	Manufacture of Computer, Communications and Other Electronic Equipment	3.8	7.1
仪器仪表制造业	Manufacture of Measuring Instrument	0.4	7.5
其他制造业	Other Manufacture	0.3	0.3
废弃资源综合利用业	Comprehensive Utilization of Waste	0.2	70.7
金属制品、机械和设备修理业	Metal Products, Machinery and Equipment Repair Industry	0.1	61.3
电力、热力、燃气及水的生产和供应业	**Production and Supply of Electric,Heat,Gas and Water**	**6.0**	**14.9**
电力、热力生产和供应业	Production and Supply of Electric Power and Heat Power	5.1	13.4
燃气生产和供应业	Production and Supply of Gas	0.7	30.0
水的生产和供应业	Production and Supply of Water	0.2	12.1

14-5 规模以上工业企业主要经济指标

Main Economic Indicators of Industrial Enterprises above Designated Size

单位:亿元 (100 million yuan)

类　　别	Category	资产合计 Total Assets	流动资产合　　计 Total Working Capitals	负债合计 Total Liabilities
2000		9702.0	3895.4	6067.7
2001		10522.0	4286.5	6342.3
2002		11904.9	4811.1	7104.3
2003		14461.6	5857.7	8586.1
2004		18587.4	7676.0	11064.9
2005		22131.2	9437.5	12917.0
2006		26475.4	11201.6	15294.6
2007		31944.9	13369.4	17885.6
2008		39224.5	16579.1	21576.6
2009		46052.7	19286.9	24676.5
2010		53761.3	23830.5	28969.9
2011		60818.8	28600.9	33847.6
2012		71107.7	33439.8	39241.6
2013		81534.8	39010.3	46142.1
2014		93330.9	43063.6	50842.8
2015		101343.5	45503.8	54979.5
2016		105046.3	47511.5	56837.9
2017		107932.9	51485.6	59890.8
2018		102275.6	52528.1	62247.1
一、按登记注册类型分	**by Status of Registration**			
国有企业	State-owned Enterprises	4318.3	545.3	3043.1
集体企业	Collective-owned Enterprises	146.2	99.2	95.0
股份合作企业	Cooperative Enterprises	26.5	16.7	11.5
股份制企业	Share-holding Corporations Limited	84819.2	44072.4	52082.8
外商及港、澳、台商投资企业	Enterprises with Funds from Hong Kong, Macao and Taiwan	11917.2	7303.0	6527.7
其他企业	Other Enterprises	432.2	168.8	155.3
二、按轻重工业分	**by Light & Heavy Industry**			
轻工业	Light Industry	27587.0	14256.1	15162.1
重工业	Heavy Industry	74688.5	38272.0	47085.0
三、按企业规模分	**by Enterprise Size**			
大型企业	Large-sized Enterprises	55187.7	27993.7	34034.1
中型企业	Medium-sized Enterprises	20001.9	11322.3	12924.3
小型企业	Small-sized Enterprises	27086.0	13212.1	15288.7

14-5 续表 1

单位:亿元 (100 million yuan)

类别	Category	资产合计 Total Assets	流动资产合计 Total Working Capitals	负债合计 Total Liabilities
四、按行业大类分	**by Sector**			
采矿业	**Mining**			
煤炭开采和洗选业	Mining and Washing of Coal	6259.6	2883.6	3996.2
石油和天然气开采业	Extraction of Petroleum and Natural Gas	1188.6	175.4	610.6
黑色金属矿采选业	Mining of Ferrous Metal Ores	374.0	117.7	213.1
有色金属矿采选业	Mining of Non-ferrous Metal Ores	962.3	323.0	640.7
非金属矿采选业	Mining and Processing of Nonmetal Ores	187.3	72.3	80.5
开采专业及辅助性活动	Mining Specialties and Auxiliary Activities	119.8	42.3	119.6
其他采矿业	Mining of Other Ores	2.3	0.7	0.6
制造业	**Manufacturing**			
农副食品加工业	Processing of Food from Agricultural Products	5036.4	2678.7	2840.2
食品制造业	Manufacture of Foods	1536.5	759.7	763.9
酒、饮料和精制茶制造业	Manufacture of Wine, Drinks and Refined Tea	1105.3	506.1	505.4
烟草制品业	Manufacture of Tobacco	334.1	238.4	114.3
纺织业	Manufacture of Textile	3402.8	1763.6	1994.6
纺织服装、服饰业	Manufacture of Textile Wearing Apparel and Finery	1471.6	644.2	773.3
皮革、毛皮、羽毛及其制品和制鞋业	Manufacture of Leather, Fur, Feather & Its Products and Footwear	328.7	203.5	184.3
木材加工及木 竹、藤、棕、草制品业	Processing of Timbers, Manufacture of Wood, Bamboo, Rattan, Palm, and Straw Products	672.4	259.2	246.2
家具制造业	Manufacture of Furniture	292.9	119.4	152.8
造纸及纸制品业	Manufacture of Paper and Paper Products	2814.8	1337.1	1877.1
印刷和记录媒介复制业	Printing, Reproduction of Recording Media	378.0	194.5	191.0
文教、工美、体育和娱乐用品制造业	Manufacture of Culture, Education,Arts and crafts, Sport and Entertainment Goods	972.9	478.0	460.5
石油、煤炭及其他燃料加工业	Processing of Oil, Coal and Other Fuel	6368.6	4078.3	5066.7
化学原料和化学制品制造业	Manufacture of Chemical Raw Material and Chemical Products	9905.2	4811.7	6139.7
医药制造业	Manufacture of Medicines	4023.1	2271.3	1649.7
化学纤维制造业	Manufacture of Chemical Fiber	206.8	95.8	141.3
橡胶和塑料制品业	Manufacture of Rubber and Plastic	3251.3	1704.0	1961.4
非金属矿物制品业	Manufacture of Non-metallic Mineral Products	4272.8	2257.3	2378.6
黑色金属冶炼及压延加工业	Manufacture and Processing of Ferrous Metals	4265.5	2133.2	2867.6
有色金属冶炼及压延加工业	Manufacture & Processing of Non-ferrous Metals	5069.4	2505.6	2992.2
金属制品业	Manufacture of Metal Products	2740.6	1570.2	1650.5
通用设备制造业	Manufacture of General Purpose Machinery	4410.9	2637.1	2316.5
专用设备制造业	Manufacture of Special Purpose Machinery	3550.2	2271.2	2004.0
汽车制造业	Manufacture of Automotive	5809.6	4026.9	3870.7
铁路、船舶、航空航天和其他运输设备制造业	Manufacture of Railroad,Marine,Aerospace and Other Transportation Equipment	1835.8	1258.6	1222.3
电气机械及器材制造业	Manufacture of Electrical Machinery & Equipment	5894.7	3462.1	3900.9
计算机、通信和其他电子设备制造业	Manufacture of Computer, Communications and Other Electronic Equipment	3276.8	2358.3	1844.9
仪器仪表制造业	Manufacture of Measuring Instrument	531.5	374.0	258.9
其他制造业	Other Manufacture	60.8	28.8	29.1
废弃资源综合利用业	Comprehensive Utilization of Waste	103.6	58.4	57.5
金属制品、机械和设备修理业	Metal Products, Machinery and Equipment Repair Industry	13.1	6.4	4.4
电力、热力、燃气及水的生产和供应业	**Production and Supply of Electric, Heat, Gas and Water**			
电力、热力的生产和供应业	Production and Supply of Electric Power and Heat Power	8013.6	1369.8	5402.7
燃气生产和供应业	Production and Supply of Gas	522.7	184.9	271.9
水的生产和供应业	Production and Supply of Water	708.6	266.9	450.8

14-5 续表 2

单位:亿元 (100 million yuan)

类别	Category	主营业务收入 Revenue from Principal Business	利润总额 Total Profits	全部从业人员年平均人数(万人) Annual Average of Empolyed Persons (10 000 person)
2000		8061.4	544.0	522.4
2001		9088.8	560.9	523.1
2002		11038.5	621.9	556.4
2003		14932.2	920.3	595.4
2004		21809.8	1407.9	690.2
2005		30023.9	2164.7	738.2
2006		38116.1	2632.6	788.1
2007		49186.2	3391.2	830.5
2008		62034.2	3923.6	912.7
2009		70826.1	4512.7	926.6
2010		83663.0	6108.0	931.5
2011		99766.2	7097.7	859.8
2012		118086.9	8016.4	918.5
2013		132130.3	8715.4	948.2
2014		143140.3	8843.9	929.7
2015		145628.9	8660.5	915.1
2016		150641.2	8820.0	869.4
2017		140856.8	8128.2	811.2
2018		92703.6	4872.2	696.0
一、按登记注册类型分	**by Status of Registration**			
国有企业	State-owned Enterprises	2669.8	75.8	17.0
集体企业	Collective-owned Enterprises	107.4	3.6	2.1
股份合作企业	Cooperative Enterprises	28.3	2.7	0.5
股份制经济	Share-holding Corporations Limited	77316.4	3967.2	569.3
外商及港、澳、台商投资企业	Enterprises with Funds from Hong Kong, Macao and Taiwan	11400.8	757.1	95.4
其他企业	Other Enterprises	904.9	49.1	9.9
二.按轻重工业分	**by Light & Heavy Industry**			
轻工业	Light Industry	26627.0	1509.6	279.4
重工业	Heavy Industry	66076.6	3362.6	416.7
三、按企业规模分	**by Enterprise Size**			
大型企业	Large-sized Enterprises	48007.9	2851.8	253.3
中型企业	Medium-sized Enterprises	17761.9	791.2	164.0
小型企业	Small-sized Enterprises	26933.9	1229.2	278.8

14-5 续表 3

单位:亿元 (100 million yuan)

类 别	Category	主营业务收入 Revenue from Principal Business	利润总额 Total Profits	全部从业人员年平均人数(万人) Annual Average ofEmpolyed Persons (10 000 person)
四、按行业大类分	**by Sector**			
采矿业	**Mining**			
煤炭开采和洗选业	Mining and Washing of Coal	1626.2	212.2	26.7
石油和天然气开采业	Extraction of Petroleum and Natural Gas	823.6	-51.9	9.9
黑色金属矿采选业	Mining of Ferrous Metal Ores	227.0	10.4	2.3
有色金属矿采选业	Mining of Non-ferrous Metal Ores	866.9	44.0	4.3
非金属矿采选业	Mining and Processing of Nonmetal Ores	144.2	11.3	1.6
开采专业及辅助性活动	Mining Specialties and Auxiliary Activities	124.7	0.3	2.0
其他采矿业	Mining of Other Ores	1.8	0.2	0.2
制造业	**Manufacturing**			
农副食品加工业	Processing of Food from Agricultural Products	7198.2	287.0	60.7
食品制造业	Manufacture of Foods	1468.2	97.7	16.2
酒、饮料和精制茶制造业	Manufacture of Wine, Drinks and Refined Tea	839.2	54.6	8.3
烟草制品业	Manufacture of Tobacco	298.1	16.0	0.6
纺织业	Manufacture of Textile	4216.3	111.7	48.3
纺织服装、服饰业	Manufacture of Textile Wearing Apparel and Finery	1511.3	78.0	30.1
皮革、毛皮、羽毛及其制品和制鞋业	Manufacture of Leather, Fur, Feather & Its Products and Footwear	447.6	11.3	6.8
木材加工及木 竹、藤、棕、草制品业	Processing of Timbers, Manufacture of Wood, Bamboo, Rattan, Palm, and Straw Products	1631.5	82.2	16.1
家具制造业	Manufacture of Furniture	290.0	13.8	5.6
造纸及纸制品业	Manufacture of Paper and Paper Products	1953.2	94.8	12.6
印刷和记录媒介复制业	Printing, Reproduction of Recording Media	410.4	19.7	5.9
文教、工美、体育和娱乐用品制造业	Manufacture of Culture, Education,Arts and crafts, Sport and Entertainment Goods	1014.9	56.6	17.8
石油、煤炭及其他燃料加工业	Processing of Oil, Coal and Other Fuel	10531.4	355.4	12.3
化学原料和化学制品制造业	Manufacture of Chemical Raw Material and Chemical Products	9638.6	652.5	47.7
医药制造业	Manufacture of Medicines	2907.7	404.9	27.0
化学纤维制造业	Manufacture of Chemical Fiber	155.3	-0.6	1.6
橡胶和塑料制品业	Manufacture of Rubber and Plastic	2917.4	100.8	28.2
非金属矿物制品业	Manufacture of Non-metallic Mineral Products	3455.8	274.1	39.0
黑色金属冶炼及压延加工业	Manufacture and Processing of Ferrous Metals	5051.0	340.7	15.7
有色金属冶炼及压延加工业	Manufacture & Processing of Non-ferrous Metals	5950.7	210.1	16.8
金属制品业	Manufacture of Metal Products	2652.0	88.1	27.4
通用设备制造业	Manufacture of General Purpose Machinery	3363.6	247.4	41.4
专用设备制造业	Manufacture of Special Purpose Machinery	2713.9	165.8	30.4
汽车制造业	Manufacture of Automotive	5022.4	242.6	34.3
铁路、船舶、航空航天和其他运输设备制造业	Manufacture of Railroad,Marine,Aerospace and Other Transportation Equipment	1195.6	51.7	9.9
电气机械及器材制造业	Manufacture of Electrical Machinery & Equipment	3415.2	193.2	24.8
计算机、通信和其他电子设备制造业	Manufacture of Computer, Communications and Other Electronic Equipment	3477.5	162.7	30.2
仪器仪表制造业	Manufacture of Measuring Instrument	377.5	30.4	5.0
其他制造业	Other Manufacture	49.0	3.2	0.9
废弃资源综合利用业	Comprehensive Utilization of Waste	182.3	6.5	0.6
金属制品、机械和设备修理业	Metal Products, Machinery and Equipment Repair Industry	9.7	0.8	0.3
电力、热力、燃气及水的生产和供应业	**Production and Supply of Electric, Heat, Gas and Water**			
电力、热力的生产和供应业	Production and Supply of Electric Power and Heat Power	4031.5	144.5	22.0
燃气生产和供应业	Production and Supply of Gas	377.2	43.7	1.9
水的生产和供应业	Production and Supply of Water	134.9	4.0	2.8

14-6 规模以上国有控股工业企业主要经济指标
Main Economic Indicators of State-holding Industrial Enterprises above Designated Size

单位:亿元 (100 million yuan)

类　　别	Category	资产合计 Total Assets	流动资产合计 Total Working Capitals	负债合计 Total Liabilities
2000		6117.2	2156.0	3806.8
2001		6313.3	2261.9	3748.3
2002		6663.5	2346.3	3971.3
2003		7488.8	2672.7	4434.4
2004		7743.5	2734.4	4653.7
2005		8329.1	3046.8	5012.3
2006		10015.4	3501.1	6092.8
2007		11020.2	3798.7	6504.5
2008		12131.2	4428.9	7034.5
2009		14841.5	5304.1	8678.9
2010		17179.4	6648.6	10295.7
2011		19667.9	7762.9	12405.3
2012		21952.5	8514.9	13739.1
2013		23668.1	8936.8	15245.2
2014		25644.8	9654.3	16386.9
2015		28344.5	10716.8	18286.3
2016		29156.4	11433.1	18830.6
2017		31129.6	12813.2	20018.6
2018		31853.0	13779.2	20099.3
一、按隶属关系分	**by Type of Ownership**			
中央企业	Central Enterprises	9624.2	2779.6	6073.5
地方企业	Local Enterprises	22228.8	10999.6	14025.8
二、按轻重工业分	**by Light & Heavy Industry**			
轻工业	Light Industry	2252.6	1309.0	1274.7
重工业	Heavy Industry	29600.4	12470.2	18824.6
三、按企业规模分	**by Enterprise Size**			
大型企业	Large-sized Enterprises	24453.1	10964.0	15123.2
中型企业	Medium-sized Enterprises	4291.3	1879.8	2896.2
小型企业	Small-sized Enterprises	3108.5	935.3	2079.9

注:国有控股企业包括国有企业(以下相关表同)。
a)State-holding Enterprises include State-owned Enterprises(the same as in the following table).

14-6 续表 1

单位:亿元 (100 million yuan)

类 别	Category	资产合计 Total Assets	流动资产合计 Total Working Capitals	负债合计 Total Liabilities
四、按行业大类分	**by Sector**			
采矿业	**Mining**			
煤炭开采和洗选业	Mining and Washing of Coal	6105.8	2774.4	3897.7
石油和天然气开采业	Extraction of Petroleum and Natural Gas	1186.2	175.3	610.5
黑色金属矿采选业	Mining of Ferrous Metal Ores	164.5	38.3	85.0
有色金属矿采选业	Mining of Non-ferrous Metal Ores	844.9	265.6	568.3
非金属矿采选业	Mining and Processing of Nonmetal Ores	13.8	6.1	8.7
开采专业及辅助性活动	Mining Specialties and Auxiliary Activities	115.9	40.0	117.9
其他采矿业	Mining of Other Ores	0.1	0.1	0.1
制造业	**Manufacturing**			
农副食品加工业	Processing of Food from Agricultural Products	57.9	37.6	88.0
食品制造业	Manufacture of Foods	61.8	27.0	34.7
酒、饮料和精制茶制造业	Manufacture of Wine, Drinks and Refined Tea	245.1	116.1	90.3
烟草制品业	Manufacture of Tobacco	334.1	238.3	114.3
纺织业	Manufacture of Textile	145.1	96.0	105.3
纺织服装、服饰业	Manufacture of Textile Wearing Apparel and Finery	9.7	6.8	3.9
皮革、毛皮、羽毛及其制品和制鞋业	Manufacture of Leather, Fur, Feather & Its Products and Footwear	3.7	3.0	2.9
木材加工及木 竹、藤、棕、草制品业	Processing of Timbers, Manufacture of Wood, Bamboo, Rattan, Palm, and Straw Products	8.8	1.5	4.6
家具制造业	Manufacture of Furniture	0.1	0.1	0.1
造纸及纸制品业	Manufacture of Paper and Paper Products	644.6	342.0	483.7
印刷和记录媒介复制业	Printing, Reproduction of Recording Media	30.6	17.8	15.3
文教、工美、体育和娱乐用品制造业	Manufacture of Culture, Education,Arts and crafts, Sport and Entertainment Goods	2.3	0.3	0.9
石油、煤炭及其他燃料加工业	Processing of Oil, Coal and Other Fuel	1334.1	664.3	843.9
化学原料和化学制品制造业	Manufacture of Chemical Raw Material and Chemical Products	2433.4	821.2	1480.8
医药制造业	Manufacture of Medicines	416.2	245.8	150.4
化学纤维制造业	Manufacture of Chemical Fiber	39.1	21.0	13.4
橡胶和塑料制品业	Manufacture of Rubber and Plastic	228.0	112.0	172.4
非金属矿物制品业	Manufacture of Non-metallic Mineral Products	869.7	416.6	506.8
黑色金属冶炼及压延加工业	Manufacture and Processing of Ferrous Metals	1379.9	479.9	911.6
有色金属冶炼及压延加工业	Manufacture & Processing of Non-ferrous Metals	235.7	103.0	152.4
金属制品业	Manufacture of Metal Products	81.5	47.7	57.0
通用设备制造业	Manufacture of General Purpose Machinery	1172.5	739.7	565.9
专用设备制造业	Manufacture of Special Purpose Machinery	519.0	351.6	369.8
汽车制造业	Manufacture of Automotive	3112.8	2389.7	2139.3
铁路、船舶、航空航天和其他运输设备制造业	Manufacture of Railroad,Marine,Aerospace and Other Transportation Equipment	1154.2	859.3	780.0
电气机械及器材制造业	Manufacture of Electrical Machinery & Equipment	346.6	220.7	220.0
计算机、通信和其他电子设备制造业	Manufacture of Computer, Communications and Other Electronic Equipment	1228.4	937.1	646.6
仪器仪表制造业	Manufacture of Measuring Instrument	122.9	99.5	42.1
其他制造业	Other Manufacture	4.3	3.7	3.2
废弃资源综合利用业	Comprehensive Utilization of Waste	0.2	0.1	0.2
金属制品、机械和设备修理业	Metal Products, Machinery and Equipment Repair Industry	1.8	1.4	0.9
电力、热力、燃气及水的生产和供应业	**Production and Supply of Electric,Heat,Gas and Water**			
电力、热力的生产和供应业	Production and Supply of Electric Power and Heat Power	6434.9	804.7	4359.0
燃气生产和供应业	Production and Supply of Gas	239.0	67.9	103.0
水的生产和供应业	Production and Supply of Water	524.2	205.8	348.2

14-6 续表 2

单位:亿元 (100 million yuan)

类　　别	Category	主营业务收　入 Revenue from Principal Business	利润总额 Total Profits	全部从业人员年平均人数(万人) Annual Average of Empolyed Persons (10 000 person)
2000		3797.1	303.9	244.7
2001		4027.1	282.7	221.1
2002		4494.4	266.7	204.6
2003		5662.9	397.6	201.3
2004		6358.7	508.4	166.4
2005		7774.3	747.1	149.0
2006		9530.7	888.9	148.6
2007		11155.9	976.9	144.0
2008		12875.7	870.5	138.3
2009		13312.9	873.7	145.7
2010		17491.0	1289.4	154.9
2011		20040.7	1488.6	147.7
2012		21889.1	1344.0	158.3
2013		22140.9	1273.0	161.6
2014		22254.9	1209.4	152.0
2015		19807.7	948.9	149.3
2016		20044.3	927.8	136.7
2017		22902.5	1200.9	132.1
2018		22605.6	1361.6	122.3
一、按隶属关系分	**by Type of Ownership**			
中央企业	Central Enterprises	8319.9	261.8	39.0
地方企业	Local Enterprises	14285.7	1099.8	83.3
二、按轻重工业分	**by Light & Heavy Industry**			
轻工业	Light Industry	1472.6	116.0	12.1
重工业	Heavy Industry	21133.0	1245.6	110.2
三、按企业规模分	**by Enterprise Size**			
大型企业	Large-sized Enterprises	17829.9	1119.4	93.5
中型企业	Medium-sized Enterprises	3426.2	137.9	20.8
小型企业	Small-sized Enterprises	1349.5	104.3	8.0

14-6 续表 3

单位:亿元 (100 million yuan)

类 别	Category	主营业务收 入 Revenue from Principal Business	利润总额 Total Profits	全部从业人员年平均人数(万人) Annual Average ofEmpolyed Persons (10 000 person)
四、按行业大类分	**by Sector**			
采矿业	**Mining**			
煤炭开采和洗选业	Mining and Washing of Coal	1548.8	204.5	24.5
石油和天然气开采业	Extraction of Petroleum and Natural Gas	823.5	-51.9	9.9
黑色金属矿采选业	Mining of Ferrous Metal Ores	59.5	1.7	1.1
有色金属矿采选业	Mining of Non-ferrous Metal Ores	808.0	38.7	3.2
非金属矿采选业	Mining and Processing of Nonmetal Ores	9.0	0.4	0.1
开采专业及辅助性活动	Mining Specialties and Auxiliary Activities	123.5	0.4	1.9
其他采矿业	Mining of Other Ores	0.1	0.1	0.1
制造业	**Manufacturing**			
农副食品加工业	Processing of Food from Agricultural Products	78.2	0.1	0.5
食品制造业	Manufacture of Foods	136.0	13.0	0.7
酒、饮料和精制茶制造业	Manufacture of Wine, Drinks and Refined Tea	211.3	26.0	1.6
烟草制品业	Manufacture of Tobacco	297.8	16.0	0.6
纺织业	Manufacture of Textile	105.8	1.6	1.8
纺织服装、服饰业	Manufacture of Textile Wearing Apparel and Finery	3.2	0.1	0.2
皮革、毛皮、羽毛及其制品和制鞋业	Manufacture of Leather, Fur, Feather & Its Products and Footwear	2.7	0.1	0.1
木材加工及木 竹、藤、棕、草制品业	Processing of Timbers, Manufacture of Wood, Bamboo, Rattan, Palm, and Straw Products	3.2	0.1	0.1
家具制造业	Manufacture of Furniture	0.1	0.1	0.1
造纸及纸制品业	Manufacture of Paper and Paper Products	99.5	1.7	1.0
印刷和记录媒介复制业	Printing, Reproduction of Recording Media	24.1	1.0	0.6
文教、工美、体育和娱乐用品制造业	Manufacture of Culture, Education,Arts and crafts, Sport and Entertainment Goods	4.2	0.4	0.4
石油、煤炭及其他燃料加工业	Processing of Oil, Coal and Other Fuel	3626.6	143.7	3.3
化学原料和化学制品制造业	Manufacture of Chemical Raw Material and Chemical Products	2189.1	250.6	8.0
医药制造业	Manufacture of Medicines	243.5	47.9	3.0
化学纤维制造业	Manufacture of Chemical Fiber	25.7	1.5	0.2
橡胶和塑料制品业	Manufacture of Rubber and Plastic	86.8	-0.8	1.3
非金属矿物制品业	Manufacture of Non-metallic Mineral Products	431.7	75.4	3.7
黑色金属冶炼及压延加工业	Manufacture and Processing of Ferrous Metals	1276.6	101.6	3.6
有色金属冶炼及压延加工业	Manufacture & Processing of Non-ferrous Metals	771.0	7.2	1.3
金属制品业	Manufacture of Metal Products	93.5	2.0	0.8
通用设备制造业	Manufacture of General Purpose Machinery	699.1	93.7	5.4
专用设备制造业	Manufacture of Special Purpose Machinery	364.5	12.4	2.7
汽车制造业	Manufacture of Automotive	2452.0	149.1	7.8
铁路、船舶、航空航天和其他运输设备制造业	Manufacture of Railroad,Marine,Aerospace and Other Transportation Equipment	745.7	38.6	3.7
电气机械及器材制造业	Manufacture of Electrical Machinery & Equipment	273.8	2.4	1.8
计算机、通信和其他电子设备制造业	Manufacture of Computer, Communications and Other Electronic Equipment	1236.9	64.2	6.1
仪器仪表制造业	Manufacture of Measuring Instrument	68.8	5.0	0.9
其他制造业	Other Manufacture	3.2	0.1	0.1
废弃资源综合利用业	Comprehensive Utilization of Waste	0.1	0.1	0.1
金属制品、机械和设备修理业	Metal Products, Machinery and Equipment Repair Industry	1.6	0.2	0.2
电力、热力、燃气及水的生产和供应业	**Production and Supply of Electric,Heat,Gas and Water**			
电力、热力的生产和供应业	Production and Supply of Electric Power and Heat Power	3468.5	94.0	17.9
燃气生产和供应业	Production and Supply of Gas	130.9	21.7	0.7
水的生产和供应业	Production and Supply of Water	78.0	-2.2	2.1

14-7 规模以上外商投资和港澳台商投资工业企业主要经济指标

ustrial Enterprises above Designated Size with Funds from Foreign Countries (Territories

单位:亿元 (100 million yuan)

类 别	Category	资产合计 Total Assets	流动资产合计 Total Working Capitals	负债合计 Total Liabilities
2000		1145.0	515.0	697.4
2001		1397.8	621.9	797.5
2002		1605.6	733.0	900.3
2003		2238.7	981.1	1260.3
2004		3038.6	1319.6	1649.9
2005		3844.7	1699.6	2108.4
2006		4990.4	2233.7	2683.2
2007		6315.8	2878.3	3426.2
2008		7130.4	3365.7	3814.6
2009		8638.0	3958.5	4539.5
2010		9455.5	4789.0	4918.1
2011		9737.0	5253.5	5171.3
2012		10962.9	5833.8	5727.2
2013		11263.4	6116.4	5926.6
2014		12789.4	6866.8	6422.7
2015		12121.4	6452.5	6061.3
2016		13029.0	6963.0	6480.8
2017		12817.2	7210.4	6543.3
2018		12533.1	7625.7	6859.4
在总计中:	**of which:**			
国有控股企业	State-holding Enterprises	1561.3	1032.1	877.8
一、按轻重工业分	**by Light & Heavy Industry**			
轻工业	Light Industry	4300.9	2490.5	2124.2
重工业	Heavy Industry	8232.2	5135.2	4735.3
二、按企业规模分	**by Enterprise Size**			
大型企业	Large-sized Enterprises	5962.2	3781.9	3429.2
中型企业	Medium-sized Enterprises	3293.6	2075.4	1760.9
小型企业	Small-sized Enterprises	3277.3	1768.4	1669.3

14-7 续表 1

单位:亿元 (100 million yuan)

类 别	Category	资产合计 Total Assets	流动资产合计 Total Working Capitals	负债合计 Total Liabilities
三、按行业大类分	**by Sector**			
采矿业	**Mining**			
煤炭开采和洗选业	Mining and Washing of Coal	165.9	123.6	126.0
石油和天然气开采业	Extraction of Petroleum and Natural Gas			
黑色金属矿采选业	Mining of Ferrous Metal Ores	5.6	3.5	2.3
有色金属矿采选业	Mining of Non-ferrous Metal Ores	5.7	1.4	2.3
非金属矿采选业	Mining and Processing of Nonmetal Ores	0.7	0.5	0.2
开采专业及辅助性活动	Mining Specialties and Auxiliary Activities			
其他采矿业	Mining of Other Ores			
制造业	**Manufacturing**			
农副食品加工业	Processing of Food from Agricultural Products	1084.6	718.3	681.0
食品制造业	Manufacture of Foods	453.6	276.2	223.8
酒、饮料和精制茶制造业	Manufacture of Wine, Drinks and Refined Tea	361.9	157.3	144.7
烟草制品业	Manufacture of Tobacco			
纺织业	Manufacture of Textile	284.9	141.7	124.6
纺织服装、服饰业	Manufacture of Textile Wearing Apparel and Finery	198.2	122.3	88.0
皮革、毛皮、羽毛及其制品和制鞋业	Manufacture of Leather, Fur, Feather & Its Products and Footwear	71.7	49.3	41.7
木材加工及木 竹、藤、棕、草制品业	Processing of Timbers, Manufacture of Wood, Bamboo, Rattan, Palm, and Straw Products	37.1	20.4	19.6
家具制造业	Manufacture of Furniture	46.8	22.9	23.0
造纸及纸制品业	Manufacture of Paper and Paper Products	388.9	175.8	245.6
印刷和记录媒介复制业	Printing, Reproduction of Recording Media	102.2	56.4	42.0
文教、工美、体育和娱乐用品制造业	Manufacture of Culture, Education,Arts and crafts, Sport and Entertainment Goods	148.1	81.9	63.6
石油、煤炭及其他燃料加工业	Processing of Oil, Coal and Other Fuel	60.5	33.4	40.8
化学原料和化学制品制造业	Manufacture of Chemical Raw Material and Chemical Products	945.6	591.8	575.2
医药制造业	Manufacture of Medicines	843.5	504.0	281.4
化学纤维制造业	Manufacture of Chemical Fiber	20.6	12.5	10.1
橡胶和塑料制品业	Manufacture of Rubber and Plastic	177.4	93.7	85.9
非金属矿物制品业	Manufacture of Non-metallic Mineral Products	345.4	206.1	136.9
黑色金属冶炼及压延加工业	Manufacture and Processing of Ferrous Metals	155.7	89.4	93.8
有色金属冶炼及压延加工业	Manufacture & Processing of Non-ferrous Metals	1079.8	502.5	646.9
金属制品业	Manufacture of Metal Products	319.0	187.5	176.7
通用设备制造业	Manufacture of General Purpose Machinery	517.5	360.4	252.9
专用设备制造业	Manufacture of Special Purpose Machinery	581.8	432.1	315.1
汽车制造业	Manufacture of Automotive	1454.5	1053.7	804.2
铁路、船舶、航空航天和其他运输设备制造业	Manufacture of Railroad,Marine,Aerospace and Other Transportation Equipment	303.2	178.0	231.3
电气机械及器材制造业	Manufacture of Electrical Machinery & Equipment	288.8	179.1	148.2
计算机、通信和其他电子设备制造业	Manufacture of Computer, Communications and Other Electronic Equipment	1117.4	898.2	753.5
仪器仪表制造业	Manufacture of Measuring Instrument	93.1	76.7	45.8
其他制造业	Other Manufacture	20.8	15.8	11.3
废弃资源综合利用业	Comprehensive Utilization of Waste	26.9	19.9	19.7
金属制品、机械和设备修理业	Metal Products, Machinery and Equipment Repair Industry	6.7	3.9	1.4
电力、热力、燃气及水的生产和供应业	**Production and Supply of Electric, Heat, Gas and Water**			
电力、热力的生产和供应业	Production and Supply of Electric Power and Heat Power	499.3	123.7	230.0
燃气生产和供应业	Production and Supply of Gas	250.2	92.6	135.4
水的生产和供应业	Production and Supply of Water	69.5	19.2	34.8

14-7 续表 2

单位:亿元 (100 million yuan)

类　别	Category	主营业务收　入 Revenue from Principal Business	利润总额 Total Profits	全部从业人员年平均人数(万人) Annual Average of Empolyed Persons (10 000 person)
2000		1060.8	60.7	57.1
2001		1269.6	74.8	67.7
2002		1565.6	94.6	78.2
2003		2317.6	143.7	94.2
2004		3582.9	238.9	126.8
2005		5237.7	349.9	148.6
2006		7045.6	437.4	160.8
2007		9456.1	553.6	171.7
2008		11004.3	597.3	169.0
2009		12700.6	721.4	174.0
2010		13864.0	1001.0	165.7
2011		15298.5	1085.1	151.2
2012		16941.0	1137.4	154.7
2013		18078.2	1207.0	149.3
2014		19021.9	1207.4	143.8
2015		18872.7	1189.3	133.0
2016		19623.6	1265.0	126.0
2017		17363.5	1140.1	110.6
2018		11676.9	773.8	97.2
在总计中：	**of which:**			
国有控股企业	State-holding Enterprises	1342.0	146.3	3.7
在总计中：	**of which:**			
一、按轻重工业分	**by Light & Heavy Industry**			
轻工业	Light Industry	4211.3	290.5	48.7
重工业	Heavy Industry	7465.6	483.4	48.5
二、按企业规模分	**by Enterprise Size**			
大型企业	Large-sized Enterprises	5281.1	394.7	35.0
中型企业	Medium-sized Enterprises	3295.8	218.0	33.5
小型企业	Small-sized Enterprises	3100.2	161.1	28.7

14-7 续表 3

单位：亿元 (100 million yuan)

类　别	Category	主营业务收入 Revenue from Principal Business	利润总额 Total Profits	全部从业人员年平均人数（万人） Annual Average of Empolyed Persons (10 000 person)
三、按行业大类分	**by Sector**			
采矿业	**Mining**			
煤炭开采和洗选业	Mining and Washing of Coal	69.9	31.6	0.1
石油和天然气开采业	Extraction of Petroleum and Natural Gas			
黑色金属矿采选业	Mining of Ferrous Metal Ores	2.1	0.1	
有色金属矿采选业	Mining of Non-ferrous Metal Ores	3.9	0.6	0.1
非金属矿采选业	Mining and Processing of Nonmetal Ores	0.5		
开采专业及辅助性活动	Mining Specialties and Auxiliary Activities			
其他采矿业	Mining of Other Ores			
制造业	**Manufacturing**			
农副食品加工业	Processing of Food from Agricultural Products	1350.5	51.9	12.2
食品制造业	Manufacture of Foods	458.6	30.7	3.5
酒、饮料和精制茶制造业	Manufacture of Wine, Drinks and Refined Tea	308.6	17.9	2.0
烟草制品业	Manufacture of Tobacco			
纺织业	Manufacture of Textile	232.4	10.2	5.1
纺织服装、服饰业	Manufacture of Textile Wearing Apparel and Finery	190.9	5.1	6.1
皮革、毛皮、羽毛及其制品和制鞋业	Manufacture of Leather, Fur, Feather & Its Products and Footwear	85.9	1.3	2.6
木材加工及木 竹、藤、棕、草制品业	Processing of Timbers, Manufacture of Wood, Bamboo, Rattan, Palm, and Straw Products	45.5	1.5	0.6
家具制造业	Manufacture of Furniture	59.0	2.6	1.1
造纸及纸制品业	Manufacture of Paper and Paper Products	302.3	21.4	1.3
印刷和记录媒介复制业	Printing, Reproduction of Recording Media	96.2	7.6	1.0
文教、工美、体育和娱乐用品制造业	Manufacture of Culture, Education,Arts and crafts, Sport and Entertainment Goods	174.1	7.3	4.0
石油、煤炭及其他燃料加工业	Processing of Oil, Coal and Other Fuel	88.2	4.7	0.3
化学原料和化学制品制造业	Manufacture of Chemical Raw Material and Chemical Products	870.6	54.1	4.0
医药制造业	Manufacture of Medicines	583.3	116.1	4.9
化学纤维制造业	Manufacture of Chemical Fiber	14.8	0.3	0.2
橡胶和塑料制品业	Manufacture of Rubber and Plastic	205.3	8.6	2.4
非金属矿物制品业	Manufacture of Non-metallic Mineral Products	243.5	27.2	3.1
黑色金属冶炼及压延加工业	Manufacture and Processing of Ferrous Metals	262.5	14.2	0.5
有色金属冶炼及压延加工业	Manufacture & Processing of Non-ferrous Metals	689.0	32.8	1.0
金属制品业	Manufacture of Metal Products	364.9	13.3	3.7
通用设备制造业	Manufacture of General Purpose Machinery	501.1	50.1	4.5
专用设备制造业	Manufacture of Special Purpose Machinery	542.2	44.8	3.5
汽车制造业	Manufacture of Automotive	1398.1	98.5	7.2
铁路、船舶、航空航天和其他运输设备制造业	Manufacture of Railroad,Marine,Aerospace and Other Transportation Equipment	125.8		1.8
电气机械及器材制造业	Manufacture of Electrical Machinery & Equipment	265.2	6.3	3.5
计算机、通信和其他电子设备制造业	Manufacture of Computer, Communications and Other Electronic Equipment	1578.1	59.3	13.5
仪器仪表制造业	Manufacture of Measuring Instrument	74.4	8.6	0.7
其他制造业	Other Manufacture	12.6	0.5	0.3
废弃资源综合利用业	Comprehensive Utilization of Waste	8.5	0.6	0.1
金属制品、机械和设备修理业	Metal Products, Machinery and Equipment Repair Industry	5.9	0.6	0.2
电力、热力、燃气及水的生产和供应业	**Production and Supply of Electric,Heat,Gas and Water**			
电力、热力的生产和供应业	Production and Supply of Electric Power and Heat Power	239.0	22.5	1.1
燃气生产和供应业	Production and Supply of Gas	202.5	17.8	1.0
水的生产和供应业	Production and Supply of Water	21.2	3.1	0.2

14—8 规模以上非公有工业主要经济指标

Main Economic Indicators of Non-public Industry above Designated Size

单位:亿元 (100 million yuan)

类　　别	Category	资产合计 Total Assets	流动资产合计 Total Working Capitals	负债合计 Total Liabilities
2002		3595.0	1672.9	2131.4
2003		5287.7	2387.9	3171.2
2004		9568.5	4287.7	5682.5
2005		12219.0	5576.2	7042.5
2006		13225.7	6174.9	7338.2
2007		17180.8	7798.3	9306.3
2008		23746.8	10592.7	12681.5
2009		40420.8	17204.2	21405.9
2010		32270.2	15017.1	16292.7
2011		53609.2	25682.5	29426.0
2012		63469.6	30365.8	34548.2
2013		76305.9	36915.6	42681.0
2014		87806.6	40662.4	47134.2
2015		67232.3	31450.3	33203.1
2016		60242.1	28443.4	29050.8
2017		69659.5	34974.0	35754.5
2018		63465.2	35076.7	38018.7
一、按轻重工业分	**by Light & Heavy Industry**			
轻工业	Light Industry	21295.9	10809.8	11141.2
重工业	Heavy Industry	42169.3	24266.9	26877.5
二、按企业规模分	**by Enterprise Size**			
大型企业	Large-sized Enterprises	25588.8	14365.6	15865.5
中型企业	Medium-sized Enterprises	14602.4	8854.0	9409.3
小型企业	Small-sized Enterprises	23274.0	11857.1	12743.9

14-8 续表 1

单位:亿元 (100 million yuan)

类 别	Category	资产合计 Total Assets	流动资产合计 Total Working Capitals	负债合计 Total Liabilities
三、按行业大类分	**by Sector**			
采矿业	**Mining**			
煤炭开采和洗选业	Mining and Washing of Coal	141.5	98.2	84.4
石油和天然气开采业	Extraction of Petroleum and Natural Gas	2.4	0.1	0.1
黑色金属矿采选业	Mining of Ferrous Metal Ores	207.2	79.4	127.9
有色金属矿采选业	Mining of Non-ferrous Metal Ores	37.1	10.6	18.0
非金属矿采选业	Mining and Processing of Nonmetal Ores	161.8	60.4	67.4
开采专业及辅助性活动	Mining Specialties and Auxiliary Activities	3.9	2.3	1.7
其他采矿业	Mining of Other Ores	2.3	0.7	0.6
制造业	**Manufacturing**			
农副食品加工业	Processing of Food from Agricultural Products	4574.6	2431.4	2545.7
食品制造业	Manufacture of Foods	1384.9	698.1	686.5
酒、饮料和精制茶制造业	Manufacture of Wine, Drinks and Refined Tea	831.9	376.7	403.7
烟草制品业	Manufacture of Tobacco	0.1	0.1	0.1
纺织业	Manufacture of Textile	3154.7	1605.1	1819.9
纺织服装、服饰业	Manufacture of Textile Wearing Apparel and Finery	1443.3	623.6	755.0
皮革、毛皮、羽毛及其制品和制鞋业	Manufacture of Leather, Fur, Feather & Its Products and Footwear	324.0	199.6	178.6
木材加工及木 竹、藤、棕、草制品业	Processing of Timbers, Manufacture of Wood, Bamboo, Rattan, Palm, and Straw Products	651.5	247.9	229.1
家具制造业	Manufacture of Furniture	285.0	114.0	147.3
造纸及纸制品业	Manufacture of Paper and Paper Products	1862.8	850.1	1197.0
印刷和记录媒介复制业	Printing, Reproduction of Recording Media	345.1	175.5	173.5
文教、工美、体育和娱乐用品制造业	Manufacture of Culture, Education,Arts and crafts, Sport and Entertainment Goods	954.2	468.4	449.0
石油、煤炭及其他燃料加工业	Processing of Oil, Coal and Other Fuel	4868.6	3302.5	4081.6
化学原料和化学制品制造业	Manufacture of Chemical Raw Material and Chemical Products	7009.0	3731.9	4459.0
医药制造业	Manufacture of Medicines	3518.0	1980.5	1457.8
化学纤维制造业	Manufacture of Chemical Fiber	167.7	74.8	127.9
橡胶和塑料制品业	Manufacture of Rubber and Plastic	2972.6	1567.2	1762.7
非金属矿物制品业	Manufacture of Non-metallic Mineral Products	3218.2	1731.4	1772.3
黑色金属冶炼及压延加工业	Manufacture and Processing of Ferrous Metals	2565.6	1460.2	1817.3
有色金属冶炼及压延加工业	Manufacture & Processing of Non-ferrous Metals	3901.5	2027.6	2543.5
金属制品业	Manufacture of Metal Products	2609.4	1494.3	1561.8
通用设备制造业	Manufacture of General Purpose Machinery	3125.8	1817.7	1682.4
专用设备制造业	Manufacture of Special Purpose Machinery	2928.3	1856.5	1561.2
汽车制造业	Manufacture of Automotive	2565.0	1554.1	1678.5
铁路、船舶、航空航天和其他运输设备制造业	Manufacture of Railroad,Marine,Aerospace and Other Transportation Equipment	622.2	363.2	405.3
电气机械及器材制造业	Manufacture of Electrical Machinery & Equipment	2597.1	1647.2	1557.5
计算机、通信和其他电子设备制造业	Manufacture of Computer, Communications and Other Electronic Equipment	1984.1	1379.2	1156.4
仪器仪表制造业	Manufacture of Measuring Instrument	400.3	268.1	212.1
其他制造业	Other Manufacture	56.5	25.1	25.9
废弃资源综合利用业	Comprehensive Utilization of Waste	103.2	58.2	57.1
金属制品、机械和设备修理业	Metal Products, Machinery and Equipment Repair Industry	4.9	1.4	2.2
电力、热力、燃气及水的生产和供应业	**Production and Supply of Electric, Heat, Gas and Water**			
电力、热力的生产和供应业	Production and Supply of Electric Power and Heat Power	1428.2	523.3	945.9
燃气生产和供应业	Production and Supply of Gas	269.8	111.0	164.5
水的生产和供应业	Production and Supply of Water	180.9	59.2	100.5

14-8 续表 2

单位:亿元 (100 million yuan)

类 别	Category	主营业务收入 Revenue from Principal Business	利润总额 Total Profits	全部从业人员年平均人数(万人) Annual Average of Empolyed Persons (10 000 person)
2002		4131.6	222.0	247.8
2003		6712.9	374.6	302.1
2004		13043.7	763.7	461.0
2005		19270.9	1236.5	527.0
2006		23506.0	1399.3	544.4
2007		31912.9	1997.3	589.3
2008		43616.9	2693.1	702.5
2009		63748.1	4173.5	847.9
2010		59522.3	4286.5	703.7
2011		90229.3	6580.3	795.7
2012		108125.0	7397.7	856.9
2013		125625.9	8332.1	913.1
2014		137048.7	8554.7	900.3
2015		119504.6	7310.0	722.9
2016		112879.1	6770.2	630.2
2017		111424.7	6450.6	641.2
2018		64833.9	3101.2	541.4
一、按轻重工业分	**by Light & Heavy Industry**			
轻工业	Light Industry	23126.8	1235.5	253.5
重工业	Heavy Industry	41707.1	1865.8	287.9
二、按企业规模分	**by Enterprise Size**			
大型企业	Large-sized Enterprises	26352.0	1379.5	141.0
中型企业	Medium-sized Enterprises	13465.9	617.5	134.8
小型企业	Small-sized Enterprises	25015.9	1104.2	265.6

14-8 续表 3

单位:亿元 (100 million yuan)

类　别	Category	主营业务收入 Revenue from Principal Business	利润总额 Total Profits	全部从业人员年平均人数(万人) Annual Average of Empolyed Persons (10 000 person)
三、按行业大类分	**by Sector**			
采矿业	**Mining**			
煤炭开采和洗选业	Mining and Washing of Coal	75.7	7.7	2.0
石油和天然气开采业	Extraction of Petroleum and Natural Gas	0.2	0.2	0.2
黑色金属矿采选业	Mining of Ferrous Metal Ores	165.0	8.6	1.2
有色金属矿采选业	Mining of Non-ferrous Metal Ores	12.7	0.9	0.4
非金属矿采选业	Mining and Processing of Nonmetal Ores	121.6	9.9	1.3
开采专业及辅助性活动	Mining Specialties and Auxiliary Activities	1.1	0.2	0.2
其他采矿业	Mining of Other Ores	1.8	0.2	0.2
制造业	**Manufacturing**			
农副食品加工业	Processing of Food from Agricultural Products	6792.7	271.2	55.5
食品制造业	Manufacture of Foods	1299.7	82.6	15.2
酒、饮料和精制茶制造业	Manufacture of Wine, Drinks and Refined Tea	614.5	27.8	6.5
烟草制品业	Manufacture of Tobacco	0.2	0.2	0.2
纺织业	Manufacture of Textile	4039.9	109.3	44.5
纺织服装、服饰业	Manufacture of Textile Wearing Apparel and Finery	1491.2	78.2	29.6
皮革、毛皮、羽毛及其制品和制鞋业	Manufacture of Leather, Fur, Feather & Its Products and Footwear	441.6	11.4	6.7
木材加工及木 竹、藤、棕、草制品业	Processing of Timbers, Manufacture of Wood, Bamboo, Rattan, Palm, and Straw Products	1623.3	82.4	16.0
家具制造业	Manufacture of Furniture	286.3	13.6	5.5
造纸及纸制品业	Manufacture of Paper and Paper Products	1723.8	85.6	10.8
印刷和记录媒介复制业	Printing, Reproduction of Recording Media	382.4	18.6	5.3
文教、工美、体育和娱乐用品制造业	Manufacture of Culture, Education,Arts and crafts, Sport and Entertainment Goods	996.5	55.5	17.4
石油、煤炭及其他燃料加工业	Processing of Oil, Coal and Other Fuel	6660.6	208.9	8.7
化学原料和化学制品制造业	Manufacture of Chemical Raw Material and Chemical Products	6777.9	348.4	37.1
医药制造业	Manufacture of Medicines	2591.5	352.1	23.1
化学纤维制造业	Manufacture of Chemical Fiber	129.2	-2.1	1.4
橡胶和塑料制品业	Manufacture of Rubber and Plastic	2775.5	98.4	26.3
非金属矿物制品业	Manufacture of Non-metallic Mineral Products	2883.2	183.1	33.4
黑色金属冶炼及压延加工业	Manufacture and Processing of Ferrous Metals	3364.4	178.1	10.5
有色金属冶炼及压延加工业	Manufacture & Processing of Non-ferrous Metals	4015.9	122.2	11.6
金属制品业	Manufacture of Metal Products	2510.8	84.6	25.6
通用设备制造业	Manufacture of General Purpose Machinery	2591.9	138.3	35.0
专用设备制造业	Manufacture of Special Purpose Machinery	2307.4	153.1	26.7
汽车制造业	Manufacture of Automotive	2440.1	88.9	24.4
铁路、船舶、航空航天和其他运输设备制造业	Manufacture of Railroad,Marine,Aerospace and Other Transportation Equipment	408.7	12.3	5.7
电气机械及器材制造业	Manufacture of Electrical Machinery & Equipment	1818.7	70.0	19.3
计算机、通信和其他电子设备制造业	Manufacture of Computer, Communications and Other Electronic Equipment	2178.0	95.3	23.4
仪器仪表制造业	Manufacture of Measuring Instrument	301.9	25.8	4.0
其他制造业	Other Manufacture	45.8	3.1	0.9
废弃资源综合利用业	Comprehensive Utilization of Waste	182.3	6.5	0.6
金属制品、机械和设备修理业	Metal Products, Machinery and Equipment Repair Industry	2.9	0.1	0.1
电力、热力、燃气及水的生产和供应业	**Production and Supply of Electric,Heat,Gas and Water**			
电力、热力的生产和供应业	Production and Supply of Electric Power and Heat Power	485.4	45.5	3.5
燃气生产和供应业	Production and Supply of Gas	236.3	19.0	1.1
水的生产和供应业	Production and Supply of Water	55.1	6.2	0.7

14-9 规模以上工业企业主要财务分析指标

Main Financial Indicators of Industrial Enterprises above Designated Size

类 别	Category	资产负债率 (%) Assets-Liability Ratio (%)	成本费用利润率 (%) Ratio of Profits to Cost (%)	产品销售率 (%) Proportion of Products Sold (%)
2000		62.54	7.31	97.86
2001		60.28	6.61	97.77
2002		59.68	6.02	97.77
2003		59.37	6.62	97.93
2004		59.53	6.96	97.86
2005		58.37	7.91	98.23
2006		57.77	7.58	98.43
2007		55.99	7.57	98.29
2008		55.01	6.87	96.46
2009		53.58	6.96	98.51
2010		53.89	7.93	98.57
2011		55.65	7.70	98.49
2012		55.19	7.34	98.61
2013		56.59	7.07	98.91
2014		54.48	6.54	98.74
2015		54.25	6.27	98.81
2016		54.11	6.16	98.78
2017		55.49	6.03	98.57
2018		60.90	5.38	98.59
在总计中:国有控股企业	**of which:State-holding Enterprises**	**63.10**	**6.15**	**98.47**
一、按登记注册类型分	**by Status of Registration**			
国有企业	State-owned Enterprises	70.47	2.88	98.95
集体企业	Collective-owned Enterprises	64.96	3.41	99.46
股份合作企业	Cooperative Enterprises	43.34	10.55	94.23
股份制企业	Share-holding Corporations Limited	61.40	5.23	98.50
外商及港、澳、台商投资企业	Enterprises with Funds from Hong Kong, Macao and Taiwan	54.78	6.96	99.13
其他企业	Other Enterprises	35.93	5.78	98.21
二、按轻重工业分	**by Light&Heavy Industry**			
轻工业	Light Industry	54.96	5.91	98.67
重工业	Heavy Industry	63.04	5.17	98.56
三、按企业规模分	**by Enterprise Size**			
大型企业	Large-sized Enterprises	61.67	6.09	98.78
中型企业	Medium-sized Enterprises	64.62	4.48	97.66
小型企业	Small-sized Enterprises	56.45	4.72	98.88

14−9 续表

类 别	Category	资产负债率(%) Assets-Liability Ratio (%)	成本费用利润率(%) Ratio of Profits to Cost (%)	产品销售率(%) Proportion of Products Sold (%)
四、按行业大类分	**by Sector**			
采矿业	**Mining**			
煤炭开采和洗选业	Mining and Washing of Coal	63.80	8.60	93.62
石油和天然气开采业	Extraction of Petroleum and Natural Gas	51.40	-7.04	100.20
黑色金属矿采选业	Mining of Ferrous Metal Ores	57.00	4.96	98.89
有色金属矿采选业	Mining of Non-ferrous Metal Ores	66.60	5.39	99.23
非金属矿采选业	Mining and Processing of Nonmetal Ores	43.00	8.67	101.41
开采专业及辅助性活动	Mining Specialties and Auxiliary Activities	99.80	0.24	100.00
其他采矿业	Mining of Other Ores	26.10	12.50	100.00
制造业	**Manufacturing**			
农副食品加工业	Processing of Food from Agricultural Products	56.40	4.09	98.63
食品制造业	Manufacture of Foods	49.70	7.13	97.15
酒、饮料和精制茶制造业	Manufacture of Wine, Drinks and Refined Tea	45.70	7.01	111.33
烟草制品业	Manufacture of Tobacco	34.20	11.53	99.92
纺织业	Manufacture of Textile	58.60	2.57	99.30
纺织服装、服饰业	Manufacture of Textile Wearing Apparel and Finery	52.50	5.32	98.64
皮革、毛皮、羽毛及其制品和制鞋业	Manufacture of Leather, Fur, Feather & Its Products and Footwear	56.10	2.60	98.13
木材加工及木 竹、藤、棕、草制品业	Processing of Timbers, Manufacture of Wood, Bamboo, Rattan, Palm, and Straw Products	36.60	5.32	97.73
家具制造业	Manufacture of Furniture	52.20	5.01	96.97
造纸及纸制品业	Manufacture of Paper and Paper Products	66.70	4.92	98.63
印刷和记录媒介复制业	Printing, Reproduction of Recording Media	50.50	4.98	98.72
文教、工美、体育和娱乐用品制造业	Manufacture of Culture, Education,Arts and crafts, Sport and Entertainment Goods	47.30	5.79	98.48
石油、煤炭及其他燃料加工业	Processing of Oil, Coal and Other Fuel	79.60	3.51	99.02
化学原料和化学制品制造业	Manufacture of Chemical Raw Material and Chemical Products	62.00	6.97	98.07
医药制造业	Manufacture of Medicines	41.00	16.04	97.48
化学纤维制造业	Manufacture of Chemical Fiber	68.30	-0.38	97.88
橡胶和塑料制品业	Manufacture of Rubber and Plastic	60.30	3.53	97.71
非金属矿物制品业	Manufacture of Non-metallic Mineral Products	55.70	8.50	98.20
黑色金属冶炼及压延加工业	Manufacture and Processing of Ferrous Metals	67.20	6.86	98.43
有色金属冶炼及压延加工业	Manufacture & Processing of Non-ferrous Metals	59.00	3.53	100.57
金属制品业	Manufacture of Metal Products	60.20	3.38	98.68
通用设备制造业	Manufacture of General Purpose Machinery	52.50	7.77	98.13
专用设备制造业	Manufacture of Special Purpose Machinery	56.40	6.40	97.19
汽车制造业	Manufacture of Automotive	66.60	5.01	97.94
铁路、船舶、航空航天和其他运输设备制造业	Manufacture of Railroad,Marine,Aerospace and Other Transportation Equipment	66.60	4.47	100.21
电气机械及器材制造业	Manufacture of Electrical Machinery & Equipment	66.20	5.81	97.55
计算机、通信和其他电子设备制造业	Manufacture of Computer, Communications and Other Electronic Equipment	56.30	4.71	98.48
仪器仪表制造业	Manufacture of Measuring Instrument	48.70	8.60	98.14
其他制造业	Other Manufacture	47.90	7.05	98.43
废弃资源综合利用业	Comprehensive Utilization of Waste	55.50	3.48	92.95
金属制品、机械和设备修理业	Metal Products, Machinery and Equipment Repair Industry	33.60	8.89	97.80
电力、热力、燃气及水的生产和供应业	**Production and Supply of Electric, Heat, Gas and Water**			
电力、热力的生产和供应业	Production and Supply of Electric Power and Heat Power	67.40	3.64	99.67
燃气生产和供应业	Production and Supply of Gas	52.00	12.10	99.59
水的生产和供应业	Production and Supply of Water	63.60	2.73	98.25

14-10 规模以上国有控股工业企业主要财务分析指标
Main Financial Indicators of State holding Industry Enterprises above Designated Size

类　别	Category	资产负债率 (%) Assets-Liability Ratio (%)	成本费用利润率 (%) Ratio of Profits to Cost (%)	产品销售率 (%) Proportion of Products Sold (%)
2000		62.23	8.85	99.19
2001		59.37	7.65	98.97
2002		59.60	6.39	98.61
2003		59.21	7.71	98.75
2004		60.10	8.82	98.28
2005		60.18	10.83	99.06
2006		60.83	10.51	99.24
2007		59.02	9.91	99.36
2008		57.99	7.36	90.43
2009		58.48	7.19	99.59
2010		59.93	8.07	99.82
2011		63.07	7.80	99.47
2012		62.59	6.49	99.16
2013		64.41	6.04	99.26
2014		63.90	5.68	99.30
2015		64.51	4.86	98.93
2016		64.58	4.66	97.97
2017		64.31	5.26	98.96
2018		63.10	6.15	98.56
一、按隶属关系分	**by Type of Ownership**			
中央企业	Central Enterprises	63.11	3.47	99.64
地方企业	Local Enterprises	63.10	7.53	99.14
二、按轻重工业分	**by Light & Heavy Industry**			
轻工业	Light Industry	56.59	9.34	98.57
重工业	Heavy Industry	63.60	5.96	98.56
三、按企业规模分	**by Enterprise Size**			
大型企业	Large-sized Enterprises	61.85	6.37	99.10
中型企业	Medium-sized Enterprises	67.49	4.18	100.04
小型企业	Small-sized Enterprises	66.91	8.20	99.24

14—10 续表

类　　别	Category	资产负债率(%) Assets-Liability Ratio (%)	成本费用利润率(%) Ratio of Profits to Cost (%)	产品销售率(%) Proportion of Products Sold (%)
四、按行业大类分	**by Sector**			
采矿业	**Mining**			
煤炭开采和洗选业	Mining and Washing of Coal	63.80	8.54	93.62
石油和天然气开采业	Extraction of Petroleum and Natural Gas	51.50	-7.04	100.20
黑色金属矿采选业	Mining of Ferrous Metal Ores	51.70	3.26	98.89
有色金属矿采选业	Mining of Non-ferrous Metal Ores	67.30	5.08	99.23
非金属矿采选业	Mining and Processing of Nonmetal Ores	63.00	4.60	101.41
开采专业及辅助性活动	Mining Specialties and Auxiliary Activities	101.70	0.32	100.00
其他采矿业	Mining of Other Ores			
制造业	**Manufacturing**			
农副食品加工业	Processing of Food from Agricultural Products	152.00	0.12	98.63
食品制造业	Manufacture of Foods	56.10	10.29	97.15
酒、饮料和精制茶制造业	Manufacture of Wine, Drinks and Refined Tea	36.80	14.71	111.33
烟草制品业	Manufacture of Tobacco	34.20	11.55	99.92
纺织业	Manufacture of Textile	72.60	1.53	99.30
纺织服装、服饰业	Manufacture of Textile Wearing Apparel and Finery	40.20	-3.03	98.64
皮革、毛皮、羽毛及其制品和制鞋业	Manufacture of Leather, Fur, Feather & Its Products and Footwear	78.40	-3.70	98.13
木材加工及木 竹、藤、棕、草制品业	Processing of Timbers, Manufacture of Wood, Bamboo, Rattan, Palm, and Straw Products	52.30		97.73
家具制造业	Manufacture of Furniture			
造纸及纸制品业	Manufacture of Paper and Paper Products	75.00	1.42	98.63
印刷和记录媒介复制业	Printing, Reproduction of Recording Media	50.00	4.15	98.72
文教、工美、体育和娱乐用品制造业	Manufacture of Culture, Education,Arts and crafts, Sport and Entertainment Goods	39.10	10.26	98.48
石油、煤炭及其他燃料加工业	Processing of Oil, Coal and Other Fuel	63.30	4.61	99.02
化学原料和化学制品制造业	Manufacture of Chemical Raw Material and Chemical Products	60.90	12.52	98.07
医药制造业	Manufacture of Medicines	36.10	23.97	97.48
化学纤维制造业	Manufacture of Chemical Fiber	34.30	6.20	97.88
橡胶和塑料制品业	Manufacture of Rubber and Plastic	75.60	-0.88	97.71
非金属矿物制品业	Manufacture of Non-metallic Mineral Products	58.30	20.21	98.20
黑色金属冶炼及压延加工业	Manufacture and Processing of Ferrous Metals	66.10	7.87	98.43
有色金属冶炼及压延加工业	Manufacture & Processing of Non-ferrous Metals	64.70	0.93	100.57
金属制品业	Manufacture of Metal Products	69.90	2.13	98.68
通用设备制造业	Manufacture of General Purpose Machinery	48.30	14.60	98.13
专用设备制造业	Manufacture of Special Purpose Machinery	71.30	3.35	97.19
汽车制造业	Manufacture of Automotive	68.70	6.41	97.94
铁路、船舶、航空航天和其他运输设备制造业	Manufacture of Railroad,Marine,Aerospace and Other Transportation Equipment	67.60	5.40	100.21
电气机械及器材制造业	Manufacture of Electrical Machinery & Equipment	63.50	0.87	97.55
计算机、通信和其他电子设备制造业	Manufacture of Computer, Communications and Other Electronic Equipment	52.60	5.02	98.48
仪器仪表制造业	Manufacture of Measuring Instrument	34.30	7.66	98.14
其他制造业	Other Manufacture	74.40	3.33	98.43
废弃资源综合利用业	Comprehensive Utilization of Waste	100.00	0.00	92.95
金属制品、机械和设备修理业	Metal Products, Machinery and Equipment Repair Industry	50.00	14.29	97.80
电力、热力、燃气及水的生产和供应业	**Production and Supply of Electric, Heat, Gas and Water**			
电力、热力的生产和供应业	Production and Supply of Electric Power and Heat Power	67.70	2.74	99.67
燃气生产和供应业	Production and Supply of Gas	43.10	17.49	99.59
水的生产和供应业	Production and Supply of Water	66.40	-2.31	98.25

14-11　各市规模以上工业企业主要经济指标(2018年)
Main Economic Indicators of Industrial Enterprises above Designated Size by Region(2018)

单位:亿元　　(100 million yuan)

地　区	Region	资产合计 Total Assets	流动资产合计 Total Working Capitals	负债合计 Total Liabilities	主营业务收入 Revenue from Principal Business	利润总额 Total Profits	全部从业人员年平均人数(万人) Annual Average Empolyed Persons (10 000 person)
全省总计	**Total**	**102275.6**	**52528.1**	**62247.1**	**92703.6**	**4872.2**	**696.0**
济南市	Jinan	5905.4	3825.0	3523.0	5171.0	303.9	36.6
青岛市	Qingdao	13027.3	8008.9	8021.9	10545.3	573.0	73.0
淄博市	Zibo	5758.8	2963.2	3309.4	6553.1	352.4	38.7
枣庄市	Zaozhuang	1607.9	705.9	995.3	1472.3	104.9	20.6
东营市	Dongying	7324.2	4171.0	5642.9	7019.3	56.9	30.7
烟台市	Yantai	10452.1	5178.1	5811.4	9852.9	657.5	63.8
潍坊市	Weifang	8528.0	4631.6	5391.6	8629.4	435.1	66.3
济宁市	Jining	8923.6	4008.1	5092.1	5873.1	447.3	53.7
泰安市	Tai'an	3303.5	1951.5	2106.9	1944.4	139.1	25.9
威海市	Weihai	4030.5	2124.0	1951.7	3262.2	215.5	41.3
日照市	Rizhao	3364.4	1748.7	2289.9	2637.2	161.0	12.8
莱芜市	Laiwu	1330.2	610.0	907.7	2093.9	90.4	9.3
临沂市	Linyi	5290.5	2520.2	2742.6	9275.4	489.1	62.8
德州市	Dezhou	4324.9	1675.8	2106.6	3076.8	220.2	45.2
聊城市	Liaocheng	4257.4	2277.2	2771.8	3203.2	154.0	28.5
滨州市	Binzhou	7332.7	4032.9	5260.5	8031.2	168.1	33.0
菏泽市	Heze	3475.0	1477.5	1825.7	4065.2	303.9	40.2

14－12 各市规模以上国有控股工业企业主要经济指标(2018年)
Main Economic Indicators of State-holding Industrial Enterprises above Designated Size by Region(2018)

单位:亿元 (100 million yuan)

地 区	Region	资产合计 Total Assets	流动资产合计 Total Working Capitals	负债合计 Total Liabilities	主营业务收入 Revenue from Principal Business	利润总额 Total Profits	全部从业人员年平均人数(万人) Annual Average Empolyed Persons (10 000 person)
全省总计	**Total**	**31853.0**	**13779.2**	**20099.3**	**22605.6**	**1361.6**	**122.3**
济 南 市	Jinan	3300.5	2239.0	2197.9	2468.7	105.4	12.5
青 岛 市	Qingdao	3889.9	2627.6	2490.7	3330.1	182.6	10.9
淄 博 市	Zibo	1694.6	655.0	878.0	2065.9	142.5	9.6
枣 庄 市	Zaozhuang	753.2	347.9	550.1	389.0	41.5	6.0
东 营 市	Dongying	1553.2	294.3	926.0	1486.5	-36.6	12.2
烟 台 市	Yantai	3719.3	1132.5	2389.3	3086.9	209.6	10.1
潍 坊 市	Weifang	2234.0	1187.4	1319.7	1774.1	144.6	5.7
济 宁 市	Jining	5073.4	2194.1	3136.5	1465.6	143.1	17.9
泰 安 市	Tai'an	1313.8	805.0	916.8	407.9	37.7	7.1
威 海 市	Weihai	437.7	209.1	235.3	152.2	14.7	2.3
日 照 市	Rizhao	592.3	195.6	367.0	255.9	8.1	0.9
莱 芜 市	Laiwu	430.2	85.6	327.9	373.5	25.2	1.9
临 沂 市	Linyi	424.2	137.9	269.7	295.4	19.6	1.9
德 州 市	Dezhou	641.0	274.7	358.2	733.7	87.2	2.6
聊 城 市	Liaocheng	769.8	372.4	572.4	575.8	63.7	3.3
滨 州 市	Binzhou	417.5	164.6	287.2	369.7	11.6	2.1
菏 泽 市	Heze	569.6	237.9	380.4	266.5	64.2	1.8

14-13 各市规模以上外商和港澳台投资工业主要经济指标(2018年)
Main Economic Indicators of Industry with Funds from Foreign Countries (Territories), Hong Kong,Macao and Taiwan by Region(2018)

单位:亿元 (100 million yuan)

地 区	Region	资产合计 Total Assets	流动资产合计 Total Working Capitals	负债合计 Total Liabilities	主营业务收入 Revenue from Principal Business	利润总额 Total Profits	全部从业人员年平均人数(万人) Annual Average Empolyed Persons (10 000 person)
全省总计	**Total**	**12533.1**	**7625.7**	**6859.4**	**11676.9**	**773.8**	**97.2**
济南市	Jinan	527.8	292.2	245.4	384.5	41.1	4.5
青岛市	Qingdao	2780.3	1917.5	1474.9	2600.3	137.0	24.0
淄博市	Zibo	465.3	248.0	207.9	395.3	31.5	4.9
枣庄市	Zaozhuang	137.9	63.2	75.7	119.0	7.3	1.9
东营市	Dongying	522.8	400.8	386.1	469.3	6.5	1.1
烟台市	Yantai	2477.5	1685.9	1476.8	2872.6	172.8	19.0
潍坊市	Weifang	858.1	511.1	475.3	790.0	54.3	6.8
济宁市	Jining	303.3	151.2	146.8	316.1	19.1	3.2
泰安市	Tai'an	120.6	67.3	72.0	95.0	3.4	1.5
威海市	Weihai	714.0	342.7	315.5	637.8	37.2	11.3
日照市	Rizhao	622.4	328.7	359.4	696.9	35.7	2.0
莱芜市	Laiwu	39.0	17.8	22.0	23.2	2.3	0.3
临沂市	Linyi	976.2	645.2	481.3	1010.3	81.3	8.6
德州市	Dezhou	220.9	110.5	108.6	219.3	12.7	2.6
聊城市	Liaocheng	1004.9	419.8	603.4	475.7	30.2	1.8
滨州市	Binzhou	252.4	157.4	167.5	156.4	5.7	1.6
菏泽市	Heze	422.4	260.1	202.8	359.2	94.0	2.0

14-14 各市规模以上非公有工业主要经济指标(2018年)
Main Economic Indicators of Non-public Industrial Enterprises above Designated Size by Region(2018)

单位:亿元 (100 million yuan)

地 区	Region	资产合计 Total Assets	流动资产合计 Total Working Capitals	负债合计 Total Liabilities	主营业务收入 Revenue from Principal Business	利润总额 Total Profits	全部从业人员年平均人数(万人) Annual Average Empolyed Persons (10 000 person)
全省总计	**Total**	**63465.2**	**35076.7**	**38018.7**	**64833.9**	**3101.2**	**541.4**
济南市	Jinan	2488.8	1514.2	1269.6	2309.8	186.1	22.8
青岛市	Qingdao	6126.0	3738.0	3367.0	5507.8	245.7	58.5
淄博市	Zibo	3632.8	2079.2	2168.6	3796.0	163.9	26.2
枣庄市	Zaozhuang	810.5	330.0	416.5	977.0	54.3	14.2
东营市	Dongying	5169.1	3528.2	4319.2	4919.4	76.0	16.1
烟台市	Yantai	5588.2	3515.2	2967.8	5208.3	345.9	47.0
潍坊市	Weifang	6049.3	3303.4	3916.9	6286.3	270.1	59.0
济宁市	Jining	3696.3	1729.5	1866.6	4113.5	285.9	35.4
泰安市	Tai'an	1733.0	994.1	1094.8	1172.6	46.9	17.4
威海市	Weihai	3244.0	1771.1	1571.7	2792.5	187.7	35.1
日照市	Rizhao	2740.3	1534.0	1899.1	2302.2	152.2	11.5
莱芜市	Laiwu	864.2	507.3	565.4	1222.7	35.0	7.1
临沂市	Linyi	4766.5	2316.9	2403.8	8680.3	463.0	59.7
德州市	Dezhou	3644.7	1384.9	1730.6	2153.6	130.0	42.2
聊城市	Liaocheng	3309.4	1813.8	2125.5	2376.1	81.4	22.0
滨州市	Binzhou	6729.5	3805.6	4896.7	7377.0	146.9	29.0
菏泽市	Heze	2872.6	1211.3	1438.8	3639.0	230.3	38.2

14–15 各市规模以上工业主要财务分析指标(2018年)
Main Financial Indicators of Industry above Designated Size by Region(2018)

单位：% (%)

地区	Region	资产负债率 Assets-Liability Ratio	成本费用利润率 Ratio of Profits to Cost	产品销售率 Proportion of Products Sold
全省总计	**Total**	**60.90**	**5.38**	**98.59**
济南市	Jinan	59.70	6.39	97.48
青岛市	Qingdao	61.60	5.74	99.92
淄博市	Zibo	57.50	5.78	97.96
枣庄市	Zaozhuang	61.90	7.41	98.76
东营市	Dongying	77.00	0.76	99.11
烟台市	Yantai	55.60	7.22	98.49
潍坊市	Weifang	63.20	5.35	98.55
济宁市	Jining	57.10	6.63	97.45
泰安市	Tai'an	63.80	7.34	98.83
威海市	Weihai	48.40	7.17	99.61
日照市	Rizhao	68.10	6.50	95.79
莱芜市	Laiwu	68.20	4.00	99.41
临沂市	Linyi	51.80	5.65	97.77
德州市	Dezhou	48.70	8.04	98.41
聊城市	Liaocheng	65.10	4.75	98.57
滨州市	Binzhou	71.70	2.07	100.43
菏泽市	Heze	52.50	8.37	98.50

14-16 各市规模以上国有控股工业主要财务分析指标(2018年)
Main Financial Indicators of State holding Industry above Designated Size by Region(2018)

单位：% (%)

地 区	Region	资 产 负债率 Assets-Liability Ratio	成本费用 利 润 率 Ratio of Profits to Cost	产 品 销售率 Proportion of Products Sold
全省总计	**Total**	**63.10**	**6.15**	**98.56**
济 南 市	Jinan	66.60	4.49	97.96
青 岛 市	Qingdao	64.00	5.74	100.36
淄 博 市	Zibo	51.80	7.66	100.00
枣 庄 市	Zaozhuang	73.00	11.19	97.72
东 营 市	Dongying	59.60	-2.70	100.35
烟 台 市	Yantai	64.20	7.29	98.95
潍 坊 市	Weifang	59.10	8.80	99.06
济 宁 市	Jining	61.80	5.97	94.18
泰 安 市	Tai'an	69.80	9.22	98.40
威 海 市	Weihai	53.80	9.93	100.26
日 照 市	Rizhao	62.00	3.12	87.34
莱 芜 市	Laiwu	76.20	7.18	100.04
临 沂 市	Linyi	63.60	7.15	97.85
德 州 市	Dezhou	55.90	13.20	97.57
聊 城 市	Liaocheng	74.40	12.09	96.68
滨 州 市	Binzhou	68.80	3.32	99.72
菏 泽 市	Heze	66.80	32.76	97.88

14-17 规模以上工业主要产品产量(2018年)
Output of Major Industrial Products above Designated Size(2018)

名　　称		Item		生产量 Output
铁矿石原矿量	(万吨)	Ironstone in Original Iron Ores	(10 000 tons)	1987.5
原　盐	(万吨)	Salt	(10 000 tons)	1118.8
大　米	(万吨)	Rice	(10 000 tons)	17.1
小麦粉	(万吨)	Wheat Flour	(10 000 tons)	1205.1
精制食用植物油	(万吨)	Refined Edible Vegetable Oil	(10 000 tons)	550.9
鲜、冷藏肉	(万吨)	Frozen,Fresh Meat	(10 000 tons)	795.1
配合饲料+混合饲料	(万吨)	Formula Feed & Mixed Feed	(10 000 tons)	1724.3
速冻米面食品	(万吨)	Quick-frozen Food	(10 000 tons)	2.7
方便面	(万吨)	Instant Noodles	(10 000 tons)	23.9
乳制品	(万吨)	Milk Products	(10 000 tons)	204.4
液体乳	(万吨)	Liquid Milk	(10 000 tons)	197.2
罐　头	(万吨)	Canned Food	(10 000 tons)	108.1
酱　油	(万吨)	Soy Sauce	(10 000 tons)	46.3
发酵酒精(折96度,商品量)	(万千升)	Fermenting Alcohol	(10 000 kiloliter)	19.9
饮料酒	(万千升)	Liquor	(10 000 kiloliter)	548.0
白酒(折65度,商品量)	(万千升)	White Spirit	(10 000 kiloliter)	40.6
啤　酒	(万千升)	Beer	(10 000 kiloliter)	471.9
葡萄酒	(万千升)	Wine	(10 000 kiloliter)	25.8
饮料	(万吨)	Drinks	(10 000 tons)	342.6
碳酸饮料	(万吨)	Carbonated Drinks	(10 000 tons)	70.2
包装饮用水	(万吨)	Bottled Drinking Water	(10 000 tons)	121.2
果汁蔬菜汁类饮料	(万吨)	Juice and Vegetable Juice Beverage	(10 000 tons)	59.3
冷冻饮品	(万吨)	Frozen Drinks	(10 000 tons)	7.0
精制茶	(万吨)	Refined Tea	(10 000 tons)	0.7
卷　烟	(亿支)	Cigarettes	(100 million pieces)	1252.8
化学纤维用浆粕	(万吨)	Chemical Fiber Pulp	(10 000 tons)	10.0
化学纤维	(万吨)	Chemical Fiber	(10 000 tons)	59.6
粘胶短纤维	(万吨)	Viscose Staple Fiber	(10 000 tons)	23.9
合成纤维	(万吨)	Synthetic Fiber	(10 000 tons)	33.2
锦纶纤维	(万吨)	Nylon Fiber	(10 000 tons)	2.6
涤纶纤维	(万吨)	Polyester Fiber	(10 000 tons)	20.3
腈纶纤维	(万吨)	Acrylic Fiber	(10 000 tons)	3.6
丙纶纤维	(万吨)	Polypropylene Fiber	(10 000 tons)	0.7
纱	(万吨)	Yarn	(10 000 tons)	459.3
布	(亿米)	Cloth	(100 million m)	67.2
棉　布	(亿米)	Cotton Cloth	(100 million m)	55.3
棉混纺布(混纺交织布)	(亿米)	Cotton Blended Cloth	(100 million m)	10.2
化学纤维短纤布	(亿米)	Chemical Fiber Cloth	(100 million m)	1.5
印染布	(亿米)	Printed Fabric	(100 million m)	27.2
帘子布	(万吨)	Cord Fabric	(10 000 tons)	10.7
绒线(毛线)	(万吨)	Knitting Wool	(10 000 tons)	4.6
毛机织物(呢绒)	(万米)	Wool Fabric	(10 000 m)	7774.6
亚麻布	(万米)	Ramie and Flax Cloth	(10 000 m)	1116.4

14-17 续表 1 continued

名 称		Item		生产量 Output
服 装	(万件)	Garments	(10 000 pieces)	162533.8
梭织服装	(万件)	Woven Garments	(10 000 pieces)	66468.8
西服套装	(万件)	Suits	(10 000 pieces)	2554.2
衬 衫	(万件)	Shirts	(10 000 pieces)	2294.9
羽绒服	(万件)	Down Wear	(10 000 pieces)	1273.6
针织服装	(万件)	Knitted Clothing	(10 000 pieces)	96065.0
轻 革	(万平方米)	Leather	(10 000 sq.m)	2770.8
皮革鞋靴	(万双)	Shoes	(10 000 pairs)	9248.0
皮革服装	(万件)	Leather Apparel	(10 000 pieces)	12.3
天然毛皮服装	(万件)	Natural Fur Apparel	(10 000 units)	0.5
人造板	(万立方米)	Manmade Plates	(10 000 cu.m)	3485.5
胶合板	(万立方米)	Plywood	(10 000 cu.m)	2547.0
纤维板	(万立方米)	Fiberboard	(10 000 cu.m)	436.3
刨花板	(万立方米)	Flakeboard	(10 000 cu.m)	212.8
人造板表面装饰板(人造板	(万立方米)	Secondary Processing Decorative Plates	(10 000 cu.m)	197.8
实木地板(木地板)	(万平方米)	Solid Wood Floor	(10 000 sq.m)	14.0
复合木地板	(万平方米)	Engineered Wooden Floor	(10 000 sq.m)	2187.3
家 具	(万件)	Furniture	(10 000 units)	1463.7
木质家具	(万件)	Wood Furniture	(10 000 units)	1290.4
金属家具	(万件)	Metal Furniture	(10 000 units)	42.5
软体家具(包括床垫、沙发)	(万件)	Soft Furniture	(10 000 units)	59.1
纸 浆	(万吨)	Paper Pulp	(10 000 tons)	349.9
机制纸及纸板	(万吨)	Machine-made Paper and Paperboards	(10 000 tons)	2033.7
未涂布印刷书写用纸	(万吨)	Uncoated Writing Printing Paper	(10 000 tons)	110.3
新闻纸	(万吨)	Newsprint	(10 000 tons)	50.3
纸制品	(万吨)	Paper Products	(10000 tons)	163.4
瓦楞纸箱(纸箱)	(万吨)	Corrugated Box	(10000 tons)	76.4
硫酸(折100%)	(万吨)	Sulfuric	(10 000 tons)	518.8
盐酸(含量31%以上)	(万吨)	Hydrochloric Acid(content of more than 31%)	(10 000 tons)	81.8
氢氧化钠(烧碱)(折100%)	(万吨)	Caustic	(10 000 tons)	977.8
离子膜法烧碱	(万吨)	Ionic Membrane Caustic	(10 000 tons)	917.4
碳酸钠(纯碱)	(万吨)	Soda Ash	(10 000 tons)	438.5
合成氨	(万吨)	Synthetic Ammonia	(10 000 tons)	617.6
农用氮、磷、钾化学肥料总计(折纯)	(万吨)	Chemical Fertilizer	(10 000 tons)	385.0
氮 肥(折含N 100%)	(万吨)	Nitrogen Fertilizer	(10 000 tons)	346.2
尿 素	(万吨)	Urea	(10 000 tons)	327.8
磷肥(折合P2O5 100%)	(万吨)	Phosphate Fertilizer	(10 000 tons)	22.9

14-17 续表 2 continued

名称		Item		生产量 Output
化学农药原药(折有效成分100%)	(万吨)	Chemical Pesticide	(10 000 tons)	16.4
杀虫剂原药	(万吨)	Insecticides Pesticide	(10 000 tons)	4.9
杀菌剂原药	(万吨)	Fungicides Pesticide	(10 000 tons)	0.3
除草剂原药	(万吨)	Herbicide Pesticide	(10 000 tons)	9.6
乙　烯	(万吨)	Ethylene	(10 000 tons)	122.4
纯　苯	(万吨)	Benzene	(10 000 tons)	81.6
精甲醇	(万吨)	Extracted Methanol	(10 000 tons)	716.7
冰醋酸	(万吨)	Acetic Acid	(10 000 tons)	138.4
涂料(油漆)	(万吨)	Paint	(10 000 tons)	57.4
初级形态的塑料(塑料树脂及共聚物)	(万吨)	Primary Plastic	(10 000 tons)	763.1
聚氯乙烯树脂	(万吨)	PVC Colophony	(10 000 tons)	215.3
聚丙烯树酯	(万吨)	Polypropylene Colophony	(10 000 tons)	151.8
合成橡胶	(万吨)	Synthetic Rubber	(10 000 tons)	55.5
合成纤维单体	(万吨)	Synthetic Fiber Monomer	(10 000 tons)	15.6
合成纤维聚合物	(万吨)	Synthetic Fiber Polymers	(10 000 tons)	10.7
合成洗涤剂	(万吨)	Synthetic Detergents	(10 000 tons)	31.2
中成药	(万吨)	Traditional Chemical Medicine	(10 000 tons)	21.7
橡胶轮胎外胎(轮胎外胎)	(万条)	Tires	(10 000 tires)	35631.7
子午线轮胎外胎	(万条)	Radial Tires	(10 000 tires)	31307.3
塑料制品	(万吨)	Plastic Articles	(10 000 tons)	266.3
塑料薄膜	(万吨)	Plastic Film	(10 000 tons)	61.6
农用薄膜	(万吨)	Agricultural Film	(10 000 tons)	23.9
塑料人造革、合成革	(万吨)	Plastic leather and synthetic leather	(10 000 tons)	1.5
泡沫塑料	(万吨)	Foam	(10 000 tons)	14.4
日用塑料制品	(万吨)	Plastic Products for Daily Use	(10 000 tons)	26.1
硅酸盐水泥熟料	(万吨)	Portland Cement Clinker	(10 000 tons)	7597.1
窑外分解窑熟料(预分解窑熟料)	(万吨)	Precalciner Kiln Clinker	(10 000 tons)	7281.5
水　泥	(万吨)	Cement	(10 000 tons)	12280.2
水泥混凝土排水管	(千米)	Cement and Concrete Drain Pipes	(1 000 m)	4244.7
水泥混凝土压力管	(千米)	Cement and Concrete Pressure Pipes	(1 000 m)	465.3
水泥混凝土电杆	(万根)	Cement Concrete Poles	(10 000 units)	105.6
商品混凝土	(万立方米)	Concrete	(10 000 cu.m)	6967.7
预应力混凝土桩	(万米)	Prestressed concrete piles	(10 000 m)	438.5
砖(折标准砖)	(亿块)	Brick	(100 million units)	96.3
瓦	(亿片)	Tile	(100 million units)	7.6
天然大理石建筑板材(大理石板材)	(万平方米)	Natural Marble Building Block	(10 000 sq.m)	374.7
天然花岗石建筑板材(花岗石板材)	(万平方米)	Natural Granite Building Block	(10 000 sq.m)	1964.5

14-17 续表 3 continued

名 称		Item		生产量 Output
工业锅炉	(蒸发量吨)	Industrial Boilers	(evaporation ton)	24634.6
电站用汽轮机	(万千瓦)	Turbine Power Plant	(10 000 kw)	346.4
金属切削机床	(万台)	Metal-cutting Machine Tools	(10 000 units)	6.8
金属成形机床(锻压设备)	(万台)	Metal Forming Machine	(10 000 units)	0.9
数控金属成形机床(数控锻压设备)	(台)	CNC Metal Forming Machine	(units)	862.0
铸造机械	(万台)	Casting Machinery	(10 00 0 units)	99.5
起重机	(万吨)	Lifting Equipment	(10 000 tons)	46.0
输送机械	(万吨)	Conveyer	(10 000 tons)	5.6
泵(液体泵)	(万台)	Pumps	(10 000 units)	31.0
风 机	(万台)	Fans	(10 000 units)	17.8
气体压缩机	(台)	Gas Compressor	(unit)	1063.5
减速机	(万台)	Reducer	(10 000 units)	20.4
滚动轴承(轴承)	(亿套)	Rolling Bearings	(100 million units)	6.8
阀 门	(万吨)	Valves	(10 000 tons)	9.2
液压元件	(万件)	Hydraulic Components	(10 000 units)	1325.2
气动元件	(万件)	Pneumatic Components	(10 000 units)	294.2
粉末冶金零件	(万吨)	Sintered Metal Products	(10 000 tons)	4.2
矿山专用设备	(万吨)	Special Equipment for MIne	(10 000 tons)	46.6
饲料生产专用设备	(台)	Specialized Feed Processing Machinery	(unit)	2870.0
棉花加工机械	(台)	Cotton Processing Equipment	(unit)	2354.0
印刷专用设备	(吨)	Printing Special Equipment	(ton)	64629.8
水泥专用设备(水泥设备)	(吨)	Cement Special Equipment	(ton)	20678.0
金属冶炼设备(冶炼设备)	(吨)	Metal Smelting Equipment	(ton)	57430.9
金属轧制设备	(吨)	Metal Rolling Equipment	(ton)	2793.0
包装专用设备(包装机械)	(台)	Packaging Special Equipment	(unit)	2216.0
大型拖拉机	(台)	Large Tractors	(unit)	19052.0
中型拖拉机	(台)	Medium Tractors	(unit)	72104.0
小型拖拉机	(万台)	Small Tractors	(10 000 units)	8.0
收获机械	(台)	Harvesting Machinery	(unit)	39722.0
挖掘、铲土运输机械	(台)	Mining and Shoveling Transport Machinery	(unit)	139177.0
压实机械	(台)	Compacting Machinery	(unit)	7529.0
混凝土机械	(台)	Concrete Machinery	(unit)	7101.0
环境污染防治专用设备	(台(套))	Special Equipment for Environmental Protection	(unit)	71602.0
水质污染防治设备	(台(套))	Water Pollution Control Equipment	(unit)	28040.0
大气污染防治设备	(台(套))	Air Pollution Control Equipment	(unit)	42315.0
铁路货车	(辆)	Railway Freight Wagons	(unit)	4998.0

14-17 续表 4 continued

名称		Item		生产量 Output
汽 车	(万辆)	Motor Vehicles	(10 000 units)	136.3
载货汽车	(万辆)	Trucks	(10 000 units)	64.4
客车	(万辆)	Buses	(10 000 units)	1.4
轿 车	(万辆)	Cars	(10 000 units)	18.0
改装汽车	(万辆)	Modified Cars	(10 000 units)	27.0
电动自行车	(万辆)	Electric Bicycle	(10000 units)	113.8
民用钢质船舶	(万载重吨)	Civil Steel Vessels	(10 000 dwts)	187.9
发电设备	(万千瓦)	Power Generating Equipment	(10 000 kw)	505.6
汽轮发电机	(万千瓦)	Steam Turbogenerator	(10 000 kw)	505.6
交流电动机	(万千瓦)	AC Motors	(10 000 kw)	2302.2
变压器	(万千伏安)	Transformers	(10 000 KVA pm)	22394.1
高压开关板	(万面)	High Voltage Switch Plate	(10 000 units)	6.3
低压开关板	(万面)	Low Voltage Switch Plate	(10 000 units)	3.3
电力电缆	(万千米)	Power Cable	(10 000 km)	113.6
通信及电子网络用电缆	(万对千米)	Cable for Communications and Electronic Network	(10 000 couples·km)	36.9
光缆(光纤通讯电缆)	(万芯千米)	Fire Optic Cable	(10 000 cores·km)	2283.9
绝缘制品	(吨)	Insulation Products	(ton)	22458.2
原电池及原电池组(非扣式)	(亿只)	Primary Cells and Batteries	(100 million units)	26.2
灯具及照明装置	(万套(台、个)	Lamps and Lighting Fixtures	(10 000 units)	181.6
电光源(灯泡)	(万只)	Light Bulbs	(10 000 units)	33780.7
家用洗衣机	(万台)	Household Washing Machines	(10 000 units)	666.7
家用电冰箱	(万台)	Household Refrigerators	(10000 units)	888.4
家用冷柜(家用冷冻箱)	(万台)	Household Freezers	(10000 units)	471.9
房间空气调节器	(万台)	Air Conditioners	(10000 units)	1060.8
吸排油烟机	(万台)	Vacuum Cleaners	(10000 units)	287.1
电热水器	(万台)	Electric Water Heater	(10000 units)	540.7
微波炉	(万台)	Microwave Ovens	(10000 units)	46.5
电饭锅	(万个)	Electric Cookers	(10000 units)	370.2
电焊机	(万台)	Welders	(10000 units)	24.3
电话单机	(万台)	Telephone Sets	(10000 units)	98.8
移动通信手持机(手机)	(万台)	Mobile Telephones	(10000 units)	3254.1
电子计算机	(万台)	Computers	(10000 units)	101.5
显示器	(万台)	Display	(10000 units)	148.3
打印机	(万台)	Printers	(10000 units)	340.3
半导体分立器件	(亿只)	Discrete Semiconductor Devices	(100 million units)	289.2
彩色电视机	(万台)	Color Television Sets	(10000 units)	1695.2

主要统计指标解释

工　业　指从事自然资源的开采，对采掘品和农产品进行加工和再加工的物质生产部门。具体包括：(1)对自然资源的开采，如采矿、晒盐等(但不包括禽兽捕猎和水产捕捞)；(2)对农副产品的加工、再加工，如粮油加工、食品加工、缫丝、纺织、制革等；(3)对采掘品的加工、再加工，如炼铁、炼钢、化工生产、石油加工、机器制造、木材加工等，以及电力、自来水、煤气的生产和供应等；(4)对工业品的修理、翻新，如机器设备的修理、交通运输工具(如汽车)的修理等。

工业统计调查单位为独立核算法人工业企业。

独立核算法人工业企业指从事工业生产经营活动的单位。独立核算法人工业企业应同时具备以下条件：①依法成立，有自己的名称、组织机构和场所，能够承担民事责任；②独立拥有和使用资产，承担负债，有权与其他单位签订合同；③独立核算盈亏，并能够编制资产负债表。

本年鉴中涉及的企业登记注册类型：

国有及国有控股企业　指国有企业加上国有控股企业。国有企业(即原全民所有制工业或国营工业)指企业全部资产归国家所有，并按《中华人民共和国企业法人登记管理条例》规定登记注册的非公司制的经济组织。包括国有企业、国有独资公司和国有联营企业。1957年以前的公私合营和私营工业，后均改造为国营工业，1992年改为国有工业，这部分工业的资料不单独分列时，均包括在国有企业内。国有控股企业是对混合所有制经济的企业进行的“国有控股”分类。它是指这些企业的全部资产中国有资产(股份)相对其他所有者中的任何一个所有者占资(股)最多的企业。该分组反映了国有经济控股情况。

集体企业　指企业资产归集体所有，并按《中华人民共和国企业法人登记管理条例》规定登记注册的经济组织。是社会主义公有制经济的组成部分。包括城乡所有使用集体投资举办的企业，以及部分个人通过集资自愿放弃所有权并依法经工商行政管理机关认定为集体所有制的企业。

股份合作企业　指以合作制为基础，由企业职工共同出资入股，吸收一定比例的社会资产投资组建，实行自主经营，自负盈亏，共同劳动，民主管理，按劳分配与按股分红相结合的一种集体经济组织。

联营企业　指两个及两个以上相同或不同所有制性质的企业法人或事业单位法人，按自愿、平等、互利的原则，共同投资组成的经济组织。联营企业包括：

国有联营企业指国有企业与国有企业间的联营；

集体联营企业指集体企业与集体企业间的联营；

国有与集体联营企业指国有企业与集体企业间的联营。

有限责任公司　指根据《中华人民共和国公司登记管理条例》规定登记注册，由两个以上，五十个以下的股东共同出资，每个股东以其所认缴的出资额对公司承担有限责任，公司以其全部资产对其债务承担责任的经济组织。

有限责任公司包括国有独资公司以及其他有限责任公司。

股份有限公司　指根据《中华人民共和国企业法人登记管理条例》规定登记注册，其全部注册资本由等额股份构成并通过发行股票筹集资本，股东以其认购的股份对公司承担有限责任，公司以其全部资产对其债务承担责任的经济组织。

私营企业　指由自然人投资设立或由自然人控股，以雇佣劳动为基础的营利性经济组织。包括按照《公司法》、《合伙企业法》、《私营企业暂行条例》规定登记注册的私营有限责任公司、私营股份有限公司、私营合伙企业和私营独资企业。

港、澳、台商投资企业　指企业注册登记类型中的港、澳、台资合资、合作、独资经营企业和股份有限公司之和。

外商投资企业　指企业注册登记类型中的中外合资、合作经营企业、外资企业和外商投资股份有限公司之和。

“三资”企业系指港、澳、台商投资企业和外资企业的简称。

轻工业　指主要提供生活消费品和制作手工工具的工业。按其所使用的原料不同，可分为两大类：(1)以农产品为原料的轻工业，是指直接或间接以农产品为基本原料的轻工业。主要包括食品制造、饮料制造、烟草加工、纺织、缝纫、皮革和毛皮制作、造纸以及印刷等工业；(2)以非农产品为原料的轻工业，是指以工业品为原料的轻工业。主要包括文教体育用品、化学药品制造、合成纤维制造、日用化学制品、日用玻璃制品、日用金属制品、手工工具制造、医疗器械制造、文化和办公用机械制造等工业。

重工业　指为国民经济各部门提供物质技术基础的主要生产资料的工业。按其生产性质和产品用途，可以分为下列三类：(1)采掘(伐)工业，是指对自然资源的开采，包括石油开采、煤炭开采、金属矿开采、非金属矿开采等工业；(2)原材料工业，指向国民经济各部门提供基本材料、动力和燃料的工业。包括金属冶炼及加工、炼焦及焦炭、化学、化工原料、水泥、人造板以及电力、石油和煤炭加工等工业；(3)加工工业，是指对工业原材料进行再加工制造的工业。包括装备国民经济各部门的机械设备制造工业、金属结构、水泥制品等工业，以及为农业提供的生产资料如化肥、农药等工业。

根据上述划分原则，修理业中以重工业产品为修理作业对象的划为重工业，反之划为轻工业。

工业总产值

(1)定义：

工业总产值是以货币形式表现的，工业企业在一定时期内生产的工业最终产品或提供工业性劳务活动的总价值量。

它反映一定时间内工业生产的总规模和总水平。

(2)计算原则：

工业生产的原则，即凡是企业在报告期生产的经检验合格的产品，不管是否在报告期销售，均包括在内。

最终产品的原则，即凡是计入工业总产值的产品，必须是本企业生产的经检验合格的，不需要再进行任何加工的最终产品。如果企业有中间产品(半成品)对外销售，则对外销售的中间产品应视为企业的最终产品。

工厂法原则，即工业总产值是以工业企业作为基本计算(核算)单位，即按企业的最终产品计算工业总产值。按这种方法计算的工业总产值，不允许同一产品价值在企业内部重复计算，不能把企业内部各个车间(分厂)生产的成果相加，但允许企业间的重复计算。

(3)内容及计算方法：

1995 年全国工业普查对工业总产值(原规定)的内容及计算原则和方法做了某些修订，修订后的工业总产值(新规定)包括三项内容：即本期生产成品价值、对外加工费收入、在制品半成品期末期初差额价值三部分。

本期产成品价值：指企业本期生产，并在报告期内不再进行加工，经检验、包装入库的全部工业成品(半成品)价值合计，包括企业生产的自制设备及提供给本企业在建工程、其他非工业部门和福利部门等单位使用的成品价值。本期生产成品价值为按自备原材料生产的产品的数量乘以本期不含增值税(销项税额)的产品实际销售平均单价计算；会计核算中按成本价格转帐的自制设备和自产自用的成品，按成本价格计算生产成品价值。生产成品价值中不包括用定货者来料加工的成品(半成品)价值。

对外加工费收入：指企业在报告期内完成的对外承接的工业品加工(包括用定货者来料加工产品)的加工费收入和对外工业修理作业所取得的加工费收入。对外加工费收入按不含增值税(销项税额)的价格计算，可根据会计“产品销售收入”科目的有关资料取得。

对于本企业对内非工业部门提供的加工修理、设备安装的劳务收入，如果企业会计核算基础较好，能取得这部分资料，而且这部分价值所占比重较大，应包括在对外加工费收入中。自制半成品在制品期末期初差额价值：指企业报告期在制品期末减期初的差额价值，本指标一般可以从会计核算资料中取得。如果会计产品成本核算中不计算半成品、在制品的成本，则总产值中也不包括这部分价值，反之则包括。

(4)工业总产值统计范围变化和计算方法修订情况：

1984 年以前工业总产值不包括村办工业，村办工业总产值划归农业。1984 年以后工业总产值包括村办工业。

1995 年工业普查对工业总产值计算方法做了修订，即从 1995 年始按新修订(新规定)方法计算工业总产值。新规定与原规定的区别如下：

全价与加工费的计算原则不同：新规定为凡自备原材料，不论其生产繁简程度如何，一律按全价计算工业总产值；凡来料加工，允许按加工费计算工业总产值。原规定则视生产加工的繁简程度不同，规定哪些行业按全价，哪些行业按加工费计算工业总产值。

自制半成品、在产品期末期初差额价值的计算原则不同：新规定要求，凡会计产品成本核算时计算了成本的差额价值，总产值中就应包括，否则可不包括；原规定则按生产周期六个月的界限区分，凡生产周期六个月以上的企业，总产值计算中应包括这部分差额价值，否则可不包括。

计算价格不同：新规定按不含增值税(销项税额)的价格计算；原规定则按含增值税(销项税额)的价格计算。

工业增加值 指工业企业在报告期内以货币表现的工业生产活动的最终成果。

工业增加值有两种计算方法：一是生产法，即工业总产出减去工业中间投入加上应交增值税；二是收入法，即从收入的角度出发，根据生产要素在生产过程中应得到的收入份额计算，具体构成项目有固定资产折旧、劳动者报酬、生产税净额、营业盈余，这种方法也称要素分配法。本年鉴中的工业增加值是以生产法计算的。

生产法工业增加值的计算方法为：

工业增加值=工业总产出−工业中间投入+应交增值税

(1)工业总产出：指工业企业在一定时期内工业生产活动的总成果。工业总产出包括：成品生产价值，对外加工费收入，自制半成品、在产品期末期初差额价值。1995 年后用新规定计算的工业总产值代替。

(2)工业中间投入：指工业企业在工业生产活动中消耗的外购物质产品和对外支付的服务费用。服务费用包括支付给物质生产部门(工业、农业、批发零售贸易业、建筑业、运输邮电业)的服务费用和支付给非物质生产部门(如保险、金融、文化教育、科学研究、医疗卫生、行政管理等)的服务费用。工业中间投入的确定须遵循以下原则：必须从外部购入的，并已计入工业总产出的产品和服务价值；必须是本期投入生产，并一次性消耗掉(包括本期摊销的低值易耗品等)的产品和服务价值。

资产总计 指企业拥有或控制的能以货币计量的经济资源，包括各种财产、债权和其他权利。资产按流动性分为流动资产、长期投资、固定资产、无形资产、递延资产和其他资产。该指标根据企业会计“资产负债表”中“资产总计”项目的期末数增列。

流动资产 指企业可以在一年内或者超过一年的一个生产周期内变现或者耗用的资产，包括现金及各种存款、短期投资，应收及预付款项、存货等。

负债合计 指企业所承担的能以货币计量，将以资产或劳务偿付的债务，偿还形式包括货币、资产或提供劳务。负债一般按偿还期长短分为流动负债和长期负债。根据会计“资产负债表”中“负债合计”的年末数填列。

主营业务收入 指会计“利润表”中对应指标的本年累计数。未执行 2001 年《企业会计制度》的企业，用“产品销售收入”的本期累计数代替。

利润总额 指企业生产经营活动的最终成果，是企业在一定时期内实现的盈亏相抵后的利润总额(亏损以“−”号表示)，它等于营业利润加上补贴收入加上投资收益加上营业外净收入再加上以前年度损益调整。

从业人员平均人数 是指报告期内每天拥有的从业人

员人数。其计算公式为：

$$季平均人数=\frac{季内各月平均人数之和}{3}$$

$$月平均人数=\frac{报告月内每天实有人数之和}{报告月日历日数}$$

$$年平均人数=\frac{年内各月平均人数之和}{12}$$

资产负债率　该指标既反映企业经营风险的大小，也反映企业利用债权人提供的资金从事经营活动的能力。计算公式为：

$$资产负债率(\%)=\frac{负债总额}{资产总额}\times100\%$$

资产与负债均为报告期期末数。

成本费用利润率　反映企业投入的生产成本及费用的经济效益，同时也反映企业降低成本所取得的经济效益。计算公式为：

$$成本费用利润率(\%)=\frac{利润总额}{成本费用总额}\times100\%$$

公式中：成本费用总额为产品销售成本、销售费用、管理费用、财务费用之和。

产品销售率　该指标反映工业产品已实现销售的程度，是分析工业产销衔接情况，研究工业产品满足社会需求的指标。计算公式为：

$$产品销售率(\%)=\frac{工业销售产值}{工业总产值(现价)}\times100\%$$

Explanatory Notes on Main Statistical Indicators

Industry refers to the material production sector which is engaged in extraction of natural resources and processing and reprocessing of minerals and agricultural products, including (1) extraction of natural resources, such as mining, salt production (but not including hunting and fishing); (2) processing and reprocessing of farm and sideline produces, such as rice husking, flour milling, wine making, oil pressing, silk reeling, spinning and weaving, and leather making; (3) manufacture of industrial products, such as steel making, iron smelting, chemicals manufacturing, petroleum processing, machine building, timber processing; water and gas production and electricity generation and supply; (4)repairing of industrial products such as the repairing of machinery and means of transport (including cars).

Units of industrial statistics survey corporate industrial enterprises with independent accounting system.

Corporate industrial enterprises with independent accounting system refer to enterprises engaging in industrial production activities, which meet the following requirements: (1)They are established legally, having their own names, organizations, location, able to take civil liability; (2)They possess and use their assets independently, assume liabilities, and are entitled to sign contracts with other units; (3)They are financially independent and compile their own balance sheets.

Enterprises covered in the industrial statistics in the Yearbook include following categories by their registration:

State-owned and State-holding Enterprises refer to state owned enterprises plus state holding enterprises. State owned enterprises (originally known as state run enterprises with ownership by the whole society) are non corporate economic entities registered in accordance with the Regulation of the People's Republic of China on the Management of Registration of Legal Enterprises, where all assets are owned by the state. Included in this category are state owned enterprises, state funded corporations and state owned joint operation enterprises. Joint state private industries and private industries, which existed before 1957, were transformed into state run industries since 1957, and into state owned industries after 1992. Statistics on those enterprises are included in the state owned industries instead of grouping them separately. State holding enterprises is a sub classification of enterprises with mixed ownership, referring to enterprises where the percentage of state assets (or shares by the state) is larger than any other single share holder of the same enterprise. This sub classification illustrates the control of the state over a particular industry.

Collective-owned Enterprises refer to economic entities registered in accordance with the Regulation of the People's Republic of China on the Management of Registration of Legal Enterprises, where assets are owned by collectively. Collective enterprises constitute an integral part of the socialist economy with public ownership. They include urban and rural enterprises invested by collectives, and some enterprises registered in industrial and commercial administration agency as collective units where funds are pulled together by individuals who voluntarily give up their right of ownership.

Share-holding Cooperative Enterprises refer to economic units set up on cooperative basis, with funding partly from members of the enterprise and partly from outside investment, where the operation and management is decided by the members who also participate in the production, and the distribution of income is based both on work (labour input) and on shares (capital input).

Joint Operation Enterprises refer to economic units that are established by joint investment by two or more corporate enterprises or institutions of the same or different types of ownership on voluntary, equal and mutual beneficial basis. They include:

a)state owned joint operation enterprises (joint operation between state owned enterprises);

b)collective joint operation enterprises (joint operation between collective enterprises; and

c)state collective joint operation enterprises (joint operation between state and collective enterprises).

Limited Liability Corporations refer to economic units registered in accordance with the Regulation of the People's Republic of China on the Management of Registration of Corporations, with capitals from 2 to 49 investors, each investor bears limited liability to the corporation depending on his/her holding of shares, and the corporation bears liability to its debt to the maximum of its total assets.

Share-holding Corporations Ltd. refer to economic units registered in accordance with the Regulation of the People's Republic of China on the Management of Registration of Corporate Enterprises, with total registered capitals divided into equal shares and raised through issuing stocks. Each investor bears limited liability to the corporation depending on the holding of shares, and the corporation bears liability to its debt to the maximum of its total assets.

Private Enterprises refer to economic units invested or controlled (by holding the majority of the shares) by natural persons who hire labours for profit making activities. Included in this category are private limited liability corporations, private share holding corporations Ltd., private partnership enterprises and private sole investment enterprises registered in accordance with the Corporation Law, Partnership Enterprise Law and Tentative Regulation on Private Enterprises.

Enterprises with Funds from Hong Kong, Macao and Taiwan refers to all industrial enterprises registered as the joint venture, cooperative, sole (exclusive) investment industrial enterprises and limited liability corporations with funds from Hong Kong, Macao and Taiwan.

Foreign Funded Enterprises refers to all industrial enterprises registered as the joint venture, cooperative, sole (exclusive) investment industrial enterprises and limited liability corporations with foreign funds.

Enterpries with Hong Kong, Macao, Taiwan and foreign fund refer to all the enterpries with funds from Hong Kong Macao and Taiwan and foreign funded enterprises.

Light Industry refers to the industry that produces

consumer goods and hand tools. It consists of two categories, depending on the materials used:

(1) Industries using farm products as raw materials. These are branches of light industry which directly or indirectly use farm products as basic raw materials, including the manufacture of food and beverages, tobacco processing, textile, clothing, fur and leather manufacturing, paper making, printing, etc.

(2) Industries using non farm products as raw materials. These are branches of light industry which use manufactured goods as raw materials, including the manufacture of cultural, educational articles and sports goods, chemicals, synthetic fiber, chemical products for daily use, glass products for daily use, metal products for daily use, hand tools, medical apparatus and instruments, and the manufacture of cultural and clerical machinery.

Heavy Industry refers to the industry which produces capital goods, and provides various sectors of the national economy with necessary material and technical basis. It consists of the following three branches according to the purpose of production or the use of products:

(1) Mining, quarrying and logging industry refers to the industry that extracts natural resources, including extraction of petroleum, coal, metal and non metal ores.

(2) Raw materials industry refers to the industry that provides various sectors of the national economy with raw materials, fuels and power. It includes smelting and processing of metals, coking and coke chemistry, chemical materials and building materials such as cement, plywood, and power, petroleum refining and coal dressing.

(3) Manufacturing industry refers to the industry that processes raw materials. It includes machine building industry which equips sectors of the national economy, industries of metal structure and cement products, industries producing means of agricultural production, such as chemical fertilizers and pesticides.

According to the above principle of classification, the repairing trades, which are engaged primarily in repairing products of heavy industry are classified into heavy industry while these engaged in repairing products of light industry are classified into light industry.

Gross Industrial Output Value

(1) Definition: Gross industrial output value is the total volume of final industrial products produced and industrial services provided during a given period. It reflects the total achievements and overall scale of industrial production during a given period.

(2) Principles for calculation:

Statistics on industrial production follow the principle that all products produced by the enterprises and accepted during the reference period are to be included no matter whether they are sold or not during the reference period.

Determination of final products follow the principle that all products that are included in the calculation of grow industrial output value are the final products of the enterprise which have been accepted through quality check and require no further processing. If an enterprise has intermediate (semi finished) products to sell, these intermediate products are considered as the final products of the enterprise.

Gross industrial output value is calculated following the principle of factory approach, i.e. industrial enterprise is used as the basic accounting unit in calculating the gross industrial output value. By this approach, value of the same product is not to be double counted, and the output value of different workshops (branch factories) should not be added. However, this approach does not exclude the possibility of double counting between enterprises.

(3) Content and calculation method: The old definition of gross industrial output value was modified during the national industrial census in 1995. The revised (new) definition of gross industrial output value consists of 3 components: value of the finished products during the reference period, income from external processing, and value of change in semi finished products at the end and at the beginning of the reference period.

Value of the finished products during the reference period: refers to the value of all finished (semi finished) industrial products that are produced during the reference period without the need for further processing, checked for acceptance, packed and put into the warehouse of the enterprise, including the value of own produced equipment and the value of products provided to the projects under construction of the enterprise, and to other non industrial or welfare units. Value of finished products during the reference period is calculated by the quantity of products produced using own materials multiplied by the average unit prices at which products are sold (excluding value added tax). Own produced equipment and products produced for own use are value at cost prices as in the case of enterprise accounting. Value of finished products does not include the value of finished products (semi finished products) that are produced using the materials from the clients who make the orders.

Income from external processing: refers to income from contracted external processing of industrial products (including processing of industrial products using materials from the clients), and the income from industrial repairing work provided to other units. Income from external processing is calculated using information from the item "products sales income" in the enterprise accounting at the prices excluding value added tax.

For income from services such as processing, repairing and installation of equipment provided to non industrial units within the enterprise, if the accounting work of the enterprise is good enough to separate it from other records, and the share of such services is significant, it should also be included in the income from external processing.

Value of change in semi finished products at the end and at the beginning of the reference period: refers to the value of change in semi finished products at the end and at the beginning of the reference period, which generally can be obtained from accounting records of enterprises. If the enterprise accounting excludes the cost of semi finished products, then it should not be included in the gross industrial output value, and vice versa.

(4) Changes in the coverage and method of calculation of gross industrial output value

Prior to 1984, the value of rural industry run by villages was classified into agriculture instead of industry. Since 1984, it has been included in the gross industrial output value. Method of calculation for the gross industrial output value was modified in the industrial census in 1995. The difference in the new method as compared with the old one is outlined below:

Principle in using full value vs. processing fee: The new method stipulates that all products produced using own materials are to be calculated with full value in reporting the gross industrial output value irrespective of sophistication of production, and for external processing, it allows calculation using processing fee. In the old method, however, the use of full value or processing fee was determined by the degree of sophistication of production in different branches of industries.

Principle in determining the value of change in semi finished products: The new method requires that value of the change in semi finished products should be included in the gross industrial output value if it is included in the accounting record of the enterprise, otherwise it should not be included. By the old method, it is determined by the type of enterprises in terms of production cycle. If the production cycle is over 6 months, the value of change in semi finished products is included in the gross industrial output value, otherwise it is excluded.

Difference in prices: The new method uses prices excluding value added tax in the calculation of gross industrial output value, while the old method used prices including value added tax.

Value-added of Industry refers to the final results of industrial production of industrial enterprises in money terms during the reference period.

Industrial value added can be calculated by two approaches: the production approach, i.e. gross industrial output value minus intermediate input plus value added tax, and the income approach, i.e. income for various factors used in the course of production, including depreciation of fixed assets, remuneration of labourers, net of production tax, and operating surplus. Value added of industry in the Yearbook is calculated by production approach as following:

Value added of industry=gross industrial outputindustrial intermediate input+value added tax

(1)Gross industrial output: refers to the total achievements of industrial production during a given period. Gross industrial output includes value of finished products, income from external processing, and value of change in semi finished products at the end and at the beginning of the reference period. Since 1995, it was substituted by the gross industrial output value by new method.

(2) Industrial intermediate input: refers to purchased goods and paid services consumed during the industrial production of enterprises. Fees paid for services include fees paid for the services provided by material production sectors (industry, agriculture, wholesale and retail trade, construction, transport, post and telecommunications) and by non material production sectors (insurance, banking, culture, education, scientific research, health and medical care, public administration, etc.). The determination of industrial intermediate input follows the principle that the goods and services must be purchased from outside and included in the gross industrial output, and that the goods and services are inputted into production and consumed (include low value consumables) during the reference period..

Total Assets refer to all economic resources, in monetary terms, that is owned or controlled by enterprises, including properties, creditors equity and other economic rights of all forms. Classified by the degree of equitability, total assets include circulating assets, long term investment, fixed assets, intangible assets and deferred assets, and other assets. Data on this indicator can be obtained by the year end figures of total assets in the Assets and Liability Table of accounting records of enterprises.

Total Liabilities refer to payable liabilities of enterprises that have to repay in terms of money, assets or labour services. In terms of payment, it can be divided into liquid liabilities and long term liabilities. Data on this item is obtained from the ending figures on total liabilities from the Assets and Liability Table from the enterprises.

Revenue from Principal Business refers to the annual accumulation of corresponding item in the "profit table"of the accountant. For enterprises that do not follow the 2001 Enterprise Accounting Standards, the year end accumulation of revenue from the sales of products is used as a substitute.

Total Profits refer to the final achievements of production and operation of the enterprises, represented by the total profits after deducting losses (loss is expressed by the negative figure). It is the sum of profits from operation, income from subsidies, investment earnings, net income from activities other than operation, and adjustment of profits and losses of previous years.

Average Annual Number of Employed Persons Employed persons refer to all those who are employed in enterprises and receive remunerations therefrom, including currently working employees, retirees who are re employed, teachers of local run schools, as well as foreigners, staff from Hong Kong, Macao and Taiwan, part time employees and persons with second job who are employed by the enterprise, and employees of other units temporarily working in the enterprises, but excluding former employees who left the enterprise with their employment records still kept by the enterprises.

Average number of employed persons refers to the number of employees everyday during the reference period, calculated with the following formula:

$$\text{Monthly average number} = \frac{\text{sum of actual employees everyday in reference month}}{\text{number of calendar dates in reference month}}$$

$$\text{Quarterly average number} = \frac{\text{sum of monthly average number in reference quarter}}{3}$$

$$\text{Annual average number} = \frac{\text{sum of monthly average number in reference year}}{12}$$

Ratio of Profits to Total Industrial Costs refers to the ratio of profits realized in a given period to the total costs in the same period, which reflects the economic efficiency of input cost and is calculated as follows:

$$\text{Ratio of Profits to Total Industrial Cost (\%)} = \frac{\text{total profits}}{\text{total costs}} \times 100\%$$

Total costs in the above formula is the sum of cost of products sold, marketing cost, management cost and financial cost.

Sales Ratio of Products is an indicator reflecting the actual sale of industrial products, analyzing the production selling and supply demand relations. It is calculated as:

$$\text{Sales Ratio of Products (\%)} = \frac{\text{value of industrial sales}}{\text{gross industrial output value (current prices)}} \times 100\%$$

第15篇

建筑业

Construction

简 要 说 明

一、本篇资料的主要内容

本篇资料反映了全省建筑业基本情况，主要包括建筑业总产值、从业人员、建筑企业生产指标、财务指标等方面的内容。

二、本篇资料的来源

本篇资料来源于建筑业统计年报，由省统计局投资处整理提供。

Brief Introduction

I. Content

Data in this chapter show the basic conditions of the construction industry in Shandong Province, mainly including the gross output value of construction, number of employed persons, major production indices and financial indicators.

II. Source of Data

Data in this chapter are based on the annual report of construction industry, and are prepared and provided by the Division of Investment and Construction Statistics of Shandong Provincial Bureau of Statistics.

15-1 主要年份建筑业总产值
Gross Output Value of Construction Enterprises in Major Years

单位:亿元 (100 million yuan)

年 份 Year	总 计 Total	#国有经济 State-owned Construction Enterprises	中 央 Central	地 方 Local	#集体经济 Collective Owned Construction Enterprises	#城 镇 Township
1957	1.32	1.32	0.67	0.65		
1962	1.20	0.99	0.44	0.55	0.21	0.21
1965	2.51	1.66	0.53	1.13	0.85	0.85
1970	3.02	1.76	0.76	1.00	1.26	1.26
1975	7.24	4.66	2.27	2.39	2.58	2.58
1978	11.34	7.62	2.54	5.08	3.72	3.72
1979	11.96	8.14	2.62	5.52	3.82	3.82
1980	14.26	9.76	4.01	5.75	4.50	4.50
1981	13.42	9.41	4.98	4.43	4.01	4.01
1982	14.50	9.46	4.41	5.05	5.04	5.04
1983	15.89	10.45	4.56	5.89	5.44	5.44
1984	23.07	16.25	8.62	7.63	6.82	6.82
1985	31.21	22.05	12.21	9.84	9.16	9.16
1986	34.71	24.44	14.87	9.57	10.27	10.27
1987	40.91	28.67	17.51	11.16	12.24	12.24
1988	49.38	33.34	20.04	13.30	16.04	16.04
1989	55.24	37.94	22.36	15.71	17.30	17.30
1990	58.89	40.60	24.27	16.33	18.29	18.29
1991	71.40	47.77	27.40	20.38	32.63	32.63
1992	98.66	61.86	32.81	29.05	36.81	36.81
1993	141.14	93.32	46.57	46.75	46.71	46.71
1994	206.42	133.92	78.70	55.22	65.13	65.13
1995	257.95	163.73	92.25	71.48	82.08	82.08
1996	593.90	198.27	101.45	96.82	363.92	100.44
1997	652.59	228.26	112.47	115.79	387.09	120.19
1998	702.64	279.97	104.79	135.25	328.63	102.06
1999	770.80	248.19	113.14	135.05	326.12	113.55
2000	820.52	249.48	120.37	129.11	310.30	110.27
2001	986.49	246.45	94.37	152.08	286.76	189.22
2002	1153.24	254.86	86.30	168.56	274.99	186.23
2003	1485.89	331.17	126.80	204.37	294.14	201.40
2004	1969.01	657.70	302.85	354.85	263.02	
2005	2509.17	782.56	365.49	417.07	320.29	
2006	2791.81	799.34	370.15	429.19	309.72	
2007	3289.05	977.26	459.81	517.45	329.43	
2008	3842.52	963.53	478.23	485.30	338.76	
2009	4579.15	1136.65	599.49	537.16	337.03	
2010	5496.59	1368.34	704.30	664.04	377.57	
2011	6482.90	1680.49	920.80	759.69	401.61	
2012	7281.33	1811.97	968.40	843.57	426.27	
2013	8467.67	1984.39	1068.93	915.46	383.52	
2014	9313.45	2197.68	1242.32	955.36	418.33	
2015	9378.54	2322.58	1323.14	999.45	385.92	
2016	10087.43	2564.51	1463.21	1101.30	381.76	
2017	11477.80	2936.38	1698.82	1237.56	353.97	
2018	12898.29	3656.71	2169.51	1487.19	253.00	

注:1.1995年前不含县以下集体施工企业。2.从2004年开始国有经济含国有控股。

a)Before 1995,Data in this table don't include the data of enterprises of collective owned ones under county level.

b)Since 2004,state-owned enterprises include state-controlled ones.

15-2 主要年份计算建筑业劳动生产率的平均人数
Average Number of Employed Persons in Construction Enterprises for calculating the Labor Productivity in Major Years

单位:万人 (10 000 persons)

年 份 Year	总 计 Total	#国有经济 State-owned Construction Enterprises	中 央 Central	地 方 Local	#集体经济 Collective Owned Construction Enterprises	#城 镇 Township
1957	4.21	4.21	2.14	2.07		
1962	6.48	4.91	2.13	2.78	1.56	1.56
1965	7.35	4.77	1.52	3.25	2.59	2.59
1970	10.31	5.76	2.66	3.10	4.52	4.52
1975	18.81	11.33	5.36	5.97	7.47	7.47
1978	25.20	16.21	5.40	10.81	9.07	9.07
1979	26.00	16.96	6.24	10.72	8.88	8.88
1980	26.91	18.07	8.91	9.16	9.00	9.00
1981	28.55	19.20	11.07	8.20	9.11	9.11
1982	27.36	17.52	9.00	8.71	9.51	9.51
1983	27.88	18.02	6.42	11.55	9.71	9.71
1984	33.93	22.26	9.37	12.93	11.56	11.56
1985	40.53	26.89	13.13	13.67	13.47	13.47
1986	38.57	24.69	15.17	9.67	13.88	13.88
1987	39.34	24.50	14.97	9.62	14.93	14.93
1988	40.48	24.88	14.74	10.08	15.73	15.73
1989	38.90	22.86	13.63	10.83	14.54	14.54
1990	38.15	21.83	11.65	10.18	14.87	14.87
1991	39.72	23.83	12.51	11.32	15.89	15.89
1992	45.10	23.44	11.66	11.78	19.85	19.85
1993	52.78	29.57	11.87	17.70	22.94	22.94
1994	66.22	37.17	20.10	17.07	27.36	27.36
1995	66.84	35.32	14.91	20.40	29.13	29.13
1996	188.02	40.96	14.82	26.14	138.19	38.19
1997	175.78	40.49	14.39	26.10	126.15	40.15
1998	169.11	38.59	11.28	27.30	100.52	31.99
1999	164.95	33.56	10.86	22.70	92.07	26.96
2000	171.94	31.80	10.27	21.53	85.33	25.60
2001	181.07	29.15	8.15	21.00	71.17	50.65
2002	183.56	23.08	4.57	18.50	61.28	39.98
2003	210.11	29.43	8.50	20.93	54.59	34.83
2004	238.91	53.85	16.50	37.35	43.98	
2005	249.81	48.93	16.21	32.72	45.07	
2006	282.30	59.04	27.76	31.28	42.53	
2007	288.40	51.78	17.36	34.42	41.09	
2008	300.24	44.74	18.32	26.42	41.15	
2009	305.99	42.81	17.99	24.82	33.15	
2010	344.88	54.00	25.20	28.80	34.19	
2011	307.56	45.07	21.18	23.89	27.74	
2012	270.26	38.87	18.57	20.30	22.76	
2013	305.01	44.17	23.15	21.02	20.57	
2014	332.49	48.78	25.04	23.74	22.58	
2015	310.73	43.10	21.65	21.45	19.29	
2016	322.58	40.56	19.74	20.82	18.17	
2017	349.15	50.42	27.55	22.87	15.70	
2018	351.84	55.48	30.96	24.52	12.15	

注:1.1995年前不含县以下集体施工企业。2.从2004年开始国有经济含国有控股。

a)Before 1995,Data in this table don't include the data of enterprises of collective owned ones under county level.

b)Since 2004,state-owned enterprises include State-controlled ones.

15-3 建筑业企业生产指标(2018年)
Main Production Indicators of Construction Enterprises(2018)

类 别	Category	企业个数(个) Number of Enterprises (unit)	建筑业总产值(万元) Gross Output Value (10 000 yuan)	竣工产值(万元) Value of Projects Completed (10 000 yuan)	签定合同额(万元) Value of Contracts (10 000 yuan)	#上年结转 Carryover of Last Year
总 计	**Total**	**7233**	**128982939**	**57056480**	**237719739**	**92634873**
#国有及国有控股企业	State-owned and State-controlled Enterprises	539	36567054	9836329	93022128	43668738
一、按登记注册类型分	**Grouped by Registration Status**					
内资企业	Domestic Funded	7215	128159518	56756321	236886209	92398027
国有企业	State-owned	200	3986204	1855772	7861586	3060920
集体企业	Collective-owned	300	2529976	1756611	3812243	1198506
股份合作企业	Stock-holding Cooperation	31	244268	76513	331542	125362
联营企业	Joint-owned	6	336800	152104	1057347	381745
国有联营企业	State-owned	1	1719.9	1719.9	1890	70
集体联营企业	Collective-owned	3	28386	26884	36769	20455
国有与集体联营企业	State-and-collective owned	2	306694	123500	1018688	361220
其他联营企业	Others					
有限责任公司	Company with Limited Liabilition	1356	54945006	21097650	119363773	52641192
国有独资公司	State-owned	80	9387597	2957008	22717221	11327765
其他有限责任公司	Others	1276	45557409	18140642	96646552	41313427
股份有限公司	Stock-holding Company limited	173	9351309	4209754	16076261	6735708
私营企业	Private-owned	5148	56764275	27607919	88381554	28252691
私营独资企业	Solely Owned	10	43460	31359	42755	3265
私营合伙企业	Joint Owned	1	1320	1320	1320	
私营有限责任公司	Company with Limited Liabilition	5047	53629618	25975638	83373985	26547445
私营股份有限公司	Stock-holding Company limited	90	3089876	1599602	4963494	1701981
其他企业	Others	1	1680		1903	1903
港、澳、台商投资企业	Funded from Hong Kong,Macao and Taiwan	6	157088	155609	304283	160730
合资经营企业(港或澳、台资)	Joint Ventures	6	157088	155609	304283	160730
合作经营企业(港或澳、台资)	Cooperative Joint Venture					
港、澳、台商独资经营企业	Solely Owned					
港、澳、台商投资股份有限公司	Share-holding Company Limited					
外商投资企业	Foreign Funded	12	666333	144550	529248	76117
中外合资经营企业	Chinese-foreign Joint Venture	8	633512	141378	484949	75917
中外合作经营企业	Chinese-foreign Cooperative Joint Venture	1	3172	3172	2751	200
外资企业	Solely Owned	3	29648		41548	
外商投资股份有限公司	Share-holding Company Limited					

15-3 续表 1 continued

类 别	Category	企业个数(个) Number of Enterprises (unit)	建筑业总产值(万元) Gross Output Value (10 000 yuan)	竣工产值(万元) Value of Projects Completed (10 000 yuan)	签定合同额(万元) Value of Contracts (10 000 yuan)	#上年结转 Carryover of Last Year
二、按国民经济行业分	by Sector					
房屋和土木工程建筑业	Building and Civil Engineering Construction	5276	115195448	49432899	220034190	89151971
房屋工程建筑	Building	3582	80431290	38836316	144587641	56484681
土木工程建筑	Civil Engineering	1694	34764158	10596583	75446549	32667289
建筑安装业	Construction Installation	872	7643479	4485181	10413598	2244361
建筑装饰业	Construction Decoration	815	4973690	2444233	5909500	996320
其它建筑业	Others	270	1170322	694168	1362451	242221
工程准备	Preparation	71	396618	211304	499348	91936
提供工程设备服务	Service	31	196309	135561	232246	55682
其它未列明的建筑活动	Others	168	577395	347303	630857	94603
三、按企业资质等级分	by Qualification Criteria					
施工总承包	Construction Contract	4928	117901634	50970523	223966432	89980006
特 级	Special Grade	39	38140570	14111557	84255527	37625696
一 级	First Grade	420	46402107	18453775	88467940	36258626
二 级	Second Grade	1880	21419448	11842537	33108305	11146163
三级及以下	Third Grade and below	2589	11939509	6562654	18134659	4949521
专业承包	Professional Contract	2305	11081305	6085957	13753307	2654867
一 级	First Grade	256	4822520	2538181	5975540	1055433
二 级	Second Grade	881	3296278	1825993	4018849	863770
三级及以下	Third Grade and below	1168	2962506	1721783	3758918	735663
四、按营业状态分	by Business Status					
营 业	Open	7108	128406531	56693945	236904872	92420952
停业(歇业)	Close	77	295870	195942	392889	90636
筹 建	Prepared to Start	4	27635	28842	55003	43613
当年关闭	Closed in Current Year	7	5850	5275	8344	2548
当年破产	Bankruptcy	6	39096	864	37898	15926
其 它	Others	31	207957	131612	320732	61197
五、按控股情况分	by Share Holding					
#国有控股	State-controlled	525	36313344	9700759	92733637	43645431
#集体控股	Collective-controlled	616	8774210	5012540	14558948	5267014
#私人控股	Private-controlled	5530	73334302	37578570	110459040	35360170
#港澳台商控股	Controlled by Investors from Hong Kong,Macao and Taiwan	3	160183	160183	302889	154902
#外商控股	Foreign-controlled	11	72685	16859	87851	7730

15-3 续表 2 continued

类 别	Category	房屋建筑施工面积(平方米) Floor Space of Buildings under Construction (sq.m)	房屋建筑竣工面积(平方米) Floor Space of Buildings Completed (sq.m)	#住 宅 Residential	年末从业人员(人) Staff Employed (person)
总 计	**Total**	**814835765**	**222560416**	**154125025**	**3293764**
#国有及国有控股企业	State-owned and State-controlled Enterprises	128668278	20697121	12636693	492071
一、按登记注册类型分	**Grouped by Registration Status**				
内资企业	DomesticFunded	811096010	221510326	153326765	3277532
国有企业	State-owned	5993422	2993008	1628327	84361
集体企业	Collective-owned	25675643	10240366	7858055	117703
股份合作企业	Stock-holding Cooperation	1015786	412623	320254	8672
联营企业	Joint-owned	2996271	497239	422681	7854
国有联营企业	State-owned				39
集体联营企业	Collective-owned	249971	158571	158571	464
国有与集体联营企业	State-and-collective owned	2746300	338668	264110	7351
其他联营企业	Others				
有限责任公司	Company with Limited Liabilition	327769763	80790315	54609728	1055117
国有独资公司	State-owned	36999144	6449729	3704229	124087
其他有限责任公司	Others	290770619	74340586	50905499	931030
股份有限公司	Stock-holding Company limited	64237334	17542793	12016628	239655
私营企业	Private-owned	383343291	109033982	76471092	1764095
私营独资企业	Solely Owned	238109	132244	76438	1763
私营合伙企业	Joint Owned	8200	8200	6300	48
私营有限责任公司	Company with Limited Liabilition	357785468	102260860	72430016	1704734
私营股份有限公司	Stock-holding Company limited	25311514	6632678	3958338	57550
其他企业	Others	64500			75
港、澳、台商投资企业	Funded from Hong Kong,Macao and Taiwan	12600	6800	6800	826
合资经营企业(港或澳、台资)	Joint Ventures	12600	6800	6800	826
合作经营企业(港或澳、台资)	Cooperative Joint Venture				
港、澳、台商独资经营企业	Solely Owned				
港、澳、台商投资股份有限公司	Share-holding Company Limited				
外商投资企业	Foreign Funded	3727155	1043290	791460	15406
中外合资经营企业	Chinese-foreign Joint Venture	3727155	1043290	791460	13503
中外合作经营企业	Chinese-foreign Cooperative Joint Venture				75
外资企业	Solely Owned				1828
外商投资股份有限公司	Share-holding Company Limited				

15−3 续表 3 continued

类 别	Category	房屋建筑施工面积(平方米) Floor Space of Buildings under Construction (sq.m)	房屋建筑竣工面积(平方米) Floor Space of Buildings Completed (sq.m)	#住 宅 Residential	年末从业人员(人) Staff Employed (person)
二、按国民经济行业分	**by Sector**				
房屋和土木工程建筑业	Building and Civil Engineering Construction	798274302	218255081	151793902	2921432
房屋工程建筑	Building	779460584	214194182	149964942	2380898
土木工程建筑	Civil Engineering	18813718	4060899	1828960	540534
建筑安装业	Construction Installation	13957318	3252037	1589930	213769
建筑装饰业	Construction Decoration	1529270	611807	466662	132932
其它建筑业	Others	1074875	441491	274531	25631
工程准备	Preparation	150314	9983	8890	6753
提供工程设备服务	Service	87997			3942
其它未列明的建筑活动	Others	836564	431508	265641	14936
三、按企业资质等级分	**by Qualification Criteria**				
施工总承包	Construction Contract	799742927	216108438	152170865	2976074
特 级	Special Grade	285945385	58967929	35147586	691283
一 级	First Grade	260259419	67557205	47380717	1009165
二 级	Second Grade	167220809	56961777	44231542	804923
三级及以下	Third Grade and below	86317314	32621527	25411020	470703
专业承包	Professional Contract	15092838	6451978	1954160	317690
一 级	First Grade	4063629	1982567	159270	110050
二 级	Second Grade	4707157	2444523	758486	97505
三级及以下	Third Grade and below	6322052	2024888	1036404	110135
四、按营业状态分	**by Business Status**				
营 业	Open	810298290	220921690	153101047	3272406
停业(歇业)	Close	2837392	1218905	615178	11777
筹 建	Prepared to Start	302825	111350	105350	1300
当年关闭	Closed in Current Year	45918	8048	8048	521
当年破产	Bankruptcy	227375			181
其 它	Others	1123965	300423	295402	7579
五、按控股情况分	**by Share Holding**				
#国有控股	State-controlled	128559353	20621990	12602522	484599
#集体控股	Collective-controlled	70463576	23323892	17102799	294458
#私人控股	Private-controlled	539915068	160880295	111595841	2176516
#港澳台商控股	Controlled by Investors from Hong Kong,Macao and Taiwan				640
#外商控股	Foreign-controlled				2629

15-4 建筑业主要财务指标(2018年)
Major Financial Indicators of Construction Enterprises(2018)

单位:万元 (10 000 yuan)

类 别	Category	年初存货 Inventory at Beginning of year	流动资产 Liquid Assets	固定资产 Fixed Assets	在建工程 Project under Constr -uction	资产合计 Total Assets	流动负债 Liquid Liabilities
总 计	**Total**	**22176521**	**117317279**	**15166651**	**915372**	**140818225**	**94472685**
#国有及国有控股企业	State-owned and State-controlled Enterprises	7235355	41397790	4560798	251629	50106031	37418644
一、按登记注册类型分	**Grouped by Registration Status**						
内资企业	Domestic Funded	22168269	117157292	15092166	913328	140603507	94345380
国有企业	State owned	738085	3782880	577742	37438	4433610	3037112
集体企业	Collective-owned	447654	2177919	422281	21000	2618984	1731122
股份合作企业	Stock-holding Cooperation	109706	300198	27564	1843	335100	260393
联营企业	Joint-owned	3082	71949	3676		271794	103469
国有联营企业	State-owned	80	59650	288		257680	92771
集体联营企业	Collective-owned	1848	4819	3235		6556	3488
其他联营企业	Others	1154	7481	153		7558	7210
有限责任公司	Company with Limited Liabilition	13620194	68874054	8091383	467418	81704213	57379753
国有独资公司	State owned	2549603	13226189	1540277	139605	16120981	11863798
其他有限责任公司	Others	11070591	55647865	6551106	327813	65583232	45515955
股份有限公司	Stock holding Company limited	1969206	13751639	1418411	64640	16680513	11970015
私营企业	Private owned	5274403	28185620	4549763	320990	34537467	19849251
私营独资企业	Solely Owned	343	32408	2493	5	36414	15827
私营合伙企业	Joint Owned	29793	120559	84130		189139	53163
私营有限责任公司	Company with Limited Liabilition	4789638	26208291	4195374	296592	32040574	18484633
私营股份有限公司	Stock holding Company limited	454629	1824363	267767	24393	2271341	1295629
其他企业	Others	5941	13034	1345		21826	14265
港、澳、台商投资企业	Funded from Hong Kong,Macao and Taiwan	2179	99124	18010	369	108757	63668
合资经营企业(港或澳、台资)	Joint Ventures	2179	99124	18010	369	108757	63668
合作经营企业(港或澳、台资)	Cooperative Joint Venture						
港、澳、台商独资经营企业	Solely Owned						
港、澳、台商投资股份有限公司	Share holding Company Limited						
外商投资企业	Foreign Funded	6072	60864	56474	1676	105962	63636
中外合资经营企业	Chinese foreign Joint Venture	5576	52348	47552	1676	87251	54704
中外合作经营企业	Chinese foreign Cooperative Joint Venture	211	5831	4538		6976	4009
外资企业	Solely Owned	285	922	1332		1149	410
外商投资股份有限公司	Share holding Company Limited		1763	3052		10586	4515

15-4 续表 1 continued

单位:万元 (10 000 yuan)

类别	Category	年初存货 Inventory at Beginning of year	流动资产 Liquid Assets	固定资产 Fixed Assets	在建工程 Project under Construction	资产合计 Total Assets	流动负债 Liquid Liabilities
二、按国民经济行业分	**by Sector**						
房屋和土木工程建筑业	Building and Civil Engineering Construction	19884271	106104077	13297256	775478	127391043	86152156
房屋工程建筑	Building	12667339	61599110	6738039	437288	71701020	47334887
土木工程建筑	Civil Engineering	7216931	44504968	6559217	338190	55690023	38817268
建筑安装业	Construction Installation	1349259	6198373	896448	64873	7311841	4591870
建筑装饰业	Construction Decoration	799101	3952017	605778	53835	4727386	2876903
其它建筑业	Others	143891	1062812	367169	21187	1387956	851757
工程准备	Preparation	54850	414569	117348	14913	535295	330038
提供工程设备服务	Service	5367	79362	30925	319	97771	48587
其它未列明的建筑活动	Others	83674	568881	218896	5955	754890	473132
三、按企业资质等级分	**by Qualification Criteria**						
施工总承包	Construction Contract	20006980	106982835	13155625	781665	127955957	87027430
特　级	Special Grade	5264952	31783119	2171410	86385	37763527	27692105
一　级	First Grade	8069829	39585636	4949648	317779	46516106	33127854
二　级	Second Grade	4653531	24099313	3897546	214331	29174166	18045872
三级及以下	Third Grade and below	2018668	11514767	2137022	163170	14502159	8161599
专业承包	Professional Contract	2169541	10334444	2011025	133708	12862268	7445254
一　级	First Grade	769492	3667320	598435	35059	4344755	2885937
二　级	Second Grade	969720	3674296	653060	79480	4619233	2425663
三级及以下	Third Grade and below	430330	2992829	759531	19168	3898281	2133654
四、按营业状态分	**by Business Status**						
营　业	Open	22081068	116593097	15091494	894228	139981895	93871838
停业(歇业)	Close	15699	67445	22757		85548	48037
筹　建	Prepared to Start						
当年关闭	Closed in Current Year	52648	448899	25455	10758	484953	386562
当年破产	Bankruptcy	246	3095	895		4033	2358
其　它	Others	26860	204744	26050	10387	261796	163890
五、按控股情况分	**by Share Holding**						
#国有控股	State-controlled	7235355	41397790	4560798	251629	50106031	37418644
#集体控股	Collective-controlled	1415155	8289655	1129987	56597	9629605	6875935
#私人控股	Private-controlled	10467766	54619108	7889363	549154	65870411	39310307
#港澳台商控股	Controlled by Investors from Hong Kong,Macao and Taiwan	932	109003	19955	369	119107	70943
#外商控股	Foreign-controlled	4328	48241	53319	1676	92485	52828

15-4 续表 2 continued

单位:万元 (10 000 yuan)

类别	Category	非流动负债 Non-current liabilities	负债合计 Total Liabilities	所有者权益 Creditors' Equity	主营业务收入 Revenue from Principal Business	主营业务成本 Cost of Principal Business
总计	**Total**	**5564035**	**102311015**	**38507210**	**116627561**	**106130229**
#国有及国有控股企业	State owned and State controlled Enterprises	2786531	40435414	9670617	37807102	35196906
一、按登记注册类型分	**Grouped by Registration Status**					
内资企业	Domestic Funded	5534431	102154107	38449400	116470666	105986582
国有企业	State-owned	96787	3239240	1194370	3084401	2786075
集体企业	Collective-owned	26097	1896328	722656	2236979	1995793
股份合作企业	Stock-holding Cooperation	5893	276128	58972	160041	138141
联营企业	Joint-owned	15	103484	168311	36497	32429
国有联营企业	State-owned		92771	164909	12362	10401
集体联营企业	Collective-owned	15	3503	3053	15962	14040
其他联营企业	Others		7210	348	8173	7988
有限责任公司	Company with Limited Liabilition	3999185	62371681	19332532	66303085	60817905
国有独资公司	State-owned	1048669	12950913	3170068	12752142	11882017
其他有限责任公司	Others	2950516	49420768	16162464	53550944	48935888
股份有限公司	Stock-holding Company limited	888960	12960094	3720419	13159627	12286984
私营企业	Private-owned	517495	21292887	13244580	31475308	27915337
私营独资企业	Solely Owned		16806	19608	42356	37381
私营合伙企业	Joint Owned		53238	135901	133569	112651
私营有限责任公司	Company with Limited Liabilition	411429	19755709	12284865	29621905	26229436
私营股份有限公司	Stock-holding Company limited	106066	1467134	804207	1677477	1535868
其他企业	Others		14265	7561	14728	13918
港、澳、台商投资企业	Funded from Hong Kong,Macao and Taiwan	29520	93188	15569	106790	99261
合资经营企业(港或澳、台资)	Joint Ventures	29520	93188	15569	106790	99261
合作经营企业(港或澳、台资)	Cooperative Joint Venture					
港、澳、台商独资经营企业	Solely Owned					
港、澳、台商投资股份有限公司	Share-holding Company Limited					
外商投资企业	Foreign Funded	84	63721	42241	50105	44386
中外合资经营企业	Chinese-foreign Joint Venture	84	54788	32463	38425	35570
中外合作经营企业	Chinese-foreign Cooperative Joint Venture		4009	2968	3172	2524
外资企业	Solely Owned		410	739	735	697
外商投资股份有限公司	Share-holding Company Limited		4515	6071	7773	5596

15-4 续表 3 continued

单位:万元 (10 000 yuan)

类别	Category	非流动负债 Non-current liabilities	负债合计 Total Liabilities	所有者权益 Creditors' Equity	主营业务收入 Revenue from Principal Business	主营业务成本 Cost of Principal Business
二、按国民经济行业分	**by Sector**					
房屋和土木工程建筑业	Building and Civil Engineering Construction	5330550	93378580	34012463	103056980	94461118
房屋工程建筑	Building	2324527	51146421	20554599	66680265	61172063
土木工程建筑	Civil Engineering	3006023	42232160	13457863	36376715	33289055
建筑安装业	Construction Installation	144512	4921293	2390548	7759347	6488100
建筑装饰业	Construction Decoration	66073	3104609	1622777	4714099	4222846
其它建筑业	Others	22901	906534	481422	1097136	958165
工程准备	Preparation	11780	350946	184349	419810	373185
提供工程设备服务	Service	337	58501	39270	175311	149454
其它未列明的建筑活动	Others	10784	497087	257803	502015	435526
三、按企业资质等级分	**by Qualification Criteria**					
施工总承包	Construction Contract	5072815	93962118	33993839	105946568	96712107
特　级	Special Grade	2342910	30056016	7707511	36000765	33423554
一　级	First Grade	1458569	35111635	11404471	40086748	36683523
二　级	Second Grade	551345	19311491	9862675	19911724	17837945
三级及以下	Third Grade and below	719991	9482976	5019183	9947331	8767086
专业承包	Professional Contract	491220	8348898	4513370	10680994	9418122
一　级	First Grade	16018	3005578	1339177	4801188	4356621
二　级	Second Grade	366480	2991692	1627541	3122876	2718977
三级及以下	Third Grade and below	108721	2351628	1546652	2756930	2342524
四、按营业状态分	**by Business Status**					
营　业	Open	5552698	101692463	38289432	115900757	105742477
停业(歇业)	Close	1000	49134	36415	13736	12440
筹　建	Prepared to Start					
当年关闭	Closed in Current Year	1392	387954	96999	591744	264666
当年破产	Bankruptcy		2366	1667	1109	1086
其　它	Others	8945	179099	82697	120216	109561
五、按控股情况分	**by Share Holding**					
#国有控股	State-controlled	2786531	40435414	9670617	37807102	35196906
#集体控股	Collective-controlled	318093	7427750	2201855	7107963	6414021
#私人控股	Private-controlled	1749939	42593158	23277253	63185287	56702282
#港澳台商控股	Controlled by Investors from Hong Kong,Macao and Taiwan	29520	100463	18645	113062	105370
#外商控股	Foreign-controlled	84	52912	39572	47289	41717

15-4 续表 4 continued

单位:万元 (10 000 yuan)

类别	Category	主营业务税金及附加 Taxes and Other Charges on Principal Business	销售费用 Sales Expenses	管理费用 Management Expenses	财务费用 Financial Expenses	利润总额 Total Profits
总　计	**Total**	**935108**	**299733**	**3742008**	**906235**	**4034752**
#国有及国有控股企业	State-owned and State-controlled Enterprises	123847	54054	1150020	293577	1033165
一、按登记注册类型分	**Grouped by Registration Status**					
内资企业	Domestic Funded	934444	299642	3733845	902544	4020991
国有企业	State-owned	26703	6465	153590	22734	95846
集体企业	Collective-owned	45946	9982	69864	8768	106011
股份合作企业	Stock-holding Cooperation	4270	1956	8417	2610	4389
联营企业	Joint-owned	456		1395	538	2700
国有联营企业	State-owned	49		802	519	1662
集体联营企业	Collective-owned	385		459	16	1014
其他联营企业	Others	22		135	3	24
有限责任公司	Company with Limited Liabilition	429156	119979	2054826	515328	2128853
国有独资公司	State-owned	38306	15073	409933	92619	362309
其他有限责任公司	Others	390850	104906	1644893	422709	1766543
股份有限公司	Stock-holding Company limited	97907	26583	323161	99551	431642
私营企业	Private-owned	329834	134678	1122195	252958	1251441
私营独资企业	Solely Owned	162	348	923	278	3298
私营合伙企业	Joint Owned	484	399	1549	1477	17008
私营有限责任公司	Company with Limited Liabilition	318156	127891	1060789	233650	1179695
私营股份有限公司	Stock-holding Company limited	11032	6040	58934	17553	51439
其他企业	Others	172		396	59	108
港、澳、台商投资企业	Funded from Hong Kong,Macao and Taiwan	277	5	2462	3113	2116
合资经营企业(港或澳、台资)	Joint Ventures	277	5	2462	3113	2116
合作经营企业(港或澳、台资)	Cooperative Joint Venture					
港、澳、台商独资经营企业	Solely Owned					
港、澳、台商投资股份有限公司	Share-holding Company Limited					
外商投资企业	Foreign Funded	387	85	5701	578	11645
中外合资经营企业	Chinese-foreign Joint Venture	298	70	4216	312	10604
中外合作经营企业	Chinese-foreign Cooperative Joint Venture	11		389	121	104
外资企业	Solely Owned	5	15	158		-131
外商投资股份有限公司	Share-holding Company Limited	72		939	145	1068

15-4 续表 5 continued

单位:万元 (10 000 yuan)

类 别	Category	主营业务税金及附加 Taxes and Other Charges on Principal Business	销售费用 Sales Expenses	管理费用 Management Expenses	财务费用 Financial Expenses	利润总额 Total Profits
二、按国民经济行业分	**by Sector**					
房屋和土木工程建筑业	Building and Civil Engineering Construction	835404	190364	3044772	829120	3508821
房屋工程建筑	Building	676041	108778	1597129	481532	2409573
土木工程建筑	Civil Engineering	159363	81586	1447643	347588	1099248
建筑安装业	Construction Installation	55654	63985	424166	36086	282504
建筑装饰业	Construction Decoration	36122	32014	209676	33380	192166
其它建筑业	Others	7928	13370	63394	7649	51260
工程准备	Preparation	2182	2782	23902	4530	15562
提供工程设备服务	Service	1925	1262	8706	682	13905
其它未列明的建筑活动	Others	3821	9325	30786	2438	21793
三、按企业资质等级分	**by Qualification Criteria**					
施工总承包	Construction Contract	846711	191663	3137143	813607	3606612
特 级	Special Grade	141933	26368	778467	217467	1228097
一 级	First Grade	300925	51195	1105948	357282	1104253
二 级	Second Grade	260712	54345	773897	171784	819770
三级及以下	Third Grade and below	143142	59755	478831	67074	454492
专业承包	Professional Contract	88396	108069	604865	92628	428140
一 级	First Grade	30053	27018	189327	35232	175838
二 级	Second Grade	32344	32662	207208	38040	139373
三级及以下	Third Grade and below	26000	48389	208331	19356	112929
四、按营业状态分	**by Business Status**					
营 业	Open	931957	299282	3711415	902893	4020813
停业(歇业)	Close	205	43	1070	321	3267
筹 建	Prepared to Start					
当年关闭	Closed in Current Year	947	84	14211	3223	9478
当年破产	Bankruptcy	7		27	2	-17
其 它	Others	1992	324	15285	-203	1211
五、按控股情况分	**by Share Holding**					
#国有控股	State-controlled	123847	54054	1150020	293577	1033165
#集体控股	Collective-controlled	92888	23233	270579	60618	242973
#私人控股	Private-controlled	655784	202833	1950540	474015	2477969
#港澳台商控股	Controlled by Investors from Hong Kong,Macao and Taiwan	232	3	2531	3316	1837
#外商控股	Foreign-controlled	375	84	5416	522	11590

15-5 各市建筑业主要生产指标(2018年)
Main Production Indicators of Construction Enterprises by Region(2018)

地区	Region	企业个数(个) Number of Enterprises (unit)	建筑业合同(万元) Value of Construction Contracts (10 000 yuan)	#上年结转合同额 Carryover of Last Year	建筑业总产值(万元) Gross Output Value of Construction (10 000 yuan)	竣工产值(万元) Value of Construction Completed (10 000 yuan)	房屋建筑施工面积(平方米) Floor Space under Construction (sq.m)	房屋建筑竣工面积(平方米) Floor Space Completed (sq.m)	#住宅 Residential	年末从业人员(人) Employees at year-end (person)
全省总计	**Total**	**7233**	**237719739**	**92634873**	**128982939**	**57056480**	**814835765**	**222560416**	**154125025**	**3293764**
济南市	Jinan	507	68221438	31815734	28234734	8691856	129840455	23663053	15018148	467740
青岛市	Qingdao	711	47779602	21267350	23092677	9239764	145508627	30704162	19536219	564804
淄博市	Zibo	444	15001745	4399207	10684717	5324999	78606366	21987912	15223936	298593
枣庄市	Zaozhuang	240	5008907	1475963	3439792	1708277	26288486	10575136	8369601	143559
东营市	Dongying	303	4137183	1500659	2239152	1388960	4176799	2726030	1545550	66104
烟台市	Yantai	827	9971610	2995354	7206834	4129660	41105378	16025902	12462562	226077
潍坊市	Weifang	600	15366449	5030302	9899322	4727447	81055308	21407774	15029482	217110
济宁市	Jining	549	11397329	3997337	6976957	2912608	54015237	13770581	8553408	213747
泰安市	Tai'an	372	11766541	3143515	8319150	4304988	24129597	10169039	8033826	275658
威海市	Weihai	459	4952063	1678534	3403100	1983150	26748889	8441301	5357280	89101
日照市	Rizhao	322	7093578	2596907	3869495	1432825	21429618	6361345	5359520	69625
莱芜市	Laiwu	145	1216516	252002	973090	647093	5019939	2915667	1388778	44786
临沂市	Linyi	470	15290946	4999678	10024997	5119659	90066249	26538034	17393566	259684
德州市	Dezhou	282	7324745	2552621	3438548	1288886	24136626	6948387	5050673	93317
聊城市	Liaocheng	279	5890414	2632640	2498605	1321002	26731681	5525365	4412964	73026
滨州市	Binzhou	308	2575650	826789	1706271	1059280	12460609	4608959	2806665	56674
菏泽市	Heze	415	4725024	1470281	2975497	1776026	23515901	10191769	8582847	134159

15-6 各市建筑业主要财务指标(2018年)
Financial Indicators of Construction Enterprises by Region(2018)

单位:万元 (10 000 yuan)

地 区	Region	流动资产 Liquid Assets	固定资产 Fixed Assets	在建工程 Projects under Construction	资产合计 Total Assets	流动负债 Liquid Liabilities	非流动负债 Non-current liabilities	负债合计 Total Liabilities
全省总计	**Total**	**117317279**	**15166651**	**915372**	**140818225**	**94472685**	**5564035**	**102311015**
济南市	Jinan	25141635	2204854	117758	30119992	22455914	1215603	23850914
青岛市	Qingdao	21608878	2053765	182417	26028363	18249159	1512991	20099760
淄博市	Zibo	6036314	1122816	66580	7146475	4393500	117155	4647422
枣庄市	Zaozhuang	2845579	498491	13097	3486067	2108494	120462	2315341
东营市	Dongying	4189753	614814	24414	4762523	3416126	101284	3544001
烟台市	Yantai	7591173	1398131	78573	9146215	5652670	179673	6014147
潍坊市	Weifang	8326418	1180961	38346	10048510	6186072	343148	6753362
济宁市	Jining	8498885	945266	71460	9738988	6404491	287408	6878720
泰安市	Tai'an	4794358	992781	53801	5851842	3980927	132621	4246791
威海市	Weihai	3232572	643074	54102	4012595	2638988	58295	2791724
日照市	Rizhao	4505730	527088	39641	5456513	3774101	143152	4049611
莱芜市	Laiwu	824543	184058	11055	1075421	508029	15023	593737
临沂市	Linyi	8403722	1045241	56993	10055461	6165536	638158	6970678
德州市	Dezhou	3041552	426540	12572	3627605	2183233	73298	2336343
聊城市	Liaocheng	3268677	340146	50607	3856799	2350261	431282	2802649
滨州市	Binzhou	2113905	450094	37567	2645650	1801892	47295	1885905
菏泽市	Heze	2893587	538530	6390	3759208	2203293	147188	2529911

15-6 续表 continued

单位:万元 (10 000 yuan)

地 区	Region	所有者权益 Owner's Equity	实收资本 Paid-in Capitals	主营业务收入 Revenue from Principal Business	主营业务成本 Cost of Principal Business	主营业务税金及附加 Taxes and Other Charges on Principal Business	管理费用 Management Expenses	财务费用 Financial Expenses	利润总额 Total Profits
全省总计	**Total**	**38507210**	**24468517**	**116627561**	**106130229**	**935108**	**3742008**	**906235**	**4034752**
济南市	Jinan	6269077	3686190	27511085	25381249	108654	780289	122915	810897
青岛市	Qingdao	5928603	5341617	22466072	20863850	130471	682680	219993	555874
淄博市	Zibo	2499053	1317282	8345534	7758000	86433	268264	41173	223305
枣庄市	Zaozhuang	1170726	585971	3164878	2753537	84812	107350	16127	189672
东营市	Dongying	1218522	834352	2506397	2288224	22506	116206	32875	56085
烟台市	Yantai	3132068	1715293	6888751	6023304	101897	278709	84961	385724
潍坊市	Weifang	3295148	1443331	8374906	7556344	87758	196775	57557	464031
济宁市	Jining	2860268	1687086	5983302	5427636	59699	229636	75527	226120
泰安市	Tai'an	1605051	957427	7499575	6430403	72131	254951	27258	188423
威海市	Weihai	1220871	657805	2648138	2361111	25118	132614	16406	108980
日照市	Rizhao	1406902	961712	3370640	3070194	18191	107166	42689	125041
莱芜市	Laiwu	481684	258499	783821	684106	11287	33787	5090	37173
临沂市	Linyi	3084783	1370746	7232036	6512876	55238	249876	61449	318054
德州市	Dezhou	1291261	646380	2724278	2479955	27209	88385	23236	113965
聊城市	Liaocheng	1054151	1696794	2573753	2370780	14067	84933	42768	61409
滨州市	Binzhou	759746	566458	1559180	1409980	15855	66061	8175	51894
菏泽市	Heze	1229298	741576	2995214	2758681	13781	64326	28036	118105

主要统计指标解释

建筑业统计单位 指从事房屋、构筑物建造和设备安装活动的法人企业。建筑业法人企业应具有建筑业资质并能够独立核算，同时其应具备以下条件：①依法成立，有自己的名称、组织机构和场所，能够承担民事责任；②独立拥有和使用资产，承担负债，有权与其他单位签订合同；③独立核算盈亏，能够编制资产负债表。

建筑业总产值 是以货币形式表现的建筑业企业在一定时期内生产的建筑业产品和提供的服务的总和。建筑业总产值包括：

⑴建筑工程产值：指列入建筑工程预算内的各种工程价值。

⑵安装工程产值：指设备安装工程价值，不包括被安装设备本身的价值。

⑶其他产值：建筑业总产值中除建筑工程、安装工程以外的产值。包括房屋构筑物修理产值、非标准设备制造产值、总包企业向分包企业收取的管理费以及不能明确划分的施工活动所完成的产值。

a.房屋构筑物修理产值：指房屋和构筑物修理所完成的产值，但不包括被修理房屋、构筑物本身价值和生产设备的修理产值。

b.非标准设备制造产值：指加工制造没有定型的非标准生产设备的加工费和原材料价值(如化工厂、炼油厂用的各种罐、槽，矿井生产统一使用的各种漏斗、三角槽、阀门等)以及附属加工厂为本企业承建工程制作的非标准设备的价值。

建筑业增加值 指建筑业企业在报告期内以货币形式表现的建筑业生产经营活动的最终成果。

从 2004 年第一次全国经济普查开始，建筑业现价增加值按生产法和分配法(收入法)两种方法计算，以收入法的计算结果为准，即从收入的角度出发，根据生产要素在生产过程中应得的收入份额计算。具体计算方法：经济普查年度建筑业增加值按照《经济普查年度 GDP 核算方案》计算，非经济普查年度建筑业增加值按照《非经济普查年度 GDP 核算方案》计算。

房屋建筑施工面积 指在报告期内施过工的全部房屋建筑面积，包括本期新开工的房屋面积、上期施工跨入本期继续施工的房屋面积、上期停缓建在本期恢复施工的房屋面积、本期竣工的房屋面积及本期施工后又停缓建的房屋面积。

房屋建筑竣工面积 指在报告期内房屋建筑按照设计要求全部完工，达到了使用条件，经验收鉴定合格，正式移交使用单位的房屋建筑面积。

Explanatory Notes on Main Statistical Indicators

Statistical Unit in Construction refers to corporate enterprise engaged in the construction of buildings and structures and in the installation of equipment. A corporate construction enterprise should have qualification certificates with independent accounting system, and should meet the following 3 requirements: a) being set up in line with relevant legal basis, having its full name, organization and location, and capable of taking civil liabilities; b) independently possessing and using its assets and assuming its liabilities, and entitled to sign contracts with other institutions; and c) making independent accounts of its profits and losses, and capable of compiling its own balance sheet.

Gross Output Value of Construction refers to total of construction products and services, expressed in money terms, produced or rendered by construction and installation enterprises during a given period of time. It includes:

(1)Output value of construction projects, that is the value of projects covered by the project budgets;

(2)Output value of installation projects, that is the value of the installation of equipment, (excluding the value of the equipment to be installed);

(3)Output value of others, that is the output value of construction industry excluding that of construction projects and installation projects. It includes: output value of repair of buildings and structures; output value of non standard equipment manufacturing; overhead expenses received by contracted enterprises to the sub contracted enterprises and the completed output value of construction activities that have no clear definition.

a. Output value of repair of buildings and structures, that is the value created through the repairs of buildings or structures, but does not include the value of buildings or structures being repaired and the value of the repair of production equipment;

b. Output value of manufactured non standard equipment, that is the value of non standard production equipment including raw materials and manufacturing cost made for the construction project (i.e., chemical plant; kettles or tanks used by refineries; various fillers, triangle tanks, valves used by mines), and the output value of equipment manufactured by subsidiary workshops.

Value added of Construction refers to the final result of the activities of production and management of construction industry in monetary terms in the reference period.

Starting from the 2004 economic census, value added of construction is calculated by both production approach and income approach, with the income approach as the final approach, where the calculation is based on the share of production factor in the production process. Specifically, value added of construction for census years is calculated in accordance with the Programme of Compilation of GDP and National Accounts for the Year of Economic Census, and value added of construction for other years is calculated in accordance with the Programme of Compilation of GDP and National Accounts for the Non Economic Census Years.

Floor Space of Buildings under Construction refers to floor space of buildings under construction during the reference period, including newly started buildings, buildings started earlier and continued during the reference period, and buildings suspended earlier but restarted during the reference period, buildings completed during the reference period, and buildings under construction and then suspended during the reference period.

Floor Space of Buildings Completed refers to the floor space of buildings that are completed in the reference period in accordance with the requirements of the design, up to the standard for putting them into use, and have been checked and accepted by concerned departments as qualified ones.

第16篇

规模以上服务业

Service Enterprises Above Designated Size

简 要 说 明

一、本篇资料的主要内容

本篇资料主要反映规模以上服务业的基本情况、财务状况、劳动报酬情况等。据国家统计报表制度，2012年规模以上服务业年报首次纳入“一套表”联网直报系统。

二、本篇资料的来源

本篇资料来源于规模以上服务业 1—12 月统计月报数据，由省统计局服务业处整理提供。

Brief Introduction

I. Content

Data in this chapter reflect the basic information, financial condition, employed persons, labor remuneration and E-commerce transactions of some service enterprises above designated size. According to the National Statistical Reporting System, some service enterprises above designated size have been integrated into the "network reporting" system since 2012.

II. Source of Data

Data in this chapter are based on the monthly statistics report from January to December of some service enterprises above designated size and are prepared and compiled by the Division of comprehensive Service Statistics of Shandong Provincial Bureau of Statistics.

16−1 规模以上服务业企业主要财务状况

Main Financial Indicators of Service Enterprises above the Designated

单位:亿元 (100 million yuan)

项 目	Item	2017	2018	2018年比2017年增长(%) Growth Rate in 2018 Over 2017 (%)
营业收入	Business Revenue	7011.45	7375.97	5.2
营业成本	Business Costs	5225.36	5626.55	7.7
税金及附加	Tax and Extra Charges on Business	65.02	60.92	-6.3
销售费用	Sales Expenses	368.55	339.22	-8.0
管理费用	Management Expenses	619.83	661.25	6.7
财务费用	Financial Expenses	149.83	169.83	13.3
营业利润	Business Profits	730.93	754.51	3.2
利润总额	Total Profits	826.74	817.78	-1.1
所得税费用	Income Taxes Payable	77.52	113.52	46.4
应付职工薪酬	Total Wages Payable	1050.67	1167.60	11.1
应交增值税	Value-added Tax Payable	165.85	157.20	-5.2

注:增速按可比口径计算。
a)The growth rates are calculated on comparable coverage.

16−2 规模以上其他营利性服务业企业主要财务状况

Main Financial Indicators of Other for-profit Service Enterprises above the Designated

单位:亿元 (100 million yuan)

项 目	Item	2017	2018	2018年比2017年增长(%) Growth Rate in 2018 Over 2017 (%)
营业收入	Business Revenue	1470.47	1706.16	16.0
营业成本	Business Costs	1017.25	1239.51	21.8
税金及附加	Tax and Extra Charges on Business	18.49	20.98	13.5
销售费用	Sales Expenses	86.81	90.37	4.1
管理费用	Management Expenses	191.17	210.25	10.0
财务费用	Financial Expenses	67.05	74.60	11.3
营业利润	Business Profits	191.50	199.06	3.9
利润总额	Total Profits	205.37	217.47	5.9
所得税费用	Income Taxes Payable	14.82	26.73	80.4
应付职工薪酬	Total Wages Payable	252.33	296.56	17.5
应交增值税	Value-added Tax Payable	42.55	41.18	-3.2

注:增速按可比口径计算。
a)The growth rates are calculated on comparable coverage.

16-3 规模以上服务业企业分登记注册类型财务状况
Financial Indicators of Service Enterprises above Designated Size by Registration Type

单位:万元 (10 000 yuan)

类别	Category	企业单位数(个) Number of Industial Enterprises (unit)	营业收入 Business Revenue	营业成本 Business Costs
全省总计	**Provincial Total**	**11903**	**73759661**	**56265524**
按登记注册类型分	**by Status of Registration**			
内资企业	**Domestic Funded Enterprises**	**11677**	**68925014**	**52862517**
国有企业	State-owned Enterprises	333	4235192	3676444
集体企业	Collective-owned Enterprises	119	388908	226775
股份合作企业	Cooperative Enterprises	12	31913	11981
联营企业	Joint Ownership Enterprises	2	1903	1439
有限责任公司	Limited Liability Corporations	3515	31252367	23480307
股份有限公司	Share-holding Corporations Limited	434	11274113	8348789
私营企业	Private Enterprises	6615	19998952	15898725
其他企业	Other Enterprises	647	1741665	1218057
港、澳、台商投资企业	**Enterprises with Funds from Hong Kong, Macao and Taiwan**	**109**	**2583997**	**1818579**
合资经营企业(港或澳、台资)	Joint-ventures Enterprises	48	850998	599835
合作经营企业(港或澳、台资)	Cooperative Enterprises	3	20653	13543
港澳台商独资经营企业	Enterprises with Sole Investment	46	1326442	917351
港澳台商投资股份有限公司	Share-holding Corporations Ltd. With Funds from Hong Kong, Macao and Taiwan	6	361817	275610
其他企业	Other Enterprises	6	24088	12240
外商投资企业	**Foreign Funded Enterprises**	**117**	**2250650**	**1584429**
中外合资经营企业	Joint-venture Enterprises	58	1108220	827555
中外合作经营企业	Cooperation Enterprises	3	4954	3355
外资企业	Enterprises with Sole Foreign Funds	49	574306	448627
外商投资股份有限公司	Share-holding Corporations Ltd. With Foreign Investment	3	545591	295245
其他企业	Other Enterprises	4	17579	9647

16-3 续表 1 continued

单位:万元 (10 000 yuan)

类别	Category	税金及附加 Tax and Extra Charges on Business	销售费用 Selling Expreses	管理费用 Mangement Expenses	财务费用 Financial Expenses	营业利润 Business Profits
全省总计	**Provincial Total**	**609246**	**3392175**	**6612526**	**1698288**	**7545140**
按登记注册类型分	**by Status of Registration**					
内资企业	**Domestic Funded Enterprises**	**573238**	**3141509**	**6222559**	**1621562**	**6662482**
国有企业	State-owned Enterprises	26044	147468	565295	59508	-59654
集体企业	Collective-owned Enterprises	9711	11488	95246	17636	36351
股份合作企业	Cooperative Enterprises	1075	3745	14901	-49	309
联营企业	Joint Ownership Enterprises	36		86	18	330
有限责任公司	Limited Liability Corporations	273661	1485582	2824079	1118738	3595046
股份有限公司	Share-holding Corporations Limited	73904	680049	778206	139326	1582502
私营企业	Private Enterprises	173959	764955	1659886	263334	1352833
其他企业	Other Enterprises	14849	48222	284860	23050	154766
港、澳、台商投资企业	**Enterprises with Funds from Hong Kong, Macao and Taiwan**	**16673**	**175992**	**177107**	**33426**	**351616**
合资经营企业(港或澳、台资)	Joint-ventures Enterprises	5115	32137	78338	17397	120270
合作经营企业(港或澳、台资)	Cooperative Enterprises	146	68	832	507	5557
港澳台商独资经营企业	Enterprises with Sole Investment	7841	113466	75886	7753	193317
港澳台商投资股份有限公司	Share-holding Corporations Ltd. With Funds from Hong Kong, Macao and Taiwan	1666	27381	18136	3274	33870
其他企业	Other Enterprises	1905	2941	3914	4495	-1397
外商投资企业	**Foreign Funded Enterprises**	**19335**	**74674**	**212860**	**43300**	**531042**
中外合资经营企业	Joint-venture Enterprises	11490	10854	139891	35862	296725
中外合作经营企业	Cooperation Enterprises	444	2371	996	453	-2661
外资企业	Enterprises with Sole Foreign Funds	6383	16461	55551	6465	42515
外商投资股份有限公司	Share-holding Corporations Ltd. With Foreign Investment	662	42807	14396	207	191407
其他企业	Other Enterprises	357	2180	2026	314	3055

16-3 续表 2 continued

单位:万元 (10 000 yuan)

类 别	Category	利润总额 Total Profits	所得税费用 Income Taxes Payable	应付职工薪酬 Total Wages Payable	应交增值税 Value-added Tax Payable
全省总计	**Provincial Total**	**8177823**	**1135196**	**11676026**	**1571977**
按登记注册类型分	**by Status of Registration**				
内资企业	**Domestic Funded Enterprises**	**7275171**	**1075484**	**11036746**	**1450408**
国有企业	State-owned Enterprises	47581	32195	1214167	55881
集体企业	Collective-owned Enterprises	44910	8842	83055	8082
股份合作企业	Cooperative Enterprises	3205	729	8368	1290
联营企业	Joint Ownership Enterprises	330	173	880	20
有限责任公司	Limited Liability Corporations	4021440	727057	4858299	552682
股份有限公司	Share-holding Corporations Limited	1557060	138140	1729420	399298
私营企业	Private Enterprises	1442300	155493	2736810	413918
其他企业	Other Enterprises	158344	12855	405747	19239
港、澳、台商投资企业	**Enterprises with Funds from Hong Kong, Macao and Taiwan**	**358653**	**35454**	**319652**	**76853**
合资经营企业(港或澳、台资)	Joint-ventures Enterprises	122398	25040	104070	18393
合作经营企业(港或澳、台资)	Cooperative Enterprises	5556	1354	1236	187
港澳台商独资经营企业	Enterprises with Sole Investment	198031	6734	171356	47729
港澳台商投资股份有限公司	Share-holding Corporations Ltd. With Funds from Hong Kong, Macao and Taiwan	33720	2282	36398	9633
其他企业	Other Enterprises	-1051	44	6593	911
外商投资企业	**Foreign Funded Enterprises**	**543999**	**24258**	**319627**	**44716**
中外合资经营企业	Joint-venture Enterprises	301110	14446	158668	17316
中外合作经营企业	Cooperation Enterprises	-2778		1569	81
外资企业	Enterprises with Sole Foreign Funds	50391	8642	124242	8312
外商投资股份有限公司	Share-holding Corporations Ltd. With Foreign Investment	192197	639	32422	18603
其他企业	Other Enterprises	3079	532	2727	405

16-4 规模以上服务业企业分行业财务状况(2018年)
Financial Indicators of Service Enterprises above Designated Size by Sector(2018)

单位:万元 (10 000 yuan)

行业	Category	企业单位数(个) Number of Industial Enterprises (unit)	营业收入 Business Revenue
全省总计	**Provincial Total**	**11903**	**73759661**
按行业分	**Grouped by Sector**		
交通运输、仓储和邮政业	Transport, Storage and Postal Services	4391	29988063
信息传输、软件和信息技术服务业	Information Transmission, Software and Information Technology Services	792	18379065
房地产业	Real Estate	974	1733917
租赁和商务服务业	Leasing and Business Services	1756	9151639
科学研究和技术服务业	Scientific Research and Technical Services	1666	7670297
水利、环境和公共设施管理业	Management of Water Conservancy, Environment and Public Facilities	520	1607800
居民服务、修理和其他服务业	Households' service, Repair and Other Services	479	994124
教育	Education	434	714463
卫生和社会工作	Health and Social Work	375	1659355
文化、体育和娱乐业	Culture, Sports and Entertainment	516	1860939

16-4 续表 1 continued

单位:万元 (10 000 yuan)

行业	Category	营业成本 Business Costs	税金及附加 Tax and Extra Charges on Business	销售费用 Selling Expreses	管理费用 Mangement Expenses
全省总计	**Provincial Total**	**56265524**	**609246**	**3392175**	**6612526**
按行业分	**Grouped by Sector**				
交通运输、仓储和邮政业	Transport, Storage and Postal Services	25937009	202990	659175	1823762
信息传输、软件和信息技术服务业	Information Transmission, Software and Information Technology Services	12139259	77942	1563677	1381175
房地产业	Real Estate	1189485	34303	74980	286354
租赁和商务服务业	Leasing and Business Services	6934560	132576	320126	989708
科学研究和技术服务业	Scientific Research and Technical Services	5427798	80500	270966	1047949
水利、环境和公共设施管理业	Management of Water Conservancy, Environment and Public Facilities	1045283	29027	111231	231236
居民服务、修理和其他服务业	Households' service, Repair and Other Services	715823	12774	68455	90268
教育	Education	390200	6284	51511	224851
卫生和社会工作	Health and Social Work	1261874	2817	77149	259505
文化、体育和娱乐业	Culture, Sports and Entertainment	1224233	30034	194905	277719

16-4 续表 2 continued

单位:万元 (10 000 yuan)

行业	Category	财务费用 Financial Expenses	营业利润 Business Profits	利润总额 Total Profits
全省总计	**Provincial Total**	**1698288**	**7545140**	**8177823**
按行业分	**Grouped by Sector**			
交通运输、仓储和邮政业	Transport, Storage and Postal Services	821290	1524203	1847874
信息传输、软件和信息技术服务业	Information Transmission, Software and Information Technology Services	-26953	3231304	3320415
房地产业	Real Estate	57828	184524	205382
租赁和商务服务业	Leasing and Business Services	654768	1263414	1366160
科学研究和技术服务业	Scientific Research and Technical Services	17210	830942	867686
水利、环境和公共设施管理业	Management of Water Conservancy, Environment and Public Facilities	88746	139481	171917
居民服务、修理和其他服务业	Households' service, Repair and Other Services	13277	100146	103242
教育	Education	20321	23610	24785
卫生和社会工作	Health and Social Work	11184	73540	74316
文化、体育和娱乐业	Culture, Sports and Entertainment	40617	173977	196046

16-4 续表 3 continued

单位:万元 (10 000 yuan)

行业	Category	所得税费用 Income Taxes Payable	应付职工薪酬 Total Wages Payable	应交增值税 Value-added Tax Payable
全省总计	**Provincial Total**	**1135196**	**11676026**	**1571977**
按行业分	**Grouped by Sector**			
交通运输、仓储和邮政业	Transport, Storage and Postal Services	357450	4016344	435067
信息传输、软件和信息技术服务业	Information Transmission, Software and Information Technology Services	367565	2641119	561682
房地产业	Real Estate	31013	587776	64547
租赁和商务服务业	Leasing and Business Services	185015	1489919	185650
科学研究和技术服务业	Scientific Research and Technical Services	118191	1408664	186302
水利、环境和公共设施管理业	Management of Water Conservancy, Environment and Public Facilities	33529	288141	53103
居民服务、修理和其他服务业	Households' service, Repair and Other Services	11435	219316	26261
教育	Education	6296	245585	13283
卫生和社会工作	Health and Social Work	8961	457832	2433
文化、体育和娱乐业	Culture, Sports and Entertainment	15741	321330	43649

16-5 各市规模以上服务业企业财务状况(2018年)
Financial Indicators of Service Enterprises above Designated Size by Region(2018)

单位:万元 (10 000 yuan)

地　区	Region	企业单位数(个) Number of Industial Enterprises (unit)	营业收入 Business Revenue	营业成本 Business Costs	税金及附加 Tax and Extra Charges on Business	销售费用 Selling Expreses
全省总计	**Total**	**11903**	**73759661**	**56265524**	**609246**	**3392175**
济南市	Jinan	1098	18927509	13573984	108591	1189624
青岛市	Qingdao	1660	17015646	13712009	123038	646817
淄博市	Zibo	612	2782221	2215891	18135	111040
枣庄市	Zaozhuang	411	1206171	866978	16533	77171
东营市	Dongying	376	2141615	1755638	21504	52070
烟台市	Yantai	738	5289896	4085633	63533	224255
潍坊市	Weifang	655	3325807	2598256	21217	141582
济宁市	Jining	1466	4743208	3677747	61620	182227
泰安市	Tai'an	573	1481615	1062228	11449	87467
威海市	Weihai	651	2164657	1622069	25874	116761
日照市	Rizhao	193	2219888	1689534	22670	43330
莱芜市	Laiwu	166	724535	574441	4736	14986
临沂市	Linyi	795	3754129	2839747	28464	187746
德州市	Dezhou	783	2868911	2061819	51251	78890
聊城市	Liaocheng	469	1823689	1467011	9570	91537
滨州市	Binzhou	335	1478371	1195912	9086	57750
菏泽市	Heze	922	1811795	1266628	11975	88923

16-5 续表 continued

单位:万元 (10 000 yuan)

地区	Region	管理费用 Mangement Expenses	财务费用 Financial Expenses	营业利润 Business Profits	利润总额 Total Profits	所得税费用 Income Taxes Payable	应付职工薪酬 Total Wages Payable	应交增值税 Value-added Tax Payable
全省总计	**Total**	**6612526**	**1698288**	**7545140**	**8177823**	**1135196**	**11676026**	**1571977**
济南市	Jinan	1710676	355203	3150860	3119511	499695	3128715	548618
青岛市	Qingdao	1726454	262546	1052941	1379707	205736	2669190	296470
淄博市	Zibo	264112	41292	175924	176888	27109	581055	47942
枣庄市	Zaozhuang	113333	21396	114959	139778	12199	196001	30410
东营市	Dongying	199755	35162	91499	123983	25173	381021	35207
烟台市	Yantai	480192	277762	449396	517321	76684	939046	99169
潍坊市	Weifang	317030	99987	297028	332945	36402	602273	67646
济宁市	Jining	275437	66520	499281	510996	47854	469894	83481
泰安市	Tai'an	184001	62025	53201	89046	11111	303061	44847
威海市	Weihai	233433	65509	140133	167781	22838	327204	34668
日照市	Rizhao	170087	230664	166831	221033	57523	365978	36866
莱芜市	Laiwu	68599	4165	55543	60402	8407	128301	13168
临沂市	Linyi	341579	65975	316051	331288	20275	485450	78537
德州市	Dezhou	155014	33376	504173	513039	31067	294499	57688
聊城市	Liaocheng	143105	27150	90191	96857	24525	286079	40730
滨州市	Binzhou	123716	32404	62798	72134	13825	228118	29117
菏泽市	Heze	106003	17153	324334	325114	14773	290140	27413

16−6 规模以上其他营利性服务业企业分行业财务状况(2018年) Financial Indicators of other for-profit service Enterprises above Designated Size by Sector(2018)

单位:万元 (10 000 yuan)

行 业	Category	企业单位数(个) Number of Industial Enterprises (unit)	营业收入 Business Revenue
全省总计	**Provincial Total**	**3461**	**17061640**
按行业分	**Grouped by Sector**		
互联网和相关服务	Internet and Related Services	124	632647
软件和信息技术服务业	Software and Information Technology Services	586	4422291
租赁业	Leasing	171	743219
商务服务业	Business Services	1585	8408420
居民服务业	Services to Households	169	266473
机动车、电子产品和日用产品修理业	Motor Vehicle, Electronic Products and Consumer Products Repair	203	456538
其他服务业	Other Services	107	271114
新闻和出版业	News and Publication	57	830456
广播、电视、电影和影视录音制作业	Production of Radio, Television, Film and Video Recording	112	350920
文化艺术业	Culture and Arts	113	221958
体育	Sports	66	188044
娱乐业	Entertainment	168	269561

16−6 续表 1 continued

单位:万元 (10 000 yuan)

行 业	Category	营业成本 Business Costs	税金及附加 Tax and Extra Charges on Business	销售费用 Selling Expreses	管理费用 Mangement Expenses
全省总计	**Provincial Total**	**12395074**	**209806**	**903712**	**2102537**
按行业分	**Grouped by Sector**				
互联网和相关服务	Internet and Related Services	513742	4203	32373	51209
软件和信息技术服务业	Software and Information Technology Services	3006716	30221	287853	693633
租赁业	Leasing	599348	6842	12949	45739
商务服务业	Business Services	6335213	125734	307177	943970
居民服务业	Services to Households	180065	4086	25356	39701
机动车、电子产品和日用产品修理业	Motor Vehicle, Electronic Products and Consumer Products Repair	333513	5275	35564	26935
其他服务业	Other Services	202245	3412	7536	23632
新闻和出版业	News and Publication	522622	9887	76071	136155
广播、电视、电影和影视录音制作业	Production of Radio, Television, Film and Video Recording	274820	3643	34661	35336
文化艺术业	Culture and Arts	121248	5040	18188	33598
体育	Sports	158577	3920	16843	16450
娱乐业	Entertainment	146966	7544	49143	56181

16-6 续表 2 continued

单位：万元 (10 000 yuan)

行 业	Category	财务费用 Financial Expenses	营业利润 Business Profits	利润总额 Total Profits
全省总计	**Provincial Total**	**745995**	**1990590**	**2174734**
按行业分	**Grouped by Sector**			
互联网和相关服务	Internet and Related Services	973	30859	36802
软件和信息技术服务业	Software and Information Technology Services	36361	422194	472485
租赁业	Leasing	9455	119436	114136
商务服务业	Business Services	645313	1143978	1252023
居民服务业	Services to Households	6784	14886	17798
机动车、电子产品和日用产品修理业	Motor Vehicle, Electronic Products and Consumer Products Repair	988	54979	56000
其他服务业	Other Services	5505	30281	29444
新闻和出版业	News and Publication	1516	150913	156912
广播、电视、电影和影视录音制作业	Production of Radio, Television, Film and Video Recording	814	8603	14699
文化艺术业	Culture and Arts	5290	42768	43765
体育	Sports	3305	-10630	-7690
娱乐业	Entertainment	29692	-17677	-11639

16-6 续表 3 continued

单位：万元 (10 000 yuan)

行 业	Category	所得税费用 Income Taxes Payable	应付职工薪酬 Total Wages Payable	应交增值税 Value-added Tax Payable
全省总计	**Provincial Total**	**267324**	**2965587**	**411834**
按行业分	**Grouped by Sector**			
互联网和相关服务	Internet and Related Services	3718	160774	10478
软件和信息技术服务业	Software and Information Technology Services	51415	774249	145796
租赁业	Leasing	20081	46195	8897
商务服务业	Business Services	164934	1443724	176754
居民服务业	Services to Households	3540	78165	4284
机动车、电子产品和日用产品修理业	Motor Vehicle, Electronic Products and Consumer Products Repair	6090	46257	12417
其他服务业	Other Services	1805	94894	9560
新闻和出版业	News and Publication	489	141744	18853
广播、电视、电影和影视录音制作业	Production of Radio, Television, Film and Video Recording	1561	44838	4996
文化艺术业	Culture and Arts	10341	48169	5650
体育	Sports	531	28072	7256
娱乐业	Entertainment	2820	58508	6894

16-7 各市规模以上其他营利性服务业企业财务状况(2018年)
Financial Indicators of other for-profit service Enterprises above Designated Size by Region(2018)

单位:万元 (10 000 yuan)

地区	Region	企业单位数(个) Number of Industial Enterprises (unit)	营业收入 Business Revenue	营业成本 Business Costs	税金及附加 Tax and Extra Charges on Business	销售费用 Selling Expreses
全省总计	**Total**	**3461**	**17061640**	**12395074**	**209806**	**903712**
济南市	Jinan	417	3828943	2577072	39589	250432
青岛市	Qingdao	706	5865771	4413570	68500	331836
淄博市	Zibo	144	646762	509451	4976	29818
枣庄市	Zaozhuang	117	187409	133275	4454	7731
东营市	Dongying	103	382892	294591	2378	11396
烟台市	Yantai	214	919885	647938	14531	53424
潍坊市	Weifang	133	579953	412473	5093	27425
济宁市	Jining	436	1182716	889039	19700	51091
泰安市	Tai'an	171	482661	326659	5048	34318
威海市	Weihai	194	370348	253486	5464	30007
日照市	Rizhao	45	222429	168078	2236	7907
莱芜市	Laiwu	42	163387	116309	1591	2802
临沂市	Linyi	211	1315073	1061230	14038	32888
德州市	Dezhou	190	488432	313729	17868	22011
聊城市	Liaocheng	59	103113	54242	1312	3834
滨州市	Binzhou	61	98813	63252	897	3118
菏泽市	Heze	218	223053	160680	2132	3677

16-7 续表 continued

单位:万元 (10 000 yuan)

地 区	Region	管理费用 Mangement Expenses	财务费用 Financial Expenses	营业利润 Business Profits	利润总额 Total Profits	所得税费用 Income Taxes Payable	应付职工薪酬 Total Wages Payable	应交增值税 Value-added Tax Payable
全省总计	**Total**	**2102537**	**745995**	**1990590**	**2174734**	**267324**	**2965587**	**411834**
济 南 市	Jinan	635158	358613	872445	865184	102331	736670	118873
青 岛 市	Qingdao	688222	95498	359881	459899	87198	930900	147527
淄 博 市	Zibo	57693	11983	50701	50074	6903	220009	9447
枣 庄 市	Zaozhuang	18996	3410	20002	20364	1060	27705	4583
东 营 市	Dongying	41857	3218	35439	38528	4219	59410	6003
烟 台 市	Yantai	110493	30004	247932	265645	9892	230165	31135
潍 坊 市	Weifang	79798	53261	46280	54139	8956	172592	13802
济 宁 市	Jining	72240	29611	122919	125595	8381	98791	13869
泰 安 市	Tai'an	90213	50195	-18938	701	3148	94831	18216
威 海 市	Weihai	51350	9402	31235	33818	2207	42720	7027
日 照 市	Rizhao	29771	33163	-4955	13718	1693	68236	4150
莱 芜 市	Laiwu	13901	624	26369	30560	5089	30413	4494
临 沂 市	Linyi	118125	36840	67324	75614	10142	107929	16367
德 州 市	Dezhou	42506	7972	84660	85006	8100	68676	7343
聊 城 市	Liaocheng	25608	12748	2941	4558	1573	21882	2553
滨 州 市	Binzhou	11265	6827	7735	12661	5343	23351	3070
菏 泽 市	Heze	15342	2626	38621	38672	1089	31308	3375

主要统计指标解释

规模以上服务业 包括交通运输、仓储和邮电业，信息传输、软件和信息技术服务业，租赁和商务服务业，科学研究和技术服务业，水利、环境和公共设施管理业，教育，卫生和社会工作，以及物业管理、房地产中介服务、自有房地产经营活动和其他房地产业等行业中年营业收入 1000 万元以上或年末就业人数 50 人以上的服务业法人企业；居民服务、修理和其他服务业，文化、体育和娱乐业等行业中年营业收入 500 万元以上或年末就业人数 50 人以上的服务业法人企业。调查方法为符合上述条件企业的全面调查。

其他营利性服务业 包括互联网和相关服务、软件和信息技术服务业、租赁业、商务服务业、居民服务业、机动车、电子产品和日用产品修理业、其他服务业、新闻和出版业、广播电视电影和影视录音制作业、文化艺术业、体育、娱乐业。

Explanatory Notes on Main Statistical Indicators

The statistical coverage of some service enterprises above designated size all the corporative enterprises of services sector with over 50 employees by the end of the year or with annual business revenue of over 10 million yuan, including transport, storage and postal services, information transmission, software and information technology services, leasing and business services, scientific research and technical services, management of Water Conservancy, Environment and Public Facilities, education, health and social work, real estate agent services, real estate intermediary services, own real estate business activities and other real estate,etc. Also, it covers some service enterprises above designated size all the corporative enterprises of services sector with over 50 employees by the end of the year or with annual business revenue of over 5 million yuan, including households' service, repair and other services, culture, sports and entertainment services. Survey method is a comprehensive survey.

Other for-profit services including Internet and related services, software and information technology services, leasing, business services, services to household, motor vehicles, electronics and consumer products repair and other services, news and publication, production of radio, television, film and video culture and arts, sports and entertainment.

第17篇

运输和邮电

Transport, Post and Telecommunication Services

简 要 说 明

一、本篇资料的主要内容

本篇资料反映了全省交通运输业和邮电通讯业发展的基本状况，主要包括交通设施基本情况、客货运量及周转量、交通运输企业主要技术经济指标、沿海主要港口货物吞吐量、邮政和电信基本情况、地方交通和营业性运输车辆、民用汽车拥有量等方面的内容。

二、本篇资料的来源

本篇资料中，交通运输资料分别来源于济南铁路局、山东省地方铁路局、省交通厅、省公安厅交警总队，邮电通信业资料来源于省通信管理局和省邮政局。

本篇资料由省统计局服务业处整理提供。

Brief Introduction

I. Content

Data in this chapter cover mainly the basic conditions of the development of transport, post and telecommunications in Shandong Province, including the basic conditions of transport, the freight traffic and passenger traffic accomplished by various means, major financial indices of related enterprises, cargo handled at principal sea ports, the possession of the transport equipment and the basic conditions of post and telecommunication services.

II. Source of Data

Data in this chapter are provided by Jinan Railway Board, Shandong Local Railway Board, Shandong Communications Department, and Traffic Police General Brigade of Shandong Public Security Department. Data on post and telecommunication services are provided by Shandong Communication Administration and Shandong Post Bureau.

Data in this chapter are prepared and compiled by the Division of Comprehensive Service Statistics of Shandong Provincial Bureau of Statistics.

17-1 主要年份运输线路长度
Length of Transport Routes in Major Years

单位:公里 (km)

年份 Year	铁路通车里程 Length of Railways in operation	公路通车里程 Length of Highways in Operation	#晴雨通车 In Operation Regardless of Weather	内河通航里程 Length of Navigabe Inland Waterways	#通机动船 In Operation for Motor Vessels
1949	887	3152	65	1082	
1952	954	7669	170	1459	409
1955	956	9070	667	1459	409
1957	1154	13425	2115	1642	1063
1962	1168	15766	4189	2179	1353
1965	1208	22176	5669	1827	1310
1970	1276	29159	12666	1821	1629
1975	1275	31712	20212	1876	1764
1976	1386	32978	21645	2118	1802
1977	1386	33629	23636	2343	1811
1978	1385	34244	25289	2403	1880
1979	1388	35139	26106	1972	1953
1980	1411	35311	26544	1970	1736
1981	1582	35292	27284	1849	1712
1982	1565	35504	27875	1859	1722
1983	1565	35722	28480	1859	1722
1984	1569	35935	29427	1859	1725
1985	1572	36327	30250	1840	1706
1986	2041	37005	31286	1840	1706
1987	2042	37530	32468	1840	1706
1988	2042	38759	34057	1840	1706
1989	2042	39783	35557	1840	1706
1990	2041	40772	37015	1840	1706
1991	2042	41937	39081	1891	1780
1992	2048	43134	40612	1891	1780
1993	2048	46033	43992	1891	1780
1994	2048	50225	48385	1891	1780
1995	2048	54243	52702	1891	1780
1996	2620	57271	55882	1891	1780
1997	2721	59260	58028	1414	1302
1998	2658	64145	63142	1414	1302
1999	2672	67847	67055	1476	
2000	2672	70686	70038	1476	
2001	2709	71128	70701	1476	
2002	2709	74029	73665	1476	
2003	3236	76266	75948	1012	
2004	3348	77768	77483	1012	
2005	3402	80132	79854	1012	
2006	3405	204911	203363	1012	
2007	3379	212236	211279	1012	
2008	3329	220687	219525	1012	
2009	3620	226693	225235	1012	
2010	3833	229858	228906	1150	
2011	4177	233189	232264	1150	
2012	4306	244586	243779	1150	
2013	4397	252785	252066	1150	
2014	4546	259514	259031	1150	
2015	4863	263447	262986	1150	
2016	4882	265720	265265	1150	
2017	5115	270590	270150	1150	
2018	5676	275642	275344	1150	

注:2006年起，村道纳入公路通车里程。

a)Length of highways includes that of village-level highways since 2006.

17-2 主要年份旅客运量及周转量
Passenger Traffic and Turnover Volume in Major Years

年 份 Year	客运量（万人）Passenger Traffic (10 000 Persons)	铁路 Railways	公路 Highways	水路 Waterways	周转量（百万人公里）Passenger Turnover (million Passenger-km)	铁路 Railways	公路 Highways	水路 Waterways
1949	928	846	82		1368	1287	81	
1952	1196	938	251	7	1553	1365	180	8
1955	1775	1086	678	11	2229	1786	438	5
1957	3019	1872	1128	19	3002	2427	565	10
1962	7590	5923	1599	68	7664	6690	933	41
1965	4566	2457	2077	32	3664	2699	953	12
1970	5725	2454	3240	31			1445	14
1975	7084	3202	3844	38	6676	4708	1953	15
1976	7614	3233	4239	52	6996	4791	2189	16
1977	8679	3522	5103	54	7702	5127	2560	15
1978	9431	3467	5897	67	8448	5535	2895	18
1979	10857	3431	7338	88	9373	5950	3403	19
1980	12208	3586	8532	90	10624	6769	3839	16
1981	12682	3600	8994	88	11365	7272	4077	16
1982	13109	3695	9322	92	12283	7788	4477	18
1983	14839	3792	10942	102	14237	8954	5264	19
1984	17309	4071	13125	113	17058	10615	6423	20
1985	19772	4073	15565	134	20357	12433	7901	23
1986	26459	4005	22311	143	24671	13895	10752	24
1987	25209	4212	20811	186	27316	15608	11680	28
1988	29035	4447	24297	291	32412	17974	14402	36
1989	30718	3905	26419	344	32286	16552	15693	41
1990	29798	3303	26136	359	30138	14830	15255	53
1991	31940	3286	28240	405	32620	15873	16598	96
1992	33920	3244	30145	486	35164	17043	18002	119
1993	33634	3346	29693	595	34068	17785	16114	169
1994	34592	3587	30253	627	35627	18273	17126	222
1995	36425	3414	32317	694	35097	17418	17449	230
1996	39199	2854	35611	734	35344	15317	19696	331
1997	43218	3071	39234	913	40060	17277	22347	436
1998	50904	3223	46467	868	45229	18327	24599	483
1999	59350	3670	54817	863	51828	20568	28846	414
2000	66128	3840	61466	822	54873	22180	32358	335
2001	70497	3723	65787	987	59432	23373	35573	486
2002	74626	3566	69948	1112	64294	24644	39173	477
2003	75492	3324	71053	1115	61769	22024	39223	522
2004	89388	3857	84290	1241	74799	26696	47545	558
2005	98485	3952	93178	1355	82778	28268	53910	600
2006	109472	4757	103298	1417	93014	32223	60128	663
2007	123963	5127	117309	1527	106879	34039	72022	818
2008	213387	5470	205917	2000	141867	36694	104569	604
2009	234234	5806	226134	2294	158713	37993	119723	997
2010	248720	6041	240044	2635	164471	42135	121151	1185
2011	250469	6609	241457	2403	172751	45872	125691	1188
2012	264935	7650	254711	2574	183196	50951	130995	1250
2013	269391	8484	258327	2580	189285	54995	133137	1153
2014	73582	9508	62052	2022	114056	61734	51141	1181
2015	59625	10666	46960	1999	112745	64444	47137	1164
2016	62727	11904	48823	2000	116882	68442	47240	1200
2017	64536	13388	49111	2037	122676	73365	48104	1207
2018	66613	14525	50044	2044	126935	76302	49357	1276

注：1.2008年起，公路、水路数据改用全国公路水路运输量专项调查数据(下同)。
2.交通运输部2014年修订了公路、水运运输量统计试行方案，统计口径发生了变化。

a)Since 2008, data on highways and waterways are based on the National Special Highway and Waterways Survey.The same as the following tables.
b)The pilot statistical investigation program on passenger traffic and turnover was revised in 2014,and the statistical scope was adjusted.

17-3 主要年份货物运量及周转量
Freight Traffic and Turnover Volume in Major Years

年份 Year	货运量(万吨) Freight Traffic (10 000 tons)	铁路 Railways	公路 Highways	水路 Waterways	周转量(百万吨公里) Freight Turnover (million ton-km)	铁路 Railways	公路 Highways	水路 Waterways
1949	547	381	166	0.2	1245	1178	66	1
1952	1802	640	1029	133	3711	3346	154	211
1955	3305	895	2013	397	4919	4359	246	344
1957	4558	1238	2973	347	6923	6190	327	406
1962	4500	1801	2419	280	8106	7309	421	376
1965	7544	2821	4339	385	11929	10721	750	458
1970	10081	3911	5693	477	19167	17346	1186	635
1975	14598	4214	9781	603	22198	18947	2374	877
1976	17320	4904	11732	684	24062	20096	2942	1024
1977	21484	5365	15255	864	27326	22293	3865	1168
1978	22964	5940	16128	896	31005	25746	4060	1199
1979	22536	5951	15748	837	31586	26540	3634	1113
1980	22086	5687	15629	770	31329	26087	4005	1237
1981	20496	5306	14427	763	31941	26332	4093	1516
1982	21641	5415	15413	813	35160	28400	4937	1823
1983	23726	5655	17216	855	38996	30966	5787	2243
1984	25310	6035	18389	886	41974	33250	6505	2219
1985	27371	6403	20105	863	48431	37342	8139	2468
1986	32299	6789	24619	893	57599	44618	10287	2694
1987	36012	7072	28008	932	64533	49069	12231	3234
1988	39866	7322	31670	874	72723	53851	15325	3547
1989	43098	7934	34331	833	78996	58657	16612	3727
1990	41443	8012	32654	777	77845	58546	15705	3594
1991	44145	8372	34587	1186	81402	59694	16660	5047
1992	47676	8609	37684	1381	87617	62750	18931	5936
1993	51250	9023	40820	1407	92257	63127	20444	8687
1994	57187	9259	46485	1443	101437	66744	23069	11625
1995	66546	9256	55669	1621	112655	69857	26397	16401
1996	70664	10226	58270	2168	122849	71385	30559	20895
1997	72780	10368	60340	2072	126093	73323	31915	20855
1998	76813	10224	64716	1867	118753	65877	34322	18513
1999	80212	10553	67696	1956	127304	73588	35350	18330
2000	92483	11253	76778	4452	403315	79964	40575	282776
2001	99464	12426	81574	5464	467545	84815	41143	341587
2002	107454	13624	89714	4116	304075	92525	46009	165541
2003	117712	17167	95900	4645	342906	107157	50987	184762
2004	132036	17862	106887	7287	478309	111109	59606	307594
2005	147999	18338	120455	9206	558286	121908	71182	365196
2006	167511	19126	136750	11635	665521	151159	84510	429852
2007	198507	19923	163959	14625	642854	131151	106926	404777
2008	247489	20872	216604	10013	1010234	134133	511792	364309
2009	284463	19596	251587	13280	1095569	134139	604502	356928
2010	298055	18056	264366	15633	1174705	144775	621680	408250
2011	314962	19711	279380	15871	1258364	152606	662435	443323
2012	330270	19814	296752	13704	1099119	149384	705922	243813
2013	344401	19043	311812	13546	1026088	138910	749888	137290
2014	260983	16792	230018	14172	817690	123808	571138	122744
2015	258444	15786	227934	14724	833415	107728	587699	137988
2016	281557	16745	249752	15060	879552	113668	607143	158741
2017	322564	17853	288052	16659	962225	121363	665022	175840
2018	349481	18710	312807	17964	995988	126468	685968	183552

注：交通运输部2014年修订了公路、水运运输量统计试行方案，统计口径发生了变化。
a)The pilot statistical investigation program on passenger traffic and turnover was revised in 2014,and the statistical scope was adjusted.

17-4 沿海主要港口货物吞吐量
Volume of Freight Handled in Major Coastal Ports

单位:万吨 (10000 tons)

港口名称	Seaport	1990	1995	2000	2005	2010	2013	2014	2015	2016	2017	2018
总　计	**Total**	**5445**	**10594**	**16025**	**38401**	**86421**	**118137**	**128593**	**134218**	**142856**	**151571**	**161512**
青岛港	Qingdao	3034	5103	8661	18679	35012	45783	47701	49749	51463	51149	54250
烟台港	Yantai	668	1361	1964	4506	15033	28680	31971	33027	35407	40058	44308
日照港	Rizhao	925	1452	2674	8421	22597	31809	35324	36082	38286	40189	43763
威海港	Weihai	100	379	658	1532	2407	7001	7110	7324	7554	7806	5570

17-5 交通运输企业主要技术经济指标
Major Technical and Economic Indicators of Transportation Enterprises

类　别	Category	2012	2013	2014	2015	2016	2017	2018
铁路运输	**Railway Transport**							
货车周转时间 (天)	Turning Around Time of Freight Locomotives (day)	2.0	2.0	1.9	2.0	2.0	1.8	1.7
货车全周转距离 (公里)	Turning Around Length of Freight Locomotives (km)	428	426	427	432	434	435	419
货车中转距离 (公里)	Transfer Length of Freight Locomotives (km)	196	198	194	190	199	220	216
平均一日装车数 (车)	Daily Loading Coach (coach)	8578	8251	7351	7081	7778	8316	8921
平均一日卸车数 (车)	Daily Unloading Coach (coach)	9285	9099	8857	8461	9111	9592	10696
货车静载重 (吨)	Static Load of Freight Locomotives (ton)	63.1	63.2	62.6	61.1	58.8	58.9	57.5
货运机车日产量 (万总重吨公里)	Average Daily Ton-kilometers of Freight Locomotives (10 000 tonkm)	142.7	133.9	132.3	131.7	138.2	146.7	149.5
内燃机车每万吨公里耗油 (公斤)	Oil Consumption of Diesel Locomotives per 10000 Ton-km (kg)	27.8	27.9	28.4	33.4	34.9	35.8	38.0
沿海水运船舶	**Coastal Waterways Transport**							
全部船舶净载重量 (万吨)	Static Load of Vessels (10 000 tons)	1430	1489	1598	1755	1909	1810	1659
码头舶位 (个)	Berths in Ports (unit)	501	519	540	556	567	581	597
最大靠舶能力 (万吨)	Maximum Capacity on Berths (10 000 tons)	30	30	30	30	30	30	40
年综合通过能力 (万吨)	Integrated Capacity (10 000 tons)	53099	57309	63236	67089	72097	78820	85866
旅客吞吐量 (万人)	Passenger Handled (10 000 persons)	1313	1298	1321	1378	1404	1446	1461

17-6 1978-2018年邮政基本情况
Basic Conditions of Post Services from 1978 to 2018

年份 Year	邮政局总计 (处) Post &Telecommunication offices (unit)	#设在农村 in Rural Area	邮路总长度 (万公里) Length of Postal Routes (10 000 km)	函件 (万件) Letters (10 000 pcs)	报刊期发数 (万份) Issue of Newspapers and Magazines (10 000 copies)
1978	2349	2048		15532	542
1979	2348	2042	22.6	16336	613
1980	2363	2057	22.5	17324	775
1981	2363	2052	22.8	17540	859
1982	2371	2050	4.2	17340	946
1983	2384	2048	4.2	17434	1131
1984	2415	2060	4.4	18958	1572
1985	2516	2153	4.7	21930	2017
1986	2531	2174	5.0	23745	1743
1987	2540	2176	5.2	26940	1888
1988	2576	2196	5.3	28884	1777
1989	2608	2210	5.3	30043	1176
1990	2647	2233	5.8	29486	1047
1991	2672	2247	5.7	28001	1174
1992	2699	2267	6.7	28266	1326
1993	3259	2492	8.5	32966	1247
1994	4180		9.7	35920	982
1995	4080	3400	10.5	38789	1180
1996	3727	3013	13.4	35112	1020
1997	5397		15.1	32859	996
1998	5382		15.1	33114	1147
1999	4414	3497	18.5	35138	1568
2000	3011	2255	17.0	32878	1701
2001	3040	2225	15.9	31400	1324
2002	3012	2193	16.5	51496	972
2003	3007	2166	15.7	58220	1152
2004	3009	2118	16.2	50087	716
2005	3025	2118	17.3	24075	823
2006	3043	2105	17.0	44356	703
2007	3046	2086	17.4	47157	763
2008	2934	2080	17.7	46362	823
2009	2862	2030	18.1	52074	868
2010	2840	1991	6.8	53963	1618
2011	2851	2012	6.6	46014	796
2012	2856	2022	7.3	45663	976
2013	2861	2022	7.3	42389	914
2014	2870	2044	7.6	29233	976
2015	2870	2049	8.0	18787	943
2016	2878	2041	10.0	10328	837
2017	2880	2054	45.2	6978	1151
2018	2873	2063	40.8	6369	854

17－7 1978－2018年电信业务总量

Business Volume of Telecommunication Services from 1978 to 2018

年 份 Year	电信业务总量(万元) Business Volume of Telecommunication Services (10 000 Yuan)	电 报(万份) Telegraph (10 000 copies)	长话电路(路) Lines of Long-distance Calls (line)	长途电话(万次) Long-distance Calls (10 000 times)	市内电话(万户) Local Telephones (10 000 subscribers)	农村电话(万户) Rural Telephones (10 000 subscribers)
1978	10058	588	1082	1308	6.3	3.8
1979	10515	632	1177	1428	7.1	4.3
1980	11030	711	1282	1525	7.5	4.4
1981	11291	789	1415	1532	8.0	4.5
1982	11629	805	1532	1649	8.5	4.6
1983	12529	917	1653	1789	9.4	4.8
1984	13751	908	1929	1963	10.7	5.1
1985	16186	1132	2190	2325	12.1	5.2
1986	17735	1203	2638	2569	13.4	5.5
1987	20719	1519	3341	2984	15.2	5.9
1988	27124	1918	4392	3987	18.5	6.4
1989	32153	1812	5694	4693	22.3	6.9
1990	39401	1634	7436	5800	26.5	7.3
1991	103322	1651	12675	8724	32.9	8.1
1992	156134	1673	18422	16978	45.8	9.5
1993	274917	1412	32615	32273	69.6	12.8
1994	404027	987	47589	52719	84.8	19.2
1995	537135	667	40634	55755	165.8	46.1
1996	697719	458	54179	61409	227.0	80.0
1997	957400	324	67834	79719	283.5	128.6
1998	1338886	226	98760	97077	346.7	179.6
1999	1411800	202	163381	96553	413.8	283.8
2000	1865000	178	222500	96010	547.0	559.0
2001	2300200	138	108000	101682	661.0	827.0
2002	2759820		135000	99470	790.0	950.0
2003	3325632		268530	149245	1008.0	1085.0
2004	4846250		510000	121275	1314.0	1198.0
2005	6754670		290996	152883	1410.9	1275.7
2006	9286877		462662	148631	1380.5	1256.7
2007	11799357		350028	157152	1377.6	1211.5
2008	14262026		413082	124858	1398.4	1053.7
2009	15867854		1238400	123510	1291.3	965.0
2010	19209000				1193.5	829.6
2011	7236000				1087.6	809.0
2012	7976000				1101.3	786.8
2013	8637000				1032.2	712.2
2014	10678489				879.3	538.9
2015	12531166				773.2	343.9
2016	8633818				678.2	292.2
2017	14947602				639.0	245.0
2018	36519157				618.1	228.3

注：2016年起，电信业务总量按2015年价格计算。
a)The business volume of telecommunication services was calculated at 2015 constant prices since 2016.

17-8 邮电业务基本情况
Basic Conditions of Post and Telecommunication Services

类　别		Category		2013	2014	2015	2016	2017	2018
邮电业务总量	(亿元)	Business Volume of Telecommunication Services	(100 million yuan)	919.7	1213.6	1458.6	1165.0	1887.7	4180.3
函　件	(万件)	Letters	(10 000 pcs)	42389	29233	18787	10328	6978	6369
特快专递	(万件)	Express Mail Services	(10 000 pcs)						
报刊期发数	(万份)	Issue of Newspapers and Magazines	(10 000 copies)	914	976	943	837	1151	854
年末移动电话用户	(万户)	Number of Mobile Telephone Subscribers at Year-end	(10 000 subscribers)	8333.4	8664.1	9413.8	9594.5	9943.9	######
#3G移动电话用户	(万户)	3G Mobile Phone Subscribers	(10 000 subscribers)	2592.4	3402.0	3075.1	1250.3	926.1	1074.2
固定电话年末用户	(万户)	Number of Fixed Telephone Subscribers at Year-end	(10 000 subscribers)	1744.4	1418.3	1117.1	970.4	884.0	846.3
#城市电话用户	(万户)	Urban Fixed Telephone Subscribers	(10 000 subscribers)	1032.2	879.4	773.2	678.2	639.0	618.1
农村电话用户	(万户)	Rural Telephone Subscribers	(10 000 subscribers)	712.2	538.9	343.9	292.2	245.0	228.3
邮政所	(处)	Post Offices	(unit)	2861	2870	2870	2878	2880	2873
邮路总长度	(公里)	Length of Postal Routes	(km)	72703	75699	79605	104002	452268	408336
国际互联网总网民数	(万人)	Number of Internet Subscribers	(10 000 persons)	4329	4634	4789	5207		
互联网宽带接入用户	(万户)	Number of Internet Broad Band Subscribers	(10 000 subscribers)	1465.1	1523.9	1625.7	2366.5	2588.7	2884.8
移动互联网用户	(万户)	Number of Mobile Internet Subscribers	(10 000 persons)	5556.1	5569.2	6109.6	7391.2	8508.0	9552.3

注：2016年起，邮电业务总量按2015年价格计算。
a)The business volume of post and telecommunication services was calculated at 2015 constant prices since 2016.

17-9 各市邮电业务基本情况(2018年)
Basic Conditions of Post and Telecommunication Services by Region (2018)

地　区	Region	邮电业务总量(亿元) Business Volume of Post and Telecommunication Services (100 million yuan)	邮政业务总量(亿元) Business Volume of Post Services (100 million yuan)	电信业务总量(亿元) Business Volume of Telecommunication Services (100 million yuan)	移动电话用户数(万户) Number of Mobile Telephone Subscribers (10 000 subscribers)	固定电话用户数(万户) Number of Fixed Telephone Subscribers (10 000 subscribers)	互联网宽带接入用户(万户) Number of Internet Broad Band Subscribers (10 000 subscribers)
全省总计	**Total**	**4180.3**	**528.4**	**3651.9**	**10569.6**	**846.3**	**2884.8**
济南市	Jinan	565.4	89.8	475.6	1022.0	142.1	307.6
青岛市	Qingdao	652.1	82.9	569.2	1258.8	138.5	334.6
淄博市	Zibo	192.2	19.5	172.8	521.0	57.3	140.0
枣庄市	Zaozhuang	123.8	15.3	108.5	365.6	25.3	110.3
东营市	Dongying	103.4	5.7	97.7	272.8	30.4	87.8
烟台市	Yantai	312.7	33.8	278.9	837.9	57.8	209.2
潍坊市	Weifang	376.6	45.6	331.0	998.1	77.0	250.4
济宁市	Jining	266.6	27.4	239.2	772.4	47.2	207.8
泰安市	Tai'an	169.3	19.9	149.4	523.4	47.1	145.7
威海市	Weihai	139.4	19.7	119.7	367.4	39.7	102.3
日照市	Rizhao	106.6	9.6	97.0	293.7	21.1	81.0
莱芜市	Laiwu	38.5	3.7	34.8	125.3	15.0	45.4
临沂市	Linyi	417.6	74.3	343.3	1012.2	48.2	255.2
德州市	Dezhou	157.4	19.5	137.9	508.2	29.1	144.9
聊城市	Liaocheng	175.5	24.8	150.6	541.9	30.4	143.1
滨州市	Binzhou	127.4	14.0	113.4	401.1	24.3	139.9
菏泽市	Heze	258.3	23.1	235.2	747.7	15.8	179.7

17－10　各市公路情况(2018年)
Basic Conditions of Highways by Region (2018)

单位:公里 (km)

地　区	Region	公路里程 Length of Highways	等级公路里程 Expressway and Class I to IV Highways	二级及二级以上公路合计 Second Class and Above	高速公路里程 Length of Expressway	晴雨通车里程 Length of Highways Regardless of Weather	公路密度(公里/百平方公里) Road Density (km/100 sq.km)
全省总计	**Total**	**275642**	**274948**	**43393**	**6057**	**275344**	**176**
济南市	Jinan	12638	12638	1896	488	12638	155
青岛市	Qingdao	14835	14835	4084	826	14835	134
淄博市	Zibo	11464	11082	1834	206	11283	192
枣庄市	Zaozhuang	8777	8730	1441	164	8747	192
东营市	Dongying	9228	9228	1303	218	9228	107
烟台市	Yantai	19534	19534	4275	607	19534	143
潍坊市	Weifang	28395	28395	5043	565	28395	176
济宁市	Jining	20268	20185	3019	327	20210	181
泰安市	Tai'an	15588	15588	2236	239	15588	201
威海市	Weihai	7160	7160	1853	165	7160	124
日照市	Rizhao	9233	9233	1725	215	9233	172
莱芜市	Laiwu	4730	4715	797	140	4725	211
临沂市	Linyi	28581	28581	4291	515	28581	166
德州市	Dezhou	21826	21826	2383	476	21826	211
聊城市	Liaocheng	20218	20218	2090	309	20218	232
滨州市	Binzhou	16913	16746	2436	281	16889	185
菏泽市	Heze	26254	26254	2687	317	26254	214

17－11　各市地方交通旅客运输量(2018年)
Passenger Transport Volume of Local Traffic by Region (2018)

地　区	Region	客运量(万人) Passenger Traffic (10 000persons)	公路 Highways	水运 Waterways	周转量(百万人公里) Passenger-Kilometers (million passenger-km)	公路 Highways	水运 Waterways
全省总计	**Total**	**52088**	**50044**	**2044**	**50633**	**49357**	**1276**
济南市	Jinan	3187	3149	38	5294	5292	1.1
青岛市	Qingdao	4763	4602	161	7713	7697	15.9
淄博市	Zibo	605	605		1745	1745	
枣庄市	Zaozhuang	2568	2464	104	1828	1824	3.6
东营市	Dongying	668	640	28	963	961	1.8
烟台市	Yantai	5912	5174	738	5579	4815	764.6
潍坊市	Weifang	6089	6089		4715	4715	
济宁市	Jining	4068	3764	304	2370	2357	12.5
泰安市	Tai'an	2984	2978	6	2026	2025	1.4
威海市	Weihai	3385	2860	525	3450	3050	399.9
日照市	Rizhao	2535	2487	48	2099	2031	67.6
莱芜市	Laiwu	189	149	40	200	197	3.1
临沂市	Linyi	5161	5128	33	4663	4660	3.3
德州市	Dezhou	1908	1894	14	1625	1625	0.4
聊城市	Liaocheng	2029	2023	6	1531	1530	0.8
滨州市	Binzhou	1066	1066		1084	1084	
菏泽市	Heze	4972	4972		3747	3747	

17-12 各市地方交通货物运输量(2018年)
Freight Transport Volume of Local Traffic by Region (2018)

地 区	Region	货运量(万吨) Volume of Freight Traffic (10 000tons)	公路 Highways	水运 Waterways	周转量(百万吨公里) Freight Turnover (million ton-km)	公路 Highways	水运 Waterways
全省总计	**Total**	**330771**	**312807**	**17964**	**869520**	**685968**	**183552**
济南市	Jinan	25631	25571	60	47976	47399	578
青岛市	Qingdao	29957	27453	2504	145622	53220	92402
淄博市	Zibo	20159	20159		41657	41657	
枣庄市	Zaozhuang	7777	6928	849	18903	15480	3423
东营市	Dongying	6684	6683	1	14420	14417	3
烟台市	Yantai	25775	21389	4386	56276	41150	15126
潍坊市	Weifang	32488	29334	3154	82130	58542	23587
济宁市	Jining	36168	32215	3953	80204	63370	16834
泰安市	Tai'an	8275	8246	29	16384	16266	118
威海市	Weihai	10249	8411	1838	37309	17106	20202
日照市	Rizhao	10160	9403	757	28902	18557	10346
莱芜市	Laiwu	7876	7876		10129	10129	
临沂市	Linyi	38689	38689		141668	141668	
德州市	Dezhou	16519	16519		27857	27857	
聊城市	Liaocheng	22572	22572		49132	49132	
滨州市	Binzhou	14635	14330	305	37977	37564	413
菏泽市	Heze	17158	17029	129	32974	32455	518

17-13 各市民用汽车拥有量(2018年)
Possession of Private Vehicles by Region(2018)

单位:辆 (Unit)

地 区	Region	民用汽车总计 Total	载客汽车 Passenger Vehicles	大型 Large	中型 Medium	小型 Small	微型 Minicar
全省总计	**Total**	**21482544**	**18834727**	**129436**	**41296**	**18347166**	**316829**
济南市	Jinan	2159417	1977668	14002	3908	1936448	23310
青岛市	Qingdao	2690558	2426198	21158	6746	2359194	39100
淄博市	Zibo	1058529	951390	6969	1975	932427	10019
枣庄市	Zaozhuang	747833	672519	4275	1188	650301	16755
东营市	Dongying	694587	614878	4089	1803	602918	6068
烟台市	Yantai	1643091	1478856	10704	4665	1443022	20465
潍坊市	Weifang	2301027	1970278	11634	3561	1920935	34148
济宁市	Jining	1413774	1165343	9851	2051	1134302	19139
泰安市	Tai'an	789235	689972	6173	1510	673954	8335
威海市	Weihai	754290	660021	5422	2627	645941	6031
日照市	Rizhao	648493	562125	3672	885	547877	9691
莱芜市	Laiwu	241566	218588	2136	296	212969	3187
临沂市	Linyi	2387828	2030101	8275	3160	1955281	63385
德州市	Dezhou	998063	869812	3696	1280	849963	14873
聊城市	Liaocheng	989780	859498	6184	1027	835912	16375
滨州市	Binzhou	896595	775074	4855	1010	759468	9741
菏泽市	Heze	1041435	886930	5805	1850	863123	16152

17−13 续表 continued

单位:辆 (Unit)

地 区	Region	载货汽车 Trucks	大 型 Large	中 型 Medium	小 型 Small	微 型 Minicar	其它汽车 Others
全省总计	**Total**	**2368499**	**763595**	**82933**	**1519201**	**2770**	**279318**
济 南 市	Jinan	166233	36708	3941	125466	118	15516
青 岛 市	Qingdao	248075	62189	15489	169456	941	16285
淄 博 市	Zibo	95123	32742	3706	58178	497	12016
枣 庄 市	Zaozhuang	71565	28749	1806	40989	21	3749
东 营 市	Dongying	70210	23617	1539	45019	35	9499
烟 台 市	Yantai	143621	41613	7265	94710	33	20614
潍 坊 市	Weifang	20614	70483	13935	211382	190	34759
济 宁 市	Jining	295990	116969	3621	104758	96	22987
泰 安 市	Tai'an	79647	18920	3183	57529	15	19616
威 海 市	Weihai	84974	15638	2844	66410	82	9295
日 照 市	Rizhao	79131	20831	1658	56618	24	7237
莱 芜 市	Laiwu	20521	4648	658	15204	11	2457
临 沂 市	Linyi	335136	126532	13087	195047	470	22591
德 州 市	Dezhou	106972	33538	2459	70896	79	21279
聊 城 市	Liaocheng	120581	59240	1812	59477	52	9701
滨 州 市	Binzhou	103770	33121	2556	68074	19	17751
菏 泽 市	Heze	121083	38049	3319	79628	87	33422

17−14 各市私人汽车拥有量(2018年)
Possession of Private Vehicles by Region (2018)

单位:辆 (Unit)

地 区	Region	汽车总计 Total	载客汽车 Passenger Vehicles	大 型 Large	中 型 Medium	小 型 Small	微 型 Minicar
全省总计	**Total**	**19285082**	**17626062**	**4846**	**15529**	**17307453**	**298234**
济 南 市	Jinan	1947708	1834686	1125	1629	1809188	22744
青 岛 市	Qingdao	2321113	2176901	216	1934	2145042	29709
淄 博 市	Zibo	959194	894453	408	975	883239	9831
枣 庄 市	Zaozhuang	574449	531757	89	477	516556	14635
东 营 市	Dongying	622535	578609	316	524	571980	5789
烟 台 市	Yantai	1494161	1384267	41	1679	1362626	19921
潍 坊 市	Weifang	2150320	1887523	1085	2026	1850966	33446
济 宁 市	Jining	1230695	1106809	421	961	1086767	18660
泰 安 市	Tai'an	730178	658065	86	716	648993	8270
威 海 市	Weihai	688475	620959	202	933	613929	5895
日 照 市	Rizhao	594675	534628	78	327	524670	9553
莱 芜 市	Laiwu	224164	206744	20	108	203454	3162
临 沂 市	Linyi	2176232	1961080	284	1581	1898895	60320
德 州 市	Dezhou	909657	831822	186	420	816595	14621
聊 城 市	Liaocheng	880429	822150	94	405	805562	16089
滨 州 市	Binzhou	824445	742499	54	325	732497	9623
菏 泽 市	Heze	956283	852741	141	509	836135	15956

17-14 续表 continued

单位:辆 (Unit)

地 区	Region	载货汽车 Trucks	大型 Large	中型 Medium	小型 Small	微型 Minicar	其它汽车 Others
全省总计	**Total**	**1440905**	**131066**	**44516**	**1263916**	**1407**	**218115**
济南市	Jinan	103363	10613	1541	91096	113	9659
青岛市	Qingdao	134205	2903	3862	127341	99	10007
淄博市	Zibo	54885	5479	2357	46963	86	9856
枣庄市	Zaozhuang	39751	3753	822	35157	19	2941
东营市	Dongying	38812	2943	677	35174	18	5114
烟台市	Yantai	92805	12740	4222	75815	28	17089
潍坊市	Weifang	232963	33719	10281	188779	184	29834
济宁市	Jining	111990	23546	1602	86760	82	11896
泰安市	Tai'an	56425	4205	1896	50309	15	15688
威海市	Weihai	60562	6761	1524	52204	73	6954
日照市	Rizhao	54234	3407	841	49962	24	5813
莱芜市	Laiwu	15395	1876	464	13045	10	2025
临沂市	Linyi	195423	8562	9146	177256	459	19729
德州市	Dezhou	59061	919	940	57145	57	18774
聊城市	Liaocheng	50238	2318	638	47236	46	8041
滨州市	Binzhou	66954	5033	1872	60039	10	14992
菏泽市	Heze	73839	2289	1831	69635	84	29703

17-15 各市营业性运输车辆(2018年)
Transport Vehicles in Operation by Region (2018)

单位:辆 (Unit)

地 区	Region	汽车 Vehicles	客车 Passenger Vehicles	货车 Trucks
全省总计	**Total**	**1519692**	**225842**	**1193095**
济南市	Jinan	118653	24386	90336
青岛市	Qingdao	110975	44348	65990
淄博市	Zibo	64293	12343	47873
枣庄市	Zaozhuang	40481	6102	34201
东营市	Dongying	39430	6329	30621
烟台市	Yantai	84014	17995	62410
潍坊市	Weifang	229078	17719	189572
济宁市	Jining	161901	16180	138139
泰安市	Tai'an	69982	9654	44110
威海市	Weihai	44235	7296	35032
日照市	Rizhao	34657	5848	27434
莱芜市	Laiwu	20052	3793	14490
临沂市	Linyi	189871	15381	170658
德州市	Dezhou	66558	9989	54224
聊城市	Liaocheng	81081	10516	69602
滨州市	Binzhou	76340	6705	57984
菏泽市	Heze	88090	11257	60419

注:公路营运载客汽车不包括在公路运输管理部门管理并注册登记为公共汽车和出租汽车的车辆。

a)Passenger vehicles do not include those managed by department of highway transportation and registered as buses and taxis.

17-16 按行业分企业信息化及电子商务情况(2018年)

行　业	Industry	企业数（个）Number of Enterprises (unit)	期末使用计算机数（台）Computers Used at the End of Period (unit)
全　省	**Total**	**78913**	**2803319**
采矿业	Mining	391	113370
制造业	Manufacturing	33823	1202667
电力、热力、燃气及水生产和供应业	Production and Supply of Electricity, Heat, Gas and Water	913	92208
建筑业	Construction	7298	273423
批发和零售业	Wholesale and Retail Trades	15219	329386
交通运输、仓储和邮政业	Transport, Storage and Post	4362	127458
住宿和餐饮业	Hotels and Catering Services	2613	48840
信息传输、软件和信息技术服务业	Information Transmission, Software and Information Technology Services	822	204245
房地产业	Real Estate	8265	148648
租赁和商务服务业	Leasing and Business Services	1616	67004
科学研究和技术服务业	Scientific Research and Technical Services	1432	94521
水利、环境和公共设施管理业	Management of Water Conservancy, Environment and Public Facilities	457	9935
居民服务、修理和其他服务业	Service to Households, Repair and Other Services	392	5488
教育	Education	403	34368
卫生和社会工作	Health and Social Service	398	30378
文化、体育和娱乐业	Culture, Sports and Entertainment	509	21380

注：有电子商务交易活动的企业是指通过计算机网络开展电子商务销售或电子商务采购的企业。

a) Enterprises with E-Commerce Transactions refers to those enterprises which performed sales or purchases through internet.

Informatization and E-Commerce of Enterprises by Industrial Sector (2018)

每百人使用计算机数(台) Computers Used Per 100 Persons (unit)	企业拥有网站数(个) Websites of Enterprises (unit)	每百家企业拥有网站数(个) Websites Per 100 Enterprises (unit)	有电子商务交易活动 With E-Commerce Transactions		电子商务销售额(万元) Sales of E-Commerce (10 000 yuan)	电子商务采购额(万元) Purchases of E-Commerce (10 000 yuan)
			企业数(个) Enterprises (unit)	比重(%) Proportion (%)		
24	**41713**	**53**	**10654**	**13.5**	**159922370**	**100343385**
25	185	47	19	4.9	3946318	2276644
20	21601	64	4567	13.5	113950414	67932848
34	483	53	68	7.4	524248	7085729
11	3336	46	454	6.2	1079179	1427588
40	6081	40	2370	15.6	32153429	19908561
24	1604	37	511	11.7	2663506	648322
25	1136	43	973	37.2	289391	9703
95	786	96	263	32.0	4792617	958233
40	3463	42	502	6.1	17811	13752
27	876	54	295	18.3	291560	45227
66	864	60	229	16.0	60345	22523
10	219	48	82	17.9	17297	3150
13	176	45	49	12.5	4562	3968
88	273	68	50	12.4	9510	2129
51	303	76	68	17.1	1368	1942
54	327	64	154	30.3	120815	3067

17–17 各市企业信息化及电子商务情况(2018年)

地　区	Region	企业数(个) Number of Enterprises (unit)	期末使用计算机数(台) Computers Used at the End of Period (unit)	每百人使用计算机数(台) Computers Used Per 100 Persons (unit)	企业拥有网站数(个) Websites of Enterprises (unit)
全省总计	**Total**	**78913**	**2803319**	**24**	**41713**
济南市	Jinan	5988	473243	37	4023
青岛市	Qingdao	9461	518665	35	5755
淄博市	Zibo	5047	170799	21	2813
枣庄市	Zaozhuang	2337	49255	13	1143
东营市	Dongying	2104	161095	35	1308
烟台市	Yantai	5576	242802	24	2822
潍坊市	Weifang	6545	249953	24	3471
济宁市	Jining	7396	167351	18	3343
泰安市	Tai'an	3146	99723	18	1469
威海市	Weihai	3729	124859	22	1596
日照市	Rizhao	1696	66734	25	1070
莱芜市	Laiwu	1275	36513	19	742
临沂市	Linyi	7439	144495	16	3656
德州市	Dezhou	5005	87414	17	2977
聊城市	Liaocheng	3536	70336	17	1659
滨州市	Binzhou	2565	75122	17	1349
菏泽市	Heze	6068	64960	11	2517

注：有电子商务交易活动的企业是指通过计算机网络开展电子商务销售或电子商务采购的企业。
a) Enterprises with E-Commerce Transactions refers to those enterprises which performed sales or purchases through internet.

Informatization and E-Commerce of Enterprises by Region (2018)

每百家企业拥有网站数(个) Websites Per 100 Enterprises (unit)	有电子商务交易活动 With E-Commerce Transactions		电子商务销售额(万元) Sales of E-Commerce (10 000 yuan)	电子商务采购额(万元) Purchases of E-Commerce (10 000 yuan)
	企业数(个) Enterprises (unit)	比重(%) Proportion (%)		
53	**10654**	**13.5**	**159922370**	**100343385**
67	644	10.8	17659751	13995811
61	3081	32.6	69009011	42239639
56	1347	26.7	13101393	8980958
49	158	6.8	574104	279572
62	240	11.4	9268866	3315823
51	576	10.3	12944059	8306450
53	387	5.9	7064051	11695929
45	523	7.1	6724732	1790880
47	193	6.1	808546	489495
43	303	8.1	2853232	1830249
63	157	9.3	1415153	1557394
58	92	7.2	107847	1194097
49	583	7.8	3771875	757167
59	508	10.1	1532570	165656
47	143	4.0	2695619	868893
53	212	8.3	5421059	1978381
41	1507	24.8	4970500	896991

主要统计指标解释

铁路营业里程 又称营业长度(包括正式营业和临时营业里程)，指办理客货运输业务的铁路正线总长度。凡是全线或部分建成双线及以上的线路，以第一线的实际长度计算；复线、站线、段管线、岔线和特殊用途线以及不计算运费的联络线都不计算营业里程。该指标可以反映铁路运输业基础设施的发展水平，也是计算客货周转量、运输密度和机车车辆运用效率等指标的基础资料。

公路里程 指在一定时期内实际达到《公路工程\[WTBZ\]技术标准 JTJ01-88》规定的等级公路，并经公路主管部门正式验收交付使用的公路里程数。包括大中城市的郊区公路以及通过小城镇街道部分的公路里程和桥梁、渡口的长度，不包括大中城市的街道、厂矿、林区生产用道和农业生产用道的里程。两条或多条公路共同经由同一路段，只计算一次，不得重复计算里程长度。该指标可以反映公路建设的发展规模，也是计算运输网密度等指标的基础资料。

内河航道里程 也称内河通航里程，指在一定时期内，能通航运输船舶及排筏的天然河流、湖泊水库、运河及通航渠道的长度。包括全年季节性通航累计三个月以上的航道，不包括仅供零散流放竹、木排的河道。该指标可以反映内河水运网的规模、水平和发展情况。

货(客)运量 指在一定时期内，各种运输工具实际运送的货物(旅客)数量。该指标是反映运输业为国民经济和人民生活服务的数量指标，也是制定和检查运输生产计划、研究运输发展规模和速度的重要指标。货运按吨计算，客运按人计算。货物不论运输距离长短、货物类别，均按实际重量统计。旅客不论行程远近或票价多少，均按一人一次客运量统计；半价票、小孩票也按一人统计。

货物(旅客)周转量 指在一定时期内，由各种运输工具运送的货物(旅客)数量与其相应运输距离的乘积之总和。该指标可以反映运输业生产的总成果，也是编制和检查运输生产计划，计算运输效率、劳动生产率以及核算运输单位成本的主要基础资料。计算货物周转量通常按发出站与到达站之间的最短距离，也就是计费距离计算。计算公式为：

货物（旅客）周转量=Σ（货物（旅客）运输量×运输距离）

铁路货车平均静载重 指铁路货车在始发站静止状态下平均每车装载的货物重量，用以分析货车完成装车时车辆载重力的利用情况。计算公式为：

$$货车平均静载量=\frac{货物发送吨数}{装车数}$$

铁路货运机车日产量 指在一定时期内，平均每台货运机车在一昼夜内所完成的总重吨公里数，包括载运货物的重量和车辆本身的自重。该指标从时间和牵引能力两方面反映了机车运用效率。计算公式为：

$$货运机车平均日产量=\frac{货运总重吨公里数}{货运机车台日数}$$

沿海主要港口货物吞吐量 指经水运进出沿海主要港区范围，并经过装卸的货物数量，包括邮件及办理托运手续的行李、包裹以及补给运输船舶的燃、物料和淡水。货物吞吐量按货物流向分为进口、出口吞吐量，按货物交流性质分为外贸货物吞吐量和国内贸易货物吞吐量。货物吞吐量的货类构成及其流向，是衡量港口生产能力大小的重要指标。

民用汽车拥有量 指报告期末，在公安交通管理部门按照《机动车注册登记工作规范》，已注册登记领有民用车辆牌照的全部汽车数量。汽车拥有量统计的主要分类：根据汽车结构分为载客汽车、载货汽车及其他汽车；根据汽车所有者不同分为个人(私人)汽车、单位汽车；根据汽车的使用性质分为营运汽车、非营运汽车；根据汽车大小规格不同载客汽车分为大型、中型、小型和微型，载货汽车分为重型、中型、轻型和微型。

邮电业务总量 指以价值量形式表现的邮电通信企业为社会提供各类邮电通信服务的总数量。邮电业务量按专业分类包括函件、包件、汇票、报刊发行、邮政快件、特快专递、邮政储蓄、集邮、公众电报、用户电报、传真、长途电话、出租电路、无线寻呼、移动电话、分组交换数据通信、出租代维等。计算方法为各类产品乘以相应的平均单价(不变价)之和，再加上出租电路和设备、代用户维护电话交换机和线路等的服务收入。该指标综合反映了一定时期邮电业务发展的总成果，是研究邮电业务量构成和发展趋势的重要指标。计算公式为：

邮电业务总量=Σ（各类邮电业务量×不变单价）
+出租代维及其他业务收入
=邮政业务总量+电信业务总量

移动电话用户 指通过移动电话交换机进入移动电话网、占用移动电话号码的各类电话用户。包括签约用户和智能网预付费用户。一个移动电话号码统计为一户。

互联网上网人数 指平均每周使用互联网至少 1 小时的中国公民人数。

本地电话用户 指接入本地电信运营商固定电话网上的电话用户。包括：住宅用户、单位用户、公用电话用户等。按电话用户位置又分为市内电话用户和农村电话用户。1997年以前，“市内电话用户”是指接入县城及县以上城市的电话网上的电话用户；“农村电话用户”是指接入县邮电局农话台及县以下农村电话交换点，以县城为中心(除市话用户外)联通县、乡(镇)、行政村、村民小组的用户。从 1997 年起，电话用户数分组调整为以用户所在区域划分为“城市电话用户”和“乡村电话用户”，与过去的按市内电话和农村电话划分方法不同。而电话用户总数、电话机总部数统计范围不变。

城市电话用户　指直辖市、省辖市、地级市、县级市的市区、市郊区及县城(包括县人民政府所在地的县城关区或行政建制相当于县人民政府所在地的镇)范围内接入局用交换机的电话用户数，包括分布在农村地区的独立工矿区、林区、驻军等电话用户数。

农村电话用户　指按行政区划属于城市范围以外的乡(镇)、村的电话用户数。

Explanatory Notes on Main Statistical Indicators

Length of Railways in Operation refers to the total length of the trunk line under passenger and freight transportation (including both full operation and temporary operation). The calculation is based on the actual length of the first line even if this line has a full or partial double track or more tracks, excluding double tracks, station sidings, tracks under the charge of stations, branch lines, special purpose lines and the non payable connecting lines. The length of railways in operation is an important indicator to show the development of the infrastructure for the railway transport, and also the essential data to calculate volume of passenger freight transport, traffic density and utilization efficiency of the locomotives and carriages.

Length of Highways refers to the length of highways which are built in conformity with the grades specified by the highway engineering standard formulated by the Ministry of Communications,and have been formally checked and accepted by the departments of highways and put into use. The length of highways includes that of the suburb highways at large and medium sized cities, highways passing through streets at small cities and towns, and also the length of bridges and ferries. It does not include the length of streets in big and medium sized cities and highways built for the production purpose at factories, mines, forest areas and agricultural areas. If two or more highways go the same section of the way, the length of the section is only calculated for once and no duplication is allowed. The length of highways is an important indicator to show the development of the highway construction and to provide essential information to calculate the transport network density.

Length of Navigable Inland Waterways it is an indicator reflecting the size and development of inland water network, it refers to the length of the natural rivers, lakes, reservoirs, canals, and ditches open to navigation during a given period, which enables the transport by ships and rafts. It includes the channels open to navigation for over an accumulative 3 months in a year, yet this does not include the river courses, which are only used to float odd logs and bamboo rafts. This indicator can reflect the scale, level and development situation of the inland waterway network.

Freight (Passenger) Traffic refers to the volume of freight (passenger) transported with various means. Freight transport is calculated in tons and passenger traffic is calculated in the number of persons. Despite the type of freight and traveling distance, the freight transport is calculated in the actual weight of the goods: and despite the traveling distance and ticket price, the passenger traffic is calculated by the principle that one person can be counted only once in one travel. The passengers who travel with a half price ticket or a child ticket is also calculated as one person. The freight (passenger) traffic provides a quantitative measure to show how the transport industry serves the national economy and people, and is also an important indicator for planning the transport industry and for studying the development scale and speed of the transport industry.

Freight Ton kilometers (Passenger kilometers) refer to the sum of the products of the volume of transported cargo (passengers) multiplying by the transport distance. It is an important indicator to reflect the achievement of transportation industry. Normally, the shortest distance between the departure station and the destination station (i.e., the payable distance) is the basis to calculate the freight ton kilometers. This is an important indicator to show the total results of the transport industry, to prepare and examine the transport plan and to measure the efficiency, the labour productivity and the unit cost of transport.The formula is as follows:

$$\begin{matrix}\text{Freight ton - kilometres} \\ \text{(passenger - kilometres)}\end{matrix} = \sum \begin{matrix}\text{freight} \\ \text{(passenger)traffic}\end{matrix} \times \begin{matrix}\text{distance of} \\ \text{transportation}\end{matrix}$$

Static Load of Freight Cars refers to the average cargo weight as loaded by each freight car under the static condition at the departure station. It is used to show the utilization extent of the loading capacity of the freight cars. The formula is:

$$\begin{matrix}\text{Static load (ton)} \\ \text{of freight car}\end{matrix} = \frac{\text{tonnage of goods dispatched}}{\text{number of freight cars loaded}}$$

Average Daily Haul of Freight Locomotives refers to the average total ton kilometers accomplished by each freight transport locomotive over day and night during a given period of time. It includes both the weight of the goods carried and the dead weight of the train itself. It is a comprehensive indicator reflecting the locomotive efficiency in terms of both time and the pulling force.

$$\begin{matrix}\text{Average daily haul of} \\ \text{freight transport locomotive} \\ \text{(ton - kilometre)}\end{matrix} = \frac{\begin{matrix}\text{Total ton - kilometres} \\ \text{of freight}\end{matrix}}{\begin{matrix}\text{Daily number of freight} \\ \text{transport locomotive}\end{matrix}}$$

Volume of Freight Handled in Major Coastal Ports refers to the volume of cargo passing in and out the harbor area of the major coastal ports and having been loaded and unloaded. The volume includes that of the postal matters, registered luggage and fuels, materials and fresh water as supplies of the ships. The volume of freight handled may be classified by direction of flow as freight for import and freight for export, or by nature of cargo as freight for domestic trade and freight for foreign trade. As an important indicator, the volume of freight handled by type of cargo and by main flow direction reflects the production capacity of ports.

Possession of Civil Motor Vehicles refer to the total numbers of vehicles that are registered and received vehicles license tags according to the Work Standard for Motor Vehicles Registration formulated by transport management office under department of public security at the end of reference period. They are divided into following categories according to the structure of motor vehicles: passenger vehicles, trucks and others; and private vehicles and vehicles for units use according to ownerships; working vehicles and non working vehicles according to kind of usage; large passenger vehicles, medium passenger vehicles, small passenger vehicles and mini passenger vehicle, heavy trucks, light heavy trucks, light trucks and mini trucks according to sizes of vehicles.

Business Volume of Post and Telecommunications refers to the total amount of post and telecommunication services, expressed in value terms, provided by the post and telecommunications departments for the society. Post and telecommunication services can be classified as letters, parcels, remittance, issue of newspapers and magazines, fast mail service, express mail service, savings deposits, stamps for collection, public and individual telegraph service, facsimiles, long distance telephone service, leasing of telephone lines, urban paging service, mobile telephone service, data transfer and transmission, etc. The accounting approach is to multiply the service products of all types with their average unit price (constant price) to get sum of business value, plus income from other services such as leasing of telephone lines and equipment, maintenance of telephone switchboards and lines on behalf of customers. This indicator reflects the overall results of post and telecommunications service during a given period, and is important to study the composition of business service and the development of post and telecommunications service.

The formula is as follows:

Business volume of post and telecommunications

=∑(Transaction of post and telecommunication services ×price[constant price])

+Income from leasing, maintenance and other services

= business volume of postal service

+ business volume of telecommunications service

Mobile Telephone Subscribers refer to the persons who own mobile telephone numbers and are connected with the mobile telephone communication network through the mobile telephone switchboards, including contracted subscribers and pre paid subscribers for intelligent network. One mobile telephone is taken as a subscriber.

Internet Users refer to the number of Chinese citizens who use Internet at least for one hour each week.

Local Telephone Subscribers refer to subscribers that are connected to the local telecommunication service provider through fix line network, including household subscribers, institutional subscribers and public telephones. They are also classified as city subscribers and rural subscribers according to locations. Before 1997, city subscribers referred to those connected to city telephone networks in county towns and cities, while village subscribers referred to those connected to village telephone stations at and below counties. Since 1997, the classification of telephone subscribers was modified on the basis of physical location of the subscribers as urban telephone subscribers and rural telephone subscribers, which is different from the previous classification of categorizing local telephones and rural telephones, while the definition of total subscribers and total number of telephones remain unchanged.

Urban Telephone Subscribers refer to number of telephone subscribers, located at municipalities, cities under the jurisdiction of province, cities at prefecture level, downtown and suburb of city at county level town and county towns (including country towns where county government located, and towns of county level according to the administrative organizational system), that are connected to the public line telephone network, including rural mineral area, forest area, military area.

Rural Telephone Subscribers refer to telephone subscribers, located at counties (towns) and villages outside the range of cities according to administrative jurisdiction.

第
18
篇

批发和零售、住宿和餐饮业

Wholesale, Retail, Hotels and
Catering Services

简 要 说 明

一、本篇资料的主要内容

本篇资料反映全省市场发展情况、批发和零售业、住宿和餐饮业经营情况和效益情况等，主要包括批发和零售业商品流转情况及财务状况、住宿和餐饮业经营情况及财务状况、社会消费品零售总额等内容。

二、本篇资料的来源

本篇资料中除特别注明外，其余均来自限额以上批发和零售业、住宿和餐饮业年报资料和定期报表统计资料。

本篇资料由省统计局贸易处整理提供。

Brief Introduction

I. Content

Data in this chapter are supposed to show the development of Shandong's domestic market, wholesale and retail trade, hotels and catering services, mainly including the circulation of commodities in the wholesale and retail trade, the financial indices of related businesses and the total retail sales of consumer goods.

II. Source of Data

Except the data specifically noted, all data in this chapter are based on the annual report of wholesale, retail, hotels and catering services and periodic statistical statements.

Data in this chapter are prepared and compiled by the Division of Trade and External Economic Relations Statistics of Shandong Provincial Bureau of Statistics.

18－1 批发和零售业情况
Basic Conditions of Wholesale and Retail Trades

指　　标	Item	2013	2014	2015	2016	2017	2018
批发和零售业	**Wholesale and Retail Trades**						
法人企业 (个)	Number of Corporation Enterprises (unit)	17134	17474	17157	16894	16865	15695
年末从业人数 (万人)	Engaged Persons at Year-end (10 000 persons)	102	102	98	96	90.1	82.5
商品购进额 (亿元)	Total Purchases (100 million yuan)	27460.6	29233.1	27089.1	29289.7	29812.8	30902.8
#进口额 (亿元)	Imports (100 million yuan)	1337.5	1290.7	817.7	765.7	872.6	769.5
商品销售额 (亿元)	Total Sale (100 million yuan)	31193.4	32112	29650.1	32129.2	32944.0	34878.2
#出口额 (亿元)	Exports (100 million yuan)	998.5	955.5	1002.2	895.5	1042.4	1233.0
期末商品库存额 (亿元)	Total Stock at Year-end (100 million yuan)	1901.5	1693.2	1701.3	1686.3	1903.5	1961.1
批发业	**Wholesalel Trade**						
法人企业 (个)	Number of Corporation Enterprises (unit)	8431	8681	8452	8217	8310	8298
年末从业人数 (万人)	Engaged Persons at Year-end (10 000 persons)	41	42	39	38	35.1	32.6
商品购进额 (亿元)	Total Purchases (100 million yuan)	19379.9	20350.7	18067.2	19803.3	21821.3	24409.3
#进口额 (亿元)	Imports (100 million yuan)	1255.5	1173.2	729.7	680.2	796.0	676.8
商品销售额 (亿元)	Total Sales (100 million yuan)	22074.2	22154.2	19692.5	21625.3	24016.9	27161.1
#出口额 (亿元)	Exports (100 million yuan)	994.4	938	996.5	892.2	1039.5	1230.8
期末商品库存额 (亿元)	Total Stock at Year-end (100 million yuan)	982.4	975	1015.5	1001.3	1156.7	1183.3
零售业	**Retail Trade**						
法人企业 (个)	Number of Corporation Enterprises (unit)	8703	8793	8705	8677	8555	7397
年末从业人数 (万人)	Engaged Persons at Year-end (10 000 persons)	61	60	59	59	55.1	50.0
商品购进额 (亿元)	Total Purchases (100 million yuan)	8080.7	8882.4	9021.8	9486.4	7991.5	6493.6
#进口额 (亿元)	Imports (100 million yuan)	82.0	117.5	88.0	85.5	76.6	92.8
商品销售额 (亿元)	Total Sales (100 million yuan)	9119.2	9957.8	9957.6	10503.9	8927.2	7717.1
#出口额 (亿元)	Exports (100 million yuan)	4.1	17.5	5.7	3.3	2.9	2.2
期末商品库存额 (亿元)	Total Stock at Year-end (100 million yuan)	919.1	718.2	685.8	684.9	746.8	777.8
年末零售营业面积 (万平方米)	Business Area of Retail at Year-end (10 000 sq.m)	2894	3074	3111	3097	2908	2968

18-2 限额以上批发和零售业商品购进、销售、库存总额(2018年)

单位:万元

指标名称	Indicator	法人单位(个) Corporate Unit (unit)
总 计	**Total**	**15695**
一、批发业	**Wholesale Trade**	**8298**
1.按登记注册类型分	by Status of Registration	
内 资	Domestic Funded Enterprises	8184
国 有	State-owned	67
集 体	Collective-owned	34
股份合作	Cooperative	6
联营企业	Joint Ownership	1
有限责任公司	Limited Liability Corporations	1572
股份有限公司	Share-holding Corporations Ltd.	142
私营企业	Private Enterprises	6333
其 他	Others	29
港澳台商投资企业	Enterprises with Funds from Hong Kong,Macao and Taiwan	40
与港澳台商合资经营	Joint-venture	7
与港澳台商合作经营	Cooperative	
港澳台商独资	Sole Investment	30
港澳台商独资股份有限公司	Share-holding Corporations Ltd. with Sole Investment	2
其他港澳台投资企业	Others	1
外商投资企业	Foreign Funded Enterprises	74
中外合资经营	Joint-venture	23
中外合作经营	Cooperative	3
外资企业	Sole Foreign Investment	47
外商投资股份有限公司	Share-holding Corporations Ltd. with Foreign Investment	1
其他外商投资企业	Others	
2.按国民经济行业分(GB/T 4754-2017)	by Sector	
农、林、牧产品批发业	Wholesale of Farm Produce and Livestock Products	529
食品、饮料及烟草制品批发	Wholesale of Food, Beverages and Tobaccos	872
纺织、服装及家庭用品批发	Wholesale of Textiles, Garments and Daily Consumer Articles	536
文化、体育用品及器材批发	Wholesale of Culture, Sports Appliances and Equipments	212
医药及医疗器材批发	Wholesale of Medicines and Medical Appliances	485
矿产品、建材及化工产品批发	Wholesale of Mineral Products, Building Materials and Chemical Products	4184
机械设备、五金产品及电子产品批发	Wholesale of Machinery, Hardware and Electronic Equipment	1218
贸易经纪与代理	Trade Broker and Agency	47
其他批发业	Other Wholesale not Classified Elsewhere	215

Total Purchases,Sales and Inventory of Enterprises above Designated Size of Wholesale and Retail Trades(2018)

(10 000 yuan)

购进总额 Total Purchases Value	#进口 Import	销售总额 Total Sale Value 合计 Total	批发 Wholesale	#出口 Export	零售 Retail	年末库存总额 Inventory (year-end)
309028358	**7695500**	**348781759**	**271163048**	**12329819**	**77618712**	**19610952**
244092599	**6767833**	**271610754**	**263756250**	**12307867**	**7854503**	**11833038**
239577183	6527563	265416776	257574883	10996914	7841894	11304519
977258	197	999499	949997	4889	49502	189814
1122688		1208163	1191506		16658	25873
35511	3201	38132	38132			2832
		20150	20150			
118850908	2151466	126092743	123184984	5939498	2907759	4987436
12591377	970180	15603623	13489343	314918	2114280	1003598
105930773	3402518	121371023	118628231	4737609	2742792	5091999
68668		83443	72539		10903	2968
3083369	100663	4553761	4551146	1043204	2615	422031
366758	7006	400832	400729	3212	103	18282
2454615	88751	3852533	3850022	1039992	2512	399368
11237	4906	9203	9203			3185
250759		291193	291193			1196
1432048	139607	1640216	1630221	267749	9995	106488
522781	52397	575311	574669	62401	642	45566
229232	3576	237384	232283	383	5101	7265
679048	83635	826056	821805	204966	4251	53657
987		1465	1465			
5143978	208444	5593355	5477703	216222	115653	738838
24040086	531725	24004282	22972725	618636	1031558	1418946
19074871	687944	18917041	18312302	4908820	604739	905755
5587688	106149	6279075	5506832	265732	772244	495584
14942290	39163	17295165	17084932	33566	210233	1543308
152293463	4252068	171028066	166675802	3195980	4352264	5269055
17213224	719167	20182420	19464952	2802022	717468	1196782
1661588	30237	1859604	1852532	167552	7072	88900
4135413	192938	6451744	6408472	99339	43273	175870

18-2 续表

单位:万元

指标名称	Indicator	法人单位(个) Corporate Unit (unit)
二、零售业	**Retail Trade**	**7397**
1.按登记注册类型分	by Status of Registration	
内　资	Domestic Funded Enterprises	7278
国　有	State-owned	32
集　体	Collective-owned	93
股份合作	Cooperative	18
联营企业	Joint Ownership	2
有限责任公司	Limited Liability Corporations	1652
股份有限公司	Share-holding Corporations Ltd.	188
私营企业	Private Enterprises	5257
其　他	Others	36
港澳台商投资企业	Enterprises with Funds from Hong Kong,Macao and Taiwan	72
与港澳台商合资经营	Joint-venture	14
与港澳台商合作经营	Cooperative	
港澳台商独资	Sole Investment	51
港澳台商独资股份有限公司	Share-holding Corporations Ltd. with Sole Investment	4
其他港澳台投资企业	Others	3
外商投资企业	Foreign Funded Enterprises	47
中外合资经营	Joint-venture	11
中外合作经营	Cooperative	3
外资企业	Sole Foreign Investment	29
外商投资股份有限公司	Share-holding Corporations Ltd. With Foreign Investment	2
其他外商投资企业	Others	2
2.按国民经济行业分(GB/T 4754-2017)	by Sector	
综合零售	Integrated Retail	919
食品、饮料及烟草制品专门零售	Retail of Food, Beverages and Tobaccos	631
纺织、服装及日用品专门零售	Special Retail of Textiles, Garments and Daily Consumer Articles	385
文化、体育用品及器材专门零售	Retail of Culture, Sports Appliances and Equipments	336
医药及医疗器材专门零售业	Retail of Medicines and Medical Appliances	384
汽车、摩托车、零配件和燃料及其他动力销售	Retail of Motor Vehicles, Motorcycles,Parts,Fuel and Other Power	3066
家用电器及电子产品专门零售业	Special Retail of Household Electric Appliances and Electronic Products	787
五金、家具及室内装修材料专门零售	Special Retail of Hardware, Furniture and Decoration Materials	553
货摊、无店铺及其他零售业	Non-shop and Other Retails	336

continued

(10 000 yuan)

购进总额 Total Purchases Value	#进口 Import	销售总额 Total Sale Value				年末库存总额 Inventory (year-end)
		合计 Total	批发 Wholesale	#出口 Export	零售 Retail	
64935759	**927666**	**77171006**	**7406797**	**21952**	**69764208**	**7777914**
61485822	871371	72775881	7161539	21412	65614342	7303527
674252		700389	245875		454514	37647
231669		255312	14227		241085	21427
83743		87232	183		87049	10795
3865		4818	10		4808	200
26469214	397677	30465075	3186574	813	27278501	3256545
10342146	55409	13256893	1530407		11726486	787034
23624139	418286	27938264	2174599	20599	25763665	3188630
56795		67898	9663		58235	1249
2482014	1318	3128889	237152	540	2891737	397386
428222		483213	81049		402164	58585
1963888	860	2529100	152540	540	2376560	332237
38235		62660	3562		59097	3322
51669	458	53916			53916	3243
967923	54978	1266236	8107		1258129	77001
360069		465083			465083	28884
90382		148104			148104	9378
290939	54978	377761	7108		370654	31217
184215		229720	976		228744	7100
42319		45568	24		45544	423
15329744	62811	18847160	1083350	689	17763810	1608775
1554404	33235	1990144	388820	2780	1601324	142415
1780263	27092	2457151	391642	1992	2065509	479653
1177711	1406	1469686	206577	4173	1263109	274549
5874694	73134	6067245	1524266	50	4542979	895897
29116846	716125	34604941	2403552		32201389	3086814
4600337	7952	5021255	381937	928	4639318	795343
1220872	2126	1606541	393717	11341	1212824	143295
4280888	3784	5106883	632938		4473945	351175

18-3 限额以上批发和零售业企业财务状况(2018年)

单位:万元

指标名称	Indicator	企业数(个) Number of Enterprises (unit)
总　计	**Total**	**15695**
一、批发业	**Wholesale Trade**	**8297**
1.按登记注册类型分	by Status of Registration	
内　资	Domestic Funded Enterprises	8183
国　有	State-owned	67
集　体	Collective-owned	34
股份合作	Cooperative	6
联营企业	Joint Ownership	1
有限责任公司	Limited Liability Corporations	1572
股份有限公司	Share-holding Corporations Ltd.	142
私营企业	Private Enterprises	6332
其　他	Others	29
港澳台商投资企业	Enterprises with Funds from Hong Kong,Macao and Taiwan	40
与港澳台商合资经营	Joint-venture	7
与港澳台商合作经营	Cooperative	
港澳台商独资	Sole Investment	30
港澳台商独资股份有限公司	Share-holding Corporations Ltd. with Sole Investment	2
其他港澳台投资企业	Others	1
外商投资企业	Foreign Funded Enterprises	74
中外合资经营	Joint-venture	23
中外合作经营	Cooperative	3
外资企业	Sole Foreign Investment	47
外商投资股份有限公司	Share-holding Corporations Ltd. with Foreign Investment	
其他外商投资企业	Others	1
2.按国民经济行业分(GB/T 4754-2017)	by Sector	
农、林、牧产品批发业	Wholesale of Farm Produce and Livestock Products	529
食品、饮料及烟草制品批发	Wholesale of Food, Beverages and Tobaccos	872
纺织、服装及家庭用品批发	Wholesale of Textiles, Garments and Daily Consumer Articles	536
文化、体育用品及器材批发	Wholesale of Culture, Sports Appliances and Equipments	212
医药及医疗器材批发	Wholesale of Medicines and Medical Appliances	485
矿产品、建材及化工产品批发	Wholesale of Mineral Products, Building Materials and Chemical Products	4184
机械设备、五金产品及电子产品批发	Wholesale of Machinery, Hardware and Electronic Equipment	1217
贸易经纪与代理	Trade Broker and Agency	47
其他批发业	Other Wholesale not Classified Elsewhere	215

Financial Indicators of Enterprises above Designated Size of Wholesale and Retail Trades(2018)

(10 000 yuan)

年末资产负债 Assets and Liabilities at Year-end						损益及分配 Losses,Profits and Distribution	
流动资产合计 Total Working Capitals	固定资产原价 Original Value of Fixed Assets	本年折旧 Depreciation in the Year	资产合计 Total Assests	负债合计 Total Liabilities	所有者权益合计 Total Owner's Equities	营业收入合计 Business Revenue	主营业务收入 Revenue from Principal Business
124869768	**19617433**	**1337256**	**156534135**	**121774785**	**33968205**	**311331374**	**308965768**
95985466	**10141787**	**651471**	**115168189**	**90466410**	**24908017**	**242344148**	**241249974**
92862100	9898575	638488	111357230	87648353	23915116	236705010	235643425
478868	189499	12477	689927	500526	189401	971535	963161
293836	41756	1347	357107	313768	43340	1100095	1098155
9467	5134	242	14014	11085	2929	33309	33309
14050	13798		42369	38079	4290	18318	18318
44391242	4464852	272703	51819185	41875052	9944133	112260897	111616243
10458971	1043119	49596	12518956	7454293	5271728	14014215	13858203
37202887	4128074	301552	45888654	37443837	8443990	108226237	107976193
12780	12343	571	27017	11713	15304	80404	79843
2414984	135421	8538	3004990	2353105	651885	4153740	4129586
587127	21687	1323	980229	660898	319331	367367	361529
1687842	113674	7208	1884710	1559946	324764	3528216	3509900
3558	30	4	3578	2366	1213	7911	7911
136457	30	4	136473	129895	6578	250247	250247
708382	107791	4444	805968	464952	341016	1485398	1476964
289546	50529	1539	340044	187811	152233	512442	510154
60983	25993	1119	69921	63613	6308	221669	221669
356607	31147	1782	394681	212821	181860	750035	743888
1246	123	5	1323	708	615	1252	1252
2603805	711913	36578	3494650	2339768	1154882	5261935	5245854
8222074	1940255	125537	10479270	6667748	3811522	21404752	21317021
9013251	449199	23794	10078320	8680422	1397897	17134768	16852625
3411287	329354	16362	4007039	3285562	721477	5694920	5647496
10363387	712820	61684	11935930	9293258	2642673	15223997	15183214
50626185	4907563	295174	61637518	50600339	11243417	151555641	151126826
8986348	936640	83884	10440192	8107806	2332386	18331992	18212216
1620376	15205	672	1654364	475080	1179284	1794427	1791539
1138753	138838	7786	1440906	1016428	424478	5941716	5873184

18-3 续表 1

单位:万元

指 标 名 称	Indicator	企业数(个) Number of Enterprises (unit)
二、零售业	**Retail Trade**	**7398**
1.按登记注册类型分	by Status of Registration	
内 资	Domestic Funded Enterprises	7279
国 有	State-owned	32
集 体	Collective-owned	94
股份合作	Cooperative	18
联营企业	Joint Ownership	2
有限责任公司	Limited Liability Corporations	1652
股份有限公司	Share-holding Corporations Ltd.	188
私营企业	Private Enterprises	5257
其 他	Others	36
港澳台商投资企业	Enterprises with Funds from Hong Kong,Macao and Taiwan	72
与港澳台商合资经营	Joint-venture	14
与港澳台商合作经营	Cooperative	
港澳台商独资	Sole Investment	51
港澳台商独资股份有限公司	Share-holding Corporations Ltd. with Sole Investment	4
其他港澳台投资企业	Others	3
外商投资企业	Foreign Funded Enterprises	47
中外合资经营	Joint-venture	11
中外合作经营	Cooperative	3
外资企业	Sole Foreign Investment	29
外商投资股份有限公司	Share-holding Corporations Ltd. With Foreign Investment	2
其他外商投资企业	Others	2
2.按国民经济行业分(GB/T 4754-2017)	by Sector	
综合零售	Integrated Retail	920
食品、饮料及烟草制品专门零售	Retail of Food, Beverages and Tobaccos	630
纺织、服装及日用品专门零售	Special Retail of Textiles, Garments and Daily Consumer Articles	385
文化、体育用品及器材专门零售	Retail of Culture, Sports Appliances and Equipments	336
医药及医疗器材专门零售业	Retail of Medicines and Medical Appliances	384
汽车、摩托车、零配件和燃料及其他动力销售	Retail of Motor Vehicles, Motorcycles,Parts,Fuel and Other Power	3066
家用电器及电子产品专门零售业	Special Retail of Household Electric Appliances and Electronic Products	787
五金、家具及室内装修材料专门零售	Special Retail of Hardware, Furniture and Decoration Materials	554
货摊、无店铺及其他零售业	Non-shop and Other Retails	336

continued

(10 000 yuan)

年末资产负债 Assets and Liabilities at Year-end						损益及分配 Losses,Profits and Distribution	
流动资产合计 Total Working Capitals	固定资产原价 Original Value of Fixed Assets	本年折旧 Depreciation in the Year	资产合计 Total Assests	负债合计 Total Liabilities	所有者权益合计 Total Owner's Equities	营业收入合计 Business Revenue	#主营业务收入 Revenue from Principal Business
28884302	**9475646**	**685785**	**41365946**	**31308375**	**9060188**	**68987226**	**67715794**
27697609	8706193	631811	39461328	30028462	8435483	64960317	63792496
187285	97310	5116	316139	319275	-1422991	651477	632670
107067	82402	4488	209268	127813	81455	220498	219447
20716	10445	325	28624	19246	9378	78021	77981
680	655	41	1296	774	522	4188	4158
11131898	3466547	216665	15564658	12363719	3200939	27152561	26623453
6691026	2245927	166199	9738816	7394661	2766247	11739630	11434844
9543468	2788310	238168	13568036	9793988	3774427	25052736	24738738
15470	14597	811	34491	8986	25505	61206	61206
809185	422261	29761	1176532	765919	410613	2875391	2809441
116083	37414	2740	161401	110583	50818	446434	437774
661039	364083	25576	970215	626846	343369	2318640	2264349
12979	18223	1253	22994	13365	9628	61323	59524
19084	2542	191	21922	15124	6797	48994	47794
377509	347193	24213	728086	513994	214093	1151518	1113857
165165	148048	10353	258930	186569	72361	423655	399534
80995	55541	2395	100427	51107	49320	143797	139245
100340	105479	8667	235724	190268	45455	345085	337505
20579	30422	2648	102875	73021	29854	199903	198493
10429	7704	150	30131	13028	17102	39079	39079
9674117	4402329	264739	14577692	11028451	3549241	16855949	16266615
687820	356811	17166	1088276	676177	412099	1767797	1745346
1019950	236976	11415	1622900	982153	640747	2240609	2230187
669864	219093	10879	958155	585157	372998	1414780	1384958
2840908	276380	25465	3421828	2838500	583328	5442231	5399101
10745247	3032502	301472	15099258	12066690	2035185	31125585	30655845
1464851	324519	19311	1904118	1469519	434599	4198567	4151089
762172	225753	12011	1177901	601811	576090	1430747	1422705
1019374	401283	23327	1515818	1059916	455902	4510962	4459948

18-3 续表 2

单位:万元

指标名称	Indicator	主营业务成本 Cost of Principal Business
总　计	**Total**	**287258150**
一、批发业	**Wholesale Trade**	**226930264**
1.按登记注册类型分	by Status of Registration	
内　资	Domestic Funded Enterprises	221687112
国　有	State-owned	921905
集　体	Collective-owned	1060814
股份合作	Cooperative	32196
联营企业	Joint Ownership	18373
有限责任公司	Limited Liability Corporations	104297586
股份有限公司	Share-holding Corporations Ltd.	12489101
私营企业	Private Enterprises	102794838
其　他	Others	72297
港澳台商投资企业	Enterprises with Funds from Hong Kong,Macao and Taiwan	3930693
与港澳台商合资经营	Joint-venture	330426
与港澳台商合作经营	Cooperative	
港澳台商独资	Sole Investment	3345630
港澳台商独资股份有限公司	Share-holding Corporations Ltd. with Sole Investment	6862
其他港澳台投资企业	Others	247775
外商投资企业	Foreign Funded Enterprises	1312460
中外合资经营	Joint-venture	472751
中外合作经营	Cooperative	209783
外资企业	Sole Foreign Investment	629083
外商投资股份有限公司	Share-holding Corporations Ltd. with Foreign Investment	
其他外商投资企业	Others	843
2.按国民经济行业分(GB/T 4754-2017)	by Sector	
农、林、牧产品批发业	Wholesale of Farm Produce and Livestock Products	4948367
食品、饮料及烟草制品批发	Wholesale of Food, Beverages and Tobaccos	17639705
纺织、服装及家庭用品批发	Wholesale of Textiles, Garments and Daily Consumer Articles	15929944
文化、体育用品及器材批发	Wholesale of Culture, Sports Appliances and Equipments	5206714
医药及医疗器材批发	Wholesale of Medicines and Medical Appliances	13155775
矿产品、建材及化工产品批发	Wholesale of Mineral Products, Building Materials and Chemical Products	146632193
机械设备、五金产品及电子产品批发	Wholesale of Machinery, Hardware and Electronic Equipment	16907128
贸易经纪与代理	Trade Broker and Agency	1717194
其他批发业	Other Wholesale not Classified Elsewhere	4793244

continued

(10 000 yuan)

损益及分配 Losses,Profits and Distribution							工资、福利、增值税 Wages,Welfare and Value Added Tax	
主营业务税金及附加 Taxes and Other Charges on Principal Business	销售费用 Expenses on Sales	管理费用 Expenses on Management	财务费用 Expenses on Finance	营业利润 Profits from Business	利润总额 Total Profits	应交所得税 Income Tax Payable	应付职工薪酬（本年贷方累计发生额） Payroll payable (Cumulative amount of credits)	本年应交增值税 Value Added Tax Payable
1598466	**9176640**	**4719743**	**1664757**	**4534220**	**4570650**	**907384**	**5115880**	**3105627**
1354118	**5087983**	**2739778**	**1167275**	**3349395**	**3355118**	**662389**	**2600242**	**2214144**
1347247	4947764	2632433	1159302	3238413	3251351	631980	2526388	2176959
1610	23421	31396	9347	-6198	147	1167	22550	3745
8677	7005	18365	7858	269	763	297	14097	82492
76	337	885	372	162	263	52	480	281
4	172	371	2017	-802	-925		182	2
1152636	2090202	1213223	417195	1541622	1544513	319529	1224641	1093904
29607	734574	260420	116050	323941	327219	81985	262639	226508
154440	2090711	1106671	606039	1376038	1375988	228834	999233	769616
197	1341	1102	425	3381	3383	116	2568	411
3617	86613	71191	5466	32375	21697	8884	37802	20021
788	11541	6123	7963	5050	5366	1058	6423	6823
2732	73762	64596	-3300	26488	15487	7614	30972	13003
10	251	162	160	465	471	118	248	83
86	1060	310	643	372	373	93	159	112
3255	53606	36154	2507	78608	82070	21526	36051	17164
721	21418	10263	-664	8085	8647	4984	17131	2972
261	3909	2468	1618	3012	3039	445	3986	1064
2267	27984	23184	1552	67644	70515	16096	14386	13088
6	295	239	0	-133	-131		548	40
7352	114524	76463	40759	100631	104504	8445	71524	19444
1049150	932353	711952	5497	982968	976289	202393	786734	472760
28005	472853	243702	77236	201097	220066	35449	240729	170474
8223	167929	130764	11097	152846	152450	14761	152406	15472
43656	940337	430152	164116	430604	435781	109742	329762	345682
147053	1829187	788694	778854	1108125	1093964	204895	638943	714639
31517	549168	318354	57733	312773	319311	73755	340385	126130
703	24535	5733	13819	9705	10266	329	7514	16000
38458	57099	33963	18164	50648	42488	12619	32244	333544

18-3 续表 3

单位:万元

指 标 名 称	Indicator	主营业务成本 Cost of Principal Business
二、零售业	**Retail Trade**	**60327886**
1.按登记注册类型分	by Status of Registration	
内 资	Domestic Funded Enterprises	57023592
国 有	State-owned	572865
集 体	Collective-owned	186823
股份合作	Cooperative	70213
联营企业	Joint Ownership	3339
有限责任公司	Limited Liability Corporations	23919872
股份有限公司	Share-holding Corporations Ltd.	10216321
私营企业	Private Enterprises	22002634
其 他	Others	51526
港澳台商投资企业	Enterprises with Funds from Hong Kong,Macao and Taiwan	2364804
与港澳台商合资经营	Joint-venture	389431
与港澳台商合作经营	Cooperative	
港澳台商独资	Sole Investment	1879954
港澳台商独资股份有限公司	Share-holding Corporations Ltd. with Sole Investment	51101
其他港澳台投资企业	Others	44319
外商投资企业	Foreign Funded Enterprises	939490
中外合资经营	Joint-venture	325517
中外合作经营	Cooperative	120127
外资企业	Sole Foreign Investment	287444
外商投资股份有限公司	Share-holding Corporations Ltd. with Foreign Investment	170613
其他外商投资企业	Others	35789
2.按国民经济行业分(GB/T 4754-2017)	by Sector	
综合零售	Integrated Retail	14034436
食品、饮料及烟草制品专门零售	Retail of Food, Beverages and Tobaccos	1450763
纺织、服装及日用品专门零售	Special Retail of Textiles, Garments and Daily Consumer Articles	1763657
文化、体育用品及器材专门零售	Retail of Culture, Sports Appliances and Equipments	1105493
医药及医疗器材专门零售业	Retail of Medicines and Medical Appliances	4721252
汽车、摩托车、零配件和燃料及其他动力销售	Retail of Motor Vehicles, Motorcycles,Parts,Fuel and Other Power	28443070
家用电器及电子产品专门零售业	Special Retail of Household Electric Appliances and Electronic Products	3683410
五金、家具及室内装修材料专门零售	Special Retail of Hardware, Furniture and Decoration Materials	1197993
货摊、无店铺及其他零售业	Non-shop and Other Retails	3927813

continued

(10 000 yuan)

损益及分配 Losses,Profits and Distribution							工资、福利、增值税 Wages,Welfare and Value Added Tax	
主营业务税金及附加 Taxes and Other Charges on Principal Business	销售费用 Expenses on Sales	管理费用 Expenses on Management	财务费用 Expenses on Finance	营业利润 Profits from Business	利润总额 Total Profits	应交所得税 Income Tax Payable	应付职工薪酬(本年贷方累计发生额) Payroll payable (Cumulative amount of credits)	本年应交增值税 Value Added Tax Payable
244348	**4088657**	**1979965**	**497482**	**1184824**	**1215532**	**244995**	**2515638**	**891483**
226571	3684413	1823176	484287	1073391	1103700	211004	2302003	819693
893	34525	17909	1367	13494	13740	743	23208	5596
1616	9801	13123	1712	6893	6976	352	16117	4370
408	3971	1861	376	777	852	67	2597	784
16	167	203	29	428	428	107	204	118
87383	1610504	716874	202825	362698	375589	91466	915184	331813
35399	840723	282124	69176	136228	126406	32182	351271	159725
100432	1182385	789250	208483	548122	574956	85937	990093	316929
424	2338	1833	319	4752	4754	150	3331	357
11806	288908	64330	8348	112254	114595	32117	157558	51206
1866	26647	9795	2900	12631	12347	3565	13575	6336
9591	250445	51521	4968	100137	102759	28022	137899	42885
225	7777	1918	54	526	539	406	3509	1252
124	4039	1095	427	-1040	-1050	125	2576	733
5972	115335	92459	4847	-821	-2764	1875	56077	20584
2899	38358	62596	-1334	3090	2849	1001	31054	10156
944	15997	2498	-113	4236	4290	647	5735	881
1156	36186	19930	4598	-5002	-7098	1299	15913	4857
628	24321	6954	1479	-4919	-4580	-1201	1838	4661
345	473	481	217	1774	1774	129	1538	29
79753	1472421	701124	126706	361486	374218	80910	807173	242226
8028	114555	66186	11411	107087	107397	14118	91978	28339
9829	243997	103258	15363	100657	102460	22724	186924	48208
14352	133452	63112	16621	67847	67817	7306	91023	19654
15652	318979	176335	51972	96229	99365	19946	259555	59731
79783	1143474	611366	237940	251687	261712	69161	784985	367958
11708	202472	123507	19153	72751	74541	10948	135832	50757
16395	67313	67926	10508	55544	55886	4147	64531	17983
8848	391995	67150	7809	71538	72135	15734	93638	56628

18−4 各市限额以上批发和零售业商品购进、销售、库存总额(2018年)
Total Purchases,Sales and Inventory of Enterprises above Designated Size of Wholesale and Retail Trades by Region(2018)

单位：亿元 (100 million yuan)

地区	Region	法人单位(个) Corporate Unit (unit)	年末从业人数(万人) Persons Employed at Year-end (10 000 person)	购进总额 Total Purchases Value	#进口 Import	销售总额 Total Sale Value 合计 Total	批发 Wholesale	#出口 Export	零售 Retail	年末库存总额 Inventory (year-end)
全省总计	**Total**	**15695**	**82.5**	**30902.8**	**769.5**	**34878.2**	**27116.3**	**1233.0**	**7761.9**	**1961.1**
济南市	Jinan	1554	12.7	3414.9	44.7	3910.6	2640.7	167.1	1269.9	356.4
青岛市	Qingdao	2063	12.6	7501.0	326.5	7634.3	6110.8	704.0	1523.4	380.1
淄博市	Zibo	1120	4.3	1908.3	10.9	2400.3	2034.2	25.0	366.1	123.6
枣庄市	Zaozhuang	452	2.0	350.7	1.1	341.2	224.4	8.3	116.8	22.0
东营市	Dongying	434	2.9	1739.3	1.2	1922.6	1737.5	8.2	185.1	126.0
烟台市	Yantai	1002	7.1	2698.9	56.5	3112.0	2542.9	96.7	569.2	180.0
潍坊市	Weifang	1044	6.4	2485.9	24.1	2844.2	2200.5	77.8	643.8	163.9
济宁市	Jining	1784	7.2	1533.2	2.6	1846.5	1225.7	11.5	620.8	75.4
泰安市	Tai'an	754	3.3	937.7	1.6	1065.2	825.0	5.4	240.3	62.7
威海市	Weihai	521	3.2	639.1	154.1	813.2	458.9	25.3	354.2	36.7
日照市	Rizhao	222	1.7	1764.6	17.4	1884.3	1746.5	16.2	137.8	57.1
莱芜市	Laiwu	359	1.1	880.5	53.5	954.0	878.4	0.7	75.6	25.1
临沂市	Linyi	1357	6.7	2106.3	27.4	2189.5	1304.8	20.3	884.7	193.9
德州市	Dezhou	966	3.2	452.3	10.9	594.7	379.3	3.8	215.3	43.2
聊城市	Liaocheng	559	2.1	638.3	32.7	1272.8	1093.0	28.3	179.8	32.6
滨州市	Binzhou	422	2.2	1034.0	4.6	1213.6	1055.7	33.9	157.9	60.2
菏泽市	Heze	1082	3.7	817.9		879.3	658.1	0.5	221.2	22.2

18-5 各市限额以上批发和零售业财务状况(2018年)

Financial Indicators of Enterprises above Designated Size of Wholesale and Retail Trades by Region(2018)

单位:亿元 (100 million yuan)

地 区	Region	企业数(个) Number of Enterprises (unit)	流动资产合计 Total Working Capitals	固定资产原价 Original Value of Fixed Assets	本年折旧 Depreciati-on in the Year	资产合计 Total Assests	负债合计 Total Liabilities	所有者权益合计 Total Owners' Equities	营业收入合计 Business Revenue	主营业务收入 Revenue from Principal Business
全省总计	**Total**	**15695**	**12487**	**1962**	**134**	**15653**	**12177**	**3397**	**31133**	**30897**
济南市	Jinan	1553	2146	209	15	2550	1864	707	3443	3411
青岛市	Qingdao	2063	2789	255	15	3225	2666	598	6782	6721
淄博市	Zibo	1120	705	100	5	1031	832	198	2134	2116
枣庄市	Zaozhuang	452	137	46	4	198	130	68	306	301
东营市	Dongying	434	716	110	9	884	771	113	1720	1715
烟台市	Yantai	1002	1394	274	20	1803	1379	424	2812	2798
潍坊市	Weifang	1044	1115	216	13	1427	1199	228	2542	2513
济宁市	Jining	1785	440	129	13	611	361	250	1661	1652
泰安市	Tai'an	754	290	66	3	383	279	104	946	943
威海市	Weihai	521	262	84	6	364	255	109	772	767
日照市	Rizhao	222	487	59	2	585	557	-115	1650	1642
莱芜市	Laiwu	359	201	21	1	224	224	0	850	849
临沂市	Linyi	1357	655	140	11	869	544	325	2015	1991
德州市	Dezhou	966	207	96	9	318	227	94	546	540
聊城市	Liaocheng	559	300	40	3	354	263	91	1120	1112
滨州市	Binzhou	422	516	57	4	605	497	108	1092	1087
菏泽市	Heze	1082	128	59	2	222	129	93	741	738

18-5 续表 continued

单位:亿元 (100 million yuan)

地 区	Region	主营业务成本 Cost of Principal Business	主营业务税金及附加 Taxes and Other Charges on Principal Business	销售费用 Expenses on Sales	管理费用 Expenses on Managem-ent	财务费用 Expenses on Finance	营业利润 Profits from Business	利润总额 Total Profits	应交所得税 Income Tax Payable	应付职工薪酬(本年贷方累计发生额) Payroll payable (Cumulative amount of credits)	本年应交增值税 Value Added Tax Payable
全省总计	**Total**	**28726**	**160**	**918**	**472**	**166**	**453**	**457**	**91**	**512**	**311**
济南市	Jinan	3126	16	154	78	15	50	49	10	83	34
青岛市	Qingdao	6316	23	209	99	30	70	74	21	99	58
淄博市	Zibo	1930	8	47	25	20	12	12	4	28	14
枣庄市	Zaozhuang	268	4	14	7	2	5	5	1	11	7
东营市	Dongying	1654	4	28	14	12	4	3	4	18	10
烟台市	Yantai	2509	16	133	52	18	77	76	17	53	47
潍坊市	Weifang	2357	16	63	40	13	39	40	8	39	32
济宁市	Jining	1474	16	57	33	6	64	64	8	34	15
泰安市	Tai'an	881	6	21	14	5	19	19	2	15	9
威海市	Weihai	683	6	45	20	2	15	15	3	21	15
日照市	Rizhao	1596	5	14	11	11	15	14	1	10	8
莱芜市	Laiwu	825	2	10	4	4	3	4	1	6	3
临沂市	Linyi	1818	13	55	33	10	39	39	5	37	24
德州市	Dezhou	489	6	17	13	3	15	15	2	17	10
聊城市	Liaocheng	1069	6	17	11	8	6	6	2	13	9
滨州市	Binzhou	1046	5	20	9	7	4	4	2	12	7
菏泽市	Heze	684	9	16	11	2	17	17	2	15	7

18-6 限额以上住宿和餐饮业情况
Basic Conditions of Hotels and Catering Services

指　标	Item	2013	2014	2015	2016	2017	2018
住宿和餐饮业	**Hotels and Catering Services**						
法人企业 (个)	Number of Corporation Enterprises (unit)	3538	3354	3211	3138	3010	2700
年末从业人数 (万人)	Engaged Persons at Year-end (10 000 persons)	27.4	24.8	23.0	23.1	22.6	20.0
营业额 (亿元)	Business Revenue (100 million yuan)	553.6	538.4	547.3	561.5	494.6	386.9
#餐费收入 (亿元)	From Meals (100 million yuan)	377.3	369.6	374.7	381.2	320.3	240.8
年末餐饮营业面积(万平方米)	Business Area of Catering Services at Year-end(10 000 sq.m)	738.6	714.6	598.7	485.2	486.9	448.8
住宿业	**Hotels**						
法人企业 (个)	Number of Corporation Enterprises (unit)	1108	1086	1089	1081	1144	1099
年末从业人数 (万人)	Engaged Persons at Year-end (10 000 persons)	11.7	10.5	10.3	10.1	10.3	9.2
营业额 (亿元)	Business Revenue (100 million yuan)	217.7	211.4	219.1	227.8	213.1	170.9
#客房收入 (亿元)	From Hotel Rooms (100 million yuan)	91.7	91.7	96.8	101.7	102.8	85.3
餐费收入 (亿元)	From Meals (100 million yuan)	105.0	100.4	102.9	105.9	91.8	67.5
客房数 (万间)	Number of Room (10 000 rooms)	15.3	20.8	14.7	21.5	17.4	21.8
床位数 (万位)	Number of Beds (10 000 beds)	26.4	32.3	24.5	31.1	28.2	33.6
年末餐饮营业面积 (万平方米)	Business Area of Catering Services at Year-end (10 000 sq.m)	234.0	233.7	219.8	173.2	182.4	179.1
餐饮业	**Catering Services**						
法人企业 (个)	Number of Corporation Enterprises (unit)	2430	2268	2122	2057	1866	1601
年末从业人数 (万人)	Engaged Persons at Year-end (10 000 persons)	15.7	14.3	12.7	13.0	12.3	10.9
营业额 (亿元)	Business Revenue (100 million yuan)	335.9	327.0	328.2	333.7	281.5	216.0
#餐费收入 (亿元)	From Meals (100 million yuan)	272.3	269.2	271.7	275.3	228.5	173.3
年末餐饮营业面积 (万平方米)	Business Area of Catering Services at Year-end (10 000 sq.m)	504.6	480.8	378.9	312.0	304.5	269.7

18-7 限额以上住宿和餐饮业经营情况(2018年)
Business of Hotels and Catering Services above Designated Size(2018)

指标名称	Indicator	法人单位（个） Corporate Unit (unit)	从业人数（人） Employed Persons (person)
总计	**Total**	**2700**	**200120**
一、住宿业	**Hotels**	**1099**	**91517**
1.按登记注册类型分	by Status of Registration		
内资	Domestic Funded Enterprises	1073	86577
国有	State-owned	95	15715
集体	Collective-owned	12	1043
股份合作	Cooperative	2	241
联营企业	Joint Ownership		
有限责任公司	Limited Liability Corporations	318	35195
股份有限公司	Share-holding Corporations Ltd.	29	2384
私营企业	Private Enterprises	617	31999
其他	Others		
港澳台商投资企业	Enterprises with Funds from Hong Kong,Macao and Taiwan	15	3496
与港澳台商合资经营	Joint-venture	7	1904
与港澳台商合作经营	Cooperative		
港澳台商独资	Sole Investment	8	1592
港澳台商独资股份有限公司	Share-holding Corporations Ltd. with Sole Investment		
其他港澳台投资企业	Others		
外商投资企业	Foreign Funded Enterprises	11	1444
中外合资经营	Joint-venture	7	1197
中外合作经营	Cooperative		
外资企业	Sole Foreign Investment	2	55
外商投资股份有限公司	Share-holding Corporations Ltd. With Foreign Investment	1	55
其他外商投资企业	Others	1	137
2.按国民经济行业分(GB/T 4754-2017)	by Sector		
旅游饭店	Tourist Hotels	635	73031
一般旅馆	General Hotels	435	17556
民宿服务	Homestay Service	4	80
露营地服务	Campground Service	1	35
其他住宿业	Other Accommodation Services	24	815

18-7 续表 1 continued

指标名称	Indicator	法人单位（个）Corporate Unit (unit)	从业人数（人）Employed Persons (person)
二、餐饮业	**Catering Services**	**1601**	**108603**
1.按登记注册类型分	by Status of Registration		
内　资	Domestic Funded Enterprises	1571	99616
国　有	State-owned	39	4994
集　体	Collective-owned	8	524
股份合作	Cooperative	1	86
联营企业	Joint Ownership		
有限责任公司	Limited Liability Corporations	385	31272
股份有限公司	Share-holding Corporations Ltd.	31	5257
私营企业	Private Enterprises	1103	57305
其　他	Others	4	178
港澳台商投资企业	Enterprises with Funds from Hong Kong,Macao and Taiwan	12	3167
与港澳台商合资经营	Joint-venture	4	711
与港澳台商合作经营	Cooperative		
港澳台商独资	Sole Investment	8	2456
港澳台商独资股份有限公司	Share-holding Corporations Ltd. with Sole Investment		
其他港澳台投资企业	Others		
外商投资企业	Foreign Funded Enterprises	18	5820
中外合资经营	Joint-venture	7	202
中外合作经营	Cooperative		
外资企业	Sole Foreign Investment	11	5618
外商投资股份有限公司	Share-holding Corporations Ltd. with Foreign Investment		
其他外商投资企业	Others		
2.按国民经济行业分(GB/T 4754-2017)	by Sector		
正餐服务	Dinner service	1492	90009
快餐服务	Fast Food Service	65	11793
饮料及冷饮服务	Beverages and cold drinks service	6	570
餐饮配送及外卖送餐服务	Catering Delivery and Takeout Service	32	4590
其他餐饮业	Other Catering Services	6	1641

18-7 续表 2 continued

单位:万元 (10 000 yuan)

指标名称	Indicator	营业额 Business Revenue	客房收入 Revenue from Hotel Rooms	餐费收入 Revenue from Meals	商品销售收入 Revenue from Commodities	其他收入 Other Revenue
总计	**Total**	**3868684**	**1149218**	**2408290**	**105740**	**205437**
一、住宿业	**Hotels**	**1708932**	**853014**	**675171**	**36726**	**144021**
1.按登记注册类型分	by Status of Registration					
内资	Domestic Funded Enterprises	1577032	792195	623756	31980	129102
国有	State-owned	270572	107120	133885	4255	25312
集体	Collective-owned	12352	4247	6008	249	1848
股份合作	Cooperative	5631	1867	3412	87	265
联营企业	Joint Ownership					
有限责任公司	Limited Liability Corporations	677499	318562	271811	13890	73236
股份有限公司	Share-holding Corporations Ltd.	39027	19397	17002	741	1887
私营企业	Private Enterprises	571952	341003	191638	12758	26554
其他	Others					
港澳台商投资企业	Enterprises with Funds from Hong Kong, Macao and Taiwan	92368	38818	35209	4639	13702
与港澳台商合资经营	Joint-venture	41145.6	17636.6	12643.7	3920.6	6944.7
与港澳台商合作经营	Cooperative					
港澳台商独资	Sole Investment	51223	21182	22565	718	6758
港澳台商独资股份有限公司	Share-holding Corporations Ltd. with Sole Investment					
其他港澳台投资企业	Others					
外商投资企业	Foreign Funded Enterprises	39531	22000	16207	107	1217
中外合资经营	Joint-venture	32920.1	16704.7	15088.8	66.9	1059.7
中外合作经营	Cooperative					
外资企业	Sole Foreign Investment	1157	731	398	27	2
外商投资股份有限公司	Share-holding Corporations Ltd. With Foreign Investment	623	461	138		24
其他外商投资企业	Others	4831	4104	582	14	132
2.按国民经济行业分(GB/T 4754—2017)	by Sector					
旅游饭店	Tourist Hotels	1372743	611461	607699	29046	124536
一般旅馆	General Hotels	324334	233836	64540	7591	18367
民宿服务	Homestay Service	1810	1187	617	5	1
露营地服务	Campground Service	407	13	24	0	370
其他住宿业	Other Accommodation Services	9638	6516	2292	84	747

18-7 续表 3 continued

单位:万元 (10 000 yuan)

指标名称	Indicator	营业额 Business Revenue	客房收入 Revenue from Hotel Rooms	餐费收入 Revenue from Meals	商品销售收入 Revenue from Commodities	其他收入 Other Revenue
二、餐饮业	**Catering Services**	**2159752**	**296205**	**1733118**	**69014**	**61416**
1.按登记注册类型分	by Status of Registration					
内资	Domestic Funded Enterprises	1838735	291307	1424150	65908	57370
国有	State-owned	67587	27082	37331	1855	1319
集体	Collective-owned	8487	2194	4169	2084	40
股份合作	Cooperative	1379	728	632	20	
联营企业	Joint Ownership					
有限责任公司	Limited Liability Corporations	608312	119386	429231	22863	36833
股份有限公司	Share-holding Corporations Ltd.	32656	6837	23202	1361	1256
私营企业	Private Enterprises	1117345	134407	927289	37725	17924
其他	Others	2969	674	2296		
港澳台商投资企业	Enterprises with Funds from Hong Kong,Macao and Taiwan	79375	2786	70345	2451	3793
与港澳台商合资经营	Joint-venture	14251.7	2786.3	7230.7	441.5	3793.2
与港澳台商合作经营	Cooperative					
港澳台商独资	Sole Investment	65124		63114	2009	
港澳台商独资股份有限公司	Share-holding Corporations Ltd.					
其他港澳台投资企业	with Sole Investment					
外商投资企业	Foreign Funded Enterprises	241642	2111	238623	655	252
中外合资经营	Joint-venture	3563	457	2198	655	252
中外合作经营	Cooperative					
外资企业	Sole Foreign Investment	238079	1654	236425		
外商投资股份有限公司	Share-holding Corporations Ltd.					
其他外商投资企业	with Foreign Investment					
2.按国民经济行业分(GB/T 4754-2017)	by Sector					
正餐服务	Dinner service	1609250	295901	1200682	54956	57712
快餐服务	Fast Food Service	414720	231	407125	6806	559
饮料及冷饮服务	Beverages and cold drinks service	21231		18923	2308	
餐饮配送及外卖送餐服务	Catering Delivery and Takeout Service	97305	73	89806	4319	3107
其他餐饮业	Other Catering Services	17246		16583	625	38

18-8 各市限额以上住宿和餐饮业经营情况(2018年)
Business of Hotels and Catering Services above Designated Size by Region (2018)

地区	Region	法人单位(个) Corporation Unit (unit)	从业人数(人) Persons Employed (person)	营业额(万元) Business Revenue (10000 yuan)				
					客房收入 Revenue from Hotel Rooms	餐费收入 Revenue from Meals	商品销售收入 Revenue from Commodi-ties	其他收入 Other Revenue
全省总计	**Total**	**2700**	**200120**	**3868684**	**1149218**	**2408290**	**105740**	**205437**
济南市	Jinan	314	31491	642814	208300	379746	10233	44534
青岛市	Qingdao	368	42887	1134264	288103	747477	22256	76429
淄博市	Zibo	141	8525	156136	47970	90683	8294	9189
枣庄市	Zaozhuang	101	4850	64515	24905	34616	2615	2379
东营市	Dongying	45	7441	66181	16594	43885	1317	4385
烟台市	Yantai	273	17070	367167	114845	239694	3756	8873
潍坊市	Weifang	185	14447	227853	69316	140027	4837	13674
济宁市	Jining	344	15014	251377	84256	155636	8085	3400
泰安市	Tai'an	123	8364	165671	55786	94713	9882	5289
威海市	Weihai	152	12150	205789	63143	125655	6474	10518
日照市	Rizhao	50	4363	69541	24304	41964	620	2653
莱芜市	Laiwu	34	1607	25005	7704	13895	2920	487
临沂市	Linyi	135	9007	191765	58075	110359	13077	10254
德州市	Dezhou	95	6881	100775	23625	66414	4559	6177
聊城市	Liaocheng	80	5971	69711	22985	40030	1534	5163
滨州市	Binzhou	59	3303	43236	13652	28061	794	728
菏泽市	Heze	201	6749	86884	25656	55436	4487	1306

18-9 限额以上住宿和餐饮业财务状况(2018年)

单位:万元

指标名称	Indicator	企业数(个) Number of Enterprises (unit)
总　计	**Total**	**2700**
一、住宿业	**Hotels**	**1099**
1.按登记注册类型分	by Status of Registration	
内　资	Domestic Funded Enterprises	1073
国　有	State-owned	95
集　体	Collective-owned	12
股份合作	Cooperative	2
联营企业	Joint Ownership	
有限责任公司	Limited Liability Corporations	318
股份有限公司	Share-holding Corporations Ltd.	29
私营企业	Private Enterprises	617
其　他	Others	
港澳台商投资企业	Enterprises with Funds from Hong Kong,Macao and Taiwan	15
与港澳台商合资经营	Joint-venture	7
与港澳台商合作经营	Cooperative	
港澳台商独资	Sole Investment	8
港澳台商独资股份有限公司	Share-holding Corporations Ltd. With Sole Investment	
其他港澳台投资企业	Others	
外商投资企业	Foreign Funded Enterprises	11
中外合资经营	Joint-venture	7
中外合作经营	Cooperative	
外资企业	Sole Foreign Investment	2
外商投资股份有限公司	Share-holding Corporations Ltd. with Foreign Investment	1
其他外商投资企业	Others	1
2.按国民经济行业分(GB/T 4754-2017)	by Sector	
旅游饭店	Tourist Hotels	635
一般旅馆	General Hotels	435
民宿服务	Homestay Service	4
露营地服务	Campground Service	1
其他住宿业	Other Accommodation Services	24

Financial Indicators of Enterprises above Designated Size of Hotels and Catering Services(2018)

(10 000 yuan)

年末资产负债 Assets and Liabilities at Year-end						损益及分配 Losses,Profits and Distribution	
流动资产合计 Total Working Capitals	固定资产原价 Original Value of Fixed Assets	本年折旧 Depre-ciation in the Year	资产合计 Total Assests	负债合计 Total Liabilities	所有者权益合计 Total Owner's Equities	营业收入合计 Business Revenue	主营业务收入 Revenue from Principal Business
2763108	**5678679**	**256547**	**7704810**	**5882487**	**1822322**	**3710370**	**3650688**
1545297	**3610908**	**155544**	**4470712**	**3442674**	**1028039**	**1644767**	**1612430**
1465111	3045407	138956	4030618	3086399	944220	1520254	1495061
267473	775716	25583	748783	361035	387748	272760	266781
7181	23294	980	18956	14804	4152	11746	11629
8058	5125	155	14170	12171	1999	5372	5372
624807	1417677	65767	1828366	1520137	308229	650750	636794
38786	90901	2430	111229	62817	48413	38004	37190
518806	732694	44041	1309114	1115436	193678	541622	537294
72249	520567	15070	407621	319206	88415	87207	80161
54118	251788	5589	210711	226416	-15705	39177	38667
18131	268779	9480	196909	92790	104119	48030	41494
7938	44934	1518	32473	37069	-4595	37305	37208
6863	42300	1039	29663	30262	-599	31070	30972
244	120	29	321	209	112	1091	1091
48	3	1	48	240	-192	588	588
783	2512	449	2441	6357	-3916	4557	4557
1314831	3333314	138436	3916911	2957545	959366	1326150	1297787
205295	250401	15361	492937	423238	69699	306311	302421
2815	4165	696	4640	2388	2252	1645	1645
128	256	13	570	520	50	407	407
22229	22771	1038	55655	58983	-3329	10254	10170

18-9 续表 1

单位:万元

指标名称	Indicator	企业数(个) Number of Enterprises (unit)
二、餐饮业	**Catering Services**	**1601**
1.按登记注册类型分	by Status of Registration	
内 资	Domestic Funded Enterprises	1571
国 有	State-owned	39
集 体	Collective-owned	8
股份合作	Cooperative	1
联营企业	Joint Ownership	
有限责任公司	Limited Liability Corporations	385
股份有限公司	Share-holding Corporations Ltd.	31
私营企业	Private Enterprises	1103
其 他	Others	4
港澳台商投资企业	Enterprises with Funds from Hong Kong,Macao and Taiwan	12
与港澳台商合资经营	Joint-venture	4
与港澳台商合作经营	Cooperative	
港澳台商独资	Sole Investment	8
港澳台商独资股份有限公司	Share-holding Corporations Ltd. With Sole Investment	
其他港澳台投资企业	Others	
外商投资企业	Foreign Funded Enterprises	18
中外合资经营	Joint-venture	7
中外合作经营	Cooperative	
外资企业	Sole Foreign Investment	11
外商投资股份有限公司	Share-holding Corporations Ltd. with Foreign Investment	
其他外商投资企业	Others	
2.按国民经济行业分(GB/T 4754-2017)	by Sector	
正餐服务	Dinner service	1492
快餐服务	Fast Food Service	65
饮料及冷饮服务	Beverages and cold drinks service	6
餐饮配送及外卖送餐服务	Catering Delivery and Takeout Service	32
其他餐饮业	Other Catering Services	6

continued

(10 000 yuan)

年末资产负债 Assets and Liabilities at Year-end						损益及分配 Losses,Profits and Distribution	
流动资产合计 Total Working Capitals	固定资产原价 Original Value of Fixed Assets	本年折旧 Depre-ciation in the Year	资产合计 Total Assests	负债合计 Total Liabilities	所有者权益合计 Total Owner's Equities	营业收入合计 Business Revenue	#主营业务收入 Revenue from Principal Business
1217811	**2067772**	**101003**	**3234098**	**2439814**	**794284**	**2065604**	**2038258**
1148610	1925224	94075	3027288	2242836	784452	1762623	1738782
49763	70885	2844	94476	81758	12718	68092	64355
2315	2885	328	6811	7286	-476	8047	8044
504	1847	111	1154	256	898	1320	1320
374855	1082723	45080	1422404	901319	521085	592208	579286
7430	63327	2951	65658	39627	26030	33888	33847
713002	702523	42748	1434516	1209872	224643	1056324	1049185
741	1034	13	2271	2718	-447	2745	2745
43567	86664	3798	120639	141839	-21200	74677	71172
29284	66331	2871	84005	102462	-18457	13467	9962
14284	20333	927	36634	39377	-2743	61210	61210
25633	55883	3130	86170	55138	31032	228304	228304
5211	3412	132	8130	5995	2135	3541	3541
20423	52472	2998	78040	49143	28897	224763	224763
1115088	1950729	93569	3003073	2284676	718397	1545637	1519687
52316	97339	5709	159164	120240	38924	392759	391393
11671	3094	475	18576	5085	13492	20252	20252
32909	15702	1137	46541	26969	19572	90413	90383
5827	908	113	6744	2844	3899	16543	16543

18-9 续表 2

单位:万元

指 标 名 称	Indicator	主营业务成 本 Cost of Principal Business
总 计	**Total**	**1694855**
一、住宿业	**Hotels**	**618359**
1.按登记注册类型分	by Status of Registration	
内 资	Domestic Funded Enterprises	578204
国 有	State-owned	86201
集 体	Collective-owned	3907
股份合作	Cooperative	2534
联营企业	Joint Ownership	
有限责任公司	Limited Liability Corporations	250318
股份有限公司	Share-holding Corporations Ltd.	12980
私营企业	Private Enterprises	222264
其 他	Others	
港澳台商投资企业	Enterprises with Funds from Hong Kong,Macao and Taiwan	33751
与港澳台商合资经营	Joint-venture	19274
与港澳台商合作经营	Cooperative	
港澳台商独资	Sole Investment	14477
港澳台商独资股份有限公司	Share-holding Corporations Ltd. with Sole Investment	
其他港澳台投资企业	Others	
外商投资企业	Foreign Funded Enterprises	6404
中外合资经营	Joint-venture	5025
中外合作经营	Cooperative	
外资企业	Sole Foreign Investment	242
外商投资股份有限公司	Share-holding Corporations Ltd. With Foreign Investment	581
其他外商投资企业	Others	556
2.按国民经济行业分(GB/T 4754-2017)	by Sector	
旅游饭店	Tourist Hotels	484069
一般旅馆	General Hotels	126129
民宿服务	Homestay Service	650
露营地服务	Campground Service	272
其他住宿业	Other Accommodation Services	7240

continued

(10 000 yuan)

损益及分配 Losses,Profits and Distribution							工资、福利、增值税 Wages,Welfare and Value Added Tax	
主营业务税金及附加 Taxes and Other Charges on Principal Business	销售费用 Expenses on Sales	管理费用 Expenses on Management	财务费用 Expenses on Finance	营业利润 Profits from Business	利润总额 Total Profits	应交所得税 Income Tax Payable	应付职工薪酬(本年贷方累计发生额) Payroll payable (Cumulative amount of credits)	本年应交增值税 Value Added Tax Payable
40761	**1106302**	**746211**	**106159**	**-6070**	**-3699**	**26643**	**967021**	**92328**
24044	**557171**	**425530**	**64881**	**-54609**	**-52119**	**8642**	**479214**	**50751**
19751	529866	380120	58447	-53677	-50658	7163	443150	48547
3034	115626	86395	-707	-7898	-6140	1501	102284	5967
79	5255	3589	79	-1243	-1069	22	4333	257
22	1430	1256	114	16	23	5	911	181
9095	219574	163964	27581	-29554	-31041	2714	184156	17484
497	13518	9969	510	-45	644	458	10804	605
7024	174464	114947	30869	-14954	-13074	2462	140663	24053
4189	15385	33072	5830	-5529	-6069	1476	26660	1358
1792	8929	14643	2813	-8261	-8138	81	12314	440
2397	6455	18428	3017	2731	2069	1395	14346	917
105	11921	12338	604	4598	4609	3	9404	846
99	9342	11410	573	3278	3277	1	7861	541
4	354	434	5	52	56	2	318	26
	19	194	1	-207	-208		288	
1	2205	299	26	1476	1483		936	280
20863	448065	368115	59154	-59251	-56047	6799	402767	40771
3123	106939	54106	4832	7004	6218	1809	72955	9126
14	331	256	183	212	212	5	348	35
1	81	44		8	8		201	9
43	1755	3008	712	-2582	-2510	30	2943	810

18-9 续表 3

单位:万元

指 标 名 称	Indicator	主营业务成 本 Cost of Principal Business
二、餐饮业	**Catering Services**	**1076496**
1.按登记注册类型分	by Status of Registration	
内 资	Domestic Funded Enterprises	932887
国 有	State-owned	29032
集 体	Collective-owned	4780
股份合作	Cooperative	446
联营企业	Joint Ownership	
有限责任公司	Limited Liability Corporations	281463
股份有限公司	Share-holding Corporations Ltd.	14032
私营企业	Private Enterprises	601904
其 他	Others	1231
港澳台商投资企业	Enterprises with Funds from Hong Kong,Macao and Taiwan	25479
与港澳台商合资经营	Joint-venture	5337
与港澳台商合作经营	Cooperative	
港澳台商独资	Sole Investment	20142
港澳台商独资股份有限公司	Share-holding Corporations Ltd. with Sole Investment	
其他港澳台投资企业	Others	
外商投资企业	Foreign Funded Enterprises	118130
中外合资经营	Joint-venture	2174
中外合作经营	Cooperative	
外资企业	Sole Foreign Investment	115956
外商投资股份有限公司	Share-holding Corporations Ltd. With Foreign Investment	
其他外商投资企业	Others	
2.按国民经济行业分(GB/T 4754-2017)	by Sector	
正餐服务	Dinner service	788661
快餐服务	Fast Food Service	200766
饮料及冷饮服务	Beverages and cold drinks service	5485
餐饮配送及外卖送餐服务	Catering Delivery and Takeout Service	69696
其他餐饮业	Other Catering Services	11889

continued

(10 000 yuan)

损 益 及 分 配 Losses,Profits and Distribution							工资、福利、增值税 Wages,Welfare and Value Added Tax	
主营业务税金及附加 Taxes and Other Charges on Principal Business	销售费用 Expenses on Sales	管理费用 Expenses on Management	财务费用 Expenses on Finance	营业利润 Profits from Business	利润总额 Total Profits	应交所得税 Income Tax Payable	应付职工薪酬(本年贷方累计发生额) Payroll payable (Cumulative amount of credits)	本年应交增值税 Value Added Tax Payable
16717	**549131**	**320682**	**41278**	**48539**	**48419**	**18001**	**487808**	**41577**
16395	451581	288777	37222	24699	24971	11019	429824	39416
548	23850	21931	499	-2891	-2319	295	24879	1051
96	887	2633	114	-19	55	9	2937	298
5	423	422	-1	26	28	2	347	36
6157	169320	119226	13757	-5298	-3642	4278	145387	13855
351	10862	6396	1099	889	931	68	11280	921
9225	245366	137425	21747	32148	30063	6367	244063	23198
13	874	744	7	-157	-145		931	57
128	36577	6495	3382	894	572	1162	17083	1954
101	5091	3622	2200	-4607	-4598	1	3784	21
27	31486	2873	1182	5501	5170	1161	13299	1933
194	60972	25410	674	22946	22876	5821	40900	207
46	1216	765	213	-873	-872	4	999	72
148	59756	24645	461	23819	23748	5817	39901	135
15271	414759	272822	38976	7102	7625	8243	384523	35451
941	119918	34378	1779	31572	30699	7001	72864	3327
11	9815	580	-27	4380	4393	1128	5015	23
432	3245	10263	569	4901	5124	1498	19627	2345
62	1393	2639	-20	584	578	130	5778	430

18－10 各市限额以上住宿和餐饮业财务状况(2018年)
Financial Indicators of Enterprises above Designated Size of Hotels and Catering Services by Region(2018)

单位:万元 (10 000 yuan)

地 区	Region	企业数(个) Number of Enterprises (unit)	流动资产合计 Total Working Capitals	固定资产原价 Original Value of Fixed Assets	本年折旧 Deprecia-tion in the Year	资产合计 Total Assests	负债合计 Total Liabilities	所有者权益合计 Total Owners' Equities	营业收入合计 Business Revenue	主营业务收入 Revenue from Principal Business
全省总计	**Total**	**2700**	**2763108**	**5678679**	**256547**	**7704810**	**5882487**	**1822322**	**3710370**	**3650688**
济南市	Jinan	314	458096	715982	33758	970879	813835	157043	632417	621296
青岛市	Qingdao	368	840330	1391967	61212	1872606	1454510	418096	1073079	1055730
淄博市	Zibo	141	101237	182665	10927	238469	304122	-65653	148061	144875
枣庄市	Zaozhuang	101	62976	176786	7660	251117	120534	130584	60807	59981
东营市	Dongying	45	31482	108028	4586	112340	120987	-8648	63590	63061
烟台市	Yantai	273	212791	701083	25731	797180	532744	264436	354053	352320
潍坊市	Weifang	185	200780	272970	13587	449111	433798	15313	218504	212972
济宁市	Jining	344	137547	357994	16631	507923	284957	222966	245463	242075
泰安市	Tai'an	123	91108	251972	7730	319044	313961	5084	143487	142047
威海市	Weihai	152	178636	379509	27041	568601	417609	150992	202070	196093
日照市	Rizhao	50	52894	91718	4230	130369	131937	-1568	66105	65386
莱芜市	Laiwu	34	20337	57251	2803	91739	60527	31212	23593	23462
临沂市	Linyi	135	125598	514318	18606	625547	217238	408309	188753	185129
德州市	Dezhou	95	60591	134320	7015	183518	175316	8202	96892	95104
聊城市	Liaocheng	80	84389	95240	3910	182781	152408	30373	69143	67044
滨州市	Binzhou	59	70679	164247	6880	290733	290144	588	41281	41189
菏泽市	Heze	201	33638	82629	4241	112854	57862	54992	83072	82924

18－10 续表 continued

单位:万元 (10 000 yuan)

地 区	Region	主营业务成本 Cost of Principal Business	主营业务税金及附加 Taxes and Other Charges on Principal Business	营业费用 Expenses on Business	管理费用 Expenses on Manageme nt	财务费用 Expenses on Finance	营业利润 Profits from Business	利润总额 Total Profits	应交所得税 Income Tax Payable	应付职工薪酬(本年贷方累计发生额) Payroll payable (Cumulative amount of credits)	本年应交增值税 Value Added Tax Payable
全省总计	**Total**	**1694855**	**40761**	**1106302**	**746211**	**106159**	**-6070**	**-3699**	**26643**	**967021**	**92328**
济南市	Jinan	224802	4648	256853	125519	14375	2357	1470	3544	169324	19239
青岛市	Qingdao	460758	10818	315501	230263	25699	23049	24545	13988	268693	14557
淄博市	Zibo	70595	1790	47021	30351	6795	-10389	-9978	649	40274	4525
枣庄市	Zaozhuang	34614	801	13425	8039	1074	2757	2751	299	17141	1932
东营市	Dongying	27558	779	24873	14761	1643	-5855	-5733	156	23115	1462
烟台市	Yantai	197109	4033	85257	75027	6496	-10011	-10916	2193	82022	9521
潍坊市	Weifang	85465	2709	83541	44933	9042	-9714	-9483	588	69793	4998
济宁市	Jining	145298	3984	37551	43241	4810	10516	10603	1426	58048	4596
泰安市	Tai'an	69880	2079	38335	28914	6121	1584	1580	149	32736	4702
威海市	Weihai	94236	3255	59540	44966	9250	-13988	-13414	273	58733	4109
日照市	Rizhao	26493	397	19216	17481	4304	-4730	-4676	246	18427	1698
莱芜市	Laiwu	11346	114	7620	4967	1339	-2160	-1929	26	6130	357
临沂市	Linyi	99734	2277	38151	29002	5375	8311	8644	469	35715	12264
德州市	Dezhou	46110	1205	30286	12537	1703	2711	2704	556	29028	2535
聊城市	Liaocheng	34377	607	24478	15129	3022	-5560	-5132	218	24814	1054
滨州市	Binzhou	21846	454	11951	11214	1891	-6337	-6199	43	12621	792
菏泽市	Heze	44635	812	12704	9868	3220	11390	11464	1820	20407	3988

18-11 亿元以上商品交易市场情况(2018年)
Basic Statistics on Commodity Exchange Markets of Turnover above 100 Million Yuan (2018)

类 别	Category	市场数量(个) Number of Markets (unit)	摊位数(个) Number of Booths (unit)	年末出租摊位数(个) Number of Booths Rented at Year End (unit)	年末营业面积(平方米) Operating Area at Year End (sq.m)	成交额(亿元) Turnover (100 million yuan)
总 计	**Total**	**418**	**343454**	**304850**	**33842524**	**8538.5**
一、按市场类别分组	**Grouped by Market Category**					
综合市场	Comprehensive Markets	87	126964	110295	6480828	1300.2
生产资料综合市场	Means of production Comprehensive Markets	3	1922	1844	117809	16.3
工业消费品综合市场	Industrial consumer products Comprehensive Markets	27	51315	44013	2691169	721.1
农产品综合市场	Farmer Produces Comprehensive Markets	25	22443	19194	1277250	210.7
其他综合市场	Other Comprehensive Markets	32	51284	45244	2394600	352.2
专业市场	Special Markets	331	216490	194555	27361696	7238.3
生产资料市场	Means of Production Markets	63	27850	25091	9622200	2854.7
农业生产用具市场	Agricultural Tools Markets	1	43	37	60000	3.5
农用生产资料市场	Agricultural Production Markets	1	300	295	5500	5.0
煤炭市场	Coal and Charcoal Markets					
木材市场	Wood Markets	9	2959	2896	1921276	288.0
建材市场	Building Materials Markets	18	10275	8971	1417874	238.9
化工材料及制品市场	Chemical Materials and Products Markets	4	2926	2791	194316	790.3
金属材料市场	Metal Materials Markets	23	7323	6160	5055395	1361.3
机械设备市场	Mechanical Device Markets	5	3661	3612	357583	146.3
其他生产资料市场	Other Means of Production Markets	2	363	329	610256	21.4
农产品市场	Agricultural Products Markets	98	76657	67836	7837155	2129.0
粮油市场	Grain and Oil Markets	7	2360	1931	340068	172.6
肉禽蛋市场	Meat, Poultry and Eggs Markets	4	2484	2389	82060	13.8
水产品市场	Aquatic Products Markets	21	15390	14046	1071948	505.5
蔬菜市场	Vegetables Markets	42	41558	35660	4760206	838.6
干鲜果品市场	Dried and Fresh Melons and Fruits Markets	18	9817	9076	1166737	443.2
棉麻土畜、烟叶市场	Cotton ,Hemp,Local Livestock and Tobacco Markets					
其他农产品市场	Other Agricultural Products Markets	6	5048	4734	416136	155.3
食品、饮料及烟酒市场	Food, Beverages, Tobacco, and Liquor Markets	13	10571	9701	829470	215.8
食品饮料市场	Food and Beverage Markets	5	6373	6254	306340	126.4
茶叶市场	Tea Markets	3	1160	963	220000	21.6
烟酒市场	Tobacco and Liquor Markets	2	690	581	46700	27.6
其他食品饮料及烟酒市场	Other Food, Beverages, Tobacco, and Liquor Markets	3	2348	1903	256430	40.2
纺织、服装、鞋帽市场	Textile, Garments, Footgear, and Hats Markets	41	36154	34367	1572667	539.9
布料及纺织品市场	Fabrics and Textile Markets	5	2478	2229	205000	54.3
服装市场	Clothing Markets	23	24785	23767	854410	386.2
鞋帽市场	Shoes and Hats Markets	6	3484	3283	145237	64.5
其他纺织服装鞋帽市场	Others	7	5407	5088	368020	34.9
日用品及文化用品市场	Daily Use and Cultural Goods Markets	15	11902	10847	730124	305.3
小商品市场	Merchandise Markets	8	8596	7547	469424	248.5
箱包市场	Case and Bag Markets	1	150	150	8400	1.5

18−11 续表 continued

类 别	Category	市场数量(个) Number of Markets (unit)	摊位数(个) Number of Booths (unit)	年末出租摊位数 Number of Booths Rented at Year End	年末营业面积(平方米) Operating Area at Year End (sq.m)	成交额(亿元) Turnover (100 million yuan)
玩具市场	Toy Markets	2	723	717	67300	15.6
文具市场	Stationery Markets	1	578	578	60000	4.7
图书、报刊杂志市场	Books, Newspapers and Magazines Markets	1	135	135	25000	7.9
音像制品及电子出版物市场	Video products and E-journal Markets					
体育用品市场	Sports Goods Markets					
其他日用品及文化用品市场	Other Daily Use and Cultural Goods Markets	2	1720	1720	100000	27.0
黄金、珠宝、玉器等首饰市场	Gold,Jewelry,Jade Markets	2	2049	1392	598579	122.0
电器、通讯器材、电子设备市场	Electrical Appliances, Communication Appliances, Electronic Equipment Markets	7	3124	2958	269000	78.4
家电市场	Household Appliances Markets	3	1152	1147	169000	53.6
通讯器材市场	Communication Appliances					
照相、摄像器材市场	Camera Equipment Markets					
计算机及辅助设备市场	Computers and Auxiliary Equipment Markets	4	1972	1811	100000	24.8
其他电器、通讯器材、电子设备市场	Others					
医药、医疗用品及器材市场	Medicine,Medical Supplies and Equipment Markets	1	968	896	60000	4.0
中药材市场	Chinese Medicine Markets	1	968	896	60000	4.0
其他医药、医疗用品及器材市场	Others					
家具、五金及装饰材料市场	Furniture,Hardware,and Decorative Materials Markets	51	33562	28759	3971700	615.0
家具市场	Furniture Markets	13	5754	4909	880911	115.0
装饰材料市场	Decoration Materials Markets	22	10981	9365	1525678	209.1
灯具市场	Lamps Markets	1	970	970	150000	45.9
厨具、盥洗设备市场	Kitchen Utensils and Washing Equipment Markets	1	366	362	21608	2.2
五金材料市场	Hardware Materials Markets	8	7230	6203	561985	133.2
其他装修市场	Others	6	8261	6950	831518	109.7
汽车、摩托车及零配件市场	Automobile, Motorcycle and Spare Parts Markets	30	7092	6676	1487891	312.2
汽车市场	Automobile Markets	21	3841	3709	1263173	208.2
摩托车市场	Motorcycle Markets					
机动车零配件市场	Motor Vehicle Spare Parts Markets	9	3251	2967	224718	104.0
花、鸟、鱼、虫市场	Flowers,Birds,Fish,Insects Markets	2	2250	1790	189960	16.9
花卉市场	Flower Markets	2	2250	1790	189960	16.9
鸟市场	Bird Markets					
观赏鱼市场	Ornamental Fish Markets					
其他花鸟鱼虫市场	Others					
旧货市场	Second Hand Markets					
古玩、古董、字画市场	Antique,Antiques,Calligraphy and Painting Markets					
邮票、硬币市场	Stamps,Coins Markets					
其他旧货市场	Other Second Hand Markets					
其他专业市场	Others	8	4311	4242	192950	45.0
二、按营业状态分组	**Grouped by Operating Status**					
1.常年营业	Perennial operating	408	335356	297235	32864914	8245.2
2.季节性营业	Seasonal operating	10	8098	7615	977610	293.3
3.其他	Others					
三、按经营方式分组	**Grouped by Operating Mode**					
1.以批发为主	Wholesale	305	270378	238540	28683563	7939.0
2.以零售为主	Retail	113	73076	66310	5158961	599.5
四、按经营环境分组	**Grouped by Operating Environment**					
1.露天式	Open Air	105	57981	52622	11836829	2032.0
2.封闭式	Closed	273	248245	220701	19170974	5869.7
3.其他	Others	40	37228	31527	2834721	636.8

18-12 亿元以上商品交易市场成交情况(2018年)
Basic Statistics on Commodity Exchange Markets of Turnover above 100 Million Yuan(2018)

类　　别	Category	年末出租摊位数(个) Number of Booths Rented at Year end (unit)	全年成交额(亿元) Turnover (100 million yuan)
合　计	**Total**	**304850**	**8538.5**
1.粮油、食品类	Grain、Oil and Food	111265	2719.1
#粮油类	Grain and Oil	5804	239.7
肉禽蛋类	Meal,Doultr and Eggs	9695	181.3
水产品类	Aquatil Prodults	23281	729.7
蔬菜类	Vegetables	42264	890.2
干鲜果品类	Dried and Fresh Molons and Fruits	19683	524.3
2.饮料类	Beverages	4019	91.2
3.烟酒类	Tobacco and Liquor	5501	79.0
4.服装、鞋帽、针、纺织品类	Clothing, Shoes, Hats and Textiles	58968	761.6
(1)服装类	Clothing	37761	426.1
(2)鞋帽类	Shoes and Hats	10728	171.7
(3)针、纺织品类	Knitwear and Textiles	10479	163.8
5.化妆品类	Cosmetics	2489	29.2
6.金银珠宝类	Gold,Silver and Jewelry	1389	139.2
7.日用品类	Articles for Daily Use	21169	410.3
#可穿戴智能设备	Wearable smart device	234	0.8
8.五金电料类	Hardware & Electrical Materials	11456	200.9
9.体育、娱乐用品类	Sports & Recreational Articles	1179	12.9
#照相器材类	Cameras and Related Equipments	12	
10.书报杂志类	Newspapers and Magazines	408	17.4
11.电子出版物及音像制品类	E-journals and Video Products	299	5.4
12.家用电器和音像器材类	Household Appliances and Video Appliance	3901	84.2
#能效等级为1和2级的商品	Products with energy efficiency levels 1 and 2	75	0.9
#智能家用电器和音像器材	Smart home appliances and audiovisual equipment	136	4.1
13.中西药材品类	Traditional Chinese and Western Medicines	1274	6.1
#西药类	Western Medicines	120	0.5
中草药及中成药类	Traditional Chinese Medicines	1039	4.3
14.文化办公用品类	Cultural and Offices Appliances	4357	50.5
#计算机及其配套产品	Computers and Auxiliary Equipments	1937	25.2
15.家具类	Furniture	8286	142.9
16.通讯器材类	Communication Appliances	1213	31.3
#智能手机	Smart phone	22	0.2
17.煤炭及制品类	Coal and Related Products	112	1.5
18.木材及制品类	Wood and Wooden Products	3865	314.6
19.石油及制品类	Petroleum and Related Products	223	169.1
20.化工材料及制品类	Chemical Materials and Related Products	3176	635.0
#化肥类	Fertilizers	56	0.9
21.金属材料类	Metal Materials	6893	1335.8
22.建筑及装潢材料类	Building and Decoration Materials	23866	590.1
23.机电产品及设备类	Mechanical & Electrical Products	4960	158.6
#农机类	Agricultural Machineries	309	19.9
24.汽车类	Automobiles	6556	327.6
#新能源汽车	New energy vehicles	23	1.2
25.种子饲料类	Seeds and Feedstuff	693	7.0
26.棉麻类	Cotton and Hemp	68	0.3
27.其他类	Others	17265	217.7

18-13 各市亿元以上商品交易市场情况(2018年)

Basic Statistics on Commodity Exchange Markets of Turnover above 100 Million Yuan by Region(2018)

地区	Region	市场数量(个) Number of Markets (unit)	摊位数(个) Number of Booths (unit)	年末出租摊位数 Number of Booths Rented at Year End	年末营业面积(平方米) Operating Area at Year End (sq.m)	成交额(万元) Turnover (10 000 yuan)
全省总计	**Total**	**418**	**343454**	**304850**	**33842524**	**85384935**
济南市	Jinan	27	18256	17820	1454095	4523145
青岛市	Qingdao	55	58640	56238	4767060	12507810
淄博市	Zibo	14	12848	10655	986000	9736426
枣庄市	Zaozhuang	21	20998	14380	1170127	1857988
东营市	Dongying	7	3589	3380	461598	148987
烟台市	Yantai	22	24306	22900	2051878	4580863
潍坊市	Weifang	26	26586	20914	3679995	5202914
济宁市	Jining	24	27019	23062	1970013	4035213
泰安市	Tai'an	6	12199	11007	3001770	5090347
威海市	Weihai	5	2720	2698	218692	429104
日照市	Rizhao	10	11616	10703	1659652	3224076
莱芜市	Laiwu					
临沂市	Linyi	80	51556	49400	5171585	15653264
德州市	Dezhou	53	26216	20681	3108546	6808960
聊城市	Liaocheng	6	12119	10367	1598518	4347046
滨州市	Binzhou	9	4374	3839	730256	5232269
菏泽市	Heze	53	30412	26806	1812739	2006523

18−14 连锁门店及配送中心分布情况(2018年)
Distribution of Stores and Distribution Centers of chain stores of Wholesale and Retail Trades and Hotel and Catering Services(2018)

单位：个 (unit)

地 区	Region	门店总数 Number of Stores	直营店数 Under Direct Management	加盟店数 Through License Arrangement	配送中心数 Distribution Centers	自 有 Under Direct Management
合 计	**Total**	**16135**	**13982**	**2153**	**160**	**153**
批发和零售业	**Wholesale and etail Trades**	**15362**	**13297**	**2065**	**151**	**144**
北 京	Beijing	6	6			
天 津	Tianjin	2	1	1		
河 北	Hebei	78	14	64		
山 西	Shanxi	3	2	1		
内蒙古	Inner Mongolia	3	3			
辽 宁	Liaoning	5	5			
吉 林	Jilin	2	2			
黑龙江	Heilongjiang	1	1			
上 海	Shanghai	6	6			
江 苏	Jiangsu	53	48	5	2	2
浙 江	Zhejiang	9	9			
安 徽	Anhui	15	7	8		
福 建	Fujian	3	3			
江 西	Jiangxi	3	3			
山 东	Shandong	15113	13131	1982	149	142
济 南	Jinan	742	738	4	6	5
青 岛	Qingdao	4201	3347	854	40	32
河 南	Henan	19	15	4		
湖 北	Hubei	20	20			
湖 南	Hunan	3	3			
广 东	Guangdong	4	4			
海 南	Hainan	3	3			
重 庆	Chongqing	1	1			
四 川	Sichuan	3	3			
云 南	Yunnan	1	1			
陕 西	Shanxi	3	3			
甘 肃	Ganshu	1	1			
宁 夏	Ningxia	1	1			
新 疆	Xinjiang	1	1			
住宿和餐饮业	**Hotel and Catering Services**	**773**	**685**	**88**	**9**	**9**
北 京	Beijing	4	4			
天 津	Tianjin	1	1			
河 北	Hebei	2	2			
山 西	Shanxi	1	1			
辽 宁	Liaoning	5	5			
吉 林	Jilin	1	1			
上 海	Shanghai	2	2			
江 苏	Jiangsu	1	1			
浙 江	Zhejiang	1	1			
安 徽	Anhui	1	1			
山 东	Shandong	742	654	88	9	9
济 南	Jinan	219	219			
青 岛	Qingdao	204	165	39	4	4
河 南	Henan	2	2			
湖 北	Hubei	2	2			
湖 南	Hunan	2	2			
广 东	Guangdong	2	2			
重 庆	Chongqing	1	1			
四 川	Sichuan	1	1			
陕 西	Shanxi	2	2			

注：本表数据是指总部设在山东的连锁企业的门店及配送中心的分布情况。
a)Data in this table refers to the distribution of stores and distribution centers of chain stores that headquarters in Shandong.

18−15 批发和零售业连锁经营情况(2018年)

指　标	Item	连锁总店(总部)数(个) Number of chain head stores (unit)	合　计 Total
总　计	**Total**	**168**	**15362**
一、按行业分组	**by Sector**		
批发业	Wholesale Trade	10	3659
零售业	Retail Trade	158	11703
二、按登记注册类型分组	**by Status of Registration**		
内资企业	Domestic Funded Enterprises	163	14850
国有企业	State-owned Enterprises	7	331
集体企业	Collective-owned Enterprises	2	47
股份合作企业	Cooperative Enterprises	2	89
联营企业	Joint Ownership Enterprises		
有限责任公司	Limited Liability Corporations	64	4829
股份有限公司	Share-holding Corporations Limited	18	5399
私营企业	Private Enterprises	68	4003
其他企业	Other Enterprises	2	152
港、澳、台商投资企业	Enterprises with Funds from Hong Kong, Macao and Taiwan	2	429
合资经营企业(港或澳、台资)	Joint-ventures Enterprises	1	193
合作经营企业(港或澳、台资)	Cooperative Enterprises		
港、澳、台商独资经营企业	Enterprises with Sole Investment	1	236
港、澳、台商投资股份有限公司	Share-holding Corporations Ltd. With Funds from Hong Kong,Macao and Taiwan		
其他港澳台投资企业	Others		
外商投资企业	Foreign Funded Enterprises	3	83
中外合资经营企业	Joint-venture Enterprises	2	81
中外合作经营企业	Cooperation Enterprises	1	2
外资企业	Enterprises with Sole Foreign Funds		
外商投资股份有限公司	Share-holding Corporations Ltd. With Foreign Investment		
其他外商投资企业	Others		
三、按连锁零售业态分组	**by Business Categories**		
便利店	Convenience Store	4	318
折扣店	Discount store		
超　市	Supermarket	25	2511
大型超市	Large supermarket	8	295
仓储会员店	Warehouse club stores		
百货店	Department store	11	900
专业店	Professional store	109	10315
其中：加油站	In:Gas Station	20	3941
专卖店	Specialty store	5	271
家居建材商店	Home-furnishings store		
厂家直销中心	Factory Outlet Center		
其　他	Others	6	752

Business of chain operation of Wholesale and Retail Trade(2018)

门店总数(个) Number of Stores(unit)		年末零售营业面积(平方米) Operational Area(sq.m)			年末从业人员数(人) Engaged Persons(person)		
直营店 Under Direct Management	加盟店 Through License Arrangement	合计 Total	直营店 Under Direct Management	加盟店 Through License Arrangement	合计 Total	直营店 Under Direct Management	加盟店 Through License Arrangement
13297	**2065**	**25086064**	**20687833**	**4398231**	**188257**	**181237**	**7020**
3155	504	3036513	2953876	82637	29030	26855	2175
10142	1561	22049551	17733957	4315594	159227	154382	4845
12848	2002	24655641	20262530	4393111	181859	175190	6669
331		126516	126516		5437	5437	
26	21	136081	124581	11500	698	636	62
74	15	411763	405947	5816	2050	1934	116
4347	482	5005013	4951731	53282	62911	61148	1763
4267	1132	18234985	13929774	4305211	91858	87576	4282
3745	258	731987	720065	11922	18786	18355	431
58	94	9296	3916	5380	119	104	15
429		124002	124002		3433	3433	
193		56838	56838		1500	1500	
236		67164	67164		1933	1933	
20	63	306421	301301	5120	2965	2614	351
18	63	294301	289181	5120	2318	1967	351
2		12120	12120		647	647	
252	66	30958	25598	5360	1178	821	357
2063	448	2768566	2714852	53714	45691	43933	1758
295		2723837	2723837		20285	20285	
384	516	5942055	5893220	48835	57385	55859	1526
9961	354	11077478	6875223	4202255	46185	45084	1101
3769	172	10180236	5993068	4187168	12003	11315	688
94	177	13872	8442	5430	416	313	103
248	504	2529298	2446661	82637	17117	14942	2175

18-15 续表 1 continued

指 标	Item	连锁门店商品购进额(万元) Total Purchases of chain store(10000 yuan)		
		合 计 Total	直营店 Under Direct Management	加盟店 Through License Arrangement
总 计	**Total**	**18597404**	**18383778**	**213625**
一、按行业分组	**by Sector**			
批发业	Wholesale Trade	4339970	4293769	46201
零售业	Retail Trade	14257434	14090010	167424
二、按登记注册类型分组	**by Status of Registration**			
内资企业	Domestic Funded Enterprises	18179264	17977927	201337
国有企业	State-owned Enterprises	787971	787971	
集体企业	Collective-owned Enterprises	135378	134629	749
股份合作企业	Cooperative Enterprises	90617	88692	1925
联营企业	Joint Ownership Enterprises			
有限责任公司	Limited Liability Corporations	6465948	6388655	77293
股份有限公司	Share-holding Corporations Limited	9909357	9796722	112634
私营企业	Private Enterprises	787734	779963	7771
其他企业	Other Enterprises	2260	1295	965
港、澳、台商投资企业	Enterprises with Funds from Hong Kong, Macao and Taiwan	156485	156485	
合资经营企业(港或澳、台资)	Joint-ventures Enterprises	76998	76998	
合作经营企业(港或澳、台资)	Cooperative Enterprises			
港、澳、台商独资经营企业	Enterprises with Sole Investment	79487	79487	
港、澳、台商投资股份有限公司	Share-holding Corporations Ltd. With Funds from Hong Kong,Macao and Taiwan			
其他港澳台投资企业	Others			
外商投资企业	Foreign Funded Enterprises	261655	249366	12289
中外合资经营企业	Joint-venture Enterprises	198282	185993	12289
中外合作经营企业	Cooperation Enterprises	63373	63373	
外资企业	Enterprises with Sole Foreign Funds			
外商投资股份有限公司	Share-holding Corporations Ltd. With Foreign Investment			
其他外商投资企业	Others			
三、按连锁零售业态分组	**by Business Categories**			
便利店	Convenience Store	58005	45142	12863
折扣店	Discount store			
超 市	Supermarket	2929603	2852473	77130
大型超市	Large supermarket	2208538	2208538	
仓储会员店	Warehouse club stores			
百货店	Department store	4751143	4706771	44372
专业店	Professional store	7097115	7065307	31808
其中：加油站	In:Gas Station	3897954	3874865	23089
专卖店	Specialty store	8635	7384	1251
家居建材商店	Home-furnishings store			
厂家直销中心	Factory Outlet Center			
其 他	Others	1544366	1498165	46201

18-15 续表 2 continued

指标	Item	连锁门店商品销售额(万元) Sale Value of chain store(10000 yuan) 合计 Total	直营店 Under Direct Management	加盟店 Through License Arrangement
总计	**Total**	**21635036**	**21392668**	**242368**
一、按行业分组	**by Sector**			
批发业	Wholesale Trade	5535959	5481600	54359
零售业	Retail Trade	16099077	15911068	188009
二、按登记注册类型分组	**by Status of Registration**			
内资企业	Domestic Funded Enterprises	21073681	20844977	228704
国有企业	State-owned Enterprises	785050	785050	
集体企业	Collective-owned Enterprises	158578	157478	1100
股份合作企业	Cooperative Enterprises	104966	102851	2115
联营企业	Joint Ownership Enterprises			
有限责任公司	Limited Liability Corporations	7364679	7282663	82016
股份有限公司	Share-holding Corporations Limited	11735551	11601245	134306
私营企业	Private Enterprises	922129	914216	7913
其他企业	Other Enterprises	2730	1475	1255
港、澳、台商投资企业	Enterprises with Funds from Hong Kong, Macao and Taiwan	222331	222331	
合资经营企业(港或澳、台资)	Joint-ventures Enterprises	95692	95692	
合作经营企业(港或澳、台资)	Cooperative Enterprises			
港、澳、台商独资经营企业	Enterprises with Sole Investment	126639	126639	
港、澳、台商投资股份有限公司	Share-holding Corporations Ltd. With Funds from Hong Kong,Macao and Taiwan			
其他港澳台投资企业	Others			
外商投资企业	Foreign Funded Enterprises	339024	325360	13664
中外合资经营企业	Joint-venture Enterprises	262468	248804	13664
中外合作经营企业	Cooperation Enterprises	76556	76556	
外资企业	Enterprises with Sole Foreign Funds			
外商投资股份有限公司	Share-holding Corporations Ltd. With Foreign Investment			
其他外商投资企业	Others			
三、按连锁零售业态分组	**by Business Categories**			
便利店	Convenience Store	66621	52547	14074
折扣店	Discount store			
超市	Supermarket	3389732	3308501	81231
大型超市	Large supermarket	2727679	2727679	
仓储会员店	Warehouse club stores			
百货店	Department store	5056327	5004597	51730
专业店	Professional store	7650893	7611493	39399
其中：加油站	In:Gas Station	4173478	4144182	29295
专卖店	Specialty store	11818	10244	1574
家居建材商店	Home-furnishings store			
厂家直销中心	Factory Outlet Center			
其他	Others	2731965	2677606	54359

18-16 住宿和餐饮业连锁经营情况(2018年)

指标名称	Indicator	连锁总店或总部数(个) Number of chain head stores (unit)	门店总数(个) Number of Stores (unit)
总 计	**Total**	**18**	**773**
一、按行业分组	**by Sector**		
住宿业	Hotel Services	2	93
餐饮业	Catering Services	16	680
二、按登记注册类型分组	**by Status of Registration**		
内资企业	Domestic Funded Enterprises	15	391
国有企业	State-owned Enterprises	1	39
集体企业	Collective-owned Enterprises		
股份合作企业	Cooperative Enterprises		
联营企业	Joint Ownership Enterprises		
有限责任公司	Limited Liability Corporations	6	194
股份有限公司	Share-holding Corporations Limited	1	30
私营企业	Private Enterprises	7	128
其他企业	Other Enterprises		
港、澳、台商投资企业	Enterprises with Funds from Hong Kong, Macao and Taiwan	2	94
合资经营企业(港或澳、台资)	Joint-ventures Enterprises		
合作经营企业(港或澳、台资)	Cooperative Enterprises		
港、澳、台商独资经营企业	Enterprises with Sole Investment	2	94
港、澳、台商投资股份有限公司	Share-holding Corporations Ltd. With Funds from Hong Kong, Macao and Taiwan		
其他港澳台投资企业	Others		
外商投资企业	Foreign Funded Enterprises	1	288
中外合资经营企业	Joint-venture Enterprises		
中外合作经营企业	Cooperation Enterprises		
外资企业	Enterprises with Sole Foreign Funds	1	288
外商投资股份有限公司	Share-holding Corporations Ltd. With Foreign Investment		
其他外商投资企业	Others		

Business of chain operation of Hotels and Catering Services(2018)

直营店 Under Direct Management	年末从业人员(人) Engaged Persons (person)	直营店 Under Direct Management	年末餐饮营业面积(平方米) Operational Area (sq.m)	直营店 Under Direct Management	客房数(间) Number of rooms (room)	直营店 Under Direct Management	床位数(个) Number of Beds (unit)	直营店 Under Direct Management
685	**25488**	**22908**	**385099**	**361628**	**15350**	**15350**	**22586**	**22586**
93	2553	2553	4500	4500	9333	9333	13570	13570
592	22935	20355	380599	357128	6017	6017	9016	9016
303	16734	14154	289343	265872	15350	15350	22586	22586
39	654	654	11929	11929				
194	3421	3421	27509	27509	8809	8809	12830	12830
30	9617	9617	210602	210602	6017	6017	9016	9016
40	3042	462	39303	15832	524	524	740	740
94	3518	3518	27165	27165				
94	3518	3518	27165	27165				
288	5236	5236	68591	68591				
288	5236	5236	68591	68591				

18-16 续表

指标名称	Indicator	餐位数(位) Number of Diningseats (unit)	直营店 Under Direct Management
总 计	**Total**	**93446**	**86351**
一、按行业分组	**by Sector**		
住宿业	Hotel Services	4230	4230
餐饮业	Catering Services	89216	82121
二、按登记注册类型分组	**by Status of Registration**		
内资企业	Domestic Funded Enterprises	48094	40999
国有企业	State-owned Enterprises	3827	3827
集体企业	Collective-owned Enterprises		
股份合作企业	Cooperative Enterprises		
联营企业	Joint Ownership Enterprises		
有限责任公司	Limited Liability Corporations	13745	13745
股份有限公司	Share-holding Corporations Limited	21269	21269
私营企业	Private Enterprises	9253	2158
其他企业	Other Enterprises		
港、澳、台商投资企业	Enterprises with Funds from Hong Kong,Macao and Taiwan	7035	7035
合资经营企业(港或澳、台资)	Joint-ventures Enterprises		
合作经营企业(港或澳、台资)	Cooperative Enterprises		
港、澳、台商独资经营企业	Enterprises with Sole Investment	7035	7035
港、澳、台商投资股份有限公司	Share-holding Corporations Ltd. With Funds from Hong Kong, Macao and Taiwan		
其他港澳台投资企业	Others		
外商投资企业	Foreign Funded Enterprises	38317	38317
中外合资经营企业	Joint-venture Enterprises		
中外合作经营企业	Cooperation Enterprises		
外资企业	Enterprises with Sole Foreign Funds	38317	38317
外商投资股份有限公司	Share-holding Corporations Ltd. With Foreign Investment		
其他外商投资企业	Others		

continued

连锁门店商品购进额（万元）Total Purchases of chain store (10000 yuan)	直营店 Under Direct Management	统一配送商品购进额 Centralized Purchases and Delivery	连锁门店营业额（万元）Bussiness Revenue of chain store (10000 yuan)	直营店 Under Direct Management	餐费收入 From Meals	直营 Under Direct Management
153810	**139871**	**138579**	**651775**	**611616**	**499344**	**459571**
227	227	227	47039	47039	572	572
153583	139644	138352	604737	564578	498773	458999
78079	64141	62849	383092	342933	232671	192898
3831	3831	3554	10451	10451	9536	9536
10279	10279	9766	69373	69373	26761	26761
46087	46087	35948	253066	253066	151714	151714
17882	3944	13581	50203	10043	44660	4887
13958	13958	13958	51106	51106	49097	49097
13958	13958	13958	51106	51106	49097	49097
61772	61772	61772	217577	217577	217577	217577
61772	61772	61772	217577	217577	217577	217577

18-17 主要年份社会消费品零售总额
Retail Sale of Consumer Goods in Major Years

单位:亿元 (100 million yuan)

年份 Year	社会消费品零售总额 Retail Sale of Consumer Goods	按所在地分 by Location			按行业分 by Sector				
		市 City	县 County	县以下 Under County Level	批发和零售业 Wholesale and Retail Trades	住宿和餐饮业 Hotels and Catering Services	制造业 Manufacturing	农业生产者 Agricultural Producers	其他行业 Other Sectors
1949	6.23				3.92	0.63	1.68		
1952	19.01				13.23	1.92	3.21	0.53	0.12
1957	26.00				21.86	1.08	2.19	0.51	0.45
1962	30.49				25.39	1.37	1.98	1.60	0.15
1965	33.85				29.92	1.83	1.35	0.60	0.15
1970	40.94				36.53	1.37	1.87	0.95	0.22
1975	60.32				51.98	2.72	2.85	1.54	1.22
1978	79.73	23.39	21.14	35.19	68.40	3.65	4.57	2.34	0.77
1979	92.22	27.46	23.10	41.66	78.38	4.25	6.09	2.64	0.86
1980	114.01	32.36	27.78	53.86	94.61	5.03	10.00	3.38	0.99
1981	131.47	35.84	34.40	61.23	107.10	5.82	13.42	3.53	1.60
1982	141.48	41.63	34.22	65.64	112.90	7.64	14.12	4.82	2.00
1983	162.14	47.85	37.49	76.80	127.67	9.83	16.93	5.16	2.55
1984	189.08	66.58	37.98	84.52	147.25	11.23	20.57	6.16	3.87
1985	227.03	84.16	46.50	96.38	173.62	13.86	25.27	8.94	5.34
1986	261.64	96.22	54.18	111.25	194.85	15.48	31.38	12.32	7.61
1987	300.69	119.11	58.69	122.89	217.34	18.16	41.14	14.91	9.14
1988	392.37	164.12	73.40	154.85	287.09	22.88	49.85	20.50	12.05
1989	430.74	199.91	72.75	158.09	315.80	23.93	49.86	26.34	14.81
1990	460.13	218.97	79.19	161.96	338.02	25.07	50.24	30.41	16.38
1991	536.03	263.90	86.76	185.36	392.19	30.67	59.41	35.48	18.28
1992	653.23	336.37	99.77	217.08	471.87	37.56	77.87	44.17	21.76
1993	884.71	481.28	124.74	278.69	617.53	53.08	125.63	68.12	20.35
1994	1210.08	670.38	171.83	367.87	813.17	87.13	142.79	113.75	53.24
1995	1583.96	921.86	177.40	484.70	1024.82	129.88	194.83	158.40	76.03
1996	1916.51	1134.57	195.48	586.46	1226.57	168.65	243.40	176.32	101.57
1997	2237.83	1378.50	219.31	640.02	1425.50	194.69	279.73	232.73	105.18
1998	2564.54	1572.06	246.20	746.28	1600.27	238.50	328.26	271.84	125.67
1999	2872.82	1763.91	275.79	833.12	1807.00	281.54	344.74	304.52	135.02
2000	3264.05	2017.18	313.35	933.52	2075.94	339.46	359.05	332.93	156.67
2001	3634.60	2253.45	352.56	1028.59	2340.68	399.81	363.46	356.19	174.46
2002	4078.02	2577.31	379.26	1121.45	2691.49	477.13	358.87	362.94	187.59
2003	4644.86	2977.36	469.13	1198.37	3836.66	585.25			222.95
2004	5290.50	3320.64	588.76	1381.10	4444.04	661.06			185.40
2005	6166.94	3890.93	687.50	1588.51	5173.89	776.51			216.54
2006	7217.13	4593.55	804.90	1818.68	6044.60	925.47			247.06
2007	8607.45	5488.52	971.12	2147.81	7205.96	1123.47			278.02
2008	10658.76	6766.32	1240.07	2652.37	9314.97	1063.78			280.00
2009	12362.97	8038.46	1437.80	2886.71	10348.40	1673.61			340.96
2010	14620.30								
2011	17155.49								
2012	19651.94								
2013	22294.84								
2014	25111.53								
2015	27761.41								
2016	30645.76								
2017	30877.78								
2018	33604.98								

注：2005－2008年社会消费品零售总额及分组数据，根据国家统一办法，依据第二次经济普查数据进行了调整。自2010年，社会消费品零售总额分组重新调整。2017年社会消费品零售总额根据第三次全国农业普查结果及有关制度规定进行了修订。

a)According to national regulation,data in this table from 2005 to 2008 are modified on the second national economic census.Since 2010,the group of Retail Sale of Consumer Goods has been adjusted.The Retail Sale of Consumer Goods in 2017 was revised in accordance with the results of the third national agricultural census and related system regulations.

18-18 各市社会消费品零售总额(2018年)
Retail Sale of Consumer Goods by Region(2018)

地 区	Region	绝对额（亿元） Amount (100 million yuan)					比上年增长 (%) Growth Rate (%)				
		社会消费品零售总额 Total Retail Sales of Consumer Goods	按经营地分 by Operation Place		按消费形态分 by Consumption Pattern		社会消费品零售总额 Total Retail Sales of Consumer Goods	按经营地分 by Operation Place		按消费形态分 by Consumption pattern	
			城镇 Urban	乡村 Rural	商品零售 Retail Sales	餐饮收入 Catering Income		城镇 Urban	乡村 Rural	商品零售 Retail Sales	餐饮收入 Catering Income
全省总计	**Total**	**33604.98**	**26719.70**	**6885.28**	**29863.86**	**3741.12**	**8.8**	**8.6**	**9.8**	**8.6**	**10.9**
济南市	Jinan	4404.46	4003.07	401.39	3717.69	686.77	10.0	10.0	9.4	10.0	9.9
青岛市	Qingdao	4842.46	4026.88	815.58	4223.70	618.76	10.0	9.7	11.4	9.1	16.6
淄博市	Zibo	2116.78	1803.87	312.91	1831.79	284.99	7.3	7.3	7.5	6.7	11.5
枣庄市	Zaozhuang	950.30	690.31	259.99	823.02	127.28	8.6	7.5	11.6	8.4	9.8
东营市	Dongying	867.01	703.93	163.08	773.15	93.86	8.4	8.3	9.1	8.1	11.3
烟台市	Yantai	3079.41	2430.01	649.40	2816.86	262.55	7.8	7.4	9.2	7.7	8.2
潍坊市	Weifang	2702.74	1710.55	992.19	2412.46	290.28	8.8	7.7	10.7	8.6	10.4
济宁市	Jining	2288.07	1625.34	662.73	1981.31	306.76	8.3	7.8	9.3	8.0	10.1
泰安市	Tai'an	1593.79	1218.60	375.19	1397.11	196.68	8.8	8.6	9.5	8.2	13.0
威海市	Weihai	1465.65	1206.02	259.63	1314.62	151.03	10.1	10.1	9.9	10.1	10.0
日照市	Rizhao	774.10	623.07	151.03	647.19	126.91	7.5	7.4	7.7	6.7	11.7
莱芜市	Laiwu	373.16	304.49	68.67	351.20	21.96	8.7	8.4	10.6	8.6	11.8
临沂市	Linyi	2482.15	2138.11	344.04	2341.74	140.41	8.5	8.4	9.1	8.4	10.3
德州市	Dezhou	1525.51	1286.70	238.81	1375.40	150.11	9.3	9.0	10.9	9.0	11.6
聊城市	Liaocheng	1334.35	1013.08	321.27	1153.85	180.50	7.7	7.1	9.6	7.3	10.1
滨州市	Binzhou	993.69	705.26	288.43	868.11	125.58	6.7	6.6	6.8	6.4	8.5
菏泽市	Heze	1811.37	1481.99	329.38	1670.16	141.21	9.7	9.7	10.1	9.5	13.2

主要统计指标解释

社会消费品零售总额 指企业（单位、个体户）通过交易直接售给个人、社会集团非生产、非经营用的实物商品金额，以及提供餐饮服务所取得的收入金额。个人包括城乡居民和入境人员，社会集团包括机关、社会团体、部队、学校、企事业单位、居委会或村委会等。

商品购进额 指从本企业以外的单位和个人购进（包括从国外直接进口）作为转卖或加工后转卖的商品金额（含增值税）。本指标反映批发和零售业从国内外市场上购进商品的总价。

商品购进包括：(1）从工农业生产者、批发和零售业、住宿和餐饮业、出版社或报社的出版发行部门和其他服务业等企事业单位和个体经营户购进的商品；(2）从机关社会团体购进的商品；(3）从海关、市场管理部门购进的缉私和没收的商品；(4）从居民收购的废旧商品等。

不包括：(1）企业为本单位自身经营用，不是作为转卖而购进的商品，如材料物资、包装物、低值易耗品、办公用品等；(2）未通过买卖行为而收入的商品，如接受其他部门移交的商品、借入的商品、收入代其他单位保管的商品、其他单位赠送的样品、加工回收的成品等；(3）经本单位介绍，由买卖双方直接结算，本单位只收取手续费的业务；(4）销售退回和买方拒付货款的商品；(5）商品溢余；(6）期货交易商品。

商品销售额 指对本单位以外的单位和个人出售的商品金额（包括售给本单位消费用的商品，含增值税），在批发和零售业中，本指标反映在国内市场上销售商品以及出口商品的总价。

商品销售包括：(1）售给个人和社会集团消费用的商品；(2）售给农业、工业、建筑业、服务业等国民经济各行业用于生产、经营用的商品，包括售予批发和零售业作为转卖或加工后转卖的商品；(3）对国（境）外直接出口的商品。

商品销售不包括：(1）未通过买卖行为付出的商品，如因机构变动移交给其他企业单位的商品、借出的商品、归还受其他单位委托代保管的商品、付出的加工原料和赠送给其他单位的样品等；(2）促销返券所销售的、不计入营业收入的商品；(3）经本单位介绍，由买卖双方直接结算，本单位只收取手续费的业务；(4）未发生所有权转移的商品预付卡销售，如加油卡；(5）汽车维修、电话卡销售等服务性经济活动；(6）购货退回的商品；(7）商品损耗和损失；(8）出售本单位自用的废旧物资；(9）期货交易商品；(10）自来水供应企业、电力企业、天然气供应企业提供的水、电、气。

期末商品库存额 对于批发和零售业法人单位和个体经营户，是指报告期末取得所有权的全部商品金额（含增值税）；对于批发和零售业产业活动单位，是指报告期末实际在库且归属法人具有所有权的全部商品金额（含增值税）。这个指标反映批发和零售业的商品库存情况，以及对市场商品供应的保证程度。

库存商品包括：(1）存放在本单位（如门市部、批发站、采购站、经营处）的仓库、货场、货柜和货架中的商品；(2）挑选、整理、包装中的商品；(3）已记入购进而尚未运到本单位的商品，即发货单或银行承兑凭证已到而货未到的商品；(4）寄放他处的商品，如因购货方拒绝付款而暂时存在购货方的商品；(5）委托其他单位代销（未作销售或调出）尚未售出的商品；(6）代其他单位购进尚未交付的商品。

库存商品不包括：(1）所有权不属于本单位的商品，如商品已作销售但买方尚未取走的商品，代替他人保管、运输、加工的商品，代其他单位销售（未做购进或调入）而未售出的商品；(2）委托外单位加工的商品（包括本单位所属加工厂和其他生产单位加工生产尚未收回成品的商品）；(3）外贸企业代理其他单位从国外进口，尚未付给订货单位的商品；(4）代国家储备部门保管的商品。

库存商品金额可以采用进价或售价进行核算。采用进价核算的商品，应按商品进货原则（或实际采购成本）计算期末库存；采用售价核算的商品，应按商品的售价计算期末库存。购入的商品，在商品到达验收入库后计算期末库存（对已记入购进尚未运到的商品，也可计算期末库存）；对于月终尚未开出承兑商业汇票的入库商品，按应付给供货单位的价款暂估计算期末库存；年度终了，凡已转入库存和已作销售的进口商品，属于国外以离岸价格成交、有应付未付国外运保费的，应先估计期末库存，委托其他单位代销的商品包括在期末库存中；委托外单位加工的商品，在发出商品时作减少期末库存，当加工商品收回时增加期末库存（包括商品进货原价、加工费用、加工税金等）。

营业额 指住宿和餐饮业单位在经营活动中，因提供服务或销售商品等取得的全部收入（含增值税），收入主要来源于提供客房、餐费服务、商品销售和其他服务，如商务服务。不包括多产业法人企业附营的其他行业产业活动单位的餐费收入、商品销售收入等各项收入。

客房收入 指住宿和餐饮业单位在经营活动中因提供住宿服务取得的收入（含增值税）。不包括多产业法人企业附营的其他行业产业活动单位的客房收入。

餐费收入 指本单位为顾客提供就餐服务取得的收入（含增值税）。包括：经烹饪、调制加工后出售的各种食品，如主食、炒菜、凉拌菜等的收入。不包括多产业法人企业附营的其他行业产业活动单位的餐费收入。

亿元商品交易市场 指年成交额在亿元及以上的商品交易市场。商品交易市场是指经有关部门和组织批准设立，有固定场所、设施，有经营管理部门和监管人员，若干市场经营者入内，常年或实际开业三个月以上，集中、公开、独

立地进行生活消费品、生产资料等现货商品交易以及提供相关服务的交易场所，包括各类消费品市场、生产资料市场等。

连锁总店（总部）　负责连锁企业资源（商号、商誉、经营模式、服务标准、管理模式等）的开发、配置、控制或使用等功能的企业核心管理机构。连锁经营是指经营同类商品或服务，使用统一商号的若干店铺，在同一总店（总部）的管理下，采取统一采购或特许经营等方式，实现规模效益的组织形式，包括直营连锁、特许连锁和自愿连锁三种形式。系统内企业，如新华书店、烟草公司、石油公司等，应注意是否具备连锁经营特征，如果不具备连锁经营特征，则不能纳入连锁统计范畴。

直营连锁：是指连锁店铺由连锁公司全资或控股开设，在总部的直接控制下，开展统一经营的连锁经营形式。

特许连锁：是指拥有注册商标、企业标志、专利、专有技术等经营资源的企业（特许人），以合同形式将其拥有的经营资源许可其他经营者（被特许人）使用，被特许人按合同约定在统一的经营模式下开展经营，并向特许人支付特许经营费用的连锁经营形式。

自愿连锁：是指若干个店铺或企业自愿组合起来，在不改变各自资产所有权关系的情况下，以同一个品牌形象面对消费者，以共同进货为纽带开展的连锁经营形式。

Explanatory Notes on Main Statistical Indicators

Total Retail Sales of Consumer Goods refers to the amount obtained by enterprises (units, self-employed individuals) through direct sales of non-production and non-business physical commodity to individuals, social institutions, and revenue from providing catering services. Individuals include rural and urban households, population from abroad, social institutions include government agencies, social organizations, military units, schools, institutions, neighbourhood (village) committees.

Total Purchases of Commodities refer to the total value of purchases of commodities by enterprises (establishments) from other establishments or individuals (including direct import from abroad) for the purpose of re-selling, either with or without further processing of the commodities purchased. The commodities include: (1) commodities purchased from agricultural and industrial producer, wholesaler, retailer, publishing house and other enterprises, institutions and individual operators of service business; (2) commodities purchased from institutions and social groups; (3) confiscated goods purchased from the customs authorities or market management agencies; (4) second-hand goods and wastes purchased from residents; The commodities exclude (1) commodities purchased by enterprises (establishments) for use in their own business operation, commodities obtained without buying or selling procedures such as materials, consumable goods of low value, office appliance, etc. (2) received goods without trading, such as goods handed over from others, borrowed goods, preserved goods for others, donated goods from others, processed and retrieved goods, etc. (3) goods of direct settlement between buyer and seller with handling fees introduced by others, (4) goods returned or refused to pay by the buyer, (5) excessive goods, (6) futures trading commodities.

Total Sales of Commodities refer to value of commodities sold by the establishments to other establishments and individuals (including goods sold for self consumption, including the value-added tax). The commodities include: (1) commodities sold to individuals and social groups for their consumption; (2) commodities sold to establishments in all industries for their production and operation, including agriculture, industry, construction, and catering services including commodities sold to wholesale and retail establishments for re-selling, with or without further processing; and (3) commodities for direct export to abroad. Excluded are (1) extended commodities without trading, such as goods handed over to other enterprises and institutions because of the change of organizations, lent goods, returned goods preserved for others, extended processing materials and samples donated to others, (2) goods sold by coupon rebates that are not included in business income, (3) goods of direct settlement between buyer and seller with handling fees introduced by others, (4) prepaid cards for goods without transfer of ownership, such as gas cards, (5) Service-oriented economic activities such as automobile maintenance and telephone card sales, (6) goods returned after purchase, (7) damaged and spoiled goods, (8) waste and used goods of self use, (9) futures trading commodities, (10) water, electricity and gas supplied by water supply enterprises, electric power enterprises and natural gas supply enterprises.

Total Stock of Commodities For the legal entities and self-employed individuals engaged in wholesale and retail trade, it refers to total value (including VAT) of commodities possessed at the end of the reference period; and for wholesale and retail establishments, it refers to the value (including VAT) of all commodities actually in stock and owned by their legal persons at the end of reference period. The commodities in stock includes: (1) commodities located in storage, garages, counters, and shelves of operating places of wholesale and retail trades (such as sale stores, wholesale centres, procurement stations and operating offices); (2) commodities in the process of being selected, sorted, and packed; (3) commodities not arrived but recorded as purchase in the account, i.e. commodities not arrived but payment receipts for the commodities from the sellers or the banks arrived; (4) commodities deposited in other places rather than places mentioned above, for instance: commodities in the hold of purchasers temporarily due to the refusal of payment; (5) commodities entrusted to other units to sell but not sold yet; (6) commodities purchased for other units but not delivered yet. Commodities not included as stock are those not owned by the enterprises (units), commodities on commission for processing, imported commodities of agency of foreign trade enterprise but not yet delivered to ordering units and finally those put in stock on behalf of the state reserves units.

The amount of inventory goods can be calculated using the purchase price or the selling price. In order to calculate the ending stocks at purchase price, the principle of accounting on the basis of actual purchase cost should be adopted; and to calculated the ending stocks at selling price, the principle of accounting on the basis of selling price adopted. Goods purchased should be calculated when they are delivered, checked and put in storage (for the goods purchase but not delivered, they are also included in the ending stocks). For the goods in storage and without commercial acceptance, the ending stocks are calculated at the price provided by the suppliers; at the end of the year, all the imported goods in storage or sold, which are transacted at F.O.B. prices and have not been paid the premiums payable, should be calculated as ending stocks, including the goods entrusted other units to sell. When the goods entrusted other units to manufacture are delivered, the ending stocks should be reduced; when it delivered back, the ending stocks increased (including purchase price, processing cost, processing taxes, etc.).

Business Revenue refers to the total income that the hotels and catering services enterprise received from providing services or selling commodities through business activities, including income from hotels, catering services, selling of commodities (including VAT) and other services. It excludes the income provided by the industrial units in other industries of this corporate enterprise.

Income from hotel rooms refers to the income of hotel and catering services provided by the enterprise in the hotel and catering service industry. It excludes the room income provided by the industrial units in other industries of this corporate enterprise.

Income from catering services refers to the income that the enterprise received by providing catering services, including selling of cooked or prepared foods, such as stable food, cooked dishes or cold dishes. It excludes the income provided by the industrial units in other industries of this corporate enterprise.

Volume of Transaction at Large Commodity Markets (with transaction value over 100 million yuan) refers to the commodity markets with an annual transaction at and above 100 million. The commodity market refers to the markets approved and managed by related departments, where there are fixed sites, facilities, managers and administration offices, where there are a certain number of traders to operate for three month and above or all the year, where the commodities including the articles for daily consumption and capital goods and services are traded in a centralized, independent and open way. Such market includes markets of daily goods and market of capital goods, etc.

Chain Enterprise (also called chain stores or chain corporations) refer to the core leading stores responsible for development, allocation, administration and utilization of resources (name of stores, brand of stores, operation model, service standard, management way, etc.) of chain stores. Chain stores refers to the stores engaged in providing homogeneous commodities or services, with the central leadership of head store (headquarters) and guided by common policies, conduct centralized purchase and distributed selling of commodities, in order to gain better efficiency through standardized operation. The chain stores include regular chain stores, franchise chain stores and voluntary chain stores. In-system enterprises, such as Xinhua Bookstore, Tobacco Company, and Oil Company, should pay attention to whether they have the characteristics of chain operation. If they do not have the characteristics of chain operation, they cannot be included in the chain statistics category.

Chain stores have 3 categories:

a) Chain stores under direct management: These are formal chain stores invested or controlled by the headquarters. They operate under the direct and unified management from the headquarters. Adopting a direct management approach, the headquarters give orders and control all retail stores, which follow completely the directives from the headquarters. Large monopolized commercial companies develop and expand their business through purchasing, merging, direct investment and controlling of shares.

b) Chain stores through special permit: Through contracts, chain stores (or their owners) obtain licenses from the headquarters to use designated trade marks, names, operation know how, and to sell the commodity developed by the headquarters. Under this arrangement, each store in the chain is an independent legal entity and operates under the guidance from the headquarters.

c) Chain stores through voluntary arrangement: Under this arrangement, all stores operate together under the guidance of the headquarters, while maintaining their status of independent legal entities with full ownership of their assets. They use the same store name, sign contracts with the headquarters concerning purchase, sale, publicity, etc. and operate under the contract. They are free to engage in other activities which are not bounded in the contract. They could join or leave the chain on voluntary basis.

第19篇

教育和科技

Education, Science and Technology

简 要 说 明

一、本篇资料的主要内容

本篇资料反映了全省教育和科技事业基本情况。教育部分主要包括高等教育、中等教育、初等教育、成人高等教育、职业教育、幼儿园等方面基本情况；科技部分主要包括科技成果、专利、规模以上工业科技活动和全社会科技活动情况。

二、本篇资料的来源

1.教育部分中，技工学校的资料来源于省人力资源和社会保障厅，其他资料来源于省教育厅。

2.科技部分中，科技成果资料来源于省科学技术厅，专利资料来源于省市场监督管理局，规模以上工业企业科技活动和全社会科技活动资料来源于省统计局统计年报。

本篇资料由省统计局人口处（社科处）整理提供。

Brief Introduction

I. Content

Data in this chapter show the basic conditions of education and technology. Data on education show the development of higher education, secondary education, primary education, vocational education and kindergartens. Data on technology show the basic conditions of scientific and technological achievements and prizes, number of patent applications examined and granted, scientific and technological activities of industrial enterprises above designate size and basic conditions of R&D institutions.

II. Source of Data

(1)Data on the basic conditions of technical schools are provided by Shandong Human Resources and Social Security Department and other data on education are provided by Shandong Provincial Education Department.

(2)Data on scientific and technological are provided by Department of Science and Technology of Shandong Province. Data on patents are provided by S Shandong Provincial Department of Market Regulatory Authority. Data on scientific and technological activities come from the annual report of scientific and technological activities, which is provided by Shandong Provincial Bureau of Statistics.

Data in this chapter are provided and compiled by the Division of Urbanization,Population and Employment Statistics（by the Division of Social,Science and Culture Industry Employment Statistics）of Shandong Provincial Bureau of Statistics.

19-1 各级各类学校基本情况(2018年)
Basic Statistics on Education Institutions(2018)

项　目	Item	学校数(所) Number of Schools (unit)	招生数(人) New Enrollment (person)	在校学生数(人) Total Enrol -lment (person)	毕业生数(人) Graduates (person)	教职工数(人) Teachers and Staff (person)	#专任教师 Full-time Teachers
高等教育	**Higher Education**						
研究生培养机构	Institutions Providing Postgraduate Programs	**33**	**37796**	**102531**	**26286**		
普通高校	Regular Institutions of Higher Education	30	37704	102334	26216		
科研机构	Research Institutions	3	92	197	70		
普通高等学校	Regular Institutions of Higher Education	**145**	**629065**	**2040404**	**585546**	**158526**	**112717**
本科院校	Universities with Full Undergraduate Courses	67	356366	1295234	317427	108313	75308
#独立学院	Non-university Tertiary	11	29497	96772	25594	6668	4812
专科(高职)院校	Colleges with Specialized Courses	78	272699	745170	268119	50213	37409
#高等职业学校	Vocational and Technical Colleges	72	249270	683555	245779	46251	34501
成人高等教育	Institutions of Higher Education for Adult	11	233966	426995	181058	1479	970
民办的其他高等教育机构	Other Private Institutions of Higher Education	65				2071	1175
中等教育	**Secondary Education**						
高中阶段教育	Senior Secondary Education						
普通高中	Regular Senior Secondary Schools	620	544536	1642050	550112	173356	137946
中等职业学校	Vocational Secondary Education	398	245355	750142	250210	59304	48269
技工学校	Technical Schools	181	135184	329897	96351	29388	22525
初中阶段教育	Junior Secondary Education						
普通初中	Regular Junior Secondary Schools	3051	1098090	3457221	934463	341767	281957
初等教育	**Primary Education**						
普通小学	Regular Primary Schools	9674	1296436	7259706	1115188	392333	430702
特殊教育学校	**Special Education**	**149**	**5240**	**30473**	**4322**	**6076**	**5352**
学前教育	**Pre-school Education**	**20231**	**1037008**	**3075514**	**1047672**	**289211**	**190269**

注：1、研究生机构的学生数据为硕士研究生和博士研究生数据；2、普通高等学校的学生数据为普通本专科学生数据，按学校类型归类；3、成人高等教育学生数含普通高校开展的成人高等教育学生数。

a)Data on students of Institutions Providing Postgraduate Programs refers to graduate students and doctoral students.

b)Data on students of Regular Institutions of Higher Education refers to undergraduats.

c)Data on students of Higher Adult Education including those in both Institutions of Higher Education for Adult and Regular Institutions of Higher Education.

19-2 主要年份普通高等教育基本情况
Basic Statistics on Higher Education in Major Years

年 份 Year	学校数 (所) Number of Schools (unit)	招生数 (人) New Enrollment (person)	在校学生数 (人) Total Enrollment (person)	毕业生数 (人) Graduates (person)	教职工数 (人) Teachers and Staff (person)	#专任教师 Full-time Teachers
1949	7	1405	3969	70	1908	484
1952	7	2777	6753	1703	3684	1024
1955	7	3280	8915	1825	3397	1471
1957	7	3122	12532	1686	4518	2114
1962	26	3496	26001	7148	10144	4318
1965	16	5621	22164	6102	9156	3898
1970	16			9162	10185	4526
1975	21	7366	17582	6033	13858	5601
1976	22	8896	21340	6072	15035	5941
1977	27	13192	25735	7203	17712	7028
1978	34	19712	38390	7015	20202	7855
1979	35	12856	44771	5364	23544	9478
1980	35	14402	51427	7684	26130	10347
1981	37	14160	59645	6311	27512	10379
1982	37	15765	51794	23993	30381	12065
1983	41	19827	55276	16806	31535	12943
1984	47	24862	66429	13563	33591	13919
1985	49	32745	83567	16159	36383	14974
1986	49	30211	92422	21183	39009	15951
1987	50	32972	95891	29428	41620	16716
1988	50	35714	101281	30869	43990	17585
1989	51	34308	103928	31766	46037	18162
1990	49	35023	105822	33104	46704	18377
1991	49	36067	107093	34500	46839	17825
1992	51	57878	130188	34994	47483	18059
1993	51	57918	151758	33935	48156	18405
1994	49	55036	156639	50457	49537	19460
1995	49	55611	160398	52083	50829	19932
1996	49	56544	169184	47835	51490	20079
1997	48	56950	175920	50141	50374	20414
1998	49	62994	187473	51477	50261	20581
1999	52	82410	213679	49612	49624	21252
2000	58	124817	303826	49687	54910	24764
2001	65	183553	449360	69583	64362	30902
2002	75	218719	583601	94697	72408	37412
2003	85	273894	761417	117253	84391	45457
2004	97	327452	946124	166959	93653	53847
2005	104	400573	1171284	224611	109920	64636
2006	109	445034	1338122	268384	121167	74676
2007	111	453479	1440378	355735	128761	81889
2008	114	514176	1534009	411143	134072	87432
2009	128	501082	1592974	431598	136753	89734
2010	133	495722	1631373	444003	139100	91413
2011	139	497292	1645589	472882	142698	94621
2012	137	498621	1658490	474266	142370	96058
2013	140	527539	1698545	475858	142240	98685
2014	142	580763	1796665	464076	143939	101380
2015	143	595646	1900612	474195	147035	104724
2016	144	624408	1995880	509142	150345	107748
2017	145	612660	2015345	571220	154311	110807
2018	145	629065	2040793	585871	158526	112717

注：普通高等教育学生数据为普通本专科数据，含部分成人高校举办的高职班。
a)Data on higher education student is about normal university and technological university, with some held in adult colleges of higher vocational education.

19−3 主要年份中等专业教育基本情况
Basic Statistics on Vocational Secondary Education in Major Years

年 份 Year	学校数 (所) Number of Schools (unit)	招生数 (人) New Enrollment (person)	毕业生数 (人) Graduates (person)	在校学生数 (人) Total Enrollment (person)	教职工数 (人) Teachers and Staff (person)	#专任教师 Full-time Teachers
1949	34	4784	1778	13738	1207	441
1950	48	7734	4292	14206	1663	709
1951	80	11179	4855	21918	3372	1307
1952	171	33756	5223	50175	6845	2744
1953	76	8478	23488	33516	4916	1812
1954	69	9478	9812	32458	4509	1807
1955	58	7738	11553	25336	3707	1477
1956	90	30047	9403	45706	6522	2573
1957	86	7972	12089	40738	6112	2742
1958	394	106779	15584	129494	8704	4537
1959	487	58777	21286	110617	11394	4955
1960	474	79722	32699	143184	15798	7893
1961	198	10395	22687	65735	12433	6008
1962	85	585	16909	23599	6072	2797
1963	79	9685	13814	18942	5883	3312
1964	94	15282	6751	27420	6086	2769
1965	275	35768	2242	72974	9197	4850
1966	158	2831	3403	50097	9128	4310
1967	160	2810	11544	41288	9159	4388
1968	155	11861	28731	24411	9461	4328
1969	128	2107	10537	15956	8410	3942
1970	126	2648	12356	6238	8121	3997
1971	135	18497	11758	12823	7776	5403
1972	140	9746	1313	11581	8756	3773
1973	122	16377	1980	25717	8366	3771
1974	129	18963	9440	34035	10175	4434
1975	144	21442	15786	40798	11378	5038
1976	178	23328	19908	44345	13296	5522
1977	176	23195	29665	33142	14004	5649
1978	189	25961	9006	49466	14814	6158
1979	195	26574	2882	75484	16080	6792
1980	203	28137	35212	68593	17617	7898
1981	165	27797	32661	63864	18563	8115
1982	174	29235	26782	66640	20482	9204
1983	179	31570	21413	77601	21503	9775
1984	188	33597	27166	84125	22539	10184
1985	208	45163	30024	100176	24511	11333
1986	227	44130	31422	114039	27320	12807
1987	214	40120	36247	103128	26820	12846
1988	225	44606	33551	114168	28985	14522
1989	230	48407	28370	134515	29314	14719
1990	236	48634	35423	148504	31634	16000
1991	240	52092	45259	155092	31842	15617
1992	234	55353	52088	158309	32857	15972
1993	241	77875	51360	185062	34354	16769
1994	243	89643	50801	222551	35066	17526
1995	244	95442	58680	258801	36084	18211
1996	255	105468	78496	289827	38030	19898
1997	252	112348	90545	311161	38458	20291
1998	254	114956	99483	327031	39160	20949
1999	251	122331	106740	344062	39274	21311
2000	243	93493	103629	333184	37241	20409
2001	200	92215	110827	310508	28002	15607
2002	165	115941	111333	314135	27005	15369
2003	154	94625	64046	256655	23630	13761
2004	145	87889	65953	260276	21621	12771
2005	134	86044	75076	257161	20406	12193
2006	130	90432	79902	264456	20563	12634
2007	135	98634	92275	283231	20985	13223
2008	130	93217	83077	271905	20308	13224
2009	124	99212	88355	271993	19981	13093

19-4 主要年份普通中学基本情况
Basic Statistics on Senior and Junior Secondary Education in Major Years

年 份 Year	学校数 (所) Number of Schools (unit)	招生数 (万人) New Enrollment (10 000 persons)	毕业生数 (万人) Graduates (10 000 persons)	在校学生数 (万人) Total Enrollment (10 000 persons)	教职工数 (人) Teachers and Staff (person)	#专任教师 Full-time Teachers
1949	66	1.08	0.34	3.89	3431	1585
1952	189	6.12	0.99	10.44	10170	4507
1955	218	6.74	5.08	17.51	14778	6756
1957	1004	17.64	6.20	33.99	24369	14054
1962	1247	15.04	12.77	43.21	37062	21542
1965	6166	34.06	11.67	80.74	53914	37339
1970	13938	103.39	58.50	188.13	122751	100261
1975	14621	172.20	113.98	305.11	200906	161092
1976	19822	263.31	127.48	437.85	275864	228657
1977	20171	260.62	161.35	522.33	330445	277784
1978	17361	210.68	218.75	478.22	318128	264663
1979	16322	176.14	192.39	418.22	304551	246035
1980	14646	144.10	107.90	407.91	309538	247920
1981	12974	125.17	117.55	361.45	296240	233102
1982	11160	119.41	106.37	328.57	271664	212707
1983	9971	112.21	86.35	315.39	256926	200957
1984	9175	115.88	85.31	334.42	257968	201521
1985	9038	123.80	96.87	356.32	268321	209202
1986	8259	125.02	105.22	376.19	283726	220304
1987	7877	125.52	116.95	379.54	297083	232958
1988	7474	125.17	120.41	373.53	307364	241845
1989	6997	123.30	118.61	363.74	315494	245260
1990	6699	125.60	115.14	367.30	324027	249459
1991	6310	129.17	115.30	372.98	329927	253428
1992	5897	132.87	115.58	382.49	335020	258308
1993	5640	139.14	115.88	395.28	337259	260896
1994	5429	154.67	116.82	427.15	345640	268514
1995	5073	167.06	118.14	470.46	358301	279301
1996	4820	169.69	122.97	512.22	375463	294849
1997	4693	178.19	141.95	541.38	392365	310926
1998	4635	201.28	159.91	571.54	404824	322785
1999	4586	222.20	164.88	620.43	414538	333884
2000	4575	234.18	167.96	678.60	430754	350353
2001	4684	220.94	188.59	702.18	451014	359665
2002	4648	201.65	205.62	689.17	461898	369664
2003	4606	192.94	222.82	654.34	468627	374811
2004	4569	192.32	213.80	628.34	473687	379100
2005	4404	179.71	207.29	592.49	470584	377133
2006	4175	164.60	196.70	554.04	462298	372370
2007	4039	162.49	191.02	520.31	454920	370255
2008	3893	160.54	172.88	502.14	445545	367658
2009	3750	160.24	158.65	499.34	442447	372550
2010	3645	164.12	156.89	501.07	438787	372082
2011	3569	161.83	157.80	501.58	462765	376760
2012	3522	159.88	153.20	492.64	464942	376819
2013	3464	158.53	156.04	488.48	466088	382340
2014	3461	153.58	153.73	486.06	471653	386923
2015	3446	151.12	156.01	479.93	475798	390059
2016	3504	160.35	157.62	482.41	484579	397471
2017	3560	164.39	151.42	494.85	502004	410339
2018	3671	164.26	148.46	509.93	515123	419903

注：专任教师按照教师教授学生层次归类。
a)Full-time teachers classified according to the academic level of their students.

19-5 主要年份技工学校基本情况
Basic Statistics on Technical Schools in Major Years

年 份 Year	学校数 (所) Number of Schools (unit)	招生数 (人) New Enrollment (person)	毕业生数 (人) Graduates (person)	在校学生数 (人) Total Enrollment (person)	教职工数 (人) Teachers and Staff (person)	#专任教师 Full-time Teachers
1953	1	150		150	25	15
1955	2	452	150	802	206	72
1957	6	1525	452	2300	614	213
1962	19	1274	906	5188	2078	688
1965	18	2336	1381	6662	1214	503
1970	6		452		639	106
1975	26	3407	1700	5652	1751	345
1976	26	3144	1704	5841	2204	435
1977	29	6083	5421	6414	3189	735
1978	64	13669	301	19651	7042	1563
1979	72	11673	4950	26632	7055	1951
1980	94	15698	9854	32208	8974	2978
1981	100	9323	11190	29605	9749	3474
1982	103	9379	12857	25953	10154	3474
1983	106	10698	11562	24343	10560	3508
1984	119	12851	8624	28302	11215	3732
1985	134	16748	9219	35163	14142	3423
1986	163	22069	10035	47114	19968	3928
1987	206	28114	11281	63839	22647	5390
1988	236	40381	16036	87832	26382	5996
1989	256	40821	22402	105330	27843	7088
1990	266	42429	28654	118605	19084	10084
1991	279	44081	39679	122591	33739	11210
1992	290	46436	39628	128557	37579	12233
1993	302	55920	42320	142660	37222	12853
1994	306	67812	45358	165989	39351	13424
1995	312	70251	65457	169023	38891	13948
1996	312	77595	62981	185253	37747	13778
1997	305	74054	65310	192675	35160	14059
1998	305	55668	59292	188493	33806	14035
1999	302	50896	71460	161531	28871	14531
2000	279	48008	66546	137718	24484	14066
2001	278	53283	55769	132122	23152	16060
2002	249	83186	49634	165386	22190	13072
2003	244	105896	46247	212811	20684	13371
2004	249	121444	58834	274432	21370	14607
2005	229	138505	78091	325924	22049	15058
2006	197	148625	98239	357648	22309	16211
2007	200	159954	110278	385325	26744	23586
2008	197	161000	121000	415000	24700	18847
2009	196	147000	140300	396200	24963	19378
2010	209	136995	133615	397719	18183	14962
2011	208	149407	123404	381503	24379	21050
2012	213	154546	113066	401207	29909	21451
2013	207	144165	121782	369922	30860	23977
2014	203	128007	108046	329473	29404	23000
2015	194	131550	98154	318182	29228	22613
2016	194	133600	89629	335348	29133	22908
2017	194	129109	103815	332634	29294	22565
2018	181	135184	96351	329897	29388	22525

19-6 主要年份小学基本情况
Basic Statistics on Primary Schools in Major Years

年份 Year	学校数(所) Number of Schools (unit)	招生数(万人) New Enrollment (10 000 persons)	毕业生数(万人) Graduates (10 000 persons)	在校学生数(万人) Total Enrollment (10 000 persons)	教职工数(人) Teachers and Staff (person)	#专任教师 Full-time Teachers
1949	27476	64.85	5.92	193.00	47640	45710
1952	55096	138.44	15.52	453.75	130791	122107
1955	52171	91.05	19.65	432.74	135050	126975
1957	52337	90.99	43.32	490.88	153512	146366
1962	58670	125.37	40.61	487.56	185043	180870
1965	143202	289.83	44.92	966.72	322560	316441
1970	79041	206.71	138.66	813.58	331613	296931
1975	82327	240.58	143.75	1091.22	401530	390571
1976	78698	215.88	208.06	1059.68	403562	391905
1977	78137	220.55	198.87	1035.87	399653	388337
1978	79375	234.57	181.42	1041.84	395247	384540
1979	78828	219.38	164.83	1040.06	407704	393271
1980	78796	211.68	155.64	1041.70	418828	402739
1981	78829	197.06	154.84	1017.62	417223	400449
1982	77893	190.23	159.74	978.73	414849	395455
1983	76610	184.50	160.87	946.26	414753	393013
1984	74314	176.38	160.80	927.50	410443	387448
1985	71062	167.67	164.07	894.06	405550	379751
1986	65447	161.76	158.81	870.41	412879	384564
1987	64095	152.42	158.86	844.87	421864	394296
1988	63006	156.57	154.47	830.01	432249	404509
1989	62321	162.45	149.77	823.19	439419	408468
1990	61845	158.09	144.84	818.21	446395	414653
1991	59976	156.99	143.85	815.15	447368	414924
1992	56885	163.94	141.97	826.21	450396	416662
1993	54009	185.75	145.75	853.57	448575	415928
1994	50824	206.15	153.03	895.54	448601	414912
1995	47068	205.33	154.07	940.36	456568	422989
1996	40458	194.37	152.29	971.86	463651	429345
1997	37377	183.70	155.59	990.19	468548	434671
1998	34480	146.34	173.92	951.34	467987	435156
1999	29453	116.04	191.40	870.72	451063	418828
2000	26017	104.48	195.12	774.88	440161	408200
2001	21342	101.36	176.17	699.19	422905	390374
2002	19590	107.26	144.10	662.59	414600	383816
2003	18303	107.86	128.24	642.78	410968	380066
2004	16943	110.17	124.69	627.80	410264	378793
2005	15871	104.27	113.31	615.37	410394	377729
2006	14611	107.18	101.69	623.02	415117	381673
2007	14064	111.46	103.87	634.01	420353	386641
2008	13503	104.61	107.48	632.98	420552	387957
2009	12858	101.78	109.47	626.81	421057	389962
2010	12405	111.30	110.26	629.25	417504	387453
2011	12047	119.40	106.82	644.07	393612	386280
2012	11573	109.55	106.16	627.67	387203	382562
2013	11151	115.69	103.30	625.98	383692	387312
2014	10770	124.70	101.02	648.47	378886	389080
2015	10404	124.43	98.92	674.63	379239	396368
2016	10027	123.91	107.15	691.31	386405	408856
2017	9738	126.98	110.96	708.47	391838	421877
2018	9674	129.64	111.52	725.97	392333	430702

注：专任教师按照教师教授学生层次归类，包含九年一贯制和十二年一贯制学校中从事小学教育的专任教师。

a)Full-time teachers classified according to the academic level of their students,including the primary education section of the nine-year and twelve-year primary-secondary schools.

19—7 1985—2018年成人高等教育基本情况
Basic Statistics on Adult Education from 1985 to 2018

年 份 Year	学校数 (所) Number of Schools (unit)	招生数 (人) New Enrollment (person)	毕业生数 (人) Graduates (person)	在校学生数 (人) Total Enrollment (person)	教职工数 (人) Teachers and Staff (person)	#专任教师 Full-time Teachers
1985	53	41358	14543	85909	7918	3677
1986	55	38305	18626	119123	9514	4417
1987	58	30789	30352	110258	8900	3847
1988	53	43784	35680	101606	10179	4137
1989	53	43386	30687	115753	11552	4754
1990	53	32580	29317	114764	12745	5164
1991	54	26409	40382	104560	12669	4926
1992	51	49078	41748	105427	12883	5017
1993	53	71210	31104	149282	12648	5257
1994	53	81379	30786	196381	13048	5872
1995	53	61032	55764	198934	13159	6037
1996	53	59850	65204	194454	13308	6495
1997	53	65775	74017	185029	14096	6925
1998	46	73618	61603	198780	13023	6557
1999	40	87117	61611	221161	14335	7131
2000	40	82423	70810	219977	14090	7084
2001	34	103165	57373	255775	13911	6841
2002	29	111023	69723	316605	11797	6182
2003	27	128242	79518	373086	9877	5300
2004	24	132313	107645	268112	11056	6247
2005	24	108707	118379	258521	11481	6683
2006	24	95858	34999	295189	12775	7516
2007	23	106857	97584	297085	12627	7537
2008	22	152713	93079	355307	7390	4840
2009	21	136048	105081	377343	6240	4142
2010	18	133191	110347	388741	4225	2946
2011	17	147677	144703	386481	3951	2731
2012	17	166515	120404	428180	4286	2917
2013	11	165522	128297	459803	2843	1982
2014	11	178737	147592	485274	2259	1544
2015	11	163012	161377	484493	2200	1493
2016	11	179199	167440	502274	1604	1082
2017	11	157559	279185	375102	1580	1048
2018	11	233966	181058	426995	1479	970

注：自2001年起成人高等学历教育统计口径调整为不含电大普通专科班及高职。
a)After 2001,adult higher education exclude regular specialized courses and vocational education.

19-8 研究生教育基本情况
Basic Statistics on Postgraduate Education

项目	Item	2012	2013	2014	2015	2016	2017	2018
一、培养单位数 （个）	**Institutions Providing Postgraduate Programs (unit)**	**33**	**33**	**33**	**33**	**33**	**33**	**33**
高等学校 （个）	Regular Institutions of Higher Education (unit)	29	29	30	30	30	30	30
科研单位 （个）	Research Institutions (unit)	4	4	3	3	3	3	3
二、招生数 （人）	**Enrollment (person)**	**25483**	**26404**	**26545**	**27548**	**28543**	**35564**	**37796**
攻读博士学位 （人）	Appliants for Doctor's Degree (person)	1980	2033	1967	2025	2109	2312	2663
高等学校 （人）	Regular Institutions of Higher Education (person)	1905	1954	1967	2025	2109	2312	2663
科研单位 （人）	Research Institutions (person)	75	79					
攻读硕士学位 （人）	Appliants for Master's Degree (person)	23503	24371	24578	25523	26434	33252	35133
高等学校 （人）	Regular Institutions of Higher Education (person)	23372	24235	24528	25473	26384	33198	35041
科研单位 （人）	Research Institutions (person)	131	136	50	50	50	54	92
三、在校生数 （人）	**Total Enrollment (person)**	**70455**	**72962**	**74313**	**77630**	**82055**	**91908**	**102531**
攻读博士学位 （人）	Appliants for Doctor's Degree (person)	8062	8495	8467	8913	9322	10060	10835
高等学校 （人）	Regular Institutions of Higher Education (person)	7850	8274	8467	8913	9322	10060	10835
科研单位 （人）	Research Institutions (person)	212	221					
攻读硕士学位 （人）	Appliants for Master's Degree (person)	62393	64467	65846	68717	72733	81848	91696
高等学校 （人）	Regular Institutions of Higher Education (person)	61960	64059	65701	68569	72582	81694	91499
科研单位 （人）	Research Institutions (person)	433	408	145	148	151	154	197
四、毕业生数 （人）	**Graduates (person)**	**22882**	**22623**	**23379**	**23192**	**24137**	**24755**	**26286**
攻读博士学位 （人）	Appliants for Doctor's Degree (person)	1657	1557	1532	1494	1591	1529	1569
高等学校 （人）	Regular Institutions of Higher Education (person)	1590	1488	1532	1494	1591	1529	1569
科研单位 （人）	Research Institutions (person)	67	69					
攻读硕士学位 （人）	Appliants for Master's Degree (person)	21225	21066	21847	21698	22546	23226	24717
高等学校 （人）	Regular Institutions of Higher Education (person)	21117	20939	21800	21652	22500	23175	24647
科研单位 （人）	Research Institutions (person)	108	127	47	46	46	51	70

19—9 各市中等职业学校基本情况(2018年)
Basic Statistics on Secondary Vocational Schools by Region (2018)

地　区	Region	学校数(所) Schools (unit)	招生数(人) New Enrollment (person)	毕业生数(人) Graduates (person)	在校学生数(人) Total Enrollment (person)	专任教师数(人) Full-time Teachers (person)
全省总计	**Total**	**398**	**245355**	**250210**	**750142**	**48269**
济南市	Jinan	34	16372	18107	51601	3711
青岛市	Qingdao	50	26291	27703	84293	6692
淄博市	Zibo	17	13566	10851	30872	2000
枣庄市	Zaozhuang	19	11380	13685	42495	1735
东营市	Dongying	7	7064	7161	20481	989
烟台市	Yantai	31	16250	17065	51955	4644
潍坊市	Weifang	33	23942	28218	75200	4666
济宁市	Jining	20	16062	15954	46037	3022
泰安市	Tai'an	14	12294	13017	38485	2196
威海市	Weihai	18	6343	5580	19416	1958
日照市	Rizhao	13	8835	10321	26372	1580
莱芜市	Laiwu	8	2540	2157	7455	515
临沂市	Linyi	32	27767	23779	77711	3879
德州市	Dezhou	30	14345	17169	45644	2765
聊城市	Liaocheng	19	12013	9760	37732	2908
滨州市	Binzhou	17	9172	12974	30822	2035
菏泽市	Heze	36	21119	16709	63571	2974

注：不含技工学校数据。
a)Data in the table excludes that on Technical Schools.

19—10 各市普通中学情况(2018年)
Basic Statistics on Secondary Schools by Region (2018)

地　区	Region	普通高中 Senior Secondary Schools					普通初中 Junior Secondary Schools				
		学校数(所) Schools (unit)	招生数(人) New Enrollment (person)	毕业生数(人) Graduates (person)	在校学生数(人) Total Enrollment (person)	专任教师数(人) Full-time Teachers (person)	学校数(所) Schools (unit)	招生数(人) New Enrollment (person)	毕业生数(人) Graduates (person)	在校学生数(人) Total Enrollment (person)	专任教师数(人) Full-time Teachers (person)
全省总计	**Total**	**620**	**544536**	**550112**	**1642050**	**137946**	**3051**	**1098090**	**934463**	**3457221**	**281957**
济南市	Jinan	43	37359	36577	112232	8626	208	66173	59948	199534	17962
青岛市	Qingdao	72	38253	37798	117107	12000	247	86103	72370	268336	24007
淄博市	Zibo	33	29861	30714	89677	7208	153	42398	42056	172377	15247
枣庄市	Zaozhuang	25	22591	24537	71287	5422	105	50605	37047	139084	9826
东营市	Dongying	16	13832	13639	41998	3726	78	21274	20574	90417	8245
烟台市	Yantai	48	28090	29500	86752	9052	216	53299	50027	205068	20757
潍坊市	Weifang	58	53804	58003	164654	16814	287	109435	81829	298562	26231
济宁市	Jining	39	45710	44034	132862	9896	265	100436	80306	306427	23453
泰安市	Tai'an	36	34945	34717	106420	8341	160	48985	58921	212002	16874
威海市	Weihai	18	9207	10488	29496	3679	88	23755	17669	85629	8404
日照市	Rizhao	16	17132	16793	51088	4233	79	29991	28600	99182	8140
莱芜市	Laiwu	9	9074	10149	28442	2135	42	10836	12097	47793	4099
临沂市	Linyi	54	59609	57745	174788	13712	286	126764	109978	401883	29164
德州市	Dezhou	26	34432	29779	101897	7910	171	67134	62369	204998	15782
聊城市	Liaocheng	41	37133	36075	112013	8557	190	78069	56862	211237	15951
滨州市	Binzhou	32	21809	22901	67226	6188	138	41130	38404	128278	11000
菏泽市	Heze	54	51695	56663	154111	10447	338	141703	105406	386414	26815

注：专任教师按照教师教授学生层次归类。
a)Full-time teachers classified according to the academic level of their students.

19−11 各市小学基本情况(2018年)
Basic Statistics on Primary Schools by Region (2018)

地 区	Region	学校数(所) Schools (unit)	招生数(人) New Enrollment (Person)	毕业生数(人) Graduates (person)	在校学生数(人) Total Enrollment (person)	专任教师数(人) Full-time Teachers (person)
全省总计	**Total**	**9674**	**1296436**	**1115188**	**7259706**	**430702**
济南市	Jinan	575	86891	66436	466558	30605
青岛市	Qingdao	713	103988	86070	569923	36890
淄博市	Zibo	300	42149	44131	203450	15690
枣庄市	Zaozhuang	500	61460	51156	368238	21001
东营市	Dongying	110	23230	21547	111362	8255
烟台市	Yantai	290	53886	53515	264256	18774
潍坊市	Weifang	747	99499	108656	579107	39656
济宁市	Jining	1056	110065	104115	657083	38183
泰安市	Tai'an	520	66076	49301	297994	19474
威海市	Weihai	92	25030	23567	118390	7729
日照市	Rizhao	285	34414	30312	198307	11719
莱芜市	Laiwu	116	12553	10949	55288	4099
临沂市	Linyi	1305	177109	127320	1058395	51697
德州市	Dezhou	706	72434	67127	421813	27248
聊城市	Liaocheng	670	105414	79903	612752	32689
滨州市	Binzhou	305	46377	41687	251541	16430
菏泽市	Heze	1384	175861	149396	1025249	50563

注：专任教师按照教师教授学生层次归类。
a)Full-time teachers classified according to the academic level of their students.

19−12 各市幼儿园基本情况(2018年)
Basic Statistics on Kindergartens by Region (2018)

地 区	Region	幼儿园数(所) Number of Kindergartens (unit)	入园(班)幼儿数(人) Entrants (person)	在园(班)幼儿数(人) Enrolment (person)	离园(班)幼儿数(人) Graduates (person)	专任教师数(人) Full-timeTeachers (person)
全省总计	**Total**	**20231**	**1037008**	**3075514**	**1047672**	**190269**
济南市	Jinan	1461	69813	221440	69750	16116
青岛市	Qingdao	2241	90986	263890	90149	20957
淄博市	Zibo	755	43735	125093	37052	9355
枣庄市	Zaozhuang	730	42029	93723	42866	4461
东营市	Dongying	363	23195	65500	19779	6089
烟台市	Yantai	905	45291	163905	51436	11406
潍坊市	Weifang	1783	84886	261095	90194	20589
济宁市	Jining	2029	106041	314133	102426	15321
泰安市	Tai'an	1144	49816	160959	58115	12286
威海市	Weihai	317	21657	73817	23151	4701
日照市	Rizhao	637	29433	98610	37755	6770
莱芜市	Laiwu	372	11335	39868	12299	2958
临沂市	Linyi	2760	131755	353383	139887	19816
德州市	Dezhou	1201	50124	155190	60472	9563
聊城市	Liaocheng	621	44120	154775	64543	6251
滨州市	Binzhou	567	34180	101740	36994	6584
菏泽市	Heze	2345	158612	428393	110804	17046

19-13 各市特殊教育基本情况(2018年)
Baisc Statistics on Special Education by Region(2018)

地　区	Region	学校数 (所) Schools (unit)	招生数 (人) New Enrollment (person)	毕业生数 (人) Graduates (person)	在校学生数 (人) Total Enrollment (person)	专任教师数 (人) Full-time Teachers (person)
全省总计	**Total**	**149**	**4322**	**5240**	**30473**	**5352**
济 南 市	Jinan	12	401	321	2218	468
青 岛 市	Qingdao	13	455	482	3163	547
淄 博 市	Zibo	9	204	304	1377	364
枣 庄 市	Zaozhuang	5	190	183	1230	140
东 营 市	Dongying	2	79	107	517	81
烟 台 市	Yantai	9	180	199	1579	295
潍 坊 市	Weifang	12	478	551	3380	503
济 宁 市	Jining	13	523	515	3246	410
泰 安 市	Tai'an	7	226	217	1302	278
威 海 市	Weihai	4	78	113	788	155
日 照 市	Rizhao	6	129	174	1424	199
莱 芜 市	Laiwu	1	17	12	130	49
临 沂 市	Linyi	14	537	700	3714	633
德 州 市	Dezhou	13	361	417	2126	350
聊 城 市	Liaocheng	10	187	310	1602	335
滨 州 市	Binzhou	8	85	348	1054	180
菏 泽 市	Heze	11	192	287	1623	365

注：专任教师按照教师教授学生层次归类。
a) Full-time teachers classified according to the academic level of their students.

19-14 各市中小学教职工情况(2018年)
Basic Statistics on Teachers and Staff of Primary and Secondary Schools by Region (2018)

单位:人 (person)

地 区	Region	普通中学教职工 Teachers and Staff of Secondary Schools	#专任教师 Full-time Teachers	小学教职工 Teachers and Staff of Primary Schools	#专任教师 Full-time Teachers
全省总计	**Total**	**515123**	**419903**	**392333**	**430702**
济南市	Jinan	35487	26588	25933	30605
青岛市	Qingdao	41678	36007	35866	36890
淄博市	Zibo	26804	22455	14183	15690
枣庄市	Zaozhuang	19575	15248	20444	21001
东营市	Dongying	14984	11971	6525	8255
烟台市	Yantai	37107	29809	15308	18774
潍坊市	Weifang	52771	43045	34530	39656
济宁市	Jining	40492	33349	36278	38183
泰安市	Tai'an	28891	25215	18085	19474
威海市	Weihai	15679	12083	6329	7729
日照市	Rizhao	14306	12373	10949	11719
莱芜市	Laiwu	7737	6234	3442	4099
临沂市	Linyi	51607	42876	47142	51697
德州市	Dezhou	28865	23692	25735	27248
聊城市	Liaocheng	29826	24508	31026	32689
滨州市	Binzhou	23016	17188	13334	16430
菏泽市	Heze	46298	37262	47224	50563

注：专任教师按照教师教授学生层次归类，小学专任教师含有一贯制学校中从事小学教育的专任教师。
a) Full-time teachers are classified according to the academic level of their students, primary full-time teachers including the ones engaged in primary education in general secondary school.

19-15 各市普通中小学专任教师学历情况(2018年)
Basic Statistics on Education of Teachers and Staff of Primary and Secondary Schools by Region (2018)

单位：人 (person)

地 区	Region	普通高中专任教师 Full-time Teachers of Senior Secondary Schools	#本科及以上 With Undergraduate Education or Higher	普通初中专任教师 Full-time Teachers of Junior Secondary Schools	#本科及以上 With Undergraduate Education or Higher	普通小学专任教师 Full-time Teachers of Regular Primary Schools	#本科及以上 With Undergraduate Education or Higher
全省总计	**Total**	**137946**	**136527**	**281957**	**252324**	**430702**	**291147**
济 南 市	Jinan	8626	8603	17962	17169	30605	24035
青 岛 市	Qingdao	12000	11995	24007	23376	36890	30586
淄 博 市	Zibo	7208	7171	15247	14859	15690	13648
枣 庄 市	Zaozhuang	5422	5411	9826	9323	21001	16655
东 营 市	Dongying	3726	3722	8245	7426	8255	6014
烟 台 市	Yantai	9052	8994	20757	19488	18774	15348
潍 坊 市	Weifang	16814	16705	26231	24194	39656	30148
济 宁 市	Jining	9896	9806	23453	19832	38183	21676
泰 安 市	Tai'an	8341	8288	16874	14553	19474	12325
威 海 市	Weihai	3679	3653	8404	8099	7729	7014
日 照 市	Rizhao	4233	4193	8140	7232	11719	8135
莱 芜 市	Laiwu	2135	2130	4099	3853	4099	3053
临 沂 市	Linyi	13712	13417	29164	26668	51697	35289
德 州 市	Dezhou	7910	7724	15782	12472	27248	13515
聊 城 市	Liaocheng	8557	8379	15951	13680	32689	19475
滨 州 市	Binzhou	6188	6131	11000	9567	16430	10443
菏 泽 市	Heze	10447	10205	26815	20533	50563	23788

注：专任教师按照教师教授学生层次归类。
a)Full-time teachers classified according to the academic level of their students.

19-16 各市幼儿园、特殊教育专任教师学历情况(2018年)
Basic Statistics on Education of Teachers and Staff of Kindergartens and Special Education(2018)

单位:人 (person)

地 区	Region	幼儿园专任教师 Full-time Teachers of Kindergartens	#本科及以上 With Undergraduate Education or Higher	特殊教育专任教师 Full-time Teachers of Special Education	#本科及以上 With Undergraduate Education or Higher
全省总计	**Total**	**190269**	**40046**	**5352**	**4099**
济 南 市	Jinan	16116	4229	468	395
青 岛 市	Qingdao	20957	5919	547	500
淄 博 市	Zibo	9355	2438	364	346
枣 庄 市	Zaozhuang	4461	1472	140	122
东 营 市	Dongying	6089	2990	81	70
烟 台 市	Yantai	11406	2249	295	247
潍 坊 市	Weifang	20589	4834	503	427
济 宁 市	Jining	15321	2075	410	317
泰 安 市	Tai'an	12286	1984	278	224
威 海 市	Weihai	4701	1430	155	142
日 照 市	Rizhao	6770	1100	199	124
莱 芜 市	Laiwu	2958	609	49	47
临 沂 市	Linyi	19816	2224	633	425
德 州 市	Dezhou	9563	1193	350	153
聊 城 市	Liaocheng	6251	1580	335	197
滨 州 市	Binzhou	6584	1758	180	136
菏 泽 市	Heze	17046	1962	365	227

注：专任教师按照教师教授学生层次归类。
a)Full-time teachers classified according to the academic level of their students.

19-17 1978-2018年重要科技成果数量
Major Achievements in Science and Technology from 1978 to 2018

单位:项 (unit)

年 份 Year	成果数量 Number of Achievements	#农 业 Agriculture	#工 业 Industry	国际领先先进水平 Advanced Internationally	国内领先先进水平 Advanced nationally
1978	652	116	443	19	283
1979	456	90	261	21	149
1980	657	195	396	25	210
1981	704	169	485	29	201
1982	732	153	516	35	298
1983	977	209	660	26	378
1984	997	196	730	21	420
1985	1196	277	758	41	566
1986	1337	183	933	75	634
1987	1525	264	964	92	838
1988	1786	300	1104	118	1045
1989	1957	325	1220	135	1081
1990	2112	375	1246	150	1148
1991	2488	541	1405	175	1503
1992	2668	57	1265	327	1538
1993	2858	605	1418	372	1745
1994	3113	696	1487	416	2131
1995	3251	702	1524	466	2272
1996	3388	709	1599	471	2353
1997	3507	737	1517	456	2678
1998	3558	614	1515	724	2516
1999	3688	557	1270	744	2737
2000	3728	575	1289	599	2861
2001	3112	494	1138	506	2439
2002	3018	452	1117	486	2371
2003	2896	433	1071	466	2276
2004	3028	454	1120	485	2392
2005	2408	320	539	534	1741
2006	2313	338	630	448	1742
2007	2346	330	704	543	1662
2008	2330	301	677	592	1618
2009	2364	306	849	751	1412
2010	2367	391	751	676	1316
2011	2379	305	723	647	1296
2012	2393	338	853	609	1349
2013	2332	297	866	681	1067
2014	2955	440	1095	817	1146
2015	3011	385	1019	967	1212
2016	3016	421	1010	762	1095
2017	2537	363	876	610	973
2018	1791	232	483	416	682

19-18 科技成果情况
Basic Statistics on Science and Technology

单位:项 (unit)

类 别	Category	2011	2012	2013	2014	2015	2016	2017	2018
一、国家级科技成果奖励成果	**National Scientific and Techinical Award**	**39**	**26**	**21**	**28**	**33**	**31**	**19**	**25**
国家发明奖	National Invention Award	6	9	7	5	5	7	3	4
国家自然科学奖	State Natural Science Award			1	3	2			3
国家科技进步奖	The State Scientific and Technological Progress Award	33	17	13	20	26	23	16	17
国际合作奖	International Cooperation Award						1		1
二、省级重要科技成果	**Important Scientific and Technical Award**	**2379**	**2393**	**2332**	**2955**	**3011**	**3016**	**2537**	**1791**
三、省科学技术奖	**Provincial Science and Technology Award**								
自然科学奖	Natural Science Award	17	14	17	20	13	11	17	24
技术发明奖	Technological Invention Award	16	13	16	20	13	12	7	13
科技进步奖	Scientific and Technological Progress Award	461	472	413	195	112	112	122	157
四、专利情况	**Patent Applications**								
申请量	Number of Patent Applications	109599	128614	155170	158619	193220	212911	204861	238795
其中发明专利	Inventions	25623	40381	67642	77298	93475	88359	67773	75817
授权量	Number of Patent Applications Granted	58843	75522	76976	72818	98101	98093	100522	132382
其中发明专利	Inventions	5856	7454	8913	10538	16881	19404	19090	20338

注：2017年以前，专利申请量是指国家知识产权局受理的专利申请数量；从2017年开始，是指国家知识产权局受理的按规定缴足申请费、符合进入初步审查阶段条件的专利申请数量。

a)Before 2017, the amount of patent application refers to the number of patent applications accepted by the State Intellectual Property Office; from 2017, it refers to the amount of application fees paid by the State Intellectual Property Office and the number of patent applications that have entered the preliminary examination stage.

19−19　各市国内三种专利申请受理数和授权数（2018年）
Patents Application Accepted and Granted by Region(2018)

单位：件　　(unit)

地　区	Region	申请受理数合计 Number of Patents Application Accepted	发　明 Inventions	实用新型 Utility Models	外观设计 Designs	申请授权数合计 Number of Patents Application Granted	发　明 Inventions	实用新型 Utility Models	外观设计 Designs
总　计	**Total**	**238795**	**75817**	**139615**	**23363**	**132382**	**20338**	**94249**	**17795**
济南市	Jinan	36027	13685	19539	2803	20636	4887	13525	2224
青岛市	Qingdao	62208	22521	35240	4447	35126	6496	25227	3403
淄博市	Zibo	13083	5874	6182	1027	6218	1250	4159	809
枣庄市	Zaozhuang	6911	2081	4134	696	3037	228	2259	550
东营市	Dongying	6417	1555	4534	328	3641	401	3003	237
烟台市	Yantai	14039	5402	7586	1051	7668	1364	5297	1007
潍坊市	Weifang	23115	7470	13416	2229	12765	1612	9426	1727
济宁市	Jining	14225	3197	10190	838	8425	621	7072	732
泰安市	Tai'an	7861	2449	4805	607	4282	523	3375	384
威海市	Weihai	7919	2336	4760	823	4974	642	3483	849
日照市	Rizhao	3840	959	2564	317	2357	300	1816	241
莱芜市	Laiwu	3203	636	2500	67	2118	238	1835	45
临沂市	Linyi	11073	2234	6240	2599	6026	538	3477	2011
德州市	Dezhou	7487	1447	4955	1085	3854	286	2743	825
聊城市	Liaocheng	6057	1457	3937	663	3514	388	2674	452
滨州市	Binzhou	6796	1601	4709	486	3366	330	2694	342
菏泽市	Heze	8534	913	4324	3297	4375	234	2184	1957

19−20 R&D经费支出情况

单位：万元

年 份 类 别	Year Category	R&D经费内部支出合计 Internal Expenditure on R&D	基础研究支出 Basic Research	应用研究支出 Applied Research
2010		6720045	132841	366053
2011		8443766	188276	541682
2012		10203266	224023	644022
2013		11758027	264467	686417
2014		13040695	243948	794643
2015		14271890	297454	774193
2016		15660904	364437	897809
2017		17530070	405322	1001973
2018		16433300	489468	1112017
一、按行业分	**by Sector**			
农、林、牧、渔业	Agriculture,Forestry,Animal Husbandry and Fishing	23887	271	807
采矿业	Mining	743578	66	138304
制造业	Manufacturing	13488934	19584	370246
电力、燃气及水的生产和供应业	Production and Supply of Electric Power and Heat Power	109635	650	799
建筑业	Construction	558605	2733	46756
批发和零售业	Wholesale and Retail Trade			
交通运输、仓储和邮政业	Traffic,Transport,Storage and Post	12430		288
住宿和餐饮业	Hotels and Catering Services			
信息传输、软件和信息技术服务业	Information Transfer, Software and Information Technology Services	155465		18636
金融业	Financial Intermediation	1916		102
房地产业	Real Estate			
租赁和商务服务业	Leasing and Business Services	4241		133
科学研究和技术服务业	Scientific Research and Technical Service	644182	185315	188926
水利、环境和公共设施管理业	Management of Water Conservancy,Environment and Public Facilities	822		38
居民服务、修理和其他服务业	Households Services, Repair and Other Services			
教 育	Education	559921	242578	266795
卫生和社会工作	Health and Social Work	128281	38262	79984
文化、体育和娱乐业	Culture,Sports and Entertainment	1405	9	204
公共管理、社会保障和社会组织	Public management and Social Organization			
国际组织	International Organization			
二、按地区分	**by Region**			
济南市	Jinan	2085980	144105	246533
青岛市	Qingdao	2821989	197187	240523
淄博市	Zibo	1336844	35901	55158
枣庄市	Zaozhuang	331153	1657	30832
东营市	Dongying	681857	9112	108370
烟台市	Yantai	1870538	20642	61839
潍坊市	Weifang	1220245	10333	33737
济宁市	Jining	927696	19481	24898
泰安市	Tai'an	760568	15045	50229
威海市	Weihai	586955	5620	24986
日照市	Rizhao	483594	1672	15123
莱芜市	Laiwu	269792	665	20123
临沂市	Linyi	1006342	7961	32066
德州市	Dezhou	667516	2298	77532
聊城市	Liaocheng	590869	9200	44827
滨州市	Binzhou	542640	6270	18833
菏泽市	Heze	248721	2320	26409

Basic Statistics On Expenditure on R&D

(10 000 yuan)

试验发展支出 Experimental Development	政府资金 Government Appropriation Funds	企业资金 Self-raised Funds by Enterprises	境外资金 Foreign funds	其他资金 Other Funds	R&D经费外部支出合计 External expenditure on R&D	对境内研究机构的支出 Expenditure On Domestic Research Institutions	对境内高等学校支出 Expenditure On Domestic colleges and universities	对境内企业支出 Expenditure On Domestic Enterprises	对境外支出 Expenditure On Overseas
6221155	588821	6001743	28443	101041	483222	196572	139603	103457	42753
7713809	720630	7562821	36808	123506	481700	194548	157518	81576	48050
9335221	921855	9070407	56712	154293	551699	209214	196407	103954	42033
10807143	985532	10559249	51981	161265	573486	256027	183895	78068	53062
12002104	1013777	11793738	52891	180289	644153	272664	195456	98698	76823
13200242	1110158	12872231	56731	232771	594239	225253	150703	153473	64368
14398658	1075905	14252538	48174	284287	673059	214876	151062	196940	99137
16122775	1219536	15961677	54440	294417	722035	211780	145261	236195	124657
14831736	1365555	14603341	78298	386106	904285	280028	150485	327980	145465
22809	4018	19825		44	1105	861	245		
605208	29266	712172	1054	1086	61525	10656	30003	20866	
13099104	418496	12730154	71213	269071	750735	233802	102408	272924	141548
108186	2690	104761		2184	15095	12279	292	2523	
509116	509	554260	1393	2444	10092	2633	3008	4449	1
12142	51	11787	592		5766	246	135	5386	
136829	6372	143583	986	4524	13308	74	30	10422	2782
1813		1916							
4109	20	4221			398	21	39	338	
269941	424494	159772	2494	57422	19561	7882	5212	5493	799
784	24	790		8	4			4	
50469	381505	131873	255	46287	26696	11573	9113	5576	334
10034	96903	28039	302	3036					
1192	1208	188	9						
1695282	350880	1675885	2059	57156	79731	14181	20846	38665	6038
2384261	548965	2092837	13239	166947	267956	81731	45305	92998	47718
1245785	67479	1239791	1347	28227	48788	22108	9218	13243	4207
298664	9308	320232	99	1514	8515	2769	2716	3031	
564376	52265	612115	229	17248	34130	10522	10722	11682	1204
1788057	69278	1751841	35495	13923	50536	9902	6681	27484	6457
1176175	40518	1172637	2265	4825	140443	9734	4849	67892	57969
883318	46047	871323	1519	8807	62883	8433	19014	25983	9432
695294	47694	706415	331	6128	16793	7940	3509	3682	1663
556349	38236	545437	1708	1574	29976	13703	4068	9548	2657
466800	11842	464411	101	7241	5984	981	570	3193	1238
249004	3134	265721	234	704	4668	2473	1795	396	4
966315	18617	946180	3085	38460	83582	57724	6403	15459	3986
587686	14644	645313	1041	6519	8801	3325	3561	1823	92
536842	20663	555790	13065	1352	15097	6713	4918	3401	
517537	20726	508096	1059	12759	2802	646	1056	1101	
219993	5260	229317	1423	12721	43600	27144	5256	8402	2799

19-21 R&D人员情况
Basic Statistics On R&D Personnel

年 份 类 别	Year Category	有研究与试验发展活动单位数(个) Number of Units with Research and Development Activities (unit)	研究与试验发展人员(人) Research and Development Personnel (person)	全时人员 Full-time Personnel	非全时人员 Part-time Personnel
2010		2988	275360	176314	99046
2011		3023	327256	218662	108594
2012		3742	382057	253493	128564
2013		4306	409441	274390	135051
2014		5238	432430	285916	146514
2015		6432	447191	297758	149433
2016		7848	476407	321038	155369
2017		9781	500357	341322	159035
2018		8871	509348	348674	160674
一、按行业分	**by Sector**				
农、林、牧、渔业	Agriculture,Forestry,Animal Husbandry and Fishing	34	954	651	303
采矿业	Mining	94	20008	12161	7847
制造业	Manufacturing	7780	367332	272107	95225
电力、燃气及水的生产和供应业	Production and Supply of Electric Power and Heat Power	113	2973	1692	1281
建筑业	Construction	119	14145	9303	4842
批发和零售业	Wholesale and Retail Trade				
交通运输、仓储和邮政业	Traffic,Transport,Storage and Post	12	665	352	313
住宿和餐饮业	Hotels and Catering Services				
信息传输、软件和信息技术服务业	Information Transfer, Software and Informati on Technology Services	71	8659	7609	1050
金融业	Financial Intermediation	2	328	46	282
房地产业	Real Estate				
租赁和商务服务业	Leasing and Business Services	9	438	249	189
科学研究和技术服务业	Scientific Research and Technical Service	286	21673	17506	4167
水利、环境和公共设施管理业	Management of Water Conservancy,Environment and Public Facilities	9	107	63	44
居民服务、修理和其他服务业	Households Services, Repair and Other Services				
教 育	Education	219	53913	22036	31877
卫生和社会工作	Health and Social Work	118	18081	4846	13235
文化、体育和娱乐业	Culture,Sports and Entertainment	5	72	53	19
公共管理、社会保障和社会组织	Public management and Social Organization				
国际组织	International Organization				
二、按地区分	**by Region**				
济南市	Jinan	821	87872	59995	27877
青岛市	Qingdao	1374	92011	67109	24902
淄博市	Zibo	1132	43029	29084	13945
枣庄市	Zaozhuang	333	9992	6262	3730
东营市	Dongying	149	13776	9510	4266
烟台市	Yantai	704	45653	31985	13668
潍坊市	Weifang	594	34231	23493	10738
济宁市	Jining	558	27262	17187	10075
泰安市	Tai'an	328	24779	15610	9169
威海市	Weihai	306	21415	15692	5723
日照市	Rizhao	300	11824	7541	4283
莱芜市	Laiwu	120	8650	5484	3166
临沂市	Linyi	851	26146	18656	7490
德州市	Dezhou	609	20173	13610	6563
聊城市	Liaocheng	163	15990	10560	5430
滨州市	Binzhou	184	17704	10897	6807
菏泽市	Heze	345	8841	5999	2842

19-22 R&D人员折合全时当量情况
Basic Statistics On Full-time Equivalent of R&D Personnel

单位：人年 (man year)

年份 类别	Year Category	R&D人员折合全时当量 Full-time Equivalent of R&D Personnel	基础研究人员 Basic Research Personnel	应用研究人员 Applied Research Personnel	试验发展人员 Experimental Development Personnel
2010		190329	9481	20070	160777
2011		228623	11249	19772	197604
2012		254013	12104	21908	220002
2013		279331	13597	22883	242851
2014		286352	14119	25449	246785
2015		297845	14627	25228	257991
2016		301480	16260	27592	257629
2017		304820	17742	30211	256867
2018		308339	18680	34273	255385
一、按行业分	**by Sector**				
农、林、牧、渔业	Agriculture,Forestry,Animal Husbandry and Fishing	780	22	93	666
采矿业	Mining	11524	10	2653	8861
制造业	Manufacturing	225198	402	7573	217223
电力、燃气及水的生产和供应业	Production and Supply of Electric Power and Heat Power	1691	10	34	1647
建筑业	Construction	9426	156	808	8462
批发和零售业	Wholesale and Retail Trade				
交通运输、仓储和邮政业	Traffic,Transport,Storage and Post	336		10	326
住宿和餐饮业	Hotels and Catering Services				
信息传输、软件和信息技术服务业	Information Transfer, Software and Information Technology Services	6484		555	5929
金融业	Financial Intermediation	52		35	16
房地产业	Real Estate				
租赁和商务服务业	Leasing and Business Services	216		13	203
科学研究和技术服务业	Scientific Research and Technical Service	18404	4116	6161	8127
水利、环境和公共设施管理业	Management of Water Conservancy,Environment and Public Facilities	37		11	26
居民服务、修理和其他服务业	Households Services, Repair and Other Services				
教　育	Education	24307	11713	11214	1380
卫生和社会工作	Health and Social Work	9836	2250	5104	2482
文化、体育和娱乐业	Culture,Sports and Entertainment	48	1	9	38
公共管理、社会保障和社会组织	Public management and Social Organization				
国际组织	International Organization				
二、按地区分	**by Region**				
济南市	Jinan	53835	6928	8161	38748
青岛市	Qingdao	56058	3978	7871	44210
淄博市	Zibo	27367	651	1810	24906
枣庄市	Zaozhuang	6460	138	1196	5126
东营市	Dongying	8325	249	2143	5934
烟台市	Yantai	27836	969	1876	24993
潍坊市	Weifang	21395	548	2235	18612
济宁市	Jining	16544	1476	1156	13911
泰安市	Tai'an	14010	1210	1826	10974
威海市	Weihai	13140	69	735	12335
日照市	Rizhao	6133	187	544	5403
莱芜市	Laiwu	5070	38	573	4459
临沂市	Linyi	16146	496	1168	14482
德州市	Dezhou	11723	334	1354	10033
聊城市	Liaocheng	8501	614	746	7140
滨州市	Binzhou	10826	447	642	9738
菏泽市	Heze	4973	349	241	4383

19—23 规模以上工业企业R&D经费支出情况

单位：万元

年 份 类 别	Year Category	R&D经费内部支出合计 Internal Expenditure on R&D	基础研究支出 Basic Research
2010		5892400	5142
2011		7431352	7444
2012		9056007	5102
2013		10528097	3246
2014		11755482	5733
2015		12917718	6010
2016		14150035	14301
2017		15636785	7928
2018		14184975	19316
一、按企业规模分	**by Enterprise Size**		
大型企业	Large-sized Enterprises	8310878	7759
中型企业	Medium-sized Enterprises	2814358	4401
小型企业	Small-sized Enterprises	1809613	3882
微型企业	Micro-enterprises	1250126	3274
二、按登记注册类型分	**by Status of Registration**		
内资企业	Domestic Funded Enterprises	12655847	17041
国有企业	State-owned Enterprises	62318	
集体企业	Collective-owned Enterprises	33122	
股份合作企业	Cooperative Enterprises	5074	
联营企业	Joint Ownership Enterprises		
有限责任公司	Limited Liability Corporations	6230275	7635
股份有限公司	Share-holding Corporations Limited	2506431	3506
私营企业	Private Enterprises	3818627	5899
其他企业	Other Enterprises		
港、澳、台商投资企业	Enterprises with Funds from Hong Kong, Macao and Taiwan	459036	1
合资经营企业(港或澳、台资)	Joint-ventures Enterprises	265119	1
合作经营企业(港或澳、台资)	Cooperative Enterprises	2192	
港、澳、台商独资经营企业	Enterprises with Sole Investment	131893	
港、澳、台商投资股份有限公司	Share-holding Corporations Ltd. With Funds from Hong Kong, Macao and Taiwan	25214	
其他港澳台投资企业	Other Enterprises with Funds from Hong Kong,Mcao and Taiwan	34618	
外商投资企业	Foreign Funded Enterprises	1070092	2275
中外合资经营企业	Joint-venture Enterprises	643195	2275
中外合作经营企业	Cooperation Enterprises	45272	
外资企业	Enterprises with Sole Foreign Funds	296231	
外商投资股份有限公司	Share-holding Corporations Ltd. With Foreign Investment	80901	
其他外商投资企业	Other Foreign Funded Enterprises	4494	
三、按工业行业大类分	**by Sector**		
采掘业	**Mining**	**743578**	**66**
煤炭开采和洗选业	Mining and Washing of Coal	383751	66
石油和天然气开采业	Extraction of Petroleum and Natural Gas	119258	
黑色金属矿采选业	Mining of Ferrous Metal Ores	16116	
有色金属矿采选业	Mining of Non-ferrous Metal Ores	176504	
非金属矿采选业	Mining and Processing of Nonmetal Ores	7772	
开采专业及辅助性活动	Mining Specialties and Auxiliary Activities	40144	
其他采矿业	Mining of Other Ores	32	
制造业	**Manufacturing**	**13331763**	**18601**
农副食品加工业	Processing of Food from Agricultural Products	556176	765
食品制造业	Manufacture of Foods	242853	82
酒、饮料和精制茶制造业	Manufacture of Wine, Drinks and Refined Tea	133294	2387
烟草制品业	Manufacture of Tobacco	5892	
纺织业	Manufacture of Textile	337095	
纺织服装、服饰业	Manufacture of Textile Wearing Apparel and Finery	151772	
皮革、毛皮、羽毛及其制品和制鞋业	Manufacture of Leather, Fur, Feather & Its Products and Footwear	54544	
木材加工及木 竹、藤、棕、草制品业	Processing of Timbers, Manufacture of Wood, Bamboo, Rattan, Palm, and Straw Products	71686	
家具制造业	Manufacture of Furniture	23739	

Expenditures of Industrial Enterprises above Designated Size on R&D

(10 000 yuan)

应用研究支出 Applied Research	试验发展支出 Experimental Development	政府资金 Government Appropriation Funds	企业资金 Self-raised Funds by Enterprises	境外资金 Foreign funds	其他资金 Other Funds	R&D经费外部支出合计 External expenditure on R&D	对境内研究机构的支出 Expenditure On Domestic Research Institutions	对境内高等学校支出 Expenditure On Domestic colleges and universities	对境外支出 Expenditure On Overseas
93552	5793707	168876	5657574	23030	42921	443343	178233	128849	34653
244720	7179188	207510	7135731	25637	62474	445682	182129	144338	41712
274444	8776461	295552	8620680	43986	95789	504971	189870	178230	40970
288217	10236634	316005	10075481	36468	100143	526462	231774	169999	51803
402398	11347351	299897	11313042	38726	103817	599185	252289	179613	76129
349999	12561709	323595	12412516	42268	139338	541242	200701	135123	63541
497944	13637790	309718	13637977	37129	165212	592650	189687	130690	96990
453413	15175444	297291	15136828	26122	176544	632169	188361	121436	120884
495929	13669730	304941	13547087	72266	260682	826189	255625	132703	141548
324566	7978553	171557	7883178	55151	200992	594359	164023	104174	115563
85163	2724795	70463	2711059	10132	22705	137739	69621	12911	12794
53267	1752463	37587	1750707	4719	16599	56119	10174	10172	3958
32933	1213919	25333	1202143	2265	20386	37973	11807	5446	9233
460444	12178362	288207	12048569	67565	251506	741890	212287	129838	130363
	62318	1525	60751		42	7101	301	286	6030
1331	31791	61	32405		656	340	115	93	
	5074	45	4956	6	68				
254956	5967684	120492	6003094	44227	62462	298967	124541	64008	22733
115124	2387800	98738	2255598	4821	147274	332379	57589	44760	86552
89034	3723695	67348	3691765	18510	41004	103104	29741	20691	15048
5373	453663	4100	451556	1260	2121	41049	22742	1176	2850
3975	261144	1578	262929	34	578	38973	22496	286	2847
	2192		2192						
1285	130608	2317	127825	209	1543	2075	246	890	3
	25214	197	24001	1017					
113	34506	9	34609						
30112	1037705	12634	1046962	3442	7055	43250	20596	1689	8336
9693	631227	9484	631493	495	1723	37875	18667	1511	5486
376	44896	470	44523	279		694	351	69	
17378	278853	617	288148	2424	5042	4562	1543	67	2822
2666	78236	2063	78548		290	119	35	41	29
	4494		4250	244					
138304	**605208**	**29266**	**712172**	**1054**	**1086**	**61525**	**10656**	**30003**	
45517	338168	3487	379166	15	1083	36849	6538	20016	
84600	34658	21341	97917			13779	1981	7038	
1311	14805	270	15846			1384	1322	51	
5774	170731	686	174814	1001	4	4720	815	2194	
666	7106	183	7552	38		290		290	
436	39708	3298	36846			4503		415	
	32		32						
356826	**12956336**	**272985**	**12730154**	**71213**	**257411**	**749570**	**232689**	**102408**	**141548**
29978	525433	9367	540340	3420	3049	13412	2985	4665	2789
4769	238001	5711	235254	501	1387	3748	1479	1290	110
7019	123888	2457	128431	1312	1094	4092	2088	1158	534
521	5371		5892			591	20	54	
14591	322505	3735	330740	599	2022	4303	1547	2586	16
4244	147528	5511	146233		29	2051	526	482	156
227	54317	269	54242	33		778	589	189	
347	71339	847	69187	242	1411	283	149	43	7
511	23228	73	20110	59	3498	129	26	3	

19-23 续表

单位：万元

类 别	Category	R&D经费内部支出合计 Internal Expenditure on R&D	基础研究支 出 Basic Research
造纸及纸制品业	Manufacture of Paper and Paper Products	423166	
印刷和记录媒介复制业	Printing, Reproduction of Recording Media	38957	
文教、工美、体育和娱乐用品制造业	Manufacture of Culture, Education,Arts and crafts, Sport and Entertainment Goods	158500	
石油、煤炭及其他燃料加工业	Processing of Oil, Coal and Other Fuel	542631	
化学原料和化学制品制造业	Manufacture of Chemical Raw Material and Chemical Products	1703747	416
医药制造业	Manufacture of Medicines	943642	8460
化学纤维制造业	Manufacture of Chemical Fiber	60069	
橡胶和塑料制品业	Manufacture of Rubber and Plastic	525291	2606
非金属矿物制品业	Manufacture of Non-metallic Mineral Products	548092	1876
黑色金属冶炼及压延加工业	Manufacture and Processing of Ferrous Metals	779614	
有色金属冶炼及压延加工业	Manufacture & Processing of Non-ferrous Metals	1005451	
金属制品业	Manufacture of Metal Products	359695	
通用设备制造业	Manufacture of General Purpose Machinery	774273	173
专用设备制造业	Manufacture of Special Purpose Machinery	616890	540
汽车制造业	Manufacture of Automotive	822244	1
铁路、船舶、航空航天和其他运输设备制造业	Manufacture of Railroad,Marine,Aerospace and Other Transportation Equipment	282503	483
电气机械及器材制造业	Manufacture of Electrical Machinery & Equipment	985863	812
计算机、通信和其他电子设备制造业	Manufacture of Computer, Communications and Other Electronic Equipment	1038147	
仪器仪表制造业	Manufacture of Measuring Instrument	127430	
其他制造业	Other Manufacture	3808	
废弃资源综合利用业	Comprehensive Utilization of Waste	8779	
金属制品、机械和设备修理业	Metal Products, Machinery and Equipment Repair Industry	5926	
电力、热力、燃气及水的生产和供应业	**Production and Supply of Electric, Heat,Has and Water**	**109635**	**650**
电力、热力的生产和供应业	Production and Supply of Electric Power and Heat Power	91773	650
燃气生产和供应业	Production and Supply of Gas	6885	
水的生产和供应业	Production and Supply of Water	10976	
四、按地区分	**by Region**		
济南市	Jinan	1317817	1109
青岛市	Qingdao	2032195	1800
淄博市	Zibo	1196142	204
枣庄市	Zaozhuang	312038	
东营市	Dongying	611532	
烟台市	Yantai	1772540	2413
潍坊市	Weifang	1169185	980
济宁市	Jining	877591	126
泰安市	Tai'an	638232	580
威海市	Weihai	576759	5373
日照市	Rizhao	455407	
莱芜市	Laiwu	267070	
临沂市	Linyi	980849	3316
德州市	Dezhou	646713	383
聊城市	Liaocheng	568125	2239
滨州市	Binzhou	516315	3
菏泽市	Heze	246467	793

continued

(10 000 yuan)

应用研究支出 Applied Research	试验发展支出 Experimental Development	政府资金 Government Appropriation Funds	企业资金 Self-raised Funds by Enterprises	境外资金 Foreign funds	其他资金 Other Funds	R&D经费外部支出合计 External expenditure on R&D	对境内研究机构的支出 Expenditure On Domestic Research Institutions	对境内高等学校支出 Expenditure On Domestic colleges and universities	对境外支出 Expenditure On Overseas
9913	413253	1233	418493	1035	2405	3260	662	2468	
594	38363	391	37825	31	710	477	258	38	
10133	148367	12104	142975	772	2650	2915	499	2034	44
55874	486756	1946	508897		31788	32553	13849	4081	11545
52199	1651132	31652	1642668	1811	27617	56296	21637	10632	2959
12111	923071	34049	904416	1917	3260	185667	107010	13568	18105
695	59373	1293	58436		340	411		411	
13987	508698	1855	514921	785	7730	18870	10479	2379	1940
15988	530228	18456	522084	2197	5355	6616	1350	1763	818
22326	757288	750	770892		7972	4081	1890	983	
17198	988253	3171	962104	38041	2134	1722	730	612	
15111	344584	3587	352321	600	3186	3651	725	2251	5
31835	742265	25474	743165	1568	4066	64138	4443	4779	35214
8161	608189	21584	590062	2091	3153	16430	1379	1397	9002
4855	817388	6899	807003	6791	1551	43621	8053	2639	4376
255	281765	10052	271388	906	156	102170	10949	13937	30196
12168	972883	38848	816092	2415	128507	78467	14217	17277	15168
8540	1029608	25269	997621	3860	11397	94842	24205	10176	8566
2331	125099	5846	120460	228	895	1976	703	473	
37	3771	20	3788			245	245		
313	8467	409	8320		50	1777		42	
	5926	130	5796						
799	**108186**	**2690**	**104761**		**2184**	**15095**	**12279**	**292**	
640	90483	1012	88914		1847	14706	12279	292	
95	6790	191	6411		283				
63	10913	1487	9436		54	389			
9926	1306781	44756	1253650	887	18523	53370	9424	15536	2794
52553	1977842	65117	1827994	9042	130042	232525	66892	36359	47057
20428	1175511	21928	1162673	1312	10229	46845	21524	8818	4207
22280	289758	2941	307920	99	1079	7557	2017	2511	0
87394	524138	26544	569780	208	15001	33520	10320	10448	1201
47077	1723050	27110	1702854	35487	7089	49762	9848	6166	6457
12781	1155425	19647	1144700	2265	2574	139367	9448	4234	57969
13728	863738	14385	857966	1224	4015	58821	8259	18831	9432
18466	619186	7942	629497	29	763	10575	5291	2414	1663
19266	552120	32818	540757	1708	1476	29968	13703	4068	2649
8504	446902	3672	448357	101	3278	5792	981	570	1238
19569	247501	2286	263865	234	684	4653	2458	1795	4
26964	950569	11330	930345	3085	36089	83571	57724	6403	3986
69042	577289	9413	630224	1041	6036	8792	3325	3556	92
34994	530893	5632	549171	13065	258	14840	6625	4854	
6715	509597	6046	498098	1059	11112	2633	646	886	
26244	219430	3373	229236	1423	12435	43600	27144	5256	2799

19－24 规模以上工业企业R&D人员情况

单位：人

年 份 类 别	Year Category	研究与试验发展人员 Research and Development Personnel
2010		204906
2011		252024
2012		303862
2013		326793
2014		342259
2015		354575
2016		374531
2017		385752
2018		388403
一、按企业规模分	**by Enterprise Size**	
大型企业	Large-sized Enterprises	184970
中型企业	Medium-sized Enterprises	89594
小型企业	Small-sized Enterprises	67076
微型企业	Micro-enterprises	46763
二、按登记注册类型分	**by Status of Registration**	
内资企业	Domestic Funded Enterprises	346114
国有企业	State-owned Enterprises	2094
集体企业	Collective-owned Enterprises	864
股份合作企业	Cooperative Enterprises	217
联营企业	Joint Ownership Enterprises	
有限责任公司	Limited Liability Corporations	161482
股份有限公司	Share-holding Corporations Limited	66806
私营企业	Private Enterprises	114651
其他企业	Other Enterprises	
港、澳、台商投资企业	Enterprises with Funds from Hong Kong, Macao and Taiwan	12775
合资经营企业(港或澳、台资)	Joint-ventures Enterprises	6902
合作经营企业(港或澳、台资)	Cooperative Enterprises	94
港、澳、台商独资经营企业	Enterprises with Sole Investment	4506
港、澳、台商投资股份有限公司	Share-holding Corporations Ltd. With Funds from Hong Kong, Macao and Taiwan	834
其他港澳台投资企业	Other Enterprises with Funds from Hong Kong,Mcao and Taiwan	439
外商投资企业	Foreign Funded Enterprises	29514
中外合资经营企业	Joint-venture Enterprises	14188
中外合作经营企业	Cooperation Enterprises	685
外资企业	Enterprises with Sole Foreign Funds	11341
外商投资股份有限公司	Share-holding Corporations Ltd. With Foreign Investment	3058
其他外商投资企业	Other Foreign Funded Enterprises	242
三、按工业行业大类分	**by Sector**	
采掘业	**Mining**	**20008**
煤炭开采和洗选业	Mining and Washing of Coal	9620
石油和天然气开采业	Extraction of Petroleum and Natural Gas	4393
黑色金属矿采选业	Mining of Ferrous Metal Ores	469
有色金属矿采选业	Mining of Non-ferrous Metal Ores	3396
非金属矿采选业	Mining and Processing of Nonmetal Ores	187
开采专业及辅助性活动	Mining Specialties and Auxiliary Activities	1936
其他采矿业	Mining of Other Ores	7
制造业	**Manufacturing**	**365422**
农副食品加工业	Processing of Food from Agricultural Products	12366
食品制造业	Manufacture of Foods	8442
酒、饮料和精制茶制造业	Manufacture of Wine, Drinks and Refined Tea	3474
烟草制品业	Manufacture of Tobacco	209
纺织业	Manufacture of Textile	13127
纺织服装、服饰业	Manufacture of Textile Wearing Apparel and Finery	4377
皮革、毛皮、羽毛及其制品和制鞋业	Manufacture of Leather, Fur, Feather & Its Products and Footwear	1501
木材加工及木 竹、藤、棕、草制品业	Processing of Timbers, Manufacture of Wood, Bamboo, Rattan, Palm, and Straw Products	1867
家具制造业	Manufacture of Furniture	1251

Basic Statistics On R&D Personnel of Industrial Enterprises above Designated Size

(person)

本年度参加项目人员 Personnel involved in the project current year	科技管理和服务人员 Technology management and service personnel	全时人员 Full-time Personnel	非全时人员 Part-time Personnel
184206	20700	140123	64783
225292	26732	176275	75749
276593	27269	211149	92713
299528	27265	229530	97263
313571	28688	238037	104222
322849	31726	249415	105160
346127	28404	268611	105920
360528	25224	280400	105352
358119	30284	284062	104341
172941	12029	134052	50918
82165	7429	65269	24325
60670	6406	50637	16439
42343	4420	34104	12659
318904	27210	252420	93694
1953	141	1349	745
797	67	560	304
201	16	184	33
149979	11503	114581	46901
61525	5281	51188	15618
104449	10202	84558	30093
11776	999	9111	3664
6456	446	4825	2077
82	12	66	28
4039	467	3331	1175
769	65	656	178
430	9	233	206
27439	2075	22531	6983
13151	1037	11442	2746
649	36	564	121
10540	801	7650	3691
2887	171	2657	401
212	30	218	24
18646	**1362**	**12161**	**7847**
9018	602	5435	4185
4108	285	3515	878
410	59	313	156
3037	359	1917	1479
170	17	150	37
1896	40	830	1106
7		1	6
336804	**28618**	**270209**	**95213**
11300	1066	9476	2890
7796	646	6157	2285
3259	215	2614	860
179	30	147	62
12026	1101	9951	3176
3938	439	2066	2311
1335	166	1249	252
1698	169	1210	657
1144	107	948	303

19－24 续表

单位：人

类　别	Category	研究与试验发展人员 Research and Development Personnel
造纸及纸制品业	Manufacture of Paper and Paper Products	6595
印刷和记录媒介复制业	Printing, Reproduction of Recording Media	1744
文教、工美、体育和娱乐用品制造业	Manufacture of Culture, Education,Arts and crafts, Sport and Entertainment Goods	6246
石油、煤炭及其他燃料加工业	Processing of Oil, Coal and Other Fuel	5677
化学原料和化学制品制造业	Manufacture of Chemical Raw Material and Chemical Products	38685
医药制造业	Manufacture of Medicines	26512
化学纤维制造业	Manufacture of Chemical Fiber	1275
橡胶和塑料制品业	Manufacture of Rubber and Plastic	14668
非金属矿物制品业	Manufacture of Non-metallic Mineral Products	17285
黑色金属冶炼及压延加工业	Manufacture and Processing of Ferrous Metals	10294
有色金属冶炼及压延加工业	Manufacture & Processing of Non-ferrous Metals	13880
金属制品业	Manufacture of Metal Products	13507
通用设备制造业	Manufacture of General Purpose Machinery	31563
专用设备制造业	Manufacture of Special Purpose Machinery	25966
汽车制造业	Manufacture of Automotive	24582
铁路、船舶、航空航天和其他运输设备制造业	Manufacture of Railroad,Marine,Aerospace and Other Transportation Equipment	9511
电气机械及器材制造业	Manufacture of Electrical Machinery & Equipment	26312
计算机、通信和其他电子设备制造业	Manufacture of Computer, Communications and Other Electronic Equipment	37278
仪器仪表制造业	Manufacture of Measuring Instrument	6284
其他制造业	Other Manufacture	289
废弃资源综合利用业	Comprehensive Utilization of Waste	222
金属制品、机械和设备修理业	Metal Products, Machinery and Equipment Repair Industry	433
电力、热力、燃气及水的生产和供应业	**Production and Supply of Electric, Heat,Has and Water**	**2973**
电力、热力的生产和供应业	Production and Supply of Electric Power and Heat Power	2319
燃气生产和供应业	Production and Supply of Gas	231
水的生产和供应业	Production and Supply of Water	423
四、按地区分	**by Region**	
济南市	Jinan	48113
青岛市	Qingdao	64657
淄博市	Zibo	36031
枣庄市	Zaozhuang	8201
东营市	Dongying	11062
烟台市	Yantai	40080
潍坊市	Weifang	28592
济宁市	Jining	20159
泰安市	Tai'an	15806
威海市	Weihai	20214
日照市	Rizhao	9932
莱芜市	Laiwu	8363
临沂市	Linyi	23450
德州市	Dezhou	17737
聊城市	Liaocheng	12582
滨州市	Binzhou	15596
菏泽市	Heze	7828

continued

(person)

本年度参加项目人员 Personnel involved in the project current year	科技管理和服务人员 Technology management and service personnel	全时人员 Full-time Personnel	非全时人员 Part-time Personnel
6102	493	4067	2528
1591	153	1291	453
5657	589	3904	2342
5125	552	3331	2346
35819	2866	27134	11551
24762	1750	20593	5919
1050	225	942	333
13119	1549	10591	4077
15885	1400	12378	4907
9680	614	6445	3849
13166	714	8804	5076
12256	1251	9851	3656
29185	2378	23502	8061
24012	1954	19735	6231
22945	1637	18792	5790
8759	752	8044	1467
23425	2887	19865	6447
34800	2478	31353	5925
5896	388	5157	1127
268	21	258	31
197	25	155	67
430	3	199	234
2669	**304**	**1692**	**1281**
2092	227	1223	1096
198	33	142	89
379	44	327	96
45124	2989	38084	10029
58068	6589	49894	14763
33244	2787	25510	10521
7498	703	5668	2533
10386	676	7629	3433
36964	3116	29398	10682
26040	2552	20944	7648
18888	1271	13735	6424
14713	1093	10797	5009
18659	1555	15422	4792
9270	662	6889	3043
7691	672	5359	3004
21710	1740	17379	6071
16270	1467	12607	5130
11808	774	9104	3478
14567	1029	10102	5494
7219	609	5541	2287

19-25　规模以上工业企业R&D人员折合全时当量情况
Full-time Equivalent of R&D Personnel of Industrial Enterprises above Designated Size

单位：人年　　(man year)

年　份 类　别	Year Category	R&D人员折合全时当量 Full-time Equivalent of R&D Personnel	基础研究人员 Basic Research Personnel	应用研究人员 Applied Research Personnel	试验发展人员 Experimental Development Personnel
2010		144561	88	1671	142802
2011		180846	162	4237	176447
2012		204398	121	4610	199667
2013		227403	91	4683	222629
2014		230800	117	5834	224849
2015		241395	127	5492	235776
2016		241761	192	7359	234209
2017		239170	247	8386	230537
2018		236515	422	9717	226376
一、按企业规模分	**by Enterprise Size**				
大型企业	Large-sized Enterprises	113802	179	5555	108069
中型企业	Medium-sized Enterprises	53841	118	1608	52115
小型企业	Small-sized Enterprises	41064	103	1894	39066
微型企业	Micro-sized Enterprises	27808	22	659	27127
二、按登记注册类型分	**by Status of Registration**				
内资企业	Domestic Funded Enterprises	207898	361	8273	199264
国有企业	State-owned Enterprises	1142			1142
集体企业	Collective-owned Enterprises	629		48	581
股份合作企业	Cooperative Enterprises	145			145
联营企业	Joint Ownership Enterprises				
有限责任公司	Limited Liability Corporations	97721	173	4191	93357
股份有限公司	Share-holding Corporations Limited	39144	70	2211	36863
私营企业	Private Enterprises	69116	118	1823	67176
其他企业	Other Enterprises				
港、澳、台商投资企业	Enterprises with Funds from Hong Kong, Macao and Taiwan	8695	1	138	8556
合资经营企业(港或澳、台资)	Joint-ventures Enterprises	4744	1	105	4639
合作经营企业(港或澳、台资)	Cooperative Enterprises	86			86
港、澳、台商独资经营企业	Enterprises with Sole Investment	2900		29	2872
港、澳、台商投资股份有限公司	Share-holding Corporations Ltd. With Funds from Hong Kong, Macao and Taiwan	573			573
其他港澳台投资企业	Other Enterprises with Funds from Hong Kong,Mcao and Taiwan	391		4	386
外商投资企业	Foreign Funded Enterprises	19922	60	1305	18556
中外合资经营企业	Joint-venture Enterprises	9234	60	209	8964
中外合作经营企业	Cooperation Enterprises	450		12	438
外资企业	Enterprises with Sole Foreign Funds	7950		1016	6934
外商投资股份有限公司	Share-holding Corporations Ltd. With Foreign Investment	2098		69	2029
其他外商投资企业	Other Foreign Funded Enterprises	190			190
三、按工业行业大类分	**by Sector**				
采掘业	**Mining**	**11524**	**10**	**2653**	**8861**
煤炭开采和洗选业	Mining and Washing of Coal	5701	10	998	4693
石油和天然气开采业	Extraction of Petroleum and Natural Gas	2786		1498	1288
黑色金属矿采选业	Mining of Ferrous Metal Ores	282		36	246
有色金属矿采选业	Mining of Non-ferrous Metal Ores	1709		94	1615
非金属矿采选业	Mining and Processing of Nonmetal Ores	77		11	66
开采专业及辅助性活动	Mining Specialties and Auxiliary Activities	964		15	948
其他采矿业	Mining of Other Ores	5			5
制造业	**Manufacturing**	**223300**	**402**	**7029**	**215869**
农副食品加工业	Processing of Food from Agricultural Products	7313	21	305	6988
食品制造业	Manufacture of Foods	5082	2	140	4940
酒、饮料和精制茶制造业	Manufacture of Wine, Drinks and Refined Tea	2182	73	158	1951
烟草制品业	Manufacture of Tobacco	78		14	64
纺织业	Manufacture of Textile	8006		466	7539
纺织服装、服饰业	Manufacture of Textile Wearing Apparel and Finery	2662		133	2529
皮革、毛皮、羽毛及其制品和制鞋业	Manufacture of Leather, Fur, Feather & Its Products and Footwear	785		5	780
木材加工及木竹、藤、棕、草制品业	Processing of Timbers, Manufacture of Wood, Bamboo, Rattan, Palm, and Straw Products	988		12	975
家具制造业	Manufacture of Furniture	842		7	835

19-25 续表 continued

单位：人年 (man year)

类别	Category	R&D人员折合全时当量 Full-time Equivalent of R&D Personnel	基础研究人员 Basic Research Personnel	应用研究人员 Applied Research Personnel	试验发展人员 Experimental Development Personnel
造纸及纸制品业	Manufacture of Paper and Paper Products	4064		98	3966
印刷和记录媒介复制业	Printing, Reproduction of Recording Media	1149		5	1144
文教、工美、体育和娱乐用品制造业	Manufacture of Culture, Education,Arts and crafts, Sport and Entertainment Goods	3964		848	3116
石油、煤炭及其他燃料加工业	Processing of Oil, Coal and Other Fuel	3447		294	3154
化学原料和化学制品制造业	Manufacture of Chemical Raw Material and Chemical Products	23516	16	908	22592
医药制造业	Manufacture of Medicines	17465	229	308	16929
化学纤维制造业	Manufacture of Chemical Fiber	945		22	923
橡胶和塑料制品业	Manufacture of Rubber and Plastic	9324	9	356	8959
非金属矿物制品业	Manufacture of Non-metallic Mineral Products	10512	19	284	10209
黑色金属冶炼及压延加工业	Manufacture and Processing of Ferrous Metals	5807		414	5393
有色金属冶炼及压延加工业	Manufacture & Processing of Non-ferrous Metals	8911		117	8794
金属制品业	Manufacture of Metal Products	8311		281	8030
通用设备制造业	Manufacture of General Purpose Machinery	19564	3	820	18741
专用设备制造业	Manufacture of Special Purpose Machinery	16681	5	334	16342
汽车制造业	Manufacture of Automotive	15254		129	15125
铁路、船舶、航空航天和其他运输设备制造业	Manufacture of Railroad,Marine,Aerospace and Other Transportation Equipment	5137	21	6	5110
电气机械及器材制造业	Manufacture of Electrical Machinery & Equipment	11924	6	247	11670
计算机、通信和其他电子设备制造业	Manufacture of Computer, Communications and Other Electronic Equipment	24493		219	24274
仪器仪表制造业	Manufacture of Measuring Instrument	4292		83	4208
其他制造业	Other Manufacture	166		4	162
废弃资源综合利用业	Comprehensive Utilization of Waste	121		10	111
金属制品、机械和设备修理业	Metal Products, Machinery and Equipment Repair Industry	314			314
电力、热力、燃气及水的生产和供应业	**Production and Supply of Electric, Heat, Has and Water**	**1691**	**10**	**34**	**1647**
电力、热力的生产和供应业	Production and Supply of Electric Power and Heat Power	1293	10	29	1254
燃气生产和供应业	Production and Supply of Gas	154		4	150
水的生产和供应业	Production and Supply of Water	244		1	243
四、按地区分	**by Region**				
济南市	Jinan	30640	52	271	30318
青岛市	Qingdao	37059	25	1782	35252
淄博市	Zibo	23420	10	524	22886
枣庄市	Zaozhuang	5225		386	4839
东营市	Dongying	6574		1588	4986
烟台市	Yantai	24942	75	1027	23841
潍坊市	Weifang	18264	22	234	18008
济宁市	Jining	12139	16	354	11769
泰安市	Tai'an	8968	11	353	8604
威海市	Weihai	12449	35	232	12182
日照市	Rizhao	5304		243	5061
莱芜市	Laiwu	4893		471	4421
临沂市	Linyi	14574	80	607	13887
德州市	Dezhou	10479	50	890	9539
聊城市	Liaocheng	7276	23	296	6956
滨州市	Binzhou	9806	1	288	9518
菏泽市	Heze	4505	22	172	4311

19-26 按行业分规模以上工业企业新产品开发及生产情况(2018年)

New Products Development and Production of Industrial Enterprises above Designated Size by Industrial Sector(2018)

行业	Sector	新产品项目数(项) New Products (unit)	开发新产品经费(万元) Expenditure on new products Development (10 000 yuan)	新产品产值(万元) Output Value of New Products (10 000 yuan)	新产品销售收入(万元) Sales Revenue of New Products (10 000 yuan)
总计	**Total**	**40440**	**11608192**	**154926872**	**152465038**
煤炭开采和洗选业	Mining and Washing of Coal	385	258739	2290471	2320470
石油和天然气开采业	Extraction of Petroleum and Natural Gas	96	20264	7381	7200
黑色金属矿采选业	Mining of Ferrous Metal Ores	5	1842	1765	2333
有色金属矿采选业	Mining of Non-ferrous Metal Ores	112	75979	1310857	1295487
非金属矿采选业	Mining and Processing of Nonmetal Ores	13	6285	58775	41453
开采专业及辅助性活动	Mining Specialties and Auxiliary Activities	105	39674	1500	1500
其他采矿业	Mining of Other Ores				
农副食品加工业	Processing of Food from Agricultural Products	1668	450421	4219939	4195024
食品制造业	Manufacture of Foods	1054	170855	1769541	1790765
酒、饮料和精制茶制造业	Manufacture of Wine, Drinks and Refined Tea	400	102453	1128615	1115336
烟草制品业	Manufacture of Tobacco	21	8209	44045	44035
纺织业	Manufacture of Textile	929	290395	2818574	2830145
纺织服装、服饰业	Manufacture of Textile Wearing Apparel and Finery	400	216463	3007256	2803891
皮革、毛皮、羽毛及其制品和制鞋业	Manufacture of Leather, Fur, Feather & Its Products and Footwear	110	44858	353357	467344
木材加工及木竹、藤、棕、草制品业	Processing of Timbers, Manufacture of Wood, Bamboo, Rattan, Palm, and Straw Products	285	56932	530922	542969
家具制造业	Manufacture of Furniture	128	21620	70489	48653
造纸及纸制品业	Manufacture of Paper and Paper Products	392	288779	5123800	5125670
印刷和记录媒介复制业	Printing, Reproduction of Recording Media	220	40011	316931	324021
文教、工美、体育和娱乐用品制造业	Manufacture of Culture, Education,Arts and crafts, Sport and Entertainment Goods	661	121715	1090659	1095091
石油、煤炭及其他燃料加工业	Processing of Oil, Coal and Other Fuel	423	261275	7340530	7161068
化学原料和化学制品制造业	Manufacture of Chemical Raw Material and Chemical Products	4047	1178061	14007556	14803150
医药制造业	Manufacture of Medicines	3800	854590	9100553	8401356
化学纤维制造业	Manufacture of Chemical Fiber	151	57215	446744	441323
橡胶和塑料制品业	Manufacture of Rubber and Plastic	1590	484360	5202013	4938414
非金属矿物制品业	Manufacture of Non-metallic Mineral Products	2089	431101	3778473	3748722
黑色金属冶炼及压延加工业	Manufacture and Processing of Ferrous Metals	712	546589	5478025	4920214
有色金属冶炼及压延加工业	Manufacture & Processing of Non-ferrous Metals	838	619116	17506096	17450251
金属制品业	Manufacture of Metal Products	1657	301381	3527271	3474087
通用设备制造业	Manufacture of General Purpose Machinery	4072	723710	9518573	9184531
专用设备制造业	Manufacture of Special Purpose Machinery	3829	622055	7324462	6803948
汽车制造业	Manufacture of Automotive	2483	823963	13036895	12774954
铁路、船舶、航空航天和其他运输设备制造业	Manufacture of Railroad,Marine,Aerospace and Other Transportation Equipment	889	274084	5434958	4639510
电气机械及器材制造业	Manufacture of Electrical Machinery & Equipment	3385	959773	14515336	15063193
计算机、通信和其他电子设备制造业	Manufacture of Computer, Communications and Other Electronic Equipment	2134	1044672	13566994	13553763
仪器仪表制造业	Manufacture of Measuring Instrument	1096	130363	739714	758693
其他制造业	Other Manufacture	22	3175	22977	64071
废弃资源综合利用业	Comprehensive Utilization of Waste	23	6562	39603	41363
金属制品、机械和设备修理业	Metal Products, Machinery and Equipment Repair Industry	42	5990	39585	36275
电力、热力生产和供应业	Production and Supply of Electric Power and Heat Power	124	51277	132821	132378
燃气生产和供应业	Production and Supply of Gas	33	6569	4932	4637
水的生产和供应业	Production and Supply of Water	17	6819	17886	17753

19—27 高技术制造业R&D活动及新产品开发情况(2017年)
Statistics on R&D Activities and New Products Development in High-tech Manufacturing Industry(2017)

行　业	Industry	有R&D活动的企业数(个) Number of Enterprises with R&D Activities (unit)	R&D人员折合全时当量(人年) Full-time Equivalent of R&D Personnel (man year)	R&D经费内部支出(万元) Internal Expenditure on R&D (10 000 yuan)
合　计	**Total**	**1001**	**51057**	**2506226**
医药制造业	Medical and Pharmaceutical Products	390	17083	1022601
航空、航天器及设备制造业	Aviation and Aircrafts Manufacturing	9	402	11363
电子及通信设备制造业	Electronic and Communication Equipment	332	16696	861955
计算机及办公设备制造业	Electronic Computers and Office Equipments	23	10261	381988
医疗仪器设备及仪器仪表制造业	Medical Treatment Instruments and Meters	231	5778	193650
信息化学品制造业	Manufacture of Electronic Chemicals	16	837	34668

19—27 续表 continued

行　业	Industry	专利申请数(件) Patent Applications (piece)	拥有发明专利(件) Patents in Force (piece)	新产品开发项目数(项) New Products (units)	新产品开发经费支出(万元) Expenditure on New Products Development (10 000 yuan)
合　计	**Total**	**17187**	**17553**	**7859**	**2626373**
医药制造业	Medical and Pharmaceutical Products	1994	5647	3529	1015076
航空、航天器及设备制造业	Aviation and Aircrafts Manufacturing	49	42	66	13533
电子及通信设备制造业	Electronic and Communication Equipment	6107	7945	2238	948373
计算机及办公设备制造业	Electronic Computers and Office Equipments	7398	1745	578	409147
医疗仪器设备及仪器仪表制造业	Medical Treatment Instruments and Meters	1403	1988	1342	212148
信息化学品制造业	Manufacture of Electronic Chemicals	236	186	106	28096

注：本表的数据口径为规模以上工业企业。

a)Data in this table cover industrial enterprises above designated size.

19–28 高技术制造业基本情况
Statistics on Production and Management in High-tech Manufacturing Industry

项目	Item	2013	2014	2015	2016	2017
生产经营情况	**Production Operation**					
企业数 (个)	Number of Enterprises (unit)	2015	2114	2268	2207	2141
从业人员年平均人数 (万人)	Annual Average Number of Persons Engaged (10 000 persons)	69.1	72.6	73.2	75.0	72.8
主营业务收入 (亿元)	Revenue from Principal Business (100 million yuan)	8946.5	10212.1	11535.3	12263.5	12206.8
利润 (亿元)	Profits (100 million yuan)	700.3	781.3	874.2	952.7	948.2
R&D及相关活动情况	**R&D and related Activities**					
有R&D活动的企业数 (个)	Number of Enterprises with R&D Activities (unit)	535	627	779	904	1001
R&D人员全时当量 (人年)	Full-time Equivalent of R&D Personnel (man year)	46887	49122	50774	51955	51057
R&D经费内部支出 (亿元)	Internal Expenditure on R&D (100 million yuan)	156.2	176.0	207.7	222.5	250.6
新产品开发经费 (亿元)	Expenditure on New Products Development (100 million yuan)	163.7	172.2	195.1	222.1	262.6
专利申请数 (件)	Number of Patent Applications Examined (unit)	8106	9775	11527	13983	17187
拥有发明专利数 (件)	Number of Invention Patents (unit)	4667	6883	9569	12298	17553
固定资产投资情况	**Investment in Fixed Assets**					
施工项目数 (个)	Number of Projects Under Construction (unit)	1233	1254	1576	1828	
#新开工项目数 (个)	Number of New Projects (unit)	874	863	1176	1287	
全部建成或投产项目数 (个)	Number of Projects Completed or Put into Use (unit)	746	811	1124	1249	
投资额 (亿元)	Investment (100 million yuan)	1277.7	1412.9	1643.9	1866.6	
新增固定资产 (亿元)	New Added Fixed Assets (100 million yuan)	842.3	911.8	1071.2	1041.5	

注：1.生产经营情况的数据口径为规模以上工业企业。2.从2015年起高技术制造业汇总范围包括信息化学品制造业。

a)Data on production operation cover industrial enterprises above designated size.

b)Data on high-tech manufacturing Industry include manufacture of electronic chemical since 2015.

主要统计指标解释

普通高等学校 指按照国家规定的设置标准和审批程序批准举办的，通过全国普通高等学校统一招生考试，招收高中毕业生为主要培养对象，实施高等教育的全日制大学、独立设置的学院和高等专科学校、高等职业学校和其他机构。

大学、独立设置的学院主要实施本科层次以上教育，高等专科学校、高等职业学校实施专科层次教育，其他机构是承担国家普通招生计划任务不计校数的机构。包括普通高等学校分校和批准筹建的普通高等学校等。

成人高等学校 指按照国家规定的设置标准和审批程序批准举办的，通过全国成人高等学校统一招生考试，招收具有高中毕业或同等学历的在职从业人员为主要培养对象，利用函授、业余、脱产等多种形式对其实施高等学历教育的学校。包括职工高等学校、农民高等学校、管理干部学院、教育学院、独立函授学院、广播电视大学、其他机构等。其他机构是承担国家成人招生计划任务不计校数的机构。

小学学龄儿童净入学率 指调查范围内已入小学学习的学龄儿童占校内外学龄儿童总数(包括弱智儿童，不包括盲聋哑儿童)的比重。计算公式为：

$$\begin{array}{c}\text{小学学龄儿童}\\\text{净入学率}\end{array}=\frac{\text{已入学的小学学龄儿童数}}{\text{校内外小学学龄儿童总数}}\times100\%$$

国家财政性教育经费 包括国家财政预算内教育经费，各级政府征收用于教育的税费，企业办学校教育经费，校办产业、勤工俭学和社会服务收入用于教育的经费。

财政预算内教育经费 指中央、地方各级财政或上级主管部门在年度内安排，并计划拨到教育部门和其他部门主办的各级各类学校、教育事业单位，列入国家预算支出科目的教育经费，包括教育事业拨款、科研经费拨款、基建拨款和其他经费拨款。

研究与试验发展(R&D) 指在科学技术领域，为增加知识总量，以及运用这些知识去创造新的应用进行的系统的创造性的活动，包括基础研究、应用研究、试验发展三类活动。国际上通常采用 R&D 活动的规模和强度指标反映一国的科技实力和核心竞争力。

基础研究 指为了获得关于现象和可观察事实的基本原理的新知识(揭示客观事物的本质、运动规律，获得新发现、新学说)而进行的实验性或理论性研究，它不以任何专门或特定的应用或使用为目的。其成果以科学论文和科学著作为主要形式。用来反映知识的原始创新能力。

应用研究 指为获得新知识而进行的创造性研究，主要针对某一特定的目的或目标。应用研究是为了确定基础研究成果可能的用途，或是为达到预定的目标探索应采取的新方法(原理性)或新途径。其成果形式以科学论文、专著、原理性模型或发明专利为主。用来反映对基础研究成果应用途径的探索。

试验发展 指利用从基础研究、应用研究和实际经验所获得的现有知识，为产生新的产品、材料和装置，建立新的工艺、系统和服务，以及对已产生和建立的上述各项作实质性的改进而进行的系统性工作。其成果形式主要是专利、专有技术、具有新产品基本特征的产品原型或具有新装置基本特征的原始样机等。在社会科学领域，试验发展是指把通过基础研究、应用研究获得的知识转变成可以实施的计划(包括为进行检验和评估实施示范项目)的过程。人文科学领域没有对应的试验发展活动。主要反映将科研成果转化为技术和产品的能力，是科技推动经济社会发展的物化成果。

研究与试验发展人员 指参与研究与试验发展项目研究、管理和辅助工作的人员，包括项目(课题)组人员，企业科技行政管理人员和直接为项目(课题)活动提供服务的辅助人员。反映投入从事拥有自主知识产权的研究开发活动的人力规模。

研究与试验发展人员全时当量 指全时人员数加非全时人员按工作量折算为全时人员数的总和。例如：有两个全时人员和三个非全时人员(工作时间分别为 20%、30%和 70%)，则全时当量为 2+0.2+0.3+0.7=3.2 人年。为国际上比较科技人力投入而制定的可比指标。

R&D 经费内部支出合计 指调查单位用于内部开展 R&D 活动（基础研究、应用研究和试验发展）的实际支出。包括用于 R&D 项目（课题）活动的直接支出，以及间接用于 R&D 活动的管理费、服务费、与 R&D 有关的基本建设支出以及外协加工费等。不包括生产性活动支出、归还贷款支出以及与外单位合作或委托外单位进行 R&D 活动而转拨给对方的经费支出。

专　利 是专利权的简称，是对发明人的发明创造经审查合格后，由专利局依据专利法授予发明人和设计人对该项发明创造享有的专有权。包括发明、实用新型和外观设计。反映拥有自主知识产权的科技和设计成果情况。

发　明 指对产品、方法或者其改进所提出的新的技术方案。是国际通行的反映拥有自主知识产权技术的核心指标。

Explanatory Notes on Main Statistical Indicators

Regular Institutions of Higher Learning refer to educational establishments set up according to the government evaluation and approval procedures, enrolling graduates from senior secondary schools and providing higher education courses and training for senior professionals. They include full time universities, colleges, high professional schools, high professional vocational schools and others.

Universities and colleges are mainly providing undergraduate courses; those high professional schools and high professional vocational schools are mainly providing professional trainings; and others refer to educational establishments, which are responsible for enrolling students but not covered in the total number of schools, including: branch schools of universities and colleges, and universities and colleges that have been proved and prepared to construct.

Institutions of Higher Learning for Adults refer to educational establishments, set up in line with relevant rules approved by the government, enrolling staff and workers with senior secondary school or equivalent education, and providing higher education courses in many forms of correspondence, spare time, or full time for adults. Professionals thus trained receive a qualification equivalent to graduates studying regular courses at regular universities, colleges and professional colleges. Institutions of higher learning for adults include schools of high education for staff and workers, schools of high education for peasants, colleges for management cadres, pedagogical colleges, independent correspondence colleges, Radio and TV universities and other educational establishments. Other educational establishments are responsible for enrolling adult students but not covered in the number of schools.

Enrollment Rate of Primary School Age Children refers to the proportion of school age children enrolled at schools to the total number of school age children both in and outside schools (including retarded children, but excluding blind, deaf and mute children). The formula is:

$$\begin{matrix}\text{Enrolment Rate}\\ \text{of Primary}\\ \text{School - age Children}\end{matrix} = \frac{\begin{matrix}\text{Total Primary School - age}\\ \text{Children at Schools}\end{matrix}}{\begin{matrix}\text{Total Primary School - age}\\ \text{Children Whether or}\\ \text{Not Attending School}\end{matrix}} \times 100\%$$

Government Appropriation for Education refers to state budgetary fund for education, taxes and fees collected by governments at all levels that are used for education purpose, education fund for enterprise run schools, income from school run enterprises, work study programme and social services that are used for education purpose.

Budgetary Fund for Education refers to education fund that is planned to allocate to various schools and education institutions by central and local financial departments at various levels within the reference year, which is within the state budgetary expenditure, including: appropriate funds for education, science and research, capital construction and others.

Research and Development (R&D) refers to systematic and creative activities in the field of science and technology aiming at increasing the knowledge and using the knowledge for new application. R&D includes 3 categories of activities: basic research, applied research and experiments and development. The scale and intensity of R&D are widely used internationally to reflect the strength of S&T and the core competitiveness of a country in the world.

Basic Research refers to empirical or theoretical research aiming at obtaining new knowledge on the fundamental principles of phenomena of observable facts to reveal the nature and law of movement of objects and to acquire new discoveries or new theories. Basic research takes no specific or designated application as the aim of the research. Results of basic research are mainly released or disseminated in the form of scientific papers or monographs. This indicator reflects the original innovation capacity of knowledge.

Applied Research refers to creative research aiming at obtaining new knowledge on a specific objective or target. Purpose of the applied research is to identify the possible use of results from basic research, or to explore new (fundamental) methods or new approaches. Results of applied research are expressed in the form of scientific papers, monographs, fundamental models or invention patents. This indicator reflects the exploration of ways to apply the results of basic research.

Experiments and Development refer to systematic activities aiming at using the knowledge from basic and applied researches or from practical experience to develop new products, materials and equipment, to establish new production process, systems and services, or to make substantial improvement on the existing products, process or services. Results of experiment and development activities are embodied in patents, exclusive technology, and monotype of new products or equipment. In social sciences, experiment and development activities refer to the process of converting the knowledge from basic or applied researches into feasible programmes (including conduct of demonstration projects for assessment and evaluation). There are no experiment and development activities in the science of humanities. This indicator reflects the capability of transferring the results of S&T into technique and products, which is the materialized measurement of S&T pushing forward the economic and social development.

R&D Personnel refer to persons engaged in research, management and supporting activities of R&D, including persons in the project teams, persons engaged in the management of S&T activities of enterprises and supporting staff providing direct service to the research projects. This indicator reflects the size of personnel engaged in R&D activities with independent intellectual property.

Full time Equivalent of R&D Personnel refers to the sum of the full time persons and the full time equivalent of part

time persons converted by workload. For instance, if there are 2 full time persons and 3 part time workers (20%, 30% and 70% of working hours respectively on R&D activities), the full time equivalent is 2+0.2+0.3+0.7=3.2 person years. This is an internationally comparable indicator of input of personnel in S&T activities.

Total Internal Expenditure of Funds on R&D refers to the real expenditure of surveyed units on their own R&D activities(basic research, application study, test and development)including direct expenditure on R&D activities,expenditure on capital construction and material processing by others.Excluding the expenditure on production activities,return of loan,and fee transferred to coopertated and entrusted agencies on R&D activities.

Patent is an abbreviation for the patent right and refers to the exclusive right of ownership by the inventors or designers for the creation or inventions, given from the patent offices after due process of assessment and approval in accordance with the Patent Law. Patents are granted for inventions, utility models and designs. This indicator reflects the achievements of S&T and design with independent intellectual property.

Inventions refer to the new technical proposals to the products or methods or their modifications. This is universal core indicator reflecting the technologies with independent intellectual property.

第20篇

文化、体育和卫生

Culture, Sports and Health

简 要 说 明

一、本篇资料的主要内容

本篇资料反映了全省文化、体育和卫生基本情况。文化部分主要包括文化、文物、广播、电视、档案、报纸杂志出版、图书出版等方面的发展状况。体育部分主要包括运动员、教练员、裁判员发展人数等情况。卫生部分主要包括卫生机构及其人员、床位数、县及县以上医院诊疗人次数、入院人数等基本情况。

二、本篇资料的来源

1.文化部分中，艺术事业、图书馆事业、群众文化事业的资料来源于省文化和旅游厅，广播电视资料来源于省广播电视局，电影有关资料来源于省电影局，新闻出版有关资料来源于省新闻出版局，档案馆有关资料来源于省档案馆。

2.体育部分的资料来源于省体育局。

3.卫生部分的资料来源于省卫健委。

本篇资料由省统计局人口处（社科处）整理提供。

Brief Introduction

I. Content

Data in this chapter show the basic conditions of culture,sports and health. Data on culture show the basic conditions on arts, cultural relics, broadcasting, television, archives and publication. Data on sports mainly include the number of athletes, coaches and referees. Data on health include the number of institutions, personnel, hospital beds.

II. Source of Data

(1)Data on the causes of arts, libraries, mass culture are provided by the Department of Culture and Tourism of Shandong Provincet. Data on broadcasting and television are provided by Shandong Provincial Administration of Radio and Television. Data on film are provided by Shandong Provincial Administration of Film. Data on news and publication are provided by Shandong Provincial Administration of Press and Publication. Data on archives and publication are provided by Shandong Provincial Archives Administration.

(2)Data on sports are provided by Shandong Provincial Physical Culture Administration.

(3)Data on public health are provided by Shandong Provincial Department of Health.

In this chapter, data are prepared by the Division of Urbanization,Population and Employment Statistics（by the Division of Social,Science and Culture Industry Employment Statistics）of Shandong Provincial Bureau of Statistics.

20-1 主要年份文化、文物事业基本情况
Number of Institutions for Culture and Cultural Relics of Major Years

年 份 Year	文化(艺术)馆 Cultural Centre		文化站 Cultural Station		艺术表演团体 Art Performance Troups	
	机构数 (个) Number (unit)	人 数 (人) Personnel (person)	机构数 (个) Number (unit)	人 数 (人) Personnel (person)	机构数 (个) Number (unit)	人 数 (人) Personnel (person)
1949	39				46	
1952	166		139		113	
1957	134		283		175	
1962	130		500		180	
1965	141	1261	6	10	176	9923
1970	137	1601			154	9599
1975	151	1891	887	944	157	12709
1976	150	1979	1644	1803	157	13396
1977	155	2110	1988	2185	156	13557
1978	155	2151	2103	2196	155	13219
1979	155	2138	2104	2163	155	12896
1980	155	2251	2117	2197	156	12562
1981	156	2420	2099	2218	157	11930
1982	155	2490	2107	2268	157	11280
1983	155	2609	2102	2172	157	10584
1984	154	2590	2132	2204	159	9922
1985	157	2818	2198	2230	158	9317
1986	159	2940	2276	2292	149	9177
1987	157	2849	2345	2410	139	7751
1988	159	3043	2423	2787	127	7344
1989	159	3140	2452	2643	123	6992
1990	159	3127	2482	2666	119	6703
1991	156	3100	2504	2783	120	6640
1992	156	3129	2481	2798	120	6657
1993	157	3145	2454	2862	119	6430
1994	157	3197	2387	2882	118	6448
1995	158	3265	2363	3117	118	6170
1996	159	3237	2466	3286	118	6090
1997	158	3264	2482	3177	118	6148
1998	158	3252	2494	3339	118	6170
1999	158	3194	2493	3293	117	6077
2000	159	3055	2422	3304	118	5943
2001	159	2975	1912	2943	121	5990
2002	156	2935	1866	3019	121	6030
2003	157	2968	1792	3022	120	5988
2004	159	3136	1783	3190	118	5995
2005	158	2982	1768	3166	117	6066
2006	158	3058	1857	3330	118	6250
2007	157	3012	1826	3715	119	6163
2008	156	3025	1826	3754	119	6254
2009	158	3115	1867	4593	118	6279
2010	158	3055	1855	4543	119	6268
2011	160	3086	1828	4643	116	6163
2012	158	3033	1821	4987	104	5722
2013	159	3062	1807	4915	103	5557
2014	158	3047	1811	5181	104	5728
2015	157	3034	1814	5534	104	5368
2016	157	3006	1816	5262	103	5651
2017	157	2978	1815	5334	105	5689
2018	157	2950	1819	5329	105	5539

20-1 续表 continued

年 份 Year	剧 场(院) Theaters		图 书 馆 Libraries		博 物 馆 Museums	
	机构数 (个) Number (unit)	人 数 (人) Personnel (person)	机构数 (个) Number (unit)	人 数 (人) Personnel (person)	机构数 (个) Number (unit)	人 数 (人) Personnel (person)
1949	5		3			
1952	15		3			
1957	44		40			
1962	129		84			
1965	128	755	27	257	7	183
1970	83	600	12	193	5	155
1975	81	592	43	436	8	211
1976	71	577	62	564	9	237
1977	76	658	66	621	9	246
1978	75	661	80	737	10	298
1979	77	705	88	876	10	310
1980	71	627	88	924	10	317
1981	72	649	89	1004	9	268
1982	71	667	89	1075	15	338
1983	61	660	89	1131	17	364
1984	65	678	92	1240	19	380
1985	62	705	99	1338	23	488
1986	123	2193	101	1486	30	527
1987	119	2310	105	1613	36	763
1988	116	2388	111	1780	40	876
1989	118	2413	113	1796	40	979
1990	117	2516	115	1876	41	1021
1991	121	2736	118	1956	45	1141
1992	120	2772	122	2055	45	1215
1993	119	2837	126	2178	52	1329
1994	118	2878	126	2256	54	1418
1995	115	2783	130	2318	56	1462
1996	111	2727	131	2359	54	1522
1997	107	2652	131	2471	54	1562
1998	107	2577	131	2536	56	1422
1999	107	2544	133	2555	57	1663
2000	105	2473	133	2506	59	1633
2001	105	2444	136	2503	66	1611
2002	104	2434	140	2559	70	1566
2003	104	2353	140	2573	73	1634
2004	95	2088	142	2633	72	1684
2005	94	1881	145	2690	75	1723
2006	95	2098	143	2624	76	1770
2007	92	1937	145	2640	87	1915
2008	90	1827	147	2606	96	2064
2009	82	1640	150	2669	111	2307
2010	91	1904	149	2680	114	2456
2011	93	2134	150	2697	120	2787
2012	93	2083	150	2647	178	4353
2013	93	1719	153	2760	194	4748
2014	93	1734	153	2730	243	5369
2015	92	1632	154	2750	312	6310
2016	93	1602	154	2828	393	7152
2017	100	1821	154	2877	485	7976
2018	106	1902	154	2843	517	8059

20−2 文化、文物机构人员情况(2018年)
Number of Institution and Personnel in Culture and Culture Relics(2018)

项 目	Item	机 构 数 (个) Number of Institutions (unit)	人 员 数 (人) Number of Employed Persons (person)
总 计	**Total**	**14241**	**84482**
文化	Culture	2690	24677
公有制艺术表演团体	Public Arts Performance Troupes	105	5539
公有制艺术表演场馆	Public Arts Centers	93	1655
艺术展览创作机构	Art exhibition and Creation Institutions	91	587
公共图书馆业	Public Libraries	154	2843
群众文化服务业	Mass Culture	1976	8279
艺术馆、文化馆	Cultural and Art Centers	157	2950
文化站	Cultural Stations	1819	5329
艺术教育业	Culture Education	3	304
文艺科研机构	Art Research	7	151
文化行政主管部门	Administrative department of culture	160	3515
其他文化机构	Other cultural institutions	101	1804
文物	Cultural Relics	710	12139
文物保护管理机构	Agency of Relics Preservation	110	2529
文物科研机构	Scientific and Research Historical Relics Agency	13	151
博物馆	Museums	517	8059
文物商店	Cultural Relics Agencies	6	56
其他文物机构	Other cultural relics institutions	64	1344
文化市场经营机构	Business Units Dealing in Culture Market	10841	47666
娱乐场所	Place of entertainment	2094	12844
互联网上网服务营业场所(网吧)	Internet service establishments (Internet bar)	6827	15326

注：文化市场经营机构含互联网上网服务营业场所和娱乐场所。
a) Business units dealing in culture market include internet service and entertainment venues.

20−3 各市文化、文物事业基本情况(2018年)
Basic Statistics on Culture and Cultural Relics by Region (2018)

地 区	Region	公共图书馆数(个) Public Libraries (unit)	公共图书馆藏书量(万册) Total Collections (10 000 volumes)	艺术表演团体(个) Performance Troupes (unit)	艺术表演场所(个) Art Performance Places (unit)	文化馆(群众艺术馆)(个) Cultural (Mass Art) Centers (unit)	文化站(个) Cultural Stations (unit)	文化事业费(万元) Total Cultural Expenditures (10 000 yuan)	文物事业费(万元) Total Cultural Relics Expenditures (10 000 yuan)	博物馆(个) Museums (unit)
全省总计	**Total**	**154**	**6213**	**105**	**93**	**157**	**1819**	**423072**	**152538**	**517**
济南市	Jinan	11	556	8	9	11	141	41286	9207	26
青岛市	Qingdao	12	748	9	10	12	136	56392	10807	90
淄博市	Zibo	9	290	3	8	9	88	23283	10838	52
枣庄市	Zaozhuang	7	169	2	4	7	62	6401	7373	19
东营市	Dongying	6	294	2	1	6	40	16486	2093	14
烟台市	Yantai	14	627	10	6	14	155	30057	7620	34
潍坊市	Weifang	12	725	6	2	13	118	26775	14843	43
济宁市	Jining	12	253	12	8	12	154	34975	32277	41
泰安市	Tai'an	7	173	4	5	7	88	15178	4515	40
威海市	Weihai	5	298	4	2	6	74	18692	8269	9
日照市	Rizhao	5	124	1	2	5	54	7071	3549	14
莱芜市	Laiwu	2	59	1		2	20	3722	2293	17
临沂市	Linyi	13	350	5	7	13	160	23343	10289	47
德州市	Dezhou	12	187	6	8	12	134	16315	4072	15
聊城市	Liaocheng	8	143	5	7	9	135	16061	2731	17
滨州市	Binzhou	8	168	9	1	8	91	15492	1928	19
菏泽市	Heze	10	163	12	9	10	169	16058	4989	18

注：全省数据含省本级数据。
a)Provincial data include provincial level data.

20-4 广播电视基本情况
Basic Statistics on Radio and Television Stations

项 目	Item	2014	2015	2016	2017	2018
广播	**Radio**					
广播节目综合人口覆盖率 (%)	Radio Coverage Rate of the Population (%)	98.7	98.8	99.0	99.1	99.1
广播节目套数 (套)	Number of Radio Programs (set)	158	162	161	162	181
广播节目制作时间 (万小时)	Length of Radio Programs Produced (10 000 hours)	60.8	53.4	56.0	56.0	55.9
公共广播节目播出时间 (万小时)	Length of Public Radio Programs Broadcasted (10 000 hours)	90.4	93.9	95.7	94.5	97.0
对外广播节目播出套数 (套)	Number of International Radio Programs Broadcasted (set)	1	1	1	1	1
对外广播节目播出时间 (万小时)	Length of International Radio Programs Broadcasted (10 000 hours)	0.1	0.1	0.1	0.1	0.1
广播节目播出语言种类 (种)	Kinds of Languages of Radio Programs Broadcasted (kind)	1	1	1	1	1
电视	**Television**					
电视节目综合人口覆盖率 (%)	TV Coverage Rate of Population (%)	98.5	98.6	98.6	98.9	99.1
有线广播电视用户数 (万户)	Number of Users of Cable Radio and TV (10 000 households)	1889.8	1806.8	1848.1	1765.7	1684.2
有线广播电视入户率 (%)	Popularization Rate of Cable Radio and TV (%)	61.9	58.5	61.5	55.9	53.0
电视节目套数 (套)	Number of TV Programs (set)	194	224	224	251	261
电视节目制作时间 (万小时)	Length of TV Programs Produced (10 000 hours)	21.9	22.2	23.3	25.8	24.4
公共电视节目播出时间 (万小时)	Length of Public TV Programs Broadcasted (10 000 hours)	107.6	115.5	115.5	133.8	141.8
电视节目播出语言种类 (种)	Kinds of Languages of TV Programs Broadcasted (kind)	3	3	3	3	3
对外电视节目播出套数 (套)	Number of International TV Programs Broadcasted (set)	1	1	1	1	1
对外电视节目播出时间 (万小时)	Length of International TV Programs Broadcasted (10 000 hours)	0.9	0.9	0.9	0.9	0.9
电影	**Movies**					
国有电影制片厂 (个)	State-owned Movie Studios (unit)	1	1	1	1	1
#电影故事片厂	Feature Film Movie Studios	1	1	1	1	1
电影院线 (条)	Movie Circuit (line)	26	26	28	29	30
#银幕 (块)	Screen (unit)	1560	1918	2305	2712	3159
电影综合收入 (亿元)	Revenue of Movies (100 million yuan)	12.6	18.5			
#国内电影票房收入	Domestic Movie Box Office Revenue	11.0	17.3	17.5	22.9	26.0
广播电视技术及其他	**TV Technology and Others**					
广播电视总收入 (亿元)	Revenue of Radio and TV (100 million yuan)	158.7	172.3	159.8	172.9	170.3
广播电视从业人员数 (万人)	Staff and Workers of Radio and TV (10 000 persons)	5.7	5.8	5.9	5.9	5.3
中、短波转播发射台 (座)	Transmission and Relaying Stations of Medium and Short Wave Broadcast (unit)	30	30	33	31	30
调频、电视转播发射台 (座)	Relaying Stations and TV Transmission of Frequency Modulation Broadcasting (unit)		206	206	204	201
微波实有站 (座)	Microwave Stations (unit)	38	38	28	27	32

20－5　图书、期刊和报纸出版情况(2018年)
Number of Books,Magazines and Newspapers Published (2018)

类　　别	Item	种 数 (种) Number of Publications (kind)	总印数 (万册、万份) Total Printed Copies (10 000 Copies)
图书总计	**Books**	**18968**	**59984**
马列主义、毛泽东思想	Marxism-Leninism, Mao Zedong Thought	11	6
哲学	Philosophy	151	82
社会科学总论	General Social Sciences	69	64
政治、法律	Politics and Law	162	194
军事	Military Affairs	19	9
经济	Economics	231	50
文化、科学、教育、体育	Culture, Science, Education and Sports	13826	53411
语言、文字	Languages	233	197
文学	Literature	2439	4767
艺术	Arts	359	150
历史、地理	History and Geography	440	428
自然科学总论	General Natural Sciences	7	3
数理科学、化学	Mathematics and Chemistry	66	32
天文学、地球科学	Astronomy and Geology	70	45
生物科学	Biology	47	18
医学、卫生	Medicine and Health Care	191	107
农业科学	Agricultural Science	69	17
工业技术	Industrial Technology	419	273
交通运输	Transportation	58	29
航空、航天	Aeronautics and Aerospace		
环境科学	Environmental Science	29	59
综合性图书	General Books	72	43
图片(不使用《中国标准书号》)	Picture (not subject to CSBN)		
期刊总计	**Magazine**	**264**	**8260**
综　合	Synthesis	25	329
哲学社会科学	Philosophy and Social Science	73	2957
自然科学技术	Natural Science and Technology	124	800
文化教育	Culture and Education	28	3459
文学艺术	Literature and Arts	14	715
画　刊	Pictorial	2	617
少　儿	Children's Books	6	3346
报纸总计	**Newspaper**	**132**	**219110**
综合报	Synthetical Newspaper	40	177431
专业报	Special Newspaper	26	24476
生活服务报	Life Service Newspaper	16	9276
读者对象报	Reader Object Newspaper	4	6833
高校校报	College Newspaper	46	1094

20-6 档案馆基本情况(2018年)
Statistics on Archive Institution(2018)

项 目	Item	总 计 Total	国家综合档案馆 National Comprehen-sive Archive	省 级 Provincial Level	市地级 City Level	县 级 County Level
档案馆 (个)	Number of Institutions (unit)	212	163	1	17	145
现有专职人数 (人)	Number of Personnel (person)	2130	1622		225	1397
档案馆面积 (平方米)	Floor Space of Archives Institution (sq.m)	632266	534160	49230	157286	327643
馆藏档案	Number of Archives					
全 宗 (个)	Whole Volume (unit)	22497	22253	355	4433	17465
案 卷 (卷)	Files (volume)	19480332	12549676	573002	3468508	8508166
建国前档案案卷 (卷)	Before 1949 Files (volume)	363833	350309	10462	329211	10636
建国后档案案卷 (卷)	After 1949 Files (volume)	19116499	12199367	562540	3139297	8497530
馆藏资料 (册)	Number of Material Stored (volume)	2864171	2475922	107638	561865	1806419
档案资料利用情况	Use of Archiver					
利用档案 (卷(件)次)	Number of Archives Used (volume-times)	1517589	887701	49949	294994	542758
利用资料 (册次)	Number of Material Used (vomume-times)	26783	24938	71	4643	20224
利用档案人次 (人次)	Number of Persons Using Material (person-times)	734213	234670	5207	33381	196082
开放案卷 (卷)	Opening Archives (volume)	4476613	1277584	53961	414338	809285
开放档案目录(案卷级) (万条)	Catalog of Opening Archives (Files) (10 000 units)	471.65	157.99		31.55	126.44

注：现有专职人数：省级无馆人员编制 ；开放档案目录：省级仅有“文件级”的数据，故该两项为空。

a)The current number of full-time staff: no staff in provincial archives; Catalog of opening archives: only "file level" data is available at the provincial level, so the two items are empty.

20-6 续表 continued

项 目	Item	国家专门档案馆 National Special Archives	部 门 档案馆 Departm-ent Archives	大型企业 档 案 馆 Enterprise Archive Institution	省、部属事业单位档案馆 Province and Ministry Archive Institution
档案馆 (个)	Number of Institutions (unit)	21	3	4	21
现有专职人数 (人)	Number of Personnel (person)	319	22	17	150
档案馆面积 (平方米)	Floor Space of Archives Institution (sq.m)	40954	4562	15201	37389
馆藏档案	Number of Archives				
全 宗 (个)	Whole Volume (unit)	15	3	149	77
案 卷 (卷)	Files (volume)	5002861	259522	546845	1121428
建国前档案案卷 (卷)	Before 1949 Files (volume)	13465	10		49
建国后档案案卷 (卷)	After 1949 Files (volume)	4989396	259512	546845	1121379
馆藏资料 (册)	Number of Material Stored (volume)	202064	34001	9443	142741
档案资料利用情况	Use of Archiver				
利用档案 (卷(件)次)	Number of Archives Used (volume-times)	473864	2715	11958	141351
利用资料 (册次)	Number of Material Used (vomume-times)	386	11	53	1395
利用档案人次 (人次)	Number of Persons Using Material (person-times)	446526	926	2337	49754
开放案卷 (卷)	Opening Archives (volume)	2864790			334239
开放档案目录(案卷级) (万条)	Catalog of Opening Archives (Files) (10 000 units)	287.64		5.15	20.87

20-7 等级运动员、教练员、裁判员发展人数
Basic Statistics on Athletes, Coaches and Referees

单位:人 (person)

项　目	Item	2011	2012	2013	2014	2015	2016	2017	2018
等级运动员	**Number of Athletes and Referees in Grades**	**2512**	**3360**	**4650**	**4045**	**4006**	**4304**	**2908**	**3356**
国际运动健将	International Master of Sportsmen	16	7	23	13	21	14	9	16
运动健将	Master of Sportsmen	14	121	110	83	134	178	137	174
一　级	First Grade Sportsmen	691	1067	572	1109	907	771	742	809
二　级	Second Grade Sportsmen	1791	2165	3945	2840	2944	3341	2020	2357
聘任教练员	**Employed Coaches**	**177**	**157**	**163**	**129**	**134**	**97**	**105**	**127**
国家级	National Coaches	5	3	1	6			1	2
高　级	Senior Coaches	32	17	25	17	18	6	10	40
一　级	First Grade Coaches	65	54	53	38	39	32	27	43
二　级	Second Grade Coaches	72	75	75	55	59	52	55	35
三　级	Third Grade Trainers	3	8	9	13	18	7	12	7
等级裁判员	**Number of Referees in Grades**	**1076**	**1784**	**3213**	**3481**	**3630**	**2038**	**2524**	**4454**
国际级	International Referees								
国家级	National Referees	20	55	1	30	2			
一　级	First Grade Referees	473	450	544	928	745	75	196	508
二　级	Second Grade Referees	583	1279	2668	2523	2883	1963	2328	3946

20-8 分项目分技术等级运动员发展人数（2018年）
Certified Athletes by Type of Sports and Technical Grade(2018)

单位：人 (person)

项　目	Item	合　计 Total	国际级运动健将 International Master of Sportsmen	运动健将 Master of Sportsmen	一级运动员 First Grade Sportsmen	二级运动员 Second Grade Sportsmen
合计	**Total**	**3356**	**16**	**174**	**809**	**2357**
田径	Track and Field Events	1092	1	9	71	1011
游泳	Swimming	222	3	5	63	151
跳水	Diving	13		5	8	
体操	Artistic Gymnastics	10		3	7	
艺术体操	Eurhythmics	14			14	
蹦床	Trampoline	6		3	3	
举重	Weightlifting	30				30
拳击	Boxing	30		1	12	17
摔跤	Wrestling	76		9	11	56
中国式摔跤	Chinese Wrestling	51		7	21	23
柔道	Judo	52	2	7	4	39
跆拳道	Taekwondo	46		2	22	22
自行车	cycling	35		6	19	10
击剑	Fencing	22		4	7	11
马术	Equestrian	3				3
现代五项	Modern Pentathlon	6		1	1	4
射击	Shooting	49	1	6	21	21
射箭	Archery	34		2	15	17
赛艇	Rowing	13		2	11	
皮划艇	Canoe Kayak	22		9	13	
帆船	Sailing	22		13	8	1
帆板	Windsurfing	7			7	
足球	Football	93			31	62
篮球	Basketball	303	2	14	45	242
排球	Volleyball	171		4	94	73
沙滩排球	Beach Volleyball	9	1	6		2
乒乓球	Table Tennis	190	4		47	139
羽毛球	Badminton	107		16	26	65
网球	Tennis	41			1	40
手球	Handball	114			31	83
曲棍球	Hockey	1				1
棒球	Baseball	70		2	10	58
垒球	Softball	56			10	46
短道速滑	Short-track Speed Skating	3		3		
花样滑冰	Figure Skating	1			1	
技巧	Acrobatic Gymnastics	18				18
武术	Wushu	66		6	25	35
围棋	Weiqi	11	1			10
国际象棋	Chess	25		4	8	13
象棋	Chinese Chess	3			3	
登山	Mountain Climbing	1		1		
攀岩	Rock Climbing	6				6
铁人三项	Triathlon	6			6	
高尔夫球	Golf ball	23		2	8	13
橄榄球	Rugby	117		4	90	23
航海模型	Marine Modeling Sports	1			1	
健美	Body Building	3	1		1	1
健美操	Aerobics	50		18	27	5
五人制足球	Futsal	12			6	6

20-9 体育系统机构人员情况（2018年）
Number of Institutions and Engaged Persons of Physical Education System(2018)

单位：个、人 (unit,person)

指标	Item	省级 Provincial Level		地级 Prefectural Level		县级 County Level	
		机构 Institutions	人员 Persons	机构 Institutions	人员 Persons	机构 Institutions	人员 Persons
总 计	**Total**	**35**	**3243**	**100**	**3178**	**199**	**3921**
独立行政机关	Independent Administrative Agencies of Government	1	51	17	373	89	1170
合并行政机关	Combined Administrative Agencies of Government						
竞技体校	Competitive Sports Schools			1	48	13	463
其他事业单位	Other Institutions	12	304	35	280	58	1530
本科院校	Colleges	1	548				
企业	Companies						
少儿体育运动学校(业余体校)	Spare-time Sports Schools			4	274	21	407
体育场馆	Stadiums and Gymnasiums	1	124	20	629	4	32
体育科研机构	Sport Scientific Research Institutions	1	48	3	20		
体育类民办非企业	People-run Non-enterprise Sport Units						
体育运动学校	Physical Education and Sport Schools			15	1373	4	82
体育中学	Sport Middle Schools	1	95			10	237
训练基地	Training Bases	2	34	2	56		
运动项目管理部门(优秀运动队)	Sports Events Managing Agencies	16	2039	1	88		
其他机构	Other Institutions			2	37		

20-10 卫生总费用
Total Health Expenditure

年份 Year	卫生总费用(亿元) Total Health Expenditure (100 million yuan)	政府卫生支出 Government Health Expenditure		社会卫生支出 Social Health Expenditure		个人现金卫生支出 Out-of-pocket Health Expenditure		人均卫生总费用(元) Per Capita Health Expenditure (yuan)	卫生总费用占GDP比重(%) Health Expenditure as Percentage of GDP (%)
		绝对数(亿元) Level (100 million yuan)	占卫生总费用比重(%) As Percentage of Health Expenditure (%)	绝对数(亿元) Level (100 million yuan)	占卫生总费用比重(%) As Percentage of Health Expenditure (%)	绝对数(亿元) Level (100 million yuan)	占卫生总费用比重(%) As Percentage of Health Expenditure (%)		
1998	195.71	30.66	15.67	56.62	28.93	108.43	55.40	221.44	2.79
1999	227.96	31.96	14.02	58.05	25.46	137.96	60.52	256.63	3.04
2000	271.98	34.96	12.85	67.16	24.69	169.85	62.45	302.30	3.26
2001	301.92	39.60	13.12	90.42	29.95	171.89	56.93	333.94	3.28
2002	353.46	48.42	13.70	96.92	27.42	208.13	58.88	389.19	3.44
2003	399.68	59.13	14.79	117.92	29.50	222.64	55.70	438.01	3.31
2004	448.60	69.68	15.53	136.31	30.39	242.61	54.08	488.67	2.99
2005	542.13	83.83	15.46	168.77	31.13	289.53	53.41	586.21	2.93
2006	650.10	108.89	16.75	219.95	33.83	321.26	49.42	698.36	2.94
2007	801.02	148.01	18.48	272.91	34.07	380.10	47.45	855.15	3.08
2008	987.17	193.19	19.57	359.72	36.44	434.26	43.99	1048.25	3.18
2009	1163.20	254.02	21.84	428.68	36.85	480.51	41.31	1228.26	3.43
2010	1345.30	327.40	24.34	497.02	36.95	520.88	38.72	1403.13	3.43
2011	1648.65	425.10	25.78	616.02	37.37	607.53	36.85	1710.70	3.63
2012	1928.88	498.38	25.84	726.42	37.66	704.09	36.50	1991.65	3.86
2013	2245.97	571.45	25.44	874.71	38.95	799.80	35.61	2307.49	4.11
2014	2484.16	619.70	24.95	1039.50	41.84	824.97	33.21	2537.60	4.18
2015	2844.96	722.22	25.39	1213.99	42.67	908.75	31.94	2889.11	4.52
2016	3354.70	813.19	24.24	1536.92	45.81	1004.59	29.95	3372.70	4.93
2017	3570.82	842.49	23.59	1679.35	47.03	1048.99	29.38	3568.74	4.92

20－11　卫生事业基本情况
Basic Statistics of Health Institutions

年 份 Year	卫生机构数（个） Number of Health Institutions (unit)	#医 院、卫生院 Hospitals and Township Hospitals	卫生机构床位数（万张） Number of Beds (10 000 sets)	#医 院、卫生院 Hospitals and Township Hospitals	卫生技术人员数（万人） Medical Technical Personnel (10 000 persons)	#执业(助理)医师 Licensed (Assistant) Doctors
1949	288	112	0.3	0.3	2.6	1.8
1952	1879	223	1.8	0.9	3.9	2.0
1955	4620	221	2.1	1.1	6.0	2.9
1957	10235	232	2.4	1.5	7.3	3.3
1962	19460	349	4.9	3.4	9.0	4.3
1965	16336	502	5.4	3.8	8.9	4.4
1970	6173	2155	6.2	5.7	7.9	3.7
1975	7092	2336	9.3	8.6	12.4	5.0
1976	7438	2402	10.2	9.4	13.6	5.2
1977	8003	2420	11.1	10.3	14.4	5.5
1978	8389	2453	12.0	11.1	15.0	5.7
1979	8731	2541	12.5	11.6	16.1	6.2
1980	8908	2552	12.7	11.7	16.9	6.2
1981	9448	2565	12.9	11.8	17.9	6.9
1982	9830	2583	13.2	12.0	18.7	7.3
1983	9965	2597	13.5	12.2	19.3	7.6
1984	9972	2626	14.1	12.8	19.8	7.7
1985	10304	2623	14.7	13.4	20.5	8.0
1986	10399	2659	15.3	13.9	21.3	8.3
1987	10634	2690	16.2	14.7	22.1	8.7
1988	10475	2767	16.8	15.2	22.8	9.2
1989	10707	2975	17.2	15.5	23.4	10.4
1990	11040	3037	17.7	16.0	24.1	10.7
1991	11141	3066	18.2	16.5	24.1	10.5
1992	10865	3097	18.7	17.1	24.7	10.6
1993	10881	3096	19.5	17.7	25.8	11.1
1994	10654	3134	19.9	18.1	26.4	11.5
1995	10463	3104	20.0	18.2	27.1	11.9
1996	11968	3139	20.0	18.7	28.7	12.8
1997	10993	3151	20.7	19.4	29.4	13.0
1998	11008	3170	20.8	19.6	30.1	13.3
1999	14611	3151	21.3	20.1	30.8	13.9
2000	17118	3150	21.5	20.3	31.5	14.5
2001	17348	3000	21.8	20.7	31.8	14.9
2002	17500	2980	22.1	21.0	32.2	15.4
2003	16025	2929	21.8	20.8	31.1	13.4
2004	16574	2891	23.2	21.6	32.3	13.9
2005	16788	2922	25.1	23.5	32.5	14.1
2006	17016	2942	25.9	24.3	33.7	14.6
2007	15337	3075	28.3	26.5	34.6	15.0
2008	14973	3008	32.0	29.7	37.6	16.0
2009	15094	3024	34.7	32.1	40.6	16.9
2010	16496	3099	38.2	35.1	44.1	17.8
2011	68275	3135	41.6	37.8	48.2	18.6
2012	68840	3188	47.3	43.0	53.0	20.1
2013	75475	3426	49.0	44.6	59.8	23.2
2014	77066	3491	50.0	45.9	60.4	23.1
2015	77435	3556	51.9	47.7	61.9	23.7
2016	77050	3643	54.3	49.8	64.3	24.5
2017	79099	4108	58.5	53.8	68.9	26.5
2018	81512	4219	60.8	56.0	73.9	29.0

注：1.自2011年，医疗卫生机构数含村卫生室。2.自2013年，医疗卫生机构数含部分计划生育技术服务机构。
a)Since 2011, the number of health institutions include village health room.
b)Since 2013 ,the data of health institutions include technical service centers for birth control.

20-12 医院工作状况
Basic Statistics of Hospitals above County Level

项目	Item	2013	2014	2015	2016	2017	2018
机构数 (个)	Number of Medical Units (unit)	1783	1854	1926	2019	2450	2579
诊疗人次数 (万人次)	Number of Patients Treated (10 000 person-times)	16580	17921	18711	20363	22518	23295
#门诊急诊人次数 (万人次)	Out-Patients and Emergency (10 000 person-times) Patients	16116	17455	18257	19799	21831	22606
#死亡人数 (人)	Casualties (person)	22955	23031	24180	25060	29188	27655
观察室收容病人数 (万人次)	Number of Inpatients (10 000 person-times)	238	228	216	229	262	216
#死亡人数 (人)	Casualties In-Patient (person)	4185	3884	4223	4312	4108	5056
健康检查人数 (万人)	Number of People Having Physical Checkup (10 000 persons)	1006	1103	1145	1172	1287	1367
本年入院人数 (万人)	Hospital Admissions (10 000 persons)	1030	1129	1167	1298	1412	1447
本年出院人数 (万人)	Number of People Discharged from Hospitals (10 000 persons)	1024	1124	1162	1293	1408	1445
本年住院病人手术人次数 (万人次)	Number of Operations on Inpatients (10 000 person-times)	245	279	283	330	381	396
年底实有病床数 (张)	Beds Owned by Hospitals at the Year-end (set)	342078	358855	378320	400077	441012	460690
实际开放总床日数 (万床日)	Total Number of Beds Used at Midnight (10 000 bed-days)	11905	12482	13208	13925	15073	15769
平均每日开放病床数 (张)	Average Number of Beds Used Every Day (set)	325286	341961	361851	381505	412962	432014
实际占用总床日数 (万床日)	Total Number of Beds Occupied (10 000 bed-days)	10139	10825	11135	11812	12572	13015
出院者占用总床日数 (万床日)	Total Number of Beds for Patients Discharged (10 000 bed-days)	9828	10617	10882	11565	12157	12666
病床周转次数 (次)	Turnover of Beds (time)	31.5	32.9	32.1	33.9	34.1	33.4
病床工作日 (日)	Days of Beds in Use (day)	311.7	316.6	307.7	309.6	304.4	301.3
病床使用率 (%)	Utilization Rate of Beds (%)	85.2	86.7	84.3	84.8	83.4	82.5
出院者平均在院日数 (日)	Average Hospitalization Period (day)	9.6	9.4	9.4	8.9	8.6	8.8

20-13 各类医疗卫生机构基本情况(2018年)
Basic Statistics on Medical Institutions(2018)

医疗机构分类	Institutions	机构数(个) Number of Institutions (unit)	床位数(张) Number of Beds	卫生技术人员(人) Number of Medical Personnel (person)			诊疗人次数(万人次) Visit (10 000 times)
					执业(助理)医师 Licensed (Assistant) Doctors	注册护士 Registered Nurse	
总计	**Total**	**81512**	**608446**	**738618**	**290037**	**322742**	**65589.4**
医院	**Hospital**	**2579**	**460690**	**472101**	**166558**	**234237**	**23295.3**
综合医院	Genaral Hospital	1549	321647	341971	120745	171559	17759.8
中医医院	Traditional Chinese Medicine Hospital	290	63208	68105	25579	30769	3198.7
专科医院	Specialized Hospital	646	67678	56494	18338	29184	2128.8
基层医疗卫生机构	**Basic Medical Institutions**	**77608**	**119373**	**212475**	**104559**	**69822**	**39601.8**
社区卫生服务中心(站)	Health Service Center for Community	2442	19580	34821	14406	12835	3770.3
卫生院	Health Centers	1640	99087	94248	39650	28504	7560.6
村卫生室	Village clinic	53271		13379	11058	2321	21698.1
门诊部	Outpatient Department	1424	654	16131	7990	6430	764.0
诊所、卫生所、医务室	Infirmaries and Clinics	18831	52	53896	31455	19732	1157.0
专业公共卫生机构	**Specialized Public Health Institutions**	**1131**	**25871**	**50925**	**17935**	**17702**	**2660.7**
疾病预防控制中心	Center for Disease Control and Prevention	178		8594	4180	696	
专科疾病防治院(所、站)	Specialized Disease Prevention &Treatment Institution	132	5442	4259	1620	1554	259.8
健康教育所(站、中心)	Health Education Institute	3		14	11	2	
妇幼保健院(所、站)	Women and Children Care Agencies	162	20365	31507	11114	14196	2345.9
急救中心(站)	First-Aid Center	13	64	310	91	151	54.9
采供血机构	Pick and Supply Blood Institution	24		1843	384	887	
卫生监督所(中心)	Medical Supervision Institution	153		3047			
计划生育技术服务机构	Institutions of Technical Service for Family Planning	466		1351	535	216	
其他机构	**Other Institutions**	**194**	**2512**	**3117**	**985**	**981**	**31.6**
疗养院	Sanatorium	13	2462	1208	417	569	31.6
临床检验中心	Clinical Laboratory Center	35	50	666	105	9	

20-14 各市卫生事业基本情况(2018年)
Statistics on Health Service by Region(2018)

地区	Region	卫生机构数(个) Number of Health Institutions (unit)	医院 Hospitals	疾病预防控制机构数 Sanitation Stations	妇幼保健机构 Maternity and Child Care Center	床位数(张) Beds (set)	医院 Hospitals	卫生机构人员(人) Health Care Institutions personnel (person)	卫生技术人员(人) Medical Technical Personnel (person)	执业(助理)医师 Licensed (Assistant) Doctors	注册护士 Nurses
全省总计	**Total**	**81512**	**2579**	**178**	**162**	**608446**	**460690**	**961792**	**738618**	**290037**	**322742**
济南市	Jinan	6030	246	12	12	57460	48843	104347	82834	32131	37492
青岛市	Qingdao	8028	318	26	12	57837	48638	102991	83975	34578	38360
淄博市	Zibo	4777	160	9	9	31823	24226	49901	39842	16099	16403
枣庄市	Zaozhuang	2583	82	6	7	23443	17480	34322	27414	10337	13267
东营市	Dongying	1701	74	6	6	13075	11624	22155	18513	7386	8227
烟台市	Yantai	5599	193	15	14	42551	31861	63772	50093	19486	20230
潍坊市	Weifang	7770	210	17	14	58362	42564	85992	66871	27158	29500
济宁市	Jining	6937	215	12	13	50737	38226	80774	60623	22731	27667
泰安市	Tai'an	4422	105	8	7	32557	25251	52462	38705	14612	17353
威海市	Weihai	2291	58	5	5	19327	15189	29131	23541	9191	10731
日照市	Rizhao	2534	57	5	5	15486	10641	24830	18695	7153	8150
莱芜市	Laiwu	1313	33	3	3	7351	5598	11777	8832	3509	3706
临沂市	Linyi	7754	202	15	14	64721	43728	89112	65103	24308	28335
德州市	Dezhou	5351	110	12	12	27021	18047	45206	33155	14537	12935
聊城市	Liaocheng	5904	159	9	10	33465	25329	49189	36716	13720	15300
滨州市	Binzhou	2895	107	8	8	21155	16031	34275	26874	10724	11891
菏泽市	Heze	5623	250	10	11	52075	37414	81556	56832	22377	23195

注:1.医院中不包括卫生院。2.本表内数字包括诊所、卫生保健所、医务室的机构、人员数。3.妇幼保健机构包括妇幼保健院、所、站。
a)Number of hospitals exclude the township hospitals.b)Data in this table include the number of clinics,health care centers,medical staff.
c)Maternity and child care centers include centers on different level.

主要统计指标解释

医疗卫生机构 指从卫生计生行政部门取得《医疗机构执业许可证》，或从民政、工商行政、机构编制管理部门取得法人单位登记证书，为社会提供医疗保健、疾病控制、卫生监督服务或从事医学科研和医学在职培训等工作的单位。医疗卫生机构包括医院、基层医疗卫生机构、专业公共卫生机构、其他医疗卫生机构。

医院 包括综合医院、中医医院、中西医结合医院、民族医院、各类专科医院和护理院，不包括专科疾病防治院、妇幼保健院和疗养院。

卫生人员 指在医院、基层医疗卫生机构、专业公共卫生机构及其他医疗卫生机构工作的职工，包括卫生技术人员、乡村医生和卫生员、其他技术人员、管理人员和工勤人员。一律按支付年底工资的在岗职工统计，包括各类聘任人员(含合同工)及返聘本单位半年以上人员，不包括临时工、离退休人员、退职人员、离开本单位仍保留劳动关系人员、本单位返聘和临聘不足半年人员。

卫生技术人员 包括执业医师、执业助理医师、注册护士、药师(士)、检验技师(士)、影像技师(士)、卫生监督员和见习医(药、护、技)师(士)等卫生专业人员。不包括从事管理工作的卫生技术人员(如院长、副院长、党委书记等)。

床位数 指年底固定实有床位(非编制床位)，包括正规床、简易床、监护床、正在消毒和修理床位、因扩建或大修而停用的床位，不包括产科新生儿床、接产室待产床、库存床、观察床、临时加床和病人家属陪侍床。

总诊疗人次数 指所有诊疗工作的总人次数，统计界定原则为：①按挂号数统计，包括门诊、急诊、出诊、预约诊疗、单项健康检查、健康咨询指导（不含健康讲座）人次。患者一次就诊多次挂号，按实际诊疗次数统计，不包括根据医嘱进行的各项检查、治疗、处置工作量以及免疫接种、健康管理服务人次数；②未挂号就诊、本单位职工就诊及外出诊（不含外出会诊）不收取挂号费的，按实际诊疗人次统计。

Explanatory Notes on Main Statistical Indicators

Health Care Institutions refer to the units which have been qualified the Certification of Health Care Institution issued by the administration of public health, or qualified the Certification of Corporate Unit issued by the administration of civil affairs, the administration for industry and commerce, or the commission office for public sector reform, and which engage in medical care, disease prevention and control, health supervision and inspection, medicine research and health education, etc, including: hospitals, primary-level medical and health care institutions, public health centers, and so on.

Hospitals include polyclinics, traditional Chinese therapeutics and western therapeutics, ethical hospitals, various specialty hospitals and nursing hospitals, exclusive of women and children care agencies, special disease prevention and curing agencies.

Health Care Employees refer to the employees engaged in hospitals, primary-level medical and health care institutions, and other medical and health institutions, including medical technical personnel, rural doctors and hygienists, other technical personnel, administrative staff and handymen. The data is based on the year end payroll, including all kinds employees (contract workers) and rehired retired staff, and excluding temporary workers, retired personnel, resigned personnel, personnel who have left the institution but kept labor relations, and rehired personnel on duty less than six months.

Medical Technical Personnel refers to the professional staff engaged in health care, including licensed doctors, licensed assistant doctors, registered nurses, pharmacists, and laboratory technicians, imaging technicians, health care supervisors, and intern doctors ,pharmacists, nurses, and technicians and so on, excluding the personnel engaged in managerial jobs, such as presidents, vice presidents or party secretaries.

The Number of Beds refer to the number of fixed existing beds which include regular beds, simple beds, care beds, beds being disinfected or fixed and beds not in use because of expansion and housing repairs, excluding neonatal beds, beds for expectant mothers, stored beds, observation beds, temporarily added beds and accompanying beds.

Total Visits refer to all the people visiting health institutions. The data is based on the registration number, including outpatients, emergency treatments, home visits, appointment clinics, health examinations and health counseling, and also on the number of people on medical treatment unregistered in and out of their units, with excluded the number of people on medical device for physical checkup, treatment, disposal workload, immunization and health management.

第
21
篇

公共管理和社会服务

Public Management and Social Services

简 要 说 明

一、本篇资料的主要内容

本篇资料反映了全省民政、司法、测绘、标准计量、质检和残疾人事业发展情况。

二、本篇资料的来源

1.民政部分的资料来源于省民政厅、省退役军人事务厅、省法院。

2.司法部分的资料来源于省司法厅、省检察院、省高院。

3.测绘部分的资料来源于省自然资源厅。

4.交通、火灾部分资料来源于省公安厅、省应急厅。

5.标准计量、质检部分的资料来源于省市场监管局。

6.残联资料来源于山东残疾人联合会。

本篇资料中，测绘和标准计量部分由省统计局综合处加工整理，其他各部分资料由省统计局人口处（社科处）整理提供。

Brief Introduction

I. Content

Data in this chapter show the basic conditions of civil affairs，legal and judicial affairs, surveying and mapping, standard measuring ,quality inspection and work for persons with disabilities .

II. Source of Data

(1)Data on civil affairs are provided by Shandong Provincial Department of Civil Affairs,Provincial Department of Retired Military Affairs and Provincial Department of Court.

(2)Data on legal and judicial affairs are provided by Shandong Provincial Department of Justice, Provincial Department of Procuratorate and Provincial Department of High Court.

(3)Data on surveying and mapping are provided by the Department of Nature and Resources of Shandong Province.

(4) Data on traffic and fire are provided by Shandong Provincial Department of Public Security and Provincial Department of Emergency.

(5)Data on standard measuring are provided by Shandong Provincial Department of Market Regulatory Authority .

(6)Data on Disabled persons are from the Shandong Disabled Persons Federation.

In this chapter, data on surveying are prepared by the Division of Comprehensive Statistics of Shandong Provincial Bureau of Statistics. Other data are prepared by the Division of Urbanization,Population and Employment Statistics（by the Division of Social,Science and Culture Industry Employment Statistics）of Shandong Provincial Bureau of Statistics.

21-1 民政事业基本情况
Basic Statistics on Civil Affairs

项　　目		Item		2014	2015	2016	2017	2018
一、民政事业支出情况		**Civil Affairs Expenditures**						
民政事业费总支出	(万元)	Total Operating Expenses For Civil Affairs	(10 000 yuan)	2706752	2871389	3048813	3394553	3209887
基本建设支出	(万元)	Capital expenditures	(10 000 yuan)	307322	180588	131334	66800	57604
二、优抚安置情况		**Veteran Benefit and Placement**						
国家抚恤、补助各类优抚对象	(人)	State Pensions, Subsidies of Various Kinds of Allowances	(person)	959504	898504	841128	888171	832504
优待军属户数	(户)	Benefits Military Families	(household)	94016	91332	91664	84885	69185
三、社会救助情况		**Social Relief**						
城镇居民最低生活保障人数	(人)	Number of Urban Residents for Minimum Livelihood Guarantee	(person)	446119	372321	308575	237786	159119
城镇最低生活保障支出	(万元)	Expenditures by Urban Residents for Minimum Livelihood Guarantee	(10 000 yuan)	183590	163876	146030	126638	94895
农村最低生活保障人数	(人)	Number of Rural residents for Minimum Livelihood Guarantee	(person)	2582089	2374164	2176628	1815546	1171327
农村最低生活保障支出	(万元)	Expenditures by Rural residents for Minimum Livelihood Guarantee	(10 000 yuan)	505161	515061	548395	520892	413789
农村特困供养人数	(人)	Rural Poor of Dependents	(person)	226014	212224	210594	210461	55610
资助参加基本医疗保险人数	(人)	Funding of the Number of Basic Medical Insurance	(person)	2548991	2411578	2200170	1847770	1113433
优抚对象享受医疗保障人数	(人)	Number of Allowances To Enjoy Medical Insurance	(person)	553563	483604	459962	431537	296126
四、社会组织情况		**Social Organization**						
社会组织个数	(个)	Total	(unti)	41165	43411	45963	48727	51269
社会团体	(个)	Social Groups	(unti)	17738	17378	17380	17657	17533
民办非企业	(个)	Private Non-Enterprise	(unti)	23335	25915	28448	30903	33536
基金会	(个)	Foundation	(unti)	92	118	135	167	200
五、社会事务情况		**Social Affairs**						
孤儿数	(人)	Number of Orphans	(person)	18023	17534	17360	16072	10818
家庭儿童收养登记数	(件)	Number of Adoption Registration of Chidren Adopted by Families	(case)	2416	2414	1982	1662	1318
六、基层自治组织情况		**Primary-Level Self-Governing Bodies**						
村民委员会	(个)	Villagers ' Committee	(unti)	73388	74250	74217	74167	69599
居民委员会	(个)	Residents ' Committee	(unti)	6627	6651	6731	6828	7386
七、福利彩票情况		**Welfare Lottery**						
销售额	(亿元)	Sales	(100 millon yuan)	147.8	144.9	146.9	151.5	152.9
全省各级留用公益金	(亿元)	At All Levels In the Province Retained the Community Chest	(100 millom yuan)	21.0	20.3	21.1	21.8	22.1

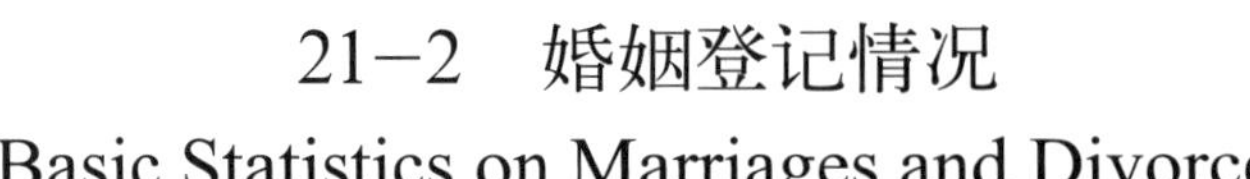

21-2 婚姻登记情况
Basic Statistics on Marriages and Divorces

项　　目	Item	2014	2015	2016	2017	2018
一、国内登记结婚	**Domestic Marriage Registration**					
准予登记结婚 (对)	Registered Marriage (couple)	831823	701034	670678	625812	599034
#恢复结婚 (对)	Resuming of Marriage (couple)	3566	1955	1610	13368	13706
初婚人数 (人)	First Marriage (person)	1358269	1104987	995075	901747	839568
再婚人数 (人)	Number of Remarriage (person)	305377	297081	346281	349877	358500
男　性 (人)	Male (person)	146149	139453	162761	162598	167142
女　性 (人)	Female (person)	159228	157628	183520	187279	191358
二、涉外登记结婚	**Marriage Registration Concerning Foreigners**					
准予登记结婚 (对)	Registered Marriage (couple)	1365	1085	1091	1122	1316
准予登记结婚人数 (人)	Number of Persons Registered (person)	2730	2170	2182	2244	2632
国内公民 (人)	Domestic Citizens (person)	1339	1069	1024	1111	1313
男　性 (人)	Male (person)	502	329	361	499	700
女　性 (人)	Female (person)	837	740	663	612	613
港澳居民 (人)	Compatriots in Hong Kong and Macao (person)	46	51	91	27	30
台湾居民 (人)	Compatriots in Taiwan (person)	203	180	138	145	127
华　侨 (人)	Overseas Chinese (person)	39	22	24	24	28
外国人 (人)	Foreigners (person)	1103	848	905	937	1134
三、离婚登记	**Divorce Registration**					
法院受理离婚案件 (件)	Divorce Case Handled (unit)	115323	121126	117863	114869	115692
准予登记离婚总数 (对)	Number of Registered Divorce (couple)	234143	240933	254506	272501	274497
民政部门办理离婚(对)	Divorces Handled through Civil Administration Departments (couple)	181336	185305	201101	220424	224524
#涉外婚姻 (对)	Divorces Concerning Foreigners (couple)	151	152	143	172	192
法院调解离婚 (对)	Divorces through Law Court Mediation (couple)	36307	36222	33327	35425	35404
法院判决离婚 (对)	Divorces through Law Court Judgment (couple)	16500	19406	20078	16652	14569

21-3 殡葬服务情况
Statistics on Funeral and Interment Services

年份 地区	Year Region	殡葬类单位数(个) Number of Funeral and Interment Enterprises (unit)	年末职工总数(人) Employeesat Year-end (person)	火化炉数(台) Number of Cremators (set)	全年处理遗体数(具) Cremated Remains During the Year (bodies)
2005		162	3403	390	540020
2006		164	3338	397	512846
2007		165	3450	422	540641
2008		167	3457	430	565845
2009		168	3353	440	585799
2010		166	3372	456	616092
2011		168	3366	466	610564
2012		167	3342	474	629825
2013		168	3372	477	599057
2014		173	3509	494	581500
2015		171	3511	504	586755
2016		172	3485	518	611920
2017		178	3745	542	627723
2018		179	3796	569	659823
济南市	Jinan	8	336	42	45865
青岛市	Qingdao	10	206	51	64720
淄博市	Zibo	10	108	33	28742
枣庄市	Zaozhuang	6	94	18	15420
东营市	Dongying	4	125	18	11435
烟台市	Yantai	21	403	62	59864
潍坊市	Weifang	16	345	57	69319
济宁市	Jining	21	526	60	56400
泰安市	Tai'an	9	167	24	39260
威海市	Weihai	8	153	20	25641
日照市	Rizhao	6	114	18	19381
莱芜市	Laiwu	2	46	6	9069
临沂市	Linyi	13	286	49	73172
德州市	Dezhou	14	255	35	33709
聊城市	Liaocheng	9	193	28	29915
滨州市	Binzhou	12	233	24	29829
菏泽市	Heze	10	206	24	48082

21−4 律师、公证工作基本情况
Basic Statistics on Lawyers and Notarization

项 目		Item		2011	2012	2013	2014	2015	2016	2017	2018
律师工作		**Lawyers**									
律师事务所	(个)	Number of Law Offices	(unit)	1199	1283	1372	1512	1629	1796	1931	2029
国资所	(个)	State-owned	(unit)	43	43	42	41	37	35	33	25
合作所	(个)	Cooperative	(unit)								
合伙所	(个)	Partnership	(unit)	866	893	936	1021	1079	1173	1276	1399
个人发起所	(个)	Initiated by Individual	(unit)	290	347	394	450	513	588	622	605
执业律师	(人)	Number of Lawyers	(person)	14137	15633	16941	18405	20043	22043	24437	26986
专职律师	(人)	Full-time Lawyers	(person)	13102	14497	15724	17147	18726	20601	22715	24478
兼职律师	(人)	Part-time Lawyers	(person)	506	532	556	568	615	624	656	676
公证工作		**Notarization**									
公证处	(个)	Number of Notary Offices	(unit)	158	158	158	158	157	157	157	158
公证员	(人)	Notaries	(person)	903	908	903	1040	1054	1017	2292	1037
公证员助理	(人)	Assistant Notaries	(person)	386	369	513	518	528	569	714	827
办理各类公证事项	(万件)	Number of Notarized Affair	(10 000 units)	53	58.9	64	67.8	70.9	77.1	84.4	87.3

21−5 各市交通事故情况（2018年）
Basic Statistics on Traffic Accidents by Region (2018)

地 区	Region	发生数 (起) Number of Traffic Accidents (case)	死亡人数 (人) Number of Deaths (person)	受伤人数 (人) Number of Injuries (person)	直接财产损失 (万元) Direct Property Losses (10 000 yuan)
全省总计	**Total**	**13280**	**3610**	**12384**	**5546.66**
济 南 市	Jinan	3071	419	3199	947.36
青 岛 市	Qingdao	1825	319	1814	573.76
淄 博 市	Zibo	1101	314	983	523.98
枣 庄 市	Zaozhuang	286	112	191	86.70
东 营 市	Dongying	459	129	433	157.46
烟 台 市	Yantai	596	221	557	124.73
潍 坊 市	Weifang	1033	303	912	489.27
济 宁 市	Jining	806	212	758	259.72
泰 安 市	Tai'an	502	207	459	308.95
威 海 市	Weihai	171	141	71	31.22
日 照 市	Rizhao	424	113	328	213.30
莱 芜 市	Laiwu	266	55	256	108.51
临 沂 市	Linyi	522	289	325	292.03
德 州 市	Dezhou	631	222	527	218.36
聊 城 市	Liaocheng	1043	242	1169	619.51
滨 州 市	Binzhou	276	114	229	213.45
菏 泽 市	Heze	155	140	68	130.33

注：全省总计含高速交警总队和直属公安局数据。
a)The total including data of high-speed traffic police corps and directly under the provincial public security bureau.

21-6 火灾事故情况（2018年）
Basic Statistics on Fire Accidents(2018)

项目	Item	合计 Total	特大 Extraordinarily Serious	重大 Serious	较大 Comparatively Serious	一般 Ordinary
发生（起）	Fire Accidents (case)	18031				18031
死亡（人）	Deaths (person)	29				29
受伤（人）	Injuries (person)	15				15
直接经济损失（万元）	Direct Economic Losses (10 000 yuan)	21104				21104
平均每起事故损失（元）	Average Loss of Fire (yuan)	11704				11704

21-7 各市火灾事故情况（2018年）
Basic Statistic on Fires by Region(2018)

地区	Region	发生数（起） Number of Fire Accidents (case)	死亡人数（人） Number of Deaths (person)	受伤人数（人） Number of Injuries (person)	直接经济损失（万元） Direct Economic Losses (10 000 yuan)
全省总计	**Total**	**18031**	**29**	**15**	**21104**
济南市	Jinan	1582	10		871
青岛市	Qingdao	1269	2	6	3023
淄博市	Zibo	691			400
枣庄市	Zaozhuang	973		2	552
东营市	Dongying	1325	2	1	561
烟台市	Yantai	1515	1		1500
潍坊市	Weifang	1166			1144
济宁市	Jining	1500			1166
泰安市	Tai'an	1064	2		539
威海市	Weihai	763			764
日照市	Rizhao	289		1	2450
莱芜市	Laiwu	105			273
临沂市	Linyi	2247	2	3	2430
德州市	Dezhou	792			1161
聊城市	Liaocheng	1314	1	2	3463
滨州市	Binzhou	494	2		319
菏泽市	Heze	942	7		490

21-8 人民检察院审查批准、决定逮捕犯罪嫌疑人和提起公诉被告人情况（2018年）

Arrests of Criminal Suspects and Defendants under Public Prosecution Approved by People's Procuratorate (2018)

案件分类	Category of Cases	批捕、决定逮捕合计 Total of Arrests		决定起诉合计 Total of Public Prosecutions	
		件 (case)	人 (person)	件 (case)	人 (case)
合　计	**Total**	**30485**	**41086**	**71176**	**93147**
公安、安全、监狱机关提请小计	Sub-total of Requests by Departments of State and Public Security and Prisons	30399	40990	70222	91934
危害国家安全案	Offences Against State Security	1	1	3	3
危害公共安全案	Offences Against Public Security	3916	4100	30386	30478
破坏社会主义市场经济秩序案	Offences Against Socialist Economic Order	2604	3814	3893	7793
侵犯公民人身、民主权利案	Offences Against Citizens' Personal and Democratic Rights	6542	7772	11953	15121
侵犯财产案	Offences Against Properties	9232	12072	13175	17587
妨害社会管理秩序案	Offences Against Social Management of Order	8086	13212	10794	20930
危害国防利益案	Offences Against National Defense	17	19	18	22
军人违反职责案	Offences on Dereliction of Duty by Servicemen				
职务犯罪案件小计	Sub-total of Cases Handled Directly by Procuratorate's Offices	86	96	954	1213
贪污贿赂案	Offences on Corruption and Bribery	83	93	860	1070
渎职侵权案	Offences on Abuse and Dereliction of Duty	3	3	94	143

21-9 人民法院审理一审案件情况

First Trial Cases by Courts

单位：件 (case)

年　份 Year	收　案 Cases Accepted	刑　事 Criminal	民　事 Civil	行　政 Administrative
2005	537098	41768	476405	18925
2006	530542	42175	468457	19910
2007	535832	43501	472368	19963
2008	603565	44935	534050	24580
2009	625334	45711	552631	26992
2010	652618	44885	578371	29362
2011	681311	48777	603837	28697
2012	711631	56597	629299	25735
2013	699878	54966	626509	18403
2014	730167	58763	655196	16208
2015	848676	63910	767974	16792
2016	848117	60802	769902	17413
2017	803382	63629	724970	14783
2018	926131	70425	838135	17571

注：一审案件指人民法院按照诉讼级别管辖按第一审程序审理的案件。

a) First trial cases refer to cases accepted by people's courts according to the first trial proceedings.

21－10　分系统测绘持证部门情况(2018年)
Basic Statistics on Surveying and Mapping Departments(2018)

系统名称	Sector	持证单位数(个) Departments with Certificate (unit)	#甲级 First-class	乙级 Second-class	测绘专业技术人员(人) Employed Staff (person)	#高级职称 Senior Title	中级职称 Intermediate Title	测绘服务总值(万元) Output Value (10 000 yuan)
测绘	Surveying and Mapping	3	2	1	453	75	191	32121
国土资源	Land and Resources	117	6	24	1496	194	556	62364
城乡建设与规划	Urban-Rural Construction and Planning	201	7	23	2473	269	885	123473
铁道	Railway	2	1	1	52	5	37	1959
交通运输	Transportation	20		6	250	95	94	5514
水利水电	Water and Hydro	30	2	9	348	87	135	12702
石油	Oil	5	1	4	122	39	44	6176
煤炭	Coal	16	2	4	334	39	93	9456
有色金属	Non-Ferrous Metal	2		1	19	2	10	466
农业	Agriculture	2			13	1	6	80
地震	Earthquake	1		1	24	6	11	12
海洋	Ocean	12	1	3	154	64	52	1345
科教文卫	Science and Technology, Education,Culture,Health	4	1		70	45	15	1540
冶金	Metallurgy	13	5	3	801	32	210	73310
其他	Others	692	26	106	6752	564	1949	246258

21－11　各市测绘持证单位个数和人员情况(2018年)
Basic Statistics on Surveying and Mapping Departments by Region(2018)

地区	Region	持证单位数(个) Departments with Certificate (unit)	#甲级 First-class	乙级 Second-class	测绘专业技术人员(人) Surveying and Mapping Technical Personnel (person)	#高级职称 Senior Title	中级职称 Intermediate Title	测绘服务总值(万元) Output Value (10 000 yuan)
全省总计	**Total**	**1120**	**54**	**186**	**13342**	**1511**	**4288**	**577053**
济南市	Jinan	164	25	45	3957	494	1277	245350
青岛市	Qingdao	136	5	28	1556	286	507	82598
淄博市	Zibo	63	5	10	636	57	178	28422
枣庄市	Zaozhuang	32		4	257	32	105	4518
东营市	Dongying	72	5	13	842	101	253	37242
烟台市	Yantai	85	3	14	1115	114	361	47736
潍坊市	Weifang	91	3	11	732	46	265	23025
济宁市	Jining	70	2	6	655	65	226	14413
泰安市	Tai'an	52	1	8	524	48	135	12480
威海市	Weihai	34	2	4	288	15	68	10809
日照市	Rizhao	35	2	7	325	33	108	12040
莱芜市	Laiwu	31		1	191	13	67	7111
临沂市	Linyi	69	1	12	677	59	209	16447
德州市	Dezhou	63		10	578	70	180	14348
聊城市	Liaocheng	45		6	363	33	119	7815
滨州市	Binzhou	32		2	248	20	90	4203
菏泽市	Heze	46		5	398	25	140	8222

21-12 残疾人事业基本情况
Basic Statistics on the Work for Persons with Disabilities

项　　目		Item		2018
康复		**Rehabilitation**		
视力残疾人接受基本康复服务	(人)	Basic Vision Rehabilitation Services for Persons with Disabilities	(person)	56121
盲人	(人)	the Blind	(person)	33441
低视力者	(人)	Low Vision	(person)	22680
听力残疾人接受基本康复服务	(人)	Basic Rehabilitation Services for Persons with Hearing Disabilities	(person)	44865
0-6岁儿童	(人)	0-6 Years old Children	(person)	2296
7-17岁儿童	(人)	7-17 Years old Children	(person)	2798
成人	(人)	Adult	(person)	39771
肢体残疾人接受基本康复服务	(人)	Basic Rehabilitation Services for Persons with Physically Disabled	(person)	455998
0-6岁儿童	(人)	0-6 Years old Children	(person)	5563
7-17岁儿童及成人	(人)	7-17 Years old Children and Adult	(person)	450435
智力残疾人接受基本康复服务	(人)	Basic Rehabilitation Services for People with Mental Retardation	(person)	56429
0-6岁儿童	(人)	0-6 Years old Children	(person)	4996
7-17岁儿童及成人	(人)	7-17Years old Children and Adult	(person)	51433
精神残疾人接受基本康复服务	(人)	Basic Rehabilitation Services for persons with Mental Disabilities	(person)	84235
0-6岁孤独症儿童	(人)	0-6 Years old Autism Children	(person)	2336
7-17岁孤独症儿童	(人)	7-17 Years old Autism Children	(person)	1766
成年精神残疾人	(人)	Adults with Mental Disabilities	(person)	80133
残疾人康复机构	(个)	Rehabilitation of Persons with Disabilities	(unit)	564
康复机构在岗人员	(万人)	Rehabilitation institutions Employed Personnel	(10 000 persons)	2.2
社区康复协调员	(万人)	Community Rehabilitation Coordinator	(10 000 persons)	4.6
教育		**Education**		
高等院校录取残疾考生	(人)	Admissions for Candidates with Disabilities in Colleges and Universities	(people)	511
就业		**Employment**		
残疾人就业状况	(万人)	the Employment Situation of Persons with Disabilities	(10 000 persons)	57.7
按比例就业	(万人)	Proportional Employment	(10 000 persons)	6.4
集中就业	(万人)	Focus on Employment	(10 000 persons)	2
个体就业	(万人)	individual Employment	(10 000 persons)	3.1
公益性岗位就业	(万人)	Public Welfare Jobs Employment	(10 000 persons)	0.3
辅助性就业	(万人)	Accessible Employment	(10 000 persons)	0.5
农村种养殖	(万人)	Species Breeding in Rural Areas	(10 000 persons)	35.3
灵活就业	(万人)	Flexible Employment	(10 000 persons)	10.1
社会保障		**Social Security**		
残疾居民参加城乡社会养老保险	(万人)	Disabled Residents in Urban and Rural Social Endowment insurance	(10 000 persons)	158.6
其中重度残疾人	(万人)	Severe Disabilities	(10 000 persons)	70.3
托养服务机构	(个)	Fostering Services	(unit)	377
托养残疾人数	(万人)	Farmed Out the Number of Persons with Disabilities	(10 000 persons)	3.8
扶贫		**Poverty Alleviation**		
残疾人扶贫基地建设		the Disabled Poor Base Construction		
残疾人扶贫基地	(个)	Bases for Poverty Alleviation of Persons with Disabilities	(unit)	421
安置残疾人就业	(万人)	Disabled Employment	(10 000 persons)	0.6
扶持带动残疾人户数	(万户)	Support-Led Families of Persons with Disabilities	(10 000 persons)	0.9
实用技术培训	(万人次)	Practical Techniques Training	(10 000 person-times)	1.7
农村残疾人危房改造	(户)	Renovate Dangerous Rural Persons with Disabilities	(household)	563
维权		**Activist**		
处理残疾人来信	(件次)	Letter From Dealing with Persons with Disabilities	(times)	378
接待残疾人来访	(人次)	Receiving Visiting Persons with Disabilities	(people-times)	2457
电话接听和处理残疾人反映问题	(件次)	Handled Phones Reflect the Problems of Persons with Disabilities	(piece-times)	6724

21-13 制造业各大类行业产品质量合格率(2018年)
Product Quality Qualified Rate of Manufacturing Industry(2018)

类别	Category	产品质量合格率(%) Product Quality Qualified Rate (%)
农副食品加工业	Processing of Food from Agricultural Products	98.29
食品制造业	Manufacture of Foods	99.11
酒、饮料和精制茶制造业	Manufacture of Wine, Drinks and Refined Tea	97.39
烟草制品业	Manufacture of Tobacco	100.00
纺织业	Manufacture of Textile	98.39
纺织服装、服饰业	Manufacture of Textile Wearing Apparel and Finery	94.78
皮革、毛皮、羽毛及其制品和制鞋业	Manufacture of Leather, Fur, Feather & Its Products and Footwear	86.46
木材加工和木、竹、藤、棕、草制品业	Processing of Timbers, Manufacture of Wood, Bamboo, Rattan, Palm and Straw Products	95.27
家具制造业	Manufacture of Furniture	93.55
造纸和纸制品业	Manufacture of Paper and Paper Products	95.79
印刷和记录媒介复制业	Printing, Reproduction of Recording Media	93.75
文教、工美、体育和娱乐用品制造业	Manufacture of Culture, Education,Arts and crafts，Sport and Entertainment Goods	84.89
石油、煤炭及其他核燃料加工业	Processing of Oil,Coal and Other Fuel	99.49
化学原料和化学制品制造业	Manufacture of Chemical Raw Material and Chemical Products	98.04
医药制造业	Manufacture of Medicines	
橡胶和塑料制品业	Manufacture of Rubber and Plastic	93.57
非金属矿物制品业	Manufacture of Non-metallic Mineral Products	95.60
黑色金属冶炼和压延加工业	Manufacture and Processing of Ferrous Metals	98.48
有色金属冶炼和压延加工业	Manufacture & Processing of Non-ferrous Metals	95.82
金属制品业	Manufacture of Metal Products	91.09
通用设备制造业	Manufacture of General Purpose Machinery	98.93
专用设备制造业	Manufacture of Special Purpose Machinery	97.79
汽车制造业	Manufacture of Automotive	96.05
铁路、船舶、航空航天和其他运输设备制造业	Manufacture of Railroad,Marine,Aerospace and Other Transportation Equipment	100.00
电气机械和器材制造业	Manufacture of Electrical Machinery & Equipment	94.94
计算机、通信和其他电子设备制造业	Manufacture of Computer, Communications and Other Electronic Equipment	
仪器仪表制造业	Manufacture of Measuring Instrument	94.04
其他制造业	Other Manufacture	82.14

21-14 产品质量监督抽查情况(2018年)
Results of Sampling Check on the Quality of Products (2018)

项 目	Item	抽查企业 (家) Number of Enterprises Supervised (unit)	抽查产品 (批) Production Supervised (batch-time)	不合格产品 (批) Production Unqualified (batch-time)
合 计	**Total**	**3629**	**3729**	**170**
食品相关产品	Food related products	289	296	5
日用消费及纺织品	Consumer Goods and Textiles	691	716	36
建筑与装饰装修材料	Building & Decoration Material	896	907	41
农业生产资料	Agricultural Means of Production	199	203	11
轻工产品	Light Industry Products	444	450	27
机械及安防产品	Machinery, Security and Protection Products	888	933	35
电子电器	Electronic and Electrical Appliances	139	141	12
电工及材料	Electrical Engineering and Materials	83	83	3

21－15　各市质量强省和名牌战略实施情况(2018年)
Statistics on Quality Province and Famous Brand Strategy by Region(2018)

单位：个　　(unit)

地　区　Region	年度山东名牌产品 Famous-brand Products of Shandong Province of This Year	年末累计山东名牌产品 Famous-brand Products of Shandong end to This Year	年度山东省服务名牌 Famous-brand Services of Shandong of This Year	年末累计山东省服务名牌 Famous-brand Services of Shandong end to This Year	年度省长质量奖 Shandong provincial governor Quality Award of This Year	年末累计省长质量奖 Shandong provincial governor Quality Award end to This Year	年度地理标志保护产品 Products Protected by Geographical Indications of This Year	年末累计地理标志保护产品 Products Protected by Geographical Indications end to This Year
全省总计 Total	331	1404	214	757		68		**78**
济南市 Jinan	24	83	19	70		11		1
青岛市 Qingdao	53	231	57	171		9		6
淄博市 Zibo	28	67	3	26		4		3
枣庄市 Zaozhuang	7	38	5	15				3
东营市 Dongying	7	40	9	24		5		1
烟台市 Yantai	23	104	12	65		6		10
潍坊市 Weifang	27	130	13	60		7		12
济宁市 Jining	23	103	11	46		3		9
泰安市 Tai'an	27	111	8	35				2
威海市 Weihai	18	98	22	74		5		4
日照市 Rizhao	13	55	9	17		2		3
莱芜市 Laiwu	9	44	1	5		1		5
临沂市 Linyi	22	84	21	62		4		2
德州市 Dezhou	13	53	1	25		1		1
聊城市 Liaocheng	12	59	8	18		6		6
滨州市 Binzhou	15	67	11	26		2		3
菏泽市 Heze	10	37	4	18		2		7

注：原山东名牌管理办法规定，山东名牌产品和山东服务名牌有效期为三年，2015年办法修订后无有效期，故2018年年末累计数不等于2017年年末累计数加上2018年年度数据。

a)Accroding to the original Shandong famous brand management measures, Shandong famous brand products and shandong famous brand services is va for three years, the validity of method revised in 2015, so accumulative frequency at the end of 2018 is not equal to accumulative at the end of 2017 plu annual data in 2018.

21-16 各市标准化工作情况(2018年)
Statistics on Standardization by Region(2018)

地区 Region	制定国际标准数量 Number of Formulation International Standards		主导制定国家标准数量 Number of Leading Formulation National Standards		制修订地方标准数量 Number of Formulation or Revision Local Standards		标准化实施项目数量 Number of Standardization Project			
							国家级 National		省级 Provincial	
	本年度 This Year	累计 Accumul -ative	本年度 This Year	累计 Accumul -ative	本年度 This Year	累计 Accumul -ative	本年度 This Year	累计 Accumul -ative	本年度 This Year	累计 Accumul -ative
全省总计 Total	**19**	**127**	**102**	**1438**	**560**	**3269**	**61**	**419**	**511**	**1142**
省直 Shengzhi			14	224	199	1587	1	3	8	10
济南市 Jinan		8	19	250	143	484	7	48	45	122
青岛市 Qingdao	11	87	29	460	28	193	17	49	37	80
淄博市 Zibo	3	7	6	127	24	68	3	25	21	64
枣庄市 Zaozhuang		1		5	9	33		10	15	39
东营市 Dongying	1	1	3	21	3	29	2	21	10	37
烟台市 Yantai		2	7	102	21	226	2	26	34	62
潍坊市 Weifang	1	2	3	58	20	93	4	47	26	77
济宁市 Jining			6	33	13	85	1	19	34	67
泰安市 Tai'an			3	46	37	259	1	23	27	62
威海市 Weihai	1	2	5	28	7	43	6	26	31	71
日照市 Rizhao		1	1	7	5	24	1	12	35	72
莱芜市 Laiwu		9	1	14		14	3	12	18	40
临沂市 Linyi	2	7	1	19	17	45	1	16	38	77
德州市 Dezhou			3	19	7	18	2	20	27	62
聊城市 Liaocheng				7	14	32	4	17	30	57
滨州市 Binzhou				10	9	23	5	28	37	81
菏泽市 Heze			1	8	4	13	1	17	38	62

主要统计指标解释

律　师　指依法取得律师执业证书，担任法律顾问，民事(刑事、行政)案件代理人、刑事案件辩护人、办理非诉讼业务，解答法律询问，代写法律事务文书等，为社会提供法律服务的人员。

公证人员　指在公证处工作的人员总称，包括公证处主任、副主任、公证员、公证员助理(助理公证员)和其他从事辅助性工作的人员。

公证文书　指公证处根据当事人申请，依照事实和法律，按照法定程序制作的，具有法律效力的司法证明文书。根据公证书用途和使用地，公证书分为国内公证书、国内经济公证书、涉外民事公证书、涉外经济公证书四类。

调解民间纠纷　指调解委员会按照法律规定，根据自愿原则，用说服教育的方法调解民间发生的有关民事权利和义务争执的件数，包括调解成功数和调解未成功数。该指标主要反映人民调解委员会的工作量。

受理劳动争议案件数　指劳动争议仲裁委员会根据国家有关规定，对劳动争议当事人的申请予以审查，符合受理条件而正式立案、准备处理的劳动争议案件数。

Explanatory Notes on Main Statistical Indicators

Lawyers are certified legal workers according to law, and who are employed by legal counseling firms to act as legal advisers, agents in criminal or civil lawsuits, or defenders in criminal lawsuits, or to handle non litigious legal affairs, to advise on matters of law or to write legal papers for others, and provide service to the public.

Notary Personnel refer to people working for notary offices including:directors,deputy directors,notaries,assistant notaries and other people providing assistance.

Notary Documents refer to the judicial notary documents drawn up at the request of the interested party and are in accordance with facts and the law and following certain legal proceedings.

Mediation of Civil Disputes refers to number of cases made by mediation committees in mediating in civil disputes concerning civil rights and duties through persuasion and education in accordance with the provisions of law on a voluntary basis, so as to solve disputes by helping the parties involved come to an agreement and understanding, including those unsuccessful ones. This indicator reflects the workload of the mediation committees.

Number of Labour Dispute Cases Accepted refers to the number of cases of labour dispute submitted that, after being reviewed by the labour dispute arbitration committees in line with the relevant national regulations, are accepted and registered for treatment.

第22篇

各县(市、区)主要经济指标

Main Indicators of Counties

(Cities and Districts at County Level)

简 要 说 明

一、本篇资料的主要内容

本篇资料反映了全省各县（市、区）经济社会事业发展基本情况，主要包括人口、土地面积、从业人员、农业、工业、投资、财政、金融、出口、农民收入和教育等方面的内容。

二、本篇资料的来源

本篇资料粮食数据、居民人均可支配收入分别由山东调查总队农业调查处、居民收支调查处整理提供，其余资料由省统计局农村处整理提供。

Brief Introduction

I. Content

Data in this chapter show the development in society and economy of counties or cities on the county level, mainly including population, area, employed persons, agriculture, industry, investment, finance, banking, post services and telecommunication, foreign trade, income of rural households and education.

II. Source of Data

Grain data and disposable income of rural households in this chapter are provided respectively by the Division of Rural Surveys and the Division of Residents' Income and Expenditure Surveys of NBS Survey office in Shandong. The rest of data are are provided by the Division of Countryside Statistics of Shandong Provincial Bureau of Statistics.

22-1 各县(市、区)主要经济指标(2018年)
Major Economic Indicators of Counties(Cities and Districts at County Level,2018)

地 区	Region	年 末 总人口 (万人) Total Population at Year-end (10 000 persons)	行政区域 土地面积 (平方公里) Area of Local land (sq.km)	一般公共 预算收入 (万元) General Pubilic Budget Revenue (10 000 yuan)	一般公共 预算支出 (万元) General Pubilic Budget Expenditure (10 000 yuan)	年末金融 机构各项 存款余额 (万元) Deposit Balance of Financial Institution at Year-end (10 000 yuan)	城乡居民储 蓄存款余额 (万元) Urban and Rural Household Savings Deposits (10 000 yuan)
济南市	**Jinan**						
历下区	Lixia	68.4	101	1441898	807661		
市中区	Shizhong	64.8	282	933633	558305		
槐荫区	Huaiyin	43.6	152	503447	423157		
天桥区	Tianqiao	52.6	259	451675	377710		
历城区	Licheng	89.9	1299	1041204	685682		
长清区	Changqing	56.8	1209	234995	667967	4187603	2552845
章丘区	Zhangqiu	105.2	1719	603234	707026	8074501	5105975
济阳区	Jiyang	59.2	1099	250566	462859	2863409	1690610
平阴县	Pingyin	37.5	715	218949	430987	2163033	1356694
商河县	Shanghe	64.3	1162	122577	419966	2014811	1440502
青岛市	**Qingdao**						
市南区	Shinan	55.0	32	921789	614559	64485200	
市北区	Shibei	90.2	66	1101239	683397		
黄岛区	Huangdao	129.8	2128	2626612	2217137	18884809	8110180
崂山区	Laoshan	30.5	396	1532191	987755		
李沧区	Licang	40.1	99	1001717	869924		
城阳区	Chengyang	55.2	584	1443569	1023115	12182409	5480793
即墨区	Jimo	117.6	1921	1111918	1687264	10300659	5805305
胶州市	Jiaozhou	85.9	1324	1003788	1169575	8582392	4423328
平度市	Pingdu	139.1	3176	560180	995209	6740583	4842213
莱西市	Laixi	74.4	1568	493777	767102	4085579	2852075
淄博市	**Zibo**						
淄川区	Zichuan	63.9	960	332453	428027	5316251	4032925
张店区	Zhangdian	85.1	360	915934	875592	18249247	8697293
博山区	Boshan	44.2	698	245058	326880	3219954	2583924
临淄区	Linzi	61.5	664	800481	506029	7041564	4745723
周村区	Zhoucun	34.3	307	220895	313242	3518229	2636450
桓台县	Huantai	50.5	509	388228	440005	4054238	2167250
高青县	Gaoqing	37.0	831	157051	299380	1705199	1209489
沂源县	Yiyuan	57.6	1636	214134	373412	2692831	1822319
枣庄市	**Zaozhuang**						
市中区	Shizhong	58.9	374	222592	302919	4388876	2896405
薛城区	Xuecheng	57.8	507	217088	294583	4825380	2557128
峄城区	Yicheng	42.8	637	88077	257090	1364982	832000
台儿庄区	Taierzhuang	34.2	532	78650	191537	1157889	800100

22-1 续表 1 continued

地 区	Region	年末总人口(万人) Total Population at Year-end (10 000 person)	行政区域土地面积(平方公里) Area of Local land (sq.km)	一般公共预算收入(万元) General Pubilic Budget Revenue (10 000 yuan)	一般公共预算支出(万元) General Pubilic Budget Expenditure (10 000 yuan)	年末金融机构各项存款余额(万元) Deposit Balance of Financial Institution at Year-end (10 000 yuan)	城乡居民储蓄存款余额(万元) Urban and Rural Household Savings Deposits (10 000 yuan)
山亭区	Shanting	53.8	1019	49810	226276	1283119	835708
滕州市	Tengzhou	175.2	1495	706016	918527	7267336	5116886
东营市	**Dongying**						
东营区	Dongying	66.8	1178	304566	367836	22955100	
河口区	Hekou	21.9	2267	212846	244656	2784693	1600816
垦利区	Kenli	23.9	2331	243158	311166	3529351	1804183
利津县	Lijin	30.9	1301	150117	297146	1804198	1046000
广饶县	Guangrao	53.1	1166	443511	506725	5667182	2902466
烟台市	**Yantai**						
芝罘区	Zhifu	70.9	179	705858	427549	22141199	4410763
福山区	Fushan	54.2	838	1413901	1153513	17402464	5629209
牟平区	Mouping	45.0	1513	331367	104650	3938056	2718945
莱山区	Laishan	26.4	334	439258	440282	4379801	1903798
长岛县	Changdao	4.1	59	14354	94553	472792	303508
龙口市	Longkou	63.6	901	1044617	1038079	8532531	5439561
莱阳市	Laiyang	85.7	1731	220716	432279	4278547	3208292
莱州市	Laizhou	84.4	1931	615007	665486	7342754	5467994
蓬莱市	Penglai	40.3	1009	351975	422471	4264293	2925263
招远市	Zhaoyuan	56.3	1432	612500	611626	5753779	3657896
栖霞市	Qixia	59.4	2016	147805	345162	2714066	2222323
海阳市	Haiyang	64.3	1910	323606	412265	3881494	3020911
潍坊市	**Weifang**						
潍城区	Weicheng	35.8	270	205730	173138		
寒亭区	Hanting	40.0	1301	581964	513545	4997700	2423500
坊子区	Fangzi	55.4	896	168576	299594	2901772	1985807
奎文区	Kuiwen	55.2	168	849074	465852		
临朐县	Linqu	92.6	1831	182918	426777	4648622	3239935
昌乐县	Changle	63.9	1101	247490	378056	3660282	2484411
青州市	Qingzhou	95.5	1569	483902	585402	7245429	5710617
诸城市	Zhucheng	111.9	2151	728168	782913	6933100	4841930
寿光市	Shouguan	110.3	1990	934769	992904	9659757	6079346
安丘市	Anqiu	97.6	1712	249758	462541	4647724	3285638
高密市	Gaomi	89.6	1527	506000	554357	5534990	3866097
昌邑市	Changyi	58.7	1628	317140	446908	4321722	3232263
济宁市	**Jining**						
任城区	Rencheng	123.7	884	811512	796638	23940745	12075269
兖州区	Yanzhou	65.3	650	531712	574711	4530989	3054714
微山县	Weishan	73.4	1738	327717	421256	2509495	1746134
鱼台县	Yutai	48.4	653	100136	268143	1701144	1296322

22-1 续表 2 continued

地　区	Region	年　末总人口（万人）Total Population at Year-end (10 000 person)	行政区域土地面积（平方公里）Area of Local land (sq.km)	一般公共预算收入（万元）General Pubilic Budget Revenue (10 000 yuan)	一般公共预算支出（万元）General Pubilic Budget Expenditure (10 000 yuan)	年末金融机构各项存款余额（万元）Deposit Balance of Financial Institution at Year-end (10 000 yuan)	城乡居民储蓄存款余额（万元）Urban and Rural Household Savings Deposits (10 000 yuan)
金乡县	Jinxiang	68.0	888	147788	382125	2700855	2162447
嘉祥县	Jiaxiang	93.3	975	187270	415884	3724065	2935269
汶上县	Wenshang	82.3	889	140074	343117	2906249	2220967
泗水县	Sishui	64.6	1118	87129	313776	2041730	1663736
梁山县	Liangshan	84.6	961	161777	382754	3653761	2982095
曲阜市	Qufu	65.6	815	253916	474173	3561476	2473612
邹城市	Zoucheng	121.6	1617	762618	830053	8117520	4104564
泰安市	**Taian**						
泰山区	Taishan	71.1	337	327504	217629	5280537	2643208
岱岳区	Daiyue	100.9	1750	232516	367349	6524380	4105199
宁阳县	Ningyang	83.7	1124	122389	369791	3066385	2242185
东平县	Dongping	81.3	1340	117557	424318	2904849	2285633
新泰市	Xintai	137.0	1934	406776	628006	6877956	4979524
肥城市	Feicheng	98.9	1277	404179	594350	5676894	4112464
威海市	**Weihai**						
环翠区	Huancui	78.4	992	1126051	790767	18838533	8802983
文登区	Wendeng	57.4	1616	537598	652151	6030322	3937449
荣成市	Rongcheng	65.9	1528	748499	998279	8054150	4893237
乳山市	Rushan	54.7	1665	330268	445043	3897345	2971913
日照市	**Rizhao**						
东港区	Donggang	99.9	1262	688612	677659	14976200	
岚山区	Lanshan	43.6	784	364504	301900	2365585	1648432
五莲县	Wulian	51.4	1497	145109	303363	2721715	2044638
莒　县	Juxian	116.1	1821	210300	608600	4980371	3801206
莱芜市	**Laiwu**						
莱城区	Laicheng	99.3	1740	278517	428446	8021684	4334391
钢城区	Gangcheng	30.6	506	187255	148395	2315537	1247567
临沂市	**Linyi**						
兰山区	Lanshan	129.8	818	861867	547092	23485451	10255680
罗庄区	Luozhuang	66.9	642	318783	300561	3976774	2598996
河东区	Hedong	84.5	834	310195	437404	4990615	2909637
沂南县	Yinan	97.6	1719	149018	456385	3611449	2924339
郯城县	Tancheng	103.4	1195	130567	365000	2871748	2425733
沂水县	Yishui	118.9	2414	205128	491160	4771456	3756206
兰陵县	Lanling	144.9	1724	155317	498669	3524126	2814335
费　县	Feixian	91.1	1660	225077	466467	3344541	2571477
平邑县	Pingyi	110.7	1823	116636	427285	3088133	2339983
莒南县	Junan	106.6	1751	192885	469003	4480484	3157082
蒙阴县	Mengyin	58.0	1602	101682	339225	2290416	1751350
临沭县	Linshu	67.4	1010	150000	354776	3027484	1951019

22-1 续表 3 continued

地 区	Region	年末总人口(万人) Total Population at Year-end (10 000 persons)	行政区域土地面积(平方公里) Area of Local land (sq.km)	一般公共预算收入(万元) General Pubilic Budget Revenue (10 000 yuan)	一般公共预算支出(万元) General Pubilic Budget Expenditure (10 000 yuan)	年末金融机构各项存款余额(万元) Deposit Balance of Financial Institution at Year-end (10 000 yuan)	城乡居民储蓄存款余额(万元) Urban and Rural Household Savings Deposits (10 000 yuan)
德州市	**Dezhou**						
德城区	Decheng	65.7	538	539506	500727	11462555	5996564
陵城区	Lingcheng	59.5	1213	126500	259378	2220032	1720957
宁津县	Ningjin	49.2	833	73955	266616	2629532	2079624
庆云县	Qingyun	34.4	501	70810	191544	1494700	994700
临邑县	Linyi	55.5	1016	167801	277641	2376454	1792337
齐河县	Qihe	64.2	1411	328807	368215	3271833	1954832
平原县	Pingyuan	47.6	1047	100044	256800	2186297	1672136
夏津县	Xiajin	53.7	882	85749	257009	2033263	1538362
武城县	Wucheng	40.2	751	91689	255237	1874715	1498070
乐陵市	Leling	72.4	1173	117638	318909	2461203	1837345
禹城市	Yucheng	54.1	992	200700	370700	2549311	1671235
聊城市	**Liaocheng**						
东昌府区	Dongchangfu	128.2	1443	780544	1737969	13533752	6889534
阳谷县	Yanggu	83.5	1008	140238	359656	3739824	2678831
莘 县	Shenxian	111.3	1388	102001	411720	3253064	2752805
茌平县	Chiping	57.3	1003	291382	351313	3441900	2411100
东阿县	Donge	41.3	727	181273	228753	2128445	1527448
冠 县	Guanxian	87.7	1161	108413	351656	2987930	2308639
高唐县	Gaotang	51.5	947	146280	288715	2318716	1823590
临清市	Linqing	83.9	951	192572	362298	3654539	3047275
滨州市	**Binzhou**						
滨城区	Bincheng	62.8	1040	552154	499654	14109424	5213856
沾化区	Zhanhua	40.0	2218	116050	230709	1522035	928764
惠民县	Huimin	65.3	1362	128198	348939	2304350	1585688
阳信县	Yangxin	47.2	798	122435	270186	1620800	1094596
无棣县	Wudi	49.0	2090	322124	446135	2431030	1437201
博兴县	Boxing	50.5	900	309491	381553	4489638	2585234
邹平市	Zouping	74.4	1250	712307	643691	5984975	3400863
菏泽市	**Heze**						
牡丹区	Mudan	168.8	1415	694970	1354950	9810302	5549500
定陶区	Dingtao	71.1	846	101607	391419	2407000	1781000
曹 县	Caoxian	170.5	1974	157383	616642	4304919	3572972
单 县	Shanxian	127.5	1670	150016	575529	3629349	2927056
成武县	Chengwu	72.7	998	79066	26423	2402357	2041279
巨野县	Juye	109.8	1308	264442	445801	4019029	3166219
郓城县	Yuncheng	128.3	1643	303370	594467	4899910	4126987
鄄城县	Juancheng	93.2	1032	88968	388003	2945900	2600500
东明县	Dongming	87.7	1370	201089	559959	3080246	2136197

22-1 续表 4 continued

地 区	Region	年末金融机构各项贷款余额(万元) Loan Balance of Financial Institution at Year-end (10 000 yuan)	社会消费品零售额(万元) Total Retail Sales of Consumer Goods (10 000 yuan)	出口总额(万元) Total Exports (10 000 yuan)
济南市	**Jinan**			
历下区	Lixia		10571038	250280
市中区	Shizhong		5802007	207480
槐荫区	Huaiyin		5357573	210109
天桥区	Tianqiao		4864962	302553
历城区	Licheng		6298388	778736
长清区	Changqing	2058931	1650279	68711
章丘区	Zhangqiu	4783790	4645036	495059
济阳区	Jiyang	1485450	1466963	131315
平阴县	Pingyin	1382059	1080058	653493
商河县	Shanghe	1233564	1052274	66755
青岛市	**Qingdao**			
市南区	Shinan	96588000	6237329	4447400
市北区	Shibei		7748227	826000
黄岛区	Huangdao	16397869	6433134	7693000
崂山区	Laoshan		2720200	3125861
李沧区	Licang		4629130	650900
城阳区	Chengyang	8462293	2952875	4399562
即墨区	Jimo	8808210	4982000	3003263
胶州市	Jiaozhou	7390598	4877000	3369755
平度市	Pingdu	4084477	4415180	1971828
莱西市	Laixi	3696187	3429782	1745754
淄博市	**Zibo**			
淄川区	Zichuan	2781374	3410284	711672
张店区	Zhangdian	13356423	6274381	1299546
博山区	Boshan	1512777	2341831	308284
临淄区	Linzi	5358767	2596324	442088
周村区	Zhoucun	1604735	1960085	421377
桓台县	Huantai	4094636	2378095	568814
高青县	Gaoqing	1359962	770677	111932
沂源县	Yiyuan	1908956	1436112	288087
枣庄市	**Zaozhuang**			
市中区	Shizhong	2840632	1377800	212979
薛城区	Xuecheng	3357443	1219050	137373
峄城区	Yicheng	960239	1012600	174852
台儿庄区	Taierzhuang	766323	914109	54477

22-1 续表 5 continued

地 区	Region	年末金融机构各项贷款余额(万元) Loan Balance of Financial Institution at Year-end (10 000 yuan)	社会消费品零售额(万元) Total Retail Sales of Consumer Goods (10 000 yuan)	出口总额(万元) Total Exports (10 000 yuan)
山亭区	Shanting	712971	864222	74574
滕州市	Tengzhou	4913942	4115267	335986
东营市	**Dongying**			
东营区	Dongying	19985900	4046895	429836
河口区	Hekou	1788826	634452	95241
垦利区	Kenli	4176573	649912	501603
利津县	Lijin	1540633	357146	93600
广饶县	Guangrao	7932883	2081742	2166693
烟台市	**Yantai**			
芝罘区	Zhifu	17467159	7443395	848005
福山区	Fushan	12211073	2819766	9543800
牟平区	Mouping	2307018	1759779	564862
莱山区	Laishan	3537210	1203958	667937
长岛县	Changdao	129373	246859	24777
龙口市	Longkou	5830673	4015830	1668845
莱阳市	Laiyang	2118190	2922003	549996
莱州市	Laizhou	3034314	3439205	747031
蓬莱市	Penglai	3435576	1658760	567112
招远市	Zhaoyuan	2823886	1954458	850788
栖霞市	Qixia	1255309	1550225	436304
海阳市	Haiyang	3185633	1877175	589131
潍坊市	**Weifang**			
潍城区	Weicheng		1857315	272716
寒亭区	Hanting	2865100	1196971	1527356
坊子区	Fangzi	1655179	1079100	293972
奎文区	Kuiwen		5762972	1719707
临朐县	Linqu	2755878	1762910	342344
昌乐县	Changle	2929299	1447732	605753
青州市	Qingzhou	4980141	2525627	617781
诸城市	Zhucheng	5384850	2598794	1031965
寿光市	Shouguan	7341698	3344457	1779367
安丘市	Anqiu	3799547	2094944	557989
高密市	Gaomi	4747121	2065434	1160144
昌邑市	Changyi	2624145	2021200	528247
济宁市	**Jining**			
任城区	Rencheng	18711710	4865560	458600
兖州区	Yanzhou	3151162	2375827	442984
微山县	Weishan	981167	1236881	49389
鱼台县	Yutai	697843	1156791	36742

22-1 续表 6 continued

地 区	Region	年末金融机构各项贷款余额（万元）Loan Balance of Financial Institution at Year-end (10 000 yuan)	社会消费品零售额（万元）Total Retail Sales of Consumer Goods (10 000 yuan)	出口总额（万元）Total Exports (10 000 yuan)
金乡县	Jinxiang	1525911	1364062	352806
嘉祥县	Jiaxiang	1699405	1385000	115610
汶上县	Wenshang	1460746	1420356	52270
泗水县	Sishui	1004529	1140341	51188
梁山县	Liangshan	1456742	1250300	62341
曲阜市	Qufu	1795106	2204457	193626
邹城市	Zoucheng	5823459	3384026	89891
泰安市	**Taian**			
泰山区	Taishan	4007946	3889532	413381
岱岳区	Daiyue	4523944	2039413	352603
宁阳县	Ningyang	1406035	1785206	85632
东平县	Dongping	2365166	1680069	27750
新泰市	Xintai	4100553	3338362	170279
肥城市	Feicheng	3168998	3205276	226100
威海市	**Weihai**			
环翠区	Huancui	13873258	4907077	5685758
文登区	Wendeng	3939195	3187168	1196245
荣成市	Rongcheng	5519952	3815284	1751707
乳山市	Rushan	1854871	2746997	504602
日照市	**Rizhao**			
东港区	Donggang	16196300	3537172	1630000
岚山区	Lanshan	2193143	1176600	1804485
五莲县	Wulian	1560215	1021208	314622
莒 县	Juxian	3406971	2006089	312305
莱芜市	**Laiwu**			
莱城区	Laicheng	6412753	2953900	440559
钢城区	Gangcheng	1840468	776000	155600
临沂市	**Linyi**			
兰山区	Lanshan	22729400	6748611	950817
罗庄区	Luozhuang	4103707	2884146	501459
河东区	Hedong	4459122	3093087	1335250
沂南县	Yinan	1875385	1025432	171806
郯城县	Tancheng	1788092	1178043	159873
沂水县	Yishui	3309597	1203671	678303
兰陵县	Lanling	2409003	1662787	75153
费 县	Feixian	1935646	1080042	327592
平邑县	Pingyi	1729813	1512524	106366
莒南县	Junan	2741218	877271	478781
蒙阴县	Mengyin	1367268	684844	216559
临沭县	Linshu	2434968	805248	327644

22-1 续表 7 continued

地 区	Region	年末金融机构各项贷款余额(万元) Loan Balance of Financial Institution at Year-end (10 000 yuan)	社会消费品零售额(万元) Total Retail Sales of Consumer Goods (10 000 yuan)	出口总额(万元) Total Exports (10 000 yuan)
德州市	**Dezhou**			
德城区	Decheng	7542814	3511002	634517
陵城区	Lingcheng	959615	1093390	98544
宁津县	Ningjin	978078	1186942	121635
庆云县	Qingyun	729600	852526	36849
临邑县	Linyi	1158824	1384784	258680
齐河县	Qihe	1933387	1440926	159362
平原县	Pingyuan	819277	1086028	76000
夏津县	Xiajin	1047545	1004500	31200
武城县	Wucheng	945516	960609	54443
乐陵市	Leling	1526305	1374600	159394
禹城市	Yucheng	1913690	1359900	262300
聊城市	**Liaocheng**			
东昌府区	Dongchangfu	11086417	4263371	680429
阳谷县	Yanggu	2226921	1921112	408751
莘 县	Shenxian	1563981	1466416	48460
茌平县	Chiping	2161500	1124600	261094
东阿县	Donge	1272152	486312	91788
冠 县	Guanxian	2020044	1027603	408416
高唐县	Gaotang	2025044	1137809	168785
临清市	Linqing	2286080	1916232	385200
滨州市	**Binzhou**			
滨城区	Bincheng	12806297	2740153	1028775
沾化区	Zhanhua	911101	902650	35102
惠民县	Huimin	1776602	1261238	126580
阳信县	Yangxin	1374155	776662	107810
无棣县	Wudi	1758656	1042011	95443
博兴县	Boxing	3847036	1219609	914467
邹平市	Zouping	7242530	1969475	646732
菏泽市	**Heze**			
牡丹区	Mudan	7222792	3561320	196497
定陶区	Dingtao	1289000	1170817	37338
曹 县	Caoxian	2097855	2831663	584200
单 县	Shanxian	1967807	2269454	151614
成武县	Chengwu	1027714	1265500	67016
巨野县	Juye	2151728	1816281	225089
郓城县	Yuncheng	2061458	2210600	49407
鄄城县	Juancheng	1190600	1477500	90105
东明县	Dongming	1930868	1481671	59350

22-1 续表 8 continued

地 区	Region	粮食面积（公顷） Area of Grain (hectares)	粮食产量（吨） Output of Grain (ton)	油料产量（吨） Output of Oil-bearing Crops (ton)	蔬菜产量（吨） Output of Vegetables (ton)	水果产量（吨） Output of Fruits (ton)	肉类总产量（吨） Output of Meat (ton)	奶类产量（吨） Output of Milk (ton)
济南市	**Jinan**							
历下区	Lixia							
市中区	Shizhong	4835	19493	35	7733	1430	1474	837
槐荫区	Huaiyin	2305	12239	311	14201		171	21
天桥区	Tianqiao	13878	68867	484	18697	262	4354	305
历城区	Licheng	20612	101968	1889	339974	22223	6897	7319
长清区	Changqing	44680	247617	19125	525495	2203	36587	38735
章丘区	Zhangqiu	105714	575878	6434	1782791	38594	100244	83158
济阳区	Jiyang	99813	574336	3730	998871	19307	30943	26940
平阴县	Pingyin	33615	171980	9181	656415	99768	42179	40426
商河县	Shanghe	118857	741819	346	927985	19987	75332	130670
青岛市	**Qingdao**							
市南区	Shinan							
市北区	Shibei							
黄岛区	Huangdao	49530	263545	99290	601531	86006	72288	11232
崂山区	Laoshan	113	829	262	10845	6983		
李沧区	Licang							
城阳区	Chengyang	1874	9629	127	42497	15677	2421	5518
即墨区	Jimo	79185	448809	59094	564332	16627	65094	38777
胶州市	Jiaozhou	62869	368571	28140	1071284	38418	46597	16920
平度市	Pingdu	200256	1450710	120207	2921519	260967	167666	25971
莱西市	Laixi	87242	558872	77799	1231606	287794	167920	199263
淄博市	**Zibo**							
淄川区	Zichuan	14364	52503	995	23854	8669	10430	137
张店区	Zhangdian	4599	21405	197	20433	3456	4567	1050
博山区	Boshan	5509	19163	710	70171	49625	4731	56
临淄区	Linzi	47449	322124	20	826486	12133	53873	13628
周村区	Zhoucun	11460	53334	275	31228	5584	8667	914
桓台县	Huantai	46309	343321	47	53982	2869	10067	7403
高青县	Gaoqing	80309	548700	344	339950	17442	43072	66842
沂源县	Yiyuan	9463	31894	13738	255856	754584	24175	
枣庄市	**Zaozhuang**							
市中区	Shizhong	4835	19493	10823	165222	10829	19196	2079
薛城区	Xuecheng	37806	218542	5263	225028	12975	15497	275
峄城区	Yicheng	49937	265077	15631	733095	48724	21096	1179
台儿庄区	Taierzhuang	48879	259928	1304	558191	15078	22449	22639

22-1 续表 9 continued

地　区	Region	粮食面积(公顷) Area of Grain (hectares)	粮食产量(吨) Output of Grain (ton)	油料产量(吨) Output of Oil-bearing Crops (ton)	蔬菜产量(吨) Output of Vegetables (ton)	水果产量(吨) Output of Fruits (ton)	肉类总产量(吨) Output of Meat (ton)	奶类产量(吨) Output of Milk (ton)
山亭区	Shanting	23548	135499	23574	162096	113436	33661	892
滕州市	Tengzhou	106574	771791	32799	3338014	53750	86670	701
东营市	**Dongying**							
东营区	Dongying	24892	138954	197	67569	9330	7665	5239
河口区	Hekou	24926	117259	737	22473	30275	44201	247130
垦利区	Kenli	56450	314241	414	53412	9867	38646	7973
利津县	Lijin	66886	375655	937	211083	20119	45225	49
广饶县	Guangrao	82522	519347	16	355296	2019	95603	102441
烟台市	**Yantai**							
芝罘区	Zhifu	58	299	220	13400	2364	437	609
福山区	Fushan	2376	12764	8658	42816	177563	16472	5149
牟平区	Mouping	17963	98210	35395	119917	652330	124030	25469
莱山区	Laishan	1708	8788	3194	28006	38820	603	22
长岛县	Changdao	77	327	7		256	13	20
龙口市	Longkou	15777	99545	7481	224050	437305	40231	27168
莱阳市	Laiyang	72497	402991	88714	473834	452323	127541	46848
莱州市	Laizhou	84639	548954	47604	288587	340765	110535	12740
蓬莱市	Penglai	9314	56344	21360	149729	1361030	91281	6066
招远市	Zhaoyuan	39125	217915	56778	106646	632531	61746	10403
栖霞市	Qixia	14619	91578	55291	213777	1986276	36144	4553
海阳市	Haiyang	49614	295012	87373	459107	442500	72433	17360
潍坊市	**Weifang**							
潍城区	Weicheng	11140	65288	105	41071	19716	12250	3474
寒亭区	Hanting	45045	271206	1972	274027	45664	22482	17777
坊子区	Fangzi	48757	294018	9274	613435	23924	38624	489
奎文区	Kuiwen	2099	11473	240	179		1288	1944
临朐县	Linqu	38150	199981	17799	243661	310526	105559	49431
昌乐县	Changle	32876	194587	38715	1011889	52460	127288	30476
青州市	Qingzhou	34150	189016	30	1697438	74454	101157	16427
诸城市	Zhucheng	133647	814497	50451	1266958	79137	224084	3750
寿光市	Shouguan	86870	572534	198	3663225	40833	155437	24443
安丘市	Anqiu	51434	316744	50594	1780132	111168	121168	3204
高密市	Gaomi	132892	849380	30222	1006799	45546	177648	6706
昌邑市	Changyi	80700	498205	8441	581310	82744	105551	5226
济宁市	**Jining**							
任城区	Rencheng	68802	454740	235	260324	39960	17937	10044
兖州区	Yanzhou	48193	326241	2713	447989	8145	20528	2158
微山县	Weishan	52428	328751	1393	374183	3439	47478	33
鱼台县	Yutai	45731	357291		692563	3407	25584	1010

22-1 续表 10 continued

地 区	Region	粮食面积（公顷）Area of Grain (hectares)	粮食产量（吨）Output of Grain (ton)	油料产量（吨）Output of Oil-bearing Crops (ton)	蔬菜产量（吨）Output of Vegetables (ton)	水果产量（吨）Output of Fruits (ton)	肉类总产量（吨）Output of Meat (ton)	奶类产量（吨）Output of Milk (ton)
金乡县	Jinxiang	23892	162589	1520	2428327	38540	43354	9806
嘉祥县	Jiaxiang	104951	670952	2530	407035	15469	58308	6260
汶上县	Wenshang	101440	665136	6943	240363	6598	86880	41356
泗水县	Sishui	39468	222520	56952	657588	50318	78236	1966
梁山县	Liangshan	100990	621771	11295	716114	47738	88554	18933
曲阜市	Qufu	65996	432101	8091	188319	40751	57435	2479
邹城市	Zoucheng	72047	462682	52312	717519	70014	64180	4581
泰安市	**Taian**							
泰山区	Taishan	3602	24241	35	14301	5605	3320	8648
岱岳区	Daiyue	60725	421110	23172	1938121	112809	69336	93467
宁阳县	Ningyang	83453	556941	64904	962242	105880	101954	59559
东平县	Dongping	94805	612597	17741	663651	11202	40493	12870
新泰市	Xintai	50631	361054	92258	1286947	174359	124525	42515
肥城市	Feicheng	73333	491808	8932	1300172		70013	59749
威海市	**Weihai**							
环翠区	Huancui	11463	56466	16619	72789	144405	15880	9703
文登区	Wendeng	37713	222896	71296	271983	318652	66974	41247
荣成市	Rongcheng	36649	208090	50953	220890	254916	32934	18264
乳山市	Rushan	37422	217763	78142	377102	474685	75910	15040
日照市	**Rizhao**							
东港区	Donggang	22344	143555	46933	103763	97300	45379	1614
岚山区	Lanshan	19154	125282	36104	116642	43249	43645	8206
五莲县	Wulian	34686	194224	67439	250578	47069	62700	
莒 县	Juxian	58490	388082	98093	587787	106168	123238	19145
莱芜市	**Laiwu**							
莱城区	Laicheng	34684	224636	14638	1133285	107221	65176	2132
钢城区	Gangcheng	4980	30560	13726	184352	103746	14225	1270
临沂市	**Linyi**							
兰山区	Lanshan	31406	178973	21936	112514	48571	35805	11139
罗庄区	Luozhuang	27943	158214	10473	112517	4111	26230	17366
河东区	Hedong	46276	290356	18048	227841	27260	26633	1239
沂南县	Yinan	58462	345630	93650	1043166	79605	136236	14644
郯城县	Tancheng	94872	715638	13304	582468	13303	88506	4170
沂水县	Yishui	49212	294660	93461	772323	723077	159243	13488
兰陵县	Lanling	99917	648864	61912	3229911	66587	77942	22829
费 县	Feixian	49856	288593	85820	469247	252081	94300	3538
平邑县	Pingyi	46655	275711	78541	426356	214451	61573	726
莒南县	Junan	74971	473169	126050	259745	58476	214453	1347
蒙阴县	Mengyin	18029	122510	37247	173040	937838	31188	
临沭县	Linshu	52727	300015	178184	168365	20970	76374	9512

22-1 续表 11 continued

地 区	Region	粮食面积(公顷) Area of Grain (hectares)	粮食产量(吨) Output of Grain (ton)	油料产量(吨) Output of Oil-bearing Crops (ton)	蔬菜产量(吨) Output of Vegetables (ton)	水果产量(吨) Output of Fruits (ton)	肉类总产量(吨) Output of Meat (ton)	奶类产量(吨) Output of Milk (ton)
德州市	**Dezhou**							
德城区	Decheng	34689	215849	85	60415	12088	11971	607
陵城区	Lingcheng	129722	917539	188	356816	7236	96232	36988
宁津县	Ningjin	90586	605179	1537	345651	11904	40572	6211
庆云县	Qingyun	42756	268768	144	112252	39671	20189	4072
临邑县	Linyi	110333	754339	22	461892	5522	97580	21889
齐河县	Qihe	152753	1072133	1757	1228158	12494	119450	64400
平原县	Pingyuan	115944	801995	463	1326432	21345	121740	15105
夏津县	Xiajin	91124	581620	2674	236070	35846	80704	1278
武城县	Wucheng	87678	599033	4548	233501	13971	24167	6763
乐陵市	Leling	117293	804902	15	342867	158280	94247	50747
禹城市	Yucheng	99426	678362	2092	1621725	7807	94753	93730
聊城市	**Liaocheng**							
东昌府区	Dongchangfu	108927	731718	2416	1173846	20884	59798	6473
阳谷县	Yanggu	107344	710316	4184	1980557	39481	129137	18398
莘 县	Shenxian	114909	721606	15436	2272922	43641	157485	115
茌平县	Chiping	105084	681857	5666	379673	11375	40026	1854
东阿县	Donge	70110	450052	695	260419	22036	34641	3151
冠 县	Guanxian	102608	654973	5874	1250538	300443	97343	14531
高唐县	Gaotang	95855	607808	8068	235264	11075	67538	3617
临清市	Linqing	102771	650116	1412	677528	38627	58115	32586
滨州市	**Binzhou**							
滨城区	Bincheng	75975	467976	331	121735	16695	32905	19048
沾化区	Zhanhua	82775	487896	1049	40744	268310	38129	7518
惠民县	Huimin	116201	744801	7591	1167058	111521	82833	3033
阳信县	Yangxin	66979	421671		169104	183925	108325	201
无棣县	Wudi	85838	505704	1435	17594	144601	125127	1733
博兴县	Boxing	73780	495588	176	91872	3222	25941	479
邹平市	Zouping	106715	722581	988	100761	34345	58236	17537
菏泽市	**Heze**							
牡丹区	Mudan	133938	810940	21621	866648	55767	119499	11410
定陶区	Dingtao	92113	577515	5249	669960	19777	61706	1527
曹 县	Caoxian	204010	1274086	30583	461971	31949	128844	78223
单 县	Shanxian	130646	825173	43628	1622976	158646	99194	6371
成武县	Chengwu	80808	521751	1823	1024208	25105	51930	97
巨野县	Juye	101676	630045	7718	1281821	68552	67577	1445
郓城县	Yuncheng	166134	1054141	28350	1191136	43393	139479	4371
鄄城县	Juancheng	123114	781176	28792	306436	38889	75395	2158
东明县	Dongming	159011	986826	54167	508242	30037	91557	6917

22-1 续表 12 continued

地 区	Region	普通中学专任教师数（人）Full-time Teachers in Secondary Schools (person)	小 学专任教师数（人）Full-time Teachers in Primary Schools (person)	普通中学在校学生数（人）Total Enrollment in Secondary Schools (person)	小 学在校学生数（人）Total Enrollment in Primary Schools (person)	城镇居民人均可支配收入（元）Per Captita Disposable Income of Urban Households (yuan)	农村居民人均可支配收入（元）Per Captita Disposable Income of Rural Households (yuan)
济南市	**Jinan**						
历下区	Lixia	2239	3536	26628	57189	56586	
市中区	Shizhong	3199	3498	38519	55776	55082	
槐荫区	Huaiyin	1461	2846	14476	45549	49815	
天桥区	Tianqiao	1236	2650	17148	41171	48952	16723
历城区	Licheng	4843	4498	60886	77528	46188	19781
长清区	Changqing	2236	2048	24071	28513	39250	17755
章丘区	Zhangqiu	4582	4373	48902	53533	38942	21012
济阳区	Jiyang	1984	2456	27837	38208	31721	16754
平阴县	Pingyin	1487	1418	16218	18441	28508	14787
商河县	Shanghe	2031	2524	27941	41357	27862	14815
青岛市	**Qingdao**						
市南区	Shinan	844	2122	8146	32529	58374	
市北区	Shibei	1994	3648	20939	59050	53798	
黄岛区	Huangdao	6044	6322	64059	101670	49880	21022
崂山区	Laoshan	823	1659	7151	24333	56281	23884
李沧区	Licang	1417	2072	15076	37250	53281	
城阳区	Chengyang	2809	3691	31282	67096	54971	22932
即墨区	Jimo	4735	5305	50257	77988	45997	21194
胶州市	Jiaozhou	3842	3910	46772	62449	45134	21394
平度市	Pingdu	5720	5147	58057	69058	42561	20122
莱西市	Laixi	3887	2504	39558	32238	43079	20441
淄博市	**Zibo**						
淄川区	Zichuan	3427	2080	36720	26980	39385	18069
张店区	Zhangdian	4563	3850	61839	61508	43895	21148
博山区	Boshan	2279	1422	23546	15196	38305	17099
临淄区	Linzi	3323	2029	38931	26741	43762	21054
周村区	Zhoucun	1864	1316	21048	16970	37812	17780
桓台县	Huantai	3564	1067	32299	19973	40899	19668
高青县	Gaoqing	1605	1396	19518	14871	32069	15359
沂源县	Yiyuan	3090	1754	32760	21049	38624	17517
枣庄市	**Zaozhuang**						
市中区	Shizhong	2369	3319	33233	65935	32328	16080
薛城区	Xuecheng	3263	3279	40882	54384	29824	14791
峄城区	Yicheng	1093	2011	23790	46189	28895	15438
台儿庄区	Taierzhuang	1074	1890	17282	35746	26882	13436

22-1 续表 13 continued

地 区	Region	普通中学专任教师数(人) Full-time Teachers in Secondary Schools (person)	小 学专任教师数(人) Full-time Teachers in Primary Schools (person)	普通中学在校学生数(人) Total Enrollment in Secondary Schools (person)	小 学在校学生数(人) Total Enrollment in Primary Schools (person)	城镇居民人均可支配收入(元) Per Captita Disposable Income of Urban Households (yuan)	农村居民人均可支配收入(元) Per Captita Disposable Income of Rural Households (yuan)
山亭区	Shanting	1400	2554	16309	38551	22139	13115
滕州市	Tengzhou	5642	7346	78868	125601	35319	16441
东营市	**Dongying**						
东营区	Dongying	1590	835	11715	18286	48591	20079
河口区	Hekou	920	920	9511	11272	45244	18292
垦利区	Kenli	884	973	10636	12210	44272	18244
利津县	Lijin	1902	985	15114	9770	37925	17208
广饶县	Guangrao	2982	1873	30899	26019	42978	20109
烟台市	**Yantai**						
芝罘区	Zhifu	3806	2477	42794	42416	47050	
福山区	Fushan	2417	2134	28858	37789	46000	21855
牟平区	Mouping	1792	1368	16108	13637	43631	20023
莱山区	Laishan	1232	800	11756	15277	52267	22296
长岛县	Changdao	241	139	795	892	35555	22117
龙口市	Longkou	3143	1760	31464	28844	48174	22034
莱阳市	Laiyang	3483	2089	34836	30629	34608	16498
莱州市	Laizhou	3787	2350	36804	27452	44632	20906
蓬莱市	Penglai	1792	1181	17880	14681	45779	21282
招远市	Zhaoyuan	2756	1346	25050	18881	45264	21359
栖霞市	Qixia	2783	1714	19166	14317	32918	15676
海阳市	Haiyang	2943	1537	26470	18688	43349	18809
潍坊市	**Weifang**						
潍城区	Weicheng	1678	1687	15124	31064	40382	19566
寒亭区	Hanting	1893	2686	21450	23737	37218	18610
坊子区	Fangzi	2752	2465	34347	32890	36778	18484
奎文区	Kuiwen	2222	1967	15338	50649	43657	
临朐县	Linqu	3408	3657	34090	59788	34033	17146
昌乐县	Changle	3660	3138	44015	38844	35231	17930
青州市	Qingzhou	4309	3859	39939	53117	37893	18865
诸城市	Zhucheng	5476	4572	63460	63039	39810	20089
寿光市	Shouguan	5367	4731	56933	69141	40464	20627
安丘市	Anqiu	3997	3587	46283	57124	34125	17629
高密市	Gaomi	4462	4092	48306	60870	38567	18168
昌邑市	Changyi	2507	2271	26911	30268	36118	18934
济宁市	**Jining**						
任城区	Rencheng	6263	5627	85405	93886	39631	16512
兖州区	Yanzhou	3165	3377	31828	41960	38529	17798
微山县	Weishan	2592	2865	26922	43649	30901	15637
鱼台县	Yutai	1759	1715	20273	32252	29254	15161

22-1 续表 14 continued

地 区	Region	普通中学专任教师数（人）Full-time Teachers in Secondary Schools (person)	小 学专任教师数（人）Full-time Teachers in Primary Schools (person)	普通中学在校学生数（人）Total Enrollment in Secondary Schools (person)	小 学在校学生数（人）Total Enrollment in Primary Schools (person)	城镇居民人均可支配收入（元）Per Captita Disposable Income of Urban Households (yuan)	农村居民人均可支配收入（元）Per Captita Disposable Income of Rural Households (yuan)
金乡县	Jinxiang	1758	3465	22055	54841	31240	16309
嘉祥县	Jiaxiang	3742	4862	62089	92500	29592	15256
汶上县	Wenshang	2456	3240	33298	55650	30014	15499
泗水县	Sishui	1866	2944	28391	44160	24671	12379
梁山县	Liangshan	2481	3341	39737	83264	28981	14886
曲阜市	Qufu	2983	2641	28116	40671	30109	15527
邹城市	Zoucheng	4713	4835	51039	74250	36701	16962
泰安市	**Taian**						
泰山区	Taishan	4208	2096	54324	44810	40695	18070
岱岳区	Daiyue	4292	3371	52927	43650	34757	16221
宁阳县	Ningyang	3231	2927	40781	39947	34707	16086
东平县	Dongping	3268	2483	41920	39210	30490	15517
新泰市	Xintai	6137	4922	79821	76801	36320	16957
肥城市	Feicheng	4079	3675	48649	53576	36999	17811
威海市	**Weihai**						
环翠区	Huancui	4389	3512	51180	61873	47016	19820
文登区	Wendeng	2587	1434	20681	18920	43410	21733
荣成市	Rongcheng	3196	1817	28325	25112	44369	22307
乳山市	Rushan	1911	966	14939	12485	38538	17266
日照市	**Rizhao**						
东港区	Donggang	2784	3796	35786	71385	34361	14561
岚山区	Lanshan	1702	1307	16327	21659	33397	15969
五莲县	Wulian	2303	1828	22496	24573	27345	15361
莒 县	Juxian	4274	4138	55361	80514	27124	15112
莱芜市	**Laiwu**						
莱城区	Laicheng	5017	3107	65832	44431	35077	16981
钢城区	Gangcheng	1234	1087	13370	12304	40893	18085
临沂市	**Linyi**						
兰山区	Lanshan	7634	6361	98383	217584	37303	14416
罗庄区	Luozhuang	3481	2316	40460	81934	37274	14319
河东区	Hedong	3278	3745	37806	85265	36515	14207
沂南县	Yinan	3487	3785	40653	69756	34877	13044
郯城县	Tancheng	3443	4734	42706	87731	35511	13620
沂水县	Yishui	4694	3875	47036	73503	36124	14042
兰陵县	Lanling	5721	5899	90219	141580	32688	14092
费 县	Feixian	3302	3108	37625	76654	36073	13320
平邑县	Pingyi	3583	4116	43586	71210	35002	13523
莒南县	Junan	3751	4015	41305	60209	32830	13024
蒙阴县	Mengyin	2059	2270	22377	41674	33918	12792
临沭县	Linshu	2811	2528	34515	51285	36500	13053

22-1 续表 15 continued

地 区	Region	普通中学专任教师数(人) Full-time Teachers in Secondary Schools (person)	小 学专任教师数(人) Full-time Teachers in Primary Schools (person)	普通中学在校学生数(人) Total Enrollment in Secondary Schools (person)	小 学在校学生数(人) Total Enrollment in Primary Schools (person)	城镇居民人均可支配收入(元) Per Captita Disposable Income of Urban Households (yuan)	农村居民人均可支配收入(元) Per Captita Disposable Income of Rural Households (yuan)
德州市	**Dezhou**						
德城区	Decheng	2021	3280	28576	67676	27438	14961
陵城区	Lingcheng	1742	2742	25355	34324	26252	14391
宁津县	Ningjin	1504	1623	18268	35960	26283	14430
庆云县	Qingyun	1430	1814	21500	32255	26147	14105
临邑县	Linyi	2616	2051	30592	28056	26823	14747
齐河县	Qihe	2781	2639	27603	35932	26936	14821
平原县	Pingyuan	1674	2011	21054	26307	26618	14549
夏津县	Xiajin	2571	2383	34322	42963	25898	13968
武城县	Wucheng	1520	1697	19548	28761	26578	14513
乐陵市	Leling	3361	2748	33142	47571	26659	14772
禹城市	Yucheng	2193	2024	25822	33285	26764	14748
聊城市	**Liaocheng**						
东昌府区	Dongchangfu	7106	8562	90670	151845	28336	13632
阳谷县	Yanggu	3324	3723	34550	56441	25796	13304
莘 县	Shenxian	3689	4937	46394	111403	24953	13662
茌平县	Chiping	2183	2386	27187	44367	28371	13881
东阿县	Donge	1327	1686	16479	23858	22878	13424
冠 县	Guanxian	3451	3834	37486	85430	26476	13325
高唐县	Gaotang	1797	2033	23511	40487	26928	13633
临清市	Linqing	2802	3547	40089	91694	26185	13270
滨州市	**Binzhou**						
滨城区	Bincheng	2531	2263	19130	33776	36305	17091
沾化区	Zhanhua	1546	1509	14270	19074	34218	16218
惠民县	Huimin	2564	2004	25973	34444	34181	15340
阳信县	Yangxin	2582	2864	25653	31190	33929	14798
无棣县	Wudi	2010	2395	22006	37583	34038	16555
博兴县	Boxing	2410	2164	25834	26855	35604	16854
邹平市	Zouping	3374	2895	40506	48124	35701	18485
菏泽市	**Heze**						
牡丹区	Mudan	6681	8238	90910	178851	28571	13060
定陶区	Dingtao	2605	3350	32439	62030	24170	12786
曹 县	Caoxian	3672	8504	63566	171190	25930	12686
单 县	Shanxian	6098	5515	61830	104758	25028	12801
成武县	Chengwu	2011	4681	24889	79823	24955	12920
巨野县	Juye	3652	4917	52690	120049	27027	13051
郓城县	Yuncheng	5070	6255	75784	126257	26626	13176
鄄城县	Juancheng	3010	4095	49105	86135	23767	12433
东明县	Dongming	2643	4190	38554	90589	25401	12729

附录1

全国各省（市、自治区）主要经济指标

Main Economic Indicators of the Whole Country by Region

简 要 说 明

一、本篇资料的主要内容

本篇资料反映了全国各省、自治区、直辖市经济社会发展基本情况，主要包括行政区划、人口、国内生产总值及其构成、劳动工资、财政、农业、工业、投资、建筑业、交通运输、国内贸易、进出口、价格指数、居民生活和国际旅游等方面的资料。

二、本篇资料的来源

本篇资料来源于中国统计出版社出版的《中国统计摘要 2019》，由省统计局综合处整理。

Brief Introduction

I. Content

Data in this chapter reflect the basic Socio-economic development of some provinces, mainly including divisions of administrative areas, population, GDP and its components, wages, finance, agriculture, industry, investment, construction industry, communications, domestic trade, exports and imports, price indices, livelihood and tourism, etc.

II. Source of Data

Data in this chapter come from China Statistics Abstract 2019 published by China Statistics Press and are prepared and compiled by the Division of Comprehensive Statistics of Shandong Provincial Bureau of Statistics.

附录 1-1 各地区行政区划(2018年底)
Divisions of Administrative Areas by Region(Year-end of 2018)

单位:个 (unit)

省级区划名称	Provinces, Autonomous Regions and Municipalities	地级区划数 Number of Regions at Prefecture Level	#地级市 Cities at Prefecture Level	县级区划数 Number of Regions at County Level	#市辖区 Districts under the Jurisdiction of Cities	#县级市 Cities at County Level	#县 Counties	#自治县 Autonomous Counties
全国总计	**National Total**	**333**	**293**	**2851**	**970**	**375**	**1335**	**117**
北京市	Beijing			16	16			
天津市	Tianjin			16	16			
河北省	Hebei	11	11	168	47	21	94	6
山西省	Shanxi	11	11	117	25	11	81	
内蒙古自治区	Inner Mongolia	12	9	103	23	11	17	
辽宁省	Liaoning	14	14	100	59	16	17	8
吉林省	Jilin	9	8	60	21	20	16	3
黑龙江省	Heilongjiang	13	12	128	65	20	42	1
上海市	Shanghai			16	16			
江苏省	Jiangsu	13	13	96	55	22	19	
浙江省	Zhejiang	11	11	89	37	19	32	1
安徽省	Anhui	16	16	105	44	7	54	
福建省	Fujian	9	9	85	29	12	44	
江西省	Jiangxi	11	11	100	26	11	63	
山东省	**Shandong**	**16**	**16**	**137**	**56**	**27**	**54**	
河南省	Henan	17	17	158	52	21	85	
湖北省	Hubei	13	12	103	39	25	36	2
湖南省	Hunan	14	13	122	36	17	62	7
广东省	Guangdong	21	21	122	65	20	34	3
广西壮族自治区	Guangxi	14	14	111	40	8	51	12
海南省	Hainan	4	4	23	8	5	4	6
重庆市	Chongqing			38	26		8	4
四川省	Sichuan	21	18	183	54	17	108	4
贵州省	Guizhou	9	6	88	15	9	52	11
云南省	Yunnan	16	8	129	17	16	67	29
西藏自治区	Tibet	7	6	74	8		66	
陕西省	Shaanxi	10	10	107	30	5	72	
甘肃省	Gansu	14	12	86	17	5	57	7
青海省	Qinghai	8	2	44	6	4	27	7
宁夏回族自治区	Ningxia	5	5	22	9	2	11	
新疆维吾尔自治区	Xinjiang	14	4	105	13	24	62	6
香港特别行政区	Hong Kong Special Administrative Region							
澳门特别行政区	Macao Special Administrative Region							
台湾省	Taiwan							

注：本表资料由民政部提供。
a)Data in this table are provided by the Ministry of Civil Affairs.

附录 1-1　续表 continued

单位：个 (unit)

省级区划名称	Provinces, Autonomous Regions and Municipalities	乡镇级区划数 Number of Regions at Township Level	#镇数 Number of Towns	#乡数 Number of Townships	#民族乡 Minority Autonomous Township	#街道办事处 Street Communities
全国总计	**National Total**	**39945**	**21297**	**10253**	**981**	**8393**
北京市	Beijing	333	143	38	5	152
天津市	Tianjin	249	126	3	1	120
河北省	Hebei	2255	1156	790	46	308
山西省	Shanxi	1398	564	632		202
内蒙古自治区	Inner Mongolia	1024	508	270	17	246
辽宁省	Liaoning	1531	640	201	54	690
吉林省	Jilin	933	426	182	28	325
黑龙江省	Heilongjiang	1196	541	347	52	308
上海市	Shanghai	214	107	2		105
江苏省	Jiangsu	1258	723	44	1	491
浙江省	Zhejiang	1375	639	269	14	467
安徽省	Anhui	1488	968	271	9	249
福建省	Fujian	1106	651	272	19	183
江西省	Jiangxi	1567	827	578	8	162
山东省	**Shandong**	**1824**	**1092**	**68**		**664**
河南省	Henan	2451	1173	618	12	660
湖北省	Hubei	1235	762	163	10	310
湖南省	Hunan	1933	1138	392	83	403
广东省	Guangdong	1601	1123	11	7	467
广西壮族自治区	Guangxi	1251	806	312	59	133
海南省	Hainan	218	175	21		22
重庆市	Chongqing	1030	627	177	14	226
四川省	Sichuan	4612	2232	2027	98	353
贵州省	Guizhou	1381	837	317	193	227
云南省	Yunnan	1400	682	543	140	175
西藏自治区	Tibet	697	138	539	9	20
陕西省	Shaanxi	1311	975	21		315
甘肃省	Gansu	1355	886	343	32	126
青海省	Qinghai	403	143	223	28	37
宁夏回族自治区	Ningxia	240	103	90		47
新疆维吾尔自治区	Xinjiang	1076	386	489	42	200
香港特别行政区	Hong Kong Special Administrative Region					
澳门特别行政区	Macao Special AdministrativeRegion					
台湾省	Taiwan					

注：乡镇级总数包含河北省、新疆维吾尔自治区的各一个区公所。
a)Number of regions at townships level include one district office of Hebei and Xinjiang separately.

附录 1-2　地区生产总值
Gross Domestic Product

单位:亿元　　(100 million yuan)

地　区	Region	2012	2013	2014	2015	2016	2017	2018
北　京	Beijing	17879.4	19800.8	21330.8	23014.6	24899.3	28000.4	30320.0
天　津	Tianjin	12893.9	14442.0	15726.9	16538.2	17885.4	18595.4	18809.6
河　北	Hebei	26575.0	28443.0	29421.2	29806.1	31827.9	35964.0	36010.3
山　西	Shanxi	12112.8	12665.3	12761.5	12766.5	12928.3	14973.5	16818.1
内蒙古	Inner Mongolia	15880.6	16916.5	17770.2	17831.5	18632.6	16103.2	17289.2
辽　宁	Liaoning	24846.4	27213.2	28626.6	28669.0	22037.9	23942.0	25315.4
吉　林	Jilin	11939.2	13046.4	13803.1	14063.1	14886.2	15288.9	15074.6
黑龙江	Heilongjiang	13691.6	14454.9	15039.4	15083.7	15386.1	16199.9	16361.6
上　海	Shanghai	20181.7	21818.2	23567.7	25123.5	27466.2	30133.9	32679.9
江　苏	Jiangsu	54058.2	59753.4	65088.3	70116.4	76086.2	85900.9	92595.4
浙　江	Zhejiang	34665.3	37756.6	40173.0	42886.5	46485.0	51768.3	56197.2
安　徽	Anhui	17212.1	19229.3	20848.7	22005.6	24117.9	27518.7	30006.8
福　建	Fujian	19701.8	21868.5	24055.8	25979.8	28519.2	32298.3	35804.0
江　西	Jiangxi	12948.9	14410.2	15714.6	16723.8	18364.4	20818.5	21984.8
山　东	**Shandong**	**50013.2**	**55230.3**	**59426.6**	**63002.3**	**67008.2**	**72678.2**	**76469.7**
河　南	Henan	29599.3	32191.3	34938.2	37002.2	40160.0	44988.2	48055.9
湖　北	Hubei	22250.5	24791.8	27379.2	29550.2	32297.9	36523.0	39366.6
湖　南	Hunan	22154.2	24621.7	27037.3	28902.2	31244.7	34590.6	36425.8
广　东	Guangdong	57067.9	62474.8	67809.9	72812.6	79512.1	89879.2	97277.8
广　西	Guangxi	13035.1	14449.9	15672.9	16803.1	18245.1	20396.3	20352.5
海　南	Hainan	2855.5	3177.6	3500.7	3702.8	4044.5	4462.5	4832.1
重　庆	Chongqing	11409.6	12783.3	14262.6	15717.3	17558.8	19500.3	20363.2
四　川	Sichuan	23872.8	26392.1	28536.7	30053.1	32680.5	36980.2	40678.1
贵　州	Guizhou	6852.2	8086.9	9266.4	10502.6	11734.4	13540.8	14806.5
云　南	Yunnan	10309.5	11832.3	12814.6	13619.2	14870.0	16531.3	17881.1
西　藏	Tibet	701.0	815.7	920.8	1026.4	1150.1	1310.6	1477.6
陕　西	Shaanxi	14453.7	16205.5	17689.9	18021.9	19165.4	21898.8	24438.3
甘　肃	Gansu	5650.2	6330.7	6836.8	6790.3	7152.0	7677.0	8246.1
青　海	Qinghai	1893.5	2122.1	2303.3	2417.1	2572.5	2642.8	2865.2
宁　夏	Ningxia	2341.3	2577.6	2752.1	2911.8	3150.1	3453.9	3705.2
新　疆	Xinjiang	7505.3	8443.8	9273.5	9324.8	9617.2	10920.1	12199.1

注:本表按当年价格计算。
a)Data in this table are calculated at current prices.

附录 1−3 地区生产总值、增长速度及构成(2018年)
Gross Domestic Product ,Growth Rate and composition(2018)

地区 Region	地区生产总值(亿元) Gross Domestic Product (100 million yuan)	第一产业 Primary Industry	第二产业 Secondary Industry	第三产业 Tertiary Industry	地区生产总值比上年增长(%) Growth Rate (%)	构成(%) composition 第一产业 Primary Industry	第二产业 Secondary Industry	第三产业 Tertiary Industry
北京 Beijing	30320.0	118.7	5647.7	24553.6	106.6	0.4	18.6	81.0
天津 Tianjin	18809.6	172.7	7609.8	11027.1	103.6	0.9	40.5	58.6
河北 Hebei	36010.3	3338.0	16040.1	16632.2	106.6	9.3	44.5	46.2
山西 Shanxi	16818.1	740.6	7089.2	8988.3	106.7	4.4	42.2	53.4
内蒙古 Inner Mongolia	17289.2	1753.8	6807.3	8728.1	105.3	10.1	39.4	50.5
辽宁 Liaoning	25315.4	2033.3	10025.1	13257.0	105.7	8.0	39.6	52.4
吉林 Jilin	15074.6	1160.8	6410.9	7503.0	104.5	7.7	42.5	49.8
黑龙江 Heilongjiang	16361.6	3001.0	4030.9	9329.7	104.7	18.3	24.6	57.1
上海 Shanghai	32679.9	104.4	9732.5	22843.0	106.6	0.3	29.8	69.9
江苏 Jiangsu	92595.4	4141.7	41248.5	47205.2	106.7	4.5	44.5	51.0
浙江 Zhejiang	56197.2	1967.0	23505.9	30724.3	107.1	3.5	41.8	54.7
安徽 Anhui	30006.8	2638.0	13842.1	13526.7	108.0	8.8	46.1	45.1
福建 Fujian	35804.0	2379.8	17232.4	16191.9	108.3	6.7	48.1	45.2
江西 Jiangxi	21984.8	1877.3	10250.2	9857.2	108.7	8.6	46.6	44.8
山东 Shandong	**76469.7**	**4950.5**	**33641.7**	**37877.4**	**106.4**	**6.5**	**44.0**	**49.5**
河南 Henan	48055.9	4289.38	22034.8	21731.7	107.6	8.9	45.9	45.2
湖北 Hubei	39366.6	3547.5	17089.0	18730.1	107.8	9.0	43.4	47.6
湖南 Hunan	36425.8	3083.6	14453.5	18888.7	107.8	8.5	39.7	51.8
广东 Guangdong	97277.8	3831.4	40695.2	52751.2	106.8	4.0	41.8	54.2
广西 Guangxi	20352.5	3019.4	8072.9	9260.2	106.8	14.8	39.7	45.5
海南 Hainan	4832.1	1000.1	1095.8	2736.2	105.8	20.7	22.7	56.6
重庆 Chongqing	20363.2	1378.3	8328.8	10656.1	106.0	6.8	40.9	52.3
四川 Sichuan	40678.1	4426.7	15322.7	20928.7	108.0	10.9	37.7	51.4
贵州 Guizhou	14806.5	2159.5	5755.5	6891.4	109.1	14.6	38.9	46.5
云南 Yunnan	17881.1	2498.9	6957.4	8424.8	108.9	14.0	38.9	47.1
西藏 Tibet	1477.6	130.3	628.4	719.0	109.1	8.8	42.5	48.7
陕西 Shaanxi	24438.3	1830.2	12157.5	10450.7	108.3	7.5	49.7	42.8
甘肃 Gansu	8246.1	921.3	2794.7	4530.1	106.3	11.2	33.9	54.9
青海 Qinghai	2865.2	268.1	1247.1	1350.1	107.2	9.4	43.5	47.1
宁夏 Ningxia	3705.2	279.9	1650.3	1775.1	107.0	7.6	44.5	47.9
新疆 Xinjiang	12199.1	1692.1	4923.0	5584.0	106.1	13.9	40.3	45.8

注：本表绝对数按当年价格计算，增长速度按不变价格计算。
a)Absolute figure are calculated at current prices,growth rate at constant prices.

附录 1-4　年末总人口

Basic Statistics on National Population

单位:万人　　　　(10 000 persons)

地　区	Region	2010	2011	2012	2013	2014	2015	2016	2017	2018
全　国	**Total**	**134091**	**134735**	**135404**	**136072**	**136782**	**137462**	**138271**	**139008**	**139538**
北　京	Beijing	1962	2019	2069	2115	2152	2171	2173	2171	2154
天　津	Tianjin	1299	1355	1413	1472	1517	1547	1562	1557	1560
河　北	Hebei	7194	7241	7288	7333	7384	7425	7470	7520	7556
山　西	Shanxi	3574	3593	3611	3630	3648	3664	3682	3702	3718
内蒙古	Inner Mongolia	2472	2482	2490	2498	2505	2511	2520	2529	2534
辽　宁	Liaoning	4375	4383	4389	4390	4391	4382	4378	4369	4359
吉　林	Jilin	2747	2749	2750	2751	2752	2753	2733	2717	2704
黑龙江	Heilongjiang	3833	3834	3834	3835	3833	3812	3799	3789	3773
上　海	Shanghai	2303	2347	2380	2415	2426	2415	2420	2418	2424
江　苏	Jiangsu	7869	7899	7920	7939	7960	7976	7999	8029	8051
浙　江	Zhejiang	5447	5463	5477	5498	5508	5539	5590	5657	5737
安　徽	Anhui	5957	5968	5988	6030	6083	6144	6196	6255	6324
福　建	Fujian	3693	3720	3748	3774	3806	3839	3874	3911	3941
江　西	Jiangxi	4462	4488	4504	4522	4542	4566	4592	4622	4648
山　东	**Shandong**	**9588**	**9637**	**9685**	**9733**	**9789**	**9847**	**9947**	**10006**	**10047**
河　南	Henan	9405	9388	9406	9413	9436	9480	9532	9559	9605
湖　北	Hubei	5728	5758	5779	5799	5816	5852	5885	5902	5917
湖　南	Hunan	6570	6596	6639	6691	6737	6783	6822	6860	6899
广　东	Guangdong	10441	10505	10594	10644	10724	10849	10999	11169	11346
广　西	Guangxi	4610	4645	4682	4719	4754	4796	4838	4885	4926
海　南	Hainan	869	877	887	895	903	911	917	926	934
重　庆	Chongqing	2885	2919	2945	2970	2991	3017	3048	3075	3102
四　川	Sichuan	8045	8050	8076	8107	8140	8204	8262	8302	8341
贵　州	Guizhou	3479	3469	3484	3502	3508	3530	3555	3580	3600
云　南	Yunnan	4602	4631	4659	4687	4714	4742	4771	4801	4830
西　藏	Tibet	300	303	308	312	318	324	331	337	344
陕　西	Shaanxi	3735	3743	3753	3764	3775	3793	3813	3835	3864
甘　肃	Gansu	2560	2564	2578	2582	2591	2600	2610	2626	2637
青　海	Qinghai	563	568	573	578	583	588	593	598	603
宁　夏	Ningxia	633	639	647	654	662	668	675	682	688
新　疆	Xinjiang	2185	2209	2233	2264	2298	2360	2398	2445	2487

注:1.全国总计含中国人民解放军现役军人数,不包括香港、澳门特别行政区和台湾地区数据;分省数据不含中国人民解放军现役军人数。

a)The military personnel were included in the national total population,but excluded in the regional total population.The national total population excluded the population of Hong Kong,Macao and Taiwan.

附录 1-5 全社会固定资产投资
Total Investment in Fixed Assets in the Whole Country

单位:亿元 (100 million yuan)

地 区	Region	2011	2012	2013	2014	2015	2016	2017
全国总计	**Total**	**311485.1**	**374694.7**	**446294.1**	**512020.7**	**561999.8**	**606465.7**	**641238.4**
北 京	Beijing	5578.9	6112.4	6847.1	6924.2	7496.0	7943.9	8370.4
天 津	Tianjin	7067.7	7934.8	9130.2	10518.2	11832.0	12779.4	11288.9
河 北	Hebei	16389.3	19661.3	23194.2	26671.9	29448.3	31750.0	33406.8
山 西	Shanxi	7073.1	8863.3	11031.9	12354.5	14074.2	14198.0	6040.5
内 蒙 古	Inner Mongolia	10365.2	11875.7	14217.4	17591.8	13702.2	15080.0	14013.2
辽 宁	Liaoning	17726.3	21836.3	25107.7	24730.8	17917.9	6692.2	6676.7
吉 林	Jilin	7441.7	9511.5	9979.3	11339.6	12705.3	13923.2	13283.9
黑 龙 江	Heilongjiang	7475.4	9694.7	11453.1	9829.0	10182.9	10648.3	11292.0
上 海	Shanghai	4962.1	5117.6	5647.8	6016.4	6352.7	6755.9	7246.6
江 苏	Jiangsu	26692.6	30854.2	36373.3	41938.6	46246.9	49663.2	53277.0
浙 江	Zhejiang	14185.3	17649.4	20782.1	24262.8	27323.3	30276.1	31696.0
安 徽	Anhui	12455.7	15425.8	18621.9	21875.6	24386.0	27033.4	29275.1
福 建	Fujian	9910.9	12439.9	15327.4	18177.9	21301.4	23237.4	26416.3
江 西	Jiangxi	9087.6	10774.2	12850.3	15079.3	17388.1	19694.2	22085.3
山 东	**Shandong**	**26749.7**	**31256.0**	**36789.1**	**42495.5**	**48312.4**	**53322.9**	**55202.7**
河 南	Henan	17769.0	21450.0	26087.5	30782.2	35660.3	40415.1	44496.9
湖 北	Hubei	12557.3	15578.3	19307.3	22915.3	26563.9	30011.7	32282.4
湖 南	Hunan	11880.9	14523.2	17841.4	21242.9	25045.1	28353.3	31959.2
广 东	Guangdong	17069.2	18751.5	22308.4	26293.9	30343.0	33303.6	37761.7
广 西	Guangxi	7990.7	9808.6	11907.7	13843.2	16227.8	18236.8	20499.1
海 南	Hainan	1657.2	2145.4	2697.9	3112.2	3451.2	3890.4	4244.4
重 庆	Chongqing	7473.4	8736.2	10435.2	12285.4	14353.2	16048.1	17537.0
四 川	Sichuan	14222.2	17040.0	20326.1	23318.6	25525.9	28812.0	31902.1
贵 州	Guizhou	4235.9	5717.8	7373.6	9025.8	10945.5	13204.0	15503.9
云 南	Yunnan	6191.0	7831.1	9968.3	11498.5	13500.6	16119.4	18936.0
西 藏	Tibet	516.3	670.5	876.0	1069.2	1295.7	1596.0	1975.6
陕 西	Shaanxi	9431.1	12044.5	14884.1	17191.9	18582.2	20825.3	23819.4
甘 肃	Gansu	3965.8	5145.0	6527.9	7884.1	8754.2	9664.0	5827.8
青 海	Qinghai	1435.6	1883.4	2361.1	2861.2	3210.6	3528.1	3883.6
宁 夏	Ningxia	1644.7	2096.9	2651.1	3173.8	3505.4	3794.2	3728.4
新 疆	Xinjiang	4632.1	6158.8	7732.3	9447.7	10813.0	10287.5	12089.1
不分地区	Not Classified by Region	5651.3	6106.4	5655.4	6268.4	5552.4	5378.0	5220.3

附录 1-6　固定资产投资增长速度
Investment in Fixed Assets growth rate

单位：%　　(%)

地　区	Region	2015	2016	2017	2018
全国总计	**Total**	**10.0**	**8.1**	**7.2**	**5.9**
北　京	Beijing	8.3	5.9	5.3	-5.5
天　津	Tianjin	12.6	8.0	0.5	-5.6
河　北	Hebei	10.6	8.4	5.3	6.0
山　西	Shanxi	14.8	0.8	6.3	5.7
内蒙古	Inner Mongolia	0.1	10.1	-7.2	-28.3
辽　宁	Liaoning	-27.8	-63.5	0.1	3.7
吉　林	Jilin	12.6	10.1	1.4	1.6
黑龙江	Heilongjiang	3.6	5.5	6.2	-4.7
上　海	Shanghai	5.6	6.3	7.2	5.2
江　苏	Jiangsu	10.5	7.5	7.5	5.5
浙　江	Zhejiang	13.2	10.9	8.6	7.1
安　徽	Anhui	12.0	11.7	11.0	11.8
福　建	Fujian	17.4	9.3	13.9	11.5
江　西	Jiangxi	16.0	14.0	12.3	11.1
山　东	**Shandong**	**13.9**	**10.5**	**7.3**	**4.1**
河　南	Henan	16.5	13.7	10.4	8.1
湖　北	Hubei	16.2	13.1	11.0	11.0
湖　南	Hunan	18.2	13.8	13.1	10.0
广　东	Guangdong	15.9	10.0	13.5	10.7
广　西	Guangxi	17.8	12.8	12.8	10.8
海　南	Hainan	10.4	11.7	10.1	-12.5
重　庆	Chongqing	17.0	12.1	9.5	7.0
四　川	Sichuan	10.2	13.1	10.6	10.2
贵　州	Guizhou	21.6	21.1	20.1	15.8
云　南	Yunnan	18.0	19.8	18.0	11.6
西　藏	Tibet	21.2	23.2	23.8	9.8
陕　西	Shaanxi	8.3	12.3	14.6	10.4
甘　肃	Gansu	11.2	10.5	-40.3	-3.9
青　海	Qinghai	12.7	9.9	10.5	7.3
宁　夏	Ningxia	10.7	8.2	3.0	-18.2
新　疆	Xinjiang	10.1	-5.1	20.0	-25.2

附录 1-7 房地产开发企业房屋施工、竣工面积和商品房销售面积
Floor Space of Buildings for Real Estate Development

单位：万平方米 (10 000 sq.m)

地区	Region	房屋施工面积 Floor Space of Builings under Construction		房屋竣工面积 Floor Space of Builings Completed		商品房销售面积 Floor Space of Builings Sold	
		2017	2018	2017	2018	2017	2018
全国总计	**Total**	**781484**	**822300**	**101486**	**93550**	**169408**	**171654**
北京	Beijing	12413	12963	1467	1558	870	696
天津	Tianjin	8796	10324	2023	2092	1482	1250
河北	Hebei	30318	28172	3416	2390	6426	5252
山西	Shanxi	16473	16950	1970	1408	2416	2361
内蒙古	Inner Mongolia	15815	15054	1714	1416	2068	2008
辽宁	Liaoning	25907	24217	2788	2274	4148	3935
吉林	Jilin	11887	12080	1479	1520	1885	2074
黑龙江	Heilongjiang	10328	10588	1651	1203	2256	1913
上海	Shanghai	15362	14672	3388	3116	1692	1767
江苏	Jiangsu	59464	62673	9582	8536	14211	13484
浙江	Zhejiang	41236	44537	6884	5190	9600	9755
安徽	Anhui	39169	41128	4748	4488	9201	10038
福建	Fujian	31940	32826	4267	3739	5854	6213
江西	Jiangxi	18807	20739	1854	2032	5842	6201
山东	**Shandong**	**63563**	**69063**	**8429**	**10513**	**12813**	**13455**
河南	Henan	49942	54686	6202	6655	13314	13990
湖北	Hubei	30510	31316	3220	2774	8155	8865
湖南	Hunan	31691	35782	4084	4161	8532	9239
广东	Guangdong	72492	79935	8196	7615	15959	14336
广西	Guangxi	22690	25399	1856	2193	5171	6213
海南	Hainan	9567	9575	1267	1187	2293	1432
重庆	Chongqing	25961	27227	5056	4083	6711	6536
四川	Sichuan	41295	44066	5621	5635	10869	12211
贵州	Guizhou	20385	21953	1172	1280	4697	5182
云南	Yunnan	21085	21800	2420	1447	4327	4532
西藏	Tibet	230	359	44	50	53	73
陕西	Shaanxi	23630	24618	2392	1525	3890	4119
甘肃	Gansu	9153	9429	848	752	1560	1596
青海	Qinghai	2937	2549	441	320	494	448
宁夏	Ningxia	6837	6048	1329	1214	1021	1026
新疆	Xinjiang	11597	11575	1680	1183	1598	1452

附录 1-8 房地产开发企业(单位)投资和商品房销售额

Investment and Total Sale of Commercial Buildings of Enterprises for Real Estate Development

单位:亿元 (100 million yuan)

地区	Region	房地产开发投资额 Investment for Real Estate		商品房销售额 Total Sale of Commercial Buildings		#住宅 Residential	
		2017	2018	2017	2018	2017	2018
全国总计	**Total**	**109798.5**	**120263.5**	**133701.3**	**149972.7**	**110239.5**	**126392.6**
北京	Beijing	3692.5	3873.4	2796.0	2377.0	2077.0	1971.1
天津	Tianjin	2233.4	2424.5	2272.3	2006.6	2032.9	1816.5
河北	Hebei	4823.9	4476.4	4628.4	4035.0	3925.4	3567.3
山西	Shanxi	1166.3	1376.6	1357.5	1610.6	1225.9	1473.2
内蒙古	Inner Mongolia	889.7	882.8	956.8	1113.9	731.7	909.0
辽宁	Liaoning	2289.7	2599.3	2771.7	2967.3	2452.2	2615.8
吉林	Jilin	910.1	1175.9	1135.2	1452.4	920.8	1233.5
黑龙江	Heilongjiang	815.6	944.4	1459.7	1320.3	1134.5	1112.3
上海	Shanghai	3856.5	4033.2	4026.7	4751.5	3336.1	3864.0
江苏	Jiangsu	9629.1	10982.3	13066.9	14527.3	11325.8	12693.9
浙江	Zhejiang	8226.8	9944.9	12340.0	14089.8	10300.3	12096.3
安徽	Anhui	5612.5	5974.1	5865.8	7077.0	4878.6	6174.8
福建	Fujian	4794.2	4940.3	5705.2	6579.5	4202.0	5074.5
江西	Jiangxi	2014.0	2174.9	3592.5	4219.9	2879.7	3524.3
山东	**Shandong**	**6637.2**	**7553.0**	**8097.0**	**10065.7**	**6891.7**	**8682.8**
河南	Henan	7090.2	7015.5	7129.4	8055.3	5897.7	6903.8
湖北	Hubei	4574.9	4693.1	6258.9	7531.4	5380.3	6591.4
湖南	Hunan	3426.1	3945.9	4460.7	5354.0	3570.8	4377.4
广东	Guangdong	12075.7	14412.2	18792.8	18742.1	15437.9	15595.3
广西	Guangxi	2683.5	3004.1	3016.6	3826.5	2635.7	3330.7
海南	Hainan	2053.1	1715.0	2713.7	2083.3	2473.2	1832.0
重庆	Chongqing	3980.1	4248.8	4557.9	5272.7	3601.6	4442.9
四川	Sichuan	5149.9	5697.9	6757.1	8532.3	5173.6	6621.2
贵州	Guizhou	2201.0	2349.2	2240.8	2921.0	1623.4	2278.1
云南	Yunnan	2786.3	3247.2	2561.2	3406.8	1973.7	2690.8
西藏	Tibet	40.4	92.6	35.3	52.8	25.2	42.9
陕西	Shaanxi	3102.0	3534.7	2661.1	3407.4	2215.2	2808.8
甘肃	Gansu	944.5	1116.4	890.3	922.3	738.2	774.6
青海	Qinghai	408.6	351.8	296.5	289.9	211.7	224.1
宁夏	Ningxia	652.8	449.6	464.1	517.7	369.3	420.6
新疆	Xinjiang	1037.9	1033.4	793.4	863.3	597.5	648.6

附录 1-9　一般公共预算收入
General Public Budget Revenue

单位:亿元 (100 million yuan)

地　区	Region	2008	2009	2010	2011	2012	2013	2014	2015	2016	2017	2018
地方总计	**Total**	**28644.9**	**32580.7**	**40610.0**	**52547.1**	**61078.3**	**69011.2**	**75876.6**	**83002.0**	**87239.4**	**91469.4**	**97904.5**
北　京	Beijing	1837.3	2026.8	2353.9	3006.3	3314.9	3661.1	4027.2	4723.9	5081.3	5430.8	5785.9
天　津	Tianjin	675.5	821.4	1068.8	1455.1	1760.0	2079.1	2390.4	2667.1	2723.5	2310.4	2106.2
河　北	Hebei	944.6	1066.2	1330.8	1737.8	2084.3	2295.6	2446.6	2649.2	2849.9	3233.8	3513.7
山　西	Shanxi	747.9	805.8	969.7	1213.4	1516.4	1701.6	1820.6	1642.4	1557.0	1867.0	2292.6
内蒙古	Inner Mongolia	649.6	850.8	1070.0	1356.7	1552.7	1721.0	1843.7	1964.5	2016.4	1703.2	1857.5
辽　宁	Liaoning	1356.1	1591.0	2004.8	2643.2	3105.4	3343.8	3192.8	2127.4	2200.5	2392.8	2616.0
吉　林	Jilin	422.8	487.1	602.4	850.1	1041.3	1157.0	1203.4	1229.4	1263.8	1210.9	1240.8
黑龙江	Heilongjiang	578.4	641.6	755.6	997.6	1163.2	1277.4	1301.3	1165.9	1148.4	1243.3	1282.5
上　海	Shanghai	2358.7	2540.3	2873.6	3429.8	3743.7	4109.5	4585.6	5519.5	6406.1	6642.3	7108.2
江　苏	Jiangsu	2731.1	3228.6	4079.9	5148.9	5860.7	6568.5	7233.1	8028.6	8121.2	8171.5	8630.2
浙　江	Zhejiang	1933.1	2142.4	2608.5	3150.8	3441.2	3796.9	4122.0	4809.9	5302.0	5804.4	6598.1
安　徽	Anhui	724.6	863.9	1149.4	1463.6	1792.7	2075.1	2218.4	2454.3	2672.8	2812.4	3048.6
福　建	Fujian	833.3	932.3	1151.5	1501.5	1776.2	2119.4	2362.2	2544.2	2654.8	2809.0	3007.4
江　西	Jiangxi	488.6	581.2	777.8	1053.4	1372.0	1621.2	1881.8	2165.7	2151.5	2247.1	2372.3
山　东	**Shandong**	**1957.1**	**2198.6**	**2749.4**	**3455.9**	**4059.4**	**4559.9**	**5026.8**	**5529.3**	**5860.2**	**6098.6**	**6485.4**
河　南	Henan	1009.1	1126.1	1381.0	1721.8	2040.3	2415.4	2739.3	3016.1	3153.5	3407.2	3763.9
湖　北	Hubei	710.2	800.4	1011.2	1526.9	1823.1	2191.2	2566.9	3005.5	3102.1	3248.3	3307.0
湖　南	Hunan	722.7	845.0	1066.0	1517.1	1782.2	2030.9	2262.8	2515.4	2697.9	2757.8	2860.7
广　东	Guangdong	3310.0	3649.2	4515.7	5514.8	6229.2	7081.5	8065.1	9366.8	10390.4	11320.3	12102.9
广　西	Guangxi	518.7	620.8	772.3	947.7	1166.1	1317.6	1422.3	1515.2	1556.3	1615.1	1681.5
海　南	Hainan	145.0	178.2	271.1	340.1	409.4	481.0	555.3	627.7	637.5	674.1	752.7
重　庆	Chongqing	577.2	655.6	1018.4	1488.3	1703.5	1693.2	1922.0	2154.8	2227.9	2252.4	2265.5
四　川	Sichuan	1041.7	1174.2	1561.0	2044.8	2421.3	2784.1	3061.1	3355.4	3388.9	3578.0	3910.9
贵　州	Guizhou	349.5	416.5	533.9	773.1	1014.1	1206.4	1366.7	1503.4	1561.3	1613.8	1726.8
云　南	Yunnan	613.6	698.2	871.2	1111.2	1338.2	1611.3	1698.1	1808.1	1812.3	1886.2	1994.3
西　藏	Tibet	24.9	30.1	36.7	54.8	86.6	95.0	124.3	137.1	156.0	185.8	230.3
陕　西	Shaanxi	591.3	733.9	957.9	1500.2	1600.7	1748.3	1890.4	2060.0	1834.0	2006.7	2243.1
甘　肃	Gansu	264.9	286.7	353.6	450.1	520.4	607.3	672.7	743.9	787.0	815.7	870.8
青　海	Qinghai	71.6	87.7	110.2	151.8	186.4	223.9	251.7	267.1	238.5	246.2	272.9
宁　夏	Ningxia	95.0	111.5	153.6	220.0	264.0	308.3	339.9	373.4	387.7	417.6	444.4
新　疆	Xinjiang	361.1	388.8	500.6	720.4	909.0	1128.5	1282.3	1330.9	1299.0	1466.5	1531.5

注:本表数据为地方财政本级收入。
a)Data in this table are the revenue of local governments.

附录 1-10 一般公共预算支出
General Public Budget Expenditure

单位:亿元 (100 million yuan)

地区	Region	2008	2009	2010	2011	2012	2013	2014	2015	2016	2017	2018
地方总计	**Total**	**49052.7**	**60593.8**	**73602.0**	**92733.7**	**107188.3**	**119740.3**	**129215.5**	**150335.6**	**160351.4**	**173228.3**	**188198.3**
北京	Beijing	1956.0	2301.7	2716.0	3245.2	3685.3	4173.7	4524.7	5737.7	6406.8	6824.5	7467.5
天津	Tianjin	869.0	1099.2	1351.3	1796.3	2143.2	2549.2	2884.7	3232.4	3699.4	3282.5	3104.2
河北	Hebei	1851.7	2311.8	2778.9	3537.4	4079.4	4409.6	4677.3	5632.2	6049.5	6639.2	7720.2
山西	Shanxi	1313.1	1556.7	1928.4	2363.9	2759.5	3030.1	3085.3	3423.0	3428.9	3756.4	4285.4
内蒙古	Inner Mongolia	1465.2	1925.1	2280.5	2989.2	3426.0	3686.5	3880.0	4253.0	4512.7	4529.9	4806.3
辽宁	Liaoning	2151.9	2651.4	3194.4	3905.9	4558.6	5197.4	5080.5	4481.6	4577.5	4879.4	5323.7
吉林	Jilin	1180.1	1479.2	1787.3	2201.7	2471.2	2744.8	2913.2	3217.1	3586.1	3725.7	3789.6
黑龙江	Heilongjiang	1542.3	1877.7	2253.3	2794.1	3171.5	3369.2	3434.2	4020.7	4227.3	4641.1	4675.8
上海	Shanghai	2593.9	2989.6	3302.9	3914.9	4184.0	4528.6	4923.4	6191.6	6918.9	7547.6	8351.5
江苏	Jiangsu	3201.6	3885.0	4835.2	6221.7	7027.7	7798.5	8472.4	9687.6	9982.0	10621.0	11658.2
浙江	Zhejiang	2208.3	2653.8	3208.4	3842.6	4161.9	4730.5	5159.6	6646.0	6974.3	7530.3	8627.5
安徽	Anhui	1621.6	2101.0	2566.9	3303.0	3961.0	4349.7	4664.1	5239.0	5523.0	6203.8	6571.5
福建	Fujian	1125.3	1403.8	1678.7	2198.2	2607.5	3068.8	3306.7	4001.6	4275.4	4684.2	4836.7
江西	Jiangxi	1208.4	1548.6	1911.0	2534.6	3019.2	3470.3	3882.7	4412.5	4617.4	5111.5	5669.9
山东	**Shandong**	**2704.7**	**3267.7**	**4145.0**	**5002.1**	**5904.5**	**6688.8**	**7177.3**	**8250.0**	**8755.2**	**9258.4**	**10099.0**
河南	Henan	2283.9	2902.6	3413.2	4248.8	5006.4	5582.3	6028.7	6799.4	7453.7	8215.5	9225.4
湖北	Hubei	1638.0	2107.3	2465.2	3214.7	3759.8	4371.6	4934.1	6132.8	6423.0	6801.3	7257.6
湖南	Hunan	1717.7	2118.6	2702.5	3520.8	4119.0	4690.9	5017.4	5728.7	6339.2	6869.4	7530.9
广东	Guangdong	3756.7	4305.4	5414.8	6712.4	7387.9	8411.0	9152.6	12827.8	13446.1	15037.5	15737.4
广西	Guangxi	1287.1	1606.3	1994.4	2545.3	2985.2	3208.7	3479.8	4065.5	4441.7	4908.6	5310.9
海南	Hainan	356.0	485.0	578.5	778.8	911.7	1011.2	1099.7	1239.4	1376.5	1444.0	1685.4
重庆	Chongqing	1010.7	1298.4	1771.0	2570.2	3046.4	3062.3	3304.4	3792.0	4001.8	4336.3	4541.2
四川	Sichuan	2965.4	3591.0	4242.5	4674.9	5451.0	6220.9	6796.6	7497.5	8008.9	8694.8	9718.3
贵州	Guizhou	1048.6	1358.8	1640.2	2249.4	2755.7	3082.7	3542.8	3939.5	4262.4	4612.5	5017.3
云南	Yunnan	1470.7	1949.8	2285.7	2929.6	3572.7	4096.5	4438.0	4712.8	5018.9	5713.0	6075.0
西藏	Tibet	380.7	470.1	551.0	758.1	905.3	1014.3	1185.5	1381.5	1588.0	1681.9	1972.7
陕西	Shaanxi	1435.6	1839.9	2217.6	2930.8	3323.8	3665.1	3962.5	4376.1	4389.4	4833.2	5301.9
甘肃	Gansu	965.4	1245.6	1466.7	1791.2	2059.6	2309.6	2541.5	2958.3	3150.0	3304.4	3773.8
青海	Qinghai	363.8	486.7	743.4	967.5	1159.0	1228.0	1347.4	1515.2	1524.8	1530.4	1647.5
宁夏	Ningxia	323.1	427.8	555.9	705.9	864.4	922.5	1000.5	1138.5	1254.5	1372.8	1430.6
新疆	Xinjiang	1056.1	1349.2	1698.9	2284.5	2720.1	3067.1	3317.8	3804.9	4138.3	4637.2	4985.6

注：本表数据为地方财政本级支出。
a)Data in this table are the expenditure of local governments.

附录 1-11 居民消费价格分类指数(2018年)
Consumer Price Indices by Category (2018)

(上年=100) (preceding year=100)

地区 Region	居民消费价格指数 General Index	食品烟酒 Food, Tobacco, Liquor	衣着 Clothing	居住 Residence	生活用品及服务 Daily Necessities and Services	交通和通信 Transportation and Communication	教育文化和娱乐 Recreation, Education and Culture	医疗保健 Medical Care	其他用品和服务 Other Supplies and Services
全国 Total	**102.1**	**101.9**	**101.2**	**102.4**	**101.6**	**101.7**	**102.2**	**104.3**	**101.2**
北京 Beijing	102.5	103.1	99.7	103.2	101.3	100.6	103.6	103.0	102.2
天津 Tianjin	102.0	103.1	101.1	101.3	101.1	101.3	102.4	102.6	101.1
河北 Hebei	102.4	102.0	101.7	102.5	101.7	100.4	102.4	107.4	102.5
山西 Shanxi	101.8	101.7	100.5	102.4	100.6	101.2	101.9	103.6	101.3
内蒙古 Inner Mongolia	101.8	102.0	101.7	102.3	101.1	101.4	100.8	102.7	100.6
辽宁 Liaoning	102.5	102.2	100.4	101.5	100.4	101.5	102.1	111.1	100.9
吉林 Jilin	102.1	101.4	102.5	102.1	102.3	100.8	102.3	105.3	100.7
黑龙江 Heilongjiang	102.0	100.9	100.9	101.1	100.8	101.2	102.9	108.6	99.8
上海 Shanghai	101.6	102.3	98.3	100.2	101.4	104.0	103.1	102.4	102.4
江苏 Jiangsu	102.3	102.3	102.2	102.4	103.4	102.5	102.4	101.2	102.2
浙江 Zhejiang	102.3	102.6	101.1	103.4	101.4	101.0	102.2	102.6	100.2
安徽 Anhui	102.0	102.1	102.0	102.1	101.7	101.1	102.2	102.8	100.6
福建 Fujian	101.5	101.7	99.6	101.9	100.9	101.2	102.1	102.1	100.5
江西 Jiangxi	102.1	101.0	100.2	102.6	101.0	101.6	102.6	108.3	100.8
山东 Shandong	**102.5**	**102.3**	**103.2**	**103.1**	**101.6**	**101.8**	**102.2**	**103.0**	**100.8**
河南 Henan	102.3	101.5	101.1	102.2	101.6	102.2	103.0	106.1	101.4
湖北 Hubei	101.9	101.8	100.8	102.5	101.3	102.2	101.5	103.5	100.6
湖南 Hunan	102.0	100.8	101.9	103.6	101.3	102.8	101.5	102.5	100.6
广东 Guangdong	102.2	102.1	101.7	102.1	101.4	101.9	102.3	104.5	101.0
广西 Guangxi	102.3	101.0	101.5	104.3	101.9	101.6	102.5	104.5	101.3
海南 Hainan	102.5	101.2	104.1	103.4	102.0	103.3	102.7	103.6	101.8
重庆 Chongqing	102.0	101.4	101.5	102.8	101.7	100.1	103.0	105.7	100.9
四川 Sichuan	101.7	101.3	101.1	102.6	101.5	101.2	101.5	102.8	102.4
贵州 Guizhou	101.8	100.7	100.9	102.9	100.9	102.1	103.4	102.0	100.6
云南 Yunnan	101.6	100.5	101.4	102.1	101.1	101.7	102.3	104.1	100.8
西藏 Tibet	101.7	102.3	102.3	101.1	101.7	101.5	100.4	102.1	101.1
陕西 Shaanxi	102.1	102.0	100.9	102.7	102.3	101.0	101.7	104.0	101.3
甘肃 Gansu	102.0	100.9	101.1	103.5	100.8	101.2	100.5	108.0	100.8
青海 Qinghai	102.5	102.7	101.4	102.5	101.1	101.6	104.8	103.4	100.5
宁夏 Ningxia	102.3	102.5	102.2	102.6	102.3	102.7	101.8	101.9	101.2
新疆 Xinjiang	102.0	103.1	98.9	97.9	102.3	101.2	101.3	112.5	100.1

附录 1-12　城镇居民人均可支配收入
Per Capita Disposable Income of Urban Households

单位:元　　(yuan)

地　区	Region	2009	2010	2011	2012	2013	2014	2015	2016	2017	2018
全国总计	**Total**	**17175**	**19109**	**21810**	**24565**	**26467**	**28844**	**31195**	**33616**	**36396**	**39251**
北　京	Beijing	26738	29073	32903	36469	44564	48532	52859	57275	62406	67990
天　津	Tianjin	21402	24293	26921	29626	28980	31506	34101	37110	40278	42976
河　北	Hebei	14718	16263	18292	20543	22227	24141	26152	28249	30548	32977
山　西	Shanxi	13997	15648	18124	20412	22258	24069	25828	27352	29132	31035
内蒙古	Inner Mongolia	15849	17698	20408	23150	26004	28350	30594	32975	35670	38305
辽　宁	Liaoning	15761	17713	20467	23223	26697	29082	31126	32876	34993	37342
吉　林	Jilin	14006	15411	17797	20208	21331	23218	24901	26530	28319	30172
黑龙江	Heilongjiang	12566	13857	15696	17760	20848	22609	24203	25736	27446	29191
上　海	Shanghai	28838	31838	36230	40188	44878	48841	52962	57692	62596	68034
江　苏	Jiangsu	20552	22944	26341	29677	31585	34346	37173	40152	43622	47200
浙　江	Zhejiang	24611	27359	30971	34550	37080	40393	43714	47237	51261	55574
安　徽	Anhui	14086	15788	18606	21024	22789	24839	26936	29156	31640	34393
福　建	Fujian	19577	21781	24907	28055	28174	30722	33275	36014	39001	42121
江　西	Jiangxi	14022	15481	17495	19860	22120	24309	26500	28673	31198	33819
山　东	**Shandong**	**17811**	**19946**	**22792**	**25755**	**26882**	**29222**	**31545**	**34012**	**36789**	**39549**
河　南	Henan	14372	15930	18195	20443	21741	23672	25576	27233	29558	31874
湖　北	Hubei	14367	16058	18374	20840	22668	24852	27051	29386	31889	34455
湖　南	Hunan	15084	16566	18844	21319	24352	26570	28838	31284	33948	36698
广　东	Guangdong	21575	23898	26897	30227	29537	32148	34757	37684	40975	44341
广　西	Guangxi	15451	17064	18854	21243	22689	24669	26416	28324	30502	32436
海　南	Hainan	13751	15581	18369	20918	22411	24487	26356	28453	30817	33349
重　庆	Chongqing	15749	17532	20250	22968	23058	25147	27239	29610	32193	34889
四　川	Sichuan	13839	15461	17899	20307	22228	24234	26205	28335	30727	33216
贵　州	Guizhou	12863	14143	16495	18701	20565	22548	24580	26743	29080	31592
云　南	Yunnan	14424	16065	18576	21075	22460	24299	26373	28611	30996	33488
西　藏	Tibet	13544	14980	16196	18028	20394	22016	25457	27802	30671	33797
陕　西	Shaanxi	14129	15695	18245	20734	22346	24366	26420	28440	30810	33319
甘　肃	Gansu	11930	13189	14989	17157	19873	21804	23767	25693	27763	29957
青　海	Qinghai	12692	13855	15603	17566	20352	22307	24542	26757	29169	31515
宁　夏	Ningxia	14025	15344	17579	19831	21476	23285	25186	27153	29472	31895
新　疆	Xinjiang	12258	13644	15514	17921	21091	23214	26275	28463	30775	32764

注:1.本表绝对数按当年价格计算。从2013年起，国家统计局开展了城乡一体化住户收支与生活状况调查，本表数据来源于此调查，与2013年前的分城镇和农村住户调查的调查范围、调查方法、指标口径有所不同(下表同)。

a)Absolute figures in this table are calculated at current prices.The NBS started an integrated household income and expenditure survey in 2013, including both urban and rural households. The data are compiled on the basis of the survey. The coverage, methodology and definitions used in the survey are different from those used for the separate urban and rural household surveys prior to 2013. (The same applies to tables following).

附录 1-13 城镇、农村居民人均收支情况

Per Capita Income and Expenditure of Urban And Rural Households

单位:元

地区	Region	城镇居民 Urban Households				农村居民 Rural Households			
		#人均可支配收入 Per Capita Disposable Income		#人均消费支出 Per Capita Consumption Expenditure		#人均可支配收入 Per Capita Disposable Income		#人均消费支出 Per Capita Consumption Expenditure	
		2017年	2018年	2017年	2018年	2017年	2018年	2017年	2018年
全国总计	**Total**	**36396**	**39251**	**24445**	**26112**	**13432**	**14617**	**10955**	**12124**
北京	Beijing	62406	67990	40346	42926	24240	26490	18810	20195
天津	Tianjin	40278	42976	30284	32655	21754	23065	16386	16863
河北	Hebei	30548	32977	20600	22127	12881	14031	10536	11383
山西	Shanxi	29132	31035	18404	19790	10788	11750	8424	9172
内蒙古	Inner Mongolia	35670	38305	23638	24437	12584	13803	12184	12661
辽宁	Liaoning	34993	37342	25379	26448	13747	14656	10787	11455
吉林	Jilin	28319	30172	20051	22394	12950	13748	10279	10826
黑龙江	Heilongjiang	27446	29191	19270	21035	12665	13804	10524	11417
上海	Shanghai	62596	68034	42304	46015	27825	30375	18090	19965
江苏	Jiangsu	43622	47200	27726	29462	19158	20845	15612	16567
浙江	Zhejiang	51261	55574	31924	34598	24956	27302	18093	19707
安徽	Anhui	31640	34393	20740	21523	12758	13996	11106	12748
福建	Fujian	39001	42121	25980	28145	16335	17821	14003	14943
江西	Jiangxi	31198	33819	19244	20760	13242	14460	9870	10885
山东	**Shandong**	**36789**	**39549**	**23072**	**24798**	**15118**	**16297**	**10342**	**11270**
河南	Henan	29558	31874	19422	20989	12719	13831	9212	10392
湖北	Hubei	31889	34455	21276	23996	13812	14978	11633	13946
湖南	Hunan	33948	36698	23163	25064	12936	14093	11534	12721
广东	Guangdong	40975	44341	30198	30924	15780	17168	13200	15411
广西	Guangxi	30502	32436	18349	20159	11325	12435	9437	10617
海南	Hainan	30817	33349	20372	22971	12902	13989	9599	10956
重庆	Chongqing	32193	34889	22759	24154	12638	13781	10936	11977
四川	Sichuan	30727	33216	21991	23484	12227	13331	11397	12723
贵州	Guizhou	29080	31592	20348	20788	8869	9716	8299	9170
云南	Yunnan	30996	33488	19560	21626	9862	10768	8027	9123
西藏	Tibet	30671	33797	21088	23029	10330	11450	6691	7452
陕西	Shaanxi	30810	33319	20388	21966	10265	11213	9306	10071
甘肃	Gansu	27763	29957	20659	22606	8076	8804	8030	9065
青海	Qinghai	29169	31515	21473	22998	9462	10393	9903	10352
宁夏	Ningxia	29472	31895	20219	21977	10738	11708	9982	10790
新疆	Xinjiang	30775	32764	22797	24191	11045	11975	8713	9421

附录 1-14　农村居民人均纯收入
Per Capita Net Income of Rural Households

单位:元

地　区	Region	2006	2007	2008	2009	2010	2011	2012	2013
全国总计	**Total**	**3587**	**4140**	**4761**	**5153**	**5919**	**6977**	**7917**	**8896**
北　京	Beijing	8275	9440	10662	11669	13262	14736	16476	18337
天　津	Tianjin	6228	7010	7911	8688	10075	12321	14026	15841
河　北	Hebei	3802	4293	4795	5150	5958	7120	8081	9102
山　西	Shanxi	3181	3666	4097	4244	4736	5601	6357	7154
内蒙古	Inner Mongolia	3342	3953	4656	4938	5530	6642	7611	8596
辽　宁	Liaoning	4090	4773	5576	5958	6908	8297	9384	10523
吉　林	Jilin	3641	4191	4933	5266	6237	7510	8598	9621
黑龙江	Heilongjiang	3552	4132	4856	5207	6211	7591	8604	9634
上　海	Shanghai	9139	10145	11440	12483	13978	16054	17804	19595
江　苏	Jiangsu	5813	6561	7356	8004	9118	10805	12202	13598
浙　江	Zhejiang	7335	8265	9258	10007	11303	13071	14552	16106
安　徽	Anhui	2969	3556	4202	4504	5285	6232	7160	8098
福　建	Fujian	4835	5467	6196	6680	7427	8779	9967	11184
江　西	Jiangxi	3460	4045	4697	5075	5789	6892	7829	8781
山　东	**Shandong**	**4368**	**4985**	**5641**	**6119**	**6990**	**8342**	**9446**	**10620**
河　南	Henan	3261	3852	4454	4807	5524	6604	7525	8475
湖　北	Hubei	3419	3997	4656	5035	5832	6898	7852	8867
湖　南	Hunan	3390	3904	4512	4909	5622	6567	7440	8372
广　东	Guangdong	5080	5624	6400	6907	7890	9372	10543	11669
广　西	Guangxi	2770	3224	3690	3980	4543	5231	6008	6791
海　南	Hainan	3256	3791	4390	4744	5275	6446	7408	8343
重　庆	Chongqing	2874	3509	4126	4478	5277	6480	7383	8332
四　川	Sichuan	3002	3547	4121	4462	5087	6129	7001	7895
贵　州	Guizhou	1985	2374	2797	3005	3472	4145	4753	5434
云　南	Yunnan	2250	2634	3103	3369	3952	4722	5417	6141
西　藏	Tibet	2435	2788	3176	3532	4139	4904	5719	6578
陕　西	Shaanxi	2260	2645	3136	3438	4105	5028	5763	6503
甘　肃	Gansu	2134	2329	2724	2980	3425	3909	4507	5108
青　海	Qinghai	2358	2684	3061	3346	3863	4608	5364	6196
宁　夏	Ningxia	2760	3181	3681	4048	4675	5410	6180	6931
新　疆	Xinjiang	2737	3183	3503	3883	4643	5442	6394	7296

注:本表按当年价格计算。
a)Figures in this table are calculated at current prices.

附录 1-15 农林牧渔业总产值及增长速度(2018年)

Gross Output Value and Growth Rate of Farming,Forestry, Animal Husbandry and Fishery(2018)

地区	Region	农林牧渔业总产值(亿元) Gross Output Value (100 million yuan)	#农业 Farming	#林业 Forestry	#牧业 Animal Husbandry	#渔业 Fishery	农林牧渔业总产值比上年增长(%) Growth Rate (%)
全国总计	**Total**	**113579.5**	**61452.6**	**5432.6**	**28697.4**	**12131.5**	**3.5**
北京	Beijing	296.8	114.7	95.1	72.0	6.1	-6.0
天津	Tianjin	390.5	197.2	12.7	95.8	71.1	0.9
河北	Hebei	5707.0	3085.9	186.6	1813.8	207.5	3.0
山西	Shanxi	1460.6	894.9	99.9	361.5	6.9	2.2
内蒙古	Inner Mongolia	2985.3	1512.5	100.3	1294.3	29.2	3.0
辽宁	Liaoning	4061.9	1749.4	149.5	1346.2	628.5	2.6
吉林	Jilin	2184.3	993.0	73.3	1001.6	39.0	2.2
黑龙江	Heilongjiang	5624.3	3635.0	186.4	1542.4	105.7	3.5
上海	Shanghai	289.6	150.1	15.8	48.3	56.2	-2.3
江苏	Jiangsu	7192.5	3735.0	147.3	1091.3	1707.9	0.9
浙江	Zhejiang	3157.3	1518.0	177.0	331.8	1043.3	1.7
安徽	Anhui	4672.7	2253.7	332.9	1315.8	505.7	2.6
福建	Fujian	4229.5	1653.4	389.0	718.4	1318.2	3.5
江西	Jiangxi	3148.6	1549.2	319.6	672.2	473.9	3.5
山东	**Shandong**	**9397.4**	**4678.3**	**181.6**	**2432.7**	**1425.9**	**3.0**
河南	Henan	7757.9	4973.7	129.0	2067.7	122.7	3.9
湖北	Hubei	6207.8	3033.8	235.2	1386.5	1106.0	3.4
湖南	Hunan	5361.6	2664.3	387.1	1464.6	417.2	3.6
广东	Guangdong	6318.1	3089.6	390.6	1184.7	1383.8	4.2
广西	Guangxi	4909.2	2717.5	379.9	1072.3	504.3	5.6
海南	Hainan	1535.7	729.5	110.4	245.3	387.4	4.1
重庆	Chongqing	2052.4	1292.7	101.1	520.1	100.4	2.5
四川	Sichuan	7195.6	4153.7	358.7	2246.1	247.9	3.9
贵州	Guizhou	3619.5	2288.7	253.3	846.3	54.8	7.0
云南	Yunnan	4108.9	2234.7	396.9	1237.1	98.3	6.3
西藏	Tibet	195.5	88.1	3.2	98.4	0.3	5.5
陕西	Shaanxi	3240.0	2245.0	104.6	682.8	29.8	3.3
甘肃	Gansu	1659.4	1166.1	33.1	318.9	2.0	3.7
青海	Qinghai	405.9	169.2	10.4	216.0	3.6	4.6
宁夏	Ningxia	575.8	344.6	9.2	176.1	19.7	4.0
新疆	Xinjiang	3637.8	2541.2	62.7	796.4	28.1	5.1

注：本表绝对数按当年价格计算，增长速度按可比价格计算。

a)Absolute figures in this table are calculated at current prices while growth rate at constant prices.

附录 1-16 主要农产品产量(2018年)
Output of Major Agriculture Products(2018)

单位:万吨 (10 000 tons)

地区	Region	粮食 Grain	油料 Oil Crops	棉花 Cotton	蔬菜 Vegetables	水果 Fruits	肉类 Meat	#猪肉 Pork	#牛肉 Beef	#羊肉 Mutton	奶类 Milk
全国总计	**Total**	**65789.2**	**3433.4**	**610.3**	**70346.7**	**25688.4**	**8624.6**	**5403.7**	**644.1**	**475.1**	**3176.8**
北京	Beijing	34.1	0.4		130.6	61.5	17.5	13.5	0.9	0.6	31.1
天津	Tianjin	209.7	0.6	1.8	254.0	62.5	33.9	21.2	2.9	1.2	48.0
河北	Hebei	3700.9	121.4	23.9	5154.5	1347.9	466.7	286.3	56.5	30.5	391.1
山西	Shanxi	1380.4	15.5	0.4	821.9	750.5	93.1	62.5	6.5	8.1	81.7
内蒙古	Inner Mongolia	3553.3	201.5	0.01	1006.5	264.2	267.3	71.8	61.4	106.3	571.8
辽宁	Liaoning	2192.4	78.1		1852.3	788.9	377.1	210.1	27.5	6.6	132.6
吉林	Jilin	3632.7	87.5		438.2	148.1	253.6	127.0	40.7	4.6	39.0
黑龙江	Heilongjiang	7506.8	11.2		634.4	170.8	247.5	149.9	42.6	12.5	458.5
上海	Shanghai	103.7	0.7	0.01	294.5	54.3	13.5	11.3		0.3	33.4
江苏	Jiangsu	3660.3	86.0	2.1	5625.9	934.1	328.5	205.5	2.8	7.8	50.0
浙江	Zhejiang	599.1	29.4	0.8	1888.4	743.6	104.6	74.0	1.2	2.3	15.8
安徽	Anhui	4007.3	158.0	8.9	2118.2	643.8	421.7	243.9	8.7	17.1	30.8
福建	Fujian	498.6	21.2		1493.0	683.1	256.1	113.1	1.9	2.0	14.3
江西	Jiangxi	2190.7	120.8	7.2	1537.0	684.4	325.7	246.3	12.5	2.1	9.6
山东	**Shandong**	**5319.5**	**310.9**	**21.7**	**8192.0**	**2788.8**	**854.7**	**421.0**	**76.4**	**36.8**	**232.5**
河南	Henan	6648.9	631.0	3.8	7260.7	2492.8	669.4	479.0	34.8	26.9	208.9
湖北	Hubei	2839.5	302.5	14.9	3963.9	998.0	430.9	333.2	15.8	9.7	12.8
湖南	Hunan	3022.9	234.4	8.6	3822.0	1016.8	541.7	446.8	17.9	14.9	6.2
广东	Guangdong	1193.5	106.3		3330.2	1669.2	449.9	281.5	4.1	2.0	13.9
广西	Guangxi	1372.8	66.7	0.1	3432.2	2116.6	426.8	263.9	12.3	3.4	8.9
海南	Hainan	147.1	8.4		566.8	430.4	79.9	45.6	1.9	1.1	0.2
重庆	Chongqing	1079.3	63.7		1932.7	431.3	182.3	132.2	7.2	6.8	4.9
四川	Sichuan	3493.7	362.5	0.4	4438.0	1080.7	664.7	481.2	34.5	26.3	64.3
贵州	Guizhou	1059.7	112.6	0.1	2613.4	369.5	213.7	164.8	19.9	5.0	4.6
云南	Yunnan	1860.5	61.0		2205.7	813.4	427.2	323.8	36.0	18.6	65.7
西藏	Tibet	104.4	5.9		72.6	0.3	28.4	1.0	20.9	5.9	40.8
陕西	Shaanxi	1226.0	61.0	1.0	1808.4	1835.1	114.5	86.6	8.2	9.6	159.7
甘肃	Gansu	1151.4	70.4	3.5	1292.6	609.3	101.2	50.6	21.4	23.6	41.1
青海	Qinghai	103.1	28.5		150.3	3.5	36.5	9.2	13.2	13.1	33.5
宁夏	Ningxia	392.6	7.3		550.8	197.2	34.1	8.8	11.5	9.9	169.4
新疆	Xinjiang	1504.2	67.8	511.1	1465.1	1497.8	162.0	38.1	42.0	59.4	201.7

注:1、水果产量含果用瓜。
a)Data of output of fruits include yield of melon and fruit.

附录 1-17　主要工业产品产量(2018年)
Output of Major Industrial Products(2018)

地　区	Region	原　油 (万吨) Crude Petroleum Oil (10 000 tons)	发电量 (亿千瓦小时) Electricity (100 million kwh)	生　铁 (万吨) Pig Iron (10 000 tons)	粗　钢 (万吨) Crude Steel (10 000 tons)	钢　材 (万吨) Steel (10 000 tons)	水　泥 (万吨) Cement (10 000 tons)
全国总计	**Total**	**18910.6**	**71117.7**	**77105.4**	**92800.9**	**110551.7**	**220770.7**
北　京	Beijing		450.5			179.9	397.0
天　津	Tianjin	3085.5	711.5	1649.4	2023.0	4733.8	619.4
河　北	Hebei	537.2	3133.2	21396.0	23723.4	26916.9	9554.3
山　西	Shanxi		3180.5	4761.3	5386.2	4903.3	4415.6
内蒙古	Inner Mongolia	10.7	5003.0	1744.3	2307.6	2259.5	3052.3
辽　宁	Liaoning	1036.9	1982.7	6331.8	6873.9	6899.1	4155.9
吉　林	Jilin	387.8	838.2	1162.2	1204.6	1300.9	1480.0
黑龙江	Heilongjiang	3224.2	1029.2	695.7	774.3	561.4	1955.2
上　海	Shanghai	6.5	839.7	1476.8	1630.1	1983.3	414.5
江　苏	Jiangsu	151.4	5085.1	6796.1	10422.1	12146.7	14717.8
浙　江	Zhejiang		3438.4	873.8	1266.5	3048.7	12323.5
安　徽	Anhui		2734.5	2422.0	3103.9	3195.0	13248.2
福　建	Fujian		2494.2	982.3	2085.7	2915.9	8831.9
江　西	Jiangxi		1281.3	2204.2	2499.2	2571.3	8884.3
山　东	**Shandong**	**2231.4**	**5825.6**	**6456.8**	**7177.2**	**9427.8**	**12619.0**
河　南	Henan	258.8	3050.1	2511.5	2892.0	3661.0	11020.0
湖　北	Hubei	54.3	2835.8	2514.6	3071.8	3649.9	10695.3
湖　南	Hunan		1532.7	1963.2	2307.6	2374.7	10997.4
广　东	Guangdong	1393.5	4694.8	2016.0	2880.5	4337.6	16082.2
广　西	Guangxi	51.9	1752.0	1447.1	2262.1	2890.9	11827.1
海　南	Hainan	30.4	323.4				2104.2
重　庆	Chongqing		799.5	580.4	638.2	1187.7	6583.1
四　川	Sichuan	8.1	3687.0	1978.6	2400.7	2896.7	13752.8
贵　州	Guizhou		2016.0	342.0	418.4	554.3	11121.8
云　南	Yunnan		3241.0	1572.4	1925.0	1940.7	12119.8
西　藏	Tibet		66.6				913.0
陕　西	Shaanxi	3519.5	1855.6	1157.6	1178.7	1445.2	6286.6
甘　肃	Gansu	51.8	1531.4	614.0	802.4	833.5	3883.3
青　海	Qinghai	223.3	811.0	124.5	138.1	146.6	1354.9
宁　夏	Ningxia		1610.0	210.1	252.5	266.8	1767.9
新　疆	Xinjiang	2647.4	3283.2	1121.0	1155.3	1322.7	3592.6

附录 1-17 续表 continued

地区	Region	布（亿米）Cloth (100 million m)	家用电冰箱（万台）Home Refrigerators (10 000 units)	农用化肥（万吨）Chemical Fertilizes (10 000 tons)	汽车（万辆）Motor Vehicles (10 000 sets)	程控交换机（万线）Program Controlled Switchboards (10 000 lines)	移动通信手持机（万台）Mobile Communication Handsets (10 000 units)	微型计算机设备（万台）Microcomputer Equipments (10 000 units)
全国总计	**Total**	**657.3**	**7993.2**	**5424.4**	**2781.9**	**1006.6**	**179846.4**	**30700.2**
北京	Beijing				165.3		9029.6	564.5
天津	Tianjin	0.7	49.9	15.0	86.3		2680.3	
河北	Hebei	22.3		199.7	121.1	25.0		
山西	Shanxi	0.2		361.3	10.8		1979.4	
内蒙古	Inner Mongolia			377.5	0.5			
辽宁	Liaoning	1.1	132.7	33.1	94.9	3.8	279.4	
吉林	Jilin	0.3		17.4	276.9			
黑龙江	Heilongjiang	0.1		38.3	16.3			
上海	Shanghai	0.9	46.1	1.0	297.8	27.7	4729.0	1448.8
江苏	Jiangsu	117.8	956.3	168.0	121.9	0.3	4924.6	6215.0
浙江	Zhejiang	167.4	618.3	19.9	119.2	72.3	5317.6	204.1
安徽	Anhui	11.2	2631.1	217.1	82.4		70.0	2022.3
福建	Fujian	110.8		68.2	24.0		1362.1	1183.6
江西	Jiangxi	7.9	89.1	5.3	55.0		4648.6	96.6
山东	**Shandong**	**75.3**	**888.4**	**387.1**	**87.9**		**3254.1**	**0.8**
河南	Henan	18.9	125.6	441.6	58.9		20605.5	
湖北	Hubei	57.9	488.8	644.1	241.9		4373.6	1111.5
湖南	Hunan	3.2		52.7	52.9	3.2	1614.7	67.1
广东	Guangdong	27.4	1598.7	14.1	321.6	873.5	80818.3	4733.8
广西	Guangxi	1.9		36.1	215.1		345.6	
海南	Hainan			61.5	2.1			
重庆	Chongqing	2.2	139.7	146.9	172.6		18868.2	7074.1
四川	Sichuan	16.0	85.3	370.5	74.7	0.9	9437.0	5903.6
贵州	Guizhou	0.4	143.1	487.1	0.5		1956.0	2.0
云南	Yunnan			305.2	15.9		1897.6	72.4
西藏	Tibet							
陕西	Shaanxi	9.8		129.4	62.1		1655.1	
甘肃	Gansu			29.5	1.1			
青海	Qinghai			478.6				
宁夏	Ningxia	0.8		39.1				
新疆	Xinjiang	2.9		279.1	2.5			

附录 1-18　规模以上工业主要经济指标(2018年)
Main Indicators on Economic Efficiency of Industrial Enterprises above Designated Size(2018)

单位:亿元　　(100 million yuan)

地　区	Region	主营业务收入 Revenue from Principal Business	主营业务成本 Cost of Principal Business	销售费用 Cost of Business	管理费用 Cost of Management	财务费用 Cost of Financing	利润总额 Total Profits
全国总计	**Total**	**1022241.1**	**857474.1**	**30924.4**	**46125.1**	**11904.9**	**66351.4**
北　京	Beijing	21435.7	17812.7	1199.4	1088.8	204.7	1530.0
天　津	Tianjin	17549.7	14743.6	493.6	773.1	160.9	1200.7
河　北	Hebei	37835.5	32614.0	869.7	1331.8	568.4	2211.7
山　西	Shanxi	19252.1	15243.4	620.8	1044.6	690.7	1355.9
内蒙古	Inner Mongolia	14023.1	10857.1	434.3	561.4	462.4	1409.4
辽　宁	Liaoning	26489.9	22092.7	774.6	1121.3	445.7	1460.3
吉　林	Jilin	13637.5	11083.0	659.1	703.1	145.6	817.0
黑龙江	Heilongjiang	9078.0	7210.5	313.6	492.8	124.3	487.0
上　海	Shanghai	38445.7	30916.6	1465.4	2633.0	96.6	3338.4
江　苏	Jiangsu	128085.6	108782.4	3755.3	5761.7	1047.2	8491.9
浙　江	Zhejiang	68653.8	57544.3	2161.7	3949.2	759.9	4452.1
安　徽	Anhui	39354.9	33685.7	1017.2	1545.2	442.6	2448.2
福　建	Fujian	51298.0	44205.3	1233.4	1786.2	412.2	3537.1
江　西	Jiangxi	32077.4	27781.8	660.4	998.6	223.4	2157.8
山　东	**Shandong**	**92703.6**	**79589.5**	**2653.7**	**3463.0**	**1289.5**	**4872.2**
河　南	Henan	46627.6	39809.6	1045.7	1533.3	709.3	3053.4
湖　北	Hubei	42358.1	35453.6	1287.6	1812.4	405.7	2755.4
湖　南	Hunan	34850.5	29000.0	1137.7	1708.4	383.9	1726.9
广　东	Guangdong	135616.1	113816.8	4750.0	7732.2	686.9	8309.7
广　西	Guangxi	18707.9	16052.6	423.8	628.1	202.0	1100.1
海　南	Hainan	2202.3	1710.0	131.8	75.6	43.9	145.3
重　庆	Chongqing	19674.7	16751.8	615.7	845.2	193.9	1218.7
四　川	Sichuan	40646.7	33829.1	1363.8	1674.1	561.6	2717.9
贵　州	Guizhou	9390.8	7107.4	335.9	403.8	214.5	879.2
云　南	Yunnan	13227.4	10283.7	382.9	503.1	302.0	925.2
西　藏	Tibet	257.6	199.4	9.0	20.2	8.1	17.4
陕　西	Shaanxi	23060.4	18136.6	590.7	957.4	342.3	2436.3
甘　肃	Gansu	8888.9	7658.9	142.2	255.9	217.0	270.4
青　海	Qinghai	2177.9	1763.0	57.0	109.1	111.9	62.7
宁　夏	Ningxia	4305.6	3592.1	86.2	178.3	167.7	174.2
新　疆	Xinjiang	10328.2	8146.9	252.3	434.1	280.1	788.8

附录 1-18　续表 continued

单位:亿元　(100 million yuan)

地　区	Region	亏损企业亏损总额 Lossed Value of Loss-suffering Enterprises	应收账款 Account Receivables	存货 Stock	产成品 Finished Product	资产合计 Total Assets	负债合计 Total Liabilities
全国总计	**Total**	**7940.8**	**143418.2**	**116671.3**	**43119.1**	**1134382.2**	**641273.8**
北　京	Beijing	397.0	4473.1	2617.6	990.8	48009.5	21437.1
天　津	Tianjin	244.9	2694.0	2234.4	803.4	20939.6	12133.6
河　北	Hebei	293.7	4308.2	4533.4	1592.3	44371.8	26715.3
山　西	Shanxi	327.6	2691.3	2157.2	783.1	37707.0	27194.0
内蒙古	Inner Mongolia	293.5	1968.9	1640.1	621.1	30626.9	19460.4
辽　宁	Liaoning	350.4	3924.5	4393.5	1476.8	35637.8	22562.2
吉　林	Jilin	223.1	1533.4	1868.9	649.3	17968.0	10126.4
黑龙江	Heilongjiang	144.5	1425.7	1343.7	416.1	14981.6	8732.5
上　海	Shanghai	237.6	7365.6	5228.8	1650.1	42661.8	20060.7
江　苏	Jiangsu	715.6	22059.9	14426.7	5534.3	119590.9	62924.3
浙　江	Zhejiang	436.1	12840.7	9056.6	3665.2	77666.7	43113.7
安　徽	Anhui	184.5	5802.1	3808.6	1501.0	37599.7	21612.4
福　建	Fujian	169.1	4898.6	4351.0	1742.8	36232.5	18523.4
江　西	Jiangxi	86.9	2798.0	2585.8	990.4	24085.5	12454.3
山　东	**Shandong**	**598.5**	**9914.3**	**11485.3**	**4458.4**	**102275.6**	**62247.1**
河　南	Henan	333.3	5468.7	4594.0	1668.4	50431.7	28263.9
湖　北	Hubei	209.1	4734.4	4051.0	1591.1	39895.1	20307.7
湖　南	Hunan	174.8	3589.3	3060.5	1012.2	27195.3	14011.6
广　东	Guangdong	838.8	22927.0	15784.3	5858.8	124284.2	69812.1
广　西	Guangxi	135.2	1764.2	1928.2	822.0	17158.8	10813.5
海　南	Hainan	36.8	220.1	200.9	72.4	3090.5	1600.0
重　庆	Chongqing	140.9	2990.7	1775.1	699.4	19172.5	11053.7
四　川	Sichuan	296.7	5107.4	3860.8	1429.9	44075.9	24885.2
贵　州	Guizhou	144.1	1039.5	1345.0	338.2	15068.0	9293.4
云　南	Yunnan	162.6	1230.3	2397.7	559.2	20562.1	12479.4
西　藏	Tibet	24.1	42.1	32.1	8.1	1570.0	833.2
陕　西	Shaanxi	190.2	2402.8	2287.6	947.0	32432.5	17486.7
甘　肃	Gansu	152.1	814.3	1239.3	424.6	12148.6	7896.8
青　海	Qinghai	108.0	426.9	357.4	123.3	6337.5	4355.6
宁　夏	Ningxia	100.6	674.9	704.8	217.0	9657.0	6410.8
新　疆	Xinjiang	190.4	1287.1	1321.1	472.4	20947.6	12472.7

附录 1-19 建筑业总产值和房屋建筑面积
Output Value of Construction and Floor Space of Buildings

地区	Region	总产值(亿元) Total Output Value (100 million yuan)		施工面积(万平方米) Floor Space of Buildings Under Construction (10 000 sq.m)		竣工面积(万平方米) Floor Space of Buildings Completed (10 000 sq.m)	
		2017	2018	2017	2018	2017	2018
全国总计	**Total**	**213954.0**	**235085.5**	**1317195.4**	**1408920.4**	**419074.1**	**413508.8**
北京	Beijing	9736.7	10939.8	65290.1	71969.3	9844.4	9771.3
天津	Tianjin	4262.4	3791.1	15231.2	13379.9	3218.4	2119.6
河北	Hebei	5656.0	5740.3	34565.9	35665.3	9835.9	9054.4
山西	Shanxi	3566.6	4071.5	15861.8	16651.8	3552.6	3692.6
内蒙古	Inner Mongolia	1122.2	1040.1	5453.9	5369.2	2031.5	1699.8
辽宁	Liaoning	3687.9	3528.4	16509.0	13659.8	5320.6	4310.0
吉林	Jilin	2219.0	2183.6	9336.2	8504.3	3834.3	3132.4
黑龙江	Heilongjiang	1560.1	1194.3	4768.7	3765.4	2127.0	1438.5
上海	Shanghai	6426.4	7072.2	41197.5	47577.4	8066.5	7960.1
江苏	Jiangsu	27956.0	30846.7	232034.2	249176.8	75454.3	74806.3
浙江	Zhejiang	27235.8	28756.2	205855.0	214499.4	66565.3	62123.3
安徽	Anhui	6829.4	7888.5	42711.3	46758.4	14980.0	15894.5
福建	Fujian	9993.7	11548.8	65711.8	72626.8	16895.0	17294.2
江西	Jiangxi	6166.8	6993.4	30726.8	33274.7	15042.2	15638.5
山东	**Shandong**	**11477.8**	**12898.3**	**77332.7**	**81483.6**	**23344.4**	**22255.7**
河南	Henan	10085.5	11360.5	55688.8	63789.7	20226.0	20623.9
湖北	Hubei	13391.2	15133.9	79247.7	88238.1	30836.9	32691.9
湖南	Hunan	8422.9	9581.4	54603.9	59247.4	19840.3	19929.3
广东	Guangdong	11372.5	13714.4	60112.8	73731.3	16687.4	18536.5
广西	Guangxi	4210.1	4671.7	25598.0	26494.8	8438.6	8723.5
海南	Hainan	322.8	339.2	2060.5	2202.3	562.5	594.9
重庆	Chongqing	7608.0	7819.4	33210.8	35140.0	13448.2	13780.1
四川	Sichuan	11400.3	12983.8	58278.7	58007.4	21648.3	20876.7
贵州	Guizhou	2933.0	3330.0	18041.2	16660.9	4714.1	4904.3
云南	Yunnan	4726.4	5458.5	17318.1	19224.4	7451.8	7514.7
西藏	Tibet	147.9	172.8	352.7	518.5	153.8	144.5
陕西	Shaanxi	6227.5	7120.2	26977.3	29645.2	6981.6	7071.9
甘肃	Gansu	1825.4	1796.4	9777.6	9992.4	3031.5	2648.5
青海	Qinghai	406.8	435.1	861.2	990.6	338.7	451.6
宁夏	Ningxia	549.2	565.0	2569.4	2334.5	791.8	801.5
新疆	Xinjiang	2428.1	2110.1	9910.6	8341.1	3810.2	3023.9

附录 1–20 建筑业主要效益指标(2018年)

Main Economic Indicators on Construction Enterprises(2018)

地区	Region	企业个数(个) Number of Enterprises (unit)	从事建筑业活动的从业人员平均人数(万人) Average Number of Employed Persons (10 000 persons)	按建筑业总产值计算的劳动生产率(元/人) Labor Productivity in Terms of Total Output Value (yuan/person)	人均竣工产值(元/人) Per Capita Output Value of Buildings Completed (yuan/person)	人均施工面积(平方米/人) Per Capita Floor Space of Buildings Under Construction (sq.m/person)	人均竣工面积(平方米/人) Per Capita Floor Space of Buildings Completed (sq.m/person)
全国总计	**Total**	**95400**	**6299.4**	**373187**	**191742**	**223.7**	**65.6**
北京	Beijing	2621	198.0	552473	226082	363.5	49.3
天津	Tianjin	1798	95.9	395345	164706	139.5	22.1
河北	Hebei	2523	133.8	429099	193404	266.6	67.7
山西	Shanxi	2666	109.4	372041	161767	152.2	33.7
内蒙古	Inner Mongolia	1006	32.8	316812	157702	163.5	51.8
辽宁	Liaoning	5134	98.8	357232	163292	138.3	43.6
吉林	Jilin	2322	55.2	395705	238292	154.1	56.8
黑龙江	Heilongjiang	1671	45.3	263940	147930	83.2	31.8
上海	Shanghai	2445	121.1	583972	293489	392.9	65.7
江苏	Jiangsu	9292	918.6	335803	245502	271.3	81.4
浙江	Zhejiang	6769	797.0	360809	198697	269.1	77.9
安徽	Anhui	3813	187.0	421813	182940	250.0	85.0
福建	Fujian	4865	432.8	266835	133983	167.8	40.0
江西	Jiangxi	2632	197.7	353687	193967	168.3	79.1
山东	**Shandong**	**6907**	**351.5**	**366960**	**162325**	**231.8**	**63.3**
河南	Henan	6159	304.3	373304	175357	209.6	67.8
湖北	Hubei	4196	254.3	595205	357262	347.0	128.6
湖南	Hunan	2580	275.2	348223	185715	215.3	72.4
广东	Guangdong	5746	292.3	469256	196381	252.3	63.4
广西	Guangxi	1385	141.8	329562	164546	186.9	61.5
海南	Hainan	194	8.6	396869	254422	257.6	69.6
重庆	Chongqing	2770	238.8	327437	159027	147.1	57.7
四川	Sichuan	5230	408.7	317667	136449	141.9	51.1
贵州	Guizhou	1202	91.8	362686	140833	181.5	53.4
云南	Yunnan	2843	174.8	312250	131661	110.0	43.0
西藏	Tibet	280	5.8	297502	146335	89.2	24.9
陕西	Shaanxi	2661	173.1	411272	132159	171.2	40.8
甘肃	Gansu	1434	56.0	320721	146988	178.4	47.3
青海	Qinghai	382	11.5	378017	123370	86.1	39.2
宁夏	Ningxia	691	21.1	267274	152440	110.4	37.9
新疆	Xinjiang	1183	66.5	317489	166260	125.5	45.5

附录 1-21　客运量和旅客周转量(2018年)
Passenger Traffic and Passenger-Kilometers(2018)

地　区	Region	客运量(万人) Passenger Traffic (10 000 persons)	#铁路 Railways	#公路 Highways	#水运 Waterways	旅客周转量(亿人公里) Passenger Kilometers (100 million passenger km)	#铁路 Railways	#公路 Highways	#水运 Waterways
全国总计	**Total**	**1793820**	**337495**	**1367170**	**27981**	**34218.2**	**14146.6**	**9279.7**	**79.6**
北　京	Beijing	58935	14357	44577		254.4	154.6	99.9	
天　津	Tianjin	17450	5075	12259	116	276.5	199.9	76.4	0.2
河　北	Hebei	47346	12211	35133	2	1289.2	1061.4	227.6	0.2
山　西	Shanxi	23837	7958	15719	161	393.9	234.2	159.6	0.1
内蒙古	Inner Mongolia	13268	5446	7823		337.1	214.7	122.4	
辽　宁	Liaoning	71343	14422	56355	566	938.8	641.3	291.5	6.0
吉　林	Jilin	31956	8446	23372	139	427.3	273.3	153.8	0.2
黑龙江	Heilongjiang	31568	10522	20739	307	433.8	279.3	154.1	0.4
上　海	Shanghai	15845	12267	3151	427	218.7	112.1	105.8	0.8
江　苏	Jiangsu	120612	21204	97025	2383	1539.3	819.2	716.6	3.5
浙　江	Zhejiang	98380	21870	72013	4497	1103.7	694.6	402.8	6.3
安　徽	Anhui	63347	12337	50770	240	1163.7	786.4	376.9	0.4
福　建	Fujian	48105	12096	34081	1929	600.0	385.2	212.0	2.8
江　西	Jiangxi	60686	11131	49302	253	993.7	732.4	261.0	0.3
山　东	**Shandong**	**67443**	**15356**	**50044**	**2044**	**1289.6**	**783.3**	**493.6**	**12.8**
河　南	Henan	110421	16383	93707	331	1775.1	1063.3	711.2	0.6
湖　北	Hubei	98350	16713	80990	648	1258.9	800.7	453.4	4.7
湖　南	Hunan	106680	13943	91007	1729	1463.1	979.5	479.9	3.6
广　东	Guangdong	142144	34121	105249	2775	2085.6	953.7	1120.7	11.1
广　西	Guangxi	47931	11100	36134	697	816.6	462.3	351.1	3.3
海　南	Hainan	14383	2958	9637	1788	130.5	52.1	74.4	4.1
重　庆	Chongqing	60587	7707	52150	731	493.1	227.1	260.4	5.6
四　川	Sichuan	98569	15116	81462	1991	878.3	410.3	466.1	1.9
贵　州	Guizhou	93025	6761	84053	2211	798.7	322.8	469.1	6.8
云　南	Yunnan	41484	5500	34642	1342	431.6	158.9	269.6	3.0
西　藏	Tibet	1399	352	1047		46.8	18.9	28.0	
陕　西	Shaanxi	71583	10953	60269	361	798.0	510.4	287.0	0.6
甘　肃	Gansu	42185	5473	36634	78	634.7	401.3	233.3	0.1
青　海	Qinghai	6443	1256	5092	95	141.0	90.1	50.8	0.1
宁　夏	Ningxia	6137	653	5342	142	88.3	40.8	47.5	0.1
新　疆	Xinjiang	21204	3810	17394		405.8	282.6	123.2	
不分地区	Not Classified by Region	61174				10712.3			

注：不分地区合计为民航完成数。
a)The total passenger traffic not classified by region refers to that completed by civil aviation.

附录 1-22　货运量和货物周转量(2018年)
Freight Traffic and Freight Ton-kilometers(2018)

地　区	Region	货运量(万吨) Total (10 000 tons)	#铁　路 Railways	#公　路 Highways	#水　运 Waterways	货　物周转量(亿吨公里) Total (100 million ton-km)	#铁　路 Railways	#公　路 Highways	#水　运 Waterways
全国总计	**Total**	**5152674**	**402573**	**3956871**	**702684**	**204685.8**	**28820.5**	**71249.2**	**99052.8**
北　京	Beijing	20873	596	20278		1034.2	866.8	167.4	
天　津	Tianjin	52221	9249	34711	8261	2240.5	509.8	404.1	1326.6
河　北	Hebei	249265	19580	226334	3352	13872.6	4831.6	8550.1	490.9
山　西	Shanxi	211497	85260	126214	23	4489.4	2581.6	1907.7	0.1
内蒙古	Inner Mongolia	232525	72506	160018		5596.0	2610.3	2985.6	
辽　宁	Liaoning	223346	19691	189737	13918	10654.5	1184.6	3152.3	6317.6
吉　林	Jilin	52156	5615	46520	22	1704.7	515.3	1189.2	0.2
黑龙江	Heilongjiang	55190	11357	42943	889	1601.3	784.6	810.7	6.1
上　海	Shanghai	106983	482	39595	66906	28299.9	9.8	299.3	27990.8
江　苏	Jiangsu	233157	6171	139251	87735	8969.3	303.0	2544.4	6121.9
浙　江	Zhejiang	269083	4330	166533	98219	11538.1	221.5	1964.1	9352.5
安　徽	Anhui	406761	8066	283817	114877	11803.7	721.2	5451.6	5630.9
福　建	Fujian	136947	3518	96576	36854	7646.2	147.3	1289.5	6209.4
江　西	Jiangxi	174285	5155	157646	11484	4528.6	530.6	3759.9	238.1
山　东	**Shandong**	**354019**	**23247**	**312807**	**17964**	**10052.2**	**1357.0**	**6859.7**	**1835.5**
河　南	Henan	259884	10461	235183	14240	8982.1	2066.4	5893.9	1021.8
湖　北	Hubei	204307	4730	163145	36432	6675.5	870.0	2955.5	2850.0
湖　南	Hunan	229957	4468	204389	21101	4386.6	812.8	3114.8	459.0
广　东	Guangdong	416389	9293	304743	102353	28338.3	270.6	3890.3	24177.4
广　西	Guangxi	190652	7140	153389	30123	4983.8	710.1	2683.0	1590.6
海　南	Hainan	22040	1068	12052	8921	875.8	17.0	84.6	774.3
重　庆	Chongqing	128491	1967	107064	19460	3597.9	206.6	1152.8	2238.5
四　川	Sichuan	187385	7199	173324	6862	2946.1	861.0	1815.0	270.1
贵　州	Guizhou	102537	5513	95354	1670	1797.9	606.3	1146.5	45.1
云　南	Yunnan	140670	4661	135321	688	1971.9	465.4	1489.2	17.3
西　藏	Tibet	2433	70	2363		150.1	33.2	116.8	
陕　西	Shaanxi	173245	42245	130823	177	4024.9	1723.0	2301.4	0.5
甘　肃	Gansu	70386	6087	64271	28	2609.9	1490.9	1119.0	0.05
青　海	Qinghai	18905	3220	15685		551.4	275.6	275.7	
宁　夏	Ningxia	38916	7159	31757		627.7	229.5	398.2	
新　疆	Xinjiang	97498	12469	85029		2483.9	1007.2	1476.7	
不分地区	Not Classified by Region	90672			126	5650.8			87.6

注：1.不分地区合计中包括铁路行包运输、管道运输企业、民航运输企业、中远集团海外公司及中海集团香港有限公司完成数。货运量和货物周转量的全国总计，等于分省数与不分地区中民航、管道运输数据之和。

a)The data not classified by region refers to railway baggage freight, pipelines, civil aviation and that completed by companies abroad under China Ocean Shipping (group) Company and that of China Shipping Container Lines(HongKong)Co.,Ltd.The total freight traffic and freight ton-kilometers of China refers to the sum of the data classified by region and the data completed by civil aviation and pipelines.

附录 1-23 社会消费品零售总额
Total Retail Sale of Consumer Goods

单位:亿元 (100 million yuan)

地区	Region	2013	2014	2015	2016	2017	2018
全国总计	**Total**	**242842.8**	**271896.1**	**300930.8**	**332316.3**	**366261.6**	**380986.9**
北京	Beijing	8872.1	9638.0	10338.0	11005.1	11575.4	11747.7
天津	Tianjin	4470.4	4738.7	5257.3	5635.8	5729.7	5533.0
河北	Hebei	10516.7	11820.5	12990.7	14364.7	15907.6	16537.1
山西	Shanxi	5139.3	5717.9	6033.7	6480.5	6918.1	7338.5
内蒙古	Inner Mongolia	5114.2	5657.6	6107.7	6700.8	7160.2	7311.1
辽宁	Liaoning	10581.4	11857.0	12787.2	13414.1	13807.2	14142.8
吉林	Jilin	5426.4	6080.9	6651.9	7310.4	7855.8	7520.4
黑龙江	Heilongjiang	6251.2	7015.3	7640.2	8402.5	9099.2	9317.4
上海	Shanghai	8557.0	9303.5	10131.5	10946.6	11830.3	12668.7
江苏	Jiangsu	20878.2	23458.1	25876.8	28707.1	31737.4	33230.4
浙江	Zhejiang	15970.8	17835.3	19784.7	21970.8	24308.5	25007.9
安徽	Anhui	7044.7	7957.0	8908.0	10000.2	11192.6	12100.1
福建	Fujian	8275.3	9346.7	10505.9	11674.5	13013.0	14317.4
江西	Jiangxi	4696.1	5292.6	5925.5	6634.6	7448.1	7566.4
山东	**Shandong**	**22294.8**	**25111.5**	**27761.4**	**30645.8**	**33649.0**	**33605.0**
河南	Henan	12426.6	14005.0	15740.4	17618.4	19666.8	20594.7
湖北	Hubei	11035.9	12449.3	14003.2	15649.2	17394.1	18333.6
湖南	Hunan	9509.5	10723.5	12024.0	13436.5	14854.9	15638.3
广东	Guangdong	25453.9	28471.1	31517.6	34739.1	38200.1	39501.1
广西	Guangxi	5133.1	5772.8	6348.1	7027.3	7813.0	8291.6
海南	Hainan	1090.9	1224.5	1325.1	1453.7	1618.8	1717.1
重庆	Chongqing	5055.8	5710.7	6424.0	7271.4	8067.7	7977.0
四川	Sichuan	11001.0	12393.0	13877.7	15601.9	17480.5	18254.5
贵州	Guizhou	2601.2	2936.9	3283.0	3709.0	4154.0	3971.2
云南	Yunnan	4112.6	4632.9	5103.2	5722.9	6423.1	6826.0
西藏	Tibet	322.2	364.5	408.5	459.4	523.3	597.6
陕西	Shaanxi	5245.0	5918.7	6578.1	7367.6	8236.4	8938.3
甘肃	Gansu	2368.8	2668.3	2907.2	3184.4	3426.6	3428.3
青海	Qinghai	549.6	620.8	691.0	767.3	839.0	835.6
宁夏	Ningxia	668.5	737.2	789.6	850.1	930.4	935.8
新疆	Xinjiang	2179.5	2436.5	2606.0	2825.9	3044.6	3187.0

附录 1-24 货物进出口总额(按收发货人所在地分)

Total Volume of Imports and Exports (by Location of Importers/Exporters)

单位:亿美元 (100 million USD)

地区	Region	2012	2013	2014	2015	2016	2017	2018
全国总计	**Total**	**38671.2**	**41589.9**	**43015.3**	**39530.3**	**36855.6**	**41071.6**	**46230.4**
北京	Beijing	4081.1	4290.0	4155.2	3194.4	2823.5	3240.2	4124.0
天津	Tianjin	1156.3	1285.0	1338.9	1142.8	1026.6	1129.2	1225.4
河北	Hebei	505.6	549.1	598.8	515.1	466.8	498.6	538.8
山西	Shanxi	150.4	157.9	162.3	146.8	166.6	171.9	207.7
内蒙古	Inner Mongolia	112.6	119.9	145.6	127.3	116.4	138.7	156.9
辽宁	Liaoning	1040.9	1144.8	1140.0	959.5	865.6	996.0	1144.3
吉林	Jilin	245.6	258.3	263.8	188.8	184.5	185.4	206.7
黑龙江	Heilongjiang	375.9	388.8	389.0	210.1	165.4	189.5	264.1
上海	Shanghai	4365.9	4412.7	4664.0	4492.4	4337.7	4762.0	5156.4
江苏	Jiangsu	5479.6	5508.0	5635.5	5455.6	5093.0	5907.8	6640.4
浙江	Zhejiang	3124.0	3357.9	3550.4	3467.8	3365.8	3779.1	4324.8
安徽	Anhui	392.8	455.2	491.8	478.4	444.1	540.2	629.7
福建	Fujian	1559.4	1693.2	1774.1	1688.5	1568.3	1710.2	1875.4
江西	Jiangxi	334.1	367.5	427.3	424.0	400.3	443.4	482.4
山东	**Shandong**	**2455.4**	**2665.3**	**2769.3**	**2406.1**	**2343.6**	**2645.5**	**2923.9**
河南	Henan	517.4	599.6	649.7	737.8	712.1	776.3	828.3
湖北	Hubei	319.6	363.8	430.4	455.5	393.9	463.4	528.0
湖南	Hunan	219.5	251.8	308.3	293.0	262.4	360.3	465.3
广东	Guangdong	9840.2	10915.8	10765.8	10225.0	9553.0	10066.8	10847.1
广西	Guangxi	294.8	328.3	405.5	510.9	476.3	578.8	623.4
海南	Hainan	143.2	149.9	158.6	139.7	113.5	103.7	127.4
重庆	Chongqing	532.0	686.9	954.3	744.7	627.5	666.0	790.4
四川	Sichuan	591.4	645.7	702.0	511.9	493.1	681.1	899.4
贵州	Guizhou	66.3	82.9	107.7	122.2	57.0	81.6	76.0
云南	Yunnan	210.1	253.0	296.1	244.9	199.0	234.5	298.9
西藏	Tibet	34.2	33.2	22.5	9.1	7.8	8.6	7.2
陕西	Shaanxi	148.0	201.3	273.6	305.0	299.5	402.0	533.1
甘肃	Gansu	89.0	102.4	86.4	79.5	68.3	48.3	60.0
青海	Qinghai	11.6	14.0	17.2	19.3	15.3	6.6	7.0
宁夏	Ningxia	22.2	32.2	54.4	37.4	32.5	50.4	37.8
新疆	Xinjiang	251.7	275.6	276.7	196.7	176.4	205.7	200.1

附录 1-25 货物进出口总额(按境内目的地、货源地分)

Total Volume of Imports and Exports (by Destination and Origion of Goods in China)

单位:亿美元 (100 million USD)

地区	Region	2012	2013	2014	2015	2016	2017	2018
全国总计	**Total**	**38671.2**	**41589.9**	**43015.3**	**39530.3**	**36855.6**	**41071.6**	**46230.3**
北京	Beijing	1286.7	1315.6	1431.1	1307.8	1223.2	1216.2	1273.7
天津	Tianjin	1228.5	1346.0	1444.2	1189.6	1069.7	1216.9	1417.4
河北	Hebei	822.9	902.2	942.7	802.5	749.9	815.4	874.1
山西	Shanxi	165.9	171.6	185.1	174.5	188.4	207.9	246.6
内蒙古	Inner Mongolia	139.7	143.9	152.9	139.1	132.2	158.9	198.5
辽宁	Liaoning	1183.4	1213.6	1253.9	1070.7	961.3	1125.3	1339.2
吉林	Jilin	244.8	251.9	270.4	199.8	192.4	197.9	215.3
黑龙江	Heilongjiang	282.1	274.0	294.2	163.2	139.4	167.1	237.2
上海	Shanghai	4341.6	4342.8	4526.0	4230.4	4046.1	4473.5	4858.2
江苏	Jiangsu	5886.7	5933.0	6091.3	5809.7	5471.4	6364.9	7172.4
浙江	Zhejiang	3481.9	3655.1	3782.7	3590.6	3434.5	3839.7	4415.4
安徽	Anhui	329.6	389.3	432.0	424.9	409.7	509.9	595.2
福建	Fujian	1461.9	1544.8	1645.0	1475.7	1368.0	1530.8	1729.9
江西	Jiangxi	302.4	336.5	391.1	406.5	353.6	369.2	412.0
山东	**Shandong**	**2966.5**	**3149.4**	**3284.1**	**2783.7**	**2734.0**	**3162.9**	**3640.9**
河南	Henan	543.3	627.7	684.8	769.6	741.1	813.7	875.2
湖北	Hubei	324.4	356.4	408.5	445.6	390.2	462.0	513.1
湖南	Hunan	214.5	243.2	283.0	293.0	231.5	300.1	354.6
广东	Guangdong	11153.3	12811.9	12419.4	11651.9	10601.2	11136.6	12117.5
广西	Guangxi	408.7	387.0	448.9	462.1	439.1	526.0	608.0
海南	Hainan	145.6	147.6	169.3	155.2	121.7	136.5	181.0
重庆	Chongqing	452.4	587.9	825.6	587.1	518.5	565.7	681.9
四川	Sichuan	517.0	550.9	612.4	469.4	480.6	666.2	930.6
贵州	Guizhou	50.5	47.6	51.4	78.3	52.0	81.2	83.5
云南	Yunnan	121.2	158.2	199.1	189.9	174.1	213.9	272.0
西藏	Tibet	21.2	21.0	21.4	6.6	5.9	6.1	6.4
陕西	Shaanxi	151.9	202.2	276.9	298.8	294.7	405.6	522.7
甘肃	Gansu	71.6	68.4	52.7	43.6	44.7	50.0	64.8
青海	Qinghai	8.1	8.6	6.2	5.9	5.2	4.5	5.5
宁夏	Ningxia	26.7	26.1	40.1	33.9	31.0	43.3	40.5
新疆	Xinjiang	336.3	375.7	388.9	270.7	250.0	303.9	347.1

附录 1-26 货物进出口总额(2018年)

Total Volume of Imports and Exports (2018)

单位:亿美元 (100 million USD)

地 区	Region	按收发货人所在地分 by Location of Importers/Exporters		按境内目的地、货源地分 by Destination and Origion of Goods	
		出口额 Exports	进口额 Imports	出口额 Exports	进口额 Imports
全国总计	**Total**	**24874.0**	**21356.4**	**24874.0**	**21356.3**
北 京	Beijing	741.7	3382.3	283.2	990.6
天 津	Tianjin	488.1	737.2	460.6	956.9
河 北	Hebei	339.9	198.9	495.0	379.1
山 西	Shanxi	122.7	85.0	165.0	81.6
内蒙古	Inner Mongolia	57.5	99.3	74.8	123.6
辽 宁	Liaoning	488.0	656.3	580.5	758.7
吉 林	Jilin	49.4	157.3	55.9	159.4
黑龙江	Heilongjiang	44.5	219.6	48.1	189.1
上 海	Shanghai	2071.7	3084.7	1810.5	3047.8
江 苏	Jiangsu	4040.4	2600.0	4172.1	3000.3
浙 江	Zhejiang	3211.5	1113.2	3279.7	1135.7
安 徽	Anhui	362.1	267.7	364.9	230.3
福 建	Fujian	1155.6	719.7	1050.6	679.3
江 西	Jiangxi	339.6	142.8	269.4	142.5
山 东	**Shandong**	**1601.4**	**1322.5**	**1734.7**	**1906.2**
河 南	Henan	537.8	290.5	578.6	296.6
湖 北	Hubei	340.9	187.1	316.7	196.4
湖 南	Hunan	305.7	159.6	210.3	144.2
广 东	Guangdong	6466.8	4380.3	7081.4	5036.1
广 西	Guangxi	328.0	295.4	177.2	430.7
海 南	Hainan	44.9	82.6	46.4	134.6
重 庆	Chongqing	513.8	276.6	459.7	222.2
四 川	Sichuan	504.0	395.4	477.7	452.9
贵 州	Guizhou	51.2	24.8	57.4	26.1
云 南	Yunnan	128.1	170.8	105.3	166.8
西 藏	Tibet	4.3	2.9	4.0	2.3
陕 西	Shaanxi	316.0	217.2	303.6	219.0
甘 肃	Gansu	22.1	37.9	25.9	38.9
青 海	Qinghai	4.7	2.3	3.3	2.2
宁 夏	Ningxia	27.4	10.4	27.5	12.9
新 疆	Xinjiang	164.2	35.9	153.8	193.3

附录 1-27 外商投资企业进出口总额
Volume of Import and Export of Foreign-funded Enterprises

单位:万美元 (10 000 USD)

地 区	Region	2017			2018		
		进出口总额 Total	出口额 Exports	进口额 Imports	进出口总额 Total	出口额 Exports	进口额 Imports
全国总计	**Total**	**183913510**	**97755948**	**86157562**	**196807053**	**103601588**	**93205464**
北 京	Beijing	6587978	1237412	5350566	7257205	1506238	5750966
天 津	Tianjin	5990933	2715856	3275077	5946280	2522737	3423543
河 北	Hebei	1056983	565248	491735	991894	562176	429718
山 西	Shanxi	1017284	615977	401306	1222125	771361	450764
内蒙古	Inner Mongolia	104594	50898	53696	110435	65148	45287
辽 宁	Liaoning	4250781	1847860	2402921	4968576	2057446	2911130
吉 林	Jilin	1001300	129169	872132	1037357	143011	894346
黑龙江	Heilongjiang	251694	144999	106696	203235	110997	92238
上 海	Shanghai	31735806	12929457	18806348	33262722	13441455	19821267
江 苏	Jiangsu	37680127	21144246	16535881	40823628	22435730	18387898
浙 江	Zhejiang	8085488	5067406	3018082	8700618	5322415	3378204
安 徽	Anhui	1697763	919664	778099	1947499	1072921	874578
福 建	Fujian	6452157	3833620	2618537	6804285	4021306	2782979
江 西	Jiangxi	1291142	652159	638983	1418579	722268	696310
山 东	**Shandong**	**8415128**	**5081870**	**3333257**	**8578903**	**5158187**	**3420717**
河 南	Henan	5337395	3108816	2228579	5331696	3414290	1917406
湖 北	Hubei	1218221	657865	560356	1362508	725349	637159
湖 南	Hunan	823794	403218	420576	913952	467545	446406
广 东	Guangdong	47133265	28741496	18391769	49062002	29351330	19710672
广 西	Guangxi	1414062	558177	855885	1590269	737426	852842
海 南	Hainan	680295	331625	348670	881570	341659	539911
重 庆	Chongqing	3883963	2774228	1109735	4464531	3226483	1238048
四 川	Sichuan	4638688	2423400	2215288	5887679	3261247	2626432
贵 州	Guizhou	258048	136016	122032	219936	120274	99662
云 南	Yunnan	43903	31053	12850	58665	32854	25812
西 藏	Tibet	55		55	96		96
陕 西	Shaanxi	2779959	1608397	1171562	3669744	1964501	1705243
甘 肃	Gansu	3137	1195	1942	3345	1066	2278
青 海	Qinghai	1425	1341	85	471	286	185
宁 夏	Ningxia	63659	36328	27330	70517	36214	34303
新 疆	Xinjiang	14482	6951	7532	16732	7669	9063

附录2

国际统计资料

International Statistical Data

简要说明

一、本篇资料的主要内容

本篇资料反映了近年来世界主要国家经济社会事业发展基本情况，主要包括人口、土地面积、国内生产总值及其增长、农业、工业、国际贸易、直接投资、国际旅游、国际储备、外债、医疗卫生、互联网用户、人文发展指数和世界500强等方面的内容。

二、本篇资料的来源

本篇资料来源于中国统计出版社出版的《国际统计年鉴2018》，由省统计局综合处整理。

Brief Introduction

I. Content

Data in this chapter show the social and economic indicators of other countries, mainly including population, territory, GDP, agriculture, industry, international trade, direct investment, international tourism, international reserve, international debts, public health, internet users, indicators on development of population and culture, and TOP500 of international companies, etc.

II. Source of Data

Data in this chapter come from International Statistical Yearbook 2018 published by China Statistics Press and are prepared and compiled by the Division of Comprehensive Statistics of Shandong Provincial Bureau of Statistics.

附录2-1 中国主要指标居世界的位次
Ranking of China in the World in Terms of Main Indicators

资料来源：联合国贸发会议数据库、世界贸易组织数据库、世界银行WDI数据库、国际货币基金组织数据库。
Source: UNCTAD Database;WTO Database;World Bank WDI Database;IMF Database.

指　标	Indicator	1978	1980	1990	2000	2010	2016	2017
国土面积	Country Area	4	4	4	4	4	4	4
人　口	Population	1	1	1	1	1	1	1
国内生产总值	Gross Domestic Product	11	12	11	6	2	2	2
人均国民总收入①	GNI per capita ①	175(188)	177(188)	178(200)	141(207)	120(215)	93(217)	70(189)
货物进出口贸易总额	Foreign Trade Total	29	26	16	8	2	2	1
出口额	Exports	31	30	15	7	1	1	1
进口额	Imports	29	22	18	8	2	2	2
外商直接投资	Foreign Direct Investment Inflows	128	55	12	8	2	3	2
对外直接投资	Foreign Direct Investment Outflows	45	63	22	33	5	2	3
外汇储备	Foreign Exchange Reserves	38	36	10	2	1	1	1

注：①括号中所列为参加排序的国家和地区数。
Note:①The number in the parentheses indicates the number of countries or territories the order based on.

附录2-2 中国主要指标占世界的比重
Major Indicators as Percentage of the World for China

资料来源：联合国贸发会议数据库、世界贸易组织数据库、世界银行WDI数据库、国际货币基金组织数据库、联合国FAO数据库。
Source: UNCTAD Database,WTO Database,World Bank WDI Database,IMF Database,FAO Database.
单位：%　　(%)

指　标	Indicator	1978	1980	1990	2000	2010	2016	2017
国土面积	Country Area	7.1	7.1	7.1	7.1	7.1	7.1	7.1
人　口	Mid-year Population	22.3	22.1	21.5	20.6	19.3	18.5	18.4
国内生产总值	Gross Domestic Product	1.8	1.7	1.6	3.6	9.2	14.7	15.2
货物进出口贸易总额	Foreign Trade Total	0.8	0.9	1.6	3.6	9.7	11.4	11.5
出口额	Exports	0.8	0.9	1.8	3.9	10.3	13.1	12.8
进口额	Imports	0.8	1.0	1.5	3.3	9.0	9.7	10.2
外商直接投资	Foreign Direct Investment Inflows		0.1	1.7	3.0	8.3	7.7	9.5
对外直接投资	Foreign Direct Investment Outflows			0.3	0.1	5.0	13.3	8.7
外汇储备	Foreign Exchange Reserves			3.3	8.6	30.7	28.1	27.5
稻谷产量	Rice Production	35.5	35.3	36.5	31.4	27.9	27.9	27.6
小麦产量	Wheat Production	12.1	12.5	16.6	17.0	18.0	17.8	17.4
玉米产量	Maize Production	14.2	15.8	20.0	17.9	20.8	24.0	22.8
大豆产量	Soybeans Production	10.0	9.8	10.1	9.6	5.7	3.8	3.7

附录2-3 中国农业主要产品产量居世界的位次
Ranking of China in the World in Terms of Major Agricultural Products

资料来源：联合国FAO数据库。
Source: FAO Database.

项目	Item	1978	1980	1990	2000	2005	2010	2016	2017
谷物	Cereals	2	1	1	1	1	1	1	1
肉类①	Meat①	3	3	2	1	1	1	1	1
籽棉	Seed Cotton	2	2	1	1	1	1	1	2
大豆	Soybeans	3	3	3	4	4	4	5	4
花生	Groundnuts in Shell	2	2	2	1	1	1	1	1
油菜籽	Rapeseed	2	2	1	1	1	1	2	2
甘蔗	Sugar Cane	10	10	4	3	3	3	3	3
茶叶	Tea	2	2	2	2	1	1	1	1
水果	Fruit	6	8	1	1	1	1	1	1

注：①1990年以前为猪、牛、羊肉产量的位次。
Note: ①Data refer to pork,beef and mutton prior to 1990.

附录2-4 中国工业主要产品产量居世界位次
Ranking of China in the World in Terms of Major Industrial Products

资料来源：联合国统计月报数据库、联合国FAO数据库。
Source: UN Monthly Bulletin of Statistics Database,FAO Database.

项目	Item	1978	1980	1990	2000	2005	2010	2016	2017
粗钢	Crude Steel	5	5	4	1	1	1	1	1
煤	Coal	3	3	1	1	1	1	1	1
原油	Crude Petroleum	8	6	5	5	5	4	5	5
发电量	Electricity	7	6	3	2	2	2	1	1
水泥	Cement	4	4	1	1	1	1	1	1
化肥	Fertilizer	3	3	3	1	1	1	1	1
棉布	Woven Cotton Fabrics	1	1	1	2	2	1	1	1

附录2-5 国土面积与人口密度
Country Area and Population Density

资料来源：世界银行WDI数据库。
Source: World Bank WDI Database.

国家或地区	Country or Area	国土面积（万平方公里） Surface Area(10 000 sq.km)	人口密度（人/平方公里） Population Density(persons/sq.km)		
		2017	2005	2010	2017
世　界	**World**	**13432.5**	**50.3**	**53.4**	**58.1**
中　国	China	960.0	138.9	142.5	147.7
中国澳门	Macao, China		17234.3	18079.8	20546.8
孟加拉国	Bangladesh	14.8	1101.9	1168.9	1265.0
文　莱	Brunei Darussalam	0.6	69.3	73.8	81.4
柬埔寨	Cambodia	18.1	75.2	81.1	90.7
印　度	India	298.0	384.8	414.0	450.4
印度尼西亚	Indonesia	191.1	125.2	133.9	145.7
伊　朗	Iran	174.5	43.2	45.8	49.8
以色列	Israel	2.2	320.3	352.3	402.6
日　本	Japan	37.8	350.5	351.3	347.8
哈萨克斯坦	Kazakhstan	272.5	5.6	6.1	6.7
韩　国	Korea, Rep.	10.0	497.5	509.7	528.0
老　挝	Laos	23.7	24.9	27.1	29.7
马来西亚	Malaysia	33.1	78.1	85.6	96.3
蒙　古	Mongolia	156.4	1.6	1.8	2.0
缅　甸	Myanmar	67.7	74.2	76.8	81.7
巴基斯坦	Pakistan	79.6	199.7	221.3	255.6
菲律宾	Philippines	30.0	289.4	314.3	351.9
中国香港	Hong Kong, China	0.1	6488.8	6689.7	7039.7
新加坡	Singapore	0.1	6191.2	7231.8	7915.7
斯里兰卡	Sri Lanka	6.6	311.4	322.1	342.0
泰　国	Thailand	51.3	128.1	131.6	135.1
越　南	Viet Nam	33.1	271.9	285.3	308.1
埃　及	Egypt	100.2	77.1	84.5	98.0
尼日利亚	Nigeria	92.4	152.6	174.1	209.6
南　非	South Africa	121.9	40.2	42.5	46.8
加拿大	Canada	998.5	3.6	3.7	4.0
墨西哥	Mexico	196.4	55.8	60.4	66.4
美　国	United States	983.2	32.3	33.8	35.6
阿根廷	Argentina	278.0	14.3	15.1	16.2
巴　西	Brazil	851.6	22.4	23.6	25.0
委内瑞拉	Venezuela	91.2	30.4	32.9	36.3
捷　克	Czech Rep.	7.9	132.2	135.6	137.2
法　国	France	54.9	115.4	118.8	122.6
德　国	Germany	35.7	236.5	234.6	237.0
意大利	Italy	30.1	197.1	201.5	205.9
荷　兰	Netherlands	4.2	483.4	492.6	508.5
波　兰	Poland	31.3	124.6	124.2	124.0
俄罗斯	Russia	1709.8	8.8	8.7	8.8
西班牙	Spain	50.6	87.5	93.2	93.1
土耳其	Turkey	78.5	88.2	94.0	104.9
乌克兰	Ukraine	60.4	81.3	79.2	77.4
英　国	United Kingdom	24.4	249.7	259.4	272.9
澳大利亚	Australia	774.1	2.7	2.9	3.2
新西兰	New Zealand	26.8	15.7	16.5	18.2

附录2-6 国内生产总值(现价美元)
Gross Domestic Product(USD)

资料来源：世界银行WDI数据库。
Source: World Bank WDI Database.
单位：亿美元 (100 million USD)

国家或地区	Country or Area	2000	2005	2010	2015	2016	2017
世　界	**World**	**335717**	**474118**	**659567**	**748427**	**759368**	**806838**
高收入国家	**High Income**	**278990**	**378289**	**457193**	**483224**	**492819**	**514754**
中等收入国家	**Middle Income**	**55236**	**93688**	**198539**	**260058**	**261578**	**286827**
中等偏下收入国家	**Lower Middle Income**	**12718**	**20912**	**44915**	**57888**	**60368**	**65042**
中等偏上收入国家	**Upper Middle Income**	**42518**	**72776**	**153624**	**202108**	**201089**	**221684**
中低收入国家	**Low and Middle Income**	**56623**	**95731**	**202418**	**265346**	**266636**	**292368**
东亚和太平洋	**East Asia and Pacific**	**17352**	**31071**	**78824**	**132711**	**135093**	**147423**
欧洲和中亚	**Europe and Central Asia**	**6983**	**16809**	**30953**	**30749**	**29433**	**33005**
拉丁美洲和加勒比	**Latin America and Caribbean**	**17975**	**23755**	**44748**	**43756**	**42638**	**47231**
中东和北非国家	**Middle East and North Africa**	**4517**	**6984**	**13835**	**14352**	**14447**	**14317**
南　亚	**South Asia**	**6150**	**10286**	**20421**	**26953**	**29031**	**32917**
撒哈拉以南非洲	**Sub-Saharan Africa**	**3663**	**6829**	**13633**	**16087**	**15110**	**16472**
低收入国家	**Low Income**	**1410**	**2055**	**3848**	**5301**	**5018**	**5497**
最不发达地区	**Least Developed Countries**	**2039**	**3201**	**6615**	**9283**	**9297**	**10626**
重债穷国	**Heavily Indebted Poor Countries**	**1559**	**2435**	**4690**	**6400**	**6522**	**7288**
中　国	China	12113	22860	61006	110647	111910	122377
中国香港	Hong Kong, China	1717	1816	2286	3094	3209	3414
中国澳门	Macao, China	67	121	281	454	453	504
阿富汗	Afghanistan		63	159	192	195	208
阿尔巴尼亚	Albania	36	82	119	114	119	130
阿尔及利亚	Algeria	548	1032	1612	1659	1590	1704
安道尔	Andorra	14	33	34	28	29	30
安哥拉	Angola	91	282	825	1026	953	1242
安提瓜和巴布达	Antigua and Barbuda	8	10	12	14	15	15
阿根廷	Argentina	2842	1987	4236	5947	5549	6376
亚美尼亚	Armenia	19	49	93	106	105	115
阿鲁巴岛	Aruba	19	23	25			
澳大利亚	Australia	4150	6926	11443	13490	12080	13234
奥地利	Austria	1968	3160	3919	3821	3908	4166
阿塞拜疆	Azerbaijan	53	132	529	531	379	407
巴哈马	Bahamas	81	98	101	118	118	122
巴　林	Bahrain	91	160	257	311	322	353
孟加拉国	Bangladesh	534	694	1153	1951	2214	2497
巴巴多斯	Barbados	31	39	45	46	45	48
白俄罗斯	Belarus	127	302	572	565	477	544
比利时	Belgium	2379	3874	4835	4550	4675	4927
伯利兹	Belize	8	11	14	18	18	18
贝　宁	Benin	26	48	70	83	86	93
百慕大	Bermuda	35	49	57			
不　丹	Bhutan	4	8	16	21	22	25
玻利维亚	Bolivia	84	95	196	330	339	375
波　黑	Bosnia and Herzegovinian	55	112	172	162	169	182
博茨瓦纳	Botswana	58	99	128	144	156	174
巴　西	Brazil	6554	8916	22089	18022	17940	20555
文　莱	Brunei Darussalam	60	95	137	129	114	121
保加利亚	Bulgaria	132	296	506	502	532	568
布基纳法索	Burkina Faso	26	55	90	104	114	129
布隆迪	Burundi	9	11	20	31	30	35
柬埔寨	Cambodia	37	63	112	180	200	222
喀麦隆	Cameroon	101	179	261	309	322	348
加拿大	Canada	7423	11694	16135	15596	15358	16530
佛得角	Cape Verde	5	10	17			
中　非	Central African Rep.	9	13	20	16	18	19

附录2-6 续表 1 continued

单位：亿美元 (100 million USD)

国家或地区	Country or Area	2000	2005	2010	2015	2016	2017
乍 得	Chad	14	66	107	110	94	100
海峡群岛	Channel Islands	64	88				
智 利	Chile	779	1230	2185	2440	2500	2771
哥伦比亚	Colombia	999	1466	2870	2915	2801	3092
科 摩 罗	Comoros	2	4	5	6	6	6
刚果(金)	Congo, Dem. Rep.	191	120	216	379	350	372
刚果(布)	Congo, Rep.	32	61	120	86	78	87
哥斯达黎加	Costa Rica	149	200	373	548	570	571
科特迪瓦	Cote D'Ivoire	107	171	249	331	364	404
克罗地亚	Croatia	218	454	598	494	513	548
古 巴	Cuba	306	426	643	871		
塞浦路斯	Cyprus	102	187	256	197	202	217
捷 克	Czech Rep.	616	1363	2075	1868	1953	2157
丹 麦	Denmark	1642	2645	3220	3013	3069	3249
吉 布 提	Djibouti	6	7	11	16	18	18
多米尼克	Dominica	3	4	5	5	6	6
多米尼加	Dominican Rep.	243	361	540	688	723	759
厄瓜多尔	Ecuador	183	415	696	993	986	1031
埃 及	Egypt	998	897	2189	3327	3329	2354
萨尔瓦多	El Salvador	118	147	184	232	239	248
赤道几内亚	Equatorial Guinea	10	82	163	132	113	125
厄立特里亚	Eritrea	7	11	21			
爱沙尼亚	Estonia	57	140	195	226	233	259
埃塞俄比亚	Ethiopia	82	124	299	645	730	806
法罗群岛	Faeroe Islands	11	17	23	25		
斐 济	Fiji	17	30	31	44	47	51
芬 兰	Finland	1255	2044	2478	2325	2387	2519
法 国	France	13622	21961	26426	24382	24651	25825
法属波立尼西亚	French Polynesia	34					
加 蓬	Gabon	51	96	144	144	140	146
冈 比 亚	Gambia	8	6	10	9	10	10
格鲁吉亚	Georgia	31	64	116	140	144	152
德 国	Germany	19500	28614	34171	33756	34778	36774
加 纳	Ghana	50	107	322	373	428	473
希 腊	Greece	1301	2478	2994	1955	1927	2003
格 陵 兰	Greenland	11	18	25	25	27	
关 岛	Guam		42	49	57	58	
危地马拉	Guatemala	193	272	413	638	687	756
几 内 亚	Guinea	30	29	70	89	93	105
几内亚比绍	Guinea-Bissau	4	6	9	10	12	13
圭 亚 那	Guyana	7	8	23	32	35	37
海 地	Haiti	40	43	66	87	80	84
洪都拉斯	Honduras	71	97	158	210	216	230
匈 牙 利	Hungary	473	1130	1309	1229	1258	1391
冰 岛	Iceland	89	167	133	169	203	239
印 度	India	4621	8089	16566	21024	22742	25975
印度尼西亚	Indonesia	1650	2859	7551	8609	9323	10155
伊 朗	Iran	1096	2265	4871	3859	4190	4395
伊 拉 克	Iraq	259	500	1385	1796	1715	1977
爱 尔 兰	Ireland	999	2117	2220	2906	3048	3337
马 恩 岛	Isle of Man	16	30	59	68		
以 色 列	Israel	1323	1425	2336	2991	3177	3509
意 大 利	Italy	11418	18527	21251	18329	18594	19348
牙 买 加	Jamaica	90	112	132	142	141	148
日 本	Japan	48875	47554	57001	43950	49493	48721

附录2-6 续表 2 continued

单位：亿美元 (100 million USD)

国家或地区	Country or Area	2000	2005	2010	2015	2016	2017
约　　旦	Jordan	85	126	264	375	387	401
哈萨克斯坦	Kazakhstan	183	571	1480	1844	1373	1594
肯 尼 亚	Kenya	127	187	400	640	709	749
基里巴斯	Kiribati	1	1	2	2	2	2
韩　　国	Korea, Rep.	5616	8981	10945	13828	14148	15308
科 威 特	Kuwait	377	808	1154	1146	1109	1201
吉尔吉斯斯坦	Kyrgyzstan	14	25	48	67	68	76
老　　挝	Laos	17	27	71	144	158	169
拉脱维亚	Latvia	79	169	238	270	276	303
黎 巴 嫩	Lebanon	173	213	384	495	496	518
莱 索 托	Lesotho	9	17	24	25	23	26
利比里亚	Liberia	5	6	13	20	21	22
利 比 亚	Libya	383	473	748	293	323	510
列支敦士登	Liechtenstein	25	37	51	63		
立 陶 宛	Lithuania	115	261	371	415	428	472
卢 森 堡	Luxemburg	213	373	532	578	586	624
马 其 顿	Macedonia	38	63	94	101	107	113
马达加斯加	Madagascar	39	50	87	97	100	115
马 拉 维	Malawi	17	37	70	64	54	63
马来西亚	Malaysia	938	1435	2550	2964	2965	3145
马尔代夫	Maldives	6	12	26	40	42	46
马　　里	Mali	30	62	107	131	140	153
马 耳 他	Malta	43	64	87	106	113	125
马绍尔群岛	Marshall Islands	1	1	2	2	2	2
毛里塔尼亚	Mauritania	13	22	43	48	47	50
毛里求斯	Mauritius	46	63	100	117	122	133
墨 西 哥	Mexico	7079	8775	10578	11696	10769	11499
密克罗尼西亚	Micronesia, Fed.	2	3	3	3	3	3
摩尔多瓦	Moldova	13	30	58	65	68	81
摩 纳 哥	Monaco	26	43	54			
蒙　　古	Mongolia	11	25	72	117	112	115
黑　　山	Montenegro	10	23	41	41	44	48
摩 洛 哥	Morocco	389	623	932	1006	1036	1091
莫桑比克	Mozambique	50	77	102	148	110	123
缅　　甸	Myanmar	89	120	495	597	632	693
纳米比亚	Namibia	39	73	113	118	113	132
瑙　　鲁	Nauru				1	1	1
尼 泊 尔	Nepal	55	81	160	214	211	245
荷　　兰	Netherlands	4128	6785	8364	7580	7772	8262
新喀里多尼亚	New Caledonia	27					
新 西 兰	New Zealand	526	1147	1466	1776	1893	2059
尼加拉瓜	Nicaragua	51	63	88	126	132	138
尼 日 尔	Niger	18	34	57	73	76	81
尼日利亚	Nigeria	464	1122	3691	4811	4047	3758
挪　　威	Norway	1713	3087	4291	3867	3711	3988
阿　　曼	Oman	195	311	586	689	668	726
巴基斯坦	Pakistan	740	1095	1774	2706	2787	3050
帕　　劳	Palau	1	2	2	3	3	3
巴 拿 马	Panama	123	164	294	543	578	618
巴布亚新几内亚	Papua New Guinea	35	49	143	206	199	211
巴 拉 圭	Paraguay	82	87	200	273	274	297
秘　　鲁	Peru	517	761	1475	1899	1916	2114
菲 律 宾	Philippines	810	1031	1996	2928	3049	3136
波　　兰	Poland	1719	3061	4793	4774	4714	5245
葡 萄 牙	Portugal	1184	1973	2383	1994	2052	2176

附录2-6　续表 3　continued

单位：亿美元　(100 million USD)

国家或地区	Country or Area	2000	2005	2010	2015	2016	2017
波多黎各	Puerto Rico	617	839	984	1031	1050	
卡 塔 尔	Qatar	178	445	1251	1646	1525	1676
罗马尼亚	Romania	374	997	1667	1779	1878	2118
俄 罗 斯	Russia	2597	7640	15249	13684	12847	15775
卢 旺 达	Rwanda	17	26	58	83	85	91
圣基茨和尼维斯	Saint Kitts and Nevis	4	5	7	9	9	9
圣卢西亚	Saint Lucia	8	10	14	16	17	17
圣文森特和格林纳丁斯	Saint Vincent and the Grenadines	4	6	7	8	8	8
萨 摩 亚	Samoa	3	5	6	8	8	9
圣马力诺	San Marino	11	20	21	16	16	17
圣多美和普林西比	Sao Tome and Principe	1	1	2	3	4	4
沙特阿拉伯	Saudi Arabia	1895	3285	5282	6543	6449	6838
塞内加尔	Senegal	47	87	129	136	147	164
塞尔维亚	Serbia	65	263	395	372	383	414
塞 舌 尔	Seychelles	6	9	10	14	14	15
塞拉利昂	Sierra Leone	6	17	26	42	36	38
新 加 坡	Singapore	958	1274	2364	3041	3098	3239
斯洛伐克	Slovakia	291	627	895	875	898	958
斯洛文尼亚	Slovenia	203	363	480	431	447	488
所罗门群岛	Solomon Islands	4	4	7	12	12	13
南 非	South Africa	1364	2577	3753	3177	2958	3494
西 班 牙	Spain	5954	11573	14316	11978	12373	13113
斯里兰卡	Sri Lanka	166	244	567	806	818	872
苏 丹	Sudan	123	265	656	972	956	1175
苏 里 南	Suriname	9	18	44	48	33	33
斯威士兰	Swaziland	17	32	44	40	37	44
瑞 典	Sweden	2598	3890	4884	4979	5145	5380
瑞 士	Switzerland	2721	4087	5838	6793	6687	6789
叙 利 亚	Syrian Arab Republic	193	289	591			
塔吉克斯坦	Tajikistan	9	23	56	79	70	71
坦桑尼亚	Tanzania	102	169	314	456	474	521
泰 国	Thailand	1264	1893	3411	4014	4118	4552
东 帝 汶	Timor-Leste	4	18	40	31	25	30
多 哥	Togo	13	21	32	41	44	48
汤 加	Tonga	2	3	4	4	4	4
特立尼达和多巴哥	Trinidad And Tobago	82	160	222	244	223	221
突 尼 斯	Tunisia	215	323	441	432	421	403
土 耳 其	Turkey	2730	5014	7719	8598	8637	8511
土库曼斯坦	Turkmenistan	29	81	226	358	362	424
乌 干 达	Uganda	62	90	202	271	241	259
乌 克 兰	Ukraine	313	861	1360	910	933	1122
阿 联 酋	United Arab Emirates	1043	1806	2898	3581	3570	3826
英 国	United Kingdom	16480	25207	24412	28856	26509	26224
美 国	United States	102848	130937	149644	181207	186245	193906
乌 拉 圭	Uruguay	228	174	403	533	527	562
乌兹别克斯坦	Uzbekistan	138	143	393	669	671	487
瓦努阿图	Vanuatu	3	4	7	7	8	9
委内瑞拉	Venezuela	1171	1455	3932			
越 南	Viet Nam	312	576	1159	1932	2053	2239
约旦河西岸和加沙	West Bank and Gaza	43	48	89	127	134	145
也 门	Yemen	96	168	309	346	182	
赞 比 亚	Zambia	36	83	203	212	210	258
津巴布韦	Zimbabwe	67	58	101	163	166	178

附录2-7 人均国内生产总值
GDP per Capita

资料来源：世界银行WDI数据库。
Source: World Bank WDI Database.
单位：美元 (USD)

国家或地区	Country or Area	2000	2005	2010	2015	2016	2017
世　界	**World**	**5484**	**7271**	**9514**	**10172**	**10201**	**10715**
高收入国家	**High Income**	**25021**	**32776**	**38138**	**39137**	**39675**	**41211**
中等收入国家	**Middle Income**	**1216**	**1939**	**3876**	**4792**	**4766**	**5169**
中等偏下收入国家	**Lower Middle Income**	**558**	**843**	**1675**	**2004**	**2060**	**2188**
中等偏上收入国家	**Upper Middle Income**	**1881**	**3094**	**6295**	**7965**	**7865**	**8605**
中低收入国家	**Low and Middle Income**	**1131**	**1784**	**3530**	**4334**	**4299**	**4655**
东亚和太平洋	**East Asia and Pacific**	**956**	**1639**	**4009**	**6511**	**6579**	**7128**
欧洲和中亚	**Europe and Central Asia**	**1778**	**4277**	**7757**	**7486**	**7123**	**7943**
拉丁美洲和加勒比	**Latin America and Caribbean**	**3909**	**4825**	**8526**	**7866**	**7583**	**8313**
中东和北非国家	**Middle East and North Africa**	**1608**	**2278**	**4123**	**3906**	**3866**	**3769**
南　亚	**South Asia**	**444**	**680**	**1252**	**1545**	**1644**	**1841**
撒哈拉以南非洲	**Sub-Saharan Africa**	**546**	**892**	**1554**	**1600**	**1463**	**1553**
低收入国家	**Low Income**	**303**	**385**	**629**	**762**	**703**	**750**
最不发达地区	**Least Developed Countries**	**307**	**425**	**779**	**970**	**949**	**1060**
重债穷国	**Heavily Indebted Poor Countries**	**328**	**445**	**744**	**883**	**876**	**953**
中　国	China	959	1753	4561	8069	8117	8827
中国香港	Hong Kong, China	25757	26650	32550	42432	43737	46194
中国澳门	Macao, China	15703	25059	52375	75484	74017	80893
阿富汗	Afghanistan		250	553	570	562	586
阿尔巴尼亚	Albania	1176	2709	4094	3953	4132	4538
阿尔及利亚	Algeria	1757	3100	4463	4160	3917	4123
安道尔	Andorra	21937	41282	39736	36038	37232	39147
安哥拉	Angola	555	1444	3531	3684	3309	4170
安提瓜和巴布达	Antigua and Barbuda	9932	11453	12175	13659	14462	15022
阿根廷	Argentina	7669	5077	10276	13698	12654	14402
亚美尼亚	Armenia	623	1644	3218	3618	3606	3937
澳大利亚	Australia	21669	33962	51937	56561	49897	53800
奥地利	Austria	24565	38403	46858	44207	44731	47291
阿塞拜疆	Azerbaijan	655	1578	5843	5500	3881	4132
巴哈马	Bahamas	27112	29875	27979	30484	30260	30762
巴　林	Bahrain	13636	17959	20722	22689	22561	23655
孟加拉国	Bangladesh	406	484	758	1210	1359	1517
巴巴多斯	Barbados	11568	14223	15959	16129	15892	16789
白俄罗斯	Belarus	1277	3126	6029	5949	5023	5726
比利时	Belgium	23207	36967	44380	40361	41261	43324
伯利兹	Belize	3364	3933	4344	4950	4960	4906
贝　宁	Benin	374	602	758	784	789	830
百慕大	Bermuda	56284	75882	88207			
不　丹	Bhutan	766	1247	2179	2615	2774	3110
玻利维亚	Bolivia	1007	1046	1981	3077	3117	3394
波　黑	Bosnia and Herzegovinian	1462	2968	4615	4584	4809	5181
博茨瓦纳	Botswana	3349	5351	6346	6528	6954	7596
巴　西	Brazil	3739	4770	11224	8750	8639	9821
文　莱	Brunei Darussalam	18008	26102	35268	30968	26939	28291
保加利亚	Bulgaria	1610	3870	6843	6994	7469	8032
布基纳法索	Burkina Faso	227	407	575	575	614	671
布隆迪	Burundi	136	151	231	301	286	320
柬埔寨	Cambodia	303	474	786	1163	1270	1384
喀麦隆	Cameroon	660	1030	1309	1354	1375	1447
加拿大	Canada	24124	36190	47448	43525	42349	45032
佛得角	Cape Verde	1219	2031	3403			
中　非	Central African Rep.	244	324	446	348	382	418
乍　得	Chad	166	660	897	784	651	670
海峡群岛	Channel Islands	43299	57211				

附录2-7　续表 1　continued

单位：美元　(USD)

国家或地区	Country or Area	2000	2005	2010	2015	2016	2017
智　　利	Chile	5101	7615	12860	13737	13961	15347
哥伦比亚	Colombia	2472	3386	6251	6045	5757	6302
科 摩 罗	Comoros	376	622	769	728	775	797
刚果(金)	Congo, Dem. Rep.	406	219	334	498	444	458
刚果(布)	Congo, Rep.	998	1637	2737	1712	1528	1658
哥斯达黎加	Costa Rica	3808	4697	8199	11393	11733	11631
科特迪瓦	Cote D'Ivoire	642	932	1220	1434	1535	1662
克罗地亚	Croatia	4920	10224	13543	11758	12299	13295
古　　巴	Cuba	2741	3779	5676	7602		
塞浦路斯	Cyprus	14673	25325	30819	23212	23667	25234
捷　　克	Czech Rep.	6012	13346	19808	17716	18484	20368
丹　　麦	Denmark	30744	48800	58041	53013	53579	56308
吉 布 提	Djibouti	768	905	1326	1762	1872	1928
多米尼克	Dominica	4820	5244	6912	7314	7907	7610
多米尼加	Dominican Rep.	2839	3910	5454	6535	6794	7052
厄瓜多尔	Ecuador	1451	3022	4657	6150	6019	6199
埃　　及	Egypt	1428	1168	2603	3548	3479	2413
萨尔瓦多	El Salvador	2009	2438	2993	3670	3769	3889
赤道几内亚	Equatorial Guinea	1703	10851	17136	11214	9218	9850
厄立特里亚	Eritrea	208	277	482			
爱沙尼亚	Estonia	4070	10338	14639	17156	17737	19705
埃塞俄比亚	Ethiopia	124	162	341	646	713	768
斐　　济	Fiji	2076	3659	3652	4890	5198	5589
芬　　兰	Finland	24253	38969	46202	42424	43433	45703
法　　国	France	22364	34760	40638	36613	36870	38477
法属波立尼西亚	French Polynesia	14531					
加　　蓬	Gabon	4117	6827	8754	7449	7079	7221
冈 比 亚	Gambia	636	432	563	459	472	483
格鲁吉亚	Georgia	692	1530	2965	3765	3866	4078
德　　国	Germany	23719	34697	41786	41324	42233	44470
加　　纳	Ghana	263	498	1313	1354	1518	1642
希　　腊	Greece	12043	22552	26918	18071	17882	18613
格 陵 兰	Greenland	19004	32490	43988	44912	48160	
格林纳达	Grenada	5118	6755	7366	9333	9842	10376
危地马拉	Guatemala	1656	2078	2826	3924	4141	4471
几 内 亚	Guinea	340	303	648	733	748	825
几内亚比绍	Guinea-Bissau	298	425	547	592	649	724
圭 亚 那	Guyana	946	1099	3045	4120	4531	4725
洪都拉斯	Honduras	1089	1312	1933	2341	2375	2480
匈 牙 利	Hungary	4633	11206	13092	12484	12820	14225
冰　　岛	Iceland	31746	56251	41852	51214	60530	70057
印　　度	India	439	707	1346	1606	1718	1940
印度尼西亚	Indonesia	780	1261	3114	3335	3570	3847
伊　　朗	Iran	1657	3216	6532	4862	5219	5415
伊 拉 克	Iraq	1086	1850	4503	4974	4610	5166
爱 尔 兰	Ireland	26242	50879	48672	61808	64100	69331
马 恩 岛	Isle of Man	21552	39034	73936	81672		
以 色 列	Israel	21043	20557	30643	35691	37181	40270
意 大 利	Italy	20051	31959	35849	30180	30669	31953
牙 买 加	Jamaica	3382	4082	4683	4940	4879	5110
日　　本	Japan	38532	37218	44508	34568	38972	38428
约　　旦	Jordan	1658	2203	3679	4096	4088	4130
哈萨克斯坦	Kazakhstan	1229	3771	9071	10511	7715	8838
肯 尼 亚	Kenya	404	520	967	1355	1463	1508
基里巴斯	Kiribati	797	1215	1493	1505	1587	1685

附录2-7 续表 2 continued

单位：美元 (USD)

国家或地区	Country or Area	2000	2005	2010	2015	2016	2017
韩　国	Korea, Rep.	11948	18640	22087	27105	27608	29743
科威特	Kuwait	18389	35490	38498	29109	27368	29040
吉尔吉斯斯坦	Kyrgyzstan	280	477	880	1121	1121	1220
老　挝	Laos	325	475	1141	2159	2339	2457
拉脱维亚	Latvia	3353	7559	11326	13640	14070	15594
黎巴嫩	Lebanon	5335	5339	8858	8452	8257	8524
莱索托	Lesotho	475	863	1169	1152	1040	1182
利比里亚	Liberia	183	169	327	452	455	456
利比亚	Libya	7146	8171	12121	4695	5126	7998
列支敦士登	Liechtenstein	74625	104994	141165	168146		
立陶宛	Lithuania	3297	7863	11985	14289	14913	16681
卢森堡	Luxemburg	48736	80290	104965	101447	100739	104103
马其顿	Macedonia, FYR	1854	3038	4543	4834	5163	5443
马达加斯加	Madagascar	246	275	413	402	402	450
马拉维	Malawi	153	280	459	363	300	339
马来西亚	Malaysia	4045	5594	9071	9649	9508	9945
马尔代夫	Maldives	2227	3649	7100	9576	9872	10536
马　里	Mali	269	488	708	750	780	825
马耳他	Malta	11039	15835	21088	23759	24771	26946
马绍尔群岛	Marshall Islands	2127	2650	3147	3391	3665	3753
毛里塔尼亚	Mauritania	478	698	1203	1158	1102	1137
毛里求斯	Mauritius	3861	5116	8000	9260	9682	10547
墨西哥	Mexico	6959	8089	9017	9291	8444	8903
密克罗尼西亚	Micronesia, Fed.	2171	2356	2862	3018	3144	3188
摩尔多瓦	Moldova	354	831	1632	1833	1913	2290
摩纳哥	Monaco	82535	126656	144246			
蒙　古	Mongolia	474	999	2650	3947	3694	3735
黑　山	Montenegro	1627	3675	6682	6514	7029	7670
摩洛哥	Morocco	1332	2014	2834	2847	2893	3007
莫桑比克	Mozambique	278	369	419	528	382	416
缅　甸	Myanmar	193	247	988	1139	1196	1299
纳米比亚	Namibia	2058	3573	5192	4852	4561	5227
尼泊尔	Nepal	231	317	592	747	729	835
荷　兰	Netherlands	25921	41577	50338	44746	45638	48223
新喀里多尼亚	New Caledonia	12580					
新西兰	New Zealand	13641	27751	33692	38649	40332	42941
尼加拉瓜	Nicaragua	1016	1175	1527	2074	2144	2222
尼日尔	Niger	158	250	348	364	368	378
尼日利亚	Nigeria	379	808	2327	2655	2176	1969
挪　威	Norway	38147	66775	87770	74498	70890	75505
阿　曼	Oman	8601	12377	19281	16407	15102	15668
巴基斯坦	Pakistan	534	712	1040	1429	1442	1548
帕　劳	Palau	7550	9278	8932	13768	14077	13417
巴拿马	Panama	4060	4917	8081	13684	14333	15088
巴布亚新几内亚	Papua New Guinea	632	771	2005	2606	2462	2556
巴拉圭	Paraguay	1546	1507	3226	4109	4078	4366
秘　鲁	Peru	1997	2755	5023	6053	6031	6572
菲律宾	Philippines	1039	1195	2130	2878	2951	2989
波　兰	Poland	4493	8021	12600	12567	12415	13812
葡萄牙	Portugal	11502	18785	22539	19253	19872	21136
波多黎各	Puerto Rico	16192	21959	26436	29697	30833	
卡塔尔	Qatar	29986	51489	70306	66347	59324	63506
罗马尼亚	Romania	1668	4676	8231	8978	9532	10814
俄罗斯	Russia	1772	5324	10675	9347	8759	10743
卢旺达	Rwanda	216	287	563	712	711	748
圣基茨和尼维斯	Saint Kitts and Nevis	9268	11174	13704	16178	16597	17090

附录2-7　续表 3　continued

单位：美元　　(USD)

国家或地区	Country or Area	2000	2005	2010	2015	2016	2017
圣卢西亚	Saint Lucia	4996	5810	8008	9306	9365	9574
圣文森特和格林纳丁斯	Saint Vincent and the Grenadines	3673	5065	6232	6913	6982	7185
萨摩亚	Samoa	1541	2571	3453	4149	4030	4361
圣马力诺	San Marino	40189	66987	68758	47611	47909	49664
圣多美和普林西比	Sao Tome and Principe	550	804	1130	1614	1772	1913
沙特阿拉伯	Saudi Arabia	9127	13740	19260	20733	19982	20761
塞内加尔	Senegal	474	774	1003	911	953	1033
塞尔维亚	Serbia	870	3528	5412	5237	5426	5900
塞舌尔	Seychelles	7579	11093	10805	14725	15061	15505
塞拉利昂	Sierra Leone	139	292	399	583	481	499
新加坡	Singapore	23793	29870	46570	54941	55243	57714
斯洛伐克	Slovakia	5403	11669	16601	16133	16530	17605
斯洛文尼亚	Slovenia	10228	18169	23438	20873	21650	23597
所罗门群岛	Solomon Islands	1055	881	1291	1965	2057	2132
索马里	Somalia				477	472	500
南非	South Africa	2982	5278	7275	5747	5280	6161
西班牙	Spain	14677	26511	30737	25790	26617	28157
斯里兰卡	Sri Lanka	884	1250	2809	3842	3857	4065
苏丹	Sudan	361	680	1477	2514	2415	2899
苏里南	Suriname	1889	3595	8303	8725	5871	5901
斯威士兰	Swaziland	1638	2874	3690	3048	2770	3224
瑞典	Sweden	29283	43085	52076	50812	51845	53442
瑞士	Switzerland	37868	54953	74606	82016	79866	80190
叙利亚	Syrian Arab Republic	1178	1578	2747			
塔吉克斯坦	Tajikistan	138	337	738	919	796	801
坦桑尼亚	Tanzania	307	442	702	872	878	936
泰国	Thailand	2008	2894	5075	5846	5979	6594
东帝汶	Timor-Leste	504	1767	3604	2502	1987	2279
多哥	Togo	260	372	488	551	577	617
汤加	Tonga	2063	2595	3548	4094	3749	3944
特立尼达和多巴哥	Trinidad And Tobago	6431	12323	16684	17942	16352	16145
突尼斯	Tunisia	2214	3195	4140	3828	3689	3491
土耳其	Turkey	4317	7384	10672	10985	10863	10541
土库曼斯坦	Turkmenistan	643	1705	4439	6433	6389	7356
图瓦卢	Tuvalu	1459	2178	3022	3232	3296	3550
乌干达	Uganda	258	316	595	675	580	604
乌克兰	Ukraine	636	1829	2965	2125	2186	2640
阿联酋	United Arab Emirates	33071	39440	35038	39122	38518	40699
英国	United Kingdom	27982	41733	38893	44306	40412	39720
美国	United States	36450	44308	48375	56444	57589	59532
乌拉圭	Uruguay	6872	5221	11938	15525	15298	16246
乌兹别克斯坦	Uzbekistan	558	547	1377	2138	2106	1504
瓦努阿图	Vanuatu	1470	1886	2966	2789	2914	3124
委内瑞拉	Venezuela	4784	5433	13545			
越南	Viet Nam	388	684	1310	2065	2171	2343
约旦河西岸和加沙	West Bank and Gaza	1476	1455	2339	2866	2950	3095
也门	Yemen	539	814	1309	1286	660	
赞比亚	Zambia	342	691	1463	1314	1263	1510
津巴布韦	Zimbabwe	547	445	720	1033	1029	1080

附录2-8 三次产业对国内生产总值的贡献率
Share of the Contributions of the Three Strata of Industry to the Increase of GDP

资料来源：世界银行WDI数据库。
Source: World Bank WDI Database.
单位：% (%)

国家或地区	Country or Area	第一产业 Primary Industry		第二产业 Secondary Industry		第三产业 Tertiary Industry	
		2000	2017	2000	2017	2000	2017
中　国	China	5.1	4.4	47.4	42.0	47.5	53.6
中国香港①	Hong Kong, China①				10.5		89.5
孟加拉国	Bangladesh	25.4	6.1	23.5	43.6	51.1	50.3
文　莱	Brunei Darussalam	1.4	-1.0	78.8	70.6	19.9	30.4
柬埔寨	Cambodia	13.2	7.4	51.2	47.4	35.6	45.3
印　度	India	-0.1	7.1	45.2	24.2	54.9	68.7
印度尼西亚	Indonesia		10.7		36.1		53.3
伊　朗	Iran	4.8	20.6	73.0	128.4	22.2	-49.0
以色列	Israel	1.7	1.3①	26.2	12.0①	72.2	86.7①
日　本	Japan	4.1	-19.0①	30.7	82.3①	65.2	36.7①
哈萨克斯坦	Kazakhstan	-2.7	3.4	58.1	55.8	44.6	40.9
韩　国	Korea, Rep.	0.5	0.2	44.7	58.5	54.8	41.3
马来西亚	Malaysia	8.1	10.1	60.3	32.2	31.6	57.7
巴基斯坦	Pakistan	41.6	8.6	5.7	21.1	52.6	70.3
菲律宾	Philippines	11.5	5.5	50.0	36.4	38.6	58.1
新加坡	Singapore	-0.1	-0.1	37.3	40.1	62.8	60.0
斯里兰卡	Sri Lanka	3.0	-2.0	35.0	36.7	62.1	65.2
泰　国	Thailand	19.6	13.7	22.1	14.6	58.2	71.7
越　南	Viet Nam	17.4	4.0①	50.6	47.2①	32.0	48.8①
尼日利亚	Nigeria	11.1	101.1	64.8	57.6	24.1	-58.8
南　非	South Africa	3.6	30.4	34.6	25.5	61.9	44.1
加拿大	Canada		0.2		40.7		59.1
墨西哥	Mexico	0.6	5.7	32.5	-10.5	66.9	104.8
美　国	United States	3.8	9.3①	25.9	1.7①	70.4	89.0①
阿根廷	Argentina	17.5	13.5	118.9	27.2	-36.4	59.3
巴　西	Brazil	3.2	78.8	32.0	0.5	64.8	20.8
委内瑞拉	Venezuela	9.8	6.3②	60.7	78.2②	29.5	15.5②
捷　克	Czech Rep.	0.8	2.1	31.0	47.1	68.2	50.8
法　国	France	-0.5	5.4	28.7	15.1	71.8	79.4
德　国	Germany	-1.1	-0.3	42.9	35.8	58.2	64.6
意大利	Italy	-0.8	-6.3	22.2	29.5	78.6	76.8
荷　兰	Netherlands	0.5	0.3	24.2	20.6	75.3	79.1
波　兰	Poland	-0.1	-3.3	-9.0	59.1	109.1	44.3
俄罗斯	Russia	7.4	3.5	49.0	12.5	43.6	84.0
西班牙	Spain	4.4	3.5	28.3	32.1	67.3	64.4
土耳其	Turkey	12.3	5.0	26.9	37.0	60.9	58.0
乌克兰	Ukraine	15.5	-1.8	48.8	4.1	35.7	97.6
英　国	United Kingdom	0.3	-0.2	10.9	31.4	88.8	68.7
澳大利亚	Australia	4.3	16.5	24.7	-21.1	71.1	104.7
新西兰	New Zealand	14.7	-0.9①	6.3	24.6①	79.0	76.3①

注：①2016年数据。②2014年数据。
Note:①Data refer to 2016.②Data refer to 2014.

附录2-9 资本形成总额、消费支出及净出口对国内生产总值增长的贡献率
Share of the Contributions of Gross Capital Formation,Final Consumption Expenditure and External Balance on Goods and Services to the Increase of GDP

资料来源：世界银行数据库。
Source: World Bank Database.

单位：% (%)

国家或地区	Country or Area	资本形成总额 Gross Capital Formation		消费支出 Final Consumption Expenditure		净出口 External Balance on Goods and Services	
		2000	2017	2000	2017	2000	2017
中　国	China	21.8	54.5①	75.9	46.3①	2.4	-0.8①
中国香港	Hong Kong, China		32.4		105.7		-38.1
中国澳门	Macao, China	-228.8	-23.8	-91.8	6.6	420.6	117.3
文　莱	Brunei Darussalam	-117.0	83.6	-0.2	81.8	217.2	-65.5
印度尼西亚	Indonesia		35.3		57.8		6.9
伊　朗	Iran	129.8	8.8	-88.8	57.5	59.0	33.7
哈萨克斯坦	Kazakhstan	48.3		54.1		-2.3	
韩　国	Korea, Rep.		128.3		69.1		-97.4
马来西亚	Malaysia	62.4	26.7	46.2	74.9	-8.6	-1.6
菲律宾①	Philippines①		73.1		63.7		-36.7
新加坡	Singapore	72.5	75.7	78.1	47.0	-50.6	-22.7
泰　国	Thailand	58.5	-98.2②	144.6	84.1②	-103.1	114.1②
越　南③	Viet Nam③		69.5		159.5		-129.0
尼日利亚	Nigeria	34.4	46.5②	20.9	270.7②	44.7	-217.3②
南　非	South Africa	10.6		58.7		30.7	
加拿大	Canada	30.6	45.7	52.2	81.0	17.1	-26.7
墨西哥	Mexico		-46.7		263.6		-116.9
委内瑞拉	Venezuela	49.8		84.1		-33.9	
捷　克	Czech Rep.		27.0		51.7		21.4
法　国	France	48.0		60.3		-8.4	
德　国	Germany		37.7		58.0		4.3
意大利	Italy		30.6		59.4		10.0
荷　兰	Netherlands	5.3	29.3	61.9	34.3	32.7	36.3
波　兰	Poland		34.9		71.3		-6.2
俄罗斯	Russia	77.5	135.5	30.3	146.1	-7.9	-181.6
西班牙	Spain		38.3		51.9		9.8
澳大利亚	Australia	28.6		70.7		0.7	
新西兰	New Zealand	-35.3	87.3①	44.7	131.1①	90.6	-118.4①

注：①2013年数据。②2016年数据。③2015年数据。
Note:①Data refer to 2013.②Data refer to 2016.③Data refer to 2015.

附录2-10 年中人口
Mid-year Population

资料来源：世界银行WDI数据库。
Source: World Bank WDI Database.

国家或地区	Country or Area	年中人口（万人） Mid-year Population (10 000 persons)				增长率(%) Growth Rate (%)
		2000	2005	2010	2017	2017
世　界	**World**	**612168.3**	**652029.9**	**693287.0**	**753036.0**	**1.2**
高收入国家	**High Income**	**111501.0**	**115415.6**	**119878.7**	**124906.6**	**0.6**
中等收入国家	**Middle Income**	**454104.1**	**483197.0**	**512180.8**	**554884.5**	**1.1**
中低收入国家	**Low and Middle Income**	**500667.3**	**536614.3**	**573408.3**	**628129.4**	**1.3**
低收入国家	**Low Income**	**46563.1**	**53417.3**	**61227.5**	**73244.9**	**2.6**
中　国	China	126264.5	130372.0	133770.5	138639.5	0.6
中国香港	Hong Kong, China	666.5	681.3	702.4	739.2	0.7
中国澳门	Macao, China	42.8	48.3	53.7	62.3	1.7
阿富汗	Afghanistan	2009.4	2507.1	2880.3	3553.0	2.5
阿尔巴尼亚	Albania	308.9	301.1	291.3	287.3	-0.1
阿尔及利亚	Algeria	3118.4	3328.8	3611.8	4131.8	1.7
美属萨摩亚	American Samoa	5.8	5.9	5.6	5.6	0.1
安道尔	Andorra	6.5	7.9	8.4	7.7	-0.4
安哥拉	Angola	1644.1	1955.3	2336.9	2978.4	3.3
安提瓜和巴布达	Antigua and Barbuda	8.4	8.9	9.5	10.2	1.0
阿根廷	Argentina	3705.7	3914.5	4122.4	4427.1	1.0
亚美尼亚	Armenia	307.0	298.1	287.7	293.0	0.2
阿鲁巴岛	Aruba	9.1	10.0	10.2	10.5	0.4
澳大利亚	Australia	1915.3	2039.5	2203.2	2459.9	1.6
奥地利	Austria	801.2	822.8	836.3	880.9	0.8
阿塞拜疆	Azerbaijan	804.9	839.2	905.4	986.2	1.1
巴哈马	Bahamas	29.8	32.9	36.1	39.5	1.1
巴　林	Bahrain	66.5	88.9	124.1	149.3	4.6
孟加拉国	Bangladesh	13158.1	14343.1	15214.9	16467.0	1.0
巴巴多斯	Barbados	27.0	27.4	28.0	28.6	0.3
白俄罗斯	Belarus	998.0	966.4	949.1	950.8	0.1
比利时	Belgium	1025.1	1047.9	1089.6	1137.2	0.4
伯利兹	Belize	24.7	28.3	32.2	37.5	2.1
贝　宁	Benin	686.6	798.2	919.9	1117.6	2.8
百慕大	Bermuda	6.2	6.4	6.5	6.5	0.2
不　丹	Bhutan	57.3	65.7	72.8	80.8	1.2
玻利维亚	Bolivia	834.0	912.5	991.8	1105.2	1.5
波　黑	Bosnia and Herzegovinian	376.7	378.2	372.2	350.7	-0.3
博茨瓦纳	Botswana	172.8	185.6	201.5	229.2	1.8
巴　西	Brazil	17528.8	18691.7	19679.6	20928.8	0.8
文　莱	Brunei Darussalam	33.3	36.5	38.9	42.9	1.3
保加利亚	Bulgaria	817.0	765.9	739.6	707.6	-0.7
布基纳法索	Burkina Faso	1160.8	1342.2	1560.5	1919.3	2.9
布隆迪	Burundi	640.1	742.3	876.7	1086.4	3.2
柬埔寨	Cambodia	1215.2	1327.0	1430.9	1600.5	1.5
喀麦隆	Cameroon	1527.4	1742.1	1997.0	2405.4	2.6
加拿大	Canada	3077.0	3231.2	3400.5	3670.8	1.2
佛得角	Cape Verde	44.2	47.9	48.8		
开曼群岛	Cayman Islands	4.2	4.9	5.6	6.2	1.3
中　非	Central African Rep.	375.5	412.8	444.9	465.9	1.4
乍　得	Chad	834.3	1006.7	1188.7	1490.0	3.0
海峡群岛	Channel Islands	14.9	15.4	16.0	16.5	0.5
智　利	Chile	1526.3	1614.7	1699.3	1805.5	0.8
哥伦比亚	Colombia	4040.4	4328.6	4591.8	4906.6	0.8
科摩罗	Comoros	54.2	61.2	69.0	81.4	2.3
刚果(金)	Congo, Dem. Rep.	4707.6	5475.1	6452.3	8134.0	3.3
刚果(布)	Congo, Rep.	322.6	371.8	438.7	526.1	2.6
哥斯达黎加	Costa Rica	392.5	424.8	454.5	490.6	1.0
科特迪瓦	Cote D'Ivoire	1668.7	1833.6	2040.1	2429.5	2.5
克罗地亚	Croatia	442.6	444.2	441.8	412.6	-1.2

附录2-10 续表 1 continued

国家或地区	Country or Area	年中人口（万人） Mid-year Population (10 000 persons)				增长率(%) Growth Rate (%)
		2000	2005	2010	2017	2017
古　巴	Cuba	1115.1	1128.4	1133.3	1148.5	0.1
塞浦路斯	Cyprus	94.3	102.8	111.3	118.0	0.8
捷　克	Czech Rep.	1025.5	1021.1	1047.4	1059.1	0.2
丹　麦	Denmark	534.0	541.9	554.8	577.0	0.7
吉布提	Djibouti	71.8	78.3	85.1	95.7	1.5
多米尼克	Dominica	7.0	7.1	7.1	7.4	0.5
多米尼加	Dominican Rep.	856.3	923.8	989.8	1076.7	1.1
厄瓜多尔	Ecuador	1262.9	1373.5	1493.5	1662.5	1.5
埃　及	Egypt	6990.6	7677.8	8410.8	9755.3	1.9
萨尔瓦多	El Salvador	586.8	602.9	616.5	637.8	0.5
赤道几内亚	Equatorial Guinea	61.4	75.7	95.1	126.8	3.7
厄立特里亚	Eritrea	339.3	396.9	439.1		
爱沙尼亚	Estonia	139.7	135.5	133.1	131.5	
埃塞俄比亚	Ethiopia	6653.7	7672.7	8770.3	10495.7	2.5
法罗群岛	Faeroe Islands	4.7	4.8	4.9	4.9	0.4
斐　济	Fiji	81.1	82.2	86.0	90.6	0.7
芬　兰	Finland	517.6	524.6	536.3	551.1	0.3
法　国	France	6091.3	6317.9	6502.8	6711.9	0.4
法属波立尼西亚	French Polynesia	23.7	25.5	26.8	28.3	1.0
加　蓬	Gabon	123.1	140.3	164.0	202.5	2.3
冈比亚	Gambia	123.2	144.4	169.2	210.1	3.0
格鲁吉亚	Georgia	441.8	419.0	392.6	371.7	-0.1
德　国	Germany	8221.2	8246.9	8177.7	8269.5	0.4
加　纳	Ghana	1893.9	2154.2	2451.2	2883.4	2.2
直布罗陀	Gibraltar	3.1	3.2	3.3	3.5	0.5
希　腊	Greece	1080.6	1098.7	1112.1	1076.0	-0.1
格陵兰	Greenland	5.6	5.7	5.7	5.6	
格林纳达	Grenada	10.2	10.3	10.5	10.8	0.5
关　岛	Guam	15.5	15.8	15.9	16.4	0.8
危地马拉	Guatemala	1165.1	1309.6	1463.0	1691.4	2.0
几内亚	Guinea	880.9	968.0	1079.4	1271.7	2.6
几内亚比绍	Guinea-Bissau	124.3	138.1	155.6	186.1	2.5
圭亚那	Guyana	75.3	75.1	74.7	77.8	0.6
海　地	Haiti	854.9	926.3	1000.0	1098.1	1.2
洪都拉斯	Honduras	652.4	737.3	819.5	926.5	1.7
匈牙利	Hungary	1021.1	1008.7	1000.0	978.1	-0.3
冰　岛	Iceland	28.1	29.7	31.8	34.1	1.7
印　度	India	105305.1	114411.9	123098.1	133918.0	1.1
印度尼西亚	Indonesia	21154.0	22671.3	24252.4	26399.1	1.1
伊　朗	Iran	6613.2	7042.2	7456.8	8116.3	1.1
伊拉克	Iraq	2356.5	2700.8	3076.3	3827.5	2.8
爱尔兰	Ireland	380.5	416.0	456.0	481.4	1.2
马恩岛	Isle of Man	7.3	7.6	8.0	8.4	0.7
以色列	Israel	628.9	693.0	762.4	871.2	1.9
意大利	Italy	5694.2	5796.9	5927.7	6055.1	-0.1
牙买加	Jamaica	265.7	274.5	281.7	289.0	0.3
日　本	Japan	12684.3	12777.3	12807.0	12678.6	-0.2
约　旦	Jordan	510.3	571.4	718.2	970.2	2.6
哈萨克斯坦	Kazakhstan	1488.4	1514.7	1632.2	1803.8	1.4
肯尼亚	Kenya	3145.0	3604.8	4135.0	4970.0	2.5
基里巴斯	Kiribati	8.4	9.2	10.3	11.6	1.7
朝　鲜	Korea, Dem.	2284.0	2381.3	2450.1		
韩　国	Korea, Rep.	4700.8	4818.5	4955.4	5146.6	0.4
科威特	Kuwait	205.1	227.7	299.8	413.7	2.1
吉尔吉斯斯坦	Kyrgyzstan	489.8	516.3	544.8	620.2	2.0

附录2-10 续表 2 continued

国家或地区	Country or Area	年中人口（万人） Mid-year Population (10 000 persons)				增长率(%) Growth Rate (%)
		2000	2005	2010	2017	2017
老 挝	Laos	532.9	575.4	624.6	685.8	1.5
拉脱维亚	Latvia	236.8	223.9	209.8	194.1	-1.0
黎 巴 嫩	Lebanon	323.5	398.7	433.7	608.2	1.3
莱 索 托	Lesotho	186.9	195.0	204.1	223.3	1.3
利比里亚	Liberia	288.5	326.1	394.8	473.2	2.5
利 比 亚	Libya	535.6	579.3	616.9	637.5	1.3
列支敦士登	Liechtenstein	3.3	3.5	3.6	3.8	0.7
立 陶 宛	Lithuania	350.0	332.3	309.7	282.8	-1.4
卢 森 堡	Luxemburg	43.6	46.5	50.7	59.9	3.0
前南马其顿	Macedonia, FYR	203.5	206.0	207.1	208.3	0.1
马达加斯加	Madagascar	1576.7	1833.7	2115.2	2557.1	2.7
马 拉 维	Malawi	1137.6	1304.0	1516.7	1862.2	2.9
马来西亚	Malaysia	2318.6	2565.9	2811.2	3162.4	1.4
马尔代夫	Maldives	28.0	31.9	36.5	43.6	2.0
马 里	Mali	1096.8	1279.9	1507.5	1854.2	3.0
马 耳 他	Malta	39.0	40.4	41.5	46.5	2.2
马绍尔群岛	Marshall Islands	5.2	5.2	5.2	5.3	0.1
毛里塔尼亚	Mauritania	270.9	313.1	361.0	442.0	2.7
毛里求斯	Mauritius	118.7	122.8	125.0	126.5	0.1
马约特岛	Mayotte	14.9	17.5	20.4		
墨 西 哥	Mexico	10172.0	10847.2	11731.9	12916.3	1.3
密克罗尼西亚	Micronesia, Fed.	10.7	10.6	10.4	10.6	0.6
摩尔多瓦	Moldova	364.0	359.5	356.2	355.0	-0.1
摩 纳 哥	Monaco	3.2	3.4	3.7	3.9	0.5
蒙 古	Mongolia	239.7	252.6	271.3	307.6	1.6
黑 山	Montenegro	60.5	61.4	61.9	62.2	
摩 洛 哥	Morocco	2885.0	3052.1	3241.0	3574.0	1.3
莫桑比克	Mozambique	1806.8	2092.3	2422.1	2966.9	2.9
缅 甸	Myanmar	4609.5	4848.3	5015.6	5337.1	0.9
纳米比亚	Namibia	189.9	203.2	217.3	253.4	2.2
尼 泊 尔	Nepal	2374.1	2564.0	2702.3	2930.5	1.1
荷 兰	Netherlands	1592.6	1632.0	1661.5	1713.3	0.6
荷属安的列斯	Netherlands Antilles	18.1	18.6			
新喀里多尼亚	New Caledonia	21.3	23.2	25.0	28.0	1.4
新 西 兰	New Zealand	385.8	413.4	435.1	479.4	2.1
尼加拉瓜	Nicaragua	502.7	537.9	573.8	621.8	1.1
尼 日 尔	Niger	1135.3	1361.8	1642.6	2147.7	3.8
尼日利亚	Nigeria	12235.2	13893.9	15857.8	19088.6	2.6
北马里亚纳群岛	Northern Mariana Islands	6.9	6.4	5.4	5.5	0.2
挪 威	Norway	449.1	462.3	488.9	528.2	0.9
阿 曼	Oman	226.8	251.1	304.1	463.6	4.7
巴基斯坦	Pakistan	13852.3	15391.0	17056.0	19701.6	2.0
帕 劳	Palau	1.9	2.0	2.0	2.2	1.0
巴 拿 马	Panama	303.0	333.0	364.3	409.9	1.6
巴布亚新几内亚	Papua New Guinea	557.2	631.5	710.8	825.1	2.0
巴 拉 圭	Paraguay	530.3	579.5	621.0	681.1	1.3
秘 鲁	Peru	2591.5	2761.0	2937.4	3216.5	1.2
菲 律 宾	Philippines	7799.2	8627.4	9372.7	10491.8	1.5
波 兰	Poland	3825.9	3816.5	3804.3	3797.6	
葡 萄 牙	Portugal	1029.0	1050.3	1057.3	1029.4	-0.3
波多黎各	Puerto Rico	381.1	382.1	372.2	333.7	-2.1
卡 塔 尔	Qatar	59.2	86.5	178.0	263.9	2.7
罗马尼亚	Romania	2244.3	2132.0	2024.7	1958.7	-0.6
俄 罗 斯	Russia	14659.7	14351.9	14284.9	14449.5	0.1
卢 旺 达	Rwanda	802.6	899.2	1024.7	1220.8	2.4

附录2-10　续表 3　continued

国家或地区	Country or Area	年中人口（万人） Mid-year Population (10 000 persons)				增长率(%) Growth Rate (%)
		2000	2005	2010	2017	2017
圣基茨和尼维斯	Saint Kitts and Nevis	4.5	4.9	5.1	5.5	1.0
圣卢西亚	Saint Lucia	15.7	16.4	17.3	17.9	0.5
圣文森特和格林纳丁斯	Saint Vincent and the Grenadines	10.8	10.9	10.9	11.0	0.2
萨摩亚	Samoa	17.5	18.0	18.6	19.6	0.7
圣马力诺	San Marino	2.7	2.9	3.1	3.3	0.6
圣多美和普林西比	Sao Tome and Principe	13.9	15.6	17.5	20.4	2.2
沙特阿拉伯	Saudi Arabia	2076.4	2390.6	2742.6	3293.8	2.0
塞内加尔	Senegal	988.4	1125.1	1291.6	1585.1	2.8
塞尔维亚	Serbia	751.6	744.1	729.1	702.2	-0.5
塞舌尔	Seychelles	8.1	8.3	9.0	9.6	1.2
塞拉利昂	Sierra Leone	456.4	565.8	645.9	755.7	2.2
新加坡	Singapore	402.8	426.6	507.7	561.2	0.1
斯洛伐克	Slovakia	538.9	537.3	539.1	544.0	0.2
斯洛文尼亚	Slovenia	198.9	200.0	204.9	206.7	0.1
所罗门群岛	Solomon Islands	41.3	47.0	52.8	61.1	2.0
索马里	Somalia	901.1	1041.0	1205.3	1474.3	2.9
南非	South Africa	4572.8	4882.1	5158.5	5671.7	1.2
西班牙	Spain	4056.8	4365.3	4657.7	4657.2	0.2
斯里兰卡	Sri Lanka	1878.2	1952.5	2019.8	2144.4	1.1
苏丹	Sudan	2725.1	3091.2	3438.6	4053.3	2.4
苏里南	Suriname	47.2	49.9	52.6	56.3	0.9
斯威士兰	Swaziland	106.1	110.6	120.3	136.7	1.8
瑞典	Sweden	887.2	903.0	937.8	1006.8	1.4
瑞士	Switzerland	718.4	743.7	782.5	846.6	1.1
叙利亚	Syrian Arab Republic	1641.1	1829.5	2101.9	1827.0	-0.9
塔吉克斯坦	Tajikistan	621.6	685.4	764.2	892.1	2.1
坦桑尼亚	Tanzania	3417.8	3941.1	4609.9	5731.0	3.1
泰国	Thailand	6295.8	6542.5	6720.9	6903.8	0.3
东帝汶	Timor-Leste	87.2	102.6	111.0	129.6	2.2
多哥	Togo	497.0	568.3	650.3	779.8	2.5
汤加	Tonga	9.8	10.1	10.4	10.8	0.8
特立尼达和多巴哥	Trinidad And Tobago	126.8	129.7	132.8	136.9	0.3
突尼斯	Tunisia	969.9	1010.2	1064.0	1153.2	1.1
土耳其	Turkey	6324.0	6790.3	7232.7	8074.5	1.5
土库曼斯坦	Turkmenistan	451.6	475.5	508.7	575.8	1.7
特克斯和凯科斯群岛	Turks and Caicos Islands	1.9	2.6	3.1	3.5	1.6
图瓦卢	Tuvalu	0.9	1.0	1.1	1.1	0.9
乌干达	Uganda	2403.9	2854.4	3391.5	4286.3	3.3
乌克兰	Ukraine	4917.6	4710.5	4587.1	4483.1	-0.4
阿联酋	United Arab Emirates	315.5	458.0	827.1	940.0	1.4
英国	United Kingdom	5889.3	6040.1	6276.6	6602.2	0.6
美国	United States	28216.2	29551.7	30933.8	32571.9	0.7
美属维尔京群岛	Virgin Islands(US)	10.9	10.8	10.8	10.7	-0.2
乌拉圭	Uruguay	332.1	332.6	337.4	345.7	0.4
乌兹别克斯坦	Uzbekistan	2465.0	2616.7	2856.2	3238.7	1.7
瓦努阿图	Vanuatu	18.5	20.9	23.6	27.6	2.1
委内瑞拉	Venezuela	2448.8	2678.4	2902.8	3197.7	1.3
越南	Viet Nam	8028.6	8430.9	8847.3	9554.1	1.0
约旦河西岸和加沙	West Bank and Gaza	292.2	332.0	381.1	468.5	2.9
也门	Yemen	1787.5	2058.3	2360.7	2825.0	2.4
赞比亚	Zambia	1053.1	1205.2	1385.0	1709.4	3.0
津巴布韦	Zimbabwe	1222.2	1294.0	1408.6	1653.0	2.3

附录2-11 万美元国内生产总值能耗(2011年不变价,PPP)
Energy Use per Ten Thousand USD of GDP (Constant 2011 PPP)

资料来源：世界银行WDI数据库。
Source:World Bank WDI Database.
单位：吨标准油/万美元 (ton of oil equivalent per 10 000 USD)

国家或地区	Country or Area	2000	2005	2010	2013	2014	2015
世　界	**World**	**1.54**	**1.47**	**1.38**	**1.30**	**1.27**	
高收入国家	**High Income**	**1.40**	**1.31**	**1.23**	**1.15**	**1.13**	**1.09**
中等收入国家	**Middle Income**	**1.75**	**1.67**	**1.52**	**1.43**	**1.38**	
中　国	China	2.43	2.44	2.05	1.85	1.75	
中国香港	Hong Kong, China	0.60	0.45	0.40	0.38	0.37	
孟加拉国	Bangladesh	0.85	0.82	0.82	0.76	0.75	
文　莱	Brunei Darussalam	0.87	0.73	1.03	0.95	1.13	
柬 埔 寨	Cambodia	2.03	1.31	1.47	1.34	1.33	
印　度	India	1.68	1.42	1.28	1.20	1.18	
印度尼西亚	Indonesia	1.27	1.16	1.04	0.89	0.88	
伊　朗	Iran	1.42	1.57	1.53	1.74	1.79	
以 色 列	Israel	1.08	0.99	1.02	0.92	0.87	0.87
日　本	Japan	1.21	1.14	1.09	0.96	0.93	0.91
哈萨克斯坦	Kazakhstan	2.41	2.10	2.11	2.08	1.88	
韩　国	Korea, Rep.	1.93	1.71	1.66	1.61	1.58	1.58
马来西亚	Malaysia	1.29	1.38	1.24	1.27	1.23	
蒙　古	Mongolia	2.15	1.96	1.89	1.71	1.62	
巴基斯坦	Pakistan	1.32	1.24	1.16	1.09	1.06	
菲 律 宾	Philippines	1.21	0.94	0.77	0.72	0.72	
新 加 坡	Singapore	0.90	0.82	0.69	0.62	0.63	
斯里兰卡	Sri Lanka	0.80	0.71	0.57	0.48	0.48	
泰　国	Thailand	1.25	1.31	1.30	1.35	1.33	
越　南	Viet Nam	1.40	1.44	1.51	1.30		
埃　及	Egypt	0.79	1.00	0.87	0.85	0.82	
尼日利亚	Nigeria	2.47	1.83	1.47	1.42	1.35	
南　非	South Africa	2.50	2.44	2.31	2.11	2.18	
加 拿 大	Canada	2.20	2.08	1.91	1.83	1.83	1.76
墨 西 哥	Mexico	0.94	1.04	0.95	0.96	0.91	0.88
美　国	United States	1.75	1.58	1.45	1.35	1.34	1.28
巴　西	Brazil	0.94	0.94	0.93	0.94	0.97	
委内瑞拉	Venezuela	1.45	1.41	1.51	1.28		
捷　克	Czech Rep.	1.88	1.71	1.49	1.41	1.34	1.26
法　国	France	1.19	1.17	1.09	1.03	0.98	0.98
德　国	Germany	1.11	1.08	0.99	0.92	0.87	0.87
意 大 利	Italy	0.82	0.85	0.81	0.75	0.71	0.72
荷　兰	Netherlands	1.14	1.15	1.10	1.02	0.95	0.91
波　兰	Poland	1.58	1.40	1.21	1.09	1.02	0.98
俄 罗 斯	Russia	3.01	2.35	2.09	1.99	1.92	
西 班 牙	Spain	1.00	0.99	0.84	0.82	0.79	0.80
土 耳 其	Turkey	0.87	0.76	0.82	0.71	0.70	0.71
乌 克 兰	Ukraine	5.67	4.19	3.69	3.06	2.98	
英　国	United Kingdom	1.14	0.99	0.89	0.80	0.73	0.71
澳大利亚	Australia	1.60	1.43	1.40	1.27	1.22	1.25
新 西 兰	New Zealand	1.60	1.31	1.32	1.29	1.32	1.26

附录2-12 广义货币占国内生产总值比重
Broad Money (M2) as Percentage of GDP

资料来源：世界银行WDI数据库。
Source: World Bank WDI Database.
单位：% (%)

国家或地区	Country or Area	2000	2005	2010	2014	2015	2016	2017
中　国	**China**	**135.6**	**151.1**	**175.7**	**190.7**	**202.1**	**208.5**	**202.6**
中国香港	Hong Kong, China	224.4	251.7	325.4	361.3	362.9	376.5	
中国澳门	Macao, China	157.4	140.0	108.0	110.3	130.5	147.0	
孟加拉国	Bangladesh	30.6	47.4	58.7	63.3	64.5	65.8	65.7
文　莱	Brunei Darussalam	85.7	57.8	67.3	67.5	80.8	92.6	86.7
柬埔寨	Cambodia	12.9	19.3	41.6	67.4	72.4	79.2	88.3
印　度	India	55.4	66.5	78.6	77.9	78.1	75.2	
印度尼西亚	Indonesia	53.9	43.4	36.0	39.5	39.5	40.3	39.9
伊　朗	Iran	37.2	41.5	54.1	64.9	81.4	90.4	
以色列	Israel	81.3	97.6	74.6	85.0	84.1	84.8	86.4
日　本	Japan	232.9	198.7	217.5	237.4	236.1	242.4	
哈萨克斯坦	Kazakhstan	15.3	27.2	38.9	32.3	41.9	42.2	37.4
韩　国	Korea, Rep.	65.0	111.1	131.2	139.8	143.7	146.6	146.2
老　挝	Laos	16.5	19.1	36.2				
马来西亚	Malaysia	122.7	125.0	129.6	137.1	135.0	130.4	
蒙　古	Mongolia	21.1	37.5	48.0	47.8	43.4	50.8	56.6
缅　甸	Myanmar	31.5	21.6	23.6	39.5	46.4	49.7	51.1
巴基斯坦	Pakistan	38.6	49.9	52.5	51.8	53.3	57.2	57.2
菲律宾	Philippines	57.7	54.3	61.4	71.7	74.2	77.4	79.0
新加坡	Singapore	103.4	103.6	125.0	129.8	124.4	131.3	129.7
斯里兰卡	Sri Lanka	38.4	41.7	32.6	47.4	52.5	56.1	
泰　国	Thailand	111.2	104.1	109.0	127.1	127.7	125.9	
越　南	Viet Nam	44.6	71.0	114.9	127.5	137.6	151.1	155.2
埃　及	Egypt	76.7	97.1	80.7	75.4	78.0	98.1	92.3
尼日利亚	Nigeria	22.0	17.7	21.0	20.2	19.7	20.4	
南　非	South Africa	52.7	67.0	75.8	70.9	73.4	72.6	72.2
加拿大	Canada	71.3	149.0					
墨西哥	Mexico	22.4	26.6	30.6	34.5	36.5	37.8	38.8
美　国	United States	68.3	72.2	85.3	89.9	89.4	90.3	
阿根廷	Argentina	31.8	28.7	25.3	25.8	27.6	28.5	28.7
巴　西	Brazil	46.5	60.4	79.2	87.7	93.7	100.4	99.2
委内瑞拉	Venezuela	19.8	23.7	32.2				
捷　克	Czech Rep.	60.9	55.6	69.7	77.2	78.2	80.2	83.8
法　国	France	101.0	76.1	89.9	89.8			
德　国	Germany	169.6	73.8	84.0	90.0			
意大利	Italy	81.5	64.6	84.2	89.6			
荷　兰	Netherlands	138.2	100.6	108.4	117.4			
波　兰	Poland	40.5	43.1	54.2	61.6	64.2	68.1	66.8
俄罗斯	Russia	21.5	33.4	51.4	54.2	61.6	59.1	59.4
西班牙	Spain	97.8	94.0	107.2	108.4			
土耳其	Turkey	33.7	39.1	53.2	51.8	52.7	55.6	54.4
乌克兰	Ukraine	18.6	44.0	55.4	60.3	50.0	46.3	40.5
英　国	United Kingdom	95.1	117.2	166.4	137.2	136.1	142.3	148.5
澳大利亚	Australia	67.7	78.6	100.9	108.7	113.4	118.2	116.8
新西兰	New Zealand	78.9	78.7	92.7				

附录2-13 生产者价格指数
Producer Price Indices

资料来源：联合国统计月报数据库。
Source: UN Monthly Bulletin of Statistics Database.

2010年=100 (2010=100)

国家或地区	Country or Area	2010	2013	2014	2015	2016	2017
中国香港	**Hong Kong, China**						
工业产品	Industrial Products	100.0	105.0	103.3	100.4	101.6	105.6
孟加拉国①	**Bangladesh①**						
按生产阶段分	by Stage of Processing						
中间产品	Intermediate Products		291.1	328.1			
按最终用途分	by End-Use						
消费品	Consumers' Goods		350.5	351.4			
投资用品	Capital Goods		293.2	292.6			
印　　度②	**India②**						
按供给组成分	by Components of Supply						
国内供应	Domestic Supply		108.0	113.6	110.8	108.0	114.1
农业产品	Agricultural Products		113.2	122.7	130.1	136.1	142.7
工业产品	Industrial Products		105.8	109.5	110.6	108.0	112.9
按生产阶段分	by Stage of Processing						
原材料	Raw Materials		113.8	121.2	120.8	124.3	130.2
印度尼西亚	**Indonesia**						
按供给组成分	by Components of Supply						
农业产品	Agricultural Products	100.0	120.0	128.8	129.8	132.9	136.4
工业产品	Industrial Products	100.0	115.7	123.3	134.6	137.7	141.1
伊　　朗③	**Iran③**						
按供给组成分	by Components of Supply						
国内供应	Domestic Supply		132.4	178.1	204.5	214.5	241.8
农业产品	Agricultural Products		139.3	199.9	227.3	240.3	266.2
工业产品	Industrial Products		137.4	185.4	203.8	203.0	226.8
以 色 列	**Israel**						
按供给组成分	by Components of Supply						
工业产品	Industrial Products		112.9	111.4	104.8	101.0	102.5
日　　本④	**Japan④**						
按供给组成分	by Components of Supply						
国内供应	Domestic Supply	97.4	103.4	105.3	100.0	93.2	97.2
国内生产	Domestic Production	100.2	102.1	103.1	100.0	96.5	98.7
农业产品	Agricultural Products		100.1	100.1	100.0	102.5	107.6
工业产品	Industrial Products	99.1	99.4	102.3	100.0	97.0	98.9
进口产品	Import Products	88.1	108.1	112.7	100.0	83.6	92.7
按生产阶段分	by Stage of Processing						
原材料	Raw Materials	97.2	132.1	134.5	100.0	78.6	95.9
中间产品	Intermediate Products	96.3	101.3	103.9	100.0	93.4	97.4
按最终用途分	by End-Use						
消费品	Consumers' Goods	98.7	99.3	100.0	100.0	96.4	97.1
投资用品	Capital Goods	99.5	97.9	98.8	100.0	97.9	97.9
韩　　国	**Korea, Rep.**						
按供给组成分	by Components of Supply						
国内生产	Domestic Production	100.0	106.2	104.8	98.0	94.6	99.0
农业产品	Agricultural Products	100.0	101.9	102.5	104.9	111.0	118.2
工业产品	Industrial Products	100.0	105.3	103.1	96.2	92.8	97.2
按生产阶段分	by Stage of Processing						
原材料	Raw Materials	100.0	119.8	111.7	79.1	67.0	82.3
中间产品	Intermediate Products	100.0	103.7	101.0	94.5	91.4	95.3
按最终用途分	by End-Use						
消费品	Consumers' Goods	100.0	103.7	104.3	102.1	101.3	102.2
投资用品	Capital Goods	100.0	100.6	99.0	99.8	101.3	100.3

附录2-13 续表 1 continued

2010年=100 (2010=100)

国家或地区	Country or Area	2010	2013	2014	2015	2016	2017
马来西亚	**Malaysia**						
按供给组成分	by Components of Supply						
国内供应	Domestic Supply	100.0	107.8	109.3	104.0		
国内生产	Domestic Production	100.0	108.8	110.4	102.2	101.1	108.0
进口产品	Import Products	100.0	105.8	106.9	107.7		
巴基斯坦	**Pakistan**						
按供给组成分	by Components of Supply						
国内供应	Domestic Supply	100.0	137.2	143.7	140.1	142.5	147.4
农业产品	Agricultural Products	100.0	131.1	138.4	138.6	148.3	156.6
菲 律 宾	**Philippines**						
按供给组成分	by Components of Supply						
国内供应	Domestic Supply	100.0	111.6	114.7	110.3	111.5	116.4
工业产品	Industrial Products	100.0	92.8	91.8	85.8		
新 加 坡	**Singapore**						
按供给组成分	by Components of Supply						
国内供应	Domestic Supply	100.0	106.0	102.4	86.8	80.7	86.4
国内生产	Domestic Production	100.0	102.5	99.0	89.9	85.0	88.2
进口产品	Import Products	100.0	101.6	98.7	86.3	81.7	86.4
泰 国	**Thailand**						
按供给组成分	by Components of Supply						
国内供应	Domestic Supply	100.0	106.9	107.0	102.6	101.4	102.7
按生产阶段分	by Stage of Processing						
原材料	Raw Materials	100.0	102.9	99.5	97.5	94.4	95.9
按最终用途分	by End-Use						
消费品	Consumers' Goods	100.0	107.1	109.9	109.5	109.7	106.2
投资用品	Capital Goods	100.0	103.2	103.3	101.1	100.5	99.6
埃 及⑤	**Egypt⑤**						
按供给组成分	by Components of Supply						
国内生产	Domestic Production		201.8	208.1	207.6	220.5	
农业产品	Agricultural Products		274.6	292.0	299.5	339.8	
按生产阶段分	by Stage of Processing						
原材料	Raw Materials		235.8	237.4	180.4	140.6	
中间产品	Intermediate Products		155.3	157.9	161.5	178.4	
按最终用途分	by End-Use						
消费品	Consumers' Goods		122.9	123.7	124.7	142.8	
投资用品	Capital Goods		169.0	170.1	171.9	178.5	
南 非⑥	**South Africa⑥**						
按供给组成分	by Components of Supply						
农业产品	Agricultural Products		102.6	108.0	113.1	131.6	132.2
工业产品	Industrial Products		106.0	113.9	118.0	126.3	132.5
按生产阶段分	by Stage of Processing						
中间产品	Intermediate Products		107.9	116.7	117.6	125.6	130.6
加 拿 大	**Canada**						
按供给组成分	by Components of Supply						
农业产品	Agricultural Products	100.0	122.8	124.0	129.8	124.1	125.0
工业产品	Industrial Products	100.0	108.6	111.3	110.3	110.1	113.5
按生产阶段分	by Stage of Processing						
原材料	Raw Materials	100.0	115.7	117.6	94.2	89.8	99.7

附录2-13 续表 2 continued

2010年=100 (2010=100)

国家或地区	Country or Area	2010	2013	2014	2015	2016	2017
墨西哥	**Mexico**						
按供给组成分	by Components of Supply						
国内供应	Domestic Supply	100.0	111.9	114.9	119.2	125.9	136.1
国内生产	Domestic Production	100.0	111.6	114.6	117.9	124.6	133.2
农业产品	Agricultural Products	100.0	114.8	115.2	119.6	130.6	140.3
工业产品	Industrial Products	100.0	109.4	111.9	118.6	128.1	136.6
进口产品	Import Products	100.0	108.2	108.9	105.3	104.2	106.8
按生产阶段分	by Stage of Processing						
中间产品	Intermediate Products	100.0	114.7	118.2	118.1	123.9	135.0
按最终用途分	by End-Use						
消费品	Consumers' Goods	100.0	113.4	116.5	120.2	126.4	135.4
投资用品	Capital Goods	100.0	110.0	113.0	118.0	125.4	137.4
美国	**United States**						
按供给组成分	by Components of Supply						
国内生产	Domestic Production	100.0	110.1	111.2	103.1	100.4	104.8
农业产品	Agricultural Products	100.0	129.3	130.8	114.8	104.0	107.0
工业产品	Industrial Products	100.0	108.6	109.3	101.0	98.7	103.5
按生产阶段分	by Stage of Processing						
原材料	Raw Materials	100.0	116.2	117.5	89.1	81.7	89.8
中间产品	Intermediate Products	100.0	109.5	110.2	102.6	99.4	104.0
按最终用途分	by End-Use						
消费品	Consumers' Goods	100.0	111.2	113.5	108.1	106.5	110.6
投资用品	Capital Goods	100.0	104.4	105.8	107.1	107.6	108.6
阿根廷	**Argentina**						
按供给组成分	by Components of Supply						
国内供应	Domestic Supply	100.0	146.8	186.3			
国内生产	Domestic Production	100.0	147.6	186.6			
农业产品	Agricultural Products	100.0	150.1	200.6			
工业产品	Industrial Products	100.0	144.0	180.3			
进口产品	Import Products	100.0	135.9	181.1			
白俄罗斯	**Belarus**						
按供给组成分	by Components of Supply						
工业产品	Industrial Products	100.0	337.2	379.1	444.4	498.0	546.6
按生产阶段分	by Stage of Processing						
中间产品	Intermediate Products	100.0	353.1	395.3	478.1	533.8	593.2
按最终用途分	by End-Use						
消费品	Consumers' Goods	100.0	314.7	362.5	399.5	445.3	474.2
投资用品	Capital Goods	100.0	334.0	356.9	420.6	486.9	532.5
捷克	**Czech Rep.**						
按供给组成分	by Components of Supply						
农业产品	Agricultural Products	100.0	131.9	127.0	118.9	113.1	122.0
工业产品	Industrial Products	100.0	108.5	107.8	104.4	101.0	102.8
进口产品	Import Products	100.0	108.5	110.5	108.3	103.9	105.0
按生产阶段分	by Stage of Processing						
中间产品	Intermediate Products	100.0	108.1	109.6	106.8	103.9	106.3
按最终用途分	by End-Use						
消费品	Consumers' Goods	100.0	109.6	110.4	108.3	106.6	109.2
投资用品	Capital Goods	100.0	101.4	103.4	103.7	102.8	102.5
法国	**France**						
按供给组成分	by Components of Supply						
国内供应	Domestic Supply	100.0		105.6	102.1	99.2	101.8
农业产品	Agricultural Products	100.0	122.5	117.0	113.3	113.5	117.6
工业产品	Industrial Products	100.0	108.6	107.1	104.8	102.4	104.8
进口产品	Import Products	100.0	106.5	103.4	98.4	94.7	97.6
按生产阶段分	by Stage of Processing						
原材料	Raw Materials	100.0		115.0	98.6	88.2	96.6
中间产品	Intermediate Products	100.0		102.8	101.1	98.3	101.5
按最终用途分	by End-Use						
消费品	Consumers' Goods	100.0		105.9	105.5	104.9	105.5
投资用品	Capital Goods	100.0		101.0	101.4	100.8	101.2

附录2-13 续表 3 continued

2010年=100 (2010=100)

国家或地区	Country or Area	2010	2013	2014	2015	2016	2017
德　国	**Germany**						
按供给组成分	by Components of Supply						
农业产品	Agricultural Products	100.0	120.7	111.1	106.9	106.7	115.5
工业产品	Industrial Products	100.0	106.9	105.9	103.9	102.1	104.8
进口产品	Import Products	100.0	106.9	103.6	100.7	97.5	101.2
按生产阶段分	by Stage of Processing						
中间产品	Intermediate Products	100.0	104.7	103.6	102.3	100.8	104.3
按最终用途分	by End-Use						
消费品	Consumers' Goods	100.0	108.4	109.0	108.1	108.8	111.8
投资用品	Capital Goods	100.0	103.0	103.5	104.2	104.8	105.9
意 大 利	**Italy**						
按供给组成分	by Components of Supply						
工业产品	Industrial Products	100.0	108.1	106.2	102.6	100.3	102.9
按生产阶段分	by Stage of Processing						
中间产品	Intermediate Products	100.0	104.8	104.3	103.8	102.6	105.5
按最终用途分	by End-Use						
消费品	Consumers' Goods	100.0	106.6	107.1	107.1	106.9	108.2
投资用品	Capital Goods	100.0	102.8	103.4	104.0	104.4	105.3
荷　兰	**Netherlands**						
按供给组成分	by Components of Supply						
工业产品	Industrial Products	100.0	107.5	105.6	100.9	98.4	102.7
按生产阶段分	by Stage of Processing						
中间产品	Intermediate Products	100.0	110.3	108.2	103.5	100.8	106.3
按最终用途分	by End-Use						
消费品	Consumers' Goods	100.0	111.8	111.5	109.1	110.1	113.6
投资用品	Capital Goods	100.0	101.6	103.1	105.2	106.2	108.0
波　兰	**Poland**						
按供给组成分	by Components of Supply						
工业产品	Industrial Products	100.0	110.2	108.7	106.1	106.0	111.1
按生产阶段分	by Stage of Processing						
原材料	Raw Materials	100.0	116.9	114.4	106.4	103.4	111.6
中间产品	Intermediate Products	100.0	110.0	108.6	108.6	108.9	113.3
按最终用途分	by End-Use						
消费品	Consumers' Goods	100.0	109.7	108.7	106.5	107.7	111.7
投资用品	Capital Goods	100.0	100.3	99.7	101.0	104.3	105.9
俄 罗 斯	**Russia**						
按供给组成分	by Components of Supply						
农业产品	Agricultural Products	100.0	120.8	131.5	148.5	142.3	150.3
工业产品	Industrial Products	100.0	127.2	135.1	153.8	160.5	172.7

附录2-13 续表 4 continued

2010年=100 (2010=100)

国家或地区	Country or Area	2010	2013	2014	2015	2016	2017
西 班 牙	**Spain**						
按供给组成分	by Components of Supply						
工业产品	Industrial Products	100.0	111.6	110.1	107.9	104.5	109.1
按生产阶段分	by Stage of Processing						
中间产品	Intermediate Products	100.0	108.2	106.6	105.8	104.3	107.8
按最终用途分	by End-Use						
消费品	Consumers' Goods	100.0	107.5	107.0	108.2	108.5	110.5
投资用品	Capital Goods	100.0	101.4	101.7	102.5	103.1	104.0
土 耳 其	**Turkey**						
按供给组成分	by Components of Supply						
农业产品	Agricultural Products	100.0	106.1	117.6	100③	103.0	115.5
工业产品	Industrial Products	100.0	123.1	135.8	142.9	149.1	172.7
乌 克 兰⑦	**Ukraine⑦**						
按供给组成分	by Components of Supply						
农业产品	Agricultural Products		269.3	317.0	234.6	264.2	
工业产品	Industrial Products		281.3	329.3	196.4	237.0	299.7
英 国	**United Kingdom**						
按供给组成分	by Components of Supply						
农业产品	Agricultural Products	100.0	127.0	114.5	104.1	108.7	124.7
工业产品	Industrial Products	100.0	108.4	108.4	106.6	107.1	110.7
进口产品	Import Products	100.0	109.5	105.0	98.6	103.4	111.0
按生产阶段分	by Stage of Processing						
原材料	Raw Materials	100.0	117.4	109.8	95.7	97.6	108.3
中间产品	Intermediate Products	100.0	108.3	107.8	106.3	106.5	110.6
按最终用途分	by End-Use						
消费品	Consumers' Goods	100.0	109.5	109.9	108.8	108.6	112.2
投资用品	Capital Goods	100.0	106.1	107.4	108.7	111.5	115.0
澳大利亚	**Australia**						
按供给组成分	by Components of Supply						
国内供应	Domestic Supply	100.0	105.9	107.8	109.2	110.2	111.8
国内生产	Domestic Production	100.0	106.9	108.5	109.3	110.4	112.6
农业产品	Agricultural Products	100.0	106.3	114.3	127.1	131.4	133.3
工业产品	Industrial Products	100.0	103.9	107.2	107.4	106.8	110.2
进口产品	Import Products	100.0	98.5	103.1	110.5	110.6	108.5
按生产阶段分	by Stage of Processing						
原材料	Raw Materials	100.0	109.6	111.5	110.6	111.0	113.8
中间产品	Intermediate Products	100.0	108.6	110.5	110.7	111.3	114.2
按最终用途分	by End-Use						
消费品	Consumers' Goods	100.0	108.4	110.1	110.9	111.9	113.9
投资用品	Capital Goods	100.0	103.9	106.0	109.2	110.0	111.1
新 西 兰	**New Zealand**						
按供给组成分	by Components of Supply						
农业产品	Agricultural Products	100.0	112.7	114.5	99.2	102.1	121.5
工业产品	Industrial Products	100.0	106.7	107.4	103.1	100.5	108.8
按生产阶段分	by Stage of Processing						
中间产品	Intermediate Products	100.0	107.4	107.5	105.1	105.6	110.4

注：①1988年7月1日至1989年6月30日为基期。②以2011—2012年为基期。③以2011财政年度(2011年3月21日—2012年3月20日)为基期。④以2015年为基期。⑤2004年7月1日至2005年6月30日为基期。⑥以2012年为基期。⑦以2005年为基期。

Note: ①The base year is from 1 July 1988 to 30 June 1989.②The base year is 2011-2012.③The base year is fiscal year 2011(from 21 March 2011 to 20 March 2012).④The base year is 2015.⑤The base year is from 1 July 2004 to 30 June 2005.⑥The base year is 2012. ⑦The base year is 2005.

附录2-14 居民消费价格指数
Consumer Price Indices

资料来源：世界银行WDI数据库。
Source: World Bank WDI Database.

2010年=100 (2010=100)

国家和地区	Country or Area	2011	2012	2013	2014	2015	2016	2017
中　国	China	105.6	108.3	111.2	113.3	114.9	117.2	119.1
中国香港	Hong Kong, China	105.3	109.5	114.3	119.4	123.0	125.9	
中国澳门	Macao, China	105.8	112.3	118.5	125.6	131.3	134.5	
孟加拉国	Bangladesh	111.3	118.3	127.2	136.1	144.5	152.3	161.1
文　莱	Brunei Darussalam	100.1	100.3	100.6	100.4	100.0	99.3	99.1
柬埔寨	Cambodia	105.5	108.6	111.8	116.1	117.5	121.1	124.6
印　度	India	108.9	119.0	132.0	140.8	147.7	155.0	160.1
印度尼西亚	Indonesia	105.4	109.9	116.9	124.4	132.3	137.0	142.2
伊　朗	Iran	120.6	152.5	212.4	249.1	283.2	307.5	339.7
以色列	Israel	103.5	105.2	106.9	107.4	106.7	106.1	106.4
日　本	Japan	99.7	99.7	100.0	102.8	103.6	103.5	104.0
哈萨克斯坦	Kazakhstan	108.5	114.1	120.9	129.2	137.8	157.6	169.3
韩　国	Korea, Rep.	104.0	106.3	107.7	109.1	109.8	110.9	113.1
老　挝	Laos	107.6	112.2	119.3	124.2	125.8	127.8	128.9
马来西亚	Malaysia	103.2	104.9	107.1	110.5	112.8	115.2	119.6
蒙　古	Mongolia	108.4	123.9	136.9	153.7	163.8	165.5	172.2
缅　甸	Myanmar	105.0	106.6	112.4	118.1	129.3	138.3	144.6
巴基斯坦	Pakistan	111.9	122.8	132.2	141.7	145.3	150.8	156.9
菲律宾	Philippines	104.7	107.9	110.7	114.7	115.4	116.9	120.2
新加坡	Singapore	105.3	110.1	112.7	113.8	113.2	112.6	113.3
斯里兰卡	Sri Lanka	106.7	114.8	122.7	126.6	131.4	136.6	147.1
泰　国	Thailand	103.8	106.9	109.3	111.4	110.3	110.6	111.3
越　南	Viet Nam	118.7	129.5	138.0	144.5	145.8	150.5	155.8
埃　及	Egypt	110.1	117.9	129.0	142.1	156.8	178.5	231.1
尼日利亚	Nigeria	110.8	124.4	134.9	145.8	158.9	183.9	214.2
南　非	South Africa	105.0	111.0	117.4	124.7	130.3	138.9	146.1
加拿大	Canada	102.9	104.5	105.5	107.5	108.7	110.2	112.0
墨西哥	Mexico	103.4	107.7	111.8	116.3	119.4	122.8	130.2
美　国	United States	103.2	105.3	106.8	108.6	108.7	110.1	112.4
阿根廷	Argentina				105.5			
巴　西	Brazil	106.6	112.4	119.4	126.9	138.4	150.5	155.7
委内瑞拉	Venezuela	126.1	152.7	214.7	348.2	772.0	2740.3	
捷　克	Czech Rep.	101.9	105.3	106.8	107.2	107.5	108.2	110.9
法　国	France	102.1	104.1	105.0	105.5	105.6	105.8	106.9
德　国	Germany	102.1	104.1	105.7	106.7	106.9	107.4	109.3
意大利	Italy	102.8	105.9	107.2	107.5	107.5	107.4	108.7
荷　兰	Netherlands	102.3	104.9	107.5	108.5	109.2	109.5	111.0
波　兰	Poland	104.2	108.0	109.0	109.1	108.1	107.4	109.6
俄罗斯	Russia	108.4	113.9	121.6	131.2	151.5	162.2	168.2
西班牙	Spain	103.2	105.7	107.2	107.1	106.5	106.3	108.4
土耳其	Turkey	106.5	115.9	124.6	135.7	146.1	157.4	175.0
乌克兰	Ukraine	108.0	108.6	108.3	121.4	180.5	205.6	235.3
英　国	United Kingdom	104.5	107.4	110.2	111.8	111.8	112.5	115.6
澳大利亚	Australia	103.3	105.1	107.7	110.4	112.1	113.5	115.7
新西兰	New Zealand	104.0	105.1	106.3	107.6	107.9	108.6	110.7

附录2-15 主要农产品产量
Production of Major Farm Crops

资料来源：联合国FAO数据库。
Source:FAO Database.
单位：万吨 (10 000 tons)

国家或地区	Country or Area	谷物 Cereals,Total		国家或地区	Country or Area	稻谷 Rice,Paddy	
		2010	2017			2010	2017
世　界	**World**	**246684.5**	**298017.5**	**世　界**	**World**	**70113.9**	**76965.8**
中　国	China	49634.3	61793.0	中　国	China	19576.1	21267.6
美　国	United States	40112.6	44011.7	印　度	India	14396.3	16850.0
印　度	India	26783.8	31361.0	印度尼西亚	Indonesia	6646.9	8138.2
俄罗斯	Russia	5961.9	13114.4	孟加拉国	Bangladesh	5006.1	4898.0
巴　西	Brazil	7516.0	11778.4	越　南	Viet Nam	4000.6	4276.4
印度尼西亚	Indonesia	8479.7	10933.4	泰　国	Thailand	3570.3	3338.3
阿根廷	Argentina	4026.7	7639.7	缅　甸	Myanmar	3206.5	2562.5
法　国	France	6583.9	6449.6	菲律宾	Philippines	1577.2	1927.6
乌克兰	Ukraine	3868.6	6068.6	巴　西	Brazil	1123.6	1247.0
加拿大	Canada	4612.2	5631.1	巴基斯坦	Pakistan	723.5	1117.5
孟加拉国	Bangladesh	5186.3	5333.2	柬埔寨	Cambodia	824.5	1035.0
澳大利亚	Australia	3346.5	5004.9	尼日利亚	Nigeria	447.3	986.4
越　南	Viet Nam	4461.4	4787.7	日　本	Japan	1060.4	978.0
德　国	Germany	4403.9	4555.7	美　国	United States	1102.7	808.4
巴基斯坦	Pakistan	3481.1	4409.7	埃　及	Egypt	433.0	638.0
泰　国	Thailand	4088.9	3871.7	韩　国	Korea, Rep.	581.1	528.4
墨西哥	Mexico	3492.5	3748.7	尼泊尔	Nepal	402.4	523.0
土耳其	Turkey	3276.5	3612.6	老　挝	Laos	307.1	404.0
波　兰	Poland	2722.8	3192.5	马达加斯加	Madagascar	473.8	310.0
尼日利亚	Nigeria	2465.0	2887.3	秘　鲁	Peru	283.1	303.9
缅　甸	Myanmar	3404.3	2811.9	哥伦比亚	Colombia	198.8	298.9
菲律宾	Philippines	2214.9	2719.2	马来西亚	Malaysia	246.5	290.2
罗马尼亚	Romania	1671.3	2713.9	坦桑尼亚	Tanzania	265.0	287.2
埃塞俄比亚	Ethiopia	1776.1	2627.7	马　里	Mali	129.6	278.1
埃　及	Egypt	1946.5	2321.7	伊　朗	Iran	249.0	263.9
英　国	United Kingdom	2094.6	2300.0	朝　鲜	Korea, Dem.	242.6	238.3
伊　朗	Iran	1959.7	2098.1	几内亚	Guinea	161.4	223.0
哈萨克斯坦	Kazakhstan	1211.6	2012.9	科特迪瓦	Cote D'Ivoire	120.6	212.0
南　非	South Africa	1470.1	1890.6	中国台湾	Taiwan, China	145.1	175.4
西班牙	Spain	1988.0	1666.0	斯里兰卡	Sri Lanka	430.1	162.1
意大利	Italy	1850.3	1624.1	意大利	Italy	151.6	158.7
匈牙利	Hungary	1226.9	1402.9	塞拉利昂	Sierra Leone	102.7	140.0
柬埔寨	Cambodia	901.9	1110.0	乌拉圭	Uruguay	114.9	136.0
日　本	Japan	1136.7	1090.6	阿根廷	Argentina	124.3	132.8
坦桑尼亚	Tanzania	864.3	1009.3	厄瓜多尔	Ecuador	170.6	106.7
丹　麦	Denmark	886.3	1002.7	俄罗斯	Russia	106.1	98.7
摩洛哥	Morocco	783.5	978.7	巴拉圭	Paraguay	31.5	92.4
尼泊尔	Nepal	777.1	975.9	刚果(金)	Congo, Dem. Rep.	31.8	91.8
保加利亚	Bulgaria	713.6	947.6	土耳其	Turkey	86.0	90.0
马　里	Mali	533.9	886.7	西班牙	Spain	92.8	83.5
白俄罗斯	Belarus	674.2	752.9	澳大利亚	Australia	19.7	80.7
捷　克	Czech Rep.	688.2	746.1	加　纳	Ghana	49.2	72.2
巴拉圭	Paraguay	497.6	720.8	塞内加尔	Senegal	60.4	71.4
乌兹别克斯坦	Uzbekistan	747.4	704.3	圭亚那	Guyana	55.6	63.0
塞尔维亚	Serbia	929.5	681.5	多米尼加	Dominican Rep.	85.0	58.8

附录2-15 续表 1 continued

单位：万吨 (10 000 tons)

国家或地区	Country or Area	小麦 Wheat 2010	小麦 Wheat 2017	国家或地区	Country or Area	玉米 Maize 2010	玉米 Maize 2017
世　界	**World**	**64025.9**	**77171.9**	**世　界**	**World**	**85168.0**	**113474.7**
中　国	China	11518.1	13433.4	美　国	United States	31561.8	37096.0
印　度	India	8080.4	9851.0	中　国	China	17742.5	25907.1
俄罗斯	Russia	4150.8	8586.3	巴　西	Brazil	5536.4	9772.2
美　国	United States	6006.2	4737.1	阿根廷	Argentina	2266.3	4947.6
法　国	France	3820.7	3692.5	印　度	India	2172.6	2872.0
澳大利亚	Australia	2183.4	3181.9	印度尼西亚	Indonesia	1832.8	2795.2
加拿大	Canada	2330.0	2998.4	墨西哥	Mexico	2330.2	2776.3
巴基斯坦	Pakistan	2331.1	2667.4	乌克兰	Ukraine	1195.3	2466.9
乌克兰	Ukraine	1685.1	2620.9	南　非	South Africa	1281.5	1682.0
德　国	Germany	2378.3	2448.2	罗马尼亚	Romania	904.2	1432.6
土耳其	Turkey	1967.4	2150.0	法　国	France	1397.5	1412.2
阿根廷	Argentina	901.6	1839.5	加拿大	Canada	1204.3	1409.5
英　国	United Kingdom	1487.8	1483.7	俄罗斯	Russia	308.4	1323.6
哈萨克斯坦	Kazakhstan	963.8	1480.3	尼日利亚	Nigeria	767.7	1042.0
伊　朗	Iran	1214.3	1400.0	埃塞俄比亚	Ethiopia	498.6	811.7
波　兰	Poland	940.8	1166.6	菲律宾	Philippines	637.7	791.5
罗马尼亚	Romania	581.2	1003.5	埃　及	Egypt	704.1	710.0
埃　及	Egypt	717.7	880.0	匈牙利	Hungary	698.5	681.1
摩洛哥	Morocco	487.6	709.1	意大利	Italy	849.6	604.9
意大利	Italy	685.0	696.7	坦桑尼亚	Tanzania	473.3	594.0
保加利亚	Bulgaria	409.5	613.3	土耳其	Turkey	431.0	590.0
乌兹别克斯坦	Uzbekistan	674.5	607.9	巴基斯坦	Pakistan	370.7	570.1
匈牙利	Hungary	374.5	523.7	巴拉圭	Paraguay	310.9	515.6
丹　麦	Denmark	506.0	483.4	越　南	Viet Nam	460.7	511.0
埃塞俄比亚	Ethiopia	285.6	483.1	泰　国	Thailand	486.1	496.2
西班牙	Spain	594.1	483.0	德　国	Germany	421.2	454.8
捷　克	Czech Rep.	416.2	471.8	波　兰	Poland	199.4	402.2
巴　西	Brazil	617.1	432.4	塞尔维亚	Serbia	720.7	401.8
阿富汗	Afghanistan	453.2	428.1	西班牙	Spain	332.5	377.6
立陶宛	Lithuania	171.0	391.7	赞比亚	Zambia	279.6	360.7
墨西哥	Mexico	367.7	350.4	马拉维	Malawi	341.9	346.4
瑞　典	Sweden	214.3	329.9	肯尼亚	Kenya	346.5	318.6
伊拉克	Iraq	274.9	297.4	孟加拉国	Bangladesh	88.7	302.5
白俄罗斯	Belarus	173.9	262.0	乌干达	Uganda	237.4	301.5
阿尔及利亚	Algeria	260.5	243.7	马　里	Mali	135.6	281.1
塞尔维亚	Serbia	163.0	227.6	安哥拉	Angola	107.3	268.0
叙利亚	Syrian Arab Republic	308.3	220.0	保加利亚	Bulgaria	204.7	256.3
拉脱维亚	Latvia	98.9	213.9	尼泊尔	Nepal	185.5	230.0
尼泊尔	Nepal	155.7	187.9	喀麦隆	Cameroon	167.0	224.6
斯洛伐克	Slovakia	118.5	177.1	朝　鲜	Korea, Dem.	168.3	220.0
阿塞拜疆	Azerbaijan	127.2	177.0	奥地利	Austria	195.6	207.6
比利时	Belgium	185.0	170.3	刚果(金)	ongo, Dem. Rep.	115.6	201.8
南　非	South Africa	143.0	153.5	加　纳	Ghana	187.2	196.5
奥地利	Austria	151.8	143.7	危地马拉	Guatemala	163.8	191.7
智　利	Chile	152.4	135.0	缅　甸	Myanmar	135.4	190.9
孟加拉国	Bangladesh	90.2	131.2	摩尔多瓦	Moldova	142.0	177.3
摩尔多瓦	Moldova	74.4	125.1	莫桑比克	Mozambique	209.0	170.4
突尼斯	Tunisia	82.2	110.0	克罗地亚	Croatia	206.8	156.0

附录2-15 续表 2 continued

单位：万吨 (10 000 tons)

国家或地区	Country or Area	大豆 Soybeans 2010	大豆 Soybeans 2017	国家或地区	Country or Area	根茎类作物 Roots and Tubers 2010	根茎类作物 Roots and Tubers 2017
世　界	**World**	**26494.2**	**35264.4**	**世　界**	**World**	**75369.1**	**88734.9**
美　国	United States	9066.3	11951.9	中　国	China	16193.0	17770.6
巴　西	Brazil	6875.6	11459.9	尼日利亚	Nigeria	8731.2	11597.8
阿根廷	Argentina	5267.6	5497.2	印　度	India	4573.2	5423.6
中　国	China	1508.3	1315.0	刚果(金)	ongo, Dem. Rep.	1631.2	3329.7
印　度	India	1273.6	1098.1	泰　国	Thailand	2245.7	3149.7
巴拉圭	Paraguay	746.0	1047.8	俄罗斯	Russia	2114.1	2959.0
加拿大	Canada	444.5	771.7	加　纳	Ghana	2094.0	2777.0
乌克兰	Ukraine	168.0	389.9	巴　西	Brazil	2925.7	2356.0
俄罗斯	Russia	122.2	362.1	印度尼西亚	Indonesia	2739.5	2264.9
玻利维亚	Bolivia	169.3	301.9	乌克兰	Ukraine	1870.5	2220.8
南　非	South Africa	56.6	131.6	美　国	United States	1943.3	2163.6
乌拉圭	Uruguay	179.3	131.6	安哥拉	Angola	1568.7	1441.3
意大利	Italy	55.3	102.0	科特迪瓦	Cote D'Ivoire	784.1	1268.9
尼日利亚	Nigeria	36.5	73.0	越　南	Viet Nam	1026.7	1192.4
印度尼西亚	Indonesia	90.7	54.2	德　国	Germany	1014.3	1172.0
塞尔维亚	Serbia	54.1	46.1	马拉维	Malawi	1149.5	1166.0
墨西哥	Mexico	16.8	43.3	坦桑尼亚	Tanzania	845.6	1102.2
罗马尼亚	Romania	15.0	41.6	柬埔寨	Cambodia	436.1	1065.9
法　国	France	14.0	41.2	孟加拉国	Bangladesh	823.7	1047.9
赞比亚	Zambia	11.2	35.1	埃塞俄比亚	Ethiopia	622.3	998.9
日　本	Japan	22.3	25.3	莫桑比克	Mozambique	1079.9	973.9
哈萨克斯坦	Kazakhstan	11.4	25.2	波　兰	Poland	844.8	917.2
朝　鲜	Korea, Dem.	35.0	22.3	喀麦隆	Cameroon	629.5	912.0
缅　甸	Myanmar	25.5	21.0	贝　宁	Benin	614.8	754.0
马拉维	Malawi	7.3	20.9	荷　兰	Netherlands	684.4	739.2
克罗地亚	Croatia	15.4	20.8	法　国	France	665.8	737.8
伊　朗	Iran	15.7	20.0	秘　鲁	Peru	560.2	650.5
奥地利	Austria	9.5	19.3	白俄罗斯	Belarus	783.1	641.5
柬埔寨	Cambodia	15.7	16.8	英　国	United Kingdom	605.6	621.8
匈牙利	Hungary	8.5	16.2	哥伦比亚	Colombia	439.8	556.3
贝　宁	Benin	6.3	16.0	伊　朗	Iran	427.5	510.2
土耳其	Turkey	8.7	14.0	塞拉利昂	Sierra Leone	345.9	501.2
斯洛伐克	Slovakia	2.4	10.2	埃　及	Egypt	413.8	484.0
越　南	Viet Nam	29.9	10.2	土耳其	Turkey	454.9	480.1
孟加拉国	Bangladesh	7.0	9.7	巴基斯坦	Pakistan	361.3	467.9
埃塞俄比亚	Ethiopia	1.6	8.4	阿尔及利亚	Algeria	330.0	460.6
哥伦比亚	Colombia	5.4	7.6	比利时	Belgium	345.6	441.7
韩　国	Korea, Rep.	10.5	6.9	加拿大	Canada	441.6	441.1
澳大利亚	Australia	6.0	6.5	乌干达	Uganda	517.1	425.9
德　国	Germany	0.2	6.1	马达加斯加	Madagascar	438.8	412.0
津巴布韦	Zimbabwe	5.7	6.0	菲律宾	Philippines	291.6	360.1
泰　国	Thailand	15.9	5.4	哈萨克斯坦	Kazakhstan	255.5	355.1
摩尔多瓦	Moldova	11.1	4.7	肯尼亚	Kenya	389.7	332.8
埃　及	Egypt	4.3	4.5	日　本	Japan	355.5	331.0
危地马拉	Guatemala	4.4	3.8	卢旺达	Rwanda	381.3	323.2
捷　克	Czech Rep.	1.6	3.7	巴拉圭	Paraguay	266.8	322.0
厄瓜多尔	Ecuador	7.0	3.5	布隆迪	Burundi	166.3	320.6
乌干达	Uganda	2.7	3.1	罗马尼亚	Romania	328.4	311.7

附录2-15 续表 3 continued

单位：万吨 (10 000 tons)

国家或地区	Country or Area	花生 Groundnuts,with Shell 2010	花生 Groundnuts,with Shell 2017	国家或地区	Country or Area	油菜籽 Rapeseed 2010	油菜籽 Rapeseed 2017
世　界	**World**	**4348.2**	**4709.8**	**世　界**	**World**	**5985.0**	**7623.8**
中　国	China	1564.4	1709.2	加拿大	Canada	1278.9	2132.8
印　度	India	826.5	917.9	中　国	China	1308.2	1327.4
美　国	United States	188.6	328.1	印　度	India	660.8	791.7
尼日利亚	Nigeria	379.9	242.0	法　国	France	481.5	520.0
苏　丹	Sudan	76.3	164.1	澳大利亚	Australia	190.7	431.3
缅　甸	Myanmar	137.0	158.3	德　国	Germany	569.8	427.6
阿根廷	Argentina	61.1	103.1	波　兰	Poland	222.9	269.7
坦桑尼亚	Tanzania	46.5	97.9	乌克兰	Ukraine	147.0	219.5
塞内加尔	Senegal	128.7	91.5	英　国	United Kingdom	223.0	216.7
乍　得	Chad	110.3	87.0	罗马尼亚	Romania	94.3	167.3
巴　西	Brazil	26.2	54.7	俄罗斯	Russia	67.0	150.9
几内亚	Guinea	33.2	54.0	美　国	United States	111.2	142.4
喀麦隆	Cameroon	53.6	48.0	捷　克	Czech Rep.	104.2	114.6
印度尼西亚	Indonesia	130.2	48.0	匈牙利	Hungary	53.1	88.2
尼日尔	Niger	40.6	46.2	丹　麦	Denmark	58.0	74.2
越　南	Viet Nam	48.7	46.0	白俄罗斯	Belarus	37.5	60.3
加　纳	Ghana	53.1	42.0	立陶宛	Lithuania	41.7	54.4
马拉维	Malawi	29.8	38.6	保加利亚	Bulgaria	54.5	47.9
布基纳法索	Burkina Faso	34.0	33.4	斯洛伐克	Slovakia	32.3	44.9
马　里	Mali	31.5	30.1	孟加拉国	Bangladesh	22.2	36.3
刚果(金)	Congo, Dem. Rep.	38.8	30.0	瑞　典	Sweden	27.6	36.3
安哥拉	Angola	11.5	24.5	拉脱维亚	Latvia	22.6	32.6
乌干达	Uganda	27.6	21.5	哈萨克斯坦	Kazakhstan	10.9	27.9
尼加拉瓜	Nicaragua	18.0	20.3	巴基斯坦	Pakistan	16.2	20.9
科特迪瓦	Cote D'Ivoire	9.0	20.2	智　利	Chile	4.4	18.3
埃　及	Egypt	20.3	19.9	爱沙尼亚	Estonia	13.1	16.5
赞比亚	Zambia	16.4	16.9	西班牙	Spain	3.6	15.4
土耳其	Turkey	9.7	16.5	克罗地亚	Croatia	3.3	13.6
中　非	Central African Rep.	14.0	15.0	伊　朗	Iran	14.6	12.9
埃塞俄比亚	Ethiopia	7.2	14.1	奥地利	Austria	17.1	11.7
贝　宁	Benin	15.4	14.0	巴拉圭	Paraguay	10.2	10.0
冈比亚	Gambia	13.8	11.0	南　非	South Africa	3.7	9.4
墨西哥	Mexico	8.2	10.0	芬　兰	Finland	17.9	9.1
南　非	South Africa	8.8	9.2	瑞　士	Switzerland	6.8	7.8
莫桑比克	Mozambique	15.8	9.0	摩尔多瓦	Moldova	3.7	7.1
巴基斯坦	Pakistan	6.8	8.7	土耳其	Turkey	10.7	6.0
孟加拉国	Bangladesh	5.4	6.6	巴　西	Brazil	7.0	5.7
塞拉利昂	Sierra Leone	8.2	6.6	乌拉圭	Uruguay	0.9	5.2
中国台湾	Taiwan, China	6.5	5.8	埃塞俄比亚	Ethiopia	1.8	5.1
马达加斯加	Madagascar	3.0	5.6	阿根廷	Argentina	2.3	5.0
老　挝	Laos	5.1	4.9	塞尔维亚	Serbia	2.4	4.9
几内亚比绍	Guinea-Bissau	3.6	4.7	比利时	Belgium	4.6	4.6
多　哥	Togo	4.7	4.4	爱尔兰	Ireland	2.8	4.2
津巴布韦	Zimbabwe	13.7	4.0	意大利	Italy	5.0	4.1
海　地	Haiti	2.7	3.9	阿尔及利亚	Algeria	2.5	2.2
摩洛哥	Morocco	5.0	3.6	卢森堡	Luxemburg	1.6	1.1
泰　国	Thailand	4.9	3.2	希　腊	Greece	2.5	1.1
菲律宾	Philippines	3.0	2.9	蒙　古	Mongolia	0.3	1.1

附录2-15 续表 4 continued

单位：万吨 (10 000 tons)

国家或地区	Country or Area	芝麻 Sesame Seed 2010	芝麻 Sesame Seed 2017	国家或地区	Country or Area	籽棉 Seed Cotton 2010	籽棉 Seed Cotton 2017
世　界	**World**	**432.2**	**553.2**	**世　界**	**World**	**6922.0**	**7435.3**
坦桑尼亚	Tanzania	14.4	80.6	印　度	India	1776.0	1853.0
缅　甸	Myanmar	78.7	76.4	中　国	China	1791.0	1714.9
印　度	India	89.3	75.1	美　国	United States	947.4	1200.0
苏　丹	Sudan	24.8	55.0	巴基斯坦	Pakistan	561.4	570.0
尼日利亚	Nigeria	14.9	55.0	巴　西	Brazil	295.0	384.3
中　国	China	58.7	36.6	乌兹别克斯坦	Uzbekistan	344.3	290.0
埃塞俄比亚	Ethiopia	32.8	23.1	土耳其	Turkey	215.0	245.0
布基纳法索	Burkina Faso	9.1	16.4	澳大利亚	Australia	93.9	215.1
乍　得	Chad	12.6	15.9	墨西哥	Mexico	44.1	100.9
乌干达	Uganda	11.9	13.5	布基纳法索	Burkina Faso	53.0	84.4
喀麦隆	Cameroon	1.3	6.5	希　腊	Greece	71.1	79.2
莫桑比克	Mozambique	6.3	6.0	阿根廷	Argentina	75.4	61.6
危地马拉	Guatemala	5.0	5.5	马　里	Mali	24.4	59.2
墨西哥	Mexico	3.7	5.5	土库曼斯坦	Turkmenistan	128.6	48.3
尼日尔	Niger	8.6	4.9	叙利亚	Syrian Arab Republic	47.3	44.1
埃　及	Egypt	4.6	4.4	塔吉克斯坦	Tajikistan	31.1	38.7
孟加拉国	Bangladesh	3.2	3.4	缅　甸	Myanmar	50.5	37.0
巴基斯坦	Pakistan	3.1	3.4	贝　宁	Benin	13.7	34.0
阿富汗	Afghanistan	3.2	3.2	哈萨克斯坦	Kazakhstan	24.0	33.1
巴拉圭	Paraguay	4.0	3.0	科特迪瓦	Cote D'Ivoire	17.5	32.8
泰　国	Thailand	4.8	3.0	埃　及	Egypt	37.8	30.0
柬埔寨	Cambodia	3.0	3.0	尼日利亚	Nigeria	60.2	29.1
越　南	Viet Nam	1.7	3.0	喀麦隆	Cameroon	19.0	24.3
伊　朗	Iran	4.6	2.9	坦桑尼亚	Tanzania	26.7	21.7
马　里	Mali	1.3	2.8	阿塞拜疆	Azerbaijan	3.8	20.8
索马里	Somalia	2.6	2.6	伊　朗	Iran	16.7	15.6
也　门	Yemen	2.6	2.3	西班牙	Spain	11.5	15.4
土耳其	Turkey	2.4	1.8	多　哥	Togo	4.3	12.5
老　挝	Laos	1.0	1.6	津巴布韦	Zimbabwe	15.0	12.5
韩　国	Korea, Rep.	1.3	1.4	玻利维亚	Bolivia	10.7	12.5
巴　西	Brazil	0.5	1.3	乍　得	Chad	5.2	12.0
塞内加尔	Senegal	0.5	1.3	苏　丹	Sudan	13.6	11.5
委内瑞拉	Venezuela	1.5	1.2	赞比亚	Zambia	10.7	8.9
玻利维亚	Bolivia	1.0	1.2	乌干达	Uganda	8.4	7.9
中　非	Central African Rep.	2.9	1.2	哥伦比亚	Colombia	9.0	7.2
肯尼亚	Kenya	1.1	1.1	吉尔吉斯斯坦	Kyrgyzstan	7.4	6.5
贝　宁	Benin	1.0	1.0	孟加拉国	Bangladesh	4.3	6.3
斯里兰卡	Sri Lanka	1.7	0.8	阿富汗	Afghanistan	3.3	5.5
乌兹别克斯坦	Uzbekistan	0.4	0.6	莫桑比克	Mozambique	6.2	5.2
厄立特里亚	Eritrea	0.4	0.5	几内亚	Guinea	3.7	4.3
刚果(金)	Congo, Dem. Rep.	0.5	0.5	南　非	South Africa	2.1	4.2
海　地	Haiti	0.4	0.4	朝　鲜	Korea, Dem.	3.5	3.9
尼加拉瓜	Nicaragua	0.4	0.4	埃塞俄比亚	Ethiopia	5.8	3.2
伊拉克	Iraq	1.3	0.3	以色列	Israel	1.8	3.1
安哥拉	Angola	0.3	0.3	马拉维	Malawi	2.9	3.0
沙特阿拉伯	Saudi Arabia	0.5	0.3	刚果(金)	Congo, Dem. Rep.	2.6	2.8
塞拉利昂	Sierra Leone	0.3	0.3	秘　鲁	Peru	6.4	2.3
几内亚	Guinea	0.1	0.3	中　非	Central African Rep.	1.1	2.2

附录2-15　续表 5　continued

单位：万吨 (10 000 tons)

国家或地区	Country or Area	甘蔗 Sugar Cane 2010	甘蔗 Sugar Cane 2017	国家或地区	Country or Area	甜菜 Sugar Beets 2010	甜菜 Sugar Beets 2017
世　界	**World**	**168281.2**	**184152.8**	**世　界**	**World**	**22840.9**	**30101.6**
巴　西	Brazil	71746.4	75854.8	俄罗斯	Russia	2225.6	5193.4
印　度	India	29230.2	30606.9	法　国	France	3187.5	3438.1
中　国	China	11078.9	10440.4	德　国	Germany	2343.2	3406.0
泰　国	Thailand	6880.8	10294.6	美　国	United States	2906.1	3204.6
巴基斯坦	Pakistan	4937.3	7340.1	土耳其	Turkey	1794.2	2082.8
墨西哥	Mexico	5042.2	5695.5	波　兰	Poland	997.3	1573.3
澳大利亚	Australia	3123.5	3656.2	乌克兰	Ukraine	1374.9	1488.2
哥伦比亚	Colombia	3253.9	3463.8	埃　及	Egypt	784.0	1210.7
危地马拉	Guatemala	2231.4	3375.8	中　国	China	929.6	938.4
美　国	United States	2482.1	3015.3	英　国	United Kingdom	652.8	891.8
菲律宾	Philippines	1792.9	2928.7	荷　兰	Netherlands	528.0	792.4
印度尼西亚	Indonesia	2660.0	2121.3	比利时	Belgium	446.5	594.2
阿根廷	Argentina	1889.0	1916.5	伊　朗	Iran	386.7	584.0
越　南	Viet Nam	1616.2	1835.6	白俄罗斯	Belarus	377.3	498.9
南　非	South Africa	1601.6	1738.8	捷　克	Czech Rep.	306.5	440.0
古　巴	Cuba	1160.0	1607.1	日　本	Japan	309.0	390.1
埃　及	Egypt	1570.9	1526.1	摩洛哥	Morocco	243.6	374.1
缅　甸	Myanmar	925.0	1037.0	西班牙	Spain	353.5	329.3
秘　鲁	Peru	985.5	940.0	奥地利	Austria	313.2	299.4
厄瓜多尔	Ecuador	834.7	903.0	塞尔维亚	Serbia	332.5	251.4
玻利维亚	Bolivia	640.3	804.9	丹　麦	Denmark	240.9	245.5
伊　朗	Iran	564.8	756.2	意大利	Italy	355.0	245.4
萨尔瓦多	El Salvador	512.7	715.6	瑞　典	Sweden	197.4	196.4
尼加拉瓜	Nicaragua	489.4	709.6	智　利	Chile	142.0	177.1
巴拉圭	Paraguay	513.1	660.8	瑞　士	Switzerland	130.2	154.5
苏　丹	Sudan	752.7	582.9	克罗地亚	Croatia	124.9	129.6
多米尼加	Dominican Rep.	457.7	546.1	斯洛伐克	Slovakia	97.8	123.1
洪都拉斯	Honduras	649.1	538.0	罗马尼亚	Romania	83.8	117.5
肯尼亚	Kenya	571.0	475.2	匈牙利	Hungary	81.9	107.6
赞比亚	Zambia	350.0	445.1	立陶宛	Lithuania	70.7	95.7
哥斯达黎加	Costa Rica	373.5	414.2	摩尔多瓦	Moldova	83.8	87.6
孟加拉国	Bangladesh	449.1	386.3	叙利亚	Syrian Arab Republic	142.8	77.6
乌干达	Uganda	355.0	385.9	吉尔吉斯斯坦	Kyrgyzstan	13.9	71.2
毛里求斯	Mauritius	436.6	371.3	加拿大	Canada	50.8	51.0
委内瑞拉	Venezuela	684.2	360.0	哈萨克斯坦	Kazakhstan	15.2	46.3
津巴布韦	Zimbabwe	269.2	358.4	芬　兰	Finland	54.2	43.0
尼泊尔	Nepal	259.3	323.5	阿塞拜疆	Azerbaijan	25.2	41.0
马达加斯加	Madagascar	290.6	304.2	希　腊	Greece	88.9	38.4
坦桑尼亚	Tanzania	280.1	300.1	土库曼斯坦	Turkmenistan	23.4	24.2
马拉维	Malawi	250.0	296.4	巴基斯坦	Pakistan	5.3	10.6
莫桑比克	Mozambique	272.0	290.0	爱尔兰	Ireland	5.0	7.5
巴拿马	Panama	222.9	244.5	突尼斯	Tunisia		7.2
刚果(金)	Congo, Dem. Rep.	207.9	222.5	亚美尼亚	Armenia	2.6	6.2
圭亚那	Guyana	276.2	185.9	伊拉克	Iraq	2.0	4.1
科特迪瓦	Cote D'Ivoire	180.1	179.5	阿尔巴尼亚	Albania	4.0	3.4
老　挝	Laos	81.9	176.4	哥伦比亚	Colombia	1.5	2.6
伯利兹	Belize	112.3	167.0	委内瑞拉	Venezuela	2.0	2.3
海　地	Haiti	122.0	150.2	葡萄牙	Portugal	0.4	1.6

附录2-15 续表 6 continued

单位：万吨 (10 000 tons)

国家或地区	Country or Area	茶叶 Tea 2010	茶叶 Tea 2017	国家或地区	Country or Area	水果 Fruit Primary 2010	水果 Fruit Primary 2017
世　界	**World**	**462.2**	**610.1**	**世　界**	**World**	**75577.7**	**86559.0**
中　国	China	145.0	246.0	中　国	China	21120.7	26204.1
印　度	India	99.1	132.5	印　度	India	7640.9	9230.3
肯尼亚	Kenya	39.9	44.0	巴　西	Brazil	4142.6	3988.2
斯里兰卡	Sri Lanka	33.1	35.0	美　国	United States	2915.7	2650.6
越　南	Viet Nam	19.9	26.0	土耳其	Turkey	1922.9	2315.4
土耳其	Turkey	23.5	23.4	墨西哥	Mexico	1705.9	2185.7
印度尼西亚	Indonesia	15.0	13.9	印度尼西亚	Indonesia	1563.5	1951.9
缅　甸	Myanmar	9.5	10.5	西班牙	Spain	1791.5	1839.2
伊　朗	Iran	12.1	10.1	伊　朗	Iran	1783.0	1738.6
孟加拉国	Bangladesh	6.0	8.2	菲律宾	Philippines	1937.9	1658.0
日　本	Japan	8.5	8.1	意大利	Italy	1861.3	1633.5
阿根廷	Argentina	9.2	8.1	埃　及	Egypt	1231.3	1548.0
乌干达	Uganda	4.9	6.4	哥伦比亚	Colombia	856.5	1230.9
泰　国	Thailand	6.7	5.8	尼日利亚	Nigeria	1076.3	1190.8
布隆迪	Burundi	3.8	5.4	泰　国	Thailand	1039.5	1145.2
马拉维	Malawi	5.2	4.8	越　南	Viet Nam	732.7	899.7
坦桑尼亚	Tanzania	3.3	3.7	法　国	France	904.4	887.0
莫桑比克	Mozambique	2.9	3.2	厄瓜多尔	Ecuador	936.5	799.1
卢旺达	Rwanda	2.2	2.6	阿根廷	Argentina	748.3	776.3
津巴布韦	Zimbabwe	2.4	2.5	南　非	South Africa	613.0	687.3
尼泊尔	Nepal	1.7	2.5	巴基斯坦	Pakistan	707.9	682.3
中国台湾	Taiwan, China	1.8	1.3	哥斯达黎加	Costa Rica	530.4	666.6
埃塞俄比亚	Ethiopia	0.8	1.1	喀麦隆	Cameroon	495.1	648.2
马来西亚	Malaysia	2.0	1.0	阿尔及利亚	Algeria	575.1	646.8
老　挝	Laos	0.1	0.8	乌兹别克斯坦	Uzbekistan	388.0	632.9
巴布亚新几内亚	Papua New Guinea	0.6	0.6	秘　鲁	Peru	501.9	629.9
喀麦隆	Cameroon	0.6	0.6	危地马拉	Guatemala	432.9	629.6
刚果(金)	Congo, Dem. Rep.	0.3	0.4	摩洛哥	Morocco	429.7	621.8
韩　国	Korea, Rep.	0.2	0.3	刚果(金)	Congo, Dem. Rep.	406.9	606.4
格鲁吉亚	Georgia	0.4	0.2	智　利	Chile	613.9	582.7
秘　鲁	Peru	0.3	0.2	加　纳	Ghana	488.7	575.5
南　非	South Africa	0.2	0.2	坦桑尼亚	Tanzania	497.3	574.1
厄瓜多尔	Ecuador	0.2	0.1	安哥拉	Angola	264.1	535.3
毛里求斯	Mauritius	0.2	0.1	俄罗斯	Russia	361.5	516.2
玻利维亚	Bolivia	0.1	0.1	希　腊	Greece	404.3	493.8
赞比亚	Zambia	0.1	0.1	孟加拉国	Bangladesh	391.8	475.2
阿塞拜疆	Azerbaijan	0.1	0.1	多米尼加	Dominican Rep.	256.5	437.6
萨尔瓦多	El Salvador	0.1	0.1	澳大利亚	Australia	348.3	398.1
俄罗斯	Russia		0.1	乌干达	Uganda	534.9	392.4
巴　西	Brazil	0.4	0.1	韩　国	Korea, Rep.	362.0	364.3
危地马拉	Guatemala	0.1	0.1	苏　丹	Sudan		349.1
马达加斯加	Madagascar			波　兰	Poland	278.9	324.6
哥伦比亚	Colombia			日　本	Japan	345.5	313.8
葡萄牙	Portugal			马拉维	Malawi	168.1	313.6
马　里	Mali			委内瑞拉	Venezuela	283.3	305.7
黑　山	Montenegro			乌克兰	Ukraine	281.9	278.6
塞舌尔	Seychelles			中国台湾	Taiwan, China	283.0	269.1
美属维尔京群岛	Virgin Islands(US)			肯尼亚	Kenya	320.9	264.3

附录2-16 互联网网民占总人口比重

Individuals using the Internet as Percentage of Population

资料来源：世界银行WDI数据库。
Source: World Bank WDI Database.
单位：% (%)

国家或地区	Country or Area	2010	2013	2014	2015	2016	2017
世 界	**World**	**28.7**	**36.7**	**39.8**	**43.0**	**45.8**	
高收入国家	**High Income**	**71.2**	**76.2**	**77.9**	**79.4**	**81.7**	
中等收入国家	**Middle Income**	**21.7**	**31.2**	**34.9**	**38.6**	**41.8**	
低收入国家	**Low Income**	**4.3**	**7.3**	**9.0**	**11.8**	**13.6**	
中 国	China	34.3	45.8	47.9	50.3	53.2	54.3
中国香港	Hong Kong, China	72.0	74.2	79.9	85.0	87.5	89.4
中国澳门	Macao, China	55.2	65.8	69.8	77.6	81.6	83.2
孟加拉国	Bangladesh	3.7	6.6	13.9	14.4	18.3	
文 莱	Brunei Darussalam	53.0	64.5	68.8	71.2	90.0	
柬埔寨	Cambodia	1.3	6.8	14.0	22.3	32.4	34.0
印 度	India	7.5	15.1	21.0	26.0	29.6	
印度尼西亚	Indonesia	10.9	14.9	17.1	22.0	25.5	32.3
伊 朗	Iran	15.9	30.0	39.4	45.3	53.2	60.4
以色列	Israel	67.5	70.3	75.0	77.4	79.7	81.6
日 本	Japan	78.2	88.2	89.1	91.1	93.2	90.9
哈萨克斯坦	Kazakhstan	31.6	63.3	66.0	70.8	74.6	76.4
韩 国	Korea, Rep.	83.7	84.8	87.6	89.9	92.8	95.1
老 挝	Laos	7.0	12.5	14.3	18.2	21.9	
马来西亚	Malaysia	56.3	57.1	63.7	71.1	78.8	80.1
蒙 古	Mongolia	10.2	17.7	19.9	22.5	22.3	
缅 甸	Myanmar	0.3	8.0	11.5	21.7	25.1	
巴基斯坦	Pakistan	8.0	10.9	12.0	14.0	15.5	
菲律宾	Philippines	25.0	48.1	49.6	53.7	55.5	
新加坡	Singapore	71.0	80.9	79.0	79.0	84.5	84.5
斯里兰卡	Sri Lanka	12.0	21.9	25.8	30.0	32.1	
泰 国	Thailand	22.4	28.9	34.9	39.3	47.5	52.9
越 南	Viet Nam	30.7	38.5	41.0	43.5	46.5	
埃 及	Egypt	21.6	29.4	33.9	37.8	41.3	45.0
尼日利亚	Nigeria	11.5	19.1	21.0	24.5	25.7	
南 非	South Africa	24.0	46.5	49.0	51.9	54.0	
加拿大	Canada	80.3	85.8	87.1	88.5	91.2	
墨西哥	Mexico	31.1	43.5	44.4	57.4	59.5	63.9
美 国	United States	71.7	71.4	73.0	74.6	76.2	
阿根廷	Argentina	45.0	59.9	64.7	68.0	71.0	
巴 西	Brazil	40.7	51.0	54.6	58.3	60.9	
委内瑞拉	Venezuela	37.4	54.9	57.0	61.9	60.0	
捷 克	Czech Rep.	68.8	74.1	74.2	75.7	76.5	78.7
法 国	France	77.3	81.9	83.8	78.0	79.3	80.5
德 国	Germany	82.0	84.2	86.2	87.6	89.7	84.4
意大利	Italy	53.7	58.5	55.6	58.1	61.3	61.3
荷 兰	Netherlands	90.7	94.0	91.7	91.7	90.4	93.2
波 兰	Poland	62.3	62.9	66.6	68.0	73.3	76.0
俄罗斯	Russia	43.0	68.0	70.5	70.1	73.1	76.0
西班牙	Spain	65.8	71.6	76.2	78.7	80.6	84.6
土耳其	Turkey	39.8	46.3	51.0	53.8	58.4	64.7
乌克兰	Ukraine	23.3	41.0	46.2	48.9	53.0	
英 国	United Kingdom	85.0	89.8	91.6	92.0	94.8	
澳大利亚	Australia	76.0	83.5	84.0	84.6	88.2	86.6
新西兰	New Zealand	80.5	82.8	85.5	88.2	88.5	

附录2-17 世界主要国家或地区货物进出口总额
Merchandise Imports and Exports by Country or Area

资料来源：世界贸易组织数据库。
Source: WTO Database.

单位：亿美元 (100 million USD)

国家或地区	Country or Area	2000	2005	2010	2015	2016	2017
世　界	**World**	**131793**	**213805**	**308117**	**332875**	**323160**	**357540**
中　国	China	4743	14219	29740	39530	36856	41052
中国香港	Hong Kong, China	4167	5923	8421	10700	10641	11402
中国澳门	Macao, China	52	70	65	119	102	109
孟加拉国	Bangladesh	153	232	470	744	797	888
文　莱	Brunei Darussalam	50	77	114	96	79	84
柬埔寨	Cambodia	33	70	119	204	227	259
印　度	India	939	2425	5766	6603	6254	7456
印度尼西亚	Indonesia	1090	1627	2934	2931	2804	3255
伊　朗	Iran	426	963	1667	1049	1130	1390
以色列	Israel	691	899	1196	1287	1293	1330
日　本	Japan	8588	11108	14638	12728	12525	13701
哈萨克斯坦	Kazakhstan	139	452	911	765	621	776
韩　国	Korea, Rep.	3327	5457	8916	9633	9016	10522
老　挝	Laos	9	14	38	80	81	91
马来西亚	Malaysia	1802	2559	3632	3752	3581	4130
蒙　古	Mongolia	12	22	62	85	83	105
缅　甸	Myanmar	40	57	134	283	275	298
巴基斯坦	Pakistan	199	414	592	659	672	793
菲律宾	Philippines	751	907	1100	1336	1468	1617
新加坡	Singapore	2723	4297	6627	6434	6300	7009
斯里兰卡	Sri Lanka	117	152	221	295	295	322
泰　国	Thailand	1309	2291	3762	4170	4096	4595
越　南	Viet Nam	301	692	1571	3277	3514	4258
埃　及	Egypt	199	354	794	849	813	872
尼日利亚	Nigeria	297	712	1282	994	740	919
南　非	South Africa	597	1139	1882	1861	1668	1904
加拿大	Canada	5214	6829	7902	8389	8033	8626
墨西哥	Mexico	3458	4424	6085	7858	7715	8416
美　国	United States	20412	26338	32477	38179	37012	39562
阿根廷	Argentina	515	690	1250	1170	1138	1253
巴　西	Brazil	1138	1962	3935	3700	3288	3752
委内瑞拉	Venezuela	497	797	1047	706	423	421
捷　克	Czech Rep.	611	1546	2596	2994	3058	3421
法　国	France	6666	9676	11348	10797	10740	11599
德　国	Germany	10490	17480	23137	23782	23901	26153
意大利	Italy	4793	7579	9343	8685	8688	9589
荷　兰	Netherlands	4514	7702	10907	10830	10765	12263
波　兰	Poland	808	1911	3378	3958	3998	4614
俄罗斯	Russia	1499	3692	6493	5344	4734	5909
西班牙	Spain	2714	4814	5814	5945	6012	6712
土耳其	Turkey	823	1903	2994	3511	3411	3908
乌克兰	Ukraine	285	704	1124	742	755	926
英　国	United Kingdom	6335	9101	10071	10865	10459	10890
澳大利亚	Australia	1354	2314	4143	3965	3885	4594
新西兰	New Zealand	272	479	620	709	698	782

附录2-18 货物出口总额
Merchandise Export

资料来源：世界贸易组织数据库。
Source: WTO Database.
单位：亿美元 (100 million USD)

国家或地区	Country or Area	2000	2005	2010	2015	2016	2017
世　界	**World**	**64562**	**105101**	**153011**	**165189**	**160287**	**177300**
中　国	China	2492	7620	15778	22735	20976	22633
中国香港	Hong Kong, China	2027	2921	4007	5106	5167	5503
中国澳门	Macao, China	25	25	9	13	13	14
孟加拉国	Bangladesh	64	93	192	324	349	360
文　莱	Brunei Darussalam	39	62	89	64	52	57
柬埔寨	Cambodia	14	31	51	85	101	120
印　度	India	424	996	2264	2674	2641	2984
印度尼西亚	Indonesia	654	870	1578	1504	1447	1686
伊　朗	Iran	287	563	1013	631	730	920
以色列	Israel	314	428	584	637	604	611
日　本	Japan	4792	5949	7698	6248	6449	6981
哈萨克斯坦	Kazakhstan	88	278	600	460	367	483
韩　国	Korea, Rep.	1723	2844	4664	5268	4954	5737
老　挝	Laos	3	6	17	28	34	40
马来西亚	Malaysia	982	1416	1986	1992	1897	2178
蒙　古	Mongolia	5	11	29	47	49	62
缅　甸	Myanmar	16	38	87	114	118	133
巴基斯坦	Pakistan	90	161	214	221	204	216
菲律宾	Philippines	381	413	515	588	574	632
新加坡	Singapore	1378	2296	3519	3466	3381	3732
斯里兰卡	Sri Lanka	54	63	86	105	103	113
泰　国	Thailand	690	1109	1933	2143	2154	2367
越　南	Viet Nam	145	324	722	1621	1766	2143
埃　及	Egypt	53	129	264	213	255	256
尼日利亚	Nigeria	210	505	840	514	350	469
南　非	South Africa	300	516	913	814	752	890
加拿大	Canada	2766	3605	3875	4100	3903	4209
墨西哥	Mexico	1664	2142	2983	3805	3739	4095
美　国	United States	7819	9011	12785	15026	14510	15467
阿根廷	Argentina	263	404	682	568	579	584
巴　西	Brazil	551	1185	2019	1911	1853	2178
委内瑞拉	Venezuela	335	557	657	373	267	316
捷　克	Czech Rep.	291	781	1330	1580	1627	1801
法　国	France	3276	4634	5238	5063	5018	5352
德　国	Germany	5518	9709	12589	13268	13344	14483
意大利	Italy	2405	3731	4473	4574	4619	5062
荷　兰	Netherlands	2331	4064	5743	5706	5714	6520
波　兰	Poland	317	894	1597	1992	2025	2309
俄罗斯	Russia	1050	2438	4006	3414	2819	3531
西班牙	Spain	1153	1926	2544	2825	2901	3205
土耳其	Turkey	278	735	1139	1438	1425	1570
乌克兰	Ukraine	146	342	515	379	364	432
英　国	United Kingdom	2854	3909	4160	4602	4096	4450
澳大利亚	Australia	639	1061	2126	1877	1925	2308
新西兰	New Zealand	133	217	314	344	337	380

附录2-19 货币汇率(年平均价)
Exchange Rate (Period Average)

资料来源：世界银行WDI数据库。
Source: World Bank WDI Database.
单位：1美元合本币数 (local currency unit per US dollar)

国家或地区	Country or Area	2000	2005	2010	2015	2016	2017
中　国	**China**	**8.28**	**8.19**	**6.77**	**6.23**	**6.64**	**6.76**
中国香港	Hong Kong, China	7.79	7.78	7.77	7.75	7.76	7.79
中国澳门	Macao, China	8.03	8.01	8.00	7.99	8.00	8.03
孟加拉国	Bangladesh	52.14	64.33	69.65	77.95	78.47	80.44
文　莱	Brunei Darussalam	1.72	1.66	1.36	1.38	1.38	1.38
柬埔寨	Cambodia	3840.75	4092.50	4184.92	4067.75	4058.70	4050.58
印　度	India	44.94	44.10	45.73	64.15	67.19	65.12
印度尼西亚	Indonesia	8421.78	9704.74	9090.43	13389.41	13308.33	13380.87
伊　朗	Iran	1764.77	8963.96	10254.18	29011.49	30914.85	33226.30
以色列	Israel	4.08	4.49	3.74	3.89	3.84	3.60
日　本	Japan	107.77	110.22	87.78	121.04	108.79	112.17
哈萨克斯坦	Kazakhstan	142.13	132.88	147.35	221.73	342.16	326.00
韩　国	Korea, Rep.	1130.96	1024.12	1156.06	1131.16	1160.43	1130.43
老　挝	Laos	7887.64	10655.17	8258.77	8147.91	8179.27	8351.53
马来西亚	Malaysia	3.80	3.79	3.22	3.91	4.15	4.30
蒙　古	Mongolia	1076.67	1205.25	1357.06	1970.31	2140.29	2439.78
缅　甸	Myanmar	6.52	5.82	5.64	1162.62	1234.87	1360.36
巴基斯坦	Pakistan	53.65	59.51	85.19	102.77	104.77	105.46
菲律宾	Philippines	44.19	55.09	45.11	45.50	47.49	50.40
新加坡	Singapore	1.72	1.66	1.36	1.38	1.38	1.38
斯里兰卡	Sri Lanka	77.01	100.50	113.06	135.86	145.58	152.45
泰　国	Thailand	40.11	40.22	31.69	34.25	35.30	33.94
越　南	Viet Nam	14167.75	15858.92	18612.92	21697.57	21935.00	22370.09
埃　及	Egypt	3.47	5.78	5.62	7.69	10.03	17.78
尼日利亚	Nigeria	101.70	131.27	150.30	192.44	253.49	305.79
南　非	South Africa	6.94	6.36	7.32	12.76	14.71	13.33
加拿大	Canada	1.49	1.21	1.03	1.28	1.33	1.30
墨西哥	Mexico	9.46	10.90	12.64	15.85	18.66	18.93
美　国	United States	1.00	1.00	1.00	1.00	1.00	1.00
阿根廷	Argentina	1.00	2.90	3.90	9.23	14.76	16.56
巴　西	Brazil	1.83	2.43	1.76	3.33	3.49	3.19
委内瑞拉	Venezuela	0.68	2.09	2.58	6.28	9.26	9.98
捷　克	Czech Rep.	38.60	23.96	19.10	24.60	24.44	23.38
法　国	France	1.09	0.80	0.76	0.90	0.90	0.89
德　国	Germany	1.09	0.80	0.76	0.90	0.90	0.89
意大利	Italy	1.09	0.80	0.76	0.90	0.90	0.89
荷　兰	Netherlands	1.09	0.80	0.76	0.90	0.90	0.89
波　兰	Poland	4.35	3.24	3.02	3.77	3.94	3.78
俄罗斯	Russia	28.13	28.28	30.37	60.94	67.06	58.34
西班牙	Spain	1.09	0.80	0.76	0.90	0.90	0.89
土耳其	Turkey	0.63	1.34	1.50	2.72	3.02	3.65
乌克兰	Ukraine	5.44	5.13	7.94	21.85	25.55	26.60
英　国	United Kingdom	0.66	0.55	0.65	0.66	0.74	0.78
澳大利亚	Australia	1.73	1.31	1.09	1.33	1.35	1.31
新西兰	New Zealand	2.20	1.42	1.39	1.43	1.44	1.41

附录2-20　外商直接投资
Foreign Direct Investment

资料来源：联合国贸发会议FDI数据库。
Source: UNCTAD FDI Database .

单位：亿美元 (100 million USD)

国家或地区	Country or Area	外商直接投资 FDI Inflows			对外直接投资 FDI Outflows		
		2000	2010	2017	2000	2010	2017
世　界	**World**	**13602.5**	**13837.8**	**14298.1**	**11636.7**	**13736.6**	**14299.7**
中　国	China	407.1	1147.3	1363.2	9.2	688.1	1246.3
中国香港	Hong Kong, China	545.8	705.4	1043.3	540.8	862.5	828.4
中国澳门	Macao, China		28.3	20.0		-4.4	-3.3
孟加拉国	Bangladesh	5.8	9.1	21.5		0.2	1.7
文　莱	Brunei Darussalam	5.5	4.8	-0.5	0.3	-0.4	-0.8
柬埔寨	Cambodia	1.5	14.0	27.8	0.1	0.2	2.6
印　度	India	35.9	274.2	399.2	5.1	159.5	113.0
印度尼西亚	Indonesia	-45.5	137.7	230.6		26.6	29.1
伊　朗	Iran	1.9	36.5	50.2	0.1	2.4	
以色列	Israel	69.6	69.8	189.5	33.4	79.4	62.8
日　本	Japan	83.2	-12.5	104.3	315.6	562.6	1604.5
哈萨克斯坦	Kazakhstan	12.8	115.5	46.3		78.9	7.9
韩　国	Korea, Rep.	115.1	95.0	170.5	48.4	282.8	316.8
老　挝	Laos	0.3	2.8	8.1	0.1	0.3	0.3
马来西亚	Malaysia	37.9	90.6	95.4	20.3	134.0	57.9
蒙　古	Mongolia	0.5	16.9	14.9		0.6	0.5
缅　甸	Myanmar	0.9	66.7	43.4			
巴基斯坦	Pakistan	3.1	20.2	28.1	0.1	0.5	0.7
菲律宾	Philippines	22.4	13.0	95.2	1.3	29.4	16.1
新加坡	Singapore	147.5	574.6	620.1	68.5	354.1	246.8
斯里兰卡	Sri Lanka	1.8	4.8	13.7		0.4	0.7
泰　国	Thailand	34.1	145.6	76.4	-0.2	79.4	192.8
越　南	Viet Nam	12.9	80.0	141.0		9.0	5.4
埃　及	Egypt	12.4	63.9	73.9	0.5	11.8	2.0
尼日利亚	Nigeria	13.1	61.0	35.0	1.7	9.2	12.9
南　非	South Africa	8.9	36.4	13.2	2.7	-0.8	73.6
加拿大	Canada	668.0	284.0	242.4	446.8	347.2	769.9
墨西哥	Mexico	182.5	273.2	297.0		143.7	50.8
美　国	United States	3140.1	1980.5	2753.8	1426.3	2777.8	3422.7
阿根廷	Argentina	104.2	113.3	118.6	9.0	9.6	11.7
巴　西	Brazil	327.8	837.5	627.1	22.8	220.6	-13.5
委内瑞拉	Venezuela	47.0	15.7	-0.7	5.2	24.9	22.3
捷　克	Czech Rep.	49.9	61.4	74.1	0.4	11.7	16.2
法　国	France	275.0	138.9	497.9	1619.5	481.5	581.2
德　国	Germany	1982.8	656.4	347.3	570.9	1254.5	823.4
意大利	Italy	133.7	91.8	170.8	66.9	326.9	44.2
荷　兰	Netherlands	638.6	-71.8	579.6	756.3	683.6	233.2
波　兰	Poland	94.5	128.0	64.3	0.2	61.5	35.9
俄罗斯	Russia	26.5	316.7	252.8	31.5	411.2	360.3
西班牙	Spain	395.8	398.7	190.9	582.1	378.4	407.9
土耳其	Turkey	9.8	90.9	108.6	8.7	14.7	26.3
乌克兰	Ukraine	6.0	65.0	22.0		7.4	0.1
英　国	United Kingdom	1153.0	582.0	150.9	2327.4	480.9	996.1
澳大利亚	Australia	141.9	368.0	463.7	28.6	198.0	48.8
新西兰	New Zealand	13.5	-0.6	35.7	6.1	7.2	5.8

附录2-21　外汇储备与黄金储备
Foreign Exchange and Gold Reserves

资料来源：国际货币基金组织IFS数据库。
Source: IMF IFS Database.

国家或地区	Country or Area	外汇储备（亿美元） Foreign Exchange (100 million USD)			黄金储备（万盎司） Gold Reserves(10000 fine troy ounces)		
		2000	2010	2017	2000	2010	2017
世　界	**World**	**19360.7**	**92653.6**	**114375.4**	**106644.5**	**99041.7**	**108194.5**
发达国家	**Developed Countries**	**12225.1**	**31291.2**	**45631.4**	**81731.8**	**70449.8**	**70619.8**
发展中国家	**Developing Economies**	**7135.6**	**61362.3**	**68635.5**	**13928.2**	**17934.5**	**26763.1**
中　国	China	1655.7	28473.4	31399.5	1270.0	3389.0	5924.0
中国香港	Hong Kong, China	1075.4	2686.5	4313.0	6.7	6.7	6.7
中国澳门	Macao, China	33.2	237.3	201.7			
孟加拉国	Bangladesh	14.9	99.0	312.9	10.9	43.4	44.9
文　莱	Brunei Darussalam	3.6	12.1	29.4			14.5
柬埔寨	Cambodia	5.0	31.5	111.0	40.0	40.0	40.0
印　度	India	372.6	2678.1	3851.0	1150.2	1793.2	1794.3
印度尼西亚	Indonesia	282.8	899.7	1241.4	310.1	235.0	259.0
以色列	Israel	231.6	692.7	1114.9			
日　本	Japan	3472.1	10362.6	12026.1	2454.7	2460.2	2460.2
哈萨克斯坦	Kazakhstan	15.9	246.9	174.7	184.0	216.4	967.6
韩　国	Korea, Rep.	958.6	2869.3	3794.8	43.9	46.4	335.7
老　挝	Laos	1.4	6.2	11.6	1.7	28.5	2.8
马来西亚	Malaysia	274.3	1023.2	989.4	117.0	117.0	121.0
蒙　古	Mongolia	1.8	21.2	27.7	8.5	6.5	13.7
缅　甸	Myanmar	2.2	57.1	49.1	23.1	23.4	23.4
巴基斯坦	Pakistan	15.0	131.2	152.0	209.1	207.0	207.6
菲律宾	Philippines	129.7	539.9	716.0	722.8	495.4	631.3
新加坡	Singapore	795.1	2236.8	2778.1	409.6	409.6	409.6
斯里兰卡	Sri Lanka	9.8	66.3	69.6	33.6	34.6	71.6
泰　国	Thailand	319.3	1656.6	1940.5	236.7	320.0	495.0
越　南	Viet Nam	34.2	120.5	486.9			
埃　及	Egypt	129.1	323.5	320.7	243.2	243.1	245.8
尼日利亚	Nigeria	99.1	323.4	372.2	68.7	68.7	68.7
南　非	South Africa	57.9	354.2	427.4	590.0	401.6	402.9
加拿大	Canada	290.2	448.9	766.5	118.4	10.9	
墨西哥	Mexico	351.4	1148.8	1648.9	24.9	22.7	386.5
美　国	United States	312.4	520.8	427.6	26161.1	26149.9	26149.9
阿根廷	Argentina	244.1	466.2	501.1	1.9	176.0	176.1
巴　西	Brazil	324.3	2805.7	3654.5	211.8	108.0	216.3
委内瑞拉	Venezuela	126.3	91.9	17.6	1024.0	1176.0	521.4
捷　克	Czech Rep.	130.2	403.4	1464.9	44.6	40.8	30.3
法　国	France	321.1	362.1	377.4	9724.5	7830.1	7832.0
德　国	Germany	496.7	373.6	374.4	11151.9	10934.4	10846.6
意大利	Italy	224.2	356.8	375.5	7882.9	7882.9	7882.9
荷　兰	Netherlands	70.0	89.0	50.5	2931.5	1969.1	1969.1
波　兰	Poland	263.2	863.2	1080.2	330.6	330.9	331.1
俄罗斯	Russia	242.6	4329.5	3465.1	1235.9	2535.5	5911.8
西班牙	Spain	295.2	133.1	517.0	1682.9	905.4	905.3
土耳其	Turkey	223.1	790.5	825.8	373.9	373.3	1815.8
乌克兰	Ukraine	11.0	333.2	155.8	45.4	88.5	82.0
英　国	United Kingdom	341.6	493.3	1204.4	1567.3	997.5	997.6
澳大利亚	Australia	167.8	327.9	587.4	256.3	256.7	234.2
新西兰	New Zealand	36.2	151.3	193.3			

附录2-22　研究与开发经费支出和公共教育经费支出占国内生产总值比重

Research and Development Expenditure and Public Spending on Education as Percentage of GDP

资料来源：世界银行WDI数据库。
Source: World Bank WDI Database.
单位：%　　　　　(%)

国家或地区	Country or Area	研究与开发经费支出占国内生产总值比重 Research and Development Expenditure as of GDP			公共教育经费支出占国内生产总值比重 Public Spending on Education, Total as of GDP		
		2000	2010	2015	2000	2010	2015
世　界	**World**	**2.1**	**2.0**	**2.2**	**3.9**	**4.6**	**4.9①**
高收入国家	**High Income**	**2.3**	**2.4**	**2.6**	**4.8**	**5.4**	**5.2①**
中等收入国家	**Middle Income**	**0.7**	**1.1**	**1.5**	**3.8**	**4.5**	**4.1②**
中　国	China	0.9	1.7	2.1	1.9③		
中国香港	Hong Kong, China	0.5	0.7	0.8		3.5	3.3
中国澳门	Macao, China		0.1	0.1	3.3	2.6	3.0
孟加拉国	Bangladesh				2.1	1.9④	2.0②
文　莱	Brunei Darussalam				3.7	2.0	3.4①
柬埔寨	Cambodia			0.1	1.7	1.5	1.9①
印　度	India	0.7	0.8	0.6	4.4	3.4	3.8②
印度尼西亚	Indonesia	0.1	0.1④	0.1②	1.1⑤	2.8	3.6
伊　朗	Iran		0.3	0.3⑥	4.0	3.7	2.8
以色列	Israel	3.9	3.9	4.3	6.1	5.5	5.7①
日　本	Japan	2.9	3.1	3.3	3.5	3.6	3.6①
哈萨克斯坦	Kazakhstan	0.2	0.2	0.2	3.3	3.1④	2.8
韩　国	Korea, Rep.	2.2	3.5	4.2	3.4③	4.7④	5.1
老　挝	Laos				1.5	1.7	2.9①
马来西亚	Malaysia	0.5	1.0	1.3	6.0	5.0	5.0
蒙　古	Mongolia	0.2	0.2	0.2	5.6	4.6	4.2
缅　甸	Myanmar	0.1			0.6		
巴基斯坦	Pakistan	0.1	0.4④	0.2	1.8	2.3	2.7
菲律宾	Philippines		0.1④	0.1②	3.3	2.7④	3.4②
新加坡	Singapore	1.8	2.0	2.2①	3.3	3.1	2.9②
斯里兰卡	Sri Lanka	0.1	0.1	0.1②	3.0⑦	1.7	2.2
泰　国	Thailand	0.2	0.2④	0.6	5.3	3.5	4.1②
越　南	Viet Nam			0.4②		5.1	5.7②
埃　及	Egypt	0.2	0.4	0.7		3.8⑧	
尼日利亚⑨	Nigeria⑨		0.2				
南　非	South Africa	0.6⑤	0.7	0.7②	5.4	5.7	6.0①
加拿大	Canada	1.9	1.8	1.6①	5.4	5.4	
墨西哥	Mexico	0.3	0.5	0.6	4.1	5.2	5.3①
美　国	United States	2.6	2.7	2.8	4.9③	5.4	5.0①
阿根廷	Argentina	0.4	0.6	0.6①	4.6	5.0	5.9
巴　西	Brazil	1.0	1.2	1.2①	3.9	5.6	5.9①
委内瑞拉	Venezuela	0.4				6.9④	
捷　克	Czech Rep.	1.1	1.3	1.9	3.7	4.1	4.0①
法　国	France	2.1	2.2	2.2	5.5	5.7	5.5①
德　国	Germany	2.4	2.7	2.9	4.5⑦	4.9	4.9①
意大利	Italy	1.0	1.2	1.3	4.3	4.4	4.1①
荷　兰	Netherlands	1.8	1.7	2.0	4.6	5.6	5.5①
波　兰	Poland	0.6	0.7	1.0	5.0	5.1	4.9①
俄罗斯	Russia	1.0	1.1	1.1	2.9	4.1⑧	3.9⑥
西班牙	Spain	0.9	1.4	1.2	4.2	4.8	4.3①
土耳其	Turkey	0.5	0.8	1.0①	2.5		4.4①
乌克兰	Ukraine	1.0	0.8	0.6	4.2	7.3④	5.9①
英　国	United Kingdom	1.6	1.7	1.7	4.1	5.8	5.6
澳大利亚	Australia	1.6	2.4	2.2②	4.9	5.6	5.2①
新西兰	New Zealand	1.0③	1.3④	1.2②	6.6③	7	6.3

注：①2014年数据。②2013年数据。③1999年数据。④2009年数据。⑤1997年数据。⑥2012年数据。⑦1998年数据。⑧2008年数据。⑨2007年数据。
Note:①Data refer to 2014.②Data refer to 2013.③Data refer to 1999.④Data refer to 2009.⑤Data refer to 1997.⑥Data refer to 2012. ⑦Data refer to 1998.⑧Data refer to 2008.⑨Data refer to 2007.

附录2-23 医疗支出占国内生产总值比重及人均医疗支出
Health Expenditure as Percentage of GDP and Health Expenditure per Capita

资料来源：世界银行WDI数据库。
Source: World Bank WDI Database.

国家或地区	Country or Area	医疗支出占国内生产总值的比重(%) Health Expenditure, Total as Percentage of GDP(%)			人均医疗支出(美元) Health Expenditure per Capita(USD)		
		2000	2010	2015	2000	2010	2015
世　界	**World**	**8.6**	**9.5**	**9.9**	**472.9**	**907.3**	**1001.7**
高收入国家	**High Income**	**9.3**	**11.5**	**12.4**	**2362.0**	**4461.5**	**4874.9**
中等收入国家	**Middle Income**	**5.0**	**5.1**	**5.4**	**59.6**	**194.5**	**256.7**
低收入国家	**Low Income**	**4.3**	**6.3**	**6.0**	**14.5**	**35.1**	**37.2**
中　国	China	4.5	4.5	5.3	42.5	198.9	425.6
孟加拉国	Bangladesh	2.4	2.7	2.6	8.3	20.2	31.8
文　莱	Brunei Darussalam	2.5	2.3	2.6	508.4	803.5	812.2
柬埔寨	Cambodia	6.4	6.9	6.0	19.3	54.5	69.6
印　度	India	4.2	3.3	3.9	18.6	45.3	63.3
印度尼西亚	Indonesia	2.0	3.5	3.4	15.6	107.5	111.8
伊　朗	Iran	5.2	7.8	7.6	80.2	440.9	366.0
以色列	Israel	6.8	7.1	7.4	1496.9	2218.4	2756.1
日　本	Japan	7.2	9.2	10.9	2740.5	4060.2	3732.6
哈萨克斯坦	Kazakhstan	4.2	4.2	3.9	50.5	363.9	379.1
韩　国	Korea, Rep.	4.0	6.5	7.4	473.9	1436.8	2012.7
老　挝	Laos	4.7	3.2	2.8	14.5	35.0	53.0
马来西亚	Malaysia	2.4	3.3	4.0	105.8	302.0	385.6
蒙　古	Mongolia	5.5	4.2	3.9	27.5	96.0	152.5
缅　甸	Myanmar	1.8	1.9	5.0	3.3	15.3	59.1
巴基斯坦	Pakistan	3.1	2.6	2.7	15.9	26.6	38.0
菲律宾	Philippines	3.2	4.3	4.4	32.8	91.8	126.9
新加坡	Singapore	3.4	3.2	4.3	820.7	1503.0	2280.3
斯里兰卡	Sri Lanka	4.1	3.0	3.0	36.0	83.4	117.9
泰　国	Thailand	3.2	3.6	3.8	62.3	172.1	217.1
越　南	Viet Nam	4.4	5.9	5.7	18.4	76.7	116.7
埃　及	Egypt	5.2	4.4	4.2	72.5	111.4	156.6
尼日利亚	Nigeria	2.6	3.3	3.6	14.6	76.1	97.3
南　非	South Africa	7.4	7.4	8.2	221.8	539.6	470.8
加拿大	Canada	8.3	10.6	10.4	1998.6	4987.6	4507.6
墨西哥	Mexico	4.9	6.0	5.9	309.6	538.8	534.8
美　国	United States	12.5	16.4	16.8	4561.9	7949.9	9536.0
阿根廷	Argentina	5.0	6.8	6.8	418.4	698.6	997.9
巴　西	Brazil	8.4	8.0	8.9	313.1	894.9	780.4
委内瑞拉	Venezuela	4.4	4.5	3.2	210.3	614.1	973.0
捷　克	Czech Rep.	5.7	6.9	7.3	342.9	1373.9	1284.1
法　国	France	9.5	10.7	11.1	2156.5	4385.4	4026.2
德　国	Germany	9.8	11.0	11.2	2355.5	4696.7	4591.9
意大利	Italy	7.6	9.0	9.0	1520.5	3214.6	2700.4
荷　兰	Netherlands	7.1	10.4	10.7	1836.2	5249.4	4746.0
波　兰	Poland	5.3	6.4	6.4	238.0	809.2	796.7
俄罗斯	Russia	5.4	5.3	5.6	95.4	567.4	523.8
西班牙	Spain	6.8	9.0	9.2	1002.8	2778.4	2353.9
土耳其	Turkey	4.6	5.1	4.1	199.5	539.3	454.6
乌克兰	Ukraine	5.3	6.4	6.1	35.1	188.7	125.1
英　国	United Kingdom	6.0	8.5	9.9	1672.5	3306.8	4355.8
澳大利亚	Australia	7.6	8.5	9.5	1632.4	4952.8	4934.1
新西兰	New Zealand	7.5	9.7	9.3	1053.9	3239.9	3553.6

附录3

山东省统计局工作大事记

Chronicle of Events of Shandong Provincial Statistical Bureau

简 要 说 明

一、本篇资料的主要内容

本篇按时间顺序记载了2018年山东省统计局发生的大事要事，包括局领导重要活动、方法制度改革、统计法制建设、统计基层基础建设、统计信息化建设、统计干部队伍建设等方面的内容。

二、本篇资料的来源

本篇资料由省统计局办公室整理提供。

Brief Introduction

I. Content

Events happened in 2018 of Shandong Statistical Bureau are recorded in time order, mainly including important activities of leaders, reform of statistical laws, development of primary-level statistical work, construction of information system, and training of statistics professionals, etc.

II. Source of Data

Data and files are provided by the Administrative Office of Shandong Provincial Bureau of statistics.

2018 年山东省统计局大事记

1 月 4 日，省委副书记、省长龚正对省统计局报送的《关于 2016 年我省“四新”经济增加值核算情况的报告》作出批示。

1 月 5 日，省委常委、常务副省长李群对省统计局报送的《关于我省<绿色发展指标体系>及对 17 市评价工作相关情况的报告》作出批示。

1 月 15 日，副省长于国安对省统计局报送的《关于全省第三次农业普查工作情况的汇报》作出批示。

1 月 16 日，省委副书记、省长龚正主持召开省政府常务会议，专题学习《统计违纪违法责任人处分处理建议办法》。

1 月 16 日，省委常委、常务副省长李群对省统计局报送的《全国统计工作会议精神及我省贯彻落实意见的汇报》《全省统计工作暨统计系统先进表彰会议方案》作出批示。

1 月 16 日，省统计局举行“全国文明单位”揭牌仪式和深化精神文明建设推进会议，省直机关工委书记张圣中、省文明办副主任王龙飞到会，省统计局党组书记、局长陈迪桂讲话。

1 月 16 日，全省统计系统“最美基层统计人”“道德模范”优秀代表先进事迹报告会在省统计局举行，省统计局局长陈迪桂主持并讲话。

1 月 18 日，全省统计工作暨统计系统先进表彰会议在济南召开，省统计局局长陈迪桂作了《以习近平新时代中国特色社会主义思想为指导，奋力谱写统计工作转型发展新篇章》工作报告，省人力资源社会保障厅二级巡视员徐国钧宣读《关于表彰全省统计系统先进集体和先进个人的通报》。

1 月 19 日，副省长王书坚对省统计局报送的《关于我省科技成果转化率情况的报告》作出批示。

1 月 19 日，省第三次农业普查领导小组召开第二次全体会议，听取省第三次农业普查领导小组副组长、省统计局局长陈迪桂关于农业普查情况的汇报，审议农业普查公报，省第三次农业普查领导小组组长、副省长于国安主持会议并讲话。

1 月 22 日，国家统计局服务业司副司长刘富江来山东督导营商环境评价调查工作，省统计局局长陈迪桂、副局长陈汉臻，济南市副市长卢江会见刘富江一行。

1 月 27 日，省委书记刘家义对省统计局报送的《关于我省深化重点领域改革的几点思考》作出批示。

1 月 29 日，省统计局、国家统计局山东调查总队联合印发《关于落实〈地方统计局与国家调查队部分业务分工调整优化方案〉的实施意见》。

1 月 29 日，省统计局印发《500-5000 万元固定资产投资项目统计入库管理办法》。

2 月 1 日，省统计局召开专家咨询委员会第一次会议，局长陈迪桂向专家咨询委员会委员颁发聘书并讲话。

2 月 1 日，省统计局印发《会议组织办法》《外出活动管理办法》。

2 月 2 日，省委副书记、省长龚正主持召开省政府常务会议，听取省统计局关于第三次农业普查情况的汇报，审议第三次农业普查结果。

2 月 3 日，省委常委、常务副省长李群对省统计局报送的《关于传统产业、重化工业有关分类及现状》作出批示。

2 月 6 日，省统计局印发《山东省统计局统计执法“双随机”抽查办法（试行）》。

2 月 9 日，省委常委、常务副省长李群对省统计局报送的《山东省统计局关于提请省政府常务会议审议<关于进一步加强统计基层基础建设提高统计数据质量的意见（送审稿）>的请示》作出批示。

2 月 9 日，省委常委、常务副省长李群对省统计局报送的《关于国家统计局部分业务职能调整优化工作情况的汇报》作出批示。

2 月 12 日，省统计局召开 2017 年度总结表彰会议，局长陈迪桂到会并讲话，一级巡视员刘银田主持会议，副局长马金栋、周尊考、陈汉臻，二级巡视员陆万明宣读有关表彰通报。

2 月 14 日、15 日、22 日，省委书记刘家义，省委常委、常务副省长李群，副省长王书坚对省统计局报送的《关于 1 月份重点领域经济运行情况的报告》先后作出批示。

2 月 14 日，省统计局印发《2018 年省统计局工作要点》《山东省统计局信息和分析工作考核办法》《关于开展向全省统计系统第一届道德模范学习活动的通知》。

2 月 15 日，省委常委、常务副省长李群对省统计局报送的《关于构建山东高质量发展指标体系初步方案的报告》作出批示。

2 月 26 日，省委常委、常务副省长李群对省统计局报送的《省统计局研究制定十项措施全力服务和保障新旧动能转换重大工程》作出批示。

2 月 26 日至 27 日，全省能源统计工作暨 2017 年能耗数据联审会议在济南召开。

2 月 27 日，省纪委驻编办纪检组组长李永进来省统计局座谈党风廉政建设和反腐败工作，省统计局党组书记、局长陈迪桂会见李永进一行。

2 月 27 日，全省工业统计工作会议在济南召开。

3 月 1 日，省委常委、常务副省长李群对省统计局报送的《关于我省十强产业发展情况的汇报》《关于我省第四次经济普查有关工作情况的汇报》作出批示。

3 月 2 日，省委副书记、省长龚正对省统计局报送的《关于我省第四次经济普查有关工作情况的汇报》作出批示。

3 月 2 日，省统计局召开机关工会委员会换届选举大会。

3 月 5 日，省统计局印发《2018 年山东省统计局机关党的工作要点》《2018 年精神文明建设工作要点》。

3 月 6 日，省统计局印发《山东省统计局 2018 年党风廉政建设和反腐败工作要点》。

3 月 10 日，省委常委、常务副省长李群对省统计局报送的《关于加快海洋强省建设几个问题的思考》作出批示。

3 月 16 日，省统计局召开党风廉政建设工作会议，局党组书记、局长陈迪桂作工作报告，省纪委驻省编办纪检组组长李永进到会指导并讲话，一级巡视员刘银田主持会议。

3 月 16 日，省统计局举办第五期山东统计大讲堂，浪潮集团执行总裁、CTO，浪潮软件集团董事长王柏华作报告。

3 月 18 日至 27 日，省统计局领导班子成员带队组成 4 个调研组，分赴淄博、东营、泰安、临沂、德州、滨州、菏泽等市开展实地调研。

3 月 19 日，省统计局印发《山东省统计局领导班子及其成员防范和惩治统计造假弄虚作假责任制（试行）》。

3 月 20 日，省统计局做客山东人民广播电台“阳光政务热线”，总统计师李坤道参加。

3 月 21 日，省委常委会议专题学习《统计违纪违法责任人处分处理建议办法》。

3 月 22 日，省政府办公厅发布《关于进一步加强统计基层基础建设的通知》。

3 月 23 日，省统计局召开有关行业主管部门统计工作座谈会。

3 月 26 日，省统计局印发《“大学习、大调研、大改进”实施方案》。

3 月 27 日，副省长王书坚、于国安对省统计局报送的《关于加快海洋强省建设几个问题的思考》分别作出批示。

3 月 28 日，省统计局印发《季度地区生产总值核算方案(2018)》。

3 月 29 日，副省长王书坚对省统计局报送的《全省建档立卡贫困户专项调查显示脱贫攻坚成效显著存在问题应予关注》作出批示。

4 月 4 日，省统计局印发《关于认真学习贯彻〈山东省人民政府办公厅关于进一步加强统计基层基础建设的通知〉的通知》。

4 月 6 日，副省长于国安对省统计局报送的《关于建立我省农业“新六产”发展监测指标体系初步方案的报告》作出批示。

4 月 8 日，副省长王书坚对省统计局报送的《关于一季度工业用电及相关情况的报告》作出批示。

4 月 8 日，副省长孙述涛对省统计局报送的《关于加快海洋强省建设几个问题的思考》作出批示。

4 月 8 日，省统计局印发《关于加快推进统计管理体制改革工作的通知》。

4 月 8 日至 10 日，省统计局、国家统计局山东调查总队联合在青岛举办劳动力调查局队业务分工动员部署暨业务培训班。

4 月 9 日，省委副书记、省长龚正对省统计局报送的《关于印发<山东省生态文明建设目标评价考核办法><山东省绿色发展指标体系><山东省生态文明建设考核目标体系>的请示》作出批示。

4 月 11 日至 13 日，国家统计局设计管理司副司长王全众一行来山东调研新经济和产业活动单位统计工作，省统计局局长陈迪桂、二级巡视员陆万明会见王

全众，一级巡视员刘银田参加调研座谈会。

4 月 12 日，江西省统计局副局长彭勇平一行来我省考察统计基层基础建设工作，省统计局局长陈迪桂、副局长周尊考参加座谈。

4 月 13 日，全省服务业统计工作暨数据审核会议在济南召开。

4 月 13 日，全省四经普前期准备工作会议在济南召开。

4 月 16 日，省统计局印发《关于开展 2017 年全省 1%人口抽样调查先进集体和先进个人评选表扬工作的通知》。

4 月 16 日，省统计局印发《关于转作风抓落实七项要求（修订稿）》。

4 月 16 日至 17 日，全省农村统计工作会议在济南召开。

4 月 17 日，全省统计系统精神文明建设工作会议在济南召开。

4 月 17 日至 20 日，国家统计局农村司副司长孙新占一行来山东调研生猪及畜牧业生产形势。

4 月 18 日，省统计局二级巡视员陆万明到青岛市委党校进行统计法律法规知识授课。

4 月 19 日，全国党建研究会机关专委会副主任委员崔迎红一行来省统计局调研机关党建工作，省统计局党组书记、局长陈迪桂汇报工作情况。

4 月 19 日，省政府在济南召开新闻发布会，省统计局二级巡视员、新闻发言人陆万明参加发布会。

4 月 20 日，省统计局印发《关于开展服务千家企业大调研的活动方案》。

4 月 26 日，全省国民经济核算工作暨一季度市级 GDP 数据联算会议在济南召开，省统计局副局长周尊考到会并讲话。

4 月 27 日，全省一季度建设领域数据联审会在济南召开。

4 月 28 日，省人民代表大会常务委员会听取我省贯彻实施《中华人民共和国统计法》情况的汇报，省人大常委会委员、省人大财经委主任委员马青山主持会议，省统计局局长陈迪桂作全面汇报。

4 月 28 日，省统计局开展公务员职业道德主题实践日集中活动，局长陈迪桂主持并带领宪法宣誓。

4 月，省统计局开展省委、省政府《国企十条》实施情况及满意度电话调查，省委、省政府《非公十条》贯彻落实情况电话调查。

5 月 2 日，省统计局印发《山东省统计局改革开放 40 周年宣传工作方案》。

5 月 3 日至 4 日，全省规模以下服务业调查工作会议在济南召开。

5 月 4 日，省统计局举办纪念马克思诞辰 200 周年活动。

5 月 4 日，省统计局举办庆“五四”青年论坛活动。

5 月 8 日，省政府召开第 7 次常务会议，听取我省第四次经济普查有关工作情况汇报，原则审议通过了《山东省人民政府关于开展第四次经济普查的通知》，对开展全省第四次经济普查作出部署。

5 月 8 日，全省 2018 年城市基本情况统计工作会议在济南召开。

5 月 10 日，省统计局印发《山东省第四次经济普查综合试点方案》。

5 月 11 日，省委组织部、省财政厅、省人力资源和社会保障厅、省统计局联合印发《山东省基层统计人才培育工程实施办法》。

5 月 12 日、13 日，省委副书记、省长龚正，副省长于国安分别对省统计局报送的《加快海洋强省建设已成共识 四方面问题需重点关注》《关于建立我省农业“新六产”发展监测指标体系有关情况的报告》作出批示。

5 月 15 日，省政府印发《关于开展第四次经济普查的通知》（鲁政字〔2018〕97 号），成立副省长王书坚任组长的山东省第四次经济普查领导小组。

5 月 16 日，省委副书记、省长龚正对省统计局报送的《全国国民经济核算工作会议主要精神及我省贯彻落实意见的汇报》作出批示。

5 月 16 日，全省全面建成小康社会进程统计监测培训班在济南举办。

5 月 17 日至 18 日，全省城乡划分业务培训会议在济南召开。

5 月 18 日，省政府召开全省第四次经济普查电视会议，对第四次经济普查工作进行全面动员部署，副省长、省第四次经济普查领导小组组长王书坚到会并讲话，省第四次经济普查领导小组副组长、省政府办公厅党组成员、省地方史志办主任刘爱军主持会议。

5 月 19 日，副省长王书坚对省统计局报送的《关于 1-4 月全省经济运行情况的汇报》《在创新突围中浴火重生破茧成蝶》《加快海洋强省建设已成共识 四方面问题需重点关注》作出批示。

5 月 22 日，省第四次经济普查综合试点启动仪式在德州市德城区举行。

5月22日，全省一季度贸易统计数据联审会议在济南召开。

5月24日，省统计局党组书记、局长陈迪桂为省委党校在校学员作《在转型变革中努力推动统计法落实落地》专题讲座。

5月25日，第六期山东统计大讲堂在省统计局开讲，中科院院士、中国海洋大学副校长、青岛海洋科学与技术国家实验室主任、教授、博士生导师吴立新作了题为《透明海洋工程与海洋强省建设》的报告。

5月26日，副省长王书坚对省统计局报送的《民意调查显示我省公众生态环境满意度明显提升四方面问题需重点关注》作出批示。

5月28日，省政府召开全省第三次农业普查总结表彰电视会议，省第三次农业普查领导小组组长、副省长于国安到会并讲话，省第三次农业普查领导小组副组长、省政府副秘书长张积军主持会议。

5月30日，省委常委、政法委书记林峰海对省统计局报送的《在创新突围中浴火重生破茧成蝶》作出批示。

5月30日，省政府办公厅印发《关于2016年度生态文明建设目标评价结果的通报》。

5月30日至31日，省统计局副局长周尊考到扶贫工作重点村和双联共建村开展“六一”国际儿童节庆祝活动。

5月，省委书记刘家义，省委副书记、省长龚正，副省长王书坚、于国安分别对省统计局报送的《关于全国营商环境评价调查第一阶段情况的报告》作出批示。

5月，省委书记刘家义，省委常委、省委秘书长王清宪，省委常委、省委统战部部长邢善萍分别对省统计局报送的《支持非公经济发展十条意见落实情况总体较好 四方面问题值得关注》作出批示。

5月，省委书记刘家义、副省长王书坚分别对省统计局报送的《关于我省17市2016年度生态文明建设目标评价结果的报告》作出批示。

6月1日，省委书记刘家义对省统计局报送的《关于我省第四次经济普查工作情况的报告》作出批示。

6月1日，省统计局副局长马金栋赴威海市委党校进行统计知识和法律法规专题辅导授课。

6月2日，副省长王书坚对省统计局报送的《我省110个省重点项目投资监测报告》作出批示。

6月2日，省政府办公厅发布《关于2016年度生态文明建设目标评价结果的通报》。

6月3日，副省长于国安对省统计局报送的《民意调查显示我省公众生态环境满意度明显提升 四方面问题需重点关注》作出批示。

6月3日，全省乡村振兴战略和高质量发展监测体系专家论证会在济南举行，省统计局局长陈迪桂主持会议并讲话。

6月6日，省委书记刘家义对省统计局报送的《关于加快我省乡村产业振兴几个问题的初步研究》《山东省统计局关于打造东北亚开放高地的几点思考》作出批示。

6月6日，省委常委、政法委书记林峰海对省统计局报送的《关于加快我省乡村产业振兴几个问题的初步研究》作出批示。

6月7日，省统计局印发《山东省旅游休闲及相关产业总产出增加值核算方案（试行）》。

6月8日，副省长于国安对省统计局报送的《关于建立我省乡村振兴战略监测方案有关情况的报告》作出批示。

6月11日至12日，省统计局、省妇儿工委办公室联合举办全省妇女儿童发展监测统计培训班，省统计局一级巡视员刘银田、省妇联副主席王淑萍到会并讲话。

6月12日，省统计局印发《关于深入学习习近平新时代中国特色社会主义思想实施方案》。

6月13日，省统计局印发《2018年度百家企业大调研实施方案》。

6月14日，省统计局举办2018年第一期“道德讲堂”，邀请省委党校副教授冯晨作专题讲座。

6月15日，省统计局、省发展改革委在济南联合召开全省部门服务业统计工作会议，省统计局副局长陈汉臻、省发改委服务业办公室主任陈清华到会并讲话。

6月17日，省委常委、秘书长王清宪对省统计局报送的《关于加快我省乡村产业振兴几个问题的初步研究》《我省钢铁行业新旧动能转换亟需五个提升》作出批示。

6月20日至21日，国家发展改革委副主任兼国家统计局局长、党组书记宁吉喆一行来山东调研当前经济形势和统计工作。

6月21日，国家统计局与省政府在济南签署《深化统计改革支持山东新旧动能转换统计监测战略合作框架协议》，国家发改委副主任兼国家统计局局长、党组书记宁吉喆，省委副书记、省长龚正代表双方签署战略合作协议。

6月23日，副省长于国安对省统计局报送的《省统计局聚焦8个方面细化20条措施深入贯彻落实全省生态环境保护暨“四减四增”三年行动动员大会精神》作出批示。

6月27日，全省第四次经济普查综合试点工作总结会议在德州召开。

6月29日，省统计局召开庆祝中国共产党成立97周年大会，通报省统计局先进党支部、优秀共产党员、优秀党务工作者和精神文明建设先进个人，党组书记、局长陈迪桂作专题党课辅导。

7月2日，省统计局、省委组织部、省财政厅、省人力资源和社会保障厅联合下发《关于开展基层统计人才培育工程选拔工作的通知》。

7月2日，王书坚副省长对省统计局报送的《关于山东省高质量发展指标体系初步研究报告》《关于加快我省乡村产业振兴几个问题的初步研究》分别作出批示。

7月3日，王书坚副省长对省统计局报送的《我省钢铁行业新旧动能转换亟需五个提升》作出批示。

7月4日至6日，国家统计局服务业司副司长王群英一行到山东调研交通运输邮电业运行情况。

7月6日，全省第四次经济普查工作调度会议在济南召开。

7月8日，山东省生产力学会第四届会员代表大会在济南珍珠泉宾馆召开。会议选举产生了新一届理事会，山东国井集团董事局主席、总裁赵纪文当选新一届理事会会长。山东省统计局一级巡视员刘银田、副局长陈汉臻、省社科联秘书长徐青出席会议。

7月11日至13日，国家统计局人口就业司武超、数据管理中心王文娜等一行来山东开展第七次全国人口普查前期调研。

7月12日，省委副书记、省长龚正对省统计局报送的《山东省统计局关于省政府办公厅传件1792号办理情况的报告》作出批示。

7月18日，全省农村贫困户调查培训班在济南举办。

7月26日，2018年二季度全省贸易统计数据联审会议在济南召开。

7月30日，全省统计系统党组中心组（扩大）理论学习读书会议在济南召开。

8月1日至3日，全省第四次经济普查单位清查软件培训班在济南举办。

8月1日至3日，省统计局组织复转军人赴胶东（烟台）党性教育基地开展党性教育活动。

8月2日，省政府召开全省第四次经济普查工作推进会议，副省长、省第四次经济普查领导小组组长王书坚到会并讲话，省委副秘书长、省统计局局长、省第四次经济普查领导小组副组长陈迪桂通报全省经济普查进展情况。

8月2日至3日，省委宣传部、省统计局在淄博联合召开全省文化产业统计工作培训会议，省委宣传部副部长王少杰、省统计局一级巡视员刘银田出席会议并讲话。

8月3日，省统计局、省发展改革委联合印发《关于建立新旧动能转换、十强产业、三大攻坚战、乡村振兴战略监测工作机制的通知》。

8月7日，省统计局印发《山东省第四次经济普查单位清查工作方案》。

8月7日至8日，国家统计局数据管理中心综合处处长王文娜来我省调研数据综合管理平台建设工作，省统计局副局长陈汉臻陪同调研。

8月8日至15日，全省第四次经济普查单位清查业务培训班在潍坊、泰安举行。

8月14日，副省长王书坚对省统计局报送的《2018年上半年省级重点项目投资监测报告》《上半年我省固定资产投资特点及建议》分别作出批示。

8月15日，副省长王书坚对省统计局报送的《关于我省17市2017年煤炭消费压减任务完成情况的报告》作出批示。

8月16日至17日，全省投入产出调查数据专题审核工作会议在济南召开。

8月20日，省统计局印发《全省统计数据质量检查工作方案》。

8月21日，省统计局做客山东人民广播电台“阳光政务热线”，二级巡视员陆万明参加。

8月28日，省统计局副局长周尊考在菏泽东明县长兴集乡省统计局“第一书记”帮扶村出席“双百扶贫行动”物资捐赠仪式和长兴集乡食用菌菌种基地揭牌仪式。

8月29日，省统计局印发《山东省统计局2018年政务公开工作方案》。

8月29日，全省第四次经济普查工作会议在济南召开。

8月，省第四次经济普查领导小组开展经济普查“五落实”督查工作。

9 月 5 日至 6 日，全省人口变动调查和劳动工资统计业务培训班在济南举办。

9 月 5 日至 14 日，省统计局副局长周尊考等同志带队，对济南等 8 市开展统计基层基础建设专项督查。

9 月 6 日，省委宣传部、省第四次经济普查领导小组办公室联合印发《关于做好第四次经济普查宣传动员工作的通知》。

9 月 10 日至 12 日，国家统计局人口和就业统计司武超、住建部房地产司陈勇一行 8 人，来山东指导第七次全国人口普查住房试点工作。

9 月 14 日，省第四次经济普查领导小组办公室组织相关人员做客山东人民广播电台“阳光政务热线”，介绍宣传经济普查有关工作。

9 月 17 日、18 日、20 日，省委书记刘家义，省委副书记、省长龚正，副省长于国安分别对省统计局报送的《脱贫攻坚成效显著 存在问题仍需关注--- 2018 年上半年全省建档立卡贫困户调查》作出批示。

9 月 18 日至 20 日，省直部门综合统计负责人专题培训班在泰安举办，省直 71 个部门综合统计负责人参加培训。

9 月 19 日、20 日，省委书记刘家义，省委副书记、省长龚正分别对省统计局报送的《1-8 月全省经济保持稳中向好发展态势》作出批示。

9 月 20 日，省统计局、省第四次经济普查领导小组办公室、国家统计局山东调查总队、济南市人民政府在济南泉城广场联合举办第九届“中国统计开放日”暨山东省第四次经济普查单位清查启动仪式。省统计局副局长陈汉臻，省统计局二级巡视员、省第四次经济普查领导小组办公室常务副主任陆万明，国家统计局山东调查总队副总队长胡修府，济南市副市长孙斌等参加活动。

9 月 21 日，全省经济普查办公室成员单位工作会议在济南召开。

9 月 21 日，省统计局、省第四次经济普查领导小组办公室印发《山东省第四次经济普查实施方案》。

9 月 25 日至 27 日，全省统计执法资格培训考试班在济南举办。

9 月 28 日，国家统计局副局长贾楠在济南参加第七次全国人口普查住房试点调查总结座谈会并作讲话，实地调研指导试点调查工作。省统计局局长陈迪桂、副局长陈汉臻，济南市委常委、副市长卢江，济南市统计局局长苑子建，槐荫区区长朱玉明等陪同相关活动。

10 月 3 日、6 日，省委书记刘家义，省委副书记、省长龚正分别对省统计局报送的《关于学习贯彻落实<防范和惩治统计造假弄虚作假督察工作规定>的情况报告》（统计专报〔2018〕69 号）作出批示。

10 月 8 日，省委书记刘家义对省统计局报送的《提高教育质量 增加学位供给——学前教育调研报告》（统计分析 2018 第 36 期）作出批示。

10 月 9 日，副省长王书坚对省统计局报送的《关于国家“三新”统计监测制度的汇报》（统计专报〔2018〕68 号）作出批示。

10 月 18 日，省委宣传部与省经普办联合召开经济普查宣传工作会议，省统计局副局长马金栋主持，省委宣传部副部长李昌文出席会议并讲话。

10 月 18 日至 19 日，全省规模以上服务业及互联网经济统计数据联审会议在济南召开。

10 月 19 日，全省前三季度市级 GDP 数据联算会议在济南召开。

10 月 23 日，省委副书记、省长龚正对省统计局报送的《全省统计基层基础建设督查工作情况报告》（统计专报〔2018〕70 号）作出批示。

10 月 25 日，省委书记刘家义对省统计局报送的《我省决胜全面建成小康社会取得新进展》（统计专报〔2018〕71 号）作出批示。

10 月 26 日下午，省统计局召开副处级以上干部会议，省委组织部副部长杜英杰宣布了省委关于省统计局主要负责同志职务调整的决定。省委决定：郭训成同志任山东省统计局局长、党组书记，陈迪桂同志不再担任山东省统计局局长、党组书记职务。

10 月 29 日，省委常委、秘书长王清宪对省统计局报送的《跨越雄关漫道 铸就时代华章——改革开放 40 周年山东经济社会发展成就系列分析之一》作出批示。

11 月 1 日，全省第四次经济普查单位清查工作推进会议在济南召开，省统计局局长、党组书记郭训成出席会议并讲话。

11 月 3 日，王书坚副省长对省统计局报送的《关于第四次经济普查单位清查工作的报告》（统计专报 2018-74）作出批示。

11 月 5 日至 8 日，国务院第四次经济普查领导小组办公室到威海市进行普查单位清查实地检查。

11 月 7 日，王书坚副省长对省统计局报送的《受三大因素影响我省基础设施投资增速出现较大回落》（统计专报 2018-72）作出批示。

11 月 13 日，全省农村统计年报布置会议在济南召

开。

11 月 13 日，全省 2018 年社科专业统计年报布置会议在济南召开。

11 月 13 日，省统计局举办第八期山东统计大讲堂，邀请山东省政协第九、十届副主席，山东师范大学二级教授、博士生导师，齐鲁文化研究院名誉院长王志民作题为《稷下学宫与世界文明》的讲座。

11 月 19 日，全省第四次经济普查办公室主任工作会议在济南召开。

11 月 19 日至 29 日，全省第四次经济普查综合业务培训班在济南、济宁举办。

11 月 21 日至 22 日，全省社情民意调查工作会议暨业务培训班在济南召开。

11 月 23 日、30 日，王书坚副省长，省委常委、省委秘书长王清宪分别对省统计局报送的《1-10 月全省经济运行总体平稳 转型发展面临新挑战》（统计专报 2018-78）作出批示。

12 月 3 日，省委常委、秘书长王清宪对省统计局报送的《1-10 月全省经济运行总体平稳 转型发展面临新挑战》作出批示。

12 月 3 日，全省贸易外经统计工作会议在济南召开。

12 月 3 日，副省长刘强对省统计局报送的《关于统计数据和网签数据有关情况的说明》作出批示。

12 月 3 日至 5 日，全省统计法治工作会议暨统计法治骨干宣传培训班在济南召开，省统计局局长、党组书记郭训成出席会议并讲话。

12 月 3 日至 6 日，《中国国民经济核算体系（2016）》及核算师资培训班在济南举办。

12 月 10 日，副省长王书坚对省统计局报送的《中美经贸摩擦对我省外向型企业的影响分析》作出批示。

12 月 11 日，山东省 2017 年国际比较项目（ICP）政府职务报酬调查工作及业务培训会议在济南召开。

12 月 11 日至 12 日，全省第四次经济普查数据处理软件培训班在济南举办。

12 月 12 日至 14 日，国家统计局设计管理司司长程子林一行 3 人来山东调研统计基层基础工作。

12 月 15 日，全省第三次农业普查研究课题评审会在济南召开。

12 月 17 日，省委副书记、省长龚正，副省长王书坚分别对省统计局报送的《国家统计局宁吉喆局长听取山东统计工作汇报并提出要求》作出批示。

12 月 18 日至 29 日，省统计局领导班子分别带队对 17 市第四次经济普查工作进行集中督导检查。

12 月 23 日，山东省第四次经济普查领导小组办公室在济南万达广场举办“经济大普查、数说国与家”主题演唱会暨现场宣传活动，为普查登记广造声势。

12 月 24 日，副省长王书坚对省统计局报送的《改革开放 40 周年山东利用外资情况分析》作出批示。

12 月 27 日，副省长王书坚对省统计局报送的《山东省统计局关于报送 2018 年工作总结的报告》作出批示。

中国统计出版社有限公司最新图书简目

(仅供参考,以实际出版为准)

统计资料

中国统计年鉴　中国统计摘要　中国第三产业统计年鉴
中国第三次全国农业普查综合资料　国际统计年鉴　金砖国家联合统计手册
中国-东盟国家统计手册　中国农村统计年鉴　中国县域统计年鉴
中国农产品价格调查年鉴　中国城市统计年鉴　中国价格统计年鉴
中国贸易外经统计年鉴　中国零售和餐饮连锁企业统计年鉴　中国商品交易市场统计年鉴
大中型批发零售和住宿餐饮企业统计年鉴　中国住户调查年鉴　中国工业统计年鉴
中国环境统计年鉴　中国能源统计年鉴　中国建筑业统计年鉴
中国房地产统计年鉴　中国固定资产投资统计年鉴　中国对外直接投资统计公报
中国人口和就业统计年鉴　中国劳动统计年鉴　中国社会统计年鉴
中国科技统计年鉴　中国高技术产业统计年鉴　全国企业创新调查年鉴
中国文化及相关产业统计年鉴　2018年时间利用调查资料　中国妇女儿童状况统计资料
中国基本单位统计年鉴　中国教育统计年鉴　中国教育经费统计年鉴
中国民族统计年鉴　中国残疾人事业统计年鉴　长江经济带发展统计年鉴

省级综合统计年鉴系列

北京 天津 河北 山西 内蒙古 辽宁 吉林 黑龙江 上海 江苏 浙江 安徽 福建 江西 山东 河南 湖北 湖南 广东 广西 海南 重庆 四川 贵州 云南 西藏 陕西 甘肃 青海 宁夏 新疆 新疆生产建设兵团

市(县)级综合统计年鉴系列

滨海新区 石家庄 唐山 邯郸 保定 沧州 邢台 廊坊 承德 衡水 秦皇岛 张家口 太原 大同 阳泉 长治 晋城 朔州 晋中 运城 忻州 临汾 吕梁 呼和浩特 鄂尔多斯 包头 沈阳 大连 长春 延吉 四平 白山 通化 哈尔滨 齐齐哈尔 黑龙江垦区 上海浦东新区 南京 无锡 徐州 常州 苏州 南通 连云港 淮安 盐城 扬州 镇江 泰州 宿迁 江阴 丹阳 海门 张家港 杭州 宁波 温州 嘉兴 湖州 绍兴 金华 衢州 舟山 台州 丽水 合肥 安庆 福州 厦门 宁德 漳州 龙岩 莆田 泉州 三明 南平 南昌 九江 上饶 新余 抚州 赣州 景德镇 济南 青岛 潍坊 枣庄 潍坊 聊城 郑州 洛阳 平顶山 三门峡 南阳 商丘 信阳 济源 汝州 武汉 十堰 荆州 宜昌 荆门 咸宁 黄冈 长沙 鹰潭 广州 深圳 惠州 东莞 汕尾 湛江 肇庆 南宁 柳州 桂林 贵港 梧州 来宾 河池 防城港 海口 三亚 儋州 成都 内江 贵阳 黔南 毕节 昆明 文山 德宏 西安 延安 安康 铜川 汉中 商洛 银川 兰州 庆阳 乌鲁木齐 昌吉 阿勒泰 兵团一师、二师、三师、四师、六师、七师、八师、十师、十三师、十四师

调查年鉴系列

天津 内蒙古 上海 河南 湖北 湖南 广东 广西 重庆 四川 云南 甘肃 宁夏 南宁 贵港 昆明

统计方法应用/实用手册

Python数据分析基础（第二版）　医用多元统计分析（第三版）　中华生物统计用表
中国国民经济核算体系（2016）基础知识　国民经济核算初级教程　医学统计学手册
全国统计专业技术资格考试系列考试用书：统计业务知识（第四版修订版）　统计业务知识学习指导与习题
全国统计专业技术资格考试系列考试用书：统计相关知识（第四版）　统计相关知识学习指导与习题

统计通俗读物/统计科普图书

领导干部统计知识问答　《防范和惩治统计造假、弄虚作假督察工作规定》辅导读本
统计新媒体运营指南　统计公文知识问答　理解国民账户　中国古代统计史简编

重点图书

新中国70年　第三次全国农业普查农作物面积遥感测量图集　中国第四次经济普查年鉴
新编英汉汉英统计大词典　中国国民经济核算体系2016　国民经济行业分类注释
挑大学选专业2019—考研择校指南　挑大学选专业2019—高考志愿填报指南　中华医学统计百科全书